Hans Peter Obermayer
Deutsche Altertumswissenschaftler im amerikanischen Exil

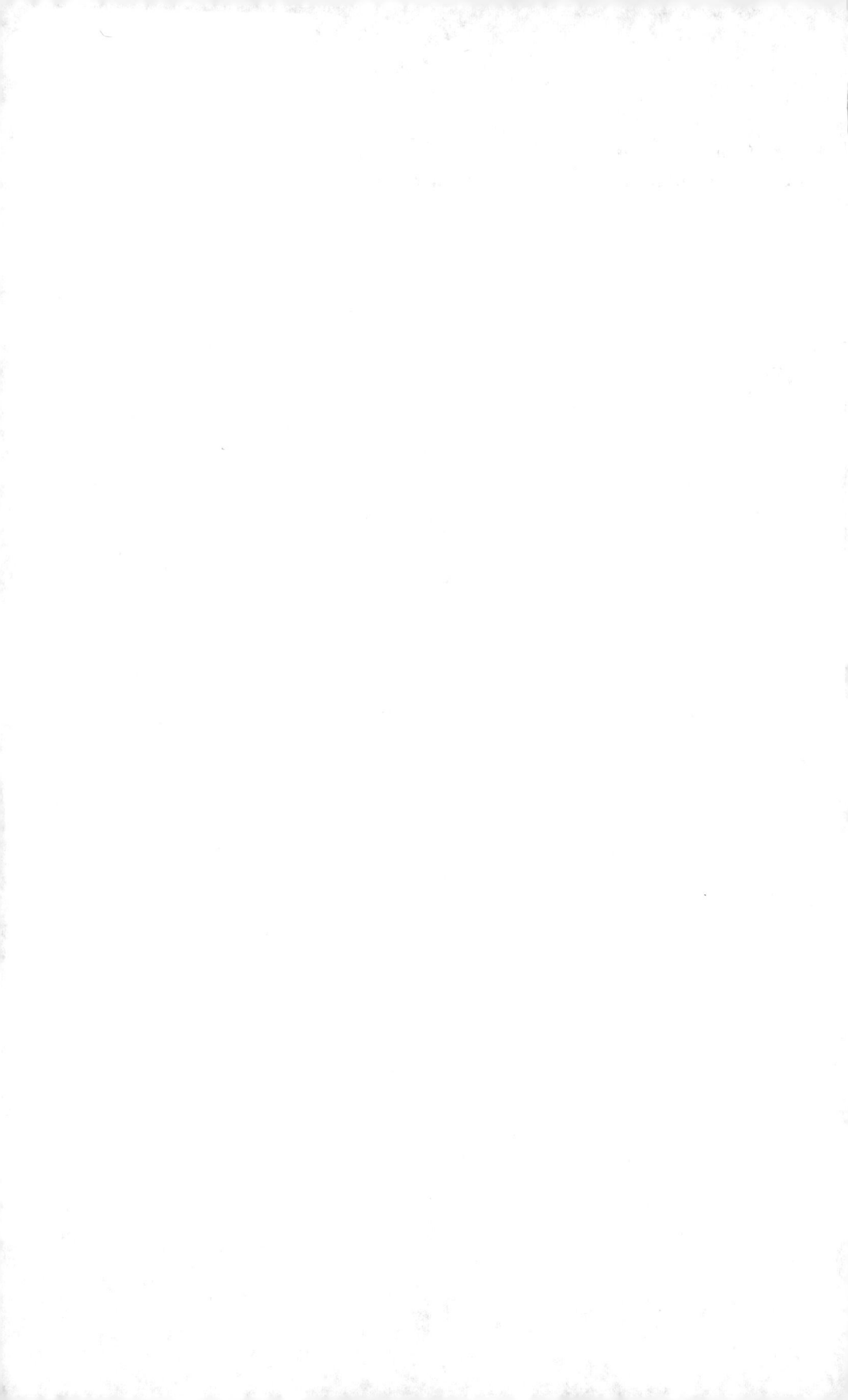

Hans Peter Obermayer

Deutsche Altertumswissenschaftler im amerikanischen Exil

―

Eine Rekonstruktion

DE GRUYTER

Gedruckt mit Unterstützung der Deutschen Forschungsgemeinschaft.

ISBN 978-3-11-055482-3
e-ISBN 978-3-11-030519-7

Library of Congress Cataloging-in-Publication Data
A CIP catalog record for this book has been applied for at the Library of Congress.

Bibliografische Information der Deutschen Nationalbibliothek
Die Deutsche Nationalbibliothek verzeichnet diese Publikation in der Deutschen Nationalbibliografie; detaillierte bibliografische Daten sind im Internet über http://dnb.dnb.de abrufbar.

© 2017 Walter de Gruyter GmbH, Berlin/Boston
Dieser Band ist text- und seitenidentisch mit der 2014 erschienenen gebundenen Ausgabe.
Druck: Hubert & Co. GmbH & Co. KG, Göttingen
♾ Gedruckt auf säurefreiem Papier
Printed in Germany

www.degruyter.com

Für Marion in tiefer Liebe und Dankbarkeit

Copy sent to Professor Dunn

Southampton, N.Y.
August 22, 1940

Dr. Stephen Duggan, Director
2 West 45 Street
New York City

My dear Dr. Duggan:

Although absent on holiday for some weeks to come, I am keeping close track of the international situation and by correspondence and otherwise am made fully aware of the pressure upon us all to find help for distinguished European scholars who can no longer live comfortably in their own lands.

We at Columbia shall do our very best to aid in caring for such scholars, in spite of our crowded buildings and our difficult financial situation. Our departments will, of course, reserve the right to select any newcomer who may be proposed to us, but they will do this in a spirit of sympathetic helpfulness.

I should be glad to have you discuss this matter with Provost Fackenthal, who can answer any questions and give you any information you may desire. I do not want any delay because of my absence from Morningside.

Yours very truly,

Nicholas Murray Butler

Abb. 1: Faksimile Brief (Durchschlag) Nicholas Murray Butler, President der Columbia University, Southampton, Long Island, N.Y., an Stephen Duggan, Director des *Institute of International Education* und Chairman des *Emergency Committee*, 22. August 1940 (CU, RBML, Central Files Box 76, Folder 16).

Vorwort

Dieses Buch hat eine ungewöhnliche und wechselvolle Geschichte. Es ist fast ausschließlich in New York entstanden, in größtmöglicher und größtdenkbarer Unabhängigkeit vom deutschen Universitätssystem.

Seine Fertigstellung verdankt sich einer Reihe begünstigender Faktoren, von denen jeder einzelne unerlässlich war: dem energischen Wunsch meiner Töchter, einen Teil ihrer Schulzeit in den U.S.A. zu verbringen, dem bewunderungswürdigen Organisations- und Improvisationstalent meiner Frau und ihrer mutigen Bereitschaft, für ‚die Wissenschaft' über einen längeren Zeitraum auf ‚ordentliche' Verhältnisse (wie z. B. ein geregeltes Einkommen) zu verzichten, der flexiblen Haltung der Schulbehörde, die – auf die freundliche Fürsprache der Schulleitung, Frau Cornelia Kemmer, hin – innerhalb von sechs Jahren drei Beurlaubungsanträge bewilligte, und dem Vertrauen der Gutachter der DFG, die die Förderung des bereits laufenden Projekts eines ‚Independent Scholars' durch ein namhaftes Forschungsstipendium befürworteten, just zu dem Zeitpunkt, als im Gefolge der Lehman-Krise all unsere Finanzplanungen obsolet zu werden drohten.

Unschätzbar wichtig und wohltuend über die Jahre war die Gastfreundschaft und Generosität des Classics Departments der Columbia University: hier sind in erster Linie Prof. Gareth Williams, der damalige Chair, und die Sekretärin oder, wie es korrekt heißen muss: die ‚Academic Department Administrator' Geraldine Winifred „Gerry" Visco zu nennen, „fabulous, illegally blonde" und ‚Kraftwerk' des Departments. Sie sorgte nicht nur für exzellente Arbeitsbedingungen innerhalb des Departments (24/7), sondern auch in der Butler Library und den Computer-Labs.

Ich hatte das Glück, dass mein Vorhaben schon in der Anfangsphase von Professoren, die selbst aus Europa emigriert waren und/oder bei Emigranten studiert hatten, mit großem Interesse und Sympathie begleitet und unterstützt wurde. Larissa Bonfante, Professor of Classics emerita an der NYU, die als Kind 1939 mit ihren Eltern – ihr Vater war der antifaschistische Linguist Giuliano Bonfante – aus Italien in die U.S.A geflüchtet war, hatte bei Otto Brendel an der Columbia promoviert und war eng mit Margarete Bieber befreundet. Martin Ostwald, Professor emeritus of Classics in Swarthmore, dem es gelungen war, als 16-Jähriger zusammen mit seinem Bruder mit einem Kindertransport nach England zu fliehen, war Doktorand bei Kurt von Fritz an der Columbia und wertschätzte Ernst Kapp als hervorragenden Lehrer. Beide begegneten mir sehr offen und überaus gastfreundlich und gewährten mir durch ihre Zeitzeugenschaft wertvolle Einblicke in ihre persönlichen Erfahrungen und Erlebnisse mit ‚meinen' Altertumswissenschaftlern. Leider können Martin Ostwald und seine Frau Lore das

Erscheinen des Bandes nicht mehr miterleben: sie sind im April bzw. Mai 2010 verstorben.

Als dritte in dieser Runde muss Judith P. Hallett gewürdigt werden, Professor of Classics an der University of Maryland, die als Harvard-Doktorandin und junge Professorin an der Boston University in den 1960er und 70er Jahren Herbert Bloch und Ernst Badian aus nächster Nähe erlebte. Sie unterstützte schon die Publikation meines ersten Vortrags über Kapp und von Fritz in der Zeitschrift *Classical World* und hat den größten Anteil daran, dass das Buch in dieser Form und in diesem Umfang erscheinen konnte.

Ein Blick auf das umfangreiche Archivalienverzeichnis zeigt, wie vielen Institutionen und Personen ich zu Dank verpflichtet bin, ohne dass ich sie hier alle im Einzelnen anführen könnte: namentlich (und ich bitte das als ‚pars pro toto' zu verstehen) möchte ich den Archivarinnen der Columbia University Archives danken, Jocelyn Wilk, die mir alle verfügbaren Materialien zu von Fritz und zur Geschichte des Classics Departments organisierte, Lea Osborne und Carrie Hintz, die mir auch während der Umstrukturierung der *Kristeller-Papers* erlaubten mit diesem Material weiterzuarbeiten, und Tara Craig; ferner Laura E. Kras und Thomas Lannon, ArchivarInnen der Manuscripts and Archives Division der New York Public Library, für so manche Ausnahmeregelung und Entgegenkommen.

Dem Doyen der Exilforschung, Prof. John M. Spalek, danke ich herzlich, dass er mich im Frühjahr 2010 während meiner Recherchen in dem von ihm begründeten Archiv, der *German and Jewish Intellectual Émigré Collection* der University at Albany (SUNY), in seinem Haus beherbergte.

Bernd Görmer, der inzwischen pensionierte frühere Leiter des Archivs der Bayerischen Akademie der Wissenschaften, hat mit seiner großzügigen und unbürokratischen Berufsauffassung wesentlich dazu beigetragen, dass das ‚Herzstück' des Buches, das Kapitel über Kurt von Fritz und Ernst Kapp, so umfassend und detailgenau konzipiert werden konnte, denn er erlaubte die Einsichtnahme in von Fritz' umfangreichen Nachlass, obwohl dieser noch weitgehend unerschlossen war.

Auch das Kapitel zu Paul Friedländer hätte ohne die Unterstützung deutscher Archive in dieser Form nicht geschrieben werden können: so schickte mir das Universitätsarchiv Pfännerhöhe der Universität Halle-Wittenberg Friedländers umfangreiche Personalakte und die Universitätsbibliothek Tübingen die Briefe Friedländers aus dem Nachlass Rudolf Bultmanns in Kopie nach New York: hier geht mein Dank an Frau Anna-Elisabeth Bruckhaus von der UB Tübingen und Prof. Konrad Hammann (Universität Münster), der hierzu sein Einverständnis gab, obwohl er eine kritische Edition der Korrespondenz zwischen Bultmann und Friedländer vorbereitet. Frau Dr. Dagmar Drüll-Zimmermann vom Universitätsarchiv Heidelberg danke ich für wichtige Detailinformationen aus den Studentenakten zu Abrahamsohn, Kristeller und Manasse.

Die Niederschrift des Manuskripts begann im Frühjahr 2009 und war im August 2010 im Wesentlichen abgeschlossen. Im Sommer 2011 konnte das Material aus dem Bultmann-Nachlass in das Friedländer-Kapitel eingearbeitet werden. Martin Hose, Professor für Griechische Philologie an der LMU München, hat das Manuskript im Herbst 2011 als Erster gelesen: ihm verdanke ich wertvolle Änderungsvorschläge hinsichtlich Strukturierung und chronologischer Anordnung. Christhard Hoffmann, Professor in moderner europäischer Geschichte an der Universität Bergen und ein Experte auf dem Gebiet der Exilforschung, danke ich für die Lektüre des überarbeiteten Manuskripts im Herbst 2012, für seine konstruktive Kritik und ergänzende Hinweise. Meinem früheren Kollegen Dr. Werner Kohl, der seinen Ruhestand für etliche Wochen unterbrochen hat, um das Manuskript sorgfältigst Korrektur zu lesen, danke ich ganz herzlich für seinen genauen Blick.

Dies gibt mir nochmals Gelegenheit, Judith P. Hallett besonders zu danken: auch sie hat die letzte Fassung des Manuskripts aufmerksam gelesen (nach der ‚Urfassung', dem ausgearbeiteten Vortragsmanuskript von 2006) und hat nicht nur freundlich auf einige Irrtümer und Missverständnisse hingewiesen, sondern schon in die Zukunft vorausgedacht, in Richtung einer überarbeiteten und veränderten englischen Fassung für das interessierte amerikanische Publikum, in der ihr eigenen wohlwollenden und fördernden Art, die sie als Mentorin par excellence so sehr auszeichnet.

Sechs der in diesem Band porträtierten Altertumswissenschaftler waren vor und nach der Emigration Autoren bei De Gruyter: Bieber, Lehmann-Hartleben, Brendel, von Fritz, Kapp und Friedländer. Deshalb erfüllt es mich mit größter Freude, dass die Geschichte ihres Exils auch in ‚ihrem' Verlag erscheint. Das ist das besondere Verdienst von Frau Dr. Sabine Vogt, Lektorin und ‚Senior Editor' für Altertumswissenschaften bis 2012, die schon während des Schreibprozesses das Interesse des Verlages an diesem Projekt signalisiert hatte: ich danke ihr ganz herzlich für ihr Vertrauen und für die Aufnahme in das Verlagsprogramm. Ferner gilt mein Dank Frau Katrin Hofmann und Herrn Dr. Mirko Vonderstein, die seit Frau Dr. Vogts Berufung an die Universität Bamberg meine Ansprechpartner waren bzw. sind. Auch Frau Kathleen Prüfer (‚Production Editor') von der Herstellung und Frau Johanna Wange danke ich für die professionelle Zusammenarbeit und ihre Geduld. Für den Entwurf des Covers danke ich dem Münchner Künstler Benjamin Röder.

Doch wie im richtigen Leben, so lässt sich auch in der Wissenschaft alles auf die Brecht'sche Kernfrage reduzieren: „Wovon lebt der Mensch?" Deshalb gebührt abschließend der wichtigste Dank den beiden Haupt-Sponsoren, die diese Studie ermöglichten und finanzierten: der Deutschen Forschungsgemeinschaft für zwölf plus sechs Monate sorgenfreies Arbeiten und einen Druckkostenzuschuss, vor allem aber meiner Frau und meinen drei Kindern Benjamin, Lulu und Ella, ohne deren loyale und rückhaltlose Unterstützung in den letzten beiden Jahrzehnten keines meiner wissenschaftlichen Projekte zu verwirklichen gewesen wäre: „it's the love, stupid!"

München, im Februar 2014

Inhalt

Vorwort —— IX

Abkürzungsverzeichnis —— XXI

Abbildungsnachweis —— XXV

Einleitung —— 1
Prolegomena —— 1
Pioneer's progress? – Die Rolle Calders —— 2
Vom Kurt-von-Fritz-Gedächtnis-Preis zu Kurt von Fritz (New York 2005/2006) —— 6
Extension und Intension: Vom Artikel zum Buch (New York 2008–2010) —— 11
„Wissenschaftlergeschichte als Wissenschaftsgeschichte" —— 15
    Wettlauf mit der Zeit —— 15
    Zur Methode —— 17
    Vom Wert der „Briefe großer Gelehrter" —— 22
    Die Sonderstellung Werner Jaegers —— 24

Solidarität der Columbia University: Nicholas M. Butlers Commitment —— 31

Teil I: ‚Transplantierte Archäologie': Bieber – Jastrow – Lehmann-Hartleben – Brendel (Columbia University 1) —— 33

1   **Margarete Bieber im Exil** —— 35
1.1   Zur Quellenlage —— 35
1.2   Karriere in Deutschland: Vor der Entlassung —— 36
1.3   Entlassung und Neubeginn: Das erste Jahr im Exil (1933/34) —— 38
        Gießen (April bis Okt. 1933) —— 38
        Das Sofia-Projekt (Aug. 1933) —— 47
        Im Wartesaal: Oxford oder Barnard? (Sept. bis Okt. 1933) —— 49
        Der erste Schritt: Honorary Research Fellow am Somerville College, Oxford (Nov. 1933 bis Juli 1934) —— 62
1.4   Emigration in die USA —— 71
        Visiting Lecturer in Fine Arts and Archaeology am Barnard College New York (1934–1936) —— 71

Beförderung zum Associate Professor in Fine Arts and Archaeology – Columbias erstes Gehalt (1937/38) —— **92**
Dr. Bieber als Helferin – Die Unterstützung der Kollegen (1936–1945/1946–1947) —— **100**
1.5 ‚How to make out a living'? Erzwungenes Retirement und Über-Lebenskunst (seit 1948) —— **104**

2 **„A man with a host of friends" – Karl Lehmann-Hartleben** —— **108**
2.1 Vor der Entlassung —— **108**
2.2 Die Entlassung (April bis Okt. 1933) —— **110**
2.3 Die Zeit in Italien: auf Stellensuche (1933–1935) —— **113**
Ouvertüre 1933: Flickinger —— **113**
Stillstand trotz „frequent correspondence" (1934) —— **116**
Das Angebot: Visiting Professor of Fine Arts an der New York University (1935) —— **121**
2.4 Karriere an der NYU – Die Unterstützung durch das *Emergency Committee* (1935–1938) —— **124**

3 **Elisabeth „Ebith" Jastrow** —— **133**
3.1 Bis zur Entlassung —— **133**
Ausbildung bis zur Promotion (1890–1916) —— **133**
Karriere in Weimar (1916–1933) —— **134**
3.2 Berlin 1933: Das Jahr der Anträge und der Kontaktaufnahme zu den Hilfsorganisationen —— **138**
Der Antrag auf ein Stipendium der *American Association of University Women (AAUW)* —— **138**
Der *Academic Assistance Council* —— **141**
Korrespondenz mit der *Notgemeinschaft Deutscher Wissenschaftler im Ausland* —— **142**
Erstkontakt mit dem *Emergency Committee* —— **143**
‚Doppelantrag' beim *Institute for Advanced Study* – Jastrows Brief an Abraham Flexner —— **144**
3.3 ‚Umzug' nach Italien (1933–1938) —— **146**
International Fellowship der *AAUW* (1934/35) —— **147**
Die Bemühungen um eine Verlängerung (Juni–Dez. 1935) —— **152**
Die Förderung durch Hetty Goldman (1936/37) —— **156**
Der Tod des Vaters – Vorbereitungen zur Emigration (1937–1938) —— **159**
Das Jahr 1938 —— **161**
3.4 Emigration in die USA —— **167**

Erste Schritte: New York, Toronto, Cambridge, MA – Das Visitor's visa (Okt. 1938 – Juni 1939) —— **167**
Das Jahr 1939 —— **172**
Instructor/Lecturer am Museum of Fine Arts, Boston – Das non-quota visa (1939/40) —— **175**
Das Jahr 1940 —— **181**
„This is a real start" – Lecturer in Greek and Roman Art am Woman's College of the University of North Carolina at Greensboro, N.C. (Spring term 1941) —— **182**
Assistant Professor im Department of Art am Woman's College, U.N.C. Greensboro, N.C. (1941–1954) —— **183**
Das Jahr 1942 —— **186**
Bewerbung am Department of Art der Cornell University (1944) —— **189**

4 **„He is pure Aryan" – Otto Brendel —— 192**
4.1 Vor der Entlassung (bis 1935) —— **192**
4.2 Zwischen England und USA – Walter Kotschnig als ,long distance'-Vermittler (1935–1938) —— **195**
4.3 Zwischen Komitees und Vortragssaal – Brendels Bewerbungen in den USA (1938/39) —— **198**
4.4 Visiting Assistant Professor an der Washington University, St. Louis (1939–1941) —— **206**
4.5 Auf der Suche nach einer permanent position: Professor of Archaeology an der Indiana University, Bloomington (ab 1941/42) —— **213**

Teil II: „The other way round" – Kurt von Fritz und Ernst Kapp (Columbia University 2) —— 221

5 **„Eine lebenslange Freundschaft" – Kurt von Fritz und Ernst Kapp —— 223**
5.1 Zur Quellenlage —— **223**
5.2 Die Zeit vor der Emigration —— **228**
Kapp und von Fritz in München (1920–1927 bzw. 1931) —— **228**
Von Fritz bei Kapp: Assistent in Hamburg (1931–1933) —— **238**
Außerordentlicher Professor in Rostock (1933–1935) —— **241**
Der Eid – Versetzung in den ,Ruhestand' (1934/35) —— **247**
Auf der Suche nach einer Stellung: Pöcking-Basel-Zürich (April bis Dez. 1935) —— **256**

5.3	Kurt von Fritz bei Eduard Fraenkel am Corpus Christi College, Oxford (Jan. bis Juli 1936) —— **269**	
	Winter term —— **269**	
	Summer term: Das „kümmerliche" Angebot aus den USA —— **277**	
5.4	Emigration in die USA (1936–1937) —— **290**	
	Instructor (under the title Professor) am Reed College, Portland, Oregon (Sept. 1936 – Juni 1937) —— **290**	
	Das Angebot von der Columbia University (April 1937) —— **298**	
5.5	Unter Druck: Ernst Kapp in Hamburg bis zu seiner Entlassung (1933–1937) —— **303**	
5.6	„The best Aristotelian alive" auf Stellensuche (1937–1939) —— **310**	
5.7	Kapp als „visitor" in den USA (Dez. 1938 – Juni 1939) – Die erste Stelle (1939/40) —— **321**	
	Visiting Instructor for Greek and Latin am Sophie Newcomb College (1939/40) —— **324**	
5.8	Kapp bei Kurt von Fritz: Die ersten Jahre an der Columbia University (1940–1943) —— **330**	
	Visiting Lecturer in Greek and Latin (Febr. 1941 – Jan. 1942) —— **330**	
	Mitarbeiter bei Jaegers Gregor von Nyssa-Edition (ab März 1942) – Lecturer in Greek and Latin als Vertreter Highets (Juli 1942 bis Juni 1943) —— **338**	
	Das Platon-Projekt (Juni – Sept. 1943) —— **343**	
5.9	Das Department unter Kurt von Fritz' Leitung (1943–1954) —— **361**	
	„Mein alter Freund Kapp hat sein office neben mir" – Lecturer of Greek and Latin (1943–1946) —— **361**	
	Der Freitod des Sohnes Peter von Fritz (Aug. 1945) —— **363**	
	„...es endlich in Ordnung bringen" – Der Kampf um Kapps Professur (1945–1948) —— **367**	
	Langsame Heimkehr (1948–1954/55) —— **380**	
5.10	Appendix: Lehrveranstaltungen Kurt von Fritz' und Ernst Kapps an der Columbia University —— **396**	

Teil III: **Fluchtpunkt Italien – Transit USA: Kristeller – Abrahamsohn – Manasse (Columbia University 3)** —— **403**

6	**Kristellers Fluchten: Sein ITER zwischen Deutschland, Italien und USA** —— **405**	
6.1	Zur Quellenlage —— **405**	

6.2	Ausbildung in Deutschland: Promotion, Staatsexamen, Habilitand (vor 1933) —— **407**	
6.3	Erzwungener Neubeginn (Berlin 1933–1934) —— **411**	
	Die Bewerbungen —— **411**	
	Der erste ‚Job' an Vera Lachmanns Schule (Berlin 1933/34) —— **420**	
	Dr. Levy-Lenz —— **421**	
6.4	Zuflucht in Italien – Karrierepläne —— **423**	
	Rom (Febr. bis Sommer 1934): Unterstützung durch Olschki und Gentile —— **423**	
	Florenz (1934/35): Zwischen Istituto Magistero und Landschulheim —— **428**	
	Pisa (1935–1938): Lettore di lingua tedesca an der Scuola Normale Superiore – Dottore in Filosofia (1937) —— **432**	
	Antisemitische Kampagnen in Italien – Die Entlassung (Sommer 1938) —— **450**	
6.5	Zwischen Vatikan und Konsulat: Warten auf die Emigration (Sept. 1938 bis Febr. 1939) —— **459**	
	Hilferufe in die USA: Yale 1 (Weigand) – Chicago (Jaeger) —— **461**	
	Yale 2 (Cantimori-Bainton / Götze-Weigand) —— **472**	
	Transit Biblioteca Vaticana: Die Stelle bei Bertalot (Okt. 1938 bis Jan. 1939) —— **477**	
	Yale 3 (Bainton / Weigand-Götze) – Die Einladung —— **480**	
	Zwischenstation England? —— **493**	
	Flucht aus Europa: Die Überfahrt mit Friedrich W. Lenz (12.–23. Febr. 1939) —— **498**	
6.6	Dritte Karriere in den USA —— **501**	
	Teaching Fellow an Yales Graduate School (Spring term 1939) —— **501**	
	„In irrsinniger Hetze": Bewerbungs- und Vortragsreisen (März – Mai 1939) —— **505**	
	Am Ziel: Associate in Philosophy an der Columbia University —— **514**	
7	„One of my oldest and closest friends" – Ernst Abrahamsohn —— 521	
7.1	Vor 1933 —— **521**	
7.2	Wanderschaft in Europa (1933–1938) —— **528**	
	Promotion in Prag —— **528**	
	Wartesaal Berlin (1935–1936) —— **531**	
	Landschulheim Florenz (1936–1938) —— **536**	
	École Normale d'Instituteurs, Châlons sur Marne (1938–1939) —— **539**	

7.3 Die Emigration (1938–1939) —— **541**
　　　Erste Kontakte mit den Hilfsorganisationen: *Emergency Committee*,
　　　American Friends Service Committee (1938–1939) —— **541**
　　　Das non-quota visa (Sommer 1939) —— **544**
7.4 Zwischen Romance Languages und Classics – USA (1939–1958) —— **547**
　　　Instructor for Romance Languages and Latin: Howard University,
　　　Washington, D.C. (1939–1941) —— **547**
　　　Unterstützungsversuche der Komitees: *Oberlaender Trust* und
　　　Emergency Committee (1941–1942) —— **550**
　　　Vom Tutor (St. John's College, Annapolis) zum Full Professor
　　　(Washington University, St. Louis): 1942–1958 —— **558**

8 „Der Verfasser (...) bekennt sich zur israelitischen Religion" – Ernst Moritz Manasse —— 562

8.1 Vor 1933 —— **562**
8.2 „Öfter als die Schuhe die Länder wechselnd": Europa
　　1933–1938 —— **563**
　　　Deutschland – Italien – Deutschland: Erste Kontakte mit dem
　　　Emergency Committee (1933–1935) —— **563**
　　　Landschulheim Florenz (1935–1937) —— **569**
　　　Letzte Vorbereitungen für die Emigration: England – Italien –
　　　Schweiz (1937–1938) —— **577**
8.3 Emigration in die USA —— **583**
　　　Job-hunting im „gelobten Land" (1938–1939) —— **583**
　　　„Der einzige weisse Lehrer" – Instructor am North Carolina College
　　　for Negroes, Durham, N.C. (seit Sept. 1939) —— **590**

Teil IV: „Ich hänge mit tausend Wurzeln an Deutschland" – Paul Friedländer —— 595

9 Vom KZ Sachsenhausen nach Los Angeles – Paul Friedländer —— 597

9.1 Vor 1918: Studium-Gymnasialzeit-Habilitation-Krieg —— **597**
9.2 Karriere in Weimar: Berlin (1919–1920) – Marburg (1920–1932) —— **599**
9.3 Chronik einer angekündigten Entlassung: Halle (1932–1935) —— **601**
9.4 Von der „Abhalfterung" bis zur Ausreise (1936–1939) —— **611**
　　　Rom – England – Berlin (1936) —— **612**
　　　Die USA-Reise (März bis Mai 1938) —— **617**
　　　Rückkehr nach Deutschland – KZ Sachsenhausen – Freilassung
　　　(1938/39) —— **622**

	Der Kampf um die Ausreise (Jan. – Aug. 1939) —— **638**
9.5	Emigration in die Freiheit: Neubeginn mit siebenundfünfzig (USA) —— **642**
	1939/40: Lecturer in Classics an der JHU – Verhandlungen mit UCLA —— **642**
	Lecturer in Latin an der UCLA (1940–1945) —— **649**
	Die gescheiterte Beförderung (1943/44) —— **652**
	Professor of Greek and Latin (ab 1945/46) —— **659**
	Retirement (1949) – Berufungsversuche nach Deutschland (Halle 1946, FU Berlin 1950) – Wiedergutmachung —— **662**
9.6	Appendix: Lehrveranstaltungen Paul Friedländers an der UCLA —— **669**

Anhang —— 673

Chronologie der Emigration – Ein Resümee —— 675
Entlassungen —— **675**
Zwischenstationen / Existenzsicherung vor der Emigration in die USA —— **677**
Erst-Einreise in die USA —— **680**
Anstellung in den USA —— **682**
Förderer – Finanzielle Unterstützung durch Hilfskomitees und Mäzene —— **685**
Geförderte (1933–1944) —— **692**
Bilanz —— **695**

Quellen- und Literaturverzeichnis —— 696
Archivalien —— **696**
Literaturverzeichnis —— **701**

Index —— 732

Abkürzungsverzeichnis

AA	Archäologischer Anzeiger
A&A	Antike und Abendland
AAA	Archives of American Art Collection, Washington, D.C.
AAC	Academic Assistance Council, London (1933–1936, siehe auch SPSL)
AAUW	American Association of University Women, Washington, D.C.
ACCGR	American Committee for Christian German Refugees
ACEP	American Council for Émigrés in the Professions
AFG	Archivio della Fondazione Gentile
AFSC	American Friends Service Committee, Philadelphia
AHR	American Historical Review
AIA	Archaeological Institute of America
AIDR	Archäologisches Institut des Deutschen Reiches (siehe DAI)
AIU	Alliance Israélite Universelle, Paris
AJA	American Journal of Archaeology
AJC	American Jewish Committee, New York
AJPh	American Journal of Philology
ao. Prof.	außerordentlicher Professor („Extraordinarius")
APA	American Philological Association, Philadelphia
apl. Prof.	(nichtbeamteter) außerplanmäßiger Professor
ASCH	American Society of Church History
ASNP	Annali della R. Scuola Normale Superiore di Pisa
BAdW	Bayerische Akademie der Wissenschaften, München
BBG	Gesetz zur Wiederherstellung des Berufsbeamtentums („Berufsbeamtengesetz"), 7.4.1933
BFUW	British Federation of University Women (siehe auch AAUW)
BJ	Bonner Jahrbücher des Rheinischen Landesmuseums
BSB	Bayerische Staatsbibliothek München
CANE	Classical Association of New England
CCC	Corpus Christi College, Oxford
CCRG	Committee for Catholic Refugees from Germany, New York
CPh	Classical Philology
CU	Columbia University, New York
CUA	Columbia University Archives
CUNY	City University of New York
CU, RBML	Columbia University, Rare Book & Manuscript Library
CU, RBML, KP	Columbia University, Rare Book & Manuscript Library, Paul Oskar Kristeller papers, 1910–1989 (#MS 0729)
CV	Curriculum Vitae
CW	Classical World (vor 1957 Classical Weekly)
DAAD	Deutscher Akademiker Austauschdienst e.V.
DAI	Deutsches Archäologisches Institut
DBG	Deutsches Beamtengesetz, 26.1.1937
DFG	Deutsche Forschungsgemeinschaft, Bonn
DIPF	Deutsches Institut für Internationale Pädagogische Forschung

DLZ	Deutsche Literaturzeitung
DNP	Der Neue Pauly
DNVP	Deutschnationale Volkspartei
EC	Emergency Committee in Aid of Displaced German Scholars, New York; ab Nov. 1938: Emergency Committee in Aid of Displaced **Foreign** Scholars
FFF	Faculty Fellowship Fund for Displaced German Scholars, CU New York
FU Berlin	Freie Universität Berlin
GCFI	Giornale Critico della Filosofia Italiana
Gestapo	Geheime Staatspolizei
GGA	Göttingische Gelehrte Anzeigen
GRI	Getty Center Los Angeles, Getty Research Institute, Special Collections and Visual Resources
HIAS	Hebrew Immigrant Aid Society
HJ	Hitlerjugend
IAS	Institute for Advanced Study, Princeton
ICS	Illinois Classical Studies
IfZ	Institut für Zeitgeschichte, München
IFUW	International Federation of University Women (siehe auch AAUW)
IIE	Institute of International Education, New York
ISVW	Internationale School voor Wijsbegeerte, Amersfoort
JHU	Johns Hopkins University, Baltimore
JRS	Journal of Roman Studies
KDAI	Kaiserlich-Deutsches Archäologisches Institut (siehe DAI)
KP	Paul Oskar Kristeller papers, 1910–1989 (#MS 0729), CU, RBML
KvF	Kurt von Fritz
KvF-Papers, Albany	Kurt von Fritz Papers, 1935–1980 (GER-035), German and Jewish Intellectual Émigré Collection, M. E. Grenander Department of Special Collections & Archives, University at Albany, State University of New York
LMU	Ludwig-Maximilians-Universität München
MBP	Margarete Bieber Papers
MFA	Museum of Fine Arts, Boston
NCC	National Coordinating Committee for Aid to Refugees and Emigrants Coming from Germany
NCCU	North Carolina Central University
NL	Nachlass
NlatJb	Neulateinisches Jahrbuch
Notgemeinschaft	Notgemeinschaft der Deutschen Wissenschaft (vor 1933) Notgemeinschaft Deutscher Wissenschaftler im Ausland, Zürich (ab 1933)
NRS	National Refugee Service, Inc.
NS	Nationalsozialismus
NSDAP	Nationalsozialistische Deutsche Arbeiterpartei
NSDAP/AO	Nationalsozialistische Deutsche Arbeiterpartei/Auslandsorganisation
NYPL, EC-Records	New York Public Library, Humanities and Social Sciences Library (Stephen A. Schwarzman Building), Manuscripts and Archives Division, Emergency Committee in Aid of Displaced Foreign Scholars Records 1933–1945 (MssColl. 922)
NYT	New York Times

NYU	New York University
o. Prof.	ordentlicher Professor („Ordinarius")
OT	Oberlaender Trust, Philadelphia
Oxford, Bodleian, MS. S.P.S.L.	Bodleian Library Oxford, Department of Special Collections, Archive of the Society for the Protection of Science and Learning, 1933–1987
p. a.	per annum
PA	Personalakte
PBA	Proceedings of the British Academy
PD	Privatdozent
PhR	Philosophical Review
RBG	Reichsbürgergesetz, 15.9.1935 („Nürnberger Gesetz")
RE	Paulys Realencyclopädie der classischen Altertumswissenschaft
REC	Refugee Economic Corporation
RF	Rockefeller Foundation, New York
RG	Record Group
RGBl	Reichsgesetzblatt
RM	Reichsmark
RPAA	Rendiconti della Pontificia Accademia di Archeologia
Rpf	Reichspfennig
SA	Sturmabteilung der NSDAP
SFUW	Swiss Federation of University Women (siehe auch AAUW)
SIFC	Studi italiani di filologia classica
SNC	H. Sophie Newcomb Memorial College, New Orleans
SoSe	Sommersemester
SPSL	Society for the Protection of Science and Learning, London (siehe auch AAC)
SS	Schutzstaffel der NSDAP
StA	Studentenakte
StA HH	Staatsarchiv der Freien und Hansestadt Hamburg
SUNY	State University of New York
TAPhA	Transactions and Proceedings of the American Philological Association
TU	Technische Hochschule
UAE	Archiv der Friedrich-Alexander-Universität Erlangen–Nürnberg
UAH	Martin-Luther-Universität Halle-Wittenberg, Universitätsarchiv Pfännerhöhe
UB	Universitätsbibliothek
UCLA	University of California Los Angeles, z. Zt. Paul Friedländers University of California Berkeley (Southern Branch)
UNC	University of North Carolina
UNCG	University of North Carolina at Greensboro
WJ	Werner Jaeger
WJA	Würzburger Jahrbücher für die klassische Altertumswissenschaft
WS	Wintersemester
Yale UDSL	Yale University Divinity School Library, Special Collections
Yale ULMA	Yale University Library, Manuscripts and Archives (Sterling Memorial Library)
YIVO, OT	YIVO Institute for Jewish Research Archives, Center of Jewish History, New York: Oberlaender Trust Fund of the Carl Schurz Memorial Foundation, Records 1935–1949

Abbildungsnachweis

Abb. 1: Faksimile Brief (Durchschlag) Nicholas M. Butler, President der Columbia University, Southampton, Long Island, N.Y., an Stephen Duggan, Director des *Institute of International Education* und Chairman des *Emergency Committee*, 22. August 1940 (CU, RBML, Central Files Box 76, Folder 16)

Abb. 2: Margarete Bieber als junge Frau (undatiert)
(Photoalbum, erstellt 1957, *Margarete Bieber Papers* Box 24, Mss. Coll. 410, Louisiana Research Collection, Tulane University, New Orleans)

Abb. 3: Margarete Bieber mit Tochter Inge auf dem Columbia-Campus (ca. 1935) (Barnard College photo collection, ca. 1889-present; Barnard College Archives, Barnard College, Barnard Library, New York)

Abb. 4: Karl Lehmann-Hartleben (undatiert) (New York University Archives, Elmer Holmes Bobst Library, New York)

Abb. 5: Elisabeth Jastrow als junge Frau (undatiert: 1920/25?) (Martha Blakeney Hodges Special Collections and University Archives, University of North Carolina at Greensboro)

Abb. 6: Elizabeth Jastrow (1962) (Martha Blakeney Hodges Special Collections and University Archives, University of North Carolina at Greensboro)

Abb. 7: Otto Brendel als Student in Heidelberg (ca. 1920) (Universitätsarchiv Heidelberg, Studentenakte Brendel)

Abb. 8: Otto Brendel mit Studentinnen (Indiana University 1942)
(University Archives & Records Management, Indiana University, Herman B. Wells Library, Bloomington, Indiana)

Abb. 9: Ernst Kapp als Kurt von Fritz' Lehrer (Ludwig-Maximilians-Universität München, ca. 1924) (Universitätsarchiv München, Studentenakte Kapp)

Abb. 10: Kurt von Fritz als Student (Ludwig-Maximilians-Universität München, ca. 1920/23) (Universitätsarchiv München, Studentenakte v. Fritz)

Abb. 11: Kurt von Fritz (Columbia University, 1938) (Columbia University Archives, CU Faculty Photographs Collection 1938: Kurt von Fritz)

Abb. 12: Kapp als Full Professor (Columbia University, frühe 1950er Jahre?) (Photographie aus Kapp, *Ausgewählte Schriften*, hrsg. v. Hans und Inez Diller, Berlin [de Gruyter] 1968)

Abb. 13: Paul Oskar Kristeller als Doktorand (?)/Habilitand (?) (Ende 1920er/Anfang 1930er Jahre) (Photoalbum in Leder, letzte Seite, Columbia University, Rare Book and Manuscript Library, *Paul Oskar Kristeller Papers* Ser. II, Box 85)

Abb. 14: Hermann Weigand (Yale): Kristellers Bürge für die Emigration (ca. 1949) (Yale University Library, Manuscripts and Archives, Sterling Memorial Library)

Abb. 15: Albrecht Götze (Yale): Kristellers Bürge für die Emigration (April 1949) (Yale University Library, Manuscripts and Archives, Sterling Memorial Library)

Abb. 16: Kristeller (rechts) mit Stefan Weinstock und Luisa Banti in Rom (Dezember 1938) (Columbia University, Rare Book and Manuscript Library, *Paul Oskar Kristeller Papers*, Ser. II, Box 85)

Abb. 17: Ernst Abrahamsohn als Student in Heidelberg (ca. 1925) (Universitätsarchiv Heidelberg, Studentenakte Abrahamsohn)

Abb. 18: Paul Oskar Kristeller als Student in Heidelberg (Universitätsarchiv Heidelberg, Studentenakte Kristeller)

Abb. 19: Ernst Abrahamsohn am St. John's College bei Theaterproben zu George Bernard Shaws „Androclus and the Lion" (1948) (St. John's College, Annapolis, MD)

Abb. 20: Ernst Moritz Manasse am North Carolina College for Negroes (1940er Jahre) (Image Folder 168: Ernst M. Manasse: Professor of Philosophy, Latin, and German: Scan 19, James E. Shepard Memorial Library of North Carolina Central University)

Abb. 21: Rudolf Bultmann (Marburg 1930er Jahre)
(Deutsches Dokumentationszentrum für Kunstgeschichte – Bildarchiv Foto Marburg)

Abb. 22: Paul Friedländer (UCLA, 1949) („Friedlander, Paul". Biographical File Reference Collection. UCLA University Archives, Los Angeles)

Einleitung

Prolegomena

Das Interesse an wissenschaftsgeschichtlichen Themen ist in den letzten zwei Jahrzehnten auch in den klassischen Disziplinen deutlich gestiegen. Sammelbände wie Hellmut Flashars *Altertumswissenschaften in den Zwanziger Jahren: Neue Fragen und Impulse* (1995) oder William M. Calders *Werner Jaeger Reconsidered* (1992) zeigen, dass die klassische Philologie mehr und mehr dazu tendiert, ihre Abhängigkeit von historischen und politischen Kontexten zu begreifen und kritisch zu hinterfragen. So organisierte z. B. die Humboldt Universität Berlin ehrgeizige Tagungen und Vorlesungsreihen, die anschließend im de Gruyter Verlag publiziert wurden, wie *Theodor Mommsen – Wissenschaft und Politik im 19. Jahrhundert* (hrsg. v. Alexander Demandt u. a. 2003/2005) oder *Die modernen Väter der Antike: Die Entwicklung der Altertumswissenschaften an Akademie und Universität im Berlin des 19. Jahrhunderts* (hrsg. v. Annette M. Baertschi u. a. 2005/6 bzw. 2009). Leben und Werk des Gräzisten Ulrich von Wilamowitz-Moellendorff hat wohl kein anderer detailreicher und kompetenter dargestellt als Calder, während die Rolle weiblicher Altertumswissenschaftler durch Judith P. Halletts „Six North American Women Classicists" (*Classical World, Special Issue* 1996/97),[1] oder durch Getzel M. Cohens ambitioniertes Projekt *Breaking Ground: Pioneering Women Archaeologists*[2] untersucht wurde und wird.

Seit den 1990er Jahren, nach einer beschämend langen Zeit des Schweigens und der Verdrängung, thematisieren die deutschen Universitäten endlich auch ihre Rolle und die ihrer Fakultäten während der Herrschaft des Nationalsozialismus: hier wären vor allem zu nennen die monumentale dreibändige Studie *Hochschulalltag im „Dritten Reich": Die Hamburger Universität 1933–1945* mit Gerhard Lohses Beitrag „Klassische Philologie und Zeitgeschehen. Zur Geschichte eines Seminars an der Hamburger Universität in der Zeit des Nationalsozialismus" (1991), Cornelia Wegelers *...,wir sagen ab der internationalen Gelehrtenrepublik': Altertumswissenschaft und Nationalsozialismus. Das Göttinger Institut für Altertumskunde 1921–1962* (1996), Jürgen Malitz' Beitrag „Klassische Philologie" in Eckhard Wirbelauers *Die Freiburger Philosophische Fakultät 1920–1960* (2006),

---

[1] Hallett wird auch den Band *Biographical Dictionary of Women Classicists* (zusammen mit Graham Whitaker) in der geplanten neuen Reihe „Companions to Classical Reception" bei Brill herausgeben, der voraussichtlich 2017 erscheinen wird.
[2] Band 1 gedruckt Ann Arbor 2004, seither online unter dem Titel *Breaking Ground: Women in Old World Archaeology*, Providence, R.I. 2004 (http://www.brown.edu/Research/Breaking_Ground/about.php).

Maximilian Schreibers „Altertumswissenschaft im Nationalsozialismus. Die klassische Philologie an der LMU" in Elisabeth Kraus' *Die Universität München im Dritten Reich* (2006), oder Aleksandra Pawliczeks Studie *Akademischer Alltag zwischen Ausgrenzung und Erfolg: Jüdische Dozenten an der Berliner Universität 1871–1933* (2011).[3]

Was bislang fehlt, ist eine umfassende und ausführliche Darstellung der Geschichte der Altertumswissenschaftler, die aus Deutschland vertrieben wurden, die „über Nacht" aus ihren beruflichen Positionen gejagt wurden, aus politischen oder rassischen Gründen.

Pioneer's progress?[4] – Die Rolle Calders

Diese empfindlich klaffende Lücke im wissenschaftsgeschichtlichen Diskurs verwundert um so mehr, als vor nahezu fünf Jahrzehnten ein junger amerikanischer Associate Professor von der Columbia University, ausgestattet mit einem Guggenheim-Fellowship, an der Freien Universität Berlin am 2. Februar 1965 einen Vortrag in deutscher Sprache hielt, der trotz des unverfänglichen Titels „Die Geschichte der klassischen Philologie in den Vereinigten Staaten" das damalige Selbstbild und Selbstverständnis der Klassischen Philologie in Deutschland hätte revolutionieren können. Denn im fünften von insgesamt sieben Abschnitten seiner Ausführungen, auf nur fünf Seiten, lenkte William Musgrave Calder III (wer sonst?) – in einer für ihn überraschend zurückhaltenden, unpolemischen Diktion – erstmals den Blick auf „etwa 20 bedeutende Gelehrte von internationalem Ruf (…) aus Deutschland (…), führende Männer und Frauen", für die in den „späten dreißiger Jahren (…) Lehrstühle an den besten [amerikanischen] Universitäten gefunden" wurden.[5] Gemeint waren natürlich die deutschen und deutsch-jüdi-

---

[3] Erst nach Abschluss des Manuskripts erschienen der letzte Supplementband des *Neuen Pauly*, das von Peter Kuhlmann und Helmuth Schneider herausgegebene biographische Lexikon *Geschichte der Altertumswissenschaften* (Stuttgart, Weimar 2012) mit Kurzviten zu Margarete Bieber, Karl Lehmann-Hartleben, Otto Brendel, Kurt von Fritz und Paul Friedländer (siehe die Rezension von Martina Pesditschek und Klaus Schreiber in *IFB* 13–1 http://ifb.bsz-bw.de/bsz115678433rez-1.pdf) und der erste Teil des von Gunnar Brands und Martin Maischberger herausgegebenen Sammelbandes *Lebensbilder: Klassische Archäologen und der Nationalsozialismus* (Rahden, Westf. 2012), mit einer Kurzbiographie zu Brendel (Lorenz 2012; siehe die Rezension von Matthias Willing in *H-Soz-u-Kult*, 24.10.2012 http://hsozkult.geschichte.hu-berlin.de/rezensionen/2012-4-072).
[4] Nach dem Titel der Autobiographie des Gründers der New School for Social Research New York, Alvin S. Johnson (Johnson 1952).
[5] Calder 1966, 34 f.

schen Altertumswissenschaftler, die nach der Machtübernahme der Nationalsozialisten 1933 zwangsweise entlassen worden und in die USA emigriert waren:

> Elias J. Bickermann, Margarete Bieber, Herbert Bloch, Dietrich von Bothmer, Otto J. Brendel, Ludwig Edelstein, Hermann Fränkel, Paul Friedländer, Kurt von Fritz, Georg M. A. Hanfmann, Werner W. Jaeger, Ernst Kapp, Paul O. Kristeller, Karl Lehmann-Hartleben, Friedrich W. Lenz, Otto Neugebauer, Anton E. Raubitschek, Friedrich Solmsen und Alexander Turyn.

Calders Liste war zwar nicht vollständig, doch trotzdem nicht minder kostbar, denn bis auf wenige Ausnahmen (Jaeger, Lehmann-Hartleben, Edelstein) waren zu diesem Zeitpunkt noch alle Genannten am Leben und hätten – gemäß Hans Sahls berühmter Diktion „Wir sind die Letzten. / Fragt uns aus. / Wir sind zuständig"[6] – durchaus Auskunft geben können. Doch obwohl Calder diesen Vortrag insgesamt viermal wiederholte,[7] bevor er 1966 im *Jahrbuch für Amerikastudien* publiziert wurde, fand sich in Deutschland damals niemand, der diese wissenschaftsgeschichtlichen Impulse hätte aufgreifen wollen oder können.

So träumte Calder noch 1980 in seinem Aufsatz „Research Opportunities in the Modern History of Classical Scholarship" davon, selber eine Monographie zum Thema „The influence of 1930s Immigrant Scholars on U.S. Classics: Documentation and Evaluation" zu verfassen, allerdings nur unter der ironischen Maßgabe „if I had another life or two".[8]

Immerhin hatte zu diesem Zeitpunkt der Althistoriker Volker Losemann, ein Schüler Karl Christs, der 1972 seinerseits mit dem Sammelband *Von Gibbon zu Rostovtzeff* sein wissenschaftsgeschichtliches Interesse zu erkennen gegeben hatte, seine Dissertation *Nationalsozialismus und Antike: Studien zur Entwicklung des Faches Alte Geschichte 1933–1945* veröffentlicht (Diss. Marburg 1975, Hamburg 1977), eine Arbeit, die Calder 1981 in *Classical Philology* ausführlich und wohlwollend rezensierte:

> „Volker Losemann (b. 1942) (...) has chosen a controversial but revealing instance (...). Although ancient history is emphasized, there is rich material, especially in notes, on philology and archaeology. Throughout the subject is treated *sine ira et studio* and with a minimum of exclamation points."[9]

---

6 Aus dem 1973 verfassten Gedicht *Die Letzten*, zitiert nach Sahl 2009, 10.
7 An der Johann-Wolfgang-Goethe-Universität in Frankfurt/Main („an Lincolns Geburtstag" [=12. Februar 1965]), am 15. Februar 1965 an der Universität von Kopenhagen, am 30. April 1965 an der Universität von Leeds und am 3. Juni 1965 an der Universität Köln (Calder 1966, 42, Anm. 123).
8 Calder 1984, 10 und 12.
9 Calder 1981, 166 (auch in Calder 1984, 83).

Christ war es auch, der in seinem programmatischen Aufsatz *Zur Entwicklung der Alten Geschichte in Deutschland* (1971) gefordert hatte, „die wissenschaftliche Passivbilanz" der nationalsozialistischen „Epoche zu ziehen" und „an die seit 1933 vertriebenen und verfolgten Fachvertreter zu erinnern".[10] Mit diesem radikalen Programm überforderte er aber zu diesem Zeitpunkt nicht nur die große Mehrheit der Fachvertreter, sondern auch die Gremien der *Deutschen Forschungsgemeinschaft*: in „Rekordzeit", so Losemann in einem forschungsgeschichtlichen Rückblick, hätten die Fachgutachter der *DFG* im Januar 1969 Christs Projektantrag zum Thema „Alte Geschichte und Nationalsozialismus" abgelehnt und ihm geraten, diesen zurückzuziehen.[11]

Doch zurück zur klassischen Philologie: Den nächsten Schritt in Richtung „Refugee Classical Scholars" unternahm Walther Ludwig, ein ehemaliger Kollege Calders an der Columbia University. Er war Kurt von Fritz' wissenschaftlicher Assistent nach dessen Rückkehr aus dem amerikanischen Exil gewesen, zunächst an der FU Berlin (1955–1958), dann bis 1963 an der LMU München. Eine insgesamt achtjährige Lehr- und Forschungstätigkeit in den USA hatte seinen Blick für den deutsch-amerikanischen „Wissenschaftstransfer" in den 1930er Jahren geschärft.[12] So war er wie kein anderer prädestiniert dafür, im Mai 1983 auf dem Symposium „Vor 50 Jahren: Emigration und Immigration von Wissenschaft", das die Gesellschaft für Wissenschaftsgeschichte zum Gedenken an die Massenentlassungen 1933 an den deutschen Universitäten veranstaltete, einen Vortrag zum Thema „Amtsenthebung und Emigration Klassischer Philologen" zu halten.[13] Ausgehend von den Vorarbeiten Calders und Losemanns stützte er sich nicht nur auf Nekrologe, sondern auch auf mündliche und briefliche Auskünfte, insbesondere von in den USA tätigen Kollegen wie Charles Kahn (von Fritz' letzter Doktorand an der Columbia), George A. Kennedy und Friedrich Solmsen.[14] Die Quellenlage für diesen Vortrag, so Ludwig im mündlichen Gespräch mit dem Verfasser im Frühjahr 2010 in New York, sei außerordentlich schwierig gewesen, denn lexikalische Literatur wie Strauss/Röders *Biographisches Handbuch der deutschsprachigen Emigration / International Biographical Dictionary of Central*

---

10 Christ 1971, 584, Losemann 2001, 79.
11 Losemann 2001, 79 f.
12 1962 Junior Fellow am Center for Hellenic Studies, Washington, D.C.; 1966 Visiting Professor an der Stanford University, CA; 1970 Member of the Institute for Advanced Study, Princeton, N.J.; 1970–1976 Professor und – wie Kurt von Fritz 1943 bis 1954 – Chairman of the Department for Greek and Latin an der Columbia University.
13 Die Druckfassung des Vortrags erschien 1984 in den *Berichten zur Wissenschaftsgeschichte*, eine korrigierte und ergänzte Fassung 1986 in den *Würzburger Jahrbüchern*.
14 Ludwig 1986a, 220.

European Émigrés sei zu diesem Zeitpunkt noch nicht erschienen gewesen.[15] Dennoch bietet Ludwig einen bis heute nützlichen Überblick mit Kurzbiographien zu dreizehn in die Schweiz (Norden), in die Türkei (Rohde), nach England (E. Fraenkel, Jacoby, Maas, Pfeiffer, Walzer) und in die USA (Jaeger, Friedländer, H. Fränkel, v. Fritz, Kapp, Solmsen) emigrierten Professoren bzw. Privatdozenten der Klassischen Philologie.

Alessandra Bertini-Malgarini konnte in ihrem 1989 erschienenen Aufsatz „I Classicisti Tedeschi in America fra il 1933 e il 1942", der Druckfassung eines im September 1986 in Baltimore gehaltenen Vortrages, zwar auf einschlägige, in den 1980er Jahren erschienene disziplinübergreifende Literatur zum Thema Wissenschaftsemigration zurückgreifen (vor allem auf Strauss/Röders *International Biographical Dictionary of Central European Émigrés* und auf Lewis A. Cosers Monographie *Refugee Scholars in America: Their impact and their experiences* [1984]), das Ergebnis ist aber dennoch insgesamt enttäuschend, denn ihr relativ unsystematischer Beitrag enthält, abgesehen von einem Kurzporträt zu Friedrich W. Lenz, nur wenig Neues.[16]

Doch auch Calders neuere Arbeiten zum Thema „Refugee Classical Scholars" sind wenig geeignet, den von ihm schon 1965 erreichten Kenntnisstand zu erweitern: sie repetieren und paraphrasieren im Wesentlichen seine Kernthesen von 1966, die eigentliche Originalleistung besteht lediglich im Nachtragen der seither erschienenen Spezialliteratur. Dies gilt für die Artikel „The Refugee Classical Scholars in the USA: An Evaluation of their Contribution" (1992)[17] und „William Abbott Oldfather and the Preservation of German Influence in American Classics" (1995) ebenso wie für den einleitenden Essay „Classical Scholarship in the United States" zu Ward W. Briggs Nachschlagewerk *Biographical Dictionary of North American Classicists* (1994).[18] Es ehrt den Autor, dass er keinen Hehl aus seiner Wiederholungsstrategie macht, sondern sogar vor dieser warnt: „Unavoidably

---

15 Der für Ludwig maßgebliche zweite Band *The Arts, Sciences, and Literature* erschien erstmals 1983 (Strauss, Röder 1999).
16 Bertini-Malgarini 1989, 160 f.; um dem Untertitel des Artikels „Aspetti storici e metodologici" gerecht zu werden, ergänzt sie die biographischen Angaben mit statistischem Zahlenmaterial (155 ff.) und Kurzangaben zu den drei wichtigsten Hilfskomitees *Emergency Committee in Aid of Displaced Foreign Scholars*, *Rockefeller Foundation* und *Oberlaender Trust* (162 f.).
17 1997 unverändert ins Deutsche übersetzt, unter dem Titel „Deutsche Philologie im amerikanischen Exil: Eine Analyse ihrer Wirkungen" (Calder 1997a).
18 Die für uns maßgeblichen Passagen firmieren seit 1992 unter der Kapitelüberschrift „Adolf Hitler and the American Classics" (Calder 1992a, 154; 1994a, XXIII und 1995, 404). Aufschlussreicher, origineller und zum Teil witziger sind Calders verstreute Aufsätze zur Wissenschaftsgeschichte, die in den Sammelbänden *Men in their Books* (Bd. 1 1998, Bd. 2 2010) zusammengestellt sind, und der von ihm veranstaltete Konferenzband *Werner Jaeger Reconsidered* (1992).

some of what I say here I have earlier said there."[19] Für den interessierten Leser ist dies aber nur ein schwacher Trost dafür, dass fünf Jahrzehnte nach Calder und drei Jahrzehnte nach Ludwig die Darstellung der ins Exil getriebenen deutschen Altertumswissenschaftler substantiell nicht vorangekommen ist.[20]

Vom Kurt-von-Fritz-Gedächtnis-Preis zu Kurt von Fritz (New York 2005/2006)

Mein Interesse für dieses Thema wurde geweckt, als meine Dissertation im Dezember 1997 in München mit dem „Kurt-von-Fritz-Gedächtnis-Preis"[21] ausgezeichnet wurde. In einer bewegenden Feierstunde in Anwesenheit der Stifterin Frau Hildegard von Fritz wurde auch der außerordentliche Mut Kurt von Fritz' gewürdigt, der es als einziger deutscher Professor Ende 1934 gewagt hatte, den für Beamte obligatorischen Amtseid auf den Reichsführer Adolf Hitler zu verweigern. Diese bewunderungswürdige Haltung kostete den jungen Gräzisten seine Professur: im Frühjahr 1935 wurde er entlassen, wenige Monate später wurde ihm sogar die Nutzung wissenschaftlicher Bibliotheken untersagt. 1936 entschloss er sich zur Emigration, 1937 trat er die Stelle eines Visiting Associate Professor an der Columbia University an, zusammen mit Gilbert Highet.

---

19 Calder 1995, 403, Anm. 1. Auch Herbert W. Benario, der als Student (1948/49) und junger Instructor (1953) an der Columbia University sowohl von Fritz als auch Kapp noch persönlich gekannt hat (E-mail Benario an Verfasser, 22.4.2008), vermochte die Erwartungen, die er mit dem Titel seines Aufsatzes „German-Speaking Scholars in the United States and Canada from the 1930s" (Benario 2001) weckte, nicht zu erfüllen: seine Liste ist zwar umfangreicher als die Calders oder Ludwigs, doch er bietet nur stichpunktartiges Material zu insgesamt 58 Gelehrten, ganz im Stil eines „Kürschners Gelehrtenkalenders" oder eines „Who's who".
20 Daran ändern selbst die verdienstvollen Arbeiten Eckart Menschings nichts, der seit 1987 in Detailstudien zur Fachgeschichte insbesondere die „Schicksale deutsch-jüdischer Gelehrter, die in der Zeit des Nationalsozialismus vertrieben oder ermordet wurden", zu dokumentieren suchte (Fritsch 2007, 217 f.). Viele seiner Beobachtungen und Deutungen, die er in der 14-bändigen Reihe *Nugae zur Philologiegeschichte* publizierte, stützen sich jedoch auf zufälliges, nicht systematisch zusammengetragenes Material, was den Wert seiner Ergebnisse mitunter mindert. Für die vorliegende Arbeit wurden vor allem seine Artikel zu Ernst Moritz Manasse und Paul Friedländer (Mensching 2001, 2002 und 2003) kritisch ausgewertet.
21 Nicht zu verwechseln mit dem „Kurt-von-Fritz-Preis für NachwuchswissenschaftlerInnen", den das Landesbüro Mecklenburg-Vorpommern der *Friedrich-Ebert-Stiftung* seit 2007 für „Arbeiten zum Master-, Bachelor-, Magister- und Staatsexamensabschluss, die in herausragender Weise soziale, ökologische, kulturelle und demokratiebedeutsame Themen aufgreifen", an jeweils drei Absolventen der Universitäten und (Fach-) Hochschulen des Landes verleiht. (http://www.fes-mv.de/index.php?option=com_content&task=view&id=23&Itemid=57)

Ein Jahr später, im Dezember 1998, besuchte ich nach einem Vortrag in Washington, D.C. erstmals New York und betrat zum ersten Mal das Classics Department der Columbia University. Ich war tief berührt, ja überwältigt von Charakter, Eigenart und Atmosphäre dieser Stadt: deutsche Vergangenheit und deutsche Zeitgeschichte sind hier viel stärker gegenwärtig und emotional erfahrbar als in Deutschland selbst. Nicht nur in akademischen Kreisen, sondern auch im Alltagsleben kommt es immer wieder zu persönlichen Begegnungen mit deutschen und europäischen Juden, die als Emigranten oder Displaced Persons dem Wahn von Nationalsozialismus und Faschismus entfliehen und Zuflucht finden konnten in der ‚europäischsten' Metropole der USA: New York. Daher stand mein Entschluss rasch fest, als Independent Scholar in dieser Stadt zu leben und zu forschen, sobald meine beruflichen Verpflichtungen es erlaubten.

Im akademischen Jahr 2005/2006, als Visiting Scholar des Classics Departments der Columbia University (sabbatical ohne Bezüge) setzte ich mich daran, auf den Spuren von Kurt von Fritz die Geschichte des Departments in den 1930er und 40er Jahren zu erforschen. Während des Aktenstudiums in den Archiven der Columbia University fand ich Hinweise auf einen wahren Schatz, der noch nicht gehoben ist: Dieser Schatz besteht aus 212 Boxen, 88.5 linear feet, die die Korrespondenz mit oder zugunsten vertriebener deutscher und europäischer Wissenschaftler enthalten, Lebensspuren von über 6000 Antragstellern, von denen insgesamt nur 335 gefördert werden konnten, kurz: die „Records of the *Emergency Committee in Aid of Displaced German/Foreign Scholars*", die in der Manuscripts and Archives Division der Humanities and Social Sciences Library in der New York Public Library verwahrt sind.

Diese Akten dokumentieren die ungeheuer effiziente Arbeit eines der finanzstärksten und wirkungsreichsten Hilfskomitees, in seiner Bedeutung vergleichbar nur mit dem *Oberlaender Trust* der „Carl Schurz Memorial Foundation" oder der *Rockefeller Foundation*.[22] Für Exilforschung und Wissenschaftsgeschichte im Allgemeinen, vor allem aber für die Erforschung der Geschichte der Klassischen Philologie sind diese Akten eine Quelle von unschätzbarem Wert: mindestens

---

22 Der *Oberlaender Trust* investierte bis Kriegsende etwa ein Drittel seines Stiftungsvermögens ($ 317.000) in die Förderung von mehr als 300 vertriebenen Wissenschaftlern (Gramm 1956, 65), während das *Emergency Committee* eine Gesamtsumme von $ 737.000 für die Anstellung von 335 Refugee Scholars an amerikanischen Universitäten aufbrachte, an die sie insgesamt 620 Einzelgrants ausbezahlte (Duggan, Drury 1948, 196 f.; siehe auch Obermayer 2008, 217). Es wird nicht überraschen, dass das „Refugee Scholars Program" der *Rockefeller Foundation* am großzügigsten ausgestattet war: sein Gesamtvolumen belief sich im Zeitraum von 1933 bis 1945 auf $ 1.500.000, für die Unterstützung von insgesamt 303 europäischen Wissenschaftlern, davon 191 aus Deutschland (Fosdick 1989, 276 f., sowie die Einleitung zur online-Fassung von Appleget 1946 = http://www.rockarch.org/collections/rf/refugee.php).

dreizehn[23] Altertumswissenschaftler wurden vom *Emergency Committee* erfolgreich in ihrem Bemühen unterstützt, Anstellung an US-amerikanischen Universitäten zu finden, zum Teil wurden Zuschüsse zu den Gehältern in Form von Stipendien (grants) über mehrere Jahre bewilligt. Nicht weniger dramatisch lesen sich die Akten der Classicists, denen trotz intensiver Vermittlungstätigkeit des *EC* nicht geholfen werden konnte.[24] Obwohl die Akten seit 1970 der Öffentlichkeit zugänglich sind, wurden Sie von der Fachliteratur bisher meist ignoriert.[25]

Der Bestand des *EC* umfasst nicht nur die Korrespondenz mit den Antragstellern (boxes 1–133), sondern auch den Briefwechsel mit Colleges und Universitäten (boxes 134–158) und mit anderen Hilfsorganisationen wie dem *Academic Assistance Council*, dem *American Committee for Christian German Refugees*, der *Carnegie Corporation*, dem *Committee for Catholic Refugees from Germany*, mit

---

[23] „I.A. Grantees, 1933–1946; 36 boxes" (O'Shea 2007, 1–8): Hans Baron, Margarete Bieber, Otto Brendel, Ludwig Edelstein, Eva Fiesel(-Lehmann), Hermann Ferdinand Fränkel, Paul Friedländer, Ernst Kapp, Karl Lehmann-Hartleben, Antony Erich Raubitschek, Arthur Rosenberg, Friedrich Solmsen, Hans Julius Wolff.

[24] „I.B. Non-Grantees, 1927–1945; 97 boxes" (O'Shea 2007, 8–106): Ernst Abrahamsohn, Elias Bickermann, Ludwig Bieler, Herbert Bloch, David Daube, Victor Ehrenberg, Eduard Fraenkel, Kurt von Fritz, Henri Grégoire, Fritz Heichelheim, Henry M. Hönigswald, Heinrich R. Immerwahr, Paul Jacobsthal, Werner Jaeger, Elisabeth Jastrow, Georg Karo, Raymond Klibansky, Paul Oskar Kristeller, Friedrich Walter Lenz, Hans Liebeschütz, Paul Maas, Ernst Moritz Manasse, Arnaldo Momigliano, Theodor Ernst Mommsen, Hans Nachod, Edith von Porada, Max Rothstein, Renata von Scheliha, Otto Skutsch, Ernst Stein, Franz Stoessl, Eugen Täubler, Rafael Taubenschlag, Alexander Turyn, Richard Walzer, Felix Martin Wassermann, Stefan Weinstock, Konrat Ziegler.

[25] Sowohl von Herbert A. Strauss und Werner Röder in ihrem Standardwerk *Biographisches Handbuch der deutschsprachigen Emigration / International Dictionary of Central European Émigrés* (3 Vols., München, New York, Paris 1980–1983) als auch von William M. Calder in seinen überblicksartigen Aufsätzen „Die Geschichte der Klassischen Philologie in den Vereinigten Staaten" (Calder 1966) und „The Refugee Classical Scholars in the USA: An Evaluation of their Contribution" (Calder 1992a). Ausnahmen: Ernst C. Stiefels und Frank Mecklenburgs *Deutsche Juristen im amerikanischen Exil* (1991; zum *EC* 21–25) und Johannes Feichtingers *Wissenschaft zwischen den Kulturen. Österreichische Hochschullehrer in der Emigration 1933–1945* (2001; zum *EC* 74–84), der vor allem das Schicksal von Wirtschafts- und Sozialwissenschaftlern nachzeichnet. Eigentümlicherweise erwähnt der österreichische Soziologe Christian Fleck in seinem Beitrag „Long-Term Consequences of Short-Term Fellowships" in dem einschlägigen Sammelband *The Unacceptables: American Foundations and Refugee Scholars between the Two Wars and after* (Gemelli 2000) das *Emergency Committee* auf nur wenigen Seiten: obwohl er 1999 Fellow des „Dorothy and Lewis B. Cullman Center for Scholars & Writers" an der New York Public Library war, analysiert er in seinem Artikel hauptsächlich die Arbeit der *Rockefeller Foundation*. Die Benutzung der *EC*-Akten ist explizit ausgewiesen bei den Autoren der biographischen Essays zu Eva Fiesel (Häntzschel 1994), Arthur Rosenberg (Keßler 2003) und Ludwig Edelstein (Rütten 2006).

Alvin Johnson von der New School for Social Research, dem *Oberlaender Trust*, der *Rockefeller Foundation* und der *Rosenwald Familiy Association* (boxes 159–170).

Auch die Förderer, Mitarbeiter und Mitglieder des Executive Committee des *EC* werden durch die Akten lebendig: Hier wären vor allem der Chairman Dr. Stephen Pierce Duggan zu nennen, hauptberuflich Director des *International Institute of Education (IIE)*, die Secretaries Edward R. Murrow (1933 bis 1935),[26] John Whyte (1935 bis 1937) und die unermüdliche und unentbehrliche Betty Drury (1937 bis 1944), der einflussreiche Philanthrop Bernard Flexner und Fred M. Stein, der langjährige Treasurer des *EC*.

Die Sekretäre und Sekretärinnen hatten ein paperwork von herkulischem Ausmaß zu bewältigen: applications, CVs, letters of recommendations, Protokolle der persönlichen Interviews, Vorbereitung der Sitzungen des Executive Committee, die etwa zehnmal (!) im Jahr stattfanden, Zusage- und Ablehnungsschreiben, die Korrespondenz mit anderen Hilfsorganisationen und die Erstellung jährlicher Broschüren, einer Art von Rechenschaftsberichten für die Mäzene.

Die Satzung des *EC* sah vor, dass lediglich ein Teil des Professorengehaltes, in der Regel 50 %, vom Komitee selbst übernommen wurde, die zweite Hälfte sollte eine andere Hilfsorganisation, meist der *Oberlaender Trust* oder die *Rockefeller Foundation*, selten ein „private donor", zuschießen.

Bis zum Ende des ersten Forschungsaufenthaltes in New York (August 2006) konnte ich eine erste oberflächliche Sichtung des Materials abschließen. Zwischenergebnisse zu Ernst Kapp, Kurt von Fritz und Margarete Bieber wurden im April 2006 am Classics Department der Columbia University und am Barnard College präsentiert und zur Diskussion gestellt. Im Oktober 2007 wurde ich eingeladen, beim Centennial Meeting der *Classical Association of the Atlantic States* (*CAAS*), dessen Themenschwerpunkt mit „Representing our Ancestors" über-

---

[26] Der erst 24-jährige Edward Roscoe Murrow war 1932 von Duggan als Assistant für das *IIE* angestellt worden und übernahm auf dessen Wunsch im Mai 1933 auch die Rolle des Assistant Secretary des *Emergency Committee* (Sperber 1986, 45 ff., 51 ff.; Persico 1988, 73, 78 f.): aus seiner Feder stammen die ersten Spendenaufrufe und Leistungsberichte („Reports"), von ihm die Idee, die Entlassung und Vertreibung jüdischer Wissenschaftler aus Hitler-Deutschland mit der Massenflucht griechischer Gelehrter nach der Eroberung Konstantinopels 1453 durch die „barbarischen" Türken zu vergleichen, ein aus seiner Sicht welthistorischer ‚Glücksfall', da dieser Exodus nach Italien die dortige Entwicklung der „renaissance of humanism" beschleunigt hätte (*EC*, ‚Report as of January 1, 1934', S. 6, in NYPL, *EC*-Records 199.15). Murrow wechselte 1935 zum Rundfunk und sollte als Director von CBS Europe und Kriegsberichterstatter 1939–1945 zu einer Ikone des amerikanischen Medienbetriebs werden. Berühmt wurde er u. a. auch dadurch, dass er in seiner populären Fernsehsendung *See it Now* zum Sturz des berüchtigten ‚Kommunistenjägers' Senator Joseph McCarthy beitrug (siehe Sperber 1986, 414–471, Persico 370–394 und George Clooneys herausragende Verfilmung *Good Night, and Good Luck* [USA 2005]).

schrieben war, vor einer breiteren Zuhörerschaft in Washington, D.C. über Kurt von Fritz und Ernst Kapp zu sprechen. Eine deutsche Fassung dieses Vortrags hielt ich im Februar 2008 am Institut für Klassische Philologie in München, wo Kurt von Fritz seit 1958 bis zu seiner Emeritierung lehrte. Ein erstes Ergebnis des Forschungsprojektes, die erweiterte und überarbeitete Druckfassung des Vortrags, erschien unter dem Titel „Kurt von Fritz and Ernst Kapp at Columbia: A Reconstruction according to the Files" in *Classical World* (Obermayer 2008). Dieser Artikel fand – wie ich aus zahlreichen Zuschriften entnehmen konnte – große Beachtung und, insbesondere bei Zeitzeugen, lebhafte Zustimmung: So schrieb z. B. William Calder:

> „I have just finished your brilliant and informative article in the new CW. It is a great job and will be consulted as long as Wissenschaft survives in the West (...) Do you intend any further work on this subject? I hope so."[27]

Besonders freute mich die positive Reaktion von Martin Ostwald,[28] der Kurt von Fritz und Ernst Kapp als graduate student und als Doktorand erlebt hatte:

> „Ich habe soeben ihren ausgezeichneten Artikel in der ‚Classical World' gelesen. Er könnte m. E. nicht besser sein."[29]

---

27 E-mail Calder an Verfasser, 16.3.2008.
28 Im Februar 2006 nahm ich auf Anregung Christian Meiers erstmals Kontakt zu Martin Ostwald auf, bat ihn für meinen Vortrag an der Columbia um Informationen zu seinen akademischen Lehrern und sandte ihm vorab die Manuskriptfassung zu. Seither unterstützte er mein Projekt nach Kräften und lud mich und meine Familie mehrmals zu sich nach Swarthmore ein. Ihm verdanke ich nicht nur wichtige ‚Insider'-Informationen über von Fritz, Kapp und die Atmosphäre an Columbias Classics Department in den frühen 50er Jahren, sondern ich durfte in zahlreichen Gesprächen und Diskussionen mit ihm und seiner Frau Lore auch Wesensart und Geisteswelt eines Deutschland kennenlernen, das von den Nationalsozialisten unwiederbringlich zerstört worden war. Martin Ostwalds Emigrationserfahrungen sind kurz zusammengefasst bei Giardinelli 2002 und 2010 (mit Photo).
29 E-mail Ostwald an Verfasser, 22.3.2008. Ostwalds tiefe Verbindung zu seinen Lehrern sei kurz durch eine Anekdote charakterisiert: obwohl er sich geschworen hatte, nie wieder deutschen Boden zu betreten (Giardinelli 2002, 36; diesem Schwur blieb er bis zur Verleihung der Ehrendoktorwürde durch die Universität seiner Heimatstadt Dortmund 2001 treu; d. Verf.), hätte er doch im Anschluss an eine Griechenlandreise Mitte der 1960er Jahre in München Station gemacht, um Kapp und von Fritz zu besuchen, denn deren Wohnsitz sei gewissermaßen „exterritoriales Gebiet" gewesen (telephonisch mitgeteilt von Christian Meier im Februar 2006).

Extension und Intension: Vom Artikel zum Buch (New York 2008–2010)

Die überaus positive Resonanz auf den *CW*–Artikel bestärkte mich in dem Vorhaben, die Recherchen während eines zweiten Forschungsaufenthaltes in New York auszuweiten und in Buchform zu publizieren. Der ursprüngliche Plan, nur die „Columbia Six", also von Fritz, Kapp, Bieber, Kristeller, Brendel und Bickermann[30] zu porträtieren, erwies sich rasch als künstliche Beschränkung und wurde schon während der zweiten Recherchephase, die zusätzlich zu den Akten des *EC* auch die umfangreiche Privatkorrespondenz der Beteiligten mit heranzog, aufgegeben.

So stieß ich z. B. auf der Suche nach ergänzendem Material zu Margarete Bieber im Archiv des Barnard College auf die Archäologin Elisabeth Jastrow, eine Privatschülerin Dr. Biebers 1916 in Berlin (zusammen mit Erwin Panofsky!): mit Hilfe internationaler Stipendien musste auch sie wegen ihrer nicht-arischen Herkunft 1933 Deutschland verlassen und emigrierte nach längeren Studienaufenthalten in Italien 1938 in die USA. Dort konnte sie nicht nur auf die Unterstützung ihrer ehemaligen akademischen Lehrerin Bieber zählen, sondern auch auf die Lehmann-Hartlebens, mit dem sie schon in Italien freundschaftlich verbunden war. Durch einen glücklichen Zufall hat sich ihr gesamter Nachlass erhalten und wird vom Getty Research Institute in Los Angeles mustergültig betreut.[31] Die Entscheidung, Jastrow ein ausführliches Kapitel zu widmen, erleichterte auch die Aufnahme Paul Friedländers in das Projekt, denn sein Nachlass, der wertvolle Ergänzungen zu seiner Akte des *Emergency Committee* enthält, die *Paul Friedlaender Collection*, liegt ebenfalls in Los Angeles, im Archiv der UCLA.[32]

---

[30] Die Recherchen zu Bickermann hatte ich bereits 2006 abgebrochen, als ich von Larissa Bonfante erfuhr, dass der Bickermann-Schüler Albert I. Baumgarten an einer Monographie arbeitete: sie ist inzwischen unter dem Titel *Elias Bickerman as a Historian of the Jew* erschienen (Baumgarten 2010).

[31] Die *Elisabeth Jastrow Papers* umfassen 67 Boxen (37,4 lin. ft.) und sind in den Special Collections der Research Library des Getty Research Institute in Los Angeles aufbewahrt; die *Paul Friedlaender Collection* (Coll. 1551) findet sich im Departement of Special Collections der Charles E. Young Research Library der UCLA.

[32] Die Aufnahme Paul Friedländers erklärt sich auch aus der besonderen Dramatik seiner Emigration: während Komitees und Universitäten über seine mögliche Anstellung in den USA und deren Finanzierung berieten, wurde er im Zuge des Novemberpogroms 1938 von der Gestapo verhaftet und ins KZ Sachsenhausen verschleppt. Die Niederschrift des Friedländer-Kapitels in dieser erweiterten Form wäre nicht möglich gewesen ohne die freundliche und großzügige Bereitstellung von Akten und Korrespondenz durch das Universitätsarchiv Pfännerhöhe der Universität Halle-Wittenberg und durch die Universitätsbibliothek Tübingen, die mir Einblick in

Unerwartete Konsequenzen für die Gesamtkonzeption der Studie hatte die Sichtung der „Papers" von Paul Oskar Kristeller, Professor für Philosophy an der Columbia University von 1939 bis 1973: diese hatte ich 2006 aus Zeitgründen nicht mehr einsehen können.[33] Schon ein Blick auf die Dimensionen dieses Nachlasses, der in der Rare Books and Manuscript Library der Butler Library (Columbia University) gelagert ist, macht unmissverständlich klar, welch einzigartigen Thesaurus der Exilgeschichte Kristeller mit seiner „archival mentality"[34] der Nachwelt zur Verfügung gestellt hat: „114.78 linear feet (171 boxes; 81 document boxes, 72 record storage cartons, 18 notecard boxes)".[35]

In Tausenden von Briefen bietet er einen unschätzbaren Einblick in die akademische Welt der 1920er, 30er und 40er Jahre, angefangen von seiner Studienzeit an den wichtigsten deutschen Universitäten (Heidelberg, Berlin, Marburg, Freiburg 1923–1933) über sein erstes Exil in Italien (Florenz, Pisa, Rom 1933–1938) bis hin zu seinen unermüdlichen Bemühungen um eine Stelle in den USA, für sich ebenso wie für seine zahlreichen Freunde und Bekannten (New York 1939–1948).[36]

Die sorgfältige Auswertung dieser Sammlung öffnete den Blick für die Existenz eines ‚Kristeller-Kreises', der sich seit Mitte der 1920er Jahre formierte und dessen ‚Mitglieder' sich bis Mitte der 40er Jahre solidarisch durch alle Etappen des Exils begleiteten: zunächst in Heidelberg die Kommilitonen Ernst Abrahamsohn, Herbert Dieckmann und Ernst Moritz Manasse sowie die Professoren Karl Lehmann-Hartleben und Leonardo Olschki, später in Berlin Hans Baron, Vera Lachmann und Kristellers Berliner Lehrer Werner Jaeger, Eduard Norden und die

---

die Korrespondenz zwischen Friedländer und seinem wichtigsten Vertrauten, dem Neutestamentler Rudolf Bultmann, gewährte. Dank auch an Herrn Prof. Konrad Hammann, der eine Edition dieses Briefwechsels vorbereitet.

33 Das Material, das in den Akten des *Emergency Committee* erhalten ist, wirkte zunächst nicht besonders alarmierend: dort existiert zu Kristeller lediglich eine schmale Mappe (Box 83, Folder 40), eingeordnet in die Rubrik „Non-Grantees", da er vom *EC* keine Förderung erhalten hatte.

34 John Spalek, Interview mit Paul Oskar Kristeller, 7.11.1982 (Toncassette), in SUNY, University of Albany, M. E. Grenander Department of Special Collections & Archives, German and Jewish Intellectual Émigré Collection, John M. Spalek Collection (GER-106), German Intellectual Émigré Tape Recordings.

35 „Physical description" der „summary information" der *Paul Oskar Kristeller Papers 1905–1998 [Bulk Dates: 1941–1997]* in CU, RBML (http://findingaids.cul.columbia.edu/ead/nnc-rb/ldpd_4079550/summary). Zum Vergleich: das gesamte Archiv des *Emergency Committee*, das immerhin die Korrespondenz mit 6000 Antragstellern dokumentiert, umfasst nur 88.5 linear feet!

36 In den Beständen des „Oral History Research Office" findet sich überdies eine unveröffentlichte 1000-seitige Transkription von insgesamt 12 Interviews, in denen Kristeller sozusagen eine ‚Rohfassung' seiner Autobiographie entwirft.

jungen Privatdozenten Friedrich Solmsen und Richard Walzer, und in Freiburg Elisabeth Feist, eine Jugendfreundin, und Martin Heidegger, der Betreuer der Habilitation.

Zugleich rückten die *Kristeller-Papers* die Bedeutung des Fluchtlandes Italien stärker in den Vordergrund: für die jüngere, meist noch nicht habilitierte Generation (Jahrgang 1904–1908) bestand in Florenz, Pisa oder Rom die Möglichkeit, in unbezahlten oder sehr schlecht bezahlten Lehraufträgen akademische Lehrerfahrung zu sammeln, die bei der späteren Antragstellung für non-quota visa in die USA (die in der Regel nur an Professoren oder Privatdozenten vergeben wurden) oft lebensrettend war. Aus deutscher Perspektive mag es dabei erstaunen, dass einer der wichtigsten Förderer Kristellers, Senatore Giovanni Gentile, der auch andere deutsch-jüdische Wissenschaftler großzügig unterstützte, Mussolini sehr nahe stand und der erste Kulturminister des faschistischen Italiens war.

Vor allem im „Landschulheim Florenz" in der Villa Pazzi, das 1933 von dem preußischen Ministerialrat Werner Peiser und dem jüdischen Journalisten Moritz Goldstein speziell für emigrierte deutsch-jüdische Jungen und Mädchen gegründet wurde und unter Gentiles besonderem Schutz stand, entwickelte sich bis zu seiner Schließung im September 1938 ein ‚Netzwerk des Exils': Kristeller, Manasse und Abrahamsohn unterrichten dort; der ‚Kristeller-Kreis' erweiterte sich um Heinrich Kahane, den pädagogischen Leiter des Internats, seine Frau Renée Kahane-O'Toole, um Gabriele Schöpflich, eine Studentin Eva Fiesels, die später in den USA Heinrich Hönigswald heiraten wird, Marianne Bernhard-Manasse und um Thomas Goldstein, den Sohn Moritz Goldsteins.

Die Materialfülle, die die *Kristeller-Papers* zur Verfügung stellen, erlaubte es nicht nur, die Lebens- und Fluchtwege Kristellers seit den späten 1920er Jahren detaillierter als erwartet darzustellen, sondern ließ es auch dringend geboten erscheinen, zwei weniger bekannte Gelehrte zu porträtieren, die über Jahrzehnte zu Kristellers engsten Freunden zählten und deren Exilerfahrungen untrennbar miteinander verknüpft waren: Ernst Abrahamsohn und Ernst Moritz Manasse.[37]

Exemplarisches Paradestück und Herzensanliegen der vorliegenden Studie war und blieb jedoch weiterhin die Rekonstruktion der unverbrüchlichen

---

[37] Sie konnten sich im Wissenschaftsbetrieb der USA nicht so ‚glanzvoll' positionieren wie ihr berühmter Freund: Manasse wurde als Instructor für Deutsch und Latein am North Carolina College for Negroes angestellt, Abrahamsohn war lange Jahre – zunächst an der ebenfalls ‚schwarzen' Howard University – Instructor für Französisch und Latein. Während Manasse in den 1980er und 90er Jahren, vor allem nach Gabrielle S. Edgcombs Untersuchung *From Swastika to Jim Crow* (1993) eine gewisse Beachtung fand (sein Nachlass wurde von John M. Spalek dem Deutschen Exilarchiv in Frankfurt übergeben), blieb Abrahamsohns früher Tod 1958 im Nachkriegsdeutschland gänzlich unbeachtet. Ein Nachruf ist mir in beiden Fällen nicht bekannt.

Freundschaft zwischen Kurt von Fritz und Ernst Kapp vor und während der Emigration. Die Quellenlage hatte sich nach Drucklegung des *Classical World*-Artikels durch zahlreiche ergiebige und bedeutende Materialfunde so stark verbessert, dass dieser Abschnitt nicht nur gründlich zu überarbeiten, sondern auch stark zu erweitern und in Teilen neu zu bewerten war.[38]

Während der Vorbereitungen zu meinem Münchner Vortrag im Februar 2008 hatte ich das Glück, den Archivar der Bayerischen Akademie der Wissenschaften Herrn Bernd Görmer persönlich kennenzulernen, der nach Kurt von Fritz' Tod 1985 in engem Kontakt mit dessen Witwe Hildegard von Fritz stand und den umfangreichen Nachlass ihres verstorbenen Mannes, der ursprünglich für das Bundesarchiv in Koblenz bestimmt war, zwischen 1986 und 2004 kartonweise von ihrem Domizil in Tutzing ins Archiv der BAdW transportiert hatte. Obwohl nur vorläufige Abgabeverzeichnisse existierten, gewährte mir Herr Görmer in Einverständnis mit Frau Dr. Sylvia Krauß, seiner Nachfolgerin und damaligen Leiterin des Archivs, großzügig und völlig unbürokratisch 2008 und 2009 für einige Wochen Zugang zu dem weitgehend unerschlossenen Nachlass. Dadurch ließen sich die Ereignisse der Jahre 1931 bis 1939, insbesondere von Fritz' Aufenthalt in Oxford 1936, nahezu lückenlos rekonstruieren, da Kurt von Fritz nicht nur mit seiner Frau Louise, geb. Eickemeyer, sondern auch mit seiner Schwester Olga, genannt „Mädi", intensiv korrespondierte. Auch über Kapps erste Startversuche in den USA, die im Hause Kurt von Fritz' ihren Ausgangspunkt nahmen, sind wir dank der Briefe an Olga von Fritz gut informiert.

Offene Fragen zu Ernst Kapp, die sich 2006 noch nicht hatten lösen lassen, konnten durch die Auswertung der *Werner Jaeger Papers*, die in der Houghton Library in Harvard verwahrt sind, geklärt werden: sie enthalten nicht nur die Gegenstücke zur offiziellen Korrespondenz, die in den *Emergency Committee*-Records in New York liegt, sondern auch Privatbriefe zwischen Kapp und Jaeger, die für das Verständnis ihres gegenseitigen Verhältnisses in den Jahren 1942–1945 höchst aufschlussreich sind. Die komplizierten Bemühungen Kapps und von Fritz' um eine Rückkehr nach Deutschland in der unmittelbaren Nachkriegszeit spiegeln sich in der Korrespondenz, die sie beide mit ihrem loyalen und politisch völlig integren Freund aus der Hamburger Zeit, Bruno Snell, in den Jahren 1946 bis 1954 führten.[39]

---

38 Die Einarbeitung der neuen Funde führte zu einer Verfünffachung des Umfangs des *CW*-Artikels; neu zu bewerten waren z.B. die Vorgänge im Zusammenhang mit dem Kapp'schen Platon-Projekt (siehe S. 348f. mit Anm. 468).
39 Der Nachlass von Bruno Snell (Ana 490) liegt in der Bayerischen Staatsbibliothek, ebenso wie der von Eduard Schwartz: die Briefe der „Schwartziana" sind eine wichtige Quelle für die

„Wissenschaftlergeschichte als Wissenschaftsgeschichte"[40]

Wettlauf mit der Zeit

Unter dem Eindruck eines Panels mit Zeitzeugen, das er zusammen mit Judith P. Hallett unter dem Titel „Classics between the Wars" am 29. April 1989 in Collegepark, Maryland veranstaltet hatte, formulierte Lee T. Pearcy abschließend in einem Fragenkatalog eine Art ‚Agenda' für künftige Recherchen zum Thema ‚Refugee Classical Scholars in the USA':

> „How many classical scholars fled the Third Reich? In what disciplines? Who were they? (As the examples of Werner Jaeger, Ernst Kapp and Kurt von Fritz show, not all were Jews.) Where did they go, and what prompted some to choose the United States as their destination?"

Nur zwei der sieben Zeitzeugen waren deutsch-jüdische Emigranten, Gabriele Schöpflich-Hönigswald (geb. 1912) und ihr Mann Henry (geb. 1915), doch ihre Erzählungen und ihre Präsenz riefen bei den Tagungsteilnehmern den lebhaften Wunsch nach „more biographies of refugee scholars" hervor, für die „the archives of colleges, universities and professional associations" ausgewertet werden müssten.[41]

Diese Forderungen haben bis heute nichts von ihrer Aktualität und ihrer Dringlichkeit eingebüßt: die Emigranten selbst können inzwischen nicht mehr persönlich Auskunft geben, Herbert Bloch verstarb als letzter 2006, im biblischen Alter von 95 Jahren.[42] Autobiographische Erinnerungen von in die USA emigrierten

---

Zeit von 1931 bis Kriegsausbruch, da Kurt von Fritz seit seinem Weggang aus München bis zu seiner Etablierung in den USA seinem akademischen Lehrer regelmäßig Bericht erstattete.
40 Titel einer Rede, die William Calder am 24. November 1995 in der Akademie der Wissenschaften zu Berlin und am 5. Dezember 1995 am Institut für klassische Philologie in München hielt (Calder 1997b; wieder in Calder 2010, 71–86): der Titel ist die Kurzfassung der These „Wissenschaftsgeschichte [ist] im Grunde Wissenschaftlergeschichte", mit der Calder seinen spezifischen Umgang mit dem Quellenmaterial erläuterte (Calder 2010, 77). Inhaltlich ähnlich äußerte er sich drei Jahre später in dem Vortrag „Wissenschaftsgeschichte: The Pleasures and the Perils" an der Loyola University in Chicago und an der UCLA (Calder 1998/99; wieder in Calder 2010, 149–160).
41 Hallett, Pearcy 1991, 23.
42 Siehe den *Gnomon*-Nachruf auf Bloch von Jones 2008; Gabriele Schöpflich-Hönigswald starb bereits 2001 (siehe den Nachruf von Ostwald 2002), Henry M. Hönigswald 2003 (siehe Cardona 2006).

Altertumswissenschaftlern sind m. W. nicht publiziert worden,⁴³ sie liegen, wenn überhaupt niedergeschrieben, in den Archiven und dürfen in der Regel nicht zitiert werden.⁴⁴

Dass auch die Erinnerungen der ersten Schülergeneration verlorenzugehen drohen, wurde mir selbst während der laufenden Arbeit schmerzlich bewusst. Am 20. April 2009 hatte ich die Ehre und das Vergnügen, auf Einladung von Martin Ostwald am Swarthmore College einen Vortrag zum Thema „Fleeing Fascist Europe – Displaced German Classical Scholars in the USA 1933–1945: Illustrious Examples" zu halten. Illuster war auch die Zuhörerschaft: zwei ehemalige Studenten und Doktoranden von Kurt von Fritz und Ernst Kapp, Charles H. Kahn und Martin Ostwald, Martins Frau Lore und Helen North, die bei Friedrich Solmsen an der Cornell University studiert und promoviert hatte. Die Anekdoten und Witze (auch und speziell über Gilbert Highet!) aus der Columbia-Zeit, die während des Abendessens kursierten, sind mir noch in lebhafter Erinnerung, ebenso wie das lange Gespräch mit Helen North über Solmsen am darauffolgenden Tag.⁴⁵ Nun sind fünf Jahre vergangen, und nur Charles Kahn könnte noch erzählen von Kapp und von Fritz, „two remarkable scholars, dear friends of sharpley contrasting temperament,"⁴⁶ von seinem Besuch bei Kurt von Fritz an der FU Berlin, und von Martin Ostwald, seinem undergraduate-Lehrer und Freund.⁴⁷

---

43 Ausnahmen gibt es in den Nachbardisziplinen: Liselotte Dieckmann hat ihre Türkei-Erfahrungen in einer deutschsprachigen (!) Miszelle veröffentlicht (Dieckmann 1964), der etwa zehn Druckseiten starke Bericht des Romanisten Kahane wurde auch ins Deutsche übersetzt (Kahane 1986, 1989 und 1991). Von den in dieser Studie Porträtierten hat allein Kristeller Versuche unternommen, einer breiteren Öffentlichkeit seine Lebensgeschichte überblicksartig (jeweils auf etwa 20 Druckseiten) mitzuteilen (Kristeller 1990, 1994 und 1996). Wie wertvoll Autobiographien emigrierter Intellektueller für unser Verstehen von Politik, Geistesgeschichte und Alltagserfahrung in der ersten Hälfte des 20. Jahrhunderts sein können, zeigen die Lebenserinnerungen der Philosophen Karl Löwith (1986) und Raymond Klibansky (2001), des Historikers Felix Gilbert (1988; dt. 1989), oder des Germanisten Werner Vordtriede (1975; 2002).
44 Biebers umfangreiches, 1959/60 verfasstes (Bonfante, Recke 2004, 24, Anm. 2) Typoskript *Autobiography of a Female Scholar* (308 Schreibmaschinenseiten, auf der Schlussseite ein Epilog mit Datum 31. Juli 1961, ihrem 82. Geburtstag) wurde nach ihrem Tod mit einem ausdrücklichen Sperrvermerk versehen, unterzeichnet von Larissa Bonfante, datiert auf den 21. März 1979. Kurt von Fritz fertigte seine „Autobiographische Skizze" 1961/62 an, ein Typoskript von 24 Schreibmaschinenseiten, das ihm wohl auch als Gedächtnisstütze für Interviews dienen sollte. Die Memoiren von Gabriele Bernhard-Manasse liegen im Deutschen Exilarchiv 1933–1945 der Nationalbibliothek Frankfurt (Nachlass Manasse).
45 North verehrte ihren Lehrer „Fritz" Solmsen zeit ihres Lebens so sehr, dass Calder einmal verärgert schrieb: „One should note that three published necrologies by Helen F. North are panegyrics rather than honest lives" (Calder 2010 [1999], 153, n. 22).
46 Kahn 1994, 203.

Was bleibt, ist der Gang in die Archive und die Hoffnung, dass auch das Swarthmore College die Nachlässe seiner berühmten Professoren ebenso sorgsam aufbewahren, ordnen und der Öffentlichkeit zugänglich machen wird wie die Columbia dies im Falle Kristellers getan hat. Denn auch die Korrespondenz Martin Ostwalds birgt sicher für wissenschaftsgeschichtlich und literarisch Interessierte die ein oder andere Überraschung, und Helen North hat in ihren Papieren vielleicht doch mehr als nur die zwei oder drei Briefe Solmsens, die sie mir gegenüber erwähnen wollte.

Zur Methode

Ziel der vorliegenden Arbeit ist die Darstellung eines Teilsegmentes der Geschichte der Altertumswissenschaften in der Emigration:[48] Sie beschränkt sich auf ein einziges Aufnahmeland, die USA, und versucht, durch die umfassende und detailgenaue Rekonstruktion der Einzelschicksale von zehn vertriebenen Altertumswissenschaftlern ein möglichst anschauliches und umfassendes Bild ihrer spezifischen Flucht- und Emigrationserfahrungen nachzuzeichnen: ihre Karriere vor der Entlassung, die Umstände und Begründung ihrer Entlassung, das Akquirieren von Empfehlungsschreiben, erste Stationen des Exils mit z. T. trügerischen Übergangsszenarien (Stipendien, befristete Verträge, Kompromisslösungen), die Entscheidung für die Emigration in die USA, verbunden mit dem Kampf um Affidavits und non-quota visa, Bewerbungen und Anträge auf finanzielle Unterstützung durch die Komitees, Überfahrt, Vortragsreisen und/oder Stellensuche, Aufnahme an einer Universität/College und das Ringen um eine endgültige Stabilisierung der beruflichen Situation.

Die Entscheidung, welche (und warum gerade) zehn Altertumswissenschaftler aus den Disziplinen Klassische Archäologie, Klassische Philologie und Philosophie in diese Monographie aufzunehmen, fiel während des Arbeitspro-

---

47 Martin Ostwald verstarb am 10. April 2010, gefolgt von seiner Frau Lore am 14. Mai 2010, Helen North am 21. Januar 2012: siehe die Nachrufe „Ostwald's Odyssee ends at 88" (Giardinelli 2010) und „Helen North-Brilliant, Gracious Scholar" in *Swarthmore College Bulletin*, July 2012 (http://media.swarthmore.edu/bulletin/?p=841).
48 Eine derartige Darstellung wurde von der Fachwissenschaft immer wieder angemahnt, zuletzt von Kay Ehling in seiner Rezension von Baumgartens Monographie zu Elias Bickermann: „Die Geschichte der Altertumswissenschaften in der Emigration ist noch nicht geschrieben." Zu Bickermann soll es demnächst wieder eine Veröffentlichung geben, von Monika Bernett, in dem ebenfalls von Ehling angezeigten Sammelband „Leben und Werk verfolgter und vertriebener Althistoriker", der 2013 hätte erscheinen sollen. (http://hsozkult.geschichte.hu-berlin.de/rezensionen/2011-3-044; veröffentlicht am 18.7.2011).

zesses.⁴⁹ Nicht nur Art und Umfang des Quellenmaterials waren für ihre Aufnahme entscheidend, sondern auch die persönlichen Beziehungen der Emigranten zueinander, ihre Fachzugehörigkeit und der Ort, an dem sie sich etablierten;⁵⁰ ihre Anordnung erfolgte – soweit möglich – nach chronologischen Gesichtspunkten:⁵¹

Margarete Bieber, der das Kunststück gelang, bereits 1934 in den USA beruflich wieder Fuß zu fassen, steht an vorderster Stelle des „Transplantierte Archäologie"⁵² genannten ersten Abschnittes: er präsentiert vier Archäologen, die mehr oder weniger stark miteinander vernetzt waren (Bieber mit Jastrow und Brendel, Jastrow mit Lehmann-Hartleben, Brendel mit Lehmann-Hartleben)⁵³ und die, mit Ausnahme Jastrows, jahrzehntelang in New York lehrten und lebten („Columbia 1").

Es folgt das Herzstück der Monographie, die Darstellung der lebenslangen Freundschafts- und Arbeitsbeziehung zwischen Kurt von Fritz und seinem ehemaligen Lehrer Ernst Kapp („Columbia 2"): sie dokumentiert ihre wechselseitige Unterstützung in allen Karrierestufen und Stationen des Exils bis zur gemeinsamen Rückkehr nach Deutschland, insbesondere die vierzehn Jahre notwendiger strategischer Solidarität an der Columbia, gegen den Widerstand Gilbert Highets.

An dritter Stelle steht der Abschnitt „Fluchtpunkt Italien – Transit USA (Columbia 3)", der die einzelnen Etappen der Flucht- und Emigrationsgeschichten Kristellers und seiner Freunde Abrahamsohn und Manasse nachzeichnet: erste

---

49 Aus Zeit- und Platzgründen konnten nicht alle ‚Favoriten' der ursprünglich von mir geplanten Langfassung hier berücksichtigt werden: die Publikation biographischer Skizzen zu Vera Lachmann, Friedrich W. Lenz, Friedrich Solmsen und Hermann Fränkel wird zu einem späteren Zeitpunkt erfolgen.

50 Sechs der zehn Altertumswissenschaftler lehrten in New York, fünf davon an der Columbia University (Brendel erst ab 1956). Vier Archäologen stehen fünf Klassischen Philologen gegenüber, von denen nur zwei überwiegend gräzistische Veranstaltungen anboten: von Fritz und Kapp; bei Friedländer war das Verhältnis zwischen griechischen und lateinischen Lehrveranstaltungen in etwa ausgewogen (siehe die Übersichten S. 396–402 und 669–672). Kristeller war von Anfang an dem Department for Philosophy zugeteilt, während seine Freunde, obwohl promovierte Gräzisten, oft fachfremd eingesetzt waren: Manasse unterrichtete in den ersten Jahren vor allem Deutsch und Latein, später auch Philosophie, Abrahamsohn Latein und Französisch, bevor er 1950 zum Associate Professor of French (!) ernannt wurde.

51 Streng auf den Zeitpunkt der Anstellung in den USA bezogen würde die ideale Chronologie wie folgt lauten: Bieber (1934), Lehmann-Hartleben (1935), von Fritz (1936), Kristeller (Febr. 1939), Jastrow (April 1939); erst im September 1939 traten Kapp, Brendel, Abrahamsohn, Manasse und Friedländer ihre erste Stelle in den USA an.

52 In Anlehnung an Karen Michels' Studie *Transplantierte Kunstwissenschaft* (Michels 1999).

53 Eine maßgebliche Rolle in diesem ‚net-working' spielte Gisela Richter, eine deutschstämmige Archäologin und Kunsthistorikerin, die als Kuratorin für griechische und römische Kunst am Metropolitan Museum in New York jahrelang eine wichtige Fürsprecherin und engagierte Förderin von Bieber, Lehmann-Hartleben und Jastrow war.

Emigration nach Italien, vermeintlich sichere Lebensperspektive trotz Faschismus in Pisa, Nachzug Manasses und Abrahamsohns ans Landschulheim Florenz, der Schock der zweiten Entlassung, verbunden mit der ultimativen Aufforderung, Italien binnen sechs Monaten zu verlassen, die zweite, endgültige Emigration in die USA Ende 1938/Anfang 1939, Anstellungen ‚erster' (Kristeller an der Columbia) und ‚zweiter Klasse' (Abrahamsohn und Manasse an „schwarzen Schulen").

Paul Friedländer ist mit Bedacht ans Ende gesetzt, da er in dieser Monographie in vielerlei Hinsicht eine Sonderstellung einnimmt: anfänglich der einzige, der durch das Frontkämpferprivileg vor der Entlassung geschützt war, war er doch auch der einzige, der während der Novemberpogrome 1938 ins KZ Sachsenhausen verschleppt wurde.[54] Schikanöse Verzögerungstaktiken der Berliner Passbehörden – trotz gültigen Vertrages an der Johns Hopkins University Baltimore – verzögerten seine Ausreise so lange, dass er – wie Kapp in Hamburg – einer der letzten war, denen gerade noch vor Kriegsausbruch die Überfahrt über den Atlantik glückte (20. August 1939). Und schließlich, nach einem Übergangsjahr an der JHU in Baltimore, war er der einzige, der seine Laufbahn in der Diaspora der kalifornischen Westküste beenden musste, an der UCLA, mit einer damals lächerlich unzureichenden Bibliothek, die kein sinnvolles wissenschaftliches Arbeiten zuließ – Alptraum jedes Forschers: zwölf (!) Stunden Bahnfahrt bis zur rettenden Berkeley Library![55]

Trotz der hier skizzierten inneren Kohärenz sind die zehn in vier thematischen Blöcken angeordneten biographischen Rekonstruktionen so geschrieben, dass eine voraussetzungslose Lektüre durchaus möglich ist, d. h. dass die jeweiligen Kapitel auch dann verständlich und nachvollziehbar sind, wenn sie nicht in der vorgeschlagenen Reihenfolge oder nur einzeln gelesen werden. Um inhaltliche Doppelungen und Wiederholungen zu vermeiden, wurden Rück- und Querverweise gesetzt.

Oberste Priorität bei der Quellenauswertung hatten zunächst die Akten der drei wichtigsten Hilfskomitees,[56] des *Academic Assistance Council (AAC)* in Lon-

---

54 Wie der 16-jährige Martin Ostwald, der zusammen mit seinem Vater und seinem Bruder in Dortmund verhaftet worden war.
55 Brief Friedländer an Klingner, 1.12.1946, zitiert nach Mensching 2003a, 65. Hermann Fränkel (1888–1977), dessen Emigrationsgeschichte an dieser Stelle leider nicht erzählt werden kann, war der zweite (bzw. erste) deutsche Altertumswissenschaftler, den es unfreiwillig an die Westküste verschlagen hatte. Er lehrte schon seit 1935 an der Stanford University in Palo Alto (siehe die von Lionel Pearson, Anthony E. Raubitschek und Vigil K. Whitaker verfasste „Memorial Resolution" der Universität, online unter http://histsoc.stanford.edu/pdf, ohne Datum).
56 Die *Rockefeller Foundation (RF)* spielt hier nur eine untergeordnete Rolle, da sie lediglich Margarete Bieber drei Jahre lang unterstützte (siehe S. 688 und 692). Mit ihrem „Refugee Scholars Program" förderte die Stiftung u. a. Hans Baron, Elias Bickermann, Eval Fiesel(-Lehmann),

don,[57] des *Emergency Committee in Aid of Displaced German*[58] *Scholars (EC)* mit Sitz in New York und des *Oberlaender Trusts (OT)* in Philadelphia, der schon 1931 von dem deutsch-amerikanischen Strumpffabrikanten Gustav Oberländer mit einem Stiftungsvermögen von $ 1.000.000 gegründet worden war.[59] Auf eine gesonderte Darstellung der Arbeitsweise der Komitees wurde verzichtet,[60] da die Eigenheiten der Antrags-, Bewilligungs- und Fördermechanismen in gebotener Ausführlichkeit in den einzelnen Kapiteln abgehandelt werden.[61]

Hermann Fränkel, Henri Grégoire, Raymond Klibansky, Erwin Panofsky, Arnold Reichenberger, Ernst Stein, Rafael Taubenschlag, Paul Tillich und Alexander Turyn (http://www.rockarch.org/collections/rf/refugee2.php). Diese Liste wäre zu ergänzen durch Friedrich W. Lenz, der von 1942 bis 1944 als „Secrétaire général" bzw. als „‚collaborateur scientifique' for the Corpus Byzantinae Historiae" in Grégoires Institut de Philologie et d'Histoire Orientale et Slaves angestellt war, einer Unterabteilung der École libre des hautes études, die von der *RF* finanziert und der New School for Social Research angegliedert war (Briefe Grégoire, New York, an *EC*, 26.5.1942, und Drury, *EC* an Hendrickson, 26.9.1944, in NYPL, *EC*-Records 21.2).

57 Der *AAC* bezuschusste in der Regel Aufenthalte von Research Fellows an englischen Colleges (für Bieber, von Fritz und Kapp) oder gewährte Reisebeihilfen in die USA (für von Fritz und Manasse).

58 Nach dem Anschluss Österreichs und der Zerschlagung der Tschechoslowakei wurde das Komitee am 9. November 1938 folgerichtig in *Emergency Committee in Aid of Displaced* **Foreign** *Scholars* umbenannt (Duggan, Drury 1948, 7, Anm. 2).

59 In enger Kooperation förderten das *EC* und der *OT* die Anstellung vertriebener Wissenschaftler an amerikanischen Universitäten und Colleges durch sog. „grant-in-aid" Programme, d.h. sie zahlten zu gleichen Teilen einen Gehaltszuschuss (für Bieber, Kapp), selten sogar das ganze Gehalt (für Friedländer) an die anstellungswillige Universität aus. Die Zusammenarbeit des *EC* mit der *RF* erfolgte nach den gleichen Grundprinzipien (bei Bieber). In Einzelfällen gewährte der *OT* auch stellungsuchenden Professoren Reisekostenzuschüsse (für Kapp) und/oder Übergangshilfen für die Zeit zwischen Stellenzusage und Semesterbeginn (ebenfalls für Kapp).

60 Ein Überblick über Gründung und Arbeitsweise des *Emergency Committee* und des *Oberlaender Trusts* bei Obermayer 2008, 215–217.

61 Kurze Hinweise zur Literatur sollen hier genügen: Am reizvollsten lesen sich die Erfahrungs- und Abschlussberichte nach Kriegsende (USA: zum *EC* Duggan/Drury 1948, zum *OT* Gramm 1956, zum „Refugee Scholars Program" der *RF* Appleget 1946 und Fosdick 1952, 276–278, und die Komitee-übergreifend finanzierte statistische Studie *Refugees in America* [Davie 1947, insbesondere Kap. 16 „Professors and Scientists" 300–323]; England: zum *AAC/SPSL* Beveridge 1959 und Adams 1968, zur Rolle aller britisch-jüdischer Hilfsorganisationen Bentwich 1953 und 1956). Der *AAC*, 1936 unter der neuen Bezeichnung *Society for the Protection of Science and Learning (SPSL)* weitergeführt, wurde von der modernen Exilforschung am häufigsten untersucht (Hirschfeld 1985, 1988, 1991, 1996; Keßler 2008; Scherke 1994, 2001; Wasserstein 2005); die *RF* wird meist im Zusammenhang mit Veröffentlichungen zu der von ihr finanzierten New School for Social Research New York behandelt (Krohn 1987 et al.; allgemeiner Fleck 2000 und die ‚offiziösen' Gesamtdarstellungen von Fosdick 1952 [Präsident der *RF* 1936–1948] und Shaplen 1964). Das *Emergency Committee* wurde von der Forschung bis dato stiefmütterlich behandelt:

In gründlicher Analyse der Akten der Hilfsorganisationen konnte ein engmaschiges Raster von Querverbindungen entwickelt werden, das die weiterführenden Recherchen in Universitätsarchiven und Forschungsbibliotheken beförderte und präzisierte. Das Wissen, wer sich wann an welcher Universität, an welchem Institut beworben hatte, welche akademischen Lehrer, Kollegen, Freunde diese Bewerbung mit Empfehlungsschreiben an die Hilfskomitees unterstützt hatten, und nicht zuletzt, wer während seines Studiums wessen Kommilitone, Schüler oder Lehrer gewesen war, war oftmals ein zuverlässiger Führer bei der Suche nach dem wirklich relevanten Nachlass oder Briefwechsel, auf der Jagd nach den aussagekräftigsten Dokumenten.

Von Erwin Panofsky beispielsweise führt ein Weg über Margarete Bieber, die er 1937 um Unterstützung für den entlassenen Ernst Kapp bat, zurück ins Berlin des Jahres 1916, als Bieber in einem privaten archäologischen Zirkel Panofsky, seine spätere Frau Dora Mosse und Elisabeth Jastrow unterrichtete, und in das Hamburg der späten 1920er und frühen 30er Jahre, als Panofsky über die Kulturwissenschaftliche Bibliothek Warburg mit dem Philosophen Ernst Cassirer und den klassischen Philologen Kapp, Bruno Snell und Kurt von Fritz gut befreundet war.

Oder von Fritz: allein auf die Fürsprache Biebers hin war er 1937 an die Columbia berufen worden: sie hatten sich erst im Dezember 1936 auf der Jahrestagung der *APA* in Chicago kennengelernt. Biebers Empfehlung fand aber nur deshalb Gehör, weil ihre Chefin und Förderin Virginia Gildersleeve, die sie 1934 als Visiting Lecturer ans Barnard College geholt hatte, Vorsitzende der Berufungskommision war.[62]

Oder Kapp: die pro-forma-Anstellung in Oxford, die Snell seinem Hamburger Ex-Kollegen nach dessen Entlassung für das Jahr 1938 verschaffen konnte, wurde vom *AAC* finanziert, derselben Organisaton, die auch von Fritz für zwei Semester am Corpus Christi College 1936 finanziell gefördert und ihm das Reisegeld für die Überfahrt in die USA vorgestreckt hatte; zudem galt Cassirers Wort (zumindest in seiner Selbstauffassung, die in der Korrespondenz mit Kristeller anklingt) beim *AAC* viel.

Panofsky ließ nicht ab zugunsten Kapps zu intervenieren: Ende 1940 drängte er seinen Chef am *Institute for Advanced Study*, Frank Aydelotte, einen energischen

---

am ausführlichsten Feichtinger 2001, 74–84, der Komitee-übergreifend m.W. die bisher umfassendste und ausführlichste Darstellung bietet (zum *AAC* 55–65; zur *SPSL* 104–111; zur *RF* 204–213). Bederson 2005 schildert die Unterstützung des emigrierten deutschen Physikers Fritz Reiche durch das *EC* (mit Photographien von *EC*-Dokumenten und des Einganges des Gebäudes 2 West 45th Street, in dem das *EC* seine Büroräume hatte).
62 Gildersleeve war auch im Führungszirkel der *American Association of University Women* (*AAUW*), die Bieber 1931/32 ein Stipendium verliehen hatte.

Brief an ein einflussreiches Mitglied des Executive Committee des *EC* (Bernard Flexner) zu schreiben, damit das Komitee rascher über einen Gehaltszuschuss für Kapps erste Anstellung an der Columbia entscheidet. Gleichzeitig setzte von Fritz auf Universitätsebene alles daran, seinen früheren akademischen Lehrer Kapp an der Columbia zu etablieren, wie zehn Jahre zuvor Kapp seinen ehemaligen Münchner Studenten von Fritz nach Hamburg geholt hatte...(etc. pp.)

Vom Wert der „Briefe großer Gelehrter"[63]

So liegt in den Archiven das Rohmaterial für Hunderte von ‚Flüchtlings-Geschichten', für die Nachwelt konserviert in Tausenden von Anträgen, Fragebogen, Gutachten, Verträgen und insbesondere Briefen, die an Authentizität und Dramatik nicht zu überbieten sind. In mehrjähriger Arbeit mit Quellen, die für Calder ein halbes Jahrhundert lang Lebensinhalt und Zentrum seiner wissenschaftlichen Arbeit waren, habe ich die ‚Perils and Pleasures of Wissenschaftsgeschichte' zur Genüge erfahren – wobei mir „pleasures" weitaus häufiger begegneten, denn auch ich habe mit ‚meinen' Emigranten Bieber, von Fritz, Kapp, Kristeller et al. über Jahre cum grano salis zusammengelebt und sie wertschätzen, ja lieben gelernt.[64]

Leidenschaftlich und unbeirrt hat Calder mit seinem beeindruckenden Lebenswerk den Nachweis erbracht, „dass Wissenschaftsgeschichte im Grunde Wissenschaftlergeschichte ist"; deshalb bin ich zuversichtlich, dass die hier versammelten Porträts exilierter Altertumswissenschaftler zu Recht den Anspruch werden reklamieren können, ein gewichtiger erster Schritt in Richtung einer umfassenderen „Geschichte der Altertumswissenschaften in der Emigration" zu sein.

Diese spezielle Form von (Exil-)Wissenschaftlergeschichte hätte jedoch niemals geschrieben werden können ohne die Courage und *humanitas* derer, die dafür sorgten, dass die heimat- und stellungslosen deutschen Professoren überhaupt das Hoheitsgebiet der USA betreten durften: ihre oft lebensrettenden Maßnahmen spiegeln sich ebenfalls in der Korrespondenz der Komitees und

---

63 Von den drei Antworten, die Calder auf seine rhetorischen Fragen „Warum sind die Briefe großer Gelehrter so wertvoll? Warum werden sie mit so großer Begeisterung gelesen?" sind für unsere Studie zwei relevant: „Wert (...) als biographische Quellen und als Dokumente für die Wissenschaftsgeschichte" (Calder 1997b, zitiert nach Calder 2010, 73 und 77).

64 Calder zu seinem Verhältnis zu Wilamowitz (unter der Rubrik „The Pleasures"): „I have lived with him for twenty-five years and know him better than any living friend. Such association with a great man can only improve one." (Calder 1998/99, zitiert nach Calder 2010, 160).

Emigranten, und sie verdienen nicht weniger als „große Gelehrte" bezeichnet zu werden als ihre hilfesuchenden Kollegen.[65]

Auch dies dokumentieren besonders anschaulich die *Kristeller-Papers:* vor allem die Briefe, die an Kristeller gerichtet sind, zeugen von einem auffallend hohen Engagement von Angehörigen der Yale University. So gelang es dem Linguisten Edgar H. Sturtevant, die Etruskologin Eva Fiesel, Lehmann-Hartlebens Schwester, als „Research Assistant" einzuladen, zu einer Zeit, als in Yale noch keine einzige Frau unterrichtete.[66] Albrecht Götze, Professor für Assyriologie und selbst deutscher Emigrant (aus Marburg), und Hermann J. Weigand, der Head des German Departments, bürgten für Kristeller mit Affidavits,[67] doch seine Anstellung als „Fellow" bzw. „Guest Lecturer" kam vor allem aufgrund der Fürsprache des einflussreichen Religionswissenschaftlers Roland Bainton zustande. Vera Lachmann verdankte eigenen Angaben zufolge Erika Weigand, Hermann Weigands Tochter, ihr Leben, die alles daran setzte, ihrer ehemaligen Lehrerin und Freundin ein non-quota visa zu verschaffen.[68] Als Friedrich W. Lenz in Italien im Herbst 1938 in starker Bedrängnis war, bat Eduard Norden seinen ehemaligen Bonner Studienfreund George L. Hendrickson[69] darum, Lenz zu helfen, und nicht vergebens: auch Lenz erhielt eine ‚visa-feste' Einladung als „Lecturer in Classics" nach Yale zu kommen.[70] Überdies organisierte Hendrickson über Jahre hin (Lenz blieb bis 1945 ohne feste Anstellung!) das ‚fundraising' für die Finanzierung der vierköpfigen Familie.

---

65 Die Rolle der Helfer zu betonen war mir schon ein zentrales Anliegen in meinem Artikel über von Fritz und Kapp in *Classical World*, der u.a. zeigt, wie solidarisch manche Professoren an der Columbia University ihre vertriebenen Kollegen aus Europa unterstützten (Obermayer 2008, 230–232).
66 Häntzschel 1994, 360. Yales misogyne Einstellungspolitik ist durch den Germanisten Eduard Prokosch bezeugt: „She cannot possibly be placed on the Yale faculty, since Yale does not employ any women except in the Medical school." (Brief Prokosch an Whyte, *EC*, 12.12.1935, in NYPL, *EC*-Records 8.2).
67 Weigands stellten Kristeller für die ersten Wochen sogar ein Zimmer in ihrem Haus zur Verfügung: er hatte 1933/34 die Tochter Erika Weigand in Vera Lachmanns Privatschule in Berlin unterrichtet.
68 Lachmann 1979, 82f.
69 Während seines Studienjahres in Bonn (1888/89) gehörte Hendrickson wie Norden, Richard Heinze, Franz Cumont und andere dem sog. „Bonner Kreis" an und schloss dort mit Norden Freundschaft (Schröder 1999, 13).
70 „Ich scheue mich nicht, es offen auszusprechen, daß ich ihm wahrscheinlich sogar die Rettung meines Lebens und des Lebens meiner Frau und meiner beiden Kinder verdanke: es war seine Intervention bei seinem Jugendfreunde G. L. Hendrickson, die uns in erster Linie den Weg nach den Vereinigten Staaten öffnete, als unser Leben in Italien nicht länger möglich war." (Lenz 1958, 171).

Die Sonderstellung Werner Jaegers

Ein ‚großer Gelehrter' spielt in dieser Studie nur eine Nebenrolle: Werner Jaeger. Als Helfer hielt er sich auffallend zurück, obwohl er in der anglophonen Welt hohes Ansehen und großen Einfluss besaß: so erhielt er 1934/35 als erster Deutscher einen Ruf als „Sather Professor" an die University of California Berkeley, 1936/37 wurde er an die University of St. Andrews in Schottland eingeladen, um dort die prestigeträchtigen „Gifford Lectures" zu halten.[71] Zusammen mit Eduard Norden repräsentierte er im September 1936 die deutsche klassische Philologie auf der 300-Jahr-Feier in Harvard. Zu diesem Zeitpunkt hatte er bereits den Ruf an die University of Chicago angenommen, auf den Lehrstuhl des damals wohl profiliertesten Classics Professor in den USA, Paul Shorey.[72] Bereits drei Jahre später wechselte er nach Harvard, wo ihm sogar ein eigenes Forschungsinstitut bewilligt wurde, das „Institute for Classical Studies". Er wäre also durchaus in der Lage gewesen, ähnlich wie seine Kollegen in Yale, an der Columbia oder an der Johns Hopkins University, „displaced German scholars" in großem Stil zu unterstützen.

„But Jaeger was not Bultmann", wie Calder treffend bemerkte,[73] und auch kein Götze, kein Edelstein, keine Bieber, um dieses bonmot auf amerikanische Verhältnisse zu übertragen. Paul Friedländer, der mit Jaeger seit Jahrzehnten bekannt war (als ‚Meisterschüler' von Wilamowitz-Moellendorff promovierten und habilitierten sie beide bei ihm in Berlin), war ausschließlich auf die Unterstützung ehemaliger Marburger Kollegen wie Leo Spitzer (JHU) oder Götze (Yale) angewiesen, auf Ludwig Edelstein (JHU) – und auf Norden. Eine Lektüre der *Jaeger Papers* erweckt den Eindruck, als habe dieser nicht nur seltener geholfen als

---

[71] Friedländer kommentierte diese Erfolge Jaegers mit eifersüchtigem Sarkasmus: „W. Jaeger, der schon wieder für 35/36 die Gifford Lectures in StAndrews bekommen hat und auch vielleicht wieder einen engl. Doctor umgehängt bekommt." (Brief [hs.] Friedländer, Halle, an Bultmann 5.5.1935, in UB Tübingen, NL Bultmann, Mn 2-787). Friedländer spielte damit auf die Ehrendoktor-Titel (LittD) an, die Jaeger in Manchester (1926) und Cambridge (1931) verliehen worden waren (Feldman 1994, 306). „Schon wieder" bezieht sich nicht auf eine evtl. Wiederholung der Gifford Lectures, sondern auf die Sather Classical Lectures, die Jaeger 1934/35 in Berkeley gehalten hatte.
[72] Jaeger pries Shorey als den „Jahrzehnte lang (...) anerkannt erste[n] Hellenist[en] Amerikas", und dessen Stelle als den „führende[n] Lehrstuhl der philologischen Geisteswissenschaften in den Vereinigten Staaten." (Brief Jaeger, Berlin, an den Herrn Reichs- und Preussischen Minister für Wissenschaft, Erziehung und Volksbildung, 31.3.1936, S. 1 in Harvard, Houghton Library, *Jaeger Papers* Box 20, Folder 7 ‚Correspondence of WJ and the University of Chicago').
[73] Calder 1996, 214, wieder in Calder 2010, 39.

andere, sondern als hätten auch nur relativ wenige gewagt ihn um Hilfe zu bitten.[74] Möglicherweise steht diese eigentümlich reservierte Beziehung Jaegers zu den hier porträtierten Kollegen in Zusammenhang mit ihren beruflichen, privaten und politischen Erfahrungen vor der Emigration. Friedländer erlebte den Jüngeren während der Berufungsverhandlungen für den Lehrstuhl in Basel 1914 als übermächtigen Konkurrenten, dem der geliebte Lehrer Wilamowitz überdies den Vorzug gab,[75] Kurt von Fritz sah seine Universitätskarriere gefährdet durch „eine große Anzahl" von habilitierten Jaeger-Schülern und beklagte als Privatdozent 1928, dass Jaegers „Einfluß jetzt fast allmächtig geworden" sei.[76] In privatis wird Jaegers Affäre mit seiner Studentin Ruth Heinitz und die skandalträchtige Scheidung von seiner ersten Frau Theodora Dammholz, die für Wilamomitz Anlass war, den Lieblingsschüler auf dem Totenbett zu verfluchen, seinem Ruf in der akademischen Welt nicht gerade zuträglich gewesen sein.[77]

---

74 Im Rahmen dieser Studie versuchte Jaeger lediglich für Paul Oskar Kristeller, seinen Schüler aus der Zeit von 1928–1931, und für Ernst Kapp sich zu verwenden: das geplante Stipendium für Kristeller an der University of Chicago scheiterte an der ungeschickten Antragstellung beim *Emergency Committee* (1938), bei Kapp ging es 1943 nur darum, seine stundenweise Hilfstätigkeit für Jaegers Gregor von Nyssa-Edition zu einer offiziellen, durch das *EC* finanzierten Position als research assistant am Institute for Classical Studies aufzuwerten (siehe Kapitel zu Kapp, S. 338–360 und zu Kristeller, S. 463–466).
75 Calder 2010, 37
76 Brief (hs.) v. Fritz, München, an Mädi, 22.4.1928, S. 4 (siehe Kapitel v. Fritz, S. 235f.). Diese Sorge äußerte von Fritz erneut vor dem ersten Zusammentreffen mit Jaeger in den USA, auf dem *APA*-Meeting in Chicago im Dezember 1936, in einem Brief an seinen Lehrer Eduard Schwartz: „Es ist aber vielleicht nicht sehr günstig, daß Werner Jaeger, wie man mir schreibt, doch jetzt einen entscheidenden Einfluß auf die meisten Besetzungen hat, da er mich wegen einigen Gegensatzes zu seinen Schülern nicht sehr liebt." (Brief [hs.] v. Fritz, Portland, an Schwartz, 9.11. 1936, S. 5, in BSB München, Schwartziana II.A.,Fritz, Kurt v.'; siehe auch Abschnitt v. Fritz, S. 185*).
77 Hildegard von Wilamowitz-Moellendorff erinnerte wörtlich die Reaktion ihres Vaters auf die Nachricht von Jaegers Ehescheidung: „Bis dahin habe ich ihn gegen alle andern immer noch verteidigt, nun sehe ich doch, er ist ein Schuft." (zitiert nach Calder 1983, 111 und 1989, 360). Dass diese Ereignisse nicht nur kurzfristig Aufsehen erregt, sondern Jaegers Ruf auch bis in die Gegenwart beschädigt haben, belegt die Kurzbiographie auf der aktuellen Website der Gifford-Lectures, die lapidar vermerkt: „Jaeger divorced his first wife, placing her in a mental institution, and married a student, Ruth Heinitz, in 1931, with whom he had a child." (http://www.gifford lectures.org/Author.asp?AuthorID=86). Mit der aus vermögendem Hause stammenden ‚Dora' hatte Jaeger drei Kinder, sie starb 1935, vier Jahre nach der Scheidung (siehe Verzeichnis des Briefwechsels zwischen Eduard Spranger und Käthe Hadlich, ‚Personen J' [http://bbf.dipf.de/digitale-bbf/editionen/spranger-hadlich/person-j]).

Doch entscheidend für eine Distanz oder Skepsis gegenüber Jaeger dürfte seine ambivalente Haltung gegenüber dem Nationalsozialismus gewesen sein, wie sie in seinen Schriften der frühen 1930er Jahre zum Ausdruck kam: in dem Bestreben, mit seinem Konzept des „Dritten Humanismus" die Machthaber des „Dritten Reiches" für die Förderung der klassischen Sprachen zu gewinnen, demonstrierte er in den Augen vieler Kollegen eine zu große Nähe zum neuen Regime: nur wenige Monate nach der sog. Machtergreifung Hitlers am 30. Januar 1933 erschien sein Aufsatz „Die Erziehung des politischen Menschen und die Antike" in der von Ernst Krieck (NSDAP-Mitglied seit 1932)[78] neu gegründeten Zeitschrift *Volk im Werden*,[79] im Juli 1933 war er maßgeblich beteiligt an der Solidaritätsadresse des Deutschen Altphilologenverbandes für die neue Regierung,[80] 1934 wurde der erste Band seines Hauptwerks *Paideia. Die Formung des griechischen Menschen* ausgeliefert. Bruno Snell kritisierte in seiner berühmten Rezension in den *Göttingischen Gelehrten Anzeigen* (Snell 1935b) Jaegers unhistorische Behandlung der Quellen und distanzierte sich von dessen These von der „Überlegenheit" des Dritten Humanismus gegenüber des Zweiten der Goethezeit: „Es war die Dienstbarkeit von Jaegers Politikauffassung, die Bereitwilligkeit, jedwedem Herrn zu dienen, und die Vorliebe zur Anpassung durch Reform, die eine solche Konzeption für Bruno Snell inakzeptabel machten."[81]

Wie wenig Friedländer von *Paideia* und ihrem Verfasser hielt, lässt sich nicht nur aus seiner Weigerung schließen, sie 1946 im *American Journal of Philology* zu rezensieren,[82] sondern vor allem aus den handschriftlichen Randglossen in seinen Handexemplaren der deutschen Erstausgabe, die uns Calder zugänglich gemacht hat: die Wut und Empörung des „wronged jew" Friedländer ist förmlich zu spüren, wenn er besonders völkisch oder rassisch klingende Phrasen unterstreicht und sarkastisch kommentiert:

„(...) gegenüber den <u>ausgesprochen rasse- und geistesfremden Völkern des Orients</u>" (*Paideia* I, 1934, S. 4) / „Wir gehen dazu wohl am besten von der <u>rassemäßigen Formanlage</u> des griechischen Geistes aus" (S. 9)

„die Nähe Hitlers!" (Friedländer)

---

78 Klee 2003, 341.
79 Heft 3 des ersten Jahrgangs der Zweimonatsschrift mit Jaegers Aufsatz erschien im August 1933 (Eingangsstempel des Exemplars der Bayerischen Staatsbibliothek 30.8.1933).
80 Irmscher 1980, 79, Calder 1983, 105, White 1992, 286.
81 Calder 1983, 105 ff. und 1989, 355 f.
82 Calder/Braun 1996, zitiert nach Calder 2010, 40.

„Doch in dem gegenwärtigen Augenblick, wo unsere gesamte Kultur aufgerüttelt durch ein ungeheures eignes Erleben der Geschichte in eine neue Prüfung ihrer Grundlagen eingetreten ist ..." (S. 19)

„Nazi!"

„Ihren tieferen Grund hat sie in den verborgenen Erbeigenschaften der Rasse und des Blutes. (...) Doch über dem für uns nur gefühlsmäßig und intuitiv zu erfassenden Moment des Volkstums und der Rasse ... " (S. 88)

„das Übliche, schon vor 33 Übliche, jetzt angefrischt"

„Es wird das Ziel des modernen Führerstaates sein müssen, diesen neuen Weg zu finden, der zwischen der demokratisch unterbauten Führerstellung des Perikles und der rein militärisch gestützten Alleinherrschaft des Dionysius hindurchführt." (S. 511)

„tell it Hitler! Ecco!"[83]

So nimmt es nicht Wunder, dass erklärte Gegner des Nationalsozialismus wie Kurt von Fritz und Ernst Kapp dem Autor derartiger Zeilen mit einem gewissen Misstrauen begegneten.[84]

Glaubwürdig und authentisch scheint Jaeger jedoch auf Kollegen gewirkt zu haben, die der nationalsozialistischen Ideologie nahestanden und die neuen Machtverhältnisse in Deutschland begrüßten.[85] Zumindest legt diese Deutung ein Brief nahe, mit dem Ernst Bickel im Juli 1933 zu Jaegers 45. Geburtstag gratulierte,

---

83 Calder/Braun 1996, zitiert nach Calder 2010, 39–43, 45 und 59. Die Randglossen in *Paideia* Bd. 1 sind mit hoher Wahrscheinlichkeit noch vor Friedländers erzwungenem Entpflichtungsgesuch (3.11.1935) entstanden, denn schon am 5. Mai 1935 äußerte er sich über Jaeger despektierlich gegenüber Bultmann: „Und dies eben jetzt [die Gifford Lectures], wo er [Jaeger] sich durch seine Paideia I endgültig decouvriert hat." (Brief [hs.] Friedländer, Halle, an Bultmann, 5.5.1935, in UB Tübingen, NL Bultmann, Mn 2-787).
84 So ersuchte Kapp erst in den USA den etablierten Kollegen um Hilfe, mit gemischten Gefühlen: er hoffe, so schrieb er Erwin Panofsky, dem Vertrauten aus Hamburger Zeiten, dass „ich mir nebenher noch etwas von Jaeger verdienen kann, wenn ich mich mit dem vertrage." (Brief Kapp, New York, an Panofsky, 2.6.1942, in *AAA, Panofsky Papers*, Ser. I, 6.2116, abgedruckt auch in Panofsky 2003, 346: siehe Kapitel Kapp S. 339). Von Jaeger sind m.W. drei Empfehlungsschreiben für Kapp erhalten, ein undatiertes, wohl 1941 entstandenes, und zwei aus dem Jahr 1943, zur Unterstützung von Kapps Platon-Projekt (10.5.1943; 25.6.1943, in Harvard, Houghton Library, *Jaeger Papers*, Box B ‚Correspondence WJ to H-P' [Kapp] und Box A ‚Correpondence WJ to A-G' [Emergency Committee]): siehe Kapitel Kapp S. 336 und 346f.
85 Dazu wäre auch der Jaeger-Schüler Richard Harder zu rechnen, den Calder uni sono mit Jaeger als „reluctant fellow-traveller to Fascism" bezeichnete (Calder 1980/81, 245 und 2010, 152), eine provokante Gleichsetzung, die in den USA eine wütende Debatte auslöste (siehe „A reply to William M. Calder bis", unterzeichnet u.a. von Helen North, Martin Ostwald und Friedrich Solmsen in *CW* 75, 1981/82, 121f., und Calders Entgegnung „Werner Jaeger und Richard Harder: An *Erklärung*" in *Quaderni di storia* 17, 1983, 99–121).

ein Brief, der nicht nur den Verfasser, sondern durch seinen vertraut-vertrauensvollen Ton auch den Empfänger ideologisch decouvriert:

> „In der Philologie aber sind Sie, lieber Jaeger, unser Führer, und gerade angesichts der jetzigen Bewegung denke ich mit tiefer Dankbarkeit daran, wie Sie mich vor Juden und Judenknechten jetzt vor 12 Jahren in Kiel errettet haben. Ausserdem ist es Ihr geschichtliches Verdienst, dass Sie die Berliner Philologie vor der Verjudung in der entscheidenden Stunde gerettet haben, die durch die Einfilzung [sic!] Jacobys in den Berliner Lehrkörper und die Berliner Akademie rettungslos von statten gegangen wäre. Mein lieber Jaeger, wir verstehen uns, und ich wollte Ihnen nur anlässlich Ihres Geburtstages schreiben, dass ich stets treu zu Ihnen halte, wie es selbstverständlich ist."[86]

Wer solche Freunde hat, braucht keine Feinde mehr. Doch Jaegers Annäherungsversuchen an die neue Regierung war kein längerfristiger Erfolg beschieden: noch im gleichen Jahrgang der Zeitschrift *Volk im Werden* veröffentlichte der Herausgeber Krieck unter dem Titel **„Unser** Verhältnis zu Griechen und Römern"[87] [Hervorhebung durch den Verf.] eine kurze, scharfe Replik gegen Jaegers Beitrag „Die Erziehung des politischen Menschen und die Antike" und erklärte den Dritten Humanismus kurzerhand für unvereinbar mit den Prinzipien nationalsozialistischer Politik:[88]

> „Was sollte uns angesichts des älteren Cato die Humanität? Das Geheimnis der Kraft, des Aufstiegs und der Herrschaft Roms ruhte gerade in jener humanitätslosen Staatszucht (…). Wir wollen (…) die heldischen Männer, die Helden der Taten und der Werke, die Staatsbaumeister und die Sieger der Perserkriege sehen (..): die konkrete Gestalt, die geschichtliche Wirklichkeit, nicht die literarischen Prediger des humanen Einschlags."[89]

Hans Drexler wird dieses Verdikt vier Jahre später in seiner Schrift *Der dritte Humanismus: Ein kritischer Epilog* (Drexler 1937) ausführlicher begründen, doch da war Jaeger längst in den USA. Am 31. März 1936 hatte er um die ministerielle Erlaubnis gebeten, „mit der Universität Chicago alsbald Verhandlungen einzuleiten und den Ruf dorthin anzunehmen". Ende 1935, so Jaeger, habe er eine erste Anfrage der Universität noch „abschlägig beantwortet mit der persönlich gehal-

---

86 Brief Bickel an Jaeger, 28.7.1933 (Harvard, Houghton Library, *Jaeger Papers* ‚Letters to WJ, Correspondence A-B'). Bickel war zwar nicht Mitglied in der NSDAP, trat aber im Oktober 1933 dem NS-Lehrerbund bei. Trotz dieses Briefes an Jaeger behauptet Höpfner, es sei „falsch", Bickel „als nationalsozialistischen Philologen zu bezeichnen." Er habe sich „nach 1933 [..] loyal" verhalten, „ohne jedoch politisch hervorzutreten" (Höpfner 1999, 425 mit Anm. 2).
87 Heft 5 des ersten Jahrgangs erschien im Dezember 1933 (Eingangsstempel des Exemplars der Bayerischen Staatsbibliothek 16.12.1933).
88 White 1992, 286 f.
89 Krieck (1933) 77 f.; zu dieser Kontroverse auch Irmscher 1980, 80 f.

tenen Begründung, dass ich mich nicht von meinem Heimatlande trennen möchte", doch jetzt, nachdem ihm die Universität „trotz meiner vorangehenden Ablehnung unter Darlegung der näheren Umstände (...) in sehr herzlicher und dringender Form einen offiziellen Ruf auf den (...) Lehrstuhl für griechische Sprache und Literatur (...) erteilt" habe, erkenne er

> „die Bedeutung der so kaum wiederkehrenden Chance, auf die amerikanische Geisteswissenschaft, die sich in der letzten Generation gerade unter Shoreys Führung von ihrer deutschen Lehrmeisterin bewusst emanzipiert hat, erneut tieferen Einfluss zu gewinnen. Dies scheint mir bei der wachsenden wissenschaftlichen Bedeutung Amerikas für die Weltgeltung des deutschen Geistes eine recht wichtige Tatsache zu sein. (...) So schwer der Entschluss mir fällt, mich von der deutschen Heimat zu trennen und als Pionier [!] in die Neue Welt zu ziehn, glaube ich nach langem inneren Kampf doch diesen Entschluss fassen zu müssen und bin überzeugt, damit nicht nur meiner Bestimmung zu folgen, die mir auferlegt, für die möglichst weite Ausbreitung der von mir vertretenen Ideen meine ganze Kraft einzusetzen, sondern auch dem, was ich als verpflichtendes Erbe des deutschen Geistes erkenne, auf die mir am wirksamsten scheinende Weise zu dienen."[90]

Dieser national-patriotischen Argumentation konnte das Ministerium sich nicht verschließen. Am 2. Mai erhielt Jaeger die offizielle Erlaubnis zu Verhandlungen mit Chicago,[91] am 12. Juni wurde Jaegers Antrag auf Entlassung aus dem Preußischen Staatsdienst vom 6. Mai genehmigt,[92] am 20. November 1936 schickte der Universitätskurator in Berlin die von Adolf Hitler und Hermann Göring unterzeichnete Entlassungsurkunde per Einschreiben nach Chicago.[93]

---

[90] Brief Jaeger, Berlin, an den Herrn Reichs- und Preussischen Minister für Wissenschaft, Erziehung und Volksbildung, 31.3.1936, S. 1f. (Harvard, Houghton Library, *Jaeger Papers* 20.7, wie Anm. 72).

[91] Schnellbrief Reichs- und Preußischer Minister für Wissenschaft, Erziehung und Volksbildung, Berlin (gez. Vahlen), an Jaeger, 2.5.1936 (Harvard, Houghton Library, *Jaeger Papers* 20.7, wie Anm. 72).

[92] Brief Reichs- und Preußischer Minister für Wissenschaft, Erziehung und Volksbildung, Berlin, 12.6.1936, an Jaeger (Harvard, Houghton Library, *Jaeger Papers* 20.6 ‚Official Documents').

[93] „*Im Namen des Reichs:* Ich entlasse Sie auf Ihren Antrag mit Ende September 1936 aus dem preußischen Landesdienst. **Ich spreche Ihnen für Ihre akademische Wirksamkeit und die dem Reich geleisteten Dienste meinen Dank aus.** Berlin, den 12. November 1936. Der Führer und Reichskanzler." (Entlassungsurkunde für den ordentlichen Professor Dr. Werner Jaeger in Berlin, Anlage zu Einschreiben des Universitätskurators Berlin, gez. Dr. Leitmeyer, an Jaeger, Chicago, 20.11.1936, beides in Harvard, Houghton Library, *Jaeger-Papers* 20.6: Hervorhebung durch den Verf.). Ein ähnliche, vom Führer und Reichskanzler unterzeichnete Entpflichtungsurkunde, mit identischer Danksagung, hatte Eduard Norden anlässlich seiner Zwangs-Emeritierung im Frühjahr 1935 erhalten (Schröder 1999, 35–39 und 160). Calders Befund „Of some thirty classical scholars who fled Nazi Germany the Minister of Education in the Hitler

So nahm Jaegers „early flirtation with National Socialism"[94] dank der Großzügigkeit der University of Chicago[95] gerade zur rechten Zeit noch ein gutes Ende. Seit dem 7. Reichsparteitag des NSDAP in Nürnberg am 15. September 1935 verstieß er nämlich mit seiner zweiten Frau gegen das neu geschaffene „Gesetz zum Schutze des deutschen Blutes und der deutschen Ehre (Blutschutzgesetz)", das „Eheschließungen zwischen Juden und Staatsangehörigen deutschen und artverwandten Blutes" verbot und „trotzdem geschlossene Ehen" für nichtig erklärte:[96] Frau Ruth Jaeger-Heinitz war in der Terminologie der Rassenideologen „Halbjüdin".

Government thanked Jaeger *alone* for his German work" (Calder 1983, 103) ist in diesem Punkt zu modifizieren.
94 Calder 1983, 104, zitiert auch von White 1992, 287. Hans Drexler sprach von Jaegers „Gleichschaltungsversuch" (Drexler 1937, 67 und Irmscher 1980, 80).
95 Um sicherzustellen, dass Jaeger den Ruf nach Chicago annimmt, stellte die Universität ihm exzellente Bedingungen in Aussicht: „ich soll das erste Jahr ganz und vom zweiten Jahre an je 6–8 Monate jährlich von jeder Lehrverpflichtung frei sein." (Brief Jaeger, Berlin, an den Herrn Reichs- und Preussischen Minister für Wissenschaft, Erziehung und Volksbildung, 31.3.1936, S. 2, in Harvard, Houghton Library, *Jaeger Papers* 20.7, wie Anm. 72).
96 Zitiert nach http://www.documentarchiv.de/ns/nbgesetze01.html.

Solidarität der Columbia University: Nicholas M. Butlers Commitment

Zwei Monate nach der Eroberung Frankreichs durch die deutschen Truppen, am 22. August 1940, sicherte Nicholas Murray Butler, Friedensnobelpreisträger 1931 und seit 1902 (!) Präsident der Columbia University, in dessen „residence" am Morningside Drive ein Porträt seines Freundes Gustav Stresemann hing,[97] der aber auch große Sympathien für den italienischen Faschismus, insbesondere für Benito Mussolini, hegte,[98] in einem Brief dem Director des *Institute of International Education* und Chairman des *Emergency Committee in Aid of Displaced Foreign Scholars*, Dr. Stephen Duggan, die uneingeschränkte Solidarität der Columbia zu:

> „My dear Dr. Duggan: Although absent on holiday for some weeks to come, I am keeping close track of the international situation and by correspondence and otherwise am fully aware of the pressure upon us all to find help for distinguished European scholars who can no longer live comfortably in their own lands.
> We at Columbia shall do our very best to aid in caring for such scholars, in spite of our crowded buildings and our difficult financial situation. Our departments will, of course, reserve the right to select any newcomer who may be proposed to us, but they will do this in a spirit of sympathetic helpfulness.
> I should be glad to have you discuss this matter with Provost Fackenthal, who can answer any questions and give you any information you may desire. I do not want any delay because of my absence from Mornigside.
> Yours very truly,"[99]

Vier Monate nach diesem Versprechen wurde Ernst Kapp, der seit Juli 1940 stellungs- und mittellos war, an der Columbia als Lecturer in Greek and Latin angestellt, zu gleichen Teilen finanziert mit Spendengeldern des Columbia-internen *Faculty Fellowship Funds for Displaced German Scholars* und des *Emergency Committee*. Er befand sich dort in guter – deutscher – Gesellschaft: schon im Sommer 1934 hatte Butler das Frankfurter Institut für Sozialforschung in toto

---

97 Bonfante 1981, 254; Bonfante/Recke 2004, 14.
98 Zumindest bis zu dessen Angriffskrieg gegen Äthiopien 1935. Die Casa Italiana (eröffnet 1927) war und ist steingewordener Ausdruck dieser eigentümlichen Beziehung zwischen dem Friedensnobelpreisträger und dem Diktator: Columbia stellte Grund und Boden zur Verfügung, der Bau wurde durch Spenden italienisch-amerikanischer Geschäftsleute und durch „modest amounts of money" und „a substantial amount of furniture" durch Mussolini finanziert (Rosenthal 2006, 379–390, Zitat 387).
99 Brief (Durchschlag) Butler, President CU, Southhampton, Long Island, N.Y., an Duggan, *IIE*, 22.8.1940 (CU, RBML, Central Files Box 76, Folder 16 [Original in NYPL, *EC*-Records Box 138, Folder 30]). Eine Kopie war für Leslie C. Dunn bestimmt, einem der Gründer des *Faculty Fellowship Fund for Displaced German Scholars* (siehe S. 46f. mit Anm. 41).

aufgenommen (Horkheimer, Marcuse, Löwenthal, Pollock, Wittfogel, Fromm, Neumann, Kirchheimer, Adorno) und ihm ein eigenes universitätsnahes Gebäude mietfrei zur Verfügung gestellt: 429 West 117th Street, Ecke Morningside Avenue.[100] Seit Herbst 1934 unterrichtete Margarete Bieber am Barnard College und (seit 1936) an der Columbia, Kurt von Fritz und der Kunsthistoriker Julius Held wurden 1937 berufen, seit 1939 gehörte Kristeller dem Philosphy Department an. Insgesamt verzeichnete das *Emergency Committee* für die Columbia University dreizehn Displaced German Scholars,[101] ein bewunderungswürdiges Beispiel akademischer Solidarität, besonders vor dem Hintergrund der Großen Depression und der Massenarbeitslosigkeit, die in den 1930er Jahren auch in den USA herrschte.[102]

---

100 Jay 1981, 59 und Wiggershaus 1989, 166 ff.
101 Damit liegt die Columbia University in den Statistiken des *EC* an der Spitze, gemeinsam mit Harvard und der New York University, die ebenfalls dreizehn vom *EC* geförderte Wissenschaftler aufnahmen; das *Institute for Advanced Study* in Princeton bot elf Wisenschaftlern eine neue Wirkungsstätte, es folgten Yale, Chicago und Johns Hopkins mit jeweils neun, Berkeley und die University of Pennsylvania mit acht, und die ‚kleinen' Colleges Vassar, Bryn Mawr und Swarthmore mit je fünf Stellen für emigrierte Gelehrte. Eine Sonderstellung nahm die von der *Rockefeller Foundation* besonders geförderte New School for Social Research ein, mit insgesamt 21 appointments (Duggan/Drury 1948, 200–204).
102 Duggan/Drury 1948, 17, 186.

Teil I: ‚Transplantierte Archäologie': Bieber – Jastrow – Lehmann-Hartleben – Brendel (Columbia University 1)

1 Margarete Bieber im Exil

1.1 Zur Quellenlage

Über Leben und Werk Margarete Biebers sind wir besser informiert als über die meisten ihrer emigrierten Kollegen. Das ist vor allem das Verdienst Larissa Bonfantes, die seit ihrem Doktorat bei Otto Brendel, und später als junge Professorin, mit „Dr. Bieber" freundschaftlich verbunden war: sie verfasste nicht nur einen der beiden Nachrufe (im *Gnomon*), sondern auch zwei umfangreiche biographische Essays.[1] Hauptquelle hierfür war ein Manuskript aus dem Nachlass Margarete Biebers, ihre bislang noch nicht veröffentlichte Autobiographie *Autobiography of a Female Scholar*, (1958–1961).[2] Dieser Nachlass, die *Margarete Bieber papers*, sind nicht, wie man erwarten dürfte, in den Archiven des Barnard College oder der Columbia University zu finden, sondern in den Special Collections der Tulane University in New Orleans.[3]

Im Mittelpunkt der folgenden Darstellung werden die Erfahrungen Margarete Biebers in den 1930er Jahren stehen, ihre Entlassung aus Gießen, die ersten verzweifelten Versuche, auf internationaler Ebene eine neue Stelle zu finden bis zu ihrer befristeten Anstellung am Barnard College in New York und dem zähen Ringen um eine Professur (tenure). Als Arbeitsgrundlage wird dabei erstmals fast ausschließlich Archivmaterial dienen, insbesondere die Akten des *Emergency Committees in Aid of Displaced German Scholars*, die ‚Central Files' der Columbia University Archives und die ‚Dean Correspondence' der Barnard Archives. Ergänzt wird dieses Material durch Korrespondenz mit Freunden und Kollegen und durch eine Mappe des *Archive of the Society for the Protection of Science and Learning* an der Bodleian Library in Oxford.[4]

---

1 Bonfante 1979, 1981, und zusammen mit Matthias Recke, 2004. Der zweite Nachruf stammt von Biebers ‚Meisterschülerin' Evelyn B. Harrison (*AJA* 82, 1978). Über Biebers Karriere in Deutschland informiert Recke 2000 und Recke 2007.
2 Diese Autobiographie soll, unter der Herausgeberschaft von L. Bonfante und M. Recke, in einer kommentierten Fassung publiziert werden. Im Juni 2007 gewährte mir Larissa Bonfante in ihrer New Yorker Wohnung für einige Tage Einsicht in das wertvolle Dokument: für diese großzügige und freundschaftliche Geste möchte ich ihr an dieser Stelle ganz herzlich danken.
3 *Margarete Bieber papers 1901–1979* (59 Boxen, 1–4 mit ‚Personal Correspondence', 5–8 mit ‚Professional Correspondence', 39 lin. ft.), Louisiana Research Collection, Manuscripts Collection 410, Tulane University, New Orleans. Margarete Biebers Nachlass wurde noch zu ihren Lebzeiten von der Tulane University erworben: „acquired 1975" (http://specialcollections.tulane.edu/archon/?p=collections/controlcard&id=83).
4 Oxford University, Bodleian Library, MS. S.P.S.L. 181/2.

1.2 Karriere in Deutschland: Vor der Entlassung

„Amerikanische Ehrung für eine deutsche Professorin" betitelte mit unverhohlen nationalem Stolz die *Oberhessische Volkszeitung* am 14. Dezember 1931 ihren Artikel über die Vergabe eines Stipendiums der *American Association of University Women* für Margarete Bieber: dass die so Geehrte jüdischer Herkunft war, spielte zu diesem Zeitpunkt in der deutschen Öffentlichkeit (noch) keine Rolle. Neben dem Porträt der zweiundfünfzigjährigen Gelehrten fand sich folgender Text:

> „Prof. Dr. Margarete Biber [sic!], die Inhaberin der ordentlichen Professur für Archäologie an der Universität Gießen, hat von der amerikanischen Vereinigung der weiblichen Professoren ein Stipendium erhalten, das es ihr möglich macht, ein Jahr lang archäologische Studien im Ausland zu treiben. Dies hohe Auszeichnung ist damit zum ersten Male einer deutschen Gelehrten verliehen worden."[5]

„Die Gießener Jahre" gehörten nicht nur „zu den glücklichsten in Margarete Biebers Leben",[6] sondern auch zu ihren erfolgreichsten: nachdem sie schon während des ersten Weltkriegs 1915/16 das archäologische Seminar an der Universität Berlin in Vertretung für ihren schwer erkrankten akademischen Lehrer Georg Loeschcke geleitet hatte,[7] habilitierte sie im Mai 1919 an der Universität Gießen mit der Habilitationsschrift „Denkmäler zum antiken Theaterwesen" in Klassischer Archäologie. Ihre öffentliche Probevorlesung war dem zweiten Schwerpunkt ihrer insgesamt siebzigjährigen Forscherlaufbahn gewidmet: „Kleidung der griechischen Frau".[8] 1923 wurde sie – wenige Monate nach Emmy Noether – als zweite Frau in Deutschland zur ‚außerplanmäßigen außerordentlichen' Professorin ernannt, eine Stellung, die sie bis zu ihrer Beförderung zur ‚planmäßigen außerordentlichen' Professorin am 1. Oktober 1931 innehatte. Für die bürgerliche Frauenbewegung der Weimarer Republik war sie ein leuchtendes Vorbild: die *Korrespondenz Frauenpresse* widmete ihr zum 50. Geburtstag eine ausführliche Reportage, in der sie als Vorkämpferin der

---

5 *Oberhessische Volkszeitung*, 14.12.1931, abgedruckt in Felschow 2007, 281.
6 Buchholz 1982, 65.
7 Loeschcke hatte im Sommer 1915 einen Schlaganfall erlitten und verstarb im Dezember: bis zur Berufung von dessen Nachfolger Ferdinand Noack führte Bieber auf Wunsch von Wilamowitz-Moellendorff und E. Meyer den gesamten Seminarbetrieb mit insgesamt vierzig Studenten (Bonfante 1981, 247f. und Buchholz 1982, 62).
8 Beide Themen der Habilitation – Theater und Kleidung – waren schon Gegenstand ihrer Dissertation *Das Dresdner Schauspielerrelief: Ein Beitrag zur Geschichte des tragischen Kostüms und der griechischen Kunst* (Bonn 1907).

Frauenbildung gepriesen wurde: sie war 1901 die erste weibliche Abiturientin Westpreußens, absolvierte die Promotion in klassischer Archäologie an der Universität Bonn bei Loeschcke bereits nach ihrem vierten Fachsemester (im Dezember 1906),[9] und war die erste Frau, der ein Reisestipendium des *Kaiserlich Deutschen Archäologischen Institutes* verliehen wurde (1909/10).[10] Diese Liste lässt sich durchaus erweitern: 1913 wurde sie als erste Frau zum korrespondierenden Mitglied des *DAI* in Berlin gewählt,[11] sie war „die zweite Frau, die an der Philosophischen Fakultät der Universität Bonn [1907] promoviert wurde",[12] doch die erste Frau, die in Gießen habilitierte,[13] „ein Jahr vor der regulären Zulassung von Frauen zur Habilitation".[14] Nach der Entlassung war sie eine der ersten Gelehrten, die sich im Bereich der Altertumswissenschaften im Exilland wieder etablieren konnten.

Die Großzügigkeit ihres Vaters und Stipendien ermöglichten ihr eine umfangreiche Reisetätigkeit: nach Abschluss der Promotion ging sie nach Rom (1907–1908), wo sie mit Walther Amelung und Friedrich Spiro Freundschaft schloss, mit dem Reisestipendium des *DAI* bereiste sie zwischen 1909 und 1910 die wichtigsten Grabungsorte in Kleinasien und Kreta. Am *Deutschen Archäologischen Institut* in Athen, wo sie zwischen 1910 und 1912 „assistant" war,[15] freundete sie sich nicht nur mit – meist jüngeren – deutschen Kollegen an wie Gerhart Rodenwaldt oder Georg Lippold, sondern auch mit Archäologen aus den USA, die an der *American School of Classical Studies* lehrten und forschten und sie Jahrzehnte später bei der Emigration unterstützen sollten: Mary Hamilton Swindler und William Bell Dinsmoor Jr.[16] Die Ernennung zum korrespondie-

---

9 Sie war unter anderem deshalb nach Bonn ausgewichen, da sie an der Universität Berlin nur den Status einer Gasthörerin hatte: erst zum WS 1908/09 sollte Preußen Frauen das Recht auf Immatrikulation zugestehen. (Hinterberger 1996, 140 und Felschow 2007, 278–280).
10 *Korrespondenz Frauenpresse*, 1.7.1929: englische Übersetzung in Harrison 1978, 573 f. Buchholz 1982, 60, stellt richtig, dass Bieber als **zweite** Frau in der Geschichte des *DAI* das Stipendium erhielt: doch sie war die erste klassische Archäologin: „im Jahre davor [1908/09] hatte sie sich vergeblich beworben" (Wickert 1979, 17).
11 Wickert 1979, 17.
12 Meyer 2009, 27.
13 Recke 2000, 67.
14 Meyer 2009, 27; erst im Februar 1920 wurden in Preußen Frauen zur Habilitation zugelassen. Bis 1919 hatten sich außer Bieber nur fünf Frauen in Deutschland habilitieren können (siehe Boedeker/Meyer-Plath 1974, 3 und Felschow 2008, 42 f. mit Anm. 63.).
15 Formblatt ‚Data Prior to Arrival in U.S.A.', 13.11.1940, Rubrik 18 ‚Employment' (YIVO, *OT Microfilm*). Dort „vollendete [sie] im Jahre 1912 das Verzeichnis der käuflichen Photographien des athenischen Instituts." (Wickert 1979, 17).
16 Swindler ging mit einem „Mary E. Garett Fellowship European" 1909/10 an die Universität Berlin und nach Athen, Dinsmoor war seit 1908 an der *American School of Classical Studies* und

renden Mitglied des *DAI* war mit der Einladung zu einem zweijährigen Forschungsaufenthalt in Rom verbunden, wo sie 1912 und 1913 in der Institutsbibliothek auf dem Capitolinischen Hügel an ihrem Katalog der antiken Skulpturen in Kassel arbeitete (gedruckt Marburg 1915).

Mit Unterstützung der *Notgemeinschaft der deutschen Wissenschaft* konnte die ao. apl. Professorin, die seit 1922 zum ordentlichen Mitglied des *DAI* ernannt worden war, während eines einjährigen Forschungsaufenthalts in Griechenland 1925 zusammen mit Rudolf Herzog die Kleinfunde aus den Ausgrabungen auf Kos bearbeiten. Ein letzter Höhepunkt ihrer Karriere in Europa war die Bewilligung ihres Antrags auf ein Stipendium der *American Association of University Women (AAUW)*, das es ihr erlaubte, 1931/32 die Recherchen für ihr Projekt *Entwicklungsgeschichte der griechischen Tracht von der vorgriechischen Zeit bis zur römischen Kaiserzeit* in den Museen in London, Paris und – zum letzten Mal vor ihrer Vertreibung – in Rom abzuschließen. Mit diesem Antrag konnte sie die Gelehrtenwelt ihres künftigen Fluchtlandes USA gerade noch rechtzeitig auf sich aufmerksam machen: Hauptgutachter waren Mary Swindler, seit 1912 Professor of Archaeology and Classics am Bryn Mawr College und Editor-in-Chief des *American Journal of Archaeology*,[17] und Gisela Richter, Kuratorin für Greek and Roman Art am Metropolitan Museum New York.[18] Beide standen in gutem Kontakt zum Dean des Barnard College, Virginia Gildersleeve.[19]

1.3 Entlassung und Neubeginn: Das erste Jahr im Exil (1933/34)

Gießen (April bis Okt. 1933)

Am 20. Juni 1933 erlebte Margarete Bieber eine böse Überraschung: der Dekan der Philosophischen Fakultät eröffnete ihr in einem Gespräch, dass nach

---

wurde 1912 zu deren Architekten ernannt (zu Swindler siehe Leach, 2004, zu Dinsmoor http://www.dictionaryofarthistorians.org/dinsmoorw1923.htm). Beide erinnerten in ihren Anträgen und Empfehlungsschreiben an die frühe Freundschaft mit Bieber: Briefe Swindler an Duggan, 8.1.1936 (NYPL, *EC*-Records 3.4) und Dinsmoor an Gildersleeve, 6.11.1933: „Besides being a great authority in her fields, she is an old personal friend of ours" (NYPL, *EC*-Records 3.3).
[17] Leach 2004, 11f.
[18] Zu Gisela Marie Augusta Richter (1882–1972) siehe den biographischen Essay von Edlund (u. a.) 1981.
[19] Als Mitbegründerin der *International Federation of University Women* (Gildersleeve 1955, 135 ff.) hatte Gildersleeve auf die Entscheidungen der *AAUW* maßgeblichen Einfluss.

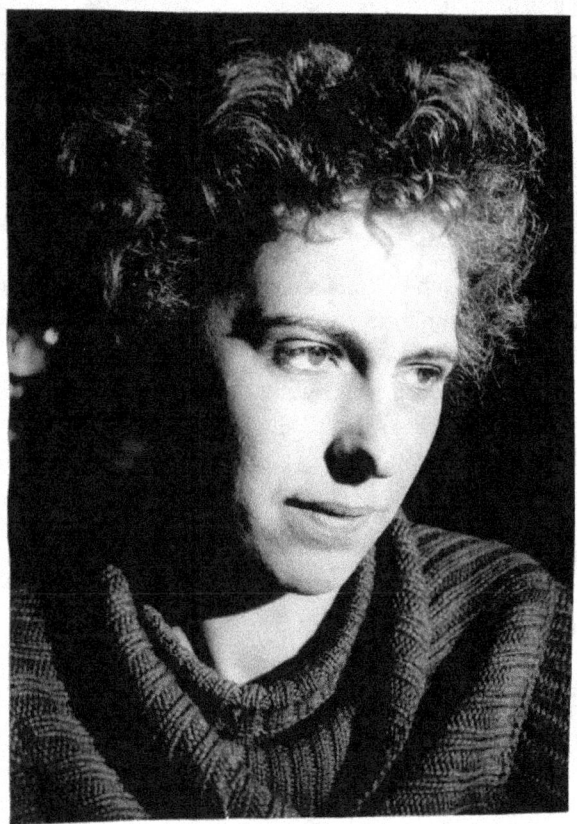

Dies ist eine Idealvorstellung von mir, die der Photoapparat für einen Moment verwirklichte.

Abb. 2: Margarete Bieber als junge Frau (undatiert)

Überprüfung ihrer „Papiere" ihre Entlassung unvermeidlich wäre.[20] Er bezog sich dabei wohl auf den vierseitigen „Fragebogen zur Durchführung des Ge-

---

20 Schon am 5. Mai 1933 hatte das Ministerium für Kultus- und Bildungswesen des Volksstaates Hessen das Rektorat der Universität Gießen angewiesen, „genaue Erhebungen über die politi-

setzes zur Wiederherstellung des Berufsbeamtentums", der nur wenige Tage nach Verabschiedung dieses vom Reichskanzler und den Reichsministern des Inneren und der Finanzen eingebrachten Gesetzes (7. April) allen Hochschulangehörigen vorgelegt worden war mit dem Ziel, die nichtarischen Professoren und Dozenten zu erfassen. Obwohl die erste Entlassungswelle auf der Grundlage dieses auch „Berufsbeamtengesetz" (BBG) genannten Sondergesetzes im Reich längst angelaufen war (Cassirer, Panofsky u. a. hatten bereits seit Beginn des Sommersemesters Lehrverbot),[21] traf Bieber diese Nachricht völlig unvorbereitet, sie hatte nicht im entferntesten damit gerechnet, selber von diesen Maßnahmen betroffen zu sein.

Wie viele ihrer deutsch-jüdischen Kollegen war sie in einer großbürgerlich-wohlhabenden, vollkommen assimilierten Familie groß geworden: ihr Vater, der Mühlenbesitzer Jakob Bieber, war zwar jüdischer Abstammung, besuchte aber niemals eine Synagoge. Die Erziehung der Kinder oblag einer protestantischen Gouvernante, Religion galt als Privatsache.[22] Ein weitaus höherer Stellenwert kam dem patriotischen Selbstverständnis zu: bis zu ihrem vierundfünfzigsten

---

sche Haltung und etwaige Betätigung des Professors Dr. Margarete Bieber anzustellen" (zitiert nach Hinterberger, 1996, 143 mit Anm. 39).

[21] Siehe die Auszüge aus den Senatsprotokollen der Universität Hamburg in Bottin 1992, 28. Auch an der Universität Gießen kam es unmittelbar nach Verabschiedung des BBG zu ersten Entlassungen: Alfred Storch (PD Psychiatrie, 22.4.1933), Fritz Heichelheim (PD Alte Geschichte, 5.5.1933), Georg Mayer (PD Wirtschaftliche Staatswissenschaften, 5.5.1933), August Messer (ord. Prof. Philosophie, 5.5.1933), Walter Kinkel (Honorarprof. Philosophie, 6.5.1933), Ernst von Asser (ord. Prof. Philosophie, vor 9.5.1933), Friedrich Lenz (Wirtschaftliche Staatswissenschaften, vor 9.5.1933): die vollständige Liste in Peter Chrousts Standardwerk *Gießener Universität und Faschismus* (Chroust 1994, Bd. 1, 226–232). Insgesamt wurden 20,9 % der Hochschullehrer (Lehrbeauftragte, Lektoren und Assistenten nicht eingerechnet) der Universität Gießen entlassen (Chroust 1994, Bd. 1, 232).

[22] Kommerzienrat Bieber überließ es seinen Kindern, welcher Religionsgemeinschaft sie sich anschließen wollten: Margarete Bieber folgte dem Beispiel ihrer Bonner Professoren (vor allem Franz Büchelers) und ließ sich nach Abschluss der Habilitation, am 22. April 1920, in Bonn in der Gemeinde der Altkatholiken taufen, während ihre Schwestern der protestantischen Kirche angehörten. (Hinterberger 1996, 143, Recke 1997, 211). In der Rubrik ‚Confidential Information/ Vertrauliche Auskunft' des Fragebogens des *AAC* (datiert 18.10.1934) gab Bieber bei der Frage „Willigen sie ein, dass wir für Sie an religiöse Gemeinschaften herantreten? Wenn ja, schreiben Sie ‚Ja' neben den Namen der Religion, der Sie angehören" gleich drei Religionsgemeinschaften an: „Jewish Reformed / Altkatholisch – Church of England. Episcopal Church. Protestant". Noch 1960 verwahrte sie sich dagegen, in einem Jubiläumsband der Universität Gießen als Jüdin bezeichnet zu werden und betonte ihre christliche Glaubenszugehörigkeit: „(...) ich bin aber Christin und zwar ein Mitglied der Diaspora der Bonner altkatholischen Gemeinde. (...) Meine Schwestern waren, meine Tochter, ihr Mann und Sohn sind Protestanten." (Hinterberger 1996, 144).

Lebensjahr fühlte Bieber sich als „echte Deutsche",[23] ja hatte sogar gewisse Sympathien für die Anfänge der nationalsozialistischen Bewegung, von der sie sich eine neue Perspektive für viele entmutigte und demoralisierte junge Deutsche versprach. Auch Mussolini hätte, so war zumindest ihre subjektive Wahrnehmung, im Italien der 1920er Jahre im Erziehungswesen und in der Kulturpolitik eine positive Entwicklung in Gang gesetzt.

Doch wenige Tage später war aus der Drohung Gewissheit geworden: in einem Schreiben des Reichsstatthalters Jakob Sprenger vom 26. Juni 1933, das Bieber am 29. Juni erhielt, wurde sie mit Wirkung zum 1. Juli entlassen.[24] Interessanterweise kam bei Bieber nicht § 3 („nicht arische Abstammung") oder § 6 („zur Vereinfachung der Verwaltung") des BBG zur Anwendung, sondern § 4 („politische Unzuverlässigkeit"):

> „Beamte, die nach ihrer bisherigen politischen Betätigung nicht die Gewähr dafür bieten, daß sie jederzeit rückhaltlos für den nationalen Staat eintreten, können aus dem Dienst entlassen werden. Auf die Dauer von drei Monaten nach der Entlassung werden ihnen ihre bisherigen Bezüge belassen. Von dieser Zeit an erhalten sie drei Viertel des Ruhegeldes (§ 8) und entsprechende Hinterbliebenenversorgung."[25]

---

23 In einer Solidaritätsadresse, in der 49 Gießener Studenten am 4. Juli 1933 die „sehr verehrte, liebe Frau Professor (...) vor aller Öffentlichkeit" ihrer „unwandelbaren Treue und Verehrung" versicherten, wird auch auf diese Haltung verwiesen: „Wir gedenken schließlich Ihrer wahrhaft vaterländischen Gesinnung. Wir wissen, daß Sie seinerzeit, als deutscher Heimatboden uns durch das Versailler Diktat entrissen wurde, lieber Hab und Gut geopfert als auf Ihre deutsche Staatsangehörigkeit verzichtet habe." Auch Bieber betonte noch im Januar 1939, als ihr wegen ihrer jüdischen Herkunft die Mitgliedschaft im *Deutschen Archäologischen Institut* aberkannt wurde: „Ich bin kein Jude und fühle mich nicht als Jude. Ich habe mich bis jetzt als Deutscher gefühlt. Ich glaube jedoch, dass ich im Sinne des Reichsbürgergesetzes Jude bin. Ich werde jedenfalls bald kein Deutscher mehr sein, sondern ab 1940 ein stolzer Bürger des freien Landes Amerika" (zitiert nach Buchholz 1982, 66–67, Hinterberger 1996, 144 und Recke 2000, 85).
24 Buchholz 1982, 66, und Bonfante/Recke 2004, 11 mit Anm. 59. Bei den Angaben zu Biebers „Entlassung am 1.9.1933 mit Wirkung zum 1.7.1933" in Chroust 1994, Bd. 1, 227, handelt es sich offenkundig um eine Verschreibung.
25 Zitiert nach Buschmann 2000, 51. Diese Begründung war „für die eher unpolitische, deutschnational denkende Margarete Bieber" besonders beleidigend: in einem Schreiben vom 22. März 1934 insistierte sie beim hessischen Staatsministerium darauf, dass ihre Entlassung „in eine ehrenvolle Emeritierung oder wenigstens Entlassung nach § 6" umgewandelt wurde. Diesem Gesuch wurde schließlich stattgegeben, am 28. April 1934 wurde ihre Entlassung in eine „Ruhestandsversetzung gemäß § 3" umgewandelt (Hinterberger 1996, 143 f.). Aus der Entlassung ließ sich kein Pensionsanspruch ableiten, denn § 8 BBG besagte, dass „nach §§ 3, 4 in den Ruhestand versetzten oder entlassenen Beamten (...) ein Ruhegeld nicht gewährt [wird], wenn sie nicht mindestens eine zehnjährige Dienstzeit vollendet haben."

In der dreimonatigen Übergangszeit, während der ihr noch das volle Gehalt ausbezahlt wurde,[26] suchte sie fieberhaft nach beruflichen Alternativen: sie stand unter großem Druck, denn sie hatte nicht nur für sich selber, sondern auch für die sechsjährige Ingeborg zu sorgen, eine Waise, die seit Dezember 1932 im Haushalt von Bieber und ihrer Lebensgefährtin ‚Frl.' Katharina Freytag lebte und am 15. März 1933 adoptiert worden war.[27] Am 5. Juli verschickte sie die ersten ihrer insgesamt über fünfzig (!) Bewerbungsschreiben und Bittbriefe, nach Genf an das *International Committee for securing Employment for Refugee Professional Workers* und nach New York an den Director der New School of Social Research, Alvin S. Johnson.

Ernst Pfuhl, Professor für Klassische Archäologie in Basel und enger Freund Richard Delbruecks, unterstützte ihre Anfrage beim *International Committee for securing Employment for Refugee Professional Workers* in Genf, das dem High Commissioner des Völkerbunds unterstellt war: er bezeichnete Bieber als „verdiente Gelehrte, die sowohl streng wissenschaftlich wie halb populär sehr nützliche Arbeit geleistet hat und auch einen entschiedenen Lehrerfolg hatte".[28] Auch Maria Schubiger, die vor ihrer Tätigkeit an der Handels-Hochschule St. Gallen Präsidentin der Crosby Hall war, wo Bieber während ihres Londoner Aufenthalts als Stipendiatin der *American Association of University Women* 1931/ 32 gewohnt hatte, schickte dem *International Committee* eine kurze Empfehlung,[29] obwohl sie eine Bewerbung bei dieser Stelle von vornherein für aussichtslos hielt: „I am nearly sure that they won't be able to find anything for her." Deshalb wandte sie sich als Vorsitzende der *Swiss Federation of University Women*[30] an die Zentrale ihrer Organisation, die *International Federation of University Women*, die 1919 von Virginia Gildersleeve, Caroline Spurgeon und

---

26 Nach eigenen Angaben bezog sie in den Jahren 1931 bis 1933 ein Jahresgehalt in Höhe von RM 8000.
27 Bieber erfüllte sich diesen Lebenswunsch erst, nachdem ihr die Hochschulverwaltung im Herbst 1932 zugesichert hatte, dass sie zum Wintersemester 1933/34 zur Ordinaria am Institut für Klassische Archäologie ernannt werden würde.
28 Pfuhl, Basel, Opinion 13.7.1933 (NYPL, *EC*-Records 3.3). Biebers Brief an das Genfer Komitee (Oxford, Bodleian, MS. S.P.S.L. 181/2) ist zwar auf den 5.6. datiert, doch dürfte dies eine ähnliche Verschreibung sein wie in ihrem Brief an Alvin Johnson, der fälschlich auf den 5.4. datiert ist (siehe Anm. 34).
29 „Ich kenne Frau Prof. Bieber persönlich; ich bewunderte immer ihre grosse Schaffenskraft und ihre Liebe und hervorragende Begabung zur Wissenschaft." (Opinion Schubiger, St. Gallen, 16.7.1933, in NYPL, *EC*-Records 3.3).
30 Die Möglichkeiten der *Swiss Federation* allein hielt sie für zu begrenzt: „such a small branch" in „such a small country" (Brief Dr. Schubiger [copy], St. Gallen, an Miss Bosanquet, *IFUW*, 17.7.1933 [received], in NYPL, *EC*-Records 3.3).

Rose Sidgwick als internationaler Dachverband der *American Association of University Women (AAUW)* gegründet worden war.³¹ Sie appellierte an die „international solidarity of university women" für „one of the great women scholars from Germany" und schlug eine Art Forschungsstipendium vor, das unter Umständen durch freiwillige Spenden von Stipendiaten des Jahres 1931/32 ergänzt werden könnte:

> „It seems to me that this is a case where the International Federation ought to try and help. (...) I shall of course try to get something for her in the Swiss Federation, but I cannot get much for her there (...) It is of course hopeless to try and find a professorship or even a lectureship for her. We are overrun with German Jews just now, and Switzerland is such a small country. The only thing to do would be to raise enough money (by means of scholarships or otherwise) to permit Professor Bieber to live and go on doing research work. Perhaps an International or National scholarship could be given to her in preference to anybody else, or perhaps she could be offered residence in Crosby Hall, or perhaps some of the then residents of Crosby Hall, who liked her, would give something, if one wrote to them."³²

Weder von dem Genfer Committee noch von der *IFUW* ist eine Antwort erhalten. In ihrem Schreiben an Alvin Johnson, in diesen Monaten einer der wichtigsten Ansprechpartner für deutsche Emigranten, versuchte Bieber ihre amerikanischen Beziehungen zur Geltung zu bringen. Johnson war gerade dabei, mit Geldern der *Rockefeller Foundation* an der New School for Social Research eine graduate division, die sog. „University of Exile", aufzubauen, die entlassenen deutschen Soziologen und Wirtschaftswissenschaftlern eine neue berufliche Perspektive bot.³³ Bieber informierte ihn nicht nur über die erfolgte Entlassung und den aktuellen Stand ihrer Arbeiten, sondern präsentierte sich auch als Gewinn für jede Universität, da sie bei einer eventuellen Berufung mit ihrer wertvollen Privatsammlung (Bibliothek, Vasen, Terrakotten und einer systematischen Photosammlung griechischer und römischer Skulpturen) die Grundausstattung eines Instituts für Klassische Archäologie bereitstellen könnte:

---

31 Vgl. das „online museum" der *AAUW* (https://svc.aauw.org/museum/history/1900_1919/index.cfm) und Gildersleeve 1955, 127–140.
32 Brief Dr. Schubiger (copy), St. Gallen, an Miss Bosanquet, IFUW, 17.7.1933, wie Anm. 30). Schubiger hatte von Biebers Entlassung aus der Zeitung erfahren und mit ihr daraufhin brieflich Kontakt aufgenommen. Deshalb wusste sie detailliert über die Kündigung und Biebers erste Schritte Bescheid. Die Finding Aid der ‚Margarete Bieber Papers' verzeichnet keine Korrespondenz zwischen Bieber und Schubiger.
33 Johnson 1952, 332–348; Krohn 1987, 70–85 und Rutkoff, Scott 1986.

> „I beg to inform you, that since July 1 st. 1933 I lost my professorship by order of the new government. I get some salary till September 1933 and then I am supposed to get a small pension. I do not know, whether this will be sufficient to support me and my family consisting of 3 persons. In no case the pension will be sufficient to continue my research work. I am in this moment working on the history of Greek dresses and the mistakes made by copyists in reproducing Greek draped statues. I am in the possession of a good library, a collection of photos of Greek and Roman sculptures and a small collection of Greek vases and terracottas. That means that I could bring with me a valuable fund for any University that wishes to found a new Institute of classical Archaeology. I am a passionate teacher and I have succeeded in making the Institute of the University of Giessen a place of serious and lively work. I could manage to deliver lectures on the History of Greek and Roman Art, on ancient Theater, ancient dress, ancient Portraiture, on ancient cities as Athens, Rome, Pompei, Olympia, Delphi and so on in English. I would be content if I could get the means to come to America or England and the means strictly indispensable to live with my family (an adopted daughter 6 years old). (...)
> Thanking you beforehand for all you are willing to do for me (...)."[34]

Als Referenzen gab sie Gisela Richter (Metropolitan Museum, New York), Mary Hamilton Swindler (Bryn Mawr) und Michael Rostovtzeff (Yale) an. Sowohl Alvin Johnsons Sekretärin als auch Swindler leiteten den Fall Bieber umgehend an Stephen Duggan vom *Institute of International Education* weiter,[35] der seit Mai 1933 auch Executive Secretary des neu gegründeten *Emergency Committee in Aid of Displaced German Scholars* war.[36] Ähnlich wie Schubiger plädierte auch Swindler dafür, Bieber mit einem Forschungsstipendium zu unterstützen, sie wäre fast mittellos, denn um ihre Forschung zu finanzieren, hätte sie sogar ihr Haus mit Hypotheken belastet:

> „I have just received an appeal from Dr. Margarete Bieber, (...) stating that she has lost her position and asking me to aid her if possible. Miss Bieber is Germany's foremost archaeologist among women, but she happens to be a Jewess and has, therefore, lost her position. I might add that she ranks very high among the archaeologists of the world. (...)
> She is working on an important book dealing with Roman copies of draped female statues. She needs very much to come to this country to work in Boston and New York to complete her work, I know. If during the present crisis, she could be helped to do this research, it would be a valuable thing from every point of view-Miss Bieber has almost nothing. I happen to know that she mortgaged her house some years ago to bring out

---

34 Brief Bieber, Gießen, an Johnson, New York, 5.7.1933 (das auf dem Briefkopf angegebene Datum 5.4. ist eine offenkundige Verschreibung, in NYPL, *EC*-Records 3.3).
35 „Dr. Johnson is out of the city (...). Meanwhile, I am forwarding your letter to Prof. Stephen Duggan, Institute of International Education, who may possibly know of an opening" (Virginia Todd, Secretary New School, an Bieber, 17.7.1933, in NYPL, *EC*-Records 3.3).
36 Duggan, Drury 1948, 178.

her book on the Greek theatre. She is the kin of person who can life on the lining of her stomach!, so that a small contribution would mean much to her."³⁷

Swindler bezog sich in ihrem Brief auf einen Beitrag in der *New York Times* vom 13. Juli, der ihre Hoffnung stärken würde, „that some help can be found for Miss Bieber". Mit Sicherheit handelte es sich hierbei um den Artikel „German Scholars to be Aided Here", der eine Presseerklärung zitierte und kommentierte, in der Duggan die Gründung und die Zielsetzung des *Emergency Committees* bekanntgab:

> „Educators' Group Headed by Dr. Farrand to Provide Lectureships for Nazi Victims. – Special Funds are Asked – Duty to Protect and Conserve Notable Ability for World is Stressed in plea
> American educators went yesterday [12.7.] to the assistance of German scholars ousted by the Hitler régime with the announcement of the formation of the Emergency Committee in Aid of Displaced German Scholars.
> Headed by Dr. Livingston Farrand, president of Cornell, the committee will raise funds to extend to the victims of Hitlerism lectureships lasting for one or two years at American universities. Funds already in hand have enabled the group to begin actual negotiations toward bringing famous college professors to this country."³⁸

Auch das Empfehlungsschreiben Rostovtzeffs, das er an seinem Urlaubsort in Österreich verfasste, war ausdrücklich an das *Emergency Committee* adressiert:

> „Mrs Margarete Bieber, (…) now displaced by the Government because of her half-jewish origin is one of the outstanding german scholars in the field of classical esp. greek archaeology. (…) Her books on the theatrical antiquities of Greece and on the history of greek dress are standard works on the subject and will remain it for many years to come. More monographs and books in the same field are in the heads of Mrs. Bieber ready for publication (…) During many years of teaching in Germany Mrs. Bieber has earned the reputation of being one of the best teachers in her field, especially for beginners. (…) Mrs. Bieber certainly amply deserves any help which may forthcome from the Emergency Committee. It is a real pity that Germany deprived herself of the help of such an outstanding scholar and teacher."³⁹

---

37 Brief Swindler an Duggan, *Institute of International Education*, 14.7.1933 (NYPL, *EC*-Records 3.3).
38 *New York Times*, 13.7.1933, S. 6. Murrow versprach Swindler, Bieber auf die Tagesordnung des nächsten Meetings des Executive Committee zu setzen, und schlug vor, sie als Honorary Lecturer anzufordern (Murrow an Swindler, 18.7.1933, in NYPL, *EC*-Records 3.3).
39 Brief (hs.) Rostovtzeff, Badgastein, an *EC*, 4.8.1933 (NYPL, *EC*-Records 3.3).

Doch die erste Reaktion des New Yorker Komitees war enttäuschend: man sehe sich, so Edward R. Murrow, der erste Assistant Secretary des *EC* (von 1933–1935), in seinem ersten Schreiben an Bieber, in nächster Zeit leider nicht in der Lage, irgendeine Form der Unterstützung zu leisten, da die funds vollkommen erschöpft seien.[40] Man sollte stattdessen, so L. C. Dunn[41] in einem internen Vermerk, die *American University Women's Union* verständigen, vielleicht könnte diese mit einem kleinen Stipendium weiterhelfen.[42]

Mitte Juli wandte Bieber sich an den *Academic Assistance Council (AAC)* in London.[43] In ausführlichen Gutachten würdigten Gerhart Rodenwaldt und Karl Kalbfleisch die wissenschaftliche Bedeutung, pädagogische Erfahrung und organisatorische Begabung der Kollegin.[44] Kalbfleisch plädierte für eine ein- bis zweijährige Tätigkeit an einer „ausserdeutschen Universität, da Bieber sich nach ihrer Entlassung, wie er in erstaunlicher Naivität formulierte, „an der Universität Giessen wenigstens vorläufig nicht in derselben Weise wie bisher betätigen können" würde. Eine Anstellung Biebers wäre „für die betreffende Universität (...) zweifellos sehr vorteilhaft", denn sie verstünde es, „enge Fühlung mit den (...) Studenten" zu gewinnen, „die mit Liebe und Verehrung an ihr hängen" und würde „durch ihre Lichtbilder-Vorträge (...) auch über den engeren akademischen Kreis hinaus die Kenntnis und das Verständnis der griechisch-römischen Kultur nachhaltig" fördern.[45]

Durch Rostovtzeff hatte Bieber offenbar wertvolle Insider-Informationen erhalten, denn Ende Juli forcierte und spezifizierte sie ihre Bemühungen in den

---

40 Brief Murrow, *EC*, an Bieber, 21.7.1933 (NYPL, *EC*-Records 3.3).
41 Leslie Clarence Dunn, Professor of Zoology an der Columbia University, gehörte dem Executive Committee des *EC* an und gründete im Mai 1933 an der Columbia auch den universitätsinternen Hilfsfond *Faculty Fellowship Fund for German Scholars (FFF)*; der Gründungsaufruf „To the members of the Faculties of Columbia University" und eine erste Förderungsbilanz („Intern Report" vom 27.11.1933) findet sich im Archiv der Columbia (CUA, RBML, Historical Subject Files, Ser. IX: Faculty, 142.7 ‚Faculty Fellowship Fund for German Scholars').
42 L.C. Dunn (signed), 22.7.1933 (postmarked), in NYPL, *EC*-Records 3.3). Die Kommunikation zwischen *EC* und *AAUW* lief reibungslos: am 5. August leitete Emily Hutchinson, Chairman des ‚Committee Fellowship Awards' der *AAUW*, an Duggan den Brief von Maria Schubiger aus St. Gallen zur Kenntnisnahme weiter (Brief Hutchinson an Duggan, 5.8.1933, in NYPL, *EC*-Records 3.3).
43 Briefe Bieber an *AAC*, 15.7.1933, und an C.S. Gibson, Honorary Secretary des *AAC*, 17.7.1933 (Oxford, Bodleian, MS. S.P.S.L. 181/2).
44 Testimonial Rodenwaldt, Berlin, 14.8.1933 (NYPL, *EC*-Records 3.3). Der Schlusssatz von Rodenwaldts Gutachten: „Frau Bieber hat endlich es stets verstanden, auch im Auslande mit Würde und Erfolg die Stellung der deutschen Wissenschaft zu vertreten" wirkt vor dem Hintergrund der nationalsozialistischen Bildungspolitik bizarr und merkwürdig deplaziert.
45 Testimonial Kalbfleisch, Gießen 25.8.1933 (NYPL, *EC*-Records 3.3).

1.3 Entlassung und Neubeginn: Das erste Jahr im Exil (1933/34) — 47

USA: sie schickte zwei Schreiben an das *Emergency Committee*, an Murrow[46] und an Dunn,[47] dem Gründer des *Faculty Fellowship Funds for German Scholars* an der Columbia University, sowie, auf Rostovtzeffs direkte Empfehlung, einen Brief an Virginia Gildersleeve, Dean des mit Columbia assoziierten Barnard College:

> „Dear Madam, Professor Rostovtzeff, University of New Haven, kindly gives me your name. He thinks you might be able to find some post or fellowship for me in your country. I take the permission to send you my biography. Thank you beforehand for all you are willing to do for me."[48]

Gildersleeve war im August nicht erreichbar, doch sowohl Murrow als auch Dunn antworteten postwendend: Murrow verwies erneut auf die knappen Mittel des *Emergency Committee*, doch Dunn vermittelte ihr den Kontakt zu einer weiteren, unschätzbar wichtigen Hilfsorganisation, der *Rockefeller Foundation*.[49]

Das Sofia-Projekt (Aug. 1933)

Am 3. August traf in London das erste offizielle Angebot ein: Bogdan Filow, Professor für Archäologie an der Universität Sofia, gab dem Honorary Secretary Professor C. S. Gibson vom *AAC* bekannt, dass er für Bieber eine Professorenstelle einrichten könnte, wenn der *AAC* deren Gehalt übernähme.[50] Am 14. August schickte er ein Schreiben gleichen Inhalts an Stephen Duggan in New York:

> „Im Interesse der wissenschaftlichen Forschung in Bulgarien erlaube ich mir Ihnen mitzuteilen, dass Frau Dr. Margarete Bieber, a.o. Professor der Archaeologie an der Universität in Giessen, die Aussicht hat, in gleicher Stellung nach Sofia berufen zu werden, wenn das von Ihnen vertretene Kommittee die Kosten für diese Professur tragen könnte. Die offizielle Berufung von Frau Prof. Bieber könnte, infolge der schon eingetrettenen [sic!] Ferien, erst im Herbste stattfinden.

---

46 Brief Bieber an Murrow, 27.7.1933 (NYPL, *EC*-Records 3.3): ähnlicher Wortlaut wie der Brief an Johnson, erweitert um eine neue Referenz: Mr. und Mrs. Van Buren, Rom.
47 Der Brief ist nicht erhalten, wohl aber Dunns Antwort: „I have just received your letter of the 30th of July..." (Brief Dunn an Bieber, Giessen, 9.8.1933, in NYPL, *EC*-Records 3.3).
48 Brief Bieber an Gildersleeve, 1.9.1933 (Barnard Archives, Dean's Office, Departmental Correspondence, Box 4, Folder 20–28, ‚Dean's office 1933–1934').
49 Brief Murrow, *EC*, an Bieber, 9.8.1933, und Dunn an Bieber, 9.8.1933 (NYPL, *EC*-Records 3.3).
50 Brief Filow an Gibson, *AAC*, 3.8.1933 (Oxford, Bodleian, MS. S.P.S.L. 181/2). Ein ‚Fellowship from Switzerland', das Bieber in ihrer Autobiographie in diesem Zusammenhang erwähnt (Bonfante/Recke 2004, 12), ist durch die mir zugänglichen Akten nicht belegt.

> Frau Prof. Bieber würde in Bulgarien Gelegenheit haben, nicht nur an der Universität in Sofia zu lehren, sondern gleichzeitig auch bei dem Nationalmuseum und dem Bulgarischen Archaeol. Institut mitzuwirken."⁵¹

Filows Konstrukt widersprach aber den Regularien des *AAC*: bedauerlicherweise, so wurde ihm am 9. August mitgeteilt, sei eine Förderung nur innerhalb der Grenzen des British Empire möglich.⁵² In Unkenntnis dieser Bestimmung beantragte Bieber ihrerseits am 25. August beim *AAC* einen grant in Höhe von £ 200 zur Finanzierung dieser Stelle. Doch noch am gleichen Tag scheint sie von Filow über die prinzipielle Absage des *AAC* informiert worden zu sein, denn in einem zweiten Brief an den *AAC*, in dem sie Bezug nimmt auf das Schreiben vom 9. August, machte sie den Vorschlag, bei der *Rockefeller Foundation* vorstellig zu werden. Diese grundsätzliche Möglichkeit hatte ihr Dunn aus New York anempfohlen, den sie Ende Juli wegen des bulgarischen Angebots um Rat gebeten hatte:

> „I have (...) spoken with the New York Office of The Rockefeller Foundation. They have set up fellowships, tenable in European countries, for the benefit of persons expelled from their positions in Germany. These are administered by the Rockefeller Foundation's Paris Office, 20 Rue de la Baume. Applications in general are received from the person or University which intends to invite the German professor. I have therefore written to Professor Filow, informing him of the methods of making application and urging him to apply immediately in your behalf."⁵³

Die Nachricht verbreitete sich bei den maßgeblichen Stellen wie ein Lauffeuer: am 8. August ergänzte Murrow seine Antwort an Hutchinson mit dem handschriftlichen Vermerk: „Since dictating this letter I have heard a rumor to the effect that Dr. Bieber has been offered a post at Sofia."⁵⁴ Dunn hatte zeitgleich mit seinem Schreiben an Bieber vom 9. August nicht nur Filow instruiert, sondern auch Swindler gebeten, über Empfehlungsschreiben amerikanischer Archäologen die *Rockefeller Foundation* dazu zu bewegen, Bieber ein Stipendium zu

---

51 Brief (hs.) Filow, Sofia, an Duggan, 14.8.1933 (weitergeleitet an Murrow, *EC*, received 28.8., in NYPL, *EC*-Records 3.3).
52 Brief *AAC* an Filow, 9.8.1933: „It is regretted that the funds of the Council cannot be expended outside the British Empire." (Oxford, Bodleian, MS. S.P.S.L. 181/2).
53 Brief Dunn an Bieber, Gießen, 9.8.1933 (NYPL, *EC*-Records 3.3).
54 Murrow versicherte: „we had already been working upon Dr. Bieber's case, for it was called to our attention by the New School of Social Research and the Archaeological Institute of America." (Brief Murrow, *EC*, an Hutchinson, 8.8.1933, in NYPL, *EC*-Records 3.3).

bewilligen.⁵⁵ Auch von Seiten Murrows erhielt Swindler die vermeintlich gute Nachricht: „There is, by the way, a rumor in circulation to the effect that Dr. Bieber has been invited to accept a post at the University of Sofia."⁵⁶

Doch das Projekt scheiterte an der Finanzierung: Ähnlich wie der *AAC* stand auch das *Emergency Committee* auf dem Standpunkt, es müsste sich aus Rücksicht auf seine amerikanischen Geldgeber und wegen der beschränkten Mittel auf eine Förderung innerhalb der USA beschränken,⁵⁷ und das Pariser Büro der *Rockefeller Foundation* weigerte sich ebenfalls, die Stelle zu bezuschussen.⁵⁸

Im Wartesaal: Oxford oder Barnard? (Sept. bis Okt. 1933)

Die Einladung ans Somerville College, Oxford

Doch schon am 1. September 1933 eröffnete sich eine weitere Perspektive: Mary Burton Ormerod, Honorary Secretary der *British Federation of University Women (BFUW)*,⁵⁹ informierte den *AAC* von ihrem Urlaubsort in Frankreich aus, dass das Somerville College, eines der vier Women's Colleges in Oxford, Margarete Bieber

---

55 Brief Dunn an Bieber, 9.8.1933: „(...) asking her to have letters sent from American archaeologists to the Rockefeller Foundation, urging your appointment as fellow." (wie Anm. 53).
56 Brief Murrow, *EC*, an Swindler, 14.8.1933 (NYPL, *EC*-Records 3.3).
57 „The Committee because of limited funds and because of the source of its financial support has been forced to confine its activities to this country." (Brief Murrow, *EC*, an Filow, 31.8.1933, in NYPL, *EC*-Records 3.3).
58 „The Paris office of the Rockefeller Foundation refuses grant for Dr. Bieber at Sofia." (*IIE*-Memorandum an *EC*, auch als hs. Notiz Murrow an Drury: „Please note R.F. Paris office refuses ...", beide undatiert, in NYPL, *EC*-Records 3.3); auch ein Antrag von Swindler und Richter scheiterte: „(...) the Rockefeller Foundation in Paris, to whom we appealed for this purpose, finds itself unable to do so (in view of the strict limits imposed on their programs of humanities)" (Brief Richter an Gildersleeve, 16.9.1933, Original in Barnard Archives, DO/Dept. Dean's Office 1933–34, Box 4, Folder 20–28, Abschrift in NYPL, *EC*-Records 3.3). Die Absage der *Rockefeller Foundation* erfolgte ziemlich umgehend, denn schon am 26. August setzte Bieber den *AAC* davon in Kenntnis (Brief Bieber an *AAC*, 26.8.1933, in Oxford, Bodleian, MS. S.P.S.L. 181/2). Filow erwähnte zwar in seiner application weder eine Gehaltsvorstellung noch irgendeine zeitliche Einschränkung, doch angeblich war die Stelle auf nur ein Jahr befristet und „the money was insufficient." (Bonfante/Recke 2004, 12). Bieber hätte in Sofia mit ihrer Nichte Erika Moskowa, ihrer Großnichte Vera und ihrer Schwester Gertrud zusammenleben können, sie wollte aber Ingeborg und Frl. Freytag das geringe Gehalt nicht zumuten.
59 „In the 1920s the British Federation of University Women, now the British Federation of Women Graduates (BFWG), created a residence for women graduates at Crosby Hall by the Thames in London, which provided accommodation for women scholars, from all over the world, between 1927 and 1992." (http://www.postgrad.ed.ac.uk/AWARDS/bfwg.html).

unter Umständen als Honorary Fellow einladen wolle.[60] Diesmal reagierte der *AAC* großzügiger: nach einer Anfrage Biebers, ob sie in dieser Position eventuell mit einem Stipendium rechnen könne,[61] gab dieser in einem Schreiben an Helen Derbyshire, dem Principal des College, zu verstehen, dass ein grant prinzipiell möglich sei und fragte deshalb nach der Höhe des Einkommens, das Somerville College Bieber in dieser Position zu zahlen gedächte.[62] Da die Verantwortlichen des College noch in Ferien waren, versuchte Ormerod in der Zwischenzeit diese Anfrage vorläufig zu klären:

> „The present position is, that she has been offered hospitality at Oxford and will be given some lecturing work to do by the various Women's Colleges. Even if any fees are forthcoming for her lectures, the pay will be very small indeed (...). In these circumstances, a grant will be absolutely necessary from the Academic Assistance Council."[63]

Noch bevor in Oxford am 9. Oktober ein Meeting über Biebers Ernennung zum fellow einberufen werden konnte,[64] gingen beim *AAC* eine Reihe neuer Empfehlungsschreiben ein: Biebers Fachkollegen Bernard Ashmole (University of London) und John Beazley (University of Oxford) beschränkten sich auf kürzeste Laudationes,[65] der Kurator des Department of Greek and Roman Antiquities des British Museums, Edgar John Forsdyke, nahm direkten Bezug auf die erhoffte Position in Oxford:

---

60 Brief Ormerod, *BFUW*, an Gibson, *AAC*, 1.9.1933 (Oxford, Bodleian, MS. S.P.S.L. 181/2).

61 Brief Bieber an *AAC*, 6.9.1933 (Oxford, Bodleian, MS. S.P.S.L. 181/2): um ihre Erfolgsaussichten nicht zu gefährden, gab sie sogar an, dass sie beabsichtige, ohne Kind nach England zu kommen.

62 Brief *AAC* an Principal Somerville College, 9.9.1933 (Oxford, Bodleian, MS. S.P.S.L. 181/2).

63 Brief Ormerod an *AAC*, 16.9.1933 (Oxford, Bodleian, MS. S.P.S.L. 181/2).

64 Am 11. September war Derbyshire selbst noch abwesend (Brief Secretary Somerville an *AAC*, 11.9.1933), am 19. September erläuterte sie die Hintergründe für die Verzögerung von Biebers Ernennung: über ein konkretes Angebot könne erst Anfang Oktober, nach Ende der Sommerferien, endgültig entschieden werden, alle Colleges müssten befragt, Finanzierungsfragen abgeklärt werden, unumgänglich sei zudem die Zustimmung Beazleys. Ein interessantes Detail am Rande: Derbyshire wollte vom *AAC* nähere Auskünfte über Biebers religiösen bzw. rassischen Hintergrund: „If you happen to know whether Dr. Bieber is a Jewess, I should be very glad of that piece of information." (Brief Derbyshire an *AAC*, 19.9.1933; beide Oxford, Bodleian, MS. S.P.S.L. 181/2).

65 „Dr. Margarete Bieber has an extremely high reputation in archaeological circles, and, from a slight personal acquaintance, I should say that she had excellent qualities as a teacher." (Opinion Ashmole an *AAC*, 29.9.1933). „Dr. Bieber is a distinguished scholar, who has done valuable work in the history of classical art, and is engaged in important investigations." (Opinion Beazley an *AAC*, 13.10.1933, beide Oxford, Bodleian, MS. S.P.S.L. 181/2, und NYPL, *EC*-Records 3.3).

„Dr. Margarete Bieber, formerly Professor of Archaeology at Giessen, asks me to write a word in her favour. I can say that I know her as probably the best, that is to say, the most learned and most useful, of women archaeologists. She is engaged now in writing two important books, on Greek Dress and the Ancient Theatre. If help can be given to enable her to work at Oxford, where I believe, the women's colleges will welcome her, I have no doubt that it will be worthily applied."⁶⁶

Die deutschen Gutachten ergänzte Robert Zahn, Nachfolger Theodor Wiegands als Direktor der Antikenabteilungen der Staatlichen Museen in Berlin, mit einem sehr emotionalen und bezüglich Biebers Zukunft in Deutschland illusionslosen Schreiben:

„Frau Universitätsprofessor Dr. Margarete Bieber hat das von ihr seit Jahren mit bestem Erfolg verwaltete akademische Lehramt bei voller Frische und Arbeitskraft jäh aufgeben müssen. Sie verliert dadurch auch fast jede Möglichkeit wissenschaftlicher Tätigkeit. Ihre zahlreichen grossen und kleineren Veröffentlichungen, die unsere Wissenschaft sehr gefördert haben, sind allen Fachgenossen wohl bekannt.
Der Unterzeichnete nimmt an dem schweren Schicksal, das die sehr verehrte Kollegin ohne ihre Schuld getroffen hat, innigsten Anteil. Er ist überzeugt, dass dieses Gefühl in den weitesten Kreisen unserer Wissenschaft vorhanden ist. Jeder Kollege wird gewiss gern seinen Einfluss geltend machen und dazu helfen, dass Frau Professor Bieber möglichst rasch ihre Arbeit fortsetzen und und die begonnenen grossen Untersuchungen vollenden kann."⁶⁷

Ludwig Curtius, seit 1928 Direktor der römischen Abteilung des *Deutschen Archäologischen Instituts*, der Bieber in Rom während ihres Forschungsaufenthaltes 1931/32 im Rahmen des *AAUW*-Stipendiums kennengelernt hatte, betonte ihre herausragenden wissenschaftlichen Leistungen:

„It seems to me almost superfluous to assure the Committee of the extraordinary progress that has been achieved in her valuable Studies on the history of Greek Costume and the problems of Roman copies (...) Dr. Bieber is the best authority on this particular line of work. (...) I have had the opportunity through the kindness of Dr. Bieber of inspecting in detail her work, which I may say is already very far advanced, and I am pleased to assure

---

66 Opinion Forsdyke an *AAC*, 30.9.1933 (Oxford, Bodleian, MS. S.P.S.L. 181/2, und NYPL, *EC-Records*, 3.3).
67 Testimonial Zahn an *AAC*, 5.10.1933 (Oxford Bodleian, MS. S.P.S.L. 181/2, und NYPL, *EC-Records* 3.3). Ein von der Gießener Kollegin Charlotte von Reichenau, Privatdozentin für Volkswirtschaft, verfasster vierseitiger biographischer Abriss, der in den Akten des *EC* aufbewahrt ist, endet 1931, mit der Ernennung Biebers zum planmäßigen ao. Professor.

you that the results she has achieved imply a very remarked advance on the views held up till now."⁶⁸

In Gießen hatte sich Biebers Lage in der Zwischenzeit zusehends verschlechtert: im September erhielt sie von den Behörden die Nachricht, dass sie keine Pension erhalten würde, weil sie erst zwei Jahre besoldet als Extraordinaria gearbeitet habe (statt der vorgeschriebenen Mindestfrist von insgesamt zehn Dienstjahren):⁶⁹ bestürzt teilte sie ihrem Ex-Kollegen Fritz Heichelheim, der bereits nach England emigriert war, mit,

> „dass eine grosse Verschärfung meiner Lage eingetreten ist, sodass der grant für mich eine Lebensnotwendigkeit geworden ist (...)."⁷⁰

Das veränderte ihre Lebensplanung binnen Wochenfrist von Grund auf: hatte sie noch am 18. September gegenüber dem *AAC* kundgetan, dass sie erst nach der Entscheidung über einen grant von Deutschland alleine nach Oxford über-

---

68 Testimonial Curtius (ohne Adressat, undatiert), (NYPL, *EC*-Records 3.3); in der gleichen Mappe findet sich auch ein Briefauszug Friedrich Spiros, der sich im Jahre 1929 begeistert über Biebers Artikel über die Mysterienvilla äußerte: „Vom ersten bis zum letzten Worte las, nein studierte ich Ihre Abhandlung über die köstliche Mysterienvilla (...) las dann Vieles zweimal und dreimal, kurz, ich blieb von 2–6 Uhr angespannt über Ihrer Abhandlung, und – war völlig überzeugt. Auch von dem Ton, in dem Sie sprechen; diese ruhige, von aller Überhebung wie von allem Handwerkertum freie Sicherheit, die zu dem herrlichen Thema passt, imponiert mir ebenso wie Ihr Scharfblick und ihre Gelehrsamkeit." (Testimonial Spiro, Fürstenwalde, Spree, 12.10.1929, in NYPL, *EC*-Records 3.3).
69 Gemäß den Bestimmungen von § 8 BBG (siehe Anm. 25).
70 Brief Bieber an Heichelheim, 24.9.1933 (Oxford, Bodleian, MS. S.P.S.L. 181/2). Den Verlust der Pension zu diesem frühen Zeitpunkt erwähnt Bieber auch in ihrer Autobiographie, doch steht dies in Widerspruch zu einem Brief, den Dinsmoor am 21. Januar 1935 an den Secretary der Columbia, Fackenthal, richtete: „Since I wrote my letter [17.1.1935], however, another element has entered the situation. On January 19th [1935] Miss Bieber received word that the small pension which she had been receiving from the German government had been cancelled." (Brief Dinsmoor an Fackenthal, 21.1.1935, in CU, RBML, Central Files 326.7, ‚Gildersleeve'). Dies entspricht auch Biebers Angaben in ihrem *AAC*-Fragebogen (datiert 19.10.1934) auf die Frage ‚Sind sie pensionsberechtigt?': „No. But I get in this moment a small pension enabling me to pay for the livelihood of my child." (*AAC*-Fragebogen, datiert 19.10.1934, Rubrik ‚Confidential Information-Vertrauliche Auskunft', in NYPL, *EC*-Records 3.3). Tatsächlich wurde Bieber das Ruhegeld „durch Erlass der Ministerialabteilung für Bildungswesen, Kultus, Kunst und Volkstum vom 28.12.1934" rückwirkend zum 1.12.1934 gestrichen (Recke 2000, 84f., mit Berufung auf das Universitätsarchiv Gießen; abweichend Hinterberger 1996, 144 mit Anm. 43, derzufolge Biebers Ruhegehalt erst am 8.4.1935 entzogen wurde). Im Mai 1935 setzte sich Theodor Wiegand in einem Brief an den Rektor der Universität Gießen vergeblich für eine Wiedergewährung der Pension für Bieber ein (Hinterberger 1996, 144).

siedeln wollte,[71] war sie nunmehr entschlossen, so rasch als möglich nach England zu gehen und Ingeborg und Frl. Freytag keinesfalls in Deutschland zurückzulassen:

> „Ich möchte nun am liebsten zweite Hälfte Oktober mit Inge und Frl. Freytag nach London und Oxford kommen, denn verhungern kann man überall, aber wenigstens wird man im Lande der Gentlemen nicht den Kränkungen ausgesetzt sein, die ich in letzter Zeit hier erfahren habe."[72]

Heichelheim legte diesen Brief umgehend in London vor, um die Entscheidung des *AAC* über eine Förderung mit allem Nachdruck positiv zu beeinflussen.[73] Endlich, am 9. Oktober 1933, traten die Gremien des Somerville College zu einem Meeting zusammen und und bewilligten Bieber ein „Honorary Research Fellowship" für das akademische Jahr 1933/1934, mit freier Kost und Logis im Haus von A. M. Bruce, der früheren Vice-Principal von Somerville. Zusätzlich wollte man versuchen, Bieber bezahlte Vorträge an anderen Women's Colleges zu vermitteln:

> „(...) we are planning, in combination with the other Women's Colleges, to finance courses of lectures in each of the three terms of the academic year."[74]

Mit diesem ‚appointment' war die formelle Voraussetzung für die finanzielle Unterstützung des *AAC* gegeben: am 20. Oktober beschloss dessen ‚Allocation Committee' einen grant in Höhe von £ 100 „for one year", vier Tage später teilte Somerville offiziell Biebers Ernennung als Honorary Research Fellow mit, bei einem ‚Gehalt' von £ 24 pro term.[75] Dabei ist festzuhalten, dass Bieber vom *AAC* mit einem überproportional hohen Betrag bedacht wurde, denn zu diesem Zeitpunkt verfügte dieser nur noch über Mittel von £ 2000 für insgesamt 50 Antragsteller.[76]

---

71 Brief Bieber an *AAC*, 18.9.1933 (Oxford, Bodleian, MS. S.P.S.L. 181/2).
72 Brief Bieber an Heichelheim, 24.9.1933 (wie Anm. 70).
73 Der *AAC* seinerseits drängte das College zu einer Beschleunigung der Entscheidung, indem er am 28. September eine Abschrift von Biebers Brief in englischer Übersetzung an Derbyshire weiterleitete. Diese reagierte sofort und gab informell ein Zwischenergebnis bekannt: „I am very much concerned about Dr. Bieber (...) I have the promise of hospitality to her for the whole year" (Brief *AAC* an Principal Somerville, 28.9.1933, und Brief Principal Somerville an *AAC*, 29.9.1933, beide in Oxford, Bodleian, MS. S.P.S.L. 181/2).
74 Brief Derbyshire an *AAC*, 9.10.1933 (Oxford, Bodleian, MS. S.P.S.L. 181/2).
75 Brief *AAC* an Somerville, 23.10., und Brief Somerville an *AAC*, 24.10.1933 (Oxford, Bodleian, MS. S.P.S.L. 181/2).
76 Brief (‚Excerpt') A.V. Hill, University of London, an Dr. O'Brian, *Rockefeller Foundation*, Paris, 20.10.1933: „I have spent three and a half hours this afternoon in trying to distribute £ 2000 –

Der *AAC* kümmerte sich auch darum, für Frl. Freytag, die in den offiziellen Schreiben immer als ‚nurse' tituliert wurde,[77] und für Inge eine einjährige Aufenthaltsgenehmigung und freie Kost und Logis zu organisieren.[78]

„New York should be advisable for her" – Die Bemühungen von Swindler, Richter und Gildersleeve

Parallel zu den Verhandlungen in London und Oxford versuchte man auch in New York für Bieber eine realistische Berufsperspektive zu entwickeln. Die Idee dazu hatte Mary Swindler schon im August: eine Anstellung Biebers am Bryn Mawr College, so teilte sie Murrow vom *Emergency Committee* mit, wäre zwar nicht möglich, da man „overstaffed" wäre und bereits mit zwei „Jews from Germany" in Verhandlungen stünde, doch sie würde versuchen, Gildersleeve dazu zu bewegen, Bieber als „Honorary Lecturer" ans Barnard College zu holen:

> „I have been making an effort to try to persuade Barnard College to apply for Miss Bieber as an Honorary Lecturer there. (...) Miss Bieber needs to work in Boston or New York – in fact, must work at both places. It seemed to me New York should be advisable for her, if we can arrange it."[79]

Dieser Plan ließ sich aber nicht zeitnah umsetzen, denn Gildersleeve war den Sommer über in Europa. Fünf Wochen später, am 16. September, unternahm Gisela Richter, die mit Swindler seinerzeit (1931) Biebers *AAUW*-Stipendiumsantrag befürwortet hatte, einen zweiten Anlauf: zum Anlass nahm sie die Absage des Pariser Büros der *Rockefeller Foundation*, Biebers Gehalt in Sofia zu übernehmen:

> „You will have heard that many scholars are interested in bringing Miss Margarete Bieber (one of the victims of the Nazi regime) to this country. Inasmuch as it is important for her to

---

All we have left at the Academic Assistance Council – to the best advantage among 50 applicants from Germany." (NYPL, *EC*-Records 3.3).

77 Recke 2000, 84 wählt für Katharina ‚Kati' Freytag, die immerhin mehr als vier Jahrzehnte (1917 bis zu ihrem Tod 1968) mit Margarete Bieber zusammenlebte, die etwas antiquierte Bezeichnung „Gesellschafterin": präziser und treffender Bonfante 1981, 248: „her loyal companion". Bieber selbst fand auf die Frage ‚Andere von Ihnen abhängige Personen' des *AAC*-Fragebogens für die Lebensgefährtin eine salomonisch neutrale Bezeichnung: „Kaete Freytag, orphan, living with me for 18 years, now taking care of my daughter." (Fragebogen *AAC*, datiert 18.10.1934, Rubrik ‚General Information-Allgemeine Auskunft', in NYPL, *EC*-Records 3.3).

78 Briefe *AAC* an Ormerod, 25.10.1933; *AAC* an Mr. Cooper, 1.11.1933; Principal Somerville an Mr. Cooper, 11.11.1933; Principal an *AAC*, 20.11.1933 (Oxford Bodleian, MS. S.P.S.L. 181/2). „Extension of stay" wurde offiziell am 17.11.1933 genehmigt.

79 Brief (hs.) Swindler an Murrow, *EC*, 10.8.1933 (NYPL, *EC*-Records 3.3): siehe auch S. 44 f.

work in the Museums of New York and Boston, Barnard College and Columbia University appear to be the natural place for her over here. (...) I think you understand that if Barnard is willing to invite Miss Bieber to lecture or merely to do research, funds for her appointment would probably be obtainable from the Institute for International Education; and I know that Mr. E. R. Murrow, the assistant secretary in charge of the Emergency Committee in Aid of Displaced German Scholars, is favorably disposed.
I should like to add my voice to those of other scholars to recommend the appointment of Miss Bieber on your staff. Miss Bieber's work is well known to me, and I have the greatest regard and admiration for it. (...) I (...) feel sure that it would be a great benefit for Barnard College to have a scholar of Miss Bieber's achievements on its staff. I cannot too strongly urge Miss Bieber's appointment."[80]

Wie Richter vermutet hatte, war Gildersleeve bereits über Biebers Schicksal informiert und hatte seit ihrer Rückkehr aus Europa Vorkehrungen getroffen, sie nach New York zu holen:

„In reply to your interesting letter (...) I hasten to say that when I returned from abroad last week I at once began to take steps towards the appointment of Miss Bieber. On account of the absence from town of a number of persons that I ought to consult, I do not make very much progress, but I will continue my efforts this week."[81]

Schon am 11. Oktober hatte Gildersleeve alles arrangiert: ihr Brief an Frank D. Fackenthal, der damals noch Secretary der Columbia University war, liest sich wie eine stolze Leistungbilanz: am Department of Greek and Latin hätte sie eine Resolution verabschieden lassen, „that the Department (...) welcome the presence of so distinguished a scholar as Doctor Margarete Bieber (...) and request the authorities of the University to offer her all the privileges of academic re-

---

80 Brief Richter an Gildersleeve, 16.9.1933, Original in Barnard Archives, DO/Dept. Dean's Office 1933–34, 4.20–28; Abschrift mit Auslassungen in NYPL, *EC*-Records, 3.3). Nach der Weigerung der *RF*, Sofia zu finanzieren, hatte Richter offenkundig noch einmal versucht beim *EC* eine Ausnahme zu erwirken: „If it should prove impossible for your Committee to provide the needed money for this purpose [Sofia] we must work to get Miss Bieber over here." Gleichzeitig bereitete sie schon ein alternatives Szenario vor: „I am trying to get in connection with Columbia University with that in view." (Brief Richter an Murrow, 12.9.1933, in NYPL, *EC*-Records 3.3). Tatsächlich setzte das *EC* auf seinem Meeting am 20.9. Richters Vorstoß auf die Tagesordnung (Memorandum [hs.] ERM[urrow] an BD[rury], undatiert: „[Bieber] Needs $ 1000.^{00} for one year. Miss Richter of Met. Museum interested – Bring up at next meeting –" [NYPL, *EC*-Records 3.3]), blieb aber bei seinem negativen Votum (Brief Murrow an Richter, 20.9.1933, in NYPL, *EC*-Records 3.3).
81 Brief Gildersleeve an Richter, 18.9.1933 (Barnard Archives, DO/Dept. Dean's Office 1933–34, 4.20–28).

sidence and the fullest opportunities for the prosecution of her researches".⁸² Noch für das laufende akademische Jahr (das ja bereits Ende September begonnen hatte!) sollte Bieber als Visiting Lecturer ans Barnard College berufen werden. Auch die Frage der Finanzierung der Stelle sei weitgehend geklärt: Der Secretary des *Faculty Fellowship Fund for German Scholars* der Columbia University, Professor Dunn, habe ihr, Gildersleeve, mitgeteilt, dass für Bieber eines der ersten drei Stipendien in Höhe von $ 1200 reserviert sei.⁸³ Die zweite Hälfte der Gehaltszahlung sollte, wie bei den beiden anderen *FFF*-Stipendiaten, die Universität bei der *Rockefeller Foundation* beantragen: „I understand that the Foundation has undertaken to match whatever has been raised by Professor Dunn's committee."⁸⁴ Zusätzlich zu diesen Zahlungen wollte Gildersleeve Bieber innerhalb des Colleges kostenfrei eine Unterkunft zur Verfügung stellen.

Sofort verständigte Fackenthal den Vice-President der *Rockefeller Foundation* Thomas B. Appleget über die Entscheidung, Bieber ans Barnard College zu berufen und beantragte einen grant über $ 1200:

> „The Dean of Barnard College is requesting the appointment by the Trustees of the University of Dr. Margarete Bieber (…) as visiting lecturer in this University during the current year under the same arrangement that has been made in connection with other displaced German scholars, at a proposed stipend of $ 2400.–. $ 1200.– of this amount has been deposited with the university by a faculty committee of which Professor Dunn is Chairman, and I am now writing to ask whether it would be possible for the Rockefeller Foundation to contribute an equal amount to the stipend as you have been good enough to do in other cases."⁸⁵

Zur Überraschung, ja Bestürzung der Beteiligten kam es statt zur erhofften raschen Zusage zu Schwierigkeiten und Verzögerungen, die sich über mehr als sechs Wochen hinziehen sollten: zunächst wurde dem Büro Gildersleeves te-

---

82 Brief Gildersleeve an Fackenthal, 11.10.1933 (CU, RBML, Central Files 326.7, ‚Gildersleeve').
83 Auch wenn Bieber die Lectureship erst im Jahr darauf antreten konnte, war doch das frühe appointment ein Glücksfall, denn beim *FFF* waren bis zum November 1933 an freiwilligen Spenden erst $ 3942 eingegangen, die unter den ersten drei Antragstellern (neben Bieber der Theologe Paul Tillich und der Mathematiker Stefan Warschawski) aufgeteilt wurden („Intern report of *FFF*", 27.11.1933, in CU, RBML Historical Subject Files, Ser. IX Faculty, 142.7 ‚FFF for German Scholars'). Anders als das *EC* war der *Faculty Fellowship Fund* bereit, in diesem speziellen Fall vom üblichen Procedere abzuweichen und den grant für Bieber bis zum nächsten Jahr zu ‚parken'. (Brief Dunn an Gildersleeve, 13.10.1933, in Barnard Archives, DO/Dept. Dean's Office 1933–34, 4.20–28); auch Ernst Kapp wurde vom *FFF* von Januar 1941 bis Januar 1942 mit insgesamt $ 1000.– gefördert (siehe Kapitel Kapp, S. 334, Anm. 415).
84 Ebda.; eine kühne Generalisierung, immerhin war Bieber erst die dritte Gelehrte, die vom *FFF* gefördert wurde!
85 Brief Fackenthal an Appleget, *RF*, 12.10.1933 (NYPL, *EC*-Records 3.3 und 138.23).

lephonisch mitgeteilt, dass die *RF* bis zur Rückkehr von Mr. Stevens, dem Director of Rockefeller Humanities, keinerlei Maßnahmen treffen könne; außerdem benötige man mehr Informationen zu Biebers „training and present activities".[86] Dieser Aufforderung scheint Gildersleeve nicht gleich nachgekommen zu sein, möglicherweise aus Verärgerung, denn immerhin habe man, so die Sekretärin gegenüber der *RF*, alle Anweisungen Dunns, der die *RF*-policy bestens kennte, erfüllt.[87] So musste Fackenthal Gildersleeve am 25. Okober anmahnen, ihm zusätzliches biographisches Material über Bieber zukommen zu lassen, damit er die Anfrage der *RF* beantworten könne.[88] Dunn konnte sich das Schweigen der *RF* nicht erklären: sichtlich nervös machte er den Vorschlag, das *Emergency Committee*, dessen Executive Committee er angehörte, um Hilfe zu bitten, falls die *RF* nicht bis Ende Oktober Stellung bezogen habe:

> „Prof. Dunn suggests that if by Friday afternoon [27.10.] you have not heard from the RF, and have reason to believe that they will not act favorably in the case of Dr. B, you should write to the EC at 2 W 45th Street. He will be present at their meeting on Monday afternoon, October 30th."[89]

Auch Gildersleeve wollte keine kostbare Zeit mehr verlieren und informierte Stephen Duggan am Samstag, den 28. Oktober über die mögliche Anstellung Biebers am Barnard College, und dass anteilig ein grant über $ 1200 benötigt werde.[90] Binnen Wochenfrist erhielt sie bereits die Zusage, dass Bieber beim nächsten Meeting am 15. November auf der Tagesordnung stehen werde.[91]

---

86 Memorandum for the Dean, 14.10.1933: „Mr. Hayden just telephoned that the Rockefeller Foundation could do nothing about the request for aid for Dr. B. until the return of Mr. Stevens next week. A woman down there said that they required more information about Dr. Bieber." (Barnard Archives, DO/Dept. Dean's Office 1933–34, 4.20–28).
87 „I told Mr. Hayden that you had done everything Prof. Dunn suggested." (Memorandum for the Dean, 14.10.1933, wie Anm. 86).
88 Brief Fackenthal an Gildersleeve, 25.10.1933 (Barnard Archives, DO/Dept. Dean's Office 1933–34, 4.20–28).
89 Memorandum E.M.S. for the Dean, 23.10.1933 (Barnard Archives, DO/Dept. Dean's Office 1933–34, 4.20–28).
90 „For the past six weeks I have been trying to make arrangements to bring to Columbia University, as Visiting Lecturer, Dr. Margarete Bieber (...) the Secretary of the University has asked the Rockefeller Foundation to match the sum in hand by giving another $1,200. We have not as yet had a definite answer, and I am afraid that the Foundation will not act favorably. I am therefore turning to you now, to inquire whether you could possibly help us by securing funds for this very deserving case." (Brief Gildersleeve an Duggan, *EC*, 28.10.1933, in NYPL, *EC*-Records 3.3). Als Erläuterung für Duggan ist mit Bleistift hs. vermerkt: „our Records indicate that she is a first class scholar, and we have many recommendations for her."

Da meldete sich unvermutet John Marshall von der *Rockefeller Foundation*[92] und gab zu verstehen, was die Ursache der unerklärlichen Verzögerung war: die Ernennung Biebers sei der *RF* nicht aussichtsreich („satisfactory") genug: die kurze Laufzeit des Vertrages (nur ein Jahr), insbesondere aber auch die fehlende Aussicht auf ‚permanency' ließen die *RF* zögern sich zu beteiligen: ob die Universität nicht wenigstens die Perspektive eines Verlängerungsjahres in den Vertrag einbauen könnte; oder ob Dean Gildersleeve verbindliche Aussagen hinsichtlich eines ‚permanent post' für Bieber machen könnte?[93] Fackenthal wollte diese beiden heiklen Punkte nicht selber beantworten und schlug Gildersleeve vor direkt mit der *RF* zu kommunizieren.[94] Erstaunlich undiplomatisch, ja fast schroff schickte sie eine Stellungnahme an David H. Stevens, in der sie die von Marshall aufgeworfenen Punkte abgearbeitet hatte als wären sie eine Zumutung:

> „Mr. Fackenthal has turned over to me for reply the letter of October 31st from Mr. Marshall asking for certain information which you desire in connection with our request for a contribution to help us bring Dr. Bieber here this year.
> My idea was that Dr. Bieber was to be brought over on the same conditions as those which have applied to a number of other German professors. My understanding was that we did not intend to try necessarily to secure permanent appointments in this country for such exiles.
> I do not know what would happen to Dr. Bieber at the end of the year, but I think it would be of great advantage to her to have one year for study and research with ready access to the libraries and museums of New York. Surely this would be much better for her than if she did not have such a year.
> Towards the end of the year something else might turn up for her. It seems to me impossible at the present moment to make any plans for long ahead.
> Hoping that this statement may give you the information that you need (...)."[95]

---

91 „My dear Dean Gildersleeve, I shall be delighted to bring up the matter of Dr. Margarete Bieber at the next meeting of the EC (...) What you say about her is very impressive and I hope that the committee will act." (Brief Secret. *EC* an Gildersleeve, 3.11.1933, in Barnard Archives, DO/Dept. Dean's Office 1933–34, 4.20–28).
92 John Marshall war von 1933 bis 1940 Assistant Director, von 1940 bis 1962 Associate Director der Division of Humanities der *RF* (siehe http://www.rockarch.org/collections/individuals/rf/ und Buxton 2003).
93 Brief Marshall, *RF*, an Fackenthal, 31.10.1933 (Barnard Archives, DO/Dept. Dean's Office 1933–34, 4.20–28).
94 Brief Fackenthal an Gildersleeve, 1.11.1933 (CU, RBML, Central Files 326.7 ‚Gildersleeve').
95 Brief Gildersleeve an Stevens, *RF*, 6.11.1933 (Barnard Archives, DO/Dept. Dean's Office 1933–34, 4.20–28).

1.3 Entlassung und Neubeginn: Das erste Jahr im Exil (1933/34) — 59

Doch im Laufe der Woche scheint Gildersleeve realisiert zu haben, dass sie mit dieser ostentativ zur Schau gestellten Offenheit ihrem Anliegen eher schaden könnte. Deshalb ließ sie in Absprache mit Dunn ein Memorandum entwerfen, das offenbar deutlich besser auf die Regularien der *Foundation* abgestimmt war, und gab nach kurzer Prüfung ihrer Sekretärin am 14. November Anweisung, dieses Memorandum zur Beschleunigung des Verfahrens Mr. Stevens telephonisch zu übermitteln:[96]

> „As you instructed, I read yesterday's memorandum regarding Dr. Bieber over the telephone to Mr. Stevens. He asked me to send him a copy of it, and said he did not see how they could expect any more assurances like that, in times like these. Before sending him the copy, I read the memorandum to Professor Dunn, to make sure that I had quoted him exactly. He approved of it, and I have accordingly sent it down. Mr. Stevens sounded quite hopeful, and said that, while he could not give an answer just that minute, you should hear from him shortly."[97]

Das Memorandum verfehlte seine Wirkung nicht: schon auf dem Meeting des *EC* am 15. November, auf dem unter anderem Gildersleeves application für Bieber in Höhe von $ 1200 diskutiert wurde, kursierte unter den Mitgliedern das Gerücht, „that favorable action by the Rockefeller Foundation was probable". Deshalb beschloss man eine Entscheidung von seiten des *EC* zu vertagen „until such time as you have received a definite reply from the Foundation". Die prinzipielle Bereitschaft des *EC*, im Falle einer negativen Entscheidung der *RF* Bieber mit einem grant zu unterstützen, bliebe aber weiterhin bestehen.[98]

Dies erwies sich als unnötig, denn am 25. November, sechs Wochen nach Fackenthals Antrag, gab Stevens grünes Licht: die *Rockefeller Foundation* werde Bieber mit Beginn des spring term 1934 (ab dem 1.2.1934) für ein Jahr mit einem grant von $ 1200 unterstützen, für die Zeit vom 1.2.1935 bis 30.6.1935 seien

---

[96] „Please read this to Mr. Stevens of the Rockefeller Found. (who seemed to me a nice and human person). Explain that I cannot talk to him today" (hs. Zusatz auf Memorandum for the Dean, 13.11.1933, in Barnard Archives, DO/Dept. Dean's Office 1933–34, 4.20–28). Gildersleeve hatte in diesen Tagen aufgrund einer Kehlkopfentzündung (Laryngitis) ihre Stimme verloren und konnte deshalb nicht mit Stevens persönlich sprechen.
[97] Memorandum E.M.S. for the Dean, undatiert, sicher 14.11.1933 (Barnard Archives, DO/Dept. Dean's Office 1933–34, 4.20–28).
[98] Brief Murrow, *EC*, an Gildersleeve, 16.11.1933, (NYPL, *EC*-Records 3.3 und Barnard Archives, DO/Dept. Dean's Office 1933–34, 4.20–28).

zusätzlich $ 600 für sie reserviert, beides unter der Bedingung, dass Bieber durch Barnard einen „equal amount" erhalte.⁹⁹

In der Zwischenzeit hatte auch Dinsmoor, der Leiter des Departments of Fine Arts an der Columbia, von der Berufung Biebers gerüchteweise erfahren und fragte nach, ob er Bieber, „an old personal friend of ours", für das nächste Semester nicht als Vertretung einplanen könne, drückte dieses Eigeninteresse aber sehr verschlüsselt aus:

> „I heard a rumor that Miss M[argarete]B[ieber] is coming to this country and to this University for the Second Semester, and that you would be likely to know something of her plans. (...) I wonder if there is not some way in which her presence might be utilized for the benefit of the students. If you could tell me whether we could legitimately hope for any instruction from her and under what arrangements, I should be greatly obliged. It just happens that we have a blank space in the Second Semester in which she could be very opportune."¹⁰⁰

Prinzipiell stand Gildersleeve Dinsmoors Wünschen aufgeschlossen gegenüber, zumal es sich abzuzeichnen schien, dass nicht jeder im Classics Department über den unverhofften Neuzugang erfreut war. In einer Art Zwischenbilanz schilderte sie am 9. November ausführlich den aktuellen Stand:

> „It is quite true that we are trying to bring Dr. M[argarete]B[ieber] here, but there have been most exasperating delays in my efforts to carry out this scheme, I hope, however, that she will arrive before the end of the present semester, and I should be delighted to try to arrange a course by her in your department. We have not made any definitive plans for lectures by her as yet, and I think the Department of Greek and Latin is not especially enthusiastic about having her add a course to the ones they already have. It would seem to me a happy solution for us to call her a Lecturer in Greek Art, or something like that, and create a Fine Arts course for her (...) open to graduate students and also a few undergraduates. Dr. Bieber's stipend will be met from special gifts, and so no cost to the University will be involved. I shall be glad to talk to you about this some day."¹⁰¹

Die konkrete Planung leitete Gildersleeve am 28. November ein, mit Briefen an Dinsmoor und Richter, in denen sie ihnen die Bewilligung des *RF*-grants mitteilte:

---

99 Brief Stevens, *RF*, an Gildersleeve, 25.11.1933 (NYPL, *EC*-Records 3.3): „I am glad we have been able to take this action, and hope that Dr. Bieber's appointment will be to your mutual advantage."
100 Brief Dinsmoor an Gildersleeve, 6.11.1933 (Barnard Archives, DO/Dept. Dean's Office 1933–34, 4.20–28).
101 Brief Gildersleeve an Dinsmoor, 9.11.1933 (Barnard Archives, DO/Dept. Dean's Office 1933–34, 4.20–28).

> „Dear Prof. Dinsmoor: I have just heard from the *RF* that they will give the other half of the stipend for Dr. MB, for a period of a year, beginning February 1st next (...). We can therefore go ahead with our arrangements. May I ask you whether it would be agreeable to the Department of Fine Arts to have Professor Bieber's lectureship designated as of that department rather than the Department of Greek Latin, where at the moment they do not seem to wish any lectures from her?"[102]

Sie hoffte nun, Bieber für den spring term, beginnend am 1. Februar 1934, ans Barnard College holen zu können, und wollte Bieber telegraphisch verständigen:

> „I have just heard from the *RF* that they will give half the stipend for Dr. B. I am therefore about to cable her concerning the offer tentatively made in my letter of November 22nd. I now hope it will be possible for her to arrive in January."[103]

Das Telegramm erreichte Bieber aber erst mit Verzögerung, am 1. Dezember, denn es war, wie schon Gildersleeves Brief vom 22. November, an ihre alte Adresse in Gießen gerichtet:

> „I am now able to make definitely the offer of lectureship for one year as described in my letter of Nov. 22. Hope you can arrive before February."[104]

Doch das Barnard College musste sich noch gedulden: am 2. Dezember erfuhr Gildersleeve durch Gisela Richter, dass Bieber für das gesamte akademische Jahr 1933/34 in Oxford gebunden sei.[105] Bieber bestätigte dies offiziell in ihrem Dankesbrief gleichen Datums an Gildersleeve und ersuchte um eine Verlegung der Lectureship in New York auf Herbst 1934:

> „Dear Miss Gildensleeve [sic!], Yesterday evening I got your telegram, but I did not yet get your letter of November 22 announced in it. I shall write again as soon as I get it. To-day I only want to say, that I shall be delighted to accept the offer of lectureship for one year, if it is possible to postpone it till after end of June 1934. I just have come to Oxford in November and have promised to lecture here in the next two terms. As the invitation here is strictly

---

102 Brief Gildersleeve an Dinsmoor, 28.11.1933 (Barnard Archives, DO/Dept. Dean's Office 1933–34, 4.20–28). Noch am selben Tag schickte sie auch ein Dankschreiben an die *Rockefeller Foundation* (Brief Gildersleeve an Steven, 28.11.1933, Barnard Archives).
103 Brief Gildersleeve an Richter, 28.11.1933 (Barnard Archives, DO/Dept. Dean's Office 1933–34, 4.20–28).
104 Hs. Notiz (Telegrammentwurf) Gildersleeve an Bieber, nicht vor 28.11.1933 (Barnard Archives, DO/Dept. Dean's Office 1933–34, 4.20–28).
105 Der Brief, den Bieber an Richter am 21.11.1938 aus Oxford geschrieben hatte (siehe S. 63 f. mit Anm. 116), war wohl erst mit einiger Verspätung eingetroffen.

limited to the end of the accademic [sic!] year in June, I would be awfullly happy if after this term I could come to New York."[106]

Sowohl Gildersleeve als auch Dinsmoor zeigten sich flexibel und stellten die Planung um auf das akademische Jahr 1934/35.[107] Auch beide Geldgeber, Columbias *Faculty Fellowship Fund* und die *Rockefeller Foundation*, erklärten sich bereit, ihre Zahlungen auf Herbst 1934 zu verschieben.[108] Am 7. Dezember einigten Dinsmoor und Gildersleeve sich auf die ofizielle Bezeichnung der Stelle: „Visiting Lecturer in Fine Arts and Archaeology",[109] am 4. Dezember kontaktierte Gildersleeve Bieber erstmals direkt in Oxford:

„You have probably not received my letter of November 22nd, or the cable, which I sent you a few days later, for you are now, as I have learned through Miss Richter, in Oxford. As your arrangements have been made to study there until this coming summer, you will not of course wish to accept my offer of the Visiting Lectureship in this university for the Spring Session of this year. I gather, however, from what you wrote to Miss Richter that you might be interested in accepting a Visiting Lectureship of this kind for our academic year 1934–35, – that is, from the latter part of September [1934] until June 1935. I will try to arrange this on the same conditions as those which I had in mind before, – that is, with a money stipend for you of $2,400 for the year, and a room in our Residence Halls free of charge for rent. I gather that you can leave your adopted daughter in England."[110]

Der erste Schritt: Honorary Research Fellow am Somerville College, Oxford (Nov. 1933 bis Juli 1934)

Anfang November löste Margarete Bieber in Gießen ihren Hausstand auf: der Flügel ging an eine „musical lady", den Großteil ihrer Bibliothek (mit Ausnahme

---

106 Brief Bieber, Oxford, an Gildersleeve, 2.12.1933 (Barnard Archives, DO/Dept. Dean's Office 1933–34, 4.20–28).
107 Briefe Gildersleeve an Dinsmoor, 2.12.1933, Dinsmoor an Gildersleeve, 5.12.1933 (Barnard Archives, DO/Dept. Dean's Office 1933–34, 4.20–28).
108 Briefe Gildersleeve an Stevens, RF, 2.12.1933, Stevens, an Gildersleeve, 5.12.1933, Gildersleeve an Stevens, 7.12.1933, und Dunn an Gildersleeve, 8.12.1933: „I have been very happy to hear that the RF will match the allotment of the Faculty Fellowship Fund for Prof. Bieber. It may be taken for granted that the amount offered by our Committee ($ 1200) will be dispensed as you direct during the academic year 1934–35." (Barnard Archives, DO/Dept. Dean's Office 1933–34, 4.20–28).
109 Brief Gildersleeve an Dinsmoor, 7.12.1933 (Barnard Archives, DO/Dept. Dean's Office 1933–34, 4.20–28).
110 Brief Glidersleeve an Bieber, 4.12.1933 (Barnard Archives, DO/Dept. Dean's Office 1933–34, 4.20–28).

der archäologischen Abteilung) verkaufte sie an Frau Geheimrat Merck in Darmstadt unter der Bedingung, dass ihr die Kaufsumme in monatlichen Teilzahlungen ins Ausland überwiesen werden sollte. Die übrigen Bücher und ihre Möbel stellte sie bei einer russischen Opernsängerin vorübergehend unter. Dabei wurde sie tatkräftig von ihren „faithful students" unterstützt. Am Gießener Bahnhof bereiteten ihr Kollegen, deren Familien und Studenten einen herzlichen Abschied, über Holland ging es mit der Fähre nach England. Nach einem zweitägigen Aufenthalt in London kam die dreiköpfige Gesellschaft etwa am 7. November in Oxford an,[111] ihr Gepäck bestand aus einem großen Reisekoffer und drei Handkoffern.

Leider waren sie getrennt untergebracht, Frl. Freytag wohnte mit Inge im Haus eines Gärtners, Bieber bei Miss Bruce. Tagsüber ging sie ins College, das ihr ein „kleines Arbeitszimmer" zur Verfügung gestellt hatte, wo sie unter anderem die Fahnen ihrer *Entwicklungsgeschichte* Korrektur las. Da das Fellowship nur bis Ende Juni 1934 bewilligt war, bewarb sich Bieber gleich nach ihrer Ankunft erneut um ein Stipendium der *AAUW*, für das akademische Jahr 1934–35, wiederum mit Gisela Richter als Referenz:[112]

> „Meine liebe verehrte Miss Richter, Seit 2 Wochen bin ich in dem gastfreundlichen England und erhole mich langsam von den schweren Schicksalsschlägen, die ich in den letzten Monaten erlitten habe. Ich bin Honorary Fellow of Somerville College, geniesse Gastfreundschaft in dem kleinen hübschen Landhaus (...), benutze die Bibliothek des Ashmolean Museums und unterrichte in St. Hildas College. Sie sehen daraus, dass meine Zeit ausgefüllt ist. (...) Ich selbst werde nach Januar hoffentlich auch noch stärker beschäftigt sein als jetzt, da ich dann Vorlesungen über Theater, Kleidung, Ausgrabungen und Skulptur des 4. Jahrhunderts halten soll. So bin ich bis Ende Juni gut untergebracht und versorgt.
> Was aber soll dann werden? Aus dieser Sorge heraus habe ich es gewagt, mich nochmals um die Fellowship der American Association of University Women für 1934–5 zu bewerben. Ich habe das Gesuch der British Federation eingereicht, da ich jetzt Mitglied der Oxford Association bin und habe mir erlaubt, Sie als Referenz aufzugeben. Ob die British Federation das Gesuch überhaupt weiter geben wird, weiss ich natürlich nicht, hoffe aber im Fall, dass sie es thut, auf ihre einflussreiche Hilfe. (...)
> Aus Sofia wird wohl auch für nächstes Jahr nichts werden, da sie dort absolut keine [sic!] Geld haben und Rockfeller [sic!] nur jüngeren Leuten Ausbildungs-Stipendien giebt [sic!]. Die einzige Möglichkeit wäre kurzer Aufenthalt im Rahmen der amerikanischen Fellowship. Diese würde sich vorzüglich an den hiesigen Aufenthalt anschliessen, sowohl äusserlich wie innerlich. Ich könnte Inge beruhigt hier lassen und meine Abhandlung über Kopien in

---

111 Das Datum lässt sich indirekt aus Biebers Brief an Gisela Richter vom 21.11.1938 (wie Anm. 113) erschließen: „Seit 2 Wochen bin ich in (...) England."
112 Damit trat sie in direkte Konkurrenz mit Elisabeth Jastrow, der das Stipendium 1934–35 schließlich zugesprochen wurde. (siehe Kapitel Jastrow, S. 138–141 und 147f.).

London und Athen beenden. Amerika habe ich nach Ihren Ausführungen vorläufig nicht in Betracht gezogen, aber mein Lebensmotto heisst: ‚noch nicht, aber vielleich [sic!] später!'"[113]

Auffällig an dieser Schilderung ist, dass Bieber im Herbst 1933 nicht am Somerville College, sondern am St. Hilda's College (ebenfalls ein Women's College) unterrichtete. Dessen Dean, Miss [Julia de Lacy] Mann, bot Bieber freundlicherweise ein ‚tutoring' an, d. h. sie sollte die Studentinnen auf die obligatorische Archäologieprüfung in ‚Geschichte der Griechischen Skulptur 600–330 v. Chr.' vorbereiten, sodass sie auf diese Weise ihr Stipendium aufbessern und Erfahrung im englischsprachigen Lehrbetrieb sammeln konnte. In Somerville selbst war ihr aufgrund einer Intervention des dortigen Tutors for Classical Archaeology, Hilda L. Lorimer, jede Art der Lehre untersagt.[114] Biebers Hoffnung richtete sich deshalb auf den spring term, wo sie durch die Vermittlung Beazleys im Ashmolean Museum zusätzlich Vorträge über Antikes Theater, Porträtkunst und Griechische Skulpturen halten durfte, die gesondert vergütet wurden.[115]

Es war einer der außerordentlichen Zufälle, die Kurt von Fritz als „Rettungen im kritischen Augenblick" bezeichnete, dass sich Biebers Hilferuf an Gisela Richter (21.11.1933) und Virginia Gildersleeves Ankündigung eines schriftlichen Angebotes vom 22. November[116] kreuzten. Gildersleeve wähnte Bieber noch in Gießen, deshalb erreichte der Brief seine Adressatin erst verspätet am 6. Dezember. Doch schon am 1. Dezember traf ihr Telegramm ein, das die lectureship am Barnard College mit Wirkung zum Februar 1934 ankündigte. Am 4. Dezember aktualisierte und wiederholte Gildersleeve ihr Angebot, nachdem sie von Richter

---

[113] Brief Bieber, Oxford, an Richter, 21.11.1933 (Barnard Archives, DO/Dept. Dean's Office 1933–34, 4.20–28).

[114] Lorimers Verhalten ist daraus zu erklären, dass sie gerade eben (1934) zum Tutor for Classical Archaeology am Somerville College ernannt worden war und dafür ihre Position als Classical Tutor aufgegeben hatte (Waterhouse 2004, 6).

[115] Bieber war dringend auf zusätzliche Einkünfte angewiesen, um ihre Tochter Inge ab Januar endlich auf eine Boarding School schicken zu können: das Schulgeld beglich sie mit ihren Einnahmen aus den Vorträgen, dem tutoring und den monatlichen Überweisungen aus Deutschland aus dem Erlös des Bibliotheksverkaufs. Um Inge nahe zu sein und um zugleich das Schulgeld zu senken, arbeitete Frl. Freytag als Köchin unbezahlt für die Boarding school (Bonfante/Recke 2004, 12).

[116] „I now have hopes, (..) that within another week or two I may be able to make you a definite offer, and I am writing this letter in advance, so that you might know of what is in my mind." (Brief Gildersleeve an Bieber, 22.11.1933, in Barnard Archives, DO/Dept. Dean's Office 1933–34, 4.20–28). Der Brief war an Biebers Adresse in Gießen adressiert (Wilhelmstr. 41 III), eine Kopie ging an Professor Bagster-Collins von der *American University Union* nach London.

erfahren hatte, dass Bieber frühestens im Herbst 1934 nach New York kommen könnte.

Auf diese drei Schreiben reagierte Bieber mit einhelliger Begeisterung: sie gab nur zu bedenken, dass sie bis Juni 1934 noch in Oxford gebunden sei:

> „I cannot come for the Spring Session, as I am bound to remain here till the end of June (...). From June I am absolutely free and would not know where to turn without your generous offer. So I accept it with all my heart and sincerest thanks for the Winter Session of the next academic year and for the Spring Session of 1935, if you find yourselves able to continue the arrangement. (...) I shall be very happy to live in one of your University Residence Halls."[117]

Ein späterer Beginn der Lectureship, so führte Bieber an, würde sogar günstiger sein, als er auch das Problem der unbezahlten Sommermonate in New York lösen würde, das bei einem Dienstantritt im Februar 1934 virulent werden würde:[118] vor ihrer Überfahrt in die USA gedenke sie den August und die erste Septemberhälfte in London zuzubringen. Sie sei zuversichtlich, dass Inge weiterhin die Oxford High School besuchen und in dem „boarding house for little girls" wohnen bleiben könnte: „It is only a question of money."[119] Trotz der notwendigen Verschiebung um ein Semester hoffte sie „fellow of the celebrated Barnard College" werden zu können und versprach im Gegenzug ein Höchstmaß an Leistungsbereitschaft: „I shall try my best with research work and lectures to give you pleasure."

Das amerikanische Angebot war umso kostbarer, als es für Bieber in Oxford keinerlei Perspektive gab: auf Vorschlag der Präsidentin des St. Hilda's College, Miss Mann, wurde ihr zwar von der *British Federation of University Women* ein award dafür verliehen, dass die von ihr betreuten Studentinnen bei den Archäologie-Prüfungen glänzende Ergebnisse erzielt hatten, ein gutdotiertes Forschungsstipendium „for some outstanding female scholar", für das sie ebenfalls vorgeschlagen war, ging allerdings an ihre ‚Konkurrentin' vom Somerville College, H. L. Lorimer: dabei handelte es sich um das „Lady Carlisle

---

117 Brief Bieber, Oxford, an Gildersleeve, 7.12.1933 (Barnard Archives, DO/Dept. Dean's Office 1933–34, 4.20–28).
118 Auf diese Schwierigkeit hatte Gildersleeve explizit hingewiesen: „It is unfortunate that this period would cover our long summer vacation, from about the first of June until the latter part of September, and I do not know just where you could stay during that time." (Brief Gildersleeve an Bieber, 22.11.1933, wie Anm. 116).
119 Brief Bieber, Oxford, an Gildersleeve, 7.12.1933 (wie Anm. 117). Gildersleeve hatte kategorisch ausgeschlossen, dass Inge mit im College wohnen könnte: „I do not know what you are planning to do with your adopted daughter. Someone told me, I think, that you might be able to leave her with friends in England. Unfortunately, I cannot offer her any accomodation in the University Residence Hall." (Brief Gildersleeve an Bieber, 22.11.1933 [wie Anm. 116]).

Research Fellowship", das seit 1921 mit einer Laufzeit von fünf Jahren vergeben wurde.[120]

Bis zur ihrer offiziellen Ernennung als „Visiting Lecturer in Fine Arts and Archaeology" am Barnard College am 7. Mai 1934[121] konzentrierte sich die Korrespondenz auf administrative und inhaltliche Fragen bezüglich der neuen Stelle. Wie zwischen Dinsmoor und Gildersleeve abgesprochen, sollten Biebers Kurse sowohl graduates als auch undergraduates zugänglich sein.[122] Anfang Januar sandte Bieber an Dinsmoor eine vorläufige Liste von fünf Veranstaltungen, die sie in seinem Department of Art and Archaeology abhalten könnte, zeigte sich aber auch offen für Änderungswünsche:[123]

> „Greek archaic and classical sculpture / Greek and Roman theater / Greek hellenistic sculpture / Greek and Roman Costumes / Pompeii, Herculaneum and Ostia (special emphasis: wall paintings)"[124]

Mit der Wahl der ersten vier Themen für das Bulletin of Information des Jahres 1934 – 35 legte sich die Fakultät Ende März auch offiziell auf die Berufung Biebers fest:

> „RESOLVED: To approve for the announcement of 1934 – 1935 the following new courses in Fine Arts and Archaeology to be offered by the visiting lecturer Professor Dr. Bieber."[125]

Diese Entscheidung führte zu wütenden Protesten des Departments of Greek and Latin, das seinerseits in Eigenregie ein neues Konzept von drei sukzessive aufeinander aufbauenden Einführungskursen in Griechisch-Römischer Archäolo-

---

120 Waterhouse 2004, 6; siehe auch die Passagen zu Lorimer in Brittain 1960, 91, 142 und 211 f.
121 CUA, Faculty Appointment Records, Box 5, ‚Bieber'.
122 Dazu musste sie offiziell auch in die Faculty of Philosophy eingeladen werden (Briefe Fackenthal an Gildersleeve, 30.1.1934, Gildersleeve an Dean Howard Lee McBain, 8. 2.1934, McBain an Dinsmoor, 14. 2.1934, alle in Barnard Archives, DO/Dept. Dean's Office 1933 – 34, 4.20 – 28).
123 Brief Bieber an Gildersleeve, 2.1.1934 (Barnard Archives, DO/Dept. Dean's Office 1933 – 34, 4.20 – 28): „I have sent him the plan for 5 lectures to enable him to select two for each session. I enclose copies of this plan, because I think, you will be interested in it and will perhaps have the wish to alter something in it."
124 Kurzbeschreibung der Kurse, undatiert (Barnard Archives, DO/Dept. Dean's Office 1933 – 34, 4.20 – 28). Gildersleeve begrüßte in ihrem Antwortschreiben, „that the arrangements about the subjects of your lectures are being satisfactorily made" und kündigte für das Frühjahr ein Schreiben mit „definite arrangements concerning your appointment" an (Brief Gildersleeve an Bieber, 16.1.1934, in Barnard Archives, DO/Dept. Dean's Office 1933 – 34, 4.20 – 28).
125 Barnard Archives, Barnard College, Minutes of the Faculty 1932 – 1940, 26.3.1934, ‚Report of the Committee on Instruction', 7 – 417.

gie einführen wollte. Gertrude Hirst, der Head des Departments, agierte in ähnlicher Opposition gegen Bieber wie Miss Lorimer am Somerville College: sie wollte offenbar ihren Protegé John Day zum Professor für Archäologie ernennen und versuchte über Jahre zu verhindern, dass Bieber Kurse am Barnard College hielt.[126] In einem seitenstarken Memorandum zum Thema „Differences between Dinsmoor and the Department of Greek and Latin" kritisierten die Professoren Charles Knapp und Clarence Hoffman Young vor allem, dass Dinsmoor ohne Rücksprache mit ihrem Department Biebers appointment vorangetrieben habe,[127] konnten damit die Berufung aber nicht mehr verhindern: nach der Sitzung sandte Dinsmoor an Bieber eine Liste der „Officers of the division of Fine Arts", an deren Ende auch ihr Name als ‚visiting lecturer in Barnard College' aufschien.

Dies nahm sie zum Anlass, Gildersleeve um ein offizielles Ernennungsschreiben zu bitten, das sie den Behörden vorlegen müsse, um ihren Pass zurückzuerhalten. Außerdem wollte sie in einem zweiten Brief über „definite arrangements, conditions and payment concerning my appointment" informiert werden.[128] Das offizielle Ernennungsschreiben, so Gildersleeve in ihrem Antwortschreiben vom 27. April, könne ihr erst nach der Sitzung der Columbia Trustees am 7. Mai zugestellt werden, doch sie habe eine separate kurze Stellungnahme zur Vorlage bei der Passbehörde beigelegt. Die Bezahlung durch das College würde monatsweise erfolgen, d. h. die erste Rate des Stipendiums, $ 200, würde am 31. Juli, die zweite am 31. August frei werden: bei Bedarf könnte sie aber auch mehr Geld nach England überweisen lassen. Eine Anreise sollte zwischen 20. und 26. September, dem offiziellen Beginn des Herbstsemesters, erfolgen. Wie gewünscht, beschrieb sie auch die „guest suite in Hewitt Hall":

> „It consists of a bedroom, a private bath, and a study. The study is not very large, but it is a pleasant room with two windows and space enough for some books and work. You will re-

---

126 So Bieber sinngemäß im Kapitel „Barnard College, New York" ihrer unveröffentlichten Autobiographie.
127 Memorandum Knapp/Young, 26.3.1934 und 6.4.1934 (Barnard Archives, DO/Dept. Dean's Office 1933–34, 4.32). Die Kritik war aus Knapps und Youngs Sicht durchaus berechtigt, denn in dem Fakultätsmeeting wurde der geplante Dreijahres-Kurs infolge der Berufung Biebers „after considerable debate on this matter" um mindestens ein Jahr verschoben. Ein eigener Einführungskurs, so die offizielle Begründung, wäre 1934–35 nicht notwendig, da Biebers vier halbjährige Kurse nicht nur für seniors, sondern auch für „specially qualified juniors" offenstünden (Barnard Archives, Barnard College, Minutes of the Faculty 1932–1940, 26.3.1934, ‚Report of the Committee on Instruction', 7–426).
128 „Is the room in your Residence Hall you kindly promised one in which I can keep some books and do some work? How about service, baths, breakfast, board?" (Brief Bieber, Oxford, an Gildersleeve, 17.4.1934, in Barnard Archives, DO/Dept. Dean's Office 1933–34, 4.20–28).

ceive these rooms without cost to you, and also without cost, your meals while the College dining-room is open, and also a fair amount of service."[129]

Nach der Sitzung der Barnard Trustees gab Gildersleeve die Ernennung Biebers der Presse bekannt: am 14. April erschien eine Kurznotiz in der *New York Times*,[130] die Maiausgabe des *Alumnae Monthly* stellte Bieber den Barnard-Studentinnen in einem ausführlichen Porträt vor:

> "The usual visiting lectureship at Barnard, suspended during 1933–34, will be resumed this year. Dr. Margarete Bieber (...) will host the post for one year. Dr. Bieber ranks as a foremost authority on the history of Greek and Roman Art with special emphasis on its sculpture and painting, the monuments of Rome, Athens, Pompeii and Herculaneum, the Greek and Roman theatre, and Greek dress. Professor Bieber (...) held a Fellowship for research in 1931–32 from the American Association of University Women. Her courses next year at Barnard will include Greek Archaic and Classical Sculpture, Greek and Roman theatre; and in the spring session – Greek Hellenistic Sculpture, Greek and Roman Costume. Dr. Bieber will be a most distinguished and welcome visitor to the college."[131]

Wohl zur eigenen Absicherung teilte sie auch dem Präsidenten der Columbia, Nicholas Murray Butler, die wichtigsten Besonderheiten der Bieber'schen Berufung mit: Sitz in der Barnard Faculty, aber Kurse bei Dinsmoor, freies Wohnen in einer guest suite des College, Bezahlung durch die *Rockefeller Foundation* („will be paid in the early autumn") und durch einen „special fund raised in this University by the committee of professors under the chairmanship of Professor Dunn".[132] Butler reagierte begeistert:

> „My dear Dean, I think the action taken in reference to Dr. Margarete Bieber (..) is not only justified but excellent. I have little doubt that this scholar will be a real addition to our Barnard staff."[133]

Am 16. Mai hielt Bieber in Oxford endlich das langersehnte offizielle Ernennungsschreiben in Händen: mit sichtlicher Erleichterung erklärte sie sich mit

---

129 Brief Gildersleeve an Bieber, 27.4.1934 (Barnard Archives, Dean's Office, Departmental Correspondence, Box 4, Folder 20–28, ‚Dean's office 1933–1934').
130 „The appointment of Dr. Margarete Bieber, former Associate Professor of Classical Archaeology at the University of Giessen, Germany, to the visiting lectureship at Barnard College for the academic year 1934–35 was announced yesterday by Dean Virginia C. Gildersleeve." (*New York Times* 15.4.1934, Abschrift in NYPL, *EC*-Records 3.3).
131 Barnard College *Alumnae Monthly*, Vol. 23, No. 8 (May 1934), 12: ‚From the Deans Office' (Barnard Archives, Dean's Office/Departmental Correspondence 1934–35, Box 1, Folder 1).
132 Brief Gildersleeve an Butler, 27.4.1934 (CU, RBML, Central Files 326.7 ‚Gildersleeve').
133 Brief Butler an Gildersleeve, 30.4.1934 (CU, RBML, Central Files 326.7 ‚Gildersleeve').

1.3 Entlassung und Neubeginn: Das erste Jahr im Exil (1933/34) — 69

allen Vorschlägen Gildersleeves einverstanden und stellte ihre Ankunft in New York für den 20. September in Aussicht:

> „(...) I wish to thank you for all the trouble you have taken to get this result. I am now perfectly happy and looking very much forward to my visit in New York. I am sure I shall be very comfortable in the guest suite in Hewitt Hall and I hope to do good work there. The arrangement for the payment of my salary is very convenient and the two payments will be sufficient for my travelling expenses. I shall arrange to arrive about the 20th [-22th] September and shall let you know the steamer on which I will arrive. I shall be very thankful if you will arrange to have someone meet me, as this is my first voyage to America."[134]

Doch trotz der Freude über die Stelle in New York (und trotz so mancher Enttäuschung in Oxford)[135] wollte Bieber die Verbindungen zu England nicht abreißen lassen: in ihrem letzten Brief an den *AAC* wies sie nachdrücklich darauf hin, dass die Einladung ans Barnard College als „visiting reader" auf nur ein Jahr begrenzt wäre, und bat darum auch weiterhin über Stellenangebote informiert zu werden:

> „(...) I very much want you to continue to have me on your files and to let me know, if anything permanent or temporary turns up in my line of work (classical archaeology and ancient Fine Art), in England, any of your colonies or in other countries. Thanking you for the interest you have taken in me and begging you to continue your kind care (..)"[136]

Auf ähnliche Weise versuchte sie das *Emergency Committee* in New York, das nur indirekt mit Biebers lectureship am Barnard College befasst war, rhetorisch geschickt längerfristig in die Pflicht zu nehmen. Ihr Dankschreiben an Stephen Duggan verband sie mit der Hoffnung, dass das *EC* sie auch weiterhin bei der Suche nach einer permanenten Anstellung unterstützen werde, die es ihr erlauben würde, sich auf Dauer mit ihrer Familie in den USA niederzulassen:

> „Dear Sir, I expect you know and perhaps have given your help that I am invited to be a visiting lecturer of Columbia University of New York for 1934/5. I wish to thank you for all you may have done for me. I hope very much that with your help this might lead to some permanent place in your country, as of course I wish to settle down permanently and bring my little daughter and my furniture, library and so on to America. Of course I

---

134 Brief Bieber, Oxford, an Gildersleeve, 16.5.1934 (Barnard Archives, Dean's Office, Departmental Correspondence, Box 4, Folder 20 – 28, ‚Dean's office 1933 – 1934').
135 Bonfante 1981, 251 f. und Bonfante/Recke 2004, 12 f.
136 Brief Bieber, Oxford, an *AAC*, 23.5.1934 (Oxford, Bodleian, MS. S.P.S.L. 181/2).

shall not do so now with only 10 month before me. But I hope you will keep me in mind and put me in touch with any opportunity that might turn up in your country."¹³⁷

Da es Bieber nicht gelungen war, für die Tochter und Frl. Freytag in Oxford eine zufriedenstellende Zwischenlösung für die zehnmonatige Trennungsphase zu finden, kehrten die drei Mitte Juli 1934 nach Deutschland zurück: eine ehemalige Bonner Studienkollegin, die mit Friedrich Tobler, dem Direktor des Botanischen Gartens in Dresden verheiratet war, erklärte sich bereit, gegen Zahlung einer Pension die siebenjährige Inge und als Haushälterin Katharina Freytag aufzunehmen. Kurz vor ihrer Abreise nahm Bieber am 19. August anstelle des gebrechlichen Vaters noch an einer Volksabstimmung teil, die den Reichskanzler Hitler dazu autorisieren sollte, die Amtsbefugnisse des verstorbenen Reichspräsidenten Hindenburg mit zu übernehmen, und gehörte zu den immerhin 10,1 % der Wähler, die mit „Nein" stimmten,¹³⁸ ein Coup, auf den sie noch Jahre später stolz war.

---

137 Brief Bieber, Oxford, an Duggan, *EC*, 8.7.1934 (NYPL, *EC*-Records 3.3). In seiner Antwort vom 18. Juli stellte Murrow klar, dass ihre Stelle nicht durch das *EC*, sondern durch die *Rockefeller Foundation* finanziert wird, und gab ihr strategische Ratschläge, wie eine „permanently position" zu erreichen wäre (Brief Murrow, *EC*, an Bieber, 18.7.1934, NYPL, *EC*-Records 3.3).
138 Um seine absolute Machtfülle als Reichskanzler und Reichspräsident ‚demokratisch' zu verschleiern, insistierte Hitler auf einer Volksabstimmung, in der die Wahlberechtigten folgendem Gesetzestext zustimmen sollten: „Das Amt des Reichspräsidenten wird mit dem des Reichskanzlers vereinigt. Infolgedessen gehen die bisherigen Befugnisse des Reichspräsidenten auf den Führer und Reichskanzler Adolf Hitler über. Er bestimmt seinen Stellvertreter." („Gesetz über das Staatsoberhaupt des Deutschen Reichs. Vom 1. August 1934.", RGBl. I, 1934, S. 747, zitiert nach Buschmann 2000, 22). Die Entscheidung der Wähler, die nicht selten von Hitlerjugend und SA-Leuten genötigt wurden, an der Abstimmung teilzunehmen, wurden mit folgender Phrase manipuliert: „Stimmst Du, deutscher Mann, und Du, deutsche Frau, der in diesem Gesetz getroffenen Regelung zu? Ja/Nein" (http://www.documentarchiv.de/ns/1934/staatsoberhaupt-volksabstimmung_vo.html); Hintergrundinformationen zu dieser Volksabstimmung und Interpretation der Ergebnisse bei Jung 1995, 61–81.

1.4 Emigration in die USA

Visiting Lecturer in Fine Arts and Archaeology am Barnard College New York (1934–1936)

„Guest Suite in Hewitt Hall" (1934/35)

Am 21. September 1934 traf Bieber an Bord der „SS Albert Ballin", eines Schiffes der Hamburg-Amerika-Linie, in New York ein.[139] Die Beschaffung der Einwanderungspapiere in Deutschland war reibungslos vonstatten gegangen, der amerikanische Konsul war von den Einladungs- und Empfehlungsschreiben so beeindruckt, dass er binnen 24 Stunden ein immigration visa ausstellte.[140] Norman W. Haring, Head des Department of Fine Arts, holte sie vom Hafen ab und begleitete sie ins College, wo erst am Vortag die Residence Halls bezugsfertig gemacht worden waren.

Gildersleeve führte Bieber bei dem Board of Trustees-Meeting am 11. Oktober und auf dem Faculty-Meeting am 29. Oktober offiziell ein,[141] am 1. November 1934 präsentierte sich diese mit ihrem Vortrag „Development of the Greek Theatre" im *Classical Club New York* erstmals einer breiteren Öffentlichkeit in Barnard Hall. Dieses gesellschaftliche Ereignis, das mit einer Einladung zum Tee im College Parlor verbunden war,[142] führte zu ersten Verstimmungen: Bieber hatte, wie sie es von Deutschland und England her gewohnt war, für ihren Vortrag ein Honorar verlangt, was die Vorsitzende des *Classical Club*, Maud Evelyn Ellner, derart irritierte, dass sie sich umgehend an das *Emergency Committee* wandte mit der Bitte den fraglichen Betrag in Höhe von $ 30 zu begleichen:

---

139 Bonfante 1981, 252. In einem Brief an Gildersleeve kündigte Bieber ihre Ankunft in New York für den 20.–22. September an (Brief Bieber, Oxford, an Gildersleeve 16.5.1934, wie Anm. 134; bei Recke 2000, 84 findet sich als Emigrationsdatum der 13. September, ohne Quellenangabe.
140 Ihm lagen nicht nur ein Einladungsschreiben von Barnard vor, sondern auch Empfehlungen von Theodor Wiegand, des Präsidenten des *DAI*, von Rodenwaldt, Kalbfleisch und Zahn.
141 „The Dean explained that arrangements had been made to have one of the German exiled professors, Dr. Margarete Bieber, as Visiting Lecturer in Fine Arts for the current year (...)" (Board of Trustees-Meeting, 11.10.1934, in Barnard Archives, Barnard College, Board of Trustees, Oct. 1930-Apr. 1940); „After the Dean had spoken a few words of welcome to Dr. Bieber and Miss Mespoulet, the new members of the staff (...)" (Meeting of the Faculty, 29.10.1934, in Barnard Archives, Barnard College, Minutes of the Faculty 1932–1940, 7–431).
142 Einladungskarte Barnard College, Columbia University, Dean Gildersleeve and the Classical Club (NYPL, *EC*-Records 3.3).

„Miss Bieber informs us that she is obliged to ask for a honorarium of thirty dollars for the lecture. Our club is not in a position to pay its visiting speakers any salary."[143]

Bieber war auf zusätzliche Einkünfte dringend angewiesen, zumal nicht absehbar war, ob sie ihre Stellung am Barnard College würde behalten können. Da traf es sich gut, dass Eduard Fraenkel die von langer Hand für ihn vorbereitete Vortragsreise in den USA Ende 1934 wegen seiner Berufung ans Corpus Christi College in Oxford kurzfristig absagen musste:[144] Westermann, der die Aufgabe übernommen hatte Fraenkels Auftritte in New York zu koordinieren, machte Bieber den Vorschlag, ob nicht sie eventuell dessen Rolle übernehmen wolle. Deshalb schrieb sie an Prof. Ullman in Chicago, der Fraenkels USA-Reise von Anfang an geplant und in Absprache mit Universitäten und Hilfskomitees organisiert hatte:

„Your kind wish, that my connection with Barnard College might be a permanent one, has not been fulfilled. The College has no means to keep me on as a guest as it has been doing during this academic year. My salary came from Columbia University and the head of the department, Professor Dinsmoor, wishes me to stay on, but till now has not yet the means for my salary. We think that perhaps I might gain some of it by lectures. I have heard, that you have arranged lectures for Professor Eduard Fränkel [sic!], who does not come. So Professor Westermann suggested, that some of the money collected for this purpose might be earned by me. I am willing to give some lectures now, if I can combine them with my duties against Columbia University and in preference in the next session. Could you help me to this by recommending me to the Committee or committies concerned with this? or to some institute of higher learning?"[145]

Bieber wandte sich auch direkt an das *Institute of International Education*[146] und andere Institutionen und bot auf Honorarbasis vier Vortragsthemen an, die

---

143 Brief Ellner an *EC*, 15.11.1934. Das *EC* wies ein derartiges Ansinnen umgehend von sich und informierte Ellner über die policy (Brief Drury an Ellner, 16.11.1934). Ellner ließ aber nicht locker und behelligte Drury am 25. November mit einer zweiten Anfrage (alle in NYPL, *EC*-Records 3.3).
144 Die Idee zu der geplanten „lecture tour" Fraenkels stammte wohl von seinem Kollegen Berthold L. Ullman von der University of Chicago (Brief Murrow, *EC*, an Ullman, 11.4.1934). Fraenkel hatte die Schiffspassage nach New York für den 16. Dezember 1934 schon gebucht, als er überraschend zum Corpus Christi Professor „of Latin Language and Literature" gewählt wurde (Brief Fraenkel, Oxford, an Murrow, *EC*, 14.12.1934, und Radiogramm Fraenkel, an *EC*, 12.12.1934: „JUST ELECTED LATIN PROFESSOR OXFORD PLEASE CANCEL AMERICAN ENGAGEMENTS" (alle in NYPL, *EC*-Records 58.26).
145 Brief Bieber, Brooks Hall, Barnard, an Ullman 22.12.1934 (NYPL, *EC*-Records 3.3): Einzelheiten zu Fraenkels Vortragsreise auch im Kapitel v. Fritz, S. 268 mit Anm. 242).
146 Am 10. Januar 1935 suchte sie Miss Mary L. Waite, die Sekretärin Stephen Duggans auf, „in an attempt to secure lecture engagements", und bat um einen Gesprächstermin mit einem

auch für eine breitere Zuhörerschaft geeignet wären: „Pompeii and Herculaneum in the Light of Recent Excavations", „The Greek Theater in the Classical Period", „Greek Dress; Illustrated by Objects of Art and Living Models", und, in deutscher (!) Sprache, „Die Bedeutung der antiken Kunst für Winckelmann, Lessing und Goethe". Besonders der Vortrag über die Laokoon-Kontroverse zwischen Lessing und Winckelmann fand großen Anklang: das German Department des Brooklyn College zahlte dafür ungefragt ein Honorar von $ 50, im Frühjahr 1935 berichtete sogar die Presse über Biebers Auftritt vor Deutsch- und Lateinstudentinnen am Mount Holyoke College for Women.[147]

Unmittelbar nach Ablauf des Wintersemesters begannen die Bemühungen Biebers Anstellung zu verlängern. Wieder machte Gisela Richter den Anfang und sandte ein Empfehlungsschreiben an das *Emergency Committee* mit der Bitte um finanzielle Unterstützung:

> „(...) she is a born teacher, very popular with her students, and herself devoted to that part of her work. She should certainly be a great asset to Columbia University, and I sincerely hope your Committee will make it possible for her to continue her work there."[148]

Während eines persönlichen Besuches beim *EC* am 10. Januar gab Bieber ihrer Hoffnung Ausdruck im nächsten Jahr eventuell ihre Tochter nachkommen lassen zu können, falls ihre Stellung an der Columbia verlängert werden würde.[149] Bereits am 15. Januar reichte Dinsmoor eine weitere Application beim *EC* ein, in der er um einen Gehaltszuschuss bat: anders als 1934/35, wo Bieber als sabbatical-Vertretung mit Stipendien des *FFF* und der *RF* mit vollem Deputat vier Kurse am Graduate Department of Fine Arts and Archaeology gehalten habe, sei für das kommende Jahr geplant, ihr nur zwei Kurse zuzuteilen, damit sie in der

---

Repräsentanten des *EC* (Interview Memorandum for Murrow, 10.1.1935, NYPL, *EC*-Records 3.4). Vermittlungsversuche für Vorträge durch das *EC* sind tatsächlich belegt: so antwortete Gordon K. Chalmers, der Präsident des Rockford College in Illinois, am 11. Februar auf den Vorschlag, dass Bieber im Herbst für eine Woche kommen könnte (Brief Chalmers an *EC*, 11.2.1935, in NYPL, *EC*-Records 3.4).

147 Der Vortrag am Mount Holyoke College war Biebers erster Auftritt außerhalb New Yorks: sichtlich stolz zitiert sie im Abschnitt „Barnard College, New York" ihrer Autobiographie den Bericht der studentischen Wochenzeitung *Mount Holyoke News* vom 26. April 1935. 1942 publizierte sie eine erweiterte Fassung dieses Vortrags in der Columbia University Press New York unter dem Titel *Laocoon: The Influence of the Group Since Its Discovery*.

148 Brief Richter an Duggan, *EC*, 2.1.1935 (NYPL, *EC*-Records 3.4).

149 „Miss Bieber (...) is quite a delightful elderly woman who is very concerned about her fate after her year's term at Barnard College is up. (...) She wishes to bring over her daughter – but not, of course, unless she has assurance of a position." (*EC*-Interview Memorandum 10.1.1935, wie Anm. 146).

verbleibenden Zeit sich intensiver ihren Buch- bzw. Forschungsprojekten zuwenden könnte, der englischsprachigen Publikation der „Denkmäler zum Theaterwesen", der zur Hälfte abgeschlossenen Studie über „Roman Copies of Greek Draped Statues", und einem Band über die Skulpturen und die Glyptik der Dänischen Ausgrabungen auf Kos. Da er, Dinsmoor, plane, längerfristig die wissenschaftliche Arbeit und Ausbildung („research work") am Department zu stärken, sei es wichtig, Bieber unter allen Umständen am Department zu halten, gerade als Betreuerin künftiger Doktoranden. Leider würde das Budget des Departments es allenfalls erlauben, ihr maximal $ 200 „for Extension lectures at the Metropolitan Museum" zur Verfügung zu stellen, so dass er sich gezwungen sehe, beim *EC* ein Stipendium in Höhe von $ 2500 zu beantragen:

> „I respectfully request, therefore, that you view this letter as a formal application from the Department of Fine Arts and Archaeology of Columbia University for an appropriations of at least $2,500. to enable Dr. Bieber to remain with us, as Visiting Research Lecturer in Archaeology, for a second year. We can make no provision for her out of the Departmental budget (...)"[150]

Der Antrag erreichte das *EC* zu einem ungünstigen Zeitpunkt, denn dessen Mitglieder waren gerade dabei, ihre Arbeit grundsätzlich neu zu strukturieren:

> „I am afraid there will be an unavoidable delay in giving you a definite answer (...) The Committee is now engaged in careful consideration of its whole program for the coming year, and its future policy has not been determined."[151]

---

150 Brief Dinsmoor an Murrow, *EC*, 15.1.1935, S. 3 (NYPL, *EC*-Records 3.4). Eine Kopie ging mit einem Begleitschreiben an den Präsidenten der Columbia (Brief Dinsmoor an Butler, 17.1.1935, in CU, RBML, Central Files 326.7, ‚Gildersleeve'): darin kündigte Dinsmoor auch seine Absicht an, mit der *RF* Kontakt aufzunehmen. Davon riet Fackenthal in seinem Antwortschreiben ab: „If you have a favorable response from the Emergency Committee (...), we will then write to the Rockefeller Foundation on the basis of matching the funds. I think the Foundation prefers to have the letter come from this office rather than from one of the departments." (Brief Fackenthal an Dinsmoor, 18.1.1935, in CU, RBML, Central Files 375.14, ‚Dinsmoor 7/1934–6/1935').
151 Brief Murrow, *EC*, an Dinsmoor, 17.1.1935 (NYPL, *EC*-Records 3.4). Bei der Gründung des *EC* ging man von der optimistischen Einschätzung aus, dass die Unterstützung notleidender Wissenschaftler nach einem Zeitraum von zwei Jahren nicht mehr notwendig sein würde: „When this Committee was organized in the Spring of 1933, its existence for financial and other reasons was limited to a period of two years. (...) The Committee considered itself as being faced with an emergency situation calling for immediate action over a limited period of time." (Brief Murrow an Gildersleeve, 16.5.1935, in NYPL, *EC*-Records 3.4, und Duggan/Drury 1948, 179, 183).

Diese Hiobsbotschaft veranlasste Dinsmoor dazu sich hilfesuchend auch an das *Institute of International Education* zu wenden,[152] nur um von Murrow darüber aufgeklärt zu werden, dass das *Institute* und das *EC* organisatorisch eng zusammenhingen:

> „May I explain the apparent centralization of correspondence concerning this matter by saying that the Institute of International Education, of which Professor Duggan is Director and I am Assistant Director, is acting as Secretariat for this Emergency Committee and I am handling all correspondence concerning it."[153]

Am 6. Februar unterstützte Gildersleeve Dinsmoors application „enthusiastically", denn „we have found Dr. Bieber a stimulating teacher as well as an admirable scholar, and moreover a delightful member of our community". Da Bieber planen würde im nächsten Jahr ihre inzwischen zehnjährige Tochter zu sich zu nehmen – „if she is able to remain" –, plädierte Gildersleeve dafür, dass man ihr ab Herbst ein Stipendium „suitable to her scholarly distinction and her family responsibilities" auszahlen sollte, wenigstens in Höhe des Mindesteinkommens eines Assistant Professor ($ 3600). Von der zugesagten Förderung durch die *RF* vom letzten Jahr sei noch ein Betrag von $ 600 unverbraucht, der mit dem neuen Stipendium verrechnet werden könnte, sie würde deshalb das *EC* bitten, den Differenzbetrag, also etwa $ 3000, aufzubringen.[154] Zur Sicherheit und besseren Vergleichbarkeit bat sie Murrow um Auskunft, wie hoch denn das Stipendium eines „usual male professor in this group" sei.

Murrows Antwort an Gildersleeve fiel ähnlich deprimierend aus wie die an Dinsmoor: „The Committee at the present is unable to enter into new commitments." Immerhin konnte er ihr mitteilen, dass die gewünschte Summe den üblichen finanziellen Rahmen des *EC* nicht sprengen würde, in der Regel hätten die *RF* und das *EC* männlichen Antragsstellern jährliche grants in Höhe von $ 4000 bewilligt, die sie beide jeweils zur Hälfte übernommen hätten. Doch derzeit würden ausschließlich Kandidaten bei der Förderung bevorzugt, die

---

152 Briefe Dinsmoor an Miss Waite und an Duggan, *IIE*, 17.1.1935 (NYPL, *EC*-Records 3.4).
153 Brief Murrow, *EC*, an Dinsmoor, 23.1.1935 (NYPL, *EC*-Records 3.4).
154 Brief Gildersleeve an Murrow, *EC*, 6.2.1935 (NYPL, *EC*-Records 3.4). Die höhere Fördersumme, so Gildersleeve, sei nicht zuletzt deshalb notwendig, da Barnard sich außerstande sehe, Bieber für ein weiteres Jahr eine guest suite mit freier Verpflegung zur Verfügung zu stellen: ohnehin sei es nicht möglich, mit Kind in den Residence Halls zu wohnen. Gildersleeve irrte im Alter der Tochter: Inge war 1935 erst acht Jahre alt.

nach Ablauf des Bewilligungszeitraums die höchsten Chancen auf „permanency of tenure" hätten.[155]

Der Erwartungsdruck auf das *EC* erhöhte sich, als Ende Februar Gisela Richter ihre Anfrage wiederholte: Bezug nehmend auf „some talk about placing dismissed German scholars" informierte sie Alfred E. Cohn, member of the Executive Committee, über die aktuellen applications für Bieber und über ein Interview, das Murrow mit dieser geführt habe.[156] Zur gleichen Zeit setzte sich Franz Boas vom *Columbia Faculty Fellowship Fund* mit Stephen Duggan in Verbindung und äußerte sich besorgt um die Zukunft der „various displaced scientists who are at the present time at Columbia": der *FFF* habe im Vorjahr ein Defizit von $ 500 erwirtschaftet, könne dieses aber aus eigenen Spendenmitteln begleichen. Zur Vereinfachung des bürokratischen Aufwands schlug er vor, Zahlungen hilfswilliger Kollegen – er selber verpflichtete sich für das laufende Jahr auf monatlich $ 25 (!) – künftig nicht mehr an den *FFF*, sondern direkt an das *EC* zu überweisen mit der Klausel, dass diese Gelder exklusiv für die Columbia verwendet werden sollten.[157]

In der Zwischenzeit ließ Dinsmoor nicht locker: nach einem Telephonat mit Murrow vom 21. Februar setzte er sich persönlich mit der *RF* in Verbindung und brachte dort in Erfahrung, dass die unverbrauchten $ 600 für den Zeitraum von Juli bis Dezember 1935 an die Bedingung geknüpft seien, dass von anderer Seite eine Summe in gleicher Höhe gezahlt werde. Ausgehend von diesem Kenntnisstand modifizierte und erweiterte Dinsmoor seinen ursprünglichen Stipendienantrag beim *EC* in entscheidenden Details: Um Biebers Tätigkeit an der Columbia für die Zukunft sicherzustellen, werde er bei der *RF* – zusätzlich zu den bereits bewilligten $ 600 – eine application in Höhe von $ 3000 stellen. Gleichzeitig würde er beim *EC* für einen Zeitraum von zwei Jahren – von 1935 bis 1937 – insgesamt einen grant in Höhe von $ 4000 beantragen, sodass Bieber im

---

155 Brief Murrow, *EC*, an Gildersleeve, 13.2.1935: Gildersleeve schien die Policy des *EC* nicht auf Anhieb durchschaut zu haben, denn sie bat Murrow um nähere Aufklärung: „I do not quite understand it." (Brief Gildersleeve an Murrow, 15.2.1935, beide in NYPL, *EC*-Records 3.4).
156 Brief Richter an Cohn, *EC*, 21.2.1935; zur Verkürzung der Kommunikationswege schickte sie eine Abschrift auch an Murrow, „to you as Secretary of the Committee" (Brief Richter an Murrow, 25.2.1935, beide in NYPL, *EC*-Records 3.4). Richters Vorstoß war erfolgreich, denn schon am 26. Februar sicherte ihr Murrow schriftlich zu, dass Biebers Fall zum frühestmöglichen Zeitpunkt vom Komitee verhandelt werden würde (Brief Murrow, *EC*, an Richter, 26.2.1935, in NYPL, *EC*-Records 3.4).
157 Brief Boas, *FFF*, an Duggan, 26.2.1935 (NYPL, *EC*-Records 3.4). Dieser Vorschlag wurde offenbar nicht in die Praxis umgesetzt, denn der *FFF* bestand in der urspünglichen Form mindestens bis ins Jahr 1941, als er Ernst Kapps Stipendium als Visiting Lecturer zur Hälfte bezuschusste (siehe Kapitel Kapp S. 334 und 337).

Jahr 1935/36 ein Jahresgehalt von $ 3600, im Jahr 1936/37 von $ 4000 beziehen könnte. Das würde sie in die Lage versetzen, sowohl eine eigene bedarfsgerechte Wohnung anzumieten als auch ihre Bibliothek und Sammlungen von Deutschland nach Amerika zu überführen. Er könne zwar keine definitive Zusage bezüglich einer unbefristeten Anstellung an der Columbia geben, doch die permanency-Bedingung sei immerhin ansatzweise erfüllt, da Bieber nach insgesamt drei Jahren an der Columbia problemlos auch an anderen Universitäten oder Colleges eine Stelle finden könnte:

> „she would by 1937 have made such an impression on our various institutions through direct contacts, public lectures, papers at archaeological congresses, etc., that I can see no difficulty in placing her somewhere."[158]

Die grundsätzliche Entscheidung des *EC*, im laufenden Jahr wegen des begrenzten Spendenaufkommens keine neuen Antragsteller, sondern nur die 53 bereits Geförderten zu berücksichtigen, kritisierte er als in hohem Maße ungerecht: Bieber dürfe nicht dafür bestraft werden, dass sie im letzten Jahr in der glücklichen Lage gewesen sei beim *EC* kein Stipendium beantragt haben zu müssen:

> „You mentioned the difficulty of considering anyone outside your present list of 53. I wish to urge, however, that it seems unfortunate to penalize Dr. Bieber, so to speak, merely because it proved to be unnecessary for her to accept support from your Committee last year. I have the impression that if she had then needed such support, she would have had a fair chance of receiving it."

Auf diesen zweiten Antrag Dinsmoors reagierte Murrow wesentlich aufgeschlossener: „(...) if the funds become available I should hope that the Committee would act favorably upon your application."[159] Das war umso verwunderlicher als Cohn wenige Tage zuvor eher reserviert und skeptisch auf Gisela Richters Anfrage geantwortet hatte: er räumte ihr gegenüber ein, dass das Committee derzeit große Probleme mit fundraising habe und stellte direkt die Gretchenfrage nach der beruflichen Perspektive Biebers an der Columbia:

> „Will Columbia become responsible in future by providing a post for her? Or are we merely postponing the evil day? In truth, I am often sore troubled."[160]

---

158 Brief Dinsmoor an Murrow, *EC*, 1.3.1935 (NYPL, *EC*-Records 138.26 [Original] und 3.4); ein weitgehend identisches Schreiben schickte Dinsmoor am 4. März auch an Cohn (NYPL, *EC*-Records 3.4).
159 Brief Murrow, *EC*, an Dinsmoor, 5.3.1935 (NYPL, *EC*-Records 3.4 und 138.26).
160 Brief Cohn, *EC*, an Richter, 2.3.1935 (NYPL, *EC*-Records 3.4).

Am 12. März traf die Führungsriege des *EC* die Entscheidung, die Arbeit des Komitees für weitere zwei Jahre fortzusetzen. Deshalb schwenkte auch Cohn auf die optimistische Linie Murrows um und informierte Dinsmoor, dass eine günstige Entscheidung im Falle Biebers wahrscheinlich wäre, gesetzt den Fall, dass man über neue Spendengelder verfügen könnte.[161] Zwei Wochen später war es dann soweit: auf seinem Meeting am 27. März bewilligte das Executive Committee Margarete Bieber ein Stipendium, blieb aber deutlich unter den beantragten Fördersummen von Gildersleeve ($ 3000) oder gar Dinsmoor ($ 4000 für zwei Jahre), ja es schloss sogar eine Fortsetzung der Förderung über das Jahr 1935–36 ausdrücklich aus:

> „My dear Dean Gildersleeve: I am very glad indeed to inform you that the Emergency Committee at its executive meeting Wednesday afternoon made a grant of $1800 to Barnard College for the partial support of Professor Margarete Bieber during the academic year 1935–36. This commitment is contingent upon your obtaining from the Rockefeller Foundation or another source additional funds with which to make up the balance of Professor Bieber's salary..(...)
> We wish to make it clear that all financial commitments on the part of this Committee cease with the close of the academic year 1935–36."[162]

Diese explizite Absage an Dinsmoors Zwei-Jahresplan dämpfte die Freude Biebers, die sie in ihrem Dankesbrief an das *EC* zum Ausdruck brachte:

> „Please allow me to thank you with all my heart for your decisive help in getting for me a grant from the Emergency Committee. I do hope that the Rockefeller Foundation will grant the same sum and that your helpful Committee will not really cease to work with the close of the academic year 1935/6? I had understood that I could hope to be helped for two years, which would make it so much easier to arrange my work and my domestic affairs. In any case I shall try to give my best work to this country."[163]

Obwohl Gildersleeve mit dem positiven Bescheid des *EC* sofort bei der *RF* vorstellig wurde,[164] sollte es noch zehn Wochen dauern, bis die zweite Hälfte des Stipendiums bewilligt wurde. Grund hierfür war die geringe Bereitschaft der Universität, verbindliche Zusagen bezüglich Biebers Festanstellung ab Herbst 1936 zu treffen. Insbesondere Dinsmoor wollte keinerlei Verpflichtungen eingehen, wie er gegenüber Gildersleeve und Fackenthal am 9. Mai 1935 offen zugab: Bei der geplanten

---

161 „The Emergency Committee will stay in existence for another two years because it hopes to have funds." (Brief Cohn, *EC*, an Dinsmoor, 12.3.1935 in NYPL, *EC*-Records 3.4).
162 Brief Murrow, *EC*, an Gildersleeve, 28.3.1935 (NYPL, *EC*-Records 3.4).
163 Brief Bieber an Murrow, *EC*, 4.4.1935 (NYPL, *EC*-Records 3.4).
164 Brief Gildersleeve an Murrow, *EC*, 29.3.1935 (NYPL, *EC*-Records 3.4).

"systematic reorganization" des Department of Fine Arts and Archaeology, mit der er die Rivalitäten und Kompetenzstreitigkeiten zwischen seinem und dem Classics Department eingrenzen wollte, könne er keinerlei Rücksichten nehmen, auch nicht auf seine langjährige ‚Freundin' Bieber.[165] Solange Kurse in Ancient Art von beiden Departments angeboten würden („the real trouble"), seien im Falle Biebers lediglich zeitlich befristete Verträge als Visiting Lecturer sinnvoll. Für die „transitional years" bis zum vollständigen Abschluss der Umstrukturierungen müsse eine Zwischenlösung gefunden werden: „I do not feel that we should permanently obligate ourselves." Dass er mit dieser Hinhaltetaktik gegen die Spielregeln der Komitees verstieß und damit die Zusage der RF aufs höchste gefährdete, war Dinsmoor sich durchaus bewusst; dennoch schob er die letzte Verantwortung für ein eventuelles Scheitern des Antrags der Universitätsleitung zu:

> „It seems improbable that Dr. Fackenthal would wish to make any definite commitments on this matter, though I hope that he will be able to write to Dr. Stevens indicating the hope of the University that we shall be able to retain Dr. Bieber's services after the expiration of the next two years.[166] But it is quite possible that this assurance will not satisfy Dr. Stevens."[167]

Andererseits wollte er Bieber durchaus unterstützt wissen: es sei ihm ein großes Anliegen, Biebers Status für das Jahr 1935/36 baldmöglichst zu regeln, damit sie die nötigen „arrangements" treffen könnte ihr Kind und ihre Bibliothek aus Deutschland herauszuholen. Deshalb bat er Gildersleeve im selben Brief, Fackenthal von der alternativen Förderungsmöglichkeit in Kenntnis zu setzen,[168] die sie inzwischen innerhalb des Barnard Colleges organisiert hatte: zusammen mit Sara Strauss-Hess, der Tochter des Kaufhaus-Magnaten Isidor Strauss (‚Macy's') und Mitglied des Board of Trustees des Barnard College, wollte Gildersleeve persönlich für einen Teil von Biebers Gehalt bürgen:

---

165 „I should prefer to be free to make a systematic reorganization without the necessity of consulting the feelings of Dr. Bieber." (Brief Dinsmoor an Gildersleeve [Kopie an Fackenthal], 9.5.1935, in CU, RBML, Central Files 375.14, ‚Dinsmoor 7/1934–6/1935').
166 Fackenthal hatte Dinsmoor eindeutig zu verstehen gegeben, dass Columbia zu diesem Zeitpunkt nicht das mindeste Interesse hätte, Bieber langfristig zu übernehmen: „We are certainly in no position to encourage Miss Bieber to think of coming here permanently." (Brief Fackenthal an Dinsmoor, 22.1.1935, in CU, RBML, Central Files 375.14, ‚Dinsmoor 7/1934–6/1935').
167 Brief Dinsmoor an Gildersleeve (Kopie an Fackenthal), 9.5.1935 (wie Anm. 165).
168 „Would you be willing to notify Dr. Fackenthal of the kind conditional offer of yourself and Mrs. Hess to secure the lacking $1200. of her salary for 1935–36?" (Brief Dinsmoor an Gildersleeve, 9.5.1935, wie Anm. 165).

„Professor Dinsmoor has asked me to write to you about the status of Dr. Margarete Bieber. I am going to bring her case before the Executive Committee of the Board of Trustees of Barnard College on May 22nd, and ask them to authorize her appointment as Visiting Lecturer in Fine Arts for next year, at a stipend of $3,600, chargeable to Gifts. We already have definite promises of $2,400, and Mrs. Alfred F. Hess is joining me in guaranteeing the remaining $1,200. I feel confident, therefore, that Dr. Bieber's appointment is assured for 1935–36."[169]

Unabhängig von Dinsmoor hatte Gildersleeve sich noch einmal an das *EC* gewandt und Murrow um genauere Auskünfte bezüglich der Regularien der Hilfskomitees gebeten, da sie die Probleme verstehen lernen wollte, die mit der zusätzlichen Finanzierung von Biebers Stipendium aufgetreten waren. In seinem Antwortschreiben vom 16. Mai erläuterte Murrow ausführlich die Problemlage des *EC* im Frühjahr 1935: In den ersten Monaten des Jahres habe man keine neuen finanziellen Verpflichtungen eingehen können, da das *EC* zunächst nur auf einen Zeitraum von zwei Jahren ausgerichtet gewesen sei. Als man dann vor wenigen Monaten „after careful consideration" beschlossen habe, die ‚Lebenszeit' des *Emergency Committee* zu verlängern und und neue funds anzuwerben, habe man sich auch dafür entschieden die ‚policy' des *EC* in zwei Punkten zu modifizieren:

[1.] „preference to applications dealing with the renewal of existing grants before undertaking to aid in the placement of scholars not previously assisted by the Committee"
[2.] „preference in the granting of renewals (...) to those cases offering the greatest possibility of permanent absorption for the scholar upon the expiration of the second grant."

Das *EC* sei der Überzeugung, dass es nicht seine Aufgabe sein dürfe, die „limited resources" „indefinitely" für die Unterstützung von Displaced German Scholars einzusetzen; stattdessen sollten nur diejenigen mit privaten Spendengelder gefördert werden, bei denen die Aussichten auf eine „final solution" am größten wären. Ähnlich, wenn nicht gar strenger, seien die Richtlinien der *RF*:

---

169 Brief Gildersleeve an Fackenthal, 13.5.1935 (CU, RBML, Central Files 326.7, ‚Gildersleeve'). Saras Ehemann Alfred F. Hess war bis zu seinem frühen Tod 1933 ein international angesehener Kinderarzt an der Rockefeller University in New York und war mit Abraham Flexner, dem Gründer des *Institute for Advanced Study* in Princeton, befreundet (siehe Woodruff, Darby W.J., „Alfred Fabian Hess-a biographical sketch (Oct. 9, 1875-Dec. 5, 1933)" in *Journal of Nutrition* 71, 1960, 3–9, und Todesanzeige im *Bulletin of the New York Academy of Medicine* 10, 1934, 44–45 [http://www.ncbi.nlm.nih.gov/pmc/articles/PMC1965595/pdf/bullnyacadmed00877-0050.pdf].

„(...) their attitude in making supplementary grants has been practically like our own. They now insist that a scholar's chances of permanency be practically assured before they will make a commitment in his behalf."[170]

Durch diese ausführlichen Hintergrundinformationen sahen sich Gildersleeve bzw. Fackenthal in die Lage versetzt, noch einmal an die *RF* heranzutreten und die Bieber-application zu präsentieren, diesmal mit besseren und zielführenderen Argumenten:

„Thank you very much indeed for your full and clear account of the policies followed in trying to aid the displaced German scholars. At the moment Columbia University is trying to convince the Rockefeller Foundation that the prospect of Dr. Bieber's permanent connection with the institution is sufficiently bright to warrant their making a grant for next year, and perhaps the year after. Meanwhile, we are certainly going to appoint Dr. Bieber in Barnard for next year."[171]

Ohne die Entscheidung der *RF* abzuwarten – die Zeit drängte, die Spring Session war schon abgelaufen – wurde schon am nächsten Tag, den 22. Mai 1935, auf einem Meeting des Executive Committee des Barnard College die Wiederernennung Biebers als Visiting Lecturer in Fine Arts and Archaeology bei einem Jahresgehalt von $ 3600 beschlossen. Der vorsichtige Optimismus bezüglich einer positiven Entscheidung der *RF*, der laut Protokoll während der Sitzung geherrscht hatte,[172] war sehr wohl berechtigt, denn bereits am 25. Mai ging in Fackenthals Büro der Bewilligungsbescheid der Foundation ein:

„Dear Dean Gildersleeve, we have word from Mr. Marshall of the Rockefeller Foundation that a grant of $ 1800 for each of the next two academic years has been made for Dr. Bieber."[173]

---

170 Brief Murrow, *EC*, an Gildersleeve, 16.5.1935 (NYPL, *EC*-Records 3.4).
171 Brief Gildersleeve an Murrow, *EC*, 21.5.1935 (NYPL, *EC*-Records 3.4): in diesem Brief informierte sie Murrow auch über ihre eigene Hilfsinitiative für Bieber, für den Fall, dass die *RF* ablehne: „Besides the $1,800 from your committee, we have $600 definitely promised from the Rockefeller Foundation, and Mrs. Alfred F. Hess of our board of Trustees and I have guaranteed the remaining $1,200, should the Rockefeller people decide not to give that."
172 „(...) the Rockefeller Foundation had definitely promised $ 600, and would in all probability give the remaining $ 1200,–; (...) if they should fail to do this, Mrs. Hess and the Dean had undertaken to raise this sum from other sources." (Meeting Executive Committee, 22.5.1935, in Barnard Archives, Dean's Office/Departmental correspondence, Barnard College, Executive Committee Minutes, May 19, 1919 – June 16, 1935, 519f.).
173 Brief Fackenthal an Gildersleeve, 25.5.1935 (Barnard Archives, Dean's Office/Dept. Correspondence, Box 1, Folder 7a und CU, RBML, Central Files 326.7, ‚Gildersleeve').

Damit war trotz des schwierigen Vorlaufes die Zusage der *RF* wesentlich großzügiger ausgefallen als die des *EC*, denn sie garantierte Bieber insgesamt $ 3600 über einen Zeitraum von zwei Jahren, während das Stipendium des *EC* in Höhe von $ 1800 ausschließlich für das Jahr 1935/36 ausgesprochen wurde und jegliche Verpflichtung für das darauffolgende Jahr 1936/37 explizit ausschloss. Am 1. Juni informierte Gildersleeve Fackenthal darüber, dass sie beide Komitees durch ein „formal announcement" von der offiziellen Ernennung Biebers als Visiting Lecturer verständigen werde.[174]

Mit hohem persönlichem Einsatz hatte Gildersleeve ihr Ziel erreicht, Biebers Position am Barnard College maßgeblich zu verbessern: das Jahreseinkommen von $ 3600, das umgerechnet in etwa dem entsprach, was sie als Extraordinaria in Gießen verdient hatte,[175] erlaubte es Bieber ihre Familie nach New York nachkommen zu lassen und ein angemessen großes Apartment anzumieten, ganz in der Nähe des Campus: 605 W 113th Street.[176] Ihren ursprünglichen Plan, Inge und Frl. Freytag in Deutschland persönlich abzuholen – sie hatte für Juni schon eine Schiffspassage gebucht – musste Bieber auf Anraten von Freunden aufgeben: zu groß wäre die Gefahr gewesen, dass die deutschen Behörden ihr den Pass entzogen und ihr untersagt hätten, ihre ‚rein arische' Adoptivtochter aus Deutschland herauszuholen. Doch Frl. Freytag meisterte alle Schwierigkeiten: sie organisierte die Verschiffung der Bibliothek und der wichtigsten Möbel und beantragte beim amerikanischen Konsul in Berlin für Inge und sich die Auswanderungs-Visa,[177] mit

---

174 Brief Gildersleeve an Fackenthal, 1.6.1935: „As you will have seen, we have nominated Dr. Bieber on the Barnard Foundation for next year (…) If you will let me have a copy of the communication you got from the Rockefeller Foundation, I will send a formal announcement to the Emergency Committee (…), stating that we have met their conditions and are entitled to their $1,800 for next year. Then I think the Rockefeller money should be paid over to Barnard when it comes in, and we shall take care of the whole matter for 1935–36." (CU, RBML, Central Files 326.7, ‚Gildersleeve'). Das *EC* erhielt am 10. Juni durch eine Notiz Gildersleeves Nachricht von der Zusage der *RF* (Brief Gildersleeve an Murrow, 10.6.1935, in CU, RBML, Central Files 326.7, ‚Gildersleeve').
175 In Kurt von Fritz' Berechnung entsprachen $ 3600 etwa 8000 RM (s. Kap. v. Fritz, S. 278).
176 Am 27. August 1935 fragte die Real Estate Firma L.J. Philipps & Co. (134 W 72nd St.) bei Gildersleeves Sekretärin um eine Referenz an („Dr. Margarete Bieber […] desires to rent an apartment from us and has given your name as reference"), die bereitwillig erteilt wurde: „We are glad to give a reference for Dr. Margarete Bieber (…) I feel sure you will find her a desirable tenant in every way." (Brief Philipps an Barnard, Dean's Office, 27.8.1935 und Mary V. Libby's Antwort vom 28.8.1935, beide in Barnard Archives, Dean's Office / Departmental Correspondence 1935–36, Folder 28). Das Apartment, in dem Bieber die nächsten vier Jahrzehnte leben sollte, umfasste drei Schlafzimmer, Wohn-, Ess- und Arbeitszimmer.
177 Über das Procedere der Auswanderung Inges hatte Bieber sich von dem *New York Committee for the Aid of German Children* (245 Fifth Avenue) beraten lassen. Im Juli schickte sie

Unterstützung von Professor Marion Lawrence, einer Kollegin Biebers vom Barnard College, die zufällig gerade in Berlin war. Am 26. September 1935, später als die Möbel und die Bücher, kamen Inge und Frl. Freytag an Bord der „Europa" wohlbehalten in New York an und zogen in das neue Heim.

‚Gehalts'-Erhöhung (1935/36) und Wechsel zur Columbia University: Die Ernennung zum Visiting Professor of Fine Arts and Archaeology (1936/37)
In ihrem zweiten Jahr hatte Bieber etwas weniger Lehrverpflichtungen („a lighter program") als 1934/35: sie hielt lediglich einen regulären Kurs über „Ancient Theatres" an der Columbia, und hatte eine „part responsibility" für zwei Kurse am Metropolitan Museum, „Greek art" und „Ancient painting".[178] Letzterer fand im Wintersemester 1935 statt und bot einen Überblick über die Geschichte der Malerei von der Kretisch-Mykenischen bis zur Römischen Zeit,

> „with an emphasis on Greek painting of the classical and Hellenistic periods. The development of the art of drawing and of perspective will be stressed. Lectures and discussions, with occasional visits to the Metropolitan Museum of Art."[179]

Dieser Kurs stand nicht nur Juniors and Seniors offen, sondern war auch gedacht für interessierte Laien der ‚guten Gesellschaft' New Yorks. Wieder versuchte Gildersleeve Bieber zu unterstützen, diesmal durch Werbe-Briefe an die Präsiden-

---

Affidavits an Inge und Frl. Freytag nach Dresden. Für die Beantragung der Visa unerlässlich waren ferner zwei Briefe von Gildersleeve und Dinsmoor, die bestätigten, dass Bieber als Visiting Professor finanziell in der Lage sei, ihre Tochter in den USA zu ernähren. (Brief Murrow, *EC* an George M. A. Hanfmann, Baltimore, 5.6.1935, in *EC*-Records 68.13). Hanfmann, für den diese Informationen bestimmt waren, versuchte – nach Abschluss seines zweiten Doktorates an der JHU und seiner Ernennung zum Harvard Junior Fellow, die ihm eine sichere berufliche Perspektive für die nächsten drei Jahre garantierte – seine Verlobte und deren Tochter aus Deutschland in die USA nachzuholen und hatte sich in dieser Angelegenheit ratsuchend an das *EC* gewandt (Brief Hanfmann, Baltimore, an Murrow, *EC*, 8.5.1939, in NYPL, *EC*-Records 68.13).
178 Brief Dinsmoor an Murrow, *EC*, 1.3.1935 (wie Anm. 158). Diese Kurse hielt Bieber zusammen mit Gisela Richter im Rahmen einer Kooperation von Columbias Fine Arts Department und dem Metropolitan Museum: „The tentative program of courses to be given by us at the Museum has made considerable progress. I have secured the adhesion of Miss Richter of the Museum for parts of two courses (...). For parts of two of the courses I shall need Miss Bieber, who is with us on a contemporary appointment for the present year." (Dinsmoor an Butler, 4.2.1935, in CU, RBML, Central Files 375.14, ‚Dinsmoor 7/1934–6/1935').
179 Ankündigung (hs.) Dr. Bieber (Barnard Archives, Dean's Office/Departmental Corresp. 1935–36, Box 4, Folder 28). Dieser Kurs wurde von Bieber und Richter auch im Sommer 1935 gehalten, Montags und Freitags nachmittags, 30 public lectures, bei einer Kursgebühr von $ 300 (Brief Dinsmoor an Butler, 16.5.1935, in CUA, Central Files 375.14, ‚Dinsmoor').

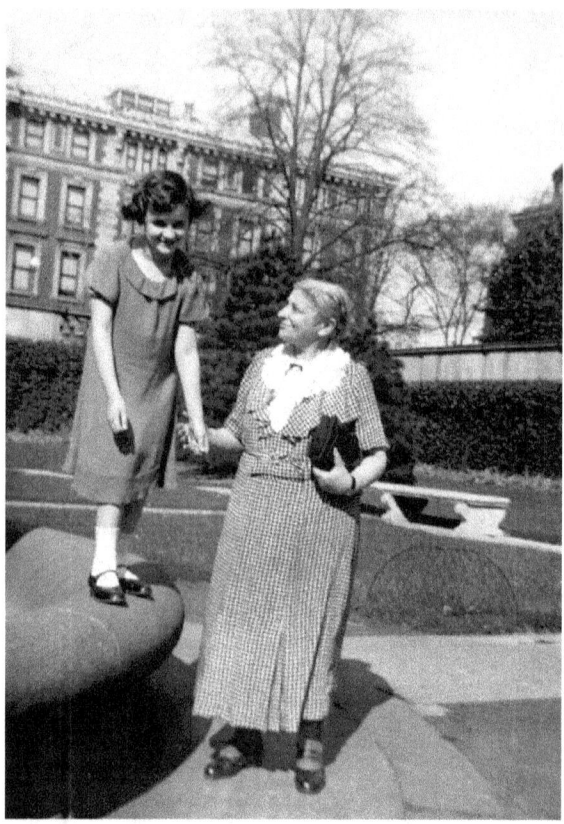

Abb. 3: Margarete Bieber mit Tochter Inge auf dem Columbia-Campus (ca. 1935) (Courtesy of Barnard College Archives)

tinnen einflussreicher Women's Clubs, in denen sie auf die Veranstaltung aufmerksam machte:

> „Dear Mrs. Leach: I do not know whether, according to the rules of the Club, you can post a notice like the enclosed on any bulletin-board. Dr. Bieber's course in Ancient Panting sounds so interesting to me that I feel that one or two members of the Cosmopolitan Club especially concerned with Fine Arts might like to hear the lectures."[180]

---

180 Brief Gildersleeve an Leach, President Cosmopolitan Club, 21.9.1935 (Barnard Archives, Dean's Office/Departmental Correspondence 1935–36, Box 4, Folder 28). Der 1909 gegründete „Cosmopolitan Club" war ein Ort „where accomplished women in the arts and letters gathered to socialize, exchange ideas and enjoy one another's company" (siehe http://www.cosclub.com/general/viewClubHistory). 1932 war ein neues exklusives Clubhaus bezogen worden (122 E 66th St.), zu den prominenten Mitgliedern gehörten u. a. Eleanor Roosevelt und Margaret Mead. Briefe

Unbeeindruckt von der Klausel des Bewilligungsbescheides für das Jahr 1935/36 reichte Dinsmoor am 31. Dezember 1935 beim *Emergency Committee* einen Verlängerungsantrag ein. Ermutigt durch die Praxis der *RF* beantragte er diesmal ein Stipendium mit einer Laufzeit von zwei Jahren, überdies mit einem deutlich höheren Förderbetrag:

> „Meanwhile her expenses have increased, owing to the fact that she has brought her adopted daughter and a nurse to this country. It is for this reason that I am asking that the Emergency Committee's share be increased to $2000."[181]

Erst nach Ablauf der zwei Jahre – also frühestens im akademischen Jahr 1938/39 – bestünden Aussichten, Bieber eine unbefristete Stelle anzubieten:

> „If your Committee can help us over this period of reorganization, I have very good grounds for believing that I can eventually have her placed on a definite basis."

Mary Swindler als auch Walter W. S. Cook vom Institute of Fine Arts der New York University unterstützten diesen Antrag nach Kräften: beide betonten den außerordentlichen Lehrerfolg und die Popularität Biebers bei den Studenten, die höher sei als die von so manchem Kollegen:

> „I know of no displaced German archaeologist of greater ability than Dr. Bieber. (...) I may add that I have heard from Dr. Dinsmoor himself that the students much prefer her work to his own and that of others in the department; that she is extremely popular and that the students in her courses are increasing in number.
> I believe Dr. Bieber is the type of German scholar who ought to be assisted at this crisis, especially as temporary assistance will lead to a definite position."[182]

Cook war von Biebers wissenschaftlicher Exzellenz so überzeugt, dass er sogar erwogen hatte, sie im Sommersemester zu einer Vortragsreihe an die NYU einzuladen:

> „I would strongly endorse Professor Dinsmoor's application, for I have known Dr. Bieber since she joined the staff at Barnard College, and consider her an outstanding authority

---

gleichen Wortlauts schickte Gildersleeve am selben Tag auch an die Präsidentin des „Women's University Club" und an die Sekretärin des „Colony Club" (ebda.): Dieser existierte bereits seit 1903 und war der erste Social Club, der in New York „by and for women" eingerichtet worden war. Sein Klubhaus befand sich seit 1916 ebenfalls auf der Upper East Side (564 Park Ave./51E 62nd St.).

[181] Brief Dinsmoor an Duggan, *EC*, 31.12.1935 (NYPL, *EC*-Records 3.4); am 14. Januar 1936 schickte Dinsmoor ein ähnliches Schreiben an Murrow.

[182] Brief Swindler an Duggan, *EC*, 8.1.1936 (NYPL, *EC*-Records 3.4).

in the field of Classical Archaeology. Her qualifications were such that we even considered the possibility of asking her to give a lecture course for us in the field of Classical Art this year. (...) All the members of the staffs [of Columbia and Barnard] have told me she has adapted herself in a remarkably short time to American students, and that she has been an outstanding success as a teacher."[183]

Dinsmoors Verlängerungsantrag wurde von Stephen Duggan ohne weiteres akzeptiert: er freue sich, dass die Universität Bieber weiterbeschäftigen wolle und dass Chancen bestünden, sie ab 1938/39 dauerhaft zu übernehmen. Schon beim nächsten Meeting des Executive Committee werde er die application zur Begutachtung vorlegen, gebe allerdings zu bedenken, dass das *EC* in der Regel nur „one-year grants" bewillige. Sollte Bieber von Barnard zur Columbia wechseln, wäre es sinnvoll, wenn Fackenthal im Namen der Universität die application einreichen würde, mit einem „statement as to Professor Bieber's chances of permanent appointment".[184]

Wenige Tage später schien die Bewilligung nur noch Formsache zu sein, denn Alfred E. Cohn gab am 20. Januar 1936 dem *EC* telephonisch bekannt, er habe Kontakt zu Julius Goldman aufgenommen, der bereit sei, als persönlicher Sponsor Dr. Bieber für die Dauer von einem oder auch zwei Jahren mit jeweils $ 2500 zu unterstützen.[185] Zwei Wochen später war klar, dass Goldman, der von nun an in der offiziellen Korrespondenz immer als „anonymous donor" bezeichnet wurde, seine Großzügigkeit mit einer unverrückbaren Forderung verknüpft hatte:

„The donor's condition, however, is that Professor Bieber be definitely added to the staff at this time, even though Columbia or Barnard does not assume any part of her salary during the next two years."[186]

Aus der Sicht des *EC* schien diese Bedingung unproblematisch, denn man glaubte aus Dinsmoors Brief vom 31. Dezember 1935 herauslesen zu können, dass die Universität entschlossen sei, Bieber fest anzustellen:

„(...) it seems to be not only the hope but also the intention of Columbia to give Professor Bieber a permanent appointment."[187]

---

183 Brief Cook, NYU, an Duggan, 8.1.1936 (NYPL, *EC*-Records 3.4).
184 Brief Duggan, *EC*, an Dinsmoor, 16.1.1936 (NYPL, *EC*-Records 3.4).
185 *EC*-Memorandum, 20.1.1936 (NYPL, *EC*-Records 3.4). Dr. Julius Goldman war der Vater der Archäologin Hetty Goldman, seit 1936 erste Frau am *IAS* in Princeton, die das *AAUW*-Stipendium für Elisabeth Jastrow aus privaten Mitteln 1936/37 verlängerte (siehe Kapitel Jastrow, S. 156 ff.).
186 *EC*-Memorandum from Whyte to Duggan, 5.2.1936 (NYPL, *EC*-Records 3.4).
187 *EC*-Memorandum from Whyte to Duggan, 5.2.1936; zitiert Dinsmoors Brief an Duggan, 31.12.1935 (wie Anm. 181).

Organisatorisch sollte die anonyme Spende über das Sekretariat des *EC* abgewickelt werden. Das „top salary" für *EC*-Stipendiaten lag bei $ 4000: dies reduzierte die Höhe der Goldman'schen Zuwendung zumindest für das erste Jahr auf $ 2200, da Bieber auch 1936/37 mit einem *RF*-grant in Höhe von $ 1800 rechnen konnte.

Paradoxerweise verkomplizierte Goldmans Sponsoring die Verhandlungen über Bieber erheblich: anders als geplant wurde Dinsmoors application auf dem Meeting des Executive Committee am 11. Februar vertagt, man wollte erst eine offizielle Anfrage von seiten Fackenthals oder eines anderen administrative officer der Universität abwarten.[188] Nachdem bis zum 10. März keine Stellungnahme eingegangen war, fragte Whyte bei Dinsmoor noch einmal explizit nach, ob Columbia bereit wäre die Bedingungen des anonymous donor zu akzeptieren.[189]

Dessen Antwort fiel ähnlich vage und unverbindlich aus als in den Jahren zuvor: Er sei entschlossen in naher Zukunft am Department of Fine Arts and Archaeology ein Research Institute aufzubauen; integraler Bestandteil dieses Plans sei „a permanent appointment of Professor Bieber". Doch bevor dieses Institut installiert sei, könne er nichts anderes für sie tun als ihren Titel von Visiting Lecturer zu Visiting Professor zu ändern und sie zu einem Mitglied der Graduate Faculty zu ernennen.[190] Sollte diese Willenserklärung bezüglich Bieber – er nannte sie kühn „promise" – „sufficiently definite to satisfy the anonymous donor" sein, könnte er versprechen, dass Fackenthal eine formal application über $ 2200 einreichen würde, „annually for two years (..) to complement the grant of Rockefeller Foundation and make her salary $4,000".[191]

Wie nicht anders zu erwarten, wurde auf der nächsten Sitzung des Executive Committee am 26. März die Erklärung von allen Mitgliedern als völlig unzureichend abgelehnt:

---

188 Brief Duggan, *EC*, an Dinsmoor, 17.2.1936: Brief nicht erhalten, jedoch ausdrücklicher Verweis darauf in Brief Whyte, *EC*, an Dinsmoor 10.3.1936 (NYPL, *EC*-Records 3.4).
189 Brief Whyte, *EC*, an Dinsmoor, 10.3.1936 (wie Anm. 188).
190 Universitätsintern war dieser Wechsel schon durch einen Antrag Dinsmoors beim Dean der Columbia Graduate Faculties, Howard Lee McBain, im Januar vorbereitet worden: „I respectfully request (....) that you take the necessary steps toward the appointment of Dr. Bieber as Visiting Professor in Fine Arts and Archaeology for the year 1936–37 under the Faculty of Philosophy." (Brief Dinsmoor an McBain, 29.1.1936, in Barnard Archives, Dean's Office/Departmental Correspondence 1935–36). Damit ignorierte Dinsmoor Gildersleeves Vorschlag, das ‚Visiting' fallenzulassen und Bieber zum ‚Associate' oder ‚Associate Professor' zu ernennen (Brief Gildersleeve an Dinsmoor, 31.1.1936, in Barnard Archives, Dean's Office/Departmental Correspondence 1935–36).
191 Brief Dinsmoor an Whyte, *EC*, 19.3.1936 (NYPL *EC*-Records 3.4).

> „The Committee considered the letter very carefully. There was a disposition on the part of all the members present to construe your plans for Professor Bieber as hardly acceptable to the anonymous donor, since the establishment of your proposed Research Institute is apparently still a conjectural matter. The Committee noted in your letter that at the present moment all that you could do for Professor Bieber would be ‚to transfer her to the Graduate Faculties of the University and to alter her title from Visiting Lecturer to Visiting Professor.'"[192]

Dinsmoor erhielt aber eine zweite Chance: da man an Biebers Status sehr interessiert sei und früheren Briefen Dinsmoors habe entnehmen können, dass ihre Festanstellung an der Columbia durchaus im Rahmen des Möglichen sei, solle er seinen Antrag entsprechend den Vorgaben des Sponsors abändern:

> „(...) the Committee is hoping that you may find a way to take care of her situation by suggesting a plan that will come closer to meeting the terms of the anonymous donor."[193]

Auf einem „lucheon meeting" mit Dinsmoor am 7. April versuchte Betty Drury noch einmal die Forderungen des Sponsors zu erklären:

> „The ‚anonymous donor' (...) made the condition that, if his money were accepted, Professor Bieber must be formally appointed to the university staff <u>at this time</u>, even though the University does not assume any part of her salary during the next two years."[194]

Doch Dinsmoor zeigte sich uneinsichtig und unbeweglich: auch nach einer Besprechung („interview") mit Secretary Fackenthal und Dean McBain könne er keine weiterreichenden Zusagen machen. Sollte der anonymous donor den „spirit" seines Briefes vom 19. März nicht akzeptieren und das *EC* sich nicht durchringen können zu glauben, „that I shall do everything in my power to retain her", müsse er ultimativ eine Art Vertrauensfrage stellen: „it appears that I shall have to look elsewhere for support." Ohne neue Fakten beigebracht zu haben, forderte er am 16. April Duggan und das *EC* auf den ablehnenden Bescheid zu revidieren.[195]

Mit zielsicherem Instinkt wandte er sich anschließend auch an die Person, die dem anonymous donor am nächsten stand, an Alfred E. Cohn, und schilderte ihm

---

192 Brief Whyte, *EC*, an Dinsmoor, 30.3.1936 (NYPL *EC*-Records 3.4); das Executive Committee folgte damit der Einschätzung Cohns, die er wenige Tage zuvor gegenüber Whyte geäußert hatte: „Good so far as it goes. But there is a ‚when and if' clause which is not exactly binding. I wonder what the other members will say." (Brief Cohn an Whyte, 25.3.1936, in NYPL *EC*-Records 3.4).
193 Brief Whyte, *EC*, an Dinsmoor, 30.3.1936 (wie Anm. 192).
194 *EC*-Memorandum from Drury to Whyte, 7.4.1936 (NYPL, *EC*-Records 3.4).
195 Brief Dinsmoor an Duggan, *EC*, 16.4.1936 (NYPL, *EC*-Records 3.4).

ausführlich seine Notlage („present emergency"): dabei behandelte er Cohn – wir wissen nicht ob aus Unkenntnis oder aus strategischen Gründen – wie eine vom *EC* unabhängige Instanz[196] und bat ihn persönlich (!) darum die Garantie für die Finanzierung von Biebers Gehalt für die nächsten zwei Jahre zu übernehmen, da die Universität zum gegenwärtigen Zeitpunkt nicht in der Lage sei, die „condition" der „possible source" des *EC* zu erfüllen. Es wäre ein Jammer, wenn man Bieber, die in den letzten zwei Jahren so große Anerkennung am Department gefunden habe und vor einer „brilliant future" stünde, nicht halten könnte, nur weil man für ihre Angelegenheiten institutionell keine Lösung fände:

> „It would seem a pity to leave her at loose ends when she has made such a good start and when, if we can regulate matters, she will undoubtedly have a brilliant future."[197]

Überraschenderweise führte die kompromisslose und gewagte Strategie Dinsmoors zum Erfolg: Cohns Sekretärin gab Dinsmoor zu verstehen, dass „Bieber's case under consideration" sei und auf der nächsten Sitzung des Executive Committees am 28. April verhandelt werden würde.[198] Goldman, dem die Briefe Dinsmoors natürlich umgehend zugestellt worden waren, diskutierte die Lage telephonisch mit Duggan[199] und nahm von seinen ursprünglichen Forderungen Abstand. Das Ergebnis der Beratungen übermittelte Bernard Flexner am 29. April:

> „1. Of course, both of us [J. Goldman, BF] recognize the eminence of Dr. Bieber. I regret that personally I am in no position to guarantee all or part of the balance of Dr. Bieber's salary for the next two years.
> 2. I have spoken to Dr. Julius Goldman and, in order to relieve the pressure upon you at this time as well as the pressure upon Dr. Bieber, Dr. Goldman is willing through The Emergency Committee (..) to provide $2200 for the academic year 1936–37."[200]

---

[196] „Knowing that you are interested both in the work of the Emergency Committee (...) and also in Dr. Margarete Bieber (...) I am asking if you can help us out (...)" (Brief Dinsmoor an Cohn, c/o Rockefeller Institute for Medical Research, 22.4.1936, in NYPL, *EC*-Records 3.4).
[197] Ebda.
[198] Kärtchen E. Craig an Drury, 24.4.1936 (angehängt an weitergeleiteten Brief Dinsmoor an Cohn, 22.4.1936 (NYPL, *EC*-Records 3.4).
[199] „Mr. Julius Goldman (...) telephoned. He said he had a letter from Prof. Dinsmoor. B[etty] D[rury] hopes that because Goldman gives so much money, you will be willing to talk to him." (Institute Office Memorandum from EC [E. Craig?] to Duggan, 23.4.1936, in NYPL, *EC*-Records 3.4).
[200] Brief Flexner an Dinsmoor, 29.4.1936, mit Kopien an das *EC* und an Goldman (NYPL, *EC*-Records 3.4). Cohn war mehrere Wochen nicht in New York, deshalb wurde Dinsmoors Schreiben wohl an Bernard Flexner weitergeleitet, der in seiner Antwort ausdrücklich auch auf die gewünschte Garantieerklärung einging. Cohn antwortete Dinsmoor erst am 14. Mai (siehe unten Anm. 204).

Abweichend von Dinsmoors Antrag und von der ersten Zusage des anonymous donor war in diesem Bescheid ausdrücklich nur von einer einjährigen Förderung (1936–37) die Rede: Während dieses Zeitraums sollte nicht nur der Wechsel Biebers in die Graduate Faculty vollzogen sein, sondern man erwartete auch eine unbefristete Anstellung:

> „I assume that during this period you will make the effort to have Dr. Bieber transferred to the Graduate Faculty of the University with the title of Visiting Professor. All of us hope that the provision this year will lead to a permanent place for Dr. Bieber in the University."

Erst jetzt reagierte die Columbia-Administration mit einer offiziellen Stellungnahme, die nicht nur im Wesentlichen Dinsmoors frühere Ausführungen bekräftigte, sondern in erstaunlicher Egozentrik das Bewilligungsschreiben des *EC* zugunsten der eigenen Bedarfslage um- bzw. fehlinterpretierte: an insgesamt fünf (!) Stellen nahm Fackenthal Bezug auf eine „two-year period", und machte die geplante Übernahme Biebers an die Columbia davon abhängig, dass das Stipendium ohne Vorbedingungen bewilligt werden würde. Columbias finanzielle Schieflage erlaubte keine unbefristeten Neuanstellungen, selbst nach Ablauf der Zweijahresfrist könnte die Universität eine Übernahme Biebers nicht garantieren:[201]

> „(...) Professor Dinsmoor has indicated that, in accepting gifts for a temporary position for Miss Bieber, we cannot make any commitment as to a permanent appointment two years hence. (...) As I understand the proposal, it is for a gift of $2,200 annually for two years, or such part thereof as may be necessary to complement the grant of the Rockefeller Foundation and make Miss Bieber's salary $4,000. If such a gift were made without the conditions provisionally suggested, Professor Dinsmoor would, I know, recommend the transfer of Miss Bieber from Barnard College to Columbia University with the title of Visiting Professor of Fine Arts and Archaeology for the two-year period 1936–38. At the end of that period, as I have indicated, her appointment, salary and title would all be reconsidered in the light of future developments."[202]

---

201 Fackenthals Schreiben war offenbar ganz im Vertrauen auf Dinsmoors Vorgaben formuliert. Verärgert musste er bei einer Überprüfung der Korrespondenz im Zusammenhang mit Biebers appointment für das Jahr 1937/38 feststellen, dass die Haltung des *EC* nicht mit der durch Dinsmoor suggerierten Auffassung übereinstimmte: „Our records are a little shaky in regard to Dr. Bieber's salary for 1937–38. Although in a letter dated May 2 last I discussed the matter with Dr. Duggan as for a two year period, 1936–1938, his reply deals only with 1936–37. About all we have is assurance from you that the gift for 1937–38 will be forthcoming. Are you sufficiently clear to have us proceed, or should we have confirmation from somewhere?" (Brief Fackenthal an Dinsmoor, 30.12.1936, in CU, RBML, Central Files 375.15, ‚Dinsmoor').
202 Brief Fackenthal an Duggan, *EC*, 2.5.1936 (NYPL, *EC*-Records 3.4).

Duggan stellte gegenüber Fackenthal umgehend klar, dass die Spende des anonymen donor nur für ein Jahr ausgezahlt werden würde und wies auf die Permanency-Klausel hin.[203] Wesentlich schärfere Worte fand Alfred Cohn für die Vagheiten und Unverbindlichkeiten der Columbia-Verantwortlichen. Die *EC*-Mitglieder seien zwar alle froh darüber, dass Biebers Position für ein weiteres Jahr durch die anonyme Spende Goldmans gesichert sei, doch diese Stipendien seien keine Dauereinrichtung. Besonders argwöhnisch reagierte er auf Dinsmoors Vision vom Research Institute und forderte eine kurzfristigere und realistischere Perspektive für Bieber:

> „Your proposal to make a permanent appointment in the case of Professor Bieber eventually envisages precisely the situation which the Emergency Committee would regard as most favorable for making grants, but you have made her appointment contingent upon the creation of your own Institute, and this in itself, provided, of course, the creation of the Institute were certain, would be satisfactory. Meanwhile, in the event that the Institute does not materialize, is it not desirable to look forward to some other method of providing for the future of Professor Bieber?"[204]

Dieser Brief war eine Reaktion auf Dinsmoors ultimatives Drängen nach einer schriftlichen Zusage über die Zahlung des *EC*-grants[205] und wurde im Entwurf von mehreren *EC*-Mitgliedern gegengelesen. Konsequenterweise war Goldmans Scheck über $ 2200, den Flexner am 18. Mai zu Duggan schickte, ausdrücklich mit folgender Klausel versehen:

> „Please take note that Dr. Goldman makes no commitment beyond the academic year 1936 – 37."[206]

Am 2. Juni 1936 wurde Bieber offiziell zum Visiting Professor mit einem Sitz in der Faculty of Philosophy der Columbia University ernannt,[207] musste aber ihre Verbindungen zu Barnard nicht aufgeben, denn Gildersleeve hatte dafür plädiert, dass sie auch ihre Mitgliedschaft in der Faculty of Barnard College behalten

---

203 Brief Duggan, *EC*, an Fackenthal, 13.5.1936 (NYPL, *EC*-Records 3.4).
204 Brief Cohn, *EC*, an Dinsmoor, 14.5.1936 (NYPL, *EC*-Records 3.4).
205 Dinsmoor rief am 13. Mai beim *EC* an mit der dringenden Bitte, bis zum nächsten Tag eine schriftliche Zusage über das *EC*-Stipendium an Fackenthal weiterzuleiten (*EC*-Memorandum ‚Urgent' 13.5.1936, in NYPL, *EC*-Records 3.4).
206 Brief Flexner an Duggan, 18.5.1936 (NYPL, *EC*-Records 3.4). Goldman hatte den Scheck am 14. Mai an Flexner geschickt: „I am greatly indebted to you for the trouble you have taken in this matter." (Brief Goldman an Flexner, 14.5.1936, in NYPL, *EC*-Records 3.4).
207 CUA, Faculty Appointment Records, Box 5 ‚Bieber'.

könnte.²⁰⁸ Im Gegenzug demonstrierte Bieber ihre Dankbarkeit gegenüber Gildersleeve und Barnard, indem sie bis zu ihrer Pensionierung jährlich einen Gratiskurs am College hielt (trotz der Widerstände von Gertrude Hirst) und über zwanzig Jahre die ‚Greek Games' betreute.²⁰⁹

Beförderung zum Associate Professor in Fine Arts and Archaeology – Columbias erstes Gehalt (1937/38)

Während der Vorbereitungen des Budgets für das Jahr 1937/38 zeichnete sich für Bieber eine glückliche Lösung ab: am Classics Department der Columbia waren infolge des retirement der Professoren McCrea und Young und durch den plötzlichen Tod von Charles Knapp drei Stellen neu zu besetzen. Das hierfür zuständige ‚Subcommittee on Greek and Latin' unter Vorsitz Virginia Gildersleeves zog als mögliche Nachfolger neben Bowra, Highet, Pasquali und Oldfather auch Margarete Bieber in Betracht. Sie sollte, so der Vorschlag des Althistorikers Westermann, das Department of Fine Arts verlassen und im Rang eines Associate Professors die Aufgaben Youngs übernehmen, der bisher am Department die klassische Archäologie vertreten hatte.²¹⁰ Dieser Vorstoß fand zwar keine Mehrheit,²¹¹ doch er bewog Dinsmoor letztlich dazu, Bieber an seinem Department ein verbessertes appointment zu organisieren. Nach Rücksprache mit Bieber, die ihm versicherte, am Department of Fine Arts bleiben zu wollen, plante er sie für das akademische Jahr 1937/38 als Associate Professor ein und arrangierte, dass die Universität Biebers Gehalt erstmals seit 1934 wenigstens teilweise aus eigenen

---

208 Mit der Regelung einer „double membership" setzte sich Gildersleeve gegen Dinsmoor durch, der Bieber organisatorisch vollständig in die Columbia Graduate Faculty transferieren wollte (Brief Dinsmoor an Fackenthal, 15.5.1936): „There is no difficulty about her belonging to two Faculties at once. Many other professors have this double membership." (Brief Gildersleeve an Dinsmoor, 18.5.1936, beide in Barnard Archives, Dean's Office/Departmental Correspondence 1935–36).
209 Bonfante 1981, 253 und sinngemäß Bieber im Kapitel „Columbia University" ihrer Autobiographie. Bieber gehörte dem „Greek Games Advisory Committee" an und war insbesondere für die Kostüme zuständig (Greek Games Advisory Committee p. 5, 25.4.1941, in Barnard Archives, Academic Departments, Physical Education Dept. B/Z, Greek Games 1940–41).
210 Bonfante 1981, 253: „Dinsmoor (...) promoted her only in answer to a rival offer, when Professor Westermann, the eminent papyrologist, suggested that she teach archaeology in the Department of Greek and Latin." (in diesem Sinne auch Bieber im Kapitel „Columbia University" ihrer Autobiographie).
211 „The Committee (...) believes that her appointment should probably in the Department of Fine Arts and Archaeology rather than in that of Greek and Latin." (Report Gildersleeve an Fackenthal, 29.10.1936, in CU, RBML, Central Files 326.7, ‚Gildersleeve').

Mitteln bestritt. Entsprechend euphorisch war die zweite Hälfte des Briefes formuliert, den Dinsmoor am 18. Dezember an Stephen Duggan richtete:

> „I am sure that you will be pleased to know that this effort on your part [Goldmans Spende] has not been fruitless, for the coming year 1937–38, namely, the sum of $2800. on the University account. This means that she will be made an Associate Professor on a regular appointment."[212]

Dennoch kam es in den folgenden Wochen zu heftigen Auseinandersetzungen, denn Dinsmoor ging bei seinen Planungen von Voraussetzungen aus, die das *EC* nicht ohne weiteres akzeptieren konnte: trotz mehrfacher Dementis vonseiten des *EC* in den Vormonaten rechnete er auch für das Jahr 1937–38 mit einem Zuschuss des anonymous donor in Höhe von $ 2200, was Biebers Jahresgehalt auf insgesamt $ 5000 erhöht hätte, eine Summe, die weit über der beim *EC* üblichen Einkommenshöchstgrenze von $ 4000 lag. Dinsmoor war sich bewusst, auf welch dünnem Eis er sich bewegte, denn die erste Hälfte seines Schreibens war in einer dezidiert formaljuristischen Diktion abgefasst:

> „In making budgetary preparations for the academic year 1937–38, I am assuming that the arrangement which we discussed last year, namely, that the ‚anonymous donor' would furnish the Emergency Committee, to be turned over to Columbia University in part payment of the salary of Visiting Professor Margarete Bieber, the sum of $2200, for each of the two years 1936–37 and 1937–38. This was also my understanding during conversations last summer with the ‚anonymous donor' himself."[213]

Zwei Punkte machten John Whyte, der den Brief sofort kommentiert an Bernard Flexner weiterleitete, skeptisch: (1) aus den jüngsten Akten ergebe sich eindeutig, dass Goldman sich nur auf ein Jahr habe verpflichten wollen, doch Dinsmoor berufe sich auf mündliche Absprachen; (2) das veranschlagte hohe Gehalt wäre

---

212 Brief Dinsmoor an Duggan, *EC*, 18.12.1936 (NYPL *EC*-Records 3.4): Whyte versprach Dinsmoor eine rasche Entscheidung: „We believe that the so-called ‚anonymous donor' has Prof. Bieber's case under consideration at the moment, and we expect to have some definite word about the matter shortly." (Brief Whyte, *EC*, an Dinsmoor, 22.12.1936, in NYPL, *EC*-Records 3.4).
213 Brief Dinsmoor an Duggan, *EC*, 18.12.1936 (wie Anm. 212); auch die entschieden zuversichtliche Schlussbemerkung verrät Dinsmoors Unsicherheit: „I cannot imagine that there is any obstacle to this arrangement on either side, but I should be glad to have word from you confirming this arrangement from your end."

wahrscheinlich für einen festangestellten Associate Professor angemessen, würde aber das *EC* vor ein formales Problem stellen.[214]

Dinsmoor scheint die mündlichen Gespräche mit Goldman ähnlich falsch bzw. zu seinen Gunsten missverstanden zu haben wie die Korrespondenz: jedenfalls rückte Flexner nach Rücksprache mit Goldman die Verhältnisse wieder zurecht:

> „Mr. Flexner said that he felt that Professor Dinsmoor was not justified in believing that Mr. Goldman would contribute $2200 again next year for Dr. Bieber."[215]

Er machte den Vorschlag, Dinsmoor zunächst ohne nähere Auskünfte und Prognosen warten zu lassen, und stellte intern einen Plan vor, wie sich die Situation für beide Seiten lösen lasse:

> „Said he thought the best thing to do was to write Dinsmoor (not mentioning Flexner's name) that the anonymous donor had the matter under consideration at the moment, and that we expect to have something to say (or that Goldman will have something to say) shortly.
> Mr. Flexner said that he thought it was possible that Mr. Goldman would put up $1200, so that with the $2800 that Columbia could put up, Dr. Bieber would have $4000. Said not to tell that to Dinsmoor, however."[216]

Für den Fall, dass der anonymous donor 1937–38 keinen weiteren Zuschuss gewähren würde, erkundigte sich Whyte im Vorfeld der Sitzung des Executive Committee am 20. Januar 1937 bei Flexner, ob das *EC* prinzipiell bereit wäre die Förderung Biebers zu übernehmen.[217] Flexner, der persönlich an dem Meeting nicht teilnehmen konnte, ließ dort am 20. Januar durch Whyte seinen Alternativ-Vorschlag vorstellen, Bieber durch einen *EC*-grant in Höhe von $ 700 zu unterstützen, was zusammen mit dem Anteil der Universität ein Jahresgehalt von nur $ 3500 ergeben hätte, deutlich niedriger als die von Dinsmoor veranschlagten $ 5000. Dunn hielt dies für problematisch und gab zu bedenken, dass man möglicherweise Biebers permanent appointment als Associate Professor gefährden würde, wenn man das hierfür übliche Mindesteinkommen so stark unterschreiten würde. Nach kurzer Diskussion wurde die Entscheidung vertagt und Dunn be-

---

214 Brief Whyte, *EC*, an Flexner, 19.12.1936 (NYPL, *EC*-Records 3.4). Auf dieses Schreiben sollte Flexner wochenlang nicht reagieren (*EC*-Memorandum Whyte an Duggan, 21.1.1937, in NYPL, *EC*-Records 3.5).
215 *EC*-Memorandum Drury to Whyte, 21.12.1936 (NYPL, *EC*-Records 3.4).
216 *EC*-Memorandum Drury to Whyte, 21.12.1936 (wie Anm. 215).
217 Brief Whyte an Flexner, 18.1.1937 (NYPL, *EC*-Records 3.5).

auftragt zu klären, ob $ 5000 tatsächlich das „absolute minimum salary for an Associate Professor" wäre. In diesem Fall müsste das *EC* möglicherweise doch einen höheren grant beschließen als für die Höchstgrenze von $ 4000 erforderlich wäre, „to protect the best interests of Miss Bieber".[218]

Als Flexner von diesen Diskussionen durch Cohn informiert worden war, geriet er außer sich: „It is evident that Mr. Flexner is emotionally very much aroused over the whole matter."[219] Er beschwerte sich bei Drury telephonisch über die vermeintliche Fehlentscheidung des Executive Committees, die gegen alle bisherigen Regeln des *EC* verstoße, und forderte eine Sondersitzung, da nicht nur er, sondern auch der Treasurer Stein am Meeting nicht hätten teilnehmen können:

> „With reference to the Committee's action, Mr. Flexner said the following things: That it was a flagrant departure from the Committee's rules, and that he could not countenance it. Said he felt it violated the policies which he had enunciated in public and private conversations. Said in effect that this action constituted a discourtesy to two members of the Committee – Mr. Stein and himself – who were not present at the meeting. Alluded to his own frequent fund-raising activities in the Committee's behalf. Stated that he had occasion to know that Miss Bieber would have been happy to accept $3500."[220]

Duggan, der mit Whyte am 22. Januar Flexners Wutanfall diskutierte, lehnte eine Sondersitzung kategorisch ab. Stattdessen verfasste Whyte zusammen mit Duggan und Drury ein „official transcript for Flexner"[221] über den tatsächlichen Verlauf des Meetings („background"): Cohns Bericht habe die Vorgänge nicht adäquat wiedergegeben, da er infolge seiner starken Verspätung die Diskussion nicht als Ganzes habe mitverfolgen können; Flexners Vorschlag bezüglich eines $ 700 grant sei ausführlichst debattiert worden, mit dem Recherche-Auftrag an Dunn habe man nur nicht fahrlässig Biebers Chancen auf eine unbefristete Anstellung in einem höheren Rang gefährden wollen. Doch damit sei – entgegen Flexners Befürchtungen – noch keine Entscheidung getroffen worden:

---

218 *EC*-Memorandum Whyte to Duggan, 21.1.1937 (wie Anm. 214).
219 Ebda.
220 *EC*-Memorandum Drury to Duggan, 21.1.1937: Dunn erhielt sofort die Anweisung, an der Columbia keinerlei Schritte im Zusammenhang mit Bieber zu unternehmen, insbesondere nicht mit Dinsmoor.
221 Hierfür rechtfertigte sich Whyte gegenüber Cohn mit der Begründung, dass dieser mit seinen Äußerungen gegenüber Flexner ein heilloses Durcheinander angerichtet hätte: „I don't know that you did ‚muddle' the Bieber affair." (Brief Whyte an Cohn, 1.2.1937, in NYPL, *EC*-Records 3.5).

„However, – and this is important – the Committee made no motion on that point, merely suspending action until it could have further information on what seemed to it a crucial aspect of the case. (...) nothing that the Committee has done is irrevocable."[222]

Diese Auskünfte beruhigten Flexner: „Said he had gotten a somewhat different idea of the Committee's action from what Dr. Cohn had said." Ihm lag vor allem daran, dass weder das *EC* noch Dunn an Dinsmoor bisher irgendwelche Zugeständnisse gemacht hatten.[223] Inzwischen hatte Betty Drury alle Stipendienentscheidungen des *EC* überprüft und festgestellt, dass bisher in nur einem Fall ein höheres Gesamteinkommen als $ 4000 akzeptiert worden sei: auf Antrag des Präsidenten des Swarthmore College habe der Hamburger Historiker Richard G. Salomon[224] in seinem ersten Jahr ein Jahresgehalt von insgesamt $ 5000 bewilligt bekommen, das aus insgesamt drei Quellen stammte, $ 2000 „partial salary" von Aydelotte für Unterrichtstätigkeit in Swarthmore und Bryn Mawr, $ 1000 von der University of Pennsylvania und ein *EC*-grant in Höhe von $ 2000.[225]

Sechs Wochen nach seinem Antrag wurde Dinsmoor, der seither vom *EC* keine Nachricht mehr erhalten hatte, allmählich nervös und erkundigte sich am 1. Februar 1937 telephonisch bei Whyte nach dem Status der application. Er würde vonseiten der Universität unter Druck gesetzt, Biebers Fall abzuschließen, denn die Haushaltplanungen für das kommende Jahr stünden kurz vor dem Abschluss. Im Verlauf des sehr offen geführten Gespräches entwickelte Whyte Verständnis für die Positionen Dinsmoors: Biebers derzeitiges Gehalt als Visiting Assistant Professor belaufe sich bereits auf $ 4000; das Mindestgehalt eines Associate Professor an der Columbia betrage $ 5000; mit der Beförderung Biebers zum Associate Professor sei es ihm, Dinsmoor, gelungen ihr „a permanent position and security of tenure" in Aussicht zu stellen; deshalb wolle er keinesfalls Bieber im Rang oder im Gehalt zurückstufen.[226]

---

222 Brief Whyte an B. Flexner, 23.1.1937 (NYPL, *EC*-Records 3.5). Um weitere Missverständnisse in der Kommunikation zu vermeiden, las Duggan Whytes Entwurf gegen, bevor er zur Post ging: „I have asked Dr. Duggan to read this letter before I send it to see if our memories check on it. (ebda., S. 2). Duggan vermerkte mit Bleistift auf dem dem Brief beigelegten Memorandum ebenso zustimmend wie kritisch: „My memory is as yours. The only objection is the mild character of your letter." (*EC*-Memorandum from Whyte to Duggan, 23.1.1937, in NYPL, *EC*-Records 3.5).
223 *EC*-Memorandum Drury to Whyte, 26.1.1937 (NYPL, *EC*-Records 3.5).
224 Zu Richard Salomon siehe Nicolaysen 2003.
225 Brief Drury an Flexner, 26.1.1937 (NYPL, *EC*-Records 3.5): Drurys Recherche der *EC*-Minutes ergab weiterhin, dass es lediglich drei solcher Fälle bisher gegeben hatte: die Anträge Richard Goldschmidts und Kasimir Fajans wären klar abgelehnt worden.
226 *EC*-Memorandum Whyte to the Members of the Executive Committee, 1.2.1937 (NYPL, *EC*-Records 3.5).

Ein Gedächtnisprotokoll dieses Telephonates schickte Whyte exklusiv an Duggan und Flexner, offensichtlich mit der Intention, die „Bieber affair" zu einem raschen und guten Ende zu führen: Flexner gegenüber betonte er die Dringlichkeit der Angelegenheit,[227] Duggan gab er den strategischen Rat, die Argumente des Memorandums gegenüber anderen Committee-Mitgliedern als seine eigenen auszugeben:

> „It seems to me important that if you use any of the arguments I have advanced in this memorandum, you use them as coming from yourself and not as coming from me."[228]

Zwei Wochen später konnte dem Executive Committee ein Kompromissvorschlag Flexners zur Abstimmung vorgelegt werden, der die Interessen der Universität, des *EC* und des anonymous donor gleichermaßen berücksichtigte. Angesichts des Zeitdrucks wollte Whyte nicht die nächste reguläre Sitzung abwarten, sondern bat die Mitglieder um eine vorgezogene ‚mail vote' über folgenden Antrag:

> „If Professor Bieber has been made Associate Professor and has been added to the permanent staff of Columbia University, or will be made Associate Professor and will be added to the permanent staff as of the calendar year beginning September, 1937, the Committee will appropriate $1200 to be added to the $2800 which Columbia is budgeting for her for 1937–38, and Mr. Flexner will produce the remaining $1000 of the contemplated $ 5000 salary on demand."[229]

Bereits am 23. Februar wurde Dinsmoor der Bewilligungsbescheid über einen Zuschuss von insgesamt $ 2200 zugestellt, der an drei Bedingungen geknüpft war:

> „The Committee has voted this amount with the understanding that Professor Bieber will be made an Associate Professor and be on regular appointment as of 1937–1938, and that Columbia University will carry her entire salary at the expiration of our grant of $1200 and the outside donation of $1000."[230]

Bei aller Freude über die günstige Entscheidung blieb doch ein gewisses Misstrauen bestehen: so wurde Dinsmoor aufgefordert, „this arrangement (...) for the sake of the record" ausdrücklich zu bestätigen. Auch Goldman verlangte Sicher-

---

227 Brief Whyte an Flexner, 2.2.1937 (NYPL, EC-Records 3.5).
228 Brief Whyte an Duggan, 2.2.1937 (NYPL, *EC*-Records 3.5).
229 *EC*-Memorandum Whyte to the Members of the Executive Committee, 17.2.1937 (NYPL, *EC*-Records 3.5). Drei Ja-Stimmen von Mitgliedern des Executive Committee sind in den Akten erhalten (Brief Cohn, New York, an Whyte, 19.2.1937; Postkarte [hs.] Dunn, New York, an Whyte, 20.2.1937; Brief Farrand, Ithaca, NY, 22.2.1937, alle in NYPL, *EC*-Records 3.5).
230 Brief Whyte, *EC*, an Dinsmoor, 23.2.1937 (NYPL, *EC*-Records 3.5).

heiten: nur wenn Dinsmoor die Bedingungen schriftlich akzeptiert hätte, dürfte sein Scheck, den er durch Flexner am 5. März beim *EC* hatte hinterlegen lassen, zur Auszahlung kommen.[231] Umso größer war die Unruhe im Komitee, als bis zum 10. März von Dinsmoor keinerlei Reaktion eingegangen war: besorgt mahnte Drury im Namen Duggans eine schriftliche Stellungnahme an:

> „As it is now over two weeks since the foregoing letter [i.e. Bewilligungsbescheid] was written, I am growing a little apprehensive and am wondering whether any snags have arisen in Miss Bieber's case to delay your acknowledgment. I shall be glad to hear further from you about the matter. May I also take this opportunity to add one point which I inadvertently left out when I wrote our letter of grant? I should have said (…) that not only our grant, but that contributed from sources outside the Committee as well, is made with the distinct understanding that it shall be a <u>one-time grant only</u>."[232]

Doch glücklicherweise kam es zu keinen neuen Komplikationen: Dinsmoors Schweigen wäre nur administrativen Ursachen geschuldet gewesen, wie er in seinem Bestätigungsschreiben vom 17. März versicherte: die Columbia Trustees würden die appointments für das nächste Jahr erst auf einem ihrer letzten Meetings verabschieden, entweder am 10. April oder am 3. Mai 1937. Doch dabei würde es sich um eine reine Formalität handeln. In der Zwischenzeit würde er dem *EC* für den grant und die donation danken und alle Bedingungen akzeptieren.[233]

Für Bieber und ihre Familie endete damit eine insgesamt vierjährige Periode existentieller Sorgen und beruflicher Unsicherheit. Überschwänglich dankte sie am 6. April 1937 dem Komitee und dem „unknown donor" für die geleistete Unterstützung und versprach, sie würde für ihr neues Heimatland ihr Bestes geben:

> „Dear Professor Whyte, I want to tell you that to-day I got an appointment as an Associate Professor in Columbia University with a seat in the Faculty of Philosophy and in the Faculty of Barnard College for one year from July 1, 1937, or during the pleasure of the Trustees. I wish to thank you, the other members of the Committee and the unknown donor with all my heart for having collaborated in getting me this fine position in this distinguished

---

231 Cross Reference (‚Excerpts from correspondence') Flexner an Duggan, 5.3.1937 (NYPL, *EC*-Records 3.5): aufgrund der Erfahrungen des letzten Jahres legte Goldman größten Wert darauf, dass seine Spende als „one term grant only" begriffen wurde. Drury versicherte Flexner, dass der Scheck im Safe verwahrt bleiben würde: „Miss Lisowski understands that nothing is to be done with it until Professor Dinsmoor's letter is received." (Brief Drury an Flexner, 6.3.1937, in NYPL, *EC*-Records 3.5).
232 Brief Duggan (bzw. Drury), *EC*, an Dinsmoor, 10.3.1937 (NYPL, *EC*-Records 3.5): Bezüglich der Wortwahl ließ sich Drury den Brief von Whyte ‚absegnen'; „Is it all right for Dr. Duggan's signature? Too sententious? If all right, may I send Flexner a copy, since the rider was his idea?" (maschr. Notiz, angeheftet am linken oberen Rand des Durchschlags, hs. bestätigt: „O.K. J.W.").
233 Brief Dinsmoor an Duggan, *EC*, 17.3.1937 (NYPL, *EC*-Records 3.5).

University. I shall always try to do my best for my new country in order to show how grateful I am."²³⁴

Zwei Jahre später fand sie Gelegenheit diese Dankbarkeit öffentlich zu demonstrieren, als sie ihre monumentale Studie *The History of the Greek and Roman Theatre* (Princeton 1939), dem Barnard College und seinem Dean Virgina Gildersleeve widmete:

„To Barnard College and its eminent Dean Virginia C. Gildersleeve in gratitude."²³⁵

Dies war nicht ihre erste Publikation in englischer Sprache: nach ihrer Entlassung in Gießen konnten zwar noch einige von Biebers Schriften in deutschen Verlagen erscheinen, wie zum Beispiel die Monographie *Entwicklungsgeschichte der griechischen Tracht von der vorgriechischen Zeit bis zur römischen Kaiserzeit* bei den Gebrüdern Mann in Berlin (1934), der Aufsatz „Venus Genetrix des Arkesilaos" in der Römischen Abteilung der *Mitteilungen des Deutschen Archäologischen Instituts* (1933) oder Artikel in Thieme-Beckers *Allgemeinem Lexikon der Bildenden Künstler von der Antike bis zur Gegenwart* (1933, 1937 und 1938), doch seit 1936 war sie dazu übergegangen, ausschließlich auf Englisch zu publizieren.²³⁶ Im November 1937 druckte der *Review of Religion* (Vol. II, No. 1) ihren Aufsatz „The Mystery Frescoes in the Mystery Villa of Pompeii", eine verkürzte Überschreibung des im *Jahrbuch des Deutschen Archäologischen Instituts* 1928 (Bd. 43) erschienenen Beitrags „Der

---

234 Brief Bieber an Whyte, *EC*, 6.4.1937 (NYPL, *EC*-Records 3.5): auf ihrer Appointment Card ist der 5.4.1937 vermerkt: die Ernennung zum Associate Professor war zunächst wieder auf ein Jahr beschränkt, erst durch das Reappointment am 4. April 1938 wurde ihre Anstellung zu einer unbefristeten. (CUA Faculty Appointment Records, Box 5 ‚Bieber'). Eine ähnliche Formulierung verwendete Bieber schon in ihrem offiziellen Dankesbrief vom 4. April 1935 (siehe Anm. 163), eine mehr informelle, private Variante für Whyte und Duggan findet sich in einem Anschreiben vom 12. Oktober 1937: „I shall always be delighted to do what you and Professor Duggan wish me to, considering the fact that you have done so much for me." (Brief Bieber an Whyte, *EC*, 12.10.1937, in NYPL, *EC*-Records 3.5).
235 Bieber 1939, V; Kopie der Widmung, Einleitung und des Titelblattes in Barnard Archives, Dean's Office, Departmental Correspondence). Dieses Ereignis ging sogar durch die Presse: am 23. April 1939 meldete die *New York Times* in ihrer Sonntagsausgabe: „New Bieber Volume: Professor Dedicates First Book in English to Barnard." (Ausschnitt *NYT*, 23.4.1939, Institute Office Memorandum, in NYPL, *EC*-Records 3.5).
236 In ihrer Antwort auf eine Anfrage des *EC* vom 11. Oktober 1937 bezüglich „biographical notes about displaced German Scholars" und eines „statements of your chief contribution in your field" für das Magazin *The New Republic* verwies Bieber stolz auf ihre jüngsten Artikel mit der Bemerkung „you see (...) that I have conclusively turned to publishing in English." (Briefe Whyte an Bieber, 11.10.1937, und Bieber an Whyte, 12.10.1937, beide in NYPL, *EC*-Records 3.5).

Mysteriensaal der Villa Item", 1942 publizierte die Columbia University Press ihre in den USA so populären Vorträge zur Rezeption der Laokoon-Gruppe im 18. Jahrhundert durch Winckelmann, Lessing und Goethe unter dem Titel *Laocoon: The Influence of the Group Since Its Rediscovery*.

Dr. Bieber als Helferin – Die Unterstützung der Kollegen (1936–1945/1946–1947)

Noch bevor ihre Stellung an der Columbia abgesichert war, versuchte Margarete Bieber schon ihren Einfluss und ihre Verbindungen geltend zu machen, Kollegen und Bekannten bei der Emigration oder Stellungssuche in den USA behilflich zu sein. Im Frühjahr 1937 setzte sie sich bei Gildersleeve erfolgreich dafür ein, dass Kurt von Fritz, den sie im Dezember 1936 in Chicago im Rahmen der *APA/AIA* Jahrestagung kennengelernt hatte, vom Search Committee bei der Ausschreibung für die offenen Stellen an Columbias Department of Greek and Latin in die engere Wahl gezogen und im April 1937 zum Visiting Associate Professor berufen wurde.[237] Im Herbst des gleichen Jahres, als ihr Freund Erwin Panofsky, der während des Ersten Weltkrieges in Berlin in ihrem privaten Kolloquium zusammen mit Dora Mosse und Elisabeth Jastrow ihr ‚Schüler' war,[238] sie von der Entlassung Ernst Kapps in Hamburg informierte und sie „um Rat, wenn nicht sogar um Hilfe" bat, beriet sie sich ausführlich mit Kurt von Fritz in New York und veranlasste diesen, persönlich beim *Emergency Committee* vorzusprechen und Kapps Fall zu vertreten.[239]

Ihr großes Interesse am Schicksal anderer Refugee Scholars lässt sich auch daran ersehen, dass sie regelmäßig die Liste der *Notgemeinschaft deutscher Wissenschaftler im Ausland* studierte:[240] am 17. April 1938 mahnte sie bei Betty Drury ein aktuelles Supplement dieser Liste an, das sie schon Ende 1937 bestellt hätte.[241] So stieß sie auf Otto Brendel, bis zu seiner Entlassung 1935 Ludwig

---

237 Ausführlich hierzu im Kapitel v. Fritz, S. 295 und 298 f.
238 Bonfante 1981, 248, und Bonfante, Recke 2004, 6.
239 Brief Panofsky an Bieber, 15.9.1937 (siehe Kapitel v.Fritz, S. 315–318).
240 Die berühmte *List of Displaced German Scholars* (London 1936) wurde von der *Notgemeinschaft deutscher Wissenschaftler im Ausland*, die zum 1. Januar 1936 von Zürich nach London umgezogen war und eng mit dem *AAC* zusammenarbeitete (Feichtinger 2001, 103), erstellt und an alle Komitees und Interessierte zum internen Gebrauch verschickt.
241 „On December 20, 1937, you yold [sic!] me that you would forward to me within a short time a copy of the Notgemeinschaft Supplement. I have not received it and would be thankful if I could get it." (Brief Bieber an Drury, 17.4.1938 (NYPL, *EC*-Records 3.5). Die Liste hätte, so Drury in ihrer Antwort, wegen einer Verzögerung im Druck bisher nicht zugestellt werden können (Brief Drury an Bieber, 18.4.1938, in NYPL, *EC*-Records 3.5). Das Titelblatt der gemeinsam vom

Curtius' Erster Sekretär am *Deutschen Archäologischen Institut* in Rom, der für das Jahr 1936/37 als Research Fellow an die Durham University in Newcastle on Tyne eingeladen war und nun von Berlin aus seine Emigration nach Amerika zu organisieren suchte.[242] Er hatte ihr 1934 einen Brief nach New York geschrieben, in dem er ihr zu ihrem „Venus Genetrix"-Aufsatz gratulierte. Nach Rücksprache mit Dinsmoor, der seit 1936 Präsident des *Archaeological Institute of America* war, lud sie Brendel zu einem Vortrag ein, mit dem er sich auf dem „40th Grand Meeting of the AIA" Ende Dezember 1938 in Providence der amerikanischen Fachwelt vorstellen sollte, und machte ihm den Vorschlag beim *Emergency Committee* eine finanzielle Beihilfe für die Reise in die USA zu beantragen.[243] Dies schlug zwar fehl, da das *EC* aus Prinzip keine Vortragsreisen bezuschusste, doch Brendel reiste tatsächlich mit einem visitor's visa an und hielt einen Parade-Vortrag, den er in den Folgemonaten auch am Vassar College und in Yale präsentierte (und der ihm letztlich seine erste Anstellung an der Washington University in St. Louis eintrug): „The Great Augustus Cameo at Vienna".[244] Brendel befand sich in bester Gesellschaft, denn außer ihm sprachen auch die emigrierten Kollegen Karl Lehmann-Hartleben, sein ehemaliger Heidelberger Lehrer (NYU, „Excavations in Samothrace in 1938"), Anton Raubitschek (*IAS* Princeton, „Two Monuments Erected After the Battle of Marathon"), Georg M. A. Hanfmann (Harvard, „The Seasons in Greek and Roman Art") und Elisabeth Jastrow.[245] Zeitgleich tagten in Providence auch die klassischen Philologen von der *American Philological Association*, wo Ernst Kapp unter der Obhut von Kurt von Fritz seinen ersten Vortrag vor amerikanischem Publikum hielt.[246]

In ihrer Eigenschaft als ehemalige Stipendiatin der *Association of American University Women* unterstützte sie einen Antrag Melitta Gerhards, die als erste Frau in Deutschland Privatdozentin für deutsche Literatur war, mit einem kurzen Gutachten gegenüber Gildersleeve: „You might be interested to hear, that she was

---

Emergency Committee und der *Notgemeinschaft* herausgegebenen *Supplementary List of Displaced German Scholars* (London) trägt das Druckdatum „Autumn 1937".
242 Siehe Kapitel Brendel, S. 198 f.
243 Institute Office Memorandum Dr. Fisher to Miss Drury, 8.9.1938 (NYPL, *EC*-Records 3.5).
244 Summary in „Fortieth General Meeting of the Archaeological Institute of America" in *AJA* 43 (1939), 307–308.
245 *AJA* 43 (1939), 302 und 309; Jastrows Anmeldung kam zu spät, als dass ihr Vortrag noch ins offizielle *AJA*-Programm hätte aufgenommen werden können: sie war erst Mitte Oktober in die USA immigriert und reiste direkt von Toronto an, wo sie im Royal Ontario Museum of Archaeology zum Thema „The Consequences of Casting and Copying Terracotta Sculpture in Greece and Italy" gesprochen hatte (siehe Kapitel Jastrow, S. 170 f.).
246 Siehe Kapitel Kapp, S. 321 f.

considered one of the outstanding scholars in German literature in Germany."[247] Gildersleeve sah wenig Erfolgsaussichten, da der Emergency Fund der *International Federation of University Women* sehr begrenzt sei: „(...) what Dr. Gerhard really needs is a position."[248]

Interessanterweise war Bieber nicht in die Emigration Elisabeth Jastrows involviert,[249] die sie – wie Panofsky – noch aus der Berliner Zeit während des Ersten Weltkrieges gut kannte. Die Korrespondenz der beiden Frauen und Biebers tatkräftige Unterstützung setzten erst im November 1938 ein, nach Jastrows Ankunft in New York. Bieber vermittelte ihr Kontakte[250] und Einladungen zu bezahlten Vorträgen[251] und verschaffte ihr für den Sommer 1944 eine part time-Beschäftigung am Barnard College.[252] Als Jastrow beim *AIA* ein Abstract für einen Vortrag bei der 43. Jahrestagung in Hartford im Dezember 1941 einreichte, war sie unter anderem deshalb erfolgreich, weil Bieber beim Präsidenten des *AIA* persönlich intervenierte:

> „Wegen Ihres Vortrages habe ich gleich mit Dinsmoor gesprochen, und Sie haben wohl inzwischen gehoert, dass er angenommen ist. Ich habe wirklich etwas dazu getan, denn ich habe meinen eigenen, von D[insmoor] gewuenschten, von mir eigentlich nicht geplanten Vortrag von der Annahme ihres Vortrages abhaengig gemacht. Wir werden uns also in Hartford sehen."[253]

---

247 Brief Bieber an Gildersleeve, 20.5.1938 (Barnard Archives, Dean's Office, Departmental correspondence 1936–37, Box 3, Folder 30–34): Gerhard hatte sich 1927 in Kiel habilitiert und war 1937 endgültig in die USA emigriert, nachdem sie bereits 1934/35 mit Unterstützung des *EC* am Wellesley College unterrrichtet hatte (NYPL, EC-Records, 11.11–12, Uhlig 1991, 26 und www.uni-kiel.de/ns-zeit/bios/gerhard-melitta.shtml.).
248 Brief Gildersleeve an Bieber, 24.5.1938 (Barnard Archives, Dean's Office, Departmental correspondence 1936–37, Box 3, Folder 30–34): Tatsächlich gelang es, Gerhard im Herbst 1938 an das Rockford College in Illinois zu vermitteln.
249 Jastrow hatte Bieber auch nicht um Empfehlungsschreiben für ihre Stipendiumsanträge bei der *AAUW* gebeten, obwohl ihre Gutachter zum Teil dieselben waren, die zuvor Bieber unterstützt hatten (Richter, Goldman, Swindler, Rodenwaldt, Curtius).
250 Unter anderem zu der Malerin Frida Kahlo, die sich erbot, Jastrow in Mexiko bei der Umwandlung ihres befristeten visitor's visa in ein unbefristetes non-quota visa behilflich zu sein (Brief Bieber an Jastrow, 2.11.1938, in Getty Research Institute, Jastrow papers 1.42); s. Kapitel Jastrow, S. 172.
251 Brief Bieber an Jastrow, 15.2.1939 (Vortrag am Mount Holyoke College); s. Kapitel Jastrow, S. 174.
252 Brief Bieber an Jastrow, 16.3.1944. Biebers Versuch Jastrow „als Secretary for the Institute of [sic!] Advanced Study in Princeton, zugleich Assistentin von Meritt" zu empfehlen (als Nachfolgerin Raubitscheks), führte nicht zum gewünschten Erfolg (Brief Bieber an Jastrow, 6.11.1943, in GRI, Jastrow papers 1.42).
253 Brief Bieber an Jastrow, 1.11.1941 (GRI, Jastrow papers 1.42). Jastrow diskutierte in ihrem Vortrag „The Great Goddess of Nature in Funeral Art of Magna Graecia" zwei *arulae* aus der Sammlung des Vassar College und des Museums of the University of Pennsylvania (Summary in

Noch bemerkenswerter als ihre Solidarität gegenüber ihren Kollegen im Exil war die Unterstützung, die sie nach der Beendigung des Zweiten Weltkrieges Freunden und ehemaligen Studenten sowie Kollegen im zerstörten Deutschland zuteil werden ließ. Obwohl sie immer noch das gleiche beschämend niedrige Gehalt als „beginner" Associate Professsor bezog, investierte sie über Jahre hohe Geldsummen in hunderte von CARE-Paketen, die die zusätzlichen Einkünfte überstiegen, die sie im Rahmen der Sommerkurse verdiente.[254] Großzügiger als manch anderer Emigrant war sie im Rahmen der Entnazifizierung auch bei der Ausstellung von sog. „Persilscheinen",[255] um die sie des Öfteren gebeten wurde, nicht jedoch im Falle Fritz Taegers, dem sie seine nationalsozialistisch gefärbte Antrittsvorlesung ebensowenig verzieh wie den nordisch-völkischen Ton seines Hauptwerkes *Das Altertum: Geschichte und Gestalt*.[256] Auch Martin Schede, der ihr in seiner Funktion als Direktor des *DAI* am 30. November 1938 einen Fragebogen zugesandt hatte, der in Zusammenhang mit dem Reichsbürgergesetzes dafür konzipiert war Juden die Mitgliedschaft abzuerkennen, verweigerte sie ein Entlastungsschreiben.[257]

„Forty-Third General Meeting of the Archaeological Institute of America" in *AJA* 46/1942, 119), Bieber sprach über „Excavations in American Museums" (Summary in *AJA* 46/1942, 125): siehe Kapitel Jastrow S. 184–186.

254 Aus der Korrespondenz mit Elisabeth Jastrow ist bezeugt, dass Bieber die Einnahmen des Sommerkurses 1946 und den Erlös aus dem Verkauf ihres ‚Bestsellers' *German Readings in the History and Theory of Fine Arts* (New York 1946) vollständig für CARE-Pakete verwendete (Briefe Bieber an Jastrow, 12.2.1947 und 9.4.1947, GRI, Jastrow papers 1.42). Über Monate, so Bieber in ihrer Autobiographie, hätten sie und Kati Freitag jeden Abend zwei Stunden mit dem Packen der Pakete verbracht. Calder gegenüber erwähnte sie, dass sie Pakete auch an Kollegen schickte, die sie denunziert oder während der Nazi-Zeit den Kontakt zu ihr abgebrochen hatten. (Calder 1992a, 168).

255 So setzte sie sich bei der amerikanischen Militärregierung in Bayern für ihren „Mentor an der Universität in Gießen" (Recke 2007, 221), den klassischen Philologen Rudolf Herzog, ein, dem wegen seiner frühen NSDAP-Mitgliedschaft die Pension aberkannt worden war. Biebers Gießener Ex-Kollege Fritz Heichelheim verweigerte einen derartigen Schritt.

256 Bonfante 1981, 255 und Bieber im Kapitel „World War II" ihrer Autobiographie. Christs Urteil über Taeger fällt deutlich milder aus, dieser hätte als Dekan in Gießen und Marburg „in einer korrekten Amtsführung entschieden die Unabhängigkeit der akademischen Institutionen gegenüber allen Einflüssen von Parteistellen" vertreten, „nicht zuletzt in seinem Eintreten [sic!] für eine eigenständige Personalpolitik und für jüdische Kollegen." (Christ 2006, 81).

257 Hinterberger 1996, 144 und Bonfante/Recke 2004, 15. Schedes Entnazifizierungsakte, so Recke 2000, 85, Anm. 316, enthalte Hinweise, wonach Schede sich intern erfolgreich dafür eingesetzt hätte, dass Bieber als *DAI*-Mitglied nicht gestrichen wurde. Diese Version scheint eine geschönte Klitterung zu sein: sie steht in Widerspruch zur überlieferten Korrespondenz zwischen Ministerium und dem *DAI*, aus der klar hervorgeht, dass Schede „eigenständig" entschied, Bieber „auszuschließen", obwohl es bei ihr aufgrund „ihre[r] Position im Ausland und ihre[r]

1.5 ‚How to make out a living'? Erzwungenes Retirement und Über-Lebenskunst (seit 1948)

Auch wenn Dinsmoor sein Versprechen gegenüber dem *Emergency Committee* gehalten und bei den Trustees durchgesetzt hatte, dass Margarete Bieber mit Wirkung zum 1. Juli 1938 auf tenure-Basis zum Associate Professor an der Columbia ernannt und ihr Gehalt zu hundert Prozent von der Universität übernommen wurde, gehört es doch zu den wenig rühmlichen Kapiteln in der Geschichte des Department of Fine Arts and Archaeology, dass er zehn Jahre lang weder ihr Gehalt erhöhte noch sie zum Full Professor beförderte. Damit ignorierte er nicht nur ihren außerordentlichen Lehrerfolg, sondern vor allem ihr herausragendes Arbeitsethos, das auf zwei Säulen gründete: schon in ihrer Zeit in Gießen hatte sie das Prinzip ihres akademischen Lehrers Loeschcke praktiziert, jeden Studenten nach seinen Fähigkeiten und Neigungen individuell zu förden, eine pädagogische Haltung, die sie in den USA noch stärker und kompromisslos zur Lebensmaxime erhob, da sie sich ihrer neuen Heimat gegenüber, die ihr und ihrer Familie buchstäblich das Leben gerettet hatte, moralisch besonders in der Pflicht sah. Dadurch unterschied sie sich von so manchem ihrer amerikanischen Kollegen:

> „She felt she had to work twice as hard to make up for having to start all over again. Not being committed, like Americans and Englishmen, to taking weekends and vacations off, she devoted her time to research work, friends, and students."[258]

Erst in ihrem vorletzten Dienstjahr, zum 1. Januar 1947, erhöhte Dinsmoor, der sich mit Bieber seit 1909 (!) freundschaftlich verbunden fühlte, ihr „beginner salary" um ganze $ 500 auf insgesamt $ 5500 per annum.[259] Da die Chairs zu dieser Zeit relativ

---

Mitteilung, dass sie bald die amerikanische Staatsbürgerschaft annehmen werde", durchaus die Möglichkeit „einer Beibehaltung der Mitgliedschaft" gegeben hätte (Vigener 2012, 75 f.).

258 Bonfante 1981, 254; Biebers Appointment Card verzeichnet bis zu ihrer Pensionierung bei vierzehn Jahren Dienstzeit lediglich ein „Sabbatical leave": Spring Session 1945–46 (CUA Faculty Appointment Records, Box 5).

259 Die skandalöse Unterbezahlung Biebers wird noch deutlicher, wenn man die Begründung liest, die Dinsmoor gegenüber Fackenthal, der nach Butlers retirement zum Acting President aufgestiegen war, zugunsten Biebers Gehaltserhöhung anführt: „She has remained at the salary of $ 5000 for the ten years 1937/8 to 1946/7 inclusive. During this period she has continually used portions of her salary for the payment of students who assisted her research and carried on clerical work for her. Next year, 1947/8, will presumably be her last. I should heartily recommend that she receive an increase of $ 500, raising her salary to $ 5500." (Budget proposal Dinsmoor an Fackenthal, 6.12.1946, in CU, RBML, Central Files 375.15, ‚Dinsmoor').

souverän die Gehaltsstruktur an ihrem Department bestimmen konnten,[260] lohnt sich ein Blick auf Dinsmoors eigene Bezüge: 1946/47 verdiente er genau das Doppelte wie Bieber, nämlich $ 10.000, kurz nach ihrem retirement wurde sein Gehalt nochmals auf $ 11.000 angehoben.[261]

Bieber kämpfte um jedes Dienstjahr: 1944 konnte sie ein erstes ‚Angebot' in den Ruhestand zu gehen, noch ausschlagen, doch ihre Hoffnung, durch eine Ausnahmegenehmigung zwei Jahre länger als vorgeschrieben unterrichten zu dürfen – das reguläre retirement age lag bei achtundsechzig Jahren – sollte sich nicht erfüllen: zum 30. Juni 1948 wurde sie zwangsweise in den Ruhestand versetzt, zum zweiten Mal nach 1933!

> „When Dr. Bieber was forced to retire from Columbia in 1948, the blow was nearly as cruel as her dismissal in 1933."[262]

Das hatte katastrophale finanzielle Auswirkungen: wegen ihres niedrigen Gehaltes hatte sie nur wenig in den Pensionsfond einzahlen können, über eine „Teacher's Insurance" standen ihr monatlich lediglich $ 25 zu. Die Universität war zwar bereit, durch eine freiwillige Zahlung diesen Grundbetrag auf $ 100 zu erhöhen, doch auch dies reichte nicht aus, die laufenden Kosten zu decken, geschweige denn Inges College-Tuition zu begleichen. Deprimiert informierte sie Elisabeth Jastrow im Sommer 1947, dass der geplante Notverkauf ihrer Bibliothek und Photosammlung (!) gescheitert sei und dass ihr voraussichtlich nicht mehr als $ 700 jährlich zur Verfügung stünden:

> „Ich freue mich, dass bei Ihnen das Pulverfass nicht geplatzt ist. Bei mir hat es das leider getan. Ich bin für 30. Juni 1948 entlassen. Annuity 700 Dollar, etwa 10 Dollar wöchentlich. Das würde nicht einmal für eine Person in New York reichen, geschweige denn für drei. (...) Inge wird die Katastrophe erst morgen erfahren."[263]

Freunde und Kollegen versuchten ihr Möglichstes, um Bieber in dieser Notlage beizustehen. So informierte Panofsky von seinem Urlaubsort aus Hetty Goldman:

---

260 Siehe Kurt von Fritz' ‚Stellenbeschreibung' eines Executive Officers in seiner ‚Autobiographischen Skizze 1961/62', S. 16, im Kapitel v. Fritz, S. 358f.
261 Brief CU Secretary an Dinsmoor, 3.2.1947 (CU, RBML, Central Files 375.15, ‚Dinsmoor').
262 Bonfante 1981, 257; siehe auch Biebers Appointment Card (CUA Faculty Appointment Records, Box 5). Ihre Enttäuschung wirkte noch acht Jahre später nach, wenn sie im Vorwort zu ihrer Monographie *The Sculpture of the Hellenistic Age* schreibt: „(...) the rules of Columbia University enforced my retirement while I felt that I might do better work than ever before (...)." (Bieber 1955, VII).
263 Brief Bieber an Jastrow, 28.6.1947 (GRI, Jastrow papers 1.42).

„Dear Hetty: Shortly before we left for Maine I received the sad news that our friend Margarete Bieber is going to be retired very soon. In view of her short tenure, her annuity will be so scanty (about $ 100 a month) that she is looking desperately for some sort of position, including a Negro college or something, which might help her to make out a living. I have, of course, offered to stand by with all possible endorsements, but I think that she should try to talk to you because you know so much more about the field than I do. (...) It is really quite a problem what to do with these foreign scholars who achieved quite a good position in this country but did not hold it long enough to accumulate, if not a decent, at least a passable annuity."[264]

In ihrem Antwortschreiben schlug Goldman vor, Bieber sollte sich am Black Mountain College und am Sarah Lawrence College bewerben, die „in ihren Anstellungen etwas weniger pedantisch seien, und (...) ‚mehr nach Verdienst als nach Alter' gingen".[265] Die Korrespondenz verrät nicht, ob Bieber sich bei diesen Institutionen tatsächlich bewarb, doch wir wissen aus ihrer Autobiographie, dass Goldman großzügig Inges College-Gebühren übernahm.

In New York gelang es Freunden und Kollegen insgesamt vier Lehrtätigkeiten zu organisieren: zwei Jahre lang unterrichtete Bieber an der New School for Social Research im Rang eines Visiting Professors Abendklassen in Theatergeschichte und antiker Kunstgeschichte, je einen Kurs pro Semester (zweistündig).[266] Am Barnard College, wo sie all die Jahre jedes Semester einen Gratiskurs gehalten hatte, wurde sie dank der Fürsprache von Marion Lawrence auf Honorarbasis für zwei Jahre als Lecturer angestellt, für insgesamt vier Unterrichtsstunden an zwei Tagen. Zuverlässigste Einkommensquelle aber blieb weiterhin die Columbia University: von 1948 bis 1955 unterrichtete sie an zwei Nachmittagen pro Woche (zweistündig) Fine Arts an der „School of General Studies", einem Undergraduate College für Erwachsene, das erst 1947 als Ersatz für die sog. „University Extension" gegründet worden war, im Rahmen des sechswöchigen Summer Session-Programs war sie bis 1956 als Lecturer in Fine Arts and Archaeology tätig und hielt zwei Kurse pro Tag.[267]

---

264 Brief Panofsky an Goldman, 28.6.1947 (zitiert nach Panofsky 2003, 851).
265 Panofsky referierte und kommentierte Goldmans Antwort in seinem Brief an Bieber, 11.8. 1947 (zitiert nach Panofsky 2003, 868): „Liebe Frau Collega, ich bekomme eben einen Brief von unserer guten Hetty Goldman (mit der ich über Ihre Lage korrespondiert hatte). (...) Inzwischen sei ihr (...) etwas eingefallen, und Sie bittet mich, Ihnen diese Anregung weiterzugeben." Vom Black Mountain College, zu dieser Zeit ein interdisziplinäres und experimentelles Mekka für Avantgarde-Kunst (Hans und Anni Albers, Rauschenbach, Cage, Cunningham), riet Panofsky jedoch ab: „Ich möchte (...) hinzufügen, dass ich Black Mountain für nicht sehr begehrenswert halte: es ist ‚progressive', völlig uninteressiert an klassisch-humanistischen Bestrebungen und sehr arm. Sarah Lawrence wäre dagegen sehr gut (...)." (ebda.).
266 Ihr Einkommen variierte dabei je nach Hörerzahl: pro Student $ 10.
267 Siehe Biebers Appointment Card (CUA Faculty Appointment Records, Box 5) und die offizielle Pressemitteilung der Universität zum Tod Margarete Biebers (Fred Knubel, Director, Office

Glanzvoller Höhepunkt dieser zusätzlichen Erwerbstätigkeit war ihre Berufung als Visiting Lecturer an die Princeton University während der Jahre 1949 bis 1951: ein letztes Mal in ihrer eindrucksvollen Karriere konnte sie ihre Rolle als Pionierin unter Beweis stellen. Sie war nicht nur die erste weibliche Professorin, die je an dieser Universität gelehrt hatte, sie hatte auch keine einzige Studentin unter den Zuhörern, denn Frauen wurden in Princeton erst zwei Jahrzehnte später (1969!) zum regulären Studium zugelassen. Im ersten Jahr hielt sie Kurse zu den Themen „Culminating Period of Greek Art, Sculpture 500 – 350 B.C." und „Hellenistic and Graeco-Roman Art", im zweiten Jahr über „Greek Painting and Drawing" und „Roman Art". Abgesehen von der überdurchschnittlich guten Bezahlung bot diese Stelle auch den Vorteil, den Freunden Erwin Panofsky, Hetty Goldman und den Raubitscheks nahe zu sein.[268]

Die Beziehungen zu Deutschland in dieser Zeit waren – wie bei vielen ihrer vertriebenen Kollegen – geprägt von langwierigen und zum Teil erniedrigenden Verhandlungen um Wiedergutmachung bzw. die Anerkennung von Pensionsansprüchen. Doch für Margarete Bieber endeten die 50er Jahre versöhnlich: 1957 wurde sie von der Universität Bonn für ihr Goldenes Doktorjubiläum geehrt, im gleichen Jahr ernannte die Universität Gießen sie nach Anerkennung ihrer Pensionsansprüche zur Ehrensenatorin.[269] Auch die Columbia University revanchierte sich für die Zwangspensionierung und zeigte sich von ihrer generösen Seite: zur 200-Jahrfeier 1954 wurde Bieber der Titel eines „Doctor of Literature Honoris Causa" verliehen,[270] ihr jüngstes Werk *The Sculpture of the Hellenistic Age* als einer von 12 Bänden der Reihe „Columbia Bicentennial Editions and Studies" als „sample of current scholarship" gedruckt.[271]

---

of Public Information, 27.2.1978, in CU, RBML, Central Files ‚Bieber'); Details auch im Abschnitt „Second Retirement and New Work" ihrer Autobiographie. Die finanziell lukrativen Sommerkurse unterrichtete Bieber an der Columbia regelmäßig seit 1940, doch erst ab 1947 sind sie ausdrücklich auf ihrer Appointment Card vermerkt. Die Tätigkeit an der School of General Studies wurde mit $ 100 pro Monat vergütet.
268 Bonfante 1981, 257–258.
269 Buchholz 1982, 70, Hinterberger 1996, 145, Recke 2000, 87, Meyer 2009, 28 und Brands 2012, 32, Anm. 263. Anders Bonfante 1981, 252, Bonfante/Recke 2004, 20 und Felschow 2007, 283, die Biebers Ernennung zur Ehrensenatorin erst in das Jahr 1959 datieren.
270 Unter den vierzig Geehrten waren nur vier Frauen, außer Bieber die Queen Mother Elizabeth of England, eine mexikanische Dichterin und die Kollegin Lily Ross Taylor (Bonfante 1981, 260).
271 Bieber 1955, V, Bonfante/Recke 2004, 19–20, und Hinterberger 1996, 145.

2 „A man with a host of friends"[1] – Karl Lehmann-Hartleben

2.1 Vor der Entlassung

Karl Leo Heinrich Lehmann entstammte einer der ältesten und angesehensten deutsch-jüdischen Familien: die mütterliche Linie reicht zurück bis ins 17. Jahrhundert.[2] Sein Vater Karl war Professor der Rechte in Rostock und Göttingen (ab 1911), seine Mutter Henni Absolventin der Königlichen Kunstschule in Berlin und ähnlich wie ihr Vater, Dr. Wolfgang Strassmann,[3] sozialpolitisch sehr aktiv. Nach dem Tode ihres Mannes 1918 wurde sie Mitglied der SPD und war als Malerin und Autorin sozialkritischer Romane in der Weimarer Republik erfolgreich.[4]

Nach Ablegen des Abiturs im April 1913[5] in Göttingen studierte Karl Lehmann Archäologie, Philologie, Alte Geschichte, Kunstgeschichte und Frühgeschichte an den Universitäten Tübingen (bei Noack), München (bei Heinrich Wölfflin) und Göttingen, während des 1. Weltkrieges war er Freiwilliger beim Roten Kreuz und

---

[1] Brief Murrow, *EC*, an Cohn, 11.5.1934 (NYPL, *EC*-Records Box 20, Folder 9).

[2] „Mother – Henni Lehmann, nee Strassmann, descendents of old Jewish families established at least three hundred years in Germany, belonging to the Evangelical faith." (CV Lehmann-Hartleben, Januar 1934, in NYPL, *EC*-Records 20.9); „his family have been in Germany for four hundred years, have been Protestant Christians for three generations, and there is nothing to suggest pronounced, or what might be considered unattractive, racial traits." (Brief Van Buren, American Academy Rome, an Murrow, *EC*, 12.1.1934, in NYPL, *EC*-Records 20.9).

[3] Reb Schmuhl Molower (ca. 1760–ca. 1825), ein wohlhabender jüdischer Kaufmann aus Rawitsch (Provinz Posen), dem heutigen Rawicz, führte als erster in der Familie den Namen „Strassmann". Sein Sohn Wolfgang kämpfte im März 1848 als Medizinstudent auf den Barrikaden in Berlin; seit 1863 bis zu seinem Tod 1885 war er hauptberuflich Berliner Stadtverordneter und Stadtverordnetenvorsteher, ein Amt, in das er Jahr für Jahr wiedergewählt wurde. Er gründete den „Berliner Verein gegen Verarmung" und engagierte sich ehrenamtlich im „Deutschen Verein für Armenpflege und Wohltätigkeit" (Strassmann 2006, 36, 47–50, 54–58, 60, 373 ff.).

[4] Sie folgte ihren Kindern Karl und Eva Fiesel-Lehmann nicht ins Exil und beging am 18. Februar 1937 Selbstmord (Strassmann 2006, 64 und 243; Schröder 2003, 106 f.).

[5] So die Angaben in Lehmann-Hartlebens englischem CV: „Education: Humanistic Gymnasium at Rostock and Gottingen, Maturity certificate April 1913 at Gottingen." (wie Anm. 2). Auch im Formblatt ‚Data Prior to/Following Arrival in U.S.A.' vom 25.2.1942 (YIVO, *Oberlaender Trust* Microfilm) wird als Studienbeginn das Jahr 1913 vermerkt. Doch im Nachruf des *AJA* setzt Peter von Blanckenhagen die allgemeine Hochschulreife Lehmann-Hartlebens zwei Jahre früher an, im April 1911: „Not yet seventeen years old, he graduated from the *gymnasium*". (v. Blanckenhagen 1961, 307).

Dolmetscher beim türkischen Marinekommando, eine Tätigkeit, die ihm nebenher archäologische Studien und Reisen in Kleinasien erlaubte.[6]

Nach dem Krieg wechselte er an die Universität Berlin, wo er bei Friedrich Noack 1922 mit einer Arbeit über *Die antiken Hafenanlagen des Mittelmeeres* (Leipzig 1923) promovierte. Für das Jahr 1923/1924 ging er ans *Deutsche Archäologische Institut* nach Athen, 1924 habilitierte er sich in Berlin mit einer Studie über die Trajanssäule (*Die Reliefs der Trajanssäule, ein römisches Kunstwerk zu Beginn der Spätantike*, Berlin 1926). Nach kurzer Lehrtätigkeit als Privatdozent in Berlin wurde er von Walther Amelung für ein Jahr (1924/25) als Erster Assistent an das *DAI* nach Rom berufen,[7] 1925 bis 1929 lehrte er als Privatdozent auf einer Assistentenstelle in Heidelberg. Hier erschien, in Zusammenarbeit mit dem Bildhauer Kurt Kluge, sein wohl ambitioniertestes Werk vor der Emigration, die monumentale Studie *Die antiken Grossbronzen* in 3 Bänden (Berlin, Leipzig 1927).[8]

Seine Karriere erreichte ihren Höhepunkt, als er 1929 als Ordinarius für Klassische Archäologie an die Universität Münster berufen wurde, als Nachfolger von Arnold von Salis, der nach Heidelberg wechselte. Zielstrebig reformierte er Bibliothek, Sammlung[9] und Arbeitsstil des Instituts: er setzte nicht nur auf interdisziplinäre Zusammenarbeit, vor allem mit dem Institut für Kunstgeschichte, sondern initiierte auch eine Arbeitsgemeinschaft von Mitgliedern des Archäologischen Institutes und wissenschaftlich interessierten Gymnasiallehrern.[10]

---

6 Von den Musterungsbehörden als „nicht felddiensttauglich" eingestuft, meldete sich Lehmann-Hartleben freiwillig zum Roten Kreuz. Im April 1917 wurde er als Dolmetscher zur türkischen Marine nach Istanbul entsandt (siehe Möllenhoff/Schlautmann-Overmeyer 1995, 256).
7 Diese Position wird auch Otto Brendel innehaben, von 1931 bis 1935 (s. Kapitel Brendel S. 194).
8 Lehmann-Hartleben zeichnete für die Bände 2 und 3 mitverantwortlich (*Grossbronzen der römischen Kaiserzeit*, Text- und Bildband), während der erste Band (*Die antike Erzgestaltung und ihre technischen Grundlagen*) von Kluge allein verfasst war.
9 Noch im gleichen Jahr wurde er auch zum Direktor des Archäologischen Museums der Stadt ernannt (Bober 1961, 527).
10 Siehe Erich Burcks autobiographische Skizze „Als Assistent bei Karl Lehmann-Hartleben in Münster" (Burck 1984), und Giorgio Pasqualis Empfehlungsschreiben vom 18.12.1933: „A former pupil of mine at Göttingen tells me that in Münster he used to meet a number of College Masters, some of which had done no more scientific work after taking their degree, inducing them to take up archaeological researches." (Brief Pasquali, Florenz, an Hendrickson, New Haven, 18.12.1933, in Yale ULMA, Hendrickson Papers, 2.15).

2.2 Die Entlassung (April bis Okt. 1933)

Das am 7. April 1933 erlassene „Gesetz zur Wiederherstellung des Berufsbeamtentums" setzte dieser glänzenden Laufbahn ein abruptes Ende. Auf Empfehlung des Preußischen Kultusministers Rust[11] sollten bereits zum Sommersemester 1933 alle nichtarischen[12] Professoren und Dozenten einstweilen beurlaubt werden: da die Universität Münster diese Aufforderung beflissen umsetzte, fand Lehmann-Hartleben seinen Namen auf der „Liste derjenigen, die im Sommersemester 1933 ihre venia legendi nicht ausübten", wieder.[13]

Zeitgleich (am 12. April) wurden die Lehrenden an allen deutschen Universitäten durch einen detaillierten Fragebogen erfasst,[14] der Aufschluss darüber geben sollte, wer von den neuen Maßnahmen prinzipiell betroffen war, und in welchem Umfang. Die Auswertung der Fragebögen wurde von sog. „geheimen Kommissionen" vorgenommen, die ihre Empfehlungen über den Rektor der jeweiligen Universität an das Ministerium weiterleiteten.

Am 19. April sandte Lehmann-Hartleben seinen ausgefüllten Fragebogen an die Universitätsleitung zurück, zusammen mit Dokumenten, durch die er seine nationale Gesinnung zu beweisen suchte:

> „Der Unterzeichnete hat sich sofort bei Kriegsausbruch zum Dienst mit der Waffe als Kriegsfreiwilliger beim Feldartillerieregiment in Güstrow gemeldet."[15]

---

11 Der Gymnasiallehrer Bernhard Rust, NSDAP-Mitglied seit 1925, war seit 4.2.1933 kommissarisch Preußischer Kultusminister (Klee 2003, 514, und Jasch 2005, Abs. 11 und Abs. 27).
12 Die tatsächliche Religionszugehörigkeit war für die neuen Machthaber vollkommen irrelevant: beide Eltern Lehmann-Hartlebens waren protestantisch, auch er war nach der Hochzeit mit Elwine Hartleben – sie war wie sein Vater „arisch" – zum evangelischen Glauben übergetreten. Die nationalsozialistischen Rassengesetze eliminierten die Spielregeln des Wilhelminischen Kaiserreichs und differenzierten nicht mehr zwischen ‚mosaischen' Juden und christlichen, sog. „Taufjuden".
13 Siehe zu diesen Ausführungen im einzelnen Fausser 2000, 44–47. Da diese hastigen ad hoc-Maßnahmen unweigerlich zu Verzögerungen im Studienbetrieb führen mussten, wurde der Beginn des Sommersemesters 1933 kurzerhand um ein bis zwei Wochen verschoben, in Preußen z.B. vom 20. April, dem Geburtstag des ‚Führers' (!), auf den 1. Mai (Heiber 1992, 268).
14 „Fragebogen zur Durchführung des Gesetzes zur Wiederherstellung des Berufsbeamtentums", veröffentlicht am 6. Mai 1933 als Anlage zur „Dritten Verordnung des Gesetzes zur Wiederherstellung des Berufsbeamtentums" im RGBl. I, 1933, Nr. 48, S. 253–256 (http://alex.onb.ac.at/cgi-content/alex?aid=dra&datum=1933&size=45&page=378 -381).
15 Zitiert nach Möllenhoff/Schlautmann-Overmeyer 1998, 235 mit Anm. 80.

Rückendeckung erhielt er von einem radikalen Nationalisten, Generalmajor a. D. Hans Kloebe,[16] der dem Professor attestierte, er habe „gerade im Ausland deutsche Belange würdig vertreten".[17] Doch anders als Paul Friedländer oder Hermann Fränkel konnte er sich nicht auf die „Frontkämpfer"-Klausel berufen[18] – er war ja als Kriegsfreiwilliger 1914 als „nicht felddiensttauglich" abgelehnt worden! – und seine Dolmetschertätigkeit bei der türkischen Marine wurde nicht als gleichwertig angesehen.[19]

So konnte er nicht verhindern, dass die Kommission am 19. Juli 1933 ein unter „nationalen" Gesichtspunkten wenig schmeichelhaftes Urteil fällte: er wurde als „Rassejude" eingestuft, „ohne Frontkämpfer im Kriege gewesen zu sein" und als „Hauptvertreter einer liberalistischen und allen Grundgedanken des neuen Staates diametral gegenüberstehenden Weltanschauung".[20] Diese Einschätzung wurde durch den Rektor Hubert Naendrup noch verschärft: Lehmann-Hartleben sei nicht nur gegen den Nationalsozialismus eingestellt, sondern habe „das sogar auf den kollegialen Verkehr übertragen".[21]

---

16 Kloebe war nicht nur Ortsgruppenvorsitzender des völkisch-antisemitischen (!) „Alldeutschen Verbandes", sondern auch Landesverbandsvorsitzender des „Deutschen Offizierbundes" Westfalen, der im November 1918 von Kriegsheimkehrern als Standesverband gegründet worden war; Kloebe kannte Lehmann-Hartleben von Vortragsveranstaltungen des Wehrkreis-Kommandos VI in Münster. (Möllenhoff/Schlautmann-Overmeyer 1998, 235).
17 Brief Kloebe an Lehmann-Hartleben, 23.5.1933, zitiert nach Fausser 2000, 46.
18 Reichspräsident Hindenburg hatte auf dieser Klausel bestanden: nicht-arische Beamte blieben von der Entlassung [vorerst] verschont, wenn sie „im Weltkrieg an der Front für das Deutsche Reich oder für seine Verbündeten gekämpft" hatten „oder deren Väter oder Söhne im Weltkrieg gefallen" waren. (§ 3 (2) BBG, zitiert nach Buschmann 2000, 51; auch in http://www.documentarchiv.de/ns/beamtenges.html).
19 In krassem Widerspruch zu Lehmann-Hartlebens verzweifeltem Bemühen, als Frontkämpfer der drohenden Entlassung zu entgehen, steht Cornelia Wegelers Feststellung: „Auch der Archäologe Karl Lehmann-Hartleben verließ seinen Lehrstuhl an der Universität Münster aus Protest und trat zugleich als Direktor des Münsteraner Archäologischen Museums zurück" (Wegeler 1996, 200), eine Version, der sich auch Herbert Benario anschließt: „resigned in protest against the new regime" (Benario 2001, 464). Für eine derart couragierte Haltung findet sich weder in der mir zugänglichen Korrespondenz noch in den Akten irgendein Indiz. Auch in Lehmann-Hartlebens Personalakte im Universitätsarchiv Münster ist „von einer Niederlegung der Professur (...) nichts zu entnehmen." (Für diese Auskunft ein herzlicher Dank an Frau Dr. Sabine Happ). Auslöser für diese (Fehl-)Interpretation ist wahrscheinlich der Eintrag im *International Biographical Dictionary of Central European Émigrés 1933–1945*: „1933 resigned in protest from all positions" (Strauss, Röder 1999, 703).
20 Zitiert nach Möllenhoff/Schlautmann-Overmeyer 1998, 230f. mit Anm. 44.
21 Trotz dieser scharfen Stellungnahme sprach sich Naendrup gegen eine Entlassung aus und verwies in diesem Zusammenhang auf Lehmann-Hartlebens großes wissenschaftliches Ansehen und seine Popularität bei den Studenten, auf die Fürsprache des Dekans und nicht zuletzt auf

Mit Erlass vom 5. September 1933 wurde der Vater dreier Söhne, der jüngste war gerade vier Jahre alt geworden, vom Preußischen Minister aufgrund von § 3 (1) BBG wegen „nicht-arischer Abstammung" mit Wirkung zum 1. Oktober 1933 in den Ruhestand versetzt,[22] mit einer „Gnadenpension" von monatlich 35.– Mark.[23] Wir wissen nicht, ob Lehmann-Hartleben innerlich mit dieser Entscheidung gerechnet hatte oder ob er nicht doch bis zuletzt auf eine Weiterbeschäftigung gehofft hatte, jedenfalls informierte er bereits zwei Tage später, mit Schreiben vom 7. September 1933, den stellvertretenden Kurator der Universität, dass er

> „im Auftrage und mit Mitteln des archäologischen Instituts des Deutschen Reiches eine längere Reise zur Fortsetzung meiner in den letzten Jahren durchgeführten archäologischen Untersuchungen in Pompeji unternehme.[24] Ich trete diese Reise am 8. Oktober ds. Js. [an] und beabsichtige bis zum Beginn des Semesters sie zu Ende zu führen."

Diese Reise, mit der Lehmann-Hartleben gegenüber der Universitätsleitung stolz sein Gesicht zu wahren suchte, interpretiert sein ehemaliger Assistent Erich Burck, der seinerseits von den Massenentlassungen indirekt profitierte, als er 1938 auf den Lehrstuhl des nach England vertriebenen Felix Jacoby nach Kiel berufen wurde, in seinen Erinnerungen in eigentümlicher Weise um: durch die fälschliche Vordatierung der Pompeji-Reise ins Frühjahr 1933 und eine begrifflich nebulöse Ausdrucksweise stellt er die Zwangsentlassung Lehmann-Hartlebens als nahezu freiwillige Entscheidung dar, Deutschland für immer zu verlassen:

---

die „beträchtlichen" Verdienste des Vaters (zitiert nach Heiber 1994, 704 f.; in Auszügen auch bei Fausser 2000, 47, mit Verschreibung „Naentrup"; zu Lehmann-Hartlebens Vater siehe Weber 2000, 189, und *Catalogus Professorum Rostochiensium*: http://cpr.uni-rostock.de/metadata/cpr_professor_000000001067.

22 Universitätsarchiv Münster, Personalakte Lehmann-Hartleben (Auskunft von Frau Dr. Happ); in der Korrespondenz mit den Komitees datierte Lehmann-Hartleben seine Entlassung einige Wochen später: „Dismissed on account of ‚non-arian' descent only, and for no other reason whatsoever, Sept. 29th 1933" (CV Lehmann-Hartleben, Januar 1934 [wie Anm. 2]; ähnlich die Formulierung im Formblatt ‚Data Prior to/Following Arrival in U.S.A.' vom 25.2.1942 [wie Anm. 5]).

23 Sein letztes Jahreseinkommen (1932–1933) betrug 10780.– Mark (*AAC*-Formblatt ‚General Information / Allgemeine Auskunft', 28.8.1934, in NYPL, *EC*-Records 20.9, und Formblatt ‚Data Prior to/ Following Arrival in U.S.A.', 25.2.1942 [wie Anm. 5]).

24 Dort wollte er ein wissenschaftliches Projekt vollenden, das von seinem 1931 verstorbenen Lehrer und Freund Ferdinand Noack begonnen worden war. Die Ergebnisse erschienen erst 1936 in Berlin unter dem Titel *„Baugeschichtliche Untersuchungen am Stadtrand von Pompeji*, begonnen von Ferdinand Noack, fortgeführt und veröffentlicht von Karl Lehmann-Hartleben", bei de Gruyter. Noack war infolge seiner Ehe mit Else Hartleben, der Schwester Elwine Lehmann-Hartlebens, mit seinem Doktoranden verschwägert.

„Aus diesem reichen und vielseitigen Schaffen und aus fast allen persönlichen Bindungen löste er sich angesichts der Bedrohung durch die gewandelten politischen Verhältnisse im Frühling 1933 mit dem Aufbruch zu seinen oben erwähnten Forschungen in Pompeji, von denen er unter tiefer Betroffenheit und Sorge aller ihm näherstehenden Kollegen und Bekannten nicht wieder nach Münster zurückkehrte."[25]

2.3 Die Zeit in Italien: auf Stellensuche (1933–1935)

Ouvertüre 1933: Flickinger

Von Rom aus versuchte Lehmann-Hartleben verzweifelt seine berufliche Zukunft neu zu organisieren. Einer seiner ersten und wichtigsten Fürsprecher in Übersee war Roy Caston Flickinger, Head of the Department of Classical Languages an der State University of Iowa und Editor-in-Chief des *Classical Journal*. Dieser startete in den letzten Wochen des Jahres 1933 eine intensive Korrespondenz mit Repräsentanten des *Emergency* Committee. Sein erster Brief ging an Stephen Duggan:

> „May I inquire what possibilities are available for foreign scholars who are being dropped from their positions in German Universities at present? A friend of mine, Professor Karl Lehmann-Hartleben, has just written saying that he has been dropped at the University of Münster. He is of non-Aryan stock, which, I presume, means Jewish, although he had never impressed me as being a Jew, and for two generations the family has been protestant. (...) I should appreciate any information that your experience in the center of such problems can suggest to you as valuable under the circumstances."[26]

Duggan war gerade in Europa, um sich vor Ort ein persönliches Bild zu machen, deshalb antwortete Edward R. Murrow, der damalige Assistant Secretary des *EC*,[27] auf Flickingers Anfrage. Wie bei Erstkontakten üblich, schickte er ihm ein Memorandum mit grundsätzlichen Informationen zur Arbeitsweise des *EC* („memo of

---

[25] Burck 1984, 346; die falsche Datierung der Pompejireise auch bei Schröder 2003, 109: „Im Frühjahr 1933 reiste er zu einer archäologischen Grabung nach Pompeji, von der er nicht wieder nach Münster zurückkehrte."
[26] Brief Flickinger, Iowa City, an Duggan, *IIE*, 27.11.1933 (NYPL, *EC*-Records, 20.9). Flickinger scheint zunächst noch keine rechte Vorstellung von der Existenz des *EC* gehabt zu haben. Der Brief an Duggan war nicht an das *EC* adressiert, sondern an das *Institute of International Education*. Kurz danach richtete Flickinger auch eine Anfrage an Dunn, doch wiederum nicht über das *EC*, sondern über das Department of Zoology, Dunns Adresse an der Columbia University (Brief Flickinger an Dunn, 5.12.1933, in NYPL, *EC*-Records 20.9). Erst am 6.12. wandte er sich direkt an das *EC*.
[27] Duggan/Drury 1948, 178.

procedure") und bot an für Lehmann-Hartleben einen Akt anzulegen, sobald dieser beim *EC* ein „set of papers" eingereicht hätte. Die Aussichten für ausländische Akademiker auf dem amerikanischen Markt seien derzeit aber infolge der allgemeinen Wirtschaftskrise gleich null:

> „It is exceedingly difficult to determine just what the chances may be for a displaced German professor to find a new place for himself in this country. Opportunities in the academic world are scarce, as we all know, due to the effect of the economic situation upon university circles. Even personal contacts seem to accomplish little."[28]

Diese pessimistische Haltung, so realistisch sie im Prinzip auch war, hing auch damit zusammen, dass es zu diesem Zeitpunkt, das *EC* war gerade erst ein halbes Jahr alt, nichts (mehr) zu verteilen gab:

> „I may say that our funds for the moment at least are practically exhausted, and the numerous requests received from American institutions have necessitated the establishment of a lengthy waiting list."[29]

Bis zu diesem Zeitpunkt hatte das *EC* vergleichsweise großzügig Stipendien vergeben: eine Teilsumme von $ 2000 (über 12 Monate), oder $ 3000 (über 18 Monate), d. h. die Begünstigten des Jahres 1933 erhielten in der Regel ein Jahresgehalt in Höhe von $ 4000.[30]

Doch Flickinger hatte sich nicht allein auf das *EC* verlassen, er erkundigte sich zeitgleich auch bei der *Rockefeller Foundation*, die gerade Alvin Johnsons Konzept der „University of Exile" großzügig unterstützt hatte, nach möglichen finanziellen Hilfen für Lehmann-Hartleben:

> „I am informed that you have been making certain funds available for the use of displaced German scholars. If this information is correct I should be glad to receive information as to what steps should be taken to file an application."[31]

Im Antwortschreiben erläuterte Thomas B. Appleget, der Vizepräsident der *Rockefeller Foundation*, das Procedere der Stiftung, das nahezu identisch war mit dem des *EC:* eine Förderung durch die *RF* käme nur in Betracht

---

28 Brief Murrow, *EC*, an Flickinger, 5.12.1933 (NYPL, *EC*-Records 20.9).
29 Brief Murrow, *EC*, an Flickinger, 8.12.1933 (NYPL, *EC*-Records 20.9).
30 Brief Dunn an Flickinger, 8.12.1933 (NYPL, *EC*-Records 20.9). Dunn informierte Flickinger auch über die Kooperation des *EC* mit der *Rockefeller Foundation:* „The University then makes application to the Rockefeller Foundation, New York City, for a similar sum."
31 Brief Flickinger an *Rockefeller Foundation*, 6.12.1933 (NYPL, *EC*-Records 20.9).

„(...) in response to a request from the University and the Foundation's participation has never represented more than a part of the expense involved. The Foundation cannot take the initiative in matters of this kind."[32]

Ungefragt leitete er eine Abschrift von Flickingers Brief an einen zweiten potentiellen Geldgeber, das *EC*: damit war der Kreis geschlossen.

Noch vor Weihnachten konnte Flickinger an das *EC* eine Art Lebenslauf („statement concerning his career") weiterleiten, den Lehmann-Hartleben ihm geschickt hatte, doch ansonsten hatte er schlechte Nachrichten. Nach Auskunft des Präsidenten der University of Iowa, Walter A. Jessup,[33] sei von Seiten der staatlichen Universitäten bis auf weiteres keine ‚application' für ‚refugee scholars' zu erwarten:

„(...) at a recent meeting of State University Presidents the opinion had been expressed, (...) that there was too much dynamite in this situation for State Universities. (...) in spite of the fact, that this money came from special and private sources, they felt that the public in each state could not be make to see that fact and would be outraged by seeing foreigners called to positions which, from their point of view, might better be filled by well-trained Americans who were also out of positions."[34]

Ein möglicher Ausweg, so Jessup weiter, seien Privatschulen, die vielleicht unabhängiger agieren könnten. Eine sofortige Anfrage Flickingers beim Grinnell College blieb aber erfolglos: dessen Präsident John Nollen, ein Germanist, teilte ihm mit, dass er bereits Anträge für drei displaced scholars gestellt habe, die aber aus Geldmangel allesamt abgelehnt worden seien. Deshalb wollte Flickinger erst einmal abwarten:

„Under the circumstances it looks as if we would have to wait until your Committee finds more money."[35]

---

32 Brief Appleget, *RF*, an Flickinger, 8.12.1933 (NYPL, *EC*-Records 20.9).
33 Walter A. Jessup war Präsident der State University of Iowa seit 1916, bevor er 1934 zur *Carnegie Corporation* in New York wechselte (Biographical note, Finding aid, „Papers of Walter A. Jessup", Special Collection & University Archives, ISU [http://www.lib.uiowa.edu/spec-coll/archives/guides/RG05/RG05.01.09.htm]).
34 Brief Flickinger an Murrow, *EC*, 23.12.1933 (NYPL, *EC*-Records 20.9).
35 Ebda.

Stillstand trotz „frequent correspondence" (1934)

Anfang Januar 1934 wandte sich Lehmann-Hartleben erstmals persönlich an das *EC* und schilderte Murrow eindringlich seine Notlage:

> „It is really very desperate, because all the trials of my various friends and colleagues in the world to find out some position for me have hitherto by reason of the economic difficulties of the moment been without success. And with wife and three children I do not know, how I could live and work after a short period of transition, i.e. after the march [sic!]."[36]

Der beigefügte englischsprachige Lebenslauf enthielt neben biographischen Angaben die überaschend selbstbewusste Formulierung: „References can be obtained from all classical Archaeologists", insbesondere aber stellte er Empfehlungsschreiben folgender Kollegen in Aussicht:

> G. Rodenwaldt (Berlin); L. Curtius (*DAI*, Rom); B. Ashmole (London University College); Mrs. A. Strong-Sellers (Rom); A[lbert] W. Van Buren (American Academy, Rom); D. Robinson (Johns Hopkins); M. Rostovtzeff (Yale) und A. Boethius (Direktor des Schwedischen Archäologischen Instituts, Rom).[37]

Ergänzt war das Dossier durch ein Publikationsverzeichnis („Bücher" und „Aufsätze [Auswahl]") und eine Auflistung von Lehrveranstaltungen („Themes of university lectures having been held") und „Popular conferences being held".

Lehmann-Hartleben zeigte sich über die aktuelle Lage gut informiert, denn er schlug Murrow eine alternative Form der Unterstützung vor, sollte eine Anstellung in den USA derzeit „by psychological reasons" nicht möglich sein:

---

[36] Brief (hs.) Lehmann-Hartleben, Rom, Via Sardegna 79 (Adresse des *DAI*), an Murrow, *EC*, 11.1.1934 (NYPL, *EC*-Records 20.9).

[37] Die *American Academy* ist sogar mit zwei Empfehlungsschreiben im Akt präsent: Van Buren und Marbury Bladen Ogle (beide 12.1.1934). Ferner, so Lehmann-Hartleben in seinem Brief, seien auch zwei Professoren aus Princeton zu Empfehlungsschreiben bereit: der Kunsthistoriker Charles Rufus Morey und Allan Chester Johnson vom Classics Department. Ashmole hatte Lehmann-Hartleben als Assistent des *DAI* (1925/26) in Rom kennengelernt (Opinion Ashmole [undatiert], in NYPL, *EC*-Records 20.9.). Ein Empfehlungsschreiben Giorgio Pasqualis, in dessen Florentiner Wohnung Lehmann-Hartlebens Schwester Eva Fiesel vorübergehend Aufnahme gefunden hatte (1933/34), ist uns separat überliefert, da er es direkt an seinen Kollegen G. L. Hendrickson in Yale gerichtet hatte (Brief Pasquali, Florenz, Lungarno Vespucci 4, an Hendrickson, Yale, 18.12.1933, in Yale, ULMA, Hendrickson Papers 2.15).

„(...) might there be a chance to find the means for some scientific work to complete here in Italy or in Greece? I have an important project for such a work, if there would be disponible [sic!] the sum of about 2000 Dollars (at the present value) yearly."

Eine direkte Antwort Murrows ist nicht erhalten, doch den Respekt des Komitees hatte sich Lehmann-Hartleben zu diesem Zeitpunkt bereits gesichert, denn Murrow vermerkte beeindruckt: „This man is moving heaven + earth to get a place."[38]

Inzwischen ließen Lehmann-Hartlebens Unterstützer nicht locker: schon am 29. Januar fragte Flickinger beim *EC* nach, ob es mittlerweile über zusätzliche finanzielle Mittel verfüge.[39] Murrow bejahte dies, gab aber zu bedenken, dass dies noch keinerlei Auswirkungen für Lehmann-Hartleben habe: er stehe nicht einmal auf der Warteliste, da er noch von keiner Universität angefordert worden sei.[40] Anfang Februar 1934 schickte Van Buren von der *American Academy* ein zweites Schreiben an das *EC*, diesmal direkt an Stephen Duggan und kündigte Lehmann-Hartlebens Besuch in London an, bei Prof. E. W. Bagster-Collins von der *American University Union*.[41] Im April sandte der aus Göttingen vertriebene Mathematiker Hermann Weyl vom *Institute for Advanced Study* in Princeton aus biographisches Material zu Lehmann-Hartleben an das *IIE* mit der Bitte, diesen in die Liste der stellungsuchenden Professoren aufzunehmen.[42] Im Mai traf eine Empfehlung von Gisela Richter ein, der Kuratorin für Greek and Roman Art am Metropolitan Museum New York, wieder mit Unterlagen über den „outstandig archaeologist", adressiert an Alfred Cohn, einem der Mitglieder des Executive Committee des *EC*.[43] In seinem Begleitschreiben zeigte sich Murrow verwundert über die „frequent correspondence":

„It is a curious thing that some eight or ten other people (...) have also written us recommending Professor Lehmann-Hartleben. He is a man with a host of friends."[44]

Einen Fürsprecher der besonderen Art fand Lehmann-Hartleben in dem Historiker Percy E. Schramm, einem Bekannten aus der Heidelberger Zeit: dieser schrieb trotz

---

38 Handschriftliche Notiz (links oben) auf Lehmann-Hartlebens Brief an Murrow, 11.1.1934 (s. Anm. 36), zusätzlich mit der Anweisung „Send him memo too!"
39 Brief Flickinger an Murrow, *EC*, 29.1.1934 (NYPL, *EC*-Records 20.9).
40 Brief Murrow, *EC*, an Flickinger, 31.1.1934 (NYPL, *EC*-Records 20.9).
41 Brief Van Buren an Duggan, adressiert an das *IIE*, 2.2.1934. Während seines Aufenthalts in London ließ sich Lehmann-Hartleben beim *Academic Assistance Council* registrieren (Handzettel „Name/Age/Rank/Field", AAC, 4.3.1934, in NYPL, *EC*-Records 20.9).
42 Brief Weyl, *IAS*, an Miss Waite, Duggans Sekretärin am *IIE*, 26.4.1934 (NYPL, *EC*-Records 20.9).
43 Brief Richter an Cohn, *EC*, 4.5.1934 (NYPL, *EC*-Records 20.9).
44 Brief Murrow an Cohn, 11.5.1934 (NYPL, *EC*-Records 20.9).

grundsätzlicher Sympathien für den Nationalsozialismus[45] eine Reihe von Empfehlungsschreiben für seine entlassenen Kollegen und Freunde:[46]

> „Professor Lehmann-Hartleben will be known to every expert of archaeology and ancient history in your country. (...) he has a small pension and no private fortune, so that he will come into a crisis during the next months. It is a case of extreme emergency. All attempts of his friends had no success till now. Perhaps it will be possible for your organization to find out a new possibility."[47]

Im Juni 1934 kam es zu einem persönlichen Treffen zwischen Lehmann-Hartleben und Gisela Richter in Rom, in dem sie ihm auch weiterhin ihre volle Unterstützung zusicherte. In seinem Dankesbrief skizzierte er nochmals seine aktuelle Situation:

> „(...) I hope to get the necessary means to go on here with my work to September.[48] But if in the meantime I have no other position I see at the moment no possibility to continue my scientific work. In this case I have to return to Germany with all the spiritual and material difficulties awaiting us there. And I am afraid, that would be the end of my scientific existence."[49]

Seit einem Jahr arbeitete Lehmann-Hartleben nun fieberhaft an der Fertigstellung des von Noack begonnenen Pompeji-Buches, parallel dazu hatte er auch Material

---

[45] In seinen Briefen an das *EC* lobte Schramm die Neuerungen an den deutschen Universitäten seit Hitlers Machtübernahme: „The frame work of the restauration of the German universities is settled, and we see the first results of the new educational system. (...) I hope you come over one day to study the situation yourself and to see that many good ideas have been brought up by the new development." (Brief Schramm, Göttingen, an Murrow, *EC*, 20.5.1934, in NYPL, *EC*-Records 20.9). Seit 1939 war Schramm Mitglied der NSDAP (Grolle 1989, 34).

[46] Grolle 1989, 54 und Thimme 2006, 359 ff. Schramm, seit 1929 Professor für mittelalterliche Geschichte an der Universität Göttingen, hatte bei Aby Warburg in Hamburg studiert. Promotion und Habilitation legte er in Heidelberg ab, seither verband ihn – bei allen politischen Differenzen – eine lebenslange Freundschaft mit dem in die USA emigrierten Fachkollegen Ernst Kantorowicz. 1933 verbrachte er ein Forschungssemester (von Januar bis Juni) als „Benjamin D. Shreve Fellow" an der Princeton University (www.dictionaryofarthistorians.org/schrammp.htm). Von 1943 bis 1945 führte er als Major der Reserve das Kriegstagebuch des Wehrmachtsführungsstabes im Oberkommando der Wehrmacht (Thimme 2006, 476–486).

[47] Brief Schramm, Göttingen, an Murrow, *EC*, 20.5.1934 (NYPL, *EC*-Records 20.9).

[48] Er bezog „temporary help for a scientific work in Italy from a private German source (till Oct. 1, 1934)" (*AAC*-Formblatt ‚General Information / Allgemeine Auskunft', 28.8.1934, in NYPL, *EC*-Records 20.9); außerdem wurde er von der italienischen Archäologin Paola Zancani Montuoro, einer bekennenden Antifaschistin (Borelli 2004, 7 und 11), unterstützt; siehe auch Brief (hs.) Lehmann-Hartleben, Rom, an Jastrow, 14.8.1937 (GRI, Jastrow papers 8.24, s. Kapitel Jastrow S. 160).

[49] Brief Lehmann-Hartleben, Rom, Via Salaria 72, Int. 15, an Richter, 24.6.1934 (NYPL, *EC*-Records 20.9).

2.3 Die Zeit in Italien: auf Stellensuche (1933–1935) — 119

für ein zweites Projekt gesammelt: „history and typology of the roman villas".[50] Doch die ungesicherte berufliche und finanzielle Lage setzten dem erfolgsverwöhnten Ordinarius psychisch stark zu. Dies wird auch aus einem Brief seiner Schwester, der Etruskologin Eva Fiesel, an Albrecht Götze deutlich:

> „Mit meinem Bruder – ja, da bin ich in rechter Sorge. Er ist z.Z. mit Frau und Kindern in Rom, und wie ich fürchte, sehr deprimiert. Es ist – bis jetzt – noch keine Sache da, die sich realisiert hätte. Neben der Existenzsorge ist das ja gerade für eine Natur wie ihn (Sie kennen ihn ja) sehr schwer. Wenn ich nur wüßte, wie ich ihm helfen könnte."[51]

Wie vorausgesagt spitzte sich im Oktober die Lage dramatisch zu: Der *Academic Assistance Council* schickte sein Dossier[52] über Lehmann-Hartleben an das *EC* und schilderte den neuesten Stand:

> „He has no longer any possibility of continuing his work in Italy and unless some help can be found for him will be obliged to return to Germany – a hopeless step."[53]

Er selber, so der *AAC*, sehe sich außerstande, Lehmann-Hartleben auch nur vorübergehend eine Anstellung in England zu vermitteln: man befürchte eine „hostile reception", da auch viele junge englische Archäologen, in der vagen Hoffnung auf eine Anstellung, „without any pay" arbeiteten. Da aber Lehmann-Hartleben in seiner „Existenzsorge" nicht lockerließ und zusammen mit einem Exposé zu seiner aktuellen Forschungsarbeit („proposed scheme of work") als Alternativen zu einer Anstellung auch ein „fellowship" oder einen „maintenance grant" beantragte, bewilligte im Dezember das Allocation Committee des *AAC* angesichts

---

50 Ebda.; siehe auch Brief Lehmann-Hartleben, Rom, Via Bocca di leone 32, an Albrecht Götze, Yale, 18 1.1935: „Das Beste was man in dem eigentümlichen Schwebezustand, in dem ich mich befinde tun kann, ist dass man aus Leibeskräften arbeitet. (...) Ich stecke heftig in Forschungen über einen grossen und anziehenden Gegenstand, die Geschichte der römischen Villa und raffe so viel zusammen wie möglich ist, um davon auch zehren zu können, wenn mich das Schicksal an irgend eine Stelle verschlägt wo dies nötig wäre." (Yale, ULMA, Goetze Papers, 13.315).
51 Brief (hs.) Fiesel, Florenz, Lungano Vespucci 4 (c/o Prof. Pasquali) an Götze, 9.4.1934 (Yale, ULMA, Goetze Papers 13.315). Eva Fiesel, seit ihrer Scheidung 1926 alleinerziehende Mutter, lebte seit ihrer Entlassung in München ebenfalls in Italien, hauptsächlich in Florenz: im Herbst 1934 wird sie als „research assistant" mit ihrer 13-jährigen Tochter Ruth auf Einladung des Linguisten Edgar H. Sturtevant nach Yale gehen, wo sie Albrecht Götze wiederbegegnete, der inzwischen, wiederum dank der Fürsprache Sturtevants, als visiting professor nach Yale berufen worden war (Häntzschel 1994, 341, 359 f.).
52 Mit einem weiteren Empfehlungsschreiben von Roger Hinks, dem Assistant Keeper des Department of Greek and Roman Antiquities im British Museum.
53 Brief C.M. Skepper, Assistant Secretary *AAC*, an *EC*, 2.10.1934 (NYPL, *EC*-Records 20.9).

„the critical nature of your present situation" eine Summe von £ 50 als „emergency grant (...) in the hope that this small grant would be of some temporary assistance".⁵⁴

Diese neue Lage brachte das *EC* in Zugzwang: Murrow informierte Cohn unverzüglich über das Schreiben des *AAC*,⁵⁵ im Dezember wurde für alle Entscheidungsträger des *EC* ein Office-Memorandum zu Lehmann-Hartleben erstellt. Als neuer, gewichtiger Fürsprecher war der Medizinhistoriker Ludwig Edelstein aufgetreten:⁵⁶ ihm war es zu verdanken, dass eine neue, letztlich entscheidende Kraft mit eingebunden werden konnte, Erwin Panofsky:

> „Dr. Edelstein, Inst. of Hist. of Med. at Johns Hopkins, called to ask what situation is concerning his friend Karl Lehmann-Hartleben who is now in Rome. He has been in touch with Miss Richter about him and now proposes to see Prof. Panofsky, whom he know personally, re [sic!] possibility of having Princeton invite him to come with aid of the EC."⁵⁷

Eine Einladung ans *Institute for Advanced Study* konnte Panofsky noch nicht in die Wege leiten, seine eigene Berufung dorthin sollte erst im Laufe des Jahres 1935 erfolgen, doch seine Verbindungen an der New York University kamen Lehmann-Hartleben unmittelbar zugute.⁵⁸

---

54 Brief Adams, *AAC*, an Lehmann-Hartleben, 3.12.1934 (Oxford, Bodleian, MS. S.P.S.L. 182/5). In seinem Dankschreiben bat Lehmann-Hartleben Adams darum, die zweite Rate des grant („instalment") erst im Februar 1935 zu überweisen, denn „from a German Maecen" habe er „just at the same time a similiar [sic!] sum" erhalten (Brief Lehmann-Hartleben, Rom, an Adams, *AAC*, 16.12.1934, in Oxford, Bodleian, MS. S.P.S.L. 182/5).
55 Murrow bestätigte gegenüber Cohn die pessimistische Einschätzung des *AAC*: „No means to continue his work and may be obliged to return to Germany. (A hopeless outlook)" (‚From AAC-List, prepared for Dr. Cohn', 5.10.1934, in NYPL, *EC*-Records 20.9).
56 Edelstein und Lehmann-Hartleben kannten sich noch aus Heidelberg, wo ersterer bei Regenbogen promoviert (1929), letzterer als Privatdozent gelehrt hatte (1925–1929). Beide emigrierten nach ihrer Entlassung nach Rom, wo sie als Nutzer des *DAI* und Gäste im Hause Ludwig Curtius' wieder aufeinandertrafen. Edelstein glückte im Sommer 1934 als einem der ersten die Emigration in die USA, dank einer „associateship", die ihm Henry E. Sigerist an der Johns Hopkins University in Baltimore hatte vermitteln können (Rütten 2006, 68 mit Anm. 77). Möglicherweise kam die Verbindung zwischen Edelstein und Panofsky über Richard Walzer zustande, der wie Edelstein seine Stellung als Privatdozent an der Berliner Universität hatte aufgeben müssen und ebenfalls in Rom lebte: Walzers Frau Sofie, die Tochter des Verlegers Bruno Cassirer, war verwandt mit dem Philosophen Ernst Cassirer, der mit Panofsky in den 20er Jahren in Hamburg eng befreundet war.
57 *IIE*-Office Memorandum from RH to B[etty] D[rury], 24.12.1934 (NYPL, *EC*-Records 20.9).
58 Erwin Panofsky unterrichtete bereits seit 1931 am Institute for Fine Arts der New York University – bis zu seiner Entlassung an der Universität Hamburg im Frühjahr 1933 im halbjährlichen Wechsel. 1934/35 war er gleichzeitig Professor für Art History an der NYU und an der

Das Angebot: Visiting Professor of Fine Arts an der New York University (1935)

Schon am 7. Januar 1935 informierte Walter W. S. Cook, der Gründer und Direktor der Graduate School des Institute of Fine Arts der NYU,⁵⁹ das *EC* telephonisch von seinem Interesse an einer Verpflichtung Lehmann-Hartlebens: in der Fakultät gebe es einen dringenden Bedarf für einen Spezialisten in „Classical Art". Deshalb erkundigte er sich nach den aktuellen Möglichkeiten der Bezuschussung: ob das *EC* immer noch Jahresstipendien in einer Höhe von $ 4000 bewillige, und ob die *Rockefeller Foundation* bereit sei, das Gehalt für ein weiteres Jahr zu übernehmen? Als Betty Drury diese hochgesteckten Erwartungen Cooks mit nüchterner Zurückhaltung zu dämpfen suchte,⁶⁰ stellte dieser sogar eine eventuelle finanzielle Eigenbeteiligung vonseiten der Universität in Aussicht:

> „To this Dr. Cook said that if RF could not contribute, NYU might perhaps scrape up funds to [t]ake out stipend with."⁶¹

Auf diese informelle Anfrage folgte kurz darauf die offizielle ‚application' durch Henry Woodburn Chase, den Kanzler der NYU, die ganz im Sinne der ‚policy' der Komitees abgefasst war:

> „Professor Walter W. S. Cook (...) has brought to my attention the availability of Professor Karl Leo Heinrich Lehmann-Hartleben (...) for appointment to our faculty as Visiting Professor of Fine Arts, provided this is a case in which the Emergency Committee and the Rockefeller Foundation can jointly provide the necessary $ 4000 for the purpose."⁶²

Princeton University (Brief [hs.] Panofsky, New York, an Cassirer, Oxford, 3.3.1934, in Panofsky 2001, 713). Im Prospekt des Department for Fine Art, Graduate School der NYU für das akademische Jahr 1934/35, der in der Lehmann-Hartleben-Akte des *EC* aufbewahrt ist, sind alle Lehrveranstaltungen Panofskys mit Kreuzen markiert, wohl zur besseren Orientierung für die Mitglieder des Executive Committee (Prospekt ‚October 1934 – June 1935', in NYPL, *EC*-Records 20.9).

59 Cooks Zielstrebigkeit beim raschen Auf- und Ausbau eines kunsthistorischen Instituts von Weltrang war beispiellos: er war treibende Kraft bei der (durchaus kostspieligen) Berufung Panofskys: „Walter W. S. Cook (...) raised practically single-handed all the money for Panofsky" (Brief Murrow, *EC*, an Kotschnig, 16.4.1935, in NYPL, *EC*-Records 20.9). Zeitweise unterrichteten in den 1930er Jahren an der NYU fünf (!) Emigranten ‚deutsche' Kunstgeschichte: Panofsky, Lehmann-Hartleben, Julius Held, Walter Friedlaender und Richard Krautheimer.

60 „Told him (...) that each case have to be taken up on his merits, that question of permanency possibilities influenced RF, but that it was problematical how much money RF might appropriate for German scholars in future – if any." (*EC*-Memorandum Drury to Murrow, 8.1.1935, in NYPL, *EC*-Records 20.9).

61 Ebda.

62 Brief Chase, New York, an Murrow, 18.1.1935 (NYPL, *EC*-Records 20.9).

Zeitgleich versuchte Lehmann-Hartleben von Rom aus über das *Institute for International Education* eine Vortragsreise in die USA für das akademische Jahr 1935/36 zu organisieren, ohne Erfolg, wie das erhaltene Antwortschreiben von Miss Mary L. Waite, Stephen Duggans Sekretärin, zeigt.[63] Doch spätestens im April 1935 war Lehmann-Hartleben über die Pläne Cooks in Kenntnis gesetzt, denn er bat das *EC* dringlich darum, seine Anstellung an der NYU zu unterstützen:

> „As I understand, the chairman of the graduate centre of fine arts at the New York University, professor Cook would be inclined to invite me as visiting professor. Certainly that would be a splendid chance for me. I am not informed, if your Institute or the Comittee [sic!] (...) is occupied with this matter. But you may be sure, that I should remain extremely thankful, if something could be done for the realization of this project."[64]

Am 26. April schickte der Sekretär der NYU, Harold O. Voorhis, eine zweite application an das *EC:* eine Anfrage bei der *RF* war offensichtlich – wie von Betty Drury vorausgesagt – erfolglos geblieben, denn der Antrag enthielt eine eindeutige Verpflichtungserklärung der Universität, die Subvention des *EC* um weitere $ 2000 auf ein Gesamtjahresgehalt von $ 4000 aufzustocken. Unter diesen Konditionen, so Voorhis weiter, hätte auch Lehmann-Hartleben seine Bereitschaft erklärt das Angebot anzunehmen.[65]

Nur wenige Tage später, auf der Sitzung des Executive Committees am 1. Mai 1935, wurde der Antrag bewilligt, unter der Maßgabe, dass die NYU die verspro-

---

63 Brief Waite, Exec. Secr. *IIE*, an Lehmann-Hartleben, 1.3.1935 (Antwort auf dessen Schreiben vom 14.2.1935, in NYPL, *EC*-Records 20.9). Hintergrund des negativen Bescheides war, dass das Institut bereits mit der Planung einer von Colleges und Universitäten finanzierten Vortragsreise für einen Fachkollegen beschäftigt war: „(...) as the colleges have very limited incomes at this time from which to pay for extra-mural lectures, we would not feel that we could take on two lecturers in the field of Art."

64 Brief (hs.) Lehmann-Hartleben, Rom, an Waite, *IIE*, 14.4.1935 (NYPL, *EC*-Records 20.9). Miss Waite leitete diesen Brief an das *EC* weiter, mit der Randnotiz (links oben): „B[etty]. D[rury]. you want to file this?". Dieser Appell wurde flankiert durch ein Schreiben Demuths (*Notgemeinschaft deutscher Wissenschaftler im Ausland*), das dieser Ende April an das *EC* sandte: „(...) may I inform you about a personality for whom the greatest necessity of help must be started: Professor Dr. Karl Lehmann-Hartleben (...) is one of the best german classical archaeologists. He lives with 3 children in the most modest conditions in Rome. As we are informed there would be a possibility that L. could be invited at the university of the state of New York in New York [ein Irrtum Demuths, NYU war und ist eine Privatuniversität und gehörte nicht dem SUNY/CUNY-System an] as a visiting professor for one year if the necessary funds were available (...) We should be very grateful if there would be a possibility to help Prof. Lehmann-Hartleben by your eminent influence." (Brief Demuth, *Notgemeinschaft*, an Murrow, *EC*, 23.4.1935, in NYPL, *EC*-Records 169.7).

65 Brief Voorhis, NYU, an Murrow, *EC*, 26.4.1935 (NYPL, *EC*-Records 20.9).

chenen $ 2000 auch tatsächlich aufbringen würde, eine Bedingung, die Cook in seinem Dankesbrief an Murrow vom 3. Mai 1935 ohne Einschränkung zu erfüllen versprach:

> „I take this opportunity to tell you how much I appreciate your co-operation in this matter. This prompt action on your part has assured the bringing to this country of this eminent scholar, for I have already made arrangements for the additional financing."[66]

Lehmann-Hartleben wurde telegraphisch verständigt[67] und begann unverzüglich mit den Vorbereitungen zum Umzug: anders als sein ehemaliger Kollege aus Heidelberger Zeiten, Albrecht Götze, der nach dem Regierungsantritt Hitlers alles daran setzte, zusammen mit seiner Familie so rasch wie möglich das nationalsozialistische Deutschland zu verlassen,[68] spielte Lehmann-Hartleben zunächst fahrlässig mit dem Gedanken, Frau und Kinder von Italien nach Deutschland zurückkehren und erst später in die USA nachkommen zu lassen:

> „Ich glaube, dass sich im Augenblick die allerdings sehr schlimme neue Welle der Gemeinheit in Deutschland in der Ferne noch schlimmer malt, als sie ist. Für einen Aufenthalt meiner Familie in Deutschland sprächen an sich sehr schwerwiegende und nicht nur und nicht in erster Linie finanzielle Gründe (...)."[69]

---

66 Brief Cook, NYU, an Murrow, *EC*, 3.5.1935 (NYPL, *EC*-Records 20.9).
67 Brief Murrow, *EC*, an Kotschnig, Genf, 8.5.1935 (NYPL, *EC*-Records 20.9): „We have actually made a grant to New York University and they have cabled him an invitation. His chances of permanency are first-rate."
68 Brief Götze, Kopenhagen, an Frankfort, 15.7.1934 (kurz vor der Übersiedelung nach Yale): „Ich habe mich entschlossen, meine Frau und meine drei Kinder sofort mitzunehmen. Die Lage in D. scheint mir zu unstabil, die wirtschaftliche Lage zu gefahrdrohend, als dass ich mich einer Trennung hätte aussetzen können. Die Sorgen würden unter Umständen zu drückend werden und vielleicht sogar ökonomische Grenzen aufgerichtet werden, die ein getrenntes Leben geradezu zur Unmöglichkeit machen könnten. Dazu kommt als entscheidender Faktor die psychische und psychologische Gefahr, die die deutsche Schulerziehung zur Zeit für die Kinder bietet." (Yale, ULMA, Goetze Papers 7.156).
69 Brief Lehmann-Hartleben, Rom, an Götze, 6.6.1935 (das Datum 6. Juni 1934 ist ein offensichtlicher Tippfehler, denn im Brief ist die Rede von „verzweifelt langen beiden Jahren des Wartens". Vorausgegangen war ein Brief Götzes vom 25. Mai 1935, in dem er Lehmann-Hartleben zu dem Stellenangebot der NYU beglückwünscht hatte: „Lieber Herr Götze, ich danke Ihnen sehr herzlich für Ihren langen und guten Brief (...) Er enthält so viele Zeichen einer unverdient freundschaftlichen Gesinnung und Teilnahme, dass ich davon sehr gerührt bin. (...) Auch ich habe den Eindruck, dass die Auspizien für mich in New York sehr günstige sind und so bin ich von Herzen dankbar für diese auch für die Zukunft nicht aussichtslose Lösung." (Yale, ULMA, Goetze Papers 13.315).

Sollte sich eine zeitweilige Rückkehr nach Deutschland doch als zu gefährlich erweisen, so sollten Frau und Kinder einen Monat länger in Italien bleiben und zum ersten Oktober nach New York nachreisen.[70]

Anfang Juni informierte Cook Betty Drury über die endgültige Zusage Lehmann-Hartlebens, im Herbst an die NYU zu kommen.[71] Damit endete für die fünfköpfige Familie eine zweijährige Phase quälender Unsicherheit und verzweifelten Wartens. Dies fand explizit Ausdruck in Lehmann-Hartlebens Dankesbrief an Murrow, der in einem deutlich euphorischerem Ton verfasst war als das etwa zur gleichen Zeit verfasste Schreiben an Götze, und in dem er versuchte, seine tiefe Dankbarkeit gegenüber dem Komitee adäquat zu bezeugen:

> „As I understand it was the generous help of the Emergency Committee in aid of displaced German scholars and especially your very kind interest in my case, which gave me the great and fine chance to be invited for the next academic year to New York University. Certainly you know exactly all the details of my and my family's situation and I need not to explain you, how really happy and relieved I feel. But I wish to express you – or rather to try to express you, because it is hardly possible to find the right words – my greatest gratitude. What you have done for me is an <u>act of salvation</u>, possibly even more in the moral than in the material regards. I can simply say, that I shall never forget this help and that I shall do my best to justify it by my service to the American science and education. I shall come over to New York in the first days of September and I hope to have the opportunity of seeing you there soon and expressing you personally my thanks."[72]

2.4 Karriere an der NYU – Die Unterstützung durch das *Emergency Committee* (1935–1938)

Lehmann-Hartleben konnte im September 1935 rechtzeitig seine Lehrtätigkeit an der NYU aufnehmen, trotz einer überaus dilettantischen Falschinformation seiner neuen Arbeitgeber: sie hatten ihm „offenbar in Unkenntnis dringend geraten (...) das Quotavisum" zu beantragen! Nur dank der „wohlüberlegten und allseitigen Informationen und Ratschläge" Götzes und eines wohlmeinenden Konsuls in

---

[70] Aus der Korrespondenz lässt sich nicht entnehmen, ob Frau und Kinder von Deutschland oder von Italien aus ihre Schiffspassage in die USA antraten, und ob gemeinsam mit dem Vater oder später.

[71] Brief Drury, *EC*, an Murrow, 3.6.1935 (NYPL, *EC*-Records 20.9).

[72] Brief Lehmann-Hartleben an Murrow, *EC*, 23.5.1935 (*EC*-Records 20.9). Dieses Treffen fand am Dienstag, den 17. September, um 11.30 Uhr in Murrows Büro (68 E 83th St.) statt (siehe *IIE*-Office Memorandum Drury an Murrow, 11.9.1935, Brief Murrow an Lehmann-Hartleben, 12.9.1935, und Lehmann-Hartlebens Zusage vom 13.9.1935, alle in *EC*-Records 20.9).

Neapel, der ein „Professorenvisum" (d. h. ein **non**-quota visa) empfahl, „das noch besser sei",[73] gelang die Übersiedlung in die USA ohne gravierende Probleme.

Die Ankunft in New York geriet zu einem Medienereignis: Unter der Überschrift „N.Y.U. Engages 7 Art Scholars" wurde die Verpflichtung von fünf deutschen und zwei französischen „visiting members of the faculty" in der *New York Times* gepriesen:

> „New York University has secured seven outstanding European art scholars for lecture courses during the year in the history of fine arts. The visiting members of the faculty who will join with the members of the regular graduate fine arts staff of the university in offering to the public and graduate students more than forty courses on specific aspects of art history in the Metropolitan Museum, the Frick Art Reference Library and the Pierport Morgan Library, are: Walter Friedlaender, formerly professor at Freiburg University (...) Karl Leo Heinrich Lehmann-Hartleben (...)"[74]

Die finanzielle Situation Lehmann-Hartlebens war, im Vergleich zu der von anderen Emigranten wie z. B. Margarete Bieber, relativ komfortabel: er hatte noch in Italien soviel verdienen können, dass er die Kosten für die Schiffspassage aus eigenen Mitteln aufbringen konnte, die Umzugskosten, so hoffte er, würden in Deutschland zurückgebliebene Verwandte übernehmen. Darüber hinaus durfte er auf die Hilfe eines Vetters in New York zählen, der „für uns etwas zurückgelegt [habe], um uns über die Schwierigkeiten der Übersiedlung hinwegzuhelfen".[75] Bereits am 23. September überwies das *EC* die erste Marge des Stipendiums, einen Scheck über $ 1000.

Zur Eingewöhnung hatte Lehmann-Hartleben in seinem ersten Semester nur zwei Kurse zu unterrichten, ‚Classical Greek Sculpture' (Fine Arts 87) und das Seminar ‚Problems in Greek Art and Archaeology' (Fine Arts 337); im Frühjahr 1936 drei, ‚Greek and Roman Painting' (Fine Arts 88), ‚Excavation Sites in Greece' (Fine Arts 88) und das Seminar ‚Problems in Roman Art and Archaeology' (Fine Arts

---

73 Brief Lehmann-Hartleben, Rom, an Götze, 6.6.1935 (wie Anm. 69). Damit erübrigte sich das Angebot eines „special local committee" in Durham, UK, das ca. £ 200 (mit einer Option auf £ 300) gesammelt hatte, um Lehmann-Hartlebens archäologische Arbeit für das Jahr 1935/36 zu finanzieren. In einer ausführlichen Stellungnahme an das *EC* erörterte Walter Adams, der Generalsekretär des *AAC*, Vor- und Nachteile der englischen Offerte: „(...) in my judgment it would be far better, in Lehmann-Hartleben's interests, for him to go at once to New York and not to waste a year in the blind alley of research in Durham." (Brief Adams, *AAC*, an Murrow, *EC*, 16.5. 1935, in *EC*-Records 20.9). Adams gelingt es, diese Gelder für Otto Brendel zu reservieren, der im März 1936 als Research Fellow nach Durham kommen wird (siehe Kapitel Brendel, S. 195).
74 Ausschnitt *NYT*, o. Datum [1936] (NYPL, *EC*-Records 149.15).
75 Brief Lehmann-Hartleben an Götze, 6.6.1935 (wie Anm. 69).

338).⁷⁶ Die Universität war mit seinem Wirken als Hochschullehrer und Forscher mehr als zufrieden:

> „Dr. Lehmann-Hartleben has more than fulfilled our expectations both as a scholar and as a teacher. He has not only demonstrated his outstanding qualifications in the field of Classical Archaeology, a field in which New York University has offered no instruction previously, but he has aroused the enthusiasm of his students in his subject, and has demonstrated that he is a person whom we must keep permanently as a member of our staff."⁷⁷

Sie honorierte Lehmann-Hartlebens gelungenen Einstieg mit einer überraschend hohen Eigenleistung: zu seinem ersten Jahresgehalt steuerte die NYU mehr bei als mit dem *EC* ursprünglich vereinbart, $ 3000, sodass Lehmann-Hartleben in seinem ersten Jahr $ 5000 verdiente.⁷⁸

Ziel der Eloge des Chancellors Chase auf den neuen Archäologieprofessor war, die Verantwortlichen des *EC* möglichst günstig zu stimmen für einen zweiten Antrag:

> „In view of his success and our desire to keep him with us, I write to ask you whether your Committee would make a grant of $ 2000. for the period of one year in order to pay part of Dr. Lehmann-Hartleben's salary for the coming academic year. In support of this, I should like to say that it is our intention to keep him on our staff as a regular appointee after that date."

John H. Whyte, Assistant Secretary des *EC* von 1935 bis November 1937,⁷⁹ reagierte ausgesprochen wohlwollend auf diese ‚application': besonders die Absichtserklärung der NYU, Lehmann-Hartleben nach Ablauf des zweiten Jahres dauerhaft anzustellen, wirkte sich positiv aus, entsprach es doch einer der Hauptforderungen des *EC*, der nach ‚permanency':

> „The Committee will be delighted to hear that Dr. Lehmann-Hartleben has proven so satisfactory. (...) I shall particularly draw to the Committee's attention your statement that you

---

76 Eine Liste mit Lehmann-Hartlebens Lehrveranstaltungen wurde mir dankenswerterweise von Frau Amy Lucker, Library Director des Institute of Fine Arts an der NYU, zusammengestellt (siehe auch www.nyu.edu/gsas/dept/fineart/ifa/history_courses03.htm).
77 Brief Chase, Chancellor NYU, an *EC*, 29.1.1936 (NYPL, *EC*-Records 20.10).
78 Ebda. Bereits kurz nach der Zusage des *EC*-grants stellte Cook dem Komitee in Aussicht, dass er bzw. die NYU möglicherweise einen Eigenanteil in Höhe von $ 2500 aufbringen könnte (Brief Drury an Murrow, 3.6.1935, in NYPL, *EC*-Records 20.9). Das Formblatt ‚Data Prior to/Following Arrival in U.S.A.' hat diese Erhöhung nicht aufgenommen: es vermerkt in der Rubrik 28 ‚placements' für die Jahre 1935/36 und 1936/37 ein Gehalt von jeweils $ 4000 (YIVO, *OT*-Microfilm).
79 Duggan/Drury 1948, 178.

2.4 Karriere an der NYU – Die Unterstützung durch das *EC* (1935–1938) — 127

> intend to keep Dr. Lehmann-Hartleben on your staff as a regular appointee at the expiration of the term for which our subvention is asked (...)."[80]

Dennoch musste das Executive Committee in seiner Sitzung am 5. Februar 1936 die meisten Anträge ablehnen, da die Mittel des *EC* ausgeschöpft waren. Kanzler Chase wurde aber versichert, dass der Fall Lehmann-Hartleben noch einmal verhandelt werden würde:

> „Just soon as we have funds in hand, I shall see that Lehmann-Hartleben's case is presented again to our Executive Committee."[81]

Dies geschah am 26. März: unter ausdrücklicher Berufung auf die Übernahmegarantie durch die Universität bewilligte das *EC* erneut einen Gehaltszuschuss in Höhe von $ 2000 für das akademische Jahr 1936–37.[82] Lehmann-Hartleben strahlte in seinem Dankesbrief Optimismus und Zuversicht hinsichtlich seiner beruflichen Perspektive aus:

> „I am of course very happy such as more, as I understand, that this decision implies a very good prospect for a permanent solution. You know, how intensely I appreciate my work here and with which optimism I feel I can regard its future development. Thus you will understand, that it is not only the fulfillment of a formality, that I wish to express you my sincere and cordial gratitude for the help of the Committee, the successful activity of which is equally admirable and consolating for so many scholars."[83]

Mit großer Energie startete Lehmann-Hartleben in das neue Jahr: im Herbst 1936 bot er drei Lehrveranstaltungen an, ‚The Portrait in Greek and Roman Art' (Fine Arts 281), ‚Art of the Roman Imperial Age' (Fine Arts 95) und als Seminar ‚Archaic Greek Vase Painting (Fine Arts 367), im Frühjahr 1937 zwei, mit dem Schwerpunkt

---

80 Brief Whyte, *EC*, an Chase, 31.1.1936 (NYPL, *EC*-Records 20.10).
81 Brief Whyte, *EC*, an Chase, 5.2.1936 (NYPL, *EC*-Records 20.10).
82 „This grant is made with the understanding that you intend to keep Professor Lehmann-Hartleben as a regular member of your staff at the expiration of the term of our subvention." (Brief Whyte, *EC*, an Chase, 28.3.1936, in NYPL, *EC*-Records 20.10). Zu diesem Zeitpunkt befand sich Lehmann-Hartleben mit einer Studentengruppe in Italien: das *Bryn Mawr Alumnae Bulletin* (March 1936) berichtete stolz von einer „seven hour lecture on the spot" die Lehmann-Hartleben in der Hadrians-Villa in Tivoli gehalten hätte (NYPL, *EC*-Records 20.10). In seinem Antwortschreiben vom 6.4.1936 akzeptierte Chase die Bedingung des Komitees: „It is our understanding that we are to keep Professor Lehmann-Hartleben as a member of our staff at the expiration of the term of your subvention" (Brief Chase an Whyte, *EC*, 6.4.1936, auch zitiert im Brief Whyte, *EC*, an Chase, 10.12.1936, beide in NYPL, *EC*-Records 20.10).
83 Brief Lehmann-Hartleben an Whyte, *EC*, 6.6.1936 (NYPL, *EC*-Records 20.10).

römische Kunst: ‚History and Monuments of Ancient Rome' (Fine Arts 82) und das Seminar ‚Roman Sculpture' (Fine Arts 368).

Doch der Fall-term war noch nicht zu Ende, da wartete H. W. Chase mit einer besonderen Überraschung auf: als hätte es die Korrespondenz zwischen Januar und April 1936 nie gegeben, stellte er einen weiteren, dritten Antrag beim *EC* auf einen Gehaltszuschuss in Höhe von $ 2000! Wiederum stellte er eine unbefristete Anstellung des „very worthy case" in Aussicht, wiederum lobte er Lehmann-Hartlebens Verdienste in den höchsten Tönen:

> „If we can bridge this difficult gap we are hopeful that it will mean a permanent place for him here as our own finances improve. (...)
> I wish to inform you that our sanguine expectations as to the desirability of his service have been abundantly fulfilled in the experience of having him with us this year. He is a stimulating teacher and a productive scholar, and his service has been of indispensable value in our graduate program of fine arts instruction."[84]

Interessanterweise enthielt der Antrag keine expliziten Informationen darüber, weshalb die NYU die Festanstellung Lehmann-Hartlebens nicht schon, wie noch vor acht Monaten versprochen, im kommenden Jahr 1937/38 vornehmen könnte. Entsprechend ungehalten reagierte das Komitee: John Whyte ließ sich mit dem vagen Hinweis auf eine „difficult gap" nicht abspeisen und ließ Chase wissen, dass er dessen Briefe noch einmal genau gelesen hätte. Wörtlich zitierte er die entscheidende Passsage aus Chases' Brief vom 6. April 1936: „It is our understanding that we are to keep Professor Lehmann-Hartleben as a member of our staff at the expiration of the term of your subvention"[85] und verlangte in ungewöhnlich scharfem Ton eine Erklärung:

> „I interpreted this statement as an intention on your part to place Lehmann-Hartleben on your regular staff and on your budget. If this is a misinterpretation of your intention, I want to be informed because I must correct the impression that I have given to the Committee during the year when in listing our scholars we placed Professor Lehmann-Hartleben's name among those for whom no further grant needed to be made."

Da Chase nicht unmittelbar erreichbar war,[86] wurde der Brief sofort an das Office of the Secretary weitergeleitet. Harold O. Voorhis, der mit dem Fall Lehmann-Hartleben seit Frühjahr 1935 vertraut war,[87] fiel die Aufgabe zu, die Verstimmung zu glätten: Das

---

84 Brief Chase an *EC*, 2.12.1936 (NYPL, *EC*-Records 20.10).
85 Brief Whyte, *EC*, an Chase, 10.12.1936 (NYPL, *EC*-Records 20.10).
86 „In behalf of Chancellor Chase, who is out of town (...)" (Brief Voorhis, NYU, an Whyte, *EC*, 11.12.1936, in NYPL, *EC*-Records 20.10).
87 Siehe Seite 122.

2.4 Karriere an der NYU – Die Unterstützung durch das *EC* (1935–1938) — 129

„understanding" des Komitees sei vollkommen korrekt gewesen; die Universität habe im Frühjahr geplant gehabt, Lehmann-Hartleben mithilfe von Sondermitteln übernehmen zu können, die der NYU seit Jahren von einer „estate foundation" als „subsidy for fine arts instruction" zweckgebunden zugeflossen seien. Ohne Vorwarnung seien diese Zahlungen aber überraschend eingestellt worden:

> „This means that we have been faced with an acute problem with respect to the retention of the services of Professor Lehmann-Hartleben (...) It is truly an emergency situation (...) It is still our confident hope that we shall be able in due season to give Professor Lehmann-Hartleben a permanent place on our faculty. The failure to receive the expected support for next year postpones of necessity the realization of this desire."[88]

Diese Erklärung wurde vom *EC* akzeptiert.[89] In einem Memorandum, das Whyte an B. Flexner und Cohn schickte, äußerte er seine Zufriedenheit darüber, dass Voorhis in seiner Stellungnahme prinzipiell die Forderung des *EC* nach einer Anstellung Lehmann-Hartlebens durch die NYU anerkannt habe. Für das Meeting, das im Januar angesetzt war, einigte man sich auf eine Strategie, die Lehmann-Hartleben unterstützten sollte, ohne aber die NYU aus der Verantwortung zu entlassen:

> „I am not suggesting for a moment that the case of Professor Lehmann-Hartleben should be prejudiced by this situation, for I believe that New York University has done what it could under the circumstances."[90]

> „About Lehmann-Hartleben: I fancy we shall be able to carry him though no doubt you will continue to make pressure on New York University to do what they can. They manage very well."[91]

Nach dieser intensiven Vorarbeit war die Bewilligung des grant zugunsten Lehmann-Hartlebens nur noch eine Formalität. Das Bewilligungsschreiben betonte, dass vor allem Voorhis' Ausführungen eine günstige Entscheidung überhaupt möglich gemacht hätten und unterstrich nachdrücklich, dass nach Ablauf des Jahres 1937–38 unter keinen Umständen mit irgendeiner weiteren Unterstützung durch das Komitee gerechnet werden dürfe:

> „In making their new grant, the Committee instructed me to say that it is their expectation that you will be able to take Professor Lehmann-Hartleben on your regular staff at the ex-

---

88 Brief Voorhis an Whyte, *EC*, 11.12.1936 (NYPL, *EC*-Records 20.10).
89 „I am glad to have such a clear statement of the case to place before our Executive Committee." (Brief Whyte, *EC*, an Voorhis, 18.12.1936, in NYPL, *EC*-Records 20.10).
90 *EC*-Memorandum Whyte an Flexner und Cohn, 21.12.1936 (NYPL, *EC*-Records 20.10).
91 *EC*-Cross Reference Cohn an Whyte, 22.12.1936 (NYPL, *EC*-Records 20.10).

piration of the term of our grant, for there is no indication whatsoever that our Committee will be able to renew any grants at the expiration of the academic year 1937–38."[92]

Die Beteuerungen und Zusagen, die vonseiten der Universität gegenüber dem *EC* vorgebracht wurden,[93] hatten diesmal Bestand: seit 1937/38 war Lehmann-Hartleben bereits Professor of Fine Arts,[94] ohne den einschränkenden Hinweis „Visiting", seit Herbst 1938 übernahm die NYU auch das volle Gehalt.

Das Jahr 1937 schien sich zum besonderen Glücksjahr zu entwickeln: neben dem dritten *EC*-grant in Serie trat auch noch ein privater Gönner in Erscheinung, der sich bereit erklärte, Lehmann-Hartleben für den Sommer 1937 einen Forschungsaufenthalt in Italien und Griechenland zu finanzieren.

> „I became enabled by the help of an American friend to go to Europe for the summer and take up my research work in Greece and Italy."[95]

Doch dieser berufliche Erfolg wurde überschattet von tragischen Ereignissen innerhalb der Familie: binnen zweier Monate verlor Lehmann-Hartleben seine Mutter Henni Lehmann (durch Selbstmord am 18. Februar 1937) und seine Schwester, die Etruskologin Eva Fiesel, die nach kurzer schwerer Krankheit am 27. Mai 1937 in New York verstarb. Ihr Tod war besonders tragisch, da sie erst im Herbst 1936 in Bryn Mawr ihre erste sichere Stellung gefunden hatte und eine minderjährige Tochter zurückließ. Dennoch trat Lehmann-Hartleben die Forschungsreise nach Italien und Griechenland an und kehrte erst im September nach New York zurück. Seine Frau Elwine Lehmann-Hartleben, die bereits Ende Juli aus Europa zurückgekehrt war, versuchte in der Zwischenzeit, den Nachlass ihrer Schwägerin vorzuordnen:

> „Seit 14 Tagen bin ich über beide Ohren begraben in dem Nachlass meiner Schwägerin. Ich war in Bryn Mawr und habe den Transport aller Dinge hierher angeordnet und habe in der

---

92 Brief Whyte, *EC*, an Chase, 25.1.1937 (NYPL, *EC*-Records 20.10).
93 „Meantime, we are employing all possible means to bolster the finances of our Fine Arts department in order that, as we have planned, we may continue Professor Lehmann-Hartleben as a regular member of our staff, independent of outside financial assistance." (Brief Voorhis, Assistant to the Chancellor [!], an Whyte, *EC*, 29.1.1937, in NYPL, *EC*-Records 20.10).
94 Brief Lehmann-Hartleben an Drury, *EC*, 22.2.1938: „I have been appointed as regular professor (no more Visiting Professor) at New York University for the current academic year 1937/38" (NYPL, *EC*-Records 20.10).
Lehrveranstaltungen des Jahres 1937/38: im Herbstsemester ‚Classical Greek Art' (From the Persian Wars to Alexander the Great) (Fine Arts 63) und das Seminar ‚Greek Archaic Art in the Metropolitan Museum' (Fine Arts 363), im Frühjahr 1938 ‚Art of Ancient Italy before the Roman Period' (Fine Arts 60) und das Seminar ‚Greek Grave Reliefs' (Fine Arts 364).
95 Brief Lehmann-Hartleben an Whyte, *EC*, 29.7.1937 (NYPL, *EC*-Records 20.10).

letzten Woche hier alles geordnet und gesichtet. Die Bücher, die Debrunner gehören,[96] habe ich gefunden und werde sie ihm schicken. Über den wissenschaftlichen Nachlass wage ich nichts zu unternehmen, ehe mein Mann zurück ist. Er kommt am 16. September. Haben sie einstweilen herzlichen Dank für ihr freundschaftliches Angebot."[97]

Im Sommer 1938 erweiterte sich Lehmann-Hartlebens Aufgabenbereich durch seine Ernennung zum Direktor des „NYU Archaeological Research Funds": seither unternahm er jährliche Grabungskampagnen auf Samothrake bis zu seinem Tod 1960.[98] 1951 wurde er zum Ehrenbürger der griechischen Insel erklärt, am 24. Juli 1955 wurde das von der NYU finanzierte Museum feierlich eröffnet. Den ersten Besuchern, die eine Luxusreise von Athen nach Samothrake auf der SS Semiramis (2 Nächte in Doppelkabine) vom 23. bis zum 25. Juli gebucht hatten, wurde ein abwechslungsreiches Programm geboten: Picknick nach der offiziellen Museumseröffnung, Ausgrabungsbesuch mit Professor Lehmann und seiner jungen Gemahlin Phyllis[99] und „local celebration/folk dances".[100]

---

96 Die Tochter des Schweizer Linguisten Albert Debrunner hatte bei Eva Fiesel in München studiert und dort wohl einige Grammatiken und Wörterbücher aus dem Besitz ihres Vaters zurückgelassen; dieser hatte Albrecht Götze nach Eva Fiesels Tod gebeten, bei ihren Verwandten nach dem Verbleib dieser Bücher anzufragen (Brief Götze an Elwine Lehmann Hartleben, 4.7. 1937, in Yale, ULMA, Goetze Papers 13.315). Debrunner trat als Herausgeber der Zeitschrift *Indogermanische Forschungen* aus Protest gegen die nationalsozialistische Wissenschaftspolitik 1938 zurück: „Inzwischen habe ich freilich die Redaktion der IF aufgeben müssen: nach der neuesten Wendung in Deutschland müssen jüdische Mitarbeiter ausgeschaltet werden und damit kann ich mich (gerade weil ich ‚Arier' bin) nicht einverstanden erklären." (Brief Debrunner an Manolis Triandafyllidis, zitiert nach: http://abravanel.wordpress.com/2008/04/29/adebrunner-talks-with-mtriandafyllidis/).
97 Brief (hs.) Elwine Lehmann-Hartleben, New Rochelle, NY, an Götze, 29.8.1937 (Yale, ULMA, Goetze Papers 13.315). Elwine nahm auf Götzes Brief vom 4. Juli 1937 Bezug, in dem er seine Hilfe bei der Auswertung des wissenschaftlichen Nachlasses Eva Fiesels anbot. Eine erste diesbezügliche Besprechung fand im Hause Lehmann-Hartlebens Anfang November 1937 statt (Briefe Lehmann-Hartleben an Götze, 3.10.1937 und Götze an Lehmann-Hartleben, 7.11.1937, in Yale, ULMA, Goetze Papers 13.315).
98 Vor dem zweiten Weltkrieg konnten noch zwei Kampagnen durchgeführt werden (1938, 1939), erst 1948 wurden sie wieder fortgesetzt (de Grummond 1996, Vol. 2, 1003, s.v. „Samothrace").
99 Nach dem Tod seiner Frau Elwine hatte Karl Lehmann-Hartleben seinen Doppelnamen abgelegt: am 14. September 1944 ging er in New York mit Phyllis Lourene Williams, die 1943 mit der Arbeit *A Numismatic Approach to the Sculpture of Southern Italy and Sicily in the Classical Period* bei ihm an der NYU promoviert hatte, eine zweite Ehe ein (Hochzeitsanzeige, Getty Research Institute, Jastrow papers 8.24 ‚Karl Lehmann-Hartleben 1934–1960'). Das Begleitbuch zur Ausstellung „100 jüdische Persönlichkeiten aus Mecklenburg-Vorpommern" irrt mit seiner Behauptung, Lehmann habe „nach 1944 (...) seinem Nachnamen den seiner verstorbenen Frau Elwine Hartleben hinzu[gefügt]." (Schröder 2003, 109).
100 Prospekt 24.7.1955 (GRI, Jastrow papers 8.24 ‚Karl Lehmann-Hartleben 1934–1960').

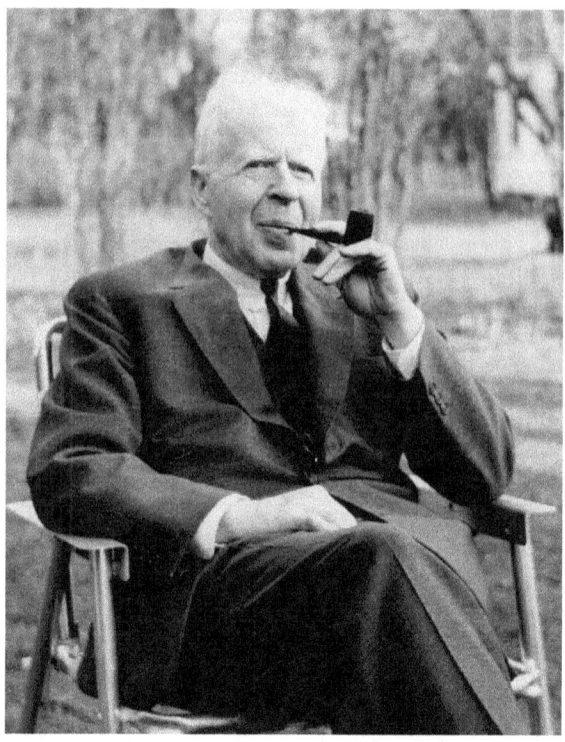

Abb. 4: Karl Lehmann-Hartleben (undatiert) (Courtesy New York University Archives)

3 Elisabeth „Ebith" Jastrow[1]

> „Unter den archäologisch ausgebildeten Frauen in Deutschland steht [sie] gegenwärtig (...) ihrem Können nach neben Frau Prof. Bieber an erster Stelle"[2]

3.1 Bis zur Entlassung

Ausbildung bis zur Promotion (1890–1916)

Elisabeth Jastrow war die Tochter Ignaz Jastrows, eines international hochangesehenen Historikers und Wirtschaftswissenschaftlers, der als Ordinarius an der Friedrich-Wilhems-Universität Staatswissenschaften lehrte und zugleich als Rektor seit 1906 die Berliner Handelshochschule leitete.[3] Die wohlhabende und vollständig assimilierte Familie war nicht nur in Berlin, sondern auch in London und an der Ostküste der USA ansässig, was Elisabeths spätere Emigration erleichtern sollte. Von 1903 bis 1909 besuchte sie die „Auguste-Victoria-Schule", ein Real-Gymnasium für Mädchen, das erst 1901 gegründet worden war.[4]

Zum Sommersemester 1909 nahm sie in Berlin das Studium der Griechischen und Römischen Archäologie, Klassischen Philologie, Philosophie und Kunstgeschichte auf, zum Sommersemester 1911 wechselte sie für ein Jahr nach

---

[1] Die Quellenlage zu Elisabeth Jastrow ist vergleichsweise günstig: Ihre Briefe füllen insgesamt 22 Boxes der „Elisabeth Jastrow papers", 12 mit hauptsächlich professioneller, 10 mit überwiegend privater Korrespondenz (Series I Correspondence, 1911–1967, Boxes 1–12; Series V Personal Papers, 1870–1971, Boxes 50–59). Anlässlich des 50. Jahrestages ihres Abiturs verfasste sie einen ‚autobiographical sketch' der ebenfalls im Getty Research Institute (GRI) des Getty Center in Los Angeles aufbewahrt ist (Box 58, Folder 13). Die Akte in den Records des *Emergency Committee in Aid of Displaced Foreign Scholars* ist zwar relativ schmal, da Jastrow von diesem Komitee nie gefördert wurde, doch trotzdem für die Rekonstruktion ihrer Karriere unentbehrlich: zweimal sandte sie als Anlage zu ihrer Korrespondenz biographisches Material nach New York, am 20. Dezember 1935 und am 14. März 1942. (NYPL, *EC*-Records 77.31).

[2] Empfehlungsschreiben Wiegand, Berlin, 4.7.1933 (Anlage 4 zu Brief Jastrow, Rom, an Murrow, *Emergency Committee*, 20.12.1935, in New York Public Library, Manuscripts and Archives Division, *EC*-Records Box 77, Folder 31).

[3] Maier 2010, 11 f.

[4] Datierung in Deutsche Kinemathek Museum, *Marlene Dietrich Collection*, ‚Marlene in Berlin' (http://osiris22.pi-consult.de/view.php3?show=570726). Da im Unterschied zum traditionellen Humanistischen Gymnasium am Realgymnasium kein Griechisch unterrichtet wurde, legte Jastrow erst später, im Herbst 1912, das für das Studium der Altertumswissenschaften obligatorische ‚Graecum' ab (Jastrow, CV, Anlage 1 zu ihrem Brief an Murrow, *EC*, 20.12.1935, in NYPL, *EC*-Records 77.31).

Heidelberg. Zu ihren wichtigsten Lehrern in Berlin zählte sie Ulrich von Wilamowitz-Moellendorff, Hermann Diels, Eduard Meyer, Georg Simmel und Heinrich Wölfflin, in Heidelberg Friedrich von Duhn, Franz Boll, Wilhelm Windelband und Friedrich Gundolf. Zurück in Berlin (seit dem Sommersemester 1912) schloss sie sich dem Kreis um Georg Loeschcke an, der gerade als Nachfolger des verstorbenen Reinhard Kekulé von Stradonitz von Bonn nach Berlin berufen worden war. Ihm verdankte sie auch die Anregung zu ihrem Dissertationsthema.

Doch der Ausbruch des Ersten Weltkrieges unterbrach ihre akademische Laufbahn, sie arbeitete in den ersten Kriegsmonaten als „nurse's aide and assistant" in Berlin-Siemensstadt in einem Rot-Kreuz-Krankenhaus.[5] Nach dem Tod Loeschckes 1915, kurz vor Abschließen ihrer Dissertation, ging Jastrow im Sommer 1916 nach Heidelberg und promovierte bei von Duhn über das Thema *Ton-Altärchen aus den westgriechischen Kolonien* mit „summa cum laude".[6] Anschließend kehrte sie nach Berlin zurück und wurde in Margarete Biebers legendären archäologischen ‚Privatzirkel' aufgenommen, dem u. a. Erwin Panofsky, seine spätere Frau Dora Mosse, Gerhart Rodenwaldt, Valentin Müller, Walther Amelung und Bernhard Schweitzer angehörten.[7]

Karriere in Weimar (1916 – 1933)

Ihre erste Anstellung fand Jastrow am Archäologischen Seminar in Leipzig im Herbst 1916, als Assistentin von Franz Studniczka. Kurz vor ihrem Wechsel nach Gießen, im Sommer 1919, erstellte sie für den kunsthistorischen Verlag E. A. Seemann einen Katalog seiner Dia-Sammlungen, der anschließend publiziert

---

5 Nach den Angaben der ‚Faculty Personnel Information Form', Attached sheet No. 4 des Greensboro College (datiert 10.6.1952) von Oktober 1914 bis Januar 1915 (UNCG Biography Files, Martha Blakely Hodges Special Collections and University Archives, The University of North Carolina at Greensboro, Personalakte ‚Jastrow, Elisabeth Anna Marie'). Auch Margarete Bieber verließ im August 1914 zunächst die Universität, um im Garten ihres väterlichen Hauses in Ostpreußen ein Behelfslazarett aufzubauen (*Korrespondenz Frauenpresse* 52, 1.7.1929, zitiert [in engl. Übers.] in Harrison 1978, 573).
6 Doktorurkunde datiert auf 16.11.1917 (‚Faculty Personnel Information Form', Attached sheet No. 2, in UNCG Biography Files, PA Jastrow, wie Anm. 5).
7 Hintergrund dieser „Privatseminare" war, dass Loeschckes Nachfolger Ferdinand Noack M. Bieber, die während Loeschckes Krankheit und nach seinem Tod im November 1915 seine Veranstaltungen mit großem Erfolg (und ohne Bezahlung!) weitergeführt hatte, jede weitere Lehrtätigkeit am Institut untersagt hatte (siehe Bonfante 1981, 248, Bonfante, Recke 2004, 6 und Kapitel Bieber, S. 36 mit Anm. 7).

wurde, und zeigte damit erstmals ihre Vielseitigkeit, die langfristig gesehen ihrer Laufbahn nicht zuträglich war: viel wichtiger als der Katalog wäre zu diesem Zeitpunkt der Abschluss der Druckfassung der Dissertation gewesen, von der bis heute lediglich eine kurze Zusammenfassung im *Archäologischen Anzeiger* (*AA* 1920, 102–104) existiert.[8]

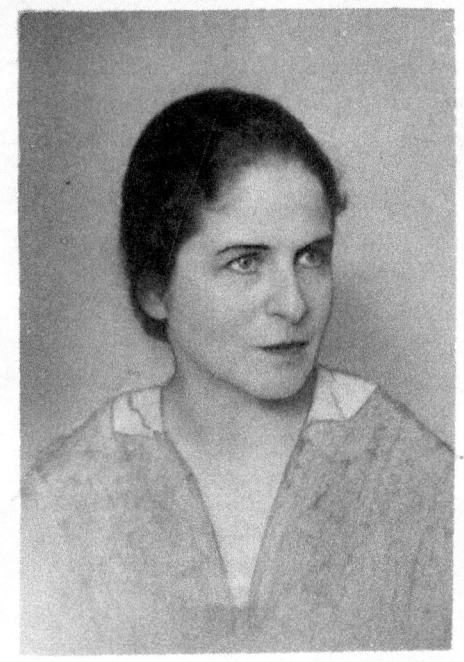

Abb. 5: Elisabeth Jastrow als junge Frau (undatiert: 1920/25?)

Vom Wintersemester 1919[9] bis zum Sommersemester 1922 war sie Assistentin am Archäologischen und Kunsthistorischen Institut der Universität Gießen bei Gerhart Rodenwaldt und Christian Rauch. Ein Studienaufenthalt in Italien in den Semesterferien 1921 ließ in ihr den Entschluss reifen, für längere Zeit in Griechenland und Italien archäologische Forschungen zu betreiben. Deshalb ging sie

---

8 Im Arbeitsplan („Plans for Study") für den zweiten Antrag bei der *AAUW* vom 14.11.1935 begründete Jastrow dies wie folgt: „(..) the work remained unprinted on account of the emergency provisions of the time." (Anlage 10, S. 4, Anm. 1 zu Brief Jastrow, Rom, an Murrow, *EC*, 20. 12.1935 [wie Anm. 2]).
9 Siehe „Liste der weiblichen wissenschaftlichen Beschäftigten an der Universität Gießen im Zeitraum von 1908 bis 1945" in Felschow 2008, 45.

zunächst im Herbst 1922 für zwei Jahre ans *Deutsche Archäologische Institut* nach Athen, das erst im Vorjahr unter der Direktion Ernst Buschors wiedereröffnet worden war. Anders als ihren Fachkollegen blieb ihr aber die finanzielle Unterstützung durch das *DAI* versagt: angesichts der katastrophalen wirtschaftlichen Lage in Deutschland – im Oktober 1922 belief sich Dollarkurs bereits auf 4200 RM, er sollte sich bis November 1923 bis auf 4,2 Billionen RM steigern – sah sich das Institut außerstande, die üblichen Reisestipendien zu vergeben. Deshalb musste sich Jastrow ihren Lebensunterhalt als Deutschlehrerin an der Deutschen Schule in Athen verdienen. Ihre Rückreise nach Deutschland im Herbst 1924 unterbrach sie für einen mehrwöchigen Aufenthalt in Rom, den sie mit Unterstützung des *DAI*-Direktors Walther Amelung zum intensiven Studium der süditalischen und sizilischen Terrakotta-*Arulae* nutzte.

Dieser Aufenthalt entschied auch über ihre Tätigkeit für die nächsten fünf Jahre. Amelung suchte nach geeigneten Fachkräften zur Unterstützung für sein Großprojekt, die Bestände der einzigartigen Bibliothek des *DAI*, die nach dem Ersten Weltkrieg nur durch die Intervention Benedetto Croces vor der Zerstörung gerettet worden war,[10] neu und systematisch zu ordnen. Es galt August Maus Bibliographie, die 1902 erstmals erschienen war, neu zu bearbeiten und als Realkatalog fortzuführen:

> „At this time the German Archaeological Institute in Rome began to resume a task which had been interrupted by the war: the New Edition of the ‚Katalog der Bibliothek des Deutschen Archäologischen Instituts in Rom, von A. Mau', a systematic and critical registration of the books and essays of all nations concerning classical Archaeology."[11]

Die Neubearbeitung des Katalogs sollte die gesamte am Institut vorhandene Literatur bis zum Erscheinungsjahr 1925 erfassen und lag 1932 gedruckt in drei Bänden vor. Jastrow war für das Gebiet „Vasenmalerei" zuständig[12] und blieb bis zum Frühjahr 1929 in Rom, wo inzwischen Ludwig Curtius nach Amelungs Tod im Jahre 1927 die Direktion übernommen hatte. Die redaktionellen Abschlussarbeiten fanden am *DAI* in Berlin statt und währten bis zum Frühjahr 1930.

Nach langjähriger Unterbrechung konnte sie ihre Universitätslaufbahn ab Herbst 1930 wieder fortsetzen: Paul Jacobsthal hatte sie zu seiner Assistentin ans Archäologische Seminar der Universität Marburg berufen, weil er ihre „besondere Vorbildung" schätzte. Zu ihrem umfangreichen Aufgabenbereich gehörten die

---

10 Deichmann, Kraus 1979, 1f.
11 Jastrow, CV, S. 2 (wie Anm. 4).
12 Jastrow, „Vasenmalerei", in *Katalog der Bibliothek des DAI in Rom*, II,1 (III D 3), Berlin, Leizig 1932, 560–732.

wissenschaftliche Bestimmung der photographischen Sammlung des Instituts mit 25000 (!) Photographien, ihre Umstellung von einer topographischen auf eine systematische Anordnung, die Bestimmung und Inventarisierung des keramischen Materials und administrative Tätigkeiten. Doch das bedeutete nicht, dass sie von der Lehre freigestellt gewesen wäre: sie „unterstützte" Jacobsthal „auch im Unterricht, besonders in der propädeutischen Einführung zahlreicher Kunsthistoriker und Prähistoriker in die klassische Archäologie". Darüber hinaus sollte sie ihm mit ihren „glänzenden bibliographischen Kenntnisse[n]" bei den „sehr umständlichen und schwierigen Vorarbeiten für [s]eine geplante Geschichte der keltischen Kunst" (...) „sehr wertvolle Dienste" leisten.[13] Unter diesen Umständen[14] ist es nur zu bewundern, wie Jastrow noch Zeit finden konnte, ihr schmales Schriftenverzeichnis um immerhin zwei substantielle Untersuchungen zu erweitern.[15]

Im Frühjahr 1933 glaubte Jastrow eine attraktivere Stelle gefunden zu haben: am 1. Mai verließ sie Marburg, um in Bonn am Akademischen Kunstmuseum, das dem Archäologischen Seminar Richard Delbruecks zugeordnet war, einen wissenschaftlichen Katalog der Vasensammlung zu erarbeiten.[16] Doch bevor sie noch ihren ersten Arbeitstag antreten konnte, war sie schon wieder entlassen: die Universität Bonn fügte sich den neuen Bestimmungen des „Gesetzes zur Wiederherstellung des Berufsbeamtentums" und machte ihre Stellenzusage wieder rückgängig, da Jastrow nicht arischer Abstammung war:

---

13 Empfehlungsschreiben Jacobsthal, Marburg, 1.5.1934 (GRI, Jastrow papers 7.9).
14 Auch die Fahnenkorrekturen für den DAI-Katalog scheinen während des ersten Marburger Jahres wertvolle Zeit gekostet zu haben, denn Jastrow erwähnt diese Tätigkeit ausdrücklich in ihrem knappen Lebenslauf: „The manuscript being finished, in Autmn [sic!] 1930, there followed two years assistanceship at the Archaeological Seminary of the University of Marburg (under Prof. Jacobsthal), and proof-reading of the ‚Katalog'". (Jastrow, CV, S. 3 [wie Anm. 4]).
15 „Zur Darstellung griechischer Landschaft" in *Die Antike* 8 (1932), 201–214, und „Relief-Tor in Capua" in *AA* 1932, 21–38 (Nr. 5 und 6 des 1934/1935 erstellten Schriftenverzeichnisses, Anlage 11 zu Brief Jastrow, Rom, an Murrow, *EC*, 20.12.1935) [wie Anm. 2].
16 Delbruecks Antrag, Jastrow eine planmäßige Assistentenstelle zu übertragen, war am 16. Februar 1933 genehmigt worden. Nach Verabschiedung des Beamtengesetzes hatte Delbrueck „in einem Bericht vom 26.4.1933 dem Kuratorium mitgeteilt, dass Frl. Dr. Jastrow nicht arischer Abstammung sei; aber gebeten, trotzdem die Anstellung weiter zu betreiben, da Frl. Jastrow bei dem Charakter der ihr zugedachten Arbeiten ‚wenig in Erscheinung' treten werde. Daraufhin hat der Kurator im Schreiben vom 29.4.1933-Nr. 2133-die Anstellung verweigert." (Walther Holtzmann, Dekan der Philosophischen Fakultät der Universität Bonn, J.-Nr. 362, an das Rektorat, 27.5.1953, in Universität Bonn, Verwaltung, Personalakte ‚Elisabeth Jastrow Kustos A. D. Wiedergutmachungsfall u.s.a.').

„Eine rechtlich verbindliche Anstellung von Frl. Jastrow hat noch nicht stattgefunden, – sodaß also auch keine Kündigung in Frage kommt. Nach den Bestimmungen des § 3 des Gesetzes zur Wiederherstellung des Berufsbeamtentums vom 7.4.1933 bin ich nicht in der Lage, Frl. Dr. Jastrow als planmäßige Assistentin beim dortigen Kunstmuseum einzustellen."[17]

So kam es zu der arbeitsrechtlich kuriosen Situation, dass Jastrow, wie sie später Abraham Flexner zu erklären versuchte, „abgebaut" wurde „aus der noch nicht angetretenen Stelle als Assistentin am Akademischen Kunstmuseum der Universität Bonn".[18]

3.2 Berlin 1933: Das Jahr der Anträge und der Kontaktaufnahme zu den Hilfsorganisationen

Der Antrag auf ein Stipendium der *American Association of University Women* (AAUW)

Es ist erstaunlich, wie rasch sich Jastrow von dem Schock der unerwarteten Stellungslosigkeit erholte und aktiv nach Alternativen suchte. Sie bat einflussreiche Freunde und Kollegen um Empfehlungsschreiben und reichte diese zusammen mit einem Antrag auf ein ‚fellowship' bereits im Juli 1933 bei der American *Association of University Women* ein, einer Organisation mit Sitz in Washington, D.C., die personell eng mit der von Virginia Gildersleeve 1919 ins Leben gerufenen *International Federation of University Women* verbunden war. Die Akten geben keinen Aufschluss darüber, woher Jastrow diese Organisation kannte,[19] die meisten Kollegen in ähnlicher Lage wandten sich zuerst an europäische Hilfsorganisationen wie den *AAC* in London oder die *Notgemeinschaft deutscher Wis-*

---

17 Kurator der Universität Bonn, J.-Nr. 2133, an Herrn Direktor des Akademischen Kunstmuseums [R. Delbrueck], 29.4.1933 (Personalakte ‚Elisabeth Jastrow Kustos A. D. Wiedergutmachungsfall u.s.a.', [wie Anm. 16]).
18 Brief Jastrow, Mailand, an A. Flexner, 30.12.1933 (GRI, Jastrow papers 4.12; siehe auch die entsprechenden Äußerungen in ihrem Curriculum Vitae: „As a consequence of the ‚Beamtengesetz' of April 1933, the appointment could not be made." (Jastrow, CV, S. 3 [wie Anm. 4]). Doch auch ein Verbleiben bei Jacobsthal hätte Jastrow nichts geholfen: „Hätte diese Berufungsangelegenheit in den fraglichen Monaten nicht gespielt, so wäre sie ohne Zweifel aus ihrer Marburger Assistentenstelle [sic!] ebenfalls aufgrund derselben Gesetze entfernt worden." (Holtzmann, Dekan der Philos. Fak. der Univ. Bonn, J.-Nr. 362, an das Rektorat, 27.5.1953, wie Anm. 16).
19 In ihrem CV erwähnt sie nur lapidar: „Owing to the forced interruption of my professional work being at liberty at that time I applied to the American Association of University Women asking to give me the possibility of completing this work." (Jastrow, CV, S. 4 [wie Anm. 4]).

senschaftler im Ausland in Zürich. Vielleicht durch Margarete Bieber, die zwei Jahre vorher von der *AAUW* ein fellowship bezogen hatte für die Publikation ihrer *Entwicklungsgeschichte der griechischen Tracht*, ihr letztes Buch, das in Deutschland erscheinen konnte,[20] und die seit einer internationalen Tagung mit Gildersleeve befreundet war: doch der erhaltene Briefwechsel zwischen Jastrow und Bieber setzt – erstaunlicherweise – erst spät ein, nach der Ankunft Jastrows in den USA 1938.[21] Tatsache ist, dass die *AAUW* stark international ausgerichtet war und im Deutschen Reich zeitweise sogar ein Büro unterhielt:[22]

> „Fortunately for Jastrow, at just this time in the United States the (...) AAUW, growing concerned with the situation in Germany, began devoting their resources to aiding displaced German scholars."[23]

Jastrows Antrag unterstützten die Archäologen Rodenwaldt, Ordinarius an der Universität Berlin, Robert Zahn,[24] Direktor der Antikenabteilungen der Staatlichen Museen und Honorarprofessor an der Universität Berlin, und Theodor Wiegand, der Präsident des *Archäologischen Instituts des Deutschen Reiches*.[25] Rodenwaldt, der Jastrow seit ihrer Studienzeit kannte, befürwortete in seinem Gutachten die Förderung eines Auslandsaufenthaltes von zwei Jahren und flocht geschickt eine plausible Erklärung dafür ein, weshalb die Antragstellerin bisher so wenig publizieren konnte:

---

20 Brief Bieber an Jastrow, 1.11.1945 (GRI, Jastrow papers 1.42); siehe auch S. 38 und 99.
21 Zumindest in den Beständen der *Jastrow papers*; in den *Margarete Bieber papers* (Tulane University, New Orleans, Louisiana Research Collection, Howard-Tilton Memorial Library, Ms. Coll. 410) finden sich insgesamt drei Briefe, aber – abweichend von den Angaben von Caldwells Finding aid (S. 13) – nur einer aus dem Jahre 1933, der im Stil einer consolatio gehalten ist, mit tröstenden Hinweisen auf die „einfühlende menschliche Anteilnahme" Dritter, vor allem der beiden Rodenwaldts, und mit kryptischen Hinweisen auf Biebers Perspektiven in Sofia: „Ich habe vergessen, wo im Balkan Ihre verheiratete Nichte lebt, denken Sie nicht daran? Ruf an die dortige Universität?" (Brief [hs.] Jastrow, Berlin, an Bieber, 31.7.1933, in Tulane Univ., MBP, Box 6a, Nr. 180).
22 Der Sekretär des *EC*, E.R. Murrow, war sich im November 1933 nicht mehr sicher, ob die deutsche Zweigstelle der *AAUW* noch existierte. (*EC*-Memorandum Murrow to Stein, 21.11.1933, in NYPL, *EC*-Records 77.31).
23 „Biographical/Historical Note" der *Jastrow papers*, S. 2 (GRI).
24 Gutachten Zahn, Berlin, 2.7.1933 (Anlage 3 des Briefes Jastrow, Rom, an Murrow, *EC*, 20.12. 1935 [siehe Anm. 2]): die neun in den Jastrow Papers erhaltenen Briefe zwischen Jastrow und Zahn diskutieren vor allem Detailfragen zu den *arulae*.
25 Ein erstes Empfehlungsschreiben von Ernst Langlotz, Universität Frankfurt (Promotion Leipzig 1921 bei Studniczka), auf das er in seinem Gutachten vom 17.11.1935 verweist, (Anlage 13.5 zu Brief Jastrow an Murrow, 20.12.1935 [siehe Anm. 2]) ist nicht erhalten.

> „Seit dem Kriege ist sie ohne Unterbrechung durch praktische Tätigkeit in Anspruch genommen gewesen. (...) Diese ununterbrochene praktische Betätigung hat Fräulein Jastrow an der Vollendung der grösseren von ihr begonnenen Arbeiten verhindert."[26]

Wiegand würdigte ihre Mitarbeit am Realkatalog als herausragende Leistung und stellte Jastrow durch den Vergleich mit Margarete Bieber, die wenige Tage vor Abfassung des Gutachtens, am 1. Juli 1933, ebenfalls entlassen worden war, das höchste Lob aus, das zu dieser Zeit möglich war:

> „In dem zweiten Band dieses Werkes (...) hat sie eine der schwierigsten Abteilungen, diejenige über die antike Vasenmalerei, selbstständig bearbeitet; auch diese Leistung legt von grösster kritischer Sorgfalt und ausserordentlicher Belesenheit Zeugnis ab. Unter den archäologisch ausgebildeten Frauen in Deutschland steht gegenwärtig Fräulein Dr. Jastrow ihrem Können nach neben Frau Prof. Bieber an erster Stelle."[27]

Es fällt auf, dass ein Name bei den Referenzschreiben fehlt, der ihres letzten Arbeitgebers Paul Jacobsthal: dies verwundert umso mehr, als in der erhaltenen Korrespondenz Jacobsthal der erste war, der sich privat zur Entlassung seiner ehemaligen Assistentin äußerte (und den Jastrow davon informiert hatte!):

> „Liebes Fräulein Jastrow, ich habe ihnen noch nicht für Ihre letzten Zeilen gedankt. Wir hatten uns gedacht, dass es etwa so steht und empfinden Ihnen nach, wie peinlich und nervenspannend ein solches Warten ist. Aber andererseits führt natürlich jedes nachfragen und bohren [sic!] leicht zu Negativem. – Von hier wäre auch viel zu sagen und zu berichten."[28]

Es lässt sich nicht mit Sicherheit bestimmen, worauf Jastrows „peinlich[es] und nervenspannend[es] Warten" ausgerichtet war, wahrscheinlich auf den Rücklauf der Empfehlungsschreiben, ohne die sie den Antrag an die *AAUW* nicht hätte abschicken können.[29] Rodenwaldts Brief kam als letzter, er ist auf den 12.7. datiert, unmittelbar darauf ging alles sehr schnell. Bereits am 24. Juli bestätigte Mrs. Charles Kasch in Ukiah, California, den Erhalt des Antrags mit allen notwendigen Dokumenten und versprach, das Schreiben an die ehemalige Präsidentin der *AAUW*, Dr. Aurelia Reinhardt, weiterzuleiten:

---

26 Gutachten Rodenwaldt, Berlin, 12.7.1933 (Anlage 2 zu Brief Jastrow an Murrow [siehe Anm. 2]).
27 Gutachten Wiegand, Berlin, 4.7.1933 (Anlage 4 zu Brief Jastrow an Murrow [siehe Anm. 2]).
28 Brief Jacobsthal, Marburg, an Jastrow, 24.6.1933 (GRI, Jastrow papers 7.9).
29 Doch es bestand eigentlich kein Zeitdruck: „Die Bewerbung schliesst, wie ich höre, am 1st Januar, und die Entscheidung soll Ende Januar fallen" (Brief Jastrow, Mailand, an A. Flexner, 30. 12.1933, [wie Anm. 18]: unklar allerdings ist, ob Jastrow von dieser deadline schon im Juni 1933 wusste.

„She is a very good friend of mine and is indeed quite influential in matters pertaining to the fellowship."³⁰

Der *Academic Assistance Council*

Im Herbst 1933 schlug Margarete Beer, eine Freundin des Hauses Jastrow, dem „Fräulein Dr. Jastrow" vor, nach England zu emigrieren und dafür die Hilfe des *Academic Assistance Council* in Anspruch zu nehmen:

> „Have you heard about the Council of Academic Assistance? I think I said something to you about it in Berlin, and I have been wondering lately whether you would love to apply to it. They are debarked from trying to find posts, but they are giving assistance to dismissed professors + lecturers to carry on their research work in England for a period of one year. To an unmarried person they give £ 180 a year. You may think it worthwhile to apply, for it will fill up at any rate a year + give you time to look around for further opportunities (…)
> It would be very delightful to have you here in England, so I hope very much you will consider it."³¹

Aus dem Antwortschreiben geht deutlich hervor, dass Jastrow von dieser Möglichkeit bisher nichts gewusst hatte. Selbstverständlich würde sie nichts unversucht lassen, versicherte sie der wohlwollenden Bekannten, doch für einen Antrag fehlten ihr im Moment

> „die geeigneten Papiere (…), die erforderlich sein werden, und die Herren, die ich darum bitten muss, sind z. Z. in Ferien. Ich versuche aber, so schnell wie möglich alles zu beschaffen, umsomehr, als ich möglichst bald wieder an meine Arbeit kommen möchte, zunächst mit italienischen Studien."³²

---

30 Brief Kasch an Jastrow, 24.7.1933 (GRI, Jastrow papers 1.8); Aurelia Reinhardt war von 1916 bis 1943 Präsidentin des Mills College, eines renommierten Liberal Arts College for Women in Oakland, CA.
31 Brief (hs.) Beer, London, an Jastrow, 9.9.1933 (GRI, Jastrow papers 1.33). Margarete Beer, die die Familie Jastrow offenbar im Frühsommer 1933 in Berlin besucht hatte, hatte in London Kontakt zur deutsch-jüdischen Emigrantenszene wie z. B. zu Leo Szilard, dem Atomphysiker und Schüler Albert Einsteins, der Volkswirtschaftlerin Elisabeth Heinsheimer, einer Studentin Ignaz Jastrows, und zu Ernst Kantorowicz.
32 Brief Jastrow, Berlin, an Beer, 26.9.1933 (GRI, Jastrow papers 1.33).

Korrespondenz mit der *Notgemeinschaft Deutscher Wissenschaftler im Ausland*

Offenbar schreckte Jastrow vor einer Bewerbung beim *AAC* zurück, aus welchen Gründen auch immer.[33] Dafür nahm sie im Oktober Kontakt mit der *Notgemeinschaft Deutscher Wissenschaftler im Ausland* auf, die bis 1935 ihren Sitz in Zürich hatte und eng mit dem *AAC* zusammenarbeitete. Ihr erstes Schreiben richtete sie am 20. Oktober direkt an den Gründer der *Notgemeinschaft*, Professor Philipp Schwartz. Dieser war aber gerade auf dem Weg nach Istanbul, wo er Hunderte von deutschen Hochschullehrern an den neugegründeten türkischen Universitäten Istanbul und Ankara unterzubringen hoffte, sodass eine Sekretärin Jastrow über das Procedere einer Registrierung informierte:

> „Gerade Angelegenheiten von der Art der Ihrigen werden aber künftig von uns in Fühlung mit ihm [d. i. Schwartz] weiter behandelt und wir schlagen Ihnen daher vor, uns genaue Unterlagen – Lebenslauf, Schriftenverzeichnis, Referenzen usw. – tunlichst in dreifacher Ausfertigung zuzuleiten, damit wir an der Wirkungsstätte von Herrn Prof. Schwartz wie auch anderwärts für Sie Umschau halten können."[34]

Anfang Dezember fuhr Jastrow persönlich nach Zürich, wo ihr Prof. Löwe zuriet, sich besser in Genf registrieren zu lassen und ihren Fall dort bei den zuständigen Komitees „ausführlich [zu] besprechen und die nötigen Angaben [zu] machen".[35] Deshalb verließ sie Zürich, ohne – wie geplant – den Fragebogen der *Notgemeinschaft* mit zusätzlichen Angaben zu „geeigneten Referenzen (...) über Sprachen und etwaige berufliche Eignungen und Wünsche auszufüllen".[36]

Kurzfristig sah es so aus, als würde die Verbindung zur *Notgemeinschaft* zu einer raschen und erfolgreichen Stellenvermittlung führen, denn Demuth schrieb noch vor Weihnachten:

---

[33] Diese Vermutung gründet in dem Umstand, dass in Nicholas Baldwins Katalog des *„Archive of the Society for the Protection of Science and Learning"* in der Bodleian Library Oxford (2008) keine Akte für Elisabeth Jastrow verzeichnet ist.
[34] Brief *Notgemeinschaft*, Zürich, an Jastrow, 25.10.1933 (GRI, Jastrow papers 9.23).
[35] Brief Jastrow, Mailand, an Demuth, *Notgemeinschaft*, 23.1.1934 (GRI, Jastrow papers 9.23).
[36] Ebda. Dennoch hatte die *Notgemeinschaft* in Zürich alle wichtigen Informationen über Jastrow in den Akten, wie Demuth in seinem Antwortschreiben versicherte, mit einer Ausnahme: genauere Angaben über Sprachkenntnisse (Postkarte Demuth an Jastrow, 25.1.1934, in GRI, Jastrow papers 9.23).

„(...) da uns mitgeteilt wurde, dass am Courtauld Institute, Portland Square, eine Vakanz für einen Archäologen ist, haben wir uns an den Leiter Mr. Byam Shaw[37] in Ihrem Interesse gewandt."[38]

Doch die Hoffnung zerschlug sich alsbald; schon am 5. Januar des folgenden Jahres kam die ernüchternde Nachricht:

„Zu unserem Bedauern haben wir von der University of London, Courtauld Institute of Art, (...) hinsichtlich Ihrer Person eine Absage erhalten. Wir werden uns gern an anderer Stelle weiter für Sie bemühen."[39]

Erstkontakt mit dem *Emergency Committee*

Am 20. November 1933 wurde das *Emergency Committee* in New York erstmals auf Elisabeth Jastrow aufmerksam. Sie hatte einen Brief an das Komitee geschrieben, wahrscheinlich an die Adresse des Treasurers Fred M. Stein, der innerhalb des Executive Committee meist eine unbürokratische Haltung einnahm.[40] Diesen Brief, dessen Inhalt und Zielsetzung weitgehend unscharf bleibt,[41] leitete Stein in einem Memorandum zusammen mit weiterer Korrespondenz an den Secretary E. R. Murrow weiter, mit der Bemerkung, dass dies zwar kein „Committee case" sei, dass gerade dieser aber das Interesse von Max Warburgs Tochter gefunden hätte,[42] deren Onkel Felix ebenfalls im Executive Committee des *EC* vertreten war. Schon am darauffolgenden Tag reichte Murrow die Unterlagen an Stein zurück, mit einer durchweg pessimistischen Einschätzung:

„I fear there is very little chance of her appointment. In the first place, the fact that she is over 40 years of age will, I think, be a handicap. Also there is nothing in her credentials to indicate whether or not she is a member of the American Association of University Women, which, according to my understanding, is necessary for the consideration of any candidate."[43]

---

[37] Jim Byam Shaw (1903–1992), Sohn des Malers John Byam Liston Shaw, war zu diesem Zeitpunkt Assistant Director des 1932 gegründeten Courtauld Institute of Art und wurde 1937 zu dessen Direktor ernannt.
[38] Brief Demuth, *Notgemeinschaft*, an Jastrow, 21.12.1933 (GRI, Jastrow papers 9.23).
[39] Brief Demuth an Jastrow, 5.1.1934 (GRI, Jastrow Papers 9.23).
[40] Vgl. Kapitel Friedländer, S. 629–634.
[41] Er ist leider weder in den *EC*-Records noch in den Jastrow papers erhalten.
[42] *EC*-Memorandum Stein to Murrow, 20.11.1933 (NYPL, *EC*-Records 77.31).
[43] *EC*-Memorandum Murrow to Stein, 21.11.1933 (NYPL, *EC*-Records 77.31).

Jastrow solle, so fuhr Murrow fort, die „usual policy" befolgen und sich zunächst in Deutschland an die dortige *AAUW*-Vertretung wenden, sofern diese noch existierte. Vorher solle sie aber ihre Unterlagen vervollständigen, die zum gegenwärtigen Zeitpunkt noch „incomplete" seien: u. a. fehlten Gesundheitszeugnis und eine aktuelle Photographie. Hilfreich seien, zusätzlich zu den deutschen Empfehlungsschreiben, auch „personal recommendations" von englischsprachigen Fachvertretern.[44]

Klarer konnte er nicht formulieren, dass ein Antrag auf Unterstützung Jastrows durch das *EC* derzeit chancenlos sei. Daraufhin suchte Alfred E. Cohn, ebenfalls Mitglied des Executive Committee des *EC*, in einem Schreiben an die Archäologin Mary H. Swindler nach einer ‚innerfamiliären' Lösung außerhalb der Zuständigkeit des *EC*. Er, Cohn, könne versuchen, die Witwe des Orientalisten Morris Jastrow jr., Mrs. Helen Bachman Jastrow, zu überreden, ihrer Verwandten[45] Elisabeth die Fortführung ihrer wissenschaftlichen Arbeit in den USA zu finanzieren:

> „If you wish me to try to find a way of influencing Mrs. Jastrow I shall be glad to do so although I am not at all certain now as to how this may be done. But to accomplish this end I should, I think, know a little bit more about Miss Jastrow's curriculum Vitae and her publications. Can you help me with these?"[46]

Cohn hatte Swindler als Ansprechpartnerin gut gewählt: sie war mit der Archäologin und Mäzenin Hetty Goldmann befreundet und gerade dabei, die Anstellung Margarete Biebers am Barnard College mit Gleichgesinnten durchzusetzen. Wer also wäre besser geeignet gewesen, Cohn mit biographischen und wissenschaftlichen Details zu Elisabeth Jastrow zu versorgen als sie?

‚Doppelantrag' beim *Institute for Advanced Study* – Jastrows Brief an Abraham Flexner

Parallel zu ihrer Kontaktaufnahme mit dem *EC* versuchte Jastrow am 30. Dezember 1933 – sie wohnte bereits bei einer Freundin in Mailand – auch eine Verbindung

---

44 Ebda; Murrow scheint diese Stellungnahme verfasst zu haben, ohne von dem Stipendiumsantrag Jastrows bei der *AAUW* gewusst zu haben.
45 Morris Jastrow (1861–1921), Professor für Assyriologie in Philadelphia, war ein Vetter Ignaz Jastrows (Kauder 1974, 366), Elisabeth nannte Helen Bachman Jastrow in ihren Briefen immer „Tante Nellie".
46 Brief Cohn, *EC*, an Swindler, 19.12.1933 (NYPL, *EC*-Records 77.31 und 138.23).

zum neu gegründeten *Institute for Advanced Study* in Princeton aufzubauen, und machte sich dabei die familiären Beziehungen zu dem Mediziner Hans Simmel („ein alter Freund unserer Familie") nutzbar, der mit dem Begründer des *IAS*, Abraham Flexner, befreundet war. Ausführlich schilderte sie zunächst die schwierigen persönlichen Verhältnisse Simmels, die Umstände seiner rechtswidrigen Entlassung als Leiter des städtischen Krankenhauses Gera, den Verlust seines Extra-Ordinariats für Innere Medizin an der Universität Jena als Folge des „Beamtengesetzes" sowie seine jüngsten Bemühungen als Kassenarzt seine sechsköpfige Familie zu ernähren:[47]

> „Bei der sorgenvollen Ungewissheit der Lage bat mich nun Prof. Hans Simmel, Sie davon zu unterrichten und Sie zu bitten, sich seiner zu erinnern, wenn Sie irgendeine Tätigkeit wüssten, die für ihn infrage kommt."[48]

Geschickt leitete Jastrow gegen Ende des Bittbriefes für Hans Simmel auf die eigene Situation über:

> „Auf Wunsch Prof. Simmels – wir sind Jugendfreunde – soll ich mir selbst die Freiheit nehmen, Ihnen auch die Lage anzudeuten, in der ich selbst mich befinde, für den Fall, dass Sie bei Ihren weitreichenden Beziehungen auch da einen Rat wüssten."

Sie informierte Flexner über ihren Antrag bei der *AAUW* in Washington, D.C. und bat ihn, diesen in der letzten Entscheidungsphase zu unterstützen:

> „(...) die Entscheidung soll Ende Januar fallen. Ich bin mir natürlich klar darüber, dass dieser Zeitpunkt, in dem ich an Sie schreibe, sehr spät ist, aber doch könnte es der Zufall fügen, dass Ihr Interesse mir förderlich sein könnte."[49]

Hierzu sandte Sie ihm die Abschrift zweier Gutachten („um Sie ungefähr zu orientieren") und nannte die Namen von amerikanischen Kolleginnen, die an ihrer Arbeit interessiert seien: die Archäologinnen Edith Dohan [Hall] und Mary

---

47 Einleitend machte Jastrow deutlich, dass infolge der Zensur in Deutschland Simmel in dieser Offenheit nicht hätte schreiben können: „Sehr geehrter Herr Professor, erlauben Sie, dass ich im Auftrage eines alten Freundes unserer Familie mich an Sie wende, um Ihnen Grüsse und Nachrichten von ihm zukommen zu lassen, deren Mitteilung an Sie gegenwärtig leichter durch mich, die ich z. Z. in Italien bin, als durch ihn selbst geschieht. (...) Aus den obengenannten Gründen bitte ich Sie, alle Mitteilungen in dieser Angelegenheit an mich gelangen zu lassen." (Brief Jastrow, Mailand, an A. Flexner, 30.12.1933, S. 1 und 2, in GRI, Jastrow papers 4.12).
48 Ebda.
49 Ebda.

Swindler (Bryn Mawr), Emilie Hutchinson (Barnard), Grace Harriet Macurdy (Vassar) und Mrs. Gilbreth (Mont Clair [sic!], N.J.).⁵⁰

Auf Jastrows Ansinnen, die Entscheidung des „Committee on Fellowship Awards" der *AAUW* in irgendeiner Weise günstig zu beeinflussen, ging Flexner in seinem Antwortschreiben mit keiner Silbe ein. Freundlich, aber bestimmt gab er Jastrow zu verstehen, dass angesichts der hohen Akademikerarbeitslosigkeit die Chancen für vertriebene deutsche Wissenschaftler in den USA nahezu aussichtslos seien. Auch am *IAS* gebe es derzeit keinerlei Möglichkeiten:

> „I regret extremely to say that I have absolutely exhausted my resources in the effort to find posts for Germans who have been compelled to leave Germany or who have been deprived of their positions and still remain there. The economic situation in America is so difficult at the present moment that there are millions of qualified Americans who find themselves out of work. Should I see anywhere an opportunity in which either Dr. Simmel's experience or yours can be utilized you may be very certain that I will communicate with you promptly."⁵¹

3.3 ‚Umzug' nach Italien (1933 – 1938)

Ende 1933 verlegte Elisabeth Jastrow ihren Wohnsitz nach Italien: Sie wohnte zunächst bei Elsa Brinckmann, einer befreundeten Ärztin, in Mailand, Piazza Castello 25.⁵² Vermutlich im Mai 1934⁵³ wechselte sie nach Rom, ihre Postadresse war von da an, wie bei so vielen anderen Emigranten, Via Sardegna 79, der Sitz des *DAI*.

---

50 Diese auffällige Auflistung lässt vermuten, dass Jastrow von der Kritik Murrows an den credentials, die sie ihrem Schreiben an das *EC* beigelegt hatte, erfahren hatte: „I have been unable to discover through any of our contacts here anyone who might be able to write a personal recommendation" (*EC*-Memorandum Murrow to Stein, 21.11.1933 [wie Anm. 43]).
51 Brief A. Flexner an Jastrow, 5. 2.1934: eine Abschrift dieses Schreibens reichte er an das *EC* weiter (Brief A. Flexner, Princeton, an Murrow, 14. 2.1934, beide in NYPL, *EC*-Records 77.31).
52 Eine „alte englische Freundin" (Brief E. Jastrow, Rom, an Helen Jastrow, 25. 3.1938, S. 2, in GRI, Jastrow papers 7.14). Für den Verlängerungsantrag bei der *AAUW* bzw. den Antrag beim *EC* (Dezember 1935) wird Dr. Brinckmann[-de Joly] das von Murrow bereits Ende 1933 angemahnte Gesundheitszeugnis ausstellen (datiert „Milano, Piazza Castello n. 25, 2.10.1935"; Anlage 12 zu Brief Jastrow, Rom, an Murrow, *EC*, 20.12.1935 [wie Anm. 2]).
53 Das Umzugsdatum lässt sich nur annähernd ermitteln: am 7. Mai erkundigte sich Karl Lehmann-Hartleben: „Wann kommen Sie?" (Brief Lehman-Hartleben an Jastrow, 7. 5.1934, in GRI, Jastrow papers 8.24); am 9. Mai bot ihr Margarete Gütschow an, bei ihrer römischen Schneiderin Quartier zu nehmen (Postkarte Gütschow an Jastrow, 9. 5.1934, in GRI, Jastrow papers 4.51); spätestens ab Juli ist alle Post an die römische Adresse gerichtet.

International Fellowship der *AAUW* (1934/35)

Das wichtigste Ereignis des Jahres 1934 war zweifelsohne die Bewilligung des Stipendiums der *AAUW*: am 15. Februar berichtete Emilie J. Hutchinson, Chairman des Committee on Fellowship Awards der *AAUW*, Mary Emma Woolley, Präsidentin des Mount Holyoke College und zugleich Mitglied des *Emergency Committee*, von der schwierigen Entscheidungsfindung:

> „Our Committee was overwhelmed by the number of applications from distinguished German scholars. The number far exceeded, of course, the number from any other country. We made the award to Dr. Elizabeth Jastrow, an archaeologist."[54]

Dieser Zuschlag kam einem Lotteriegewinn gleich, denn hinter dem glanzvollen Begriff „International Fellowship of the AAUW" verbarg sich die nüchterne Tatsache, dass die *AAUW* nur ein einziges Stipendium an eine Nicht-Amerikanerin vergeben konnte. Allein aus Deutschland hatten sich elf Wissenschaftlerinnen beworben, abgesehen von den zahlreichen Bewerberinnen aus den anderen europäischen Ländern!

Abraham Flexner und Fritz Demuth waren die ersten, die Jastrow informierte:

> „(...) zu meiner Freude kann ich Ihnen mitteilen, das mir soeben das International Fellowship der American Association of University Women verliehen worden ist, um das ich mich beworben hatte, um eine archäologische Arbeit in Italien und ev. in Griechnenland [sic!] und London zu beendigen. Das Stipendium bedingt Aufenthalt im Ausland und läuft von Juli 1934 bis 35. Ich habe meine Arbeiten bereits hier in Mailand aufgenommen, wo ich bei einer deutschen Freundin mich sehr billig einrichten kann."[55]

Aus Flexners Glückwunschschreiben geht andeutungsweise hervor, dass Jastrow die Möglichkeit eines längeren Aufenthalts in den USA erwähnt haben könnte:

> „(...) I am delighted that you have received the International Fellowship of the American Association of University Women. I should be very happy indeed if you should find yourself in a position to spend part of your time in America."[56]

---

54 Brief Hutchinson, *AAUW*, an Murrow, *EC*, 23.2.1934 (NYPL, *EC*-Records 77.31).
55 Brief Jastrow, Mailand, an Demuth, 26.2.1934 (GRI, Jastrow papers 9.23). Jastrow nutzte dieses Schreiben auch zu zusätzlichen Angaben wie „Referenzen", „Etwaige Berufsmöglichkeiten" und „Sprachkenntnisse: Englisch, Französisch, Italienisch, Neu-Griechisch; Latein u. Griechisch."
56 Brief A. Flexner an Jastrow, 19.3.1934 (GRI, Jastrow papers 4.12).

Nach langen Jahren, in denen die Interessen wissenschaftlicher Institute und Institutionen (und ihrer jeweiligen Vorgesetzten) oberste Priorität hatten und Jastrows Arbeitskraft absorbierten, versetzte das Stipendium die inzwischen 44-jährige endlich in die Lage, selbstbestimmt und zielstrebig die Erforschung der *arulae* voranzutreiben,[57] ein Projekt, das seit nunmehr zwanzig Jahren (!) seiner Vollendung harrte. Deshalb gab Jastrows Freundin Margarete Gütschow,[58] die in Rom an ihrem Buch *Das Museum der Prätextat-Katakombe* arbeitete, in ihrem überschwänglichen Glückwunschbrief der Hoffnung Ausdruck, dass das Stipendium sich langfristig auf Elisabeths Karriere günstig auswirken möchte:

> „Liebste, die Aussicht, Sie in absehbarer Zeit hier wiederzusehen, freut mich von Herzen, und nicht nur das, auch die Veranlassung Ihres Kommens scheint mit ein günstiges Zeichen zu sein! Man gibt Ihnen ein Stipendium / Sie erwähnen freilich nicht, von wem es ausgeht?/, aber ist es nicht aus der Absicht geschehen, Ihnen beruflich vorwärts zu helfen? nicht nur über den jetzigen Augenblick hinüber, sondern auch auf weitere Sicht? Mich freut es jedenfalls – und wie gut, dass Sie schon vorher nach Mailand gegangen waren und dort arbeiteten!"[59]

Eine wesentliche Voraussetzung für eine mögliche internationale Karriere, die Aufmerksamkeit der Fachkollegen außerhalb Deutschlands, war mit der Bewilligung des Stipendiums bereits garantiert, denn noch vor Auszahlung der ersten Rate wurde Elisabeth Jastrow mit ihrer Forschungsarbeit in den USA bekannt, durch einen Eintrag im Journal der *AAUW*, der im April 1934 erschien:

> „A.A.U.W. International Fellowship. – Elizabeth Jastrow of Berlin, Germany, Ph.D., University of Heidelberg, 1916. Dr. Jastrow comes of a family of scholars, and is herself known for her archaeological work. She proposes to prepare for publication a study of the so-called ‚Terra-cotta-arulae' found in the Greek colonies in Italy. These little terra-cotta objects are decorated with most interesting figures in relief. The significance of the decorations, and the use of the ‚arulae' themselves, are questions not yet solved to which Dr. Jastrow will address herself. This study had already been begun, but the ‚non-Aryan' program in

---

57 „Since my University years it has been the very first time that I was able to do scientific work without professional duties." (Anlage 6 zu Brief Jastrow, Rom, an Murrow, *EC*, 20.12.1935, „Second Report on the research work Terracotta Arulae from the Greek colonies in Italy. Presented by Elisabeth Jastrow, Rome June 22nd 1935", p. 5 [wie Anm. 2]).
58 Margarete Gütschow (1871–1951), korrespondierendes Mitglied des *DAI* seit 1928 (Wickert 1979, 17), pendelte zwischen Ischia und Rom und informierte Jastrow regelmäßig über die neuesten ‚Arcana' des Institutes. Ihr (einziges) Buch sollte 1938 bei Breitschneider in Rom erscheinen.
59 Brief (hs.) Gütschow, Rom, an Jastrow, 20.3.1934, S. 1 (GRI, Jastrow papers 4.51).

Germany shut out Dr. Jastrow from the teaching which had made her researches possible."[60]

Ab April 1934 ist uns Jastrows Korrespondenz mit Karl Lehmann-Hartleben bekannt: dieser lebte bereits seit Oktober 1933 in Italien und war seit seiner Entlassung in Münster nicht mehr nach Deutschland zurückgekehrt. Die Ton der Briefe ist vertraulich und freundschaftlich: im ersten der in den Jastrow-papers erhaltenen Schreiben informierte er die „liebe Freundin" über die aktuellen, noch streng geheimen Verhandlungen der *Notgemeinschaft* in der Türkei und gab ihr detaillierte Instruktionen, wie sie ihren Fall schriftlich nach Zürich melden könnte:

> „Ich schreibe Ihnen streng vertraulich und nur für eigenen Gebrauch Folgendes. Die Züricher Notgemeinschaft hat zur Zeit, wie es scheint aussichtsreiche, Hochschulprojekte im Orient und in Südamerika und meint dafür archäologische Kandidaten zu brauchen. (...) wenn Sie Interesse daran haben und noch nicht in Zürich vorgemerkt sind, würde es sich empfehlen sich dort zu melden. In diesem Fall schicken Sie einen Lebenslauf in dreifacher Ausfertigung dorthin (...) z. H. Herrn Geheimrat Demut [sic!] (sicher ein Bekannter ihres Vaters) (...). In dem Lebenslauf geben Sie auch Ihre bisherigen Publikationen an, ferner ein paar grosse Tiere als Referenzen, und Ihre im Gange befindlichen Forschungsarbeiten. Ferner betonen Sie besonders Ihre etwaigen Sprachkenntnisse, Ihre Assistententätigkeit an deutschen Universitäten etc. Fügen Sie ein Begleitschreiben bei, in dem Sie bitten, Sie bei etwa in Frage kommenden Möglichkeiten für eine Stellung zu berücksichtigen und in dem Sie sagen, dass ich Ihnen geraten habe sich dorthin zu wenden. Aber schreiben Sie nichts von den konkreten Möglichkeiten, die ich erwähnt habe. Davon dürfen Sie nichts wissen! Erfahrungsgemäss müssen solche Dinge mit grösster Diskretion behandelt werden."

Am besten wäre natürlich ein persönlicher Besuch im Büro in der Löwenstrasse 3 IV:

> „Evtl. rutschen Sie einmal nach Zürich herüber und stellen sich persönlich ein. Das ist immer nützlich und Sie sind ja direkt dabei. (...)
> In unwandelbarer Freundschaft Ihr alter Karl Lehmann-Hartleben."[61]

Sobald Lehmann-Hartleben jedoch von Jastrow erfahren hatte, dass sie längst bei der *Notgemeinschaft* registriert war und auch persönlich vorgesprochen hatte,

---

60 *Journal of the American Association of University Women*, April 1934 (Abschrift in NYPL, *EC-Records* 77.31).
61 Brief (hs.) Lehmann-Hartleben, Rom, an Jastrow, Mailand, 22.4.1934 (GRI, Jastrow papers 8.24). Kurz darauf sandte Jastrow das Gutachten Jacobsthals (siehe Anm. 66) an die *Notgemeinschaft* und nutzte die Gelegenheit, auf Lehmann-Hartleben als Referenz zu verweisen (Brief Jastrow, Mailand, an Demuth, 1.5.1934, in GRI, Jastrow papers 9.23).

wechselte er über zu einer wesentlich illusionsloseren, realistischen Einschätzung der Situation, die der Effizienz der *Notgemeinschaft* kein gutes Zeugnis ausstellte: Es habe keinen Sinn, auf konkrete Unterstützung aus Zürich zu warten, wichtiger sei es sich um Arbeitskontakte am jeweiligen Zufluchtsort zu kümmern:

> „Ich glaube nicht, um es offen zu sagen, dass man allzu grosse Hoffnungen darauf setzen darf, wollte aber nichts versäumen, was Ihnen unter Umständen von Nutzen sein kann. (…) Vielleicht ergeben sich hier [i.e. in Rom] doch Ihnen, wenigstens zeitweilig, kleinere Möglichkeiten der Tätigkeit, die, was ja für uns alle so wichtig ist, aus dem Gespinst unsererer Gedanken herausführen."[62]

Lehmann-Hartleben dürfte der Freundin wohl auch das wichtige Zusammentreffen mit Gisela Richter, der Kuratorin für griechische und römische Kunst im Metropolitan Museum New York, im Juli 1934 in Rom vermittelt haben. Ihm selber war es bereits wenige Wochen zuvor gelungen, die Sympathie und Unterstützung der einflussreichen Dame – sie war eine der wichtigsten Fürsprecherinnen von Margarete Biebers Anstellung am Barnard College[63] – zu gewinnen.[64] Jastrow dankte nach ihrem Gespräch mit Richter für deren „freundliche Zustimmung" und „freundliches Interesse"[65] und sandte sofort ihre Papiere an das Metropolitan Museum, erweitert um ein Gutachten von Paul Jacobsthal.[66] Richter versicherte ihr

---

62 Brief Lehmann-Hartleben, Roma, Via Salaria 72, int. 15, an Jastrow, Mailand, 7.5.1934 (GRI, Jastrow papers 8.24).
63 Siehe Kapitel Bieber, S. 44 und 54 f.
64 Siehe Kapitel Lehmann-Hartleben, S. 117 f.
65 Brief Jastrow an Richter, 18.7.1934 (GRI, Jastrow papers 10.24).
66 Jacobsthal reichte sein Empfehlungsschreiben nachträglich bei der *AAUW* ein (Brief Jacobsthal an Jastrow, 4.5.1934, in GRI, Jastrow papers 7.9). Der praktische Wert dieses Gutachtens war nicht unumstritten: Hans Möbius, ein Schüler Jacobsthals, der 1929 in Marburg habilitiert hatte, kritisierte es vehement als „ungenügend": „es ist zugleich dürr und geschraubt und verrät sehr deutlich die Hauptschwäche des Autors: seine Eitelkeit. Trotzdem kann es meiner Ansicht nach überall verwendet werden, denn es spricht nicht gegen Sie, sondern allein gegen J.; vielleicht wirkt es neben den menschlicheren der Berliner gerade durch seine Trockenheit." (Brief Möbius, Kassel, an Jastrow, 17.1.1934, in GRI, Jastrow papers 9.1). Der Vorwurf der Eitelkeit kann sich m.E. nur auf den Schlusssatz des Empfehlungsschreibens beziehen, wo Jacobsthal, von Jastrows Kündigung offenbar gekränkt, formulierte: „Ich kann abschliessend nur sagen, dass, als Fräulein Dr. Jastrow von mir ging, ich immer noch glaubte, richtig gehandelt zu haben, als ich ihr den Posten übergab." (Gutachten Jacobsthal, 1.5.1934, in GRI, Jastrow papers 7.9). Im März 1934 beglückwünschte Möbius Jastrow ausdrücklich zum *AAUW*-Stipendium (Brief Möbius an Jastrow, 15.3.1934, in GRI, Jastrow papers 9.1). Doch die Position des Jacobsthal-Kritikers und vorgeblichen Jastrow-Freundes Möbius wirkt ex eventu ziemlich fragwürdig, denn spätestens seit 1937, als er in die NSDAP eintrat, unterstützte er aktiv die antisemitische Politik der Nationalsozialisten, die sowohl Jacobsthal als auch Jastrow in die Emigration zwang (zu Möbius siehe Maischberger 2002, 215 f.).

in ihrem Antwortschreiben „that when the opportune time comes I shall do my best to help you",[67] und sie sollte Wort halten: sie stellte Bescheinigungen und eidesstattliche Erklärungen für Behörden aus,[68] machte u. a. Walter Cook vom Institute of Fine Arts der New York University auf Jastrows fachliche Exzellenz aufmerksam[69] und unterstützte sie in Italien ebenso wie in den USA nach Kräften in Forschung und Lehre.[70]

Im ersten Arbeitsbericht zu ihrem Forschungsprojekt, den sie im Dezember 1934 für die *AAUW* erstellte, berichtete Jastrow von mehrwöchigen Reisen nach Süditalien und Sizilien: Im Oktober und November habe sie sie insgesamt sechzehn Museen besucht (Neapel, Bari, Tarent, Matera, Ruvo, Lucera, Reggio Statale, Reggio Civico, Locri, Siracusa, Catania, Henna, Palermo, Agrigento, Potenza, Paestum) und dabei mehr als 200 Fundstücke untersucht. Vorbereitung und Durchführung hätten sich als zeitraubend und mühsam erwiesen: nur „with endless paintaking" sei es ihr möglich gewesen, die Reiseerlaubnis des Italienischen Kulturministeriums sowie die Genehmigungen der Sopraintendenzas und der Museumsdirektoren zu erwirken. Vor Ort seien die *arulae* oft in „dark and dusty cellars" untergebracht gewesen, und nicht selten seien die zuständigen Direktoren tagelang nicht erreichbar gewesen. Mehr als 300 *arulae* seien inzwischen in einem Katalog systematisch erfasst, nach Maßen, Herkunft, und Besonderheit von Brand und Ton.[71]

---

67 Brief Richter an Jastrow, 28.8.1934 (GRI, Jastrow papers 10.29).
68 Brief Richter an Jastrow, 19.10.1934; Jastrow an Richter, 22.3.1938; Richter an Jastrow, 10.12.1941 (testimonial for citizenship): „I, an American citizen, am glad to state that my friend Elizabeth Jastrow is a person of high standing and excellent character. She is a noted archaeologist. In 1934–1935 she held the International Fellowship of the American Association of University Women, which is given only to scholars of repute." (GRI, Jastrow papers 10.29).
69 Brief Richter an Jastrow, Boston, 14.6.1939: „I have written a letter about you to Dr. Walter Cook, head of the Fine Arts Department in New York University. He is apt to hear of openings and I thought he ought to be informed regarding you", mit Cooks Antwort im Brief Richters an Jastrow vom 16.6.1939: „As for Miss Jastrow, I will be glad to meet her if she ever comes to New York." (beide in GRI, Jastrow papers 10.29).
70 Überprüfung von Jastrows Hypothesen an *arulae* aus Museumsbeständen (Brief Richter an Jastrow, 19.9.1938 und 17.10.1938), Leihgaben des Museums nach Greensboro für Jastrows Unterricht (Brief [hs. Entwurf] Jastrow an Richter, 4.11.1942, alle in GRI, Jastrow papers 10.29).
71 Jastrow, „First Report on the research work: Terracotta-Arulae from the Greek Colonies in Italy", presented by: E. J., Rome, December 1934, S. 1 und 2 (Anlage 5 zu Brief Jastrow an Murrow, EC, 20.12.1935 [wie Anm. 2]).

Die Bemühungen um eine Verlängerung (Juni – Dez. 1935)

Kurz vor Ablauf des Stipendiums, im Juni 1935, verfasste Jastrow einen zweiten Arbeitsbericht,[72] in dem sie nicht nur über ihren „course of studies" der Monate Dezember 1934 bis Juni 1935 und die erzielten Teilergebnisse Auskunft gab, sondern auch die spezifischen Umstände erläuterte, die ein weiteres Fortschreiten des Projektes bzw. seine Fertigstellung verhinderten. Die durch das *AAUW*-Stipendium ermöglichten „trips through the different museums of South Italy and Sicily" hätten zu „enrichment and intensification of the entire project" geführt.[73] Die Zahl der zu untersuchenden Stücke sei während des Förderungszeitraumes um mehr als ein Drittel gestiegen, von 200 auf über 330: dies habe eine umfassende Neubearbeitung des gesamten Kataloges erforderlich gemacht.[74] Neue Entdeckungen und Arbeitshypothesen bezüglich Herstellungstechnik, Stilistik und Datierung müssten anhand des gesamten Materials verifiziert werden.[75] Da sie methodisch in ihrer Arbeit die „connections of types" der *arulae* vorstellen und „a new light on the relations between Rome and the greek colonies in South Italy" werfen wolle, komme für sie – im Unterschied zu ihren Vorgängern – eine nach Regionen getrennte Publikation des Materials (wie bei E.[lizabeth Douglas] Van Buren) ebenso wenig in Frage wie die separate Veröffentlichung von Monumentenkatalog und Interpretationsband, wie dies H.[erbert] Koch geplant, aber nicht eingelöst habe.[76]

Angesichts dieser neuen Situation berief sich Jastrow auf Rodenwaldts Gutachten vom 25. Juli 1933, der schon damals mindestens einen Zeitraum von zwei Jahren für das *arulae*-Projekt veranschlagt hatte, und bat die *AAUW* dringend um eine Verlängerung:[77]

---

[72] Jastrow, „Second Report on the research work Terracotta Arulae from the Greek colonies in Italy", presented by E. J., Rome, June 22nd 1935 (Anlage 6 zu Brief Jastrow an Murrow, 20.12.1935 [wie Anm. 2]).
[73] Brief Jastrow, Rom, an Committee on Fellowship Awards, *AAUW*, 22.6.1935, S. 1 (Anlage 7 zu Brief Jastrow an Murrow, 20.12.1935 [wie Anm. 2]).
[74] Jastrow, Second report, S. 4: „The arrangement had to be entirely renewed, and in connection the description of nearly every piece had to be replaced by a new one." (wie Anm. 72).
[75] Jastrow, Second report, S. 3 (wie Anm. 72).
[76] Jastrow, Second report, S. 6–7 (wie Anm. 72): „Koch has (...) renounced the accomplishment of his work, i.e. he has published the catalogue and planned a summary treatise for later, which though in its entirety never appeared. Such a renounce in the special case of my ‚Corpus' (...) could not be justified before science."
[77] Zu dieser Anfrage ermuntert hatte sie Elizabeth Hazelton Haight (Vassar), der sie in Rom ihre Arbeit hatte zeigen können (Brief Jastrow, Rom, an Committee on Fellowship Awards, *AAUW*, 22.6.1935, S. 2, und Jastrow, Second report, S. 6 = Anlage 6 und 7 zu Brief Jastrow an Murrow, *EC*, 20.12.1935 [wie Anm. 2]).

„Considering the amount of material which grew beyond expectation (...) the assumed second year seems indispensable. (...) In order to satisfy the scientific demands of the work itself I shall be in need of further means of subsistence.
(...) it is clear that not only the problems contained by the material are waiting anxiously for a clarifying, but also the already won results need formulating. (...) In regard to the actual situation, in fact, only further financial help from the Committee would enable me to accomplish this great work."[78]

Eine Fortsetzung der Förderung sei umso dringender geboten, als eine Forschungsreise nach Griechenland zum Studium neuer *arulae*-Funde, die sich aus zeitlichen und finanziellen Gründen bisher nicht realisieren ließ, unumgänglich sei:

„(...) the more intensely I occupied myself with the finds of Sicily and Magna Graecia the more important and indispensable seems the knowledge of the new Greek finds (...) Thus I think that only in this way I shall be able to do justice to my emplements [sic!], concerning the question on style."[79]

Zwei Monate später nahm die *AAUW* zu Jastrows Bericht Stellung: ein Verlängerungsantrag für das International Fellowship bei der *American Association of University Women* sei nahezu aussichtslos, sie sollte ihr Glück doch bei der *International Federation of University Women* versuchen. Dennoch waren dem Schreiben Antragsformulare beigelegt.[80]

Nach Rücksprache mit Gisela Richter, die ihrerseits mit dem Committee on Fellowship Awards über Jastrows spezifische Situation gesprochen hatte, kündigte diese am 4. November einen neuen Antrag mit neuen Informationen an,

---

[78] Brief Jastrow, Rom, an Committee on Fellowship Awards, *AAUW*, 22.6.1935, S. 1–2 (wie Anm. 73).
[79] Jastrow, Second report, S. 5 (wie Anm. 72).
[80] Brief Jastrow, Rom, an Miss Smith, Secretary der *AAUW*, 4.11.1935 = Anlage 8 zu Brief Jastrow, Rom, an Murrow, EC, 20.12.1935 (wie Anm. 2): Dank für [nicht erhaltenen] Brief vom 18.9.1935. Einer Postkarte von Margarete Gütschow nach zu urteilen hatte die *AAUW* schon Ende Juli/Anfang August zwei Briefe an Jastrow nach Rom geschickt: „(...) nach ihrer Abreise kam natürlich der von Ihnen lang erwartete Brief in Ihren Arbeitsangelegenheiten, wenige Tage später ein weiterer von dort – vergebens erwarten wir Ihre Adr., und Frl. Sch. ist unruhig, weil ihnen nichts nachgeschickt werden kann." Elisabeth Jastrow war im Sommer wohl bei Ihren Eltern in der Schweiz (Postkarte Gütschow, Rom an ‚Prof. Jastrow für Frl. Dr. Elisabeth Jastrow: Bitte nachsenden Schweiz', in GRI, Jastrow papers 4.51). Erst Ende August gab Jastrow eine Schweizer Adresse an, unter der sie erreichbar sei: „Endlich Nachricht von Ihnen!" (Postkarte Gütschow an Jastrow, ‚durch Dr. Klara Kaiser, Pelikanstr. 11, Zürich', 1.9.1935).

„(…) hoping (…) that on account of these papers which show clearly all the special requires of my future studies, the Committee will be kind enough to provide me with its advise and eventual recommendation to other institutions."[81]

Richter dachte zu diesem Zeitpunkt bereits über eine alternative Form der Förderung für Jastrow nach, möglicherweise zusammen mit Hetty Goldman, die zu dieser Zeit ebenfalls am Metropolitan Museum tätig war:[82] „(…) suggesting that perhaps other funds might be found for my special purpose".[83]

Der offizielle Verlängerungsantrag, den Jastrow am 14. November 1935 in deutscher und englischer Sprache stellte, wurde von fünf Gutachtern unterstützt: Ludwig Curtius, Direktor am *DAI* in Rom, Giulio E. Rizzo (Antifaschist, Lehrer von Paola Zancani),[84] Ordinarius für Archäologie an der Universität Rom, Axel Boethius, Direktor des Schwedischen Archäologischen Instituts in Rom und Professor für Alte Geschichte und Archäologie an der Universität Göteborg, Ernst Langlotz und Rodenwaldt mit aktualisierten Empfehlungsschreiben. Da das ‚International Fellowship' nach den Statuten der *AAUW* grundsätzlich nur auf ein Jahr vergeben wurde, änderte Jastrow die Terminologie und nannte ihr Gesuch nicht „Antrag", sondern „Bewerbung" (in der englischen Fassung „competition") mit dem Ziel,

„(…) die nötigen Mittel zu erhalten, eine im vergangenen Jahre mit Hilfe des International Fellowship der American Association of University Women unternommene Arbeit mit den noch erforderlichen Studien in Italien und Griechenland beendigen zu können."[85]

Der Gesamtcharakter ihres Forschungsvorhabens habe sich durch die Fülle neuer Funde grundsätzlich verändert, betonte Jastrow in ihrem neuen Arbeitsplan für das beantragte zweite Jahr: „From a collection of rare implements grew a publication of a large new class of almost unknown monuments."[86] Die Sammlung sei inzwischen auf 500 *arulae* angewachsen: etwa 350 aus Magna Graecia und Sizi-

---

81 Ebda.; ein Antrag bei der *IFUW*, so fürchtete Jastrow, wäre noch aussichtsloser als bei der *AAUW*, „owing to the quantity of nationalities."
82 Anlage 15 („Committee on Fellowship Awards") zu Jastrows Brief an Murrow, *EC*, 20.12.1935 (wie Anm. 2); siehe auch S. 156 f. ‚Die Förderung durch Hetty Goldman'.
83 Brief Jastrow, Rom, an Miss Smith, Secretary der *AAUW*, 4.11.1935 (wie Anm. 80).
84 Zu Giulio Emanuele Rizzos „difficult relationship with the Fascist regime", die letztlich zu seiner „Zwangspensionierung" führte, Dubbini 2008 (und, detaillierter und differenzierter, Dubbini 2012, 42–46); zu Paola Zancani, die Rizzos politische Haltung teilte, Borelli 2004.
85 Brief Jastrow, Rom, an Committee on Fellowship Awards, *AAUW*, 14.11.1935 (deutsche Fassung = Anlage 9a zu Brief Jastrow, Rom, an Murrow, *EC*, 20.12.1935 [wie Anm. 2]).
86 „Terracotta-arulae from the Greek colonies in Italy, Plans for study", presented by Elisabeth Jastrow, Rome, October 1935, S. 1 (= Anlage 10 zu Brief Jastrow, Rom, an Murrow, *EC*, 20.12.1935 [wie Anm. 2]).

lien, etwa 200 aus Rom und Mittelitalien. Diese sollten in einem „descriptive catalogue" nach Typen und chronologisch geordnet präsentiert werden, wobei für fast jedes Stück „good photographs" vorhanden seien.[87] Im zweiten Teil der Publikation sollten kunstgeschichtliche und hermeneutische Aspekte behandelt werden:

> „Summering chapters on: clay and manufacturing, places of origin, circumstances of origin, sanctuaries, the architectonic forms, History of Art of the reliefs, the use."[88]

Kein anderer als Elisabeth Jastrow, so betonten die Gutachter, sei in der Lage dieses schon so weit fortgeschrittene und für die Forschung unentbehrliche Werk zu Ende zu führen:

> „Es wäre ausserordentlich bedauerlich, wenn die ausgezeichnete Arbeit von Fräulein Dr. Jastrow, die schon so weit gefördert ist, aus Mangel an Mitteln unvollendet liegen bleiben müsste. Das wäre ein empfindlicher Verlust für unsere Wissenschaft, da sich nicht leicht ein neuer Bearbeiter fände, der soviel Zeit und Fleiss dieser Monumentenklasse widmen könnte."[89]

> „The American Association of University Women has done a really important work for the science of antiquity by encouraging the studies of Miss Jastrow (...) nobody else could ever complete it with the same competence, with the same scientific passion. It would be a grave damage for science, if Miss Jastrow should be constrained – by lack of means – to interrupt or even to delay the work which is progressing so well."[90]

Noch bevor das Committee on Fellowship Awards der *AAUW* über Jastrows Antrag beraten hatte – das Meeting war auf Mitte Januar 1936 angesetzt – informierte Jastrow auch das *Emergency Committee* über ihr Vorgehen in der Hoffnung auf „advise [sic!] and assistance in this matter".[91] Sie habe bei der *AAUW* eine Bewerbung eingereicht für

---

87 Eine Arbeitskopie des ersten Teils des Kataloges (Magna Graecia, Sizilien) lag der *AAUW* seit Sommer 1935 vor.
88 Jastrow, Plans for Study, S. 3–4 (wie Anm. 86).
89 Gutachten Curtius, Rom 1.7.1935, S. 1f. (=Anlage 13.2 zu Brief Jastrow, Rom, an Murrow, *EC*, 20.12.1935 [wie Anm. 2]).
90 Gutachten Rizzo, Rom, Oktober 1935, S. 2 (=Anlage 13.4b zu Brief Jastrow an Murrow, *EC*, 20.12.1935 [wie Anm. 2]).
91 Jastrows zweiter Hilfeanruf an das *Emergency Committee* war nicht mehr ganz so chancenlos wie der erste, da sie jetzt zumindest – wie Murrow dies in seinem Memorandum vom 21.11.1933 gefordert hatte – „member of the AAUW" war (siehe S. 143).

„any fellowship that would allow me to carry on my studies in Italy and Greece as described in Plans for Study."[92]

In großer Offenheit gab sie darüber Auskunft, wie lebensnotwendig die Vollendung und Drucklegung der *arulae*-Arbeit für ihre weitere Zukunft sei, da sie bisher nur wenig habe publizieren können:

„As in consequence of continual professional work, I could publish but small articles, this work is to be the basis on which later on I shall have to find a position."[93]

Da auch die Unterstützung durch ihre Familie, dank derer sie länger mit dem Stipendium hätte auskommen können, nicht mehr möglich sei, bat sie die Verantwortlichen des *Emergency Committee* dringend darum, ihr Anliegen bei der *AAUW* zu unterstützen („to back my demand") oder andere Institutionen für ihr Forschungsvorhaben zu interessieren. Zu diesem Zweck fügte sie ihrem Schreiben alle ihre *AAUW*-Unterlagen seit dem Erstantrag 1933 bei – doch offenbar ohne Erfolg, denn entgegen den Gepflogenheiten des *EC* wurde nicht einmal der Eingang dieses Briefkonvolutes bestätigt. Auch von Seiten der *AAUW* ist kein Antwortschreiben auf den Verlängerungsantrag bekannt.

Die Förderung durch Hetty Goldman (1936/37)

Dafür erhielt Jastrow Ende Januar 1936 Post von ihrer Tante, Mrs. Helen (Morris-) Jastrow aus Philadelphia, die Ende 1933 bereits von Cohn als mögliche Unterstützerin in Erwägung gezogen worden war.[94] Auch sie wusste von der Praxis der *AAUW,* Fellowships nur auf ein Jahr zu vergeben, doch sie konnte mit einer erfreulichen Überraschung aufwarten:

„Dear Ebith, It seems that the fellowship is never – or practically never – given twice to the same applicant, – but a number of people who know you and your work feel that the work is extremely worthwhile and ought to be supported for a year, so that they are endeavoring to get together a fund for that purpose – feel sure that they will succeed – or at least I hope so very fervently. Miss Goldman has been working hard for you but does not wish to write

---

92 Brief Jastrow, Rom, an Murrow, *EC*, 20.12.1935, S. 1 (NYPL, *EC*-Records 77.31).
93 Brief Jastrow, Rom an Murrow, *EC*, 20.12.1935, S. 2 (wie Anm. 92).
94 Siehe S. 144; Helen Jastrow war die Witwe des 1921 verstorbenen Orientalisten Morris Jastrow, des Sohnes des bereits 1866 nach USA ausgewanderten Rabbiners Markus Jastrow, eines Onkels von Elisabeths Vater (Maier 2010, 15).

until she feels sure of success – <u>I do wish you would be coming to America one of these days.</u>"[95]

Die promovierte Archäologin Hetty Goldman, Enkelin des Investment-Bank Gründers Marcus Goldman,[96] kannte Jastrow und ihr Forschungsvorhaben von ihrer ehrenamtlichen Tätigkeit im Committee on Fellowship Awards der *AAUW* her und war mit Gisela Richter[97] und – infolge ihrer zahlreichen Grabungskampagnen in Kleinasien und Griechenland – auch mit Mary Swindler von Bryn Mawr eng befreundet. Seit 1936 gehörte sie als erste Frau dem *Institute for Advanced Study* in Princeton an.[98]

Im Februar 1936, nach acht Monaten ohne finanzielle und berufliche Perspektiven, kam endlich der erlösende Bescheid aus den USA (der leider nicht erhalten ist), und Elisabeth Jastrow konnte erleichtert und dankbar „Tante Nelly" von ihrem Glück berichten:

„Du wirst früher als ich selbst gewusst haben, welche grosse Überraschung mir zuteil geworden ist. Ich bin glücklich über die mir zur Verfügung gestellte Summe zur Beendigung meiner Arbeit und voller Dankbarkeit für diese grosse Hilfsbereitschaft und Menschlichkeit. Ich bin nun von einer grossen Sorge befreit und zweifle nicht, dass nicht nur Dein Einfluss sondern auch Dein ganz persönliches Interesse, mit dem Du dich so schnell und tätig meiner Wünsche angenommen hast, den grössten Anteil an ihrer Verwirklichung gehabt hat. So darf ich auch Dir von Herzen meine Dankbarkeit aussprechen. Du wirst kaum ermessen können, was unter den gegenwärtigen Umständen eine solche unerhoffte und grosszügige Hilfe bedeutet."[99]

Noch Jahre später, als sie bereits eine feste Anstellung am Greensboro College for Women innehatte, verwies Jastrow in ihrem „Resume of Experience", das sie für das *Emergency* Committee anfertigte, ausdrücklich auf Goldmans Förderung:

---

95 Brief (hs.) Helen Jastrow, Philadelphia, an E. Jastrow, 28.1.[1936], S. 1f. (GRI, Jastrow papers 7.14).
96 Ihr Vater Dr. Julius Goldman war der „anonymous donor", der zwei Jahre lang (1936/37 und 1937/38) die Weiterbeschäftigung von Margarete Bieber an der Columbia University mit einem großzügigen Gehaltszuschuss sicherstellte (siehe Kapitel Bieber, S. 86–99).
97 Hetty Goldman ist als eines der acht Committee-Mitglieder in der Anlage 15 von Jastrows Brief an das *EC* vom 20.12.1935 (Anlage 16) geführt, zusammen mit E. Hazelton Haight (Vassar), A.W. Van Buren und C. H. Aldrich (beide *American Academy Rome*).
98 Mellink, Quinn 2004, 324f.
99 Brief (hs.) E. Jastrow, Rom, an Helen Jastrow, 8.3.1936 (GRI, Jastrow papers 7.14).

> „After 1936, the continuation of this work [d.i. ‚on Greek terracottas'] was made possible by an additional gift transmitted to me through Miss Hetty Goldman of Princeton, N. J."¹⁰⁰

Mit diesem Stipendium konnte sie im Frühjahr 1936 die seit langem geplante und ersehnte Studienreise nach Griechenland unternehmen, die sie in ihren Arbeitsberichten als unverzichtbar für ihre Forschungen deklariert hatte.¹⁰¹

Die engeren Freunde hatten Jastrows ungesicherte Lage der letzten Monate besorgt mitverfolgt: diesen Eindruck erweckt jedenfalls ein Schreiben Trude Krautheimers, die mit ihrem Ehemann Richard schon 1935 von Rom aus in die USA emigriert und an der University of Louisville untergekommen war:

> „Ostern war Richard auf einem Kongress in New York – und hörte bei dieser Gelegenheit – schreiben tun wir ja alle recht wenig – dass Sie noch einmal ein Stipendium für Ihre Arbeit bekommen haben. Ich kann Ihnen gar nicht sagen, wie sehr wir uns darüber gefreut haben. (...) Als wir zu Weihnachten in New York waren, sah es nicht allzu hoffnungsvoll aus – umso glücklicher sind wir mit Ihnen dass es nun doch noch mal geklappt hat. Hoffentlich reicht es, um die Arbeit wirklich fertig machen zu können."¹⁰²

Nicht informiert war offenbar Jacobsthal, denn in seinem ersten Brief aus Oxford vom 11. April 1936 berichtete er begeistert nur von den eigenen Eindrücken:

> „Wir sind seit einer Woche hier, Oxford ist uns vertraut, Stadt und Menschen. Ich habe im Gespräch mit Beazley, Fraenkel und den Historikern Möglichkeiten wie kaum irgendwo sonst. Ich werde ein Seminar über archaische italische Necropolen haben – nur für Kollegen."¹⁰³

---

100 Anlage zu Brief Jastrow, Greensboro, an Betty Drury, *EC*, 14.3.1942 (NYPL, *EC*-Records 77.31).
101 Margarete Gütschow schickte am 27. Mai 1936 einen für Jastrow bestimmten Brief postlagernd nach Athen (GRI, Jastrow papers 4.51).
102 Brief T. Krautheimer, Louisville, KY, an Jastrow, 25.4.1936 (GRI, Jastrow papers 8.5). Jastrow kannte die Krautheimers noch aus Marburg, wo Richard seit 1927 Privatdozent für Kunstgeschichte gewesen war, und aus der gemeinsamen Zeit in Rom 1934–35.
103 Brief Jacobsthal, Oxford, an Jastrow, 11.4.1936. Jacobsthal, der 1935 auf dem Weg der vorzeitigen Versetzung in den Ruhestand aus dem Amt gedrängt worden war, hatte Marburg am 22. März 1936 verlassen und Jastrow seine neue Adresse in Oxford (Christi Church) mitgeteilt: „Wir gehen am 22. auf drei Monate nach Oxford." (Postkarte Jacobsthal, Marburg, an Jastrow, 17.3.1936, beide in GRI, Jastrow papers 7.9). Frederick Jagust, der in seiner biographischen Skizze Jacobsthals Marburger Assistentin Elisabeth Jastrow befremdlicherweise unerwähnt lässt, waren diese Briefe offenbar nicht bekannt, denn er schreibt: „Überhaupt verliert sich für den Rest des Jahres 1936 Jacobsthals Spur in den Quellen." (Jagust 2012, 71).

Der Tod des Vaters – Vorbereitungen zur Emigration (1937–1938)

Aus den Akten geht nicht hervor, wie lange Hetty Goldman Jastrows Forschungen finanzierte. Fest steht jedenfalls, dass durch den Tod ihres Vaters am 2. Mai 1937 die Arbeit an den *arulae* für längere Zeit stark beeinträchtigt war. Jastrow kehrte für den Sommer nach Berlin zurück und war über Monate mit der Ordnung des umfangreichen Nachlasses von Jgnaz Jastrow beschäftigt:

> „Du wirst es begreifen, dass ich bei aller Sparsamkeit heimgefahren bin bei Vaters Tod, dass ich neben meinen Arbeiten an seinem wissenschaftlichen Nachlass, Korrekturen und anderem gearbeitet habe, – wer sollte es tun ausser mir?
> (...) Das Leben stellt ja auch noch andere als wissenschaftliche Anforderungen an einen Menschen."[104]

Zwei Hauptaufgaben dominierten die nächsten Monate: zunächst erstellte Sie einen Gesamtkatalog der Bibliothek ihres Vaters[105] und versuchte diese möglichst als Ganzes zu verkaufen. Dabei war ihr u. a. Arthur Salz von der Ohio State University behilflich: er habe, so schrieb er am 15. Februar 1938, mithilfe des Katalogs die einzigartige Bibliothek, das „Denkmal eines großen Herren", den Universitätsbibliotheken von Chicago, New York und Harvard zum Kauf angeboten, doch bislang ohne Erfolg: die Sparnot, der die Universitäten infolge der großen Depression unterworfen seien, würde alle Bemühungen vereiteln.[106] Daneben hatte Jastrow die Fahnenkorrekturen des letzten Buches ihres Vaters, *Die Prinzipienfragen in den Aufwertungsdebatten*, zu besorgen, das Anfang 1938 posthum erschien.[107]

Lehmann-Hartleben sandte ein verspätetes Kondolenzschreiben aus Rom, wo er den Sommer 1937 verbrachte, und informierte Jastrow seinerseits über die Schreckensnachrichten aus seiner Familie:

---

104 Brief E. Jastrow an Helen Jastrow, 25.3.1938, S. 2 (GRI, Jastrow papers 7.14).
105 Nicht zu verwechseln mit dem *Verzeichnis sämtlicher Schriften von Dr. J. Jastrow*, Berlin 1929 (Redlich 1957, 61, Anm. 42).
106 Brief Salz an Jastrow, 15.2.1938 (GRI, Jastrow papers 10.52). Ohne nähere Angaben konstatiert Fritz Redlich in seiner Gedenkschrift: „Jastrow's own library (...) was auctioned off shortly after his death and after the outbreak of the recent war. An attempt to acquire the library for the United States failed at that time." (Redlich 1957, 61, Anm. 42). In einer eidesstattlichen Versicherung zur Vorlage beim Entschädigungsamt Berlin vom 17. Januar 1961 gab Elisabeth Jastrow an, dass die mindestens 3000 Bände umfassende Bibliothek ihres Vaters „verschleudert" worden sei (Maier 2010, 62 mit Anm.97).
107 Brief E. Jastrow an Helen Jastrow, 25.3.1938, S. 1 (GRI, Jastrow papers 7.14): „Soeben ist nun das letzte Buch, das im Druck war, als Vater starb, erschienen, hast Du es schon erhalten?". (Die Bibliographien verzeichnen 1937 als Erscheinungsjahr, das Buch wurde außerhalb der Reichsgrenzen, in Brünn, Prag und Wien vom Rudolf M. Rohrer Verlag vertrieben).

> „Dass ich herzlich an Ihrer Trauer teilgenommen habe und Teil nehme, wissen Sie, ohne dass ich viel Worte mache. Was über uns mit dem Tod erst meiner Mutter und dann dem grausigen Ende meiner Schwester hereingebrochen ist, haben Sie wohl gehört."[108]

Doch Hauptanlass seines Schreibens war es, ganz unsentimental und pragmatisch der „lieben Freundin" zu berichten, welche Arbeitsmöglichkeiten er ihr eventuell in Italien verschaffen könnte:

> „Ich hatte bestimmt gehofft Sie hier zu sehen, und gerade jetzt viel von Ihnen mit unsrer Freundin Paola Zancani gesprochen – Nun bin ich sehr enttäuscht auf dem American Express zu hören, dass Sie schon wieder ausgerückt sind. (...) Ich möchte Sie dringend sprechen. Habe auch einen möglichen Plan Ihnen mit (...) photographischen Arbeiten einen Teil Ihres Lebensunterhaltes im nächsten Jahr und vielleicht weitere sowie mit Beteiligung an einer Katalogarbeit zu finanzieren (Hier in Italien)."[109]

Inzwischen hatten sich die Verhältnisse in Rom für die deutsch-jüdischen Intellektuellen spürbar verschlechtert. Der politische Druck auf Ludwig Curtius, den liberalen Direktor des *Deutschen Archäologischen Instituts*, der nach 1933 in seinem Haus Emigranten aus Deutschland Arbeits- und Forschungsmöglichkeiten bot, hatte zugenommen, er musste jederzeit mit seiner Entlassung rechnen.[110]

---

108 Brief (hs.) Lehmann-Hartleben, Rom, an Jastrow, c/o American Express Company, 14.8.1937 (GRI, Jastrow papers 8.24). Zum Tod Eva Fiesels siehe Kapitel Lehmann-Hartleben S. 130 f. Albrecht Götze, der mit Ignaz Jastrow persönlich bekannt war, kondolierte bereits im Mai 1937 (Brief Götze, Yale, an Jastrow, 30.5.1937, in GRI, Jastrow papers 4.39).
109 Brief (hs.) Lehmann-Hartleben, Rom, an Jastrow, 14.8.1937 (wie Anm. 108).
110 Curtius, der nach 1933 „unverändert an der großen Zahl alter Freunde, die verfemt oder verfolgt waren, ohne Scheu vor der Welt sichtbar in seiner häuslichen Geselligkeit" festhielt (Deichmann/Kraus 1979, 8), erhielt Ende August 1937 seine Entlassungsurkunde (Junker 1997, 40): im September wurde der 63-jährige von seinem Amt suspendiert und zum 31.12.1937 in den Ruhestand versetzt. Zwei Jahre später pries Karl Löwith in seinem autobiographischen Bericht *Mein Leben in Deutschland vor und nach 1933*, der für ein Preisausschreiben der Harvard University bestimmt war, die Standhaftigkeit und politische Unerschrockenheit dieses „wahrhaft gebildeten Deutschen": „Der einzige deutsche Gelehrte in offizieller Stellung, in dessen Hause man auch als Jude verkehren konnte, war Ludwig Curtius. (...) Er war ein Charakter und eine Persönlichkeit, welche die von ihm verlangte Beschränkung seines privaten Verkehrs nicht duldete. In seiner vornehmen Wohnung am Corso Umberto trafen sich Italiener, Deutsche und Juden. Er war ein Mittelpunkt des geselligen Lebens und repräsentierte eine Kultur, die noch in der Goethezeit wurzelte. (...) Er scheute sich auch nicht, seine Kinder einer Haustochter anzuvertrauen, die von jüdischer Herkunft war, und ihnen von einem Emigranten Musikunterricht erteilen zu lassen." (Löwith 1986, 88 f.; ähnlich Voigt I, 1989, 83 f.). So nimmt es nicht wunder, dass diese weltoffene Haltung zur Denunziation einlud: so eiferte sich der designierte Präsident des *DAI*, Martin Schede, gegenüber Armin von Gerkan im Herbst 1937 über Curtius' „Judenfeste" (Vigener 2012, 81).

Hermine Speier, die Jastrow für August zurückerwartete, informierte sie Ende Juli über die aktuelle Situation am Institut:

> „Ich selbst bin seit Wochen nicht dort gewesen. Es sind alle natürlich sehr verängstigt. Man mag es ja alles garnicht ausdenken. Bestimmtes ist noch nicht zu sagen, ob C.[urtius] schon zum ersten Oktober oder erst zum ersten Januar seine Pensionierung einreichen muss; es ist auch wohl besser über diese Dinge mündlich zu sprechen, wenn Sie hier sind (...) Krautheimers und Lehmann sind hier und erzählen sehr interessant und erfreulich. Ich glaube es wäre sehr wichtig für Sie, sie zu sprechen."[111]

So war Jastrow gut beraten, ihre außereuropäischen Kontakte zu intensivieren. Seit Frühjahr 1937 trug sie sich mit dem Gedanken Europa unter Umständen zu verlassen. Margarete Gütschow erbot sich, ihre Verwandten in Cuba, die dort eine Plantage betrieben, anzuschreiben[112] und wollte Jastrow mit ihrer Nichte aus den USA bekannt machen, die für den Sommer 1937 eine Reise nach Europa geplant hatte.[113] Ende des Jahres waren die Auswanderungspläne so konkret, dass eine Freundin ihr wünschte,

> „(...) dass jetzt sich Ihr vielseitig geschlungener Gordischer Knoten bald so lösen wird, dass Sie ins Land ihrer Sehnsuch[t] fahren können."[114]

Das Jahr 1938

Doch Jastrow war sich im Klaren darüber, dass vor der endgültigen Abreise aus Europa die Ergebnisse ihrer *Arulae*-Forschungen in irgendeiner Form zum Druck gebracht werden müssten. Anfang Januar 1938 nahm sie deshalb zu ihren ehemaligen Gutachtern Kontakt auf, zu Robert Zahn und Gerhart Rodenwaldt. Bei Rodenwaldt erkundigte sie sich nach der Möglichkeit, im *Jahrbuch des DAI* einen Aufsatz zu publizieren.[115] Zahn, den ehemaligen Direktor des Berliner Antiken-

---

111 Brief (hs.) Speier, Rom, an Jastrow, 30.7.1937. Drei Wochen später unterbreitete sie Jastrow das Angebot, gemeinsam in ihrer Wohnung zu leben (Brief Speier an Jastrow, 18.8.1937, beide in GRI, Jastrow papers 11.8). Zu Hermine Speier siehe Daltrop 2004, Deichmann, Kraus 1979, 8 und Wickert 1979, 17 f. und 197.
112 Brief Gütschow, Ischia, an Jastrow, 8.4.1937 (GRI, Jastrow papers 4.51).
113 Dieses Treffen konnte nicht stattfinden, da „man in New Yorker Kreisen von einer Europa-Reise abrät." (Postkarte Gütschow, Positano, an Jastrow, 11.5.1937 (GRI, Jastrow papers 4.51).
114 Brief Else Hoffa, Blankenese, an Jastrow, 9.12.1937 (GRI, Jastrow papers 6.31).
115 Brief Jastrow an Rodenwaldt, 14.1.1938 (GRI, Jastrow papers 10.35). Diese Anfrage, die auf Bitten Jastrows durch Carl Weickert auch dem neuen Direktor es DAI Martin Schede vorgetragen wurde, wurde abgewiesen (‚Container List', S. 30 f., zu Jastrow papers 10.35 und 11.61, in GRI,

Museums, „der für antike Kleinkunst wohl das massgebendste Urteil hat und jetzt zeitweilig eine Abteilung im Metropolitan Museum in New York bearbeitet",[116] bat sie darum, den Teil ihres *Arulae*-Manuskripts zu lesen, der beim Schwedischen Archäologischen Institut in Rom auf Vermittlung von Axel Boethius gedruckt werden sollte.[117] Diese Bitte blieb nicht unerhört: knapp zwei Monate später erhielt sie einen engbeschriebenen vierseitigen Brief mit Korrekturvorschlägen.[118]

Jastrow stand extrem unter Zeitdruck: längst hatte sie sich von ihrer Idealvorstellung verabschieden müssen, alle Teile ihres Groß-Projektes in zwei, möglicherweise sogar drei Bänden gleichzeitig zu veröffentlichen. Von einer Publikation des Monumentenkatalogs war keine Rede mehr, sie wollte sich vorerst auf den „hermeneutischen Teil" beschränken, der „für sich abgeschlossen" war: die vom Schwedischen Institut gedruckte Schrift, so erläuterte sie ihrer Tante Nellie, sollte nur „die wissenschaftliche Begründung für den Aufbau meiner Corpus-Arbeit (...) erbringen".[119]

Auch Jacobsthal, mit dem sie seit zwei Jahren nicht mehr korrespondiert hatte, verständigte sie von der bevorstehenden Publikation. Er gratulierte ihr zu diesem Schritt und gab – gewissermaßen als ermutigendes Propädeutikum – offen Auskunft über seine bisherigen Erfahrungen im Oxforder Exil:

> „Mich erfreute es ungemein, dass sie also endlich etwas drucken! (...)
> Von uns ist zu sagen: wir sind nun – meine Frau mit Intervallen – 2 Jahre hier. Gesamtbilanz positiv. Ich sitze warm und zugehörig. Einkommen bleibt noch hinter dem wünschenswerten Mass zurück und fordert Einschränkung nach jeder Richtung. Ich habe es leicht gelernt, von verwöhntem Institutsfürst auf ‚Privatgelehrten' umzuschalten, um so leichter, als ja hier alle Leute so leben (...)
> Wir haben ein Haus, ein viel zu grosses, was Vorteile und Nachteile hat. Im übrigen gehören wir ja zu den Leuten, die sich stets darüber klar sind, wie schwer es ist, draussen zu leben und nicht an ‚Akklimatisation' glauben; auch fehlt uns das, was manchen Leuten die Einge-

---

Jastrow papers). Möglicherweise hoffte Jastrow den Vortrag gedruckt zu sehen, den sie auf Einladung von Van Buren an der *American Academy* (in englischer oder italienischer Sprache) in Rom halten sollte (Brief Van Buren an Jastrow, 11.1.1938, in GRI, Jastrow papers 11.46). Sie war mit ihrem Auftritt am 10. Februar 1938 recht zufrieden: „Ein Vortrag in der American Academy in Rome [sic!] vor ein paar Wochen über dieses Thema hat, glaube ich, gefallen." (Brief E. Jastrow an Helen Jastrow, 25.3.1938 [wie Anm. 104]).

116 Brief E. Jastrow an Helen Jastrow, 25.3.1938, S. 1 (wie Anm. 104). Zahn war seit dem 1. April 1935 im Ruhestand (Brief Zahn an Jastrow, 30.4.1935, in GRI, Jastrow papers 12.12).
117 Brief Jastrow an Zahn, 12.1.1938 (GRI, Jastrow papers 12.12).
118 Brief Zahn an Jastrow, 7.3.1938 und Jastrows Dankesbrief vom 14.3.1938 (beide GRI, Jastrow papers 12.12).
119 Brief E. Jastrow an Helen Jastrow, 25.3.1938 (wie Anm. 104).

wöhnung erleichtert, Hass gegen das heutige Deutschland. Alles Probleme, zu denen Sie ähnlich stehen werden – (mit Ausnahme des Hauses!)."[120]

Seit Frühjahr 1938 liefen Jastrows Planungen für die Auswanderung auf Hochtouren: am 22. März dankte sie Gisela Richter für die Zusendung einer nicht näher bezeichneten Bescheinigung,[121] am 25. März bat sie Tante Nellie um Unterstützung sowohl in finanzieller als auch in emigrationstechnischer Hinsicht: ihre Mittel seien inzwischen vollkommen aufgebraucht, es gebe keinerlei Möglichkeiten mehr aus Deutschland irgendeine Form von Unterhalt zu bekommen. „Ausgeschlossen" sei die „Beantragung einer nochmaligen Beihilfe bei den früheren Spendern oder sonst im Kreise meiner Fachgenossen". Ob Nellies Freund Prof. W. T. Bush, ein „Gönner", auf den sie, Elisabeth, bisher nie zurückgekommen war, jetzt noch interessiert sei und ihr eine Beihilfe zukommen lassen würde?

> „Darf ich hoffen, dass Du mir eine gute Fürsprecherin hierin sein wirst? Du selbst hast mir erzählt, wie viel Dein Einfluss bei Prof. Bush gilt – darf ich bei deiner mir so herzlich bewiesenen verwandtschaftlichen Zuneigung hoffen, dass Du ihn für mich geltend machen wirst?"

Ein etwaiger Scheck sollte nicht nach Italien, sondern an eine Deckadresse in die Schweiz geschickt werden „wegen vielleicht bevorstehender Reise", und „nicht auf meinen Namen, sondern auf den einer alten englischen Freundin, Mrs. E. Brinckmann-de Joly, Lugano, Schweiz, Via Coremmo 10" ausgestellt werden.

In der Formulierung des zweiten Anliegens wirkt Jastrow wesentlich unsicherer, man spürt förmlich ihre inneren Widerstände gegen eine derartige „rein praktische Frage": sie bat um ein „affidavit of support, eine notarielle Erklärung, dass jemand für die Wiederabreise bürgt", die sie in die Lage versetzte ein Besuchsvisum zu beantragen. Auch wenn sie noch gar nicht wüsste, ob sie „je in absehbarer Zeit überhaupt Gebrauch davon machen würde", und wenn ja, wann,

> „so möchte ich doch eigentlich ein affidavit ganz gern jetzt in Händen haben; wäre es dir unangenehm, mir ein solches auszustellen? und mir, rein pro forma, eine ‚Einladung', dich irgendwann einmal zu besuchen, zu schicken?"

Sie versicherte der Tante, dass diese keine „tatsächliche Belastung" zu fürchten habe: „das habe ich garnicht im Sinne dabei, ich habe überhaupt nichts Be-

---

120 Brief Jacobsthal, Oxford, an Jastrow, 26.3.1938 (Antwort auf den [nicht erhaltenen] Brief Jastrows vom 17.3.1938, in GRI, Jastrow papers 7.9).
121 Brief Jastrow an Richter, 22.3.1938 (GRI, Jastrow papers 10.29).

stimmtes im Sinn, als nur mir ein Besuchsvisum möglich zu machen, das ja sehr lange gültig ist." Sie sollte ihre Bitte als rein präventive Maßnahme verstehen: „wer weiss, ob man später nicht noch viel mehr Papiere dafür braucht."[122]

Tante Nellies Antwortschreiben war in Stil und Ton wesentlich direkter und zielgerichteter: Sie selber könnte leider kein affidavit ausstellen, weil sie nicht vermögend genug wäre, um als „guarantee" glaubwürdig zu sein, doch ihr Bruder, „who is an angel", könnte bürgen: „He has done it for many of my friends." Bezüglich des möglichen Sponsors Bush sollte sie sich keinen Illusionen hingeben:

> „Bush is in California, but I shall be writing him shortly. It is difficult for me to ask too many favors of him – and it has been necessary this winter to ask many."[123]

Ab Juli 1938 scheint Jastrow von der Schweiz aus – mit Unterstützung des *Fürsorgedienstes für Ausgewanderte/Aide aux Émigrés* – ihre Emigration betrieben zu haben.[124] Sie hatte Italien also gerade zum richtigen Zeitpunkt verlassen, denn das ebenfalls im Juli propagierte „Manifesto della Razza" war der Auftakt für die Einführung antisemitischer Gesetze, die im September in der systematischen Entlassung aller Nicht-Arier aus dem Staatsdienst gipfelte. Überdies hatten alle nicht arischen Ausländer das Land binnen sechs Monaten zu verlassen.[125] Am 26. August 1938 kam es noch zu einem unvorhergesehenen Zwischenfall, der Jastrows ursprüngliche Planung verzögerte,[126] doch am 23. September war für die Überfahrt alles vorbereitet. Es fehlte nur noch eine formale Einladung der Tante:

> „Ich habe meine Amerika-Reise vorbereitet und hoffe Ende des Monats von Rotterdam abzureisen. Es würde sehr gut für mich sein wenn ich eins Deiner herzlichen Briefchen in händen [sic!] hätte, in dem stünde, dass Du im Oktober leider abwesend bist, dann aber Dich sehr auf meinen Besuch freust, um das hiesige nur so kurze Wiedersehen fortzusetzen (oder

---

122 Brief E. Jastrow, Rom, an Helen Jastrow, 25.3.1938 (wie Anm. 104).
123 Brief Helen Jastrow an E. Jastrow, 17.4.1938 (GRI, Jastrow papers 7.14: im April 1938 ist Jastrow in Mailand (Postkarte Gütschow an Jastrow, in GRI, Jastrow papers 4.51).
124 Der hs. Entwurf eines Briefes an Tante Nellie vom 20.7. trägt den Absender „Zürich, American Express Co.", auch zwei weitere Briefe an Helen Jastrow stammen aus der Schweiz (Briefe E. Jastrow, Zürich, an Helen Jastrow, 26.8.1938, und E. Jastrow, Genf, American Express Co., an Helen Jastrow, Paris, 23.9.1938 (GRI, Jastrow papers 7.14). Der *Fürsorgedienst* unterstützte Jastrow auch noch nach ihrer Ankunft in New York (Briefe Leni Cahn, *Aide aux Émigrés/Fürsorgedienst für Ausgewanderte*, Genf, an Jastrow, International House, New York, 17.10.1938 und 26.11.1938, beide in GRI, Jastrow papers 3.6).
125 Hierzu ausführlich im Kapitel Kristeller, „Antisemitische Kampagnen in Italien", S. 450–459.
126 „Mit meinen Plänen ist wieder alles anders, als ich gedacht hatte, aus der Genfer Besprechung scheint nichts zu werden, jedenfalls weiss ich noch nichts Genaues." (Brief E. Jastrow, Zürich, an Helen Jastrow, 26.8.1938, in GRI, Jastrow papers 7.14).

so ähnlich). Das ist ja natürlich <u>nur</u> eine formale Sache, es erwächst Dir daraus nicht die geringste Verpflichtung, für meine Einreise aber als temporary visitor ist es höchst wichtig."[127]

Der exakte Zeitpunkt der Überfahrt auf der „S.S. Noordam" (Holland America Line) von Rotterdam nach New York geht aus der Korrespondenz nicht hervor: Margarete Gütschow verfasste zwei Briefe, die in Zusammenhang mit Jastrows Emigration standen: den ersten am 15. September, als die Freundin sich nachweislich noch in der Schweiz aufhielt:

„Meine liebe Ebith, ich denke oft an Sie, und ihre Nähe fehlt mir sehr (...) ich kann mir gar keine Vorstellung von ihrem ambiente machen. Nur das weiß ich, daß Sie richtig gehandelt haben, als Sie sich zur Abreise entschlossen – anscheinend sehr schnell (...) Eine neue Welt – im wahrsten Sinne des Worts liegt vor Ihnen – möchte sie die Ihre werden und Sie Arbeit, Freundschaft und Anerkennung finden! An <u>Lehmann</u> haben Sie sicher viel."[128]

Einen zweiten Brief schrieb sie am 18. Oktober 1938, nachdem Jastrow ihr vom Schiff aus eine Nachricht hatte zukommen lassen:

„Liebste Ebith, Ihre Karte vom Schiff, das Sie von uns allen weg in die Ferne getragen hat, erschütterte mich, das kann ich wohl sagen (...) Im Stillen hatte ich gehofft, daß Sie sich in der Schweiz ein Arbeitsgebiet schaffen könnten, wenn auch kein Ihnen gemäßes. (...).[129] Hoffentlich ist dies plötzliche Besuchsvisum Ihnen in einem günstigen Augenblick gekommen, liebste Ebith (...) Herr von G.[erkan] kam gestern von einer Reise aus Milet zurück (...) und seine erste Frage war: ‚Wo ist Frl. Jastrow?' und auf meine Antwort kam ein erleichtertes ‚Gott sei Dank!' Er hätte sich ernstlich um Sie gesorgt, sagte er warm und freundschaftlich."[130]

---

127 Brief E. Jastrow, Genf, an Helen Jastrow, Paris, 23.9.1938 (wie Anm. 104). Helen Jastrow befand sich zu diesem Zeitpunkt in Europa („Hoffentlich hast Du eine schöne Zeit in Paris!") und hatte ihre Nichte in Genf besucht, wahrscheinlich Anfang September: „es war und ist so viel zu tun die letzten Wochen, dass ich nicht einmal dazu kam, Dir nach unserm Zusammensein einen Gruss und Dank, innigsten Dank für das Treffen zu schicken." (ebda.) und Brief Jastrow, Int. House, New York, an Homer A. Thompson, Toronto, 31.10.1938: „Here I am in America, just a fortnight. Before leaving I met my aunt of Philadelphia at Geneva." (GRI, Jastrow papers 11.33).
128 Brief (hs.) Gütschow, Rom, an Jastrow, 15.9.1938 (GRI, Jastrow papers 4.51). Die Situation an den deutschen Kulturinstituten hatte sich nach den italienischen Rassegesetzen politisch noch mehr zugespitzt: „Der Leiter der Bibliotheca H.[ertziana] wundert sich, daß er noch da ist." (ebda.).
129 Anders als Gütschow freute sich Hermine Speier über Jastrows geglückte Auswanderung in die USA (in die „freie Atemluft") rückhaltlos (Brief Speier an Jastrow, 15.10.1938, in GRI, Jastrow papers 11.8).
130 Brief (hs.) Gütschow, Rom, an Jastrow, 18.10.1938 (GRI, Jastrow papers 4.51). Bei allem Pathos („Alles Warme, Liebe und Herzliche begleitet Sie!") enthielt der Brief doch auch eine Reihe von praktisch verwertbaren Informationen, so z.B. die New Yorker Adressen von Frau Dr.

Offenbar in letzter Minute war es Jastrow noch gelungen, das Buch vor ihrer Abreise herauszubringen: eine Mitarbeiterin des Hilfskomitees in Genf, Gertie Deneke, stand in brieflichem Kontakt mit dem Verlag und koordinierte noch im September die „Herstellungsarbeiten des in Berlin zu druckenden Werkes": das Buch sollte in bester Qualität (Katalogdruck) in einer Auflage von 500 Exemplaren erscheinen.[131] Unter dem Titel *Abformung und Typenwandel in der antiken Tonplastik* konnte der schmale Band (28 Seiten, XI Bildtafeln, 12 Abbildungen) wohl Anfang Oktober 1938 erscheinen – dieses Jahr zitiert die Autorin in ihrer „List of Publications"[132] – die bibliographische Angabe der Rezension im *American Journal of Archaeology* verzeichnet aber erst 1939.[133] Zwei Wochen nach ihrer Ankunft in New York, am 31. Oktober 1938, teilte Jastrow dem Keeper der Classical Collection des „Royal Ontario Museums of Archaeology" in Toronto, Homer A. Thompson, mit:

> „The first part of that work has now been printed in the Acta of the Swedish Archaeological Institute in Rome".[134]

Bertha Segall, einer Bekannten aus Athen (149 Killow St., Brooklyn, bei Dr. Hase), von Julie Braun-Vogelstein, „sehr warmherzig (…) einer der gar nicht häufigen Menschen, der sich wirklich für andere einsetzt" (N.Y. Broadway 61, American Metal), und der Hinweis, dass die „Nichte aus Cuba" leider nicht mehr in New York ist, sondern in Ohio.

131 Brief Deneke an Wolfgang Metzner (Alfred Metzner Verlag), 20.9.1938, Kopie an Jastrow (GRI, Jastrow papers 3.33).

132 „Opuscula Archaeologica Vol. II, fasc. 1. Institutum Romanum Regni Sueciae. Lund – Leipzig 1938. See abstract in: *Classical Weekly*, vol. 34, 1940–1941, p. 263." (Ziffer 7 der Anlage „List of publications" zu Brief Jastrow, Greensboro, an Drury, *EC*, 14.3.1942, zusammen mit „Resume of Experience" und „Employments and Appointments Held by the Following Institutions"; in NYPL, *EC*-Records 77.31, und in GRI, Jastrow papers 4.4).

133 *AJA* 46.3, Jul.-Sep. 1942, 461–463 (G. M. A. Hanfmann): „OPUSCULA ARCHAEOLOGICA. Ed. Institutum Romanum Regni Sueciae. Vol. II, Fasc. 1 (Skrifter utgivna av Svenska Institutet i Rom V, 1 – Acta Instituti Romani Regni Sueciae V, 1). Lund, C. W. K. Gleerup, 1939." Für dieses Erscheinungsjahr würde der Umstand sprechen, dass das Committee on Fellowship Awards der *AAUW*, eine der wichtigsten Referenzstellen Jastrows in den USA, erst am 27. April 1939 einen Sonderdruck des Bandes erhielt: „In accordance with the stipulations of the International Fellowship (…) I am sending to the Committee an offprint of part I of my research work ‚Tonaltaerchen aus den griechischen Kolonien Italiens.'" (Jastrow, Cambridge, MA, c/o Prof. Taussig, an Committee of Fellowship Awards, *AAUW*, 27.4.1939, in GRI, Jastrow papers 1.8). Der Titelaufnahme der mir zugänglichen Exemplare (University of Alberta Library, Bayerische Staatsbibliothek München) zufolge wäre der Band erst 1941, drei Jahre nach Jastrows Emigration, erschienen, überraschenderweise sowohl in Lund als auch in Leipzig (bei O. Harrassowitz)!

134 Brief Jastrow, New York, an Thompson, 31.10.1938 (GRI, Jastrow papers 11.33). Gisela Richter und Elizabeth Hazelton Haight gehörten zu den ersten Lesern, sie erhielten bereits am 17.10. bzw. am 22.10.1938 von Jastrow Exemplare zugestellt (siehe S. 167 ff. mit Anm. 139 und 145).

Gisela Richter hatte bereits vor Erscheinen die Autorin zu ihren bahnbrechenden Entdeckungen beglückwünscht und ihre Kernthese bestätigt,[135] der Autor des Abstracts in *Classical Weekly*, J.[otham] J.[ohnson], zeigte sich sichtlich beeindruckt von der Radikalität der Jastrow'schen Arbeit:

> „Elaborations of J.'s now famous demonstration: Italic decorative terracottas were frequently copied by contact, negative impressions in clay being taken from the originals and positive impressions made in turn from these. With each firing process shrinkage of the material occurred and the new positive was visibly smaller than the old, and usually coarser, though retouching might conceal this. The process was sometimes repeated. Occasionally the resulting mould was so small that to increase the size of the impression a border or frame moulding was added."[136]

3.4 Emigration in die USA

„I would feel very happy indeed
if my future work would be for
the benefit of this country."[137]

Erste Schritte: New York, Toronto, Cambridge, MA – Das Visitor's visa (Okt. 1938 – Juni 1939)

Mitte Oktober hatte Jastrow definitiv amerikanischen Boden betreten: am 17. Oktober erreichte sie ein – offenbar verspäteter – Brief des Genfer *Fürsorgedienstes für Ausgewanderte/Aide aux Émigrés* mit Empfehlungsschreiben für die amerikanischen Einwanderungsbehörden an ihrer ersten Adresse in New York, im unweit des Columbia Campus gelegenen International House am Riverside Drive.[138] Gleichen Datums ist ein Brief Gisela Richters: in ihm dankte sie Jastrow für

---

135 Zum Abschluss des Manuskripts: „Let me congratulate you on the completion of your technique investigations, which have led to such important results. I look forward to their publication in the near future." (Brief Richter an Jastrow, 9.4.1938; Bestätigung einer Arbeitshypothese Jastrows beim Freilegen der Rückseite einer *arula* aus dem Magazin des Metropolitan Museum (Brief Richter an Jastrow, 19.9.1938, beide in GRI, Jastrow papers 10.29).
136 *Classical Weekly* 34, No. 22 (Apr. 28, 1941), 263.
137 Brief Jastrow, Cambridge, MA, c/o Prof. Taussig, an Committee on Fellowship Awards, *AAUW*, 27.4.1939 (GRI, Jastrow papers 1.8).
138 Brief Cahn, Genf, an Jastrow, 17.10.1938 (wie Anm. 124). Die Briefe waren an Mr. Hazard und Mr. Warren in Washington, D.C. gerichtet. Cahn entschuldigte sich ausdrücklich für die verspäteten Schreiben.

einen Sonderdruck[139] und bot ihr im Gegenzug an, die *arulae*-Bestände des Metropolitan Museums eingehend zu studieren.

Am 25. Oktober berichtete Jastrow Tante Nellie von der Überfahrt, ihren ersten Eindrücken und dem Kampf mit den Behörden. Sie hatte anscheinend keine Kosten gescheut und die Jungfernfahrt der S.S. Noordam II gebucht, eines kombinierten Fracht- und Passagierschiffes, das nur Passagieren Erster Klasse Platz bot:[140]

> „Licht und Luft haben etwas Befreiendes und Ermutigendes – und mehr kann ich ja für den Anfang nicht verlangen, zumal leider meine Tage mit Verabredungen und Wartenlassen in der sehr mühsamen Einwanderungsfrage hingehen. So komme ich zu fast nichts sonst, und habe noch keine Pläne machen können."[141]

Das war etwas untertrieben:[142] immerhin war sie am 21. Oktober in Vassar „zur Eröffnung des neuen archäologischen Museums eingeladen" und hatte dort Lily Ross Taylor kennengelernt, die sie umgehend zu einem Besuch nach Bryn Mawr einlud. Doch ein Gespräch mit Elizabeth Hazelton Haight, der ‚Chairwoman' des Classics Departments,[143] auf das Jastrow große Hoffnungen gesetzt hatte, kam nicht zustande, da diese aus gesundheitlichen Gründen – sie war stark erkältet – die Eröffnungsfeierlichkeiten frühzeitig verlassen musste.[144] Deshalb empfahl sich Jastrow vor ihrer Rückkehr nach New York schriftlich bei ihr und legte einen Sonderdruck bei:

---

139 Sicherlich eine Kopie der *Abformung*, denn Richter versprach das Geschenk „confidential" zu behandeln (Brief Richter an Jastrow, 17.10.1938, in GRI, Jastrow papers 10.29). Wenige Tage später, am 22. Oktober, wird E. Haight ebenfalls ein Exemplar erhalten (siehe Anm. 145).
140 John McFarlane, Ship Sightings in the Port of New York 50 Years ago (A Photo Essay), Part One (http://www.worldshipny.com/pony1952part1.html).
141 Brief E. Jastrow, New York, an Helen Jastrow, 25.10.1938 (GRI, Jastrow papers 7.14). Hermine Speier bemühte sich von Rom aus fehlende Dokumente und Bescheinigungen nach New York zu senden (Briefe Speier an Jastrow, 2.11.1938 und 30.1.1939, in GRI, Jastrow papers 11.8).
142 Gleich nach ihrer Ankunft hatte Elisabeths Onkel, der Psychologe Joe Jastrow (144 E 49th St. New York), versucht, für sie einen Termin bei Alvin Johnson, dem Leiter der an der New School angesiedelten „University of Exile" zu arrangieren, erhielt aber am 17. Oktober einen negativen Bescheid: an der New School bestünden zur Zeit keinerlei Aussichten: „Neither do I know of any way by which a person could try himself into this reluctant country." (Brief Johnson an J. Jastrow, 17.10.1938, Abschrift in Brief J. Jastrow an E. Jastrow, 19.10.1938, in GRI, Jastrow papers 7.16). Zum genauen Verwandtschaftsverhältnis Maier 2010, 15 (wie Anm. 94): Joe und Morris Jastrow waren Brüder, Söhne des 1866 nach Philadelphia ausgewanderten Markus Jastrow.
143 Zu Haight siehe Lateiner 1996/1997.
144 Brief Haight an Jastrow, 24.10.1938 (GRI, Jastrow papers 6.1).

„I shall be delighted to have a talk with you on my next visit to Vassar. But I do not want to leave today without sending you my article (...) Since I would love to give a few lectures on this subject, I would appreciate it very much if you would keep the reprint out of circulation."[145]

Anders als noch im Frühjahr 1938 war Tante Nellie jetzt doch bereit für die Nichte mit einem Affidavit zu bürgen. Ausschlaggebend für diesen Sinneswandel waren aber nicht Jastrows dringliche Anfragen, sondern eine energische Intervention seitens einer gemeinsamen Verwandten, Betsy [=Mrs. Keith] Hutchison. Nach wortreichen Entschuldigungen und Beteuerungen, dass sie von Betsys Vorstoß nichts gewusst habe, überließ sich Jastrow ganz ihrer Erleichterung und Dankbarkeit:

„ich war ganz starr vor Freude und danke Dir von Herzen. Du kannst selbst beurteilen, wieviel es für mich bedeutet, dies affidavit zu bekommen. Überall, wohin ich komme, werde ich nach der Zugehörigkeit zu dieser angesehenen Familie befragt. So ist eine solche Bürgschaft von Dir eben viel mehr als irgend ein beliebiges affidavit, und hilft mir sicher daher auch viel mehr. Also schulde ich Dir zwiefachen Dank! (...)
Mich hast Du von der im Augenblick grössten Sorge befreit – ich wusste garnicht mehr, wie ich mit all den Dingen fertig werden sollte, die angefangen waren und nicht vorwärts kamen, sodass ich nie wusste, woran ich war. Nun bin ich einen grossen Schritt weiter und sehr froh darüber. (...)
Zu dem affidavit, schrieb mir Betsy, soll ich Dir noch mitteilen, wie die Stelle ‚is residing at' (in dem Absatz ‚That I am concerned...') auszufüllen ist: **travelling on purpose of studying** (in der Beratungsstelle wurde mir gesagt: travelling on studying tours – das haben aber andere als schlechtes Englisch abgelehnt)."[146]

Trotz dieses „grossen Schrittes" war Jastrows Situation juristisch noch keineswegs gesichert und von antagonistischen Zwängen beherrscht: einerseits untersagte ihr der zeitlich befristete Besucherstatus jegliche Art von Erwerbstätigkeit, d. h. sie durfte de iure auch keine bezahlten Vorträge halten. Bedingung für die Umwandlung des Besuchervisums in ein unbefristetes non-quota visa, das nur bei

---

145 Brief (hs. Entwurf) Jastrow an Haight, 22.10.1938 (GRI, Jastrow papers 6.1). Bei dem Sonderdruck handelte es sich ebenfalls um eine Kopie der *Abformung* (siehe Anm. 139), wie aus Haights Dankesworten zweifelsfrei hervorgeht: „I am very glad that you have already published part of your work for I felt convinced after my first talk with you in Rome that you had a great field and that your work was of the first quality." (wie Anm. 144).
146 Brief E. Jastrow an Helen Jastrow 25.10.1938 (wie Anm. 141). Jastrow hatte wahrscheinlich auch noch ein zweites Affidavit von Charlie J.[astrow] Mendelsohn, der mit Esther, der Schwester von Joseph und Morris Jastrow, verheiratet war. (Brief Helen Jastrow an E. Jastrow, 30.1.1939, in GRI, Jastrow papers 7.14: „did you not have an affidavit from Charlie Mendelsohn?"); siehe auch Anm. 152.

einem amerikanischen Konsul außerhalb des Staatsgebietes der USA möglich war, war aber im Regelfall der Nachweis einer ausreichend bezahlten, im Idealfall unbefristeten Stelle.

Jastrow versuchte zunächst den Weg über Canada: am 31. Oktober 1938 fragte sie bei dem Archäologen Homer A. Thompson vom Royal Ontario Museum in Toronto, einem Bekannten Tante Nellies, der offenbar auch über ihre wissenschaftlichen Arbeiten unterrichtet war, um eine Einladung zu einem Vortrag zu einem frühestmöglichen Zeitpunkt an: ein Aufenthalt in Toronto wäre für sie nicht nur wegen des archäologischen Museums wünschenswert, sondern auch „in connection with my settling in the US":

> „It seems to be rather difficult, as I am here with a temporary visa, to get a visa or permit to stay in Canada for a certain time. If I might have, for instance, an invitation to give allecture [sic!], it might be easier. Do you think it might be possible to get one? (...) I would be very glad to have your – preliminary – answer rather quickly. I intend to visit, for my special purposes, the museums of the US, and would not like to postpone my visit in the museum at Toronto."[147]

Thompson reagierte prompt: bereits am 2. November erhielt Jastrow eine Einladung, am 2. Dezember sprach sie vor etwa 50 Studenten und Professoren „under the joint auspices of the Department of Fine Art and of Archaeology" im Royal Ontario Museum of Archaeology zum Thema „The Consequences of Casting and Copying Terracotta Sculpture in Greece and Italy". Die ‚Premiere' war ein voller Erfolg, in einer Art Empfehlungsschreiben attestierte Thompson der Rednerin eine herausragende Leistung, die sie in seinen Augen in jeder Hinsicht als Hochschullehrerin in englischsprachigen Ländern qualifizierte:

> „Dr. Jastrow skilfully presented a mass of specialized and intractable material so as to make her thesis intelligible and convincing. She had no difficulty in holding the interest of her audience. Dr. Jastrow's choice of English was beyond reproach; her slight accent added only piquancy to her delivery and caused no trouble to her auditors. Only occasionally did she refer to written notes. After hearing her on this occasion, I feel sure that Dr. Jastrow could successfully teach university classes in the English language."[148]

---

[147] Brief Jastrow an Thompson, 31.10.1938, S. 1 (wie Anm. 134). Um keine Zeit zu verlieren, schickte sie sicherheitshalber einen Brief identischen Inhalts an Professor Brieger, Professor für Kunstgeschichte, den sie noch von Rom her kannte. (ebda., S. 2).

[148] Testimonial H.A. Thompson, Assistant Professor of Archaeology, 7.12.1938 (NYPL, *EC*-Records 77.31). Die Zuhörerschaft in Toronto war sichtlich beeindruckt, denn im Januar 1939 erhielt Jastrow eine zweite Einladung, von „Miss Laidlow to give a lecture in the Pierian Club on a date I might chose at my convenience" (Brief Jastrow, Cambridge, MA, an Prof. Curelly, Toronto, 4.2.1939, und Brief Thompson an Jastrow, 13.1.1939, in GRI, Jastrow papers 3.27 und 11.33).

Mit im Gepäck hatte sie zwei Kisten mit Materialien zur Herstellung von Gipsabgüssen zu Demonstrationszwecken in der Hoffnung, sowohl vom Museum als auch von Privatleuten Aufträge zu erhalten: tatsächlich fertigte sie einige Abgüsse für das Museum, u. a. die Kopie eines Augustuskopfes, an und begann mit einem Porträt des Museumsdirektors Charles T. Curelly.[149]

Von Toronto aus ging es weiter zum Jahrestreffen des *Archaeological Institute of America* nach Providence, wo Jastrow in der letzten Dezemberwoche wahrscheinlich den gleichen Vortrag wie in Toronto hielt.[150] Dort traf sie erstmals persönlich mit ihrer Gönnerin Hetty Goldman zusammen. In einem undatierten Brief(-entwurf), den sie in Cambridge, MA im Winter 1939 formulierte, nahm sie die Tagung zum Anlass, Goldman für ihre Förderung zu danken, legte ein Belegexemplar des Buches bei und erläuterte apologetisch, weshalb sie bisher ihre Forschungsergebnisse nicht in größerem Umfang zum Druck habe bringen können:

> „I was so glad to have met you personally in Providence, and I want again to express you my very deepest gratitude for the generous help you have been granting me. I hope the publication of the first part of my work will show you that your help has been used in the right way. I wished I had been able to conclude and publish the main part of my work before coming over to this country, but it was not advisable to do so in Italy last autumn, and now my main and first task here, I'm afraid, is to get settled in some way, especially since I have still to try to get my immigration."[151]

Der erste Versuch, die Vortragsreise nach Canada gleich zur Umwandlung des visa zu nutzen, war offenbar gescheitert.[152] Margarete Bieber, die sich am 2. November

---

149 Für ihre Einführungskurse in Abgusstechnik, zu denen Curelly sie eingeladen hatte, war Jastrow finanziell stark in Vorleistung gegangen, denn die Kisten hatten einen Wert von immerhin $ 450.–: „I am very glad indeed that the demonstration of my process which you have asked me to give has been given (...) I hope seeing the process might be of some use to your museum." (Brief Jastrow, Cambridge, MA, an Prof. Curelly, Toronto, 4.2.1939, wie Anm. 148).
150 Dass sie dort tatsächlich einen Vortrag gehalten hatte, ist durch Jastrows Brief(-entwurf) an Hetty Goldman belegt: „I would be very glad if later on there would be an opportunity for me to discuss with you your suggestion about the thesis of my talk in Pr.[ovidence]." (Brief [hs. Entwurf] Jastrow, an Goldman [ohne Datum], in GRI, Jastrow papers 4.40). Abgesehen von diesem Entwurf gibt es in den Jastrow papers interessanterweise keine weitere Korrespondenz zwischen Jastrow und Goldman!
151 Brief (hs. Entwurf) Jastrow an Goldman (wie Anm. 150), variiert auf einem separaten Blatt: „without your help I would not have been able to complete my work as far as to be able to publish the present article which demanded the thorough study of the entire material. And to my present situation I must had [?] very happy to have it published."
152 Tante Nellie war anscheinend von der Nichte über die Ausreise nicht informiert worden und reagierte mit Unverständnis: „As for the immigration matter, I cannot understand it – did

1938 erstmals an Jastrow gewendet hatte und von nun an über viele Jahre (bis 1954) einen regen Briefwechsel mit ihr führen sollte, hatte dies vorausgesehen und eine ungewöhnliche Alternative vorgeschlagen:

> „Professor Schapiro hat mit Mrs. Frida [Kahlo] Rivera, z. Z. Hotel Barbizon Plaza gesprochen. Sie hat sich gern bereit erklärt, Ihnen in Mexiko behilflich zu sein, falls Sie zwecks visa dorthin kommen wollen. Ihr Mann ist der berühmteste Maler von Mexiko, hat Rockefeller Center Haupthalle ausgemalt. Am besten suchen Sie sie wohl gleich auf, da sie nur noch 2 Wochen hier ist. Prof. Schapiro meint, sie würden in Mexiko Arbeit finden, bis Sie visa für hier bekommen. Prof. Held, den ich auch soeben befragte, meint in Canada ist nichts zu machen. Mir scheint immer noch Cuba am einfachsten, aber sie haben ja anders gehört."[153]

Das Jahr 1939

Eine schwere Grippe[154] hinderte Jastrow daran, Anfang Januar 1939 wie geplant nach Toronto zurückzukehren. Ende des Monats war sie eingeladen für einige Wochen im Haus eines Freundes ihres Vaters, Prof. Frank W. Taussig,[155] in Cambridge, MA zu wohnen, wo sie hoffte, beruflich Fuß fassen zu können:

> „This invitation had been planned in order to make me meet people interested in my work and my future."[156]

Sie musste deshalb Curelly bitten, ihr die Abguss-Materialien und das Honorar für die bisher in Toronto geleistete Arbeit unverzüglich nach Boston zu schicken: seinen „portrait head" könnte sie mit Hilfe der im Dezember abgenommenen Maske und einiger Photographien ebenfalls in Boston fertigstellen.[157]

---

you not have an affidavit from Charlie [Jastrow] Mendelsohn? Of course you could have had to leave the States [? unleserl.] for Cuba or Canada and come back with the quota – and when I heard you had gone to Canada, I assumed that was your plan." (Brief Helen Jastrow an E. Jastrow, 30.1.1939, in GRI, Jastrow papers 7.14).
153 Brief Bieber an Jastrow, 2.11.1938 (GRI, Jastrow papers 1.42).
154 „Mein liebes Fräulein Jastrow, Sie hätten mir doch eine Postkarte schreiben sollen, dann hätte ich Ihnen etwas zu essen gebracht oder gesandt." (Brief [hs.] Bieber an Jastrow, 27.1.1939, in GRI, Jastrow papers 1.42).
155 Adresse c/o Taussig, 2 Scott Street, Cambridge, MA: Taussig war Professor of Economics in Harvard und hatte 1908 die Harvard Business School gegründet. Jastrow blieb dort mindestens bis 11. September.
156 Brief Jastrow, Cambridge, MA, an Curelly, 4.2.1939 (wie Anm. 148).
157 Mit der Modellierung von „life-sized portrait heads" für wohlhabende Privatleute versuchte Jastrow ihren Lebensunterhalt zu verdienen: „I wonder whether this work might offer a chance of procuring the financial foundation for continuing scientific work." (Brief [hs. Entwurf] Jastrow

Dank einer Freundin, Daisie Barrett Tanner, – und indirekt durch ihre Verbindung mit Hetty Goldman – konnte Jastrow in Boston auf das Netzwerk der Familien Goldman und Sachs zurückgreifen: Hettys Schwester Agnes war mit dem Archäologen Cyrus Ashton Rollins Sanborn, dem Secretary des Boston Museum of Fine Arts, verheiratet, Paul J. Sachs war Associate Director des Fogg Art Museum in Harvard:

> „My friend Mrs. Tanner, who invited me for a short stay in Cambridge, introduced me to Mr. and Mrs. Sanborn whom to meet was a great pleasure indeed. Prof. Sachs kindly gave me a number if introductions for various Museum Directors since I would love to do Museum work."[158]

Auch Margarete Bieber unterstützte Jastrow bei der Stellensuche mit ihren Beziehungen nach Kräften:

> „Besuchen Sie doch in Cambridge Mrs. Elsa Brandström-Ulich [sic!], den Engel von Sibirien (Retterin von deutschen Waisenkindern etc.) Ihr Mann, früher sächsischer Erziehungsminister oder so (Sozialdemokrat), ist jetzt in Harvard. Sie ist ein entzückender Mensch. Ferner [George H.] Chase[159] am Fogg-Museum, Hanfmann, instructor in Harvard,[160] Rosenberg, früher Berlin, am Fogg-Museum,[161] Prof. Cashley [unleserlich] und Assistentin Grace Nelson am Fine Arts Museum, Boston. Ihnen wohl alle bekannt, sonst bitte von mir grüßen."[162]

---

an Goldman [ohne Datum, Febr.? 1939], wie Anm. 150). Als Honorar setzte sie zunächst $ 500 an, doch ihre Verwandte Betsy Hutchison riet ihr, als Einführungspreis nicht mehr als $ 100 zu verlangen (Brief Hutchison, Orleans, Vermont, an Jastrow, 14.7.1939, in GRI, Jastrow papers 7.4). Die Bildhauerin Malvina Hoffman gab Jastrow die Empfehlung zwei Institutionen in New York zu kontaktieren, die eventuell Aufträge vergeben könnten, das Museum of Natural History und die Academy of Medicine (Brief Hoffman an Jastrow, 20.2.1939, in GRI, Jastrow papers 6.32). Wie sehr sie von dieser Einnahmequelle abhing, zeigt der Brief an Tante Nellie vom 19.11.1939, wo sie sich bitter darüber beklagte („a serious blow"), dass eine Kundin ihren Auftrag kurzfristig zurückgezogen hatte (Brief [hs. Entwurf] E. Jastrow an Helen Jastrow, 15.11.1939, in GRI, Jastrow papers 7.14).

158 Brief (hs. Entwurf) Jastrow, an Hetty Goldman, ohne Datum (wie Anm. 150).
159 George Henry Chase (1874–1952) war Professor für Classical Arts in Harvard und seit 1939 Dean der Universität.
160 Der Archäologe Georg Maxim A. Hanfmann (1911–1986), Schüler von Werner Jaeger, Eduard Norden und Rodenwaldt in Berlin, promovierte nach seiner erzwungenen Emigration ein zweites Mal 1935 an der Johns Hopkins University und war 1935–1938 Junior Fellow in Harvard und Dumbarton Oaks; seit 1940 amerikanischer Staatsbürger (siehe seine autobiographische Rede *Die ‚Berliner Schule'* in Hanfmann 1983).
161 Der Kunsthistoriker Jakob Rosenberg (1893–1980) wurde als jüdischer Frontkämpfer erst 1935 in Berlin entlassen. Seit 1936 in Harvard, enge Freundschaft mit Paul Sachs; 1940 zum Associate, 1948 zum Full Professor am Department of Fine Arts ernannt.
162 Brief (hs.) Bieber an Jastrow, 27.1.1939 (GRI, Jastrow papers 1.42).

Durch Biebers Vermittlung eröffnete sich Mitte Februar für Jastrow zudem die Möglichkeit, einen Vortrag am Mount Holyoke College zu halten, allerdings nicht den gleichen wie in Providence, sondern „einen mehr allgemein interessierenden". Das Angebot, so Bieber, sei sehr attraktiv: sie selber habe kürzlich für zwei Vorträge ein Honorar von $ 25 erhalten, und „zwei reizende Ferientage" dort verbringen können. Sie solle sich schriftlich direkt an die Latinistin Prof. Blanche Brotherton wenden, die dann daraus würde ersehen könne, „ob Ihr Englisch gut genug für weiteren Kreis" sei.[163] Die offizielle Einladung des Classics Departments, am 15. April einen Vortrag im ‚Classical Club' zu halten, enthielt denn auch explizit die thematische Einschränkung, nicht über die Tonatärchen zu sprechen. Nachdem Jastrow auf die Anfrage vom 20. Februar nicht geantwortet hatte, erneuerte Lucy Shoe die Einladung am 6. März, mit dem zusätzlichen Hinweis, dass Brotherton versuchen würde, das Smith College zu einer Einladung zu bewegen.[164]

Jastrow hatte in diesen Wochen gesundheitlich einen schweren Rückschlag erlitten,[165] sodass sie nur verspätet antworten konnte: sie könne das Angebot leider nicht annehmen, da ihr Visitor's visa jedes „gainful employment" untersagen würde.[166] Diese offizielle Begründung wirkt wie eine Schutzbehauptung: wahrscheinlich hatte sie weder Zeit noch Kraft, einen neuen Vortrag auszuarbeiten. Anfang Februar hatte sie nämlich beim Museum of Fine Arts in Boston den Auftrag übernommen, einen Artikel über „Greek Athletics" zu überarbeiten, und war in größter Sorge, infolge ihrer krankheitsbedingten Abreise aus Boston von dieser Aufgabe wieder entbunden zu werden. Glücklicherweise waren die Auftraggeber der Ansicht, dass diese redaktionelle Arbeit auch in New York geleistet werden könnte, zumal Jastrow ja beste Beziehungen zu Gisela Richter habe:

> „My chief interest is to present the subject vividly and attractively, using the general topic of athletics and festivals as a manifestation of the cultural life of ancient Greece."[167]

---

163 Brief Bieber an Jastrow, 15.2.1939 (GRI, Jastrow papers 1.42). Die Archäologin Lucy [Taxis] Shoe [Meritt] hatte Jastrows Vortrag in Providence gehört und ihn „zu speziell und für grösseren Kreis ungeeignet" gehalten (ebda.).
164 Briefe Shoe an Jastrow, 20.2.1939 und 6.3.1939 (GRI, Jastrow papers 10.70).
165 Sie hatte deshalb ihren Aufenthalt in Cambridge unterbrochen und war nach New York (Adresse 620 W 116th St. Apt. 103) zurückgekehrt: ihr Gesundheitszustand war so alarmierend, dass die „Jewish Social Service Association Inc. of the City of New York" (formerly „United Hebrew Charities"), die von den Taussigs von Cambridge aus verständigt worden war, ihr schriftlich jede Hilfe anbot (Brief Jewish Social Service Association an Jastrow, 15.2.1939, in GRI, Jastrow papers 7.17).
166 Brief Jastrow an Shoe, 9.3.1939; ähnlich Jastrow an Brotherton, 9.3.1939 (GRI, Jastrow papers 10.70).
167 Brief Webb, MFA Boston, an Jastrow, New York, 19.2.1939 (GRI, Jastrow papers 9.11).

Instructor/Lecturer am Museum of Fine Arts, Boston – Das non-quota visa (1939/40)

Im April 1939, Jastrow wohnte längst wieder bei Taussigs in Cambridge, war der Artikel fertig.[168] Zu diesem Zeitpunkt hatte sie bereits die Zusage des Museums auf einen Jahresvertrag als Instructor und Lecturer.[169] Betsy Hutchison beglückwünschte sie am 7. März zu ihrer ersten richtigen Anstellung und beruhigte sie hinsichtlich ihres noch ungelösten visa-Status:

> „I am glad to know that you have a job, though a small one. With things as they are in Germany now, I am sure that your visitor's visa is as good as any immigration visa for some years to come. No one is going to ask you to leave!"

Sicherheitshalber schlug sie ihr jedoch vor, eine formale Adresse im Ausland („in Canada or elsewhere") einzurichten und von dort aus ein quota visa zu beantragen:

> „It does not matter if it is years: in the meantime you will be establishing yourself here, and when your turn comes, it is just a formality. But if I were you, I should see about getting on a waiting list. If Canada still has some stringent regulations, what about Bermuda?"[170]

Parallel dazu hatte Frank W. Taussig ein zweites befristetes Beschäftigungsverhältnis („a modest post") eingefädelt: Übersetzungsarbeiten für den Antifaschisten Gaetano Salvemini, Professor für italienische Geschichte in Harvard seit 1934.[171]

Während ihres mehrmonatigen Aufenthalts in Cambridge war Jastrow begehrter Gesprächspartner für die „local branches" der *AAUW:* ihr wurde nicht nur

---

[168] Das Museum insistierte darauf das Honorar als Scheck auszuzahlen, nicht in bar, wie Jastrow dies offenbar mit Rücksicht auf ihr Besuchsvisa vorschlug: „all payments for services to the Museum must be made by check." (Brief MFA, Boston, an Jastrow, Cambridge, 11.4.1939, in GRI, Jastrow papers 9.11).
[169] Auf der Liste „Employments and Appointments" für das *EC* hatte Jastrow vermerkt, dass sie von „Spring 1939 to Spring 1940" am Museum of Fine Arts in Boston beschäftigt war (Anlage zu Brief Jastrow, Greensboro, an Drury, *EC*, 14.3.1942, in NYPL, *EC*-Records 77.31).
[170] Brief Hutchison, Croton on Hudson, NY, an Jastrow, 7.3.1939 (GRI, Jastrow papers 7.4).
[171] Brief Taussig, Cambridge, MA, an Jastrow, 17.2.1939 (GRI, Jastrow papers 11.28). Von Juli bis September 1939 wird Jastrow Salvemini in seiner wissenschaftlichen Arbeit durch systematisches Übersetzen Italien-relevanter Passagen unterstützen, bei einem monatlichen Verdienst von $ 100, was Jastrow akribisch auf einen Tagesverdienst von $ 3,83 bzw. einen Stundenlohn von $ 0,77 heruntterrechnete (Briefe Jastrow an Salvemini, 1.7.1939, 20.9.1939 und 30.9.1939, in GRI, Jastrow papers 10.51).

die Mitgliedschaft angetragen,[172] sondern sie erhielt auch Einladungen zu meetings, wo sie über ihre Erfahrungen als Stipendiatin referieren sollte.[173] Jastrow schützte in der Regel Terminschwierigkeiten vor,[174] doch sie sandte am 27. April ein Belegexemplar der *Abformung* an die Zentrale in Washington und sprach der Organisation noch einmal in aller Form ihren tiefempfundenen Dank aus:

> „In accordance with the stipulations of the International Fellowship of the American Association of University Women, I am sending to the Committee an offprint of part I of my research work ‚Tonaltaerchen aus den griechischen Kolonien Italiens'.(...)
> I wish to take the advantage of this occasion to express again my deep gratitude to the Committee for having awarded me the International Fellowship. I have come over now to this country and am very anxious to make my living here. The honor of having been holder of this famous fellowship, wherever I go, make me feel no longer a quite stranger. The opportunity to do this work of mine has been the most essential help I could have received under the circumstances of my present life. I would feel very happy indeed if my future work would be for the benefit of this country."[175]

Andererseits war für Jastrow fünf Jahre nach Bewilligung des Stipendiums mit der Übersendung des Sonderdrucks die Beziehung mit der *AAUW* abgeschlossen: deshalb bat sie um Rücksendung des gesamten Aktenmaterials, das die Zentrale über sie angelegt hatte.[176]

Eine zweite Einladung zu einem Vortrag in diesem Jahr nahm Jastrow ohne zu zögern an, trotz ungünstiger Zeitvorgaben: Bryn Mawr hatte Wort gehalten und durch die Archäologin Mary Zelia Pease am 8. Mai 1939 anfragen lassen, ob Jastrow im ‚Journal Club' vor „advanced students" über ihr Spezialthema – „your altars" – etwa 45 bis 60 Minuten sprechen wolle. Problematisch allerdings sei der

---

172 Brief *AAUW*, Boston Branch, Mrs. Edwin E. Tuttle, Assist. Treasurer, an Jastrow, 25.3.1939 (GRI, Jastrow papers 1.8).
173 Brief *AAUW*, Great Bay Branch, Edna J. Dickey, an Jastrow, 19.4.1939: Einladung für 4. Mai, 3.30 p.m., nach Durham, University of New Hampshire, Bitte um 15–20-minütigen Vortrag „about your contact with the Association of American Women", Übernahme der Reisekosten. Rückantwort (Bleistiftnotiz) Jastrow, 25.4.1939: Bitte um Terminverschiebung auf Ende Mai (GRI, Jastrow papers 1.8).
174 Brief Dickey an Jastrow, 2.5.1939: Verschiebung nicht möglich: Besuch vielleicht bei einer anderen Branch? (GRI, Jastrow papers 1.8).
175 Brief Jastrow, Cambridge, MA, c/o Prof. Taussig, an Committee on Fellowship Awards, *AAUW*, Washington, DC, 27.4.1939 (GRI, Jastrow papers 1.8).
176 Briefe Mary H. Smith, Secretary *AAUW*, an Jastrow, 2.5.1939 (zwei Kopien der Empfehlungsschreiben von Rodenwaldt und Wiegand gegen eine Gebühr von $ 2.-) und 19.5.1939 (Übersendung allen Materials „which we have on file for you except the application forms." in GRI, Jastrow papers 1.8).

kurzfristig angesetzte Termin: Montag, 16. Mai, um fünf Uhr nachmittags.[177] Erst Mitte April, so Pease entschuldigend, habe sich abschätzen lassen, dass Bryn Mawr einen Vortrag finanzieren könnte, die nächsten zwei Wochen habe sie brieflich und telephonisch vergeblich versucht, Jastrow im International House in New York zu erreichen:

> „I have just heard that you are in Boston, and no longer in New York. (...) The question is this: would you by any chance be in the neighbourhood of Philadelphia on Monday, May 16th, and would it be possible for you to explain your theory of the altars then?"

Unglücklicherweise würden die Reisekosten von Boston nach Bryn Mawr ($ 17.-) fast das gesamte Honorar für den Vortrag verschlingen ($ 25.-). Allerdings wäre dafür gesorgt, dass Jastrow in Bryn Mawr bleiben könnte „as long as you would like to stay thereafter":

> „We would be so happy if you had some errand that would bring you to Philadelphia on the next weekend. (...) I know that the students would be so much interested to hear you. If you do consider it worth your while therefore, we shall be so pleased."[178]

Wir wissen nicht, ob Bryn Mawr angesichts der besonderen Umstände sich nicht doch noch entschließen konnte, auch die Reisekosten zu übernehmen, jedenfalls hielt Jastrow den Vortrag, denn vier Wochen später entschuldigte sich Pease dafür, dass der Scheck mit dem Honorar ihr noch nicht zugestellt worden war.[179]

Inzwischen hatte selbst Hermann Fränkel im fernen Kalifornien aufmerksam registriert, dass die Frist des Jastrow'schen Besuchervisums abgelaufen war. Besorgt fragte er: „Ob sich etwas gefunden hat?" und bot unaufdringlich seine Hilfe an:

> „Bitte lassen Sie doch, wenn möglich, von sich hören; und insbesondere, wenn Sie glauben dass ich eine Möglichkeit hätte zu helfen."[180]

Die Anstellung am Museum of Fine Arts hatte ihre Position bei den Einwanderungsbehörden zweifelsohne gestärkt, sie konnte sich aber nicht entschei-

---

177 Eine klare Verschreibung: der 16. Mai 1939 war ein Dienstag, wahrscheinlich sollte der Vortrag bereits am Montag, den 15. Mai stattfinden, d.h. Jastrow hatte weniger als eine Woche Zeit für ihre Entscheidung und Vorbereitung nach Erhalt der am 8. Mai formulierten Einladung!
178 Brief (hs.) Pease an Jastrow, 8.5.1939, S. 1–7 (GRI, Jastrow papers 10.6).
179 Brief Pease an Jastrow, 13.6.1939 (GRI, Jastrow papers 10.6).
180 Brief H. Fränkel an Jastrow, 19.5.1939: Anlass des Briefes war Dank und Lob für den Sonderdruck der *Abformung*, den Jastrow ihm im Februar geschickt hatte (GRI, Jastrow papers 4.16).

den, auf welchem Wege sie die Aus- und Wiedereinreise wagen sollte. Deshalb suchte Sie offenbar auch die Unterstützung ihrer „getreuen" römischen Freundin Margarete Gütschow, die von Ischia aus eine alte Verbindung nach Cuba wieder anknüpfte:

> „Liebste Ebith, endlich einmal ein Lebenszeichen von Ihnen! Mich freuts, daß Ihr Leben wenigstens nicht unerfreulich ist, wenn es mich auch mehr erfreut hätte, etwas positiv Gutes von Ihnen zu hören! Ich kann mir freilich nicht den mindesten Begriff von der Art und Weise Ihres Lebens machen. Jedenfalls scheinen Sie tüchtig hin und her zu kommen – einmal ists Kanada, ein andermal Havanna! Sinds Einladungen, denen Sie folgen oder tun Sie es aus praktischen Gründen? (...)
> Ich lege Ihnen für alle Fälle einige Zeilen an Frl. Dr. Heidrich, die Vorsteherin der Deutschen Schule in Havanna, ein."[181]

Mit offiziellem Briefkopf des Deutschen Archäologischen Instituts, Rom, legte Gütschow diesem Brief eine Empfehlungskarte für Jastrow, adressiert an Frl. Dr. Heidrich, bei:

> „(...) die Überbringerin dieser Zeilen, Dr. Elisabeth Jastrow, Archäologin und Philologin, ist mir in langen Jahren des Zusammenseins in Berlin und Rom nahe befreundet. Da sie die Heimat nach den jetzigen deutschen Bestimmungen hat verlassen müssen (trotzdem ihr Vater Ehrenbürger und -doktor in Berlin war), gründet sie sich jetzt eine Existenz in den Staaten. Ich wäre Ihnen sehr dankbar, wenn Sie ihr gegebenenfalls auf ihrer Reise mit Ihrem Rat zur Seite stehen möchten."[182]

Plötzlich kam Bewegung in die Sache: Jastrow scheint dringend Geld gebraucht zu haben, wahrscheinlich zur Abwicklung der visa-Formalitäten außerhalb der USA: Lehmann-Hartleben hatte versucht ihr eine finanzielle Beihilfe durch Miss Lewisohn (133 W 11th St. NYC) zu vermitteln, erfolglos zwar, doch immerhin leitete diese die Anfrage an Miss Francis Curtis nach Boston weiter, die als Ergebnis einer privaten Sammelaktion Jastrow eine Summe von $ 200.– vorstrecken konnte.[183] Zwei Jahre später, nach ihrem ersten Semester in Greensboro, wird Jastrow einen Teil des Darlehens zurückzahlen können.[184]

---

181 Brief (hs.) Gütschow, Ischia, an Jastrow, 29.5.1939 (GRI, Jastrow papers 4.51).
182 Postkarte Gütschow, Rom, an Heidrich, Havanna, 30.5.1939 (GRI, Jastrow papers 4.51). Gütschow und Heidrich kannten sich von einem gemeinsamen Urlaubsaufenthalt in Berchtesgaden, der bereits einige Jahre zurücklag. (Brief Gütschow an Jastrow, 29.5.1939 [wie Anm. 181]).
183 ‚She [d. i. Lewisohn] is swamped with appeals, but will send the information on to Miss [Frances] Curtis „raising this sum in Boston"' (Container List Jastrow papers, S. 23, GRI, Jastrow papers 8.30).
184 Brief Jastrow (mschr. Entwurf) an P. Sachs, 15.8.1941: „(...) in the matter of two years ago with which dealt my letter to you of June 20, 1939, I wrote to Miss Frances Curtis on July 23, 1941,

Die offizielle Einwanderung in die USA mit einem non-quota visa fand irgendwann im Juni 1939 statt,[185] ohne dass aus der Korrespondenz hervorgeht, auf welchem Konsulat in welchem Land Jastrow diese Formalitäten abwickelte: vielleicht doch in Cuba?

Dass diese Einwanderung unter außergewöhnlich günstigen Umständen vonstatten ging, belegt der Brief eines auf Einwanderungsfragen spezialisierten Anwalts in New York, der sich von Jastrows Fall Aufschlüsse für seine eigenen Arbeit erhoffte:

> „Vor einigen Tagen hörte ich (...) dass Sie inzwischen ohne Quote eingewandert sind. (...) Ich gratuliere Ihnen von ganzem Herzen und bedauere nur, dass ich keine Gelegenheit hatte, mit zu dem famosen Erfolge beizutragen. Denn gerade während der letzten Monate konnte man erfreulicher Weise erleben, dass wohlwollende Konsuln – sogar bei dem Gesetzestext nach nicht voll ausreichenden Tatbeständen, und <u>gerade</u> solchen, wo entw. bzgl. der vergangenen Laufbahn oder auch bzgl. des appointments in US irgend ein Tatbestandsmoment nicht so ganz in Ordnung war – entscheidend halfen.
> (...) bin ich (...) daran interessiert, zu erfahren, welches Konsulat Ihre Non-Quota-Qualifikation erkannt und anerkannt hat, und ob sie irgend ein Immigration Expert – evt. wer – dabei beraten hat. Würden Sie mir das anvertrauen?"[186]

Die Stelle am Museum of Fine Arts war anscheinend nicht hoch dotiert, denn Jastrow war immer wieder auf der Suche nach zusätzlichen Verdienstmöglichkeiten. So hatte sie bei Albrecht Götze nachgefragt, ob Yale an Abgüssen interessiert wäre, und sogar Antiken aus ihrem Privatbesitz zum Verkauf angeboten. Dieser versuchte sich für sie zu verwenden, leider mit nur geringem Erfolg:

> „Sie werden gewiss sagen: auf den Götze ist kein Verlass. Wenn Sie wüssten, wie schwer es mir fällt, und wieviel Hemmungen ich zu überwinden habe, um jemanden um etwas zu bitten, und sei es auch für andere.
> Die Lage ist in ihrem Fall besonders schwierig. Rostofzef [sic!] ist der entscheidende Mann, und er ist absolut unzugänglich. Er tut etwas für seine Russen, und für sonst niemanden. Und

---

enclosing a check for $ 100.– and asking her to send it to the persons who provided the sum of $ 200 for me at that time. You can imagine how happy I am that I could manage to do at least this, for the time being." (GRI, Jastrow papers 10.40).

185 „I immigrated to this country in June 1939 with a non-quota visa, having been offered a position as an Instructor and Lecturer at the Museum of Fine Arts, Boston, Mass., for one year" (‚Resume of Experience', Anhang zu Brief Jastrow, Greensboro, an Drury, *EC*, 14.3.1942, in NYPL, *EC*-Records 77.31; ähnlich unbestimmt ‚Biographical / Historical Note' der Jastrow papers, S. 2).

186 Brief M.P. Benjamin, D. jur. New York, an Jastrow, Cambridge 24.7.1939 (GRI, Jastrow papers 1.35). Betsy Hutchison war die erste Gratulantin: „I am delighted to get your letter. Yes, I knew of the successful outcome of your efforts." (Brief Hutchison an Jastrow, 14.7.1939, in GRI, Jastrow papers 7.4).

das ist schliesslich auch nur natürlich. Ich habe mich an Bellinger gewandt, der auch im Dura business ist und ein reizender Mann ist.[187] Er hat versprochen, die Frage zu untersuchen, ob casts gebraucht werden. (...).
Den Siegelstein, von dem Sie Abdrücke gesandt haben, habe ich dem Curator der Babylonian Collection gezeigt. (...) Er sagt mir, dass er dafür nicht mehr als zwischen 5 und 10 $ zahlen kann, depending on the quality of the stone (...) Ich schäme mich fast Ihnen diese Angebot zu vermitteln."[188]

Erfolgreicher waren ihre Kontakte zu Harvard: sowohl vom dortigen Peabody Museum of Archaeology and Ethnology als auch von der gerade im Aufbau begriffenen Dumbarton Oaks Collection in Washington, D.C., erhielt sie in den Jahren 1939–1940 eine Reihe von Aufträgen:

„Museum photography and other museum procedures, one of which covers facsimilized sculptured reproductions of museum pieces as well as of other inanimate or animate objects."[189]

Auf der Jahreskonferenz des *Archaeological Institute of America*, die vom 27.–29. Dezember 1939 in Arbor Arbor stattfand, begegnete Jastrow Otto Brendel, der gerade seine erste Stelle in St. Louis angetreten hatte.[190] In beruflicher Hinsicht scheint dieser Kongress ohne greifbare Ergebnisse geblieben zu sein, zumindest ist nichts aktenkundig.

---

187 Alfred Raymond Bellinger (1892–1978), Professor of Latin und Chair des Classics Departments, war in den 30er Jahren auch Curator der Dura and Gerasa Collections und der Antiquities for Dura in der Yale Art Gallery.
188 Brief Götze, New Haven, an Jastrow, 18.11.1939 (GRI, Jastrow papers 4.39). Wenig aussichtsreich hielt er Jastrows „Porträtsache": „In meinem Bekanntenkreis kann ich mir schlechterdings niemanden vorstellen, der mehrere Hundert Dollar übrig hat für einen solchen Zweck. Es ist vielleicht etwas für ,society' (wozu in Amerika gewöhnliches Universitätsvolk nicht zählt)."
189 Jastrow, ,Resume of experience' (Anhang zu Brief Jastrow an Drury, *EC*, 14.3.1942, in NYPL, *EC*-Records 77.31). Der Auftrag in Dumbarton Oaks scheint umfangreicher und anspruchsvoll gewesen zu sein: „I hope the Washington job brings you lots of satisfaction and money, since it is so tricky." (Brief Hutchison an Jastrow, 7.2.1940, GRI, Jastrow papers 7.4.).
190 Brief Brendel an Jastrow, 28.2.1940 (GRI, Jastrow papers 2.13): „Natürlich habe ich mich gefreut wieder einmal von ihnen zu hören. Meetings sind nun einmal aus Mosaiksteinchen zusammengesetzt; wir haben ja beide schon einige Übung darin mit ihnen umzugehen."

Das Jahr 1940

Doch als Anfang Januar 1940 das Brooklyn Museum in New York eine freie Stelle auswies, reagierte Gisela Richter sofort und empfahl ihre „Freundin" Elisabeth Jastrow dem Direktor Laurence Page Roberts, einem Spezialisten für Asiatische Kunst, als Idealbesetzung:

> „She has an excellent record in archaeological work, having had experience in teaching, cataloguing and research work. She is familiar with most of the important Museums of Europe and has made several outstanding original contributions. (...) her English is excellent. She is anxious to find a post in a Museum, and I myself think that she is particularly qualified for such a position. As you will see she has a very pleasing personality and is a good ‚mixer' – which, as we all know, is an important quality in Museum work."[191]

Jastrow war in diesen Tagen in Providence, wo sie sich bei Alexander Dorner, dem Leiter des Art Museums der Rhode Island School of Design vorstellte.[192] Beide Bewerbungen verliefen offenbar im Sande, auch Paul J. Sachs, der Leiter des W. H. Fogg Art Museums in Harvard, konnte für das kommende Jahr nichts anbieten.[193] Dennoch ließ Jastrow sich nicht entmutigen: im Sommer 1940 versuchte sie sogar am Metropolitan Museum New York unterzukommen, wo der neue Direktor Francis Henry Taylor, so ging zumindest das Gerücht am Fogg Museum, interessante [Erweiterungs?]Pläne verfolgte. Hierfür ließ sie sich von Paul Sachs („he gave me lots of suggestions"), George L. Stout und Mrs. Howard Mumford Jones, Englisch-Professorin in Harvard, beraten: zusätzlich hoffte sie auf Richters Unterstützung vor Ort.[194]

---

[191] Brief Richter an Roberts, 3.1.1940 (NYPL, *EC*-Records 77.31).
[192] Das Treffen fand am Mittwoch, den 10. Januar, 4.30 p.m. statt (Telegramm Dorner an Jastrow, 9.1.1940, in GRI, Jastrow papers 3.36). Dorner (1893–1957) leitete bis zu seiner Emigration 1937 das Landesmuseum Hannover, und war als Experte für Moderne Kunst und enger Wegbegleiter des Bauhauses entschiedener Gegner der nationalsozialistischen Kultur- und Kunstpolitik.
[193] Brief Sachs an Jastrow, 7.2.1940 (GRI, Jastrow papers 10.48).
[194] Briefe (hs. Entwürfe) Jastrow an Mrs. (Howard Mumford) Jones, 30.6.1940 und 20.7.1940 (GRI, Jastrow papers 7.19): „I wish to thank you for the very kind interest you showed me (...) In the meantime, I had another discussion with Mr. Stout of the Fogg Museum, who as I told you is informed of Mr. Taylor's plans. He suggested, because of technical reasons, not to approach directly Mr. Taylor about it, but rather through Miss G. Richter. Since his advices usually are very good, I feel I should ask you not to mention, for the time being, anything about my case to Mr. Taylor."

„This is a real start" – Lecturer in Greek and Roman Art am Woman's College of the University of North Carolina at Greensboro, N.C. (Spring term 1941)

Erst im Herbst 1940 eröffnete sich eine neue berufliche Perspektive: ausgestattet mit einem Empfehlungsschreiben von Paul J. Sachs ging Jastrow auf Reisen: noch am 17. September ließ sie sich schriftlich das Einverständnis geben, ihn auch tatsächlich als Referenz angeben zu dürfen.[195] Am 30. Oktober war sie noch immer nicht in Cambridge zurück, konnte ihm aber stolz berichten, dass sie seinen Brief erfolgreich hatte einsetzen können:

> „My dear Prof. Sachs, (...) about 2 weeks ago I was asked to give, during the second semester, courses on Greek and R[oman]Art at the Women's Coll[ege] of the U[niversity of]N[orth] C[arolina] at Greensboro. You can imagine how glad I am. I am looking forward to an opportunity for expressing to you personally my deepest gratitude for your interest and help. Prof. Sommer was delighted to have your letter and asked to remember him to you."[196]

Die Stelle war zunächst auf nur ein Semester befristet, das Gehalt in Höhe von $ 800 allenfalls für einen Berufsanfänger akzeptabel, doch Laura Cone, eine wichtige Förderin Jastrows während der Eingewöhnungsphase in Greensboro, sorgte für eine zusätzliche finanzielle Beihilfe und stellte ihr eine eventuell längerfristige Anstellung in Aussicht:

> „Please don't be concerned (...) if $ 300.^{00} is all the Foundation will do, you are assured that [you] gather much more income this year, and next year the college can take sure care of the situation (...)
> All you need is the spring semester to prove what you can do, and the future will then take care of itself, and $ 800.^{00} for a half year teaching is not too poor a salary on which to begin. I am delighted you will have this supplement."[197]

Paul Sachs jedenfalls war hoch erfreut über die Neuigkeit und gratulierte umgehend:

---

[195] Brief John S. Thacher, Assist. Dir., an Jastrow, 17.9.1940 (GRI, Jastrow papers 10.48).
[196] Brief (hs. Entwurf) Jastrow an Sachs, 30.10.1940 (GRI, Jastrow papers 10.48).
[197] Brief Cone an Jastrow, 20.10.1940 (GRI, Jastrow papers 3.20): Laura Weill Stern Cone war Witwe des einflussreichen Industriellen Julius W. Cone (1972–1940), der Mitglied des Greensboro City Council and Chairman des United Jewish Appeal war. Sie selbst war Member of the Board of Trustees und des Executive Committee der North Carolina University und im Building Committee des Woman's College vertreten (Isaac Landman, *The Universal Jewish Encyclopedia* Vol. 3, New York 1941, 326).

„This is a real start. I have said many times that the important thing is to get ‚one's foot in the door.'"[198]

Bei aller Freude und Erleichterung war Jastrow doch auch in Sorge, ob sie dem Anforderungsprofil der neuen Stelle gerecht werden könnte: nach mehr als zwei Jahrzehnten, die überwiegend mit theoretischer Forschungs- und Museumsarbeit ausgefüllt waren, sollte die inzwischen Fünfzigjährige ins pädagogische Fach wechseln und erstmals ausschließlich (!) unterrichten. Ulrich Middeldorf, dem sie ihre ambivalente Haltung offenbar mitgeteilt hatte, versuchte in seinem Glückwunschschreiben diese Bedenken zu zerstreuen:

„I was so pleased to get your letter and to learn that you have an offer to lecture at the University of North Carolina. I think that is really a break for you, and I am glad that you accepted the offer in spite of your misgivings about lecturing. I am quite sure you will be a success and that you will slowly get back into the field of scholarship after contracting for years on purely technical things."[199]

Jastrows Befürchtungen erwiesen sich als nicht unbegründet, denn das College wollte sie nicht nur für Kurse in Greek and Roman Art, sondern auch als Allround-Kraft für allgemeine Kunstgeschichte einsetzen. Selbst Laura Cone konnte ihr in dieser Angelegenheit wenig behilflich sein:

„I could write nothing more about your courses (...) I am sure that they will not expect you to do any teaching for which you are not prepared. I am sure you will be given a choice in the selection of courses other than those in Greek and Roman Art upon which you have already decided."[200]

Assistant Professor im Department of Art am Woman's College, U.N.C. Greensboro, N.C. (1941–1954)

Doch der hohe Arbeitseinsatz sollte sich lohnen. Das erste Semester verlief so erfolgreich, dass sowohl die Studenten als auch die Fakultät Jastrow zum Bleiben

---

198 Brief Sachs an Jastrow, 4.11.1940 (GRI, Jastrow papers 10.48).
199 Brief Middeldorf, Chicago, an Jastrow, 19.11.1940 (GRI, Jastrow papers 8.53). Auch Paul Oskar Kristeller, der von Bieber informiert worden war, gratulierte (Brief Kristeller an Jastrow, 5. 12.1940, in GRI, Jastrow papers 8.6). Sowohl Middeldorf als auch Kristeller waren in einer ungleich besseren Position als Jastrow: anders als an einem College konnten sie an der Chicago bzw. Columbia University auch graduate students und PhD-Kandidaten betreuen und hatten Zugriff auf spezialisierte Forschungsbibliotheken.
200 Brief Cone an Jastrow, 7.1.1941 (GRI, Jastrow papers 3.20).

bewegen wollten: man hätte ihr, so Jastrow in ihrem Erfahrungsbericht an Paul Sachs, einen Jahresvertrag als „Assistant Professor in the Department of Art" angeboten:

> „The salary available is only part of the regular salary, but you can imagine that I will do anything to get along. The plan of making the position permanent could not be realized at this time, the Dean wrote me, because they do not know whether the work they can offer may undergo changes at the end of the year. The head of the Department, Professor G. D. Ivy, is very much interested in my work, and I have offered courses on other parts of Art History too, of course."[201]

Trotz des mäßigen Gehalts[202] akzeptierte Jastrow mangels Alternativen und verlegte ihren Wohnsitz endgültig von Cambridge nach Greensboro. Herbert Bloch, mit dem sie in herzlicher Freundschaft verbunden war, übernahm die Abwicklung ihres Hausstandes in Cambridge, vor allem die Rückgabe aller Bücher an die Widener Library.[203] Mit Beginn des neuen Semesters vertraute das College der neuen Professorin auch einen Sprachkurs im Deutschen an, wahrscheinlich nicht gegen den Willen Jastrows, die ja schon an der Deutschen Schule in Athen Anfang der 20er Jahre Deutschunterricht erteilt hatte.[204]

Anfang Oktober reichte Jastrow beim *American Institute of Archaeology* ein abstract für einen Vortrag zum Thema „The Great Goddess of Nature in Funeral Art of Magna Graecia" ein, für die Jahrestagung in Hartford, CT Ende Dezember 1941.[205] Da ihr offenbar sehr viel daran lag, sich in ihrem neuen Status als assistant professor möglichst gut in der akademischen Öffentlichkeit zu präsentieren, nahm sie nicht nur bei der Ausarbeitung des Vortrags, sondern sogar im Auswahlverfahren die Unterstützung von Freunden und Kollegen in Anspruch. Lehmann-

---

201 Brief (mschr. Entwurf) Jastrow an Sachs, 15.8.1941 (GRI, Jastrow papers 10.48).
202 Auf Jastrows Personalbogen ist für 1941/42 ein Anfangsgehalt von $ 1575 eingetragen (,Faculty Personnel Information Form', 10.6.1952, S. 2, in UNCG Biography Files, PA Jastrow, wie Anm. 5).
203 Postkarte Bloch, Cambridge, an Jastrow, 15.9.1941, und Washington, DC, 6.10.1941 (GRI, Jastrow papers 2.2). Bloch trat am 1.10.1941 seinen Dienst als Fellow des neugegründeten Center for Byzantine Studies in Dumbarton Oaks an, wurde aber bereits Anfang November als Instructor in Greek and Latin für den erkrankten Senior Professor Jackson nach Harvard zurückgeholt (Brief [hs.] Bloch, Cambridge, MA, an Jastrow, 19.11.1941 [GRI, Jastrow papers 2.2], und Jones 2008, 536).
204 Bloch jedenfalls fand diese Aufgabe reizvoll: „Es freute mich von Ihnen zu hören, dass Sie einen Kurs im Deutschen übernommen haben, so wie ich ihnen voraussagte." (Brief Bloch, Washington, DC, an Jastrow, 6.10.1941, in GRI, Jastrow papers 2.2).
205 Brief Kathryn Springer, *AIA*, an Jastrow, 6.10.1941: Eingangsbestätigung für Jastrows Brief vom 2.10.1941 (GRI, Jastrow papers 1.15).

Hartleben empfahl „zu weit ausgreifende Fragen und Nebenfragen" zu vermeiden und sich „auf die Hauptsache (die Deutung der Terrakotta arulae)" zu beschränken.[206] Bloch versuchte die sichtlich nervöse Freundin zu beruhigen („Sie werden es wieder gut machen, davon bin ich überzeugt") und riet generell zu mehr Selbstbewusstsein:

> „Ich finde Ihre Darlegungen vorsichtig und klar formuliert, wie sie sein sollten. An Ihrer Stelle würde ich den Anfang weniger persönlich fassen und vor allem die Entschuldigung mit gegenwärtigen Verpflichtungen und ungenügenden Bibliotheksverhältnissen weglassen. Beim Vortrag könnten Sie doch selbst im günstigsten Fall Ihre Belege nicht erwähnen! Wer in der audience will sie für Einzelheiten kontrollieren?"[207]

Jastrows Nervosität gründete in ihrer unsicheren Stellung in Greensboro: sie fürchtete um ihre Weiterbeschäftigung, wenn sie sich nicht außerhalb ihrer Unterrichtstätigkeit am College auch als Wissenschaftlerin bewährte. Margarete Bieber hatte dies klar erkannt und intervenierte kurzerhand beim Präsidenten der *AIA*, William Dinsmoor:

> „Wegen Ihres Vortrages habe ich gleich mit Dinsmoor gesprochen, und Sie haben wohl inzwischen gehört, dass er angenommen ist. Ich habe wirklich etwas dazu getan, denn ich habe meinen eigenen, von D[insmoor] gewünschten, von mir eigentlich nicht geplanten Vortrag[208] von der Annahme ihres Vortrages abhängig gemacht. Wir werden uns also in Hartford sehen. (..) Ich hoffe bestimmt, dass sie ihre Stellung behalten, besonders wenn sie in H. erfolgreich sprechen. Sonst findet sich sicher etwas anderes."[209]

Im familiären Bereich konnte Jastrow inzwischen einen spektakulären Erfolg feiern: es war ihr noch im Oktober 1941 geglückt, ihre Mutter Anna Seligmann Jastrow aus Deutschland herauszuholen und ihr visa und Schiffspassage nach Cuba zu verschaffen,[210] im gleichen Monat, in dem die ersten Deportationszüge in

---

206 Brief Lehmann-Hartleben an Jastrow, 13.10.1941 (GRI, Jastrow papers 8.24): „Ich habe Ihren Entwurf mit genauem Interesse durchgelesen und bin überzeugt, dass er sich ausgezeichnet für ein paper Weihnachten eignet."
207 Brief (hs.) Bloch, Cambridge, MA, an Jastrow, 19.11.1941 (GRI, Jastrow papers 2.2). Jastrow hatte Bloch sogar um detaillierte Stellen- und Literaturangaben gebeten.
208 Bieber sprach über „Excavations in American Museums" (Summary in *AJA* 46/1942, 125).
209 Brief Bieber an Jastrow, 1.11.1941 (GRI, Jastrow papers 1.42). Trotz seiner guten Verbindungen zu Bieber war Lehmann-Hartleben diesmal nicht auf dem aktuellsten Stand, als er Jastrow eine Woche später – nicht gerade charmant – versicherte: „Ich nehme an, dass Ihr Paper angenommen wird, da nach einem ondit Knappheit an Anmeldungen herrscht." (Brief Lehmann-Hartleben an Jastrow, 9.11.1941, in GRI, Jastrow papers 8.24).
210 Es sollten noch acht Monate vergehen, bis die hochbetagte Mutter (sie war über 80!) Ende Juli 1942 endlich in die USA einreisen konnte (Brief Jastrow an Richter, 4.11.1942, in GRI, Jastrow

den deutschen Großstädten zusammengestellt wurden. Lehmann-Hartleben gratulierte hellsichtig:

> „Seien sie froh, dass ihre Mutter Visum und Passage hat. Jetzt scheint alles nahezu hoffnungslos für die, die noch nicht so weit sind."[211]

Jastrow gehörte auf dem *AIA*-Meeting in Hartford zu den ersten Sprechern: sie hielt ihren Vortrag über zwei Terrakotta *arulae* aus den Sammlungen des Vassar College und des Museums der University of Pennsylvania wahrscheinlich am 29. Dezember,[212] zu ihrem großen Bedauern in Abwesenheit von Hetty Goldman.[213]

Das Jahr 1942

Auf ihrem Rückweg von Hartford nach Greensboro, wo der Unterricht am 5. Januar wieder aufgenommen wurde, versuchte sie nach 1933 und 1935 nun zum dritten Mal, das *Emergency Committee* zur Verbesserung bzw. Stabilisierung ihrer beruflichen Situation zu nutzen: sie bat Betty Drury am Dienstag, den 30. Dezember schriftlich um ein „short interview" für den darauffolgenden Freitag oder Sams-

---

papers 10.29), wo sie bis zu ihrem Tod am 7. August 1943 (siehe Blochs Kondolenzschreiben an Jastrow vom 23.8.1943, in GRI, Jastrow papers 2.2) bei ihrer Tochter in Greensboro lebte (Maier 2010, 68). Dieses Glück war Paul Oskar Kristeller nicht beschieden, der seit seiner Einreise in die USA im Februar 1939 trotz seiner eigenen finanziell bedrängten Lage keine Kosten und Mühen gescheut hatte, seine Eltern aus Berlin herauszubekommen und ihnen die Einreise in die USA oder wenigstens in ein rettendes Drittland zu ermöglichen. Sie wurden am 14.9.1942 von Berlin mit dem Transport I/65 Zug Da 514 („2. gr. Alterstransport") nach Theresienstadt deportiert (Gedenkbuch 1995, 682 und Central Database of Shoa Victims' Names der Gedenkstätte Yad Vashem [http://www.yadvashem.org/wps/portal/IY_HON_Entrance]) und sind dort verstorben, der Vater Heinrich bereits am 3.12.1942, die Mutter Alice im März 1943 (siehe den dramatischen Briefwechsel in den *Kristeller-Papers*, CU, RBML).
211 Brief Lehmann-Hartleben an Jastrow, 9.11.1941 (GRI, Jastrow papers 8.24); siehe auch Biebers Glückwunsch: „Ich freue mich herzlich dass es Ihnen gelungen ist, Ihrer Frau Mutter das visa nach Cuba zu verschaffen. Hoffentlich wird sie die Reise gut überstehen und bald bei Ihnen sein." (Brief Bieber an Jastrow, 1.11.1941, in GRI, Jastrow papers 1.42). Anna Seligmanns Ankunft in den USA im Juli 1942 wertete Lehmann-Hartleben als bewundernswerte Leistung: „Es muss für Sie ein grosse Genugtuung gewesen sein, dass Ihnen diese Rettungsaktion gelungen ist." (Brief Lehmann-Hartleben an Jastrow, 27.9.1942, in GRI, Jastrow papers 8.24).
212 Summary in *AJA* 46/1942, 119.
213 Brief Jastrow, Greensboro, an Drury, *EC*, 14.3.1942 (NYPL, *EC*-Records 77.31).

tag,[214] und berief sich dabei auf eine Empfehlung Lehmann-Hartlebens, der sich schon Ende 1939 beim Komitee für sie verwendet hatte.[215]

In dem persönlichen Gespräch, das am Freitag, den 2. Januar 1942 stattfand, wollte Jastrow geklärt wissen, ob sie mit ihrer Berufserfahrung und ihren Qualifikationen als „Art historian and Archaeologist", die überwiegend als „Museum employee" gearbeitet habe, für eine Förderung durch dass *EC* überhaupt in Frage komme, also „eligible" sei. Ihre berufliche Ausrichtung als „scholar" sei belegbar durch ihre Assistentenzeit in Deutschland, das International Fellowship der *AAUW* und ihre Tätigkeit am Woman's College in Greensboro seit Januar 1941. Zur Aktualisierung und Ergänzung der bereits angelegten Akte reichte sie am 14. März drei Dokumente nach, „Resume of experience, with list of employments and appointments held, and list of publications" (insgesamt sieben Titel). Als zusätzliche amerikanische Referenzen führte sie W. S. Cook, Hetty Goldman, und Paul Sachs an.

Eindringlich bat sie Betty Drury um absolute Diskretion gegenüber dem College, da sie ihr berufliches „standing" in Greensboro unter keinen Umständen gefährden wollte:

> „You will understand that I should much appreciate to have first your opinion of the situation as far as a cooperation of the Emergency Committee in aid of displaced foreign scholars might be concerned. You know that I would not wish to mention this possibility to the College, unless I felt sure that there is not the least doubt as for my eligibility; I know you realize that any denial for this particular reason would very unfavorably affect my entire standing."[216]

Die Antwort Drurys dürfte Jastrow beruhigt haben: sie könne und dürfe zwar keine Garantieerklärung abgeben für ein positives Votum „in advance", doch prinzipiell würde ein offizieller Antrag des Woman's College auf Gehaltszuschuss zugunsten Jastrows beim *Emergency Committee* durchaus aussichtsreich sein:

> „It would certainly be possible to make out a very strong case indeed for you provided an application were presented."

---

214 Brief (hs., auf Briefpapier ‚Hotel Bond, Hartford, CT' und Adressstempel ‚Dr. Elisabeth Jastrow, 1114 West Market Street, Greensboro, N.C.') Jastrow an Drury, *EC*, 30.12.1941 (NYPL, *EC*-Records 77.31, als hs. Entwurf auch in GRI, Jastrow papers 4.4).
215 *EC*-Memorandum (ohne Datum, Ende 1939) über persönlichen Besuch Lehmann-Hartlebens im Büro des *EC:* „Elizabeth Jastrow: very qualified person, very critical worker; L-H needs immigration advice." (NYPL, *EC*-Records 77.31).
216 Brief Jastrow an Drury, *EC*, 14.3.1942, mit Anlagen (wie Anm. 213).

Neben der „eligibility of the scholar", die bei Jastrow außer Frage stünde, gebe es allerdings noch zwei weitere Faktoren, die bei der Entscheidungsfindung zu berücksichtigen seien: „the opportunity offered by the College itself" und „the condition of the Committee's budget".[217]

Doch diese aufwendige Absicherung war nur ein hypothetisches Konstrukt und erwies sich in den Jahren bis Kriegsende als unnötige Vorsichtsmaßnahme, denn in den Akten ist keine Situation belegt, in der das College bei seinen Vertragsverhandlungen mit Jastrow irgendeine finanzielle Unterstützung von Seiten des Komitees mit in Erwägung gezogen hätte. Das bedeutete aber nicht, dass sich Jastrows Gesamtsituation grundsätzlich verbessert hätte: das Gehalt blieb mäßig, eine längerfristige Beschäftigungsgarantie war nicht in Sicht. Ihre Anstellung wurde nur von Jahr zu Jahr erneuert,[218] noch im Jahre 1947, als die Hilfskomitees längst aufgelöst waren, musste sie fürchten, entlassen zu werden.[219]

Ihre Unzufriedenheit und ihr Wunsch nach einer beruflichen Neuorientierung war also nur zu verständlich: am 14. August 1943 bat sie das EC erneut um ein „short interview" während eines „unexpected brief stay in New York".[220] Margarete Bieber und Gisela Richter waren wie üblich über ihre unglückliche Situation in Greensboro informiert, doch beide hatten in den letzten Jahren ihre Meinung über Jastrows berufliche Stärken geändert:

> „Es tut mir herzlich leid, dass Sie einen so unangenehmen neuen Anfang in Greensboro hatten (...) sie [Miss Richter] und ich glauben, dass Sie im Museum weniger gut aufgehoben sind als im College. Dieselbe Antwort erhielt ich, als ich Sie als Secretary for the Institute of [sic!] Advanced Studies [sic!] in Princeton, zugleich Assistentin von Merritt, Nachfolger von Raubitschek, empfehlen wollte. Man sagte Sie hätten sicher als ass. Prof. ein besseres Gehalt und sie seien zu schade für die Stellung. (...)
> Ich hoffe, dass Sie in Greensboro bleiben und dass Ihre Stellung sich festigt."[221]

---

217 Brief Drury, EC, an Jastrow, 17.3.1942 (NYPL, EC-Records 77.31).
218 Brief (hs. Entwurf) Jastrow an Richter, 4.11.1942: Hoffnung auf Verlängerung in Greensboro (GRI, Jastrow papers 10.29).
219 Brief Bieber an Jastrow, 28.6.1947 (GRI, Jastrow papers 1.42): „Ich freue mich, dass bei Ihnen das Pulverfass nicht geplatzt ist. Bei mir hat es das leider getan. Ich bin für 30. Juni entlassen. Annuity 700 Dollar, etwa 10 Dollar wöchentlich."
220 Brief Jastrow, Greensboro, an Drury, EC, 14.8.1943 (NYPL, EC-Records 77.31).
221 Brief Bieber an Jastrow, 6.11.1943 (GRI, Jastrow papers 1.42).

Für die Sommerferien 1944 vermittelte Bieber Jastrow eine „part time Stellung" am Barnard College, als Assistentin für die Residence Halls, zu einem Gehalt von $ 100, bei freier Unterkunft und Verpflegung.[222]

Bewerbung am Department of Art der Cornell University (1944)

Im Sommer 1944 unternahm Jastrow m.W. letzte ernsthafte Anstrengungen, ihre Position zu verändern. Ihr Vertrag in Greensboro war zwar gerade wieder um ein Jahr verlängert worden, sogar zu ‚verbesserten' Konditionen, wie sie bitter bemerkte:

> „I even got a microscopically small increase of my microsc.[opic] salary, as a token of apprec.[iation] for the work that I am doing for the College. You can imagine that good friends keep on calling my attention to better salaries (...)."

Durch Freunde hätte sie von einer freien Stelle im Art Department der Cornell University gehört, schrieb sie ihrer Freundin Betty Dalton, die gerade von Greensboro nach Ithaca gezogen war:

> „It seems to be no teaching job, but in charge of a Coll.[ection] of photogr[aphs], at Goldwin Smith Hall, Prof. F. O. Waagé. It sounded rather like something for a student or so, but one can never tell (...)
> The salary, as offered last year, is known to me – as it seems, rather less than what I am getting."

Wieder war sie auf äußerste Diskretion bedacht: „May I ask you to find out about it without any mentioning me? (...) I cannot at present, for reasons about which we may talk, risk in any way my present position and therefore must be very careful not to commit myself." Deshalb werde sie in ihrem Schreiben an den Chairman des Fine Arts Departments, Prof. Frederick O. Waagé, auch nichts von ihrem Interesse an der freien Stelle erwähnen:

---

222 Brief Bieber an Jastrow 16.3.1944 (GRI, Jastrow papers 1.42): „Bedingung: 30 Stunden wöchentlich im office sitzen und laufendes erledigen, (...) to keep track of younger students, to pacify complaining older summer students etc." Die Notizen Jastrows für einen Antwortbrief (datiert 22.3.1944) sind leider so unleserlich, dass unklar bleibt, ob sie das Angebot annahm.

„I will write to Prof. Waagé that I would like to see the Art Dep. and study the teaching facilities for my own information and ask wether I also could meet him there. That is all I will write."²²³

Die derartig verklausulierte ‚Bewerbung' scheiterte grotesk: erst drei Monate später fand die Freundin zu ihrem Entsetzen Jastrows Brief zufällig in einem Sommeranzug ihres Mannes, der schlicht vergessen hatte, sich um die Angelegenheit zu kümmern. Auch ein zweites Schreiben Jastrows war von den Daltons nicht registriert worden: sie waren überwältigt von der Geburt ihres zweiten Kindes. In der Zwischenzeit war die Stelle natürlich längst besetzt.²²⁴

So mussten weitere neun Jahre vergehen, ehe Jastrow in Greensboro ‚tenure' erhielt und mit dreiundsechzig Jahren endlich zum Associate Professor ernannt wurde. Eher nebensächlich und fast beschämt informierte sie Margarete Bieber über ihre Beförderung:

„Dass für das laufende Jahr so spät noch Beförderung zum Associate Professor eingetreten, habe ich, scheint mir, gar nicht erwähnt, wohl aus begreiflicher Verlegenheit, um ein so sehr verspätetes Ereignis keiner Beglückwünschung auszusetzen, was Sie gewiss würdigen."²²⁵

Bieber widersprach energisch:

„Herzlichen Glückwunsch zum Associate Professor. Dass es spät kommt, ist kein Gegengrund zur Freude. Ich habe ja hier auch nie mehr erreicht als associate, was ich doch bereits in Giessen als planmässiger ausserordentlicher Professor war."²²⁶

---

223 Brief(entwürfe) Jastrow (Bleistift, mehrere hs. Blätter), an Dalton (undatiert, Sommer [?] 1944, Dezember [?] 1944, in GRI, Jastrow papers 3.29).
224 Brief Betty Dalton an Jastrow, 28.11.1944 (GRI, Jastrow papers 3.29): „Your letter (...) came just the day before I went to the hospital [Sept. 6]. I gave it to Bob + and said – ‚you answer it + find out about the job.'" Jastrow reiste trotzdem für zwei Tage zu ihrer Freundin nach Ithaca, vom 29. bis zum 30. Dezember (Telegramm Dalton an Jastrow, New York, 27.12.1944: „Letter just received Delighted Stay here Taxi up on Arrival").
225 Brief (hs.) Jastrow an Bieber, 15.1.1954 (GRI, Jastrow papers 1.42). Die Professur war mit $ 5500 dotiert, im letzten Jahr als Assistant Professor (1952/53) hatte Jastow $ 4340 verdient (hs. Ergänzungen auf Jastrows ‚Faculty Personnel Information Form', 10.6.1952, S. 2, in UNCG Biography Files, PA Jastrow, wie Anm. 5).
226 Postkarte Bieber an Jastrow, 20.1.1954, in GRI, Jastrow papers 1.42.

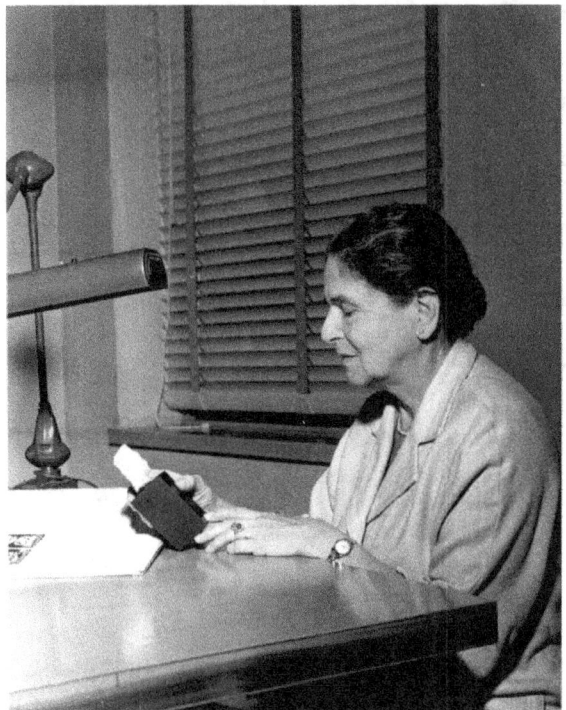

Abb. 6: Elizabeth Jastrow (1962)

4 „He is pure Aryan"[1] – Otto Brendel

4.1 Vor der Entlassung (bis 1935)[2]

Schon während seiner Schulzeit in Nürnberg (am humanistischen „Königlichen Neuen Gymnasium")[3] zeigte sich die kreative künstlerische Seite Otto Brendels: der Sohn eines protestantischen Pastors beherrschte nicht nur zwei Instrumente (Klavier und Cello), sondern war auch passionierter Maler und assistierte als angehender Abiturient für ein Jahr bei dem Maler Max Unold, einem Vertreter der „Neuen Sachlichkeit" und Mitbegründer der Münchner „Neuen Sezession" (1913).[4] Auch im Laufe seines Studiums, das er 1920 in Heidelberg begann, durchbrach er mehrmals die Routine des Studienbetriebs. 1922 ging er für ein halbes Jahr („from the spring of 1922 to the autumn") an die Bibliotheca Hertziana nach Rom, um Ernst Steinmann bei der Vorbereitung seiner Michelangelo-Bibliographie zu assistieren („assistant research worker"), Winter 1923 bis Sommer 1926 arbeitete er

---

1 Brief Kotschnig an Shofstall, 28.7.1936 (NYPL, *EC*-Records 4.9).
2 Im Falle Otto Brendels sind wir vor allem auf die Korrespondenz angewiesen, die in den Akten des *Emergency Committee* gesammelt ist. Laut Auskunft seiner Witwe Maria Weigert-Brendel ist alles Material aus der Zeit vor der Emigration, das in Deutschland eingelagert worden war, im Krieg verlorengangen: „Everything was in a storage house, and the storage house was bombed." (Interview Eve Lee mit Maria Brendel, 27.3.1990, Toncassette, John Spalek Collection, University of Albany, NY). Ein schmales Konvolut mit Briefen von Ludwig Curtius und Heinrich Zimmer („less than a box") hat sie dem *DAI* in Berlin übergeben. Bedauerlicherweise gibt es weder an der Columbia University, wo Otto Brendel seit 1956 lehrte, noch an der Indiana University in Bloomington oder an der Washington University in St. Louis so etwas wie „Otto Brendel Papers." Die *Otto Brendel miscellaneous papers 1929–1980* (Coll. No. 940036), die am Getty Research Institute in Los Angeles aufbewahrt sind, enthalten vor allem Materialien, die im Zusammenhang mit Brendels Publikationen stehen, vor allem seine eindrucksvolle „photographic collection", doch – mit Ausnahme zweier undatierter Empfehlungsschreiben von Lehmann-Hartleben – keine relevante Korrespondenz aus den 1930er und 40er Jahren.
Katharina Lorenz' biographische Skizze zu Brendel in Brands/Maischbergers *Lebensbilder* (2012), die sich vor allem auf die Archivbestände des *DAI*, der *SPSL* und des Warburg Institute stützt, erschien erst nach Abschluss meines Manuskripts: auf ihre Befunde und Irrtümer konnte nur noch in den Fußnoten hingewiesen werden.
3 1889 war das Staatliche Egidiengymnasium aufgrund der gestiegenen Schülerzahlen in „Königliches Altes Gymnasium" (das heutige Melanchthon-Gymnasium) und „Königliches Neues Gymnasium" aufgeteilt worden. (Steiger 1926, 164 und Schmidt 2003, 46).
4 Siehe http://www.munzinger.de/search/portrait/max+unold/0/3538.html.

als Kurator („assistant keeper") unter Frederik Poulsen an der Ny Carlsberg Glyptotek in Kopenhagen.⁵

Der wissenschaftliche und intellektuelle Ruf Heidelbergs in den 1920er Jahren war außerordentlich:⁶ Brendel studierte Klassische Archäologie bei Ludwig Curtius und dem jungen Privatdozenten Karl Lehmann-Hartleben, Alte Sprachen bei Karl Meister, bei Eugen Täubler Alte Geschichte, und Indologie bei Heinrich Zimmer.

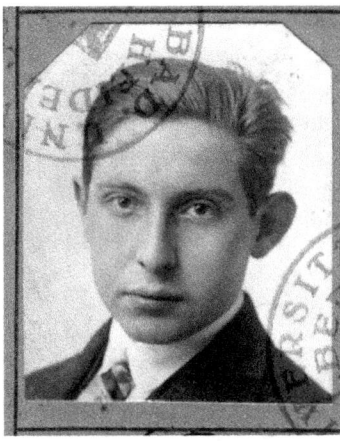

Abb. 7: Otto Brendel als Student in Heidelberg (ca. 1920)

1927 ermöglichte ihm ein Reisestipendium einen einjährigen Forschungsaufenthalt in Italien, 1928 promovierte er bei Ludwig Curtius mit einer Arbeit zur „*Ikonographie des Kaisers Augustus*" (Nürnberg 1931) mit dem Prädikat „summa cum laude" und wurde für ein Semester dessen Assistent. Gerhart Rodenwaldt, der damalige Präsident des *Deutschen Archäologischen Instituts*, holte Brendel im Herbst 1928 nach Berlin mit dem Auftrag, an der Organisation des Internationalen Archäologiekongresses 1929 mitzuwirken.

Nach seiner Heirat mit der Curtius-Schülerin Maria Weigert⁷ im Februar 1929 folgten 1929/30 ausgedehnte Reisen nach Italien, Griechenland und auf den

---

5 CV ‚BRENDEL, Otto, Ph.D', 26.6.1941, S. 1, CV ‚OTTO BRENDEL, PHD.HABIL., Course of Life' [undatiert, eingeordnet Juni 1941] (NYPL, *EC*-Records 4.10, und Formblatt ‚Data Prior to/Following Arrival in U.S.A.', 29.4.1941 (YIVO, *OT*-Microfilm).
6 Siehe Klibansky 2001, 30 ff., 53–74 („Das literarische Heidelberg"), und Strassmann 2006, 155 f.
7 Maria Weigert musste auf Geheiß ihres Vaters ihr Studium abbrechen – sie arbeitete an einer Dissertation über den Lodovisi-Thron – und nach Berlin zurückkehren, nachdem ihre Liebes-

Balkan, finanziert durch ein Reisestipendium des *DAI*. 1930 ging Brendel zu Georg Lippold nach Erlangen, wo er mit einer Arbeit zu Herakles habilitiert wurde. Seine Unterrichtstätigkeit als Assistent und Privatdozent in Erlangen (1931–1932) war nur von kurzer Dauer,[8] denn 1932 wurde er von der Universität beurlaubt („leave of absence"), als ihn sein Mentor Curtius, inzwischen Direktor des *DAI* in Rom, im Oktober zu seinem ersten Assistenten ernannte.[9]

Die erste Entlassungswelle, die auf die Einführung des „Gesetzes zur Wiederherstellung des Berufsbeamtentums" am 7. April 1933 folgte, hatte für Brendel keine Auswirkungen, noch schützte ihn der hochangesehene, dem neuen Regime denkbar fern stehende Curtius.[10] Doch im April 1935 traf auch ihn der nationalsozialistische Rassenwahn: trotz seiner arischen Abstammung wurde er sowohl in Rom als auch in Erlangen seiner Dienstpflichten enthoben, da die Familie seiner Ehefrau jüdischer Abstammung war; die Entlassung wurde zum 1. Oktober 1935 rechtskräftig.[11]

---

beziehung zu ihrem Kommilitonen Otto Brendel durch ihren Bruder entdeckt wurde (siehe Bonfante 2004 [„Maria Weigert Brendel 1902–1994"], S. 2).

8 Laut Brendels Personalakte (UAE: A2/1 Nr. B 55) lehrte Brendel als Privatdozent nur vom 29.3.1932 bis zum 1.10.1932 in Erlangen, vorher (seit April 1931) war er als ‚wissenschaftlicher Hilfsarbeiter' am Archäologischen Seminar angestellt (Dank an Herrn Universitätsarchivar Dr. Clemens Wachter für diese Hinweise).

9 CV Brendel, S. 1 und CV ‚Course of Life' (wie Anm. 5). Zur engen Beziehung zwischen Brendel und seinem Doktorvater Curtius siehe Lorenz 2012, 196–198.

10 Curtius sympathisierte zwar mit dem italienischen Faschismus, machte aber keinen Hehl daraus, wie sehr er die nationalsozialistische Rassenpolitik missachtete: bis zu seiner erwungenen vorzeitigen Pensionierung 1937 hatten deutsch-jüdische Emigranten nicht nur ungehindert Zugang zum *DAI*, sondern waren auch regelmäßig bei seinen Hausabenden zu Gast (Voigt 1989, I, 82ff, Deichmann/Kraus 1979, 8, und Löwith 1986, 88f.); vgl. Kapitel Jastrow, S. 160 mit Anm. 110.

11 Die Angaben zum Zeitpunkt der Entlassung sind nicht eindeutig: die obengenannten Daten basieren auf dem *AAC*-Fragebogen (Rubrik ‚Confidential Information-Vertrauliche Auskunft', 11.6.1935, in NYPL, *EC*-Records 4.9). Vor den amerikanischen Hilfskomitees gab Brendel an, dass Curtius ihn noch bis 1936 am *DAI* halten konnte: „Rome – Germ Arch. Inst. – first Assistant until Jan. '36" (*EC*-Interview Memorandum, 6.1.1939, in NYPL, *EC*-Records 4.9), für die Privatdozentur in Erlangen („Assistant Professor") hingegen ist der Zeitraum „1931–1937" verzeichnet (Formblatt ‚Data Prior to/Following Arrival in U.S.A.', Rubrik 18 ‚Employment continued', in YIVO, *OT* Microfilm), ebenso in dem tabellarischen CV vom 26.6.1941 (wie Anm. 5). In Brendels Personalakte der Universität Erlangen (UAE: A2/1 Nr. B 55 und C4/5 Nr. 32) ist als offizielles Entlassungsdatum der 16.6.1937 vermerkt (Wendehorst 1993, 186, Wachter 2009, 24). ‚Rechtsgrundlage' hierfür war § 18 der Reichshabilitationsordnung vom 13.12.1934, der willkürliche Entlassungen ermöglichte: „Der Reichswissenschaftsminister kann die Lehrbefugnis entziehen oder einschränken, wenn es im Universitätsinteresse geboten ist" (zitiert nach Uhlig 1991, 147).

Von diesem Zeitpunkt an begann für Otto Brendel ein Wettlauf mit der Zeit. Während seine Frau nach Berlin zurückkehrte und mit Unterstützung der Eltern unter falschem Namen eine eigene Wohnung anmieten und die 1931 geborene Tochter Cornelia regulär einschulen konnte,[12] suchte er mit aller Macht in England oder Amerika eine Anstellung zu finden.

4.2 Zwischen England und USA – Walter Kotschnig als ‚long distance'-Vermittler (1935 – 1938)

Bereits am 11. Juni 1935 hatte Brendel beim *Academic Assistance Council* in London den obligatorischen Fragebogen eingereicht: in der Rubrik ‚References in Germany and other countries' nannte er L. Curtius (Rom), G. Lippold (Erlangen), G. Rodenwaldt (Berlin), B. Schweitzer (Leipzig), F. Poulsen (Kopenhagen), und, handschriftlich ergänzt, Gisela Richter und Karl Lehmann-Hartleben in New York.

Im März 1936 wurde er für ein Jahr als Research Fellow an die Durham University, Newcastle-upon-Tyne nach England eingeladen, wo er nur ganz wenige Lehrverpflichtungen hatte: meist pendelte er zwischen dem Warburg Institute in London und der Universität und arbeitete an seinen Veröffentlichungen.[13] Diese relativ gut dotierte Stellung („roughly" £ 260) war im Frühjahr 1935 auf die Initiative von „local archaeological groups" eigens für Karl Lehmann-Hartleben geschaffen worden, finanziert durch die private Spendenkampagne eines „special local committee". Nachdem dieser aber im Mai 1935 einen Ruf als Visiting Professor of Fine Arts an die NYU erhalten hatte, verständigte sich das „Durham Academic Assistance Council" mit dem *AAC* in London darauf, mit diesen Geldern einen anderen „German [archaeological] scholar" zu unterstützen: Otto Brendel.[14]

---

12 Bonfante 2004, S. 3
13 CV ‚Course of Life', S. 2 (wie Anm. 5): „In March 1936 I was appointed as a research-fellow (...) I was there and in London most of that year and the following summer, carrying on my research work and lecturing occasionally." Lorenz verzeichnet „zwei Vortragsserien" Brendels „am Warburg Institute: im April 1936 (...) über Tizian, im Juni 1937 über Römischen Kaiserkult" (Lorenz 2012, 200, Anm. 70).
14 Brief Adams, *AAC*, an Murrow, *EC*, 16.5.1935, S. 2 und Antwortbrief Murrows an Adams, 27.5. 1935: „I (...) trust that a qualified recipient may be found for the fund raised in Durham" (beide *EC*-Records 20.9 ‚Lehmann-Hartleben, Karl, 1933 – 1935'). Die Initiative hierfür ging von Lehmann-Hartleben aus: Er informierte Mitte Mai das Committee in Durham von seinem appointment an der NYU und fragte an, „if it might be possible to transfer the fund raised at the Durham University for my archaeological work there to another archaeologist, who would be of the greatest capacity to do this work and who is now also dismissed by the German government. It is

In der Zwischenzeit versuchte Dr. Walter Maria Kotschnig,[15] in enger Absprache mit dem *Emergency Committee*, das Interesse US-amerikanischer Bildungsinstitutionen an Otto Brendel zu wecken. Aus seiner Korrespondenz mit W.[eldon] P.[erry] Shofstall, Dean of Administration am Stephens College in Columbia, Missouri, wird ersichtlich, mit welchen Ressentiments deutsche Emigranten zu kämpfen hatten: so erkundigte sich Shofstall misstrauisch, ob die von Kotschnig empfohlenen „Art Historians" auch wirklich nicht-jüdisch seien:

> „You may remember in our conference here, you told me that all of your men were not Jewish. As you know we would not discriminate against them merely because they are Jews, but it is important that we have men whose characteristics would not militate against them with a student body such as we have."[16]

Ein zweites Problem, so Shofstall, bestünde darin, dass die Kandidaten sich nicht persönlich vorstellen könnten: deshalb sollte ihr Gehalt deutlich niedriger sein als das von amerikanischen Bewerbern. Kotschnig distanzierte sich zwar vorsichtig von dieser amerikanischen Variante des Antisemitismus, versprach aber sich zu erkundigen.[17] Zwei Wochen später schickte er zusätzliches Material über Brendel und wirkte sichtlich erleichtert, als er das Ergebnis seiner Recherchen mitteilen konnte:

> „Dr. Brendel is ‚pure Aryan.'"[18]

Für das Problem, Kandidaten ohne Vorstellungsgespräch auswählen zu müssen, fand sich rasch eine Lösung: Basil D. Gauntlett vom Music Department des Stephens College kündigte seinen Besuch beim *AAC* in London für den Zeitraum vom 12. bis zum 28. August 1936 an, um sich von den Kandidaten ein persönliches Bild machen zu können:

Doctor Otto Brendel (...) one of the most talented young men" (Brief Lehmann-Hartleben, Rom, an Adams, *AAC*, 21.5.1935, in Oxford, Bodleian, MS. S.P.S.L. 182/5).
15 Kotschnig war Generalsekretär des „*International Student Service*" in Genf bis 1934, von 1934 bis 1935 Direktor der „*High Commission for Refugees Coming from Germany*"; 1936 emigrierte er in die USA. (New York State University of Albany, M.E. Grenander Department of Special Collections and Archives, German and Jewish Intellectual Émigré Collection, *Walter Maria Kotschnig Papers 1923–1984*, GER 053, Biographical sketch).
16 Brief Shofstall, Columbia, MO, an Kotschnig, Genf, 5.7.1936. (NYPL, *EC*-Records 4.9).
17 Brief Kotschnig, Genf, an Shofstall, 15.7.1936: „As regards the racial origin of the three men in whom you are interested, (...) I am not in a position to say straight off wether they are Jewish or not. As our entire work is based on questions of scholarly records we do not know in most cases whether the man is a Jew or a Christian. However, I shall find out about (...) Brendel." (NYPL, *EC*-Records 4.9).
18 Brief Kotschnig an Shofstall, 28.7.1936 (NYPL, *EC*-Records 4.9).

„He wants to see first of all Dr. Brendel and might be able himself to go up to Newcastle. Should he find Brendel not satisfactory, he will try to arrange an interview through you with Michalski (...)"[19]

Auch das Scripps College, ein 1926 in Claremont, California, gegründetes Women's College, zeigte sich offenbar an Brendel interessiert. In seinem Brief vom 28. Juli informierte Kotschnig den Präsidenten des Colleges, Ernest J. Jacqua, über die Möglichkeit, die Anstellung eines ‚German Art Scholars' durch die Inanspruchnahme von Komiteegeldern zu finanzieren. Die finanziellen Mittel des *EC* seien zur Zeit zwar erschöpft,[20] doch ein Antrag bei der *Carnegie Corporation* „for a grant for two years should meet with success".[21] Wenige Tage vorher hatte John Whyte vom *EC* in New York dem College bereits zusätzliches Informationsmaterial zu Brendel und anderen Kandidaten zugesandt.[22] Die Hoffnungen Kotschnigs, Brendel vielleicht an der Washington University in St. Louis unterzubringen, zerschlugen sich Anfang August, als die freie Stelle in Classical Philology mit einem Amerikaner besetzt wurde.[23]

Warum Kotschnigs Vermittlungsversuche in diesem Jahr nicht erfolgreich waren, wird aus der erhaltenen Korrespondenz nicht deutlich. Brendel blieb bis

---

19 Brief Kotschnig an Adams, *AAC*, 3.8.1936 (NYPL, *EC*-Records 4.9). Kotschnig verständigte auch das *EC* von Gauntletts Plänen in England: „Dear John (...) I have had a visit of Mr. B. D. Gauntlett of Stephens College, Columbia, who has gone to England to clinch matters in all probability with Dr. Brendel." (Cross Reference, Brief Kotschnig an Whyte, *EC*, 12.8.1936, in NYPL, *EC*-Records 4.9). Ob dieses Interview tatsächlich stattgefunden hat, geht aus den Akten nicht hervor.
20 Der finanzielle Engpass des *EC* war offenbar nur von kurzer Dauer, denn bereits zwei Wochen später zeigte sich Kotschnig erleichtert darüber, dass dem Komitee wieder mehr funds zur Verfügung standen (Cross Reference, Brief Kotschnig an Whyte, *EC*, 12.8.1936, wie Anm. 19).
21 Brief Kotschnig an Jacqua, 28.7.1936 (NYPL, *EC*-Records 4.9). Diesem Brief gingen zwei Anfragen des Colleges (vom 6.7. und 8.7.1936) an das *EC* in New York voraus, die auf das „Kotschnig memo", ein Kurzprofil Brendels, reagierten: „Age 34; Studied at Heidelberg, Munich, Rome and Copenhagen. Travelled in Italy and Greece (...) Specialized in Greek and Roman archaeology and art. Studied art history as well as archaeology (...) Wide general knowledge and adaptability. Is continuing archaeological research at Durham, England until the end of 1936. Very good English. Can be strongly recommended on personal grounds." (Cross Reference Scripps College, 8.7.1936, in NYPL, *EC*-Records 4.9).
22 Brief Whyte an Jacqua, 20.7.1936 (NYPL, *EC*-Records 4.9).
23 Neben diesen „bad news", so Kotschnig in seinem Brief an Whyte, gebe es auch „good news", da am Smith College, einem Women's College in Northampton, Massachusetts, gute Aussichten für Brendel bestünden. (Cross Reference, Brief Kotschnig, Genf, an Whyte, *EC*, 12.8.1936, in NYPL, *EC*-Records 4.9). Die Bewerbung an der Washington University sollte nicht ungehört bleiben; drei Jahre später wird Brendel dort seine erste Stellung in den USA antreten (siehe S. 206f. und 212f.).

Ende 1937 in England,[24] im Januar 1938 ging er zu seiner Familie nach Berlin und lebte dort für einige Monate als Privatgelehrter, „in order to finish some special studies about Greek sculpture".[25]

4.3 Zwischen Komitees und Vortragssaal – Brendels Bewerbungen in den USA (1938/39)

Auf Kotschnigs gescheiterte Bemühungen folgten für Brendel ganze zwei Jahre quälenden Wartens, die ihm unmissverständlich deutlich machten, dass es nahezu aussichtslos sei, von Europa aus sich in den USA um eine Stelle zu bemühen.

Da schlug Margarete Bieber, die ‚Grande Dame' der deutschen Archäologie, die bereits seit 1934 am Barnard College und an der Columbia University in New York lehrte, dem jungen Kollegen[26] vor, auf dem „40th General Meeting of the Archaeological Institute of America", das vom 28. bis zum 30. Dezember 1938 in Providence, Rhode Island stattfinden sollte, mit einem Vortrag auf sich aufmerksam zu machen. Eine offizielle Einladung zu dieser Tagung, Grundbedingung für die Ausstellung eines Besucher-visas, würde sie und der Präsident der Society, William Dinsmoor (ebenfalls Columbia), in die Wege leiten, er selber solle beim *EC* einen finanziellen Zuschuss beantragen.[27]

Diesen Plan referierte am 8. September 1938 Dr. Fritz Weigert aus Glasgow, ein Onkel der Brendels, im Büro des *Institute of International Education*.[28] Dr. Fisher,

---

24 Zu Brendels Kontakten zum Warburg Institute Lorenz 2012, 198–200.
25 CV Brendel ‚Course of Life' (wie Anm. 5). In finanzieller Hinsicht war dies eine pragmatische Entscheidung, denn im *AAC*-Fragebogen notierte Brendel unter der Rubrik ‚Source of Income': „Es besteht in beschränktem Umfange die Möglichkeit von Familienunterstützung, die jetzt nach den geltenden Devisenbestimmungen nur in Deutschland in Anspruch genommen werden kann." (*AAC*, ‚Confidential Information/Vertrauliche Auskunft', 11.6.1935, in NYPL, *EC*-Records 4.9). Maria Weigert-Bendel lebte mit der Tochter seit Frühjahr 1936 unter falschem Namen in Berlin (Bonfante 2004, S. 3).
26 Margarete Bieber war sowohl mit Brendels Lehrer Curtius als auch mit seinen wichtigsten Fürsprechern Rodenwaldt und Gisela Richter gut bekannt.
27 *IIE*-Office Memorandum from Fisher to Drury, 8.9.1938, (NYPL, *EC*-Records 3.5 ‚Bieber', Kopie auch in *EC*-Records 4.9 ‚Brendel').
28 Das Institut war eigentlich nicht zuständig, doch dies konnte Dr. Fisher dem offenbar schwerhörigen Gesprächspartner („Dr. Weigert is very hard of hearing") nicht verständlich machen (wie Anm. 27).

4.3 Zwischen Komitees und Vortragssaal – Brendels Bewerbungen in den USA — 199

der das Interview führte und aufzeichnete, leitete den Fall sofort an Betty Drury vom *Emergency Committee* weiter,[29] mit der klaren Maßgabe,

> „(...) that the question of financial assistance for lectures at the Archaeological Society would not come within the province of the Committee (...)"[30]

Auch ohne einen Reisekostenzuschuss des Komitees[31] wagte Brendel den Sprung ins Ungewisse. Am 4. Januar 1939 berichtete er einem Repräsentanten des *Institute of International Education* („RH") persönlich von seinen jüngsten Erfahrungen.[32] Er habe im Dezember 1938 in Providence (das Gesprächsprotokoll vermerkt irrtümlich „New Haven") an dem Archäologenkongress teilgenommen[33] und sei insbesondere mit Dean Chase (Harvard) und Valentin Müller (Bryn Mawr), die er beide bereits aus Europa kannte, näher ins Gespräch gekommen. Sein Visitor's visa habe nur eine Gültigkeit von drei Monaten, doch er wolle nicht nach Deutschland zurück, um dort auf ein Quota-Visum zu warten, da er bis zum Frühjahr eine Verschärfung der politischen Lage befürchtete. In den Protokollnotizen wurde ausdrücklich die Religionszugehörigkeit der Brendels vermerkt:

> „Dr. Braendel [sic!] is not Jewish; a Lutheran (...) his wife (...) is non-Aryan."[34]

---

29 Diese bot Weigert spontan für den 12. oder 13.9. (er hatte seine Schiffspassage nach Europa für den 14.9. gebucht!) einen Gesprächstermin an (Brief Drury an Weigert, 10.9.1938, in NYPL, *EC*-Records 4.9).
30 *IIE*-Office Memorandum from Dr. Fisher to Miss Drury, 8.9.1938 (wie Anm. 27). Der *AAC* in London verfolgte zu dieser Zeit eine andere Strategie: er gewährte emigrierten Wissenschaftlern Reisestipendien zu Vorträgen in die USA mit dem Ziel, den akademischen Arbeitsmarkt in England von den Flüchtlingen zu entlasten! (Feichtinger 2001, 84, 105, 110).
31 Gegen die Aktenlage und ohne Beleg mutmaßt Lorenz, dass Fritz Weigerts Besuch beim *EC* zugunsten seines Neffen finanziell erfolgreich war: „Er erwirkte für Brendel einen Zuschuss"; [Teilnahme Brendels in Providence] „finanziert mit Hilfe des Committee" (Lorenz 2012, 202).
32 Wieder war es ein Verwandter der Weigerts, der den Kontakt vermittelt hatte: Dr. Ulrich Solmssen (1909–2002), Maria Weigert-Brendels Cousin, der als Austauschstudent 1932 am MIT in Boston Chemie studiert hatte und seit 1938 als Refugee in New Jersey lebte (siehe Nachruf *New York Times*, 16.6.2002).
33 Er referierte zum Thema „The Great Augustus Cameo at Vienna" (Abstract in *AJA* 43.2, 1939, 307–308) und begegnete einer Reihe von emigrierten Ex-Kollegen: A. E. Raubitschek (*IAS*), Lehmann-Hartleben (NYU), George M. A. Hanfmann (Harvard) und E. Jastrow (siehe Kapitel Bieber S. 101). Da das Meeting „ in conjunction" mit der Jahrestagung der *American Philological Association* stattfand, traf er möglicherweise auch Kurt von Fritz und Ernst Kapp, die von New York angereist waren (siehe Kapitel v. Fritz, S. 321f.).
34 *IIE*-Office Memorandum RH to Drury, *EC*, 4.1.1939 und *EC*-Interview Memorandum (hs.), 6.1. 1939 (beide NYPL, *EC*-Records 4.9). Laut Memorandum vom 4. Januar war das *EC* nicht das erste Komitee, das Brendel aufgesucht hatte: vorher war er bereits bei Miss Waldo, der Sekretärin des

Bei einem zweiten Besuch am 6. Januar, diesmal im Office des *Emergency Committee*, scheint Brendel mit Miss Drury persönlich gesprochen zu haben, das handschriftliche Memorandum enthält die für sie typischen Angaben zu ‚Appearance and personality':

> „a large, ‚honest' looking man. Blue eyes – straight light-brown hair: Hulking Round shoulders. English nice inadequate. Is on his way to Massachusetts."[35]

In den nächsten Wochen war Brendel ständig unterwegs: bezeugt sind Besuche in Harvard, Yale, Princeton und Philadelphia.[36]

Im März 1939 gelang ihm ein spektakulärer Erfolg, der seine Emigrationspläne maßgeblich beförderte: er hielt auf Einladung des Vassar College[37] als „Visiting Lecturer on Campus" binnen zwei Wochen drei Vorträge, die von allen Zuhörern begeistert aufgenommen wurden. Elizabeth H. Haight, Chairman des Latin Department und Mitinitiatorin eines ‚Refugee Scholars Fund', der im Zeitraum vom 1939 bis 1943 die Einladung von insgesamt 20 emigrierten Wissenschaftlern nach Vassar finanzierte,[38] schilderte dem Präsidenten des Colleges, H. N. MacCracken, ihre Eindrücke:

American Committee for German Christian Refugees, das vor allem protestantische deutsche Flüchtlinge unterstützte. Deshalb ist es m. E nicht verwunderlich, dass der evangelische Pfarrerssohn auch das *EC* auf seine christliche Religionszugehörigkeit hinwies.

35 *EC*-Interview Memorandum 6.1.1939 (NYPL, *EC*-Records 4.9).

36 Brief (hs.) Brendel, Hotel Wellington New York, an Drury, 17.1.1939 (NYPL, *EC*-Records 4.9).

37 Das College beschäftigte vergleichsweise viele Displaced German Scholars: „Vassar has been in the forefront of American institutions to welcome (...) emigrés" (Vassar Alumnae Magazine, January 1940 [wie Anm. 38]); u.a. den Kunsthistoriker Richard Krautheimer, den schon 1937 verstorbenen Philosophen Moritz Geiger und Vera Lachmann (siehe auch Appendix VII „Geographical distribution of Emergency Committee scholars" in Duggan/Drury 1948, 200–204).

38 Ein eigens geschaffenes Komitee traf auf Grundlage der zahlreichen Anfragen von Emigranten eine Auswahl und entwickelte ein „working program for inviting emigré scholars". Jeder Visiting Lecturer wohnte für zwei Wochen auf dem Campus und wurde sowohl in wissenschaftlicher als auch in sozialer Hinsicht intensiv betreut; seine Verpflichtung bestand darin, wenigstens zwei Vorträge zu halten, einen für Studenten seines Faches, einen allgemeiner ausgerichteten für das gesamte College: „Often discussions started in the classroom are continued over lunch and dinner at senior tables, or at the homes of resident professors or in the undergraduate houses. Students and faculty respond warmly to the stimulus of such association, and the visitors gain friendship and insight into the American way." („Emigré Scholars at Vassar" Taken from the Vassar Alumnae Magazine, January 1940, in NYPL, *EC*-Records 4.9, und Erck, Myrtel Soles, Erck, Theodore Henry, Ryberg, Inez Scott, *Haight, Elizabeth Hazelton, 1872–1964 – Memorial Minute*, S. 23 [http://digitallibrary.vassar.edu:8080/fedora/objects/vassar:/datastreams/PDF/content]).

4.3 Zwischen Komitees und Vortragssaal – Brendels Bewerbungen in den USA 201

> „His lectures were all interesting, full of original thought, clearly and vividly presented. Our students in Classics who heard his talk at the Classical Club were enthusiastic over his lecture. His English is rich and fluent. His diction will soon improve with practice in America. He has a very quick ear, is eager for criticism and does not make the same mistake twice. His English was no barrier whatever to our students for their enjoyment of his talks.
> As a personality Dr. Brendel proved a most delightful guest. He is human and humorous. He has the gift of getting in immediate touch with both young and adult people. Indeed he was one of the most popular guests that we have had at Vassar in a long time. He is so distinguished both in training, in scholarship and in personality that I hope soon he will find a good post in this country."[39]

Ähnlich beeindruckt äußerte sich ihr Griechisch-Kollege Philip H. Davies:

> „What impressed me most was his easy adaptability to the needs and interests of our students. Within a week of his arrival he had become a popular member of the college community. Everyone liked him and was sorry to see him go, and everyone who heard him lecture or had occasion to talk with him came away with new ideas and a fresh curiosity in the study of ancient art. His qualities were appreciated equally by the departments of Greek, Latin, and Art, and I feel certain that that will be the story in any respectable institution that Dr. Brendel may visit."[40]

Geschickt nutzte Brendel das Forum, das sich ihm bot, dazu, sich weniger als Klassischer Archäologe als vor allem als umfassend ausgebildeter Kunsthistoriker zu präsentieren:

> „Dr. Brendel lectured for the Classical Society on the Agustus [sic!] Cameo in Vienna; for students majoring in art his topic was Lovers and the Mirror, in which he used a Titian painting as apoint [sic!] of departure for a discussion of themes related to Platonic and Neoplatonic concepts in classical and Renaissance times; he spoke on Michelangelo and Rodin for students of the history of sculpture."[41]

Noch vor seiner Rückkehr nach New York am 24. März 1939 suchte Brendel dringend um einen Termin bei Miss Drury an, um erste Ergebnisse der Reise zu besprechen.[42] Er hatte zwei unverbindliche Angebote, zum einen vom Smith College in Northampton[43] (nach einer persönlichen Empfehlung von MacCra-

---

39 Brief Height an MacCracken, 20.3.1939 (NYPL, *EC*-Records 4.9).
40 Davis, „Dr. Otto Brendel" (Gutachten), 28.5.1939 (NYPL, *EC*-Records 4.9).
41 „Emigre Scholars at Vassar", (wie Anm. 38).
42 Brief (hs.) Brendel, Darling, PA, an Drury, 21.3.1939 (NYPL, *EC*-Records 4.9). Wie stark Brendel damals unter Druck stand, zeigt der enge Zeitrahmen, den er Miss Drury vorgab: spätestens am 24.3. (einem Freitag), sei er zurück in New York, doch bereits am Montag, den 27.3., müsse er wieder einen Vortrag halten, „out of town" (damit meinte er den Vortrag in Yale).
43 Siehe S. 197, Anm. 23.

cken), zum anderen von der Shipley School[44] in Bryn Mawr, verbunden mit dem zusätzlichen Angebot, eine Klasse am Bryn Mawr College unterrichten zu können. Seine Hauptsorge war, ob das Angebot von Shipley von den Einwanderungsbehörden prinzipiell als ausreichend angesehen würde, das zeitlich begrenzte Visitor's visa in ein non-quota visa umzuwandeln, das es erlauben würde, Frau und Kind von Deutschland in die USA nachkommen zu lassen. In dieser Frage musste auch Betty Drury passen: sowohl ihre Nachfragen beim *National Coordinating Committee* als auch bei den Behörden auf Ellis Island seien „unsuccessful" gewesen, sie verwies Brendel an den „International Migration Service".[45]

Nach dem Erfolg in Vassar setzte Brendel auch große Hoffnungen auf seine Vortragsreise nach Yale:[46] schon im Januar 1939 versuchte Albrecht Götze, Professor für „Assyriology and Babylonian Literature", der im Herbst 1933 seine Professur in Marburg wegen „politischer Unzuverlässigkeit" (§ 4 BBG) in Marburg verloren hatte,[47] hinter den Kulissen seinen Einfluss geltend zu machen, für Brendel eine Einladung zu einem Vortrag in Yale zu arrangieren. Am 28. Januar bot Brendel drei mögliche Themen zur Auswahl an: für „wissenschaftliches Publikum" einen Vortrag, den er in verkürzter Form bereits im Dezember 1938 auf dem

---

[44] Die 1889 von Quäkern gegründete ‚college preparatory school' mit angeschlossenem Internat sah ihre Aufgabe darin, Mädchen gezielt auf den Besuch des Bryn Mawr College vorzubereiten: das Schulgebäude befand und befindet sich in unmittelbarer Nähe zum College-Campus.

[45] Interview Memorandum (hs.) Otto Brendel, 24.3.1939 (NYPL, *EC*-Records 4.9). Das Formblatt ‚Data Prior to/Following Arrival in U.S.A.' vom 29.4.1941 vermerkt auch Vermittlungsversuche des *American Friends Service Committee:* „March 1939 Some Correspondence by AFSC with regard to presenting him to Prof. Aydelotte of Swarthmore Coll. Mr. Lynes of Shipley School interested." (Rubrik 26 ‚Agency contacts', YIVO, *OT* Microfilm).

[46] Nicht erwähnt von Lorenz 2012, die den Briefwechsel zwischen Brendel und Götze nicht zu kennen scheint.

[47] Der seit seinen Frontkämpfer-Erlebnissen 1916–1918 überzeugte Pazifist Götze scheute in der Weimarer Republik keinen politischen Konflikt, weder an der Heidelberger Universität noch in Marburg (Heiber 1991, 81). Er verließ als einer der ersten Professoren im Sommer 1933 Hitler-Deutschland und wurde nach zwei Semestern an der Kopenhagener Universität im Herbst 1934 als Assistant Professor regulär nach Yale berufen. Seither gab es kaum einen Tag, wo er nicht emigrationswillige deutsche Kollegen mit Rat und Tat unterstützte (u.a. Eva Fiesel, Karl Lehmann-Hartleben, Hermann Fränkel, Heinrich Zimmer, Paul Friedländer, Paul Oskar Kristeller, Friedrich W. Lenz). Zusammen mit seinen Kollegen Hendrickson, Bainton, Weigand und Sturtevant war er ausschlaggebend dafür, dass Yale einen so hohen Anteil von Displaced German Scholars aufnahm (siehe den denunziatorischen Bericht des Marburger Kurators Ernst von Hülsen an den Minister für Wissenschaft, Kunst und Volksbildung in Berlin vom 22.9.1933 in Nagel 2000, 124–126 und Finkelsteins Nachruf auf Götze im *Journal of the American Oriental Society* 92, 1972, 197). Götze und Brendel dürften sich von Heidelberg her persönlich gekannt haben, wo Götze zwischen 1922 und 1930 als PD und ao. Professor lehrte (siehe auch Kapitel Kristeller, S. 436f. mit Anm. 95).

Archäologenkongress in Providence gehalten hatte, „The great Augustus Cameo in Vienna", und zwei Vorträge „für gemischtes Publikum", über „Augustus (Persönlichkeit mit Porträts), und über „The Roman Art (Die Hauptprobleme)".[48]

Mitte März erhielt Brendel von der Universität eine offizielle Einladung, der Vortrag sollte am Montag, den 27. März im Classical Club stattfinden.[49] Wenige Tage später dankte Brendel Götze überschwänglich für den „so freundlichen Empfang". Zugleich schickte er ihm zwei Lebensläufe mit der Bitte um weitere Unterstützung.[50] Tatsächlich aber war Götze auf seinen jungen Kollegen mitnichten gut zu sprechen, schlimmer noch: er fühlte sich blamiert. In einem Brief an Karl Lehmann-Hartleben am 22. April machte er seinem Ärger Luft:

> „Was Brendel betrifft, so hat er hier bedauerlicher Weise keinen sehr günstigen Eindruck hinterlassen. Sein Vortrag war der Form nach recht schlecht. Wenn man mit der Sprache zu kämpfen hat, muss man sich besser vorbereiten, oder sich an ein Manuskript halten. Über den Inhalt steht mir ein Urteil nicht zu; ich habe aber gehört, dass sich Mitglieder der Fakultät nicht sehr löblich geäussert haben. Für mich persönlich ist die Angelegenheit etwas peinlich. Ich werde jedenfalls für geraume Zeit nicht mehr in der Lage sein, einen Vortrag im Classical Club zu vermitteln."[51]

Dieser versuchte Götze zu beruhigen und verwies zur Ehrenrettung Brendels auf dessen Erfolge an anderen Universitäten:

> „Ich bedauere sehr zu hören, dass der Eindruck von Brendels Vortrag in New Haven nicht der gewünschte gewesen ist und dass Sie sich dadurch kompromittiert fühlen. Er hat sonst überall, vor allem in Vassar, wo er ja eine Reihe von Vorträgen gehalten hat, sehr glänzend abgeschnitten (...)"[52]

---

48 Brief Brendel, New York, an Götze, 28.1.1939 (Yale, ULMA, Goetze Papers 4.86). Brendel reichte die Themen nach Aufforderung Götzes vom 21. Januar nachträglich ein: „Sehr geehrter Herr Brendel, können sie mir umgehend ein paar Themata geben, über die Sie hier sprechen könnten. Es ist stupide, dass wir nicht gleich daran gedacht haben." (Brief Götze an Brendel, 21.1.1939, ebda.).
49 Angesichts der oben explizierten Vorgeschichte klingt Brendels Dankesbrief an Götze merkwürdig nüchtern: „Ich bin zu einem Vortrag nach Yale eingeladen worden, und da ich wohl vermuten kann, dass Sie dabei Ihre Hand im Spiele gehabt haben, möchte ich Ihnen das mitteilen und, gegebenenfalls, für Ihre Unterstützung danken." (Brief [hs.] Brendel, New York, an Götze, 18.3.1939 in Yale, ULMA, Goetze Papers 4.86).
50 Brief (hs.) Brendel, New York, an Götze, 30.3.[?] 1939 (Yale, ULMA, Goetze Papers 4.86).
51 Brief Götze an Lehmann-Hartleben, 22.4.1939 (Yale, ULMA, Goetze Papers 13.315).
52 Brief Lehmann-Hartleben an Götze, 1.5.1939. (Yale, ULMA, Goetze Papers 13.315).

Glücklicherweise blieb das Debakel für Brendel folgenlos: seit Anfang März stand er bereits mit der Washington University in St. Louis brieflich in Kontakt,[53] am 11. Mai berichtete er Betty Drury von seiner erfolgreichen Bewerbung.[54] Die Stelle war erstaunlich hoch dotiert, mit einem Jahresgehalt von $ 3000.–, und wurde zu hundert Prozent von der Universität finanziert.[55]

Dennoch stand er vor dem Problem, die Zeit bis zu Beginn des Herbstsemesters finanziell überbrücken zu müssen. Die letzten sechs Monate in den USA hatte er weitgehend selbst finanziert, weitere drei Monate ohne Gehalt standen ihm noch bevor. Zusätzlich war die Umwandlung seines längst abgelaufenen Visitor's visa in ein non-quota visa mit hohen Kosten verbunden, da sie bei einem amerikanischen Konsul außerhalb der USA beantragt werden musste.[56] In dieser Zwangslage entwickelte Brendel, zusammen mit Miss Waldo, der Sekretärin des *American Committee for Christian German Refugees*, einen Plan, der mit dem günstigen Umstand kalkulierte, dass sein Fall das Budget der Komitees bisher nicht belastet hatte.

In einer konzertierten Aktion versuchte Alice Waldo sowohl das *Emergency Committee* als auch den *Oberlaender Trust* zu verpflichten. Zunächst arrangierte sie für Brendel einen Interview-Termin für den 11. Mai:[57]

> „wants support for special piece of research work; thought we had contact w. the R[ockefeller]F[oundation] – told him no. Miss Waldo is trying to secure help for him from the Oberlaender, he says (…). (He wants to measure faces of sculpture for research purposes; needs money for machine and for help in publication)."[58]

---

53 *EC-* Interview Memorandum Brendel, 24.3.1939 (wie Anm. 45).
54 „Has accepted a position at Washington University in St. Louis, History of art – starts in September for 1 year." (Interview Memorandum [hs.] Brendel, 11.5.1939, in NYPL, *EC*-Records 4.9).
55 Brief Waldo, *ACCGR*, 165 W 46th St., New York, an Thomas, *OT*, 16.5.1939 (YIVO, *OT*-Microfilm). Das war ungewöhnlich im Krisenjahr 1939, als die Aufnahmeländer zusätzlich die Flüchtlingsströme aus Österreich und Italien bewältigen mussten. Zum Vergleich: Das Anfangsgehalt von Kapp, Abrahamsohn und Manasse betrug 1939 nur $ 2000.–, das Sophie Newcomb College konnte sogar nur ein Drittel von Kapps Gehalt bezahlen, den Rest mussten das *EC* und der *OT* paritätisch beisteuern (siehe Kapitel Kapp, S. 324–329). Brendel hatte sich diese Stelle ohne die Mitwirkung der Komitees sichern können: „We had nothing to do with his present invitation" (Brief Drury an B. Flexner, 28.4.1939, in NYPL, *EC*-Records 4.9).
56 Im Mai 1939 sah es so aus, als könnte Brendel dies in Canada, nicht wie meist üblich in Cuba, bewerkstelligen (Brief Waldo an Thomas, 16.5.1939 [wie Anm. 55]). Die Antragsteller mussten in der Regel mit einem ein- bis zweiwöchigen Aufenthalt rechnen.
57 Telephone Conversation from Miss Waldo to Betty Drury, 4.5.1939, Thema „plan for a fellowship in research work for the next 4 months" (NYPL, *EC*-Records 4.9).
58 *EC*-Interview Memorandum Brendel, 11.5.1939 (NYPL, *EC*-Records 4.9).

4.3 Zwischen Komitees und Vortragssaal – Brendels Bewerbungen in den USA — 205

Am 16. Mai wandte sie sich an Dr. Thomas vom *Oberlaender Trust* und lobte Brendel einleitend in den höchsten Tönen: von Lehmann-Hartleben sei er dem *ACCGR* als „one of the most brilliant of the younger archaeologists in Germany" vorgestellt worden: „He has made a most favorable impression on everybody wherever he has gone".

Mit dieser kühnen Verallgemeinerung ‚wherever' bezog sich Miss Waldo auf die Vorträge in Vassar, deren Brillanz sie mit dem Verweis auf zwei an sie gerichtete Briefe ‚verifizierte':

> „Dr. Brendel spent two weeks[59] at Vassar-College where he made the most favorable impression, as indicated on letters that I received from Miss Hazelton Haight of the Latin Department and from a personal friend, assistant professor Miriam Gould, who said that he is one of the most charming men that has been her visitor in Vassar for some time, and that his lectures were interesting and clear."[60]

Nach diesem enkomiastischen Feuerwerk präsentierte sie das eigentliche Kernstück des Briefes, das ‚besonders förderungswürdige' Projekt Brendels und stellte eine ausführliche ‚Projektskizze' Brendels in Aussicht:

> „He has worked out a plan of a special project he wishes to follow through in this waiting period, and I have suggested that he write to you directly about it giving the detail.[61] It sounded a good one to me and I hope it may be possible for you to consider financing him for the time, three or for months, or to give him an idea where he might apply for the assistance he requires."

---

59 In der Legende wuchs sich diese Episode zu einer regulären Stelle aus: so behauptet das renommierte online-Lexikon http://www.dictionaryofarthistorians.org/brendelo.htm nicht nur irrtümlich, ein Jahresvertrag am Vassar-College hätte es Brendel ermöglicht, seine Familie in die USA nachkommen zu lassen („After a year as visiting professor of art and archaeology at Vassar College, when his family finally joined him from Germany"), sondern datiert auch seine Anstellung in St. Louis fälschlich auf die Zeit von 1938 (statt 1939) bis 1941. Selbst Larissa Bonfante übernimmt – zumindest teilweise – diese Darstellung, wenn sie Brendels zweiwöchigen Aufenthalt in Vassar zu einer Jahresstelle aufwertet: „A Visiting Professorship at Vassar lasted a year, but when that ended he looked urgently for a permanent post. Finally, just in time, he was invited to teach at Washington University in St. Louis." (Bonfante 2004, S. 3).
60 Brief Waldo an Thomas, 16.5.1939 (wie Anm. 55). Für diesen Antrag scheint Philip H. Davies, Griechischprofessor am Vassar-College, sein Gutachten (datiert 28.5.1939) über Brendels Vorträge geschrieben zu haben (siehe S. 201, Anm. 40).
61 Helene Wittmann, Thomas' Sekretärin, bestätigte den Eingang von Brendels Exposé in ihrem Antwortschreiben an Miss Waldo, in dem sie ihr mitteilt, dass Dr. Thomas erst Anfang Juni von einer Reise an die Westküste zurückkommen werde (Wittmann, *OT*, an Waldo, *ACCGR*, 17.5.1939, in YIVO, *OT*-Microfilm). Leider ist die Skizze Brendels weder in den Akten des *EC* noch im *OT*-Microfilm erhalten.

Es bleibt zu fragen, warum das *ACCGR* Brendels Projekt nicht aus eigenen Mitteln unterstützte. Verantwortlich hierfür, so Waldo, sei Brendels „sensitiveness", eine emotionale Disposition, die es offenbar vorziehe, von ‚wissenschaftlich' orientierten, sog. „non-sectarian" Komitees unterstützt zu werden als von christlichen Hilfsorganisationen.[62] In Wahrheit dürfte jedoch der chronische Geldmangel der protestantischen Hilfsorganisation, die im Vergleich zu den jüdischen Komitees nur einen Bruchteil ihrer Klientel zu Spenden bewegen konnte,[63] der ausschlaggebende Grund gewesen sein.

Ob der Antrag Brendels auf ein mehrmonatiges Forschungsstipendium tatsächlich bewilligt wurde, scheint nach Lage der Akten sehr unwahrscheinlich: vielleicht gewährte der *OT*, der mitunter auch Individuen direkt unterstützte, einen kleinen Zuschuss, doch ein Engagement des *EC* lässt sich sicherlich ausschließen, da dieser Fall gegen die ‚policy' des Komitees verstoßen hätte, die darin bestand, dass von einer akademischen Institution eine ‚application' eingereicht werden musste.[64]

4.4 Visiting Assistant Professor an der Washington University, St. Louis (1939 – 1941)

Der Vertrag an der Washington University erlaubte es Brendel endlich seine Familie aus Deutschland nachkommen zu lassen: Eine Woche nach (!) Kriegsausbruch landeten Maria und Cornelia Brendel nach fast einjähriger Trennung in New

---

62 „I am not sure that our committee could be of help, but because of his sensitiveness I did not wish to suggest to Dr. Brendel that the money might come through us as a first matter." (Brief Waldo an Thomas, 16.5.1939 [wie Anm. 55]).
63 Sowohl beim protestantischen *American Committee for Christian German Refugees* als auch beim *Committee for Catholic Refugees from Germany* war der prozentuale Anteil der bürokratischen Ausgaben gemessen am Spendenvolumen außerordentlich hoch (siehe die tabellarischen Übersichten in Genizi 1983, 342 – 347).
64 In finanzieller Hinsicht sind die Akten des *EC* erstaunlich vollständig: bei erfolgter Zahlung an die Institution wurden nicht nur die ‚vouchers', sondern auch Schecks in Durchschlägen aufbewahrt. Der Zustand der verfilmten Akten des *OT* ist dagegen sehr lückenhaft und lässt sich anhand der Originale, die nach der Verfilmung leider vernichtet wurden, nicht mehr verifizieren. Lorenz zeigt sich mit der Arbeitsweise des *Emergency Committee* wenig vertraut, wenn sie allein auf der Basis eines „Vorgespräches" im *EC* (gemeint ist das *EC*-Interview-Memorandum vom 11.5. 1939: siehe Anm. 58) und der Tatsache, dass Brendel im Sommer für einige Wochen in New York wissenschaftlich arbeitete, vermutet, dass „zur Überbrückung der Zeit bis zum Beginn seiner Anstellung im September 1939 (...) Brendel ein vier[?]monatiges Stipendium des Committee erhalten zu haben [scheint]" (Lorenz 2012, 202).

4.4 Visiting Assistant Professor an der Washington University, St. Louis — 207

York.[65] Für das akademische Jahr 1939/40 war Brendel als Vertretung des griechischstämmigen Archäologen George E. Mylonas angestellt, der das Fach Ancient Art and Archaeology lehrte. Die wenigen schriftlichen Zeugnisse über diesen Zeitraum stimmen darin überein, dass er ein außerordentlich geschätzter Lehrer gewesen sein muss.[66] Dennoch drohte Brendel nach Mylonas Rückkehr die Entlassung: das Department Art History and Archaeology, das Mylonas erst wenige Jahre zuvor gegründet hatte, war zu klein für zwei Archäologen, und die Universität war in großen finanziellen Schwierigkeiten.

Wieder kam Vassar zu Hilfe: Agnes Rindge sandte dem Dean der Washington University, F. W. Shipley, einen detaillierten Bericht über Brendels kunsthistorische Vorträge im März letzten Jahres und ergänzte diesen mit einem Empfehlungsschreiben, das Brendel schlicht zum idealen Hochschullehrer erklärte:

> „He gave us a brilliant lecture – full of ideas, covering works of Michelangelo as well as works of Rodin where they applied to expression, pose and treatment. Just the sort of lecture to arouse and freshen the students' minds by a sort of flanking movement. They thought very highly of it – and none of them had any difficulty in understanding him. He speaks very fluently and vigorously and has excellent English – a rich and varied vocabulary. One does not have to make an effort to understand him and can therefore give full attention to what he is saying. (...)
>
> In the course of his visit at department teas we found his mind most refreshing – full of material on all sorts of subjects. He is a man of the most likeable enthusiasms, a very sound and invigorating scholar. (...) I can assure you that he is not the pedantic type of scholar only fit for the use of graduate students. We found him strikingly effective with undergraduates, and he was interested in all our methods of teaching and the whole peculiar flavor of the American college."[67]

Offenkundig hatte Brendel vorsorglich um Hilfe gebeten, um seine Verhandlungsposition zu stärken, denn der vorgebliche Aufhänger für das Schreiben, eine

---

65 „I came one week after the war break out. The law at that time was that you could get in without a quota when you were either the wife of a university professor or the wife of a minister. And I had to wait until my husband got his job" (Interview Lee mit Maria Brendel, 27.3.1990, Toncassette [wie Anm. 2]. Maria und Cornelia Brendel schifften sich am 3. September 1939 (Bonfante 2004, S. 3; Lorenz 2012, 202) auf der SS Volendam, einem Passagierdampfer der Holland-Amerika Linie, in Rotterdam mit Bestimmungsort New York ein.
66 „Dr. Brendel is an extremely able person. He has been successful as a teacher and he is also a scholar of promise." (Brief G. A. Throop, Chancellor Washington University, St. Louis, an Drury, *EC*, 14.6.1940 in NYPL, *EC*-Records 4.9).
67 Brief Rindge, Poughkeepsie, NY, an Shipley, 9.3.1940 (NYPL, *EC*-Records 4.9). Agnes Rindge Claflin (1900–1977), Professor of Art am Vassar College von 1931 bis 1965, setzte sich ab Mitte der 30er Jahre stark für deutsche Emigranten ein: 1937 holte sie Richard Krautheimer nach Vassar, 1940 Adolf Katzenellenbogen (http://www.dictionaryofarthistorians.org/claflina.htm).

Vertretung für das folgende Jahr, war zu diesem Zeitpunkt völlig aus der Luft gegriffen:

> „Miss Haight of our Classical Department tells me you have a substitute appointment for next year for which you are considering Dr. Otto Brendel."[68]

Dennoch verfehlte Rindges Laudatio nicht ihre Wirkung: am 14. Juni stellte der Kanzler der Universität, George R. Throop, einen offiziellen Antrag beim *EC* auf Unterstützung Brendels. Er wäre nach der Rückkehr Mylonas „without a position", doch die Universität könne weiter nichts für ihn tun als zu hoffen, dass sich vielleicht im nächsten Jahr (1941/42) ein opening ergebe, denn „he is deserving and worthy (...) we like him very much".[69]

Throop scheint wenig Erfahrung mit den Regularien des *EC* gehabt zu haben, denn er beantragte die Übernahme eines vollen Jahresgehaltes ($ 2750 oder wenigstens $ 2500) and riskierte damit bereits eine Absage. Auf diese grundsätzliche Problematik machte Betty Drury in ihrem Antwortschreiben auch aufmerksam.[70] Sie versprach zwar, die application bei der Sitzung des Executive Comittee vorzulegen, gab aber auch den dringenden Rat, zusätzliche funds zu beantragen, etwa beim *Oberlaender Trust*.[71]

Die Universität griff Drurys Vorschlag prompt auf, doch anders als erwartet:

> „Inasmuch as we have not had great success with the Oberlaender Trust in the past, I am suggesting to the Jewish Social Service Bureau of St. Louis that they make the contact."[72]

Am 27. Juni wurde der Antrag für Brendel dem Executive Committee in unveränderter Form vorgelegt. Auf der Agenda „Application for New Scholar" wurde der Universität zwar zugute gehalten, dass sie Brendels Gehalt 1939/40 ohne fremde Hilfe bestritten hatte, aber sowohl die Höhe der Forderung als auch die geringe

---

68 Brief Rindge an Shipley, 9.3.1940 (wie Anm. 67).
69 Dieser Antrag erfolgte auf Initiative des *ACCGR*: „I have been advised, through Mr. Benneyan, of the American Christian Committee, to make formal application for Dr. Otto Brendel." (Brief Throop an Drury, 14.6.1940 [wie Anm. 66]).
70 „(...) it is contrary to the Committee's policy to make grants for amounts as large as that you have specified in your letter. It is unusual also for the Committee to make grants which would provide the entire salary requirement of displaced scholars." (Brief Drury an Throop, 18.6.1940, in NYPL, *EC*-Records 4.9).
71 „Have you perhaps gone to any of the Foundations or Funds for contribution toward Dr. Brendel's salary? Although we have no connection with that organization, I always think of The Oberlaender Trust (...)." (ebda.).
72 Brief Throop an Drury, 20.6.1940 (NYPL, *EC*-Records 4.9). Was der Anlass für die Spannungen zwischen dem *OT* und der Washington University waren, ließ sich leider nicht ermitteln.

4.4 Visiting Assistant Professor an der Washington University, St. Louis — 209

Wahrscheinlichkeit einer Übernahme im nächsten Jahr („Expectation of permanency: Not likely") trugen zu einer Ablehnung bei.[73] Doch dem Antrag wurde eine zweite Chance eingeräumt: die Mitglieder des Executive Committee „voted to refer the case to a special Committee for fuller consideration",[74] und gaben für die Zeit bis zur nächsten Sitzung im Herbst Prof. Harlow Shapley vom Harvard College Observatory explizit den Auftrag, „to make inquiries concerning Dr. Brendel's scholarly status."[75] Auch Thomas vom *Oberlaender Trust* wurde informiert, dass Brendels Antrag noch nicht endgültig abgelehnt sei.[76]

Den Unterstützern Brendels war somit eine letzte Gelegenheit geboten zu seinen Gunsten zu intervenieren: Prof. Harlow Shapley, der Anfang 1939 die Stiftung *Harvard National Research Associates*[77] gegründet hatte und 1940 das Executive Committee des *Emergency Committee* verstärken sollte, zog unverzüglich Erkundigungen bei seinem Harvard-Kollegen Dean Chase ein, von dem bekannt war, dass er Brendel nahestand, und erhielt die erwartet günstige Stellungnahme:

> „I have met Dr. Brendel and have a most favorable impression of him and I am sure this is the general opinion of classical archaeologists in this country. I know that he has done good work and I am sure anything that the Emergency Committee could do to help him would be heartily approved by his colleagues in America. (...) If you want information in more detail about Dr. Brendel's career, I could undoubtedly send it to you, but I imagine this is the kind of statement that would be most helpful."[78]

Shapley leitete eine Abschrift dieses Briefes sofort an Betty Drury weiter.[79] Auch an der Washington University war man nicht untätig geblieben: der Professor für Renaissance und Modern Art hatte überraschend gekündigt, und Throop war willens, Brendel vorübergehend auf dieser Stelle zu beschäftigen, bis ein geeig-

---

73 *EC*-Agenda ‚Application for New Scholar', 27.6.1940 (NYPL, *EC*-Records 4.9).
74 Brief Drury an Throop, 2.7.1940 (NYPL, *EC*-Records 4.9).
75 Agenda ‚Old Business, B. Applications tabled at previous meeting, 1. Washington University-Otto Brendel', 4.9.1940 (NYPL, *EC*-Records 4.9).
76 Brief Drury an Thomas, 12.7.1940 (NYPL, *EC*-Records 4.9).
77 Zielsetzung dieser Stiftung war es, displaced scholars, die aufgrund ihres fortgeschrittenen Alters kaum Chancen auf eine reguläre Beschäftigung an amerikanischen Universitäten hatten, die Fortsetzung ihrer wissenschaftlichen Arbeit in Bibliotheken und Laboratorien zu ermöglichen und über private Spenden zu finanzieren (Duggan/Drury 1948, 85 f.). Paul Friedländer war beim *EC* seit 1940 als „*National Research Associate*" geführt, ohne dass er bzw. seine Universität (UCLA) von dieser zusätzlichen Fördermöglichkeit wusste (siehe Kapitel Friedländer S. 650 f.).
78 Brief Chase an Shapley, 17.7.1940 (NYPL, *EC*-Records 4.9).
79 Brief Drury an Shapley, 19.7.1940: „This will interest the other members of the Committee, and will, I suppose, be placed before them at their September meeting." (NYPL, *EC*-Records 4.9).

neter Nachfolger mit dem Schwerpunkt Modern Art gefunden war. Die Universität konnte Brendel aber nur einen ‚part time'-Vertrag anbieten, zu einem reduzierten Jahresgehalt von $ 1500, da sie Gelder für einen Lehrbeauftragten in Modern Art zurückhalten musste.[80] Die Verhandlungen mit dem *St. Louis Committee for Service to Emigrants* gestalteten sich überraschend schwierig, denn deren Vertreter hielten eine Vergütung in dieser Höhe als ausreichend und sahen keine Veranlassung darüber hinaus einen Zuschuss zu gewähren:

> „The Jewish Relief Fund of St. Louis has taken the position that he ought to be able to live on $ 1500. This, as you know, is practically out of the question, though the allotments which they are making to others render it difficult to convince them that they should give him an additional subvention."[81]

Deshalb stellte Throop beim *EC* einen zweiten, modifizierten Antrag für Otto Brendel:

> „If the Emergency Committee could make a contribution of $ 500, I shall continue unceasing efforts to secure an additional $ 500 or more from some interested person in St. Louis, and feel that it is not impossible that the money be obtained."[82]

Von dieser Entwicklung war Dean Chase schon im Vorfeld informiert worden: er teilte Shapley am 5. August brieflich mit, dass Brendel gerade in Harvard sei und in

---

80 Brief Throop an Shapley, 10.8.1940: „The reason that we cannot make an allowance of more than $ 1500 is because the remainder of the salary allotted must be used in arranging for work that Dr. Brendel is not in a position to give." (NYPL, *EC*-Records 4.9).
81 Ebda.; parallel zu den Verhandlungen mit Throop nahm das *St. Louis Committee for Service to Emigrants*, das dem Jewish Welfare Fund angeschlossen war, seinerseits Kontakt mit dem *Emergency Committee* auf: in einem Telegramm vom 1. August bat Jane Ross das *EC* um Rat und erhielt die Auskunft, dass Brendels Fall im September erneut vorgelegt werden würde, am 24. September fragte sie ungeduldig nach dem Ausgang der Verhandlungen. (Telegramm Ross, *St. Louis Committee for Service to Emigrants*, an *EC*, 1.8.1940; Telegramm O'Donnell, *EC* an Ross, 2.8.1940 [Antwort]; Brief O'Donnell, *EC* an Ross, 16.8.1940 [verspätete Bestätigung des Telegramms]; Brief Ross an Drury, 24.9.1940; Brief Drury an Ross, 27.9.1940 [Information über *EC*-grant für Brendel], alle in NYPL, *EC*-Records 4.9, letzterer auch in *EC*-Records 170.16). Die erhaltene Korrespondenz gibt keinerlei Auskunft darüber, ob Brendel von diesem Komitee irgendeine Form der Unterstützung zuteil wurde: vielleicht wäre ein Antrag der Universität beim *OT* doch aussichtsreicher gewesen, da die Förderung der deutschen Archäologie ja erklärtes Ziel des Stifters Gustav Oberländer war (Karo 1943, 1–4 und Gramm 1956, 67–68).
82 Brief Throop an Shapley, 10.8.1940 (wie Anm. 80).

der Widener Library arbeite,⁸³ und plädierte dafür, dass das *EC* sein Gehalt verdoppeln solle:

> „(...) a salary of $ 1500 (...) is decidedly insufficient (...). It occurred to me that possibly some of the people in New York might be interested in supplementing his salary by $ 1000 or $ 1500 and so make it possible for him to have a decent year at Washington University."⁸⁴

Shapley versicherte Throop in seinem Antwortschreiben, dass er diesen neuen Antrag persönlich unterstützen werde, doch hinsichtlich der Erfolgsaussichten äußerte er sich eher pessimistisch:

> „(...) your obvious inability to make any guarantee concerning the year 1941–1942 may be considered by the Committee as removing this case from our schedule."⁸⁵

Die nächste Sitzung des Executive Committee am 4. September, die erste nach der Kapitulation Frankreichs, war so umfangreich, dass die Agenda „Old-Business", sie umfasste neben Brendel noch sechs weitere Fälle, nicht mehr verhandelt werden konnte. So zeichnete sich eine für Brendel günstige Notlösung ab: eine sog. „mail or telephone vote" durch einige Mitglieder aus der ‚Führungsetage' des *EC*, u. a. Duggan, Dunn, Mead und Cohn.⁸⁶ Diesen versuchte Shapley nochmals in einem eindringlichen Appell die Notlage Brendels klarzumachen:

> „I hope that we shall feel rich enough to make a grant of not less than five hundred Dollars to Washington University for this next year to supplement the fifteen hundred Dollars now available for Dr. Brendel. Brendel is rather terrified at the prospect that he and his family may have to live on one-half as much income this next year as last year. It would be necessary for him to change his way of life so conspicuously that he would of course in his community lose professional prestige."⁸⁷

---

83 Mindestens seit Juli, denn Herbert Dieckmann antwortete am 10. Juli auf eine Anfrage Paul Oskar Kristellers über den Verbleib Brendels wie folgt: „Brendel ist nicht hier und ich habe nicht seine Adresse. Er ist in Harvard." (Postkarte [hs.] Dieckmann an Kristeller, 10.7.1940, in CU, RBML, KP, A 13).
84 Brief Chase, Cambridge, MA, an Shapley, 5.8.1940 (NYPL, *EC*-Records 4.9).
85 Brief Shapley an Throop, 12.8.1940 (NYPL, *EC*-Records 4.9).
86 Auf Vorschlag Betty Drurys: „Won't you please let us have your vote, either by mail or by telephone on these cases?" (Memorandum Drury to ‚Members of Subcommittee on Applications, Messrs. Duggan, Dunn and Mead', 6.9.1940, in NYPL, *EC*-Records 4.9).
87 Brief Shapley an Drury ("remarks for the sub-committee concerning the applications that were before us at yesterday's meeting"), 5.9.1940 (NYPL, *EC*-Records 4.9).

Bevor der Abstimmungsvorgang noch abgeschlossen war, liefen bei Miss Drury noch zwei weitere Empfehlungsschreiben ein, die Brendels Persönlichkeit aufs Vorteilhafteste charakterisierten. Karl Lehmann-Hartleben, Brendels ehemaliger Lehrer und Kollege in Heidelberg, bekannte „sentiments of extreme admiration" und betonte vor allem Brendels pädagogisches Geschick:

> „His stimulating personality has (...) not failed to make itself positively felt there [i.e. in St. Louis] and he has qualified especially well as academic teacher. In fact, I am under the impression that he has adjusted himself to the educational task of undergraduate teaching, which, as you know better than I, is generally very hard for European professors, admirably."[88]

Das zweite Empfehlungsschreiben des Präsidenten des Vassar-Colleges, Mac-Cracken,[89] überschnitt sich mit dem Telegramm, in dem Miss Drury die frohe Botschaft über die Bewilligung des Antrages an den Kanzler der Washington University mitteilte:

> „EMERGENCY COMMITTEE (...) VOTES FIVE HUNDRED DOLLAR TO WASHINGTON UNIVERSITY FOR PARTIAL SUPPORT OTTO BRENDEL DURING CURRENT ACADEMIC YEAR WITH UNDERSTANDING UNIVERSITY WILL PROVIDE AT LEAST FIFTEEN HUNDRED DOLLARS IN ADDITION ASSURING HIM TOTAL ANNUAL SALARY OF AT LEAST TWO THOUSAND."[90]

Noch einen Monat später ist in Brendels Dankesbrief an Shapley die tiefe Erleichterung zu spüren:

> „I feel that the solution now reached is to a decisive part due to the care and the personal interest with which you handled and presented my case. Therefore I want to adress [sic!] an utterance of my gratitude especially to you. (...) Yet this solution would at the present have been absolutely impossible without the generous contribution which was granted to me by the Committee. When I recently, through Chancellor Throop, learnt about it, it was with the sentiment of sincerest thankfulness and appreciation. (...) With the same thankfulness, I

---

[88] Brief Lehmann-Hartleben an Drury, 20.9.1940 (NYPL, EC-Records 4.9). Gilbert Highets hartnäckiger Widerstand gegen Ernst Kapps tenure an der Columbia University zeigt, wie verwundbar deutsche Professoren in diesem Punkt waren (siehe Kapitel v. Fritz, S. 375–379).

[89] „Dr. Brendel is a very charming person, a distinguished scholar, and an excellent teacher, and it would be a pity to lose his contribution to education." (Brief MacCracken, Poughkeepsie, NY, an Duggan, 25.9.1940, in NYPL, EC-Records 4.9); zwei Tage später sandte MacCracken Stephen Duggan zusätzliches Material und sprach erneut seine Empfehlung für Brendel aus, diesmal auch im Namen zahlreicher Fakultätsmitglieder (Brief MacCracken an Duggan, 27.9.1940, ebda.).

[90] Telegramm Drury an Throop, 26.9.1940, nochmals zitiert im Bestätigungsschreiben des darauffolgenden Tages (beide in NYPL, EC-Records 4.9).

want also to acknowledge the effective and understanding support which you were good enough to lent my request."⁹¹

Er bezog im akademischen Jahr 1940/1941 ein Einkommen von $ 2500,⁹² darüber hinaus wurde ihm noch der Unterricht einer zusätzlichen Klasse in der ‚extension division' gesondert vergütet.⁹³

4.5 Auf der Suche nach einer permanent position: Professor of Archaeology an der Indiana University, Bloomington (ab 1941/42)

Doch im Frühjahr 1941 wiederholte sich das bittere Spiel: Die Stelle, die Brendel provisorisch vertreten hatte, wurde zum Herbst 1941 neu besetzt, mit einem Spezialisten in Modern Art. Damit war für Brendel die Situation an der Washington University endgültig aussichtslos geworden. Der Hitler-Gegner Ulrich Middeldorf,⁹⁴ Chairman des Department of Art an der University of Chicago, war der erste, der Brendel zu Hilfe eilte. Er informierte Lawrence H. Seelye vom *EC* im April über die aktuelle Notlage Brendels und bat um Unterstützung durch das Komitee:

„I have tried to find Dr. Brendel a position in many places, but at present it seems to be very difficult to do anything for an archaeologist even if he has an unusually good acquaintance with more recent art, as is the case with Dr. Brendel. Therefore I want to appeal to you, if you can think of any way to keep Dr. Brendel and his family above water at least temporarily."⁹⁵

---

91 Brief Brendel, St. Louis, an Shapley, 20.10.1940 (NYPL, *EC*-Records 4.9).
92 Offenbar konnte Throop sein Versprechen, das er schon in seinem zweiten Antrag vom 10. August formuliert hatte (siehe S. 210), wahrmachen: „We agree to provide $ 1,500 towards Dr. Brendel's salary during the current year. It is also practically certain that we shall be able to provide or secure an additional $ 500 towards his salary, thus giving him a total income from all sources of $ 2,500, which in my opinion is necessary for his living expenses." (Brief Throop, St. Louis, an Drury, 30.9.1940, in NYPL, *EC*-Records 4.9).
93 Brendel hatte begründete Hoffnung auch im Frühjahr eine zusätzliche Klasse unterrichten zu können (Brief Brendel an Shapley, 20.10.1940, wie Anm. 91).
94 Wendland 1999, Bd. 1, 440–445 und http://www.dictionaryofarthistorians.org/middeldorfu.htm.
95 Brief Middeldorf, Chicago, an Seelye, *EC*, 25.4.1941 (NYPL, *EC*-Records 4.10). Middeldorf verwies auf eine Reihe von Fachkollegen (u.a. in Harvard, Princeton, NYU), die seine eigene hohe Einschätzung von Brendels wissenschaftlichem Rang („one of the most distinguished scholars in the field of archaeology (...) brilliant scholar (...) first rate qualifications in every respect") teilten, insbesondere Karl Lehmann-Hartleben.

Die Washington University nahm zu den Hintergründen der drohenden Entlassung Brendels erst am 20. Mai Stellung: der Dean F. W. Shipley beteuerte, sie hätten die moralische Pflicht gehabt, die offene Stelle mit einem Spezialisten in Modern Art wiederzubesetzen und könnten Brendel bei bestem Willen nicht weiterbeschäftigen. Anders als im Vorjahr stellte die Universität aber keinerlei Antrag auf finanzielle Hilfen für Brendel.[96]

In der Zwischenzeit gingen beim *EC* weitere Empfehlungen ein: Gisela Richter, Kuratorin des Department of Greek and Roman Art am Metroplitan Museum in New York und eine der engagiertesten Unterstützerinnen emigrierter deutscher Wissenschaftler, lobte Brendel als „one of the leading authorities today (...) in the Roman field" und versicherte dem Komitee:

> „He is indeed one of the most brilliant archaeologists of the younger generation, and should be a great addition to American scholarly and educational life."[97]

Ende Mai kündigte Lehmann-Hartleben seinen persönlichen Besuch an, um sich bei Seelye über ein neues Konzept des *EC* zu informieren; einem sog. ‚Visiting Scholar Plan', der maßgeblich von Seelye entwickelt worden war.[98] Zur Einstimmung sandte Betty Drury Seelye vorab eine Kurzcharakteristik des Besuchers:

> „His personality is pleasant. He is forthright and very candid in his manner, without being brisk. He is the exact opposite from the suave and ingratiating type which frequently gets ahead faster at first."[99]

Unmittelbar nach seinem Besuch stellte Lehmann-Hartleben für das *EC* eine Übersicht zusammen („a rapidly compiled list"), die alle archäologischen Stellen an Universitäten und Colleges der USA auflistete. Unmittelbares Ziel dieser Liste war „a basis for action in the case of Dr. Brendel as well as for future cases". Des Weiteren, so teilte er Seelye mit, hätte er den neuen Plan mit Middeldorf von der University of Chicago besprochen, der Brendel unbedingt eine Anstellung ver-

---

96 Die Washington University war offenbar nicht mehr bereit zugunsten Brendels zu improvisieren und überantwortete seinen Fall ganz dem *EC*: „I sincerely hope that your Committee can do something for him." (Brief Shipley, St. Louis, an Drury, 20. 5.1941, in NYPL, *EC*-Records 4.10).
97 Brief Richter, New York, an *EC*, 12. 5.1941 (NYPL, *EC*-Records 4.10).
98 Der Plan sah vor, dass das *EC* unter bestimmten Voraussetzungen freizügiger als bisher Stipendien vergeben konnte. Wenn eine Universität eine durch sabbatical oder leave of absence frei gewordene Stelle einem Refugee Scholar zur Verfügung stellte, dann sollte das Gehalt zu 100 % vom Komitee übernommen werden. Außerdem wollte das Komitee bei Verträgen dieser Art auch auf die bisher so vehement vorgetragene Forderung nach ‚permanency' verzichten (siehe Brief Seelye an Middeldorf, 24. 6.1941, in NYPL, *EC*-Records 4.10).
99 *EC*-Memorandum Drury an Seelye, 27. 5.1941 (NYPL, *EC*-Records 4.10).

schaffen wollte: vielleicht gebe es in Chicago sogar eine Möglichkeit, denn der Fachvertreter für Klassische Archäologie, Prof. Johnson, überlege, ein sabbatical zu beantragen.[100]

Entgegen den Gepflogenheiten des *EC* unternahm Seelye auch eigene Anstrengungen, Brendel zu vermitteln: so schlug er dem mit ihm befreundeten Präsidenten des Sullins College in Virginia, W. E. Martin, vor, Otto Brendel als Ersatz für einen hiesigen Kunstlehrer anzustellen, dessen retirement kurz bevorstünde.[101] Für Ende Juni wurde ein Serienbrief vorbereitet, der an alle von Lehmann-Hartleben aufgelisteten Universitäten und Colleges zugestellt werden sollte: in ihm wurde Otto Brendel als ein „eminent scholar" vorgestellt, „in whom our committee is interested", und kurz die Regularien des neuen Visiting Scholar Plans erläutert:

> „We have also a Visiting Scholar plan which is described in the enclosed mimeograph and which may be of interest to you in case there is some one on your staff desirous of leave of absence."[102]

---

100 Brief Lehmann-Hartleben, New York, an Seelye, 31.5.1941 (NYPL, *EC*-Records 4.10). Die Liste, lediglich auf Grundlage von „personal experience" und „personal information" erstellt, umfasste 23 Einträge und war Grundlage von Serienbriefen, die von Seelye in den folgenden Wochen verschickt wurden.
101 Brief Seelye an Martin, Sullins College, 22.5.1941 (NYPL, *EC*-Records 4.10): ein Antwortschreiben liegt nicht vor. Das Sullins College (1870–1976) in Bristol, Virginia, war ein Verbund aus High School und Junior College for Women.
102 (Serien-)Brief Seelye an A. Johnson, University of Pittsburgh, 25.6.1941 (NYPL, *EC*-Records 4.10). Den Briefen war eine insgesamt sechsseitige „description" Brendels beigelegt, datiert auf den 26.6.1941, drei Seiten tabellarischer Lebenslauf, Bibliographie und Angaben zu „Administrative Experience, Research Work and Special Fields", drei Seiten „Academic Comments" und „Excerpts from testimonials on behalf of Dr. Otto Brendel". Siebzehn dieser Briefe sind in den Akten des *EC* erhalten. Adressaten waren Ulrich Middeldorf (Chicago), A. Johnson (Univ. of Pittsburgh), Clarke Hopkins (Michigan Univ.), Karl Blagen (Univ. of Cincinnati), David M. Robinson (Johns Hopkins), W. B. Dinsmoor (Columbia), Leslie Th. Shear und Charles R. Morey (Princeton), Charles A. Robinson (Brown), H. Caplan (Cornell), H. D. Hansen (Stanford), Lucy Shoe (Mount Holyoke College, MA), Mary Swindler (Bryn Mawr), J. Penrose Harland (Chapel Hill), W. A. Oldfather (Univ. of Illinois), A. D. Fraser (Univ. of Virginia, Charlottesville), Dean G. H. Chase (Harvard). Lediglich neun Universitäten sandten Antwortschreiben zurück, Chicago (26.6.1941), Virginia (28.6.1941), Chapel Hill (29.6.1941), Brown (30.6.1941), Bryn Mawr (1.7.1941), Harvard (2.7.1941), Princeton (7.7.1941), Stanford (21.7.1941) und Cornell (15.10.1941). Die Reaktion Frasers ist ein interessantes Beispiel dafür, dass in den Kriegsjahren auch Verfolgte des Nationalsozialismus mit antideutschen Ressentiments zu rechnen hatten: „I may say that I have been trying to ‚place' for the past two years a Dutch Classical scholar, infinitely more distinguished and infinitely more deserving from the point of nationality than Mr. Brendel, but without the slightest degree of success." (Brief Fraser, Univ. of Virginia, an Seelye, 28.6.1941 (NYPL, *EC*-Records 4.10).

Da erhielt das *Emergency Committee* vom Dean der Washington University einen alles entscheidenden Tipp:

> „The only opening of which I have knowledge is one at the University of Indiana, and the possibility of one the following year at the University of California."[103]

Noch bevor der Serienbrief verschickt wurde, schrieb Seelye einen persönlichen Brief an den Präsidenten der Indiana University, Herman B. Wells:[104]

> „We are acquainted with a very capable scholar in the field of art by the name of Dr. Otto Brendel. It occurred to me to inquire whether you would like to know some details about Dr. Brendel's life and academic career in connection with a possible future opening at the Indiana University. We believe him to be an unusually able and versatile scholar."[105]

Von nun an ging alles Schlag auf Schlag: bereits drei Tage später, am 19. Juni, bat H. T. Briscoe, der Dean der Universität, um „further information". Dem Präsidenten sei daran gelegen, Brendel nach Indiana zu berufen, da er das Department of Fine Arts erweitern wollte.[106] Am 25. Juni sandte Betty Drury das gewünschte Material an die Universität nach Bloomington,[107] zur gleichen Zeit war Brendel dort auf dem Campus „for an interview".[108] Am 29. Juni informierte er Lehmann-Hartleben in New York telegraphisch von seinem Erfolg, dieser leitete die Meldung sofort an das *EC* weiter:

> „I just have received a wire from Dr. Brendel informing me that he has been able to secure a position for the coming year at Indiana State University [sic!]. This is an agreeably surprising turn in a case which until recently seemed to be particularly difficult. (...) I have greatly appreciated the great interest and helpful attitude of all the officers of the Committee in this matter which has worried me considerably."[109]

---

103 Brief Shipley an Seelye, 2.6.1941 (NYPL, *EC*-Records 4.10). Zwei Wochen vorher schien Shipley von diesem opening noch nichts gewusst zu haben, wenn er schreibt: „He [Brendel] has had some nibbles, but nothing tangible has thus far developed." (Brief Shipley an Drury, 20.5. 1941; wie Anm. 96).
104 Herman B. Wells (1902–2000), wurde im Alter von nur 35 Jahren zum Präsidenten der Indiana University ernannt: er wurde vor allem bekannt als Unterstützer Alfred C. Kinseys und seines ‚Institute for Research in Sex, Gender and Reproduction.' (Capshew 2010).
105 Brief Seelye, *EC*, an H. B. Wells, Bloomington, Indiana Univ., 16.6.1941 (NYPL, *EC*-Records 4.10).
106 Brief Briscoe, Bloomington, an Seelye, *EC*, 19.6.1941 (NYPL, *EC*-Records 4.10).
107 Brief Drury, *EC*, an Briscoe, 25.6.1941 (NYPL, *EC*-Records 4.10).
108 Brief Briscoe an Drury, *EC*, 2.7.1941 (NYPL, *EC*-Records 4.10).
109 Brief Lehmann-Hartleben, New York, an Louise M. Reynolds, Secretary to Dr. Seelye, 29.6. 1941 (NYPL, *EC*-Records 4.10).

4.5 Auf der Suche nach einer permanent position: Prof. of Archaeology (ab 1941/42) — 217

Die Dramatik dieser Wochen spiegelt sich in den beiden Dankschreiben, die Brendel an das *EC* richtete: trotz schon seit längerem bestehender Kontakte zur Indiana University seien die Aussichten denkbar gering gewesen:

> „There had been some previous correspondance [sic!], but I always felt that I had to consider this a very vague chance only, if any. Now the chance has materialized very suddenly, and I am glad indeed to inform you of this lucky turn."[110]

Gegenüber Seelye betonte Brendel, wie glücklich er darüber sei, dass er endlich wieder das Fach Klassische Archäologie in Forschung und Lehre vertreten könne:

> „I just learned from Dr. Lehmann-Hartleben how active you have been in my case, and how much personal attention you gave to it.
> It gives me, therefore, only the greater pleasure to inform you that, beginning next fall, I shall be appointed as a Professor of Archaeology at the University of Indiana, Bloomington, Indiana. This solution, reached at first recently, I may consider an especially gratifying prospect with regard to my future work."[111]

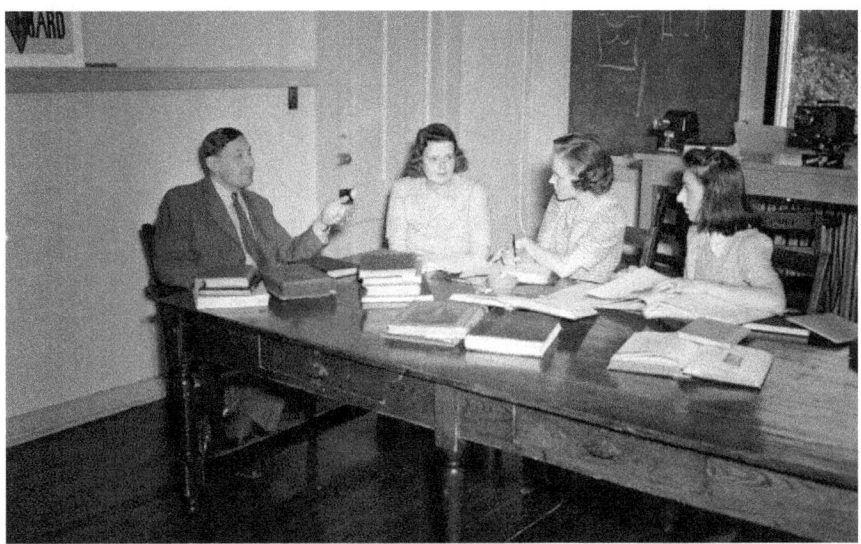

Abb. 8: Otto Brendel mit Studentinnen (Indiana University 1942)

---

110 Brief Brendel, St. Louis, an Drury, *EC*, 3.7.1941 (NYPL, *EC*-Records 4.10).
111 Brief (hs.) Brendel, St. Louis, an Seelye, *EC*, 3.7.1941 (NYPL, *EC*-Records 4.10). Damit endete für Brendel die Zeit der befristeten Jahresverträge: an der Indiana University bekleidete er von Anfang an den Rang eines Associate Professor (PA Brendel, UAE: A2/1 Nr. B 55).

Zwei Jahre später musste er seine Lehrtätigkeit radikal umstellen: er wurde zur Ausbildung amerikanischer Soldaten herangezogen, die im Krieg gegen Deutschland eingesetzt werden sollten. Stolz berichtete er Stephen Duggan im März 1944, dass er im Rahmen eines United States Army Training Program („AT program") auf dem Campus bereits ein Jahr lang „German Arca" unterrichtet hätte, eine Art von Sozial- und Gesellschaftskundeunterricht. Hierfür hatte er auch ein Textbook entwickelt: „The Social Stratification of the German People."[112] Im September 1944 wollte er die amerikanische Staatsbürgerschaft beantragen.[113]

Bis 1956 wird Otto Brendel in Bloomington bleiben, dem Sitz von Kinseys ‚Institute for Research in Sex, Gender and Reproduction', das sein Buchmanuskript „Erotic art in Greco-Roman antiquity" 1970 drucken wird. Es war noch nicht die ‚hohe Zeit' des „etruskischen" Brendel:[114] diese wird erst während seiner Tätigkeit an der Columbia University anbrechen, wohin er 1956 berufen wurde, als Kollege des Kunsthistorikers Rudolf Wittkower,[115] der wie er im Rom der frühen 1920er Jahre als Assistent in der Bibliotheca Hertziana an Ernst Steinmanns monumentaler Michelangelo-Bibliographie mitgewirkt hatte. So kam Columbias Department of Art History and Archaeology nach Margarete Biebers retirement noch einmal unter den prägenden Einfluss zweier aus Hitler-Deutschland ver-

---

112 Brief (hs.) Brendel, Bloomington, an Duggan, EC, 21.3.1944 (NYPL, EC-Records 4.10). Ein Typoskript dieses Buches im beachtlichen Umfang von 172 Seiten liegt in den Hoover Institution Archives in Stanford (collection number 78051; siehe OAC=Online Archive of California: http://oac.cdlib.org/findaid/ark:/13030/kt667nf0jx).

113 „Will apply for 2nd papers" (EC-Formblatt ‚Books', 21.3.1944, in NYPL, EC-Records 4.10). Verschreibung „Sommer 1943" bei Lorenz 2012, 203: korrekt in Anm. 108).

114 Brendels Publikationen der ersten amerikanischen Jahre (nach seinen Selbstaussagen in den Formblättern ‚Books' des Emergency Committee vom 23.12.1941 und 21.3.1944): „A Classical Torso in St. Louis", in Art Quarterly [3] 1940, 325–335; „The Style of the Parthenon Master and a Torso in St. Louis", in Bulletin of the City Art Museum of St. Louis [26] April 1941, 45–48; „The Corbridge Lanx", in JRS [31] 1941, 100 ff.[–127].
Classical ‚Ariels', Studies in honor of F. W. Shipley, [Washington University Studies. New Series. Language and Literature, No. 14] St. Louis 1942, [75–93]; „The Teaching of Ancient Art", in College Art Journal 2 (1943), 46 ff.[-50]; „Head of a Greek Maiden", in Bulletin City Art Museum St. Louis 27 (1942), 22 ff.[-26]; „A Fourth Century Greek Head of a Young Woman", in Art Quarterly 6 (1943), 3 f.[-18]; „Three Archaic Bronze Pieces [korrekt „Discs"!] from Italy", in AJA 47 (1943), 194 ff.[-208] (NYPL, EC-Records 4.10). [Brendels Angaben abgeglichen mit der Bibliographie in Bonfante/Heintze 1976, XII-XIV].

115 Brendel wurde am 25. Juni 1956 als „Professor of Fine Arts and Archaeology" an die Columbia University berufen, am 1.7. trat er seinen Dienst an (CUA Faculty Appointment Records, Box 7 ‚Brendel'). Wittkower war dort seit 1956 Chair des Departments of Art History and Archaeology (http://www.dictionaryofarthistorians.org/wittkowerr.htm).

triebenen Gelehrten, die die Traditionen deutscher Kunstgeschichte und Archäologie bis zu ihrem frühen Tod 1971 bzw. 1973 weiterführten.

Teil II: „The other way round"[1] –
Kurt von Fritz und Ernst Kapp
(Columbia University 2)

---

[1] Brief v. Fritz, New York, an Drury, *EC*, 25.6.1943 (NYPL, *EC*-Records 17.9).

5 „Eine lebenslange Freundschaft"[1] – Kurt von Fritz und Ernst Kapp

5.1 Zur Quellenlage

Kurt von Fritz' Witwe Hildegard von Fritz, verw. Bardénieff, verw. Talhoff, geb. Wagner, übergab nach dem Tod ihres Mannes sukzessive den Nachlass der Bayerischen Akademie der Wissenschaften. Seine Bibliothek wurde verkauft, von dem Erlös stiftete Frau von Fritz den Kurt von Fritz-Gedächtnis-Preis, der erstmals 1990 von der „Gesellschaft von Freunden und Förderern der Universität München (Münchner Universitätsgesellschaft)" verliehen wurde.

Der Nachlass, der nur grob geordnet ist und chronologisch den Zustand der Übergabe widerspiegelt (es existieren lediglich Abgabeverzeichnisse), enthält auch mehrere Kartons mit Dokumenten und umfangreicher Korrespondenz: für unsere Arbeit relevant sind die Kartons 3, 18, 21, 22 und 25: sie enthalten in verschiedenfarbigen Mappen,[2] die nach unterschiedlichen Ordnungsprinzipien – mit Überschneidungen und Wiederholungen – angelegt sind, vor allem Kurt von Fritz' Briefe an seine erste Frau Louise, geb. Eickemeyer (der „Bär") und an seine Schwester Olga („Mädi"), aber auch – in geringerem Umfang – Briefe von Freunden und Kollegen.

Von zahlreichen handschriftlichen Briefen gibt es maschinenschriftliche Exzerpte, die unter Anleitung von Kurt von Fritz und/oder seiner Frau von [studentischen] Hilfskräften angefertigt wurden: in den Originalbriefen wurden hierfür nicht nur Passagen zu Kurt von Fritz' Universitätskarriere und zu seiner Emigration angestrichen, sondern auch Landschaftsbeschreibungen, die in seiner privaten Korrespondenz eine große Rolle spielten. Hintergrund dieser bewussten Aufbereitung war die erklärte Absicht Kurt von Fritz', eine Bio- bzw. Autobiographie zu schreiben. So vertröstete er den Exilforscher John Spalek von der University of Albany (SUNY), der bei ihm 1980 anfragte, ob er bereit wäre, Material für die „German and Jewish Intellectual Émigré Collection" zu überlassen, auf die Zeit nach seinem Ableben:

> „My wife should like to write my biography and I myself should also like to do so. But it is very questionable whether either one of us will ever get around to the execution of this intention since I have other things to do which are more important to me and my wife is helping me with my work.

---

[1] v. Fritz, ‚Autobiographische Skizze', S. 5 (BAdW, Nachlass KvF, Karton 21).
[2] Im Karton 22 gibt es auch eine sog. ‚Bunte Kiste' mit einer relativ klar vorgeordneten Briefauswahl in mschr. Exzerpten für die Jahre 1931 bis 1937.

I should not like to give the material mentioned out of my hands as long as there is still a chance that my wife or I shall find the time to make use of it. But I schould [sic!] be glad to find a way in which the material could be preserved for possible later use in case my wife and I, as is likely, should not live to make use of it ourselves."³

Zu der geplanten Lebensbeschreibung ist es nie gekommen, doch es gibt einige unveröffentlichte autobiographische Vorarbeiten. Für das Münchener Institut für Zeitgeschichte verfasste Kurt von Fritz zwei Texte, einen fünfseitigen mschr. Brief vom 22.11.1975, den er statt eines Fragebogens einreichte,⁴ und den Text „Die Gründe, die zu meiner Emigration i. Jahre 1936 geführt haben", eine Beilage zu dem Fragebogen, den das Institut ihm am 24. Oktober 1979 zur Vorbereitung für das *Biographische Handbuch der deutschsprachigen Emigration nach 1933 – International Biographical Archives and Dictionary of Central European Émigrés, 1933 – 45* zusandte.⁵ Eine mschr. „Autobiographische Skizze 1961/62" mit einem Umfang von 24 Seiten findet sich im Nachlass der BAdW; die „Kurt von Fritz-Papers" der „German and Jewish Intellectual Émigré Collection" in Albany enthalten ein Konvolut von Skizzen für eine „Biographie", die aus mehreren Lebensläufen und insgesamt 10 Anlagen zu bestimmten Abschnitten von Kurt von Fritz' Leben besteht. Möglicherweise diente dieses Material auch zur Strukturie-

---

3 Brief v. Fritz [o. Ort] an J.M. Spalek, Albany, 28.1.1980 (Bayerische Akademie der Wissenschaften, Nachlass Kurt von Fritz, Karton 18, Mappe rot).

4 „Der Fragebogen, den sie mir zugeschickt haben, ist so kompliziert, daß man bei vielen Dingen nicht genau weiß, unter welcher Rubrik man sie anführen soll, und doch auf der anderen Seite bei manchen Dingen keine Rubrik vorhanden ist, unter der man sie passender Weise unterbringen kann. Ich erlaube mir daher, Ihnen den Verlauf der Ereignisse, die zu meiner ‚Versetzung in den dauernden Ruhestand' und anschließend zu meiner Auswanderung geführt haben, etwas ausführlicher darzustellen: auch deshalb, weil der Verlauf der Dinge zeigt, daß die Nationalsozialisten sich noch i. J. 1935 keineswegs so sicher gefühlt haben, daß man nicht, ohne wie später, sein Leben zu riskieren, sehr kräftig hätte wider den Stachel löcken können. Das hat vielleicht doch ein gewisses zeitgeschichtliches Interesse." (Brief v. Fritz, München, an Institut für Zeitgeschichte, 22.11.1975, S. 1, in Kurt von Fritz Papers, „German and Jewish Intellectual Émigré Collection" University of Albany).

5 v. Fritz, „Die Gründe, die zu meiner Emigration i. Jahre 1936 geführt haben" (Institut für Zeitgeschichte München, Mikrofilm MA 1500/18; Kopie in BAdW, Nachlass KvF, Karton 18, gelbe Kartonmappe ‚Duplikate, Lebenslauf'; inzwischen abgedruckt bei Wegeler 1996, 369 – 372 und, in englischer Übersetzung, bei Calder 1998, 276 ff.). Der Fragebogen für das biographische Archiv des *Handbuches* war in sechs Rubriken gegliedert: I. Persönliche Daten und Familiengeschichte; II. Ausbildung; III. Die Zeit vor der Emigration; IV. Emigrationsverlauf; V. Zweiter Weltkrieg; VI. Endgültige Niederlassung in einem Land bzw. Rückkehr in das Herkunftsland.

rung des Interviews, das Kurt von Fritz am 29. Januar 1981 John Spalek gab, wahrscheinlich in Tutzing.⁶

An der Columbia University war von Fritz länger als an jeder anderen Universität tätig, siebzehn Jahre, davon zehn als Executive officer seines Departments. Doch leider ist der Aktenbestand des Departments of Greek and Latin in den Columbia University Archives für diesen Zeitraum überraschend dürftig: in den Central Files gibt es lediglich eine Mappe zu Kurt von Fritz, die Briefe und Protokolle zu administrativen und institutsinternen Vorgängen für die Jahre 1946 bis 1953 enthält,⁷ der Rest ist nach Auskunft der Archivare unzugänglich, weil „in process": es lässt sich nicht einmal mit Sicherheit feststellen, ob überhaupt zusätzliches Material für die Jahre 1937 bis 1955 vorhanden ist. Die Faculty Appointment Records der Columbia University, Karteikarten, die in bürokratisch-akribischem Stil genau Auskunft geben über Einstellungsdaten, Rang, Beförderungen und Beurlaubungen (sabbatical leave oder leave of absence), sind eine zusätzliche wichtige Informationsquelle.

Um den Nachlass Ernst Kapps scheint sich nach seinem Tode 1978 niemand gekümmert zu haben. Es gibt nicht einmal einen Nachruf.⁸ Selbst die *Gnomon*-Redaktion nahm vom Ableben des „beste[n] Kenner[s] des Aristoteles" (Panofsky) keine Notiz.⁹ Umso ärgerlicher ist es, dass die wenigen gedruckten Äußerungen

---

6 Zwei Tonbandkassetten in der John M. Spalek Collection, ‚German Intellectual Émigré Tape Recordings' University of Albany (GER 106), ohne Transskript.
7 Columbia University Archives, Central Files, Box 409, Folder 5, ‚v. Fritz'. Aufschlussreich für 1936/1937, das erste Jahr, das von Fritz in den USA verbrachte (am Reed College in Portland, Oregon), sind die Mappen 60.41 (‚Fritz, Kurt von') und 152.23 (‚Reed College') der Records des *Emergency Committee in Aid of Displaced Foreign Scholars* (wie Anm. 12).
8 Kurt von Fritz hingegen wurde nach seinem Tode 1985 binnen kürzester Zeit dreimal in Deutschland ausführlich gewürdigt: Walther Ludwig, von 1955 bis 1962 von Fritz' Assistent an der FU Berlin und in München, war sowohl Hauptredner auf dem Gedenkakt, der am 28. Januar 1986 in der Münchener Universität abgehalten wurde (Ludwig 1986b, 3–18) als auch Verfasser des *Gnomon*-Nachrufs (Ludwig 1986c), Ernst Vogt erinnerte an die Verdienste des Akademie-Mitglieds im *Jahrbuch der Bayerischen Akademie der Wissenschaften* 1987 (Vogt 1988).
9 Im Nachhinein mag es etwas befremden, dass sich niemand berufen fühlte, Kapp diese letzte Ehre zu erweisen: Panofsky und Kapps ‚Meisterschüler' Diller waren bereits verstorben (1968 bzw. 1977), aber weder die Universität Hamburg (insbesondere Snell!) noch die ehemaligen Columbia-Schüler äußerten sich öffentlich: selbst Kurt von Fritz, der immerhin 41 Jahre seines Lebens mit Kapp räumlich wie persönlich in engem Kontakt stand (von 1920 bis 1927 in München als Lernender, als Oberassistent in Hamburg von 1931 bis 1933, als Kollege in New York von 1940 bis zu seiner Berufung nach Berlin 1954, und schließlich wiederum in München, wo Kapp von 1959 an bis zu seinem Tod 1978 lebte), blieb stumm. Zwar versicherte Ernst Vogt, der langjährige Herausgeber des *Gnomon*, im persönlichen Gespräch, man habe damals selbstverständlich von Fritz darum gebeten, einen Nachruf zu schreiben, doch seine Version, er habe nicht gewagt hartnäckig auf die Fertigstellung zu drängen, weil er von Fritz bei seinen wichti-

über Kapps Exilzeit eigentümlich negativ gefärbt sind: so mutmaßt z. B. Walther Ludwig in seinem grundlegenden Artikel „Amtsenthebung und Emigration klassischer Philologen", dass Kapp in den USA sich „kaum akklimatisiert zu haben" scheint, dass die „teilweise geringe sprachliche Vorbildung" seiner amerikanischen Studenten „bei ihm zu einer Resignation" geführt hätte, und er erwähnt einen „Widerstand des Departments" gegen seine Anstellung, den „seine geringen Englischkenntnisse" verursacht hätten.[10] William Calder verstärkt diese invektive Tendenz durch eine – wiederum unbelegte – pointiert erzählte Anekdote aus seiner Studentenzeit:

> „For us, the students, they were exotic and, therefore, more interesting than just another American teacher. There was also a less creditable reason why the refugees attracted students. They marked easily. (...) Kapp at Columbia never learned English but he did learn that if he gave every student an A no student would complain about his teacher's lack of English."[11]

Ein akribisches Studium der Akten der Komitees und der in mehreren Nachlässen verstreuten Korrespondenz ergibt jedoch ein ganz anderes, wesentlich differenzierteres Bild. Die Quellenlage für die Exilzeit ist sogar überraschend günstig: gerade weil Kapp ungleich größere Schwierigkeiten hatte, sich in den USA zu etablieren als von Fritz – er war zwölf Jahre älter und emigrierte erst 1939, als die Aufnahmekapazitäten der amerikanischen Universitäten längst erschöpft waren – und deshalb dringend auf die finanzielle Unterstützung der Hilfsorganisationen angewiesen war, sind die ersten Jahre seines Exils ausführlich dokumentiert: in den Akten des *Emergency Committee in Aid of Displaced Foreign Scholars* und des *Oberlaender Trust*.[12]

---

geren Arbeitsvorhaben nicht habe stören wollen, wirkt wenig überzeugend: immerhin hatte von Fritz sich auch Zeit genommen, in eben dieser Zeitschrift an die emigrierten Kollegen Felix Martin Wassermann und Hermann Fränkel zu erinnern (*Gnomon* 48/1976, 421–423 bzw. *Gnomon* 50/1978, 618–621).

10 Ludwig 1986a, 228 f. (ohne nähere Quellenangabe!). Von den Widerständen gegen eine Festanstellung Kapps wird noch ausführlich zu reden sein, doch sowohl die verallgemeinernde Generalisierung als auch die angebliche Ursache hierfür halten einer genaueren Prüfung nicht stand.

11 Calder 1992a, 169. Auch in ganz anderem Zusammenhang kommentiert er eine briefliche Äußerung Wilamowitz-Moellendorffs über den 26-jährigen Kapp mit dem maliziösen Zusatz: „Wilamowitz appreciated Kapp's (...) affection for Tycho but knew his shortcomings: ‚ein langsamer, unentschlossener Mensch'. (28 XII 14 A. B. Drachmann)" (Calder 1979, 93, Anm. 96).

12 Zwei Mappen in den Records des *Emergency Committees* unter der Rubrik ‚Grantees and Fellows' (Box 17, Folder 8 und 9, ‚Kapp Ernst') für die Jahre 1937 bis 1943, die in der „Manuscripts and Archives Division" der New York Public Library (MssCol922) gelagert sind, und – auf

Darüber hinaus liefert die Korrespondenz zwischen Kapp und Erwin Panofsky, Werner Jaeger, Bruno Snell und Kurt von Fritz wertvolle Hinweise, auch wenn sie nicht immer intensiv und kontinuierlich geführt wurde.[13] Für die Rekonstruktion der gemeinsamen Zeit von Kurt von Fritz und Ernst Kapp am Department of Greek and Latin an der Columbia können wir sogar auf multiperspektivische Quellen zurückgreifen: wir verfügen sowohl über ‚subjektive' Privatbriefe von Kapp, von Fritz und anderen, als auch über ‚objektive' Quellen wie Sitzungsprotokolle, Memoranda und offizielle Anträge und Gutachten, die in den Central Files der Columbia University Archives gesammelt sind.[14] Die Vorgeschichte von Kapps Exil, seine Zeit in Hamburg bis zu seiner Entlassung 1937, ist in Gerhard Lohses hervorragendem Beitrag „Klassische Philologie und Zeitgeschehen"[15] dargestellt, der sich fast ausschließlich auf Personalakten stützt.[16]

Die beruflichen Karrieren von Kapp und von Fritz waren über weite Strecken ihres Lebens so stark aufeinander bezogen, und ihre private Beziehung im Lauf der Jahrzehnte so vertraut, dass es geboten scheint, ihre Lebensschicksale hier gemeinsam zu betrachten, im Sinne einer integrierten ‚Parallelbiographie'.

Microfilm – die Akten des *Oberlaender Trust* im Archiv des YIVO Institute for Jewish Research am Center of Jewish History New York. Material für den Aufenthalt Kapps in Oxford 1938 enthält die Akte MS. S.P.S.L. 294.6 des *Archive of the Society for the Protection of Science and Learning 1933 – 1987*, das im Department of Special Collections and Western Manuscripts der Bodleian Library in Oxford aufbewahrt ist. Dort gibt es auch eine Mappe zu Kurt von Fritz, eingeordnet unter MS. S.P.S.L. 293/3.
13 Die „*Erwin Panofsky Papers*" in den *Archives of American Art* (Smithsonian Institution), Washington, D.C. (teilweise publiziert von Dieter Wuttke in seiner monumentalen Ausgabe *Erwin Panofsky, Korrespondenz 1910 – 1968. Eine kommentierte Auswahl in fünf Bänden*, Wiesbaden 2001 – 2011) dokumentieren vor allem die Bemühungen Panofskys, den Freund bei der Stellensuche zu unterstützen. Die Korrespondenz zwischen Werner Jaeger und Kapp ist auf die Jahre 1942 bis 1945 begrenzt, als Kapp freier Mitarbeiter bei „Jaegers Institute of Classical Studies" war (*Werner Wilhelm Jaeger Papers*, Harvard, Houghton Library AM 5). Der Briefwechsel mit Bruno Snell ist – wohl kriegsbedingt – leider erst ab 1946 erhalten (Nachlass Bruno Snell, Bayerische Staatsbibliothek München, Ana 490. B. IV, ‚Kapp, Ernst'; fast ausschließlich Briefe Kapps). Im Kurt von Fritz Nachlass (BAdW) sind einige Briefe Kapps an von Fritz zu finden, zahlreicher aber sind die Briefe, in denen sich von Fritz über Kapp äußert: interessanterweise gibt es im Nachlass von Eduard Schwartz (Bayerische Staatsbibliothek München, ‚Schwartziana' II. A.) nur Briefe von Kurt von Fritz, nicht aber von Kapp!
14 CU, RBML, Central Files, 409.5, ‚v. Fritz', 334.13, ‚Pegram', 340.2, ‚Simkhovitch', 375.19, ‚Bigongiari', 379.3, ‚Wright', 386.16, ‚Schneider', 394.17, ‚Goodrich', 482.18, ‚Fackenthal' und 483.7, ‚Fackenthal' 9/1945 – 2/1946.
15 Lohse 1991, 775 – 826. Lohse referiert auch die gescheiterten Bemühungen, Kapp nach Kriegsende wieder nach Hamburg zurückzuberufen (hierzu knapp auch Nicolaysen 2008, 144 f.).
16 Kapps Personalakte liegt im Staatsarchiv der Hansestadt Hamburg (StA HH), HW DPA I.

Die Synchronizität ihres Werdegangs ist außerordentlich: als ‚Arier' hätten sie – anders als ihre jüdischen Kollegen – Deutschland nicht unbedingt verlassen müssen: ihre Entlassung erfolgte nicht aus rassischen, sondern vorwiegend aus politischen Gründen. Beide hatten in Deutschland denselben Lehrer (Eduard Schwartz), beide unterrichteten im Exil fünfzehn Jahre lang an derselben Universität (Columbia) in New York, beide gehörten zu den wenigen Emigranten, die wieder nach Deutschland zurückkehrten.[17] Von größter Bedeutung jedoch ist, dass beide eine außergewöhnliche, lebenslange Freundschaft verband, in der die *prima lex amicitiae*, die Cicero im *Laelius* beschwor, lebendig geworden war:

> ut ab amicis honesta petamus, amicorum causa honesta faciamus, ne exspectemus quidem, dum rogemur; studium semper adsit, cunctatio absit.
> „Nur sittlich Gutes von Freunden zu verlangen, nur sittlich Gutes Freunden zuliebe tun, ja damit gar nicht erst zu warten, bis man darum angegangen wird; bereitwilliger Eifer sei stets vorhanden, ein Zögern soll es da nie geben."[18]

Besonders bemerkenswert dabei ist der Rollen- und Machtwechsel, den die Freundschaft unbeschadet überstand: bis zur Emigration förderte Kapp seinen Studenten und späteren Kollegen von Fritz, in den Jahren des Exils musste der Jüngere all seinen Einfluss in die Waagschale werfen, um den Älteren zu unterstützen und zu schützen.

5.2 Die Zeit vor der Emigration

Kapp und von Fritz in München (1920–1927 bzw. 1931)

Am 18. April 1931 erreichte Kurt von Fritz in München, wo er seit 1927 als Privatdozent und nichtplanmäßiger außerordentlicher Professor am Institut für Klassische Philologie unterrichtete, ein außerordentlich launiges und herzliches Schreiben aus Hamburg, in dem ihm Ernst Kapp rückwirkend seine Ernennung zum Ordentlichen Assistenten mitteilte:

---

[17] Kurt von Fritz nahm 1954 einen Ruf an die erst 1948 gegründete Freie Universität in West-Berlin an, und wechselte 1958 von dort nach München. Ernst Kapp ging nach seiner Emeritierung an der Columbia 1955 zunächst zurück nach Hamburg, 1959 ebenfalls nach München, eine Entscheidung, die Bruno Snell sehr bekümmerte: „Kapp hat sich ja nun entschlossen, im Frühjahr nach München überzusiedeln. Ich bin sehr traurig darüber, aber Sie werden sich freuen." (Brief Snell, Hamburg, an KvF, 20.12.1958, in BSB München, Nachlass Snell, Ana 490. B II., ‚Fritz, Kurt von'): siehe auch Anm. 13.
[18] Cicero, *Lael.* 44 (übers. v. Max Faltner, Berlin ⁵2011 [Sammlung Tusculum]).

„Es wird Sie interessieren zu hören, daß Sie ihren Dienst als Assistent am hiesigen Seminar für klassische Philologie am 15. April 1931 angetreten haben. Das haben Snell und ich gestern der Hochschulbehörde mitgeteilt, und also muß es ja wohl auch richtig sein. Wir haben uns aber vorher mündlich erkundigt und da wurde uns gesagt, natürlich brauchten Sie nicht in Hamburg zu sein, zu dem Datum des Dienstantrittes (...). Die Hauptsache ist, Sie müssen nun also kommen und daß Sie uns herzlichst willkommen sind, wissen Sie. Vor Montag, dem 27., brauchen Sie keinesfalls hier einzutreffen; die genaue Zeit teilen Sie mir ja mit, wenn Sie sie selbst wissen und ich hole Sie dann ab: Sie müssen Hauptbahnhof aussteigen."[19]

Die beiden kannten sich von München her: Kapp war Eduard Schwartz nach München gefolgt, wo er 1920 mit einer Arbeit über „Die Kategorienlehre in der aristotelischen Topik" habilitierte. Kurt von Fritz hatte Eduard Schwartz in Freiburg im „Kriegsnotsemester 1919" als Studienanfänger gehört, als dieser dort nach seiner Vertreibung aus Straßburg durch die französischen Behörden als Gastprofessor lehrte, und war von dessen Thukydides-Vorlesung so tief beeindruckt, dass er Griechische Philologie zu seinem Hauptfach wählte, obwohl er als Absolvent des Realgymnasiums nur rudimentäre Griechisch-Kenntnisse hatte und das Graecum im Selbststudium nachholen musste.[20] In seinem fünften Fachsemester, zum Wintersemester 1920/21, wechselte er, nun gräzistisch „besser vorbereitet", von Freiburg zu Schwartz nach München, und war von Anfang an auch begeisterter Hörer des neuen Privatdozenten Ernst Kapp:

„In meinem ersten Semester in München hörte ich auch eine Vorlesung von Ernst Kapp, der sich nicht lange vorher dort habilitiert hatte, über griechische Logik. Er trug den Gegenstand in so fesselnder Weise vor, daß man ihm folgte wie einem spannenden Roman. Schon damals kam ich ihm etwas näher."[21]

---

19 Brief Kapp, Hamburg, Griesstr. 64/3, an v. Fritz, 18.4.1931 (Bayerische Akademie der Wissenschaften, Nachlass Kurt von Fritz, Karton 21, Mappe orange, ‚Briefe von bekannten und befreundeten Persönlichkeiten aus Europa und USA').
20 In seinen Glückwünschen zu Schwartz' 80. Geburtstag erinnerte von Fritz an die Erstbegegnung mit dem verehrten „Herrn Geheimrat", dem er „von allen meinen Lehrern so unvergleichlich am meisten zu verdanken" hatte: „Von dem Augenblick an, wo ich in meinem ersten Semester (....) Ihre Thukydides-Vorlesung hören durfte, stand es für mich fest, dass ich Ihr Schüler werden wollte, obwohl ich damals erst angefangen hatte, Griechisch zu lernen, und gerade von dieser Vorlesung sehr vieles noch über mein Verständnis hinausging." (Brief [hs.] v. Fritz, Basel, an Schwartz, 19.8.1938, in BSB München, Nachlass Schwartz ‚Schwartziana' II. A. ‚Fritz, Kurt v.').
21 v. Fritz, ‚Autobiographische Skizze 1961/62', S. 5 (BAdW, Nachlass KvF, Karton 21). Kurt von Fritz' Erinnerung ist in diesem Punkt nicht ganz präzise: erst im SoSe 1922, kurz vor Einreichen seiner Dissertation, hörte er Kapps Vorlesung „Die Logik der Griechen" (www.universitaetsarchiv.uni-muenchen.de/links/index.html Vorlesungsverzeichnis Sommer-Halbjahr 1922, S. 25, angezeigt unter der Rubrik „Philosophie und Pädagogik"); im WS 1920/21 las Kapp über

Der um zwölf Jahre ältere Kapp stammte aus einer liberalen Familie, die Mitte des 19. Jahrhunderts in die USA ausgewandert war: seine Großeltern[22] gehörten zu den sog. „Forty-Eighters", die nach der gescheiterten bürgerlichen Revolution in Deutschland 1848 ihre persönliche und politische Freiheit im jungen Amerika zu verwirklichen suchten. Wie viele deutsche Emigranten in den USA engagierten sich die Kapps[23] für die Abschaffung der Sklaverei, Ernst Kapps Vater kämpfte als Freiwilliger auf der Seite der Union im Bürgerkrieg.[24] Wenigstens eine Reise des jungen Ernst Kapp zu seinen Verwandten nach Texas ist in den Akten bezeugt, für den Sommer 1908.[25]

1906 immatrikulierte sich Ernst Julius Kapp für Philosophie und klassische Philologie, zunächst an der Universität Göttingen, dann in Berlin. Von dort folgte

---

„Kallimachos, Hymnen und Epigramme." (siehe ebda., Vorlesungsverzeichnis Winter-Halbjahr 1920/21, S. 17).

22 Sein Großvater Ernst Christian Kapp (1808–1896) studierte 1824–1828 in Bonn Klassische Philologie und promovierte in Alter Geschichte. Von 1830 bis 1849 unterrichtete er am Gymnasium Minden und propagierte in seinen pädagogischen Schriften eine Einheit des Geschichts- und Geographieunterrichts. Nach der Publikation des radikaldemokratischen Traktats *Der constituierte Despotismus und die constitutionelle Freiheit* (Hamburg 1849) leiteten die Behörden ein Disziplinarverfahren gegen ihn ein, für den tief gekränkten und beunruhigten Kapp Grund genug, zusammen mit seiner Frau und seinen fünf Kindern im Alter zwischen drei und vierzehn Jahren am 9. Dezember 1849 Deutschland zu verlassen und in West Texas als Baumwollfarmer eine neue Existenz zu gründen (siehe Passagierlisten des Dreimasters „Franziska", von Bremen nach Port Galveston, Texas http://www.immigrantships.net/v4/1800v4/franziska18491206.html). Nach seiner Rückkehr nach Deutschland ließ er sich als Privatdozent in Düsseldorf nieder, wo sein Hauptwerk *Grundlinien einer Philosophie der Technik* (1877) entstand. (Viktor Hantzsch in *Allgemeine Deutsche Biographie* 51, 1906, 31–33 und Simon 2003).

23 Ernst Kapp sen. hatte drei Söhne, zum Familienclan, der in die USA emigriert war, gehörten auch sein Bruder Alexander und sein Neffe Friedrich. 1849 gründete Ernst in Kendall County, Texas eine der sog. „Lateinischen Kolonien" (Sisterdale), war Präsident einer Freidenkervereinigung („Verein freier Männer") und Mitherausgeber der deutschsprachigen *San Antonio Zeitung*. (s. Anm. 22).

24 Kapp, CV 30.10.1940 (NYPL, *EC*-Records, Box 17, Folder 8, ‚Kapp, Ernst'): „My grandfather was a geographer and philosopher, who emigrated in 1849 from Germany to the United States, and my father grew up at his farm in West Texas and was a soldier during the Civil War. Later he went back to Germany, where I was born"; YIVO, *Oberlaender Trust* Microfilm, ‚Data Prior to/ Following Arrival in U.S.A., 3.10.1940', S. 5 ‚Background' (hs.): „Father had grown up in Texas and had done military service during civil war, [von anderer Hand:] Grandfather having left Germany during the 1849 troubles + settled in Texas."

25 Kapp, CV 30.10.1940, S. 2. (wie Anm. 24). Panofsky spricht sogar davon, dass Kapp „als Abkoemmling eines im Jahre 1848 nach Amerika ausgewanderten Kapp, seine Jugend in Texas verlebt" habe, wahrscheinlich eine Übertreibung mit dem Ziel, Kapps Englischkenntnisse über jeden Zweifel zu erheben (Brief Panofsky an Bieber, 15.9.1937, in NYPL, *EC*-Records 17.8, ‚Kapp 1937–39').

er zusammen mit dem um zwei Jahre älteren Tycho von Wilamowitz-Moellendorff Eduard Schwartz nach Freiburg,[26] wo er 1912 mit einer Arbeit über *Das Verhältnis der eudemischen zur nikomachischen Ethik* promovierte.[27] Der Erste Weltkrieg verzögerte Kapps Karriere um Jahre, nicht nur wegen des Militärdienstes,[28] sondern vor allem wegen des Verlustes seines engsten Freundes Tycho. Dieser hatte ebenfalls bei Schwartz in Freiburg promoviert, allerdings nur mit dem ersten Kapitel („Antigone") einer auf sieben Abschnitte angelegten Dissertation *Die dramatische Technik des Sophokles*.[29] Drei Jahre lang, von Herbst 1914 – Tycho war schon am 15. Oktober im Osten gefallen – bis Ende August 1917, widmete Kapp sich ganz der Freundespflicht, dieses disparate Werk posthum herauszugeben. Weniges lag in einer überarbeiteten, manches nur in einer ersten Entwurffassung vor, zum Teil gab es sogar nur Skizzen und Notate:

„Der ausdrückliche Wunsch meines Freundes, der wohl darauf vertraute, daß er mich während unserer gemeinsamen Studienjahre und auch später an seinen Gedanken und

---

26 Tycho studierte 1906 bis 1909 in Berlin und wechselte zum WS 1909/10 nach Freiburg (siehe Calder/Bierl 1991, 257–283 [dort 266, Anm. 28 und 31], erneut abgedruckt in der von Calder und Bierl betreuten Neuauflage von Tycho von Wilamowitz-Moellendorff, *Die dramatische Technik des Sophokles*, 1996, 383–409). In Göttingen, wo er von 1902 bis 1909 als Ordinarius lehrte, unterrichtete Eduard Schwartz den „anfangenden Studenten" Ernst Kapp und „traf ihn nach einer langen Unterbrechung in Freiburg wieder" (Schwartz, ‚Opinion E. Kapp', München 10.11. 1937, in NYPL, *EC*-Records 17.8).
27 Werner Jaeger bezeichnete diese Schrift noch 11 Jahre später bewundernd als „eine „scharfsinnige und vorsichtige Arbeit (...), die weitaus das beste ist, was in den letzten Jahren über die Eudemische Ethik und ihre philosophische Stellung geschrieben worden ist." (Jaeger 1923, 240). Ähnlich respektvoll äußerte sich Kapps ‚Doktorvater' Schwartz: „Er ist von Beginn an seine eigenen Wege gegangen; schon seine Dissertation (...), in der er das bis dahin falsch aufgefasste Werk unabhaengig von W. Jaeger dem Verstaendnis erschloss, ist eine Leistung, die mir neu und ueberraschend war." (Opinion Schwartz, 10.11.1937, wie Anm. 26).
28 Die veröffentlichten Angaben über Kapps Militärdienst sind widersprüchlich: während Kapp im Vorwort zu Tychos *Sophokles* (datiert „Cassel, 31.8.1917") entschuldigend erwähnt, er habe sich nicht mehr an den Korrekturarbeiten beteiligen können, „da ich inzwischen eingezogen wurde" (Tycho von Wilamowitz-Moellendorf 1917, VII), postuliert der anonyme Wikipedia-Artikel http://de.wikipedia.org/wiki/Ernst_Kapp_(Altphilologe) ohne Beleg, Kapp habe sich schon „bei Ausbruch des Ersten Weltkriegs (...) freiwillig" gemeldet und sei „bis Kriegsende an der Front" geblieben. Dies ist nachweislich falsch: in seinem ersten CV für den *AAC* erklärte Kapp lapidar: „During the war I was enroled [sic!] for two years but I did not serve at the front." (Kapp, ‚Vitae curriculum', Hamburg, 15.9.1937, in Oxford, Bodleian, MS. S.P.S.L. 294/6).
29 Kapp datierte das unter dem Titel *Beobachtungen zur dramatischen Technik des Sophokles* als Dissertation eingereichte Antigone-Kapitel irrtümlich auf das Jahr 1911 (im Vorwort zu T. v. Wilamowitz-Moellendorff 1917, V; ebenso wie der Katalog der Universitätsbibliothek Freiburg), tatsächlich promovierte Tycho im Februar 1912, am 31. März 1912 erschien das schmale Bändchen (50 Druckseiten) in Berlin bei Bernstein (Calder/Bierl 1991, 262 mit Anm. 16).

Plänen hatte teilnehmen lassen, ich möchte mich, wenn er fallen sollte, seines Buches annehmen, mußte mich bestimmen, die Bewältigung der schweren Aufgabe zu versuchen, die eine gewandtere Hand verlangt hätte."[30]

Kapps eigene Leistung und Arbeitsbelastung als Vollender und Herausgeber darf nicht zu gering angesetzt werden: zum Beispiel musste er etwa die Hälfte des Kapitels „Elektra" (50 von 100 Druckseiten) mühsamst rekonstruieren: „für seinen Schluss und den jetzigen zweiten Teil konnte ich aus vorgefundenen Notizen und meinen Erinnerungen an viele Gespräche wenigstens notdürftigen Ersatz liefern."[31] Die drängende Ungeduld des trauernden Vaters, der selbst ein Kapitel zu dem Band beisteuerte („Oedipus auf Kolonos"), setzte Kapp zusätzlich unter Druck.[32]

Nach dem Waffenstillstand 1918 gingen Kapps Arbeiten an seiner Habilitationsschrift vergleichsweise zügig voran: sein Doktorvater Eduard Schwartz war nach der „kurzen Gastrolle"[33] in Freiburg zum Sommersemester 1919 nach München gewechselt, bereits im nächsten Jahr wurde Ernst Kapp habilitiert:[34] im WS 1920/21 hielt der Privatdozent seine ersten Lehrveranstaltungen ab, Griechische Stilübungen und die Vorlesung „Kallimachos, Hymnen und Epigramme", und war bis zum WS 1922/23[35] für Kurt von Fritz' ein wichtiger akademischer Lehrer.[36]

---

30 T. v. Wilamowitz-Moellendorff 1917, VI.
31 ebda. Zum Vergleich: Kapps Dissertation hatte nur einen Gesamtumfang von 53 Seiten. Als Herausgeber von Tychos *Sophokles* hatte Kapp immerhin sechs Kapitel mit einem Umfang von 312 Druckseiten zu redigieren, lediglich die ersten 50 Seiten, das Kapitel über Antigone, konnte er unverändert übernehmen. Der Gesamtumfang des Bandes, der als Heft 22 der angesehenen, von Kießling und Wilamowitz herausgegebenen Reihe *Philologische Untersuchungen* bei Weidmann erschien, betrug, den „Oedipus auf Kolonos"-Aufsatz des Vaters mit eingerechnet, 379 Seiten.
32 Aus einem Brief an Eduard Norden wird deutlich, wie unzufrieden Wilamowitz mit Kapps langsam-bedächtiger Arbeitsweise war: „Heut wuerde Tycho 30 Jahre alt geworden sein, und sein Freund Kapp troedelt und troedelt mit dem Buche. Und ich muss doch geduldig zusehen. Es gibt ja keinen anderen Weg." (Brief Wilamowitz-Moellendorff an Norden, 16.11.1915, in Calder/Huss 1997, 138). Die Freundschaft zwischen Wilamowitz und Schwartz scheint sich nicht auf dessen Meisterschüler Kapp übertragen zu haben: „Wilamowitz [mochte] mich persönlich nie recht leiden." (Brief Kapp, New York, an Snell, 20.4.1948, in BSB München, Nachlass Snell, Ana 490. B. IV, ‚Kapp, Ernst').
33 v. Fritz, ‚Autobiographische Skizze', S. 4 (wie Anm. 21).
34 „My ‚Habilitationsschrift' on ‚Die Kategorienlehre in der aristotelischen Topik' (1920) was not published because of the inflation." (Kapp, CV 30.10.1940, wie Anm. 24).
35 Kurt von Fritz reichte seine Dissertation im WS 1922/23 ein, das Rigorosum fand am 22.2.1923 statt, die Urkunde mit der Note ‚magna cum laude' ist auf den 25.4.1923 datiert (BAdW, Nachlass KvF, Karton 25, Gemischte Mappe, ‚Urkunden').

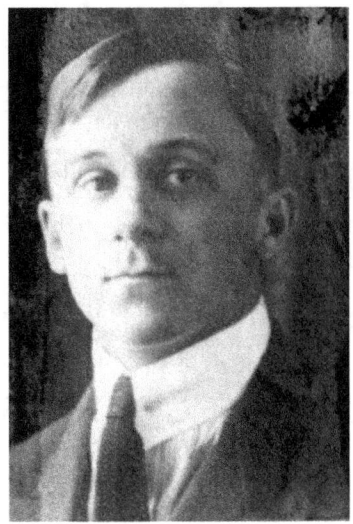

Abb. 9: Ernst Kapp als Kurt von Fritz' Lehrer (Ludwig-Maximilians-Universität München, ca. 1924)

Schwerpunkt seiner Lehre war griechische Philosophie von den Vorsokratikern bis zu Aristoteles (insgesamt zehn Veranstaltungen), dreimal las er über Aristophanes, je zweimal über griechische Metrik und über Kallimachos, einmal gab er eine „Einführung in die antike Grammatik und Stilistik". Bei der Neubesetzung des Extraordinariats in Berlin zum WS 1925/26 (Nachfolge Regenbogen) konnte sich Kapp, obwohl er von Jaeger vorgeschlagen worden war, nicht gegen Franz Dornseiff durchsetzen,[37] doch zum WS 1927/28 wurde er als Nachfolger von Rudolf Pfeiffer als Ordinarius an die Universität Hamburg berufen.[38]

Der Zeitpunkt hätte günstiger nicht sein können: Kurt von Fritz war 1926 „der Aufforderung von Schwartz [sich] bei ihm in München zu habilitieren", nachgekommen und „schrieb nun in ziemlich kurzer Zeit eine Abhandlung über Er-

---

36 München sollte für Kapp zur zweiten Heimat werden – er lebte dort von 1920 bis 1927, und von 1959 bis zu seinem Tod 1978. Seine ältere Schwester Ida (1884–1979) hatte nach Abschluss ihrer Promotion bei Wilamowitz-Moellendorff (über Kallimachos) seit Februar 1916 eine Anstellung beim Thesaurus Linguae Latinae gefunden (Beförderung zur Redaktorin zum 1.4.1930: siehe das „Personenverzeichnis 1893–1995" von Eder 1996, 196 und Hiltbrunner 1993, 233 f.). Seit 1924 teilten die Geschwister eine gemeinsame Wohnung in der Kunigundenstr. 18. (www.universitaetsarchiv.uni-muenchen.de/links/index.html Vorlesungsverzeichnis Sommer-Halbjahr 1924, 24).
37 Mensching 1991, 40.
38 In der Dreierliste der Fakultät stand Kapp hinter Felix Jacoby an zweiter Stelle, aber vor Hermann Fränkel. Jacoby stellte offenbar zu hohe Forderungen, sodass Kapp berufen wurde (Lohse 1991, 779).

kenntnistheorie und Ethik Demokrits", bei der ihm Kapp „mit Rat und Tat zur Seite gestanden"[39] hatte. Im Sommer 1927 wurde diese Arbeit als Habilitationsschrift angenommen, und Kurt von Fritz konnte schon zum WS 1927/28 die durch den Weggang Kapps freigewordene Privatdozentur übernehmen, sogar im Rang eines ‚nichtplanmäßigen außerordentlichen Professors'. Für die akademische Karriere hatte von Fritz seine Tätigkeit als ‚Lehramtskandidat', d. h. den Vorbereitungsdienst für Gymnasiallehrer, vorzeitig abgebrochen. Das bedeutete den Verzicht auf eine vergleichsweise sichere Berufsperspektive, die er seit seiner Promotion 1923[40] zielstrebig verfolgt hatte: im Frühjahr 1924 hatte er in Heidelberg das Erste Staatsexamen in Griechisch, Latein und Geschichte mit der Gesamtnote „vorzüglich" abgelegt;[41] nach einem Intermezzo als Hauslehrer bei einem schlesischen Reichsgrafen war er von April 1925 bis April 1926 zwei Halbjahre im Schuldienst eingesetzt gewesen.[42]

Da von Fritz – im Gegensatz zu Kapp – über keinerlei finanzielle Rücklagen verfügte, geriet er rasch in finanzielle Schwierigkeiten. In einem Brief an seine Schwester vom 22. April 1928 gab er ungeschminkt Einblick in seine prekäre Lage:

> „Nun ist endlich wenigstens mein Stipendium von der Notgemeinschaft verlängert worden und ich habe auch den Betrag für den April noch nachträglich angewiesen bekommen,

---

39 v. Fritz, ‚Autobiographische Skizze', S. 7 und 5 (wie Anm. 21). Ähnlich wie Kapps Habilitationsschrift blieb auch diese Arbeit lange Zeit ungedruckt; erst in der Festschrift für den Medizinhistoriker Charles Singer, der Kurt von Fritz in der Emigration maßgeblich unterstützt hatte, erschien in englischer Fassung „nur ein Teil der ersten Hälfte" (v. Fritz, ‚Autobiographische Skizze', S. 7) unter dem Titel „Democritos' Theory of Vision" in *Science, Medicine and History: Essays on the Evolution of Scientific Thought and Medical Practice Written in Honour of Ch. Singer*, ed. by Edgar Ashworth Underwood, Oxford 1953, 83–99 (dt. Fasssung unter dem Titel „Demokrits Theorie des Sehens" in von Fritz 1971, 594–622).
40 Seine Dissertation *Quellenuntersuchungen zu Leben und Philosophie des Diogenes von Sinope* wurde mit Zustimmung Albert Rehms 1926 als Supplementband 18.2 der Reihe *Philologus* von der Dieterich'schen Verlagsbuchhandlung Leipzig mit einem Druckkostenzuschuss der *Notgemeinschaft der deutschen Wissenschaft* in einer Auflage von 400 Exemplaren gedruckt (Vertrag zwischen v. Fritz, Freiburg, Karlsplatz 16, und Dieterisch'sche Verlagsbuchhandlung, 24.7.1925, in BAdW, Nachlass KvF, Karton 18, Mappe grau, ‚Verlage').
41 Badische Prüfungskommission für das höhere Lehramt, Karlsruhe, 25.3.1924 (BAdW, Karton 25, Gemischte Mappe, ‚Urkunden'): „25. März 1923" ist offenkundig eine Verschreibung, da im Februar/März 1924 erst die Prüfungen stattfanden, zu denen sich von Fritz am 1. Juli 1923 angemeldet hatte: als schriftliche Hausarbeit hatte er zwei Aufgaben zu bearbeiten: „De Diogenis Cynici vita Laertiana" und „Schopenhauers Beurteilung von Platons Ideenlehre".
42 Laut Bescheinigung des Kultusministeriums Karlsruhe, 27.3.1934 (BAdW, Nachlass KvF, Karton 25, Gemischte Mappe ‚Dokumente') war von Fritz Lehramtsreferendar am Friedrichsgymnasium in Freiburg vom 29.4.1925 bis 26.11.1925 und vom 7.1.1926 bis 1.4.1926, vom 27.11.1925 bis 6.1.1926 war er Stellvertreter am Gymnasium Donaueschingen.

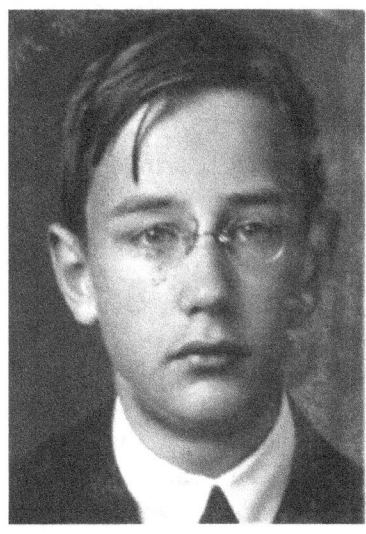

Abb. 10: Kurt von Fritz als Student (Ludwig-Maximilians-Universität München, ca. 1920/23)

nachdem ich schon eine Anleihe von 100 M bei meinem Freund und früheren Kollegen Kapp hatte aufnehmen müssen, was aber gar keine Schwierigkeiten machte. So ist jetzt wenigstens bis zum 1. Oktober wieder für das Nötigste gesorgt. Die Aussichten auf die Privatdozentenbeihilfe stehen allerdings immer noch schlecht, sogar schlechter als es anfangs schien. Auf erneute Anfrage des Dekans kam die Nachricht vom Ministerium, daß vor dem 1. Oktober gar nicht daran zu denken sei, daß eines für mich frei würde. So ist es also möglich, daß am 1. Oktober derselbe Tanz noch einmal losgeht. Für einen Monat werde ich sogar sicher mich wieder mit Anleihen behelfen müssen, da durch eine neue Ministerialentschließung festgesetzt worden ist, daß man die Beihilfen postnumerando ausbezahlt bekommt, so daß also die nominell vom 1. Oktober ab gewährte Beihilfe erst am 31. Oktober in Wirklichkeit ausbezahlt wird."[43]

Die ungesicherten finanziellen Verhältnisse hatten auch gravierende Auswirkungen auf sein Privatleben: in der Hoffnung, nach der Habilitation bald auf eine Professur berufen zu werden, hatte sich Kurt von Fritz verlobt, mit einer jungen Frau aus Berge mit dem Kosenamen „das Mohr", die mit seiner Schwester Olga in freundschaftlicher Verbindung stand. Diese Verlobung war im April 1928 offenbar gelöst, denn von Fritz tröstete sich damit, dass zum gegenwärtigen Zeitpunkt an eine Familiengründung ohnehin nicht zu denken gewesen wäre:

„Hab' auch vielen Dank für alles, was Du mir über das Mohr und Dein Zusammensein mit ihm geschrieben hast. Aber vielleicht ist es doch in mancher Hinsicht gut, daß es so gekommen

---

43 Brief (hs.) v. Fritz, München, an Mädi, 22.4.1928, S. 1f. (BAdW, Nachlass KvF, Karton 25, Gemischte Mappe).

ist, wie es ist. Denn mein äußeres Leben ist durchaus nicht so aussichtsreich, wie es schien, als ich mich verlobt habe. Ich dachte damals, zunächst auch verheiratet mit der Privatdozentenbeihilfe leben zu können und vor allem bald auch auf eine Professur rechnen zu können. Aber inzwischen habe ich gesehen, daß das erste nicht möglich ist, zumal wenn möglicherweise nach einiger Zeit noch für ein drittes Wesen zu sorgen ist, und die Aussichten auf eine Professur sind in nächster Zeit auch sehr gering. Es haben sich kurz vor und nach mir eine große Anzahl von Schülern W.W. Jaegers habilitiert, dessen Einfluß jetzt fast allmächtig geworden ist, während er damals noch im Anfang stand, so daß diese Entwicklung niemand voraussehen konnte."[44]

In den sieben Semestern in München bis zu seiner Berufung als Assistent nach Hamburg orientierte sich Kurt von Fritz an den wissenschaftlichen Schwerpunkten seines Vorgängers Kapp, setzte aber auch eigene Akzente: auch er las vor allem über griechische Philosophie (allerdings zog er den zeitlichen Rahmen von den Vorsokratikern bis zu Plotin); auch er suchte den Anschluss an die Nachbardisziplinen: die Vorlesung über Aristoteles' Physik im WS 1928/28 war explizit für Philosophen und Philologen angekündigt, und in seinem letzten Münchener Semester bot er im juristischen Seminar gemeinsam mit Karl Rothenbücher, Professor für Kirchen- und Staatsrecht, eine „Besprechung ausgewählter Kapitel aus Aristoteles' Politik" für Juristen und Philologen an. Anders als Kapp[45] hielt von Fritz auch latinistische Lehrveranstaltungen ab: eine Vorlesung zu Catull im SS 1928[46] und eine Doppelveranstaltung (Lektüre und Interpretation mit anschließendem Kolloquium) zu Augustinus Confessiones, Buch 11, wiederum interdisziplinär ausgerichtet für Philosophen und Philologen. Unterschiedlich war auch die Arbeitsbelastung: während Kapp oft nur eine Veranstaltung halten musste, hatte von Fritz nicht selten drei Kurse zu halten.

---

44 Ebda., S. 4.
45 In Hamburg übernahm Kapp nach der Berufung Snells auch lateinische Veranstaltungen: die beiden einigten sich „dahingehend, daß Kapp im Griechischen wie im Lateinischen in erster Linie die Prosaschriften behandelte, Snell die Dichtung." (Lohse 1991, 794). Der Ausstellungskatalog *Philologica Hamburgensia II: Altphilologen in Hamburg* (Alpers, Horvath, Kurig 1990, 91) betont, dass Kapp in Hamburg „sehr stark auch lateinische Themen angeboten [hatte], so Cicero, Lukrez, Plautus, Ovid, Vergils Aeneis, Senecas Phaedra, Catos De agricultura".
46 Im bereits erwähnten Brief an seine Schwester hoffte er darauf, im SoSe 1928 evtl. kurzfristig auch eine zweite lateinische Vorlesung halten zu können, da ein Ordinarius für Latein (Stroux) beurlaubt, der zweite (Weymann) erkrankt war: „Das wäre für mich insofern ganz günstig, als ich dann hoffen könnte, eine etwas größere Zuhörerzahl zu bekommen, da ich gerade eine lateinische Vorlesung angekündigt habe. Auf der anderen Seite fühle ich mich doch nicht ganz fähig, zwei ordentliche Professoren zu ersetzen.' (Brief [hs.] v. Fritz an Mädi, 22.4.1928, S. 3, wie Anm. 43).

5.2 Die Zeit vor der Emigration — 237

Zwei Freundschaften aus der Münchener Zeit sollten Kurt von Fritz' weiteren Lebensweg entscheidend beeinflussen: zum einen die mit dem jüdischen Mathematiker Salomon Bochner (1899–1982), der Assistent am mathematischen Institut war,[47] zum anderen die mit dem Amerikaner William Ray Dennes (1898–1982), den er 1927 zufällig in der Institutsbibliothek kennengelernt hatte und mit dem er „damals viele Ausflüge in Oberbayern gemacht und viele philosophische Gespräche geführt hatte".[48] Mit Bochner diskutierte er regelmäßig in den Semesterferien „Probleme der Geschichte der antiken Mathematik und der Euklidanalyse".[49] Diese Zusammenarbeit setzten sie auch fort, nachdem Bochner im Frühjahr 1933 Deutschland verlassen musste und zunächst nach Cambridge, dann nach Princeton emigrierte. Nach seiner Ernennung zum Assistant Professor in Princeton 1934 versuchte Bochner von Fritz bei der Emigration in die USA behilflich zu sein. Erfolgreicher in diesen Bemühungen war schließlich Dennes, seit 1933 Assistant Professor für Philosophie in Berkeley: „der einzige Amerikaner, den ich kannte (…) schlug mich als Prof. in Berkeley für das Reed-college in Portland, Oregon vor."[50]

---

47 Trotz seines „ausgezeichneten Rufes in ganz Europa und Amerika" wurde Bochner in München die Habilitation verwehrt (siehe Brief v. Fritz [hs.] an Louise, 4.5.1931, in BAdW, Nachlass KvF, Karton 25, Blaue Mappe, ‚Briefe 1931–1971'), sodass Kurt von Fritz sich dafür einsetzte, Bochner nach Hamburg zu holen, doch ohne Erfolg: „Allerdings ist es mir leider nicht gelungen, meinen Freund und mathematischen Kollegen, mit dem ich in München so lange zusammen gearbeitet hatte und weiter arbeiten wollte, hierher zu verpflanzen wie ich es gehofft hatte. (Brief [hs.] v. Fritz, Hamburg, an Schwartz, 14.8.1931, in BSB München, Schwartziana II. A. ‚Fritz, Kurt v.', und Brief v. Fritz an Louise, 15.6.1931, in BAdW, Nachlass KvF, Karton 22, ‚Briefe Bunte Kiste').
48 v. Fritz, ‚Autobiographische Skizze', S. 12 (wie Anm. 21); siehe auch ‚Biographie KvF', 3. Anlage (KvF-Papers, Albany): „Wil [sic!] Dennes, amerikanischer Student, (…) kam im Lesesaal des Seminars für Klassische Philologie auf mich zu, wo ich gerade hinter einem Berg von Büchern vergraben, arbeitete, mit den Worten: ‚bin ein sehr dummer Mann, ich brauche den Buch', worauf ich ihm natürlich half. Wir befreundeten uns und machten später Gebirgstouren miteinander." Der online-Nachruf „William Ray Dennes, Philosophy: Berkeley" http://content.cdlib.org/view?docId=hb4d5nb20m&doc.view=frames&chunk.id=div00041&toc.depth=1&toc.id=&brand=calisphere (=David Krough [ed.], *University of California: In Memoriam 1985*) verzeichnet 1929 als Zeitpunkt der ersten Begegnung, Kurt von Fritz erwähnte in einem Brief vom 25. August 1935 indirekt das Jahr 1927: „ein Amerikaner, den ich vor 8 Jahren in München kennengelernt habe" (Brief v. Fritz an Mädi, 25.8.1935, S. 2, in BAdW, Nachlass KvF, Karton 25, Graue Mappe).
49 v. Fritz, ‚Autobiographische Skizze', S. 7 (wie Anm. 21).
50 ‚Biographie KvF', 3. Anlage (KvF-Papers, Albany).

Von Fritz bei Kapp: Assistent in Hamburg (1931–1933)

Seit seinem Weggang aus München hatte Kapp Kurt von Fritz nicht nur gelegentlich finanziell unterstützt, sondern auch nach einer Möglichkeit gesucht, die Zusammenarbeit mit ihm fortzusetzen: zum frühestmöglichen Zeitpunkt, als im SoSe 1931 dem Institut erstmals eine Assistentenstelle zugeteilt wurde,[51] holte er seinen früheren Schüler und Freund nach Hamburg. Mit diesem Schachzug etablierte Kapp eine Art ‚Triumvirat' am Hamburger Institut, im Konsens mit Bruno Snell, der nach seiner Habilitation 1925 in Hamburg bereits seit dem WS 1927/28 als ‚Wissenschaftlicher Hilfsarbeiter' mit Kapp eng zusammengearbeitet hatte und ebenfalls zum SoSe 1931 als Nachfolger des Latinisten Friedrich Klingner zum Ordinarius berufen wurde.[52]

Die Atmosphäre an der noch jungen Universität scheint einmalig im Deutschen Reich gewesen zu sein: von der Hamburger Bürgerschaft 1919 neu gegründet, atmete sie gleichsam den demokratischen Geist der neuen Weimarer Republik. Es gab große Freiräume beim Aufbau der Institute, Erwin Panofsky führte im Schulterschluss mit der Kulturwissenschaftlichen Bibliothek Warburg das Kunsthistorische Institut zu höchstem Ansehen, der prozentuale Anteil jüdischer Professoren war ungleich höher als an anderen deutschen Universitäten, und es entwickelte sich ein fächer- und fakultätenübergreifender Freundeskreis um Aby Warburg, dem Philosophen Ernst Cassirer, Erwin Panofsky und Bruno Snell, dem auch Kapp, von Fritz, der Anglist Emil Wolff und der mittellateinische Privatdozent Hans Liebeschütz angehörten.

Kurt von Fritz nahm das Angebot an und habilitierte sich unverzüglich um:[53] am 19. Mai wurde seinem Antrag auf die venia legendi in Klassischer Philologie

---

51 Lohse 1991, 780 mutmaßt, dass die Assistentenstelle dem Seminar im Zusammenhang mit der Berufung von Bruno Snell eingerichtet wurde.
52 Kurt von Fritz (und damit wohl auch Ernst Kapp) hatte Snell bereits in München kennengelernt, „bei E. Schwartz im Seminar" (v. Fritz, ‚Autobiographische Skizze', S. 7, wie Anm. 21). Nach eigener Aussage verdankte Snell seine Berufung „dem Antisemitismus der Semiten", da die Juden in der Fakultät aus Sorge über den wachsenden Antisemitismus „sich bei der Behörde mit Nachdruck dafür einsetzten, dass der Jude Hermann Fränkel" – der in der Dreierliste vor Snell auf Platz zwei stand – „nicht berufen werden möge." (Lohse 1994, 55).
53 Er unterschrieb den Vertrag am 4. Mai (Brief [hs.] v. Fritz, Hamburg, an Louise, 4.5.1931, in BAdW, Nachlass KvF, Karton 25, Blaue Mappe, ‚Briefe 1931–1971'). Da er zu Beginn des Semesters noch nicht umhabilitiert war und deshalb „vorläufig nicht Privatdozent, sondern nur Seminarassistent und mit Sprachthemen beauftragt" war, hielt er im SoSe 1931 keine Vorlesung, sondern „nur" zwei Stilübungen (griechisch und lateinisch) und einen Lektürekurs zu Platons Protagoras (Brief v. Fritz an Louise, 9.5.1931, in BAdW, Nachlass KvF, Karton 22, ‚Briefe Bunte Kiste'), „eine etwas harte Nuß", wie er gegenüber Schwartz einräumte: „Aber vielleicht hat auch

zugestimmt, am 3. Juni hielt er seine Antrittsvorlesung über das Thema „Philosophie und sprachlicher Ausdruck bei Demokrit, Platon und Aristoteles".[54] Schon mit der ersten Publikation, die von Fritz in Hamburg abschließen konnte, dem Aufsatz „Der Ursprung der aristotelischen Kategorienlehre", etablierte er sich in der fortschrittlichen Gelehrtenwelt der Hansestadt: die fast fünfzigseitige Abhandlung erschien in dem von Ernst Cassirer mit herausgegebenen *Archiv für Geschichte der Philosophie* und war nicht zufällig als intellektueller Dialog mit seinem Freund und früheren Lehrer Kapp konzipiert:

> „Am meisten verdanke ich der (ungedruckten) Habilitationsschrift von E. Kapp über die Kategorienlehre in der Topik, der energisch auf die Bedeutung der Kategorien als (...) Formen der Aussage, und auf ihren Ursprung aus der Auseinandersetzung mit der Eristik hingewiesen hat. Diese für die Topik absolut richtige Deutung genügt auch im wesentlichen für die Aufhellung der Rolle, welche die Kategorien dort spielen. Dagegen scheint sie mir für die Erklärung der Eigentümlichkeiten der späteren Kategorienlehre, wie sie in der Kategorienschrift und in der Metaphysik erscheint, nicht auszureichen. Hier muss der zweite Ursprung der Lehre herangezogen werden, den aufzuweisen die Aufgabe der folgenden Untersuchung ist."[55]

Trotz der Gehaltskürzungen im Zuge der Notverordnungen, die im Laufe des Sommers groteske Züge annahmen – so waren zeitweise die Bankguthaben gesperrt und das Gehalt wurde nur zu einem Drittel ausbezahlt[56] – verheiratete sich

---

das sein Gutes und im Winter wird mir Herr Snell die eine Hälfte der Stilübungen abnehmen." (Brief [hs.] v. Fritz, Hamburg, an Schwartz, 14. 8.1931, BSB München, Schwartziana II. A. ‚Fritz, Kurt v.'). In Hamburg war Kurt von Fritz erstmals finanziell einigermaßen abgesichert, denn das Assistentengehalt war höher als das Privatdozentenstipendium in München (Interview Spalek mit v. Fritz, 29.1.1981, in John Spalek Collection, Albany).
54 Brief Panofsky, Dekan d. philos. Fakultät, an KvF, 19.5.1931 (BAdW, Nachlass KvF, Karton 25, Graue Mappe, ‚Dokumente').
55 v. Fritz (1931), 454, Anm. 2. Gleich nach seiner Ankunft in Hamburg diktierte von Fritz der Schreibmaschinenhilfskraft Frl. Flohr, deren „fabelhafte Geschwindigkeit (etwa ¼ Stunde für eine Seite)" er rühmte, „gelegentlich ein oder zwei Seiten von dem, was schon in München fertig war". Am Samstag der ersten Semesterwoche, dem 9.5.1931, konnte er „zum ersten Mal wieder an [s]einem Kategorienaufsatz arbeiten (...), der jetzt seinem Ende entgegengeht." (Brief v. Fritz an Louise, 9.5.1931, in BAdW, Nachlass KvF, Karton 22, ‚Briefe Bunte Kiste').
56 Brief v. Fritz, Hamburg, an Louise, 21.7.1931 (BAdW, Nachlass KvF, Karton 25, Graue Mappe): „Die neue Notverordnung, die heute herausgekommen ist und sich auf die Beamtengehälter bezieht, ist noch ungünstiger als anfangs anzunehmen war. Man wird also am 1. August nur ein Drittel seines Gehaltes bekommen und ausserdem kam heute ein Rundschreiben der Universitätsbehörde, nach dem man annehmen muss, dass die Gehälter noch einmal um 25 % (also ein volles Viertel) des Nominalwertes, also, da schon bisher 25 % durch Notverordnung und Steuern usw. abgezogen wird, um ein Drittel des jetzigen Wertes gekürzt werden soll. Wenn das (...) eintritt, bekomme ich am 1. August so wenig, dass ich (...) wirklich kaum noch wagen kann zu

Kurt von Fritz am 26. November 1931 mit Louise Eickemeyer (Kosename „Bär"), „der Schwester eines Münchner Freundes", die einen achtjährigen Sohn (Klaus Peter, Kosename „Schlawuzi") mit in die Ehe brachte.[57]

Die Semesterferien des WS 1931/32 verbrachte die junge Familie in Pöcking, bei den Eltern Louises, wo Kurt von Fritz „mit meinem Freund Samuel Bochner zusammen an unserem gemeinsamen Buch" weiterarbeiten wollte.[58] Ziel des geplanten Buches war „die [positive] Darstellung [der] Umwandlung der antiken Mathematik durch Eudoxos (...) auf Grund einer exakten Prüfung des gesamten Materials der Überlieferung und einer Analyse der für das Problem wichtigen Bücher der Elemente Euklids".[59] In diesem Jahr schloss er seine *RE*-Artikel zu den Mathematikern Theaitetos und Theodoros von Kyrene ab[60] und publizierte im *Philologus* die Untersuchung „Platon, Theaetet und die antike Mathematik", eine fundamentale Auseinandersetzung mit Friedrich Solmsens Aufsatz „Platos Einfluss auf die Bildung der mathematischen Methode"[61] und dessen Dissertation *Entwicklung der aristotelischen Logik und Rhetorik*, insbesondere mit deren Abschnitt „Zur Geschichte der mathematischen Methode von Plato bis Archime-

---

sagen, daß ich hier für Dich sorgen kann." Kurt von Fritz' Vergütung belief sich 1931 auf jährlich 5673 RM, von der aber nur 5065 RM ausbezahlt wurden, nach Abzug einer 5%igen Kürzung und einer 6%igen „allgemeine[n] Kürzung" (Vertrag zwischen Hochschulbehörde Hamburg und v. Fritz, 29.4.1931, BAdW, Nachlass KvF, Karton 25, Gemischte Mappe, ‚Dokumente'); 1932 wurde die Grundvergütung auf RM 5600 erhöht (Brief Hochschulbehörde Hamburg an Seminar für Klassische Philologie, 27.2.1932, in BAdW, Nachlass KvF, Karton 25, Gemischte Mappe, ‚Dokumente').
57 Brief (hs.) v. Fritz, Hamburg, an Schwartz, 3.12.1931 (BSB München, Schwartziana II. A. ‚Fritz, Kurt v.'). Luise Eickemeyer war die Tochter des Ingenieurs Karl Eickemeyer und Nichte des Architekten und Leiters der *Münchener Lehrwerkstätten* Ludwig Eickemeyer. Ihr Bruder Manfred wurde von der Gestapo im April 1943 verhört, da in seinem Atelier in der Leopoldstr. 38 regelmäßig Zusammenkünfte der Weißen Rose stattgefunden hatten, und entging „nur mit knapper Not einem schrecklichen Tod" (Brief [hs.] v. Fritz, New Rochelle, an Mädi, 4.4.1946, S. 2, in BAdW, Nachlass KvF, Karton 25, Blaue Mappe, ‚Briefe 1931–1971'; siehe auch Sachs 2008).
Im Nachlass gibt es keinen Brief aus der Münchener Zeit des Paares, der erste erhaltene Brief Kurt von Fritz' an Louise, deren Familie in Pöcking am Starnberger See Besitz hatte, stammt aus Hamburg und ist auf den 4.5.1931 datiert.
58 Brief v. Fritz, Hamburg, an Mädi, 16.2.1932 (BAdW, Nachlass KvF, Karton 25, Graue Mappe); siehe auch Briefe (hs.) v. Fritz, Hamburg, an Schwartz, 14.8.1931 und 3.12.1931 (BSB München, Schwartziana II. A. Fritz, Kurt v.).
59 v. Fritz (1932), 40–62 u. 136–178, dort 41; in einem Brief an Schwartz betitelte er das gemeinsame Projekt mit „Entwicklung der antiken Axiomatik" (Brief [hs.] v. Fritz, Hamburg, an Schwartz, 3.12.1931, in BSB München, Schwartziana II. A. ‚Fritz, Kurt v.').
60 „Theaitetos 2) aus Athen" und „Theodoros 32) aus Kyrene", gedruckt 1934 in *RE* V A 2 (1934), Sp. 1350–1372 und Sp. 1825–1831.
61 Solmsen 1929a, 93–107.

des".⁶² Entschieden bezog von Fritz Stellung gegen die „vollkommen neue Auffassung von der Entwicklung der antiken Mathematik vor und unmittelbar nach Platon", die der Jaeger-Schüler Solmsen vertrat und die sich vor allem darin äußerte, dass er die Bedeutung Theaetets und Theodoros' „für die Gesamtentwicklung der Mathematik vollkommen anders [einschätzte] als man dies bisher getan hatte [und] (...) ihnen auch konkrete Einzelleistungen [absprach], die man ihnen bisher allgemein zugeschrieben hatte" (S. 40). Mit dieser „zum Teil scharfe[n] Kritik", die in der Unterstellung gipfelte, Solmsen habe „auf diesem am Rande seiner Untersuchung liegenden Gebiet teilweise das Rüstzeug" gefehlt (S. 178), versuchte Kurt von Fritz seine Kompetenz und Deutungshoheit als Spezialist auf dem Gebiet der antiken Mathematik⁶³ vehement festzuschreiben und gegen mögliche Konkurrenten zu verteidigen: zur Absicherung seiner Positionen verwies er auf seinen „Freund und mathematischen Kollegen S. Bochner, der (...) die (...) Ausführungen überall mit seiner Kritik begleitet und dadurch gefördert hat".⁶⁴

Außerordentlicher Professor in Rostock (1933–1935)

Lediglich vier Semester währte die engagierte Zusammenarbeit der Trias Kapp, Snell und von Fritz, „demokratisch gesinnte[n] Wissenschaftler[n], die dem erstarkenden Nationalsozialismus mit entschiedener Ablehnung gegenüberstanden".⁶⁵ Kurt von Fritz hatte sich im Sommer 1932⁶⁶ auf eine Professur in Rostock beworben (Nachfolge Johannes Geffcken) und war von der Fakultät zusammen mit Hermann Fränkel pari passu auf Platz 1 der Liste gesetzt worden. Die Berufung durch die nationalsozialistische Landesregierung, die schon seit Juli 1932 im Amt war, zog sich allerdings in die Länge: Unter Missachtung des Fakultätsvotums ‚ernannte' sie zunächst den auf Platz 3 gesetzten Hans Herter zum außerordentlichen Professor, obwohl die Stelle als ordentliche Professur ausgeschrieben war. Dem eigenmächtigen Vorgehen des Ministeriums war allerdings kein Erfolg beschieden, da Herter umgehend ablehnte, als ihm in Tübingen zeitgleich ein Ordinariat in Aussicht gestellt worden war. Süffissant kommentierte von Fritz diese Blamage als „nationalsozialistische Errungenschaft":

---

62 Solmsen 1929b, 109–135.
63 Er hatte bereits zwei Aufsätze zu Eudoxos im *Philologus* veröffentlicht, „Zur Ideenlehre des Eudoxos von Knidos" (v. Fritz 1926), und die Miszelle „Die Lebenszeit des Eudoxos von Knidos" (v. Fritz 1930).
64 v. Fritz, Platon 1932, 41 (siehe S. 237 mit Anm. 47).
65 Lohse 1991, 780.
66 Brief v. Fritz, Hamburg, an Mädi, 21.3.1933 (BAdW, Nachlass KvF, Karton 25, Graue Mappe).

„Das schöne daran ist, daß eine Regierung jemanden, der weder in ihrem Land Beamter ist noch überhaupt Staatsangehöriger ist, zu etwas ernennt, ohne ihn auch nur vorher zu fragen, ob er ernannt werden will."[67]

Daraufhin sei die Fakultät aufgefordert worden, ihre Liste zu ergänzen, bevor jemand anderes berufen werden würde, für von Fritz ein klares Indiz dafür,

„(...) daß die Regierung uns beide umgehen will: bei Fränkel aus dem einfachen Grunde, weil er Jude ist. Da bei mir weder dieser Grund / noch wissenschaftliche Gründe, in denen die Regierung kein Urteil haben kann, in Frage kommen, kann es nur aus politischen Gründen sein. Und da ich politisch nie öffentlich hervorgetreten und keiner Partei angehöre, privatem [sic!] allerdings aus meiner Abneigung gegen die NS nie ein Hehl gemacht und ein paar Mal auch an Versammlungen für die Freiheit der Wissenschaft gegen politische Unterdrückung teilgenommen habe, so können sie zu diesen Gründen nur durch Schnüffelei gekommen sein."[68]

Als die Fakultät dennoch auf einer Berufung von von Fritz insistierte, unternahm die Mecklenburgische Regierung einen letzten Versuch, den politisch unzuverlässigen Bewerber zu verhindern, indem sie bei der Hamburger Regierung Erkundigungen über den Kandidaten einzog, „ein ganz ungewöhnlicher Schritt", der Kurt von Fritz kurzzeitig daran zweifeln ließ, ob ein Wechsel vom „demokratisch-volksparteilich" regierten Hamburg nach Rostock wirklich ratsam wäre: „Auch ist mir sehr fraglich, ob ich mich unter den gegebenen Umständen über eine Berufung dorthin freuen sollte."[69]

Das erste verhandlungsfähige Angebot kam am 27. Februar, „unter ziemlich kümmerlichen Bedingungen",[70] denn Geffckens ordentlicher Lehrstuhl wurde von

---

67 Brief v. Fritz, Hamburg, an Mädi, 3.2.1933, S. 2 (BAdW, Nachlass KvF, Karton 25, Graue Mappe).
68 Brief v. Fritz, Hamburg, an Mädi, 3.2.1933, S. 2f. (wie Anm. 67).
69 Brief v. Fritz, Hamburg, an Mädi, 16.2.1933, S. 5 (wie Anm. 58). Ein Verbleiben in Hamburg war nahezu ausgeschlossen, da die Universität offenbar längst geplant hatte, die Assistentenstelle wieder einzusparen (ebda.).
70 Brief v. Fritz, Pöcking, an Mädi, 12.3.1933, S. 1 (BAdW, Nachlass KvF, Karton 22, ‚Briefe Bunte Kiste'). Das Grundgehalt war niedriger als in Hamburg, 4800 RM jährlich, wurde aber ergänzt durch eine „unwiderrufliche Stellenzulage von 600 RM jährlich" und einem „Wohnungsgeldzuschuß für verheiratete Beamte" in Höhe von 1080 RM; hinzu kam eine garantierte „Mindesteinnahme an Vorlesungsgeldern" in Höhe von 400 RM; die Abzüge infolge der Notverordnungen beliefen sich auf 22 % (Brief Mecklenburg-Schwerinsches Ministerium für Unterricht an v. Fritz, 27.2.1933, in BAdW, Nachlass KvF, Karton 25, Gemischte Mappe, ‚Dokumente'). In den darauffolgenden Verhandlungen konnte von Fritz eine Erhöhung des Grundgehalts auf 5200 RM durchsetzen, zuzüglich der Erstattung des doppelten Umzugs von München (Pöcking) und Hamburg (Brief Mecklenburg-Schwerinsches Ministerium für Unterricht, Kunst, geistliche und Medizinalangelegenheiten, an Verwaltungsbehörde für die Finanzen der Universität Rostock,

Fritz nur als außerordentliche Professur angeboten, mit dem Auftrag „in mindestens 8 Wochenstunden nach Benehmen mit dem Ordinarius Vorlesungen über klassische Philologie, insbesondere über einzelne Gebiete und Teile der alten Geschichte Griechenlands im Anschluß an die Geschichtsquellen zu halten".[71] Dennoch sagte von Fritz am 11. März zu, auch wenn ihm der Abschied von den „sehr netten Freunden und Bekannten in Hamburg" schwerfiel: er freute sich auf die „verantwortungsvolle Tätigkeit in Rostock, (...) zeitlich das Ganze mitzuleiten, woran mir vor allem gelegen ist". Deshalb hoffte er darauf, möglichst rasch wenigstens die Rechte eines ordentlichen Professors, und damit die Mitgliedschaft in der Fakultät, übertragen zu bekommen, „wenn auch nicht sein Gehalt (...). Das ist mir unter den gegenwärtigen Umständen natürlich besonders wichtig."[72]

Am 29. März akzeptierte das Ministerium im Wesentlichen Kurt von Fritz' Forderungen und berief ihn zum 1. April als außerordentlichen Professor auf den Lehrstuhl für klassische Philologie: zugleich gewährte es ihm eine Beurlaubung „etwa bis 28. April" und übernahm die „Umzugskosten von Pöcking nach Rostock" und die „reinen Frachtkosten Ihrer Bibliothek und der dazugehörigen beiden Möbelstücke von Hamburg nach Rostock".[73] Am 10. Mai erfolgte die Vereidigung beim Amtsgericht, ironischerweise noch auf die Weimarer Verfassung, und die Amtseinführung.[74] Laut Bestallungsurkunde vom 26. April war er als Beamter unkündbar und konnte „nur durch eine Entscheidung der Disziplinarkammer aus dem Amte entfernt werden, soweit nicht das Landesgesetz ein anderes bestimmt".[75]

Als Folge des politischen Drucks, „der nun bald in immer steigendem Maße auf allen zu lasten begann", fand Kurt von Fritz rasch Zugang und freund-

---

26.4.1933, in BAdW, Nachlass KvF, Karton 25, Gemischte Mappe, ‚Dokumente', und Brief v. Fritz, Hamburg, an Mädi, 21.3.1933, in BAdW, Nachlass KvF, Karton 25, Graue Mappe). Für die Berechnung des „Übergangsgeldes" nach der Entlassung wurden ungekürzte Bezüge von insgesamt 7400 RM zugrunde gelegt (Grundgehalt 5600.–, Wohnungsgeld 1080.–, Zulage 600.–, Kinderzuschlag 120.-), „nach Durchführung der Gehaltskürzungsvorschriften" verblieben 5889 RM (Mecklenburgisches Staatsministerium, Abteilung Unterricht, Schwerin, an v. Fritz, Rostock, 22.6.1935, in BAdW, Nachlass KvF, Karton 25, Gemischte Mappe, ‚Dokumente').
71 Brief Mecklenburg-Schwerinsches Ministerium für Unterricht an v. Fritz, 27.2.1933 (BAdW, Nachlass KvF, Karton 25, Gemischte Mappe, ‚Dokumente').
72 Brief v. Fritz, Pöcking, an Mädi, 12.3.1933 (wie Anm. 70).
73 Brief Mecklenburg-Schwerinsches Ministerium für Unterricht an v. Fritz, Pöcking, 29.3.1933 (BAdW, Nachlass KvF, Karton 25, Gemischte Mappe, ‚Dokumente').
74 Protokoll der Beeidigung und Amtseinführung, Rostock, 10.5.1933 (BAdW, Nachlass KvF, Karton 25, Gemischte Mappe, ‚Dokumente'), und v. Fritz, ‚Autobiographische Skizze', S. 8 (wie Anm. 21).
75 Abschrift der Bestallungsurkunde, 26.4.1933 (BAdW, Nachlass KvF, Karton 25, Gemischte Mappe, ‚Dokumente').

schaftlichen Kontakt zu Rostocker Kollegen, die dem Nationalsozialismus fernstanden: mit dem Althistoriker Ernst Hohl, der sich für seine Berufung eingesetzt hatte,[76] dem Mathematiker Robert Furch, dem Philosophen Julius Ebbinghaus, dem Romanisten Fritz Schalk und dem Theologen Friedrich Brunstäd verband ihn eine „enge Gesinnungsgemeinschaft". Mit Ebbinghaus und dessen Assistenten Klaus Reich veranstaltete er ein interdisziplinäres Seminar über das erste Buch von Aristoteles' Analytica posteriora.[77] Schon im SoSe 1933 setzte offenbar eine Kampagne gegen den latinistischen Kollegen und ehemaligen Rektor Rudolf Helm ein, die durch das energische Eingreifen von von Fritz vorerst abgewehrt werden konnte.[78]

In München war Salomon Bochner entlassen worden, „weil er Jude ist":[79] deshalb verbrachte Kurt von Fritz nicht wie üblich die Semesterferien in Pöcking und München, sondern besuchte den Freund in Cambridge.[80] Zwei Monate lang arbeiteten sie konzentriert an ihrem gemeinsamen Buch, dennoch gelang es ihnen nicht, die Niederschrift vor der Emigration Bochners nach Princeton, wo ihm für das akademische Jahr 1933/34 eine research fellowship angeboten wurde, abzuschließen.[81] Bochner wäre zwar lieber in England geblieben, doch er konnte das Angebot aus Princeton kaum ausschlagen, zumal es sogar mit der Option auf „eine richtige Professur (...) in einiger Zeit (...) an der (...) ersten mathematischen Uni-

---

76 Sehlmeyer 2005, 19.
77 v. Fritz, ‚Autobiographische Skizze', S. 8 (wie Anm. 21).
78 Brief Snell (hs.), Hamburg, an v. Fritz, 11.6.1933 (BAdW, Nachlass KvF, Karton 21, Mappe braun, ‚Briefe an KvF'): „(...) will ich Ihnen doch noch für Ihren ausführlichen Brief mit dem interessanten Bericht über Helm danken: ich hatte schon durch Schalck [sic!] ein wenig über die Sache gehört, auch, dass Sie sich mit Eifer und Erfolg eingesetzt hätten (...)": zu den tumultartigen Aktionen gegen Helm, die vom Nationalsozialistischen Deutschen Studentenbund organisiert waren, siehe Carlsen 1965, 159–162, die von Fritz' Einschreiten nicht erwähnt. Helm wurde 1937 wegen der jüdischen Herkunft seiner Frau zwangsweise in den Ruhestand versetzt. (Buddrus, Fritzler 2007, 183–184).
79 Brief Louise/Kurt v. Fritz, Rostock, an Mädi, 6.5.1933 (BAdW, Nachlass KvF, Karton 25, Graue Mappe). Die „turbulenten privaten und öffentlichen Ereignisse" des Frühjahrs 1933 hatten dafür gesorgt, dass bei der Arbeit Bochners und von Fritz' im März und April 1933 in München „nicht so sehr viel herausgekommen" war (Brief v. Fritz, Cambridge, an Louise, 14.9.1933, ebda.).
80 Der Antrag bei der *Notgemeinschaft der Deutschen Wissenschaft* auf ein Reisestipendium („ich hoffe, daß die Notgemeinschaft mir die Reise bezahlt und zum Aufenthalt etwas beisteuert") war wahrscheinlich erfolgreich, denn den Umzug mit Bochner in ein billigeres Quartier in Cambridge kommentierte von Fritz mit der Bemerkung : „(...) sodaß mir dann vielleicht etwas übrig bleibt." (Brief Kurt/Louise v. Fritz, Rostock, an Mädi, 6.5.1933, und Brief v. Fritz, Cambridge, an Louise, 19.8.1933, in BAdW, Nachlass KvF, Karton 25, Graue Mappe).
81 Princeton bot Bochner „eine Art Forschungsstipendium ohne die Verpflichtung Vorlesung zu halten, aber mit der Notwendigkeit dort zu wohnen, mit $ 1500 im Jahr und freier Wohnung." (Brief v. Fritz, Cambridge, an Louise, 9.8.1933, in BAdW, Nachlass KvF, Karton 25, Graue Mappe).

versität in USA" verknüpft war.[82] Diese Umstände erschwerten eine Fortsetzung der gemeinsamen mathematikgeschichtlichen Forschungsarbeit, deren Ergebnisse bei der Cambridge University Press erscheinen sollten, natürlich erheblich,[83] doch sie eröffneten Kurt von Fritz erstmals die Perspektive eines Aufenthalts in den USA:

> „Immerhin versuche ich, allmählich etwas besser Englisch zu lernen, um eher die Möglichkeit zu haben, vielleicht einmal später zu Gastvorlesungen nach Amerika zu gehen."[84]

Über Hamburg, wo er Frau Snell und Kapp besuchte, kehrte von Fritz Anfang Oktober 1933 nach Rostock zurück, wo Louise inzwischen den Umzug nahezu abgeschlossen hatte. Dort erwartete ihn die Erledigung „einige[r] wichtige[r] und dringende[r] Dinge", vor allem die ultimative Aufforderung des Ministeriums, seine arische Abstammung endlich zu erklären. Die Geburt des Vaters war noch nicht standesamtlich registriert worden, sodass der Eintrag im Kirchenregister vorgelegt werden musste. Deshalb bat von Fritz seine Schwester darum, die Kirchenbehörde bzw. das Pfarramt der Großeltern herauszufinden.[85] Die Ernsthaftigkeit, mit der von Fritz bei allem Widerwillen diese Angelegenheit klären wollte,[86] steht in deutlichem Widerspruch zu der kühnen und sarkastischen Er-

---

82 Brief v. Fritz, Cambridge, an Louise, 9.8.1933 (wie Anm. 81).
83 Ein „kleines Sondererergebnis, das wir gefunden haben und das auch mathematisch interessant ist, da wir bei Euklid für einen fundamentalen mathematischen Satz einen Beweis gefunden haben, der der modernen Mathematik nicht bekannt ist", arbeitete Bochner zu einem Aufsatz aus. Frank Hardie, Tutor for Classics in Oxford, sei davon „sehr begeistert" gewesen und „interessiert sich nun umso mehr für unser Buch, so dass wohl die Aussicht wächst, daß wir es in der Cambridge Press werden publizieren können." (Brief v. Fritz, Cambridge, an Louise, 14.9.1933, wie Anm. 79).
84 Brief v. Fritz, Cambridge, an Louise, 9.8.1933 (wie Anm. 81): wenig später klagte er über Kontaktschwierigkeiten, da ihm das Englischsprechen viel schwerer fallen würde als französisch oder italienisch: „Vielleicht nehme ich einmal ein paar Konversationsstunden, die nur leider ziemlich teuer sind." (Brief v. Fritz, Cambridge, an Louise, 19.8.1933, wie Anm. 80). Bochner war schon geübter: er war früher schon ein Jahr in England gewesen und schrieb seine Ausarbeitung „schon gleich in Englisch nieder, wozu ich leider nicht imstande bin." (Brief v. Fritz, Cambridge, an Louise, 31.8.1933, in BAdW, Nachlass KvF, Karton 22, ‚Briefe Bunte Kiste', und Brief v. Fritz, Cambridge, an Mädi, 2.9.1933, in BAdW, Nachlass KvF, Karton 25, Graue Mappe).
85 Brief v. Fritz, Rostock, an Mädi, 11.12.1933 (BAdW, Nachlass KvF, Karton 25, Graue Mappe).
86 „Es ist eine wirklich idiotische Einrichtung (...) Vielleicht schreibst Du mir gleich noch einmal, was Du darüber weißt (...) damit es sich nicht noch ewig hinauszieht. Inzwischen wird uns zur Beruhigung mitgeteilt, dass demnächst die arische Abstammung der Frauen auch noch untersucht werden soll. Die heutige Regierung hat wahrlich dringende Geschäfte!" (Brief v. Fritz, Rostock, an Mädi, 11.12.1933, wie Anm. 85). Olga von Fritz' Recherchen stellten die Behörden

klärung, die er 1975 in einem Brief an das Münchener Institut für Zeitgeschichte zitierte:

> „Als ich aufgefordert wurde zu erklären, ob ich ‚Arier' sei, antwortete ich, ich wisse nichts davon, daß meine Vorfahren aus Indien oder Persien eingewandert seien, falls aber gemeint sei, ob ich Juden unter meinen Vorfahren habe, könne ich solche allerdings auch nicht nachweisen."[87]

In den Wintermonaten suchten Kurt von Fritz und Samuel Bochner nach einer Möglichkeit, die gemeinsame Arbeit im Sommer 1934 fortzusetzen, diesmal in Amerika. Die Reise schien zunächst durch Pläne der nationalsozialistischen Regierung gefährdet zu sein, die im Herbst 1934 alle Dozenten unter 35 Jahren für neun Wochen zu Arbeits- und Militärdienst in den Reihen der SA einziehen wollte.[88] Rasch sollte sich jedoch herausstellen, dass die Finanzierung das Hauptproblem war: Bochner war es nicht gelungen, über die *Rockefeller Foundation* einen Zuschuss zu erwirken, und Eduard Schwartz, bei dem von Fritz in München in dieser Sache vorsprach, hatte keinerlei Beziehungen zu Rockefeller.[89] Resigniert musste von Fritz im Mai 1934 feststellen:

> „Mit Amerika scheint es nun leider nichts zu werden. Die Amerikaner wollen nicht anbeissen. Auch scheint die Stimmung gegen Deutschland dort sehr schlecht zu sein. Hoffentlich gelingt es noch zu einem späteren Termin."[90]

---

offenbar zufrieden, denn die arische Abstammung spielte bei der Versetzung Kurt von Fritz' in den Ruhestand keinerlei Rolle.

87 Brief v. Fritz, München, an IfZ München, 22.11.1975 (wie Anm. 4); ähnlich auch in den Skizzen zu seiner Autobiographie (‚Biographie KvF', 5. Anlage, in KvF-Papers, Albany).
88 Brief v. Fritz, Rostock, an Mädi, 18.2.1934 (BAdW, Nachlass KvF, Karton 25, Graue Mappe).
89 Brief v. Fritz, Pöcking, an Mädi, 26.3.1934 (BAdW, Nachlass KvF, Karton 25, Graue Mappe).
90 Brief v. Fritz, Rostock, an Mädi, 5.5.1934 (BAdW, Nachlass KvF, Karton 25, Graue Mappe). Diese Hoffnung sollte sich nicht erfüllen, obwohl Bochner noch im Sommer 1934 zum Assistant Professor in Princeton ernannt wurde und dem „lieben Freund" alsbald euphorisch versicherte, er sei nunmehr „in der Lage, dafür zu sorgen, dass Sie sollen herkommen können", mit einem Stipendium „entweder von Rockefeller oder vom Institute for Advanced Study" (Brief Bochner, Princeton, an v. Fritz, 3.6.1934, in BAdW, Nachlass KvF, Karton 25, Graue Mappe). An eine Zusammenarbeit im Sommer 1935 war nach von Fritz' Entlassung nicht zu denken, Bochner musste sich in Berlin um seinen schwerkranken Vater kümmern (Brief v. Fritz, Pöcking, an Mädi, 25.8.1935, in BAdW, Nachlass KvF, Karton 25, Graue Mappe).

Der Eid – Versetzung in den ‚Ruhestand' (1934/35)

Das WS 1934/35 begann für Kurt von Fritz unter ungünstigen Vorzeichen: seine Bewerbung um ein Ordinariat in Freiburg (Nachfolge Schadewaldt) wurde aus politischen Gründen von der badischen Regierung in Karlsruhe niedergeschlagen,[91] in Rostock besuchten „ganze 3 Hörer" seine Vorlesungen: „der philologische Nachwuchs scheint ganz auszubleiben. (…) wenn es so bleibt, [werde ich hier bald] meinen Laden zumachen können."[92] Am folgenreichsten war jedoch seine Reaktion auf die Aufforderung der Regierung, einen Eid auf den Führer Adolf Hitler zu schwören, der seit dem „Gesetz über die Vereidigung der Beamten und der Soldaten der Wehrmacht" vom 20. August 1934 nicht nur für die Soldaten der Wehrmacht, sondern auch für die gesamte Beamtenschaft obligatorisch war. Der Diensteid der öffentlichen Beamten hatte folgenden Wortlaut:

> „Ich schwöre: Ich werde dem Führer des Deutschen Reiches und Volkes Adolf Hitler treu und gehorsam sein, die Gesetze beachten und meine Amtspflichten gewissenhaft erfüllen, so wahr mir Gott helfe."[93]

Die Vorladung zur Ableistung des Eides „im Dienstzimmer des Herrn Regierungsbevollmächtigten" der Universität Rostock wurde Kurt von Fritz in den Semesterferien nach Pöcking zugestellt. Um seine wissenschaftlichen Arbeiten, die

---

[91] Kurt von Fritz stand auf der Fakultätsliste, die vom Ministerium in toto zurückgewiesen wurde, lediglich auf Platz drei, hinter Reinhardt/Harder (pari passu auf Platz 1) und Snell (Malitz 2006, 320–324). Nachfolger Schadewaldts wurde der Nationalsozialist Hans Bogner (zu Bogner siehe Christ 2006, 90 mit Anm. 166 und Malitz 1998, 526–528). Die Selbsteinschätzung des Abgewiesenen gegenüber der Schwester: „Für das Wintersemester war ich übrigens von der Fakultät in Freiburg für ein Ordinariat vorgeschlagen. Aber die Regierung will mich, wie vorauszusehen, nicht" (Brief v. Fritz, Rostock, an Mädi, 2.11.1934, S. 1, in BAdW, Nachlass KvF, Karton 25, Graue Mappe) wiederholte er in Briefen an das Institut für Zeitgeschichte (22.11.1975) und an Alfred Heuss (10.5.1980): „[1935] bewogen meine alten Lehrer Fabricius und Dragendorf [sic!] in Freiburg die dortige Fakultät, mich unico loco für eine dort gerade frei gewordene Professur vorzuschlagen. Doch wurde die [sic!] Fakultät bedeutet, ich sei politisch untragbar." (Brief v. Fritz an Heuss, 10.5.1980, S. 4, ‚Biographie KvF', 4. Anlage a, Brief v. Fritz, München, an IfZ, 22.11.1975, S. 2, beides in KvF-Papers, Albany, und v. Fritz, ‚Autobiographische Skizze', S. 9 [wie Anm. 21]). Ein zweiter Versuch Dragendorffs und Fabricius', von Fritz auch nach seiner Entlassung in Rostock nach Freiburg zu holen, lässt sich in Malitz' detailgenauer Darstellung der Berufungsverhandlungen nicht verifizieren (Malitz 2006, 320–340).
[92] Brief v. Fritz, Rostock, an Mädi, 2.11.1934 (wie Anm. 91).
[93] RGBl. 1934 I, S. 785, zitiert nach Buschmann 2000, 227. Durch diese Eidesformel wurde die „Verordnung über die Vereidigung der Beamten und der Soldaten der Wehrmacht" vom 2. Dezember 1933 ersetzt, in der die Beamten noch dem „Volk und Vaterland Treue halten" und zusätzlich zu den Gesetzen auch die „Verfassung beachten" sollten (Buschmann 2000, 222).

er „aus leihbibliothekarischen Gründen nur in München machen" könne, nicht vorzeitig abbrechen zu müssen, ersuchte er „um die Erlaubnis, den Eid erst nach Beginn des Semesters Anfang November ableisten zu dürfen" statt zum ursprünglich vorgesehenen Termin am 12. Oktober.[94] Im gleichen Schreiben formulierte er seine „reservatio mentalis"[95] gegen den Eid, Einschränkungen und Bedenken, die in ihrer Ausführlichkeit und vorsichtigen Abwägung ein anderes Bild vermitteln als die häufig zitierte kurz und prägnant gefasste Interpretation, die Kurt von Fritz retrospektiv vier Jahrzehnte später dem Institut für Zeitgeschichte zukommen ließ:[96]

> „Da ferner wie ich höre, darüber diskutiert wird, ob der Eid des Gehorsams auch dazu verpflichtet, auf höheren Befehl Lehren vorzutragen, welche der eigenen Überzeugung widersprechen und von manchen Seiten diese Frage bejaht wird, so halte ich es angesichts der Heiligkeit des Eides für meine Pflicht, der den Eid abzunehmenden Behörde vor Ablegung des Eides mitzuteilen, daß meiner Meinung nach ein dem Staatsoberhaupt geleisteter Eid

---

94 Briefentwurf v. Fritz, Pöcking, zum 12. Oktober 1934 (undatiert, vor 6.10.1934) in BAdW, Nachlass KvF, Karton 25, Graue Mappe.

95 Dieser Terminus in einem Brief an Alfred Heuss, 10.5.1980: „(...) wenn meine Kollegen verfahren wären wie ich es ihnen geraten habe, und die reservatio mentalis, mit der sie ihr Gewissen zu beruhigen suchten, öffentlich ausgesprochen und unerschütterlich daran festgehalten hätten, die Nazis wahrscheinlich hätten nachgeben müssen." (Brief v. Fritz an Heuss, 10.5.1980, S. 5, in KvF Papers, Albany, ‚Biographie KvF', 4. Anlage a).

96 Am bekanntesten ist die Fassung im Text „Die Gründe, die zu meiner Emigration i. Jahre 1936 geführt haben": „In diesem Schreiben erklärte ich, daß ich den geforderten Eid nur leisten könne, wenn mir von höchster Stelle schriftlich bescheinigt werde, daß aufgrund dieses Eides nicht die Forderung an mich gestellt werden könne, irgend etwas zu lehren, was meinen Überzeugungen widerspreche." (IfZ Microfilm MA 1500/18, 30.4.1979; Kopie in BAdW, Nachlass KvF, Karton 18, Gelbe Kartonmappe, ‚Duplikate, Lebenslauf'); abgedruckt in Wegeler 1996, 369 ff.); ähnlich der Wortlaut in den Briefen Kurt von Fritz' an Alfred Heuss vom 10.5.1980 (‚Biographie KvF', 4. Anlage a, S. 2f., in KvF-Papers, Albany,) und an Graf Krockow (‚Biographie KvF', 4. Anlage b, S. 1, ebda.), und in seiner ‚Autobiographischen Skizze', S. 8 (wie Anm. 21). Eine andere Facette zeigt der Bericht im ersten Brief an das Institut für Zeitgeschichte 1975: „Erst als ich auf die Aufforderung, einen Eid unbedingten Gehorsams dem ‚Führer' gegenüber zu leisten, gab ich zur Antwort [sic!], ich könne einen solchen Eid nicht leisten, ohne eine verbindliche Erklärung darüber zu erhalten, was aufgrund eines solchen Eides von mir verlangt werden könnte, begannen sich Folgen zu zeigen." (Brief v. Fritz, München, an IfZ, 22.11.1975, S. 1f., wie Anm. 4). Der Bericht an die Schwester im Brief vom 2.11.1934 kommt dem Wortlaut des Entwurfes am nächsten: „(...) habe ich an das Ministerium geschrieben, ich wollte ihn leisten, könnte aber in dem Gehorsam, der geschworen werden soll, keine Verpflichtung anerkennen, Dinge zu lehren, die meiner Überzeugung widersprächen. Ich nähme an, daß dies auf Grund des Eides und in Zukunft nie gefordert werden könne bzw. ein Eid dazu nicht verpflichten könne, und teilte ihnen das zur authentischen Feststellung mit." (Brief v. Fritz, Rostock, an Mädi, 2.11.1934, S. 2, wie Anm. 91).

nicht verpflichtet gegen die Pflichten gegenüber den Gesetzen, dem Amte und dem Volke, vornehmlich also nicht gegen Pflicht, nach bestem Wissen und Gewissen nur die Wahrheit zu lehren. Ich bin für meine Person davon überzeugt, daß dies auch der Meinung des Führers entspricht und ein Konflikt der Pflichten nicht entstehen kann. Da jedoch auch die gegenteilige Meinung vertreten wird, so halte ich es angesichts der Heiligkeit eines Eides für meine Pflicht, der den Eid abnehmenden Behörde meine Auffassung zur eventuellen Feststellung mitzuteilen."[97]

Bei aller Deutlichkeit in der Sache ist doch auffallend, wie sehr von Fritz bemüht war, den Eindruck der Provokation zu vermeiden: rhetorisch geschickt bezog er sich dreimal auf vorgeblich kritische Stimmen anderer, die ihn dazu veranlasst hätten, seine eigene Position und seine Rechtsauffassung bezüglich des Eides der Behörde mitzuteilen.[98] In zusätzlicher strategischer Finesse stellte er selbstbewusst einen Konsens zwischen seiner persönlichen Haltung und der Meinung des Führers her, dessen diktatorische Allmacht er im juristischen Teil seiner Argumentation durch die neutrale Bezeichnung „Staatsoberhaupt" reduzierte und ihn dadurch nach den unausgesprochenen Spielregeln der Panegyrik auf die Rolle eines verantwortungsvollen Politikers verpflichtete.

Zunächst reagierte die Behörde unbeeindruckt und routiniert: sie teilte am 5. November den Ersatztermin für die Ableistung des Eides mit („Mittwoch, den 7. November 1934, mittags 12 ¾ Uhr im Dienstzimmer des Herrn Regierungsbevollmächtigten (...) Dunkler Anzug oder Uniform") und bat von Fritz, „zwecks vorheriger Besprechung Ihres Schreibens vom 6. Oktober (...) bereits 12½ Uhr" zu

---

[97] Briefentwurf v. Fritz, Pöcking, zum 12. Oktober 1934 (wie Anm. 94); Auszüge aus von Fritz' Schreiben vom 6. Oktober und 7. November 1935 an das Ministerium zitiert Carlsen 1965, 165 f., Müller 2005, 69 f. und Bernard 2012, 78 f.
[98] Zwei Jahre später nannte von Fritz gegenüber Professor Cohn vom *Emergency Committee* einen ganz konkreten Anlass, der ihn dazu bewogen hätte, den Eid mit einer entscheidenden Einschränkung zu versehen: es sei ihm in Rostock auf „höheren Befehl" zugemutet worden, die Rassenlehre der Nationalsozialisten in seine Lehr- und Forschungstätigkeit zu integrieren: „I think that Mr. Adams has probably written to you that I (...) was displaced in April 1935 for not swearing unconditional obedience to Hitler after having been asked to lecture and write about race in antiquity according to the national-socialist theories." (Brief v. Fritz, Portland, an Cohn, 11.11.1936, in NYPL, *EC*-Records 60.41). Da von Fritz an keiner anderen Stelle einen derartigen Befehl erwähnt, obwohl er die Ereignisse rund um den Diensteid in seiner Korrespondenz und seinen autobiographischen Äußerungen bis an sein Lebensende immer wieder in aller Ausführlichkeit erläuterte, lässt sich die Authentizität dieser Äußerung nicht verifizieren: vielleicht wollte er seinem amerikanischen Adressaten nur veranschaulichen, in welche Gewissensnöte dieser ‚unconditional oath' einen der Objektivität und Wahrheit verpflichteten Wissenschaftler hätte führen können.

erscheinen,[99] d. h. man war sich so sicher, dass man in nur 15 Minuten den widerspenstigen Eidespflichtigen wieder zur Raison bringen zu können glaubte. Überraschenderweise lenkte von Fritz jedoch nicht ein, sondern präzisierte seine Vorbehalte in einem zweiten Brief, datiert auf den Tag der Vorladung:

> „(…) es würde dem Sinne des Amtes eines Hochschullehrers als eines Forschers, der sich um dauernde Vertiefung der Erkenntnis und damit der Berichtigung des noch unvollkommen Erkannten bemühen soll, widersprechen, wenn von ihm die bedingungslose Vertretung bestimmt formulierter Lehren gefordert würde (…) Vielmehr kann hier sinngemäß die Treue gegenüber Staat und Volk und dem vom Volke gewählten Staatsoberhaupt nur darin bestehen, daß der Forscher sich mit allen Kräften um die Erkenntnis des wahren Sachverhaltes bemüht."[100]

Diesmal wussten die Verantwortlichen nicht, wie sie reagieren sollten: nur so ist es zu erklären, dass von Fritz erst gegen Ende des Wintersemesters, am 14. Januar, mit sofortiger Wirkung vom Dienst suspendiert wurde:

> „Das unterzeichnete Ministerium hat beschlossen, Sie aus Anlaß Ihrer Schreiben vom 6. Oktober und 7. November 1934 in Sachen Ihrer Vereidigung auf den Führer bis auf weiteres vom Dienst zu beurlauben. Seine weiteren Schritte in der Angelegenheit behält das unterzeichnete Ministerium sich vor. Sie haben sich jeder Lehr- und Prüfungstätigkeit zu enthalten."[101]

Kurt von Fritz blieb erstaunlich gelassen: sarkastisch schrieb er seiner Schwester, dass er die durch das Lehr- und Prüfungsverbot gewonnene freie Zeit dazu benutze, „um einige der unsterblichen Werke zu verfassen, die sonst durch meine

---

[99] Brief (Hauspost) Büro des Regierungsbevollmächtigten der Universität Rostock (G. Nr. 4117), 5.11.1934, an v. Fritz (Kopie in BAdW, Nachlass KvF, Karton 25, Graue Mappe); nach Goetz (1993, 334) war Ministerialrat Dehn der Regierungsbevollmächtigte: im Epilog zu seiner Studie über die italienischen Eidverweigerer skizziert Goetz kurz das Verhalten der beiden einzigen „Nicht-Eidesleister" in Deutschland, Karl Barth und Kurt von Fritz (Goetz 1993, 332–337), bei letzterem unter Rückgriff auf Briefe, die im Staatsarchiv Schwerin aufbewahrt sind (341, Anm. 30 ff.), und auf v. Fritz' mschr. Selbstaussagen (,Die Gründe', ,Autobiographische Skizze').
[100] Landeshauptarchiv Schwerin (LHAS), MfU Akte 1253, Brief v. Fritz an Mecklenburgisches Staatsministerium, Abteilung für Unterricht, zitiert nach Carlsen 1965, 166.
[101] Brief Mecklenburgisches Staatsministerium, Abteilung für Unterricht, gez. Dr. Bergholter, an v. Fritz, 14.1.1935 (BAdW, Nachlass KvF, Karton 25, Gemischte Mappe, ,Dokumente'). Die Suspendierung sei, so von Fritz, erst auf persönliches Betreiben des Reichsstatthalters Friedrich Hildebrandt verfügt worden (v. Fritz, ,Autobiographische Skizze', S. 9 [wie Anm. 21]), der den Vorschlag des Reichsministers, dem Professor vorerst nur „die ernsthafteste Missbilligung für sein Verhalten" auszusprechen, verwarf und von Fritz' Haltung in einem Schreiben vom 5. Januar 1936 „nicht nur für eine grobe Disziplinlosigkeit, sondern bei der ganzen Einstellung desselben für einen Verstoß gegen den Führer" bezeichnete (zit. nach Carlsen 1965, 166–167).

Vorlesungen im Keime erstickt worden wären." Seine Gesundheit und seine Nerven hätten bis jetzt unter den Ereignissen in keiner Weise gelitten. Unerschrocken suchte er gegenüber dem Ministerium weiterhin die Offensive: er erkundigte sich am 21. Januar telephonisch nach den Gründen für die Suspendierung, auf wessen Betreiben dieser Entschluss getroffen worden sei, ob mit der Eröffnung eines Verfahrens zu rechnen sei und wie lange so etwas gegebenenfalls dauern könnte. Das beharrliche Schweigen von seiten des Ministeriums interpretierte er als Unsicherheit und Schwäche:

> „(...) das lange Zögern zuerst bis zu meiner Suspendierung wie auch jetzt wieder, da man mich suspendiert hat, ohne weder ein Verfahren zu eröffnen oder mich abzusetzen, was ja ohne Vergehen nicht möglich ist, zeigt ja wohl, dass es nicht ganz leicht ist, etwas gegen mich zu finden."[102]

Er glaubte an den Erfolg seiner Sache: seine Schreiben hätten „wirklich nichts enthalten (...), was nicht jeder vernünftige und einigermaßen charakterfeste Mensch vertreten kann und muß." Deshalb bat er die Schwester, „unrichtigen Gerüchte[n] (...) Eidverweigerung und so", entgegenzutreten und dafür zu sorgen, „dass jeder, der etwas davon erfährt, genau das richtige erfährt":[103] keinesfalls wolle er seine strategische Position gefährden und zum „Aufrührer gegen den von Gott den Deutschen geschenkten ‚Führer'" gestempelt werden.[104] Wenige Tage später, am 26. Januar, fuhr von Fritz nach Schwerin, wo er „auf Drängen der Universität" vom Referenten des Kultusministeriums empfangen wurde. Im Verlauf der 1 ¼ stündigen Unterredung konnte er in Erfahrung bringen, dass gegen ihn bereits ein Disziplinarverfahren angeordnet worden sei mit der Begründung:

> „Es sei ein Mißtrauensvotum gegen den Führer, daß ich durch mein Schreiben überhaupt indirekt einen Zweifel daran geäußert habe, daß in Deutschland volle Freiheit der Wissenschaft herrsche oder überhaupt die Möglichkeit in Betracht gezogen habe, dass sie beschränkt werden könne."[105]

Bestens vorbereitet fiel es von Fritz nicht schwer, in der Diskussion mit dem Ministerialdirektor die Anklage zu entkräften: als Gewährsmann führte er sogar den Chefideologen der NSDAP, Reichsleiter Alfred Rosenberg, an, der in einer Rede in

---

102 Brief v. Fritz, Rostock, an Mädi, 22.1.1935 (BAdW, Nachlass KvF, Karton 25, Graue Mappe).
103 Brief v. Fritz, Rostock, an Mädi, 22.1.1935 (wie Anm. 102).
104 Brief v. Fritz an Heuss, 10.5.1980, S. 2. (‚Biographie KvF', 4. Anlage a, in KvF-Papers, Albany).
105 Brief v. Fritz, Rostock, an Mädi, 31.1.1935, S. 1 (BAdW, Nachlass KvF, Karton 25, Graue Mappe).

der Technischen Hochschule in München ebenfalls davon gesprochen hatte, dass „nicht nur Feinde des Nationalsozialismus oder Deutschlands sondern auch ernste Männer, denen Deutschlands Zukunft am Herzen liege, (...) in Sorge geraten [seien] um die Freiheit der Wissenschaft in Deutschland".[106] Obwohl dies Argument „einigen Eindruck" machte, konnte vonseiten des Kultusministeriums das Verfahren nicht mehr aufgehalten werden: am 11. Februar wurde von Fritz die Begründung des Disziplinarverfahrens „mit dem Ziel der Entfernung aus dem Amte" zugestellt:

> „Er wird beschuldigt, sich in seinem Amte eines Verhaltens schuldig gemacht zu haben, das ihn der für seinen Beruf erforderlichen Achtung unwürdig und als Beamter des nationalsozialistischen Staates ungeeignet erscheinen lässt, indem er die durch Reichsgesetz vom 20. August 1934 für alle Beamten angeordnete Eidesleistung auf den Führer abhängig machte von einer vorherigen authentischen Feststellung der Bedeutung dieses Eides für die ihm als Hochschullehrer obliegende Verpflichtung, nach bestem Wissen und Gewissen die Wahrheit zu lehren."[107]

Kurt von Fritz war entschlossen, „die Sache an der Stelle durchzufechten, an der sie durchgefochten werden muß".[108] Deshalb versprach er sich nicht viel von der Fürsprache seiner Rostocker Kollegen, die „in rührender Weise" versuchten sich für seine Person einzusetzen,

> „aber gerade dies in einer Weise, die mir nicht sehr lieb ist: so etwa unter der Devise: Er hat mit seiner Erklärung zwar eine Dummheit begangen, aber das darf man nicht so schlimm nehmen und muß es ihm auf Grund seiner sonstigen Qualitäten verzeihen."[109]

Keinesfalls wollte er den Anschein erwecken, als ob er „auf mildernde Umstände plädieren müßte".[110] Er wollte eine prinzipielle Entscheidung zu seinen Gunsten durchfechten:

---

106 Brief v. Fritz, Rostock, an Mädi, 31.1.1935, S. 1 (wie Anm. 105).
107 Beschluß (1 U. 589 a), Staatsministerium, Abteilung Unterricht, Schwerin, 11.2.1935 (BAdW, Nachlass KvF, Karton 25, Gemischte Mappe, ‚Dokumente'); auch in Carlsen 1965, 168.
108 Brief v. Fritz, Rostock, an Mädi, 31.1.1935, S. 4 (wie Anm. 105).
109 Brief v. Fritz, Rostock, an Mädi, 15.2.1935 (BAdW, Nachlass KvF, Karton 25, Graue Mappe). Motiv für diese „gut gemeinten freundschaftlichen Vermittlungen", so argwöhnte von Fritz, sei u. a. das schlechte Gewissen der Kollegen gewesen, „die nicht davon loskommen, daß sie selbst eben den Eid ohne weiteres geschworen haben und deshalb ein anderes Verhalten nicht billigen können." (ebda.)
110 Brief v. Fritz an Mädi, 31.1.1935, S. 3f. (wie Anm. 105).

„das Ganze [ist] sinnlos (...), wenn es nicht gelingt, das, was ich mit meinem Schritt gewollt habe, eindeutig durchzusetzen. Sonst wäre es besser gewesen, gar nicht damit anzufangen."[111]

Die Anhörung, in der von Fritz nochmals Gelegenheit hatte, auf Fragen zu antworten, fand am 21. Februar statt, ein Protokoll wurde ihm Mitte März, in den Semesterferien, nach Pöcking zugeschickt.[112] Die Ratlosigkeit der Mitglieder der Disziplinarkammer zeigt eine Auswahl aus deren Fragen:

„Ob ich Freimaurer gewesen sei – ob ich vor meinem Schritt in propagandistischer Weise einer größeren Anzahl von Personen Mitteilung gemacht hätte (...) ob ich ernsthaft geglaubt hätte, daß die Regierung eine Erklärung in meinem Sinne abgeben würde – ob mir bewußt gewesen sei, daß man in meinem Schreiben den Verdacht hätte ausgesprochen finden können, daß der Führer auch nicht zum Wohle des deutschen Volkes handeln könne (!!)."[113]

Damit war aber lediglich der erste Teil des Verfahrens, die sog. Disziplinaruntersuchung abgeschlossen: das „Disziplinarverfahren im engeren Sinne (...) besteht in einer richtigen Gerichtsverhandlung vor dem Disziplinargerichtshof, der aus 9 Mitgliedern besteht, 3 Juristen und 6 Nichtjuristen, die zusammen als Richter fungieren. Diese können dann erst ein Urteil fällen".[114] Da derartige Verhandlungen zu diesem Zeitpunkt noch öffentlich durchgeführt werden mussten, befürchtete die Regierung „eine im Sinne des Regimes durchaus negative Wirkung", vor allem „auf die Studentenschaft von der ein nicht ganz unbeträchtlicher Teil sich mit mehr oder minder Zurückhaltung ohnehin zu meinen Gunsten erklärt hatte".[115]

Deshalb schlug das Reichskulturministerium in Berlin, das die Entscheidung an sich gezogen hatte, die Hauptverhandlung, und damit das gesamte Disziplinarverfahren nieder: stattdessen griff es auf ein anderes, wesentlich unauffälligeres juristisches Instrumentarium, das „Gesetz zur Wiederherstellung des Be-

---

111 Brief v. Fritz an Mädi, 15.2.1935, S. 2 (wie Anm. 109).
112 Details aus dem Vernehmungsprotokoll (LHA MfU Akte 1253) bei Carlsen 1965, 169.
113 Brief v. Fritz, Rostock, an Mädi, 27.2.1935 (BAdW, Nachlass KvF, Karton 25, Graue Mappe). Zuvor, am 9./10. Februar, hielt sich von Fritz in Hamburg auf: „(...) unsere dortigen Freunde (...) haben doch eine freiere und weitere Auffassung von den Dingen als die hiesigen Kollegen (...). Auch war es mir wichtig, richtige Informationen über alles dorthin gelangen zu lassen, was doch nur mündlich ganz möglich ist." (Brief v. Fritz, Rostock, an Mädi, 15.2.1935, wie Anm. 109).
114 Brief v. Fritz, Rostock, an Mädi, 31.1.1935, S. 2 (wie Anm. 105).
115 v. Fritz, ‚Autobiographische Skizze', S. 9 (wie Anm. 21); siehe auch von Fritz' Deutung in seinem Brief an das Institut für Zeitgeschichte am 22.11.1975: „Da ich nun bei einer ‚Vernehmung' durch einen beauftragten Juristen äußerst unangenehme Antworten gab, die man nicht gerne vor der Öffentlichkeit geäußert haben wollte, wurde das Disziplinarverfahren wieder abgeblasen." (wie Anm. 4).

rufsbeamtentums", zurück und versetzte von Fritz am 16. April 1935 kurzerhand in den dauernden Ruhestand, „auf Grund des § 6":[116]

> „Zur Vereinfachung der Verwaltung können Beamte in den Ruhestand versetzt werden, auch wenn sie noch nicht dienstunfähig sind. Wenn Beamte aus diesem Grunde in den Ruhestand versetzt werden, so dürfen ihre Stellen nicht mehr besetzt werden."[117]

Da im offenen Widerspruch gegen den Wortlaut des Gesetzes die Fakultät gleichzeitig aufgefordert wurde, einen Nachfolger zu nominieren, unternahm der 34-jährige ‚Pensionär' am 18. Mai einen letzten Versuch, seine Entlassung abzuwehren, indem er das Ministerium bat, ihm die Gründe seiner Pensionierung mitzuteilen:

> „(...) da das gegen mich eingeleitete Disziplinarverfahren niedergeschlagen worden sei, könne ich nicht annehmen, dass die selben Gründe, die zur Einleitung des Verfahrens Anlaß gegeben haben, nunmehr für meine Versetzung in den Ruhestand maßgebend gewesen seien. Eine Vereinfachung der Verwaltung wurde nicht erzielt, da die Fakultät zu Vorschlägen für die Wiederbesetzung des Lehrstuhls aufgefordert worden sei."[118]

Das war das Ergebnis einer Strategie, die von Fritz zusammen mit Snells und Kapp entwickelt hatte, die er unmittelbar nach Erhalt des Entlassungsbescheides in der Osterwoche in Hamburg besucht hatte.[119] Doch wie von Fritz zu Recht befürchtete,

---

116 Brief Reichsstatthalter in Mecklenburg/Lübeck (G.-Nr. 3501) an v. Fritz, 16.4.1935 (BAdW, Nachlass KvF, Karton 25, Graue Mappe, ‚Dokumente').
117 Zitiert nach Buschmann 2000, 51. Erst zwei Monate später wurde von Fritz offiziell die Einstellung des Disziplinarverfahrens mitgeteilt: „Das durch Beschluß des Staatsministeriums, Abteilung Unterricht, vom 11. Februar 1935, 1 U 589 a, gegen Sie eröffnete Disziplinarverfahren wegen Dienstvergehens wird, nachdem Sie durch Verfügung des Herrn Reichsstatthalter vom 16. April 1935 auf Grund des § 6 BBG vom 7. April 1933 in den dauernden Ruhestand versetzt wurden, nunmehr eingestellt." (Brief Dr. Bergholter, Mecklenburgisches Staatsministerium, Abteilung Unterricht, an v. Fritz, 22.6.1935, in KvF-Papers, Albany).
118 v. Fritz, ‚Hauptdaten über die Entlassung' (undatiert, eingeordnet in mschr. Korrespondenz Februar 1935), S. 2 (BAdW, Nachlass KvF, Karton 25, Graue Mappe).
119 Brief v. Fritz, Hamburg, an Louise, 19.4.1935: „Ich habe mich inzwischen nach allen Seiten informiert und meine Absetzung steht offenbar in klarem Widerspruch zu dem Wortlaut des Gesetzesparagraphen, auf grund dessen man sie ausgesprochen hat. (...) Ich werde deshalb auch Beschwerde dagegen einlegen und vielleicht wird sich die Fakultät daran beteiligen" (BAdW, Nachlass KvF, Karton 22, ‚Briefe Bunte Kiste'), und Brief (hs.) v. Fritz, Rostock, an Schwartz, 25.4. 1935: „Herr Kapp, den ich an Ostern [21.4.] aufgesucht habe, hat Ihnen vielleicht schon von den neuesten Ereignissen geschrieben. Da man sich offenbar scheute, das Disziplinarverfahren gegen mich durchzuführen, hat man mich auf Grund von § 6 des Gesetzes zur Wiederherstellung des Berufsbeamtentums in den dauernden Ruhestand versetzt." (BSB München, Schwartziana II.A. ‚Fritz, Kurt v.').

war dieser Eingabe kein Erfolg beschieden, denn das Gesetz enthielt „die schöne Bestimmung (...), daß es gegen Absetzungen auf Grund dieses Gesetzes keine Rechtsmittel gibt".[120] Deshalb konnte die Berliner Behörde in ihrem Bescheid vom 5. Juni 1935 auch auf jegliche inhaltliche Stellungnahme zu von Fritz' Einwendungen verzichten:

> „Wie bei jeder Maßnahme auf Grund des BBG. kann auch in Ihrem Falle über die bloße Bezugnahme auf die zugrundeliegende Vorschrift nicht hinausgegangen werden."[121]

Zwei Petitionen, die von Fritz' ehemalige Kollegen und Lehrer aus der Hamburger und Münchener Zeit bei Bernhard Rust, dem „Herrn Reichs- und Preußischen Minister für Wissenschaft, Erziehung und Volksbildung", nach dem Entlassungsbescheid in Berlin einreichten, zeigten ebenfalls keinerlei Wirkung. Die Vertreter der beiden Lehrstühle des Hamburger Seminars, Kapp und Snell, die von Fritz „durch die lange Zeit gemeinschaftlicher Arbeit (...) so gut kennen und so hoch schätzen gelernt" hätten, erlaubten sich, „die Aufmerksamkeit des Herrn Ministers (...) noch einmal auf Herrn Dr. Kurt v. Fritz zu lenken" und betonten, dass dessen Schreiben „in keiner Weise als politische Demonstration gemeint war", sondern nur in der Absicht formuliert worden sei, „seiner Behörde gegenüber offen und klar auszusprechen, in welchem Sinne er das ihm übertragene Amt verwaltete, (...) um sich selbst vor dem Vorwurf des Eidbruches zu schützen, wenn er bestimmte Lehren, die von manchen Seiten als nationalsozialistisch ausgegeben werden, nicht vertritt". Er habe ein „empfindliches Bewußtsein für die Ehre und Pflicht eines Beamten" und sei es als „Sohn eines Offiziers und als ehemaliger Fahnenjunker (...) gewohnt, Fragen dieser Art sehr ernst zu nehmen". Durch seine Entlassung würde die deutsche Wissenschaft „einen schweren Verlust erleiden (...), zumal da der Nachwuchs an geeigneten Hochschullehrern auf unserm Gebiet durchaus nicht groß ist".[122]

Ähnlich argumentierten die vier Lehrstuhlinhaber des Instituts für klassische Philologie in München, Eduard Schwartz, Albert Rehm, Johannes Stroux und

---

120 Brief v. Fritz, Rostock, an Mädi, 19.4.1935 (BAdW, Nachlass KvF, Karton 25, Graue Mappe), und Brief (hs.) v. Fritz, Rostock, an Schwartz, 25.4.1935 (wie Anm. 119): „(...) nach Auskunft der Juristen lässt sich dagegen nichts machen."
121 Brief Reichs- und Preußische[r] Minister für Wissenschaft, Erziehung und Volksbildung, Berlin, an v. Fritz, Pöcking, 5.6.1935 (BAdW, Nachlass KvF, Karton 25, ‚Dokumente').
122 Brief (Abschrift) Kapp, Snell, Hamburg, an den Herrn Reichs- und Preußischen Minister für Wissenschaft, Erziehung und Volksbildung, 29.4.1935 (BSB München, Schwartziana II. A. ‚Fritz, Kurt v.').

Rudolf Pfeiffer:[123] „Herr v. Fritz hat nicht den Eid verweigert; er hat sich zu jenem Schreiben nur entschlossen um seines Gewissens willen." Durch die Niederschlagung des Disziplinarverfahrens hätte „v. Fritz keine Gelegenheit gehabt (...), sich in gerichtlicher Verhandlung zu äussern und zu rechtfertigen. (...) Mit ihm würde ein Gelehrter verloren gehen, wie er sich in unserem ohnehin spärlichen Nachwuchs schwerlich wieder finden wird".[124]

Auf der Suche nach einer Stellung: Pöcking-Basel-Zürich (April bis Dez. 1935)

Die Familie war inzwischen nach Pöcking zu den Verwandten Louises zurückgekehrt.[125] Bis Ende Juli erhielt von Fritz noch volles Gehalt, vom 1. August an wurde ihm „unter Vorbehalt jederzeitigen Widerrufs auf die Dauer von 2 Jahren (...) 35/100 [seines] letzten ruhegehaltsfähigen Diensteinkommens als Übergangsgeld" gewährt.[126] Demzufolge konnte die Familie über eine ‚Pension' in Höhe von monatlich 172.– RM verfügen,[127] ein Betrag, der „selbst unter größter Sparsamkeit unter normalen Bedingungen nicht zum Leben" ausreichte.[128]

---

123 Die Initiative dieser Eingabe ging von Schwartz aus (Brief v. Fritz, Pöcking, an Mädi, 21.5. 1935, S. 2f., in BAdW, Nachlass KvF, Karton 25, Graue Mappe).
124 Brief (Durchschlag) Schwartz, Rehm, Stroux, Pfeiffer, München, an den Herrn Reichsminister für Wissenschaft, Erziehung und Volksbildung in Berlin, 14.5.1935 (BSB München, Schwartziana II. A. ‚Fritz, Kurt v.'). Dieser Petition ging ein Besuch von Fritz' bei Schwartz voraus, den er in seinem Brief vom 25. April für Anfang Mai angekündigt hatte: „Wir (...) können zum 3. Mai ausziehen. Dann werde ich zunächst gleich nach München kommen und darf Sie dann vielleicht aufsuchen; vielleicht ist es dann möglich, zu sehen, an wen man sich etwa wenden kann." (Brief [hs.] v. Fritz, Rostock, an Schwartz, 25.4.1935, wie Anm. 119).
125 Das Ehepaar bezog eine kleine möblierte Dachwohnung, die ein Ministerialrat mietfrei zur Verfügung gestellt hatte, der zwölfjährige Klaus wohnte schräg gegenüber bei seiner Großmutter (v. Fritz, ‚Autobiographische Skizze', S. 10, wie Anm. 21).
126 Das letzte ruhegehaltsfähige Diensteinkommen belief sich nach Abzug der Kürzungen auf 5889 RM p.a. (Brief Mecklenburgisches Staatsministerium, Abteilung Unterricht, Schwerin, gez. Dr. Bergholter, an v. Fritz, Rostock, 22.6.1935, in BAdW, Nachlass KvF, Karton 25, ‚Dokumente'). „Anspruch auf Ruhegeld" hatte von Fritz „noch nicht erworben", da er „eine ruhegehaltsfähige Dienstzeit von 10 Jahren noch nicht zurückgelegt" hatte, sondern ‚lediglich' „unter 1 ½ facher Anrechnung des Kriegsdienstes 9 Jahre 134 Tage" (ebda). Sven Müller war dieses ministerielle Schreiben offenbar nicht bekannt, denn er behauptet, dass von Fritz „für den Zeitraum von einem **halben Jahr** ein monatliches Übergangsgeld von **178,88 RM**" [Hervorhebungen durch d. Verf.] erhalten habe (Müller, 2005, 73, ohne Quellennachweis).
127 Angaben nach v. Fritz, ‚Hauptdaten über die Entlassung' (siehe Anm. 118). Im Brief an die Schwester vom 19.4. befürchtete er mit lediglich 100.– RM im Monat auskommen zu müssen, zuzüglich Honoraraußenständen und Ersparnissen (wie Anm. 119); Im Brief vom 1.7.1935 ist unter Berufung auf das behördliche Schreiben vom 22.6. (Erhalt 29.6.) von einer jederzeit wi-

Freunde und Kollegen reagierten mit beeindruckender Solidarität:[129] Nach der Absetzung boten ihm sieben Kollegen 10 % ihres Gehaltes zum Lebensunterhalt an, Ebbinghaus, Hohl, der Theologe Brunstäd und der Physiker Thompson aus Rostock, aus Hamburg Snell und Wolff.[130] Bruno Snell hatte schon im Februar 1935 Freunde und Kollegen über von Fritz' Absetzung informiert, aus der Schweiz antworteten Manu Leumann und Peter Von der Mühll mit Sympathiebekundungen, zeichneten aber ein düsteres Bild hinsichtlich einer möglichen beruflichen Perspektive für von Fritz an einer Schweizer Universität:

> „Ihre Mitteilung über das Schicksal von Herrn v. Fritz, den ich von meiner Münchener Zeit her auch noch persönlich in angenehmster Erinnerung habe, hat mich sehr bewegt, und das umso mehr, als ich ihm auch gar keine Hoffnung auf eine Wirkungsmöglichkeit in Zürich oder auch sonstwo in der Schweiz machen kann, (…) weil von Regierungsseite her durch die Eidgenöss. Fremdenpolizei jeder Versuch einer Niederlassung im Hinblick auf einheimische Arbeitslose durch alsbaldige Ausweisung unterbunden wird. Wir haben diese Massnahmen (die in Zürich mit seinem grossen Ausländer-Kontingent ganz besonders rigoros durchgeführt werden) auch im Hinblick auf geplante Habilitationen so aus der Nähe ansehen müssen, dass ich leider nur sagen kann, jeder Versuch dieser Art ist ganz aussichtslos; die Schweiz hat sich in dieser Hinsicht gänzlich von ihren alten ruhmvollen Traditionen losgesagt."[131]

> „Was sie über Herrn v. Fritz schreiben, tut mir herzlich leid. Das ihm drohende Schicksal hätte er nur seiner vornehmen Gewissenhaftigkeit zu verdanken, er verdient jedenfalls alle

---

derruflichen Pension von ca. 150 RM monatlich auf 2 Jahre die Rede. (Brief v. Fritz, Pöcking, an Mädi, 1.7.1935, S. 1, in BAdW, Nachlass KvF, Karton 25, Graue Mappe).
128 v. Fritz, ‚Autobiographische Skizze', S. 10 (wie Anm. 21). Einige Zahlen zum Vergleich: ein Monatsverdienst von unter 100 RM war von der Lohnsteuer befreit, der durchschnittliche Wochenverdienst eines deutschen Industriearbeiters betrug 1934 21,88 RM, ein Facharbeiter in der Stahlindustrie erhielt 1934 einen Stundenlohn von 89,4 Rpf., umgerechnet etwa 36 RM wöchentlich (bei einer 40 Stundenwoche); einer Stenotypistin mit einem monatlichen Bruttoeinkommen von 211 RM blieben 1934 nach Abzügen netto 153 RM (Hachtmann 1981, 47 f. und Steiger 1998, 276).
129 „Im übrigen haben sofort alle möglichen Leute sich in Bewegung gesetzt, um im Ausland irgendetwas zu erreichen." Kurt von Fritz setzte vor allem auf die Unterstützung der Hamburger Freunde (Brief v. Fritz, Rostock, an Mädi, 19.4.1935, S. 2, wie Anm. 119). Im Mai richteten die Münchener Klassischen Philologen – „E. Schwartz an der Spitze" – eine Eingabe an das Reichskultusministerium, „worin sie ungefähr geschrieben haben, die deutsche Wissenschaft könnte mich nicht entbehren, und die Hamburger klass. Philologen haben einen ähnlichen Schritt unternommen." (Brief v. Fritz, Pöcking, an Mädi, 21.5.1935, S. 2 f., in BAdW, Nachlass KvF, Karton 25, Graue Mappe).
130 ‚Biographie Kurt von Fritz', 5. Anlage (KvF-Papers, Albany): der nicht genannte siebte Professor wird wahrscheinlich Ernst Kapp gewesen sein. Sichtlich stolz schreibt von Fritz aus der Retrospektive: „ich bin ohne ihre Hilfe ausgekommen" (ebda.).
131 Brief (hs.) Leumann, Zürich, an Snell, 25.2.1935 (BAdW, Nachlass KvF, Karton 21, Mappe braun, ‚Briefe an KvF').

Sympathie. Ich habe hier mit einigen Bekannten gesprochen, sehe aber nicht, dass man ihm gute Hoffnungen machen kann. An einen Lehrauftrag ist bei den beschränkten hiesigen Verhältnissen nicht zu denken. (...) Staatliche Schulen schliessen Ausländer, jedenfalls hier, gesetzlich aus."[132]

Immerhin sprach Von der Mühll im gleichen Brief für von Fritz eine Einladung nach Basel für wissenschaftliche Arbeiten aus und sicherte ihm alle denkbare Hilfe zu.

Anfang April erhielt von Fritz Nachricht von David Katz, Professor für Psychologie in Rostock, der nach seiner Entlassung 1933 nach England emigriert war,[133] dass für ihn evtl. in Manchester „eine ganz vage" Aussicht auf eine Professur bestünde. Außerdem hatte von Fritz über seinen ehemaligen Lehrer Eduard Schwartz in Erfahrung bringen können, dass durch die Emeritierung Vilhelm Lundströms in Göteborg im Herbst eine Lateinprofessur frei werden würde. Der ehemalige Kollege Katz scheint ihn auch über die Existenz des *Academic Assistance Council (AAC)* informiert zu haben, „der speziell gegründet ist, um den in Deutschland abgesetzten Dozenten zu helfen: (...) aus einem Fonds, der aus Spenden von Engländern zusammengebracht wurde", würden Verheiratete, „wenn sie gar nichts hatten", eine Unterstützung von monatlich 400 Schilling [umgerechnet £ 20] erhalten.[134] Von Basel aus, so von Fritz an seine Schwester, wollte er mit dem *AAC* Kontakt aufnehmen, da dieser „auch

---

132 Brief (hs.) Von der Mühll, Basel, an Snell, 1.3.1935, S. 1f. (BAdW, Nachlass KvF, Karton 21, Mappe braun, ‚Briefe an KvF').
133 David Katz, seit 1923 ordentlicher Professor für Psychologie in Rostock, wurde bereits am 7. April 1933 beurlaubt und zum 1. Januar 1934 in den dauernden Ruhestand versetzt: die Ausnahmeregelung nach § 3 (2) BBG (sog. „Frontkämpfer-Erlass") wurde ihm nicht zugestanden (siehe Carlsen, 144–147 und Katz 1951, 189–211).
134 Eine relativ hohe Summe, aufs Jahr umgerechnet £ 240. Einige Zahlen zum Vergleich: von Fritz' siebenmonatiger Aufenthalt in Oxford wurde vom *AAC* mit £ 150 finanziert; Karl Lehmann-Hartleben wurde vom „Durham Academic Assistance Committee" für einen einjährigen Forschungsaufenthalt 1935/36 ein grant von £ 200–300 in Aussicht gestellt, den der *AAC* mit £ 100 bezuschussen wollte. Friedrich Solmsen erhielt für seine Promotion (Ph.D.) in Cambridge vom *AAC* ein Stipendium über einen Zeitraum von drei Jahren, dotiert mit £ 200 im ersten Jahr (1933/34), mit je £ 120 in den Folgejahren (1934/35 und 1935/36), „conditional upon his completing the course at Cambridge for Ph.D." (Minutes *AAC*, 10th meeting Allocation Committee, 14.5.1935, S. 3, in NYPL, *EC*-Records 159.7, ‚AAC Correspondence 1935 May to Jul'; siehe auch Brief Spears, Secretary *AAC*, an Corpus Christi College Cambridge, 11.8.1933, und Briefe Adams, *AAC*, an Solmsen, 17.7.1934 und 27.5.1935, in Oxford, Bodleian, MS. S.P.S.L. 296/6).

versucht, dauernde Unterbringung auf Lehrstühlen in der ganzen Welt zu vermitteln".[135]

Im Laufe der nächsten Wochen häuften sich die Gerüchte über vage Stellenaussichten: Frau Katz teilte nach einem Treffen mit ihrem Mann in Dänemark von Fritz mündlich mit, dass man sich in Manchester mit der Absicht trage, ihn „zunächst auf ein Jahr zu Vorträgen und zur Abhaltung von Übungen einzuladen, mit der eventuellen Aussicht, später der Nachfolger von Professor Whebster [sic!] zu werden, der sich zur Ruhe setzen will". Lundström in Göteborg hatte zwar auf die Empfehlungsbriefe von Schwartz noch nicht regiert, doch von Fritz liebäugelte schon mit der „ganz nebelhaften Aussicht", nicht zuletzt deshalb, weil es Deutschen in Schweden für eine Übergangsfrist von zwei Jahren erlaubt war ihre Vorlesungen auf Deutsch zu halten. In Kopenhagen wollte man sich dafür verwenden, von Fritz einen Lehrauftrag aus dem Ny-Carlsbergfond zuzuteilen. An der Universität Innsbruck war mit der Pensionierung des dortigen Professors für Gräzistik zu rechnen, allerdings erst im darauffolgenden Jahr.[136]

Auf dem Weg nach Basel besuchte von Fritz seinen alten Lehrer Fabricius in Freiburg: der dortige Lehrstuhl war immer noch nicht besetzt, und obwohl der Hochschulreferent des Ministeriums die Fakultätsliste, und damit auch von Fritz' Bewerbung aus politischen Gründen abgelehnt hatte, erklärte der Dekan Dragendorff, „er wolle noch einmal mich dringend vorschlagen, in der Hoffnung, daß das Reichskultusministerium, wenn es auf Grund der Eingaben von München und Hamburg mich doch wieder einsetzen wollte, aber nicht in Rostock, mich nach Freiburg versetzen würde".[137]

---

135 Brief v. Fritz, Rostock, an Mädi, 8.4.1935 (BAdW, Nachlass KvF, Karton 25, Graue Mappe). Die für Ende April geplante Reise in die Schweiz musste um einen Monat verschoben werden: vom 25. Mai bis zum 18. Juni blieb er in Basel, vom 19. bis zum 23. Juni in Zürich.
136 Brief v. Fritz, Pöcking, an Mädi, 21.5.1935 (BAdW, Nachlass KvF, Karton 25, Graue Mappe).
137 Brief v. Fritz, Basel, an Louise, 26.5.1935 (BAdW, Nachlass KvF, Karton 25, Graue Mappe). Kurzzeitig scheint von Fritz der Freiburger Option eine realistische Chance eingeräumt zu haben, denn er bat am 1. Juni von Basel aus seine Frau, Dokumente an Fabricius zu schicken (Brief v. Fritz, Basel, an Louise, 1.6.1935, in BAdW, Nachlass KvF, Karton 25, Graue Mappe). Dragendorffs Versuche, die Einflussnahme der Partei bei der Berufung eines Nachfolgers für Schadewaldt zu begrenzen, scheiterten. Mehr noch als Karl Reinhardt zog von Fritz die Aggressionen der nationalsozialistischen Kollegen auf sich, wie ein Gutachten des Freiburger Chemieprofessors Franz Bacher für die Berufungsverhandlungen 1934 zeigt: „Von Fritz gehört zu den für den heutigen Staat meiner Ansicht nach völlig untragbaren Hochschullehrern. Bar jeden Gemeinschaftsgefühls ist ihm Kameradschaft ein völlig fremder Begriff. Seine komisch anmutende Blasiertheit verrät nicht nur die Unmöglichkeit des Verstehens der Kräfte, die unseren heutigen Staat bauen und stützen, sondern gleichzeitig auch eine geistige Enge, die bei einem Hochschullehrer heute nicht mehr geduldet werden sollte. Sein weichliches, unmännliches äusseres Auftreten wird in unangenehmer Weise ergänzt durch Versuche, nach Art eines bockigen Kindes

In Basel wartete schon die erste Post aus England auf Kurt von Fritz: ein Fragebogen, wahrscheinlich vom *AAC*, den er unverzüglich ausfüllte und zurückschickte.[138] Alles in allem verlief der dortige Aufenthalt aber etwas enttäuschend: Die Beziehung zu Peter Von der Mühll gestaltete sich weniger intensiv als von Fritz es sich erhofft hatte: er „ist sehr nett, aber kann anscheinend nicht sehr viel machen". Vorträge zu halten blieb ihm versagt, „da die Fremdenpolizei sehr streng ist und jede Tätigkeit, die Geld einbringen kann, unterbindet".[139] Über den Anglisten Lüdicke, den er um seine ehrliche Meinung bezüglich seiner Englisch-Kenntnisse befragte, kam er wenigstens in Kontakt mit einigen Engländern in der Stadt. Anfang Juni besuchte er den 83jährigen Jacob Wackernagel, der ihm versprach, sich in Estland für ihn zu verwenden, wo an der Universität Dorpat seit 1 ½ Jahren eine Lehrstelle für klassische Philologie frei sei. „Aber die Regierung will dort keinen Deutschen mehr haben, sondern einen Esten, und da sie noch keinen hat, warten, bis ihr einer herangewachsen ist": deshalb wäre dort allenfalls mit einer auf ein oder zwei Jahre befristeten Anstellung zu rechnen.[140]

Da in der Schweiz keine Briefzensur zu befürchten war, konnte von Fritz den internationalen Stellenmarkt nach allen Seiten hin ungehindert erkunden: von Katz erhielt er zwar die etwas desillusionierende Auskunft, dass die eventuell freiwerdende Professur in Manchester nicht der Klassischen Philologie, sondern der Archäologie zugeordnet sei,[141] doch zugleich die konkrete Zusage, „daß sich 4 englische Professoren in Manchester: Stocks, Palmer, Webster und Namice sehr um Einladung für mich dorthin auf ein Jahr bemühen". Zur Finanzierung dieses Aufenthalts wollten sie „irgendwelche Fonds (…) mobilisieren". Kopenhagen signalisierte „unter Umständen ein vorübergehendes Unterkommen", nicht aber

---

heute notwendige Neuerungen an der Hochschule zu kritisieren. Aufbauende Kräfte fehlen ihm völlig (…) v. Fritz kann für eine weitere Berufung unter gar keinen Umständen in Frage kommen; ich stehe sogar auf dem Standpunkt, dass er vom Rostocker Lehrstuhl entfernt werden müsste." (zitiert nach Malitz 2006, 324, Anm. 72); siehe auch S. 247 mit Anm. 91.
138 Brief v. Fritz, Basel, an Louise, 26.5.1935 (BAdW, Nachlass KvF, Karton 25, Graue Mappe): Von der Mühll hatte ihm eine Pension vermittelt, Vollpension zu 40 Franken wöchentlich. Das Original (Eingangsstempel „30 May 1935") des dreiseitigen *AAC*-Fragebogens mit den Rubriken ‚General Information/Allgemeine Auskunft' und ‚Confidential Information/Vertrauliche Auskunft' findet sich in den Akten der *SPSL* (Oxford, Bodleian, MS. S.P.S.L. 293/3; Kopie [ohne Datum] in NYPL, *EC*-Records 60.41): Als Referenzen sind ausschließlich deutschsprachige Professoren aufgeführt: Schwartz, Rehm, Kapp, Snell, Von der Mühll, Fabricius, Ebbinghaus, Weisgerber, Hohl, Pfeiffer.
139 Brief v. Fritz, Basel, an Louise, 29.5.1935 (BAdW, Nachlass KvF, Karton 25, Graue Mappe).
140 Brief v. Fritz, Basel, an Mädi, 4.6.1935, S. 2 (BAdW, Nachlass KvF, Karton 25, Graue Mappe).
141 Brief v. Fritz, Basel, an Louise, 29.5.1935 (BAdW, Nachlass KvF, Karton 25, Graue Mappe).

„etwas Dauerndes".¹⁴² Gleich nach seiner Ankunft hatte von Fritz nach Kalifornien an Dennes geschrieben,¹⁴³ der 1933 zum Assistant Professor für Philosophie in Berkeley ernannt worden war, doch vor Mitte Juni war von dort mit keiner Antwort zu rechnen. Doch auch „von Deutschland aus" hatte man sich „bei verschiedenen Leuten an verschiedenen Universitäten" in den USA bemüht. So schrieb ihm überraschend die Etruskologin Eva Fiesel, die Schwester Lehmann-Hartlebens, die familiäre Wurzeln in Rostock hatte, aus Yale einen „sehr netten Brief" und versprach, sich für ihn zu bemühen.¹⁴⁴

Irritiert war Kurt von Fritz über das Verhalten des Mathematikhistorikers Otto Neugebauer, der seit seiner Emigration 1933 Gastprofessor in Kopenhagen war:¹⁴⁵ dieser riet ihm dringend, „jede Möglichkeit eines auch nur bescheidenen und provisorischen Unterkommens in der Schweiz oder England zu ergreifen", ohne jeden Hinweis auf Möglichkeiten in Kopenhagen selber, von denen er in einem früheren Brief an den Hamburger Mathematiker Erich Hecke gesprochen hatte.¹⁴⁶ Auslöser für diese indifferente Haltung war wahrscheinlich Neugebauers Verlegenheit über ein folgenschweres Missgeschick: er hatte an den Hethitologen Albrecht Götze, der ebenfalls schon 1933 Deutschland den Rücken gekehrt und nach einem Zwischenaufenthalt in Kopenhagen 1934 in Yale untergekommen war, eine Anfrage bezüglich Kurt von Fritz geschickt, konnte aber dessen Antwortschreiben mit einer detaillierten Handlungsanleitung für eine Emigration in die USA nicht wie geplant an von Fritz weiterleiten, da er den Brief verlegt hatte.¹⁴⁷ Ob von Fritz diesen wichtigen Brief aus der Feder eines der engagiertesten und kompetentesten Insiders und Unterstützers deutscher Emigranten je zu Gesicht bekommen hat, ist fraglich:

> „Es ist nicht leicht irgend etwas zu raten. Aber ich beurteile diesen Fall als relativ günstig: der Mann ist entlassen aus politischen Gründen, das schafft ihm menschliche Sympathien; er ist kein Jude, das hindert den Antisemitismus irgendwie einzugreifen.

---

142 Brief v. Fritz, Basel, an Mädi, 4.6.1935, S. 1 (BAdW, Nachlass KvF, Karton 25, Graue Mappe).
143 Brief v. Fritz, Basel, an Louise, 1.6.1935 (BAdW, Nachlass KvF, Karton 25, Graue Mappe).
144 Briefe v. Fritz, Basel, an Louise, 17.6.1935 und 19.6.1935 (BAdW, Nachlass KvF, Karton 25, Graue Mappe).
145 Zu Neugebauer siehe Heiber 1991, 218.
146 Brief v. Fritz, Basel, an Louise, 9.6.1935 (BAdW, Nachlass KvF, Karton 25, Graue Mappe). Hecke, der seit 1919 an der Universität Hamburg lehrte und wie Kapp, Snell und Wolff ein entschiedener Gegner des Nationalsozialismus war, dürfte der Übermittler von Nachrichten aus Kopenhagen an Kurt von Fritz gewesen sein.
147 Brief v. Fritz, Zürich, an Louise, 19.6.1935 (BAdW, Nachlass KvF, Karton 25, Graue Mappe): „Auch von Neugebauer kam noch einmal ein Brief. Es scheint, daß er irgendetwas mit einem Brief aus Amerika vermasselt hat. Er hat ihn anscheinend an mich weiterschicken wollen, ihn aber dann verlegt. Jedenfalls habe ich noch einmal an ihn geschrieben und um weitere Aufklärung gebeten."

> Die Politik in diesem Lande hier ist jetzt so, dass man die Betreffenden zunächst einmal von Rockefeller bezahlen lässt; Vorbedingung ist aber, dass eine Universität sie einläd [sic!] und gewisse Garantien übernimmt. Die Fälle, in denen eine Universität selbständig einlädt, sind selten und auf besondere Verhältnisse beschränkt (dringender Bedarf für eine freie Stelle, Sicherung eines besonderen Mannes für die betreffende Institution). Der normale Weg wird also auch für Herrn von Fritz über Rockefeller führen. Dieser Weg erfordert Zeit, besonders in diesem Zeitpunkt. Denn die betreffenden Sitzungen sind gerade eben gewesen. Mit beginnender Ferienzeit ist es unmöglich, die einflussreichen Leute zu erreichen. Sie sind auf jeden Fall verreist, vielleicht sogar nach Europa. Ich glaube nicht, dass in diesem Fall an eine Einladung vor Oktober 1936 zu denken ist.
> So ist es unter allen Umständen notwendig zunächst einmal eine Zwischenlösung zu finden. Sie ist vielleicht in Kopenhagen möglich. Auf jedenfall [sic!] muss der Mann erst einmal heraus. Erfahrungsgemäss ist es ja unmöglich von Deutschland aus die notwendiegen [sic!] Korrespondenzen und Unterhandlungen zu führen.
> (...) Leider habe ich persönlich keinerlei Beziehungen, die ich einsetzen könnte. Sie werden ja wissen, wie prekär es ist, Schicksalsgenossen zu helfen, nachdem man selber eben erst halb untergekrochen ist. Es läuft immer darauf hinaus, das man an diejenigen appellieren muss, die sich eben für einen selbst eingesetzt haben und dabei vielleicht bis an die Grenze des möglichen belastet haben. Es ist unmöglich, den Grad dieser Belastung abzuschätzen.
> Ich nehme an, dass v. F. direkt oder indirekt mit Ihnen in Fühlung steht. Veranlassen Sie ihn bitte, eine Application an die Rockefeller Foundation zu richten. Vielleicht hat er durch seinen Lehrer A. Rehm die Möglichkeit, Fachgenossen in USA für sich zu interessieren und dadurch die Angelegenheit auch von der anderen Seite, nämlich der Einzel-Universität aus, zu fördern."[148]

Allerdings war die Korrespondenz mit Neugebauer nicht gänzlich ergebnislos, denn dieser hatte bei seinem mathematischen Kollegen Andreas Speiser in Zürich schriftlich angefragt, ob nicht die dortige Universität an von Fritz' mathematikgeschichtlichen Vorträgen interessiert wäre.[149] So hatte dieser während seines kurzen Züricher Aufenthalts vom 19. bis zum 23. Juni einen prominenten Ansprechpartner,[150] der versprach, ihm Einladungen zu bezahlten Vorträgen zu verschaffen, allerdings nicht mehr zum Sommersemester, das bereits zum 10. Juli schloss, sondern erst im Wintersemester, d. h. nicht vor dem 15. Oktober.[151] Am 21. Juni informierte Von der Mühll von Fritz telephonisch über einen Brief aus England, „wonach man sich dort von verschiedenen Seiten aus sehr bemüht, wonach es aber wegen der starken Inanspruchnahme der Fonds noch große

---

148 Brief Götze, Yale, an Neugebauer, 5.6.1935 (Yale, ULMA, Goetze-Papers, 15.373).
149 Brief v. Fritz, Basel, an Louise, 9.6.1935 (wie Anm. 146).
150 Andreas Speiser war seit 1917 Professor für Mathematik an der Universität Zürich und überdies Präsident der Schweizerischen Mathematischen Gesellschaft.
151 Drei verschiedene Auditorien würden dafür theoretisch in Betracht kommen: das mathematische Colloquium, die philosophische Gesellschaft und die versammelte Studentenschaft. (Brief v. Fritz, Basel, an Louise, 21.6.1935, in BAdW, Nachlass KvF, Karton 25, Graue Mappe).

Schwierigkeiten gibt. Man hoffe, mich jedenfalls zum Anfang Januar einladen zu können". Von Fritz war in großer Sorge, ob er finanziell so lange würde durchhalten können, „aber mit Zürich zusammen würde es vielleicht auch gehen".[152]

Nach seiner Rückkehr nach Pöcking Ende Juni 1935 musste von Fritz schmerzlich erkennen, dass „durch die letzte Entscheidung im Falle Barth (...) nun jede Aussicht auf eine Wiederverwendung in Deutschland hinfällig" geworden war: Dem Schweizer Theologen Karl Barth, der an der Universität Bonn am 26.11. 1934 vom Dienst suspendiert und von der Dienststrafkammer der Regierung in Köln am 20.12.1934 entlassen worden war, weil er den Amtseid nur mit dem Zusatz schwören wollte, „soweit ich es als evangelischer Christ verantworten kann", war das Kunststück gelungen, beim Oberverwaltungsgericht in Berlin erfolgreich gegen seine Entlassung Berufung einzulegen (am 14.6.1935), er hatte aber trotzdem seine Professur verloren, da er umgehend (am 22.6.1935) wie von Fritz nach § 6 des BBG in den Ruhestand versetzt worden war,[153]

> „mit der Begründung, daß im nationalsozialistischen Staat niemand Beamter sein könne, der nicht sofort bereit sei dem Führer bedingungslosen Gehorsam zu schwören. Es wurde auch ausdrücklich betont, daß keinerlei religiöse oder weltanschauliche Bindung über den bedingungslosen Gehorsam gestellt werden dürfe: dies heißt also, seine Seele bedingungslos einem Menschen auszuliefern. Wer dies tun mag, mag es tun."[154]

Damit war auch jede Hoffnung auf eine Berufung nach Freiburg gegenstandslos geworden. Der Bescheid des Mecklenburger Ministeriums über die Bewilligung eines „Übergangsgeldes" ab 1. August auf die Dauer von 2 Jahren, der am 29. Juni in Pöcking eingetroffen war, verschaffte von Fritz wenigstens einen gewissen finanziellen Spielraum: ungefähr ein Jahr, so schrieb er beruhigend an die Schwester, könne er sich mit Hilfe seiner Ersparnisse noch über Wasser halten, „so daß ich mit größerer Ruhe nach etwas anderem suchen kann". Für die nächsten Monate richtete er sich darauf ein, von Pöcking aus regelmäßig nach München zu fahren, um wissenschaftlich zu arbeiten, im Oktober rechnete er fest damit, in Zürich die mit Speiser besprochenen Vorträge zu halten.[155] Mit dem Besuch Bochners im August rückte für kurze Zeit Amerika als mögliches Emigrationsland ins Blickfeld:

---

152 Von Fritz fühlte sich durch diese späte Aussicht nicht sonderlich gebunden: „(...) man muß ja hoffen, daß bis dahin sich etwas anderes eröffnet hat, denn sonst fängt es mit der Zeit an brenzlig zu werden." (Brief v. Fritz, Basel, an Louise, 21.6.1935, wie Anm. 151).
153 Zur Eidverweigerung und Entlassung Karl Barths siehe Bautz 1975 und Heiber 1991, 157– 162.
154 Brief v. Fritz, Pöcking, an Mädi, 1.7.1935 (BAdW, Nachlass KvF, Karton 25, Graue Mappe).
155 Ebda., S. 1f.

> „Er bemüht sich sehr für mich in Amerika und glaubt zwei Möglichkeiten für mich in Aussicht zu haben. Die eine in Princeton selbst an einem großen neuen Institut, das erst noch gegründet werden soll: eine Art Überuniversität, das andere in Cincinnati: Aber beides ist noch nicht spruchreif und man muß also wie bei allem abwarten."[156]

Die amerikanische Perspektive wurde durch einen zweiten Fürsprecher gestärkt: Dennes hatte aus Berkeley auf von Fritz' Anfrage geantwortet und dem Freund in einem „sehr nett geschrieben[en]" Brief versichert, dass auch er sich für ihn einsetzen werde.[157] Diese vorsichtig optimistischen, aber doch immer noch vagen Optionen wurden überstrahlt von einem Brief Von der Mühlls aus Basel, der erstmals von der hohen Wahrscheinlichkeit sprach, dass von Fritz für zwei Semester an das Corpus Christi College eingeladen werden könnte:

> „Kurz vor Ihrem Brief, für den ich herzlichst danke, kam ein Bericht von Ed. Fraenkel. Danach ist es also sehr wahrscheinlich, dass für 2 terms Sie nach Oxford gerufen werden. Er fügt hinzu, für später müsse man auch Amerika interessieren."[158]

---

156 Brief v. Fritz, Pöcking, an Mädi, 25.8.1935 (BAdW, Nachlass KvF, Karton 25, Graue Mappe). Bochner hatte am 27. Juni 1935 das *Emergency Committee* in New York auf von Fritz' Entlassung aufmerksam gemacht und Lebenslauf, Schriftenverzeichnis und aktuelle Empfehlungsschreiben (von Kapp, Snell und Schwartz, datiert 18.5.1935) mitgeschickt; ferner verwies er auf Panofsky, H. Fränkel und W. R. Dennes als mögliche Referenzen in den USA (Brief Bochner, Princeton, an Murrow, *EC*, 27.6.1935, in NYPL, *EC*-Records 60.41). Mit der „Überuniversität" war höchstwahrscheinlich das 1930 gegründete „*Institute for Advanced Study*" gemeint. Bochners überwiegend positive Berichte über die Mentalität der Leute in Amerika („sehr viel netter und kultivierter als man bei uns meistens denkt") machten von Fritz neugierig: „Vielleicht wäre es auch ganz interessant, diese Dinge einmal kennenzulernen" (ebda., S. 2); zur Gründung und den ersten Jahren des *IAS* siehe auch Michels 1999, 47–54.
157 Brief v. Fritz, Pöcking, an Mädi, 25.8.1935 (BAdW, Nachlass KvF, Karton 25, Graue Mappe). Nur wenige Wochen nachdem von Fritz aus Basel geschrieben hatte, schickte Dennes, inzwischen zum Associate Professor befördert, ein Empfehlungsschreiben an das *Emergency Committee*: „He is a most amiable and attractive young scholar – a man of fine taste, of wide and intelligent reading, of charming wit, and in all ways thoroughly responsible (...). Von Fritz combines thorough competence as a philologist with a critical interest in philosophy – a combination that promises results of genuine importance to students of ancient history, literature, and philosophy." (Brief Dennes, Berkeley, an *EC*, 5.7.1935, in NYPL, *EC*-Records 60.41, auszugsweise zitiert auch im Formblatt ‚Data Prior to/Following Arrival in U.S.A.', 13.2.1942, Rubrik ‚Comments', in YIVO, *OT*-Microfilm).
158 Brief (hs.) Von der Mühll, Basel, an v. Fritz, Pöcking, 29.8.1935 (BAdW, Nachlass KvF, Karton 21, Mappe braun). Am 19. Juli hatte Adams die Professoren Stocks (Manchester), Brierly und Fraenkel (beide Oxford) über die Entscheidung des Allocation Committee des *AAC* informiert, von Fritz ab 1.1.1936 für sieben Monate mit einem grant von £ 250 p.a., d.h. anteilig mit £ 150 zu unterstützen (Briefe Adams, *AAC*, an Stocks, Brierly, Fraenkel, 19.7.1935, in Oxford, Bodleian, MS. S.P.S.L. 293/3).

Getrübt wurde diese sensationelle Neuigkeit durch zwei negative Prognosen: zum einen war Fraenkels Hinweis auf Amerika dahingehend zu interpretieren, dass „die Manchestersache nicht mehr sicher zu sein" schien. Gewichtiger, und aus der Sicht Von der Mühlls, der sich die baltischen Verhältnisse günstiger gedacht hatte, umso ärgerlicher war, dass „auch die Dorpater Aussichten nicht günstig" waren: Wackernagel habe im August eine Absage mit folgender Begründung erhalten:

> „Er [v. Fritz] ist kein Latein-Professor. Der Inhaber muss in erster Linie Latinist sein. Eine Berufung aus dem Ausland soll nach den Statuten nur dann erfolgen, wenn in absehbarer Zeit kein Inländer als Kandidat in Betracht kommen kann. Ein solcher ist aber vorhanden, noch Schüler von Zielinski..."[159]

Dennoch wollte von Fritz sich noch nicht auf das englischsprachige Ausland festlegen. Trotz Austrofaschismus sah er auch in Österreich noch mögliche berufliche Perspektiven: er hoffte „für eine etwas spätere Zeit" nicht nur auf die Professur in Innsbruck, wenn Österreich „nicht auch bis dahin von den Nazis geschluckt wird",[160] sondern auch auf eine Stelle als wissenschaftlicher Angestellter oder Beamter an der Wiener Akademie.[161]

Es mag aus heutiger Sicht unbegreiflich erscheinen, wie wenig die Unsicherheit der äußeren Verhältnisse die innere Ausgeglichenheit und psychische Stabilität von Fritz' beeinträchtigte: er genoss die Schönheit der Landschaft rund um den Starnberger See und arbeitete diszipliniert und konzentriert an seinen *RE*-Artikeln und Aufsätzen in München:

> „Im Ganzen ist diese Zeit, wenn sie nicht zu lange dauert, ganz erholsam und auch ganz günstig, weil ich so dazu komme, eine ganze Anzahl von Aufsätzen auszuarbeiten, die, wenn ich Vorlesungen halten müßte, nicht oder nur sehr viel langsamer zustande gekommen wären."[162]

---

159 Brief (hs.) Von der Mühll, Basel, an v. Fritz, Pöcking, 29.8.1935 S. 2 (wie Anm. 158).
160 Brief v. Fritz, Pöcking, an Mädi, 25.8.1935, S. 2 (wie Anm. 156).
161 v. Fritz, ‚Autobiographische Skizze', S. 10 (wie Anm. 21).
162 Brief v. Fritz, Pöcking, an Mädi, 25.8.1933, S. 2 (wie Anm. 156). Kurt von Fritz' Bibliographie verzeichnet für die Jahre 1933–1934 lediglich 11 Titel (3 Rezensionen, 6 *RE*-Artikel, 2 Aufsätze), für die Jahre 1935–1936 hingegen 21 Titel (6 Rezensionen, 10 *RE*-Artikel, 5 Aufsätze, davon einer in englischer Sprache); bei einem „größeren Aufsatz, (...) der zu groß ist für eine Zeitschrift" (ebda.), handelte es sich wahrscheinlich um die 1938 in New York erschienene Monographie *Philosophie und sprachlicher Ausdruck bei Demokrit, Plato und Aristoteles* (92 S.).

Die existenzbedrohenden Erfahrungen während seiner Studienzeit im München in den Jahren der Hyperinflation würden es ihm erlauben, die gegenwärtigen Schwierigkeiten nicht überzubewerten:

> „Auch ist ja durchaus noch nicht Not am Mann (...) jedenfalls habe ich mich in meiner Studentenzeit schon in wesentlich schwierigeren Situationen befunden als die gegenwärtige es noch ist."

> „Vorläufig ist ja auch noch kein Grund die Ruhe zu verlieren, da wir ja noch für eine ganze Zeit zu leben haben: Während meiner Studentenzeit habe ich oft nicht für 8 Tage gewußt, ob ich noch etwas haben würde."[163]

Doch diese Phase ruhigen und gelassenen Arbeitens fand ein jähes Ende, als Kurt von Fritz am 21. Oktober 1935 nach einer Denunziation[164] ohne Vorwarnung und ohne Begründung „auf Befehl des Dekans der philosophischen Fakultät"[165] ein umfassendes Bibliotheksverbot erteilt wurde:

> „Die Direktion der Universitätsbibliothek sieht sich veranlasst, die entgegenkommenderweise gegebene Erlaubnis zur Benützung der Münchener Universitätsbibliothek, auf die

---

163 Briefe v. Fritz, Pöcking, an Mädi, 21.5.1935, S. 2 und 25.8.1935, S. 2; ähnlich die Briefe v. Fritz, Basel, an Louise, 2.6.1935: „Ich bin selber auch weiter ganz ruhig und bis jetzt gar nicht enttäuscht von dem Gang der Dinge. (...) ich sehe auch hier, wie wichtig es ist, (...) die Dinge nicht zu überstürzen, ein Prinzip, das auch Bochner immer befolgt hat", und v. Fritz, Basel, an Mädi, 4.6.1935: „Man muß also Geduld haben und abwarten, wenn es auch schwerfällt. Ich selber habe meine Ruhe bis jetzt durchaus behalten. (...) Im übrigen geht es mir hier recht gut." (alle BAdW, Nachlass KvF, Karton 25, Graue Mappe).
164 „Der Denunziant war aller Wahrscheinlichkeit nach Hugo Dingler." (v. Fritz, ‚Lebenslauf', S. 4, in KvF-Papers, Albany). Der habilitierte Mathematiker Dingler unterrichtete bis 1936 als Lehrbeauftragter an der LMU München, nachdem er 1934 an der TH Darmstadt als Ordinarius für Philosophie zwangsweise emeritiert worden war. Seit 1933 hatte er sich vergeblich bemüht in die NSDAP aufgenommen zu werden, erst 1940 wurde er „durch Gnadenentscheid Hitlers" Parteimitglied. (Klee 2003, 112.)
165 Dies hatte von Fritz durch den Bibliotheksdirektor in Erfahrung bringen können, der ihm „die Ausweisung aus der Bibliothek (...) mit dem Ausdruck des Bedauerns mitgeteilt" hatte. Dekan war seit 1935 der Indologe Walther Wüst, den Kurt von Fritz noch als Privatdozent in München kennen- (und verachten) gelernt hatte: „Da er wusste, dass ich mich über sein Verhalten [er hatte sich vor 1933 politisch neutral gegeben, tauchte aber nach der Machtergreifung mit dem goldenen Parteiabzeichen auf und terrorisierte und denunzierte seine Kollegen] schon als Privatdozent nicht gerade mit Hochachtung geäussert hatte, rächte er sich nun dafür durch meinen Ausschluss aus der Bibliothek." (Brief v. Fritz an A. Heuss, 10.5.1980, S. 6f., in ‚Biographie Kurt von Fritz', 4. Anlage a, in KvF-Papers, Albany; zu Walter Wüst siehe Schreiber 2007).

Ihrerseits kein Recht besteht, von heute ab (Semesterbeginn) zurückzuziehen. Alle entliehenen Bücher ersuche ich in Bälde zurückzugeben."[166]

Eduard Schwartz, der sich „in ziemlich scharfem Ton nach den Gründen" erkundigte, „erhielt den Bescheid, ich habe Rassenschande begangen, indem ich mit einem jüdischen Kollegen in eine französische Zeitung gesehen und dabei gelacht habe".[167] Diese Maßnahme scheint den nüchternen und selbstbeherrschten von Fritz stärker verletzt zu haben als er zugeben wollte, denn in der retrospektiven Betrachtung beschleunigte er den chronologischen Ablauf der Ereignisse und konstruierte geradezu eine Koinzidenz von Bibliotheksverbot und der Einladung nach Oxford:

„Die Entziehung der Möglichkeit zu wissenschaftlicher Arbeit war natürlich ein harter Schlag. Aber 2 Tage darauf erhielt ich die Einladung mit einem Stipendium des Academic Assitence [sic!] Council in England an das Corpus Christi College in Oxford zu kommen und dort zunächst vor einer Gruppe jüngerer Dozenten Vorträge über Geschichte der antiken Mathematik zu halten. Es war die zweite der ‚Rettungen' gerade im kritischen Augenblick."[168]

Tatsächlich vergingen seit dem de facto-Arbeitsverbot mehr als drei quälende Wochen, bis das Einladungsschreiben des Präsidenten des Corpus Christi College, des klassischen Philologen Sir Richard Winn Livingston, in Pöcking bei von Fritz eintraf; erst am 19. November konnte er die Schwester informieren:

„Inzwischen ist nun also endlich die offizielle Einladung vom Präsidenten des Corpus Christi College in Oxford gekommen. Für Januar bis Juli nächsten Jahres. (...) ich bin doch sehr froh darüber, als über einen ersten Anfang. Ich werde wieder volle Möglichkeit zu wissenschaftlicher Arbeit haben, die mir hier durch die Ausschließung von der Universitätsbi-

---

166 Brief Direktor der Universitätsbibliothek an v. Fritz, 21.10.1935 (KvF-Papers, Albany). Untersagt wurde ihm sowohl „die Benützung der Bibliothek" als auch „das Betreten ihrer Räume." (Brief v. Fritz an IfZ, 22.11.1975, S. 3, in KvF Papers, Albany). An anderer Stelle ist davon die Rede, dass das Verbot auch für die Staatsbibliothek gegolten habe (‚Biographie KvF', S. 1: „1935 (...) Verbot i. Staatsbibliothek München zu arbeiten", in KvF-Papers, Albany; ebenso in Ludwig 1986a, 228.
167 Brief v. Fritz an IfZ, 22.11.1975, S. 3 (KvF-Papers, Albany).
168 v. Fritz, ‚Autobiographische Skizze', S. 11 (wie Anm. 21). Ähnlich ‚Lebenslauf', S. 4 (KvF Papers, Albany): „Das Verbot der Benützung der Bibliothek wäre für mich ein harter Schlag gewesen, wenn ich nicht zwei Tage danach eine Einladung von dem Academic Assistance Council in England erhalten hätte, für zwei terms nach Oxford zu kommen und dort Vorträge zu halten." Aus einem Brief der Oxforder Zeit ist zu schließen, dass er durch das Bibliotheksverbot – er nannte es „meine Ausschaltung von der Bibliothek" – mit seinen *RE*-Artikeln stark in Verzug gekommen war (Brief v. Fritz, Oxford, an Louise, 7.2.1936, S. 2, in BAdW, Nachlass KvF, Karton 25, Graue Mappe).

bliothek sehr beschränkt worden war (...). Vor allem wird es von Oxford aus auch sehr viel leichter sein weiterzukommen, als von hier aus unmittelbar."[169]

Die Einladung war von Eduard Fraenkel arrangiert worden, der als einer der ersten deutschen Emigranten 1934 in Oxford Fuß fassen konnte,[170] nachdem man ihn in Freiburg wegen seiner jüdischen Herkunft als Ordinarius schon im Sommer 1933 entlassen hatte:[171]

> „Prof. Fraenkel told me that you were thinking of coming to England. We are sorry for the circumstances that have led to your visit, but it will give us the pleasure of welcoming you here, and I am writing to say that this College will be very glad to make you an honorary member of its Commonroom from Jan. 1 to the end of July 1936, and to offer you a grant of fifty pounds in aid of your expences [sic!], as the understanding that you will be prepared to held a class or give informal instruction in the College during the summer Semester. We should not of course wish that this condition should be in any way onerous but we thought [sic!] that you might care to see something of our Oxford teaching and students. (...)
> I will only say that it will give us much pleasure if you accept this offer and that we shall look forward of seeing you. (...)
> I think that Prof. Fraenkel is writing to you, and as he realizes better than an Englishman what is unfamiliar in Oxford to a foreign visitor, he will give you a better idea of this place than I could."[172]

---

169 Brief v. Fritz, Pöcking, an Mädi, 19.11.1935 (BAdW, Nachlass KvF, Karton 25, Graue Mappe).
170 Zunächst war Fraenkel – auf Einladung Gilbert Murrays – Gast der „Faculty of Literae Humaniores" in Oxford, im August 1934 wurde ihm am Trinity College in Cambridge ein Bevan Fellowship zugesprochen. Von dort aus bewarb er sich am 20. November 1934 als Nachfolger A. C. Clarks am Corpus Christi College in Oxford, mit Erfolg, dank der Empfehlungsschreiben so prominenter Kollegen wie C. M. Bowra, A. E. Housman, Hugh Last, W. M. Lindsay, Einar Löfstedt, A. D. Nock, E. Norden, Giorgio Pasquali, E. K. Rand, E. Schwartz und J. Wackernagel (siehe Williams 1970, 412; Lloyd-Jones 1971, 636; Becker 1970, 209, West 2002, 54 f. und Wegeler 1996, 111). Housman verteidigte die Berufung des „ex-professor from Freiburg University" gegen chauvinistische Kritik in der *Sunday Times* am 23.12.1934 in einem Leserbrief (Housman 1961, 129 f.).
171 Zur Chronologie der Entlassung E. Fraenkels siehe Malitz 2006, 309–312: 6. April 1933: Beurlaubung und Lehrverbot; 15. Juli 1933: Versetzung in den vorläufigen Ruhestand mit Wirkung zum 21.10.1933; 7. November 1933: Endgültige Versetzung in den Ruhestand zum 1.3.1934.
172 Brief President [Livingston] an v. Fritz, 9.11.1935 (BAdW, Nachlass KvF, Karton 25, Graue Mappe). Letzte Sicherheit gab das Bewilligungschreiben des *AAC*, das zwei Wochen später, am 23. November, eintraf (Brief v. Fritz an Mädi, 23.11.1935, in BAdW, Nachlass KvF, Karton 25, Graue Mappe). Auch Eduard Schwartz scheint sich stark für eine Einladung seines Schülers nach England verwendet zu haben: „Ich hoffe aber auch sehr, daß ich im Herbst noch einmal nach München kommen kann und Ihnen noch einmal auf das herzlichste persönlich danken [sic!], da ich auch meinen Aufenthalt hier wie so vieles andere vor allem Ihrem Eintreten zu verdanken habe." (Brief [hs.] v. Fritz, Oxford, an Schwartz, 29.2.1936, S. 4, in BSB München, Schwartziana A. II. ‚Fritz, Kurt v.').

Die Finanzierung dieses Aufenthalts, deren Organisation die Einladung so lange verzögert hatte, teilten sich zwei Stellen: 150 £ wurden vom *Academic Assistance Council* übernommen, 50 £ vom College.[173] Mittagessen und die Benutzung des Common room und der Bibliotheken waren frei, die Kosten für Unterkunft und die regelmäßigen College Dinner musste von Fritz selbst aufbringen. Offenbar wollte er kein finanzielles Risiko eingehen, denn er hielt es vorläufig nicht für vertretbar, seine Familie nach Oxford mitzunehmen:

> „Damit kann ich dann die 7 Monate für mich allein ganz gut auskommen. Der arme Bär wird freilich die Zeit über hierbleiben müssen und dann muß man weitersehen."[174]

5.3 Kurt von Fritz bei Eduard Fraenkel am Corpus Christi College, Oxford (Jan. bis Juli 1936)

Winter term

Die Weihnachtstage verbrachte die Familie bei Kurt von Fritz' Schwester Olga in Lemgo, von dort reiste er allein über Rotterdam nach England weiter, nicht ohne zuvor von seinen Freunden in Hamburg Abschied genommen zu haben: Bruno Snell, der gerade in Göttingen war, traf er für wenige Stunden auf der Strecke in Elze bei Hildesheim, in Hamburg besuchte er Frau Snell, Kallmorgens und Kapps, bei denen er auch Wolff und das Ehepaar Diller antraf.[175] Am 5. Januar ließ Kapp es

---

173 Briefe Adams, *AAC*, an Stocks, Manchester, Brierly und Fraenkel, Oxford, 19.7.1935, und Brief (hs.) Fraenkel an Brierly, 9.11.1935 (alle Oxford, Bodleian, MS. S.P.S.L. 293/3).
174 v. Fritz, Brief an Mädi, 19.11.1935 (wie Anm. 169). Die Trennung war tatsächlich nur für maximal sieben Monate geplant: in den Diskussionen über eine eventuelle Verlängerung des Oxford-Aufenthalts beteuerte von Fritz mehrfach, Louise mitnehmen zu wollen: „Wenn ich hierher zurückkomme, mußt Du unbedingt mit mir herüberkommen und mir helfen, denn es wird dann sehr wichtig sein, daß wir auch jemand gelegentlich zu uns zum Tee einladen können, was ich jetzt auf meiner einsamen Studentenbude nicht kann." (Brief v. Fritz, Oxford, an Louise, 30.6.1936, in BAdW, Nachlass KvF, Karton 25, Graue Mappe).
175 Der Kapp-Schüler Hans Diller, seit 1933 Privatdozent in Hamburg, nutzte die willkommene Chance, die sich durch Kurt von Fritz' Entlassung in Rostock bot und unterrichtete dort seit dem SoSe 1935: „Er vertritt mich auch in diesem Winter wieder in Rostock und wird wohl wahrscheinlich mein Nachfolger werden." (Brief v. Fritz, Hamburg, an Louise, 5.1.1936, in BAdW, Nachlass KvF, Karton 25, Graue Mappe). 1937 wurde Diller zum außerordentlichen Professor in Rostock ernannt. Offenbar wussten weder Kapp noch von Fritz, dass Diller im gleichen Jahr einen Antrag auf Parteimitgliedschaft gestellt hatte und 1940 (nach Buddrus, Fritzlar 2007, 115 am 1.1.1941) in die NSDAP aufgenommen wurde: nach 1945 konnte er diese Mitgliedschaft vor

sich nicht nehmen, von Fritz „mit dem Auto ab[zu]holen und zusammen mit Wolff an die Bahn [zu] bringen".[176]

Unter schikanösen Begleitumständen – die Devisenbestimmungen des Reichs erlaubten beim Grenzübertritt nur die Ausfuhr von maximal 10 RM, sodass er sich in Rotterdam von einem Bekannten seines Schwagers Geld leihen musste, das er ihm in England wieder zurückzahlen wollte –,[177] kam von Fritz am 7. Januar 1936 morgens in London an. Sein erster Weg führte zum Sitz des *AAC* „in einem unwahrscheinlich hinterhäusigen Hinterhaus (...) das Hauptbüro kaum größer als unser Badezimmer in Rostock", wo für ihn bereits ein Scheck bereit lag, obwohl er seinen Besuch nicht angemeldet hatte.[178]

In Oxford verstand er sich mit Eduard Fraenkel, der ihm bis dahin nicht persönlich bekannt war,[179] von Anfang an ausgezeichnet: schon während der ersten Einladung zum Mittagessen im Hause Fraenkels, bei dem auch das Ehepaar Solmsen zugegen war, schlug Fraenkel seinem Gast vor, er sollte doch seinen Rostocker Herodot-Vortrag im Rahmen der Oxforder Philological Society halten.[180] Für den 10. Januar hatte er einen Antrittsbesuch beim Präsidenten des Corpus Christi College arrangiert, am 11. Januar führte er von Fritz durch die Bodleian

---

der britischen Entnazifizierungskommission erfolgreich leugnen (Giles 1993, 88, und Klee 2003, 111).

176 Brief v. Fritz, Lemgo, an Louise [?], 3.1.1936, und Brief v. Fritz, Hamburg, an Louise, 5.1.1936 (BAdW, Nachlass KvF, Karton 25, Graue Mappe). Louise von Fritz fiel der Abschied offenbar außerordentlich schwer: „Denn 8 Tage vor meiner beabsichtigten Abreise legte sich meine Frau mit einer Grippe zu Bett, die sich zu einem ziemlich schweren Gelenkrheumatismus entwickelte, so daß ich meine Abreise mehrmals hinausschieben mußte. Als es endlich besser ging, reiste ich ab." (Brief [hs.] v. Fritz, Oxford, an Schwartz, 29.2.1936, S. 1, wie Anm. 172). Ende Januar erlitt sie einen so schweren Rückfall (mit „Gefahr einer Herzbeutelentzündung"), dass von Fritz in Oxford schon „Vorbereitung traf, nach Pöcking zurückzufahren. Es ist dann aber noch gut vorübergegangen und sie ist jetzt in Dachau, um sich dort in dem Moorbad auszukurieren." (ebda.)

177 Nach dem „Gesetz über Devisenbewirtschaftung" vom 4. Februar 1935 war jeder Transfer von Zahlungsmitteln ins Ausland, der die „Freigrenze" von 10 RM überstieg, „genehmigungsbedürftig" (§§ 13 (1) und 28). Deshalb musste von Fritz auch das Angebot seiner Schwester, ihm vor der Abreise „auslaendisches Geld" zu schenken, ausschlagen (Brief v. Fritz, Pöcking, an Mädi, 23.11.1935, in BAdW, Nachlass KvF, Karton 25, Graue Mappe). Dies hätte gegen § 11 (1) verstoßen („Nur mit Genehmigung darf ein Inländer ausländische Zahlungsmittel [...] einem Inländer im Inland aushändigen") und wäre mit einer Geldstrafe und/oder Gefängnis bis zu zehn Jahren bestraft worden (§ 42; zitiert nach RGBl. Jg. 1935, Teil I, S. 106–112, online verfügbar unter http://www.crt-ii.org/_nazi_laws/_lpdfs/19350204–2.pdf).

178 Brief v. Fritz, Oxford, an Louise, 7.1.1936 (BAdW, Nachlass KvF, Karton 22, ‚Briefe bunte Kiste').

179 v. Fritz, ‚Autobiographische Skizze', S. 11 (wie Anm. 21).

180 Brief v. Fritz, Oxford, an Louise, 9.1.1936 (BAdW, Nachlass KvF, Karton 22, ‚Briefe Bunte Kiste').

Library und stellte ihm „in außerordentlich generöser Weise seinen riesigen Schreibtisch zum Arbeiten zur Verfügung".[181]

Der Beginn des Semesters wurde am 17. Januar mit dem ersten College Dinner in der Hall feierlich begangen: „unter Vorsitz des Praesidenten auf einer erhöhten Ballustrade [sic!] tafelten" Professoren und Gäste des Colleges, die Studenten saßen unterhalb an langen Tischen. Im Anschluss an das Dinner saß „man noch etwa eine Stunde bis 1 ½ im common room zusammen: Je zu zweit an einem kleinen Tisch, um ein Glas Portwein zu trinken, sich zu unterhalten und etwas in die Zeitungen zu schauen." Von Fritz, der schon während zweier vorangeganger Dinner im Common Room erste Bekanntschaft mit Professor Theodore Wade-Gery und dem Tutor Frank Hardie hatte schließen können, lernte den Senior Tutor des CCC, den Historiker William Phelps kennen, „von dem mir Fraenkel sagte, daß er einer der gescheitesten und gelehrtesten Mitglieder des Colleges sei und sich übrigens sowohl für ihn wie für mich sehr eingesetzt habe", und unterhielt sich lange und angeregt mit dem Präsidenten, was Fraenkel zu der Bemerkung veranlasste, von Fritz „hätte an ihm schon eine Eroberung gemacht".[182] Fraenkels aufmerksame Gastgeberrolle erleichterte von Fritz die rasche Eingewöhnung:

> „Nachdem sich die Gesellschaft im common-room aufgelöst hatte, war ich noch auf etwa eine Stunde bei einer Tasse Kaffee auf Fraenkels Zimmer, wo wir uns auch über alles Mögliche unterhalten haben. Er ist wirklich sehr nett gegen mich, sucht mich mit allen bekannt zu machen und in alles, was irgend wichtig ist, einzuführen und einzuweisen. So habe ich es wirklich bis jetzt (...) sehr nett hier."[183]

Um sich an die Eigenheiten englischen Unterrichtens zu gewöhnen, besuchte von Fritz eine Vorlesung von Gilbert Murray, über Aischylos. Überrascht musste er feststellen, wie klein die Hörerzahl war: selbst Koryphäen wie Murray oder Fraenkel hätten in der Regel unter 10 Studenten. Die Hauptlast der Lehre und der Betreuung trügen nicht die Professoren, sondern die Tutoren, die Professoren hätten das Privileg nur Vorlesungen („weniger als bei uns und in den Vorlesungen weniger Studenten") und Prüfungen abhalten zu müssen, und dadurch deutlich

---

181 v. Fritz, ‚Autobiographische Skizze', S. 11 (wie Anm. 21).
182 Brief v. Fritz, Oxford, an Louise, 18.1.1936, S. 1f. (BAdW, Nachlass KvF, Karton 25, Graue Mappe). In den ersten Wochen hatten die Gespräche mit Livingston, „der einzige, der deutlich Englisch spricht", einen „sehr günstigen Einfluss" auf von Fritz' Sprechfähigkeit (ebda.); siehe auch Brief v. Fritz, Oxford, an Louise, 10.1.1936, S. 2 : „Das Sprechen ging relativ ganz fließend, doch habe ich sehr viele Fehler gemacht, die ich oft schon im Augenblick danach bemerkte, aber nicht immer mehr verbessern konnte." (BAdW, Nachlass KvF, Karton 22, ‚Briefe Bunte Kiste').
183 Brief v. Fritz, an Louise, 18.1.1936 (wie Anm. 182); in seiner ‚Autobiographischen Skizze' (s. Anm. 21) bezeichnet er den Oxforder Aufenthalt als „eine Art Paradies" (S. 11).

bessere Bedingungen für wissenschaftliches Arbeiten. Dennoch fühlte sich Fraenkel, „der an eine ziemlich zahlreiche Hörerschaft und ein intensives Zusammenarbeiten [mit den Studenten] gewöhnt war, in dieser Hinsicht etwas unbefriedigt".[184] Ansonsten bemühte sich von Fritz um einen möglichst regelmäßigen Arbeitsrhythmus: Vormittags Arbeiten in der Bodleian Library, Mittagessen bei der Vermieterin, kurzer Spaziergang/Zeitungslektüre oder Mittagsschlaf, Brief an Louise, nachmittags Arbeiten zu Hause, Dinner im College, anschließend common room, zu Hause Lektüre oder Briefe schreiben.[185] Bei Vorträgen der Philological Society oder der Classical Association, die meist im Anschluss an das Dinner stattfanden, nutzte von Fritz jede Gelegenheit, auch mit Kollegen außerhalb des Corpus Christi College in Kontakt zu kommen.[186] Am 28. Januar vereinbarten Fraenkel und von Fritz einen jour fixe, um Aeschylos' Agamemnon zu „traktieren":[187]

> „Heute abend und von jetzt an jeden Dienstag nach dem dinner werden Fr. und ich zusammen Aeschylus' Agamemnon lesen und interpretieren, was für mich recht schön und förderlich ist, da ich mich ja auch ziemlich viel mit Analysen beschäftigt, aber noch nie den Agamemnon gründlich durchinterpretiert habe, während er gerade mit diesem Stück sich besonders beschäftigt und in dem ersten Semester, das er hier zugebracht hat, (2/3 Jahre bevor er hier Professor wurde) mit den dons von Corpus Christi College eine Übung darüber gehalten hat."[188]

---

184 Brief v. Fritz, Oxford, an Louise, 22.1.1936 (BAdW, Nachlass KvF, Karton 25, Graue Mappe).
185 Brief v. Fritz, Oxford, an Louise, 21.1.1936 (BAdW, Nachlass KvF, Karton 22, ‚Briefe Bunte Kiste').
186 „Besonders interessant" fand von Fritz die Vorträge des schwedischen Altphilologen M. P. Nilsson über Tyrannenherrschaften in den griechischen Staaten (am 22.1.1936) und des amerikanischen Historikers B. D. Meritt (am 14.2.1936) über die Rekonstruktion einer Inschrift, die u. a. Gehälter für Bronzeskulpturen auf dem Parthenon auflistete. Nilssons Vortrag sei in sehr gutem Englisch geschrieben gewesen („offenbar unter sprachlicher Beihilfe von dritter Seite"), doch an seiner „sehr schlechten" Aussprache („ich darf wohl sagen, schlechter als meine") und während der Diskussion habe man gemerkt, dass der Schwede „mit dem Englischen ziemliche Schwierigkeiten gehabt hatte." (Brief v. Fritz, Oxford, an Louise, 23.1.1936, in BAdW, Nachlass KvF, Karton 25, Graue Mappe). Bei Meritts Vortrag, „das reinste Zauberkunststück", konnte von Fritz erleichtert feststellen, dass die amerikanische Aussprache des Griechischen nicht ganz so „närrisch" war wie die englische, sondern ähnlich der deutschen, „was ja für mich die Sache, falls wir für einige Zeit dorthin kommen sollten, sehr erleichtern würde." (Brief v. Fritz, Oxford, an Louise, 15.2.1936, in BAdW, Nachlass KvF, Karton 25, Graue Mappe).
187 Brief v. Fritz, Oxford, an Louise, 29.1.1936 (BAdW, Nachlass KvF, Karton 22, ‚Briefe Bunte Kiste').
188 Brief v. Fritz, Oxford, an Louise, 28.1.1936 (BAdW, Nachlass KvF, Karton 25, Graue Mappe).

5.3 Kurt von Fritz bei Eduard Fraenkel am Corpus Christi College, Oxford — 273

Über sein damaliges „Steckenpferd" fand von Fritz rasch näheren Kontakt zu dem Tutor Hardie: nach einer Diskussion am 29. Januar während des dinner über „den Aufsatz von Hasse und Scholz über die Grundlagen in der antiken Mathematik"[189] überraschte Hardie von Fritz schon am 6. Februar mit dem Vorschlag, vierzehntägig eine zweistündige Vorlesung („class") über „diesen Gegenstand" im privaten Zirkel für interessierte dons und tutors zu arrangieren, und gleich am nächsten Donnerstag damit anzufangen:

> „Das war nun eine ziemliche Überrumpelung für mich, aber an sich ist es ja sehr nett. Aber ich werde nun die nächste Zeit sehr viel zu tun haben: 1.) Die Gegenstände, über die ich mich verbreiten will in eine für die Unternehmung geeignete Ordnung zu bringen, da ich ja noch keine Vorlesung und Übung darüber gehalten habe und die Art und Zusammensetzung meiner Hörerschaft eine besondere Art der Behandlung erfordert. 2.) Mir zu überlegen, wie die Dinge am Besten auf Englisch ausgedrückt werden, damit ich nicht zu sehr stottern muß und mich über einen Gegenstand, wo es vielfach auf eine sehr genaue Formulierung ankommt, verständlich machen kann. (…)
> So bin ich nun also sehr plötzlich ins Wasser geworfen worden und muß versuchen wie es mit dem Schwimmen geht."[190]

Kurt von Fritz hatte eigentlich geplant, erst im Sommersemester eine offizielle Vorlesung über antike Mathematik anzubieten, für die Studenten sämtlicher colleges. Fraenkel und Hardie rieten davon aber ab, da „es zu wenig Studenten gäbe, die dafür Interesse hätten oder fähig wären, sich daran zu beteiligen". So kam man überein, dass von Fritz „eine class über einen Ausschnitt aus der Philosophie der Vorsokratiker (wahrscheinlich über die Anfänge des Atomismus: Demokrit usw. […]) für die Studenten ankündigen werde".[191]

Am 5. Februar war von Fritz für einen Tag nach London gefahren, um sich bei dem Generalsekretär des *AAC*, den er bei seiner Ankunft in London nicht ange-

---

[189] Mit großer Wahrscheinlichkeit handelte es sich dabei um den Aufsatz „Grundlagenkrisis der griechischen Mathematik" von Helmut Hasse und Heinrich Scholz (*Kant-Studien* 33.1–2 (1928), 4–34), den von Fritz „sehr" gut kannte (Brief v. Fritz, Oxford, an Louise, 29.1.1936, wie Anm. 187).
[190] Brief v. Fritz, Oxford, an Louise, 7.2.1936 (BAdW, Nachlass KvF, Karton 25, Graue Mappe). Damit endete abrupt die viermonatige Eingewöhnungsphase bis zum summer term, die von Fritz von Livingston zugesichert worden war (siehe S. 268). Bei aller Freude über das Interesse der englischen Kollegen muss von Fritz doch ziemlich erschrocken gewesen sein, denn die retrospekive Erinnerung verlegte die erste dieser Vorlesungen vom 13. Februar auf Anfang Januar: „Da ich zwar englisch ohne Mühe lesen konnte, aber keinerlei Übung im Sprechen hatte, sah ich der Notwendigkeit, gleich in der ersten Woche nach meiner Ankunft mit englischen Vorträgen beginnen zu müssen, mit einiger Besorgnis entgegen." (v. Fritz, ‚Autobiographische Skizze', S. 11 [wie Anm. 21]).
[191] Brief v. Fritz, Oxford, an Louise, 7.2.1936 (wie Anm. 190).

troffen hatte, persönlich vorzustellen. Der um sechs Jahre jüngere Walter Adams beeindruckte von Fritz durch seine Professionalität und Kompetenz:

> „Er war zu meinem Erstaunen ein noch sehr junger, aber sehr netter Mann (...) Er ist aber offensichtlich über alles sehr gut unterrichtet, wußte sofort Bescheid, obwohl ich mich nicht besonders angemeldet hatte, und machte den Eindruck, die Dinge sehr gut zu führen und sich sehr um alles anzunehmen."[192]

Über Mittag besichtigte er in der Royal Academy of Arts die „International Exhibition of Chinese Art", am Nachmittag besuchte er Katz, der inzwischen von Manchester nach London umgezogen war und dort am Zoologischen Garten als Tierpsychologe Arbeit gefunden hatte.[193]

Die Vorbereitungszeit für die erste „Privatvorlesung mit Colloquium" am 13. Februar war denkbar knapp bemessen und wurde überdies durch eine Einladung zum Mittagessen beim Präsidenten am selben Tag verkürzt.[194] Dennoch war die Premiere ein voller Erfolg: von Fritz hatte einen etwa einstündigen Vortrag schriftlich ausgearbeitet und überstand eine 1½ stündige Diskussion mit einem „Kreuzfeuer von Fragen (...), die ich aber so ziemlich alle beantworten konnte." Die kundigen Zuhörer, „außer Hardie (...) noch 5 Tutors (ungefähr Privatdozenten) von verschiedenen Colleges", waren von den Ausführungen so begeistert, dass „sie beschlossen, daß die Vorlesung alle 8 Tage am Donnerstag Abend stattfinden sollte, während anfangs nur alle 14 Tage eine vorgesehen war". Das wirbelte von Fritz' Arbeitsplan, der die erste Phase seines Oxford-Aufenthalts eigentlich für die Fertigstellung überfälliger *RE*-Artikel hatte verwenden wollen, zwar gehörig durcheinander, doch er war froh, „nach der langen Zeit des Ausgeschlossenseins wieder etwas zu tun zu haben: und mit einer Zuhörerschaft, die mit meinen speziellen Interessen mehr anzufangen weiß als das bei Studenten der Fall zu sein pflegt". Deshalb wollte er „nicht gern dagegen protestieren".[195] Besonders er-

---

192 Brief v. Fritz, Oxford, an Louise, 6.2.1936, S. 2 (BAdW, Nachlass KvF, Karton 25, Graue Mappe).
193 Siehe David Katz' Autobiographie (Katz 1952, 206), den Nachruf von Rudolph Arnheim (1953) und den Brief v. Fritz, Oxford, an Louise, 6.2.1936, S. 2 (wie Anm. 192): „Seine Frau ist jetzt auch zu ihm gezogen, aber hat noch keinerlei Anstellung gefunden und lebt immer noch vom A.A.C." David Katz hatte vom *AAC* für den Zeitraum vom 30. September 1935 bis 31. Juli 1936 ein Stipendium in Höhe von £ 250 bewilligt bekommen „to work at University College, London" (Minutes *AAC*, 14.5.1935, in NYPL, *EC*-Records 159.7, ‚AAC Correspondence 1935 May – Jul').
194 Brief v. Fritz, Oxford, an Louise, 9.2.1936 (BAdW, Nachlass KvF, Karton 22, ‚Briefe Bunte Kiste').
195 Briefe v. Fritz, Oxford, an Louise, 14.2.1936 (BAdW, Nachlass KvF, Karton 22, ‚Briefe Bunte Kiste'), und an Mädi, 17.2.1936 (BAdW, Nachlass KvF, Karton 25, Graue Mappe).

5.3 Kurt von Fritz bei Eduard Fraenkel am Corpus Christi College, Oxford — 275

leichtert war von Fritz, dass es während der Diskussion, in der er ganz frei und über die verschiedensten Dinge ohne Aufzeichnungen sprechen musste, „mit dem Englischen besser gegangen" war als er gedacht hatte.[196] Mit zunehmendem Selbstvertrauen ging er in die zweite Vorlesung am 20. Februar, die er „von Anfang an auf Besprechung und Diskussion angelegt hatte".[197] Trotz einer Vorbereitungszeit von weniger als zwei Tagen – er hatte den Großteil der Woche an den *RE*-Artikeln gearbeitet, war von Fritz mit dem Ergebnis der zweieinhalbstündigen Veranstaltung außerordentlich zufrieden. Bis zum Ende des Winter-Semesters (12. März) hielt er insgesamt fünf Vorlesungen dieser Art, eine Fortsetzung dieses Privatcolloquiums wurde für das Sommer-Semester zwar beschlossen, kam aber offensichtlich nicht zustande.[198]

Parallel zu dieser akademischen Feuertaufe betrieb von Fritz weiterhin seine Stellensuche: zu seiner Überraschung hatte Dennes in Berkeley, den er gleich nach

---

196 Diese fachbezogene Sprachsicherheit hatte er schon drei Tage vorher feststellen können, als er nach dem dinner zwei Stunden mit Hardie über seinen Platon-Theaetet-Aufsatz diskutiert hatte: „Es war sehr nett und anregend und es geht auch mit dem Englischen jetzt schon relativ ganz gut." (Brief v. Fritz, Oxford, an Louise, 11.2.1936, in BAdW, Nachlass KvF, Karton 22, ‚Briefe Bunte Kiste').
197 Brief v. Fritz, Oxford, an Louise, 21.2.1936 (BAdW, Nachlass KvF, Karton 25, Graue Mappe). Die feste mathematische Terminologie, mit der sich von Fritz durch die Lektüre englischer Fachliteratur jeweils im Vorfeld vertraut gemacht hatte, erleichterte den freien Vortrag: „Noch viele Jahre später, nachdem ich mir eine ziemliche Geläufigkeit im Englischen erworben hatte, fiel es mir schwerer, in einer Sprache, die nicht meine Muttersprache war,. Dichtungen zu interpretieren, als damals über antike Mathematik zu sprechen." (v. Fritz, ‚Autobiographische Skizze', S. 11, wie Anm. 21).
198 Im summer term hatte von Fritz seine reguläre Vorlesung zu halten und verwendete sehr viel Zeit auf die Ausarbeitung der englischen Version seines Herodot-Vortrages für die Philological Society. Außerdem wurde ihm außerplanmäßig „eine Art spezial Tutorship über einen Studenten anvertraut, der ein besonderes Zusatzexamen in griechischer Philosophie (…) machen will". Deshalb kam es ihm nicht ungelegen, dass es sich zu Beginn des Semesters abzeichnete, dass das Colloquium möglicherweise nicht zustande kommen würde: „Es scheint, daß die Tutoren am Anfang des Semesters sehr viel zu tun haben, zumal da im Sommersemester sehr viele erste Semester kommen, die betreut werden müssen. Vielleicht machen sich später auch die allgemeinen Wirkungen des Sommersemesters bemerkbar, so daß die Fortsetzung nicht mehr zu Stande kommt. Das würde mir allerdings leid tun, obwohl es jetzt für mich eine Erleichterung ist." (Brief v. Fritz, Oxford, an Louise, 2.5.1936, in BAdW, Nachlass KvF, Karton 25, Graue Mappe). In einem Brief an Eduard Schwartz, in dem von Fritz sein langes Schweigen von Ende Februar bis Ende Juni damit entschuldigt, dass „die Zwischenzeit (…) sehr mit anstrengender Arbeit ausgefüllt" war, erwähnt er zwar zwei englische Vorlesungen und den Herodotvortrag, doch das bezieht sich mit großer Wahrscheinlichkeit auf Winter- und Sommersemester. (Brief [hs.] v. Fritz, Oxford, an Schwartz, 30.6.1936, in BSB München, Schwartziana II. A. ‚Fritz, Kurt v.').

seiner Ankunft in Oxford angeschrieben hatte, bereits von den ersten Lehrerfolgen des Freundes gehört, durch einen guten Bekannten, der regelmäßig an dem mathematischen Colloquium teilnahm.[199] Durch Richard Kroner, der als Fraenkels Gast in Oxford einen Vortrag über Philosophie und moderne Physik hielt, erfuhr von Fritz aus erster Hand von Dennes' Bemühungen um eine Anstellung für ihn:

> „Es ist aber offenbar noch nirgends etwas spruchreif geworden, auch noch nicht in Harvard. Aber es ist ja auch noch Zeit, und man muß halt noch weiter abwarten."[200]

Einladungen bei dem Tutor Denis W. Brogan und bei Professor James L. Brierly,[201] die neben Fraenkel und Phelps Kurt von Fritz' Einladung in Oxford unterstützt hatten und wichtige Fürsprecher beim *AAC* waren, versuchte von Fritz zu nutzen, um seine Position am Corpus Christi College zu stärken. Ein für Anfang April geplanter längerer Aufenthalt in Hamburg bei Snells scheint nicht zustande gekommen zu sein, wahrscheinlich gab die politische Krise im Zusammenhang mit der Rheinlandbesetzung durch die deutsche Wehrmacht den Ausschlag.[202]

Schneller als gedacht war am 14. März 1936 das Wintersemester zu Ende gegangen. In Oxford wusste von Fritz, was ihn in den nächsten Monaten erwartete: seine College-übergreifende Vorlesung für Studenten war angekündigt, die Einladung für seinen Herodot-Vortrag durch die Philological Society ausgesprochen, eine mögliche Fortsetzung der Mathematik-Colloquiums ins Auge gefasst. Ungeklärt war die Zeit nach Ende Juli:

---

199 Brief v. Fritz, Oxford, an Louise, 21.2.1936, S. 2 (wie Anm. 197).
200 Kurt von Fritz kannte Kroner, der 1935 wegen seiner jüdischen Herkunft als Ordinarius in Frankfurt entlassen worden war, noch von seinen ersten Semestern in Freiburg. Kroner hatte in Berkeley, wo er ebenfalls einen Vortrag hielt, mit Dennes über von Fritz' aktuelle Situation gesprochen (Brief v. Fritz, Oxford, an Louise. 23.2.1936, in BAdW, Nachlass KvF, Karton 22, ‚Briefe Bunte Kiste').
201 Am 28. Februar bzw. 8. März (Briefe v. Fritz, Oxford, an Louise, 29.2.1936 bzw. 4.3. und 8.3. 1936, in BAdW, Nachlass KvF, Karton 22, ‚Briefe Bunte Kiste'); Brierlys Einladung war für von Fritz so wichtig, dass er dafür sogar eine Einladung im Hause Gilbert Murrays absagte (Brief v. Fritz, Oxford, an Louise, 6.3.1936, in BAdW, Nachlass KvF, Karton 22, ‚Briefe Bunte Kiste'). Der Name von James Leslie Brierly (1881–1955), Professor of International Law am All Souls College und einer der „Councillors and officials" des *AAC* (Baldwin 1988, „B": seine Korrespondenz ist zusammen mit der William Beveridges unter MS. S.P.S.L. 17 eingeordnet), ist in den Transkripten der von Fritz-Briefe vom 4., 6. und 8.3.1936 konsequent verschrieben zu „Beierly" (ohne Vornamen).
202 Brief v. Fritz, Oxford, an Louise, 9.3.1936 (BAdW, Nachlass KvF, Karton 22, ‚Briefe Bunte Kiste'), und Brief v. Fritz, Oxford, an Louise, 13.3.1936 (BAdW, Nachlass KvF, Karton 25, Graue Mappe): „Hoffentlich gibt es keine politischen Verwicklungen bis dahin (...) Hoffentlich geht alles noch gut aus und hat sich die Lage in 2–3 Wochen geklärt und beruhigt."

„Was nun der Sommer term wohl bringen mag? In irgend einer Weise wird ja dann eine Entscheidung wenigstens über unsere nähere Zukunft fallen müssen."[203]

Summer term: Das „kümmerliche" Angebot aus den USA

Nach „sehr still[en] und einsam[en], aber arbeitsreich[en]" Semesterferien[204] hatte Kurt von Fritz die englische Rohfassung seines Herodot-Vortrages, den er am 12. Juni vor der Philological Society halten sollte, abgeschlossen und bat Fraenkels Frau Ruth, geb. van Velsen, „die ganz mit Englisch aufgewachsen ist und sehr gut Englisch spricht",[205] in der letzten Aprilwoche um ihre sachkundige Unterstützung. In regelmäßigen Zusammenkünften arbeiteten sie bis zum 6. Juni zum Teil gemeinsam an dem endgültigen Vortragsmanuskript, das von Fritz mit dem Tutor Phelps abschließend noch einmal durchgehen wollte, „um ihm den letzten Schliff zu geben".[206] So blieb ihm noch genügend Zeit, sich gründlich auf die Diskussion vorzubereiten, in von Fritz' Worten sich „soweit als möglich hieb- und stichfest zu machen". Diese langfristig vorausschauende und sorgfältige Vorgehensweise zeigt, welch großen Respekt er dieser „auserwählten Gesellschaft von Sachkundigen" zollte und wieviel Bedeutung er dem Vortragsabend beimaß: keinesfalls wollte er das Schicksal seiner Vorredner teilen, deren zum Teil gute Vorträge in der Diskussion „ziemlich vollständig" oder „zu einem guten Teil zerstört" wurden.[207]

Seine reguläre Vorlesung über die Philosophie der Vorsokratiker fand ungewöhnlich starken Zulauf: zum ersten Termin am 2. Mai (einem Samstag!) kamen 20 Hörer, „eine ganz enorme Summe bei diesen Verhältnissen",[208] und sie sollte im Laufe des Semesters nicht unter 12 absinken.[209] Nur für die erste der insgesamt sieben Vorlesungen hatte von Fritz ein Manuskript ausgearbeitet, eine Prozedur, die sich deutlich zeitaufwendiger gestaltete als die Vorbereitung der mathematischen Privatvorlesungen, „denn bei den Dingen, die ich jetzt zu behandeln habe,

---

203 Brief v. Fritz, Oxford, an Louise, 14.3.1936 (BAdW, Nachlass KvF, Karton 25, Graue Mappe).
204 Brief v. Fritz, Oxford, an Louise, 20.4.1936 (BAdW, Nachlass KvF, Karton 22, ‚Briefe Bunte Kiste').
205 Briefe v. Fritz, Oxford, an Louise, 24.4.1936, und an Mädi, 25.4.1936 (BAdW, Nachlass KvF, Karton 22, ‚Briefe Bunte Kiste'): „Meinen Vortrag ins Englische zu bringen ist außerordentlich schwer und ich verzweifle manchmal beinahe daran."
206 Brief v. Fritz, Oxford, an Louise, 6.6.1936 (BAdW, Nachlass KvF, Karton 25, Graue Mappe).
207 Ebda.
208 Brief v. Fritz, Oxford, an Louise, 2.5.1936 (wie Anm. 198).
209 Brief v. Fritz, Oxford, an Louise, 17.5.1936 (BAdW, Nachlass KvF, Karton 25, Graue Mappe).

macht mir doch das Englische sehr große Schwierigkeit".²¹⁰ Dann riss ihm der Geduldsfaden, und er wagte den Sprung in die Improvisation:

> „Ich selber habe während der ersten Stunde zu reden versucht, das [sic!] ich vorher ganz ausgearbeitet hatte, wurde aber dann ärgerlich und ungnädig darüber, fing an, ohne Manuskript zu sprechen und hatte dann Mühe, wieder dazu zurückzufinden. Darauf habe ich es ganz aufgegeben und rede seit der zweiten Stunde wie in Deutschland bloß mit Stichwörternotizen und es geht im allgemeinen auch ganz gut, wenn ich auch manchmal nach einem Ausdruck suchen muß oder etwas mit verschiedenen Ausdrücken wiederhole, um den Richtigen zu erwischen und was ich sagen will, ganz klar zu machen."²¹¹

Ab Mitte Mai war an einen ruhigen routinierten Arbeitsalltag nicht mehr zu denken:²¹² Ein erstes Angebot aus den USA, eine auf ein Jahr befristete Instructorship am Reed College in Portland, Oregon, die ihm sein Freund Dennes vermittelt hatte, dominierte von Fritz' Denken und seine Verhandlungsstrategie während der verbleibenden zwei Monate in Oxford in erheblichem Maße. Da das Angebot „einige sehr große Haken" hatte, zögerte von Fritz eine Zusage so lange wie möglich hinaus, ja er trug sich sogar mehrfach mit dem Gedanken es grundsätzlich zu verwerfen:

> „Gestern kam ein Brief von Dennes mit der Ankündigung eines Angebots aus Amerika. Aber es ist keineswegs sehr verlockend und ich weiß vorläufig durchaus noch nicht, ob man sich darüber freuen soll. (...) Vorläufig scheint es mir eine ziemlich zweischneidige Angelegenheit zu sein."²¹³

Die „kümmerlichen finanziellen Bedingungen",²¹⁴ $ 150 monatlich (= $ 1800 p.a., umgerechnet etwa 4000 RM brutto), gaben nicht allein den Ausschlag zu dieser pessimistischen Bewertung: das Reed College sei „im äußersten Nordwesten der USA (...) am Ende der Welt" gelegen, fernab von den großen attraktiven Universitäten der Ostküste, an denen Kurt von Fritz langfristig unterzukommen hoffte. Ein Reisegeldzuschuss war nicht vorgesehen, sowohl die Anreise als auch die

---

210 Brief v. Fritz, Oxford, an Louise, 2.5.1936 (wie Anm. 198): „Ich habe auch 3 ½ Tage intensive Arbeit gebraucht, um meine Vorlesung für heute vorzubereiten und das Englisch war dann doch nur sehr so-so."
211 Brief v. Fritz, Oxford, an Louise, 17.5.1936 (wie Anm. 209).
212 „Dann setzte eine ziemlich stürmische Korrespondenz wegen möglicher zukünftiger Dinge ein" (Brief [hs.] v. Fritz, Oxford, an Schwartz, 30.6.1936, wie Anm. 198).
213 Brief v. Fritz, Oxford, an Louise, 14.5.1936, S. 1f. (BAdW, Nachlass KvF, Karton 25, Graue Mappe). In der Harvardsache, die Dennes ebenfalls zu vermitteln suchte (s. S. 276, Anm. 200), war noch keine Entscheidung gefallen, es bestand jedoch wenig Hoffnung, „daß bis zum Herbst dort etwas für mich zustande kommt" (ebda.).
214 Brief v. Fritz, Oxford, an Mädi, 25.5.1936 (BAdW, Nachlass KvF, Karton 22, ‚Briefe Bunte Kiste').

Reisekosten für Bewerbungen nach Ablauf des Jahresvertrages hätten aus eigenen Mitteln bestritten werden müssen. Die wissenschaftlichen Arbeitsmöglichkeiten am College, das ausschließlich für undergraduates ausgerichtet war, seien „nicht sehr förderlich", die „ganz kleine Bibliothek, fast ohne wissenschaftliche Literatur",[215] völlig unzureichend; „auch die Tätigkeit [scheint] nicht übermäßig großartig zu sein: teilweise Sprachunterricht und teilweise Vorlesungen vor einer aber auch, wie es scheint, nicht übermäßig auserwählten Hörerschaft". Kurt von Fritz fürchtete das große Risiko, „dort ziemlich von der übrigen Welt und Aussichten auf Änderung abgeschlossen" zu sein.[216] Deshalb setzte er weiter große Hoffnungen auf die Bemühungen der Kollegen in England, „wenigstens etwas Vorübergehendes an einem College für mich zu finden".[217] Eduard Fraenkel informierte er über das Angebot „nicht sehr gerne" und etwas verspätet, da er dessen „Eifer, für mich etwas zu suchen, nicht erlahmen lassen wollte".[218]

Diese Befürchtungen schienen jedoch vorerst unbegründet zu sein: Fraenkel teilte von Fritz' Auffassung, „das Angebot nur im äußersten Notfall" anzunehmen, und hoffte auf eine „kleine Einladung (...) an einem College hier oder in Cambridge, (...) wenn sich in Amerika nichts Ordentliches und einigermaßen Aussichtsreiches bietet":

> „Er sagte mir daß Hardie, der ja meine Privatvorlesung im Winterterm arrangiert und mitgemacht hat, aber nie ein Wort redet, mich liebte und verehrte und sich die Beine ausrisse, um etwas für mich zu erreichen."[219]

Auch wenn von Fritz „sehr zu dem Wunsch [neigte], hierbleiben zu können",[220] war er doch realistisch genug, Fraenkels vagen Optimismus nicht überzubewerten, und unterschied in einer nüchternen Analyse die Engländer, die etwas mit seiner eventuellen Anstellung zu tun hatten, in vier Gruppen:

---

215 v. Fritz, ‚Autobiographische Skizze', S. 12 (wie Anm. 21).
216 Brief v. Fritz, Oxford, an Louise, 14.5.1936, S. 2 (wie Anm. 213); auch Dennes selbst war „sehr traurig, dass sich bis jetzt nichts besseres gefunden hat". Abgesehen von griechischem und lateinischem Elementarunterricht sollte von Fritz „eine Vorlesung über griechische Philosophie für Studenten, die kein Griechisch können", halten (Brief [hs.] v. Fritz, Oxford, an Schwartz, 30.6.1936, S. 2, wie Anm. 198).
217 Brief v. Fritz, Oxford, an Mädi, 25.5.1936 (wie Anm. 214): Zu diesem Zeitpunkt war bereits klar, dass vonseiten des *AAC* mit keiner weiteren Förderung zu rechnen war, da er „kein Geld mehr hat, um nach dem 31.VII. weiter etwas fuer mich zu tun." (siehe auch Brief v. Fritz an Louise, 19.5.1936, BAdW, Nachlass KvF, Karton 25, Graue Mappe).
218 Brief v. Fritz, Oxford, an Louise, 14.5.1936, S. 2f. (wie Anm. 213).
219 Brief v. Fritz, Oxford, an Louise, 19.5.1936 (BAdW, Nachlass KvF, Karton 25, Graue Mappe); inzwischen hatte auch Bochner dem Freund das Angebot vom Reed College angekündigt.
220 Ebda., S. 2.

> „Es gibt eine kleine Gruppe, die mich auf jedenfall gerne hier behalten möchte. Aber die ist natürlich klein und besteht nur aus solchen, die mich persönlich näher kennengelernt haben oder sonst viel von mir wissen. Aber da hier wie überall die Entscheidungen nicht von einzelnen, sondern von Kommissionen abhängen, so reichen sie allein nicht aus, um etwas Definitives zu erreichen. Es gibt dann eine zweite Gruppe, die finden, daß man meine Arbeit der Wissenschaft erhalten muß und deshalb etwas für mich tun muß, wenn sich sonst nichts findet. Aber darunter sind auch viele die sagen: Wenn sich in Amerika etwas findet, tant mieux. (…), dann ist es hier nicht nötig (…).
> Es gibt ferner eine Gruppe, die die Dinge weniger von der wissenschaftlichen als von der menschlichen Seite aus betrachten und sagen: Man kann ihn nicht einfach seinem Schicksal überlassen. Aber wenn sich in Amerika etwas bietet – tant mieux. (…)
> Und endlich gibt es auch einige, wenn auch glücklicherweise wenige, die sagen, wir wollen auf keinen Fall mehr Ausländer haben, ganz gleichgültig was sie leisten und wie es ihnen geht. Diese sind sicher nicht imstande allein zu verhindern, daß sich etwas für mich bietet. Aber ebensowenig ist die erste Gruppe imstande, allein etwas durchzusetzen. Deshalb kommt es auf die beiden mittleren Gruppen an. Und hier ist natürlich dieses – wenn auch kümmerliche – Angebot aus Amerika ein gewisses Hindernis."[221]

Dennes' zweiter Brief aus Berkeley schien die paradoxe Situation, dass die einzige Stelle, die sich von Fritz bot, seine Aussichten auf eine wünschenswertere Stelle verschlechterte, im positiven Sinne zu beenden: die Leute vom Reed College wollten „unter den Bedingungen, von denen Dennes mir geschrieben hatte, mir kein Angebot machen": Nur wenn es Ihnen gelingen sollte, „von irgendwoher" einen Gehaltszuschuss „und eine Garantie für ein weiteres Jahr zu bekommen", wollten sie sich wieder melden.[222] Das Schreiben des Colleges, in dem die Bemühungen um eine Nachbesserung des Angebots angekündigt werden, zeugt von einem außerordentlichen, auch damals seltenen Verantwortungsgefühl:

> „We are all enthusiastic about von Fritz and we should not hesitate to ask him if we did not feel a responsibility for him after the first year here. We are a small community and the sense of responsibility we would feel for the von Fritz family would not be qualified by the absence of formal obligation. We cannot take him on unless we see how we could take care of him year after next, or we were assured either that he would have another position, or, that he had enough money to live for a year. I assume that he does not have enough money. (…) If the Emergency committee would help that would be a factor, for we hesitate to bring someone here on $ 1800.– that is a very poor living and he could not be happy with it."[223]

---

221 Brief v. Fritz, Oxford, an Louise, 20.5.1936, S. 1 f. (BAdW, Nachlass KvF, Karton 25, Graue Mappe).
222 Brief v. Fritz, Oxford, an Louise, 1.6.1936 (BAdW, Nachlass KvF, Karton 25, Graue Mappe).
223 Brief Kerby-Miller, Reed College, Department of Philosophy, an Dennis [sic!], 15.5.1936 (BAdW, Nachlass KvF, Karton 18, Mappe ‚England grün', Hülle Reed College, 1940–45). Diesem Brief war tatsächlich eine Anfrage des College um einen Zuschuss beim *Emergency Committee in*

Von Fritz war über diese de facto-Absage, die er gleich an Fraenkel weitergab, froh, denn er hatte bestürzt feststellen müssen, dass selbst seine englischen Unterstützer, „die an sich mich gern auf alle Fälle hier behalten möchten, sogleich sehr bedenklich" waren, als sie von dem „möglichen Angebot aus Portland" gehört hatten, „da es sehr schwer sein würde, etwas für mich durchzusetzen, wenn ein auch sehr schlechtes Angebot aus Amerika da wäre". Zu von Fritz' Enttäuschung sei auch Fraenkel „sehr schnell umgefallen" und habe selbst gesagt, „daß man ein Angebot nicht ausschlagen könne, das auch nur irgendwelche Aussichten böte".[224] So war es nur logisch, dass mit der Rücknahme des ersten Angebots durch das Reed College von Fritz' Aussichten auf ein provisorisches Unterkommen in England wieder gestiegen waren: Schon am nächsten Tag erneuerte das Corpus Christi College seine Einladung für ein weiteres Jahr, „für den Fall, daß kein Angebot von Amerika kommt".[225]

Von dieser Aussicht beflügelt hielt von Fritz in der vorletzten Semesterwoche, am 12. Juni, vor der Philological Society seinen Vortrag über Herodot, von dessen Gelingen jetzt so viel abzuhängen schien. Die Zuhörerschaft war „ziemlich zahlreich", doch zu seinem großen Bedauern waren

> „(...) die Althistoriker mittleren Alters, die am wichtigsten gewesen wären, alle verreist (...). Infolgedessen gab es keine irgendwie nennenswerte Diskussion, auf die ich mich gründlich vorbereitet hatte, und die ganz alten Emeriti wie Gilbert Murray waren im übrigen, wie es

---

Aid of Displaced German Scholars vorausgegangen, die aber sehr unspezifisch und unprofessionell formuliert war: „We do not know about Professor von Fritz's finances. The college cannot afford to pay his travelling [sic!] expenses and cannot assume any responsibility for him after the year. We should like to know whether there is any possibility of getting a grant in aid from you." (Anfrage Kirby-Miller, Reed College, beim *EC*, 7.5.1936, zitiert nach *EC*-Cross Reference, ‚Notes or excerpts from correspondence' in NYPL, *EC*-Records, 152.23; auch in 60.41). Das Executive Committee hatte gar keine andere Möglichkeit als kategorisch abzulehnen, denn es wäre „contrary to this Committee's policy to make grants for traveling expenses. (I am not altogether certain from your letter whether you wished a grant from us for that purpose, or one to be used by the College in meeting his salary requirement.)" (Brief Duggan, *EC*, an Kirby-Miller, 16.5.1936, ebda.).
224 Brief v. Fritz, Oxford, an Louise, 1.6.1936, S. 1f. (wie Anm. 222).
225 Brief v. Fritz, Oxford, an Louise, 2.6.1936 (BAdW, Nachlass KvF, Karton 25, Graue Mappe): Da diese Einladung „unter den bisherigen Bedingungen" ausgesprochen war, hätte dies bedeutet, „dass wir jedenfalls nicht die ganze Zeit hier zusammenleben könnten. Aber man könnte es dann vielleicht so einrichten, daß wir teilweise zusammen in Deutschland und teilweise zusammen hier sind und nur in der Zwischenzeit vielleicht gelegentlich einmal getrennt". Zwei Woche später konkretisierte von Fritz seine eventuellen Englandpläne: „Ich hoffe jedenfalls, daß ich, wenn ich hierher zurückkomme, Dich zum Mindesten für die ersten beiden Monate und dann wieder im Frühjahr mit herübernehmen kann." (Brief v. Fritz, Oxford, an Louise, 14.6.1936. S. 2, in BAdW, Nachlass KvF, Karton 25, Graue Mappe).

schien, nicht mehr sehr geneigt, ihre Auffassung über Herodot in ihren alten Tagen noch etwas zu verändern."[226]

So konnte von Fritz kaum einschätzen, inwieweit seine Thesen bei den englischen Zuhörern Anklang gefunden hatten. Eduard Fraenkel jedenfalls war „außerordentlich entzückt und behauptete, mein Vortrag sei weit besser als alles, was er bisher hier an Vorträgen gehört hätte". Immerhin erhielt er von dem „Senior der hiesigen Althistoriker Professor [John L.] Myres" eine Einladung für den darauffolgenden Abend nach New College und wurde gefragt, ob er „den Vortrag in einer Zeitschrift drucken lassen wollte".[227]

Mit der letzten Vorlesung, die er am Samstag, den 13. Juni, „ziemlich erschöpft" hielt, hatte Kurt von Fritz seine akademischen Verpflichtungen in Oxford im Wesentlichen abgeschlossen. Die letzte Semesterwoche wollte er zu einer Fahrt nach London nutzen, um beim *AAC* vorsorglich seine Aufenthaltserlaubnis zu verlängern und für seine Frau eine Einreiseerlaubnis zu beantragen.[228] Inzwischen war ein dritter Brief von Dennes aus Amerika eingetroffen mit der Nachricht, „daß es dem Reed College nicht gelungen ist, einen Zuschuß zu meinem Gehalt zu bekommen und dass sie deshalb vorläufig kein Angebot machen wollen, weil es finanziell für uns zu ungünstig sein würde". Wie schon zwei Wochen zuvor reagierte von Fritz auch diesmal eher erleichtert:

> „So wird es also vorläufig damit wohl nichts sein. Aber da ja vorläufig hier einigermaßen für mich gesorgt ist, bin ich ganz froh darüber, daß kein schlechtes Angebot kommt, das die Dinge hier nur erschweren würde und im übrigen muß man sehen, wie sich die Dinge weiter entwickeln."[229]

Schon zwei Tage später hatte sich die Lage überraschend verschlechtert: Fraenkel informierte von Fritz über eine Beratung, die seine Fürsprecher („die Engländer,

---

226 Brief v. Fritz, Oxford, an Louise, 13.6.1936 (BAdW, Nachlass KvF, Karton 25, Graue Mappe).
227 Ebda. Dieser Vortrag, seine erste Veröffentlichung in englischer Sprache, wurde erst in den USA publiziert, nach dem 68th Annual Meeting der *APA* Ende 1936 in Chicago, wo von Fritz ebenfalls über Herodot sprach, unter dem Titel „Herodotus and the Growth of Greek Historiography" in *TAPhA* 67 (1936), 315–340: in der Publikationsliste für die Birmingham-Bewerbung (Brief v. Fritz, Oxford, Corpus Christi College, 31.8.1936 [mit dem Zusatz unter dem Schriftenverzeichnis „from 14.9.1936 Reed College, Portland, Oregon"], in BAdW, Nachlass KvF, Karton 22, ,Testimonials') war er noch nicht aufgeführt; siehe S. 289f. mit Anm. 253.
228 Brief v. Fritz, Oxford, an Louise, 13.6.1936 (wie Anm. 226). Da er nicht damit gerechnet hatte, dass der Samstag der letzten Semesterwoche vorlesungsfrei war, musste er den Stoff von zwei Vorlesungen in eine Stunde konzentrieren: in der letzten Semesterwoche hatte er nur noch mit einem Studenten die Vorbereitung auf dessen Philosophie-Examen abzuschließen.
229 Brief v. Fritz, Oxford, an Louise, 14.6.1936 (BAdW, Nachlass KvF, Karton 25, Graue Mappe).

5.3 Kurt von Fritz bei Eduard Fraenkel am Corpus Christi College, Oxford — 283

die mich am besten kennen und am meisten an mir Interesse nehmen") über ihn abgehalten hätten:

> „(...) daß sie, trotzdem das Corpus-Christi-College natürlich seine Einladung aufrecht erhält, wegen der allgemeinen Entwicklung hier in Sorge sind, weil allgemein die Überfüllung sehr groß ist und es sehr an Geldern zu fehlen anfängt. Außerdem haben einige, die sich in Amerika für mich bemüht haben, den Eindruck, daß ich unbedingt persönlich dorthin kommen müßte, weil es sehr schwer sei, in Amerika etwas zu bekommen ohne persönlich bekannt zu sein. Sie meinen außerdem, daß es sehr wichtig sei, sobald als möglich nach Amerika zu kommen, weil es auch dort immer schwieriger würde und jetzt vielleicht noch eher etwas zu erreichen sei als in einem Jahr oder so."[230]

Deshalb drängte Fraenkel von Fritz dazu, mit dem Reed College erneut in Kontakt zu treten und dessen Angebot selbst unter den bisherigen schlechten Bedingungen anzunehmen: der *AAC* könnte vielleicht etwas zu den Reisekosten beitragen, schlimmstenfalls sollte von Fritz zunächst alleine nach Portland gehen und die Familie später nachholen. Gegen dieses Ansinnen protestierte von Fritz energisch, doch zeigte er auch Verständnis für die Besorgnis seiner Fürsprecher: um keinesfalls den Eindruck zu erwecken, dass er ein amerikanisches Angebot abgelehnt hätte, schrieb er noch einmal an Dennes, „ob sich die Sache nicht noch etwas offenhalten läßt. Wenn es dann abgelehnt wird oder schon vergeben ist, dann ist jedenfalls meine Position hier für die Zukunft gestärkt."[231]

Bei seinem Besuch beim *AAC* in London am 18. Juni fragte von Fritz, wie mit Fraenkel vereinbart, ob er für die Reise nach Portland mit einem Zuschuss rechnen könnte. Zu seiner großen Erleichterung hielt Adams nach genauerer Prüfung „das Angebot nicht für genügend aussichtsreich (...), um die großen Reisekosten, die selbst, wenn ich allein hinübergehe, 1/6 des Gehalts ausmachen für die bloße Hinfahrt, aufzuwenden". Ebenso wie von Fritz beurteilte auch Adams „die Aussichten, von Portland aus, das ganz isoliert ist (...), weiter zu kommen, als sehr gering", zumal von Fritz dort „kaum Gelegenheit hätte, das zu lehren, was er am besten" könne.[232]

Leider half dieses klare Votum des *AAC* von Fritz in Oxford nicht weiter: Denis William Brogan, der selbst längere Zeit in Portland gewesen war und das Reed College „für eines der besten der kleinen Colleges in USA"[233] hielt, hatte es sich in den Kopf gesetzt, „daß man es unbedingt um jeden Preis mit Portland versuchen muß und

---

230 Brief v. Fritz, Oxford, an Louise, 17.6.1936 (BAdW, Nachlass KvF, Karton 25, Graue Mappe).
231 Ebda.
232 Brief v. Fritz, Oxford, an Louise, 20.6.1936 (BAdW, Nachlass KvF, Karton 25, Graue Mappe).
233 Brief v. Fritz, Oxford, an Louise, 26.5.1936 (BAdW, Nachlass KvF, Karton 22, ‚Briefe Bunte Kiste').

Fraenkel, der ja ursprünglich der entgegengesetzten Meinung war, völlig dazu bekehrt".[234] Da aber Brogan neben Hardie und Phelps der Gruppe angehörte, die am Corpus Christi College für die Einladung Kurt von Fritz' und seine finanzielle Förderung für das nächste akademische Jahr (1936/37) gestimmt hatte, wagte dieser keinen offenen Widerspruch: keinesfalls wollte er riskieren, dass sich Brogan und Fraenkel „dadurch, daß ich ihren Rat nicht angenommen habe, verschnupft fühlen und sich infolgedessen unter Umständen weniger für mich einsetzen".[235]

Da traf unabhängig von von Fritz' letztem Brief an Dennes am 24. Juni 1936 doch eine Einladung vom Reed College ein, „ohne alle Verbesserungen",[236] die unter familiären Gesichtspunkten desaströs war und von Fritz' Position in Oxford zusätzlich schwächte.[237] Ratlos beschrieb er der Schwester das Dilemma, in dem er sich befand:

> „(...) jeden Tag sahen die Dinge wieder anders aus. Ich habe nun doch das Angebot aus Portland bekommen. Aber es ist sehr schlecht: Nur für ein Jahr zur Vertretung eines Professors, der auf ein Jahr in Urlaub ist und mit sehr kleinem Gehalt, sodaß, wenn ich mit Louise und Kläuschen hin- und zurückfahren würde, das Reisegeld ca 5/6 des ganzen Gehaltes ausmachen würde, d. h. also praktisch, daß ich allein hinübergehen und die arme Louise auf ein ganzes Jahr allein lassen müßte.
>
> Auf der anderen Seite ist meine Einladung hier von Corpus nur ein Stipendium und da ich hier infolgedessen ganz auf das Wohlwollen und die Hilfsbereitschaft der Engländer angewiesen bin, so kann ich nicht riskieren, daß man mir später den Vorwurf macht, ich hätte ein amerikanisches Angebot, das zwar an sich kaum acceptabel ist, aber vielleicht weitere Zukunftsaussichten bietet, ausgeschlagen. Die Dinge müssen daher sehr diplomatisch und vorsichtig behandelt werden (...).
>
> Vielleicht wird man doch in diesen sehr sauren Apfel beissen müssen."[238]

Mit Bangen und Hoffen sah von Fritz einer Unterredung mit dem Präsidenten des Corpus Christi College entgegen, die auf die Fürsprache Theodore Wade-Gerys hin auf Ende Juni angesetzt worden war. Der Althistoriker war von dem Herodot-Vortrag sehr beeindruckt und suchte seither von Fritz nach Kräften zu unterstützen: nicht nur hatte er „nach allen Seiten hin ausfindig zu machen [versucht],

---

234 Brief v. Fritz, Oxford, an Louise, 20.6.1936 (wie Anm. 232).
235 Ebda.; bei aller Vorsicht ging ihm Fraenkels Ansinnen, „sofort nach Portland zu telegrafieren, ob ich die Stellung dort nicht doch bekommen könnte", dann doch zu weit: „Ich habe mich dazu aber nicht entschliessen können, da es mir ein zu schlechter Ausgangspunkt auch für Portland selbst und ganz Amerika schien, mich so stürmisch um die Sache zu bewerben, die die Leute selbst als aussichtslos mir nicht anzubieten wagen."
236 Das *EC* hatte am 16. Mai jede Form der finanziellen Beteiligung abgelehnt (siehe Anm. 223).
237 Brief v. Fritz, Oxford, an Louise, 24.6.1936 (BAdW, Nachlass KvF, Karton 25, Graue Mappe): „ich bin gar nicht froh darüber."
238 Brief v. Fritz, Oxford, an Mädi, 27.6.1936 (BAdW, Nachlass KvF, Karton 22, ‚Briefe Bunte Kiste').

wo sich hier in England eine weitere Aussicht für mich bieten könnte", sondern hatte auch ohne von Fritz' Wissen an den Präsidenten geschrieben „um ihn zu bitten, mich über die Reed-College Angelegenheit und die eventuelle Möglichkeit, in England zu bleiben, zu beraten".[239]

Das Verhältnis zu Fraenkel hatte sich wieder etwas entspannt, als dieser in einer Aussprache „zugab, daß die Portland-Geschichte nur annehmbar sei, wenn sie mit einer Reise in Amerika verbunden werden könne, bei der ich Gelegenheit habe, andere Universitäten und Leute kennenzulernen". Diese neue Idee einer Kombination des Portland-Angebotes mit einer Vortragsreise durch Amerika wollte von Fritz umgehend bei einem erneuten Besuch des *AAC* in London abklären.

Bei der Besprechung am 29. Juni vertrat der Präsident Livingston zwar eine etwas gemäßigtere Position wie Fraenkel, doch auch er war, wie von Fritz befürchtet hatte, „ziemlich sehr dafür, daß ich es mit Portland versuchen sollte, wenn auch nicht so dringend wie Fraenkel und nicht so, daß ich nach dieser Unterredung unbedingt hingehen muß, wenn sich nicht wenigstens Verbesserungen erreichen lassen". Er schätzte von Fritz' Chancen, sich in England erfolgreich auf eine Professur zu bewerben, für sehr gering ein, da es „nur ganz wenige Professuren in England [gebe], nur eigentlich in Cambridge, Oxford und zwei bis drei schottischen Universitäten, bei denen der Hauptwert auf Wissenschaft und wissenschaftliche Forschung gelegt wird"; auch die Aussicht, „daß durch Besetzung der Londoner Professur gerade in Schottland etwas frei würde, worauf Wade-Gery eine Hoffnung gebaut hatte, hielt er nicht für sehr groß".[240]

Deprimiert musste von Fritz wieder erkennen, dass das „wirkliche Angebot" des Reed College seine Chancen, in England zu bleiben, stark minimierte, da es die Einladung des Corpus Christi College, „die ja vorläufig nur gedacht ist, um als Übergang zu etwas Wirklichem zu dienen", torpedierte. Das schmerzte ihn umso mehr, als er in Oxford in den letzten Monaten „in einer Umgebung" gelebt hatte, „wo ich für meine speziellste Wissenschaft sogar mehr Interesse gefunden habe als in Deutschland, (...) ich glaube kaum, daß das in Amerika der Fall sein würde".[241]

In der ersten Juli-Woche suchte von Fritz mit aller Macht eine sinnvolle Entscheidung herbeizuführen: am 1. Juli fuhr er nach London zum *AAC*, tags darauf

---

239 Brief v. Fritz, Oxford, an Louise, 28.6.1936 (BAdW, Nachlass KvF, Karton 25, Graue Mappe): Wade-Gerys Frau hatte sich erboten, eventuell im September in Oxford bei der Wohnungssuche zu helfen.
240 Brief v. Fritz, Oxford, an Louise, 30.6.1936 (BAdW, Nachlass KvF, Karton 25, Graue Mappe).
241 Ebda.

stand eine Unterredung mit Fraenkel auf dem Terminplan, und für Sonntag, den 5. Juli, waren Besuche bei John Myres und Wade-Gery geplant.

Wichtigstes Ergebnis der Gespräche mit Adams beim *AAC* war, „daß (...) die Portland-Angelegenheit aussichtsloser als je erscheint". Grund hierfür sei die Weigerung der Amerikaner, weiterhin Vortragsreisen für europäische Wissenschaftler zu organisieren, die „sie nicht selbst gesehen haben, (...) nachdem ihnen einige Male Leute empfohlen worden sind, die nicht gehalten haben, was versprochen worden war":

> „Eine Rundreise in Amerika, die der Expedition einigen Sinn gegeben hätte, kann nicht arrangiert werden, da das Institute of International Education, das solche Dinge bisher organisiert hat, sich weigert, noch irgendetwas dergleichen zu unternehmen, da einige Leute in letzter Zeit hinübergekommen sind, die ihre Vorträge schlecht vorbereitet hatten, nicht ordentlich Englisch konnten und ihre Hörerschaft schrecklich ennuyierten."[242]

Unter diesen Umständen riet Adams, wie schon am 18. Juni, dringend davon ab das Angebot anzunehmen. Allerdings wollte er der „großen Versammlung" des *AAC*, die für Dienstag, den 7. Juli angesetzt war, das Portland-Angebot zur Begutachtung vorlegen: sollte diese „die Sache als aussichtsreich ansehen", glaubte er versprechen zu können, dass der *AAC* nicht nur die Reisekosten für von Fritz bezahlen, sondern auch finanzielle Garantien für Louise übernehmen würde, falls in Deutschland die Pensionszahlungen eingestellt werden sollten. Das Votum der Versammlung fiel jedoch offenbar negativ aus, wie aus einem Brief vom 9. Juli zu entnehmen ist: „Heute ist erst der Brief von Adams gekommen und ich schreibe Dir nun gleich, daß damit, wie ich hoffe, die Portland-Angelegenheit endgültig erle-

---

[242] Brief v. Fritz, Oxford, an Louise, 3.7.1936 (BAdW, Nachlass KvF, Karton 25, Graue Mappe). Maßgeblich beigetragen zu den schlechten Erfahrungen der Amerikaner mit der Organisation von Vortragsreisen hatte Eduard Fraenkel selbst: im Frühjahr 1934 hielt er über Monate das *Emergency Committee* in Atem mit seinem Plan, gegen ein Honorar von $ 1000–1500 eine Vortragsreise durch die USA anzutreten: Federführend bei der Organisation war Berthold L. Ullman vom Classics Department der University Chicago, der insgesamt 10 Universitäten für Einladungen gewinnen konnte: Harvard sagte ein Honorar von $ 125 zu, Johns Hopkins, Illinois, Chicago, Yale, Princeton und Hunter College je $ 100, Michigan $ 75, Oberlin $ 50. An der Columbia University, die sogar $ 150 beisteuern wollte, koordinierten Westermann (History Department) und Russell Porter (Institute of Arts and Science) die Vorbereitungen. Trotz einer garantierten Summe von $ 1000 sagte Fraenkel kurzfristig ab, als er an das Corpus Christi College in Oxford berufen wurde (Briefe Ullman, Chicago, an Murrow, *EC*, 13.4.1934 und 18.6.1934, Westermann, Columbia, an Dunn, 4.5.1934, Dunn, Columbia, an Porter, 29.5.1934, und Fraenkel, Oxford, an Duggan, *EC* [Absage], 14.12.1934; alle in NYPL, *EC*-Records 58.26 ‚Fraenkel, Eduard', sowie 138.24 und 138.25 ‚Columbia University'). Siehe auch Kapitel Bieber (S. 72 mit Anm. 144).

5.3 Kurt von Fritz bei Eduard Fraenkel am Corpus Christi College, Oxford —— 287

digt ist." Da inzwischen auch Fraenkel zu der Überzeugung gelangt war, dass man den Rat des *AAC* befolgen müsse und „sich damit abgefunden hat[te], dass ich das Angebot ablehne, und das für richtig hält," schien der Weg frei für eine Rückkehr nach Oxford im Herbst 1936: „Sofern sich in der Zwischenzeit nichts Neues entwickelt, wirst du also dann im September mit mir hierherkommen."[243] Die letzte Lagebesprechung mit Fraenkel war für von Fritz auch insofern wichtig, weil er erstmals eine Erklärung für dessen teils widersprüchliches teils undurchsichtiges Verhalten ihm gegenüber gefunden hatte:

> „Fraenkel (…) sagte (…) mir gestern, daß er einigen Engländern bei der Entscheidung über mein erstes Hierherkommen eine Art Versprechen hat geben müssen, daß er nicht den Versuch machen würde, mich hier unterzubringen, weil man nicht noch mehr Ausländer hier haben wolle, und alles zu versuchen, mich nach Amerika zu bringen. Wenn dies richtig ist, so kann man ihm wegen seines Verhaltens keinen sehr großen Vorwurf machen."[244]

Der neue Status quo hatte nur für wenige Tage Bestand: für das Wochenende hatte Charles Singer (1876–1960), Medizinhistoriker an der University of London, Kurt von Fritz auf seinen Landsitz nach Cornwall eingeladen, „da er gehört hatte, daß ich, obwohl nicht jüdischer Abstammung, Hitler Widerstand geleistet hatte".[245] Singer kannte nicht nur die amerikanischen Verhältnisse sehr gut – er war zwei Jahre Gastprofessor an der Johns Hopkins University in Baltimore gewesen und zweimal mehrere Monate Gastdozent in Berkeley – sondern hatte als ‚councillor'

---

[243] Brief v. Fritz, Oxford, an Louise, 9.7.1936 (BAdW, Nachlass KvF, Karton 25, Graue Mappe). Kurt von Fritz hatte diese negative Entscheidung ausdrücklich herbeigesehnt: „Ich hoffe sehr, daß die Portlandgeschichte jetzt endgültig begraben wird und nicht vom A.A.C. am Mittwoch noch einmal gegenteilige Nachricht kommt, obwohl nach allem Hin + Her der letzten Tage ich nachgerade alles für möglich halte." (Brief [hs.] v. Fritz, Oxford, an Louise, 6.7.1936, in BAdW, Nachlass KvF, Karton 22, ‚Briefe Bunte Kiste').
[244] Brief v. Fritz, Oxford, an Louise, 3.7.1936, S. 2 (wie Anm. 242). Obwohl Fraenkel durch sein ‚Geständnis' seine schwierige Position aufgedeckt hatte, konnte von Fritz sich mit dessen „widerspruchsvolle[m] Verhalten" der letzten beiden Monate nicht abfinden: in einem Brief an Louise vom 16.7. listete er auf 3 (!) mschr. Seiten alle Vorwürfe gegen Fraenkel in extenso auf und kam zu dem Schluss: „Ich kann mich des Eindrucks nicht erwehren, dass er mich nicht auf die Dauer in England haben will." (Brief v. Fritz, Oxford, an Louise, 16.7.1936, S. 3, in BAdW, Nachlass KvF, Karton 25, Graue Mappe).
[245] ‚Biographie Kurt von Fritz', 6. Anlage (KvF-Papers, Albany). In v. Fritz' ‚Autobiographische[r] Skizze' (wie Anm. 21) war die Einladung weniger politisch motiviert: „Um meine weitere Zukunft bemühte sich unter anderen vor allem der Londoner Medizinhistoriker Charles Singer, der sich für meine wissenschaftsgeschichtlichen Arbeiten interessierte" (S. 12).

und ,official' auch großen Einfluss im *AAC*.[246] Er wollte von Fritz „die Möglichkeit zu Vorlesungen in Berkeley verschaffen" und habe beim *AAC* bereits die Weichen dafür gestellt, „dass man mir das Fahrgeld nach Portland gibt".[247] Bei einer erneuten Besprechung am darauffolgenden Freitag, den 17. Juli in London sollte die endgültige Entscheidung fallen. Kurt von Fritz, am Ende seiner Kräfte, widersetzte sich diesmal nicht mehr, denn in den Gesprächen mit Singer war nun wenigstens „nicht mehr davon die Rede (...), daß ich allein nach Amerika gehe".[248] Die Verhandlungen mit dem *AAC* waren nur noch Formsache, unmittelbar danach reiste von Fritz zurück nach Deutschland.

Das Ergebnis dieser nervenzerreißenden Verhandlungen, das er der Schwester am Sonntag, den 19. Juli, nach seiner Ankunft in Pöcking mitteilte, konnte sich sehen lassen: immerhin waren bei einer Addition aller Optionen die nächsten zwei Jahre gesichert:

> „(...) nach langem Hin und Her hat es sich vorläufig nun doch entschieden, daß wir nach Portland gehen, jedenfalls auf ein Jahr: aber alle zusammen, weil die Aussichten auf eine dauernde Stellung in Amerika doch größer zu sein scheinen. Doch bleiben wir in Portland jedenfalls nur ein Jahr und es muß sich dann entscheiden, was dann weiter wird, ob wir in Amerika etwas besseres und dauerndes finden und annehmen, oder ob dann mit Österreich etwas wird oder ob wir nach England zurückgehen, was in jedem Fall für uns offen bleibt, da die Einladung des Corpus Christi College, wenn ich dieses Jahr 1936/37 nicht davon Gebrauch mache, auf 1937/38 verschoben wird und wir dann gegebenenfalls auch das Reisegeld von Amerika nach England zurück bekommen. So sind wir mit Portland also nun zum mindesten für 2 Jahre gesichert, und es bleibt im übrigen für die Zukunft auch alles offen, da man in Oxford, auch wenn ich weg bin, darauf aufpassen will, ob sich eine Möglichkeit für mich in England eröffnet, und sie mir dann nicht verloren gehen soll."[249]

---

246 Singers Akte in dem *Archive of the ‚Society for the Protection of Science and Learning'* der Bodleian Library, Oxford (MS. S.P.S.L. 26) ist umfangreicher als die des Gründers des *AAC*, William Beveridge.
247 Mit diesem ungewöhnlich großzügig bemessenen Zuschuss (£ 150; s. Brief Adams, *AAC*, an v. Fritz, Oxford, 28.8.1936 in Oxford, Bodleian, MS. S.P.S.L. 293/3) wollte der *AAC* von Fritz die Möglichkeit geben, „partly to cover travelling expenses, and partly to give him greater freedom of movement while he is in the States." (Brief Adams, *AAC*, an Whyte, *EC*, 28.8.1936, in NYPL, *EC*-Records 60.41). In seiner ‚Autobiographische[n] Skizze' (s. Anm. 21) betont von Fritz, er hätte das Reisegeld des *AAC* „später in Raten wieder zurückgezahlt" (S. 12). In der Korrespondenz findet sich eine tatsächliche Spende in Höhe von $ 200, datiert auf den 18. Januar 1941 (Spendenquittung mit Dankschreiben von Esther Simpson, Secretary *SPSL*, an v. Fritz, 18.4.1941, in BAdW, Nachlass KvF, Karton 18, Mappe rot), sowie von Fritz' Bereitschaft im September 1937, den Antrag Kapps auf ein *SPSL*-Stipendium mit einer Spende in Höhe von £ 20 (= $ 100.-) zu unterstützen.
248 Brief v. Fritz, Oxford, an Louise, 16.7.1936 (wie Anm. 244).
249 Brief v. Fritz, Pöcking, an Mädi, 19.7.1936 (BAdW, Nachlass KvF, Karton 25, Graue Mappe).

5.3 Kurt von Fritz bei Eduard Fraenkel am Corpus Christi College, Oxford — 289

Am gleichen Tag verständigte er auch das Ministerium in Schwerin von seiner Berufung nach Portland und beantragte die Auszahlung einer Abstandszahlung auf das restliche, ihm nominell noch bis 31.7.1937 bewilligte Ruhegeld. Ein kühnes Ansinnen, doch er war damit erfolgreich: gegen einen offiziellen Nachweis der Berufung war die Finanzbehörde bereit, ihm das Übergangsgeld für fünf Monate, also bis Ende Dezember 1936, als Einmalzahlung in Höhe von 863,60 RM anzuweisen.[250]

Am 12. August reiste die ganze Familie nach Stuttgart zur ärztlichen Untersuchung und holte das amerikanische Visum ab: nach eigenen Angaben war die Beschaffung der Papiere für von Fritz kein großes Problem, da seine Geburtsstadt Metz seit 1918 wieder zu Frankreich gehörte und er deshalb von den amerikanischen Einwanderungsbehörden offiziell nicht als Deutscher, sondern als Franzose behandelt wurde.[251] Vor der Abreise plante von Fritz noch Besuche bei der Schwester, bei seinem Kollegen Emile de Strycker in Löwen (Louvain) und in London.[252] Hintergrund dieser hektischen Reisetätigkeit war seine Bewerbung für eine Griechisch-Professur (als „Chair") in Birmingham als Nachfolger von Eric Robertson Dodds: de Strycker war als mögliche Referenz neben A. Rehm (München), E. Kapp (Hamburg), E. Fraenkel (Oxford), P. Van der Mühll (Basel),

---

250 Brief Mecklenburgisches Staatsministerium, Abt. Finanzen, Schwerin, Gz. R. IV 310/7/, gez. Dr. Suhrbier, an v. Fritz, 24.7.1936 (BAdW, Nachlass KvF, Karton 25, Gemischte Mappe, ‚Dokumente'): „Das unterzeichnete Ministerium faßt Ihr Schreiben vom 19./22. Juli 1936 dahin auf, daß Sie bei Fortzahlung der Monatsbezüge bis zum 30. September 1936 die alsbaldige Auszahlung von 800–1000 RM in einer Summe wünschen und daß eine Zahlung des Ihnen unter dem Vorbehalt jederzeitigen Widerrufs bewilligten und noch bis zum 31. Juli 1937 laufenden Übergangsgeldes für die Zeit ab 1. Oktober 1936 nicht mehr erfolgen soll. Unter der Voraussetzung, daß diese Annahme zutreffend ist, ist das unterzeichnete Ministerium bereit, Ihnen das Übergangsgeld für 5 Monate mit 899,40 RM, von welcher Summe 35,80 einzubehalten sind, mithin 863,60 RM auszuzahlen, sobald Sie (...) den Nachweis Ihrer Berufung an das College in Portland erbringen."
251 v. Fritz im Interview mit John M. Spalek, 29.1.1981 (Albany, Spalek Coll.), und im Fragebogen des IfZ für das *Biographische Handbuch der deutschsprachigen Emigration nach 1933* unter der Rubrik IV ‚Umstände des Grenzübertritts', S. 5: „amerikanisches ‚Immigration Visum', dessen Beschaffung keine Schwierigkeit machte, da ich als in Metz geboren von den Amerikanern als Franzose betrachtet wurde und die französische Quota damals bei weitem nicht aufgebraucht war." (BAdW, Nachlass KvF, Karton 18, Gelbe Kartonmappe ‚KvF Duplikate, Lebenslauf').
252 Brief v. Fritz, Pöcking, an Mädi, 13.8.1936 (BAdW, Nachlass KvF, Karton 25, Graue Mappe). In der letzten Augustwoche war von Fritz beim *AAC*, wo man ihm einen „extra grant" überreichte „to supplement the salary he will get from his temporary appointment"; anschließend reiste er nach Oxford, um sich am Corpus Christi College zu verabschieden, am 31.8. verließ er England, am 2. September ging er mit seiner Familie an Bord der „Stuttgart" (Brief Adams, *AAC*, an Whyte, *EC*, 28.8.1936, und Brief v. Fritz, Portland, an Cohn, *EC*, 11.11.1936, in *EC*-Records, 60.41).

L. Weisgerber (Rostock), W. R. Dennes (Berkeley), E. Fabricius (Freiburg) und A. D. Nock (Harvard) genannt, von H. T. Wade-Gery, W. F. R. Hardie (beide Oxford) und E. Schwartz (München) hatte von Fritz Abschriften der Empfehlungsschreiben beigelegt.[253] Als er Anfang September mit Frau und Kind Europa verließ, war er relativ zuversichtlich, dass es nur ein Abschied auf Zeit sein würde:

> „Von mir ist noch zu berichten, dass die Aussichten auf Rückkehr nach England oder Österreich in einem Jahr sich inzwischen noch etwas vermehrt haben. Aber trotzdem ist auch jetzt noch alles sehr unsicher."[254]

5.4 Emigration in die USA (1936 – 1937)

Instructor (under the title Professor) am Reed College, Portland, Oregon (Sept. 1936 – Juni 1937)

Am Samstag, den 12. September 1936, traf die Familie mit dem Schiff in New York ein. Ein längerer Aufenthalt war nicht vorgesehen, nach drei Tagen wurde die Reise Richtung Westen fortgesetzt, mit einem Zwischenstopp in Chicago. Ein Kurzbesuch in Harvard, wo von Fritz sich beim Präsidenten persönlich vorstellen wollte, war nicht zustandegekommen.[255]

---

[253] E. R. Dodds wurde zum Herbstsemester 1936 als Nachfolger Gilbert Murrays als Regius Professor of Greek nach Oxford berufen. (Dodds 1977, 124 ff., Russell 1981, 363). Kurt von Fritz' Bewerbung, die auf den 31.8.1936 datiert ist (mit dem Absender Corpus Christi College, Oxford), hatte lediglich einen Umfang von 6 Seiten: 3 Seiten Anschreiben, Lebenslauf und Publikationsliste und drei einseitige Gutachten, datiert auf den 7.8. (von Schwartz und Hardie) bzw. 31.8. (von Wade-Gery) (BAdW, Nachlass KvF, Karton 22, ‚Briefe Bunte Kiste', Testimonials 1936). Weihnachten 1936 erhielt von Fritz die Nachricht, „dass doch ein Engländer gewählt worden ist." (Brief [hs.] v. Fritz, Portland, an Mädi, 25.12.1936, in BAdW, Nachlass KvF, Karton 22, ‚Briefe Bunte Kiste').
[254] Brief v. Fritz, Pöcking, an Mädi, 13.8.1936 (wie Anm. 252).
[255] Brief v. Fritz, Norddeutscher Lloyd Bremen D. Stuttgart, an Mädi, 11.9.1936 (BAdW, Nachlass KvF, Karton 25, Graue Mappe): „Wir werden voraussichtlich bis Sonntag in New York bleiben. Wenn der Präsident von Harvard nicht durch die großen 300-Jahrfeierlichkeiten, die jetzt gerade stattfinden zu stark in Anspruch genommen ist, fahre ich vielleicht noch auf einen Tag nach Boston, um ihn aufzusuchen. Der President von Corpus hat an ihn geschrieben, er möchte mich wissen lassen, ob er Zeit hat, mich zu sehen." Von Portland aus schrieb von Fritz der Schwester, „daß wir in New York niemand getroffen haben und auch der Praesident von Harvard nicht geschrieben hat." (Brief [hs.] v. Fritz, Portland, an Mädi, 10.10.1936, S. 5, in BAdW, Nachlass KvF, Karton 22, ‚Briefe Bunte Kiste').

5.4 Emigration in die USA (1936–1937)

In Portland wurde die Familie am Freitag, den 18. September, frühmorgens von der Sekretärin des College-Präsidenten mit dem Auto von der Bahn abgeholt. Der erste Weg des neuen Professors führte zum Haus des Präsidenten, wo er zu seiner Überraschung schon „von den Reportern der hiesigen Zeitungen überfallen und photographiert (...) und mit Gewalt interviewt" wurde. Auch im College selbst wurde er „gleich von den Studenten überfallen, die alles mögliche von mir wissen wollten". Schon nach wenigen Tagen war ein großes möbliertes Haus gefunden, etwa 10 Minuten vom College entfernt. Die Neuankömmlinge mussten sich erst an die amerikanische Mentalität gewöhnen:

> „Es ist schon ein seltsames Land dieses Amerika (...) es ist alles sehr verschieden von Europa, fast von England noch mehr verschieden als von Deutschland. Dort die äusserste Zurückhaltung, bis man ganz allmählich jemand kennen lernt. Hier wird man gleich mit Einladungen, Besuchen, Hilfeleistungen, Geschenken etc. überschüttet. Man hat uns gleich im Auto überall herumgefahren, um Häuser zum mieten anzusehen, um eine Schule für Klaus zu suchen, um dem Bär beizubringen, wie man am besten einkauft etc. etc. und man musste sich zweiteilen, um alle die Freundlichkeiten anzunehmen, die einem nicht nur angeboten, sondern aufgedrängt wurden."[256]

Parallel zur Aufnahme des Vorlesungsbetriebs versuchte von Fritz sich in der amerikanischen Academia bekannt zu machen: vor allem hoffte er darauf, an Weihnachten entweder auf einer Philosophentagung in Berkeley oder in Chicago auf der Jahrestagung der *American Philological Association* zu einem Vortrag eingeladen zu werden. Aus Birmingham hatte er inzwischen Nachricht, dass seine Bewerbung eingegangen war.[257] Sein Gehalt als Instructor ($ 150 im Monat, „kein glänzendes Auskommen für eine dreiköpfige Familie")[258] erlaubte nur die nötigsten Ausgaben: so musste von Fritz etliche Einladungen zu Vorträgen absagen, da er die Reise- bzw. Übernachtungskosten nicht selber aufbringen konnte:

> „Die ‚auswärtigen Angelegenheiten' haben sich bis jetzt noch nicht so günstig angelassen, d.h. man will mich wohl verschiedentlich gerne Vorträge halten lassen, aber überall behauptet man kein Geld zu haben etwas dafür zu bezahlen d.h. auch nur die Reise- und Aufenthaltskosten zu ersetzen, und von meinem kleinen Gehalt hier, das nur eben zum Leben

---

[256] Briefe v. Fritz, Portland, an Mädi, 24.9.1936 (BAdW, Nachlass KvF, Karton 22, ‚Briefe Bunte Kiste'). Das *Oregon Journal* veröffentlichte einen „lange[n], mit schmeichelhaften Reden gespickte[n] Artikel (...) vom Kurt oder ueber Kurt (...) zusammen mit seinem Bild", so dass Louise unter Beifügung des Photos amüsiert nach Pöcking schrieb: „Wir sind hier ‚aeusserst wichtige' Persoenlichkeiten (...) wenn ich zu irgend einem Tee eingeladen bin, steht es ebenfalls in der Zeitung." (Brief Louise v. Fritz an ‚Omalein', 2.11.1936, S. 3, in BAdW Nachlass KvF, Karton 25, Blaue Mappe, ‚Briefe 1931–1971').
[257] Brief v. Fritz, Portland, an Mädi, 10.10.1936, S. 3 (wie Anm. 255).
[258] v. Fritz, ‚Autobiographische Skizze', S. 12 (wie Anm. 21).

reicht, kann ich es nicht bestreiten, da die Entfernungen sehr groß und daher auch die Reisekosten recht beträchtlich sind."²⁵⁹

Das Reisegeld, das ihm vom *AAC* zur Verfügung gestellt worden war, wagte er nicht anzutasten, da er die eventuelle Rückkehr nach Europa nicht gefährden wollte.²⁶⁰

Die Umstellung auf die Lehrbedingungen eines amerikanischen Colleges machte von Fritz offenbar keine besonderen Schwierigkeiten, obwohl seine Lehrverpflichtungen umfangreicher waren als je zuvor, „wöchentlich 6 Stunden Vorlesungen und 12 Stunden Sprachkurse":²⁶¹

> „Auf Wunsch des / Präsidenten, Dr. Neezer [sic! Verschreibung: Keezer], gab ich einen allgemeinen, viel[sic!]stündigen, ganzjährigen Kurs in drei Abteilungen über griechische Religion, griechische Philosophie und griechische politische Theorien²⁶² vor einer für das kleine College ziemlich zahlreichen Zuhörerschaft, der sich auch ein paar Kollegen und Kolleginnen anschlossen, ferner Unterricht in der griechischen und lateinischen Sprache jeweils auf drei Stufen, wobei ich freilich in zweien der Kurse nur je einen Studenten hatte. Später beteiligte ich mich auch noch aktiv an einem Seminar über Aesthetik, das von dem Philosophen Eduard Sisson, und an einem Collequim [sic!] über allgemeine politische Theorie, das von einem Professor of Political Science Dr. Bernard Noble gegeben wurde."²⁶³

An wissenschaftliche Forschung war unter diesen Umständen nicht zu denken,²⁶⁴ er widmete sich deshalb ganz den Studenten: „Am College habe ich (...) sehr viel zu tun, aber das meiste davon macht mir Freude, da einige von den Studenten sehr

---

259 Brief (hs.) v. Fritz, Portland, an Mädi, 25.10.1936, S. 3 (BAdW, Nachlass KvF, Karton 22, ‚Briefe Bunte Kiste').
260 Ebda. Er habe das Geld bekommen, „um es entweder für Reisen hier in Amerika oder für die Rückreise nach England zu verwenden: aber eben dies ist ein sehr schwieriges entweder-oder".
261 Brief (hs.) v. Fritz, Portland, an Schwartz, 9.11.1936, S. 3 (wie S. 25, Anm. 76).
262 Präziser in dem Brief vom 9.11.1936 an Schwartz (s. Anm. 261): „Geschichte der Staatstheorien von den Anfängen in Griechenland bis zu Montesquieu".
263 v. Fritz, ‚Autobiographische Skizze', S. 12f. (wie Anm. 21). Der Kurs über griechische Religion wird an anderer Stelle (Brief [hs.] v. Fritz an Schwartz, 9.11.1936, wie Anm. 261) auch als „Kurs über griechische Kultur" tituliert: auch Louise erwähnt eine „Vorlesung ueber griechische Kultur", die sie selbst besuchte, „einesteils um moeglichst viel Englisch zu hoeren, andrerseits weil es mich interessiert, wie der Bronze [!] englische Vorlesungen haelt und wie die Studenten ‚sind'" (Brief Louise v. Fritz an Oma und Mädilein, 26.11.1936, S. 2, in BAdW Nachlass KvF, Karton 25, Blaue Mappe ‚Briefe 1931–1971'): im gleichen Brief weiter unten wird Kurt von Fritz auch „Bronzlein" genannt.
264 Gegenüber Schwartz klagte von Fritz, dass „eine Bibliothek so gut wie nicht vorhanden [sei] und das Ausleihen von auswärtigen Bibliotheken zu kostspielig" (Brief [hs.] v. Fritz, Portland, an Schwartz, 9.11.1936, S. 3, wie Anm. 261).

nett und interessiert sind und sich in wirklich intelligenter Weise mit den Dingen beschäftigen."²⁶⁵ Einen seiner Studenten wollte er sogar für ein Stipendium nach Oxford empfehlen:

> „Vor allem einer aus meinem griechischen und meinem / Philosophiekurs ist ganz außergewöhnlich begabt und hat, obwohl seine Kenntnisse am Anfang nicht sehr groß waren, in den wenigen Wochen ganz erstaunliche Fortschritte gemacht, so daß es mir leid tut, ihn nach einem Jahr zu verlieren, wenn (...) er, wie ich hoffe, mit einer Rhodes Scholarship nach Oxford geht."²⁶⁶

Ende Oktober hatte sich von Fritz auf Anraten seiner Freunde dafür entschieden, an Weihnachten die weite Reise („einer Entfernung [...] wie z. B. von Muenchen bis an den Suedrand der Sahara")²⁶⁷ nach Chicago anzutreten, um auf der Jahreskonferenz der *American Philological Association (APA)* einen Vortrag zu halten, „da ich doch auch mit der Möglichkeit rechnen muß, daß es mit Birmingham und Wien zunächst nichts wird und ich also fürs erste hier weiter etwas suchen muß".²⁶⁸ Kollegen wollten sich bemühen, für von Fritz unmittelbar vor oder nach der Konferenz in der Nähe von Chicago einen oder zwei bezahlte Vorträge zu arrangieren, „so daß wenigstens ein Teil der hohen Reisekosten", für die er selbst aufkommen musste, „wieder herauskommt".²⁶⁹ Die eigentlich geplante Vortragsreise nach Berkeley, Oakland und Palo Alto wollte er auf das nächste Frühjahr verlegen.²⁷⁰

---

265 Brief (hs.) v. Fritz, Portland, an Mädi, 25.10.1936, S. 2 (wie Anm. 259).
266 Brief (hs.) v. Fritz, Portland, an Mädi, 12.11.1936, S. 2f. (BAdW, Nachlass KvF, Karton 22, ‚Briefe Bunte Kiste').
267 Brief Louise v. Fritz an Oma und Mädilein, 26.11.1936 (wie Anm. 263).
268 Brief (hs.) v. Fritz, Portland, an Mädi, 12.11.1936, S. 5 (wie Anm. 266): Deadline für das Einsenden von Abstracts für das Meeting war nach den Statuten der *APA* der 1. November (*TAPhA* 67, 1936, IX): offenbar hatte von Fritz gleichzeitig auch beantragt, dass sein Vortrag in den *Transactions and Proceedings* gedruckt werden sollte.
269 Brief (hs.) v. Fritz, Portland, an Mädi, 6.12.1936, S. 3 (BAdW, Nachlass KvF, Karton 22, ‚Briefe Bunte Kiste'). Auch von Fritz selber bat in seinem ersten Brief an das *Emergency Committee* um Unterstützung bei der Vermittlung bezahlter Vorträge: „(...) it is financially rather difficult for me to go to Chicago. For I had to have my wife and son with me here to Portland and I am getting only the salary of a lecturer here" (Brief v. Fritz an Cohn, *EC*, 11.11.1936, in NYPL, *EC*-Records 60.41). Doch angesichts des ungünstigen Datums (Anfang Januar) sah das *EC* wenig Möglichkeiten: „universities around Chicago would either be having holidays or starting their examination schedules around that time." (Brief Drury an Cohn, 24.11.1936, in NYPL, *EC*-Records 60.41).
270 Mills College, ein Liberal Arts Women's College in Oakland in der Nähe von San Francisco, hatte bereits angefragt, ob er im Februar gegen Honorar einen Vortrag am Philosophy Department halten wollte (Brief [hs.] v. Fritz, Portland, an Mädi, 6.12.1936, S. 3, wie Anm. 269): von Fritz

Kurz vor Weihnachten kam die enttäuschende Nachricht, dass die Bewerbung in Birmingham zugunsten eines englischen Bewerbers abgelehnt worden war.[271] Mit großer Skepsis fuhr von Fritz am Abend des 25. Dezember ohne die Familie nach Chicago:

> „Sehr viel kann ich mir von Chicago nicht versprechen. Es ist eine schreckliche Prozedur: jeden Vormittag 7 und jeden Nachmittag 8 Vorträge. Ich weiß nicht, wie irgendjemand im Stande sein soll, das in sich aufzunehmen. Aber man muß einmal sehen, was dabei herauskommt."[272]

Am 29. Dezember hielt er eine zwanzigminütige Kurzfassung des Herodot-Vortrages, den er schon im Sommer vor der Philological Society in Oxford (und zuvor in Rostock) gehalten hatte: unter dem Titel „Herodotus and the Growth of Greek Historiography" wurde er „in sehr unvollkommenem Zustand" in den 67. Band der *Transactions and Proceedings* aufgenommen.[273] Wie in Oxford erntete von Fritz damit auch in Chicago große Aufmerksamkeit: seine Sorge, dass ihm die Anwesenheit Werner Jaegers, der gerade einen Ruf an die University Chicago erhalten hatte, eventuell schaden könnte, erwies sich als unbegründet.[274] Von dem Prä-

---

plante daraufhin ein „Paper on experience and hypothesis in ancient philosophy and science" zu halten. (Brief v. Fritz an Cohn, 11.11.1939, wie Anm. 269). In Berkeley hoffte von Fritz darauf, dass der Präsident ihn „auf die Empfehlung von Professor Singer (...) als Vertreter der Geschichte der Wissenschaften" berufen würde, eine Professur, die seit 1929 (!) unbesetzt war (Brief [hs.] v. Fritz, Portland, an Schwartz, 9.11.1936, S. 4, wie Anm. 261). Doch bei der derzeitigen wirtschaftlichen Lage sei es höchst ungewiss, ob und wann der Präsident von Berkeley ihn auf diese Professur berufen könnte, auch dieser müsste erst die „new prosperity" abwarten (Brief v. Fritz an Cohn, 11.11.1936, wie Anm. 269).

271 Brief (hs.) v. Fritz, Portland, an Mädi, 25.12.1936, S. 2 (BAdW, Nachlass KvF, Karton 22, ‚Briefe Bunte Kiste'), und Brief (hs.) v. Fritz, Portland, an Schwartz, 3.3.1937, S. 4: „(...) auf England setze ich, nachdem man in Birmingham, trotzdem Dodds mich anscheinend ziemlich dringend als seinen Nachfolger vorgeschlagen hatte, doch einen Engländer vorgezogen hat, nicht mehr viel Hoffnung." (BSB München, Schwartziana II. A. ‚Fritz, Kurt v.').

272 Brief (hs.) v. Fritz, Portland, an Mädi, 25.12.1936, S. 2 (wie Anm. 271).

273 von Fritz 1936; „unter normalen Umständen" hätte von Fritz den Vortrag zu einem Buch ausarbeiten wollen, da er noch „ca. 5mal soviel Material an Beobachtungen" hatte, doch „aus äußeren Gründen" habe man ihn gedrängt, „wenigstens etwas auf Englisch zu veröffentlichen." (Brief [hs.] v. Fritz, Portland, an Schwartz, 3.3.1937, S. 6, wie Anm. 271).

274 „Es ist aber vielleicht nicht sehr günstig, daß Werner Jaeger, wie man mir schreibt, doch jetzt einen entscheidenden Einfluß auf die meisten Besetzungen hat, da er mich wegen einigen Gegensatzes zu seinen Schülern nicht sehr liebt." (Brief [hs.] v. Fritz, Portland, an Schwartz, 9.11.1936, S. 5, wie Anm. 261). Seit seiner Habilitation erlebte von Fritz die Schüler Jaegers als mächtige Konkurrenz: „Es haben sich kurz vor und nach mir eine grosse Anzahl von Schülern W.W. Jaegers habilitiert, dessen Einfluss jetzt fast allmächtig geworden ist, während er damals [z.

sidenten der *APA*, George Lincoln Hendrickson, wurde das Neumitglied von Fritz „ganz besonders freundlich aufgenommen" und während der Versammlung immer wieder „in der liebenswürdigsten Weise" aufgesucht.[275] Die deutsche Altertumswissenschaft war prominent vertreten: Im Eröffnungspanel unter Hendricksons Vorsitz hielt Jaeger einen Vortrag über „Philology and Humanism", ohne zeitliche Beschränkung, während Kurt Latte, Friedrich Solmsen und Eva Fiesel ebenso wie von Fritz bei ihren Vorträgen dem strengen 20-minütigen Zeittakt unterworfen waren.[276]

Als glückliche Fügung erwies es sich, dass von Fritz in Chicago Margarete Bieber kennenlernte, die seit Herbst 1934 Visiting Lecturer in Fine Arts and Archaeology am Barnard College in New York war und eben zum Visiting Professor an der Columbia University befördert worden war:[277] nach der Tagung erhielt er von ihr einen Brief, in dem sie ihn aufforderte, ihr Lebenslauf und Schriftenverzeichnis zu schicken, da sie sich für ihn an der Columbia verwenden wollte.[278]

„Ganz überraschender Weise" wurde von Fritz am 24. Januar 1937, einem Sonntag, vom Präsidenten der Universität von Oregon zum Essen eingeladen und „gefragt, ob ich eventuell im nächsten Herbst die dortige klassische Professur übernehmen wollte". Obwohl von Fritz sich freute, „daß man daran denkt, mir eine Professur anzubieten", hielt er es andererseits „für eine sehr zweischneidige Sache", da Eugene ebenso wie Portland „fern von Madrid"[279] gelegen war, auch wenn das Angebot „finanziell gegenüber meiner Stellung hier wohl eine große

---

Zt. der ersten Verlobung von v. Fritz' mit ‚dem Mohr'] noch im Anfang stand" (Brief [hs.] v. Fritz, München, an Mädi, 22.4.1928, S. 4 [wie Anm. 44]; siehe auch die Ausführungen auf S. 234 ff.).
275 Brief (hs.) v. Fritz, Portland, an Schwartz, 3.3.1937, S. 5 (wie Anm. 271). Eduard Schwartz hatte im Vorfeld Hendrickson brieflich über die Situation seines Schülers informiert.
276 Am 30.12. sprachen Latte und Solmsen über „The Origins of Roman Quaestorship" bzw. „The Background of Plato's Theology", während Fiesels Vortrag „The Chronology of Certain Sound Changes in Latin" am 29.12. nur „read by title" vorgestellt wurde: möglicherweise konnte sie das Reisegeld nicht aufbringen (*TAPhA* 67, 1936, XXVIII-XXX). Irritiert bezeichnete von Fritz in seinem Tagungsbericht die strenge Einhaltung dieses Zeitlimits als „Amerikanismus": „(...) wenn der Vortragende nicht auf die Sekunde innerhalb der vorgesetzten Zeit fertig wurde, durch Hammerschläge des Vorsitzenden abgebrochen." (Brief [hs.] v. Fritz an Schwartz, 3.3.1937, S. 5., wie Anm. 271).
277 CUA Faculty Appointment Records, Box 5 ‚Bieber'.
278 von Fritz im Interview mit John M. Spalek, 29.1.1981 (Albany, Spalek Collection): in der Berufungskommission für das Classics Department saßen Virginia Gildersleeve, William Linn Westermann und Dino Bigongiari (‚Biographie Kurt von Fritz', 7. Anlage, in KvF Papers, Albany).
279 Mit diesem Zitat aus Schillers *Don Karlos* (I,6) verglich sich von Fritz spielerisch mit einem in die tiefste Provinz Verbannten.

Verbesserung wäre".²⁸⁰ Das offizielle schriftliche Angebot kam am 10. März, mit einem Anfangsgehalt von monatlich $ 250 (= $ 3000 p.a.), „was an und für sich erfreulich, aber nicht sehr glänzend ist", immerhin handelte es sich um eine „voll-Professur".²⁸¹ Wissenschaftliches Arbeiten schien auch in Eugene angesichts der „nicht ausreichend[en] Bibliothek" nur mit starken Einschränkungen möglich zu sein, sodass von Fritz sich bis Ende April Bedenkzeit erbat. Louise plädierte immer noch dafür die Einladung nach Oxford anzunehmen, „wenn nicht für diesen Herbst noch etwas sehr Schönes hier in Amerika kommt". Nach Amerika könnten sie ja immer noch zurückgehen, „wenn sich dann [1937/38] nichts in Europa findet".²⁸² Auch nach einer Besichtigung der Universität und einem Abendessen mit dem Präsidenten und einem Teil der Fakultät kurz vor Ostern (am 24. und 25. März) konnte von Fritz sich nicht entschließen definitiv zuzusagen:

> „Die Bibliothek fand ich im Ganzen etwas besser als ich erwartet hatte. Aber was wir von der Fakultät gesehen haben, war ziemlich kümmerlich. Und mit der Stadt ist auch nicht sehr viel los. Es ist ein sehr verkleinertes Portland.²⁸³
> (...) einige der wissenschaftlichen Abteilungen, wie vor allem die klassische Philologie, die ich erst wieder aufzuforsten haben würde, scheinen auch in einem ziemlich desolaten Zustand zu sein."²⁸⁴

---

280 Brief v. Fritz (hs.) an Mädi, 24.1.1937, S. 2 (BAdW Nachlass KvF, Karton 25, Blaue Mappe ‚Briefe 1931–1971').

281 Brief (hs.) Louise v. Fritz, Portland, an Mädi, 11.3.1937, S. 1f. (BAdW, Nachlass KvF, Karton 22, ‚Briefe Bunte Kiste'). Zum Vergleich: Hermann Fränkel erhielt in seinem ersten Jahr an der Stanford University (1935/36) ein Jahresgehalt in Höhe von $ 4000, das je zur Hälfte von der *Rockefeller Foundation* und vom *Emergency Committee* finanziert wurde. Doch von Fritz' Gehalt an der University of Oregon wäre immer noch doppelt so hoch gewesen als das Stipendium, das ihm am Corpus Christi College für 1937/38 versprochen war (Brief [hs.] v. Fritz, Portland, an Mädi, 10.4.1937, in BAdW, Nachlass KvF, Karton 22, ‚Briefe Bunte Kiste').

282 Brief (hs.) Louise v. Fritz, Portland, an Mädi, 11.3.1937, S. 1f. (wie Anm. 281). Ihre persönliche Abneigung gegen Amerika verband Louise von Fritz geschickt mit einem wissenschaftlichen Argument: „Doch ist mir der Gedanke noch lange in Amerika sein zu müssen, oder zu dürfen, schon recht arg und ich meine halt immer Kurt sollte den unmittelbaren Kontakt mit Europa noch einmal aufnehmen." (S. 3).

283 Aktuelle Zahlen zum Vergleich: am Reed College studieren derzeit (2010) etwa 1400 Studenten, während an der University of Oregon ca. 20.000 Studenten eingeschrieben sind, davon ca. 3700 graduates: doch die Einwohnerzahl Portlands übertrifft die Eugenes etwa um das Vierfache.

284 Brief (hs.) v. Fritz, Portland, an Mädi, 29.3.1937, S. 1f. (BAdW, Nachlass KvF, Karton 22, ‚Briefe Bunte Kiste'). Von seinen künftigen Kollegen schien von Fritz den denkbar schlechtesten Eindruck gewonnen zu haben: „Aber was ich von der Fakultät zu sehen bekommen habe, machte nicht einen sehr ermutigenden Eindruck; in jedem Fall tief unter dem Niveau von Berkeley und Stanford, und, so viel ich sehen konnte, weniger erfreulich als in Reed College, das sich mit geringen Mitteln einige erstaunlich gute Lehrkräfte zu sichern verstanden hat. Ich

Doch es mangelte ihm an einer Alternative: „Von Wien kam (...) eben die Nachricht, daß es dort endgültig nichts ist."[285] Anfang April war er zu einem Vortrag in Los Angeles an der University of Southern California eingeladen,[286] doch ohne konkrete Aussicht auf eine Stelle. Deshalb wollte er nur noch „weitere Nachrichten von Oxford und von hier [d.h. vom Reed College] abwarten",[287] bevor er sich endgültig entschied. Im Konsens mit Louise, die sich noch großen Hoffnungen auf Oxford hingab, setzte er sich eine neue Frist, bis Mitte April:

> „Als sie abgelaufen war, schrieb ich einen Brief an den Präsidenten, in dem ich das Angebot annahm. Da es jedoch schon abend war überredete mich meine Frau, den Brief noch bis zum nächsten Morgen liegen zu lassen. Am nächsten Morgen um 7 Uhr kam ein Telegramm, in welchem mir eine visiting associate professorship an der Columbia University in New York angeboten wurde. Es war der dritte Fall, wenn auch diesmal nicht gerade einer ‚Rettung', so doch einer entscheidenden Wendung gerade im entscheidenden Augenblick."[288]

---

fürchte, daß der Abstand im Niveau der Studenten noch größer sein wird." (Brief [hs.] v. Fritz an Schwartz, 28.3.1937, S. 3f., in BSB München, Schwartziana II. A. ‚Fritz, Kurt v.').

285 Brief (hs.) v. Fritz, Portland, an Mädi 29.3.1937, (wie Anm. 284). Diese Absage traf von Fritz nicht unvorbereitet: „Die Hoffnung auf Wien hatte ich schon seit einiger Zeit ziemlich aufgegeben, obwohl ich wußte, daß Sie alles tun würden, was möglich sein würde." (Brief [hs.] v. Fritz, Portland, an Schwartz, 28.3.1937, wie Anm. 284). Trotz dieser Absage erhielt er Mitte Mai, wenige Wochen, nachdem er bei Columbia unterschrieben hatte, „einen Brief von Professor Rademacher, in dem er mir schreibt, daß er sich in Wien immer noch für mich um die Stellung als wissenschaftlicher Beamter an der Akademie bemüht." (Brief [hs.] v. Fritz, Portland, an Schwartz, 17.5.1937, in BSB München, Schwartziana II. A. ‚Fritz, Kurt v.').
286 Brief (hs.) Louise v. Fritz an Mädi, 11.3.1937 (wie Anm. 281).
287 Brief (hs.) v. Fritz, Portland, an Mädi, 10.4.1937 (wie Anm. 281). Das Reed College hatte schon im November 1936 signalisiert, dass es von Fritz wenn irgend möglich „unter besseren Bedingungen" halten wollte (Brief Louise v. Fritz, Portland, an Mädi, 26.11.1936, in BAdW, Nachlass KvF, Karton 25, Blaue Mappe ‚Briefe 1931–1971'); am 2. April 1937 hielt der Präsident während eines großen Dinners im College, bei dem „ausser den Fakultaetsmitgliedern und den Studenten 200 Personen aus Portland eingeladen" waren, „eine eindringliche und ausfuehrliche Huldigungsrede auf Kurt" (Brief Louise v. Fritz, an Mädi und Oma, 3.4.1937, in BAdW, Nachlass KvF, Karton 22, ‚Briefe Bunte Kiste').
288 v. Fritz, ‚Autobiographische Skizze', S. 13 (wie Anm. 21). Bei der ersten ‚Rettung' handelte es sich um einen Geldbetrag, der dem Münchener Althistoriker Walter Otto „in der schlimmsten Inflationszeit" von einem „jüdischen Herren" für einen „verdienstvollen, begabten, und bedürftigen Studenten" ausgehändigt worden war, und mit dem dieser seinen Schüler Kurt von Fritz am 12. Dezember 1922 „für einige Zeit buchstäblich vor dem Verhungern" schützte (v. Fritz, ‚Autobiographische Skizze', S. 5, und ‚Biographie KvF', 1. Anlage, in KvF Papers, Albany). Als zweite ‚Rettung' bezeichnete von Fritz die Einladung nach Oxford, „zwei Tage" nach dem Bibliotheksverbot in München im November 1935 (v. Fritz, ‚Autobiographische Skizze', S. 11; siehe auch S. 267f.).

Das Angebot von der Columbia University (April 1937)

Die „deus ex machina"-Berufung, die an Hollywoodesker Dramatik nichts zu wünschen übrig ließ, wurde vom Dean der Graduate Faculties, George B. Pegram, in drei Stufen ‚inszeniert': als hätte er geahnt, dass von Fritz kurz davor war, in Eugene zu unterschreiben, sandte er am 15. April um 10.13 a.m. New Yorker Zeit das erste Telegramm mit der Anfrage:

> „MAY I ASK THAT YOU WIRE COLLECT VIA WESTERNUNION WHETHER YOU WOULD BE FREE TO CONSIDER AN INVITATION TO COME TO COLUMBIA UNIVERSITY FOR NEXT YEAR."

Kurt von Fritz' Antwort ist nicht erhalten, doch Pegram reagierte auf die prinzipielle Zusage in höchst unbürokratischer Geschwindigkeit: das zweite Telegramm wurde am 17. April, einem Samstag (!), bereits um 5.49 a.m. in New York aufgegeben und erreichte von Fritz in Portland drei Stunden später zur Frühstückszeit:

> „INVITE YOU TO COME TO COLUMBIA UNIVERSITY AS VISITING ASSOCIATE PROFESSOR FOR NEXT YEAR SALARY FIVE THOUSAND DOLLARS WITH TRAVEL ALLOWANCE TO COVER EXPENSE OF BRINGING FAMILIY HERE STOP QUESTION OF PERMANENT APPOINTMENT TO BE LEFT OPEN STOP SENDING FULLER EXPLANATION IN AIR MAIL LETTER TODAY."[289]

Noch am gleichen Tag schrieb von Fritz der Schwester von der unverhofften Neuigkeit.[290] Pegrams Luftpostbrief erläuterte die Hintergründe des Angebots: das Classics Department befinde sich in einer außergewöhnlich schwierigen Phase des Umbruchs, für vier reguläre Mitglieder gelte es Ersatz zu finden: für Charles Knapp, der im Vorjahr überraschend verstorben war,[291] und für die Professoren Nelson McCrea, Frank Gardner Moore und Clarence Hoffman Young, die Ende des Jahres die Altersgrenze erreichen würden. Mit der Reorganisation des Departments wolle man sich Zeit lassen, deshalb habe man vorerst nur befristete Verträge vergeben: an C. A. [sic!] Highet, „a young man from Oxford", der bereits zugesagt habe für das akademische Jahr 1937/38 als Visiting Lecturer zu unterrichten; und

---

[289] Telegramme Dean Pegram an KvF, 15.4.1937, „received 1.13 pm", und 17.4.1937, „received 8.49 am" (BAdW, Nachlass KvF, Karton 18, Mappe dunkelrot, Hülle ‚Telegramm CU 1937').

[290] Brief (hs.) v. Fritz, Portland, an Mädi, 17.4.1937, S. 2 (BAdW, Nachlass KvF, Karton 22, ‚Briefe Bunte Kiste'): „Was die Zukunft angeht, so kommt vielleicht noch wieder alles anders; und es kann sein, daß ich an die Columbia university in New York gehe, von der ich heute früh telegraphisch ein Angebot bekommen habe, das ganz günstig zu sein scheint."

[291] Der langjährige Herausgeber von *Classical Weekly* war am 17.9.1936 gestorben: siehe den Nachruf von Ernst Riess (1936, mit Photo).

an Professor Oldfather von der University of Illinois, der für den spring term als Visiting Professor verpflichtet worden sei.[292] Die Versorgung in Griechischer Philologie sei relativ gut abgedeckt, nicht jedoch die in Latein: „Our chief need is for another man to give instruction in Latin, namely, graduate courses."[293] Abgesehen von den Neuberufungen verfüge das Classics Department der Columbia derzeit über vier Lehrende, Professor [La Rue] Van Hook, Associate Professor [Clinton W.] Keyes und die Instructors [Moses] Hadas und [H. T.] Westbrook, das Barnard College (for women) über fünf: die Associate Professorinnen [Gertrude] Hirst und [Grace H.] Goodale, den Instructor [John] Day und zwei Lecturers, Messrs. [John H.] McLean und [Leslie Francis] Smith. Der Althistoriker Dr. Oliver und die Archäologin „Miss Bieber" würden ebenfalls Griechisch- und Lateinkurse halten.[294]

Von Margarete Bieber war die Anregung zu dieser Berufung ausgegangen. Nach einer flüchtigen Begegnung mit von Fritz auf der *APA*-Tagung in Chicago habe sie

> „durch einen Brief an die Dekanin ihres College Gilderslife [sic!] (...) die aus dieser sowieso [sic!] den Althistoriker Westermann und den an der griechischen Philosophie sehr interessierten Professor für Italienisch Dino Bigongiari bestehende Berufungskommission auf mich aufmerksam gemacht, wurde aber bedeutet, es sei etwas seltsam, daß sie eine so weithin unbekannte Persönlichkeit für den wichtigen Lehrstuhl vorschlage, man könne sich den Fall aber einmal ansehen. Dann hatte man aber doch beschlossen es probeweise mit mir zu versuchen."[295]

---

292 Oldfather nahm während seines Gastsemesters 1937/38 auf Wunsch des Präsidenten Nicholas M. Butler hin eine Evaluation des Departments vor, die vernichtend ausfiel: selbst Highet und von Fritz hielt er für wenig geeignet (siehe die Auswertung und Kommentierung des Dokuments bei Calder 1998, 261–280).
293 Brief Pegram an v. Fritz, 17.4.1937 (BAdW, Nachlass KvF, Karton 18, Mappe rot). Diese Bedarfslage kam von Fritz sehr entgegen, denn er hatte ja in Deutschland regelmäßig lateinische Lehrveranstaltungen angeboten. Etwa ein Drittel seiner Veranstaltungen (26 von insgesamt 98 Kursen in der Zeit von 1937 bis 1953) waren latinistischen Themen vorbehalten (siehe die Announcements der ‚Bulletin of Information' in CU, RBML). Im ersten Jahr war er ausschließlich für latinistische Veranstaltungen vorgesehen (siehe Anm. 303).
294 Brief Pegram an v. Fritz, 17.4.1937 (wie Anm. 293). Der Präsident der Columbia, Nicholas Murray Butler, verfolgte die Situation am Classics Department mit großer Aufmerksamkeit und dankte dem Dean für die erfolgreichen Berufungsverhandlungen: „I thank you for the letter of the 26th [nicht erhalten] and the accompanying documents relative to the work in Latin and Greek. I am delighted that this matter has worked out so well and I appreciate all that you and your group have done to make it possible." (Brief Butler an Pegram, 28.4.1937, in CUA, Central Files 334.13, ‚Pegram, George Braxton 7/1936–6/1937').
295 v. Fritz, ‚Autobiographische Skizze', S. 14 (wie Anm. 21): die einzige im Nachlass erhaltene Abschrift ist gerade auf dieser Seite sehr fehlerhaft: bei der Dekanin des Barnard College handelt

Durch die Berufung an die Columbia hatte sich von Fritz' Situation herausragend verbessert: sein Gehalt entsprach umgerechnet dem eines Ordinarius in Deutschland,[296] er war ausdrücklich mit der Abhaltung von graduate courses beauftragt und konnte dadurch Studenten auf höchstem wissenschaftlichem Niveau ausbilden, fand in New York in jeder Hinsicht hervorragende Bedingungen für die eigene wissenschaftliche Arbeit und hatte durch die geographische Lage beste Kontaktmöglichkeiten zu den anderen Ivy League-Universitäten der Ostküste.

Dennoch fiel ihm der Abschied vom Reed College schwer: er hatte Freundschaft geschlossen mit dem Politikwissenschaftler Bernard Noble und dem Philosophen Eduard Sisson und blieb mit dem College bis ins hohe Alter in Verbindung, denn, wie er im Rückblick beschrieb, „Reed College zeigte sich (...) als die vielleicht netteste Institution, der ich jemals angehört habe".[297]

Erst Anfang September plante die Familie nach New York zu gehen, „da es dort im Sommer unerträglich heiß und eine solche Riesenstadt für die Ferien überhaupt kein angenehmer Aufenthaltsort ist": stattdessen blieb man für zwei Monate in Kalifornien, vor allem in Berkeley bei William R. Dennes, wo von Fritz in der Universitätsbibliothek hervorragende Arbeitsbedingungen vorfand: in seinen Spezialgebieten „war schlechterdings alles zu finden, selbst ziemlich abgelegene deutsche Veröffentlichungen aus dem Anfang des 19. Jahrh."[298] Gegen Ende seines Aufenthaltes erhielt er überraschend die Gelegenheit zu Semesterbeginn (die Ferien endeten in Kalifornien schon Ende August) einen Vortrag zu halten und wurde für den Sommer 1938 zur Abhaltung eines Feriensommerkurses eingeladen.[299] Anfang September ging es über New Orleans und die Quäker-Colleges in

---

es sich natürlich um Virginia Gildersleeve, die Margarete Bieber im Herbst 1934 mit einem Stellenangebot die Emigration in die USA ermöglicht hatte. Gildersleeve war Vorsitzende der Berufungskommission (‚Biographie Kurt von Fritz', 7. Anlage, in KvF-Papers, Albany).

296 Analog zu Kurt von Fritz' eigener Umrechnung seines Gehalts am Reed College ($ 1800 = 4000 RM; siehe S. 278) entsprach sein Verdienst an der Columbia ($ 5000 p.a.) etwa 11.000 RM. Zum Vergleich: Karl Lehmann-Hartleben verdiente als Ordinarius im Jahre 1932/33 in Münster 10.750 RM (Lehmann-Hartleben, *AAC*-Fragebogen ‚General Information/Allgemeine Auskunft', 28.8.1934, in NYPL, *EC*-Records 20.9), der um sechs Jahre ältere Hermann Fränkel 1933 als Extraordinarius in Göttingen 10.359 RM, (Fränkel, *AAC*-Fragebogen, Rubrik ‚Confidential Information/Vertrauliche Auskunft', 17.5.1934, in NYPL, *EC*-Records 9.2).

297 v. Fritz, ‚Autobiographische Skizze', S. 12 (wie Anm. 21). Nach den 25-Jahr-Feierlichkeiten des Reed College verließ die Familie von Fritz Mitte Juni Portland und reiste im Auto eines jüngeren Kollegen sieben Tage lang südwärts nach Kalifornien (Brief [hs.] v. Fritz, Portland, an Mädi, 26.5.1937, S. 1 ff., in BAdW, Nachlass KvF, Karton 22, ‚Briefe Bunte Kiste', und Brief [hs.] v. Fritz, New York, an Schwartz, 29.10.1937, in BSB München, Schwartziana II. A. ‚Fritz, Kurt v.').

298 Brief (hs.) v. Fritz, New York, an Schwartz, 29.10.1937, S. 2 (wie Anm. 297).

299 ebda.

Pennsylvania (Haverford, Swarthmore und Bryn Mawr), wo gerade ein internationaler Quäkerwellkongress stattfand, nach New York. Dort bezog man bereits nach zwei Tagen – wahrscheinlich durch Vermittlung der Columbia Faculty Housing Administration, ein möbliertes Apartment an der 114. Strasse, „unmittelbar gegenüber der Universität".[300]

Nach Semesterbeginn fand von Fritz rasch Anschluss: hilfreich hierfür waren unter anderem die regelmäßigen „dinner and subsequent meetings of the Ancient Civilization Group at the Mens Faculty Club", wo er in einer „informal discussion group" nicht nur mit Kollegen der eigenen Fakultät (z. B. Keyes, Westermann), sondern auch mit Fachkollegen anderer Institutionen zusammentreffen konnte, wie z. B. mit der Archäologin Gisela Richter, Kuratorin der griechisch-römischen Abteilung am Metropolitan Museum, oder dem ebenfalls aus Deutschland emigrierten Archäologen Karl Lehmann-Hartleben, der seit 1935 am Institute of Fine Arts der NYU als Visiting Professor lehrte.[301]

Seine Lehrverpflichtungen im Herbstsemester waren nicht sehr arbeitsintensiv:[302] er hatte „nur einen wirklich wissenschaftlichen Kurs", doch mit „wirklich sehr nette[n] und gute[n] Studenten, die schon eine gute Ausbildung hinter sich haben und mit denen man etwas anfangen kann (...) sonst (...) ziemlich elementare Sprachkurse, die ziemlich langweilig für mich sind, aber immerhin den Vorteil haben, daß ich mich nicht weiter darauf vorzubereiten brauche und deshalb verhältnismäßig viel Zeit übrig behalten werde für meine eigenen Arbeiten".[303] Doch er hatte bereits die Zusage, im nächsten Jahr Vorlesungen und

---

300 Brief (hs.) v. Fritz, 524 W 114th St. New York, an Mädi, 12.9.1937 (BAdW, Nachlass KvF, Karton 22, ‚Briefe Bunte Kiste'): „Es hat nur zwei Zimmer, Küche und Bad, aber das eine der beiden Zimmer ist sehr gross, schön und hat relativ viel Licht von aussen (...) Es ist auch billiger als wir gerechnet hatten."
301 Zum ersten Treffen des Semesters am 14. Oktober wurde er schriftlich eingeladen (Brief Schiller, Secretary CU, an v. Fritz, 4.10.1937, in BAdW, Nachlass KvF, Karton 18, Mappe rot, Folie ‚CU 1937–1956',): vorgeschriebene Kleiderordnung: „business suit".
302 Sein Deputat war zwar „verglichen mit deutschen oder englischen Verhältnissen, / immer noch ziemlich hoch: 10 Wochenstunden im ersten und 11 im zweiten Semester", aber „doch immerhin beträchtlich weniger" als am Reed College (Brief [hs.] v. Fritz an Schwartz, 17.5.1937, S. 2f., in BSB München, Schwartziana II. A. ‚Fritz, Kurt v.').
303 Brief (hs.) v. Fritz, New York, an Maedi, 8.10.1937 (BAdW, Nachlass KvF, Karton 22, ‚Briefe Bunte Kiste'). Bei dem wissenschaftlichen Kurs handelte es sich um ein Seminar über Ciceros *de officiis*, sonst hielt er „nur Kurse, die kaum über etwas höheren Schulunterricht hinausgehen: Lektürekurse in Lukrez, Cicero, Petronius / und ziemlich primitive Kurse im Übersetzen ins Lateinische, die sich zwar Prose Composition nennen, aber mit der primitivsten Syntax anfangen müssen". Da alle Teilnehmer des *de officiis*-Seminars ihr reguläres Studium bereits absolviert hatten (zwei Ph.D.-Stipendiaten mit abgeschlossenem M.A. und fünf Highschoollehrer), war „das Seminar im Durchschnitt mindestens auf der Höhe eines guten Oberseminars an einer größeren

Kurse nach seinem eigenen Geschmack zusammenstellen und die elementaren Kurse an andere abgeben zu können.

Schneller als erwartet wurde Kurt von Fritz vom Präsidenten der Columbia, Nicholas Murray Butler, schon im November 1937 das generöse Angebot einer unbefristeten Festanstellung als Associate Professor of Greek and Latin bei einem Jahresgehalt von $ 5500 unterbreitet:

> „Even during the brief period that has elapsed since the opening of the academic year, your personality and your scholarship have won a place for you here, and it is the hope of all of us that you will cast in your lot permanently with Columbia University. In that event, we could look forward with confidence to renewed activity and interest in the Classics which have so much to contribute to a sound educational program."[304]

Gleichzeitig wurde auch Highet zum Associate Professor ernannt, allerdings mit etwas niedrigerem Gehalt ($ 5000).[305]

---

deutschen Universität und wesentlich besser als meine Seminare in Rostock." (Brief [hs.] v. Fritz, New York, an Schwartz, 29.10.1937, S. 4 f., wie Anm. 297).

304 Brief Butler an v. Fritz, 22.11.1937 (BAdW, Nachlass KvF, Karton 18, Mappe rot, Folie ‚CU 1937–1956'). Butler hatte von Fritz gleich nach dessen Ankunft am 9. September mit einem kurzen Schreiben willkommen geheißen und ein persönliches Treffen für Ende des Monats in Aussicht gestellt (Brief Butler an v. Fritz, King's Crown Hotel 420 W 116th St., New York, 9.9.1937, in BAdW, Nachlass KvF, Karton 18, Mappe rot, Folie ‚CU 1937–1956'). Wenige Tage nach Erhalt des Angebots, am 30. November 1937, sagte von Fritz zu (Brief v. Fritz an Butler, 30.11.1937, Abschrift an Gildersleeve, 4.12.1937, in Barnard Archives, Dean's Office/Departmental Correspondence 1936–37, Box 3, Folder 30–34) und wurde von Butler als „permanent member of our academic family" herzlich begrüßt (Brief Butler an v. Fritz, 3.12.1937, in BAdW, Nachlass KvF, Karton 18, Mappe rot, Folie ‚CU 1937–1956').

305 „Miss Gildersleeve's committee (=Advisory Committee) and the Department recommend most strongly permanent appointments for both von Fritz and Highet." Highet sollten auch die Umzugskosten erstattet werden (Fackenthal, Memorandum for the President, 18.11.1937, in CUA, Central Files 482.2 ‚Fackenthal'). Überraschenderweise lehnte Highet dieses Angebot als unzureichend ab mit der Begründung, „that it would be impossible to live in New York at the standard to which we have been accustomed, on a salary of $ 5000", und forderte „full professorship". Nach einer hektischen Verhandlungsphase (Briefe Gildersleeve an Butler, 5.1.1938, mit einer Abschrift des Briefes Highet an Gildersleeve [ohne Datum], Butler an Gildersleeve, 6.1.1938, und Highet an Gildersleeve [ohne Datum, etwa Mitte Januar]) verbesserte deshalb das Subcommittee on Greek and Latin auf seiner Sitzung am 3. Februar 1938 das Angebot der Universität und schlug vor „that Messrs Keyes, von Fritz und Highet should be made full professors beginning at a salary of $ 6500" (Brief Gildersleeve an Pegram, 3.2.1938, alle in CUA, Central Files 326.11 ‚Gildersleeve').

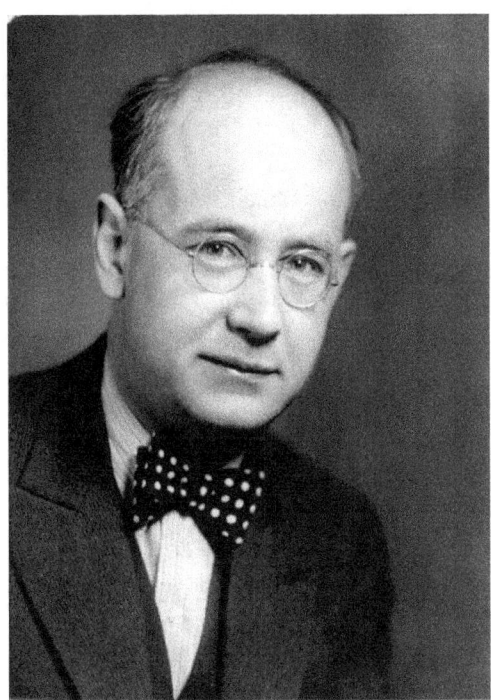

Abb. 11: Kurt von Fritz (Columbia University, 1938) (Courtesy of Columbia University Archives)

5.5 Unter Druck: Ernst Kapp in Hamburg bis zu seiner Entlassung (1933–1937)

Nachdem Kurt von Fritz zum Sommersemester 1933 nach Rostock berufen worden war, mussten Bruno Snell und Ernst Kapp in ohnmächtiger Wut zusehen, wie die antijüdischen Gesetze ‚schlagartig' die Hamburger Universität dezimierten. Zunächst traf es die jüngeren jüdischen Kollegen. Die Bestimmungen des § 3 des „Gesetzes zur Wiederherstellung des Berufsbeamtentums" führten bereits 1933 zur Entlassung von fast 20 % der Philosophischen Fakultät.[306] Nach dem Tod des Reichspräsidenten Hindenburg wurden auch die sog. „jüdischen Frontkämpfer", die im Ersten Weltkrieg Gesundheit und Leben für Deutschland riskiert und oft

---

[306] Lohse 1994, 58. Der Gesamtanteil jüdischer Lehrkörper-Mitglieder (in der Definition des Berufsbeamtengesetzes) an der Universität Hamburg betrug nach einer Bilanz des Rektors am 1.5.1933 18,82 % (s. Freimark 1991, 134.).

auch ruiniert hatten, entlassen.³⁰⁷ Insgesamt wurden an der Hamburger Universität 103 Wissenschaftler aus dem Amt gejagt.³⁰⁸

Am 27. April 1933 kam es in Snells Wohnung in der Alten Rabenstrasse zu einer Zusammenkunft von „arischen philosemitischen" Professoren und Kollegen, „deren Stellung aus ‚rassischen' Gründen gefährdet schien, um nach praktischen Wegen" zu suchen, um die „zu erwartenden Massnahmen gegen die jüdischen Mitglieder des Lehrkörpers abzuwenden".³⁰⁹ Doch schon vor Beginn des Sommersemesters war abzusehen, dass sich in der Philosophischen Fakultät kein nennenswerter Widerstand organisieren ließ: Als in der Sitzung vom 29. April bekannt wurde, dass sieben prominente Mitglieder, darunter Cassirer und Panofsky, von der Hochschulbehörde angewiesen worden waren, ihre Vorlesungen für das Sommersemester 1933 abzusagen, kam es zu keinem massiven Protest, sondern man konnte sich lediglich dazu entschließen den Dekan zu beauftragen, das Bedauern der Fakultät über die „Eingriffe in den Lehrkörper (...) den betroffenen Herren in einem ausführlichen Schreiben mitzuteilen".³¹⁰

Trotz eines Klimas der allgemeinen Einschüchterung gelang es Snell und Kapp, „der nach Mitteilung (...) Snells politisch weiter links stand als dieser selbst" und „für seine scharfzüngigen Bemerkungen über das Nazi-Regime bekannt" war, das Hamburger Seminar in einem liberalen, demokratischen Geist weiterzuführen: gemeinsam und solidarisch brachten sie in ihren Lehrveranstaltungen und Publikationen unbeirrt ihre geistige Unabhängigkeit und politische Gegnerschaft

---

307 Das sog. „Frontkämpferprivileg" des BBG § 3 (2) wurde durch die „Erste Verordnung zum Reichsbürgergesetz vom 14. November 1935" aufgehoben: § 4 (1) „Ein Jude kann nicht Reichsbürger sein. (...) (2) Jüdische Beamte treten mit Ablauf des 31. Dezember 1935 in den Ruhestand. Wenn diese Beamten im Weltkrieg an der Front für das Deutsche Reich oder für seine Verbündeten gekämpft haben, erhalten sie bis zur Erreichung der Altersgrenze als Ruhegehalt die vollen zuletzt bezogenen ruhegehaltsfähigen Dienstbezüge (...). Nach Erreichung der Altersgrenze wird ihr Ruhegehalt nach den letzten ruhegehaltsfähigen Dienstbezügen neu berechnet." (zitiert nach http://www.verfassungen.de/de/de33–45/reichsbuerger35-v1.htm; siehe hierzu Grüttner/Kinas 2007, besonders Abschnitt 4 „Legales Unrecht: Etappen nationalsozialistischer Entlassungspolitik", 133–139, und Szabo 2000, 33f.).
308 Aufgelistet mit kurzen Angaben zu akademischem Status, Entlassungsgrund und Exilort im „Anhang 6. Vertriebene Wissenschaftler" in Krause/Huber/Fischer 1991, III, 1471–1490.
309 Lohse 1997, 14 mit Anm. 46; über dieses Treffen auch Lohse 1991, 794 mit Anm. 87, allerdings mit [noch] falscher Datierung: „wenige Wochen **vor** der Machtergreifung Hitlers". Lohse 1994, 58, spricht von mehreren Zusammenkünften. Unter den Eingeladenen war auch Edgar Wind: „Ich erinnere mich (...), dass dieser junge Professor [Snell] damals im Moment der Gefahr in seine Wohnung alle die, die er für ungefähr gleichgesinnt hielt, einlud und sie in einer Versammlung zum Widerstand aufrief. Dieser Widerstand gelang nicht. Es war nicht Herrn Snells Schuld." (zitiert nach Botttin 1992, 101).
310 Freimark 1991, 136; ähnlich Lohse 1991, 780 und Lohse 1994, 58.

zum Nationalsozialismus zum Ausdruck. Für das Sommersemester 1934 ist erstmals eine Störaktion „seminarfremder" nationaler Studenten gegen Kapps Seminar „Komposition der Ilias" bezeugt, das dieser gemeinsam mit Snell und dem Privatdozenten Hans Diller abhielt,[311] doch scheint es sich um eine einmalige Aktion gehandelt zu haben. Diese Erfahrung dürfte für Kapp und Snell ein Grund mehr gewesen sein, ihre Praxis ein gemeinsames Seminar pro Semester abzuhalten, ab Sommersemester 1935 dahingehend zu modifizieren, „dass jeder von beiden an dem Seminar des anderen beteiligt war".[312]

Auch in Vorträgen und Veröffentlichungen ließen sie ihre regimekritische Haltung erkennen: legendär ist Snells Miszelle zu Apuleius „Das I-Ah des goldenen Esels" 1935 im *Hermes*, die mit dem kühnen Schlusssatz endet:

> „Es stellt sich also heraus, daß das einzige wirkliche Wort, das ein griechischer Esel sprechen konnte, das Wort für ‚nein' war, während kurioserweise die deutschen Esel gerade umgekehrt immer nur ‚ja' sagen."[313]

In dem Vortrag „Platon und die Akademie" mit dem programmatisch-polysemen Untertitel „Die Wissenschaft im Staat der Wirklichkeit", den Kapp zunächst auf neutralem Boden in den Niederlanden Ende August 1935 auf einer Tagung der „Internationalen School voor Wijsbegeerte" gehalten hatte,[314] wies er „in subtiler Gelehrtenprosa", aber eindeutig und bestimmt die Funktionalisierung der Antike

---

311 Einzelheiten bei Lohse 1991, 781 mit 808, Anm. 28: Kapp scheint sich bei der Landesunterrichtsbehörde nicht nur massiv beschwert, sondern auch ein Eingreifen der Polizei verlangt zu haben.
312 Lohse 1991, 794.
313 Snell 1935a, 356; siehe auch Lohse 1991, 795 mit Anm. 93, und Lohse 1994, 59 f.
314 Die „Internationale Schule für Philosophie" (ISVW) wurde „1916 als Ort der philosophischen Diskussion und der Erwachsenenbildung mit internationalistisch-humanistischen Zielen gegründet" und veranstaltete in Amersfoort regelmäßig Tagungen, an denen seit 1933 in zunehmendem Maße Wissenschaftler teilnahmen, die dem Nationalsozialismus fern standen oder bereits emigriert waren. 1936 hielt z. B. der Philosoph Helmuth Plessner erstmals seit seiner Entlassung in Köln dort einen Vortrag (Dietze 2006, 166 mit Anm. 7). Snell war mit dem Organisator Hendrik J. Pos befreundet und nahm sowohl im Sommer 1935 als auch 1936 teil. Schwerpunkt der Studienkonferenz 1935, auf der Kapp seinen Platon-Vortrag hielt, war die „Bedeutung der klassischen Studien in der Gegenwart" (Kapp 1936, 227, Anm. 1). Snell sprach zum Thema „Klassische Philologie im Deutschland der zwanziger Jahre", ein Vortrag, der „damals (…) aus politischen Gründen nicht gedruckt werden" konnte und erst 1978 veröffentlicht wurde (Snell 1978, 5); allerdings datierte Snell den Vortrag nach mehr als vier Jahrzehnten irrtümlich auf das Jahr 1932, ein Erinnerungsfehler, den Lohse anhand von Snells Personalakte („Beilage: Dienstreisen und Beurlaubungen, Bl. 27 und 28") richtigstellen konnte (Lohse 1991, 798 mit Anm. 109). Bevor Kapp in die USA emigrierte, hielt er in Amersfoort noch einen zweiten Vortrag über Platon, im Sommer 1938 (siehe S. 320).

und der Klassischen Philologie durch die Nationalsozialisten im Hinblick auf deren ideologischen Totalitätsanspruch in Erziehung und Gesellschaft zurück:

> „(...) wenn die Antike der jeweiligen Gegenwart nichts anderes zu bieten hätte, als was diese ohnehin schon in ihrem Bewusstsein hat, dann würde es schwerlich locken, die grosse Arbeit des Philologen zu tun, lediglich um (...) aufzeigen zu können, wie es dieses und jenes im Altertum auch schon (...) gegeben habe. (...) Platon hat in klassischer Weise Wesen und Wert des gänzlich unprivaten Kasernenenlebens geschildert (...) / und er ist der klassische Forderer einer die Seelen der Menschen von vornherein ganz ausschliesslich mit Staatsgesinnung erfüllender staatlichen Erziehung; und er ist sich auch in klassischer Weise darüber klar gewesen, dass die Staatserziehung, soweit sie es mit Unmündigen zu tun hat, gewisser Fiktionen bedarf, also nach Platons Vorschlag etwa des Mythos von der gemeinsamen Abstammung aus dem gleichen Mutterboden (...). Aus diesen und dergleichen Zügen könnte man natürlich ein aktuell sein sollendes Gesamtbild zusammenzustellen versuchen (...). Einen solchen Weg möchte ich (..) nicht gehen; denn ich halte eine vereinfachte Darstellung dieser Art (...) für eine der Wissenschaft unwürdige Selbstverleugnung."[315]

Geschickt bezog er in seine Argumentation auch Positionen des ‚Kollegen' Friedrich Nietzsche mit ein und forderte von der klassischen Philologie „vorurteilslos" „unzeitgemässe Betrachtungen":

> „dieser Philologe, Nietzsche, [war] vorurteilslos genug (...), den Betrieb seiner Wissenschaft nicht ohne weiteres als Weltanschauungsersatz gelten zu lassen. Es sollte aber auch bekannt sein, dass niemand weiter davon entfernt sein konnte als Nietzsche, vom Gelehrten als solchem das Verkünden eines alten oder neuen Glaubens zu erwarten."[316]

Kapps politischer Mut und seine von Lohse gerühmte „kämpferische Haltung" verdient umso mehr Bewunderung, als er am 13. November 1935 „auf Einladung der Ortsgruppe Hamburg der Deutsch-Griechischen Gesellschaft (...) auch in Hamburg" außerhalb des vergleichsweise schützenden und geschützten Universitätsbetriebs das gleiche Manuskript in einem öffentlichen Rahmen vortrug.[317]

---

315 Kapp 1936, 227f.; siehe auch Lohse 1991, 781–782.

316 Kapp 1936, 229, Anm. 1: Einzelheiten hierzu bei Lohse 1991, 781–82 und 808. Kapps strategische Finesse ähnelt in diesem Fall dem Vorgehen seines Freundes Kurt von Fritz im Zusammenhang mit der Eid-Debatte: wie von Fritz sich mit einem Zitat aus einer Rede Alfred Rosenbergs verteidigte (siehe S. 251f.), so berief sich Kapp auf Nietzsche, der in den frühen 30er Jahren dank des posthum erschienenen Buches *Der Wille zur Macht* im nationalsozialistischen Deutschland geradezu kultisch verehrt wurde.

317 Kapp 1936, 227, Anm. 1: Bruno Snell sollte am 2. März 1938 den Vorsitz dieser Gesellschaft übernehmen und den „ursprünglich monarchistisch-konservativ geprägten Charakter dieser Gesellschaft mit vorrangig wirtschaftlichen Interessen zu einem humanistisch orientierten Kreis von Nichteinverstandenen" wandeln. (Lohse 1994, 60).

5.5 Unter Druck: Ernst Kapp in Hamburg bis zu seiner Entlassung (1933–1937) — 307

Es ist zwar nicht bekannt, wie Kapp und Snell den Ende 1934 geforderten Diensteid persönlich einschätzten und diskutierten – in von Fritz' Briefen aus dieser Zeit ist kein Hinweis darauf zu finden, obwohl er sich mehrmals mit den beiden in Hamburg über seine eigene Verhandlungsstrategie gegenüber den mecklenburgischen Behörden beraten hatte – doch im Endeffekt unterzeichneten beide, wie alle anderen deutschen Hochschullehrer (außer Barth und von Fritz). Doch sie weigerten sich, ein Gelöbnis deutscher verbeamteter Intellektueller zu unterschreiben, das auf Initiative des Nationalsozialistischen Lehrerbundes Sachsen anlässlich des 10. Jahrestages des November-Putsches 1923 auf einer Festveranstaltung am 11. November 1933 in Leipzig verlesen und viersprachig (!) als Buch gedruckt wurde, die sog. „Kundgebung der deutschen Wissenschaft" bzw. das *„Bekenntnis der Professoren an den deutschen Universitäten und Hochschulen zu Adolf Hitler und dem nationalsozialistischen Staat"*, mit einem kurzgefassten „Ruf an die Gebildeten der Welt" und insgesamt zehn „Ansprachen", u. a. von Martin Heidegger und Ferdinand Sauerbruch.[318]

Als Ende 1934 der sog. „Ariernachweis" eingefordert wurde, geriet Kapp zunehmend unter Druck: es gelang ihm zwar, seine eigene arische Abstammung nachzuweisen, nicht jedoch die seiner Frau Else, die er 1930 geheiratet hatte: deren Mutter, die schwerkrank in Wien lebte, konnte mangels Papieren keine näheren Angaben über die Familiengenealogie machen.[319] Zwei Jahre lang be-

---

318 *Bekenntnis der Professoren* [1933]; siehe Heiber 1992, 27–32 und Borowsky 1991, 445–446 mit Anm. 30. Acht von 22 Ordinarien der Philosophischen Fakultät hatten nicht unterzeichnet, außer Kapp, Snell und Emil Wolff die Historiker Justus Hashagen (1935 nach politischer Denunziation beurlaubt) und Richard Salomon (1934 als ‚Nichtarier' in den Ruhestand versetzt), der Romanist und Dekan Walther Küchler (zum 31.12.1933 auf Druck der NS-Studentenschaft aus politischen Gründen in den Ruhestand versetzt), der Islamist Rudolf Strothmann und der bereits emeritierte Historiker Friedrich Keutgen: „von den neun Honorarprofessoren und den fünf planmäßigen a.o. Professoren unterschrieben jeweils zwei, von den zwölf nichtbeamteten a.o. Professoren dagegen neun und von den zwölf Privatdozenten ebenfalls neun." Der Kapp-Schüler Hans Diller, der sich 1933 von Leipzig nach Hamburg umhabilitiert hatte, unterschrieb m. W. als einziger aus dem Seminar für Klassische Philologie (*Bekenntnis*, 129). In den „Zustimmungserklärungen" (*Bekenntnis*, 129–136) sind unter der Rubrik „Universitäten" lediglich Hamburg, Göttingen und Marburg einzeln aufgeführt, ansonsten unterzeichneten vor allem Angehörige der Technischen, Landwirtschaftlichen und Philosophisch-Theologischen Hochschulen. Unter der Rubrik „Einzelne Wissenschaftler" sind u. a. Erich Bethe und Friedrich Klingner aufgelistet. Die Universität Rostock (und damit auch Kurt von Fritz) wurde vom NSLB Sachsen offenbar nicht zur Unterschrift aufgefordert.

319 „Ich habe Dir schon voriges Jahr [1936] mitgeteilt, dass ich nicht in der Lage bin, Dir genauere Auskünfte über meine Abstammung zu geben, da mir selbst fast nichts bekannt ist und ich mich nie dafür interessierte. Ich weiss nur von den wiederholten Erzählungen meiner vor ca. drei Jahren verstorbenen Ziehmutter, dass ich als ganz kleines Kind aus dem Waisenhaus ad-

mühte Kapp sich vergeblich um aussagekräftige Dokumente, bis er am 9. Juni 1937 gegenüber der Hochschule erklärte, dass Else väterlicherseits jüdischer Abstammung sei, nicht aber mütterlicherseits: die Schwiegermutter sei seiner Überzeugung nach spanischer Herkunft, auch wenn sie als Waise von einer jüdischen Familie großgezogen worden sei.[320] Diese Argumentation, derzufolge Else Kapp in der Nomenklatur der Nürnberger Rassengesetze lediglich als „Mischling" einzustufen gewesen wäre,[321] wollte der Senatspräsident gegenüber dem Reichsstatthalter nicht unterstützen, im Gegenteil, er verwies sogar auf den erschwerenden Umstand, dass Frau Kapp ursprünglich israelitischen Bekenntnisses gewesen sei (und damit im Sinne der Rassengesetzgebung „Volljüdin").

Deshalb wurde Ernst Kapp nach fast dreijährigen Verhandlungen am 1. Juli 1937 mit Wirkung zum 31. Oktober 1937[322] in den Ruhestand versetzt, kurioserweise nach § 6 des Gesetzes zur Wiederherstellung des Berufsbeamtentums („Zur Vereinfachung der Verwaltung") – wie schon zwei Jahre vorher Kurt von Fritz – und nicht, wie man nach der geschilderten Sachlage hätte erwarten können, nach den Bestimmungen des am 26. Januar 1937 neu gefassten Deutschen Beamtengesetzes.[323] Da er mehr als 10 Dienstjahre nachweisen konnte, wurden ihm Ruhestandsbezüge ausgezahlt.[324]

---

optiert wurde." (Brief Berta Wallis, Wien, an ihren Schwiegersohn Ernst Kapp, 17.6.1937, zitiert nach Botttin 1992, 53).

320 „Ich wurde als kleines Kind getauft, da meine leiblichen Eltern röm.-kath. Religion waren und aus Spanien stammten. (...) Meine Zieheltern, welche Israeliten waren, veranlassten wenige Jahre darauf meinen Übertritt zum jüdischen Glauben. Ich wurde daher auch im Jahre 1900 mit Herrn Leo Feld – dem Vater Deiner Frau – im Troppauer Tempel getraut, da er Jude war. (...) Ich glaube, dass mein Aussehen und das Aussehen Deiner Frau genügend für unsere spanische Abstammung spricht." (Brief Wallis, Wien, an Kapp, 17.6.1937, zit. nach Bottin 1992, 53).

321 „Mischling sei, wer von einem oder zwei ‚der Rasse nach' volljüdischen Grosseltern abstammte" (http://zukunft-braucht-erinnerung.de/drittes-reich/biografien/721-wilhelm-stuckart-1902-1953.html?q=mischling)

322 Lohse 1991, 783, und *EC*-Interview Memorandum, 17.1.1939 (NYPL *EC*-Records 17.8): „Dismissed on account of § 6 – July 1937, but with pension (assumption that wife was of Jewish origin)".

323 § 59 Abs. 1 des Deutschen Beamtengesetzes vom 26. Januar 1937 regelte die Entlassung „jüdisch versippter" Beamter: „Der Beamte ist zu entlassen, wenn sich nach seiner Ernennung herausstellt, daß er oder sein Ehegatte nicht deutschen oder artverwandten Blutes ist." Möglicherweise wurde zur Entlassung § 6 BBG deshalb herangezogen, weil sich ansonsten Kapp bei dem Fehlen aussagekräftiger Papiere zum Zeitpunkt der Eheschließung 1930 auf die Ausnahmeregelung von § 59 Abs. 1 DBG hätte berufen können: „ Dies gilt nicht, wenn bei der Ernennung oder bei der Heirat ohne sein Verschulden angenommen worden ist, daß er oder sein Ehegatte deutschen oder artverwandten Blutes ist." (zitiert nach Buschmann 2000, 39).

324 Kapp, CV 30.10.1940 (NYPL, *EC*-Records 17.9): „I had to retire on a pension."

Doch Kapp ließ nichts unversucht die Entlassung rückgängig zu machen: am 6. April 1938 informierte er die Behörde darüber, dass er nunmehr durch beglaubigte Erklärungen zweifelsfrei nachweisen könne, dass die Schwiegermutter Ehebruch begangen habe und Else die illegitime Tochter eines rein ‚arischen' Vaters sei.[325] Bruno Snell war es, der in dieser etwas heiklen Angelegenheit am 13. April bei den Behörden vorsprach und die wenig verbindliche Auskunft erhielt, Kapp solle die Urkunden einreichen, man werde dann prüfen, ob „es als angezeigt erscheine, die Angelegenheit dem Herrn Reichsstatthalter zur Entscheidung zuzuleiten, ob die aufgrund von § 6 BBG ausgesprochene Versetzung in den Ruhestand wieder aufzuheben sei".[326] Die beglaubigten Dokumente wurden unverzüglich eingereicht, doch die in Aussicht gestellte Prüfung wurde nie vorgenommen, ein klarer Rechtsbruch, auch nach den damaligen fragwürdigen juristischen Wertmaßstäben.

Die Universität Hamburg hatte offenbar gar kein Interesse, Kapps Entlassung zu revidieren, die ungeklärte arische Herkunft der Ehefrau diente nur als willkommener Vorwand, den allzu kritischen, politisch unbequemen Kapp loszuwerden. Deshalb war es keine Übertreibung, als Kapp bei seiner Einwanderung in die USA in der Rubrik ‚Reasons for emigration' als Hauptgrund angab: „was pensioned 1937 because of [my] ‚lack of conformity' with the ruling party",[327] bevor er auf Elses vermeintlich nichtarische Herkunft zu sprechen kam:

---

325 Selbst wenn die Sachverständigen Kapps „Überzeugung", dass seine Schwiegermutter nicht-jüdische Spanierin sei, keinen Glauben hätten beimessen wollen, wäre Else schlimmstenfalls ‚Mischling' geblieben, günstigstensfalls aber ‚rein arisch' geworden.
326 Alle Informationen zum ‚Ariernachweis Else Kapp' sind in der ‚Personalakte Kapp' im Staatsarchiv der Hansestadt Hamburg (StA HH), HW DPA I zu finden und bei Lohse 1991, 783 zusammengestellt. Ganz anders die mündliche Auskunft, die Snell 1982 Walther Ludwig gab: demnach sei Kapp entlassen worden, „weil er sich geweigert hatte, über die Abstammung seiner Frau Auskunft zu geben." (Ludwig 1986a, 228 mit Anm. 54).
327 Formblatt ‚Data Prior to Arrival in U.S.A.', 3.10.1940, Rubrik 9 ‚Reasons for emigration' (YIVO, *Oberlaender Trust* Microfilm). Dass die ungeklärte ‚rassische' Zugehörigkeit Elses bei der Entlassung nur eine zweitrangige Rolle spielte, signalisiert auch Kapps Schüler Hans Diller, wenn er im Nachwort zu Kapps *Ausgewählten Schriften* schreibt: „So war es für alle, die mit ihm gearbeitet hatten, ein harter Schlag, als ihm 1937 aus politischen Gründen der Lehrstuhl entzogen wurde." (Kapp 1968, 319). Differenzierter Lohse 1991, 802: „der Fall Kapp [zeigt], daß ein durchaus folgerichtiger Zusammenhang bestehen kann zwischen von außen erzwungener Emigration und vorausgehendem Verhalten des Betreffenden. Kapp hatte sich als ein unbequemer Mann erwiesen, der sich weigerte, seine Wissenschaft in den Dienst der neuen Mythologie zu stellen, und der dies auch öffentlich aussprach."

„In addition Mrs. Kapp's stepfather was Jewish which caused some unpleasantness until she could produce evidence of her own father's descent."[328]

Es musste die Kapps große Überwindung gekostet haben, diese intimen Details aus der Familiengeschichte den Behörden preiszugeben. Die tiefe Enttäuschung über die Vergeblichkeit dieser Aktion erleichterte beiden die Entscheidung Deutschland den Rücken zuzukehren:

„(...) they felt it was wiser to leave while they were free to do so."[329]

5.6 „The best Aristotelian alive" auf Stellensuche (1937–1939)

Unmittelbar nach seiner Entlassung mobilisierte Kapp seinen Freundeskreis[330] und setzte damit eine Reihe kurzschrittiger, eng aufeinander abgestimmter Hilfsinitiativen in Gang, auch über die Grenzen Europas hinaus. Als erstes alarmierte er den ehemaligen Hamburger Ordinarius für Kunstgeschichte, Erwin Panofsky, der 1935 ans *Institute for Advanced Study* nach Princeton berufen worden war. Dieser war über die neue politische Situation in Deutschland schon im Bilde, da er auch von Rudolf Pfeiffers Versetzung in den einstweiligen Ruhestand, ebenfalls wegen der jüdischen Herkunft seiner Frau, erfahren hatte und empfahl die beiden früheren Hamburger Kollegen[331] seinem ‚Dienstherrn' Abraham Flexner, dem Gründer und damaligen Leiter des *IAS*, der bereits im Sommerurlaub in Canada weilte, als ihn der Brief seines ‚Angestellten' erreichte:

„Dear Dr. Flexner: Please forgive me for intruding upon your much-deserved vacation (...) / There is still another matter that I should like very much to submit to you, although it does not affect the Institute directly. I have been informed that the two ablest professores ordinarii of classics in Germany have recently been dismissed, although both are ‚pure-blooded Aryans', the ostensible reason being, in one case, the half-Jewish ancestry of the wife, but the real reason is in both cases their general negativistic attitude towards the Nazi regime.

---

328 Formblatt ‚Data Prior to Arrival in U.S.A.', 3.10.1940 (wie Anm. 327). Ähnlich klar formuliert in einem Interview Memorandum des *Emergency Committee* vom 13.6.1939: "It was believed that Mrs. Kapp's father was a Jew, and Kapp resigned a/c this. Since they hv found out that a mistake was made and the parent was pure Aryan." (NYPL, *EC*-Records 17.8, ‚Kapp').
329 Ebda.
330 So suchte Kapp im Sommer 1937 auch seinen ehemaligen Lehrer Eduard Schwartz in München auf (siehe Brief [hs.] v. Fritz, New York, an Schwartz, 29.10.1937, S. 9, wie Anm. 297).
331 Panofsky lehrte von 1921 bis zu seiner Entlassung 1933 an der Universität Hamburg; Pfeiffer war dort Ordinarius für Griechische Philologie von 1923 bis zu seinem Ruf nach München 1927, Kapp wurde noch im gleichen Jahr zu dessen Nachfolger ernannt.

5.6 „The best Aristotelian alive" auf Stellensuche (1937 – 1939) — 311

One of these men is Professor Rudolf Pfeiffer, full professor of Greek at Münich [sic!] University (...) The other man is Professor Ernst Kapp, full professor of Greek and Latin at Hamburg University, who is one of the best, if not the best, Aristotelian alive. He is, by the way, connected with America in so far as he comes from that branch of the Kapp family which in 1848 went to America on account of the German reaction, and he spent part of his childhood on a ranch in Texas.

Both men are now available, and I thought that you might hear of some opportunity for them. If there would be a chance with the Institute itself, it would be all the better, because classical philology pure and simple is, after all, the basis of every humanistic endeavor; but this is of course not for me to decide or even to suggest. I only thought that you should know about these two men, who are, without question, the very best classical scholars still living in Germany."[332]

Sechs Wochen später, Ende August 1937, meldete sich Bruno Snell von London aus bei seinem ehemaligen Nachbarn und Freund aus der Alten Rabenstrasse 34 und informierte ihn über Kapps aktuelle Situation und seine vorläufigen Pläne, nicht ohne dezent, aber bestimmt Panofskys tatkräftige Unterstützung auch fürderhin einzufordern:

„Lieber Panofsky: Die kurze Freiheit von deutscher Zensur möchte ich benutzen, um Ihnen wieder einmal einen schönen Gruss zu senden. Sie haben ja von Kapp selbst gehört, dass er nun auch auf und davon gehen muss – und sie haben ihm im ernst [sic!] freundlich Ihre Hilfe zugesagt. Zunächst bleibt er in Hamburg wohnen, sucht sich für den Winter eine kleine Wohnung und schafft das Dienstmädchen ab, und wartet so ab, ob man ihn irgendwo brauchen kann. Nach Weihnachten kann er vielleicht einige Vorträge in Holland halten, im März vielleicht auch hier im Warburg Institut. Er will eifrig sein Englisch aufpolieren, denn er hält Amerika für den wahrscheinlichsten Ort seiner weiteren Tätigkeit. Ich bin auf dem Weg nach Oxford (dort ist Papyrologenkongress), und ich will mich dort auch umsehen, ob ich für ihn etwas finden kann, – aber die Engländer sind ja nicht gerade freigebig mit Dauer-Anstellungen."[333]

---

332 Brief Panofsky an A. Flexner, 16.7.1937 (zitiert nach Panofsky 2003, 39, 41). Abraham Flexner erwies sich in den Folgejahren immer wieder als energischer und zum Teil ungeduldiger Fürsprecher Kapps bei Universitäten und Hilfskomitees; eine Anstellung Kapps am *IAS* war nicht möglich, denn das Fachgebiet Klassische Philologie an der „School of Humanistic Studies" war seit 1935 durch den Gräzisten Benjamin D. Meritt vertreten (siehe Michels 1999, 48).
333 Brief Snell, London, an Panofsky, 29.8.1937 (zit. nach Panofsky 2003, 51). Der V. Internationale Papyrologenkongress in Oxford (nach dem II. vom 7.-12.9.1931 in Leiden, dem III. vom 4.-7.9.1933 in München und dem IV. vom 28.4.-2.5.1935 in Florenz) fand vom 30. August bis zum 3. September 1937 am St. John's College statt. Die deutsche Delegation unter der „Führung" von Ulrich Wilcken umfasste 16 Teilnehmer, das Hamburger Seminar war mit drei Wissenschaftlern vertreten, Snell, Diller und dem Althistoriker Hans Rudolph (Habermann 2001, 102ff., 110f. mit Anm. 19, und 128f.). Snell wollte am British Museum in London „noch an einigen Papyri arbeiten" und plante hierfür auch nach dem Kongress noch einige Arbeitstage am Department of

Wider Erwarten gelang es Snell, während des Kongresses für Kapp tatsächlich eine wissenschaftliche Arbeitsmöglichkeit in Oxford aufzutun, als Mitarbeiter des Papyrologen Colin H. Roberts.[334] Offenbar handelte es sich dabei um eine unbezahlte Stelle, denn im September 1937 gingen in London bei Walter Adams, dem Secretary der *Society for the Protection of Science and Learning* (*SPSL*), die seit Mai 1933 – damals noch unter dem Namen *Academic Assistance Council (AAC)* – emigrierte deutsche Wissenschaftler finanziell unterstützte,[335] eine ganze Reihe von Empfehlungsschreiben ein. Die Liste ist beeindruckend (in chronologischer Reihenfolge): Bruno Snell (Hamburg), F. Muller (Leiden, „managing editor" von *Mnemosyne*), Eduard Fraenkel (Oxford), Giorgio Pasquali (Florenz), Erwin Panofsky (Princeton), Emil Wolff (Hamburg), Ernst Howald (Zürich), M. Leumann (Zürich), Kurt von Fritz (New York), Eduard Schwartz (München). Die ‚Hamburger Fraktion' war mit vier „opinions" vertreten: Snell, Wolff, von Fritz und Panofsky, wobei die beiden letzteren ihre Gutachten an Walter Adams persönlich adressierten:

> „Dear Mr. Adams, I understand that there is a possibility of entrusting Prof. Ernst Kapp (...) with the scholarly exploitation of the unpublished Oxyrynchos Papyri in Oxford. (...) I have been closely enough associated with Mr. Kapp both personally and scientifically to have formed some opinion of his personality and ability. I am convinced that Mr. Kapp – setting aside his great personal charm – belongs to the outstanding philologists now living. (...) Thus I think that it would be difficult to find any person better equipped for the above mentioned enterprise nor more valuable as a personality."[336]

Snells Gutachten war nicht nur das kürzeste, es lag Adams auch als erstes vor: zusammen mit Kapps handschriftlichem Lebenslauf („Vitae Curriculum") war es auf den 15. September datiert und betonte Kapps herausragende Qualitäten als Wissenschaftler und als Lehrer:

Manuscripts ein, vom 6.–10. September (Brief Snell an Panofsky, 29.8.1937, in Panofsky 2003, 52).

334 Snell kannte die Oxforder Papyrologen schon von früheren Aufenthalten her: so verbrachte er z.B. im Anschluss an die Amersfoorter Tagung im September 1935 vier Wochen in London und Oxford, „um in London und Oxford Pindarpapyri zu bearbeiten. Für den Verlag Teubner bereite ich eine Pindarausgabe vor, für die diese Papyrusstudien notwendig sind." (Antrag Snell an den Rektor, Personalakte Snell ‚Beilage Dienstreisen und Beurlaubungen', zitiert nach Lohse 1991, 798).

335 Zur Verwandlung des *AAC* in die *SPSL* siehe Feichtinger 2001, 104–107.

336 Brief Panofsky, IAS Princeton, an Adams, SPSL, 22.9.1937 (Oxford, Bodleian, MS. S.P.S.L. 294/6 und NYPL, *EC*-Records 17.8).

5.6 „The best Aristotelian alive" auf Stellensuche (1937 – 1939) — 313

„Seitdem [d.h. seit 1927] habe ich auf das engste mit ihm zuammengearbeitet, und habe aus der Naehe beobachtet, wie fruchtbar seine Lehrtaetigkeit gewesen ist. Ich zoegere danach nicht zu behaupten, dass Herr Kapp einer der glaenzendsten Philologen und einer der besten Lehrer ist, die wir heute besitzen."[337]

Kurt von Fritz, der während seines Oxford-Aufenthaltes 1936 zu Adams ein sehr gutes Verhältnis entwickelt hatte und vom *AAC* mehrfach großzügig unterstützt worden war, wählte in seinem Brief nicht nur die Perspektive des früheren Schülers, der aus der Innensicht der Vorlesungen und Seminare Kapps wissenschaftliche Genialität am unmittelbarsten einschätzen könnte, sondern er stellte der Organisation im Falle einer Förderung Kapps auch eine persönliche Spende in Höhe von £ 20 (= $ 100) in Aussicht:

„Dear Mr. Adams, I feel a little embarrassed to recommend a man who for some time has been my teacher and who is so superior in knowledge and in all scholarly accomplishments to myself. I realize, however, that in spite of this I may perhaps be able to make a contribution to his appreciation. For since his extreme modesty has prevented him from publishing very much his name is not so widely known as it otherwise would certainly be; and only those who had the privilege to attend his lectures and courses and to listen to his private conversations about the most different subjects in the field of Classics can possibly have a full knowledge of his superior qualities."[338]

Der vierte Freund aus dem ehemaligen Warburg-Kreis, der Anglist Emil Wolff, gab in den Vorbemerkungen durchaus eine gewisse Parteilichkeit zu erkennen („a certain bias in his favour"), verglich er doch in seinem ungewöhnlich ausführlichen Empfehlungsschreiben Ernst Kapp mit den größten Koryphäen der Philologiegeschichte, mit Bentley, Wolf und von Wilamowitz-Moellendorff:

„I shall say without any hesitation – and I am weighing most carefully what I am going to say – that Professor Kapp belongs to the very small number of philologists who represent

---

[337] Brief Snell, Hamburg, an *SPSL*, 15.9.1937 (Oxford, Bodleian, MS. S.P.S.L. 294/6 und NYPL, *EC*-Records 17.8); als Adresse auf Kapps hs. CV, ebenfalls datiert auf 15.9.1937, ist „Hamburg 26, Hammer Steindamm 119/III" vermerkt, möglicherweise war er also bereits, wie von Snell angekündigt, in eine billigere Wohnung umgezogen (Absender auf dem Brief an von Fritz vom 18.4. 1931 war „Hamburg 26, Griesstr. 64/3"); unmittelbar vor der Emigration ist als Adresse „Sierichstr. 12¹, Hamburg 13" angeben (*EC*-Interview Memorandum 13.6.1939, in NYPL, *EC*-Records 17.8).
[338] Brief v. Fritz, Larchmont, N.Y., an Adams, *SPSL*, 22.9.1937 (Oxford, Bodleian, MS. S.P.S.L. 294/6 und NYPL, *EC*-Records 17.8): nur im vierseitigen Original in Oxford ist die Notiz mit der Spende enthalten, sie fehlt in der mschr. Abschrift, die für das *Emergency Committee* bestimmt war. Der in Aussicht gestellte Betrag war beträchtlich, zwei Drittel eines Monatsgehaltes (auf der Grundlage der Bezüge am Reed College 1936/37).

> the most distinguished tradition of classical scholarship. Small as his published work may be, he is working in the true spirit of Bentley and Frederich [sic!] August Wolf.
> (...) it is not so much the future of Professor Kapp that matters as the continuation of a particular line of German classical scholarship of which he is one of the most distinguished and efficient representatives at the present time. German philology has reached a climax in the work of Ulrich von Wilamowitz and Professor Kapp surpasses all the scholars of his generation in his firm grasp of the master's fundamental conception of the aims and methods of classical scholarship."[339]

Die differenzierteste Charakteristik stammte aus der Feder Eduard Fraenkels, des einzigen ‚englischen' Gutachters, der sich nach seiner Entlassung in Freiburg am Corpus Christi College in Oxford in kürzester Zeit eine ausgezeichnete Reputation erworben hatte und der häufig mit dem *AAC* korrespondierte, um emigrierten Freunden und Kollegen beizustehen:

> „According to the unanimous judgment of the best classical scholars of Germany the rank of Professor Ernst Kapp's accomplishments is very high, despite the regrettable fact that the size of his published work is disappointingly slender. But he has made up for it to a certain extent by the masterly qualities of every line that has come from his pen. Experts in the studies of Greek philosophy regard him as one of the most experienced and independent connoisseurs of that subject (...) Professor Kapp is by no means a narrow specialist. Some of his articles deal with matters quite remote from ancient philosophy. Thus his uncommon efficiency as a university teacher – a well-known fact in German academic circles – was certainly due to the wide range of his interests and his solidity of his knowledge no less than to the suggestive power of his superior mind."[340]

Weder die Verantwortlichen in Oxford noch die *SPSL* in London wollten sich diesen überwältigenden Lobeshymnen verschließen: am 31. Oktober konnte Snell Adams mitteilen, dass Oxford Kapp zugesagt habe und bedankte sich für die Unterstützung von seiten der *SPSL*:[341] Die Egypt Exploration Society habe Kapp eingeladen „in Zusammenarbeit mit C.H. Roberts für ein Jahr an der Vorbereitung

---

[339] Brief Wolff, Scheidegg im Allgau [sic!], an *SPSL*, 23.9.1937, S. 2 (Oxford, Bodleian, MS. S.P.S.L. 294/6 und NYPL, *EC*-Records 17.8): die mschr. Abschrift umfasst zwei enggeschriebene Seiten in kleiner Type: einige Ungenauigkeiten sind dadurch zu erklären, dass Wolff dieses Gutachten in den Sommerferien „in the Bavarian mountains" geschrieben hat, ohne Unterlagen und Bibliothek: so verwechselte er Ulrich und Tycho von Wilamowitz-Moellendorff: „Kapp is a disciple of Ulrich von Wilamowitz, who was killed in the war, and has edited his well-known book on Sophoclean tragedy" (S. 1).
[340] Brief E. Fraenkel, Oxford, an *SPSL*, 19.9.1937 (Oxford, Bodleian, MS. S.P.S.L. 294/6 und NYPL, *EC*-Records 17.8).
[341] Brief Snell an Adams, 31.10.1937 (Bodleian, Oxford, MS. S.P.S.L. 294/6): an eben diesem Tag wurde die Versetzung Kapps in den Ruhestand ‚rechtskräftig.'

einer Edition bedeutender, bei Antinoe gefundener Papyri mitzuwirken".[342] Mitte November bestätigte Adams gegenüber Roberts, das die *SPSL* Kapp einen grant in Höhe von £ 182 p.a. bewilligt habe, Ende November bedankte Kapp sich bei Roberts, „daß Sie einen Gehilfen haben wollen, der den persönlichen Umgang mit der englischen Sprache und mit Papyri erst noch lernen muß" und kündigte seine Ankunft in Oxford für Mitte Januar 1938 an.[343]

Dieser glückliche Ausgang ließ sich im September von den USA aus noch nicht vorhersehen. Deshalb besann sich Panofsky, der wohl inzwischen von Flexner erfahren hatte, dass am *IAS* weder für Pfeiffer noch für Kapp eine Aussicht auf Anstellung bestünde, auf seine New Yorker Beziehungen und schrieb am 15. September 1937 an seine frühere ‚Lehrerin' und Freundin Margarete Bieber,[344] die sich im Frühjahr erfolgreich dafür eingesetzt hatte, dass Kurt von Fritz an die Columbia berufen worden war, einen sehr persönlichen Brief:

> „Verzeihen sie, wenn ich Sie in einer mir sehr zu Herzen gehenden Angelegenheit um Rat, wenn moeglich sogar um Hilfe bitten muss. Ich hoere soeben, dass mein frueherer Hamburger Kollege und guter Freund Ernst Kapp, Professor der klassischen Philologie, nun auch entlassen worden ist, teils wegen unarischer Frau, teils wegen unverhohlen liberaler Gesinnung, die er noch kuerzlich in einem ausgezeichneten Aufsatz ueber Platons Staat oeffentlich bekundet hat. Da ich mit der Situation in klassischer Philologie wenig vertraut bin und Sie sozusagen ein verbindendes Element zwischen dieser und der Kunstgeschichte darstellen, moechte ich Sie fragen, ob und was man fuer Kapp tun koennte."[345]

Panofsky hatte seine Ansprechpartnerin klug gewählt, sie waren beide Opfer der sog. ‚ersten Entlassungswelle', die infolge der Bestimmungen des „Berufsbeamtengesetzes" bereits im Sommer 1933 wegen ihrer jüdischen Abstammung von ihren Dienstpflichten als Professor in Hamburg bzw. Gießen entbunden worden waren.[346] Beiden war es bereits gelungen, sich in der Emigration beruflich neu zu

---

342 Lohse 1991, 783. Kapps Akte ‚Data Prior to/Following Arrival in U.S.A.' vermerkt unter der Rubrik 15 ‚Difficulties': „In 1938 seized an opportunity to visit Oxford U., England" (YIVO, *OT* Microfilm, 3.10.1940). Siehe auch Kapps CV vom 30.10.1940: „Having retired I was invited by the Egypt Exploration Society to assist in editing papyri and accordingly spent some months of 1938 in Oxford." (NYPL, *EC*-Records 17.8).
343 Briefe Adams, *SPSL*, an Roberts, 15.11.1937, und Kapp, Hamburg, an Roberts, 28.11.1937 (beide in Oxford, Bodleian, MS. S.P.S.L. 294/6).
344 Siehe Kapitel Jastrow, S. 134, mit Anm. 7.
345 Brief Panofsky an Bieber, 15.9.1937 (NYPL, *EC*-Records 17.8; auch in Panofsky 2003, 61–62).
346 Dr. Bieber wurde zum 1. Juli 1933 entlassen (Brief Bieber, Gießen, an A. Johnson, New School New York, 5.7.1933, in NYPL, *EC*-Records 3.3), Panofsky zum 30. September, nachdem ihm schon im SoSe 1933 jede Lehrtätigkeit untersagt worden war (Krause, Huber, Fischer, 2001, 1484); siehe auch Bonfante 1981, 250, und Wegeler 1996, 390 (zu Entlassungen 1933–37 allgemein 125–127 und 187–192).

etablieren: Panofsky hatte 1934/35 parallel am Institute of Fine Arts der NYU und an der Princeton University unterrichtet und gehörte seit 1. Oktober 1935 der Faculty des *Institute for Advanced Study* an,[347] Bieber war gerade eben zum Associate Professor of Fine Arts and Archaeology der Columbia University ernannt worden,[348] nachdem sie die ersten drei Jahre (1934 bis 1937) in äußerst ungesicherter Stellung als Visiting Lecturer und Visiting Professor am Barnard College unterrichtet hatte und ganz auf die finanzielle Unterstützung durch die *Rockefeller Foundation* und das *Emergency Committee* angewiesen war.[349]

Ähnlich wie schon in dem Brief an Flexner kombinierte Panofsky auch diesmal ein kaum steigerungsfähiges Enkomion auf die fachlichen und menschlichen Qualitäten Kapps mit dem expliziten Hinweis auf dessen familiengeschichtlich bedingte Vertrautheit mit Amerika und der englischen Sprache:

> „Kapp ist wohl der beste Kenner des Aristoteles, den es gibt, daneben aber auch ausgezeichnet auf anderen Gebieten (Vorsokratiker, Hellenistische Dichtung, auch lateinische Litteratur), ein Mann von Geist, aufrechter Gesinnung, und ungewoehnlichem persoenlichem Charme. Sein Englisch ist gut (er hat, als Abkoemmling eines im Jahre 1848 nach Amerika ausgewanderten Kapp, seine Jugend in Texas verlebt) (...) Ich kann nur sagen, dass Kapp

---

[347] Im Vergleich zu anderen Emigranten hatte Panofsky in den USA einen relativ leichten Start: schon vor seiner Emigration war er zweimal als Gastprofessor an der NYU eingeladen gewesen (Winter Session 1931, Spring Session 1933) und hatte dort „sensationelle Lehrerfolge" erzielt, sodass er während des akademischen Jahres 1934/35 von drei Universitäten Angebote erhalten hatte: Chicago, NYU und Princeton (Wuttke, Einleitung zu Panofsky 2001, XXIII, und Wendland 1999, Bd. 2, 485). Seit Februar 1934 lebte er dauerhaft in den USA, die Professur am *IAS* war mit einem Jahresgehalt in Höhe von $ 10.000 außerordentlich hoch dotiert (Gehaltsangebot Abraham Flexners in seinem Brief an Panofsky, 25.4.1934, zitiert nach Panofsky 2001, 831). Flexner kannte Panofsky seit den 20er Jahren, als er zusammen mit dem Kunsthistoriker Paul Joseph Sachs (Havard, Fogg Art Museum) auf Einladung des Warburg Instituts zu „Informationsbesuchen" nach Hamburg gekommen war. (Panofsky 2001, XXIV und 201 mit Anm. 5).
[348] Am 5. April 1937, mit Wirkung zum 1. Juli (CUA Faculty Appointment Records, Box 5 ‚Bieber').
[349] 1934/1935: Visiting Lecturer at Barnard, Jahresgehalt $ 2400, je $ 1200 vom *Faculty Fellowship Fund for German Scholars* der Columbia University und von der *Rockefeller Foundation*; 1935/1936 reappointment als Visiting Lecturer, Jahresgehalt $ 3600, finanziert vom *Emergency Committee* und von der *RF* mit jeweils $ 1800; 1936/37: Ernennung zum Visiting Professor at Columbia University, Jahresgehalt $ 4000, finanziert von einem „anonymous donor" (Dr. Julius Goldman) mit $ 2200 und von der *RF* mit $ 1800. Erst im vierten Jahr (1937/38), zeitgleich mit ihrer Ernennung zum Associate Professor, übernahm Columbia erstmals offiziell einen Teil des Jahresgehaltes von Dr. Bieber ($ 2800), das ergänzt wurde vom *EC* ($ 1200) und von dem „anonymous donor" Goldman ($ 1000): siehe CUA Faculty Appointment Records, Box 5 ‚Bieber', NYPL, *EC*-Records 3.3–5 und Kapitel Bieber, S. 54–62 und 71–98; zum *Faculty Fellowship Fund* siehe auch S. 334 mit Anm. 415.

nicht nur einer der reizendsten Menschen ist, die ich kenne, sondern auch derjenige, von dem ich am meisten ueber antike Philosophie und Literatur gelernt habe."[350]

Nur am Rande, aber dadurch vielleicht umso wirkungsvoller, erwähnte er den wohl wichtigsten Verbündeten Kapps, Kurt von Fritz, der „detailliertere Auskunft geben" könnte, „falls Sie fuer den Fall Interesse haben (...), denn er war in Hamburg Privatdozent und hat sich, soweit ich erinnere, unter Kapp habilitiert".[351]

Dr. Bieber schien an Panofskys emotionalem Bekenntnis zu Kapp Gefallen gefunden zu haben, denn sie leitete seinen Brief mit einem Begleitschreiben sofort weiter: Knapp einen Monat später, am 14. Oktober, wandte sich Kurt von Fritz, der seine Lehrtätigkeit als Visiting Associate Professor of Greek and Latin am Classics Department gerade eben aufgenommen hatte,[352] schriftlich an Professor John Whyte, Assistant Secretary des *Emergency Committee*. Er stellte sich vor als „close friend (...) and (...) admirer of his superior abilities" und bat um eine Unterredung, da er sich große Sorgen um Kapps Zukunft machte:

> „Miss Margarete Bieber, Professor at Barnard College, asks me to send you a copy of a letter from Professor Panofsky at the Institute for advanced Studies at Princeton on behalf of Professor Ernst Kapp who was dismissed from his chair of Greek at the university of Hamburg in June, because his wife is of partly ‚unaryan' origin. (...) I hope (...) that you will forgive me if I comply with her [M. Bieber's] wish though I have not had the favour to make your personal acquaintance up to the present date. (...) since (...) I am very much concerned about his future I should be very grateful for your advice and would be very glad if you could sometime spare a quarter of an hour and have an appointment with me either at the office of the Emergency Committee or at any other place you would prefer so that we could talk about Professor Kapp."[353]

Auf Vorschlag Whytes fand diese Unterredung binnen Wochenfrist statt, am 19. Oktober um 11.30 Uhr vormittags.[354] Der verhältnismäßig lange Zeitraum zwischen Panofskys Brief und von Fritz' Kontaktaufnahme mit dem Komitee

---

350 Brief Panofsky an Bieber, 15.9.1937 (wie Anm. 345).
351 Ebda. In einem Punkt war Panofskys Erinnerung unscharf: für die Hamburger Assistentenstelle musste von Fritz sich zwar umhabilitieren, doch er hatte sich bereits 1927 bei Eduard Schwartz in München habilitiert und unterrichtete dort bis 1931 als Privatdozent im Rang eines nichtplanmäßigen außerordentlichen Professors (siehe S. 233–237).
352 Vorlesungsbeginn war am 22. September (Brief v. Fritz, New York, an Mädi, 12.9.1937, S. 3, wie Anm. 300); siehe auch S. 301f.
353 Brief v. Fritz an John Whyte, 14.10.1937 (NYPL, *EC*-Records 17.8).
354 Brief Drury for Whyte an v. Fritz, 18.10.1937 (NYPL, *EC*-Records 17.8 und 60.41): der ursprüngliche Termin musste um eine halbe Stunde verschoben werden: „appointment changed to 11.30 by phone" (Bleistiftnotiz auf Drurys/Whytes Brief an v. Fritz vom 18.10.1937).

könnte zum einen ein Indiz dafür sein, dass Dr. Bieber, mit den Prinzipien und der ‚Policy' des *EC* seit 1934 genauestens vertraut, den jungen Kollegen bei seinem weiteren Vorgehen intensiv beraten hatte. Doch zum anderen war von Fritz in diesen Wochen – abgesehen natürlich von den Turbulenzen des Semesteranfangs und der arbeitsintensiven Umgewöhnungsphase – vollauf damit beschäftigt das Oxforder Projekt für Kapp so gut als möglich zu befördern:[355] die Empfehlungsschreiben für die *SPSL* mussten organisiert und koordiniert werden – eine Aufgabe, die er sich mit Snell teilte –, darüber hinaus sammelte von Fritz in weiser Voraussicht Abschriften der explizit für die *SPSL* in London verfassten Gutachten auch für das *EC* in New York.

Nach der Unterredung zwischen von Fritz und Whyte war das Komitee in den darauffolgenden Wochen nicht mehr unmittelbar im Sinne Kapps tätig. Sicherlich wird von Fritz das *EC* sofort in Kenntnis gesetzt haben, als in England endgültig die Entscheidung gefallen war, dass Kapp von der „Egypt Exploration Society" die offizielle Einladung erhalten hatte, ab Januar 1938 für ein Jahr an der Edition bedeutender bei Antinoe gefundener Papyri mitzuwirken.[356]

Kapp sah sich gezwungen im Verlauf des Jahres 1938 seine Arbeit am St. John's College mehrfach zu unterbrechen. Deshalb suchte er Anfang Februar Adams in London auf, um mit ihm eine flexiblere Handhabung des Stipendiums zu besprechen: offenbar wollte er vorzeitig nach Deutschland abreisen und den noch nicht verbrauchten Teil des Stipendiums bis zu seiner Rückkehr reservieren. Offiziell begründete er dieses Ansinnen mit der Sorge um seine Ehefrau, die allein in Hamburg zurückgeblieben war und die er, wie er Adams mitteilte, nach Oxford nachholen wollte. Tatsächlich aber versuchte er in einem letzten Machtkampf mit den Hamburger Behörden seine Kündigung rückgängig zu machen, indem er mit beglaubigten Erklärungen Elses ‚arische' Herkunft zu beweisen hoffte.[357] Ob Adams von diesen Zusammenhängen wusste, geht aus der Korrespondenz nicht hervor, jedenfalls zeigte er sich sehr kooperativ und informierte Colin Roberts darüber, dass die *SPSL* auch nach Kapps Abreise aus Oxford die monatliche Rate

---

[355] „Mit Herrn Kapp und teilweise für ihn habe ich in der letzten Zeit ziemlich viel korrespondiert." (Brief [hs.] v. Fritz, New York, an Schwartz, 29.10.1937, S. 9, wie Anm. 297).

[356] Lohse 1991, 783, und Brief (hs.) v. Fritz, New York, an Schwartz, 29.10.1937, S. 9: „Vorläufig ist es jedenfalls sehr erfreulich, daß er in Oxford zur Mitarbeit an den Papyri eingeladen wird." (wie Anm. 297). Kurt von Fritz' Idee, Kapp dazu zu bewegen schon „Ende Dezember [1937] zu der Philologenversammlung nach Philadelphia zu kommen", ließ sich vorerst noch nicht realisieren: erst im darauffolgenden Jahr sollte Kapp auf der Jahrestagung der *APA* in Providence einen Vortrag halten (siehe S. 321f.).

[357] Lohse 1991, 783, erwähnt einen „Zwischenaufenthalt in Hamburg von wenigen Wochen", den Kapp dazu genutzt habe, der Behörde am 6.4.1938 mitzuteilen, „daß seine Ehefrau die illegitime Tochter eines rein ‚arischen' Vaters sei."

5.6 „The best Aristotelian alive" auf Stellensuche (1937–1939) — 319

von £ 18,20 weiterzahlen werde.³⁵⁸ Spätestens am 9. Mai war Kapp desillusioniert wieder nach Oxford zurückgekehrt, zusammen mit seiner Frau,³⁵⁹ ohne Hoffnung auf irgendeine Weiterbeschäftigung in Deutschland.

Da traf es sich gut, dass Kurt von Fritz für die Semesterferien einen vierwöchigen Forschungsaufenthalt am Corpus Christi College in Oxford geplant hatte:³⁶⁰ am 31. Mai holte Kapp ihn an der Bahn ab, und gemeinsam erarbeiteten die beiden Freunde eine Strategie, wie man Kapp auf dem amerikanischen Stellenmarkt am besten in Position bringen könnte. Zwei Wochen später stellten sie ihren Plan Walter Adams in London vor: Kapp sollte, wie schon zwei Jahre zuvor von Fritz, auf der Jahrestagung der *APA* im Dezember 1938, die diesmal in Providence stattfinden sollte, einen Vortrag halten und sich in den darauffolgenden Wochen bei mög-

---

358 Brief Kapp, Oxford, an Adams, *SPSL*, 3.2.1938 und Brief Adams an Roberts, St. John's College, Oxford, 12.2.1938 (Oxford, Bodleian, MS. S.P.S.L. 294/6).
359 Brief Kapp, Oxford, an Adams, *SPSL*, 9.5.1938 (Oxford, Bodleian, MS. S.P.S.L. 294/6).
360 Die finanziellen Verhältnisse der Familie hatten sich während des letzten Jahres so weit stabilisiert, dass Louise und Klaus von Fritz schon im April 1938 nach Pöcking vorausreisen konnten: am 4. April 1938 war Kurt von Fritz auf Vorschlag des „Subcommittee on Greek and Latin" (Brief Gildersleeve an Dean Pegram, 3.2.1938, in CUA, Central Files 326.11) von den Trustees der Columbia für den 1. Juli definitiv zum Full Professor of Greek and Latin ernannt worden (CUA Faculty Appointment Records, Box 59 ‚Fritz, Kurt v.'), bei einem Jahresgehalt von „nur" $ 6.500 (= ca. 14.500 RM), „was unter dem üblichen Minimum für Vollprofessoren zu sein scheint" (Brief [hs.] v. Fritz, New York, an Louise, 5.4.1938, in BAdW, Nachlass KvF, Karton 22, ‚Briefe Bunte Kiste'). Leider finden sich in den erhaltenen Briefen Kurt von Fritz' mit Louise keine Hinweise über seine wissenschaftliche Arbeit in Oxford oder über seine Beratungen mit Kapp: lediglich, dass er von Phelps eingeladen wurde, bei ihm im Corpus Christi College zu wohnen, „äußerst prächtig in der früheren Präsidentenwohnung mit einer fabelhaften eingelegten und bemalten Decke" (Brief [hs.] v. Fritz an Louise, 1.6.1938), und dass er „viel mit Herrn Kapp zusammen [ist], der natürlich wieder sehr nett ist" (Brief v. Fritz an Louise, 4.6.1938, beide in BAdW, Nachlass KvF, Karton 22, ‚Briefe Bunte Kiste'). Woran von Fritz in Oxford arbeitete, lässt sich schwer feststellen, möglicherweise an den Fahnenkorrekturen der im Spätherbst 1938 erschienenen Monographie *Philosophie und sprachlicher Ausdruck bei Demokrit, Plato und Aristoteles* (New York, gedruckt in Belgien), die er eigentlich seinem verehrten Lehrer Eduard Schwartz schon am 19. August zu dessen 80. Geburtstag überreicht haben wollte (Brief [hs.] v. Fritz, New York, an Schwartz, 10.12.1938, in BSB München, Schwartziana II. A. ‚Fritz, Kurt v.'). In wissenschaftlicher Hinsicht war 1938 für von Fritz ein sehr ertragreiches Jahr: 16 Publikationen, außer der Monographie 11 *RE*-Artikel, 3 Rezensionen und ein englischsprachiges Resümee für die *APA* (G. Jägers „Schriftenverzeichnis" in Ludwig 1986b, 23 f. ist um zwei Rezensionen zu ergänzen: zu Cloche, „Demosthenes et la fin de la democratie athenienne", in *AHR* 43/1938, 576–578 und zu Dudley, „A history of cynicism", in *Mind* 47/1938, 390–392: vgl. die Angaben in *TAPhA* 69, 1938, LX, „Bibliographical Record"). Nach dem Aufenthalt in Oxford verbrachte von Fritz einige Zeit in München, wo er u.a. zweimal Eduard Schwartz einen Besuch abstattete, und reiste über Basel zurück in die USA (siehe Brief [hs.] v. Fritz, Basel, Rheingasse 10, an Schwartz, 19.8.1938, S. 3, in BSB München, Schwartziana II. A. ‚Fritz, Kurt v.').

lichst vielen Fachkollegen bekannt machen. Von Seiten der *SPSL* gab es keinerlei Einwendungen gegen diesen Vorschlag, am 18. Juni informierte Adams C. H. Roberts über Kapps geänderte Planung für den Rest des Jahres:

> „Kapp has probably discussed with you the suggestion worked out with Dr. Kurt von Fritz during the last few weeks, that Kapp should make a temporary visit to the US at Christmas time to attend meetings of the various societies and to meet as many of his American colleagues as possible. I think this is a wise plan, because Kapp will not find an appointment in the States until he has been there and has personally made acquaintance with a number of universities and scholars."[361]

Während Kapps USA-Reise, so fuhr Adams fort, würde das Stipendium nicht unterbrochen werden, sondern weiterhin auf sein englisches Konto überwiesen werden.

Noch im Juni, eher als geplant, reiste Kapp wieder zurück nach Deutschland,[362] wo er seinen zweiten Platon-Vortrag ausarbeitete, den er Ende August 1938 in Amersfoort für die „Internationale School voor Wijsbegeerte" hielt, „Theorie und Praxis bei Aristoteles und Platon";[363] anschließend blieb er nicht nur, wie angekündigt, bis Mitte Oktober in Hamburg, sondern bis kurz vor seiner Abreise in die USA:

> „I am staying for a longer time in Germany than I had expected. But it seems now best for me, to attend a meeting of the A.P.A. in the end of December and to come to Oxford again this year only for two or three weeks on my way to the United States. Then I shall be able to give you a more exact account of my plans. In the meantime, you would oblige me very much by sending as soon as possible copies of my references' letters to Professor Kurt von Fritz (NY)."[364]

Im Dezember 1938 sollte Kapp vor Kriegsausbruch zum letzten Mal nach Oxford kommen: der Kurzbesuch in den USA musste bis in den Sommer ausgedehnt

---

361 Brief Adams, *SPSL*, an Roberts, 18.6.1938 (Oxford, Bodleian, MS. S.P.S.L. 294/6).
362 Ursprünglich sei die Abreise für Anfang Juli vorgesehen gewesen; am 22. Juni bat Kapp die *SPSL* darum, Kopien von relevantem Material aus seiner Akte zu Panofsky nach Princeton zu schicken: „I hope he can do something for me." (Brief Kapp, an *SPSL*, 22.6.1938, in Oxford, Bodleian, MS. S.P.S.L. 294/6).
363 Ein zweiter Aufenthalt in Amersfoort ist belegt in dem Formblatt ‚Data Prior to/Following Arrival in U.S.A.', 3.10.1940 (YIVO, *OT* Microfilm, ‚Kapp, Ernst') und in Kapps CV vom 30.10. 1940: „In 1935 and again in 1938 I took part in meetings of Dutch classical scholars at Amersfoort, Holland, lecturing on Plato." (NYPL, *EC*-Records 17.9). Kapps zweiter Platon-Vortrag erschien noch im gleichen Jahr, ebenfalls in der niederländischen Zeitschrift *Mnemosyne* (Kapp 1938, wieder abgedruckt in Kapp 1968).
364 Postkarte (hs.) Kapp, Hamburg, an *SPSL*, 27.10.1938 (Oxford, Bodleian, MS. S.P.S.L. 294/6).

werden, bevor Kapp mit der ersehnten Stellenzusage nach Deutschland zurückkehren konnte, um von dort nach Erhalt ‚ordentlicher' Einwanderungspapiere mit seiner Frau für insgesamt 16 Jahre zu emigrieren.

5.7 Kapp als „visitor" in den USA (Dez. 1938 – Juni 1939) – Die erste Stelle (1939/40)

Das Weihnachtsfest 1938 verbrachte Ernst Kapp bei der Familie von Fritz, die längst nicht mehr in New York wohnte, sondern schon Mitte Oktober 1937 ein Haus in Larchmont, N.Y., nördlich von New Rochelle gelegen, bezogen hatte.[365] So sehr sich von Fritz auf diesen Besuch auch freute, so wenig optimistisch schätzte er Kapps Chancen in den USA ein:

> „Am 23. XII. soll mein Freund und früherer Hamburger Kollege Kapp hierherkommen. Er wird voraussichtlich bis Ende Februar bei uns bleiben, in der Zwischenzeit aber etwas herumreisen. Er hat seine Professur in Hamburg vor 1½ Jahren verloren, obwohl er reiner Arier ist, weil seine Frau ¼ jüdischer Abkunft ist. So will er nun auch versuchen, hier etwas zu finden; und wir hoffen sehr, daß es gelingt, obwohl die Dinge in den letzten 2 Jahren hier sehr viel schwieriger geworden sind. Es sind schon zu viele herübergekommen. Jedenfalls freuen wir uns sehr, ihn für einige Zeit hier zu haben. Seine Frau, die nicht so sehr erfreulich ist, wird in Hamburg bleiben."[366]

In Begleitung Louises reisten sie von New York per Schiff nach Providence zur Jahrestagung der *American Philological Association*. Beide hatten einen Vortrag vorbereitet, von Fritz über „Aristoxenos on the Political Theory of the Pythagoreans", der am 29. Dezember nur „read by title" vorgestellt wurde, Kapp über antike Metrik, eines seiner Spezialgebiete: „Bentley's Schediasma *De metris Te-*

---

[365] Mit dieser Absicht trug sich die Familie von Fritz bereits seit dem 8. Oktober 1937 (Brief [hs.] v. Fritz, New York, an Mädi, 8.10.1937, S. 3ff., in BAdW, Nachlass KvF, Karton 22, ‚Briefe Bunte Kiste'). Im Widerspruch hierzu stehen von Fritz' Empfehlungsschreiben für Kapp an Walter Adams vom 22. September 1937, das bereits die künftige Adresse „89 Edgewood Avenue, Larchmont, N.Y." als Absender angibt, und eine Postkarte an das EC vom 18. Dezember 1937, mit der New Yorker Adresse „524 W 114th St." (NYPL, *EC*-Records 60.41). Der neue Wohnort, „nicht weit von dem Meeresarm, der Long Island vom Festland trennt", gelegen, erinnerte von Fritz entfernt an die Gegend um den Starnberger See: „es ist doch sehr viel schöner als in der Steinwüste von New York"; das Haus war eingerichtet mit den Möbeln, die inzwischen aus Deutschland eingetroffen waren (Brief [hs.] v. Fritz, Larchmont, N.Y., an Schwartz, 10.12.1938, S. 1f., wie Anm. 360).
[366] Brief (hs.) v. Fritz, Larchmont, N.Y., an Mädi, 9.12.1938 (BAdW, Nachlass KvF, Karton 22, ‚Briefe Bunte Kiste'); ganz ähnlich Brief [hs.] v. Fritz, Larchmont, N.Y., an Schwartz, 10.12.1938, S. 2, wie Anm. 360).

rentianis and the Modern Doctrine of Ictus in Classical Verse."³⁶⁷ Kapps erstes öffentliches Auftreten in den USA am 30. Dezember war recht erfolgreich, wenige Tage später berichtete von Fritz beeindruckt der Schwester: „Kapp hat dort einen ganz ausgezeichneten Vortrag gehalten."³⁶⁸ Nach der Rückkehr hatte von Fritz bereits eine Reihe von privaten Einladungen organisiert, um „Kapp mit möglichst vielen Leuten zusammenzubringen, die ihm vielleicht nützlich sein könnten",³⁶⁹ ab Ende Januar ging Kapp auf Reisen, um sich bei Universitäten und Komitees persönlich vorzustellen.

Zur Vorbereitung und Finanzierung dieser Kontaktreise suchte Kapp vor seiner Abreise die zwei wichtigsten amerikanischen Hilfskomitees auf, das *Emergency Committee* in New York, mit dem von Fritz bereits im Oktober 1937 ein Informationsgespräch geführt hatte,³⁷⁰ und den *Oberlaender Trust* der Carl Schurz Foundation in Philadelphia. Am 17. Januar stellte sich Kapp bei Prof. Whyte vom *EC* persönlich vor.³⁷¹ Seine dringende Notlage und relative Hilflosigkeit spiegelt sich

---

367 Das Abstract zu Kapps Vortrag, den er 1941 in *Mnemosyne* veröffentlichen sollte, wurde in *TAPhA* 69 (1938), XXXIXf. abgedruckt. Obwohl von Fritz in seinem Abstract das Erscheinen seines Vortrags in *TAPhA* 69 (1938), LI, 1a), angekündigt („This brief *abstract* appears here, although the article was accepted for publication in the *Transactions*") und dies auch in seinem Brief an Schwartz vom 10.12.1938 unterstrichen hatte („Ich selber habe in den letzten Wochen sehr heftig gearbeitet, um einen ziemlich umfangreichen Aufsatz über die Quellen zur Geschichte der Pythagoreer in Unteritalien rechtzeitig [Termin 31.12.] zur Veröffentlichung in den Transactions fertig zu bekommen. Da er noch von einem Kollegen durchgesehen werden muss, um das Englisch einwandfrei zu machen, ist es ein Wettrennen mit der Zeit." (Brief [hs.] v. Fritz, Larchmont, N.Y., an Schwartz, 10.12.1938, S. 3, wie Anm. 360; ähnlich Brief [hs.] v. Fritz, Larchmont, N.Y., an Mädi, 9.12.1938, wie Anm. 366), wurde er in dieser Zeitschrift nicht gedruckt. Erst zwei Jahre später erschien eine erweiterte Fassung als selbstständige Publikation unter dem Titel *Pythagorean Politics in Southern Italy. An Analysis of the Sources*, New York 1940. Auf der Rednerliste des Meetings in Providence waren drei weitere deutsche Emigranten vertreten, deren Vorträge in *TAPhA* 69 erschienen: Friedrich Solmsen sprach über „Cicero's First Speeches: A Rhetorical Analysis" (542–556), Hermann Fränkel über „Heraclitus on God and the Phenomenal World" (230–244). Paul Friedländer konnte an der Tagung nicht teilnehmen, da er erst kurz vor Weihnachten 1938 aus der KZ-Haft entlassen worden war (siehe Kapitel Friedländer, S. 624f. und 634–637); sein geplanter Vortrag „ Δὶς καὶ τρὶς τὸ καλόν" wurde dennoch gedruckt (*TAPhA* 69, 375–380).
368 Brief (hs.) v. Fritz, New York, an Mädi, 6.1.1939 (offenkundige Verschreibung durch v. Fritz: 6.1.1938), S. 2 (BAdW, Nachlass KvF, Karton 22, ‚Briefe Bunte Kiste').
369 Ebda., S. 3.
370 Siehe S. 317f.
371 Das Treffen war ursprünglich für den 14. Januar angesetzt: „was expected here Saturday morning, January 14, 1939. Did not arrive (...) appt. cancelled." (Bleistiftnotiz auf Whytes Brief an v. Fritz, 18.10.1937 [siehe Anm. 354]).

5.7 Kapp als „visitor" in den USA (1938/39) – Die erste Stelle (1939/40) — 323

in den Stichworten des handschriftlichen Memorandums, das mit dem Verweis „Please card" versehen ist:

> „Came in w.[ith] Prof. Kurt v. Fritz of Columbia / wife still in Germany (Hamburg 39 Sierichstr. 12 I) / (visa – March expiration date) / will stay w.[ith] von Fritz during end of February / father was a Texan"

Unter der Rubrik „Appearance and personality" vermerkte der Interviewer:

> „A strained, sad face. Painfully intent eyes. Nervous English. Longish, waving hair. Gives every evidence of having been under great strain"[372]

Am ersten Februar saß Kapp im Büro des *Oberlaender Trusts*, wo er von Dr. L. Post und Wilbur K. Thomas, dem Secretary des *OT*, befragt wurde: offenbar beantragte Kapp einen relativ hohen Reisegeldzuschuss, denn unter der Rubrik ‚Need or Request of Refugee' ist vermerkt „wants to locate 500". Man konnte sich immerhin auf einen Betrag von $ 200 einigen:

> „Promised $ 200 for expenses to go west and make contacts. Gave list of names of people and colleges to visit."[373]

Zwei Monate später kam es zu einem ersten Vermittlungsversuch durch das *Emergency Committee:* Betty Drury, die John Whyte als Executive Secretary des *EC* im November 1937 abgelöst hatte,[374] schickte Prof. Flickinger von der University of Iowa auf Anfrage die Unterlagen von Ernst Kapp zusammen mit denen von Friedrich W. Lenz, Paul O. Kristeller und Ludwig Bieler.[375] Trotz dieser illustren Namen scheint Iowa nicht interessiert gewesen zu sein: am 25. April wurden die Unterlagen zurückgeschickt, Drury schloss resigniert ihr Antwortschreiben mit der Floskel: „we shall be glad to hear of any decision you reach with regard to the vacancy on your staff."[376]

---

[372] *EC*-Interview Memorandum (hs., unsigniert), 17.1.1939 (NYPL, *EC*-Records 17.8).
[373] ‚Data Prior to/Following Arrival in U.S.A.', 3.10.1940, Rubrik ‚Agency contacts, Action taken by Agency' (YIVO, *OT* Microfilm). Siehe auch den "Ninth Annual Report of [the Carl Schurz Memorial Foundation, incorporated] The Oberlaender Trust, May 1, 1938-April 30, 1939", 18, wo der Zuschuss für Kapp als "special grant" aufgeführt ist "to individuals for travel to investigate the possibilities of securing teaching positions." (NYPL, *EC*-Records, 170.2, ‚Oberlaender Trust 1939').
[374] Duggan/Drury 1948, 178.
[375] Brief Drury, *EC*, an Flickinger, 27.3.1939 (NYPL, *EC*-Records 17.8).
[376] Brief Drury, *EC*, an Flickinger, 25.4.1939 (NYPL, *EC*-Records 17.8).

Visiting Instructor for Greek and Latin am Sophie Newcomb College (1939/40)

Zwei Monate nach seinem ersten Besuch in Philadelphia, am 12. April, diskutierte Kapp mit Thomas erste Ergebnisse seiner Stellensuche (das Protokoll nennt diese Besprechung „conference"): an nur drei Universitäten bestünde eventuell eine vage Aussicht auf Beschäftigung, in Houston, in Austin (beide Texas) sowie in New Orleans am Sophie Newcomb College. Da das visitor's visa bereits abgelaufen sei, befürchtete er bald nach Deutschland zurückkehren zu müssen. Thomas' Vorschläge zielten darauf ab, sowohl Kapps legalen Aufenthalt in den USA zu sichern als auch den Prozess der Stellensuche durch einen garantierten Gehaltszuschuss zu beschleunigen:

> „Advised to get extension of visa and bring wife over at once. Wrote southern colleges advisors that OT would supplement salary if positions were found. Promised $ 200 towards summer exp."[377]

Mit dieser Garantie gelang es Kapp tatsächlich, die Verantwortlichen am Sophie Newcomb College zu bewegen, ihm eine Stelle als Visiting Instructor for Latin and Greek am Department of Classics anzubieten, die zwar außerordentlich schlecht bezahlt war, aber immerhin. Die Erleichterung über diesen Erfolg zeigt sich in einem Brief, den Kurt von Fritz an seinen Förderer Charles Singer von der *SPSL* in dieser Angelegenheit schrieb:

> „My friend Professor Kapp from Hamburg is still staying with us and we enjoy his presence very much. He has now succeed in obtaining a position at Newcomb College at New Orleans for next year and so I hope that he will soon be able to immigrate. Up to the present he is still here on an visitor's visa."[378]

Doch die Hoffnung erwies sich als trügerisch: als Kapp mit der Newcomb-Zusage beim *Oberlaender Trust* das endgültige procedere seiner Emigration besprechen wollte, tauchten dort überraschend Probleme auf. Ratlos und bestürzt sprach er deshalb am 13. Juni 1939 zum zweiten Mal beim *Emergency Committee* vor. Der Interviewer, mit großer Wahrscheinlichkeit Betty Drury, skizzierte, diesmal ma-

---

377 ‚Data Prior to/Following Arrival in U.S.A.', 3.10.1940, S. 2, Rubrik 28, ‚Agency contacts, Need or Request of Refugee' und ‚Action taken by Agency' (YIVO, OT Microfilm). Kapp scheint nicht länger als zwei Monate auf Reisen gewesen zu sein, denn in einem Brief an die Schwester vom 8. April schrieb von Fritz: „Zur Zeit ist es ja sehr nett, daß Kapp wieder da ist." (Brief [hs.] v. Fritz, Larchmont, N.Y., an Mädi, 8.4.1939, S. 4, in BAdW, Nachlass KvF, Karton 22, ‚Briefe Bunte Kiste').
378 Brief v. Fritz an Singer, 14.5.1939 (Oxford, Bodleian, MS. S.P.S.L. 294/6); siehe auch S. 287 f.

5.7 Kapp als „visitor" in den USA (1938/39) – Die erste Stelle (1939/40) — 325

schinenschriftlich, Kapps prekäre, ja absurde Notsituation: „Kapp told me a rather pathetic story":[379] Mit finanzieller Unterstützung des *OT* sei er auf Stellensuche gewesen: nach zahlreichen vergeblichen Anfragen habe ihm das Sophie Newcomb College in New Orleans für das akademische Jahr 1939/40 eine instructorship angeboten, zu einem Jahresgehalt von $ 750.– Er habe sofort zugesagt, müsse jetzt jedoch entsetzt feststellen, „that it is impossible to obtain a visa for himself and wife with such a small income". Erforderlich sei neuerdings ein jährliches Mindesteinkommen von $ 2.000.[380] Der *Oberlaender Trust* habe zwar finanzielle Unterstützung zugesichert, könne aber alleine den Differenzbetrag von $ 1.250 nicht aufbringen. Man sei bereit maximal $ 650 zu zahlen, aber nur unter der Bedingung, dass auch das *EC* den gleichen Beitrag beisteuerte. Die Zeit dränge, in spätestens zwölf Tagen müsse er, Kapp, die USA wieder verlassen. Die offizielle Haltung des *EC* war zunächst distanziert und abweisend: aus zwei formalen Gründen, so das Interview Memorandum, komme eine finanzielle Unterstützung nicht in Frage:

> „our Committee can do nothing w[ithou]t. a formal application [from SNC]- if at all (...). It is unlikely that even if application is made it will be a good one, for permanency is not in the picture."[381]

Doch Kapps Unterstützer fanden für beides improvisierte Lösungen: in seinem Brief vom 20. Juni versuchte Thomas das Argument der fehlenden ‚permanency' zu entkräften, indem er das Stellenangebot optimistisch zu einer impliziten Chance für eine mögliche Weiterbeschäftigung uminterpretierte: andernfalls, so seine geschickte Argumentation, hätten die Trustees des *Oberlaender Trusts* einem Gehaltszuschuss nie und nimmer zugestimmt:

> „We are very much interested in helping Dr. Ernst Kapp find an opportunity to demonstrate his ability at Newcomb College and I am wondering if there is any possibility that the Emergency Committee would join with us in helping work out the plans. Our Trustees, as you know, insist on having some indication that the position for a refugee might become permanent and we understand that at Newcomb College it might be possible for Dr. Kapp to establish himself there on the regular staff, after a trial period."[382]

---

379 *EC*-Interview Memorandum, 13.6.1939 (NYPL, *EC*-Records 17.8).
380 Zum Vergleich: unter diesen restriktiven Bedingungen hätte auch von Fritz kein visa erhalten: sein erstes Gehalt am Reed College 1936/37, mit dem ein Drei-Personen-Haushalt erhalten werden musste, betrug monatlich $ 150 (= $ 1800 p.a.) (v. Fritz, ‚Autobiographische Skizze', S. 12, wie Anm. 21).
381 *EC*-Interview Memorandum 13.6.1939 (wie Anm. 379).
382 Brief Thomas, *OT*, an Drury, *EC*, 20.6.1939 (NYPL, *EC*-Records 17.8).

Dem ersten Hinderungsgrund, der fehlenden application durch das College, versuchte Panofsky vom *IAS* dadurch abzuhelfen, dass er am 22. Juni einen Bittbrief an Bernard Flexner, member of the Executive Committee des *EC*, schrieb, den man notfalls auch als „informal" application verwenden konnte:

> „I am writing to you in behalf of a man who is not only a close friend of mine and one of the finest, most courageous and decent persons I know, but also one of the best classical scholars alive, and I do hope that you will find it possible to comply with my request, all the more so as it is comparatively speaking a rather small matter."

Ausführlich schilderte er die schier ausweglose Situation Kapps und bat das *EC* um eine Ausnahmeregelung:

> „(...) Professor Kapp's case is really an exceptional one, first because the necessary amount is unusually small, second because he has a very good chance to find a suitable position for the year 1940/1941. Thus I trust that you will find it possible to vote for an exception, semi-exception, should the Oberlaender Trust file the above mentioned application."

In der Schlusspassage des Briefes entschuldigte sich Panofsky dafür, Flexner in seiner Urlaubsruhe gestört zu haben und kontrastierte dies geschickt mit einem Verweis auf die lebensbedrohliche Situation, in der die Kapps sich befänden:

> „Please forgive me for disturbing your well-deserved peace with this letter, but it seems to be urgent in view of the visa situation (Kapp just returned to Germany to get out his wife, if he can)..."[383]

Mit diesem dramatischen Lagebericht sollte Panofsky Recht behalten, eine Rückkehr nach Deutschland war für Emigrationswillige im Sommer 1939 tatsächlich lebensgefährlich, denn die Kriegsgefahr in Mitteleuropa war seit Aufkündigung des deutsch-polnischen Nichtangriffspakts und des deutsch-britischen Flottenabkommens Ende April erheblich gestiegen. Doch Kapp blieb keine andere Wahl: in Absprache mit dem *Oberlaender Trust* musste er am 21. Juni nach Deutschland abreisen, um dem Risiko einer Ausweisung durch die US-Behörden zuvorzukommen.[384] Er hätte ohnehin die USA verlassen müssen, um beim ame-

---

[383] Brief Panofsky an B. Flexner, 22.6.1939 (NYPL, *EC*-Records 17.8), auch in Panofsky 2003, 207 f.
[384] Kurz vor seiner Abreise aus den USA informierte Kapp die *SPSL* in einem handschriftlichen Brief über seinen Aufenthalt in den USA, das Angebot von Sophie Newcomb und seinen Entschluss, nach Deutschland zurückzufahren (Brief [hs.] Kapp, c/o v. Fritz, Larchmont, N.Y., an *SPSL*, 18.6.1939, in Oxford, Bodleian, MS. S.P.S.L. 294/6).

5.7 Kapp als „visitor" in den USA (1938/39) – Die erste Stelle (1939/40) — 327

rikanischen Konsulat eines Drittlandes das visitor's visa in ein non-quota visa umzuwandeln. Da Canada seine Grenzen gesperrt hatte, wäre dies nur in Cuba – bei Wartezeiten bis zu zwei Monaten – möglich gewesen:

> „Mr. Kapp was on visitor's visa. Acceptance of a position would violate entrance conditions and be cause of deportation. To accept job, must leave U.S.A. and obtain on foreign soil the proper visa. The possibilities were Canada and Cuba. Canada had prohibited the entrance of more aliens with Amer. visitor's visas. Cuba would require two months time which he could not afford (O.T. had agreed to help with expense). Went back to Germany to get proper visas for self and wife. (...) Left America June 21 (...)."[385]

Doch bevor Kapp „proper visas" beim Hamburger Konsulat beantragen konnte, musste er die positive Entscheidung des *EC* abwarten, angesichts des drohenden Kriegsausbruches ein nervenzerreißender Wettlauf mit der Zeit. Glücklicherweise gelang es Panofsky mit seinem leidenschaftlichen Brief Bernard Flexner für sich zu gewinnen: seine Intervention gab letztlich den Ausschlag, dass Betty Drury am 30. Juni ein offizielles Memorandum an alle Mitglieder des Executive Committee schickte ohne die formalbürokratischen Bedenken, die sie in dem Interview-Memorandum vom 17. Juni geltend gemacht hatte. Sie machte sich nun zum engagierten Anwalt von Kapps Interessen und schilderte in einer ausführlichen, narrativ und dramaturgisch geschickt aufbereiteten *narratio* eindringlich Kapps Notsituation:

> „A strong plea (in the form of a letter from Professor Erwin Panofsky) on behalf of a classical philologist, <u>Professor Ernst Kapp</u>, has been brought to the attention of the Committee. Professor Kapp's case is one in which Dr. Thomas of The Oberlaender Trust has been greatly interested.
> In fact, it was by means of a grant from the Oberlaender Trust that Professor Kapp was enabled recently to make a short trip about the United States looking for a position. The trip was full of disappointments, however (...)
> It was not until he came to Sophie Newcomb College of Tulane University in New Orleans that he heard of anything at all. The administration there told him apologetically that they had nothing open but an instructorship – at $750 a year. Kapp grasped at the chance, and told them he would be very glad if they would accept him (The Oberlaender Trust had told him to take anything he could get; that they would augment any salary which he might receive at a bona fide institution).
> Having accepted the invitation which was then extended to him, Professor Kapp learned that the Oberlaender Trust could not add more than $650. This was entirely agreeable to

---

[385] Formblatt ‚Data Prior to/Following Arrival in U.S.A.', 3.10.1940, S. 5, Rubrik ‚Placement difficulties' (YIVO, *OT* Microfilm). Siehe auch Kurt von Fritz' Urlaubsbrief aus Berkeley: "Unser Häuschen in Larchmont wird von der Polizei bewacht, da Herr Kapp leider nach Deutschland zurückmusste." (Brief [hs.] v. Fritz, Berkeley, an Mädi, 27.7.1939, S. 2, in BAdW, Nachlass KvF, Karton 22, ‚Briefe Bunte Kiste').

him – until he learned that a total income of $1.400 for the year would not satisfy the American Consul in Germany when he came to arrange for the immigration of Professor Kapp and Mrs. Kapp – who was still in Germany. He has since been informed that nothing less than a minimum salary of $2.000 will satisfy the Consul in granting a non-quota visa to Kapp and his wife.

The situation is a delicate one. Sophie Newcomb College has been kindness itself, he said before he returned to Europe a fortnight ago, and he does not like to go back to them now and urge them to make an application to us for funds (...) He is afraid that the Sophie Newcomb, under pressure, might withdraw its offer altogether if the situation becomes too complicated.

He said he would ask Dr. Thomas of The Oberlaender Trust to make an application to us, since he could not approach the College again.

This letter came in, following Dr. Kapp's visit to this office. It is dated June 20 (...) A telephone conversation with Dr. Thomas confirms the point that Kapp made in conversation with me, namely, that the Oberlaender Trust will give $650.– – provided we match it.

Will the Committee make a grant of $650, under these circumstances, for Professor Kapp with the understanding that the Trust has already pledged an equal amount, and that in addition he will receive $750 from the College?"[386]

Mit dieser geschickten Argumentation wusste sie alle Bedenklichkeiten und Reserven der Komitee-Mitglieder zu beschwichtigen. Da die Zeit drängte, sandte Miss Drury das Memorandum mit Testimonials, CV und dem Brief Panofskys als Anlage an die jeweiligen Urlaubsadressen und bat um ein sog. mail vote vor dem auf 12. Juli angesetzten regulären Treffen.[387] Gleichzeitig informierte sie sowohl Panofsky als auch Thomas über dieses Vorgehen und gab günstige Prognosen.[388] Die Abstimmung am 12. Juli war nur noch Formsache, schon tags darauf wurde Thomas über das positive Votum in Kenntnis gesetzt,[389] dieser sicherte wiederum

---

386 EC-Memorandum Drury an die Mitglieder des Executive Committee, 30.6.1939 (NYPL, EC-Records 17.8). Das erwähnte Telephonat mit Thomas fand am 27.6. statt (Notiz [hs.] ‚Telephone Conversation to Wilbur K. Thomas', 27.6.1939, in NYPL, EC-Records 17.8). Zur Unterstützung des Antrags bestätigte Thomas nochmals schriftlich alle wichtigen Daten zu Kapps möglicher Anstellung und betonte die besondere Dringlichkeit des Falls: „I understand that Dr. Kapp has sailed to get his family, so that there is time to deal in this matter. But I would appreciate knowing before very long whether or not this is something that might receive favorable consideration." (Brief Thomas, OT, an Drury, EC, 30.6.1939, NYPL, EC-Records 17.8).
387 Die Akte zu Kapp enthält die briefliche oder telephonische Zustimmung von Stein (5.7.1939), Cohn (6.7.1939), Duggan (6.7.1939), Liebman (7.7.1939) und Dunn (10.7.1939), in NYPL, EC-Records 17.8.
388 Briefe Drury, EC, an Panofsky, 5.7.1939 und an Thomas, OT, 6.7.1939 (NYPL, EC-Records 17.8).
389 „Although making this grant involved a departure from the Committee's policies, the members of the Committee were glad they were able to assist Professor Kapp. His testimonials,

am 14. Juli zu, vom College die notwendige formal application einzuholen.³⁹⁰ Diese application wurde schließlich am 27. Juli vom Dean des Sophie Newcomb College, Dr. Frederick Hard, beim *EC* eingereicht;³⁹¹ am 31. Juli erhielt er die formale Zusage des *EC* über die finanzielle Unterstützung:

> „My dear Dean Hard: (...) I am very glad to inform you that the Emergency Committee at its recent executive meeting voted a grant of $625 to the H. Sophie Newcomb Memorial College to be used toward Dr. Kapp's support during the coming year with the understanding that the Oberlaender Trust had made a grant of an equal amount and that the college itself had agreed to pay $750 for his support. In making this grant it was the hope of the Committee that a more permanent post for Dr. Kapp could be found during the course of the year."³⁹²

Gleichzeitig galt es zu klären, wer Ernst Kapp informiert. Thomas versprach ihn umgehend zu kontaktieren, er kannte sowohl die aktuelle Adresse Kapps als auch das voraussichtlich geplante Rückreisedatum.³⁹³ Wahrscheinlich verständigte er Kapp telegraphisch, denn es sollte nur einige Tage dauern, bis dieser beim amerikanischen Konsulat in Hamburg die neuen Visa ausgehändigt bekam: schon am 18. August konnte Kapp mit seiner Frau offiziell mit non-quota visa wieder in New York einreisen.³⁹⁴ Wenige Tage nach Ausbruch des Zweiten Weltkrieges herrschte auch beim *Emergency Committee* Gewissheit über Kapps Schicksal: einer

---

as you know, were of the very finest." (Brief Drury, *EC*, an Thomas, *OT*, 13.7.1939, in NYPL, *EC*-Records 17.8, und YIVO, *OT* Microfilm Folder 30.31, ‚Emergency Committee' 1,2).

390 Brief Thomas, *OT*, an Drury, *EC*, 14.7.1939 (NYPL, *EC*-Records 17.8).
391 Brief Frederick Hard, an *EC*, 27.7.1939 (NYPL, *EC*-Records 17,8).
392 Brief Drury, *EC*, an Hard, 31.7.1939 (NYPL, *EC*-Records 17.8, und 138.29, ‚Columbia University 1937–1939'), und Brief Drury an Thomas, 31.7.1939 (NYPL, *EC*-Records 170.2, ‚Oberlaender Trust', und YIVO, *OT* Microfilm Folder 30.31, ‚Emergency Committee' 1,2).
393 Brief Thomas, *OT*, an Drury, *EC*, 2.8.1939 (NYPL, *EC*-Records 17.8): „Kapp's present address is Sierichstr. 12, Hamburg 39, Germany, although he is expected to leave by August 15."
394 Dank des nun mit $ 2.000 dotierten Vertrages am SNC verlief die Umwandlung der visa in Hamburg offenbar problemlos: „Had no trouble, (...) was back by Aug. 18 with wife" (Formblatt ‚Data Prior to/Following Arrival In U.S.A.', 3.10.1940, S. 5, Rubrik ‚Placement difficulties', in YIVO, *OT* Microfilm). Das Verfahren wurde auch durch ein offizielles Schreiben beschleunigt, das Thomas im Namen des *Oberlaender Trusts* formuliert und Kapp zur Vorlage beim amerikanischen Konsul in Hamburg mitgegeben hatte: „He [Kapp] told me before he left that he had discussed with you at some length the immigration formalities and that you supplied him with a letter which he could show to the American Consul." (Brief Drury, *EC*, an Thomas, *OT*, 31.7.1939, wie Anm. 392). Kurt von Fritz informierte Ende August von Berkeley aus seine Schwester über die geglückte Ausreise des Freundes: „Herr Kapp ist mit seiner Frau inzwischen gut in New York angekommen und schon weiter nach Texas zu seinen Verwandten übergesiedelt." (Brief [hs.] v. Fritz, Berkeley, an Mädi, 30.8.1939, S. 2, in BAdW, Nachlass KvF, Karton 22, ‚Briefe Bunte Kiste').

Telefonnotiz ist zu entnehmen, dass Thomas Miss Drury am 5. September 1939 über Kapps Aufenthaltsort informiert hatte:

> „He is now in Texas and will go to Sophie Newcomb College in about a week."[395]

Die chaotischen Umstände dieser ‚last minute rescue' lassen sich nur erahnen, jedenfalls fand Kapp erst zum Jahreswechsel Zeit und Gelegenheit, dem *EC* für die Unterstützung zu danken. Mit Datum vom 28.12.1939 schrieb er an Bernard Flexner:

> „Dear Mr. Flexner, in July the Emergency Committee granted a considerable contribution to my salary at Newcomb College, New Orleans, in spite of a very informal and exceptional application. I had to go back to Germany in June, but this contribution made it possible for me to get a non-quota visa from the American Consulate in Hamburg and to leave Germany again, accompanied by my wife, in August. Now we have settled in New Orleans for one year and we hope to find a position somewhere for the years to come. Through a letter from Prof. Panofsky I learned that it was mainly by your great kindness that the contribution was granted so quickly.
> I have to thank you very much and, at the same time, to express my best thanks to the Emergency Committee.
> Sincerely yours, Ernst Kapp"[396]

5.8 Kapp bei Kurt von Fritz: Die ersten Jahre an der Columbia University (1940–1943)

Visiting Lecturer in Greek and Latin (Febr. 1941 – Jan. 1942)

Kapps Hoffnung sollte sich nicht erfüllen: eine Verlängerung am Sophie Newcomb College kam nicht zustande, alle Bemühungen, sich von New Orleans aus eine Stelle zu sichern, waren fehlgeschlagen.[397] So sah er keinen anderen Ausweg als

---

[395] Telephone Conversation from W. K. Thomas, *OT*, to B. Drury, *EC*, Subject Ernst Kapp, 5.9.1939 (NYPL, *EC*-Records 17.8).
[396] Brief (hs.) Kapp, New Orleans, an B. Flexner, *EC*, 28.12.1939 (NYPL, *EC*-Records 17.8). Der Präsident der Tulane University, Rufus C. Harris, hatte ein offizielles Dankschreiben nach Erhalt der ersten Zahlung geschickt: „The service which your Committee is rendering in this important work is greatly appreciated by the authorities of Tulane University." (Brief Harris an *EC*, 5.10.1939, in NYPL, *EC*-Records 149.19, ‚Newcomb College 1939').
[397] Formblatt ‚Data Prior to/Following Arrival in U.S.A.', 3.10.1940, S. 2, Rubrik ‚Agency contacts': „4/27/40 O.T. by letter: Position at Sophie Newcomb cannot be extended to next year. Needs new position." (YIVO, *OT* Microfilm).

erneut das *Emergency Committee* zu bemühen: anders als im Vorjahr reichte er diesmal seine eigene Bewerbung ein, die er „Application for Position in Classics or Philosophy nannte"[398] und wandte sich damit am 30. Oktober 1940 direkt an Bernard Flexner, der ihn aber an Betty Drury verwies. Das von ihr verfasste Memorandum protokolliert ausführlich Kapps frustrierenden Bericht über seine Erfahrungen mit dem job-market der neuen Heimat:

Der Krieg habe die Stellungssuche zusätzlich erschwert; aus Geld- und Zeitgründen habe er nur wenige Colleges und Universitäten besuchen können. Doch mehr als 200 schriftliche Bewerbungen seien ergebnislos geblieben. Da sich auch seine Hoffnung auf eine Anstellung in Texas zerschlagen habe, sei er im September nach New York gezogen, wo ihm Professor Vladimir G. Simkhovitch[399] für drei Monate gegen Bezahlung Korrekturarbeiten für ein Platonprojekt angeboten habe.[400] Hier in New York hoffe er irgendetwas zu finden, doch er sei nicht sehr optimistisch. Finanziell könne er höchstens bis Ende des Jahres durchhalten.[401]

Es ist bemerkenswert, wie stark die einjährige Erfahrung mit dem akademischen Betrieb in den USA und der unerträgliche finanzielle Druck auf Kapp bereits eingewirkt hatten: er veränderte für die Unterlagen des *EC* einen maßgeblichen Teil seiner Vita, die jüdische Herkunft seiner Ehefrau, und setzte stattdessen ganz auf den politischen Faktor. So gab er am 17. Januar 1939 als Entlassungsgrund an:

---

398 Kapps zweiseitige application gab Auskunft über „Training and degrees, Positions held, References, Publications" und führte diese Aspekte in einem kurzgefassten wissenschaftlichen Lebenslauf aus (NYPL, *EC*-Records 17.8). Kapp wohnte inzwischen in New York, 414 W 120th St., Apt. 304.
399 Simkhovitch lehrte bis zu seiner Emeritierung 1942 insgesamt 38 Jahre an der Columbia: begonnen hatte er 1904 als ‚Lecturer in Russian History', seit 1905 war er Professor of Economic History. Darüber hinaus veröffentlichte er auch zu religionsgeschichtlichen Themen und besaß eine umfangreiche Kunstsammlung (siehe CUA Appointment Records, Box 53 ‚Simkhovitch', und CU, RBML Central Files 340.2).
400 Das Formblatt ‚Data Prior to/Following Arrival in U.S.A.' (3.10.1940, YIVO, *OT* Microfilm) spezifiziert diese befristete ‚Anstellung' unter der Rubrik ‚Placements: Position offered' als „3 months work giving detailed review of Platonic dialogues" (Beginn 11.9.1940). Insgesamt war Kapp fünf Monate für Simkhovitch tätig (Brief Kapp an Drury 19.6.1943, in NYPL, *EC*-Records 17.9): die Arbeit war ihm so wichtig, dass er im Februar 1940 eine Einladung des *American Friends Service Committee (AFSC)* zu „language college work-shop"-Kursen am Bryn Mawr College ausschlug (Formblatt ‚Data Prior to/Following Arrival in U.S.A.', 3.10.1940, S. 2, in YIVO, *OT* Microfilm). Kapps Tätigkeit für Simkhovitch, die dieser in der erhaltenen Korrespondenz immer nur mit „research" oder „some work for me" umschrieb, wurde mit monatlich $ 125 vergütet (Briefe Simkhovitch an Philip Hayden, Secretary CU, 25.10.1940, 18.12.1940 und 9.1.1941, in CU, RBML, Central Files, 340.2, ‚Simkhovitch').
401 ‚Memorandum of Visit of Professor Kapp to Miss Drury', 30.10.1940 (NYPL, *EC*-Records 17.8).

„assumption that wife was of Jewish origin",⁴⁰² während er am 30. Oktober 1940 den jüdischen Anteil ganz ausklammerte, wenn er selbstbewusst erklärte:

> „In the end of 1937 my lack of conformity with the ruling party in Germany resulted in my being pensioned from the University of Hamburg."⁴⁰³

Auch Panofsky vollzog in seinen Briefen und Testimonials diesen Perspektivenwechsel Kapps: am 22. Juni 1939 informierte er Bernard Flexner: „[Kapp] lost his position because he refused to separate from his half Jewish wife",⁴⁰⁴ während er Ende 1940 gegenüber dem gleichen Adressaten (!) betonte, dass Kapp einer der wenigen gewesen sei, die allein aus politischen Gründen Deutschland hätten verlassen müssen:

> „Kapp is not only one of the best classical scholars alive but also a man who, as one of the few who were kicked out of Germany, not for racial reasons but solely because of his uncompromising courage in the face of Nazi politics, deserves every possible assistance."⁴⁰⁵

Diese Einschätzung wiederholte er gegenüber Betty Drury am 23. Juni 1943: „Kapp is one of the not too numerous German scholars who left their country for purely moral reasons and would seem to deserve some consideration for this reason alone."⁴⁰⁶ Nur in seinem ersten aktenkundigen Schreiben an Margarete Bieber sprach Panofsky beide Gründe für Kapps Entlassung an: „teils wegen unarischer Frau, teils wegen unverhohlen liberaler Gesinnung".⁴⁰⁷

Miss Drury vermittelte Kapp für den 6. November ein Interview mit Laurens H. Seelye, „Assistant to the Chairman of the Executive Committee".⁴⁰⁸ Dieser notierte nicht nur Kapps Wunschvorstellungen, sondern auch seine eigenen Bedenken:

> „Wishes teaching in the classics.
> How about arranging some classicists to take leave and let this man substitute?
> Wishes to live near a university with a library, can live inexpensively with his wife. Wants to do research in Plato.

---

402 *EC*-Interview Memorandum (hs., unsigniert), 17.1.1939 (NYPL, *EC*-Records 17.8; siehe auch S. 317 und 322f.).
403 Kapp, ‚Application for Position in Classics or Philosophy', 30.10.1940, (NYPL, *EC*-Records 17.8).
404 Brief Panofsky an B. Flexner, 22.6.1939 (wie Anm. 383).
405 Brief Panofsky an B. Flexner, undatiert (vor 2.1.1941), S. 3 (NYPL, *EC*-Records 17.8).
406 Brief Panofsky an Drury, 23.6.1943 (NYPL, *EC*-Records 17.9), auch in Panofsky 2003, 408.
407 Brief Panofsky an Bieber, 15.9.1937 (siehe S. 315ff.).
408 Brief Drury an Kapp, 4.11.1940 (NYPL, *EC*-Records 17.8).

Now in temporary research appointment with Doctor Simkovich [sic!]. Both Miss Drury and I agree he might be a little difficult to deal with."[409]

Tags darauf wurden Professor Horace Friess vom Department of Philosophy der Columbia University Kapps neue Unterlagen zugesandt.[410]

Kapp begann nervös zu werden und beschloss eigenständig in New York auf Jobsuche zu gehen; deshalb bat er Seelye um die Überlassung von Abschriften der testimonials aus dem Jahre 1937, die sowohl der *Society for the Protection of Learning and Science* in London als auch – über Kurt von Fritz – dem *EC* zugesandt worden waren. Dies wurde ihm überraschenderweise verwehrt: der bürokratisch denkende Seelye berief sich auf den vertraulichen Charakter der Empfehlungsschreiben.[411] Betty Drury, eher pragmatisch-praktisch veranlagt, fand rasch einen Ausweg: sie sandte das gewünschte Material am 15. November kurzerhand an von Fritz und Panofsky, „at the request of Professor Ernst Kapp".[412]

Als das Komitee in den folgenden Wochen für Kapp keinerlei Vermittlungsversuche startete, richtete Frank Aydelotte, langjähriger Präsident des Swarthmore College und seit 1939 Nachfolger Abrahams Flexners als Leiter des *Institute for Advanced Study*, am 24. Dezember 1940 einen dringenden Appell an Seelye, wahrscheinlich auf Drängen Panofskys:

> „Dear Seelye: I should like to urge very strongly upon you some effort on behalf of Professor Ernst Kapp."

In drastischen Worten schilderte er Kapps verzweifelte Lage:

> „The fact is that if he does not get some help he will not be here long, for he is likely to starve to death. He is at the moment down almost to his last dollar."[413]

---

409 Interview Memorandum by Laurens H. Seelye, 6.11.1940 (NYPL, *EC*-Records 17.8).
410 Brief Ruth O'Donnell (Miss Drurys Sekretärin), an Friess, 7.11.1940 (NYPL, *EC*-Records 17.8).
411 Siehe die handschriftliche Notiz ‚Kapp. Ernest' vom 9.11.1940: „On looking over the testimonials in Dr. Kapp's file, which were sent to us by the Society for the Protection of Science and Learning in England, it does not seem to me that we can give these directly to Kapp. They are confidential as all such references are, and hence not to be shown to the applicant" und Seelyes nüchtern-abweisenden Brief an Kapp vom 13.11.1940: „I find that it is not the custom of our committee to distribute such copies." (beides in NYPL, *EC*-Records 17.8).
412 Briefe Drury an v. Fritz und an Panofsky, 15.11.1940 (NYPL, *EC*-Records 17.8) und ein handgeschriebenes, liniertes Blatt ohne Datum: „Send testimonials to Professor Erwin Panofsky, 97 Battle Road, Princeton, N.J. / Professor Kurt von Fritz, 86 Edgewood Avenue, Larchmont, N.Y." (NYPL, *EC*-Records 17.9, eingeordnet am Ende der Akte).
413 Brief Aydelotte an Seelye, 24.12.1940 (NYPL, *EC*-Records 17.8).

Der einzige Ausweg bestünde in einem appointment durch irgendeine Institution, selbst ohne Bezahlung oder gegen ein nur geringes Entgelt, denn sowohl der *Oberlaender Trust* als auch das *Emergency Committee* wären ja grundsätzlich zu einer finanziellen Unterstützung Kapps bereit. Außerdem könnte Kapp auch auf seine Freunde zählen, die notfalls kleinere Geldbeträge monatlich zuschießen würden:

> „In addition, I think some of Kapp's friends would, if necessary, put up small sums such as they could afford (from $10 to $25 a month each) to insure a modest livelihood for him."

Unmissverständlich forderte er Seelye auf, irgendeine Form der Anstellung für Kapp zu arrangieren.

Wenige Tage später, das Schreiben ist undatiert, doch der Adressat antwortete bereits am 2. Januar 1941, informierte Erwin Panofsky Bernard Flexner vom Executive Committee des *EC* über eine glückliche Wendung: Kapp werde für 5 Monate, vom 1. Februar bis zum 30. Juni 1941, von der Columbia University als „Visiting Lecturer in Greek and Latin" eingestellt werden, mit einem Stipendium von $ 500.[414] Das Geld stamme aus einem „special fund",[415] weshalb eine offizielle application von Seiten der Universität nicht möglich sei. Deshalb bitte er, Panofsky, das *EC* um ein Stipendium in gleicher Höhe, denn

> „even people as brave and modest as the Kapps can hardly live on $. 100.- per month, and even if they managed to get by on this stipend nothing would be left for the months of July, August, and September, the academic year beginning about October 1. I should like, therefore, to raise the question whether the Emergency Committee might be in a position to match the contribution of Columbia University so that the Kapps might be able to live until the end of the summer <u>interregnum</u>."[416]

---

414 Die Anstellung Kapps („Appointment") wurde bereits am 19. Dezember 1940 ausgesprochen (CUA Faculty Appointment Records, Box 29).
415 Der *Faculty Fellowship Fund for German Scholars* wurde von Mitgliedern einiger Fakultäten der Columbia University im Mai 1933 gegründet, „to consider ways of helping German scholars who had lost their positions for reasons unconnected with their scholarly qualifications" (Interim report of Faculty Fellowship Fund, 27.11.1933, in CU, RBML, Historical Subject Files Ser. IX, ‚Faculty', 142.7, ‚Faculty Fellowship Fund for German Scholars'). Chairman des *Faculty Fellowhip Funds* war J. Dewey, Secretary L. C. Dunn, Professor of Zoology, der ebenfalls Mitglied des *EC* war. Bis Ende November 1933 hatten 125 Fakultätsmitglieder insgesamt $ 3942.- für den *FFF* gespendet. Margarete Bieber gehörte zu den ersten drei Wissenschaftlern, unter denen diese Summe aufgeteilt wurde: ihr Gehalt wurde während ihres ersten Jahres als Visiting Lecturer am Barnard College (1934/35) zur Hälfte ($ 1200) von diesem Fund übernommen (siehe Kapitel Bieber, S. 56 mit Anm. 83).
416 Brief Panofsky an Flexner, undatiert, vor 2.1.1941 (wie Anm. 417).

Flexner sagte in seinem Antwortschreiben am 2. Januar 1941 seine volle Unterstützung zu:

> „I shall make an effort (and hope I can succeed) in having the sum which Dr. Kapp is getting at Columbia matched by the Committee."[417]

Und tatsächlich, schon am 9. Januar stand Panofskys Antrag für Kapp auf der Tagesordnung der monatlichen Sitzung des „Subcommittee on Deferred Applications" des *EC*, unter der Rubrik „Application for Renewal".[418] Flexner hatte seine Kollegen schon vorher eingestimmt: in einem Brief vom 6. Januar gab Fred M. Stein, Treasurer des *EC*, Flexner seine Zustimmung mit einer Begründung, die zeigt, wie unbürokratisch und spontan die Arbeitsweise des *EC* sein konnte:

> „I agree with you that we should match the $500.- of Columbia, even if it is entirely irregular, which I think probably it is. But I am inclined to think when the case is good and the man is good we must often be irregular."[419]

Der Zuschuss wurde problemlos bewilligt, bereits am 3. Februar bestätigte Columbia den Erhalt der ersten Teilzahlung.[420] Da Kapp als Visiting Lecturer von Lehrverpflichtungen freigestellt war, begann er sofort mit der Ausarbeitung einer Vortragsreihe über die Geschichte der antiken Logik. Es war ihm klar, dass er jede Gelegenheit nutzen musste sich wissenschaftlich zu profilieren, zumal auf eine Verlängerung des Vertrages vorerst nicht zu hoffen war: noch Ende März zeigte sich Kurt von Fritz wenig zuversichtlich:

> „Mein Freund E. Kapp ist jetzt als Visiting Lecturer an Columbia und hält ganz ausgezeichnete Vorträge über die älteste Entwicklung der Logik. Aber es ist sehr traurig, daß er, der in München als Privatdozent mein Lehrer gewesen ist, eine so kümmerliche Stellung hat und dies nur für das gegenwärtige Semester. Für das nächste akademische Jahr hat er noch nichts gefunden. Wenn er nur an Columbia bleiben könnte. Das wäre sehr schön für den Bär und für mich. Aber ich sehe bis jetzt keine Hoffnung, da wegen der unsicheren Zukunftsaussichten in finanzieller Hinsicht – zumal da auch immer mehr Studenten zum Militärdienst eingezogen

---

417 Brief B. Flexner an Panofsky, 2.1.1941 (NYPL, *EC*-Records 17.9).
418 Subcommittee Agenda, ‚Application for Renewal', 9.1.1941 (NYPL, *EC*-Records 17.9).
419 Brief Stein an B. Flexner, 6.1.1941 (NYPL, *EC*-Records 17.9). Mit einer ähnlichen Begründung hatte Stein schon Kapps ersten Antrag unterstützt: „(...) while I know it is against practically all the rules we have made, I think this is a case where exception should be made." (Brief Stein an Drury, 5.7.1939, in NYPL, *EC*-Records 17.8).
420 Quittung des Buchhalters der Columbia, 3.2.1941 (NYPL, *EC*-Records 17.9). Am 16. Januar hatte Stephen Duggan, der Chairman des *EC*, Frank D. Fackenthal, den Provost der CU, über das positive Abstimmungsergebnis informiert, am 11. Februar sandte Kapp ein Dankschreiben an das *EC* (NYPL, *EC*-Records 17.9).

werden – die Universität beschlossen hat, nur die allerunumgänglichsten Neuberufungen vorzunehmen."[421]

Doch Kapp verstand es seine Zuhörerschaft – Fachkollegen ebenso wie ein „generally interested" Publikum – trotz der anspruchsvollen Thematik zu begeistern: schon am 11. April schrieb Panofsky an Bernard Flexner, dass Kapp von Columbia University Press das Angebot erhalten habe, die Vorträge zu publizieren.[422] Vor allem der Executive Officer des Departments, Clinton W. Keyes, äußerte sich begeistert:

> „I believe he [Kapp] is clearly the outstanding displaced scholar. (...) Last term, he gave a distinguished and highly original series of public lectures on the history of ancient logic, which was much appreciated."[423]

In diesen Zeitraum fällt auch das erste bekannte Empfehlungsschreiben Werner Jaegers für Kapp, das zwar ganz offen und ohne konkreten Bezug auf die Vorträge formuliert ist, das aber möglicherweise bei die Verlängerung der Visiting Lecturership eine Rolle gespielt hat:

> „Mr. Kapp is well known to me personally. I have met him often at philological meetings in Germany and recently in this country. He is a pupil of one of the outstanding classical scholars of the last generation, Prof. Eduard Schwartz, who died last year in Munich [13.2.1940] and acquired from him an excellent equipment in all sorts of philological method and a high ideal of the cultural and scientific essence of classical scholarship. I know that Schwartz thought very highly of him. He once said to me that whenever Kapp came to see him he had learned something from his pupil. Kapp never published very much but he has ideas of his own and a broad knowledge and horizon, and they say that he was a very good teacher (...)."[424]

---

421 Brief v. Fritz (hs.), Larchmont, N.Y., 28.3.1941, an Mädi, S. 2f. (BAdW Nachlass KvF, Karton 25, Blaue Mappe, ‚Briefe 1931–1971'). Ein Jahr später hingegen erklärte Kapp in einem Brief an Panofsky in stilisierter Gelassenheit, er hätte als Visiting Lecturer „nichts zu tun [gehabt] als ein paar Vorträge zu halten" und datierte sie später als von Fritz: „die Vorträge habe ich aber erst im April gehalten; es war ganz nett, aber doch nicht sehr viele Hörer." (Brief Kapp, New York, an Panofsky, 2.6.1942, in Panofsky 2003, 345 f.).
422 „The other day I saw Professor Kapp, who seems to be quite a success at Columbia, so much so that they have offered to print the lectures he gave for them." (Brief Panofsky an B. Flexner, 11.4.1941, in Panofsky 2003, 286).
423 In der Begründung seiner handgeschriebenen application vom 7. Juni (Brief [hs.] Keyes, New York, an EC, 7.6.1941, zitiert auch in EC Subcommittee Agenda ‚Application for Renewal', 17.6.1941, in NYPL, EC-Records 17.9).
424 Jaeger, Empfehlungsschreiben Kapp, undatiert, nur erste Seite, unvollständig, (sicher 1941), in Harvard, Houghton Library, Jaeger Papers, Box B, ‚Correspondence WJ to H-P (Kapp)'. Ei-

5.8 Kapp bei Kurt von Fritz: Die ersten Jahre an der Columbia University — 337

Bis Ende des Semesters war es Kapp gelungen, maßgebliche Leute im Department und in der Fakultät für sich zu gewinnen: am 5. Juni 1941 bedankte sich Clinton W. Keyes, der Executive Officer des Classics Department, bei Kapp für die geleistete Arbeit und informierte ihn darüber, dass der bisherige Sponsor, das „Columbia Committee on Faculty Fellowship", ihn für ein weiteres Semester zu den gleichen Bedingungen anstellen würde:

> „We have greatly enjoyed having you with us during the past term, and have derived much advantage therefrom. We are delighted that you are to be our colleague again next term. I have requested the Provost of the University to continue for the Winter Session [1. Sept. 1941 bis 1. Febr. 1942] your appointment as Visiting Lecturer in Greek and Latin, and I am sure he will do so. I hope you will find no difficulty in getting a further subvention to meet your necessary expenses."[425]

Zwei Tage später informierte er auch das *EC* darüber, dass Kapp für ein weiteres Semester zum „Faculty Fellow" ernannt worden sei, und stellte einen handgeschriebenen informellen Antrag auf Gehaltszuschuss. So konnte das *EC* ohne Verzögerung auf seiner monatlichen Sitzung am 17. Juni über die erneute „Application for Renewal" abstimmen, auch für den Zeitraum von September 1941 bis Januar 1942 erhielt Kapp vom *EC* wiederum einen Zuschuss von $ 500.[426] Diesmal konnten sogar die Regularien eingehalten werden: der Provost der CU, Frank D. Fackenthal, reichte am 25. Juni eine offizielle application der Universität ein,[427] zwei Tage später informierte der Chairman des *EC*, Stephen Duggan, Fackenthal in der offiziellen Formelsprache des *EC* über die positive Entscheidung:

> „In reply to your letter of June 25 making a formal application (...) for a grant of $500 for Professor Ernst Kapp during 1941–42, I am very glad indeed to send you this official notice of the Committee's action.
> At its recent executive meeting the Emergency Committee in Aid of Displaced Foreign Scholars voted a grant of $500 to Columbia University for the partial support during the first semester of the coming academic year of Professor Ernst Kapp with the understanding that the Columbia University Fellowship Fund had already made available to this scholar a grant of $500 so that he would receive at least $1.000 during the semester."[428]

---

genartigerweise taucht dieses Gutachten in keiner der Tischvorlagen des *EC*-Executive Committee auf.

425 Brief Keyes an Kapp, 5.6.1941 (NYPL, *EC*-Records 17.9), wörtlich zitiert auch im Brief Kapp, New York, an Panofsky, 8.6.1941 (*AAA*, Panofsky Papers, Ser. I, Box 6, Reel 2116).
426 Subcommittee Agenda, ‚Application for Renewal', 17.6.1941 (NYPL, *EC*-Records 17.9).
427 Brief Fackenthal, New York, an Duggan, 25.6.1941 (NYPL, *EC*-Records 17.9), der die handschriftliche (!) application von Keyes vom 7. Juni ersetzte.
428 Brief Duggan an Fackenthal, 27.6.1941 (NYPL, *EC*-Records 17.9 und 138.30 ‚Columbia University 1940–1941').

In dieser Phase relativer materieller Sicherheit konnte sich Kapp endlich ungestört der Forschung widmen: er schloss die Druckfassung seines Metrik-Vortrages ab, den er im Dezember 1938 auf der *APA*-Tagung gehalten hatte, und konzentrierte sich auf die Ausarbeitung der Logik-Vorträge, die im darauffolgenden Jahr bei Columbia University Press erscheinen sollten.[429] Panofsky unterstützte ihn dabei fürsorglich: so übernahm er es, Kapp unverzüglich über das positive Votum des *EC* vom 17. Juni 1941 zu informieren:

> „Since Columbia University is not in session I have taken the liberty of informing him on my part so that he might prepare his lectures for publication without worrying about the nearer future."[430]

Auf dem Formblatt ‚Books' vom 19. November 1941 für den „Annual Report" des *Emergency Committee* notierte Kapp den wissenschaftlichen Ertrag des Jahres 1941: sein Aufsatz „Bentleys schediasma ‚De metris Terentianis' and the modern doctrine of Ictus in classical verse" sei im aktuellen Jahrgang IX der Zeitschrift *Mnemosyne* erschienen, und er habe ein Manuskript abgeschlossen, „Logic in Ancient Greece: A reconsideration of the historical foundations of traditional logic".[431]

Mitarbeiter bei Jaegers Gregor von Nyssa-Edition (ab März 1942) – Lecturer in Greek and Latin als Vertreter Highets (Juli 1942 bis Juni 1943)

Bis Mai 1943 nahm Kapp die Dienste des *EC* nicht mehr in Anspruch. Das sorgte für Irritationen: so versuchte das Sekretariat des *EC* am 5. Oktober 1942 von Horace L. Friess Näheres über Kapp in Erfahrung zu bringen: „I have been wondering how he

---

429 Am 2. Juni 1942 teilte der Verlag Kapp mit, dass sein Buch „‚Logic in Ancient Greece' jetzt sofort in den ‚Studies in Philosophy' gedruckt werden soll (Dicke: etwa 100 Druckseiten): Die halben Kosten werden von der Columbia Un. Press und die andere Hälfte von dem Am.[erican] Council of Learned Societies getragen." (Brief Kapp an Panofsky, 2.6.1942, in *AAA*, Panofsky Papers, Ser. I, Box 6, Reel 2116; abgedruckt auch in Panofsky 2003, 346). Das Buch erschien unter dem publikumswirksameren Titel *Greek Foundations of Traditional Logic* als fünfter Band der Reihe „Columbia Studies in Philosophy" noch im gleichen Jahr (Kapps Vorwort datiert vom 10. Juni 1942).
430 Brief Panofsky an Duggan, 20.6.1941 (NYPL, *EC*-Records 17.9): entsprechend früh ging Kapps Dankesbrief beim *EC* ein, am 30. Juni: "Allow me to express my deeply felt gratitude for continued help at a time when help is so badly needed by so many." (Brief Kapp, New York, an *EC*, 28.6.1941, in NYPL, *EC*-Records 17.9).
431 *EC*-Formblatt ‚Books', 19.11.1941 (NYPL, *EC*-Records 17.9).

[Kapp] has been getting along in the meantime."⁴³² Die Appointment Card verzeichnet eine Beschäftigung Kapps als „Lecturer in Greek and Latin" nur für den Zeitraum von 1. Juli 1942 bis 30. Juni 1943, nicht aber für die Zeit vom 1. Februar bis zum 30. Juni 1942. Wollte Kapp das *EC* nicht erneut belästigen? Oder verfügte er in der Zwischenzeit sogar über finanzielle Reserven? Kapps Brief an Erwin Panofsky vom 2. Juni 1942 gibt Auskunft über diese Zeit:

> „Mit mir steht es so: bis zum 31. Januar ds. Js. war ich Visiting Lecturer bei Columbia, halb vom Emergency Committee bezahlt. Dafuer hatte ich nichts zu tun als ein paar Vortraege zu halten, es war eigentlich ein Stipendium; die Vortraege habe ich aber erst im April gehalten; es war ganz nett, aber doch nicht sehr viele Hoerer (...). Seit Maerz bezahlt mir Jaeger monatlich $ 100.– fuer Kollationieren und Nachpruefung von Kollationen; er macht in seinem Institute for Classical Studies eine Ausgabe von Gregor von Nyssa. Es ist m. E. ziemlich unverantwortlich das zu tun, aber mir ist diese mechanische Nebenarbeit sehr recht, und ich denke das beizubehalten; und da Jaeger so jemand wie mich auf den er sich verlassen kann braucht mag es von Dauer sein. Jedenfalls hilft es uns ueber den Sommer. Gluecklicherweise hat das Dep[artmen]t. of Greek and Latin vermutlich for the duration Herrn Highet ([hs.] Engländer, d. h. Schotte) beurlaubt, um in Princeton irgendwie fuer England zu wirken; und es ist dem mir wohlgesinnten head gelungen mir zunaecht [sic!] fuer den ersten term (bis 31. Januar 43) eine Vertretung zuzuweisen; fuer die Zeit bin ich Lecturer mit $ 1800.– fuer den term, und es ist zu hoffen, dass es auf den zweiten term mit weiteren $ 1800.– ausgedehnt wird. Es ist auch nicht ausgeschlossen, dass es noch weiter liefe (falls Herr Highet, der sehr gegen mich ist, nicht eher zurueckkommt). Aber auf die Dauer ist es im Dept. of Greek and Latin nicht aussichtsvoll fuer mich, weil sie doch schon Herrn v. Fritz haben; und im Dept. of Philosophy wuerde meine Kenntnis des Griechischen stoerend wirken. Also wenn ich irgendwo anders hinkommen kann fuer das Jahr 1943/44, so waere das sehr gut, unter allen Umstaenden. Fuer den naechsten term (und also evtl. auch fuer den zweiten, Febr.-Juni 43) verlangt das Dept. anstaendigerweise nicht volle Arbeit von mir, sodass ich mir nebenher noch etwas von Jaeger verdienen kann, wenn ich mich mit dem vertrage. Schlimm ist natuerlich, dass kaum Studenten da sind in Classics, nur wenige Maedchen."⁴³³

Demnach verfügte Kapp also nur im Februar 1942 über kein Einkommen. Ähnlich wie im Herbst 1940 versuchte er auch diesmal aus eigener Kraft für seinen Lebensunterhalt zu sorgen. Vielleicht gab es schon im Zusammenhang mit Jaegers erstem Empfehlungsschreiben 1941 Vorgespräche über eine künftige Zusammenarbeit. Dieser hatte sich mit seinem unmittelbar nach seiner Berufung nach Harvard 1939 gegründeten ‚Institute for Classical Studies' die Möglichkeit geschaffen, mit einigen Mitarbeitern und separatem Etat unabhängig vom Vorle-

---

432 Brief des Executive Secretary, (wahrscheinlich Drury) an Friess, 5.10.1942 (NYPL, *EC*-Records 17.9).
433 Brief Kapp an Panofsky, 2.6.1942 in *AAA*, Panofsky Papers, Ser. I, 6.2116, abgedruckt auch in Panofsky 2003, 345 f.; Absender „850 Amsterdam Ave. Apt. 16 C, New York".

sungsbetrieb eigene Forschungsvorhaben verfolgen zu können: sein erstes Großprojekt war eine textkritische Gesamtausgabe der Werke des Bischofs und Kirchenvaters Gregor von Nyssa (335/40 – 395 n.Chr.), ein Unternehmen, das ihn die nächsten zwanzig Jahre beschäftigen sollte.[434] Kapp fiel die Aufgabe zu Handschriften zu kollationieren, und, nach einer ersten ‚Bewährungsphase', Kollationen anderer Mitarbeiter des Institute zu überprüfen, bei einer Vergütung von einem Dollar pro Stunde.[435] Von Anfang März bis Juli 1942 bearbeitete Kapp Photostats der Manuskripte von *Quando Sibi Subiecerit*, *Quid Sit ad Imaginem*, *De Virginitate*, *De Beatitudinibus* und *De Oratione Dominica*, zur größten Zufriedenheit seines Auftraggebers.[436] Die Bezahlung erfolgte jeweils Ende des Monats. Am 16. März sandte Kapp die ersten Kollationen nach Cambridge zurück,[437] zwei Monate später zeichnete sich bereits ein mögliches Ende dieses Arbeitsverhältnisses ab, als Kapp Jaeger über die Möglichkeit informierte an der Columbia eine Vertretung zugewiesen zu bekommen. Da Jaeger aber in der Zwischenzeit alle Collationen, die von ihm und den Mitarbeitern des Institute angefertigt worden waren, Kapp zur Überprüfung zugesandt hatte, bemühte er sich darum, den wertvollen neuen Mitarbeiter trotz des Columbia-Angebotes nicht zu verlieren:

---

434 Die ersten beiden der auf zehn Bände konzipierten Ausgabe konnte Jaeger in Deutschland vollenden (1921), in den USA erschienen zu seinen Lebzeiten insgesamt sechs Bände, Bd. 3.1 (1958), 6 (1960), 8.1 (1952) und 8.2 (1959, die Brief-Edition Pasqualis aus dem Jahre 1925 „in fast unverändertem Nachdruck") sowie in einer Neuauflage die Bände 1 und 2 (1960): siehe Hörner 1971, 21– 37, und Ludwig 1986a, 226.

435 Bei einer monatlich garantierten Zahlung von $ 100 eine Art ‚Halbtagsbeschäftigung', die in diesem Umfang mindestens von März bis August 1942 Bestand hatte; aber auch im September 1943 rechnete Kapp $ 80 ab (Brief Kapp an Jaeger, 29.9.1943, in Harvard, Houghton Library, Jaeger-Papers, Box G, ‚Correspondence I-L to WJ').

436 „I checked your collations of the treatise Quando Sibi Subiecerit, and think you are doing as well as if you were an expert in this field of activity although you have entered it for the first time with this collation. There are only four mistakes in it where you overlooked variants of the manuscripts which deserve to be noted. Every collator makes such mistakes and therefor [sic!] it is necessary to check the first collation even when it has been made by the best man." (Brief Jaeger an Kapp, 18.3.1942, in Harvard, Houghton Library, Jaeger-Papers, Box G, ‚Correspondence I-L to WJ').

437 Brief Jaeger an Kapp, 16.3.1942 (Harvard, Houghton Library, Jaeger-Papers, Box B, ‚Correspondence WJ to H-P'). Parallel zu dem Gregor von Nyssa-Projekt war Jaeger in diesen Wochen „very busy" mit seinem Hauptwerk *Paideia*: die spanische Übersetzung, die von einem „refugee scholar from Spain who lives in South America" besorgt wurde, musste korrigiert werden, außerdem erwartete er ungeduldig die Fahnen für den zweiten Band der amerikanischen Ausgabe, die von Gilbert Highet (!) übersetzt worden war. Trotzdem sicherte er zu, Kapps Kollationen rasch zu überprüfen, um dessen Arbeiten nicht zu verzögern.

„I was, of course, more than glad to learn about your good prospects of getting a teaching position at Columbia for next winter. I hope this will not entirely prevent you from doing some work for us. Since you are going to keep the book with our collations for a longer period, I want to say only that it contains the results of more than a year of hard work and I am glad therefore to know that I am laying it into the hands of someone who appreciates it."[438]

Anfang Juli gratulierte Jaeger Kapp zu seiner ersten ‚regulären' Anstellung am Department ab 1. August 1942, und gab erneut seiner Erwartung Ausdruck, dass Kapp seine Tätigkeit am Institute fortsetzen würde, wenn auch in verringertem Umfang:

„It is fortunate for you that from August on you will be teaching at Columbia University; that solves one of your main problems for the time being as I think I said before. I am very happy for you indeed (...) The Institute hopes that you will be able to do some more checking though perhaps not as much as now in addition to your work at Columbia. I have not so much material left at present that has to be checked, so it is not so bad if you can not give us the same amount of time (...)"[439]

Kapp wollte durchaus „nice and faithful to the Institute bleiben", nicht nur während des akademischen Jahres 1942/43, sondern auch nach seiner überraschenden Vertragsverlängerung im September 1943.[440] Dies fiel ihm aber aufgrund zunehmender Lehrverpflichtungen immer schwerer:[441] während er im September 1943 noch 80 Stunden abrechnete, konnte er von Oktober 1943 bis März 1945 lediglich 21 Stunden nachweisen. Dennoch wollte Kapp die Verbindung mit dem Institute nicht gänzlich abreißen lassen, zumal seine Stellung an der Columbia unverändert unsicher blieb: „Unter diesen Umstaenden kann es also ganz leicht sein, dass ich bald wieder nach Arbeit schreie."[442] Doch als er bis zum Herbst 1945

---

438 Brief Jaeger an Kapp, 14.5.1942 (Harvard, Houghton Library, Jaeger-Papers, Box B, ‚Correspondence WJ to H-P').
439 Brief Jaeger an Kapp, 1.7.1942 (Harvard, Houghton Library, Jaeger-Papers, Box B, ‚Correspondence WJ to H-P').
440 Brief Kapp an Jaeger, 29.9.1943 (wie Anm. 435); Kapps Adresse: „20 East 18 Street, Apt. D 4, Brooklyn, NY".
441 Brief (hs.) Kapp an Jaeger, 12.4.1944: „Ich hatte wirklich gehofft ich könnte in den ersten Monaten dieses Jahres wieder für Sie arbeiten, weil ich nicht übermäßig belastet war, aber dann mußte ich plötzlich zu meinem Pensum ein Seminar über Livius (der nicht gerade zu meinen besten Bekannten gehört) übernehmen, weil der betreffende Dozent nach Ägypten ging, und etwas später kam noch ein grad. Kurs über Lukrez dazu, weil der betreffende [unleserlich] erkrankte." (Harvard, Houghton Library, Jaeger-Papers, Box G, ‚Correspondence I-L to WJ').
442 Brief Kapp an Jaeger, 30.3.1945 (Harvard, Houghton Library, Jaeger-Papers, Box G, ‚Correspondence I-L to WJ'); Kapps Adresse „782 West End Ave., Apt. 8 I".

keine weiteren Arbeiten abgeliefert hatte, fragte Jaeger nach, ob Kapp damit einverstanden wäre, eine Nachfolgerin einzuarbeiten, Bertha Stenzel, „the widow of our late colleague and friend at the University of Kiel".[443] Mit Kapps Antwort auf diesen Brief: „Natuerlich muss ich Zeit haben Frau Stenzel auf den Weg zu bringen fuer Ihr Institut zu arbeiten, ich tue es sehr gern",[444] bricht die Korrespondenz mit Jaeger, soweit sie in den Jaeger-Papers aufbewahrt ist, ab.

Doch zurück ins Jahr 1942: Gilbert Highet, der sich bereits am 2. September 1939 als Freiwilliger bei der Britischen Armee gemeldet hatte, war von 1942 bis 1946 an der Columbia kriegsbedingt „on leave": Aufgrund seiner hervorragenden Deutschkenntnisse und seiner persönlichen Reiseerfahrungen im frühen nationalsozialistischen Deutschland (u. a. war er Zuschauer bei den Reichsparteitagen in Nürnberg 1933 und 1934) war er prädestiniert, für den British Intelligence Service Persönlichkeitsprofile führender Nationalsozialisten wie z. B. Hitler, Göring, Goebbels, Himmler und Rommel zu erstellen. Die Jahre 1942 und 1943 verbrachte er in geheimer Mission in Südamerika, 1944 war er abwechselnd in New York und London stationiert, 1945 wurde er im Rang eines lieutenant colonel nach Deutschland geschickt und blieb bis 1946 in Westfalen als Angehöriger der „British Army of the Rhine".[445]

Trotz gemeinsamer Anstrengungen von Kurt von Fritz und des mit beiden befreundeten Executive Officers Clinton W. Keyes, der das englische Manuskript von Kapps Logik-Buch gründlich überarbeitet hatte,[446] konnte Kapp nur zwei Semester von der kriegsbedingten Abwesenheit Gilbert Highets profitieren. Es ist nicht ganz klar, inwieweit Highet auch in seiner Abwesenheit die Berufungspolitik am Department in seinem Sinne beeinflussen konnte, eventuell über Moses Hadas, der in allen strittigen Fragen dieser Jahre stets die Positionen Highets un-

---

443 Brief Jaeger an Kapp, 16.10.1945 (Harvard, Houghton Library Jaeger-Papers, Box B, ‚Correspondence WJ to H-P'). Julius Stenzel war bereits im November 1935 in Halle verstorben: Jaeger hatte seinerzeit einen Nachruf auf ihn verfasst (*Gnomon* 12, 1936, 108–112). Ein kurzer Lebenslauf findet sich bei Calder 1979, 84f.
444 Brief Kapp an Jaeger, 18.10.1945 (Harvard, Houghton Library Jaeger-Papers, Box G, ‚Correspondence I-L to WJ').
445 Siehe Highet 2002, Ball 2001 und Suits 1990, 185: „In 1941 Highet went on leave for war service and joined British Security Coordination headquarters in New York (...) Commissioned in the British Army in 1943, he left as a lieutenant colonel in 1946." In den offiziellen Aufzeichnungen der Universität beginnt Highets leave of absence „without salary for an indefinite period" erst am 1. März 1942 und wurde Jahr für Jahr verlängert, bis zum 30. Juni 1946 („termination of leave": CUA Faculty Appointment Records, Box 25 ‚Highet').
446 Im Vorwort zu *Greek Foundations of Traditional Logic* („special thanks") würdigte Kapp ausdrücklich dessen Verdienste: „Professor Keyes has even been kind enough to do a Samaritan's work with some of my English." (Kapp 1942, VIII).

terstützte, jedenfalls sollte sich Kapps Beobachtung, dass Highet sehr gegen ihn war, noch des Öfteren erweisen.[447]

Doch dass Kapps gut dotierter Vertretungsvertrag für das akademische Jahr 1943/44 nicht verlängert werden konnte, lag weniger an der Gegnerschaft Highets als an der schlichten Tatsache, dass die Studentenzahlen aufgrund des militärischen Engagements der USA im Pazifik und in Europa stark rückläufig waren. Gegen Ende des Semesters, am 25. Mai 1943, musste Kap nüchtern und resigniert seine erneute Arbeitslosigkeit zur Kenntnis nehmen: „owing to the lack of students in the Department (...) this appointment cannot be extended".[448]

Das Platon-Projekt (Juni – Sept. 1943)

So musste Kapp zum dritten Mal das *Emergency Committee* um Unterstützung ersuchen. Der Zeitpunkt war denkbar ungünstig: das *EC* hatte kriegsbedingt mit einem drastischen Rückgang der Spendengelder zu kämpfen und konnte im Jahr 1943/44 durchschnittlich nur noch $ 898.– pro Stipendiat verteilen, obwohl auch die Zahl der Bewilligungen stark rückläufig war (36; verglichen mit 109 Geförderten im Jahre 1940/41).[449] Vor allem aber bestand keinerlei Hoffnung auf ein appointment.

So versuchte Kapp etwas ganz Neues, was in den Statuten des *EC* eigentlich nicht vorgesehen war: er beantragte ein Forschungsstipendium (‚fellowship') für ein Buchprojekt über Platon. Strategisch geschickt wurde das *EC* auf die neue Situation vorbereitet. Zunächst verständigte Kurt von Fritz am 21. Mai telephonisch Miss Drury, dass Kapp über den 30. Juni hinaus nicht mehr weiterbeschäftigt werden könnte, obwohl das Department ihn unter allen Umständen halten wollte, da er dort als „excellent choice" und als „one of the outstanding man in the field" gelte.[450]

---

[447] Siehe S. 339, 342f., 374f. mit Anm. 549 und 556 und S. 377ff. Auf ausdrücklichen Wunsch Butlers war Highet trotz und während seiner langjährigen Beurlaubung stimmberechtigt im sog. „Classics Committee" vertreten, das im Herbst 1943 nach Keyes Tod ins Leben gerufen wurde und Vorschläge zur „Reconstruction of the Department of Greek and Latin" entwickeln sollte (siehe S. 356f. mit Anm. 487).
[448] Brief Kapp an Drury, *EC*, 25.5.1943 (NYPL, *EC*-Records 17.9).
[449] Duggan, Drury 1948, 187f. und 196, Appendix IV; siehe auch die Übersicht ‚Average grant since Committee's operation', 13.1.1942 (NYPL, *EC*-Records, Box 201, Folder ‚List of Grantees 1942').
[450] *EC*-‚Telephone Conversation (hs.) from von Fritz', Subject Ernst Kapp, 21.5.1943 (NYPL, *EC*-Records 17.9).

Am 25. Mai meldete sich Kapp brieflich beim *EC:* unter Berufung auf von Fritz' Telephongespräch informierte er Miss Drury sowohl über seine berufliche Situation in den letzten zwei Jahren als auch über seine bevorstehende Entlassung:

> „Prof. v. Fritz told me it might be advisable to complete the data concerning me by the following two statements. From July 1, 1942 until the end of June, 1943, I have been appointed Lecturer in Greek and Latin in Columbia University at a salary of $ 3600.–; owing to the lack of students in the Department of Gree [sic!] and Latin this appointment cannot be extended."[451]

Am Schluss des kurzen Schreibens erwähnte er die Publikation seines Buches Greek *Foundations of Traditional Logic* und bot an ein Belegexemplar zu schicken. Daraufhin wurde er am 16. Juni zu einem Interview geladen, die neu angelegte Karteikarte vermerkte die wesentlichsten Fakten, u. a., dass Kapp wahrscheinlich 1944 amerikanischer citizen werden würde.[452] Drei Tage später, am 19. Juni 1943, reichte Kapp einen ausführlichen Antrag auf Gewährung der fellowship in Höhe von $ 1200.– ein. In seiner Argumentation bezog er geschickt zentrale Grundpositionen des *EC* mit ein, z. B. ‚permanency' :

> „When a year ago I was appointed Lecturer in Greek and Latin in Columbia University, there seemed to be a fair chance that this would be a position at least for the duration, since I was to substitute for a professor engaged in war work."[453]

Die Nebentätigkeit für Jaegers Gregor von Nyssa-Edition, die er seit März 1942 ausübte, wurde zu einem ‚appointment' aufgewertet:

> „Professor Werner Jaeger, the Director of this Institute [i.e. Institute for Classical Studies, Harvard], has just written to me that he was glad that I would be available for more work in the future."

Die Stelle wurde als ‚part-time-job' mit regelmäßigen Arbeitszeiten (2–3 Std. täglich) und regelmäßigem Einkommen ($ 75–100.– monatlich) beschrieben. Das Forschungsstipendium würde diese Stelle nur ergänzen. In einem zweiten Schritt

---

451 Brief Kapp an Drury, *EC*, 25.5.1943 (wie Anm. 448).
452 File card ‚Ernst Kapp, Grantee', Eintrag (hs.) 16.6.1943 (NYPL, *EC*-Records 17.9, eingeordnet nach 16.2.1941): „Will apply for a fellowship; has been dropped at Columbia because of decrease in student enrollment. Has a part-time job (=less than ½ time) working on collations of ms. for Harvard for which he gets $100 a mon. Can do work here in N.Y. Columbia published a book of his recently. Next year will be eligible to bec. citizen. Wife has opened a hat shop with a friend."
453 Brief Kapp an Drury, *EC*, 19.6.1943 (NYPL, *EC*-Records 17.9).

charakterisierte Kapp seine wissenschaftliche Arbeit in den Jahren 1940–1943 zielführend als Vorstufen für das neue Platon-Projekt:

Sept.–Dez. 1940: „I was for five months employed for Professor Vladimir G. Simkhovitch of Columbia University in research work concerning the Platonic dialogues"

Febr. 1941–Jan. 1942: „The ‚visiting' lecturership at Columbia University (generously subsidized by the Emergency Committee) (...) enabled me to continue this kind of research, to which already a large part of my academic occupation in Germany had been devoted."

Frühjahr 1941: „One result of this period is my book ‚Greek Foundations of Traditional Logic' (Columbia University Press 1942), the form of which goes back to a series of lectures given by me at Columbia University in spring 1941."

Frühjahr 1942: „In another series of single lectures (...) I dealt with the problem of political leadership in the Athenian democracy."

Winter 1942/43: „I had the opportunity of reading parts of several Platonic dialogues with graduate students of Columbia University."

Nach Abschluss dieser Vorarbeiten würde er sich nun bereit fühlen, ein Buch über Platon zu schreiben, „for the same generally interested public for which my logic book was written (see its preface), and I hope to reach the same degree of readability that has been attested to the latter by more than one kind reader".[454]

Als Referenzen nannte er Clinton W. Keyes und Kurt von Fritz (Classics Department), John H. Randall, Ernest Nagel und Horace L. Friess (Philosophy Department), Werner Jaeger, Vladimir G. Simkhovitch und Erwin Panofsky. Unverzüglich wurden die genannten Gutachter von Betty Drury um ihre testimonials gebeten,[455] Panofsky reagierte wie üblich als erster und sandte bereits am nächsten Tag ein hymnisches Empfehlungsschreiben nach New York:[456] er nannte Kapps Vorträge an der Columbia „a definite success" und verwies auf die begeisterte Rezeption des Logik-Buches:

---

[454] Ebda.
[455] In einem Serienbrief vom 22.6.1943: Kapps Antrag war am 21.6. beim *EC* eingegangen.
[456] Brief Panofsky an Drury, *EC*, 23.6.1943: „If you had not been kind enough to ask me for a statement concerning Professor Ernst Kapp in your letter of yesterday I should have written you on my own accord." (NYPL, *EC*-Records 17.9; auch in Panofsky 2003, 407f.).

„their recent publication in book form (...) has been rightly hailed as one of the most penetrating, yet most readable contributions to this difficult field."⁴⁵⁷

Er sei überzeugt, so Panofsky weiter, dass Kapps geplantes Buch über Platon nicht nur für ein Fachpublikum von höchstem Wert sein würde: „his proposed book on Plato will be just as rich in new and convincing discoveries as his previous publications, and possibly even more valuable to the general progress of education in view of the greater appeal of the subject."⁴⁵⁸

Werner Jaeger, der diesmal – anders als in seinen beiden früheren, sehr allgemein und ausführlich gehaltenen Empfehlungsschreiben⁴⁵⁹ – konkret auf Kapps

---

457 Brief Panofsky an Drury, 23.6.1943 (wie Anm. 456): ähnlich Panofsky in seinem Brief an B. Flexner vom 11.4.1941 (wie Anm. 422).

458 Brief Panofsky an Drury, 23.6.1943, S. 2 (wie Anm. 456).

459 In den Jaeger-Papers finden sich insgesamt drei Empfehlungsschreiben für Kapp: das zweite vom 10. Mai 1943, das noch positiver und ausführlicher gehalten war als das erste aus dem Jahre 1941 (siehe S. 336), betont Kapps pädagogische Begabung und vielseitige Verwendbarkeit als (Hoch)schul-Lehrer und war vermutlich im Hinblick auf seine Bewerbung in Canada formuliert (hierzu Anm. 461): „Professor Kapp has a very attractive appearance which is impressive as well as utterly charming and would command the attention of any classroom. His personality is inspiring through his intellectual intensity and clarity, and in his contact with other people he shows an ability of winning easily the interest of his hearers in himself and what he has to say. He impresses people at once as a clean, honest and very reliable personality, a man who is devoted wholeheartedly to his subject and his task. He is a born teacher and leader of younger people because he knows and is so much more than is required for normally fulfilling this job. In addition he has a keen sense of humor which never fails him and seems to me an important gift for the task of a teacher. This gift and his charm make him appear much younger than his age. He has taught as a full professor at several universities in Germany (at least in Hamburg) in the fields of the classics with the greatest success and was generally recognized as a scholar and teacher of unusual capacities. He looks far beyond the fence of his own field and would be a match for any organizatory or similar work. He is able to adopt himself to any environment very easily and especially to the needs of his students. I can not think of any strange habits or eccentricities of Mr. Kapp which might diminish the value of the brilliant qualities mentioned above. He would be an excellent addition to the staff of any schol. As a man of broad culture and manysided interests he would be able to teach many subjects other than classical languages and literature, for instance, philosophy, history, German, French and Italian, but probably also more abstract subjects such as logic and school mathematics. My relationship to Mr. Kapp goes back to the 1920's when he was a professor in my field in Hamburg and I used to read and admire his publications and meet him at the professional gatherings of classical scholars. After he came to this country I saw him several times and was impressed with his mature personality and scholarship. I asked him to cooperate with the Institute for Classical Studies at Harvard University and am indebted to him for excellent services rendered to the Institute several times." (Jaeger, Empfehlungsschreiben ‚Professor Ernest Kapp', 10.5.1943, in Harvard, Houghton Library, Jaeger-Papers, Box B, ‚Correspondence WJ to H-P').

5.8 Kapp bei Kurt von Fritz: Die ersten Jahre an der Columbia University — 347

Forschungsvorhaben Bezug nahm, betonte, dass für ein derartiges Projekt kein anderer förderungswürdiger sei als der auf antike Logik, Platon und Aristoteles spezialisierte Kapp:

> „He is one of those scholars who would have deserved to find a position more than many others who were more successful in this regard. (...) K. is a scholar of great acumen, critical judgement and wide learning. He would deserve very much the support of your committee. Such assistance would be most promising at the present moment since his teaching activity at Columbia University has come to an end, temporary as it was, and he is free, therefore, to concentrate on some scholarly task. As K. is always pursuing an original point of view in his work, I am sure that when he approaches the Platonic dialogues from the side of the gradual development of logical forms and methods reflected in them, it will most certainly be a fascinating and successful undertaking from which we shall all profit."[460]

Kurt von Fritz scheute sich nicht, auf die Paradoxie der Situation hinzuweisen, dass er, der ehemalige Schüler, als Gutachter über seinen ehemaligen Lehrer zu befinden habe:

> „I feel always a little embarassed and ashamed when asked to recommend Professor Kapp since his scholarship is so superior that, if everything in this world was determined by merit and not largely by chance, he really should be in my place and I should need his recommendation rather than the other way round."[461]

Der Executive Officer des Departments Clinton W. Keyes, der offiziell die Nichtverlängerung des Vertretungsvertrages zu verantworten hatte, bedauerte, dass das Department Kapp, „an excellent scholar", nicht „permanently" halten könnte,

---

[460] Brief Jaeger an Drury, 25.6.1943 (Original in NYPL, *EC*-Records 17.9, Abschrift in Harvard, Houghton Library, Jaeger-Papers, Box A, ‚Correspondence WJ to A-G' [Emergency Committee]).
[461] Brief v. Fritz an Drury, 25.6.1943 (NYPL, *EC*-Records 17.9). In diesem Brief ist auch von einer gescheiterten Bewerbung Kapps in Canada die Rede: "Thank you very much for your kind letter from which I inferred with distress that Professor Kapp did not get the position in Canada which you mentioned to me in a telephone conversation a few weeks ago." Am 18. Mai 1943 hatte Carleton Stanley, Präsident an der Dalhousie University, Halifax, beim *EC* Interesse an einem "particularly distinguished professor in the field of classics" bekundet. Drury sandte Kapps Unterlagen zwar sofort zu, gab aber zu bedenken, dass Kapp als Deutscher (ebenso wie die Mitbewerber Friedrich W. Lenz und Felix Wassermann) größte Schwierigkeiten haben würde, von den kanadischen Behörden zugelassen zu werden. Überdies würde eine zeitlich befristete Anstellung Kapps in Canada seine Einbürgerung („naturalization efforts") in die USA, die nach vier Jahren „residency" kurz vor ihrem Abschluss stünde, gefährden. (Brief Drury an Stanley, 24.5. 1943 [diktiert 21.5.], und Bleistiftnotiz auf ‚Telephone Conversation' 21.5.1943, mit von Fritz [wie Anm. 450], beide in NYPL, *EC*-Records 17.9). Kapp hatte am 4. Dezember 1940 seine "first papers" erhalten (Formblatt ‚Books', 4.3.1944, in NYPL, *EC*-Records 17.9).

„but the number of students compared with the number of our staff forbids it at present." Zugleich unterstützte er Kapps Antrag auf ein Platon-Forschungsstipendium rückhaltlos:

> „Dr. Kapp is by far the best of the refugee scholars in the ancient field who have not yet obtained permanent positions in America. I am familiar with some of his new and very convincing ideas in regard to Plato's dialogues, and believe that they are in the highest degree worthy of publication.
> I do not believe you could find a better candidate in the classical field for this fellowship than Dr. Kapp, and I am glad to give him my very highest recommendation, and to do as with enthusiasm."[462]

Alles schien in gewohnt zügiger Routine und Präzision abzulaufen, da geschah das Unfassbare: Betty Drury, der Engel des *EC*, wurde krank! Am 23. Juni erhielt Kapp von Ruth O'Donnell, der Vertretung Drurys, die Bestätigung, dass seine application verhandelt werden würde, mit dem alarmierenden Zusatz, Miss Drury sei „on sick leave".[463]

Für den mittellosen Kapp begann ein schrecklicher Sommer; vier bange Wochen verstrichen zunächst ohne jede Nachricht. Da schrieb Frank Aydelotte, Präsident des *IAS*, am 21. Juli einen nur mühsam beherrschten Beschwerdebrief an Stephen Duggan, den Chairman des *EC*:

> „Can you tell me anything about the situation of Ernst Kapp, who, I understand, is applying for a Rosenwald grant? Professor Panofsky of our faculty is a friend of Kapp. He has the impression that Kapp has a good chance but because of Miss Drury's illness he has been unable to get any information about the status of the case. Meanwhile, Panofsky reports that Kapp has no money whatsoever and is naturally very anxious about his future. I should be grateful if you could tell me what the situation is."[464]

In seiner Antwort konnte Duggan Aydelotte beruhigen, Kapp stehe beim nächsten Meeting am 28. Juli auf der Tagesordnung, und er persönlich werde für ihn stimmen.[465] Doch das Subcommittee konnte in dieser Sitzung noch keine Ent-

---

462 Brief (hs.) Keyes an Drury, 2.7.1943 (NYPL, *EC*-Records 17.9). Das spätere Datum erklärt sich daraus, dass der Brief des *EC* Keyes in New York nicht erreichte und an seine Ferienadresse in Monterey, Massachusetts nachgeschickt („remailed") werden musste.
463 Brief O'Donnell an Kapp, 23.6.1943 (NYPL, *EC*-Records 17.9). Drury fiel für mindestens zwei Wochen aus (siehe Brief O'Donnell an Keyes, 6.7.1943).
464 Brief Aydelotte an Duggan, 21.7.1943 (NYPL, *EC*-Records 17.9). Siehe auch Aydelottes Intervention zugunsten Kapps in seinem Brief vom 24.12.1940 (S. 333f.).
465 Brief Duggan an Aydelotte, 26.7.1943 (diktiert am 23.7.). In der Sitzung am 28. Juli wurde Kapps Antrag unter dem Titel „Emergency Committee Fellowship" verhandelt, das Executive

scheidung fällen, da Kapps ‚Fellowship'-Antrag mit den Statuten des *EC* offenbar schwer zu vereinbaren war. Abweichend von der sonst so offenen und zeitnahen Informationspolitik hüllte sich das Komitee erneut in Schweigen, weder Kapp noch von Fritz oder Aydelotte wurden in den nächsten Wochen über die Hintergründe der Verzögerung informiert. Da unternahm Aydelotte einen zweiten wütenden Vorstoß: er bedankte sich bei Duggan am 10. August für den Hinweis, dass über Kapp verhandelt wurde, merkte dann aber sarkastisch an: „I should be grateful if you would ask your secretary to let me know what action was taken."[466] Aydelottes aggressive ‚Sekretärinnenschelte' war unverkennbar noch in der Annahme formuliert, dass Drurys Krankheit bzw. ihre Vertreterin der Grund für den defizitären Informationsfluss sei.

In Wirklichkeit suchten die Verantwortlichen des *EC* intern nach einer Möglichkeit, Kapp finanziell zu unterstützen ohne ihre eigenen Richtlinien zu verletzen. In seinem als streng vertraulich deklarierten Antwortbrief vom 16. August klärte Duggan Aydelotte darüber auf, „what action our Subcommitte took": es hätte sich nicht entschließen können, den Antrag Kapps in seiner ursprünglichen Form zu bewilligen, da das „Fellowships Program" des *EC* vor allem für (noch nicht etablierte) Nachwuchswissenschaftler reserviert sei, „for the younger man and women of promise or for the scholars who still have their way to make". Da man aber über Kapps „scholarly standing" bestens informiert sei und der application habe entnehmen können, dass mit Werner Jaeger, dem „Director of the Harvard Institute for Classical Studies", eine Institution an Kapps Platon-Projekt interessiert sei, habe das Subcommittee den Beschluss gefasst, Jaeger darum zu bitten, selbst eine „formal application" einzureichen, damit man Kapp im Rahmen des regulären „Grants-in-Aid Program" unterstützen könnte: ein Betrag von $ 1200 sei für diesen Antrag auf alle Fälle vorgemerkt („earmarked").[467]

Die inzwischen wieder genesene Miss Drury handelte also weder übereifrig noch eigenmächtig, als sie den Beschluss des Subcommittee umsetzte und am 2. August, wenige Tage nach dem Meeting, an Jaeger die offizielle Anfrage richtete, ob er damit einverstanden wäre als Leiter des Institute for Classical Studies eine application an das *EC* zu schicken:

> „The Emergency Committee (...) had before it at its recent Meeting on Applications your kind letter of June 25 in which you spoke of Professor Ernst Kapp (...). The Committee

---

Committee hatte über eine sechsseitige (!) Tischvorlage mit ausführlichen Exzerpten aus den aktuellen Empfehlungsschreiben und der Vorgeschichte des Antragstellers zu befinden (NYPL, *EC*-Records 17.9).
466 Brief Aydelotte an Duggan, 10.8.1943 (NYPL, *EC*-Records 17.9).
467 Brief Duggan an Aydelotte, 16.8.1943 (NYPL, *EC*-Records 17.9).

also noted that Professor Kapp would be carrying on certain research work for the Institute for Classical Studies at Harvard University of which you are Director.
Since it is contrary to the practice of the Committee under its grants-in-aid program to make appropriations directly to the scholars themselves, the Committee wondered whether you, as Director of the Institute, would be willing to make formal application for a grant in behalf of Dr. Kapp. The sum which had been discussed and which he felt he would need to have in addition to any sums he might receive from the Institute was $ 1.200 for a one year period (...).
Won't you let us know whether you feel it would be in order for you to make such an application?"

Auf dem Durchschlag der *EC*-Akten ist handschriftlich die Dringlichkeit des Falles vermerkt: „Notify <u>Dr. Kapp</u> as soon as Jaeger's reply is received. Kapp is in desperate circumstances."[468]

Damit war Jaeger an seinem Urlaubsort in Vermont zunächst überfordert. Erst einen Monat später, am 3. September, meldete er sich. Er habe es für ratsam gehalten, sich in dieser Angelegenheit erst mit dem Dean und dem Präsidenten abzusprechen. Immerhin habe man inzwischen eine offizielle Status-Bezeichnung für Kapp gefunden:

„In a letter which I received today from the Dean of Harvard College it is stated with the authorization of President Conant that the status of Professor Kapp must be defined as that of an assistant of research at the Institute for Classical Studies of Harvard University."[469]

---

[468] Brief des *EC*-Executive Secretary an Jaeger, 2.8.1943 (Original [mit Betty Drurys Unterschrift!] in Harvard, Houghton Library, Jaeger-Papers, Box E: ‚Letters to WJ: C-E, [Emergency Committee]'; Durchschrift [unsigniert] in *EC*-Records 17.9).
Ein Hinweis in eigener Sache: Bei der Darstellung dieser Vorgänge im Abschnitt „VIII. The Plato Project" meines Aufsatzes „Ernst Kapp and Kurt von Fritz at Columbia University: A Reconstruction According to the Files" in *CW* 101.2 (2008) konnte ich noch nicht auf die Jaeger-Papers zurückgreifen: deshalb sind manche Schlussfolgerungen, vor allem die auf den Seiten 238 bis 242, überholt bzw. zu korrigieren!
[469] Brief Jaeger an Drury, *EC*, 3.9.1943 (Original in NYPL, *EC*-Records 17.9; Durchschrift in Harvard, Houghton Library, Jaeger-Papers, Box A, ‚Correspondence WJ to A-J [Emergency Committee]'). Tags zuvor hatte Jaeger von Dean George H. Chase grünes Licht signalisiert bekommen, Kapp am Institute offiziell anzustellen: "I did get a chance to talk to Mr. Conant and found that he thought it would be all right if you inform the Emergency Committee (...) that Professor Kapp is an assistant for research of the Institute of Classical Studies at Harvard University (...). Mr. Conant said, as I supposed he would, that he didn't see the possibility of a more definite Harvard appointment for Professor Kapp." (Brief Chase an Jaeger, 2.9.1943, Harvard, Houghton Library, Jaeger-Papers, Box E ‚Letters to WJ, C-E [Chase]').

5.8 Kapp bei Kurt von Fritz: Die ersten Jahre an der Columbia University

In der Zwischenzeit war es in New York zum Eklat gekommen. Jaeger hatte Kapp inzwischen über das Ansinnen des *EC* informiert. Die Karteikarte Kapps vermerkt für August:

> „Much telephone conversation about the letter we wrote to Werner Jaeger. Kapp regretted we had written without discussing matter with him first. von Fritz came in and repeated this. Later Kapp telephoned he had heard from Jaeger who had said he wd. write me after his return to Harvard. Did not want to be too pessimistic but saw little hope of Harvard applying for a refugee."[470]

In einem Brief vom 16. August an Henry Allen Moe, Member des Executive Committee des *EC* und Secretary General der *Guggenheim Memorial Foundation*, schilderte Betty Drury einen furiosen Auftritt Kurt von Fritz' in ihrem Büro:

> „Professor von Fritz, Dr. Kapp's friend, came in Friday afternoon [13.8.]. Felt the Committee should have consulted him and Kapp instead of going straight to Werner Jaeger. Asked what the people who had sponsored Kapp's research project would think when they learned that Kapp had been turned down. Said that although this was a very bad time psychologically to go to Columbia University authorities he would do so if it would be to Kapp's advantage to get an application in from Columbia University quickly. (...) I said it was best to wait for Jaeger's reply. Not satisfied with this, von Fritz will probably try to see Dr. Duggan or Professor Mead.
> This seems to be a hornet's nest."[471]

Auch im Büro des Chairman des *EC* machte von Fritz seinem Ärger Luft. Dieser Wutausbruch gab letztlich den Ausschlag, dass Stephen Duggan in einem ausführlichen und erstaunlich offenen Schreiben gleichen Datums an Aydelotte die Entscheidungsfindung und Vorgehensweise des *EC* im Fall Kapp erläuterte und verteidigte. Kapps und von Fritz' Vorwürfe, so beteuerte Duggan, seien ziemlich unverdient und unberechtigt:

---

470 File card „Kapp", Eintrag August (ohne nähere Angabe; wie Anm. 452); im Wortlaut ähnlich einem hs. Telephon(?)-Notiz (Bleistift auf blauem DIN A 8-Papierkärtchen) aus der Perspektive Kapps: „Jaeger will reply to my [i.e. Drurys] letter after his return to Harvard and that he hoped to be not too pessimistic but he saw little hope of applying for a refugee there." (NYPL, *EC*-Records 17.9, eingeordnet vor 3.9.1943).
471 Brief des Executive Secretary (o. Namen, sicherlich Drury) an Moe, 16.8.1943 (NYPL, *EC*-Records 17.9); Moe bestätigte Miss Drury in ihrem Vorgehen und sicherte ihre seine Unterstützung zu: „Don't worry about the stirrings in the case of Dr. Ernst Kapp. You are handling it just right no matter what the folks seem to think. If they crowd you too hard, blame the procedure on me and send them over. I shall be glad to talk to them." (Brief Moe an Drury, 18.8. 1943, in NYPL, *EC*-Records 17.9).

> „A friend of Dr. Kapp's came in the other day and complained rather bitterly about the ‚mystery which had shrouded' the application. I do not honestly feel that there has been any mystery about it. The application for a fellowship was filed on June 21 and came up at the Subcommittee's next meeting thereafter – July 28. You can see from the attached copy of pages from our agenda how thoroughly the matter was presented.
> I am writing you somewhat in detail because we have been the object of certain criticism in our handling of this application. I feel this criticism is undeserved. It seems to me that our efforts to help Kapp have not been taken at their face value."[472]

Duggan hatte recht: formal war an der Vorgehensweise des Komitees nichts auszusetzen.

Warum aber waren von Fritz und Kapp über das Vorgehen des *EC* trotzdem so aufgebracht? Ein Brief Kapps an Jaeger, ebenfalls datiert auf den 16. August, illustriert die Problematik aus der Sicht des Antragstellers, der seit nunmehr acht Wochen auf eine Entscheidung des *EC* wartete (davon sechs Wochen ohne Einkommen) und sich durch die ‚Umwidmung' seines eigenständigen Antrages zu einem Bittgesuch an Jaeger entmündigt und düpiert fühlte:

> „Vielen herzlichen Dank fuer ihren freundlichen Brief; ich wusste in was fuer eine unwillkommene Situation Sie durch das Emergency Committee gebracht sind, und deshalb war ich auch so aergerlich. Ich muss dem Committee fuer fruehere Hilfe sehr dankbar sein, aber es ist wirklich nicht zu verantworten selbst starr und pedantisch an veralteten Richtlinien zu kleben, wie es das Committee tut, und dabei gleichzeitig andern Leuten zuzumuten fuenfe gerade sein zu lassen. Ich habe Miss Drury ausgerichtet, dass Sie etwas spaeter erst antworten koennten; und Herr v. Fritz hat mit ihr des laengeren verhandelt, ohne dass sehr viel dabei herauskam. Behauptet hat sie, es waere diesmal gar nicht die Absicht, dass das Institut irgend welche Hoffnung fuer kuenftige Beschaeftigung machte, sondern es sollte eben nur fuer das eine beantragte Jahr das Geld nicht direkt, sondern auf dem Umweg bezahlt werden. Ich duerfte es auch nicht so auffassen, als ob mein erster Antrag abgelehnt waere, man wollte mir auf diese Weise gerade besonders richtig helfen u.s.w. Aber ehe eine offizielle Antwort von Ihnen da waere, muesste man nun warten. Herr v. Fritz war noch boeser als ich."[473]

Kapp und von Fritz waren empört darüber, dass sie nicht im Vorfeld in den Diskussionsprozess des Subcommittee eingebunden waren, sondern erst nach der Kontaktaufnahme des *EC* mit Jaeger vor vollendete Tatsachen gestellt wurden. Das komplexe und wohldurchdachte fellowship-Konstrukt hatte ja gerade den Hintergrund, Kapp ein unabhängiges und freies wissenschaftliches Arbeiten, ohne die verpflichtende Anbindung an irgendeine Institution, in New York bzw. an der

---

472 Brief Duggan an Aydelotte, 16.8.1943 (NYPL, *EC*-Records 17.9); siehe auch S. 349f.
473 Brief Kapp an Jaeger, 16.8.1943 (Harvard, Houghton Library, Jaeger-Papers, Box G ‚Correspondence I-L [Kapp] to WJ').

5.8 Kapp bei Kurt von Fritz: Die ersten Jahre an der Columbia University — 353

Universitätsbibliothek der Columbia zu sichern. Im Gespräch mit Drury vor dem 16. August hatte er diesen Wunsch noch einmal bekräftigt:

> „Following your [Moes] suggestion I spoke with Ernst Kapp (...) the other day to find out which center he felt was best for his researches. He said that any good Classics library would suit him perfectly. He did not need so many books; it was a case of reviewing the modern literature in the field. The Columbia University Library had been ‚simply made for his purpose.'"[474]

Die „unwillkommene Situation", in die sich Jaeger unverhofft gebracht sah, hing mit einem der Grundprinzipien der „alten Richtlinien" des *EC* zusammen, dass eine application nur dann Aussicht auf Erfolg hätte, wenn sich die Institution zu einer späteren Weiterbeschäftigung des Begünstigten verpflichtete.[475] Das zu garantieren überstieg die Kompetenzen Jaegers, der Kapps Antrag ja nur mit einem Empfehlungsschreiben hatte unterstützen wollen, bei weitem: ihm blieb deshalb gar nichts anderes übrig als den Dean und den Präsidenten der Universität um ihre Zustimmung zu bitten, während der Sommerferien ein mühsames und zeitraubendes Unterfangen.[476] Das setzte Kapp zusätzlich unter Druck: seit dem 30. Juni war er bereits ohne Einkommen, durch die Anfrage des *EC* bei Jaeger verzögerte sich die Bewilligung des Stipendiums um weitere sechs Wochen: erst Anfang September konnte Jaeger die Zustimmung des Präsidenten und des Dean einholen, als Stichtag für das Stipendium vermerkte er auf seiner application den 1. Oktober![477] Die im Umgang mit den Gremien erfahrenere Gruppe, die Kapp bisher an der Columbia unterstützt hatte, hätte möglicherweise in wesentlich kürzerer Zeit eine Columbia-application besorgen können – wenn sie denn vom *EC* von dieser Notwendigkeit informiert worden wäre.

Abgesehen von der Sorge, Jaeger zu stark zu belasten, fürchtete der inzwischen 55-jährige Kapp den Standort New York aufgeben zu müssen. In den letzten drei Jahren hatte sich Columbia für ihn zu einer Art geistigen Heimat entwickelt: dort arbeitete er eng mit Kurt von Fritz zusammen, Keyes, Westermann und die Kollegen am Philosophy Department waren spätestens seit den Logik-Vorträgen

---

474 Brief Drury an Moe, 16.8.1943 (wie Anm. 471).
475 In Kapps speziellem Fall, so Betty Drury in der hitzigen Auseinandersetzung vom 16.8., würde man auf diese Zusage verzichten (siehe Brief Kapps an Jaeger, 16.8.1943, wie Anm. 473).
476 „I received your letter of August 2 while I was on vacation in Vermont, but the reason why I didn't answer it sooner is the fact that I did not deem it advisable to take the responsibility for the application for Professor Kapp without talking to Dean Chase of Harvard College. After returning to Cambridge I found Dean Chase had left town and I had to postpone answering again until after his return." (Brief Jaeger an Drury, 3.9.1943, wie Anm. 469).
477 Brief Jaeger an Drury, 10.9.1943 (NYPL, *EC*-Records 17.9).

und dem Erscheinen des Buches wohlgesinnte und verlässliche Verbündete in seinem Ringen um eine verbesserte Stellung. Eine erfolgreiche Harvard-Application hätte unter Umständen einen Umzug nach Cambridge erforderlich gemacht.[478]

Vor allem aber wollte Kapp unter keinen Umständen, dass das persönliche Verhältnis zu dem gleichaltrigen Jaeger, das bei allem gegenseitigen fachlichen Respekt eher distanziert und von Skepsis geprägt war,[479] infolge seiner eigenen unsicheren Stellung und seiner Abhängigkeiten Schaden nahm: er war peinlich bemüht, nicht den Eindruck zu erwecken, als würde er den mächtigen Kollegen mit lästiger und zeitraubender Bürokratie zu sehr nötigen, weil er befürchtete, dadurch die regelmäßige und finanziell attraktive Nebentätigkeit für die Gregor von Nyssa-Ausgabe zu gefährden. Deshalb bestand er auf einer Art „Ehrenerklärung", die Betty Drury in ihrem Brief an Jaeger vom 9. September in einem ‚post scriptum' abgab:

> „I think Professor Kapp would want you to know that we turned to you entirely on our own initiative and quite independently of any suggestion on his part. He was greatly distressed that we had approached you in the matter."[480]

---

[478] Kapp steckte bereits in New York mitten in Umzugsvorbereitungen, denn nach der Nichtverlängerung seines Vertrages hatte er das Campus-nahe Apartment (850 Amsterdam Ave., Apt. 10 F) aufgeben müssen: ab dem 1. September wohnte er er für ein Jahr in Brooklyn, 20 E 18th St., Apt. D 4 (Postkarte [hs.] Kapp, ‚Change of Address' [Form 22B], 11.9.1943, in NYPL, *EC-Records* 17.9).

[479] „(...) wenn ich mich mit dem vertrage" heißt es in Kapps Brief vom 2.6.1942 an Panofsky (*AAA*, Panofsky Papers, Ser. I, 6.2116, abgedruckt auch in Panofsky 2003, 346). Im gleichen Brief stellte Kapp den wissenschaftlichen Wert von Jaegers Edition der Werke Gregor von Nyssas, neben *Paideia* dessen wichtigstes Forschungsvorhaben, despektierlich in Frage: „es ist m. E. ziemlich unverantwortlich das zu tun." Schon in Deutschland hatte es fachliche und politische Differenzen gegeben: die kontroverse Debatte um das *Paideia*-Buch, das vor allem von Snell (in *GGA* 197/1935. 329–353; siehe auch Lohse 1997, 11–13, und Calder 1990, 219f.), aber auch von Kapp und Kurt von Fritz noch in Deutschland scharf kritisiert worden war, war noch nicht vergessen; auch nicht der anfängliche Versuch Jaegers, mit seiner Humanismus-Auffassung die Sympathie der neuen Machthaber zu gewinnen, u. a. durch seinen Aufsatz „Die Erziehung des politischen Menschen und die Antike" in *Volk im Werden* 1 (1933), 43–48 (siehe Ludwig 1986a, 225, Calder 1990, 220, Wegeler 1996, 57–59 und Lohse 1991, 778–779; zu den politischen Implikationen von Jaegers *Paideia* und dem sog. „Dritten Humanismus" siehe Calders Band *Werner Jaeger Reconsidered*. (Calder 1992b), besonders die Beiträge von Beat Näf (125–146) und Donald O. White (267–288).

[480] Brief Drury an Jaeger, 9.9.1943 (Original in Harvard, Houghton Library, Jaeger-Papers, Box E ‚Letters C-E [Emergency Committee] to WJ'; Durchschrift in NYPL, *EC*-Records 17.9).

5.8 Kapp bei Kurt von Fritz: Die ersten Jahre an der Columbia University — 355

Doch Jaeger verhielt sich kooperativer und unbürokratischer als erwartet: er erfüllte nicht nur zeitnah alle Auflagen des EC für eine application,[481] sondern interpretierte dessen Bewilligungsschreiben, das Kapp zu einem Angestellten seines Institute erklärte, sehr großzügig zum Vorteil Kapps um: die Auflage des EC, dass Kapp im Bewilligungszeitraum 1943/44 das Institute for Classical Studies nicht verlassen dürfe, las er ironisch als ‚Treuepflicht' des freien Mitarbeiters gegenüber dem Institute. Da im Bescheid das Platon-Projekt nicht ausdrücklich vermerkt war, sollte das Stipendium Kapp ohne jede Auflage zur freien Verfügung zufließen, seine Arbeiten für das Gregor von Nyssa-Editionsprojekt würden vom Institute weiterhin separat abgerechnet und ausbezahlt werden:

> „Dear Mr. Kapp: As you may already know, the Emergency Committee (...) has decided to grant the Institute (...) the amount of $1200 (...) to support you as research assistant to the Institute. This is the official way of putting the matter. If you stop working for the Institute they said they would automatically stop paying you the rest of the sum, so be nice and faithful to the Institute and go on with your work for us.
> The real purpose of the grant is, of course, to help you. (...) I remember that you gave in your application to the Committee as the purpose of the grant some work on Plato's development, but the letter of the committee did not mention any purpose. It only defined this as support for your activity in the Institute, that is to say, as a contribution to your salary. At least that is how I interpret the situation. That does not mean that the Institute will consider the work which you do for us as a compensation for the $1200. This amount is in addition to what you will do for us in the usual way and you will be paid for it separately, of course. I need not tell you how very glad I was to receive the good news. I know you will feel very relieved too, and so I want to send you my warmest congratulations."[482]

Zwei Wochen später – die erste Rate des Stipendiums in Höhe von $ 600 war bereits überwiesen[483] – nahmen die Ereignisse eine ganz unerwartete Wendung: Anfang August war Clinton W. Keyes, der bisherige Executive Officer am Classics Department, mit dem von Fritz und Kapp in enger und herzlicher Freundschaft

---

[481] Am 3.9. informierte er das *Emergency Committee* über die Zusage des Präsidenten, die formgerechte application reichte er nach Aufforderung des *EC* vom 9.9. am 10.9. ein: bereits am 11.9. wurde der Antrag bewilligt, am 15.9. bedankte sich Jaeger beim *EC*, am 16.9. informierte er Kapp (Briefe Drury an Jaeger, 9.9.1943 und Nelson P. Mead, Secretary and Acting Chairman [in Vertretung Duggans] an Jaeger, 11.9.1943, in Harvard, Houghton Library, Jaeger-Papers, Box E ‚Letters C-E to WJ'; Briefe Jaeger an Drury, 3.9.1943, und an Nelson P. Mead, 15.9.1943 [Durchschlag], in Harvard, Houghton Library, Jaeger-Papers, Box A ‚Correspondence WJ to A-G [Emergency Committee]'; Brief Jaeger an Kapp, 16.9.1943 (siehe Anm. 473). Das Original von Jaegers Brief an Mead, 15.9.1943, in NYPL, *EC*-Records 17.9.
[482] Brief Jaeger an Kapp, 16.9.1943 (Harvard, Houghton Library, Jaeger-Papers, Box B ‚Correspondence WJ to H-P [Kapp]').
[483] Brief Stein, Treasurer des *EC*, an Harvard, 27.9.1943 (*EC*-Records 17.9).

verbunden waren, völlig überraschend verstorben.⁴⁸⁴ Kapp dachte zunächst, dass dadurch seine Stellung am Classics Department noch unhaltbarer werden würde:

> „Wir [v.Fritz und Kapp] sind sehr betruebt darueber, denn er war wirklich die Guete und Freundlichkeit in Person. Auch sachlich ist es schlimm. An sich waere es ja das Gegebene, dass sich nun fuer mich wieder etwas zu tun faende in dem Dept., aber davon kann gar nicht die Rede sein, fuerchte ich; denn ausser Keyes und v.Fritz sind alle andern wuetende Gegner der durch mich drohenden Konkurrenz; und nun so Keyes, der head of the Dept. war, tot ist, sieht es ganz hoffnungslos aus. Diese kleinen Departments, statt einer Fakultaet, wie wir sie in Deutschland kannten, sind ja wirklich eine schreckliche Einrichtung."⁴⁸⁵

Angesichts dieser persönlichen Animositäten gestaltete sich die Suche nach einem Nachfolger für Keyes in den darauffolgenden Wochen als schwierig. Auf Vorschlag des Präsidenten Nicholas M. Butler, der den alten Sprachen oberste Priorität einräumte und trotz der schwierigen äußeren Umstände darauf insistierte, „that we should keep this Department at full strength",⁴⁸⁶ wurde auf lange Sicht unter

---

484 Am 5. August 1943 auf seinem Landsitz in Monterey, MA, im Beisein seiner Feriengäste Kurt und Louise von Fritz. Siehe von Fritz' Augenzeugenbericht, den er an Professor Nelson G. McCrea sandte: „The death of our friend and collegue [sic!] Keyes has come to me as a very great shock, and all the more so because he was my most intimate friend in the department and because I had the most immediate experience of the suddenness of his death when we stayed with him in his beautiful place in Monterey. He had invited me many times to come to stay with him on his farm for a long visit. But for some reason or other the plan had never been carried out until the first days of August this year, and then our visit found such a sad and sudden end. Nevertheless I am glad that we finally did visit him and that we had the privilege of being around him during the last days of his life (...) It was a consolation in the distress caused by his sudden death that almost to the last minute he had been happy and contended and that he spend the last days of his life in the midst of surroundings and pursuits worthy of an ancient philosopher." (Brief v. Fritz, New Rochelle, an McCrea, 31.8.1943, in CU, RBML, Biographical File ‚Keyes, Clinton Walker').
485 Brief Kapp an Jaeger, 16.8.1943 (siehe Anm. 473). Kurt von Fritz suchte offenbar sofort nach einer Möglichkeit, die durch Keyes Tod vakante Stelle für Kapp zu sichern, doch er stieß dabei auf heftigen Widerstand der Administration: „Pressure is already beginning for the appointment of a refugee to the position, a tendency which maybe we should resist (...) It may be that a major appointment is not necessary." (Memorandum Fackenthal for the President, 19.8.1943, in CU, RBML, Central Files 482.18, ‚Fackenthal, Frank Diehl 8/1943–12/1943').
486 Memoranda Butler for Fackenthal, Southhampton, 20.8.1943 (CU, RBML, Central Files 482.18, ‚Fackenthal'). Butler antwortete damit auf das Memorandum Fackenthals vom 19. August (s. Anm. 485), in dem dieser die aktuelle Situation und die Zukunft des Departments nach Keyes Tod erstmals thematisierte. Auch in den Folgemonaten verfolgte der Präsident die Arbeit der Kommission mit wohlwollendem Interesse: „It is impossible to do too much to strengthen the classics and to resotire [restore?] them to their fundamental place in the development of a liberal education." (Brief Butler an Wright, 4.11.1943, in CU, RBML, Central Files 379.3, ‚Wright').

der Leitung des Anglisten Ernest H. Wright eine Kommission ins Leben gerufen „to study the situation of teaching and research in Greek and Latin at Columbia".[487] Kurt von Fritz, der unter formaljuristischen Gesichtspunkten („Section 41 of the Statutes") als ranghöchster und dienstältester Professor eigentlich für das Amt des Executive Officer prädestiniert gewesen wäre, „has no desire to assume administrative duties". Überdies äußerte Provost Fackenthal große Bedenken einen Europäer mit der Leitung des Departments zu betrauen,[488] doch er gab gegenüber Butler auch zu verstehen, dass ihm unter den gegebenen Umständen von Fritz immer noch lieber wäre als Moses Hadas:

> „(...) from the administrative point of view we have never had success with a department head brought up in European educational traditions, but our situation is such that I think it is better to use von Fritz than to drop to the next man, Assistant Professor Hadas."[489]

Kurt von Fritz und ein nicht näher genannten Dritter, wahrscheinlich Bigongiari, wollten ihrerseits Westermann für diese Position gewinnen, doch dieser lehnte Ende August ab, erstens, weil er sich bereits vertraglich verpflichtet habe, mit einem grant des Dunning Fund ein Buch über antike Sklaverei abzuschließen, und zweitens, weil seine Stellung als Althistoriker innerhalb des Classics Departments „an impossible one" wäre. Ihm schwebte stattdessen eine Alternative vor:

---

[487] Brief Fackenthal an Wright, 13.9.1943 (CU, RBML, Central Files 379.3, ‚Wright, Ernest Hunter 7/1942–6/1949', und, als „Copy for the President", in CU, RBML, Central Files 482.18, ‚Fackenthal'; ähnlich auch Memorandum Fackenthal for the President 9.9.1943, in CU, RBML, Central Files 482.18, ‚Fackenthal'). Aufgabe dieser Kommission, die unter verschiedenen Bezeichnungen bis in die späten 40er Jahre existierte (siehe S. 367–370, 379), war die Erstellung von „preliminary reports" mit Vorschlägen zur Umstrukturierung und Reorganisation des Departments. Auf ausdrücklichen Wunsch Butlers sollte auch Highet diesem Gremium angehören, „even though Professor Highet is on leave and preoccupied with his service to the British Government." (Brief Fackenthal an Wright, 13.9.1943, S. 2). Ihm sollte zumindest die Gelegenheit gegeben werden „to join in the report". Fackenthal war wenig davon begeistert, da er Highet unterstellte, „that (...) he does not plan to return to academic life." (Memorandum Fackenthal for the President [Butler], 3.9.1943. S. 2, in CU, RBML, Central Files 482.18, ‚Fackenthal'). Aufgrund dieser seiner Sonderstellung konnte Highet jahrelang die unbefristete Anstellung Kapps verhindern, ohne aktiv am Department zu unterrichten.
[488] Fackenthals Skepsis richtete sich nicht weniger gegen Highet wie gegen von Fritz: „The ranking officers in that department now, however, are men of foreign background – von Fritz and Highet – and maybe we should move with care." (Memorandum Fackenthal for the President, 19.8.1943, in CU, RBML, Central Files 482.18, ‚Fackenthal').
[489] Memorandum Fackenthal for the President, 3.9.1943 (wie Anm. 487).

„Dear von Fritz: I have decided against the proposal which we discussed yesterday (...). I have a counter-proposal for you to consider. I would suggest that we three together go to see Dr. Fackenthal and make a formal request that he put John Day, of Barnard College, in charge for the present, and that we three, if he so desires, will act as a consulting committee to be at the service of Professor Day on his request at any time."

Eine derartige Stärkung der Position Days als künftiger Chair böte die Chance, so Westermann weiter, die Atmosphäre am Classics Department zu verbessern und Reformen auch gegen Widerstände durchzusetzen:

„This would give him prestige in the Department and strong backing outside of it. I have known John Day for seventeen years, and I assure you that his attitude would be a scholarly one and that he would stand up, against opposition, for the things which we would like to see done in the Classics Department.
Kindly let me know if you want to talk this proposal over with me."[490]

Mit dieser Konstellation wäre Fackenthal durchaus einverstanden gewesen,[491] nicht aber von Fritz: offenbar wollte er lieber selber die Freiräume und Gestaltungsmöglichkeiten nutzen, die dem Leiter eines Departments offenstünden:[492]

„Etwa zur gleichen Zeit wurde mir jedoch eine neue Bürde auferlegt, indem ich nach dem plötzlichen und unerwarteten Tode von C. W. Keyes (...) zum chairman, oder, wie es an der C.-

---

[490] Brief Westermann an v. Fritz, 27.8.1943 (BAdW, Nachlass KvF, Karton 18, Mappe rot). Die Reformunwilligkeit des Departments störte von Fritz von Anfang an. Schon im Frühjahr 1939 beklagte er seine Ohnmacht gegenüber den starren Strukturen: „die Leute [sind] persönlich sehr nett. Aber niemand will aus dem alten Schlendrian heraus und für einen Ausländer der erst neu hergekommen ist, ist gar nichts dagegen zu machen." Handlungsbedarf sah er u. a. bei den Examina: „Es wird eine Unmenge von totem Examenswissen verlangt, das man aus einem Handbuch sich für das Examen einpaukt und nach ein paar Wochen wieder vergessen hat. Ich habe schon mehrfach dafür plädiert, den Studenten doch zu erlauben, sich ein Gebiet zu wählen, in dem dann von ihnen verlangt wird, daß sie sich wirklich mit den Dingen beschäftigt und sich Gedanken darüber gemacht haben und ihnen dafür einen großen Teil des Krimskrams zu erlassen, Aber die Antwort ist jedesmal nur höfliche Zustimmung und dann wird alles getan um es beim Alten zu lassen wie es ist." (Brief [hs.] v. Fritz, Larchmont, N.Y., an Mädi, 8.4.1939, S. 3f., wie Anm. 377).
[491] „I have talked informally with Westermann and Bigongiari about the matter and of trying to draw John Day at Barnard in." (Memorandum Fackenthal for the President (Butler), 3.9.1943, (wie Anm. 487).
[492] Im Brief vom 8.4.1939 räsonnierte von Fritz auch darüber, ob er 1937 nicht besser daran getan hätte das Angebot in Eugene in Oregon anzunehmen statt an die Columbia zu gehen: „Dort wäre ich der Leiter des Departments gewesen und hätte alles so einrichten können, wie ich gewollt hätte, während man hier in einer Maschine steckt, gegen die man ganz machtlos ist." (Brief [hs.] v. Fritz an Mädi, 8.4.1939, wie Anm. 377).

5.8 Kapp bei Kurt von Fritz: Die ersten Jahre an der Columbia University — 359

U. hies [sic!] executive officer of the department of greek and latin ernannt wurde. Als solcher hatte ich die Aufgabe, alle Studenten der klassischen Philologie bei ihrem Studienplan zu beraten, die Departmentsitzungen, die jedoch nur alle Semester einmal stattfanden, zu leiten, Anschaffungen für das Department aus einem dafür bestehenden Fonds vorzunehmen oder zu genehmigen und vor allem die Korrespondenz für das Department und die Verhandlungen mit der Administration zu führen. Da in Amerika Berufungen nach auswärts verhältnismäßig selten und das Aufrücken eines instructors oder assistant professors an der eigenen Universität die Regel ist, auf der anderen Seite aber keinerlei Regeln für regelmäßiges Aufrücken oder Gehaltserhöhungen bestanden, so gehörte zu meinen Obliegenheiten auch die nicht immer ganz angenehme Aufgabe, jedes Jahr im Frühjahr Gehaltserhöhungen und Beförderungen aushandeln zu müssen."[493]

Die erste Maßnahme, die von Fritz in seiner neuen Funktion Ende September traf, war die Wiederernennung Kapps als Lecturer in Greek and Latin für das akademische Jahr 1943/44, die erst nach Beginn des Herbstsemesters, und vor allem nach Bewilligung des *EC*-grants, rechtskräftig wurde.[494] Noch am selben Tag informierte Kapp sowohl Jaeger als auch Miss Drury von dieser glücklichen Entscheidung:

„Lieber Herr Jaeger: Ich bin in einiger Verlegenheit wegen dessen, was ich Ihnen heute schreiben muss; denn es stellt sich nun heraus, dass Sie, der Sie so schon genug zu tun haben, ueberfluessigerweise in meiner Sache bemueht worden sind (wenn man nicht rechnen will, dass mir dank Ihrer Freundlichkeit eine ganze Reihe von Wochen sehr viel besser zu Mute gewesen ist, als es sonst gewesen waere). Vor ungefaehr acht Tagen (nachdem Herr v. Fritz an Stelle von Prof. Keyes executive officer des Classics Dept. geworden war) tauchte die Moeglichkeit wieder auf, mich fuer ein weiteres Jahr in meiner Lecturer-Stelle zu halten; und dann ging es sehr schnell, sodass ich heute das offizielle appointment bekam. Ich muss es natuerlich annehmen (dass es nicht nur fuer einen term, sondern fuer ein ganzes Jahr gemacht wurde, verdanke ich uebrigens auch wahrscheinlich der Tatsache, dass bei Ihnen fuer ein Jahr fuer mich gesorgt war); und dann kann ich natuerlich die $ 1200.– vom Emergency

---

493 v. Fritz, ‚Autobiographische Skizze', S. 16 (wie Anm. 21). Die mit diesem Amt verbundene Arbeitsbelastung sei ungleich höher als an deutschen Universitäten, erläuterte Kapp in seinem Brief zu Snells 50. Geburtstag: „Das ‚Regieren' ist hier weit weniger erfreulich. Ich habe nichts oder so gut wie nichts damit zu tun; aber es ist sicher nicht uebertrieben, was ich hier jedem der es hoeren will oder nicht hoeren will sage, dass ich naemlich in den ganzen 10 Jahren in Hamburg als ‚Mit-Direktor' des Seminars nicht so viele Briefe geschrieben habe, wie Herr v.Fritz als executive officer des Departments in einem Monat zu schreiben hat. Nun freilich, was an Arbeit war, haben Sie mir immer abgenommen; aber trotzdem, es ist fuer unsereinen unvorstellbar, wie viel Zeit hier mit zahllosen ueberfluessigen Examinierungen und Formalitaeten vertan wird. Ich glaube nicht, dass sich das je aendern wird." (Brief Kapp, New York, an Snell, 18.6.1946, in BSB München, Nachlass Snell, Ana 490. B. IV., ‚Kapp, Ernst').
494 Kapps Appointment Card (CUA Faculty Appointment Records, Box 29) datiert das reappointment auf den 28. September 1943, Kapp wurde tags darauf davon offiziell in Kenntnis gesetzt (siehe seinen Brief an Jaeger, 29.9.1943, wie Anm. 435).

Committee nicht bekommen. Ich habe gleich an Miss Drury telephoniert[495] und ihr auch gesagt, dass ich Ihnen sofort Mitteilung machen wuerde. Im uebrigen moechte ich aber, wenn Sie nichts dagegen haben, nice and faithful to the Institute bleiben, wenn auch vielleicht zuerst in etwas langsamerem Tempo."[496]

Obwohl die Rechtslage eindeutig war, versuchte Jaeger ein letztes Mal mit dem *EC* eine für Kapp günstige Lösung auszuhandeln: Bevor er den Scheck, der noch nicht eingelöst war, zurückschickte, fragte er bei Miss Drury vorsorglich nach, ob man die für Kapp bestimmten $ 1200.– nicht irgendwie zurückbehalten könnte, da ja noch nicht absehbar sei, ob dieser seine Stellung an der Columbia auch im darauffolgenden Jahr innehaben würde.[497] Doch diese Absicherung wollte und konnte das *EC* nicht leisten, wie Miss Drury in ihrem Antwortschreiben unmissverständlich klarstellte: „I am sorry to say that our present grant cannot be postponed since the Committee operates on a year to year basis and cannot tie up funds for a whole year in advance."[498] Für das *Emergency Committee* war die Akte Kapp hiermit geschlossen, Miss Drury vermerkte auf der Karteikarte mit Datum vom 15. Oktober 1943:

„Since the above entry, several things have happened. 1. Our grant was awarded to Harvard. 2. Kapp received a reappointment at Columbia making our aid unnecessary for this year. close"[499]

---

495 In seinem offiziellen Brief an das *Emergency Committee* entschuldigte sich Kapp für die späte Benachrichtigung und dankte für die Unterstützung: „I heard of this possibility only a few days ago, when Professor Jaeger had just written to me that the Emergency Committee has decided to grant the Institute for Classcial Studies the amount of $ 1200 to support me as a research assistant to the Institute. I could not do anything as long as my reappointment remained quite uncertain; but now, at the same time with expressing my sincere thanks to the Committee for its willingness to help me and for finding a way to do so, I have to state that during my new appointment at Columbia University no contribution to my salary is necessary. Needless to say that my gratitude to the Committee is undiminished; without the hope of its possible aid my situation during the last months would have been rather desperate." (Brief Kapp, Brooklyn, N.Y., an Drury, *EC*, 30.9.1943, NYPL, *EC*-Records 17.9).
496 Brief Kapp, Brooklyn, N.Y., an Jaeger, 29.9.1943 (wie Anm. 435).
497 Brief Jaeger, Cambridge, MA, an Drury, 4.10.1943 (NYPL, *EC*-Records 17.9): „(...) before I return it [the check] to the Emergency Committee I would like to find out whether the amount of the full grant of $1200 could not be saved for Mr. Kapp for another year since it is doubtful whether he will keep his present position at Columbia University for more than one year."
498 Brief Drury an Jaeger, 6.10.1943 (Harvard, Houghton Library, Jaeger-Papers, Box E, ‚Letters to WJ: C-E [Emergency Committee]'; Durchschlag in NYPL, *EC*-Records 17.9). Am 8. Oktober schickte Jaeger den Scheck an das Komitee zurück (Brief Jaeger an Stein, 8.10.1943, in NYPL, *EC*-Records 17.9).
499 File card ‚Kapp', Eintrag 15.10.1943 (wie Anm. 452).

5.9 Das Department unter Kurt von Fritz' Leitung (1943–1954)

"Mein alter Freund Kapp hat sein office neben mir" – Lecturer of Greek and Latin (1943–1946)

Trotz der geringen Studentenzahlen konnte Kurt von Fritz als Executive Officer bis Kriegsende Kapps Vertrag als Lecturer Jahr für Jahr ohne nennenswerte Widerstände verlängern, das reappointment für die Jahre 1944/45 und 1945/46 erfolgte jeweils frühzeitig im Mai.[500] Dem frühen Drucktermin der „Bulletins of Information" war es wohl geschuldet,[501] dass Lehrveranstaltungen Kapps für das Jahr 1943/44 nicht mehr angezeigt waren: er hielt im Herbst 1943 erstmals ein Proseminar „Introduction in Classical Philology" und den Kurs „Selected problems in ancient philosophy",[502] im Frühjahr 1944 musste er zusätzlich zu seinem Deputat zwei Veranstaltungen von Kollegen übernehmen, ein Livius-Seminar und einen graduate-Kurs über Lukrez.[503] In seinem ersten Brief an die Schwester nach Kriegsende schilderte von Fritz diese gemeinsamen Jahre als entspannte und glückliche Zeit:

> „An der Columbia Universität bin ich seit den letzten 3 Jahren chairman des Departments für Griechisch und Latein gewesen. Mein alter Freund Kapp hat sein office neben mir, und es war sehr schön, ihn so nah zu haben und mit ihm zusammenzuarbeiten, obwohl es sonst eine ziemlich absurde Situation war, daß ich Professor sein sollte und er, der mein Lehrer gewesen ist, nur lecturer. Es hat aber unserer Freundschaft keinen Eintrag getan."[504]

Für das Jahr 1944/45 verzeichnen die Bulletins Veranstaltungen zu Plautus und ein Seminar über Aristophanes. Gemeinsam mit zwei Kollegen des Department of Philosophy boten Kapp und von Fritz eine Art Oberseminar an, „Readings in Greek

---

500 Am 1.5.1944 und am 7.5.1945 (CUA Faculty Appointment Records, Box 29 ‚Kapp'). Highet war noch bis Juli 1946 (Highet 2002, 401) für die britische Armee freigestellt.
501 Stichtag für das akademische Jahr 1943/1944 war der 24. April 1943 (CU, RBML, Bulletin of Information, 43rd ser., no. 19).
502 Brief Kapp an Jaeger, 29.9.1943 (wie Anm. 435); für dieses Seminar bat er Jaeger „um einen Wink (...), was Sie fuer hiesige Studenten fuer foerderlich halten. Aber nur, wenn Sie gerade Zeit haben."
503 Brief Kapp an Jaeger, 12.4.1944 (Harvard, Houghton Library, Jaeger-Papers, Box G, ‚Correspondence I-L to WJ').
504 Brief (hs.) v. Fritz, New Rochelle, an Mädi, 4.4.1946, S. 2 (wie Anm. 57). Im Juli 1944 zogen Kapps von Brooklyn wieder an die Upper Westside zurück (782 Westend Avenue, Apt. 8 I), Else Kapp eröffnete im Februar 1945 „mit einer Partnerin einen kleinen aber sehr feinen Hutladen in einer guten Lage in der Madison Avenue" (Brief Kapp an Jaeger, 30.3.1945 [wie Anm. 442]).

Philosophy",[505] um dem eklatanten Missstand zu begegnen, dass griechische Philosophie an der Columbia nur noch in englischen Übersetzungen gelehrt wurde:

> „Von meinen philologischen Kollegen las, bis Ernst Kapp an die Columbia Universität kam, niemand über griechische Philosophen, und die Philosophen lasen über sie nur aufgrund von Übersetzungen. Es gab aber eine Gruppe von Philosophiestudenten, die zwar nicht griechisch lesen konnten, aber doch so viel von der Sprache gelernt hatten, daß sie einer Interpretation des Textes einigermassen folgen konnten. Ich richtete daher einen Kurs ein, in dem ich jeweils vor einer Gruppe von etwa einem Dutzend Studenten semesterweise abwechselnd einen Dialog Platons und eine Schrift oder einen Teil einer Schrift des Aristoteles interpretierte. Nachdem Ernst Kapp an die Columbia Universität gekommen war, gaben wir diese Kurse jeweils gemeinsam und noch später pflegte auch unser gemeinsamer Freund, Kurt Riezler, der an der New School for social research in New York lehrte, regelmäßig aktiv daran teilzunehmen."[506]

Diese Sonderform gemeinsamen, oft auch interdisziplinären Unterrichtens sollten von Fritz und Kapp bis zum Ende ihres Wirkens an der Columbia beibehalten: die Bulletins verzeichnen „Aristotle's Metaphysics" (Winter 1948),[507] „Plato's Sophistes" (Winter 1949),[508] „Aristotle's Physics" (Winter 1950 und 1953),[509] „Plato's Philebus" (Winter 1951)[510] und „Aristotle's Ethics" (Winter 1952).[511] Damit führten

---

505 Mit Kurt Riezler, Professor für Philosophie an der New School und mehrmals Visiting Professor an der Columbia, und Emerson Buchanan (CU, RBML, Bulletin of Information, 44th ser., no. 29, Announcement of the Division of Ancient and Oriental Languages and Literatures for the Winter and Spring Sessions 1944–1945, 22): wiederholt im Frühjahr 1946 (CU, RBML, Bulletin of Information, 45th ser., no. 22, Announcement of the Division of Ancient and Oriental Languages and Literatures for the Winter and Spring Sessions 1945–1946, 24) und – ohne Buchanan – im Frühjahr 1948 (CU, RBML, Bulletin of Information, 47th ser., no. 43, Announcement of the Faculty of Philosophy for the Winter and Spring Sessions 1947–1948, 74).
506 KvF, ‚Autobiograpische Skizze', S. 15 (wie Anm. 21).
507 Mit Randall, Riezler und H. W. Schneider (CU, RBML, Bulletin of Information, 48th ser., no. 37, Announcement of the Faculty of Philosophy for the Winter and Spring Sessions 1948–1949, 77).
508 Mit Riezler und dem Instructor of Philosophy Robert D. Cumming (CU, RBML, Bulletin of Information, 49th ser., no. 21, Announcement of the Faculty of Philosophy for the Winter and Spring Sessions 1949–1950, 81).
509 Im Winter 1950 nur von Kapp und von Fritz gehalten (CU, RBML, Bulletin of Information, 50th ser., no. 22, 78), im Winter 1953, als von Fritz beurlaubt und an der FU Berlin war (siehe S. 386 mit Anm. 583), von Kapp, Cumming, P. O. Kristeller und Randall (CU, RBML, Bulletin of Information, 53rd ser., no. 28, Announcement of the Faculty of Philosophy for the Winter and Spring Sessions 1953–1954, 57).
510 CU, RBML, Bulletin of Information, 51st ser., no. 25, Announcement of the Faculty of Philosophy for the Winter and Spring Sessions 1951–1952, 73.

sie am Classics Department etwas ein, was zu den besonderen Vorlieben und Stärken Kapps gehörte: schon in seiner Hamburger Zeit hatte er mindestens eine Veranstaltung pro Semester zusammen mit Snell durchgeführt,[512] auch nach seiner Emeritierung hielt er an dieser Praxis fest: legendär ist das Kapp/Snellsche Kallimachos-Seminar in Hamburg im Sommersemester 1957.[513] Auch in München, so berichtete der Kurt von Fritz-Schüler Gerhard Jäger, hätten von Fritz und Kapp noch gemeinsam Seminare veranstaltet.[514]

Der Freitod des Sohnes Peter von Fritz (Aug. 1945)

Nach Kriegsende ereignete sich eine Tragödie, an der Louise von Fritz beinahe zerbrochen wäre: ihr Sohn Peter Klaus, der „Schlawuzi", der als Fallschirmjäger der amerikanischen Armee für die Befreiung Europas gekämpft und in Deutschland einmarschiert war, hatte sich in der Nähe des amerikanischen Hauptquartiers in Pilsen, Tschechoslowakei, am Morgen des 7. August 1945 das Leben genommen. Drei Wochen vorher war es ihm noch möglich gewesen in Pöcking seine Verwandten mütterlicherseits zu besuchen. Die letzten Briefe, die er zwischen diesem Besuch und seinem Suizid an die Eltern schrieb, waren „Dokumente seiner Aufrichtigkeit, seiner Herzensgüte und seiner Verzweiflung".[515] Der 22-jährige Technical Sergeant,[516] der sich schon mit 18 Jahren freiwillig zur Armee gemeldet hatte, fühlte sich abgestoßen von den Versuchen vieler Deutscher, sich nach der Niederlage aus der Verantwortung zu stehlen, und war „sehr niedergeschlagen und traurig im Herzen (...), über alles, was er in Europa gesehen"[517] hatte:

---

511 CU, RBML, Bulletin of Information, 52nd ser., no. 26, Announcement of the Faculty of Philosophy for the Winter and Spring Sessions 1952–1953, 86.
512 Bühler 1988, 24, und Lohse 1991, 794: „Kapp und Snell haben in den dreizehn Semestern zwischen Snells Berufung und der zwangsweisen Emeritierung Kapps zwölf Philologische Seminare gemeinsam durchgeführt" (siehe auch S. 305).
513 Lohse 1991, 802: „(...) vermittelte den Teilnehmern etwas von der geistigen Lebendigkeit einer glanzvollen Zeit Klassischer Philologie in Hamburg."
514 Jäger 1993, 185.
515 Brief Luise v. Fritz an Helmut Eickemeyer, 18.2.1946 [Verschreibung „18. Febr. 64"] (BAdW Nachlass KvF, Karton 3, ‚Peterles Briefe').
516 Eine relativ hohe Rangstufe bei den sog. „non-commissioned officers" (vergleichbar mit der deutschen Unteroffizierslaufbahn), E-6 in der Air Force, E-7 in der Army (von insgesamt 9 Stufen): 1948 wurde der ‚Technical Sergeant' vom ‚Sergeant First Class' abgelöst.
517 Brief Luise v. Fritz an Helmut Eickemeyer, 7.9.1945 (BAdW Nachlass KvF, Karton 3, ‚Peterles Briefe').

> „Dear mother and father (...) While at München Gladbach I noticed such a display of cheap, fearful applepolishing by the majority of the Germans that I could not help but feeling contempt for many. Since then I have met the sort of people who make me definitely realize that München-Gladbach was not an example, but just a minor example of, at that time, reaction to complete and total defeat throwing every one into a state of paralysis, and making them incapable of acting as ordinary beings (...).
> Sunday [15.7.1945] I entered my 23rd year of life. I must truly say that it is a lousy and absolutely crazy life. (...) Do not ask me why I feel that way since you yourselfs know what havoc this life has played with so many lifes including mine. Please do not think that at any a time I feel sorry for my plight, far from it. But I do feel that this life is not to my liking and if I could help it I would not have any part of it."[518]

Vier Jahre Krieg, in den er idealistisch mit der Überzeugung gezogen war, für „justice and liberty" zu kämpfen, hatten ihn desillusioniert und emotional beschädigt:

> „Do not feel that I am terribly unhappy; since the last four years I have pretty well hardened my emotional stability to a point where my attitude is somewhat cold towards all matters concerning my life and the outside world. However I do not have any longer the ability to be real happy or even a little happy."[519]

Vor allem war er bestürzt über den unverminderten Hass, den er auch nach Kriegende, nur unter umgekehrten Vorzeichen, in den befreiten Gebieten beobachten musste:

> „The Chechs [sic!] are treating the Germans, who are now living in Chechoslovakia and in Sudeten Germany, in the identical way that was used by the nazis before in other countries, and the whole things result in more hatred and more difficulties. But the Czechs are only waiting for the day when the american forces leave here, in order that they may really crack down on the Germans, the majority of whom are and were just as opposed to Nazism as you and I."[520]

Die Zensur der amerikanischen Armee verhinderte zunächst, dass die Eltern mehr erfuhren als „dass unser Peterle (...) am 7. August gestorben ist".[521] Erst am 9. September war es seinem Commanding Officer Fritz C. Wildermann möglich, in

---

518 Brief Peter Klaus von Fritz (Abschrift), Pilsen, an seine Eltern, 17.7.1945 (BAdW Nachlass KvF, Karton 3, ‚Peterles Briefe').
519 Brief Peter Klaus von Fritz (Abschrift), Pilsen, an seine Eltern, 23.7.1945 (BAdW Nachlass KvF, Karton 3, ‚Peterles Briefe').
520 Ebda.
521 Brief Luise v. Fritz an Helmut Eickemeyer, 7.9.1945 (wie Anm. 517).

einem Kondolenzbrief einen ausführlicheren Bericht über die Todesumstände zu senden:

> „Your dear son with whom I got along at all times in only the best way killed himself. An investigation followed and the only possible conclusion was, that he did shoot himself unseen by any person and under circumstances which as yet none of us can comprehend. One thing I knew was he was very unhappy about the entire outlook of the future in Europe. Peter in my opinion could never fit himself in this picture of European hatreds, each against everyone else (...) I did know that he took a very grim view of Europe and of her future."[522]

Doch die Enttäuschung Peter von Fritz' wurzelte tiefer: möglicherweise war er Opfer einer (politischen?) Denunziation geworden, man hatte ihm sogar Strafversetzung oder unehrenhafte Entlassung angedroht. Kurt von Fritz hatte davon anscheinend gewusst, denn er schrieb einen Beschwerdebrief an den Adjutant General, der leider nicht erhalten ist. Lediglich W. R. Dennes, dem eine Abschrift der Beschwerde vorlag, gibt uns in seinem Beileidsschreiben an den Freund bruchstückhaft Hinweise auf die mysteriöse Affäre:

> „Dear Kurt, The news of Peter's death, and of the years of cruel strain that led up to it, is heart-breaking. He was such a spirited, energetic, friendly boy! There seems to be no consoling factor whatever: and this must make his loss doubly hard for you and especially for Louise.
> Your letter to the Adjutant General is a very clear and important statement. I hope it receives adequate attention, but the easiest and likeliest procedure is that officials will ignore its substance and merely make courteous acknowledgment. I cannot help wishing that you had called the matter to the attention of your friends in this country when Peter was being pushed around as if under suspicion, although no charges were made or hearings held. Some Germans in this country (and not all of them Nazis) objected violently to your political views, I have been told. It is possible that some one of them (under God knows what strain) denounced you or Peter. If so, I'm not sure any of us in war-time could have forced the F.B.I. to reveal whatever allegations it was investigating (...) but maybe something could have been done to procure an earlier survey of the case by a higher military official, such as you say Colonel McEntee finally gave it. If Colonel McEntee continued as Peter's command-

---

[522] Brief (Abschrift) Wildermann, Pilsen, an Mrs. von Fritz, 9.9.1945 (BAdW Nachlass KvF, Karton 3 ‚Peterles Briefe'). Der Brief wurde Kurt von Fritz am 18. September zugestellt, noch am gleichen Tag informierte er Louise, die sich gerade in Boston aufhielt: „Mein innigst geliebter Bärle. Es ist jetzt doch sehr schwer für mich nicht bei Dir zu sein, wenn Du diese Nachricht bekommst. Es ist sehr hart. Aber wenn Du den Brief von Leutnant Wildermann liest, wirst Du auch sehen, wie sehr sie ihn alle geschätzt und gern gehabt haben und daß er gestorben ist, weil er ein guter Mensch gewesen ist, so daß der liebe Gott ihn freundlich aufnehmen wird, auch wenn er in der Verzweiflung zu schnell gehandelt hat." (Brief v. Fritz [hs.], New Rochelle, an Louise, 18.9.1945, BAdW Nachlass KvF, Karton 25, Blaue Mappe, ‚Briefe 1931–1976').

ing officer, I cannot understand how Peter could have been told that he could not continue with his regiment overseas."[523]

Nur die Verpflichtung gegenüber ihrem Ehemann und die Sorge um Verwandte und Freunde in Deutschland hielt Louise von Fritz aufrecht:

„Mein lieber guter Helmut, ich kann nicht ausdrücken in Worten, nicht eben in Gedanken, wie traurig und verzweifelt es in mir aussieht (...) Für Euch und für Kurt, der so gut zu mir ist, will und muss ich weiterleben und ich hoffe mehr denn je, dass wir uns wiedersehen."[524]

„(...) in der Qual und innern Not der letzten Monate haben Kurt und ich oft geglaubt alles Licht sei erloschen aber wir haben Euch und unsere Herzen sind bei Euch, das gibt uns Kraft und ich hoffe und bete dass es auch Euch Kraft gibt. Glaube mir, es gibt auch starke und aufrichtige Menschen hier, die nicht müde werden für das einzutreten, was allein uns alle vor dem Niedergang bewahrt. Ob und wann sie durchdringen werden, weiß ich nicht, aber ich möchte nicht mehr leben wenn ich nicht helfen könnte."[525]

---

523 Brief Dennes, Berkeley, an v. Fritz, 7.11.1945 (BAdW Nachlass KvF, Karton 21, Mappe orange ‚Briefe von bekannten und befreundeten Persönlichkeiten aus Europa und USA'). Damit gewinnt auch eine nebensächliche Notiz an Gewicht, die Wildermann anführte: „I later on discovered that somehow he did hate the army (...). These inner little items seem to be the only things we could find that Peter was often depressed about." (Brief Wildermann an Mrs. von Fritz, 9.9.1945 [wie Anm. 522]). In dem Fragebogen für das Institut für Zeitgeschichte machte von Fritz die amerikanische Besatzungspolitik für Peters Freitod mitverantwortlich: „(...) hat sich an dem Tage, an dem die erste Atombombe geworfen wurde, aus Verzweiflung über die von den Amerikanern aus Unkenntnis in Deutschland begangenenen Ungerechtigkeiten das Leben genommen." (Fragebogen des IfZ für das *Biographische Handbuch der deutschsprachigen Emigration nach 1933*, 23.4.1979, S. 3, in BAdW Nachlass KvF, Karton 18).
524 Brief Louise v. Fritz an Helmut Eickemeyer, 7.9.1945 (wie Anm. 517).
525 Brief Louise v. Fritz an Helmut Eickemeyer, 18.2.1946. Kurt von Fritz' Appell an seine Frau, sich nicht von der Verzweiflung übermannen zu lassen und „ein tapferer Bär [zu sein], der anderen helfen kann" (Brief v. Fritz an Louise, 18.9.1945, wie Anm. 522) gab Louise neuen Lebensmut: sie organisierte und verschickte in großem Stil Hilfslieferungen für Verwandte, Freunde und Bekannte im zerstörten und hungernden Deutschland, zunächst durch englische Vermittler und über Schweden, ab dem Sommer 1946 überwiegend Lebensmittelsendungen zu reduziertem Tarif, sog. ‚CARE-Pakete': „Ich höre nicht auf Pakete zu schicken, und weiss doch, dass es nur Hilfe fuer Einzelne, Wenige ist." (Brief Louise v. Fritz an Kurt, 28.12.1946, BAdW, Nachlass KvF, Karton 18, Mappe rot, und v. Fritz, ‚Autobiographische Skizze', S. 18 [wie Anm. 21]).

„…es endlich in Ordnung bringen" – Der Kampf um Kapps Professur (1945–1948)

In den Wochen nach dem Tod seines Stiefsohns hatte Kurt von Fritz als Executive Officer des Departments „ganz entsetzlich viel zu tun", da sich für das Herbstsemester 1945 „unerwartet viel neue Studenten" angemeldet hatten. Dies führte zu personellen Engpässen, zumal es von Fritz nicht gelungen war, für Moses Hadas einen geeigneten Ersatz zu finden:[526] deshalb mussten er und Kapp gemeinsam dessen graduate Vorlesung übernehmen und sich „schrecklich anstrengen (…) um im letzten Moment etwas Gescheites zusammenzubringen".[527] Gleichzeitig war er in dem sog. „Classics Committee" vertreten, zu dessen Aufgaben es gehörte, das Department personell zu verstärken, denn infolge der 1944 verabschiedeten G.I. Bill war in den nächsten Jahren mit stark steigenden Studentenzahlen zu rechnen.[528] Jetzt sah von Fritz den Zeitpunkt gekommen, die Stellung seines Freundes Kapp endgültig abzusichern. Im November 1945 sprach er erstmals offiziell die

---

[526] Hadas war für fünf Semester unbezahlt beurlaubt, von Februar 1944 bis Juni 1946 („leave of absence without salary"; in CUA Faculty Appointment Records, Box 23 ‚Hadas').

[527] Brief (hs.) v. Fritz an Louise, 24.9.1945 (BAdW, Nachlass KvF, Karton 25, Blaue Mappe ‚Briefe 1931–1971').

[528] Unter der G.I. Bill of Rights, auch „Servicemen's Readjustment Act" genannt, konnten Veteranen des Zweiten Weltkriegs kostenlos studieren, der Staat übernahm die Studiengebühren (siehe Calder 1992a, 170). Das führte landesweit zu einem enormen Anwachsen der Studentenzahlen, auch an der Columbia: nach einem Negativrekord von nur 35000 Studenten im Jahre 1945 (1931 waren es 50.000!) schrieben sich im Frühjahr 1946 8000, im Herbst 14000 Veteranen neu ein (McCaughey 2003, 330). Auf diesen Ansturm war die Universität nicht im geringsten vorbereitet: Es war offenkundig, dass man Neuanstellungen umgehen wollte, der Acting President Fackenthal gab an die Departments lediglich die Losung aus, die vorhandenen Kapazitäten maximal auszulasten: „The University obviously will be faced with maximum registration in the year 1946–47 and for a few years thereafter. It is desirable that we should go just as far as we can to meet the needs of returning veterans." (CU, RBML, Central Files 483.7, ‚Fackenthal 9/1945–2/1946'). Mehrfach beklagte von Fritz bei der Universitätsleitung, dass das Department nicht nur personell unterbesetzt, sondern auch – im Vergleich zu den Vorkriegsjahren – dramatisch unterfinanziert sei: „(…) our staff is too small. Yet the present budget of the Department is considerably lower than it was in 1939–40 and while, in 1939–40, the Departmental staff consisted of 7 members (…) it now consists of only 6 – Professors von Fritz, Kapp, Highet, Hadas, Richards and Lewis. (…) In consequence all the present members of the Department are greatly overburdened and a number of courses cannot be given." (Brief v. Fritz an Fackenthal, 4.10.1946, S. 3). „In this connection I should also like to point out that in the year 1932, when the Department of Greek and Latin had not yet participated in the courses of other Departments, our salary budget was $ 69.500 while the salary budget granted to us for the coming academic year [1947–48] is only $ 38.500, in spite of the general increase of salaries necessitated by the increased cost of living." (Brief v. Fritz an Fackenthal, 28.3.1947, S. 2, beide in CU, RBML, Central Files, Box 409, Folder 5, ‚v. Fritz').

Empfehlung aus, dem Lecturer Kapp ein „permanent appointment" als Professor zu verschaffen. Diese recommendation wurde von drei weiteren Mitgliedern des Committees, dem Philosophen Randall, dem Italianisten Bigongiari und dem Althistoriker Westermann offensiv unterstützt, wobei sie vor allem den interdisziplinären Arbeitsstil des „most distinguished scholar in sight" lobten:

> „A decision has to be reached about Kapp. After careful consideration, we are agreed that von Fritz is right in recommending that he be given a permanent appointment and that this recommendation should be supported. It is disruptive of the work of the Department, and manifestly unfair to Kapp himself, to ask him to continue longer in his insecure and overworked position. (...) Kapp is obviously so superior in ability and scholarship (...) to any available [candidate] in this country, that it would be a disservice to the University's scholarly work and reputation for us not to secure him while we can.
> (...) the members of the Department of Philosophy judge that Kapp has already contributed very substantially to their work, and that under more favorable conditions, with less pressure on his time, he could do a great deal more for them and their students. Those in the Department most familiar with his work and scholarship are most enthusiastic about adding him permanently to our Faculty. They all hope that von Fritz's recommendation will go through."[529]

Dieser erste Vorstoß führte immerhin zu einem wichtigen Teilerfolg, denn Kapp wurde am 1. April 1946 für das akademische Jahr 1946/47 zum Visiting Professor befördert.[530] Was jetzt noch ausstand, war permanency und full Professorship.

Ein halbes Jahr später, am 4. Oktober 1946, berichtete von Fritz in seiner offiziellen Funktion als Executive Officer des Classics Department dem Präsidenten Frank Fackenthal von einem Meeting des „Committee for the Reconstruction of the Department of Greek and Latin", einer Neuauflage („revived") des „Classics

---

[529] Brief Randall, Bigongiari, Westermann an Ernest Hunter Wright [Vorsitzender des Classics Committee], 19.11.1945 (BAdW, Nachlass KvF, Karton 21, Mappe braun, ‚Briefe an KvF 1941–1946'). Im Kontext dieser Aktion ist wohl Kapps resigniert-nüchterne Einschätzung der eigenen Lage zu sehen: „Meine Stellung an der Col. Universitaet ist noch dieselbe, von Jahr zu Jahr, mit wenig Gehalt, mit dem einzigen Unterschied, dass ich nachgerade reichlich viel zu tun habe; es ist schon ziemlich schaebig von der grossen Universitaet; Herr v. Fritz und einige andere geben sich dauernd Muehe, es endlich in Ordnung zu bringen, aber da sind gewisse Widerstaende von einer Sorte, die Sie wohl zur Genuege kennen werden." (Brief Kapp an Jaeger, 18.10.1945 [wie Anm. 444]).

[530] CUA Faculty Appointment Records, Box 29 ‚Kapp', und Brief v. Fritz an Mädi, 4.4.1946 (wie Anm. 57), S. 2: „(...) nach langen Kämpfen ist er nun für nächstes Jahr zum visiting professor ernannt worden, aber immer noch ohne feste Position und Sicherheit für die Zukunft."

Committee" des Vorjahres,[531] auf dem vor allem die Frage diskutiert wurde, ob eine neue full-professorship eingerichtet werden sollte: der Kandidat stünde bereits fest, Professor Harry Caplan von Cornell University. Während die Mehrheit, u. a. er selbst, diese Lösung begrüßen würde, hätte es auch abweichende Meinungen gegeben,[532] die zunächst die Position der Lehrpersonen verbessern wollten, die dem Department seit längerem angehörten, allerdings bisher auf einer non-permanent basis. Es handelte sich hierbei um Ernst Kapp und Naphtali Lewis. Erst nachdem er diese Ansicht des Kollegen Westermann in aller Ausführlichkeit, aber streng indirekt zitiert hatte, machte Kurt von Fritz diese Position sich mit allem Nachdruck zueigen – „I can only give my strongest support to the proposal made by Professor Westermann" – und formulierte diese zu einem offiziellen Vorschlag des Committee an die Universitätsleitung um: Kapp sollte eine full-professorship of Greek and Latin angeboten werden:

> „This is certainly the position which corresponds to his outstanding qualities as a scholar and a teacher, and I should like to add that he has attracted an ever increasing number of students, most of whom are very enthusiastic about him. (...) We certainly should not wait any longer to offer a permanent position to a man of such outstanding merit who has carried an extraordinary teaching burden during the last few years when the staff of the Department was badly depleted."[533]

Auch Naphtali Lewis sollte zu einer permanent basis befördert werden, in den Rang eines Associate Professor.[534] Alle Mitglieder des Committee, also auch der inzwischen wieder ans Department zurückgekehrte Highet, würden diese Vorschläge einhellig unterstützen. Über die Besetzung einer zusätzlichen Stelle sollte

---

531 Dem Committee gehörten insgesamt zehn Professoren an: Wright, von Fritz, Westermann, Bigongiari, Highet, Horatio Smith, Fife, van Doren, Randall und Dean Pegram (CU, RBML, Central Files 379.3, ‚Wright 7/1942–6/1944').
532 Die Strategie war wieder ähnlich wie im Vorjahr: die „opinions" wurden von Westermann vorgebracht und von Bigongiari und Randall „strongly supported".
533 Brief v. Fritz an Fackenthal, 4.10.1946 (wie Anm. 528).
534 Dazu sollte es nicht mehr kommen: Obwohl Lewis durch von Fritz für die Zeit seines sabbaticals in Münster zum ‚Acting Executive Officer' ernannt worden war und die Departmentgeschäfte von September 1946 bis Januar 1947 geführt hatte, sah er sich im Frühjahr 1947 (wahrscheinlich auf Betreiben Highets, der zum Winter term 1946/47 wieder ans Department zurückgekehrt war) genötigt, das Department zu verlassen, ohne dass von Fritz dies hätte verhindern können. Dies verschlechterte Lewis' Status, der an Columbia seit 1944 ‚Visiting Assistant Professor' war, erheblich: er kam am Barnard College unter, allerdings nur als ‚Lecturer in History' (Brief v. Fritz an Fackenthal, 3.9.1946, in CU, RBML, Central Files 409.5, ‚Fritz, Kurt v.'; CUA Faculty Appointment Records, Box 34 ‚Lewis', und Brief [hs.] v. Fritz an Snell, 14.4.1947, in BSB München, Nachlass Snell, Ana 490. B. IV., ‚Fritz, Kurt v.'; siehe auch Anm. 549).

später befunden werden, ein jüngerer Kandidat wäre vielleicht sogar eine bessere, kostengünstigere Lösung.[535]

Parallel zu diesen stellenstrategischen Plänen entwickelten sich sowohl bei von Fritz als auch bei Kapp Kontakte nach Deutschland. Die erste Rektorenkonferenz der Nachkriegszeit in Göttingen hatte im September 1945 beschlossen, „dass früher aus politischen Gründen entlassene Kollegen jetzt wieder eingesetzt werden sollen".[536] Folgerichtig erhielt von Fritz zum Wintersemester 1946 einen Ruf nach Münster, den er nur schweren Herzens absagen konnte. In einem Brief vom 15. September 1946 informierte er den Präsidenten Fackenthal über die dringende Bitte seiner deutschen Freunde, er sollte mithelfen beim Wiederaufbau geistigen Lebens in Deutschland:

> „Even before I received this official call I had received letters from several German friends and colleagues telling me of the great shortage of acceptable teachers in German universities and of their hope that I would be able to help them in the restoration of intellectual life in Germany."[537]

Allein die Verpflichtung gegenüber dem Department während der gegenwärtigen Umstrukturierung und die Dankbarkeit gegenüber Columbia für die Großzügigkeit, die sie ihm die ganzen Jahre des Exils erwiesen hatte, würden ihn zurückhalten.[538] Da ihm aber für den winter-term bereits ein sabbatical leave genehmigt wäre, bäte er um die Genehmigung der Columbia University und des State Departments, statt in Kolumbien in Münster von Oktober 1946 bis Januar 1947 lehren

---

535 Brief v. Fritz an Fackenthal, 4.10.1946, S. 4 (wie Anm. 528). Caplan war der zweite Kandidat für eine full professorship: bereits im Herbst 1945 hatte der am Philosophy Department der University of Chicago tätige Richard Peter McKeon eine entsprechende Anfrage abgelehnt (siehe Brief Randall, Bigongiari, Westermann an Wright, 19.11.1945, wie Anm. 529).
536 Lohse 1991, 801, und Golczewski 1997, 37.
537 Brief v. Fritz an Fackenthal, 15.9.1946 (CU, RBML, Central Files, 409.5 ‚v. Fritz'). Mit diesem Gedanken trug sich von Fritz bereits seit dem Tod seines Stiefsohnes, als er Singer in einem Brief mitteilte, „daß jetzt nach Peterle's Tod wir keinen größeren Wunsch haben als in Deutschland helfen zu können, daß bessere Menschen Einfluß bekommen und daß ich dazu auch beizutragen im Stande bin." (Brief Kurt v. Fritz an Louise, 18.9.1945, wie Anm. 522).
538 Brief v. Fritz an Fackenthal, 15.9.1946 (wie Anm. 537): „I realise, of course, that I cannot leave the department of Greek and Latin of Columbia University at a time when it is still in a state of reconstruction and when it seems to [sic!] difficult to fill the existing vacancy. I am also aware of the great debt of gratitude which I owe to Columbia University for the generosity with which I have been treated ever since I joined the faculty. But it is also very difficult to say no to my friends in Germany, many of whom have suffered severely under the Nazi regime at a time when I enjoyed a quiet life in this country."

zu dürfen.[539] Damit gab er sich aber noch nicht zufrieden: Er verwies auf die unterschiedlichen Jahresrhythmen deutscher und amerikanischer Universitäten und fragte an, ob er während des summer break, der in etwa zeitgleich mit dem Sommersemester in Deutschland (Mai bis Juli) sei, an deutschen Universitäten unterrichten könnte oder ob es möglich wäre, zu diesem Zweck des Öfteren halbjährlich auf leave of absence – Basis ohne Bezüge nach Deutschland zu gehen.[540]

Zu diesem Schreiben gibt es eine angeheftete Telefonnotiz, die prinzipiell von Fritz' Anliegen positiv gegenüber steht:

> „Maybe he ought to go over + look around. But don't make any commitments. If he finds just what he wants we might have to say God bless you"[541]

Die Universitätsführung zeigte sich tatsächlich entgegenkommend: im Wintersemester 1946/47 hielt Kurt von Fritz in Münster Vorlesungen über griechische Historiographie,[542] seit 1948 kam er regelmäßig im Sommer nach Deutschland, um an verschiedenen Universitäten Vorlesungen und Vorträge zu halten, ohne dass er dafür Freisemester beantragen musste.[543]

---

539 Brief v. Fritz an Fackenthal, 15.9.1946 (wie Anm. 537), S. 2: „there are 54 classicists at Münster waiting desperately for a professor to teach them."
540 Um die Kühnheit dieser Anfrage strategisch abzumildern, wies er sie als Vorschlag des Italianisten Bigongiari aus: „My friend, Professor Dino Bigongiari, with whom I discussed the matter last Sunday, suggested that, if the summer terms at the German universities should again be scheduled from May 1 to July 31 as had been the case before the war the university might perhaps occasionally give me permission to leave one or two weeks before the end of our spring term so as to be able to teach in the summer in Germany, or that otherwise I might perhaps from time to time be granted a half year's leave of absence without pay for the same purpose." (Brief v. Fritz an Fackenthal, 15.9.1946, S. 3, wie Anm. 537).
541 Handgeschriebene Bleistiftnotiz, unterzeichnet mit dem Kürzel „MBP", möglicherweise Margaret B. Pickel, Dean of University Women.
542 Am 9. November 1946 verließ von Fritz – ohne Louise, die keinen Pass bewilligt bekommen hatte – New York. Der Aufenthalt in Münster war vom 22. November 1946 bis 20. Januar 1947 geplant, verkürzte sich aber infolge einer Schiffshavarie, die zu einem unfreiwilligen Zwischenaufenthalt auf den Azoren zwang, erheblich: nach einer abenteuerlichen Odyssee – so verließ er das Ersatzschiff vorzeitig in Frankreich und setzte die Reise am 6.12. von Paris mit der Bahn fort – kam von Fritz erst am 7. Dezember in Münster an. (v. Fritz, ‚Autobiographische Skizze', S. 19 [wie Anm. 21]; Briefe [hs.] v. Fritz, New Rochelle, an Mädi, 3.11.1946; v. Fritz, Ponta Delgada, Azoren, an Kapp, 26.11.1946; Louise von Fritz, New Rochelle, an Geschwister/Mädi, 29.11.1945 und Kurt v. Fritz, Münster, an Louise, 20.12.1946; Briefe alle in BAdW, Nachlass KvF, Karton 25, Blaue Mappe ‚Briefe 1931–1971').
543 Für den Sommer 1947 hatte von Fritz trotz einer Einladung Snells von den amerikanischen Militärbehörden keine Reiseerlaubnis nach Deutschland erhalten (Brief [hs.] v. Fritz, Maine, an

In Hamburg setzten die Britischen Militärbehörden in der Universitätsverwaltung bekannte Regimegegner ein: Emil Wolff wurde zum Rektor, Bruno Snell zum Dekan ernannt. Am 8. November 1945 schickte Snell im Namen der Philosophischen Fakultät eine Bedarfsmeldung an den Rektor: „benötigt würden der Kunsthistoriker Panofsky, der Altphilologe Kapp und der Lektor für Italienisch, Meriggi".[544] Die erste offizielle Anfrage an den inzwischen 58-jährigen Kapp überschnitt sich mit seiner Beförderung an der Columbia. Freudig und bewegt antwortete er Snell am 6. Mai 1946:

> „Von dieser Seite aus angesehen ist es wie ein schoener Traum, oder vielmehr wie das Erwachen aus einem langweiligen und unangenehmen Traum, wieder neben Wolff und Ihnen in Hamburg zu sein; ich hatte gehofft, bin aber nun auch recht stolz darauf, dass Sie mich wieder haben wollen."

Gleichzeitig müsse er aber um Geduld bitten, denn vor Herbst 1947 könne er die USA nicht verlassen, da er „gerade[545] fuer das Jahr von 1. Juli 1946 bis 30. Juni 1947 ‚Visiting Professor of Greek and Latin' mit vollem Rang und nicht ganz vollem Gehalt geworden" sei:

> „Wenn es sich noch etwas auf die lange Bank schieben laesst, kann ich mit dem besten Gewissen versichern, dass ich ‚grundsaetzlich' bereit bin (und mit Freuden bereit bin) einen Lehrstuhl an der Hamburger Universitaet wieder anzunehmen."

Er schilderte in diesem Schreiben auch die Hintergründe, warum er trotz seiner inzwischen mehr als sechsjährigen Lehrtätigkeit an der Columbia immer noch nicht „regelrecht", d. h. unbefristet angestellt war: das

> „liegt natuerlich nicht an Herrn v. Fritz und den Professoren mit wissenschaftlichen [sic!] Urteil und Interesse, aber es ist da eine Gegnerschaft, die immerhin verstaendlich ist, wenn man beruecksichtigt, dass das Classics Department aus zwei Deutschen (v. F. und ich), zwei Englaendern, zwei Juden (die hier leider auch, nicht offiziell aber praktisch, extra gerechnet

---

Mädi, 20.7.1947, in BAdW, Nachlass KvF, Karton 25, Blaue Mappe ‚Briefe 1931–1971'). Im SoSe 1948 hielt von Fritz auf Einladung Schalks (Briefe v. Fritz, New Rochelle, an Snell, 21.10.1947, S. 3, und 17.1.1948, in BSB München, Nachlass Snell, Ana. 490. B. IV. ‚Fritz, Kurt v.') Vorlesungen und Einzelvorträge an der Universität Köln, nachdem ihm die englischen Behörden für Hamburg keine Einreiseerlaubnis erteilt hatten (Brief v. Fritz, Pöcking, an Snell, 12.8.1948, in BSB München, Nachlass Snell, Ana 490. B. IV. ‚Fritz, Kurt v.'). In den Sommermonaten der Jahre 1949 bis 1952 kam er regelmäßig nach Hamburg.

544 Bachofer/Beck 1991, 686.
545 Laut Appointment Card am 1.4.1946 (CUA, Faculty Appointment Records, Box 29).

werden), und einem echt ‚amerikanischen' instructor besteht,⁵⁴⁶ sodass Furcht besteht ‚our American ways' wuerden in so einem department nicht genuegend verstanden und zur Geltung gebracht. Das ist natuerlich Unsinn, aber immerhin es ist zu begreifen."⁵⁴⁷

Interessant an diesem Stimmungsbild aus dem Department des Jahres 1946 ist die gelassene, abgeklärte Differenzierung, die Kapp unter seinen Kollegen vornahm: er erklärte kurzerhand seine Gegner zu Professoren **ohne** wissenschaftliches Urteil und Interesse.

So ehrenwert die Bemühungen der Hamburger Universität auch waren, Kapp zurückzurufen, so ungeschickt gingen sie dabei vor. Nicht vertraut mit der Jahresplanung in den USA, beschloss die Philosophische Fakultät erst am 1. September 1947 einstimmig, „Kapp unico loco (...) wieder für den Lehrstuhl II vorzuschlagen":

> „Die Fakultät hält es unter den gegebenen Umständen für ihre Pflicht, zur Wiedergutmachung des ihrem früheren Mitglied widerfahrenen Unrechts zu beantragen, dass Kapp jetzt

---

546 Bei dem „echt amerikanischen" Instructor handelte es sich wahrscheinlich um den in Texas geborenen Fred W. Householder Jr., der von 1938 bis 1946 an der Columbia Griechisch unterrichtete (Bender 1997, 561, und Calder 1998, 263), u. a. im Rahmen der ‚University Extension', die für Erwachsene eine Art Undergraduate-College-Programm anbot, seit 1947 unter der Bezeichnung ‚School of General Studies' (http://www.gs.columbia.edu/gs-history). Im akademischen Jahr 1945/46 gehörten dem Department neben den „zwei Deutschen" von Fritz und Kapp die „zwei Juden" Moses Hadas und Naphtali Lewis, Gilbert Highet und der „Oxonian" John F. C. Richards (Hallett, Pearcy 1991, 7) an. Richards wurde noch im gleichen Jahr von Kurt von Fritz zum Assistant Professor befördert, nachdem er seit Herbst 1939 auf der Basis von Jahresverträgen als Instructor in Greek and Latin angestellt war (CUA Faculty Appointment Records, Box 47 ‚Richards'). Kapps sarkastische Kommentierung des latenten Antisemitismus an der Columbia wird noch evidenter, wenn man Hadas' und Lewis' akademischen Werdegang betrachtet: beide waren nicht nur amerikanische Staatsbürger, sondern auch Columbia-Alumni; Hadas hatte dort Magister- und Doktortitel erworben (A.M. 1925, Ph.D. 1930), Lewis promovierte 1934 in Paris, hatte zuvor jedoch in New York am City College (A.B. 1930) und an der Columbia (A.M 1932) studiert (CUA, Faculty Appointment Records, Box 23 ‚Hadas', und Box 34, ‚Lewis').
547 Brief Kapp an Snell, 6.5.1946, S. 1 (BSB München, Nachlass Snell, Ana 490. B. IV. ‚Kapp, Ernst'), auszugsweise zitiert auch von Lohse 1991, 822f., Anm. 122. Erst seit April 1946 war direkter Postverkehr mit Westdeutschland wieder möglich: dies war der erste Brief, den Kapp an Snell nach der langen kriegsbedingten Unterbrechung schrieb: „Lieber Herr Snell: Vor einer halben Stunde diesen Montag morgen kam Ihr Brief an; ich haette meinerseits schon eher geschrieben, wenn ich nicht erst ganz kuerzlich erfahren haette, dass man das wieder kann, und da von uns nichts Wichtiges Neues mitzuteilen ist, so dachte ich, besser wartest du ein paar Tage auf Herrn Snell's Brief, auf den ich sicher hoffte und ueber den meine Frau und ich uns gefreut haben, wie selten ueber etwas. Endlich geht das wieder, und nun antworte ich aber auch sofort." Kurt von Fritz' erster regulärer Brief nach Kriegsende an seine Schwester trägt das Datum 4.4.1946 (siehe Anm. 57).

der Wiedereintritt in sein altes Lehramt und seine alten Rechte angeboten und ihm die Rückkehr nach Deutschland möglich gemacht wird."[548]

Wieder konnte Kapp nicht sofort annehmen, denn schon seit dem 7. April 1947 war er wieder für ein Jahr als Visiting Professor für das akademische Jahr 1947/48 ernannt.[549]

Doch bereits im November war dieser Beschluss praktisch gegenstandslos: die Fakultät sah sich gezwungen, die Berufung Kapps auf unbestimmte Zeit zu verschieben, bis über das Wiederaufnahmeverfahren seines Amtsnachfolgers Ulrich Knoche entschieden war, dem als NSDAP-Mitglied[550] nach 1945 zunächst generelles Berufsverbot erteilt worden war. Es gehörte zu den empörenden Begleiterscheinungen der halbherzigen Entnazifizierungspolitik in den Westzonen,[551] dass ein Mann wie Knoche, der immerhin dreimal Nutznießer nationalsozialistischen

---

548 Lohse 1991, 801f. (zitiert auch bei Wegeler 1996, 216). Das späte Datum der Rückberufung erklärte sich auch aus dem Umstand, dass man erst die Entscheidung des Berufungsausschusses abwarten musste, der über Knoches Einspruch gegen seine Entlassung vom 31. Mai 1945 zu befinden hatte: in einem Kompromissvorschlag hob dieser das generelle Berufsverbot gegen Knoche auf und untersagte lediglich die Fortsetzung seiner Tätigkeit an der Universität Hamburg.
549 CUA Faculty Appointment Records, Box 29 ‚Kapp'. Kurt von Fritz' Aufenthalt in Deutschland von November 1946 bis Januar 1947 hatte das Machtgefüge am Department verändert, sodass die Vertragsverlängerung Kapps sich als schwieriger erwies als erwartet. Das lag nicht zuletzt an der Präsenz Highets, der zum Herbstsemester 1946 seine Unterrichtstätigkeit wieder aufgenommen hatte: „Ein jüngerer amerikanisch-jüdischer Kollege, der während meiner Abwesenheit die Departmentsgeschäfte führte [Naphtali Lewis], wurde veranlaßt, an eine andere Universität [Barnard College] zu gehen – und die Opposition gegen Kapp hat mit der Rückkehr eines im Regierungsdienst beschäftigten Kollegen sehr unerfreuliche Formen angenommen. Doch ist es für nächstes Jahr noch einmal verlängert. Aber ich bin sehr zweifelhaft, ob es darüber hinaus noch einmal gelingen wird." (Brief [hs.] v. Fritz an Snell, 14.4.1947, in BSB München, Nachlass Snell, Ana. 490.B.IV ‚Fritz, Kurt v.').
550 Noch vor seinem Eintritt in die NSDAP 1937 hatte Knoche den NS-Dozentenbund in Köln gegründet und gehörte seit 1934 der Reichsfachschaft Hochschullehrer im NS-Lehrerbund an. (Klee 2003, 320, und Lohse 1991, 784–793).
551 Das Berufsverbot gegen Knoche war noch von den britischen Besatzungsbehörden verhängt worden, während sein Wiederaufnahmeverfahren von deutschen Juristen entschieden wurde: „Die von den Siegermächten betriebene Entnazifizierung war zwischenzeitlich in deutsche Hände übergeben worden und weitgehend zu einer Farce verkommen: Kaum einer war mehr ‚belastet' und die ‚Entlasteten' konnten nun dokumentarisch belegen, daß sie keinesfalls am Nationalsozialismus beteiligt gewesen wären und daher auch nicht genötigt seien, den Zurückkehrenden demütig zu begegnen." (Golczewski 1997, 36).

5.9 Das Department unter Kurt von Fritz' Leitung (1943–1954) — 375

Unrechts war, in Göttingen als Nachfolger Hermann Fränkels und Kurt Lattes,[552] in Hamburg als Nachfolger Kapps, sich in einem drei Jahre währenden Rechtsstreit gegen Kapp durchsetzen konnte und als nunmehr „Entlasteter" (Kategorie V) in Hamburg 1950 seine Lehrtätigkeit wieder aufnehmen durfte.[553]

Umso energischer betrieb Kurt von Fritz in New York nun Kapps ‚permanency': fast zeitgleich mit den betrüblichen Nachrichten aus Hamburg forderte er in einem budget-letter an Präsident Fackenthal vom 11. November 1947, in dem er ausführlich die Pläne für eine Neustrukturierung des Departments erläutert, mit erstaunlicher Schärfe die Festanstellung Kapps.[554] Dem Schreiben schienen erbitterte Debatten vorausgegangen zu sein, denn von Fritz verzichtete auf die übliche akademische Zurückhaltung und nannte nicht nur die konträren Argumente, sondern auch die bzw. den Kontrahenten. Trotz der international anerkannten „superior scholarship" Kapps, trotz der hohen Akzeptanz Kapps unter den Kollegen über die Grenzen des eigenen Fachs hinaus,[555] spräche sich als einziger im Department Gilbert Highet gegen eine Beförderung Kapps zum full-professor aus. Seine Kritik bestünde allein darin, dass Kapp als undergraduate-instructor nicht so gut geeignet sei wie als Professor für graduates.[556] Kurt von Fritz entkräftete das

---

552 Wegeler 1996, 225–229: „So übernahm Knoche gleich bei Amtsantritt [WS 1935/36] als neuer Oberassistent des Instituts auch die Lehrverpflichtungen von Kurt Latte" (226).
553 Wegeler 1996, 216; Lohse 1991, 802, Nicolaysen 2008, 145: „(...) der NS-Karrierist, und nicht der Emigrant, [kehrte] im Sommersemester 1950 auf den Lehrstuhl Klassische Philologie II zurück."
554 Brief v. Fritz an Fackenthal, 12.11.1947, S. 7 (CU, RBML, Central Files, 409.5 ,v.Fritz'),: „In connection with plans for the work of the Department in the graduate section the question of the permanent appointment of Professor Kapp has come up again."
555 Insbesondere Westermann (Ancient History), Bigongiari (Italian Studies) und Schneider (Philosophy).
556 Brief v. Fritz an Fackenthal, 12.11.1947, S. 7–8 (wie Anm. 554): „In regard to this question there is still unfortunately no agreement among the members of the Department (...) There is (...) complete agreement that he should be retained for next year and probably for the year following that. Against his permanent appointment as a Professor, however, Professor Highet has raised the objection that Professor Kapp is not equally good as a teacher of undergraduates and that lately severe criticism has been voiced against Professors who can teach only in the Graduate School." Hintergrund von Highets Kritik an Kapp war möglicherweise gekränkte Eitelkeit, denn in einer Evaluation am Ende des ersten gemeinsamen Jahres von Highet und von Fritz (Februar 1938) gaben zwei ungenannte Mitglieder eines „Sub-Committee on Greek and Latin" zu Protokoll, dass sie von Fritz als Wissenschaftler und Lehrer „definitely higher" einstuften als Highet, der besser für College-Studenten geeignet sei: „Though they think very well of Mr. Highet, they consider Mr. von Fritz even better, not only a good scholar but an excellent teacher of graduate students. They agree that Mr. Highet will probably be particularly admirable with undergraduates and they hope that the program of the College may be so adjusted that he can function

Argument Highets mit dem Hinweis, dass Kapp gerade für die Graduate School dringend gebraucht werden würde, wie aus einem aktuellen von Hadas erstellten Report hervorginge, und dass die begabtesten und besten Studenten des Departments von Kapps Unterricht begeistert seien.[557]

Als sich im Department partout keine Einigung erzielen ließ, solidarisierten sich die Unterstützer Kapps ein drittes Mal und entwickelten in ihrer bewährten Strategie einen kühnen und raffinierten Plan. Vor der Sitzung des „Committee on Instruction of the Faculty of Philosophy", das den einzelnen Departments übergeordnet war und über deren Budgetwünsche beschloss, reichten drei Professoren der Nachbardisziplinen Ancient History, Italian Studies und Philosophy, Westermann, Bigongiari und Schneider, Empfehlungsschreiben bei dem Chairman Luther Carrington Goodrich ein, in denen sie sich rückhaltlos für die Ernennung Kapps zum full professor stark machten:

> „I am greatly concerned over the unsatisfactory position in the University of Professor Ernst Kapp of the Department of Greek and Latin languages (...) He is regarded as one of the best of living scholars in the subject of Greek rhythmics. His book written several years ago upon the ‚Logic of Aristotle' impressed me as the outstanding piece of research which has come from the Columbia University Department of Classics in a generation." (Westermann)[558]

> „In the field of Greek philosophy, he is a master. His familiarity with Plato and Aristotle is astounding (...). The presence and the activities of Prof. Kapp here among us enhance the University's prestige, which I place above all other academic considerations." (Bigongiari)[559]

> „In the new course in the History of Social Philosophy (...) Professor Kapp lectured to us on Roman political philosophy. (...) We hope we can invite him again (....) In addition, Randall and I would like his cooperation in a seminar next year on Aristotle's Metaphysics.[560] He is an expert on the subject and the success of the seminar would depend largely on his cooperation. In general, we are obliged to rely on the Classics Department for much of our work in Greek philosophy, which means that we are especially concerned to have our students work under Professor Kapp in the future. We would naturally feel embarrassed to con-

---

effectively there." (Brief Gildersleeve an Dean Pegram, 3.2.1938, in CU, RBML, Central Files 326.11 ‚Gildersleeve').

557 „Some of the most advanced College students (...) express themselves spontaneously in most enthusiastic terms concerning Professor Kapp's teaching" (Brief v. Fritz an Fackenthal, 12.11.1947, S. 8 (wie Anm. 554).

558 Brief Westermann an Goodrich, 17.12.1947 (CU, RBML, Central Files, 301.18 ‚General alphabetical correspondence, 1890–1971', WE 1947–1948).

559 Brief Bigongiari an Goodrich, 17.12.1947 (CU, RBML, Central Files, 375.19 ‚Bigongiari').

560 Im Winter term 1948 (siehe S. 398 und 401).

tinue imposing on his good nature if he were not a regular professor in his Department."
(Schneider)[561]

Auf der Grundlage dieser Gutachten stellte von Fritz am 25. Dezember persönlich einen offiziellen Antrag auf Beförderung Kapps, nicht im Namen des Departments, und verteidigte dieses eigenmächtige und unkonventionelle Vorgehen: da sich die Mitglieder des budget committee nicht über Kapps Beförderung hätten einigen können, sei er als Executive Officer gezwungen gewesen, in dem budget-letter die konträren Argumente vorzustellen, die der Gegner Kapps ebenso wie seine eigenen:

> „In the budget letter which I wrote to President Fackenthal a few weeks ago I followed the procedure prescribed by the constitution of the department of Greek and Latin (...): The executive officer has to make the budget proposals ‚in agreement with the departmental committee on the budget' (...) Since there was no agreement among the members of the budget committee concerning the appointment of Professor Kapp I considered it may [sic!] duty to include in my report the arguments which Professor Highet had set forth against a permanent appointment of Professor Kapp, making it clear however that I myself do not agree with these arguments and that in my opinion the retention of Professor Kapp and the regularisation of his position is of vital importance for the work of the department (...)."[562]

Er begründete seine Einschätzung mit einem Gutachten über Kapps Verdienste und Fähigkeiten als Wissenschaftler und Lehrer, das in seiner hymnischen Grundhaltung und Ausführlichkeit die testimonials seiner Mitstreiter noch über-

---

561 Brief Schneider an Goodrich, 16.12.1947: ausdrücklich nahm Schneider Kapp auch gegen den hämischen Vorwurf seiner Gegner in Schutz, er könnte nicht genügend Englisch: „I would like to add that we had little difficulty in understanding him. He speaks English well and with considerable feeling and color (...) there is certainly no point in refusing him recognition on the ground of any supposed language disability." (CU, RBML, Central Files, 386.16 ‚Schneider'). Ähnlich auch Bigongiari: "Kapp has a rare feeling for poetry, a knowledge of it which covers the ancient classical as well as the modern German field and, finally, a capacity for conveying this scholarly appreciation to his listeners in English as I have had occasion recently to observe." (Brief Bigongiari an Goodrich, 17.12.1947, wie Anm. 559).
562 Brief v. Fritz an Goodrich, 25.12.1947 (CU, RBML, Central Files, 409.5 ‚v. Fritz'). Diesem Brief war am 19. Dezember ein privates Gespräch mit Goodrich vorausgegangen, in dem von Fritz ausführlich sein Handeln angesichts der verhärteten Fronten im Department erläuterte: „In agreement with our conversation of last Friday I repeat in writing what I said about Professor Ernst Kapp and the desirability of his appointment to a permanent position in the Department of Greek and Latin." (ebda.).

traf. Gleichzeitig entkräftete und widerlegte er die wenigen Argumente, auf die die Gegner Kapps sich stützten:[563]

> „Nobody to my knowledge, not even Professor Highet, has yet questioned the superior scholarship of Professor Kapp, and it would indeed be difficult to do so. (...) He is absolutely leading in the field of Greek metrics. He has an unequaled knowledge of Plato and Aristotle, whose works he knows almost by heart. (...)
> With all this Professor Kapp is anything but a narrow specialist. He gives excellent lectures on Greek poetry, especially Homer, Pindar, Aristophanes, and the hellenistic poets. He has a detailed knowledge of the history of indogermanistic linguistics which enables him to see the most modern linguistic theories in historical perspective. He is equally well versed in the history of Greek and Roman oratory and rhetorical theory.(...)
> Scholars of this kind have been very rare at all times and are especially rare in the classicis [sic!] at this time and in this country where the field has been greatly neglected during the last few decades. A great university like Columbia therefore might well wish to retain a man like this even if he was not a good teacher. The opposite however is the case. Both the best graduate and the best upper grade undergraduate students have again and again expressed themselves most enthusiastically about Professor Kapp's teaching. (...)
> Concerning Professor Kapp's alleged lack of ability as a teacher in Columbia College, which was Professor Highet's argument against his permanent appointment, it may be said that this is perhaps to some extent correct as far as the instruction of freshman is concerned. But as the department is now constituted we do not need Professor Kapp at all for the college (...) On the other hand, he is most vitally needed for a great number of advanced graduate courses (...)"[564]

---

[563] Denen ging es längst nicht mehr um die Sache. Die unterschwellig feindselige Haltung Highets gegenüber Kapp und von Fritz war kein Geheimnis: ohne den Namen zu nennen, sprach von Fritz noch 1981 im Interview mit Spalek von einem „Hassverhältnis", das zwischen ihm und seinem „latinistischen Kollegen" bestanden habe: „seine Frau verdiente viel Geld mit antideutschen Romanen" (Spalek, Interview mit v. Fritz, Tape 2, Seite 3, in KvF Papers, Albany). Martin Ostwald, der 1952 bei von Fritz promoviert und nach eigener Aussage „am meisten von Kapp gelernt" hatte, bezeichnete im Gespräch mir gegenüber mehrfach Highet als „smooth Scottish" mit zwei Vorurteilen, gegen Deutsche und gegen Juden, eine Einschätzung, die mir auch von Charles Kahn im Frühjahr 2009 mündlich bestätigt wurde. In zwei Briefen, in denen Ostwald (seit 1951 Lecturer, seit 1954 Assistant Professor am Department) von Fritz dazu bewegen wollte, von Berlin wieder an die Columbia zurückzukehren, tauchte Highet als „die bekannte Ausnahme" auf: „Zunaechst mal besteht nicht der geringste Zweifel, dass wir alle, aber wohl mit der Ihnen bekannten Ausnahme, Sie gerne wieder bei uns haben moechten"; „(...) ich [bin] absolut ueberzeugt (...), dass unser Department Sie braucht, nicht nur als Lehrer, sondern auch als Leiter. Ich kann Ihnen versichern, dass diese Ueberzeugung auch von der Mehrzahl unserer Kollegen geteilt wird, ich glaube allen ausser einem." (Briefe Ostwald an v. Fritz, 11.12. 1954 und 19.11.1954, BAdW, Nachlass KvF, Karton 21, Mappe blau ‚Briefe an KvF von Universitäten und Freunden 1950–1959').
[564] Brief v. Fritz an Goodrich, 25.12.1947 (wie Anm. 562).

In einem nächsten Schritt stellte er die Glaubwürdigkeit der graduate-Studentin in Frage, die sich als einzige negativ über Kapp als Lehrer geäußert hat:

> „There was only one graduate girl student whose testimony was once used against Professor Kapp by Professor E. Wright, who was admittedly opposed to Professor Kapp's appointment because of his German origin, and of this girl student Professor Wright later admitted himself in a conversation with Professor Bigongiari that she was making trouble for everybody."

Seit dem Tod von Professor Keyes 1943 habe sich ein committee unter der chairmanship des Anglisten E. Wright vergeblich bemüht einen „born american" Professor zu finden, der auch nur annähernd über die Qualitäten Kapps verfügt habe. Das hätte auch Highet indirekt anerkannt mit seinem inakzeptablen Vorschlag, Kapp nicht nur für das Jahr 1948/49, sondern auch bis zur Erreichung des Pensionsalters in seiner Stellung als Visiting Professor zu behalten:[565]

> „In these circumstances it does not seem to me to be in the best interest of the department of Greek and Latin and of the university to leave him permanently uncertain of his future."

Binnen einer Woche hatten die Fürsprecher Kapps, die vitale Interessen ihrer vier Departments zum Ausdruck brachten, ihr ehrgeiziges Ziel erreicht: mit ihrem geschlossenen und engagierten Auftreten gelang es ihnen die Unterstützung des Committee on Instruction of the Faculty of Philosophy zu gewinnen. Goodrich schloss seinen budget-request letter vom 22. Dezember 1947 an den Provost Albert C. Jacobs mit dem „Credo":

> „It is our belief that the University has in him [Kapp] a man of excellence and distinction, whose services we need, and whom we should delight to honor."[566]

---

565 „This seems implicitly acknowledged by Professor Highet's own suggestion that Professor Kapp be retained as visiting Professor in the academic year 1948/9 and possibly until he reaches the retirement age." (Brief v. Fritz an Goodrich, 25.12.1947 [wie Anm. 562]).
566 Brief Goodrich an Jacobs, 22.12.1947 (CU, RBML, Central Files, 394.17 ‚Goodrich, L. Carrington'). Zugleich erklärte Goodrich dem Provost die Hintergründe dieses ungewöhnlichen Procedere: "Finally, I wish to pass on to you the hearty recommendation of the Committee that Visiting Professor Ernest J. Kapp (Greek and Latin) be advanced to the rank of professor at a salary of $7,500. This proposal was not made by the Department of Greek and Latin because of opposition within the department. It has nevertheless the strongest support of the Executive officer and of three Professors outside the department, Professors Westermann, D. Bigongiari and Schneider, all of whom have come to know the work of Dr. Kapp through critical appraisal of his writings and through constant association." Das frühe Datum von Goodrichs Brief zeigt, dass von Fritz' Brief vom 25.12. nur noch Formsache war: ausschlaggebend für Goodrichs Entscheidung war das persönliche Gespräch mit von Fritz am 19. Dezember.

Sowohl der Provost als auch das ‚Advisory Committee on Educational Policy' ließen sich von diesem außergewöhnlichen Fall beeindrucken[567] und fanden die Argumente der Kapp-Unterstützer so überzeugend, dass der Provost Jacobs am 12. Januar Goodrich einen positiven Bescheid geben konnte:

> „I am pleased to inform you that the recommendations will go forward to the Trustees that Professor Kapp be made a Professor as of July 1, 1948 at a salary of $ 8000.–"[568]

Mit dieser *tour de force* hatte die ‚Kapp-Partei' ihr Ziel erreicht: das Protokoll der Department- Sitzung vom 11. Mai 1948 verzeichnet lapidar: „The Chairman announced that Professor Kapp has been appointed Professor of Greek and Latin (...)."[569] Endlich war der nunmehr 60-jährige Kapp, der seit seiner Entlassung in Hamburg von existentiellen Geldsorgen geplagt war, finanziell wieder abgesichert und konnte sich verstärkt der wissenschaftlichen Arbeit widmen, mit seinem Lehrangebot in den Jahren 1948 bis zur Emeritierung 1955 demonstrierte er noch einmal eindrucksvoll die Exzellenz und Vielseitigkeit seiner Begabung. So profitierten vor allem die Studenten des Department of Greek and Latin von der souveränen Entscheidung Goodrichs und der beiden Komitees, wie Charles H. Kahn, Kurt von Fritz' letzter amerikanischer Doktorand, vierzig Jahre später in seinem Rückblick beschreibt:

> „Those who had the good fortune to study with von Fritz and Kapp in those Columbia years had contact with two remarkable scholars, dear friends of sharply contrasting temperament, who represented the German classical tradition in its finest flower."[570]

Langsame Heimkehr (1948–1954/55)

Während der Sommerferien 1947 durfte von Fritz in Deutschland keine Vorlesungen halten, da ihm die Militärbehörden keine Einreisegenehmigung erteilt hatten. Umso mehr Zeit konnte er auf ein neues Projekt verwenden, das er zu-

---

567 Am 31.12.1947 hatte Goodrich von Fritz' Brief vom 25.12.1947 an Jacobs weitergeleitet, dieser sicherte umgehend seine Unterstützung zu: „I will see that this letter is given very careful consideration by the Advisory Committee on Educational Policy." (Brief Jacobs an Goodrich, 5.1. 1948, CU RBML, Central Files 394.17 ‚Goodrich').
568 Brief Jacobs an Goodrich, 12.1.1948 (CU, RBML, Central Files, 394.17 ‚Goodrich'). Ludwigs Darstellung dieser Ereignisse irrt nicht nur in der Datierung: „als Chairman in Columbia erreichte er [Kurt v. Fritz] 1941 gegen das Votum der Fakultätskollegen die Anstellung von Kapp als Assistant Professor" (Ludwig 1986a, 228).
569 Minutes, Department of Greek and Latin, 11.5.1948 (CU, RBML, Central Files, 409.5 ‚v.Fritz').
570 Kahn 1994, 203.

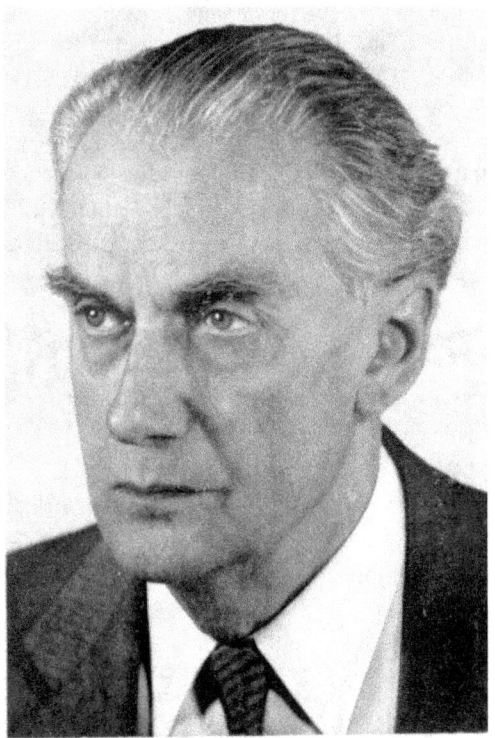

Abb. 12: Kapp als Full Professor (Columbia University, frühe 1950er Jahre?)

sammen mit Kapp in Angriff genommen hatte: für eine „neue combinierte" interdisziplinäre Vorlesung über Geschichte der Staatstheorien, die im Wintersemester beginnen sollte,[571] hatten die beiden zugesagt, das Altertum zu übernehmen:

---

[571] Die Ring-Vorlesung mit dem Titel „History of Social Philosophy" war von H. W. Schneider organisiert worden und sollte laut Ankündigungstext fächerübergreifend einen Überblick („review") bieten über „the history and literature of political theory and of the major systematic interpretation of man's history, institutions, and social control". Neben Kapp und von Fritz waren u.a. Prezzolini, Bigongiari, Neumann, Dorfman, und MacIver beteiligt (CU, RBML, Bulletin of Information, 48th ser., no. 37, Announcement of the Faculty of Philosophy for the Winter and Spring Sessions 1948–1949, 101).

> „Als Hintergrund für diese Vorlesung sollen eine Reihe von Dokumenten, so weit als nötig in Übersetzungen, herausgegeben werden, und mein Freund Kapp und ich haben uns bereden lassen, Aristoteles' Geschichte der athenischen Verfassung und einige andere ähnliche Dokumente in einem Band vereinigt herauszugeben."

Schnell wurde klar, dass sich ihr ursprünglicher Plan, zu einer allgemein anerkannten englischen Übersetzung lediglich eine Einleitung und gegebenenfalls einige kommentierende Anmerkungen zu schreiben, nicht realisieren ließ; stattdessen beschlossen sie

> „eine ganz neue Übersetzung und neue Anmerkungen dazu zu verfassen, was eine sehr harte Arbeit war, da Aristoteles diese Geschichte in seinen Nebenstunden geschrieben und sehr vieles unklar gelassen hat, das man versuchen muß, so gut als möglich aufzuklären, wenn das Werk einem modernen Leser verständlich und nützlich sein soll." [572]

Anders als von Fritz machte Kapp weniger die mangelnde Qualität der Textvorlage für die unerwarteten Schwierigkeiten verantwortlich als vielmehr die Irrtümer der bisherigen Aristotelesforschung. Doch auch mit den eigenen bisherigen Arbeitsergebnissen war er alles andere als zufrieden:

> „Herr v. Fritz und ich haben uns viel Zeit und jedenfalls diese ganzen Ferien verdorben, indem wir eine neue Uebersetzung mit Einleitung und Anmerkungen von Aristoteles' ‚Politeia Athenaion' ‚and related texts' angekuendigt haben; related texts sind hauptsaechlich die pseudoxenophontische Pol. Ath., dazu Stellen aus dem Pl. 7. Brief und Ar.' Protreptikos. Es ist viel mehr Arbeit als erwartet, sollte jetzt schon fertig sein, denkt aber nicht daran. In der aristotelischen Pol. Ath. sins [sic!] eine ganze Masse Saetze bisher einfach falsch interpretiert; aber was wir bisher fertig haben, ist auch noch etwas fragwuerdig." [573]

Bis Ende Juli hatten beide den Text je zur Hälfte übersetzt und kommentiert, im August wollte jeder den Rohentwurf des anderen kritisch nachprüfen und korrigieren, eine Einleitung von etwa 40 Druckseiten wollte Kurt von Fritz bis zu Beginn des Semesters fertiggestellt haben.[574]

Im darauffolgenden Jahr erhielt von Fritz von den Behörden erstmals die Genehmigung, gemeinsam mit seiner Frau nach Deutschland zu reisen. Grundlage hierfür waren offizielle Einladungen sowohl von Snell als auch von Schalk, an der

---

572 Brief (hs.) v. Fritz an Mädi 20.7.1947, S. 3 (wie Anm. 543).
573 Brief Kapp, New York, an Snell, 12.8.1947, S. 1f. (BSB München, Nachlass Snell, Ana 490. B. IV. ‚Kapp, Ernst').
574 Erst drei Jahre später ging das Buch in Druck, unter dem Titel *Aristotle's Constitution of Athens and related texts*, translated with an introduction and notes by Kurt von Fritz and Ernst Kapp, New York 1950.

5.9 Das Department unter Kurt von Fritz' Leitung (1943–1954) — 383

Universität Hamburg bzw. Köln während des Sommersemesters Vorlesungen zu halten. Da die englischen Militärbehörden aus nicht näher bekannten Gründen von Fritz keine Aufenthaltserlaubnis in Hamburg erteilten, blieb ihm die schwierige Entscheidung erspart, welchem seiner beiden Freunde er absagen sollte. Noch während dieses Kölner Semesters erreichte von Fritz ein permanenter Ruf an die Universität Bonn, der ihm „Kopfzerbrechen machte", da das Angebot mit ungewöhnlicher Schärfe formuliert war:

> „Als ich Ende Juli nach Düsseldorf gefahren bin zu einer Besprechung mit der Ministerialreferentin hat man mir gedroht, daß wenn ich jetzt wieder nicht annähme – ich hatte ja schon vor 2 Jahren einen Ruf nach Münster, die deutschen Universitäten genug von mir hätten und mich nicht mehr haben wollten."[575]

Da die Verhältnisse am Department geordneter und stabiler waren als 1946 und er Kapps „Ordinariat" im Frühjahr 1948 „gegen heftige Widerstände endlich durchgesetzt" hatte, suchte von Fritz nach einer „Art Übergangslösung", die es ihm erlaubte auf dieses Angebot einzugehen, ohne voreilig die sichere Lebensstellung an der Columbia University in New York aufzugeben, wo er nach eigener Aussage mehr Freiräume und Gestaltungsmöglichkeiten hatte als selbst Jaeger in Harvard (!). Nach längerer Beratung mit Freunden und Kollegen unterbreitete er der Bonner Fakultät und dem Ministerium den Vorschlag, von Juni 1949 bis August 1950 zunächst zweieinhalb Semester ‚auf Probe' nach Bonn zu kommen,

> „wenn ihnen das recht ist. Ich weiß natürlich nicht, ob sie darauf eingehen. Aber wenn sie es tun, werde ich hier um Urlaub eingeben, und es ist wohl wahrscheinlich, daß man ihn mir geben wird. Dann würden wir also im nächsten Sommer für ziemlich lange hinüberkommen und wir könnten uns dann einmal länger sehen."[576]

Da ihm gleichzeitig auch ein Angebot von der Universität Hamburg für den Sommer 1949 vorliege, bat er um rasche Benachrichtigung.[577] Die Universität

---

575 Brief (hs.) v. Fritz, New Rochelle, an Snell, 12.10.1948, S. 1 (BSB München, Nachlass Snell Ana 490. B. IV. ‚Fritz, Kurt v.').
576 Brief (hs.) v. Fritz an Mädi, 18.11.1948 (BAdW, Nachlass KvF, Karton 25, Blaue Mappe, ‚Briefe 1931–1971'). Im akademischen Jahr 1950/51 hingegen sei seine Anwesenheit an der Columbia wieder dringend erforderlich, da Highet ein Urlaubssemester beantragt hatte. (Brief [hs.] v. Fritz, an Snell, 12.10.1948, S. 4, wie Anm. 575).
577 Kurt von Fritz sicherte Snell zu, „sofort um die Aufenthaltserlaubnis für Hamburg" einzugeben, „und wenn das Bonner Arrangement nichts wird; d.h. das 3semestrige – für ein Semester gehe ich nicht nach Bonn – komme ich natürlich nach Hamburg. Es wäre sehr schön, 2 Monate mit Ihnen und Wolff zusammenzusein, zumal wenn auch Kapp noch hin kommt." (Brief [hs.] v. Fritz, an Snell, 12.10.1948, S. 4, wie Anm. 575).

Bonn, die sich auf derartige Kompromisse anscheinend nicht einlassen wollte, blieb nicht nur bis Weihnachten eine Antwort schuldig, sie verbreitete sogar wahrheitswidrig das Gerücht, von Fritz habe den Ruf abgelehnt! Das brachte Louise von Fritz, die sich schon große Hoffnungen auf einen längeren Aufenthalt in der Heimat gemacht hatte, „um ohne Gehetz, Erschoepfung und Trauer" bei den Verwandten sein zu können, an den Rand eines Nervenzusammenbruchs:

> „Meine lieben warmen Geschwister: Mit rotverheultem Gesicht, geschwollenen trueben Augen, gestraeubten Haaren, kurzum vergraemt, vermiest, noch kuerzer: scheusslich, sitz ich hier vor der Maschine um einen froehlichen Weihnachtsbrief zu schreiben. Die ganze Nacht habe ich wegen fuerchterlichem Heimweh geweint bis die Taube [Kurt von Fritz] ganz zornig geworden ist (das noch oben drein) worauf ich dann still vor mich hingesabbert habe. Ausser der staendigen, nun schon 12½ Jahre bestehenden Ursache (permanentes Heimweh) ist diesmal ein Brief eines Freundes aus Koeln [Fritz Schalk] der Anlass meiner gehaeuften Trauer, in dem steht, dass er, der Freund, erfahren habe, Kurt haette ,in Bonn abgelehnt' und dass das sehr schade sei. In Wirklichkeit ist es aber so, dass Kurt auf eine nochmalige telegrafische Anfrage Anfang November einen langen Brief an die Fakultaet und das Ministerium geschrieben hat und ihnen in der hoeflichsten und freundlichsten Form erklaert hat, er koenne und wolle aus verschiedenen Gruenden (die er alle angefuehrt hat) jetzt noch nicht von hier fortgehen, aber er waere bereit zunaechst fuer ein Jahr, d. h. sogar fuer drei Semester dorthin zu kommen, d. h. er wuerde sich mit Verzicht auf sein ganzes Jahresgehalt ein Jahr Urlaub von hier nehmen."[578]

Trotz dieser schwierigen innerfamiliären Konstellation konnte von Fritz sich nur schwer entschließen, New York den Rücken zuzukehren: zu stark waren die beruflichen und privaten Bindungen geworden, die ihn seit 1937 an der Columbia zunehmend hatten heimisch werden lassen. Durch die Beförderung zum ,Jay Professor of Greek', mit einem Jahresgehalt in Höhe von $ 9000, das 1953 auf $ 9500 erhöht wurde, stand von Fritz 1950 auf dem Höhepunkt seiner Laufbahn;[579]

---

[578] Brief Louise v. Fritz an Geschwister, 21.12.1948 (BAdW, Nachlass KvF, Karton 25, Blaue Mappe, ,Briefe 1931–1971'). Der ablehnende Bescheid des Düsseldorfer Ministeriums traf kurz nach Weihnachten ein und wurde von Kurt von Fritz ohne großes Bedauern akzeptiert: „Sie wollen lieber jemand haben, der sofort für ganz und dauernd kommt. Das ist ja begreiflich (...) Jedenfalls folgt daraus nun, daß ich mit Freuden die Einladung nach Hamburg für nächsten Sommer annehme; und ich freue mich ganz besonders darauf, nun einmal etwas länger als einen oder zwei Tage mit Ihnen und Wolff in derselben Stadt zu sein." (Brief [hs.] v. Fritz, New Rochelle, an Snell, 31.12.1948, in BSB München, Nachlass Snell, Ana 490. B. IV. ,Fritz, Kurt v.'). Am 1. Juni 1949 reiste von Fritz nach Hamburg, nachdem ihm der Präsident die Erlaubnis erteilt hatte, den offiziellen Semesterabschluss-Feierlichkeiten („Commencement Exercises"), die auf eben diesen Tag angesetzt waren, fernzubleiben (Brief v. Fritz an Hayden, Secr. CU, 20.5.1949, und Hayden an v. Fritz, 23.5.1949, in CU, RBML, Central Files 409.5, ,v. Fritz').
[579] Brief Grayson Kirk, CU President, an v. Fritz, 4.5.1953 (BAdW, Nachlass KvF, Karton 18, Mappe dunkelrot, ,1937–1955'; Durchschlag in CU, RBML, Central Files 409.5, ,v. Fritz'). Ab-

in Martin Ostwald[580] und Charles Kahn hatte er begabte und „anhängliche" Schüler gefunden, deren wissenschaftliche Ausbildung und Karriere ihm am Herzen lag. Ganz zu schweigen von der Freundschaft mit Kapp, der aller Voraussicht nach bis zu seiner Emeritierung 1955 an der Columbia bleiben würde, nachdem Knoche in Hamburg erfolgreich dessen Rückberufung hatte verhindern können.[581] Abgesehen von Kapp hatte von Fritz in New York noch eine Reihe weiterer enger persönlicher Freunde, Bigongiari, Westermann und Randall von der Columbia University, Arnold Brecht und Kurt Riezler von der New School. Vor allem aber fühlte er eine innere Verpflichtung, dem Land und der Universität, die ihn so gastfreundlich aufgenommen hatte, eine Art wissenschaftliches Vermächtnis zurückzulassen:

> „Auch hatte ich das Bedürfnis, das in englischer Sprache begonnene Buch über die gemischte Verfassung das unter anderem auch durch die Auseinandersetzung mit den damals in Amerika überhaupt und und [sic!] besonders in der C.U. stark vertretenen Hobbesianern in seiner Form bestimmt worden war, zuerst zu vollenden."[582]

---

weichend von den Angaben auf von Fritz' Appointment Card (CUA Faculty Appointment Records, Box 59) die seine Ernennung zum „Jay Professor of Greek" auf den 6. Juni 1950 (mit Wirkung zum 1. Juli) datiert, ist in dem Formblatt ‚Akademische Laufbahn' bereits der 25. September 1943, also der Beginn seiner Tätigkeit als Executive Officer des Departments in der Nachfolge Keyes, vermerkt (BAdW, Nachlass KvF, Karton 18, Gelbe Kartonmappe, ‚Duplikate, Lebenslauf'), ebenso in der Übersicht ‚Kurt von Fritz: Education', einer Anlage zum Personalbogen ‚K. v. Fritz' der BAdW (KvF-Papers, Albany).

580 Martin Ostwald (1922–2010) war seit 1948 mit einem *Columbia Faculty Fellowship* Doktorand bei Kurt von Fritz. Nach seiner Promotion 1952 unterrichtete er bis zu seinem Wechsel 1958 nach Swarthmore an der Columbia und wurde durch von Fritz zum Nachfolger Kapps aufgebaut: deshalb sollte er während von Fritz' Sabbatical im Winter 1953–54 dessen Graduate Course „Ancient Political Theory" übernehmen: „This would also give an opportunity to try out Dr. Ostwald as a teacher of graduate courses. Since of our present instructors and lecturers he appears most talented for graduate work, and since a few years from now Prof. Kapp will be retired because of age, this seems to be an excellent opportunity to find out whether Dr. Ostwald may later be able to replace him." (Antrag v. Fritz auf Sabbatical Leave of Absence, 24.11.1952, ‚Proposed arrangements for providing for academic work', separate sheet, in CU, RBML, Central Files 409.5, ‚v. Fritz'). Unter Gilbert Highet, der nach von Fritz' Weggang nach Berlin die Geschäfte des Departments als Executive Officer von 1954 bis 1958 führte, ließ sich dieser Plan nicht mehr realisieren.

581 Im Sommersemester 1950 hatte Knoche in Hamburg seine Lehrtätigkeit wieder aufnehmen dürfen: damit war Kapp eine Rückkehr auf seinen alten Lehrstuhl II endgültig verwehrt. (Lohse 1991, 802).

582 v. Fritz, ‚Autobiographische Skizze', S. 21 (wie Anm. 21): Dieses Opus Maximum (490 Seiten stark) erschien 1954 in der Columbia University Press unter dem Titel *The Theory of the Mixed Constitution in Antiquity: A Critical Analysis of Polybius' Political Ideas*.

Dafür hätten die Fakultäten und Ministerien in Deutschland kein Verständnis: sie „wollten (...) von Bedenkzeiten und Aufschub nichts wissen und draengten auf sofortige Entscheidung". Mehr Entgegenkommen und Verständnis zeigten die Philosophische Fakultät der Freien Universität Berlin und der West-Berliner Senat: als Kurt von Fritz während eines Freisemesters im Winter 1953/54[583] an der FU lehrte, boten sie ihm einen Lehrstuhl für Gräzistik ‚auf Probe' an: „Sie erlaubten mir, während meines nächsten Urlaubssemesters an der C.U. zunächst einmal als Gastprofessor nach Berlin zu kommen und mich dann erst zu entscheiden."[584] Die besagte Gastprofessur konnte von Fritz schon im darauffolgenden Jahr 1954/55 antreten, nachdem ihm von Columbia ein „leave of absence without salary" genehmigt worden war.[585] Im Vorfeld hatte ihm Kapp dringend zugeraten den Ruf anzunehmen:

> „Es wird wohl nichts helfen, Sie werden den Ruf nach Berlin annehmen muessen (dass es mir persoenlich viel lieber waere, wenn Sie schliesslich, d. h. wenn ich nicht mehr nach Amerika reisen kann, auch in Deutschland waeren, brauche ich eigentlich gar nicht zu erwaehnen). (...) Natuerlich muessen Sie ihre Entscheidung fuer Berlin hinausschieben, solange es gut geht: das wird aber wohl leider nicht ueber den Zeitpunkt Ihrer Abreise von Deutschland hinaus moeglich sein."[586]

---

583 Dieser Aufenthalt in Berlin war von langer Hand geplant: schon im Dezember 1952 wurde von Fritz' Antrag auf „leave of absence" für die „Winter Session 1953–54" von der Columbia-Administration bewilligt, offenbar bei fortlaufender Gehaltszahlung, denn das Bewilligungsschreiben enthält nicht den Zusatz „without pay" (Brief Herpers, CU, an v. Fritz, 10.12.1952, in CUA Central Files 409.5, ‚v. Fritz').
584 v. Fritz, ‚Autobiographische Skizze', S. 21 (wie Anm. 21). Kurt von Fritz war schon seit Juni 1953 an der FU, wie aus einem Brief an Columbias Präsidenten Kirk zu entnehmen ist, in dem er sich für dessen Glückwünsche für ein Guggenheim Fellowship bedankte (Brief [hs.] v. Fritz, Berlin, an Kirk, 21.6.1953, CU, RBML, Central Files, 409.5, ‚v. Fritz').
585 Brief Richard Herpers, CU Secretary, an v. Fritz, 7.5.1954 (BAdW, Nachlass KvF, Karton 18, Mappe dunkelrot, ‚1937–1955'): Vertragsbeginn an der FU war der 25. Juni 1954 (‚Kurt von Fritz: Education', Anlage zum Personalbogen ‚K. v. Fritz' der BAdW, in KvF-Papers, Albany).
586 Brief Kapp, New York, an v. Fritz, undatiert, vor 18.2.1954 (BAdW, Nachlass KvF, Karton 21, Mappe orange, ‚Briefe von bekannten und befreundeten Persönlichkeiten aus Europa und USA'). Der scherzhafte Beginn des Briefes lässt darauf schließen, dass von Fritz von Berlin aus Kapp über den Ruf informiert hatte: „Und ich wartete immer auf einen Brief von Ihnen, denn ich erinnere mich gesagt zu haben, ich wuerde Ihnen sofort schreiben, sowie ich einen Brief oder eine Karte von Ihnen bekaeme mit Angabe einer Berliner Adresse. Aber Spass beiseite, vielen Dank fuer Ihren Brief, den ich sofort beantworte, d. h. doch erst nach einigen Tagen wenig erspriesslichen Nachdenkens." Tatsächlich blieb von Fritz, dem für die „winter session" 1953/54 ein sabbatical leave of absence bewilligt worden war (Brief Herpers, CU, an v. Fritz, 10.12.1952, in BAdW, Nachlass KvF, Karton 18, Mappe dunkelrot, ‚1937–1955', und Appointment Card ‚K. v. Fritz', in CUA Faculty Appointment Records, Box 59), insgesamt acht Monate in Deutschland: er kehrte erst kurz vor Semesterbeginn wieder nach New York zurück, bevor Kapp seinerseits sein

Kurz nach diesem Brief, am 18. Februar 1954, verließ Kapp mit seiner Frau New York und trat sein erstes offizielles Sabbatical an, natürlich in Hamburg.[587] Für die Rückfahrt war der spätestmögliche Termin gebucht, der es noch erlaubte das Herbstsemester an der Columbia pünktlich beginnen zu können, der 5. September. In Hamburg gelang es ihm, in den Verhandlungen mit den Behörden im Hinblick auf seine Altersversorgung wichtige Entscheidungen durchzusetzen: nicht nur erhielt er eine finanzielle Entschädigung, vor allem wurde ihm am 1. April 1954 die Rechtsstellung eines „entpflichteten ordentlichen Professors" zugebilligt, die ihn zu Emeritenbezügen berechtigte. Möglicherweise war an dieser günstigen Entscheidung Bruno Snell beteiligt, der in den Jahren 1952 und 1953 Rektor der Hamburger Universität war.[588]

Während von Fritz' leave of absence übernahm Gilbert Highet vertretungsweise die Position des Acting Executive Officer.[589] Dessen Amtsführung war of-

---

sabbatical antrat: „Herr und Frau v. Fritz kommen Ende Januar hier an; ich glaube allerdings erst am 29. Januar." (Brief Kapp, New York, an Snell, 25.12.1953, in BSB München, Nachlass Snell, Ana 490. B. IV. ‚Kapp, Ernst'). Kapps Freisemester im spring term 1954 war auch der Grund dafür, warum von Fritz nicht schon im Sommer 1953 sein Guggenheim Fellowship in Anspruch nahm: „I had in fact withdrawn my application when I became aware that I would not be able to take advantage of it during the current academic year, since I shall have to be back in the second term, when Professor Kapp will have a sabbatical leave." (Brief [hs.] v. Fritz, Berlin, an Kirk, 21.6. 1953 [wie Anm. 584]).
587 Obwohl auch Kapp von Snell in den Nachkriegsjahren regelmäßig zu Vorlesungen an die Hamburger Universität eingeladen worden war, musste er aus finanziellen Gründen – der Hutladen seiner Frau verursachte hohe Kosten – mehrmals absagen, zum großen Verdruss von Kurt von Fritz, der sowohl 1948 als auch 1949 mit Kapp gemeinsam ein Seminar in Hamburg abhalten wollte: „Dann hat mir Herr Kapp gesagt, er habe jetzt doch seine Reise nach Deutschland abgeblasen und an Ihren Mann davon Mitteilung gemacht. Ich habe ihm gesagt, ich fände das scheußlich von ihm, zumal da wir hätten zusammen hinreisen können und ich ihm die Reiseunbequemlichkeiten hätte abnehmen können." (Brief [hs.] v. Fritz, New Rochelle, an Frau Snell, 2.4.1948, in BSB München, Nachlass Snell, Ana. B. IV. ‚Kapp, Ernst'). Für das SoSe 1949 war ein Seminar über Aristoteles' Analytica Posteriora geplant, „für eine gemeinsame Unternehmung besonders geeignet, da Kapp von der Syllogistik und ich von der Mathematik her besonders dazu beitragen [könnte]" (Brief [hs.] v. Fritz, New Rochelle, an Snell, 31.12.1948, wie Anm. 578), doch auch diesmal musste Kapp in New York bleiben, da er „Loecher verschiedener Art zu stopfen" habe und „es nicht verantworten" könne „groessere Schulden zu machen." (Brief Kapp, New York, an Snell, 26.3.1949, in BSB München, Nachlass Snell, Ana. B. IV. ‚Kapp, Ernst'). Erst am 16. Juni 1950 reiste er erstmals alleine nach Hamburg, um im Juli eine Homer-Vorlesung (Ilias) und ein Aristoteles-Seminar abzuhalten. (Briefe Kapp, New York, an Snell, 9.2.1950 und 4.5.1950, in BSB München, Nachlass Snell, Ana. B. IV. ‚Kapp, Ernst').
588 1952 war bereits Panofskys Wiedergutmachungsantrag genehmigt worden: seine Emeritenbezüge beliefen sich auf DM 15.000 im Jahr (Michels 1999, 191); siehe auch Lohse 1991, 802.
589 Brief Edgar Grim Miller, Dean CU, an v. Fritz, New York, 6.5.1954 (BAdW, Nachlass KvF, Karton 18, Mappe rot, ‚Columbia') und CUA Faculty Appointment Records, Box 25 ‚Highet'. Nach

fenbar innerhalb des Departments umstritten, manche befürchteten die Schwächung des wissenschaftlichen Niveaus und einen Niedergang des graduate-Programmes. Umso größer war die Bestürzung, als von Fritz in einem vertraulichen Brief vom 26. November 1954 an Martin Ostwald ankündigte, bei der Columbia-Administration die Verlängerung seiner unbezahlten Beurlaubung einzureichen:[590]

> „Andererseits jedoch, um von meinem persoenlichem Wunsche, Sie wieder hier zu haben, ganz zu schweigen, (...) fordert mein unvermeidliches Interesse an der weiteren Existenz unseres Departments, die im Falle Ihrer weiteren Abwesenheit mehr bedroht ist, als ich es Ihnen schreiben kann, dass ich Sie von der Notwendigkeit Ihrer Rueckkehr zu ueberzeugen versuche. (...)
> Wir [Ernst Kapp, Moses Hadas, Coleman H. Benedict] sind uns darueber einig, dass, falls die Dinge so weitergehen wie im Augenblick, es innerhalb kurzer Zeit mit einem wissenschaftlichen Interesse im Greek and Latin graduate Unterricht aus sein wird. Ich fuehle mich nicht berufen, in Einzelheiten zu gehen und kann nur hoffen, dass die Herren Kapp und Hadas das in ihren Briefen an Sie tun werden. (...)[591]
> Obwohl ich Ihren Wunsch, noch ein weiteres Jahr in Berlin haben zu wollen, vollkommen verstehe, wuerde ein weiteres Jahr der Ungewissheit genug sein, um das Department so auf den Hund kommen zu lassen, dass Ihnen sowieso alle Lust zur Rueckkehr vergehen wuerde."[592]

Deshalb ließe sich eine Befürwortung des Beurlaubungsantrages durch das Department, so Ostwald weiter, „allenfalls durchdruecken, wenn wir die absolute Sicherheit haetten, dass Sie nach dem Jahr wieder zurueckkommen wuerden".

Ostwalds Appelle und Loyalitätsbekundungen vermochten von Fritz nicht umzustimmen. Trotz seines Status als Gastprofessor wurde er im Februar 1955 in Berlin für das akademische Jahr 1955/56 zum Dekan ernannt[593] und beantragte am

---

von Fritz' endgültiger Entscheidung für Berlin war Highet für weitere drei Jahre Executive Officer, vom 1.7.1955 bis zum 30.6.1958.

590 Diesem Schreiben war ein Brief Martin Ostwalds vom 19. November vorausgegangen, in dem dieser von Fritz erstmals aufforderte zum Wohl des Departments an die Columbia zurückzukehren (wie Anm. 563). In „freundschaftlichem Ton" antworteten daraufhin nicht nur Kurt von Fritz, sondern auch Louise in einem separaten Brief: leider sind davon keine Abschriften im KvF-Nachlass erhalten. Der Nachlass des am 10. April 2010 verstorbenen Martin Ostwald ist noch nicht zugänglich.

591 Beide Briefe sind im KvF-Nachlass leider nicht erhalten.

592 Brief Ostwald an v. Fritz, 11.12.1954 (wie Anm. 563).

593 Brief Ostwald an v. Fritz, 7.3.1955: „Inzwischen habe ich auch zuerst von Herrn Hadas und dann von Herrn Kapp gehoert, dass Sie, lieber Herr von Fritz, auf das naechste Jahr zum Dekan ernannt worden sind. Meine herzlichsten Glueckwuensche zu der grossen Ehre, wenn gleich sie wohl leider bedeuten wird, dasss Sie naechstes Jahr nicht zur Columbia zurueckkommen wer-

9. März in einem ausführlichen Schreiben an Präsident Grayson L. Kirk die Verlängerung seines ‚leave of absence'.[594] Ausgangspunkt seiner geschickten Argumentation waren die aktuellen Zahlen, die er den „reports on graduate enrollments" entnehmen konnte, die Highet ihm nach Berlin geschickt hatte: die stark gesunkenen Anmeldungen von graduate Studenten würden es ihm einerseits kurzfristig erlauben, noch ein weiteres Jahr dem Department fernzubleiben, auf längere Sicht hingegen wäre seine Rückkehr bzw. seine Weiterbeschäftigung an der Columbia unverzichtbar, um die Attraktivität des graduate program des Department wieder zu erhöhen. Der Zeitpunkt hierfür sei günstig, denn am Columbia College gebe es derzeit bei den Studenten ein erfreulich starkes Interesse an den alten Sprachen zu verzeichnen:

> „(...) the number of graduate students in Greek and Latin, which had never been very great within the last two decades dropped considerably last fall and did not recover in the spring. Yet my colleagues also write me that there has been an increase in the college enrollment in the ancient languages and that therefore it may be expected that the drop in graduate enrollment is only temporary. They therefore tell me that I should not withdraw from the department at a time when a revival may be expected that I ought to help to promote."

Während seine Rückkehr an das Classics Department angesichts der aktuellen „low ebb of classical studies" im Herbst 1955 nicht unbedingt erforderlich sei, könne die Berliner Universität „for the immediate future" auf seine Dienste nicht verzichten: „I am most urgently needed in the coming academic year." Zusätzlich zu diesem Beurlaubungsantrag schlug von Fritz vor, seine Tätigkeit an der Columbia grundsätzlich neu zu konzipieren: er wolle sich künftig ausschließlich auf die Vorbereitung von Ph.D.-Kandidaten konzentrieren und über seine Forschungsschwerpunkte „ancient political theory", „ancient historiography", und „language of Greek philosophy" griechische Oberseminare halten. Eine derartige Konstellation würde es ihm erlauben, sowohl an der FU Berlin als auch – in

---

den. Dass wir Sie vermissen werden, brauch ich Ihnen wohl nicht nochmal sagen. Jedenfalls hoffen wir Alle, Sie im Jahre danach wieder bei uns zu haben." (BAdW, Nachlass KvF, Karton 21, Mappe blau ‚Briefe an KvF von Universitäten und Freunden 1950–1959').
594 Zeitgleich hatte er auch einen Brief an Gilbert Highet geschickt, in dem er seine „pros and cons" erläuterte: Highet entschuldigte sich in seinem offiziellen Abschiedsbrief als Executive Officer des Departments dafür, dass er auf diesen Brief bisher nicht geantwortet hatte: „Although I wanted to send you a reply, I could not think what to say. Obviously you are needed both in Berlin and at Columbia – good classicists are rare, and they are always in demand. Not knowing Berlin, I was unable to judge the urgency of the need there. And ultimately such decisions must depend on personal factors which no one can possibly weigh except the individual concerned and his own family." (Brief Highet an v. Fritz, 24.6.1955, in BAdW, Nachlass KvF, Karton 18, Mappe rot).

„alternating periods" – an der Columbia zu unterrichten: dafür gebe es Präzedenzfälle wie etwa den remigierten Historiker Hans Rothfels, der auch nachdem er 1950 einen Ruf nach Tübingen angenommen hatte, weiterhin in Chicago lehrte:

> „(...) it will not be necesssary to give an advanced seminar in Greek for doctoral candidates every year. (...) A number of scholars in recent years, as for instance Professor Rothfels who teaches at Tübingen and Chicago, have made arrangements with American and German universities in alternating periods. The authorities here at the Freie Universität would be quite agreeable to such an arrangement. In view of these precedents I take heart to ask the university whether a similar arrangement in my case would at all appear possible or if not whether the university would see a way to give me another year's leave to see what course things will take on either side and to remain at the Freie Universität while I am most urgently needed."[595]

Aus diesen Äußerungen geht klar hervor, dass von Fritz noch einmal Zeit zu gewinnen hoffte, er war sich nach einem Semester in Westberlin wohl immer noch nicht sicher, ob eine permanente Rückkehr nach Deutschland wirklich die richtige Entscheidung sei. Doch diesmal zeigte sich Columbia von einer überraschend rigiden, unflexiblen Haltung:[596] man habe zwar vollstes Verständnis für von Fritz' Wunsch, an der FU bleiben zu wollen und dort sein „important work" fortzusetzen, doch weder der Antrag auf Verlängerung der Beurlaubung als auch das ‚arrangement', abwechselnd an der FU und an der Columbia zu unterrichten, stieß bei den Verantwortlichen auf Gegenliebe. Ungewöhnlich schroff verlangte der Vizepräsident und Provost John A. Krout am 6. April 1955 von Kurt von Fritz eine klare Entscheidung:

---

595 Brief v. Fritz an Kirk, President CU, 9.3.1955 (BAdW, Nachlass KvF, Karton 18, Mappe dunkelrot, ‚1937–1955').

596 Das hatte wohl auch damit zu tun, dass das Department von Fritz in seinen Forderungen und Vorschlägen diesmal nicht unterstützte. Noch am 12. Mai unterrichtete ihn Bigongiari von lebhaften Debatten im Department: „I have had repeated talks with your colleagues in the department of the Classics and with members of the administration and I have found out that there is a strong unanimity in regard to your proposal of a part time appointment. (...) The very grounds of the high estimate they have of your work is the reason why they do not look with favor in your plan of dividing your work between Berlin and Columbia. (...) / I could do very little in the matter (...) I always said that your reputation was the principal asset on which the department could count, and that your firm and secure handling was necessary to keep the department from disintegrating. Grammarians and popularizers are not sufficient to save the classics; and a few competent lectures would not save the situation." (Brief [hs.] Bigongiari an v. Fritz, 12.5.1955, S. 1f., in BAdW, Nachlass KvF, Karton 21, Mappe orange, ‚Briefe von bekannten und befreundeten Persönlichkeiten aus Europa und USA').

5.9 Das Department unter Kurt von Fritz' Leitung (1943 – 1954)

„None of us at Columbia would want to interfere with the work which you are now doing. At the same time it does not seem wise for us to extend your leave of absence. The University's experience over the years with extended leaves of absence has not been satisfactory and we hesitate to make any exception to our rule that a leave of absence is for one academic year.
If you feel that your work at the Free University of Berlin is going to be rewarding in the years that lie immediately ahead, we shall certainly understand completely the reasons for your deicision to remain at your present post. President Kirk and I both hope that you will be able to make the decision some time within the next month or two."[597]

Nun war es Louise von Fritz, die mit einem „letter of a very personal language" vom 10. Mai beim Vizepräsidenten zu intervenieren suchte. Was sie mit diesem Vorgehen genau bezwecken wollte, ist nicht ganz klar, vielleicht hoffte sie darauf, mit der anschaulichen Schilderung des Loyalitätskonflikts ihres Mannes und ihrer beider emotionalen Zwangslage die Universitätsleitung zur Revidierung ihrer ablehnenden Haltung bewegen zu können. Das Heimweh nach Deutschland, das ihr bisher in regelmäßigen Abständen in New York so zugesetzt hatte, war in diesem Schreiben ersetzt durch den Schmerz angesichts des drohenden endgültigen Abschiedes von Columbia:

„To me the developments are a source of sadness and melancholy and I may say it here in a very privat [sic!] way. The thought of separating from Columbia, the possibility of not seeing America and my American friends again makes me ill at heart. (...)
My husband has worried deeply standing between his work, his duties, his loyalty and his desire to be of use as a scholar and an educator. He knew that, at present, he is very much needed here and he did not want to fail the university of Berlin in a particular difficult and sensitive situation. After the war my husband had twice been offered a chair in Germany, at the universities of Muenster and Bonn. He then did not want to leave Columbia to which he felt sincerely attached. It is a much more difficult situation this time and I had a hope he would be spared a very hard decision. (...)
I want let you know how sad and torn I am, thinking about America, about Columbia, about the irreparable breake [sic!] in my heart standing between two countries."[598]

In seinem Antwortschreiben wählte Krout zwar einen empathischeren Ton, doch in der Sache rückte er von der bisherigen Haltung nicht im Geringsten ab:

---

597 Brief Krout an v. Fritz, Berlin, 6.4.1955 (BAdW, Nachlass KvF, Karton 18, Mappe rot, ‚Columbia'). Es ist interessant, dass Krout sich lediglich auf den Verlängerungsantrag bezieht, das von Kurt von Fritz vorgeschlagene ‚arrangement' aber mit keiner Silbe erwähnt.
598 Brief Louise von Fritz, Berlin, an Krout, CU, 10.5.1955 (BAdW, Nachlass KvF, Karton 18, Mappe dunkelrot, ‚1937–1955').

„I think that I can understand your feelings (...). This is a difficult decision for your husband to make, and it has not been easy for the University to deny the request for an extension of your husband's leave of absence.
Personal considerations make me wish that our decision here could have been different, but we have gone over the situation carefully and feel that there is no alternative. Indeed, we must know soon whether Professor von Fritz has decided to remain in Berlin."[599]

Doch einen Tag, bevor Krout diese Stellungnahme diktierte, hatte Kurt von Fritz sich bereits entschieden, für die Freie Universität Berlin, und zwar nicht in der Haltung eines Unterlegenen, der sich einem Ultimatum beugen muss, sondern in der eines freien Gelehrten, der sich, wenn er schon zu einer Entscheidung genötigt wird, die bessere Alternative wählt. Obwohl ihm bewusst sei, dass seine Verpflichtungen gegenüber der Columbia University älter und weitreichender seien als gegenüber der FU Berlin, und obwohl noch vor wenigen Tagen „one of my oldest colleagues at Columbia" dringend an ihn appelliert habe nach New York zurückzukommen und die Leitung des Departments wieder zu übernehmen, habe er eine „negative decision" getroffen, die er gegenüber dem Vizepräsidenten selbstbewusst erläuterte:

In Berlin werde er dringend dafür gebraucht Studenten in umfassender Weise zu Wissenschaftlern auszubilden („to insure the training of scholars in the full sense of the word"): dies entspreche seiner Berufsauffassung, hierfür sei er am besten geeignet. Diese Möglichkeit sei ihm aber während seiner gesamten (!) Lehrtätigkeit an der Columbia verwehrt geblieben: „in regard to this point, I have to admit to myself that within the seventeen years that I have been teaching at Columbia I have not succeeded in training a scholar." Doch nicht der Mangel an begabten Studenten sei hierfür die Ursache gewesen sondern „external circumstances". Die Ph.D.-Studenten hätten zu wenig Zeit ihre Dissertationen abzuschließen, und würden zu frühzeitig in der Lehre als „teacher of undergraduates" eingesetzt, sodass sie in der Regel kein „original work" entwickeln könnten. Im Bereich der Greek and Latin Studies sei dieser Missstand am gravierendsten, da die Studenten in den ersten beiden Jahren ihres Studiums zunächst auf das Erlernen der Grundbegriffe ihres Faches verwenden müssten. Lediglich an finanziell gut ausgestatteten Eliteuniversitäten wie Harvard oder Yale hätten „promising young men" dank eines Systems von „fellowships and fellowship-assistantships" die Chance „several years to their training as future scholars" zu verwenden. Die Columbia-Administration habe in Gesprächen mit dem Hinweis auf die angespannten Finanzen immer wieder betont, dass sie die Situation der Ph.D.-Stu-

---

[599] Brief Krout an Louise von Fritz, 20.5.1955 (BAdW, Nachlass KvF, Karton 18, Mappe dunkelrot, ‚1937–1955').

denten nicht in diesem Sinne verbessern könnte. Dadurch, so von Fritz weiter, sei es für ihn all die Jahre unmöglich gewesen, als Professor das zu tun, wofür ihn alle Kollegen, die ihn jetzt zurückzukommen drängten, am besten befähigt hielten, nämlich „graduate students" zu „scholars" auszubilden.

In feinsinniger Ironie fuhr er fort, er sehe die eigentliche Stärke des Greek and Latin Departments nicht darin, Studenten zu „scholars in the full sense of the word" auszubilden, sondern zu „good teachers of the classical languages and of the humanities", und „students of other fields" Grundkenntnisse der antiken Zivilisation zu vermitteln („provide the necessary classical background"). In diesem Zusammenhang stichelte von Fritz mit bissigem Sarkasmus gegen die beiden Mitglieder des Departments, die in den letzten Jahren für die Popularisierung und – nach Meinung Kapps, von Fritz', Bigongiaris und anderer – für die ‚Entwissenschaftlichung' der Classical Studies hauptverantwortlich waren: Gilbert Highet und Moses Hadas:

> „As far as the field of English and Comparative Literature is concerned Columbia has now two men of superior capacity for this particular task: Professors Hadas and Highet. I could not compete with either of them in this field. There are also a number of excellent teachers of the ancient languages and of the humanities."[600]

Diese Spitze gegen Highet war ganz im Sinne Kapps, der nach vierzehnjähriger Zugehörigkeit zum Department eben sein letztes Semester an der Columbia beendet hatte.[601] Gegen Ende des Briefes fand von Fritz wieder zu versöhnlichen Tönen, er bedankte sich für die großzügig gewährte Bedenkzeit und bat darum, seine Entscheidung nicht als Zeichen von Undankbarkeit gegenüber der Universität zu deuten:

> „It is really with a heavy heart that I take leave of Columbia where I have spent so many fruitful years and of its faculty and students, and I shall certainly always preserve them a grateful memory."

In diesem Abschiedsbrief hatte von Fritz weniger eine alte Rechnung begleichen als vielmehr in einer Art Vermächtnis auf einen Missstand an der Columbia hin-

---

600 Brief v. Fritz, Berlin, an Krout, 19.5.1955 (BAdW, Nachlass KvF, Karton 18, Mappe dunkelrot, ‚1937–1955').
601 Die Appointment Card datiert Kapps „Retirement" auf den 7. März 1955 („effective" am 30. Juni), am 2. Mai wurde er zum „Professor Emeritus of Greek and Latin" ‚designiert', ein Titel, der zum 1. Juli 1955 wirksam wurde (CUA Faculty Appointment Records, Box 29): Lohse 1991, 802, und Nicolaysen 2008, 145, die die Rückkehr Kapps bereits auf „Anfang 1954" bzw. „1954" datieren, sind in diesem Punkt zu korrigieren.

weisen wollen, der ihm in seiner mehr als 15jährigen Lehrtätigkeit stets ein Ärgernis gewesen war, und den er auch in seiner Funktion als Executive Officer nicht hatte verändern bzw. beseitigen können. Wie sehr es ihm hier um die Sache ging, zeigt, dass er auch in seiner „Autobiographischen Skizze", die nur einen Umfang von 24 Schreibmaschinenseiten hat, eine ganze Seite diesem Phänomen widmete:

> „Was die Loslösung von der Columbia Universität, an der ich persönliche Freunde, unter denen Dino Bigongiari an erster Stelle steht, und anhängliche Schüler gefunden hatte und der ich so viel verdankte, war ein Übelstand, den zu beseitigen ich mich jahrelang vergeblich bemüht hatte.
> Die offizielle Dauer des eigentlichen Universitätsstudiums (graduate studies) war schon an sich sehr kurz; und das Bedürfnis der zahlreichen amerikanischen colleges nach tüchtigen jungen Philologen war sehr groß, so daß die besten Studenten meist schon Positionen an anderen Institutionen angeboten bekamen, ehe sie den Dr.grad erworben hatten. Auch wenn sie ihre Dissertation dann schließlich noch auswärts vollendeten und zu der Dr-Prüfung nach New York kamen, bedeutete dies doch in der Regel das Ende ihrer wissenschaftlichen Ausbildung und Entwicklung, da sie sofort ein großes Programm von Kursen übernehmen mußten, so daß ihnen keine Zeit mehr blieb, in den entscheidenden Jahren, in denen ein wissenschaftliches Talent sich formen und ausbilden muß, wissenschaftlich zu arbeiten. (...) alle Versuche, das Problem mit Hilfe von Stipendien (...) zu lösen, scheiterten an dem Widerstand von Kollegen und Verwaltung (...). Die Theorie war, daß eine Begabung sich unter allen Umständen durchsetzen werde. Dies ist / ein ausgezeichnetes Prinzip auf die höchsten Begabungen angewendet. Aber in der Anwendung bedeutete es doch die Verhinderung der Entfaltung potentieller Talente zu dem, was aus ihnen hätte werden können."[602]

Obwohl die Freie Universität „durch einen besonderen Vertrag" es Kurt von Fritz ermöglichte, „die Verbindung nach Amerika aufrecht zu erhalten und von Zeit zu Zeit dorthin zurückzukehren",[603] reagierte die amerikanische Bürokratie auf von Fritz' Entscheidung für Berlin ähnlich konsequent und unbeugsam wie Columbia im Vorfeld der Berufung: sie insistierte darauf, dass er seine amerikanische citizenship, die ihm am 18.6.1945 verliehen worden war, wieder abgeben solle, da gemäß Section 349, 4 des *Immigration and Nationality Act* jeder „Native-Born or Naturalized Citizen", der ein Beschäftigungsverhältnis „under the government of a foreign state" abschließt, seine „nationality" verliert.[604] Da halfen von Fritz weder

---

[602] v. Fritz, ‚Autobiographische Skizze', S. 21f. (wie Anm. 21).
[603] Ebda.
[604] Kopie von „Title III, Chapter 3 – Loss of Nationality" (in der Fassung vom 14.4.1953) in BAdW, Nachlass KvF, Karton 25, Gemischte Mappe. Dass von Fritz diese Bestimmungen nicht nur kannte, sondern zeitweilig auch kritiklos akzeptierte, zeigt seine nüchterne Lageeinschätzung im Zusammenhang mit dem Ruf nach Bonn 1948: „Wenn ich in Deutschland eine staatliche Anstellung im vollen Sinn annehme, muß ich meine amerikanische Staatsbürgerschaft sofort

seine guten Beziehungen zum State Department (über den früheren Professor für Politikwissenschaft am Reed College, Bernard Noble)[605] noch der Umstand, dass er schon zum WS 1956/57 einen achtmonatigen Forschungsaufenthalt am *Institute for Advanced Study* in Princeton antrat, der ihm durch ein Guggenheim Fellowship finanziert wurde:[606] 21 Jahre nach seiner Einreise in die USA und zwölf Jahre nach der Verleihung wurde Kurt und Louise von Fritz am 19. November 1957 die amerikanische Staatsbürgerschaft entzogen, für kurze Zeit mussten die Remigranten in Deutschland sogar als ‚Staatenlose' mit einem „Fremdenpass" leben.[607] Enttäuscht und resigniert musste von Fritz in seinem letzten Schreiben an Senator Hubert H. Humphrey zur Kenntnis nehmen, dass weder sein leave of absence von Columbia 1954/55 noch sein Aufenthalt am *IAS* in Princeton von September 1956 bis April 1957 als „residence in the USA" anerkannt worden waren:

> „My wife and I are very sorry to have lost our US citizenship since we had become very much attached to our new country, in which we have many friends. I accepted my present position in Germany in the hope of being able to be useful to both countries and on the condition – readily granted – of getting long leaves at regular intervals to return to the

---

aufgeben und kann sie dann nie wiederbekommen." (Brief [hs.] v. Fritz an Snell, 12.10.1948, S. 3, [wie Anm. 575]).

605 Die z.T. leidenschaftlich geführte Korrespondenz, die im Karton 25 des Nachlasses in der Hülle ‚Nationalitätenwechsel' gesammelt ist, wurde erst am 10. März 1958 eingestellt. Von Fritz gelang es immerhin, drei Senatoren, Neuberger und Morse von Oregon, und Hubert H. Humphrey, für seine Sache zu gewinnen, doch eine Einreichung einer „private bill" zu seinen Gunsten scheiterte an der Auflage, dass von Fritz vor Ablauf einer Frist von drei Jahren wieder „permanently" in die USA hätte zurückkehren müssen: von Fritz' Gegenvorschlag, jedes dritte Jahr für neun Monate in die USA zu kommen, wurde nicht akzeptiert (siehe u.a. Briefe v. Fritz, Princeton, an Director of the Passport Bureau, State Department, 2.12.1956; v. Fritz, Berlin, an Senator Humphrey, 5.2.1958; und Brief Humphrey, US State Senate on Foreign Relations, an v. Fritz, Berlin, 10.3.1958, alle in BAdW, Nachlass KvF, Karton 25, ‚Gemischte Mappe').

606 Das Stipendium das von Fritz schon 1952 verliehen worden war, sollte ihm die Fortsetzung seiner Arbeit über „history of ancient historiography" ermöglichen; dreimal hatte von Fritz die Verantwortlichen bereits um eine Verschiebung bitten müssen. Der Aufenthalt in Princeton (als Visiting Scholar, nicht als Mitglied des *IAS*), war von Ende August 1956 bis April 1957 geplant (Brief v. Fritz an Cherniss, 4.8.1955, in BAdW, Nachlass KvF, Karton 18, Mappe dunkelrot; und Brief Cherniss an v. Fritz, 9.8.1955, in BAdW, Nachlass KvF, Karton 18, Mappe rot).

607 Mindestens bis Februar 1958 (siehe Brief v. Fritz, Berlin, an Senator Humphrey, 5.2.1958 (wie Anm. 605); geringfügig abweichend von Fritz' Angaben im Fragebogen des IfZ *Biographisches Handbuch der deutschsprachigen Emigration nach 1933* vom 23.10.1979: „Mein Rückbürgerungsantrag wurde gestellt, nachdem mir wegen zu häufiger und zu langer Aufenthalte in Deutschland die amerikanische Bürgerschaft entzogen worden war, und sofort bewilligt." (BAdW, Nachlass KvF, Karton 18, Gelbe Kartonmappe ‚Duplikate, Lebenslauf').

USA. I hope very much that even as it is I shall not be prevented from teaching again at American Institutions of Learning if invited to do so."[608]

5.10 Appendix: Lehrveranstaltungen Kurt von Fritz' und Ernst Kapps an der Columbia University[609]

Lehrveranstaltungen Kurt von Fritz'

1936–1937
Latin Seminar: Cicero, *De officiis*
Lukrez
Petronius
Cicero
Latin Prose Composition

1938–1939
Greek Literature
Cicero, *Letters* / Horace, *Epistles*
Roman comedy
Prose Composition, 2nd course
Thucydides
History of Political Thought – Greek Political Theory

1939–1940
Aeschylus
Greek Historiography
History of Political Thought – Greek Political Theory
Prose Composition 2nd course
Latin Prose Composition, 2nd course
Herodotus
Aeschylus – Aristophanes
Thucydides

---

608 Brief v. Fritz, Berlin, an Senator Humphrey, 5.2.1958, S. 2 (wie Anm. 605).
609 Nach den Angaben der *Columbia University Bulletin of Information: Announcement of the Faculty of Philosophy for the Winter and Spring Sessions*, 36th ser. (1936/1937) – 54th ser. (1954/1955), in CU, RBML. Zur Erklärung: eingerückte Veranstaltungen wurden zusammen mit Kollegen gehalten.

Cicero, *Letters* / Horace, *Epistles*
Prose Composition

1940–1941
Prose Composition, 2nd course
Greek Literature (2 terms)
Aristotle, *Ethics*
Greek Historiography
History of Political Thought – Greek Political Theory
Greek Seminar: Greek Dialects
    Latin Seminar: Roman Historical Sources 50 B.C. – 124 A.D. (mit Westermann)

1941–1942
Herodotus
Roman Philosophy
The Language of Greek Philosophy
Hellenistic Poetry
Greek Historiography
History of Political Thought – Ancient Political Theory
Latin Seminar: Cicero, *De officiis*

1942–1943
Plato, *Republic* / Thucydides
Greek Prose Composition
Advanced Prose Composition I und II
Greek Historiography
Ancient Political Theory
Latin Seminar: Problems of Roman Education

1943–1944
Greek Prose Composition
Greek Historiography
Ancient Political Theory
The Language of Greek Philosophy
Roman Oratory
Greek Seminar: Xenophon

1944–1945
Hellenistic Poetry
Greek Historiography

Ancient Political Theory
    Readings in Greek Philosophy (mit Kapp, Riezler, Buchanan)
Latin Seminar: Problems in Roman Education

1945–1946
Herodotus
Ancient Political Theory
The Language of Greek Philosophy
    Readings in Greek Philosophy (mit Kapp, Riezler, Buchanan) Spring term 1946

1946–1947
Early Lyric Poetry
Greek Historiography
    Practice in Reading Greek (mit Kapp)

1947–1948
    Practice in Reading Greek (mit Kapp)
Sophocles
Greek Historiography
Ancient Political Theory
    Readings in Greek Philosophy (mit Kapp, Riezler)
Latin Seminar: Problems in Roman Education
The Language of Greek Philosophy

1948–1949
Classical Civilization: Roman Government and Society
Hellenistic Poetry
Greek Historiography
Ancient Political Theory
    Aristotle's *Metaphysics* (mit Kapp, Randall, Riezler, Schneider)
Introduction to the Greek Dialects
    History of Social Philosophy (Schneider; Lectures given by von Fritz, Kapp, Bigongiari and others)

1949–1950
Aeschylus
Political Philosophy from Plato to Augustine
The Language of Greek philosophy
Introduction to Greek Historical Syntax

Plato's *Sophistes* (mit Kapp, Riezler, Cumming)
Latin Seminar: Juvenal

1950–1951
Literature of the Roman Republic (mit Highet)
Classical Civilization: Roman Government and Society
Greek Historiography
Ancient Political Philosophy
   Aristotle's *Physics* (mit Kapp)
Greek Seminar: Polybius

1951–1952
Herodotus
Ancient Political Philosophy
Language of Greek Philosophy
   Plato's *Philebus* (mit Kapp)
Early Italic Dialects
Seneca

1952–1953
Classical Civilization: Roman Government and Society
Euripides
Greek Historiography
Ancient Political Philosophy
   Aristotle's *Ethics* (mit Kapp)
Greek Historical Syntax

1953–1954
Thucydides
Language of Greek Philosophy
Proseminar in Latin and Greek (spring)

1954–1955 (leave of absence, FU Berlin)

1955–1956 (nur angekündigt; Wechsel an die FU Berlin)
Plutarch
Ancient Political Philosophy
Seneca

Lehrveranstaltungen Ernst Kapps

1943–1944
Introdution in Classical Philology
Selections from Latin Poetry
Selected Problems in Ancient Philosophy
Latin Seminar: Livius (i. V.)
Lukrez (i. V.)

1944–1945
Plautus
Greek Seminar: Aristophanes
   Readings in Greek Philosophy (mit von Fritz, Riezler, Buchanan)

1945–1946
Greek Prose Composition (spring)
Cicero, *Letters* / Horace, *Epistles*
Roman Comedy
Roman Satire
Pindar and Baccylides
Early Roman Satire
Greek Seminar: Homer's *Iliad*
   Readings in Greek Philosophy (mit von Fritz, Riezler, Buchanan) Spring term 1946

1946–1947
   Practice in Reading Greek (mit von Fritz)
Roman Oratory
Demosthenes
Ancient Political Theory
Greek Seminar: Aristotle's Poetics and Rhetoric

1947–1948
   Practice in Reading Greek (mit von Fritz)
Greek Historians
Greek Literature
Classical Civilization: The People of Athens
Greek Seminar: The Greek Sophists
   Readings in Greek Philosophy (mit von Fritz, Riezler)

1948–1949

Practice in Reading Greek
Greek Literature part I: Poetry
Classical Civilization: The People of Athens
Plato's *Phaedo* and Symposium
Introduction to Greek Metrics
   Proseminar in Latin and Greek (mit Highet)
Latin seminar: Cicero's Philosophical Writings
   Aristotle's *Metaphysics* (mit von Fritz, Randall, Riezler, Schneider)
   History of Social Philosophy (Schneider; Lectures given by von Fritz, Kapp, Bigongiari and others)

1949–1950

Practice in Reading Greek
Greek Literature part II: Prose
Classical Civilization: The People of Athens
Thucydides
Ancient Grammatical and Linguistic Theory
   Proseminar in Latin and Greek (mit Highet)
Greek Seminar: Hesiod
   Plato's *Sophistes* (mit von Fritz, Riezler, Cumming)

1950–1951

Practice in Reading Greek
Demosthenes
Homer
The Homeric Language
Greek Literary Dialects
   Proseminar in Latin and Greek (mit Highet)
Latin Seminar: Plautus
   Aristotle's *Physics* (mit von Fritz)

1951–1952

Class. Civ.: The History of the Athenian Constitution
Aristophanes
Greek Metrics
   Proseminar in Latin and Greek (mit Highet)
Greek Seminar: Lysias
   Plato's *Philebus* (mit von Fritz)

1952–1953
Greek Literature part I: Poetry
Plato's Phaedrus
   Aristotle's *Ethics* (winter, mit von Fritz)
Tacitus, Minor Works (winter)
Proseminar in Latin and Greek (spring)
Greek Seminar: Callimachus

1953–1954
Greek Literature part II: Prose (winter; von Fritz spring)
Pindar and Baccylides
Grammatical and Linguistic Theory in Antiquity
   Aristotle, *Physics* (mit Cumming, Kristeller, Randall)

1954–1955
Greek Literature part I: Poetry
Demosthenes
Hellenistic Poetry
Plato's *Timaeus*
Proseminar in Latin and Greek
Greek Seminar: Early Greek Philosophy

Teil III: **Fluchtpunkt Italien – Transit USA:
Kristeller – Abrahamsohn – Manasse
(Columbia University 3)**

6 Kristellers Fluchten: Sein ITER zwischen Deutschland, Italien und USA

6.1 Zur Quellenlage

Als Paul Oskar Kristeller in einem Interview mit dem Exilforscher John Spalek mit spöttischer Selbstironie eingestand, er sei „a very pedantic person" und habe eine „archival mentality", bezog er das weniger auf seine Bibliothek – sie umfasste zu diesem Zeitpunkt nach eigener Schätzung etwa 8.000 bis 10.000 Bände, als auf seine immens umfangreiche Korrespondenz. Mit gespielter Verzweiflung schilderte er, wie es dazu kam:

> „I have always been a very active correspondent. I have the bad habit answering letters as quickly as I can. The result is that I have been overwhelmed for most part of my life with excessive correspondence."[1]

Wie kaum ein anderer war er ein geradezu manischer Verwalter seiner privaten und wissenschaftlichen Existenz: nach der Emeritierung ging er sogar dazu über, in anderen Archiven Kopien seiner eigenen Briefe anzufordern, um Lücken in seinem Privatarchiv zu schließen. So ist es zu erklären, dass allein der Briefwechsel mit Kollegen (‚Correspondence' und ‚General Correspondence') mehr als 60 Boxen umfasst; davon getrennt ist die umfangreiche private Korrespondenz (‚Family and Personal Correspondence') aufbewahrt, vor allem die mit den geliebten Eltern, die fast vollständig erhalten ist, da Heinrich und Alice Magnus Kristeller in den Monaten vor ihrer Deportation nach Theresienstadt die Briefe ihres Sohnes auf dessen Wunsch hin nach New York nachgeschickt hatten.[2] Der

---

[1] John M. Spalek, Interview mit Paul Oskar Kristeller, 7.11.1982, in John M. Spalek Collection Tapes, John M. Spalek Collection, ‚German Intellectual Émigré Tape Recordings', University of Albany (GER 106), University of Albany, N.Y.
[2] Kurz nach Kriegsausbruch gab Kristeller seinen Eltern, die die große Wohnung in der Augsburger Strasse 45 (Jüdisches Adressbuch Groß-Berlin 1931, 216) aufgeben mussten, genaue Anweisungen, welche Korrespondenz unbedingt aufbewahrt werden sollte: „Die eingehenden Brief an mich aus dem Jahre 1933 sind teilweise interessant, tut sie zu meinen Briefen an Euch. Die sind fuer mich vielleicht einmal von Interesse, da sie den Gang der Ereignisse genau wiedergeben und ich meist kein Tagebuch gefuehrt habe. Hebt also alles auf, wenn das moeglich ist. Falls Ihr aus Raummangel eine Auswahl treffen muesst, so hebt vor allem die Briefe aus den Jahren 1923–28 auf und ev. die Reisebriefe aus den Jahren 1930, 1933–35." (Brief Kristeller, New York, an Eltern, 4.9.1939, in Columbia University [CU], Rare Book and Manuscript Library [RBML], Kristeller Papers [KP], Series E: Family and Personal Correspondence, Subseries 1: Dated Correspondence, 1917–1988, Box 1, Folder 1939–1945).

Gesamtbestand des Kristeller-Nachlassses, die sog. „*Paul Oskar Kristeller papers*", die in der Rare Book and Manuscript Library (RBML) der Columbia University aufbewahrt und mustergültig betreut werden, übersteigt mit 232 Boxes (99 linear ft.)[3] deutlich die Bestände des *Emergency Committee in Aid of Displaced Foreign Scholars* mit ‚nur' 212 Boxes (88,5 linear ft.), obwohl diese Organisation mit immerhin mehr als 6000 Antragstellern zum Teil über mehrere Jahre hin korrespondierte.

Zusätzlich zu den Kristeller-Papers verwahrt die RBML in ihrem „Oral History Research Office" einen weiteren Schatz: *The Reminiscences of Paul Oskar Kristeller*, ein siebenbändiges, fast 1100 Seiten umfassendes Transkript von insgesamt zwanzig (!) einstündigen Interviews, die William Liebman mit Kristeller zwischen dem 13. März 1981 und dem 25. Februar 1982 im Auftrag der Universität führte.[4] Kristellers Lebensweg und wissenschaftliche Karriere ist nicht nur in zahlreichen Nachrufen und biographischen Essays von Dritten dargestellt worden,[5] sondern auch von ihm selbst, zum Beispiel 1990 im Rahmen der „Charles Homer Haskins Prize Lectures" vor dem *American Council of Learned Societies* unter dem Titel „A Life of Learning", oder sechs Jahre später, unter der Mitwirkung von David Hollander, in der Skizze „Recollections of My Life". Die Zeit bis zur Ankunft in den USA ist Gegenstand eines Interviews, das Margaret L. King im August 1994 mit Kristeller

---

3 Stand Frühjahr 2009; zwischen 2009 und 2012 wurden die *Kristeller-Papers* einer gründlichen Revision unterzogen und waren in dieser Zeit für die Öffentlichkeit gesperrt: nach Abschluss der Arbeiten (Februar 2012) ist der Bestand auf 114,78 linear ft. angewachsen, aufgeteilt in nunmehr „171 boxes; 81 document boxes, 72 record storage cartons, 18 notecard boxes" (siehe Carrie Hintz' neu erstellte Finding Aid unter http://findingaids.cul.columbia.edu/ead/nnc-rb/ldpd_4079550/summary#summary). Dank an die Archivarinnen der Columbia Rare Book and Manuscripts Library (allen voran Tara Craig, Lea Osborne und Carrie Hintz) für die unbürokratisch gewährte Ausnahmeregelung, auch während der Restrukturierung mit dem Nachlass arbeiten zu dürfen. Seit meinen ersten Recherchen im Frühjahr 2006 hat sich die Zitierweise der Kristeller Papers mehrmals geändert: die Zitation in dieser Arbeit orientiert sich an einer aktualisierten (internen) finding aid, die mir während eines New York Aufenthaltes im Juni 2011 überlassen wurde.

4 Columbia University, Rare Book and Manuscript Library, Oral History Research Office, *The Reminiscences of Paul Oskar Kristeller*, [Interviews conducted by William B. Liebman, Curator, Herbert H. Lehman Papers; 27 Tonbandkassetten], 1983 (http://oralhistoryportal.cul.columbia.edu/document.php?id=ldpd_4076843); fortan zitiert als CU, RBML, Kristeller *Reminiscences*).

5 Gilbhard verzeichnet in seiner Bibliographie insgesamt 42 Einträge (Gilbhard 2006, 121–124: Appendix II, ‚Laudationes Selectae'); hier eine subjektive Auswahl: Henrich 1980, Hausmann 1999, Monfasani 2001 (aktualisiert und korrigiert als „Preface" in Gilbhard 2006), Ludwig 2000 und Baron 2008.

geführt und in einer kommentierten Fassung unter dem Titel „*Iter Kristellianum: The European Journey (1905–1939)*" publiziert hat.[6]

Angesichts dieser Fülle von bereits verfügbarem Material werde ich bei der Rekonstruktion von Kristellers Werdegang bis zu seiner endgültigen Etablierung in den USA auf den Rückgriff auf bereits publizierte Aussagen nach Möglichkeit verzichten, da diese in gewissem Sinne ja das Selbstbild widerspiegeln, das Kristeller fünf bis sechs Jahrzehnte nach den Ereignissen von sich entworfen hat. Stattdessen verfolgt diese Untersuchung die Absicht, durch Konzentration auf den Briefwechsel mit der Familie, Lehrern, Kollegen und Freunden sowie auf die Korrespondenz mit Vorgesetzten, Hilfskomitees und Behörden zu einer offizielleren, authentischeren und vielleicht auch ‚objektiveren' Version einer der bemerkenswertesten Karrieren der Exilgeschichte beizutragen.

6.2 Ausbildung in Deutschland: Promotion, Staatsexamen, Habilitand (vor 1933)

Emergency Committee, Antrag 1

Am 17. August 1933 richtete Kristeller von Berlin aus erstmals an das *Emergency Committee in Aid of Displaced German Scholars* in New York eine allgemeine Anfrage, „ob Sie jetzt oder später in Amerika irgendwelche Möglichkeiten für mich sehen". Erstaunlicherweise war der Brief auf Deutsch formuliert, selbst bei der Adressierung rechnete Kristeller offenbar mit einem deutschkundigen Postboten: „An das Amerikanische Hilfskomitee für Deutsche Gelehrte, New-York." Von „befreundeter Seite" habe er erfahren, dass die Initiatoren des Komitees „es sich zur Aufgabe gemacht" hätten, „den Deutschen Gelehrten beizustehen, welche durch die letzten Ereignisse betroffen sind, und ihnen nach Möglichkeit eine Tätigkeit in Amerika zu vermitteln". Der Brief enthielt in Kürze die wichtigsten Daten von Kristellers bisherigem wissenschaftlichen Werdegang: „Abiturientenexamen zu Ostern 1923" am Mommsen-Gymnasium in Berlin-Charlottenburg, Studium der Philosophie, Geschichte und Mathematik [!], Promotion „im Juli 1928 bei Herrn Prof. Ernst Hoffmann in Heidelberg mit einer Arbeit über Plotin magna cum laude",[7] Studium der klassischen Philologie in Berlin, Erstes Staatsexamen im Juni 1931

---

6 Kristeller, *A Life of Learning* 1990; Kristeller/Margaret L. King, *Iter Kristellianum* 1994 und Kristeller/Hollander, *Recollections of My Life* 1996.
7 Kopie des hs. Promotionsgutachtens, zusammen mit dem ebenfalls hs. (Bleistift-)Entwurf (Hoffmann, Heidelberg, 13.7.1928) in CU, RBML, KP 23.3.

> „in den Hauptfächern Griechisch und Latein bei den Professoren Werner Jaeger und Eduard Norden mit Auszeichnung. Anschliessend begann ich bei Herrn Prof. Heidegger in Freiburg eine grössere philosophische Arbeit über Marsilio Ficino, für die ich von der Notgemeinschaft der Deutschen Wissenschaft ein Forschungsstipendium erhielt und mit der ich mich im folgenden Winter [1933/34] zu habilitieren gedachte."[8]

Die antijüdischen Maßnahmen der neuen deutschen Regierung – Kristeller spricht an zwei Stellen neutral von „neuesten" oder „letzten Ereignissen" – hätten ihm „als Juden die weitere Verfolgung [s]einer Pläne unmöglich gemacht". Die *Notgemeinschaft* entzog ihm im Juni 1933 die finanzielle Unterstützung ebenso wie die bereits etablierten Kollegen infolge der Bestimmungen des „Gesetzes zur Wiederherstellung des Berufsbeamtentums" seit April 1933 fristlos entlassen wurden.

> „Auf Grund der jüngsten Ereignisse habe ich als Jude nicht mehr die Möglichkeit, mich in Deutschland zu habilitieren, und habe auch aus demselben Grunde die Verlängerung meines Stipendiums nicht erreichen können. Ich bin daher genötigt, mich zur Fortsetzung meiner wissenschaftlichen Arbeiten nach einer Tätigkeit im Ausland umzusehen."[9]

Gegenüber anderen stellungslosen Wissenschaftlern seines Jahrgangs befand Kristeller sich im Nachteil: er war noch nicht habilitiert und konnte somit auch noch keine universitäre Lehrerfahrung als Privatdozent vorweisen. Zu diesem Zeitpunkt hatte der aus heutiger Sicht ‚erst' 28-jährige[10] seinen ersten ‚Karriereknick' schon hinter sich. Die Entscheidung zum Zweitstudium der klassischen Philologie in Berlin war ja nicht freiwillig erfolgt, sondern das Resultat einer tiefen Kränkung: sein Doktorvater Ernst Hoffmann, der für Kristellers Lebensweg ähnlich prägend war wie Loeschcke für Margarete Bieber oder Schwartz für Kurt von

---

8 Brief Kristeller, Berlin an das *EC*, 17.8.1933 (New York Public Library, Stephen A. Schwarzman Building, Manuscripts and Archives Division, *EC*-Records 1927–1949, MssCol 922, Box 83, Folder 40 [fortan NYPL, *EC*-Records 83.40]): von dem Brief wurde intern von „FCB" eine englische Übersetzung angefertigt.

9 Kristeller, Lebenslauf [Ende 1933] (CU, RBML, KP, Ser. E, Box 2, S. 3).

10 Zum Vergleich: der um ein Jahr ältere Friedrich Solmsen (1904–1989) promovierte ebenfalls 1928 in Berlin, schloss aber bereits ein Jahr später die Habilitation ab: von 1929 bis 1933 lehrte er an der Universität Berlin als Privatdozent (ein Rang, der von den Hilfskomitees in der Regel als professorship anerkannnt wurde), und gehörte zu Kristellers Lehrern: „Ich kannte ihn [Solmsen] seit 1931, als ich bei ihm ein Seminar im Institut fuer Altertumskunde mitmachte." (Brief Kristeller an Manasse, 8.2.1989, in CU, RBML, KP 33.4); „nobody seems to know that I was a student of Jaeger, Norden and also Solmsen in Berlin from 1929 to 1931, after my doctorate in philosophy, finishing with a state board exam in Greek and Latin." (Brief Kristeller, New York, an Helen North, Swarthmore, 29.6.1988, in CU, RBML, KP 37.14).

Fritz,[11] weigerte sich ihn zu habilitieren mit der Begründung, er sei schon Raymond Klibansky verpflichtet und könne an der Philosophischen Fakultät in Heidelberg nicht zwei Juden zur gleichen Zeit habilitieren.[12] Frustriert gab Kristeller die Pläne einer Universitätskarriere auf und beschloss Gymnasiallehrer zu werden. Doch nachdem er drei Jahre lang bei Werner Jaeger und Eduard Norden in Berlin mit glänzenden Ergebnissen studiert hatte und diese ihn eher als jungen Kollegen denn als Studenten behandelt hatten,[13] griff er seinen ursprünglichen Berufswunsch wieder auf.

Sein tiefes Interesse für Neuplatonismus, das ihn schon Plotin zum Gegenstand seiner Dissertation hatte wählen lassen, führte ihn nun in die Renaissance,

---

11 Der Philosophiehistoriker Hoffmann unterrichtete von 1907 bis zu seiner Berufung 1922 nach Heidelberg am Mommsen-Gymnasium Griechisch (Strassmann 2006, 156) und war der absolute Lieblingslehrer des jungen Paul Oskar Gräfenberg, der erst im November 1919 mit offizieller Erlaubnis der Behörden den Namen seines Stiefvaters Heinrich Kristeller angenommen hatte. Ihm verdankte Kristeller sein leidenschaftliches Interesse für Philosophie: „(...) Kristeller ist mir seit über 13 Jahren [seit 1919/20] persönlich gut bekannt. Schon auf der Schule zeigte er ungewöhnliche Gaben des Verständnisses für Philosophie und beschäftigte sich bereits als Primaner intensiv mit Kant." (Testimonial Hoffmann, Heidelberg, 4.12.1933, in CU, RBML, KP 23.3 [Original], und *EC*-Records 83.40 [Kopie]); siehe auch Kristeller/Hollander, *Recollections* 1996, S. 3, und Mahoney 1976, 1).

12 Klibansky schloss die Habilitation bereits 1931 ab und wurde am 20. April 1933 als Privatdozent vorläufig beurlaubt, am 18. August 1933 nach den Bestimmungen des § 3 BBG aus dem Heidelberger Universitätsdienst entlassen (Vézina 1982, 40, 47; Weckbecker 1985, 286 nennt das Entlassungsdatum 2.8.1933; Mussgnug 1988, 40–43, ohne genaue Datumsangaben): bis Ende des Zweiten Weltkrieges lebte und lehrte er in Oxford und London, wo er der Kulturwissenschaftlichen Bibliothek Warburg und derem Leiter Fritz Saxl sehr verbunden war (siehe Klibanskys Autobiographie *Erinnerungen an ein Jahrhundert* [2001] sowie die Nachrufe von Thurner 2004 und Halfwassen 2005). Kristeller konnte diese Kränkung nie verwinden und mied lebenslang jeden persönlichen Kontakt mit seinem Konkurrenten. Ein Vermittlungsversuch Manasses im Frühjahr 1938 in England kam nicht zustande, da auch Klibansky nicht interessiert war: „(...) war entschlossen, Dir zu antworten, Du solltest an Klibansky ruhig ein Versöhnungszeichen schicken. Und rate Dir nun doch ab, da er bestimmt nicht wohlgesinnt ist. Er machte irgendwelche abfälligen Bemerkungen über das Supplementum. Ich bin nicht ganz sicher, was er im Schilde führt." (Brief [hs.] Manasse, Florenz, an Kristeller, 31.3.1938, in CU, RBML, KP 33.3).

13 Norden über das mündliche Staatsexamen mit Kristeller: „Es war eigentlich gar keine Prüfung, die ich mit ihm vornahm, sondern ein Colloquium, das sich vom Altlateinischen (Plautus) bis zu den philosophischen Schriften des Seneca erstreckte. Ich unterhielt mich mit ihm wie mit einem jungen <u>Gelehrten</u>." (Testimonial [hs.] Norden, Berlin, 5.12.1933, in CU, RBML, KP 37.14 [Original], Abschrift [mschr.] in NYPL, *EC*-Records 83.40); ähnlich beeindruckt äußerte er sich nach der Lektüre von Kristellers Dissertation *Der Begriff der Seele in der Ethik des Plotin* (Tübingen 1929): „Ich habe viel zugelernt (...) ich verdanke Ihnen einen lehrreichen Abend und Vormittag." (Brief [hs.] Norden, Berlin, an Kristeller, 30.10.1930, in CU, RBML, KP 37.14).

zu dem Florentiner Humanisten Marsilio Ficino, der Plotins Werk kommentiert und dessen *Enneaden* ins Lateinische übersetzt hatte. Als Betreuer für dieses gewagte Habilitationsprojekt gewann er 1931 keinen geringeren als Martin Heidegger, den er während seines Gastsemesters in Marburg im Sommer 1926 nicht nur als akademischen Lehrer schätzen gelernt hatte, sondern zu dem er auch „a warm personal relationship" entwickelt hatte:[14] Anfang 1932 stellte Kristeller in Freiburg ausführlich sein Konzept vor und wurde, wie er seinem Freund Ernst Abrahamsohn erleichtert mitteilen konnte, nicht nur von Heidegger, sondern auch von den klassischen Philologen Eduard Fraenkel und Wolfgang Schadewaldt gut aufgenommen:

> „Die Verständigung mit Heidegger ist gut, ich spreche die Dinge mit ihm durch, so dass eine pauschale Ablehnung nicht zu erwarten ist. Schadewaldt ist sehr konzentriert und klug, Eduard Fraenkel viel besser als sein Ruf, reif und vielseitig. Beide waren sehr nett zu mir."[15]

Mit Unterstützung der *Notgemeinschaft der Deutschen Wissenschaft*, die ihm im Juli 1932 auf Empfehlungsschreiben von Heidegger, Hoffmann und Jaeger hin ein Forschungsstipendium bewilligt hatte,[16] ging Kristeller nach Italien, um in den Bibliotheken Mailands, Roms und Florenz Ficino-Handschriften zu studieren.[17] Dort ereilten ihn im April 1933 die ersten Nachrichten von den Maßnahmen der neuen nationalsozialistischen Regierung gegen jüdische Wissenschaftler und

---

14 Kristeller/King, *Iter* 1994, 915. Förderlich für das gute Verhältnis zu Heidegger, das auch in der Korrespondenz mit Abrahamsohn anklingt – „Ich freue mich sehr, daß Sie bei Heidegger so gut aufgenommen worden sind." (Brief [hs.] Abrahamsohn, Heidelberg, an Kristeller 29.6.1926, in CU, RBML, KP 1.2) – war Kristellers Freundschaft mit den Heidegger-Schülern Hans Georg Gadamer und Karl Löwith und seine Musikalität: einmal pro Woche war er im Hause Heideggers eingeladen, auf dem Piano zu spielen, eine Gewohnheit, die in Freiburg fortgesetzt wurde (Kristeller, *Life of Learning* 1990, S. 7 und 10). Noch vierzig Jahre später dachte Heidegger in einem Brief an seinen ehemaligen Schüler gerne an diese Zeit zurück: „Meine Frau und ich erinnern uns noch gut an Ihre Besuche auf dem Rötebuck und an Ihr Spiel auf dem Flügel." (Brief Heidegger, Fillibach, an Kristeller, 4.4.1973, in CU RBML, KP 22.2).
15 Brief (hs.) Kristeller, Freiburg, an Abrahamsohn, 16.1.1932 (CU, RBML, KP 1.2).
16 Siehe Kristellers Dankschreiben an Geheimrat Victor Schwörer vom 15. Juli 1932: „Ich bin mir durchaus bewusst, was diese Hilfe zumal in der heutigen Lage bedeutet, und werde mich nach Kräften bemühen, den daran geknüpften Pflichten und Erwartungen durch meine Arbeit genüge zu tun." (Brief [hs.] Kristeller, Freiburg, an Schwörer, 15.7.1932, in CU, RBML, KP 47.17); Schwörer war zu dieser Zeit stellvertretender Generalsekretär der *Notgemeinschaft* (siehe Hammerstein 1999, passim). Das Stipendium war mit monatlich 100 RM dotiert und hatte eine Laufzeit vom 1.8.1932 bis zum 31.7.1933 (Testimonial Schwörer, 28.11.1933, in NYPL, *EC*-Records 83.40).
17 Zur Vorbereitung dieses Forschungsjahres soll Kristeller im Frühjahr 1932 in angeblich vier Wochen Italienisch gelernt haben (Brief [hs.] Abrahamsohn, Berlin, an Kristeller, 24.5.1932, in CU, RBML, KP 1.2).

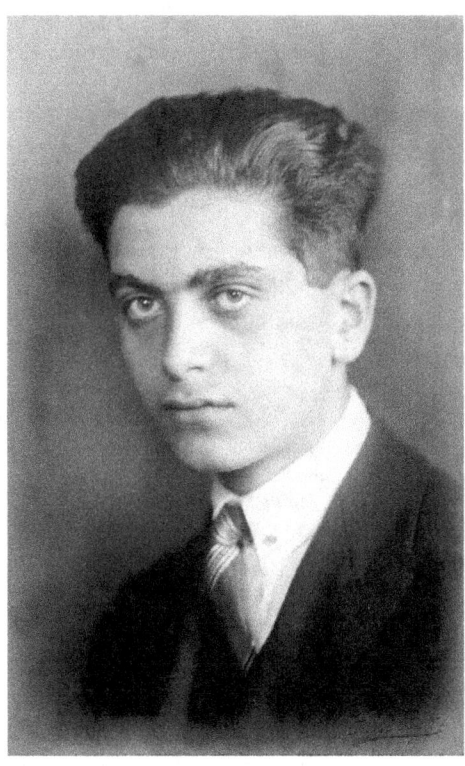

Abb. 13: Paul Oskar Kristeller als Doktorand (?)/Habilitand (?) (Ende 1920er/Anfang 1930er Jahre) (Courtesy of Columbia University Archives)

Lehrer im Rahmen des „Gesetzes zur Wiederherstellung des Berufsbeamtentums" (BBG).

6.3 Erzwungener Neubeginn (Berlin 1933–1934)

Die Bewerbungen

Umgehend kehrte Kristeller nach Deutschland zurück und löste in Freiburg seinen Hausstand auf. Er hatte beschlossen von Berlin aus, wo er in die Charlottenburger Wohnung seiner Eltern (Augsburger Strasse 45) zurückgezogen war, seinen Wechsel ins Ausland vorzubereiten und die Arbeiten am Manuskript seines Ficino-Buches so weit als möglich voranzutreiben.[18] Eduard Norden schickte bereits Ende April dem „Lieben Herrn Doktor" drei verschiedene Empfehlungsschreiben zu,

---

18 Die Nachschrift des Manuskripts gibt detailliert Auskunft über den Entstehungsprozess der

„die Sie je nach den Umständen verwerten können oder nicht. Im Wortlaut stimmen sie im Wesentlichen überein, unterscheiden sich nur in Formalien je nach meinen persönlichen Beziehungen zu den Betreffenden."[19]

Auch Heidegger versuchte seinem jüdischen Schüler zu helfen, trotz seiner demonstrativen Zuwendung zum Nationalsozialismus.[20] Sein Plan, Kristeller zur Habilitation an die Universität Basel zu empfehlen, scheiterte aber an der rigiden nationalistischen Haltung der Schweizer Behörden gegenüber ausländischen Akademikern.[21] Längerfristig erfolgreich war Kristellers Begegnung mit dem Historiker Delio Cantimori in der Berliner Staatsbibliothek,[22] die von seiner Ju-

---

Habilitationsschrift: „Begonnen mit der Vorarbeit in Freiburg, Herbst 1931. Begonnen mit der Niederschrift in Berlin, Frühjahr 1933 bis Winter 1933 (bis Kap. Kausalität inclus.)." (CU, RBML, KP, Series Writings, Box 2, Folder 4 ‚The Philosophy of Marsilio Ficino – German Draft I, 1940 s, part 2'; zitiert auch in der Vorrede zur deutschen Ausgabe *Die Philosophie des Marsilio Ficino* 1972, VII); siehe auch S. 418 mit Anm. 40.
19 Brief (hs.) Norden an Kristeller, 27.4.1933 (CU, RBML, KP 37.14).
20 So teilte Abrahamsohn seinem Freund schon im Mai 1932 mit: „Hörte von Karl [Motesiczky?] (via Schadewaldt – Berliner Privatdozent), dass Heidegger ⚔ geworden sei" (Brief [hs.] Abrahamsohn, Berlin, an Kristeller, 24.5.1932, CU, RBML, KP 1.2). Heidegger sah keinen Widerspruch zwischen der antisemitischen Haltung, die er in der Öffentlichkeit und in der Hochschulpolitik vertrat, und seinen vielfältigen und intensiven persönlichen Beziehungen zu Juden. Nicht ohne Stolz betonte er im Winter 1932/33 gegenüber Hannah Arendt, dass die fleißigsten und begabtesten seiner Studenten – einer davon war zweifelsfrei Kristeller – Juden seien: „Die zwei Stipendiaten der Notgemeinschaft, die ich in den letzten 3 Semestern durchsetzte, sind Juden. Wer durch mich ein Stipendium nach Rom erhält, ist ein Jude." Auch seine jüdischen Kollegen Jacobsthal und Friedländer in Marburg, so führte Heidegger zu seiner Rechtfertigung an, hätten „in Universitätsfragen" seine Form von Antisemitismus unterstützt (Brief Heidegger an Arendt, ohne Datum [Winter 1932/33], zitiert nach Arendt/Heidegger 1998, 68f. mit 282f.). Bernd Martin geht sogar so weit zu behaupten, dass Heidegger die Juden- und Rassenpolitik der Nationalsozialisten ablehnte: „Antisemitische Äußerungen oder Bekenntnisse zur deutschen Rasse sind von Heidegger (…) in der Öffentlichkeit nicht gefallen." (Martin 1991, 16f.).
21 Auch Kurt von Fritz sollte es zwei Jahre später nicht gelingen, in der Schweiz beruflich Fuß zu fassen, trotz guter freundschaftlicher Beziehungen zu Manu Leumann und Peter Von der Mühll (siehe Kapitel v. Fritz, S. 257f. und 260–263).
22 Wann diese Begegnung stattgefunden hat, lässt sich nicht zweifelsfrei ermitteln: Kristellers eigene Angabe „(…) in March 1933, when we both worked as private scholars in the Berlin State Library, Elisabeth introduced me to Delio Cantimori, who has published some of her work in Italy" (Kristeller, „Elisabeth Feist Hirsch: Student, Scholar and Friend" in Hirsch, Feist-Hirsch 1993, XVIII) steht im Widerspruch zu anderen autobiographischen Äußerungen („While I was in Italy in March and April 1933", Kristeller, *Life of Learning* 1990, S. 11). Der Herausgeber des Briefwechsels zwischen Bainton und Cantimori setzt das Treffen wesentlich später an, ohne sich aber näher festzulegen: „(…) probably in late 1933, during Cantimori's second tour of European research centers" (Tedeschi 2002, 36 und 95, Anm. 9) bzw. „It was on one such day in late 1933 or early 1934" (Tedeschi 2006, 235).

gendfreundin und Kommilitonin Elisabeth Feist arrangiert worden war:[23] Cantimori, ein Förderer Feists, verfügte nicht nur über beste Kontakte nach Italien, sondern war auch mit Roland Bainton gut befreundet, der in Yale Kirchengeschichte lehrte.

Die Korrespondenz des Jahres 1933 zeigt, wie unvorbereitet Kristeller der brutale Ausschluss aus der erhofften Wissenschaftskarriere in Deutschland getroffen hatte: selbst die vermeintlich sichere Schullaufbahn, auf die er sich mit seinem zusätzlichen Griechisch- und Lateinstudium vorbereitet hatte, war plötzlich unerreichbar. Als Heidegger seinem Schüler im Juli 1933 mitteilen musste, dass alle seine Bemühungen fehlgeschlagen waren, konnte er ihm nur dringend raten „die Arbeit ganz fertig zu stellen" und einen „Weg zu finden, die Veröffentlichung sicher zu stellen".[24] Auch die erste Antwort des *Emergency Committee* im August fiel, bei aller Freundlichkeit, enttäuschend aus: „conditions are bad in the States just now, and our funds are practically exhausted".[25] Doch anders als in späteren Jahren, als das *EC* eine sehr routinierte und mitunter formalistische Arbeitsweise entwickelt hatte, reagierte der Assistant Secretary E. R. Murrow auf Kristellers unspezifisches Hilfsgesuch erstaunlich unorthodox und unbürokratisch: der Brief wurde als „application" akzeptiert und Kristeller sogar zugesichert, dass das Komitee dafür sorgen würde, interessierte Universitäten auf seinen Fall aufmerksam zu machen.[26]

Im September setzte Kristeller seine Hoffnungen auf private Vermittler: sein früherer Heidelberger Kommilitone Herbert Dieckmann, ein habilitierter Romanist, der wegen seiner jüdischen Ehefrau Lilo an der Universität Bonn nicht als Privatdozent zugelassen worden war,[27] versprach, sich bei seiner Reise nach Paris auch für Kristeller zu verwenden:

---

23 Kristeller lernte Elisabeth Feist 1920 im Haus seiner Tante Eva Löwenthal, geb. Magnus, kennen, die mit Elisabeths Vater Siegmund Feist befreundet war: beide wählten Philosophie als Studienfach. Während Paul Oskar zu Ernst Hoffmann nach Heidelberg ging, entschied Elisabeth sich für Marburg, wo sie rasch eine lebenslange Begeisterung für den jungen a.o. Professor Heidegger entwickelte (Kristeller 1993, XVII).
24 Brief (hs.) Heidegger an Kristeller („Lieber Herr Doktor"), Freiburg 22.7.1933 (CU, RBML, KP 22.2).
25 Brief Murrow, *EC*, an Kristeller, 29.8.1933 (NYPL, *EC*-Records 83.40).
26 Damit verstieß er gleich gegen zwei Dogmen der ‚policy' des *EC*: erstens warb es in der Regel nicht aktiv bei Colleges und Universitäten für die displaced scholars, sondern übernahm nur eine Vermittlerfunktion, und zweitens durfte die application üblicherweise nur von einer Institution eingereicht werden, nicht aber von dem individuell Begünstigten (Duggan/Drury 1948, 187).
27 „Dieckmann (...) musste wegen ‚jüdischer Versippung' auf die Habilitation verzichten." (Hausmann 2000, 226). Obwohl ein Jahr jünger als Kristeller, hatte Dieckmann (Jahrgang 1906)

„Ich fahre morgen nach Paris und werde versuchen auch in Ihrer Angelegenheit etwas zu erreichen. Sollten Sie etwas bestimmtes beabsichtigen oder irgendeinen konkreten Plan für sich verfolgen, so lassen Sie es mich bald wissen."[28]

Erst fünf Wochen später erhielt Kristeller Antwort: in Paris würden frühestens im Frühjahr 1934 Stellen für Emigranten vergeben, wenn überhaupt. In der Zwischenzeit sollte Kristeller in Berlin unter Berufung auf Dieckmann Henri Jourdan aufsuchen, den Leiter des „Französischen Akademiker-Hauses",[29] den er, Dieckmann, in Paris ausführlich über ihn informiert habe. Mit vorsichtigem Zweckoptimismus interpretierte er die Stimmung in Paris mit einem ‚Dreitakt'-Modell:

„Wir müssen den dritten Takt in dem Verhalten des Auslandes zu den Emigranten abwarten. Der erste war: volles Mitleid, der zweite: wie können wir uns der Fülle erwehren? Der dritte wird sein, dass man einige Stellen schafft."[30]

Auf der Rückreise hatte Dieckmann das Büro der *Notgemeinschaft der deutschen Wissenschaftler im Ausland* in Zürich (Oraniastr. 40) besucht und sich bei Professor Philipp Schwartz nach beruflichen Möglichkeiten in der Türkei informiert, „über die neugegründete und zu gründende Universität in Istanbul", ein akademisches Großprojekt zur rechten Zeit, bei dem über siebzig emigrierte deutsche Wissenschaftler jüdischer Herkunft erfolgreich als Professoren an die Universitäten Istanbul und Ankara vermittelt werden konnten.[31] Für ihn selber bestünden ge-

---

nach Abschluss der Promotion (Bonn 1930) ein Jahr früher mit seiner Habilitation („Diderots Welt- und Lebensanschauung") beginnen können, für die ihm 1930–1932 ein Stipendium der *Notgemeinschaft der deutschen Wissenschaft* bewilligt worden war (Formblatt ‚Data Prior to/ Following Arrival In U.S.A', 10.2.1942, YIVO, *OT*-Microfilm). Christmann/Hausmann/Briegel 1989, 275, datieren das Habilitationsstipendium von 1930 bis 1933.
28 Postkarte (hs.) H. Dieckmann an Kristeller, 14.9.1933 (CU, RBML, KP 14.4).
29 Der Gymnasiallehrer für Philosophie („agrégé de philosophie") Henri Jourdan, Jahrgang 1901, war erst 1932 zum Direktor der „Maison académique francaise" in Berlin ernannt worden: vorher hatte er für insgesamt fünf Jahre bei E. R. Curtius in Heidelberg und Bonn als Lektor und Übersetzer gearbeitet (Bosquelle 2005, 150–153).
30 Brief H. Dieckmann, Bonn, an Kristeller, 18.10.1933 (CU, RBML, KP 14.4).
31 Vgl. auch Kapitel Jastrow, S. 142f., 149. Die Bio-Bibliographie bei Widmann (1973, 252–293) listet 77 Professoren auf, Assistenten, Lektoren und Lehrbeauftragte nicht mitgerechnet: allein die beiden o. Professoren für Romanistik, Leo Spitzer und Erich Auerbach, vermittelten zwölf zusätzliche Stellen. Herbert Dieckmann war für insgesamt drei Jahre bei Spitzer in Istanbul als Lektor und Lehrbeauftragter für Philologie tätig (1934–37), seine Frau Liselotte war Lektorin an der YDO, einer 1933 neu eingerichteten Fremdsprachenschule der Universität Istanbul, die ebenfalls von Spitzer geleitet wurde (Widmann 1973, 106f. und 289f.). 1934/35 wurde H. Dieckmanns Stelle durch ein Stipendium („scholarship") des *Academisch Steunfonds* Amsterdam finanziert (Formblatt ‚Data Prior to/Following Arrival In U.S.A.', 10.2.1942, YIVO, *OT*-Microfilm).

6.3 Erzwungener Neubeginn (Berlin 1933–1934)

wisse Aussichten auf „den Posten eines italienischen Lektors (...) Ich müsste als Deutscher auf Französisch den Türken die Anfangsgründe der italienischen Sprache beibringen." Kristeller sollte Schwartz „auf alle Fälle" persönlich anschreiben, „oder besser, (...) durch Norden schreiben" lassen:

> „Als Philosoph kommen Sie wahrscheinlich nicht unter (...) Aber als Altphilologe halte ich es für aussichtsreich. Sie wissen, dass da unten kein Latein gelehrt wird bis jetzt. Vielleicht kann man auch Ihnen irgendeine Lektorstelle schaffen, die nicht schlecht bezahlt sein sollen [sic!]."[32]

Die ‚Werbung' für Istanbul war nicht ganz uneigennützig, wie einem handschriftlichen Postskriptum von Lilo Dieckmann zu entnehmen ist:

> „Bitte kommen Sie nach Konstantinopel. Denken Sie wie wir dort geistig hungern werden. Das erträgt sich besser in Gesellschaft."

Ebenfalls im September rückte eine zweite Perspektive ins Blickfeld: England. Der Hamburger Philosophieprofessor Ernst Cassirer, der seit seiner Entlassung im April 1933 Gastprofessor in Oxford war, riet Kristeller, „mit genauer Darlegung Ihrer persönlichen Verhältnisse und Ihrer bisherigen wissenschaftlichen Arbeiten" sich an das „Academic Assistance Council in London" zu wenden:

> „Dieses Council hat eine wirklich ausgezeichnete Organisation für die Unterstützung deutscher Gelehrter geschaffen und steht jetzt im Mittelpunkt des gesamten akademischen Hilfswerks."

„Noch besser und wirksamer", so Cassirer, wäre es, wenn Kristeller sein Hilfsgesuch an ihn persönlich schicken würde:

> „Ich werde sie [Ihre Mitteilungen] dann weiterleiten und Sie den massgebenden Herren des Council aus voller Überzeugung herzlich und eindringlich empfehlen."[33]

---

32 Brief H. Dieckmann, Bonn, an Kristeller, 18.10.1933 (wie Anm. 30). Die bekanntesten deutschen klassischen Philologen in der Türkei waren Georg Rohde (Ankara) und Walther Kranz (Istanbul). Eine der ersten Veröffentlichungen zu diesem Thema, Liselotte Dieckmanns autobiographische Miszelle „Akademische Emigranten in der Türkei" (1964) wurde von Widmann als „wenig objektiv" kritisiert (1973, 19, Anm. 3). Inzwischen ist das erfolgreiche Türkei-Engagement der *Notgemeinschaft Deutscher Wissenschaftler im Ausland* und des *Academic Assistance Council* gut dokumentiert: siehe Schwartz' autobiographische Skizze *Notgemeinschaft* (1995); Neumark 1980; Erichsen 1994, 1996, 2005 und Bozay 2001.
33 Brief (hs.) Cassirer, London, undatiert (vor 21.9.1933), an Kristeller (CU, RBML, KP 10.2). Möglicherweise hatte Kristeller Ernst Cassirer über seinen Freund Richard Walzer kennenge-

Emergency Committee, Antrag 2

Mindestens zweimal verwendete sich Cassirer beim *AAC* für Kristeller, doch ohne konkretes Ergebnis.[34] Deshalb unternahm Kristeller im Dezember 1933 einen zweiten Vorstoß beim *Emergency Committee*, flankiert von einer stattlichen Anzahl von Empfehlungsschreiben, die er in den letzten Monaten gesammelt hatte:

> „I thank you very much for your kind letter I received some months ago and in which you promised to do your possible for my favour. I regret my affairs have not changed till now, and therefore I should be very obliged to you, if you kindly would continue your efforts. I beg to send you enclosed the copies of some rather favourable certificates I just got from my German professors, hoping that it will be useful for your arrangements. I should be very thankful to get some news of you in case you will find any possibilities for me."[35]

Bis auf Harders Gutachten, das bereits im August 1933 entstanden war, scheinen alle Empfehlungsschreiben speziell für das amerikanische Komitee verfasst worden zu sein. Jaeger bedauerte, dass die „neue politische Konstellation" den Plan seines Schülers Kristeller vereitelt hätte, sich in Deutschland „als Privatdozent der Philosophie zu habilitieren":

> „Seine neue große Arbeit, eine philosophische Analyse des Marsilius Ficinus erscheint mir ebenfalls, soweit ich nach mündlichem Referat urteilen kann, wissenschaftlich wertvoll. Herr K. ist eine wissenschaftliche Persönlichkeit, die menschlich und sachlich jedes Vertrauens würdig ist. Ich zweifle nicht, dass er selbständig seinen Weg gehen wird und eine fruchtbare

---

lernt, der mit Sofie Cassirer, der Tochter des Verlegers Bruno Cassirer, verheiratet war: Ernst und Bruno Cassirer waren Cousins.

34 Im September 1933 (Brief [hs.] Cassirer, London, an Kristeller, 21.9.1933) und Anfang Mai 1934 (Briefe [hs.] Cassirer, Oxford, All Souls College, an Kristeller, 22.4.1934 und 4.5.1934, in CU, RBML, KP 10.2).

35 Brief (hs.) Kristeller, Berlin, an *EC*, 23.12.1933 (NYPL, *EC*-Records 83.40): Neben Zeugnissen seiner Lehrer Hoffmann, Heidegger, Jaeger und Norden legte Kristeller auch zwei Referenzschreiben aus Kiel vor, von Richard Kroner, dem dortigen Professor für Philosophie und dem Gräzisten Richard Harder (Kristeller hatte 1931 den ersten Band von dessen Plotin-Übersetzung auf Empfehlung Hoffmanns [Postkarte Hoffmann, Heidelberg, an Kristeller, 29.7.1930, in CU, RBML, KP 23.3] in der *DLZ*, 3. F., 2. Jg., H. 2, 11.1.1931, 57–61, rezensiert), ferner eine von Victor Schwörer unterzeichnete Bescheinigung über das Stipendium der *Notgemeinschaft* (datiert auf 28.11.1933) sowie eine empathische Stellungnahme von Prof. Hinneberg, des Herausgebers der *Deutschen Literaturzeitung*, in der die erste Rezension von Kristellers Dissertation (*DLZ*, 3. F., 2. Jg., H. 26, 28.6.1931, 1205–1208, Isaak Heinemann) erschienen war: „Ich bedaure deshalb ganz besonders, dass die gegenwärtige Kulturkonstellation [!] in Deutschland Herrn Dr. Kristeller hier zu Lande eine Entwicklungsmöglichkeit, wie sie für ihn zu erhoffen wäre, leider zur Zeit nicht bietet. Ich wünsche ihm deshalb ein für ihn als Menschen und Gelehrten gleich nutzbringendes Fortkommen im Auslande und schliesse mit diesem Wunsch." (Testimonial Hinneberg, 9.12.1933, in NYPL, *EC*-Records 83.40).

Entwicklung als Gelehrter und als Lehrer der akademischen Jugend nehmen wird, wenn ihm die äußere Möglichkeit dazu geboten wird."³⁶

Auch Hoffmann verwies auf Kristellers „selbständige Natur" und würdigte seine herausragende philosophische und philologische Begabung:

> „(...) es ist kein Zweifel, dass die ihm innewohnende Begabungsverbindung von weitem Horizont der Interessen und eindringender Tiefe des Forschertriebes ihn zu einer erfolgreichen wissenschaftlichen Lebensarbeit prädestiniert. Auf meine Veranlassung ergriff er den weitausschauenden Plan, die Quellen des Renaissance-Platonismus ganz neu zu arbeiten [sic!], und alles, was ich seither von seiner fortschreitenden Arbeit kennen gelernt habe, beweist, dass dieses schwierige Unternehmen bei ihm in den besten Händen ist. Ich erkläre verantwortlich, dass ich Herrn Kristeller für einen der aussichtsreichsten jüngeren Gelehrten meines Forschungsbereiches halte."³⁷

Norden bezeichnete Kristeller als einen der begabtesten seiner Schüler und pries ihn als „ethisch (...) hochwertigen Menschen" mit „ästhetischem Feingefühl":

> „Unter normalen Verhältnissen hätte sich Dr. Christeller [sic!] an einer deutschen Universität habilitiert, und man hätte seiner wissenschaftlichen Laufbahn eine besonders günstige Prognose stellen dürfen. Im Interesse der philosophisch-philologischen Wissenschaft muß man den Wunsch und die Hoffnung hegen, daß ihm eine andere Stätte zur Entfaltung seiner hohen Gaben gewährt werde."³⁸

Seinen Pflichten als Rektor war es wohl geschuldet, dass Heidegger sein Gutachten erst verspätet liefern konnte. Jegliche politische Andeutung meidend prophezeite er seinem Habilitanden ohne Einschränkung eine glanzvolle wissenschaftliche Karriere:

> „Er zeigte von Anfang an eine starke systematisch-philosophische Begabung, die durch eine gründliche und vielseitige Beherrschung der Geschichte der Philosophie, insbesondere des Platonismus in der abendländischen Geistesgeschichte auf das Fruchtbarste ergänzt wird. Die dem Abschluss entgegengehende grosse Arbeit über Marsilius Ficinus verspricht eine gründliche, die ganze Gedankenwelt des Philosophen durchdringende Darstellung zu werden, auf Grund derer das bisherige Bild sich wesentlich ändern wird. (...) Es ist zu erwarten,

---

36 Testimonial Jaeger, Berlin, 13.11.1933 (NYPL, *EC*-Records 83.40). Im Begleitschreiben drückte Jaeger seinen Wunsch aus, „dass es [das Zeugnis] Ihnen bei Ihren Bemühungen irgendwie von Nutzen sein kann." (CU, RBML, KP 24.10).
37 Testimonial Hoffmann, Heidelberg, 4.12.1933 (CU, RBML, KP 23.3 [Original], NYPL, *EC*-Records 83.40 [Abschrift]).
38 Testimonial (hs.) Norden, Berlin, 5.12.1933 (CU, RBML, KP 37.14; Abschrift [mschr.] in NYPL, *EC*-Records 83.40).

dass er auf Grund dieser Fähigkeiten eine sehr erfolgreiche Tätigkeit wird entfalten können."[39]

Olschki

Mit der Formulierung „die dem Abschluss entgegengehende grosse Arbeit ueber Marsilius Ficinus" hatte Heidegger keinesweg übertrieben: Trotz aller äußeren Widrigkeiten hatte Kristeller fieberhaft an seiner Habilitationsschrift weitergearbeitet und sechs Kapitel zum Jahresende abgeschlossen, von denen er Abschriften unter interessierten Freunden und Kollegen kursieren ließ.[40] Da erreichte ihn „im Namen meines Mannes" ein schnörkelloser und überraschend direktiver Brief von Liselotte Dieckmann aus Rom,[41] der Kristellers Karriere der nächsten Jahre entscheidend beeinflussen sollte:

> „Heute (...) schreibe ich Ihretwegen. Bitte schicken Sie sofort an Prof. Lionardo [sic!] Olschki, Roma, Cassetta 496, (unsern guten alten Heidelberger Olschki!) Ihren Lebenslauf, Aufzählung Ihrer Arbeiten, u. vor allem betonen Sie alles, was Sie über Ficino gearbeitet haben u. noch arbeiten oder publizieren wollen. Er läßt Ihnen sagen, Sie sollten ihm nicht weiter danken, bloß sachlich alles Wissenswerte mitteilen. Es ist hier etwas im Gange, bei dem alles, was man über Italienisches oder Römisches gearbeitet hat, von größter Bedeutung ist. Er-

---

39 Testimonial Heidegger, Freiburg, 14.12.1933 (Original in CU, RBML, KP 22.2, Kopie in NYPL, *EC*-Records 83.40). Ähnlich wie Jaeger hoffte er im Begleitschreiben zu seinem Zeugnis, „dass es Ihnen von Nutzen sein wird." (Brief Heidegger an Kristeller, 14.12.1933, in CU, RBML, KP 22.2). Heidegger stellte seinem Habilitanden zwei Empfehlungsschreiben aus, während der Dekan Wolfgang Schadewaldt Kristeller Empfehlungsbriefe für ausländische Universitäten verweigerte (Ludwig 2000, 16.). Entsprechend bitter fiel Kristellers Urteil über ihn in den *Reminiscences* aus: „Schadewaldt, the other classical scholar whom I knew well, I went to see to say goodbye, and his attitude, unlike that of Heidegger, was cool, embarassed and noncommittal. He could not bring himself even to say a word of regret about my situation, although a few months before he had made strong unsolicited promises that he would favour my Habilitation. I was so disgusted and disappointed with this interview that I decided never to have anything to do with him, and I stuck to that." (CU, RBML, Kristeller, *Reminiscences*, Interview 5, Vol. 2, 198 f.). Ähnlich negativ äußerten sich Manasse und Friedländer zu Schadewaldt (siehe Kapitel Manasse, S. 593 und Friedländer S. 664 f. mit Anm. 242).

40 Auch an Heidegger hatte er im Dezember 1933 ein Typoskript geschickt: „Ihren Aufsatz über Ficinus werde ich wohl erst in den Ferien lesen können." (Testimonial Heidegger, Freiburg, 14.12.1933, wie Anm. 39). Die Kapitel 1–6 des ersten Teiles „Sein und Welt" hatten einen Umfang von 114 Druckseiten [(2/3 von Teil I)], bei Beibehaltung dieses Arbeitsrhythmus hätte Kristeller das Buch ohne weiteres im Herbst 1934 abschließen können (die deutsche Ausgabe zählt insgesamt 16 Kapitel bei 385 Druckseiten).

41 Herbert Dieckmann war am 24. November nach Istanbul abgereist, „auf gut Glück mit allerhand mehr oder weniger positiven Aussichten", seine Frau war in Rom zurückgeblieben und wollte erst das Resultat der Reise abwarten.

wähnen Sie Ihre Altphilologie, Norden usw. und sagen Sie, wir hätten Sie veranlaßt zu schreiben, damit er im Bilde ist."⁴²

Dieckmanns Gewährsmann war niemand anderes als der Ordinarius für romanische Philologie, Leonardo Olschki, Sohn des Florentiner Verlegers Leo S. Olschki, der nach fast 25jähriger Lehrtätigkeit an der Universität Heidelberg, wo er schon studiert, promoviert und habilitiert hatte, als Jude am 28. April 1933 „bis auf weiteres beurlaubt", und am 12. August 1933 „in den Ruhestand versetzt" worden war.⁴³ Die Nachricht von seiner Entlassung erreichte ihn in Rom, wo er seit dem WS 1932/33 als Gastprofessor tätig war.⁴⁴ Durch seine Mitarbeit an der *Enciclopedia Italiana* hatte er gute Kontakte zu dem Philosophen und Schulreformer Senator Giovanni Gentile, der 1922 bis 1924 Mussolinis erster Unterrichtsminister („ministro della pubblica istruzione") gewesen war. Kristeller besann sich nicht lange und schickte umgehend die angeforderten Unterlagen und eine Kopie seiner bisherigen Ficino-Studien nach Rom, wurde aber wieder beschieden, sich vorerst in Geduld zu üben:

> „Sehr geehrter Herr Doktor, Ihren Brief nebst Anlagen habe ich mit Interesse gelesen. Ich verspreche Ihnen, mein Möglichstes in Ihrem Sinne zu tun, bitte Sie jedoch, sich zu gedulden. Solche Dinge sind mit äusserster Vorsicht und ohne Überstürzung planmässig zu betreiben."

---

42 Brief (hs.) Liselotte Dieckmann, Rom, an Kristeller, 25.11.1933 (CU, RBML, KP 14.5).
43 Vézina 1982, 42 und 48 (Weckbecker 1985, 287 nennt das Entlassungsdatum 21.8.1933); Baron verwechselt Leonardo Olschki mit seinem Vater Leo S., wenn er schreibt: „Aided by Leonardo Olschki, a Jewish publisher in Florence, Kristeller's Ficino manuscript received Gentile's attention." (Baron 2008, 31).
44 Sechs Jahre lang unterrichtete der ehemalige ‚Groß-Ordinarius' Olschki (immerhin war er in Heidelberg Nachfolger von E. R. Curtius!) in dieser eher bescheidenen Funktion an der römischen Universität, bis er im Herbst 1938 wegen seiner jüdischen Herkunft ein zweites Mal entlassen wurde, diesmal auf der Grundlage der italienischen Rassengesetze. Zwei Monate nach Kristeller, am 20. April 1939, gelang es ihm mit seiner Familie in die USA zu emigrieren, wo er sich aber auf Universitätsebene nie mehr richtig etablieren konnte (Baum 1989, 178). Seine ranghöchste Position in den USA war Lecturer in Berkeley, wo er 1950, auf dem Höhepunkt der McCarthy-Zeit, als Mitglied der „Group for Academic Freedom" neben weiteren 28 Berkeley-Professoren (u. a. Ernst Kantorowicz und Ludwig Edelstein), zum dritten Mal entlassen wurde, weil er sich geweigert hatte, den sog. ‚loyalty oath' zu leisten, der folgenden Wortlaut hatte: „I am not a member of the Communist Party, or under any oath, or a party to any agreement, or under any commitment that is in conflict with my obligations under this oath." (zitiert nach Schrecker 1986, 116; siehe auch *Guide to the Papers Relating to the Loyalty Oath Controversy, University of California, 1949–1956* in Bancroft Library, Berkeley [BANC]; *The University Loyalty Oath: Symposium and Websource.* UC History Project. November 19, 1999 [http://sunsite.berkeley.edu/~ucalhist/loyaltyoath/] und Gardner 1967).

Das Postskriptum dieses Briefes lieferte Hinweise auf Eigenart und Tücke des möglicherweise zu erwartenden Angebots: Olschki erkundigte sich nämlich nach Kristellers finanziellen Verhältnissen:

> „Schreiben Sie mir bitte, ob Ihnen eventuell ein Existenzminimum zur Verfügung steht, um nicht ganz auf Arbeitsertrag angewiesen zu sein."[45]

Der erste ‚Job' an Vera Lachmanns Schule (Berlin 1933/34)

Mit Kristellers Finanzen stand es zu es diesem Zeitpunkt tatsächlich nicht zum besten: er hatte stark auf die Verlängerung des Stipendiums gehofft und musste nun zusehen eigenes Geld zu verdienen, wenn er nicht ganz auf die Unterstützung durch seine Eltern angewiesen sein wollte: keine leichte Aufgabe, da ihm ja nicht nur die Universitäten, sondern auch die staatlich-öffentlichen Schulen verschlossen waren. Da traf es sich günstig, dass Vera Lachmann, eine Kommilitonin aus der Berliner Studienzeit, die im April 1933 aus eigenen Mitteln eine Privatschule für nichtarische Jungen und Mädchen gegründet hatte,[46] ihn einlud, dort Griechisch und Latein zu unterrichten. In seinen Erinnerungen betonte Kristeller immer wieder amüsiert, dass die nur um ein Jahr ältere Vera seine erste „Chefin" gewesen sei, die ihm den ersten „teaching job" verschafft habe. Dieser Job, den er bis Februar 1934 ausübte, sollte Kristeller langfristig das Leben retten, denn Erika,[47] eine seiner begabtesten Schülerinnen, war die Tochter des deutschstämmi-

---

45 Brief (hs.) Olschki, Rom, an Kristeller, 25.12.1933 (CU, RBML, KP 38.14).
46 Lachmann führte das „Schulchen" zusammen mit ihrer ehemaligen Lehrerin Helene Herrmann (1877–1944), einer der bemerkenswertesten Vorkämpferinnen für akademische Gleichberechtigung und Reformpädagogik: diese hatte 1893 bis 1897 Helene Langes ‚Gymnasialkurse für Frauen' besucht und schon 1904 (ein Jahr früher als Margarete Bieber!) als Gasthörerin bei Dilthey an der Berliner Universität in Germanistik promoviert. 1907 legte sie das Staatsexamen für das höhere Schulwesen ab, ein Jahr bevor Frauen in Preußen offiziell zum Studium zugelassen wurden. 1921 unterrichtete Helene Herrmann die 17-jährige Vera in „Dr. Sigmund Auerbachs Gymnasialkursen für Mädchen", einem privaten Institut, dessen Leitung sie nach Auerbachs Tod 1926 übernahm. Gegründet hatte Lachmann die „Deutsche Oberschule mit wahlfreiem Griechisch" spontan, „um etwas zu tun und auch weil es dringend nötig war." Im ersten Jahr fand der Unterricht noch in ihrer Privatwohnung (Auguste-Victoria Str. 63) statt, 1934 stellte ihr ein Vetter ein „Chauffeurshaus im Garten" in Grunewald (Jagowstr. 35) zur Verfügung, wo bis zur endgültigen Schließung am 1. Januar 1939 ungefähr 60 Schüler aller Altersstufen unterrichtet wurden (zur „Höheren Privatschule Dr. Vera Lachmann" siehe Westphal 1992 und Fehrs 1993).
47 Vera Lachmann hatte Erika Weigand (1917–1946) schon im Sommer 1930 in der Odenwaldschule kennen und lieben gelernt. Auch nach der Rückkehr ihrer Eltern in die USA blieb

gen Germanistikprofessors Hermann J. Weigand aus Yale, der während seines Sabbatjahres 1933/34 in Berlin den Nationalsozialismus aus nächster Nähe verabscheuen lernte und Kristeller bei seinen Emigrationsbemühungen zuverlässig unterstützte.[48]

Doch Anfang 1934 war Amerika noch keine realistische Perspektive. Die Einsendung der zahlreichen „nice references" hatte Kristellers Position beim *EC* nicht wesentlich verbessern können. Murrow schickte ihm ein Memorandum mit dem „modus operandi" des *EC*, schätzte aber die Chancen auf eine Vermittlung weiterhin sehr pessimistisch ein:

> „At the moment (...) the outlook is rather black. (...) even if we have funds, we are very restricted in our use of them."[49]

Dr. Levy-Lenz

So war es naheliegend, sich auf Italien zu konzentrieren, zumal Kristeller auch aus England keine Reaktionen erhalten hatte. Für Februar 1934 war ein Treffen in Rom angesetzt, wo Olschki Kristeller mit einigen einflussreichen italienischen Intel-

---

Erika in Berlin und in Lachmanns Schule, bis 1937 (Lachmann 1979, 77–88). Die Freundschaft zu den Weigands rettete Lachmann vor der sicheren Deportation: ab Januar 1939 machte Hermann Weigand all seinen Einfluss geltend, um ihr eine Anstellung in den USA zu verschaffen. (siehe Nachruf Goldschmidt 1985, 145–148, engl. in Hallett, Pearcy 1991, 24–27). Am 15. Mai 1939 wurde Lachmann vom Vassar College zum „Assistant in German" ernannt (Brief MacCracken, President Vassar College, an Erich M. Warburg, 15.5.1939, in Yale, ULMA, Weigand Papers 4.61), doch der amerikanische Konsul in Berlin verzögerte die Ausstellung des Non-Quota Visums mit immer neuen Nachfragen und Auflagen (Brief Lachmann an Weigand, 16.6.1939, in Yale, ULMA, Weigand-Papers 4.61, Telegramm Lachmann an Weigand, 19.10.1939, in Yale, ULMA, Weigand-Papers 4.62, Brief Weigand an American Consul Berlin, 21.10.1939, in Yale, ULMA, Weigand-Papers 3.41, Brief Weigand an Kristeller, 14.11.1939, in CU, RBML, KP 54.6). Erst am 17. November 1939 konnte sie Berlin Richtung Göteborg verlassen und erreichte mit knapper Not am 24. November das letzte reguläre Passagierschiff der Schweden-Amerika-Linie (www.salship.se/ti meline.asp und Briefe Warburg, New York, an Weigand, 27.11.1939, und Weigand an Warburg, 28.11.1939, beide in Yale, ULMA, Weigand-Papers 4.61): am 5. Dezember traf sie in New York an Bord der M/S Gripsholm ein (Brief Weigand an Kristeller, 4.12.1939, CU, RBML, KP 54.6).
48 CU, RBML, KP, Kristeller, *Recollections* 1996, S. 8: „(...) he was so disgusted with the Nazis, that he canceled [sic!] his connection with the University of Berlin in 1933. Instead he worked as a private scholar (...) Weigand was most favorably impressed with my courses, and my general scholarly and personal qualities. He became my supporter from then on (...)."
49 Brief Murrow, *EC*, an Kristeller, 5.1.1934 (CU, RBML, KP 36.16 [Original] und NYPL, *EC*-Records 83.40 [Kopie], beides mit Verschreibung des Datums [1933 statt 1934]).

lektuellen bekannt machen wollte.⁵⁰ Da erreichte ihn kurz vor seiner Abreise völlig überraschend der Brief seines ehemaligen Lehrers vom Mommsengymnasium, der in Florenz zufällig mit Kristellers Onkel und Tante Reisebekanntschaft geschlossen hatte:

> „Sie werden zunächst nicht wissen, von wem dieser Brief ist, und da will ich Sie an Ihren Lateinlehrer am Mommsengymnasium erinnern, bei dem Sie in Unter- und Obertertia⁵¹ Latein und später in Obersekunda Griechisch gehabt haben, Dr. Levy. Sie sind damals auch mit einigen Klassenkameraden (...) wöchentlich einmal zum Lesen zu mir gekommen, und ich glaube, wir haben zusammen eine Komödie des Plautus gelesen. (...) Allerdings heisse ich heute nicht mehr Levy, sondern habe meinen Namen vor längerer Zeit geändert."⁵²

Durch seine langjährigen Forschungen zu Ovid und Tibull, die auch durch Stipendien der *Notgemeinschaft* unterstützt worden waren, war Friedrich W. Lenz mit den Verhältnissen in Florenz bestens vertraut. Obwohl er selber ebenfalls auf Stellensuche war – er hatte am 16. September 1933 wegen seiner nicht-arischen Herkunft seine Lebensstelle als Studienrat am Staatlichen Gymnasium in Minden verloren – glaubte er auch Kristeller berechtigte Hoffnungen auf eine bezahlte Anstellung machen zu können:

> „Ich stehe in Verbindung mit einem Erziehungsheim in Florenz. Diese Verbindung wird sich demnächst noch wesentlich enger gestalten. Nun sagte man mir in Florenz, dass dort ein Herr gesucht wird, der unverheiratet ist, möglichst beide Prüfungen gemacht hat und die Lehrbefähigung in Mathematik [!] Oberstufe besitzt. Wenn möglich, soll er auch über eine gewisse Unterrichtserfahrung verfügen. Ihre Tante sagte mir, dass die Voraussetzungen bei Ihnen vorliegen, und ich habe daraufhin mit den Leuten in Florenz über Sie gesprochen, da ich mich an Paul Oskar Gräfenberg, wie er damals hiess, ganz genau erinnere. Ich möchte Sie nun

---

50 Deshalb ließ Kristeller sich von Cassirer, der sich weiterhin in England für ihn bemühen wollte, eine Empfehlung für Italien ausstellen, von der dieser sich erhoffte, „daß sie Ihnen doch die Wege etwas ebnen kann." (Postkarte [hs.] Cassirer, Oxford, an Kristeller, 12.1.1934, in CU, RBML, KP 10.2).

51 Friedrich W. Levy, der im Zuge seiner Ernennung zum Westfälischen Beamten (Ostern 1930) seinen jüdischen Namen zu ‚Lenz' arisiert hatte (einen Brief vom 20.12.1926 adressierte Werner Jaeger noch an „Dr. Levy, Südende/Brandenburgischestr. 20, Berlin"), war selber Schüler am Mommsengymnasium gewesen, zwischen 1905 und 1913. Nach neuerer Zählung unterrichtete er als Student und Studienreferendar den nur neun Jahre jüngeren Paul Oskar in der 8. und 9. Jahrgangsstufe (also in den Jahren 1917–1919, als Kristeller noch Gräfenberg hieß) in Latein, in Griechisch in der 11. Klasse (1921). Das erste Staatsexamen („Staatsprüfung") absolvierte Lenz Dezember 1918 („mit Auszeichnung"), das zweite („Assessorenprüfung") Ostern 1921. Die „Doktorprüfung" hatte Lenz bereits im Januar 1919 abgelegt, „cum laude", mit der Dissertation „De Demosthenis oratione" (Lenz, ‚Curriculum Vitae' als Anlage zum *AAC*-Fragebogen, 8.9.1934, in NYPL, *EC*-Records 21.1).

52 Brief Lenz, Minden, an Kristeller, 25.1.1934 (CU, RBML, KP 30.8).

bitten, mir recht bald etwas genauere Mitteilungen über Ihre wissenschaftliche Entwicklung, über Prüfungen usw. zu machen. Wenn sich daraus ergibt, dass Sie in Betracht kommen, so würde es sich vielleicht ermöglichen lassen, Sie an dieses Internat zu bringen. Das Gute ist, dass die Leute dort sehr wissenschaftlich und humanistisch eingestellt sind. (...) Ich selbst werde dort auch einigen Unterricht übernehmen, meine Hauptarbeit gilt allerdings, abgesehen von meiner wissenschaftlichen Tätigkeit, nicht dem Internat, das wundervoll in Fiesole liegt, sondern einer neuen Schule in Florenz selbst."[53]

6.4 Zuflucht in Italien – Karrierepläne

Rom (Febr. bis Sommer 1934): Unterstützung durch Olschki und Gentile

Wahrscheinlich am 25. Februar[54] reiste Kristeller nach Rom und wohnte für einige Monate in der Wohnung Richard und Sofie Walzers, geb. Cassirer.[55] Die Bera-

---

53 Eine Unterrichtstätigkeit von Lenz am Landschulheim Florenz ist in den Quellen nicht bezeugt (weder in den Augenzeugenberichten von *Dial 22–0756. Pronto: Villa Pazzi* (1997) noch in Lenz' eigenen autobiographischen Angaben wie dem bereits erwähnten *AAC*-Fragebogen. Mit einem Stipendium des holländischen *Academisch Steunfonds* konnte er zunächst seine wissenschaftliche Arbeit an der Universität Florenz fortsetzen, vom 1. März bis zum 1. Oktober 1934 (Lenz, ‚Curriculum Vitae', Anlage zum *AAC*-Fragebogen, 21.9.1934, in NYPL, *EC*-Records 21.1), zwischen 1934–1936 unterrichtete er eigenen Angaben zufolge in Berlin an einem privaten, wohl jüdischen Gymnasium „French, Latin, German, History, Geography". Dank der Vermittlung Pasqualis war er zwischen 1936 und 1938 in Florenz an der Universität und am „Teacher's College", also am „R. Istituto Superiore di Magistero", tätig („Data Prior to/Following Arrival in U.S.A.', 1.12.1940, YIVO, [Microfilm] *OT*). Nach der zweiten Entlassung im August 1938 vermittelte ihm Hendrickson auf die dringende Fürsprache Eduard Nordens hin ein „Honorary Fellowship" in Yale. Zufällig buchten Lenz und Kristeller die Passage Neapel-New York auf dem gleichen Schiff, der S/S Vulcania, und gingen am 23. Februar 1939 in New York gemeinsam von Bord.
54 Die relative Datierung ergibt sich aus einem Brief Ernst Abrahamsohns vom 21. Februar 1934: „Lieber Paul-Oskar, nach meinem Kalender muss mein Brief ungefähr gleichzeitig mit Dir in Rom ankommen." (Brief Abrahamsohn, Berlin, an Kristeller, 21.2.1934, in CU, RBML, KP 1.2). Die Wiedersehensfreude der emigrierten Freunde muss groß gewesen sein, denn in den nächsten Wochen beklagte Abrahamsohn von Prag aus theatralisch seine Isolation: „Und ihr Philologen? Hockt alle in Rom herum und lasst mich hier allein – und verkommen? Das Sorgenkind alleine in Prag, dieweil ihr in der Ewigen Stadt ewige Werte schafft?" (Postkarte [hs.] Abrahamsohn, Prag, an Kristeller, 5.3.1934); „Ein phantastischer Gedanke, wie Ihr dort jetzt alle auf dem Haufen sitzt – eine quasi ‚Kolonie' – und dazu grossenteils von Gleichgesinnten und Gleichstrebenden (...) und das Wiedertreffen ältester Bekanntschaften!" (Brief [hs.] Abrahamsohn, Prag, an Kristeller, 10.4.1934, beide in CU, RBML, KP 1.2). Die ‚Kolonie' bestand aus Richard Walzer, Kristeller, Stefan Weinstock, Ludwig Edelstein, Lehmann-Hartleben, Otto Brendel, Elisabeth Jastrow, Hermine Speier u. a.

tungen und Begegnungen, die Olschki auf das sorgfältigste vorbereitet und arrangiert hatte, waren außerordentlich erfolgreich: Kristellers Studien zur Florentiner Frührenaissance und zu Ficino fanden begeisterte Resonanz bei so wichtigen und einflussreichen (faschistischen!) Intellektuellen wie dem Direktor des Istituto Superiore Magistero in Florenz, Prof. Ernesto Codignola, oder bei Giovanni Gentile, der nicht nur Professor für Philosophie an der Universität Rom war, sondern auch Direktor der Elitehochschule Scuola Normale Superiore in Pisa:

> „Ich habe feststellen können, dass das Interesse an diesen Arbeiten in den massgebenden hiesigen Kreisen sehr lebhaft ist, was schon aus der Tatsache begreiflich ist, dass sie sich über ein besonders eifrig gepflegtes Gebiet der Renaissance-Philosophie erstrecken, das Herr Kr. wie kaum ein anderer philosophisch und philologisch beherrscht. Der persönliche Eindruck, den Herr Dr. Kr. bei diesen Persönlichkeiten gemacht hat, bestätigte vollkommen die in ihn gesetzten Erwartungen, so dass der Wunsch allgemein geworden ist, ihn in Italien zu behalten."[56]

Ergebnis der Beratungen war, „Herrn Dr. Kristeller so bald als möglich eine besoldete Lehrstelle an einer italienischen Hochschule zu sichern". Als Zwischenlösung einigte man sich darauf, ihm mit sofortiger Wirkung „einen ehrenamtlichen Lehrauftrag an dem einer Universität gleichgestellten Kgl. Istituto di Magistero in Florenz" anzubieten.[57]

Emergency Committee, Antrag 3

Da diese Stelle unbesoldet war, richtete Kristeller innerhalb weniger Tage mit Empfehlungsschreiben von Olschki (7.5.), Gentile (5.5.) und Codignola (23.4.) Anträge an die wichtigsten Hilfsorganisationen mit der Bitte, diese Anstellung mit einem Stipendium finanziell zu bezuschussen. Mindestens vier Bittgesuche schickte Kristeller an Verbindungsleute oder Organisationen in Europa, an Demuth von der *Notgemeinschaft deutscher Wissenschaftler im Ausland* mit Sitz in

---

55 In der Via Campania 31, Int. 12; die Walzers gehörten in den 30er Jahren zu Kristellers wichtigsten Freunden und Beratern: in Berlin war Richard seit 1927 Assistent, seit 1932 Privatdozent für Gräzistik gewesen, seit seiner Entlassung 1933 war er Lehrbeauftragter („Lecturer") für Philosophie an der Universität Rom: „(...) the Walzers, who had gone to Rome, and had established contact with Giovanni Gentile and others, were very helpful friends." (CU, RBML, Kristeller *Reminiscences* Vol. 2, Interview 5, 205).

56 Testimonial Olschki, Rom, 7.5.1934 (CU, RBML, KP 38.14 [Original], Kopie in NYPL, *EC*-Records 83.40).

57 Kristeller wurde zum 1. Mai 1934 zum „assistente della cattedra di lingua e letteratura tedesca" ernannt (Brief E. Codignola, Direttore del R. Instituto Superiore di Magistero di Firenze, 23.4.1934, an Kristeller, Rom, in NYPL, *EC*-Records 83.40).

Zürich, an Cassirer in Oxford, der den *AAC* einzuschalten versprach, an Henri Jourdan vom „Französischen Akademiker-Haus" in Berlin und an den *Academisch Steunfonds* in Amsterdam, seine größten Hoffnungen ruhten jedoch auf dem amerikanischen *Emergency Committee*, da er diesmal mit der zugesicherten Stelle in Florenz eine wichtige Grundprämisse zu erfüllen glaubte. Stolz legte er eine Abschrift seiner Ernennung zum „assistente della cattedra di lingua e letterature tedesca" und zwei Zeugnisse des Direktors des Istituto Magistero bei:

> „Ich bin im Februar von Berlin nach Italien gefahren, wohin ich von Freunden eingeladen war, um auf den Bibliotheken meine Untersuchungen zur Renaissance-Philosophie fortzusetzen und mit den hiesigen Gelehrten in Verbindung zu treten. Ich habe auch inzwischen recht viel neues Material gesammelt und hier einiges Interesse für meine Studien gefunden. Insbesondere hat Senator Gentile mir die Veröffentlichung meiner Arbeiten zugesagt,[58] und vor einigen Tagen habe ich am Istituto Superiore di Magistero in Florenz eine Stellung als Assistent erhalten. Leider ist die Stelle unbezahlt, und meine eigenen Mittel werden in kürzester Zeit erschöpft sein. Ich möchte Sie daher anfragen, ob Sie die Möglichkeit haben, mir auf dieser Grundlage ein Stipendium zu verschaffen, das mir erlaubt, die Stellung anzutreten und meine Arbeiten **hier** fortzusetzen."[59]

Die Begeisterung über die neue Anstellung wich rasch der Ernüchterung angesichts der freundlichen Beschwichtigungen oder Absagen: Demuth verwies auf das Büro der *Rockefeller Foundation* in Paris,[60] Jourdan empfahl die *Carnegie-Stiftung*, die ebenfalls ein Büro in Paris unterhielt: er würde sich sich zwar gerne bereit erklären, Kristellers Antrag mit einem Empfehlungsschreiben zu unter-

---

58 Nachdem er das Teilmanuskript der Ficino-Monographie gelesen hatte, stimmte Gentile dem Vorschlag Kristellers, eine Schriftenreihe mit Texten Ficinos und seiner Zeitgenossen herauszugeben, sofort zu (Brief Gentile an *EC*, 5.5.1934, in NYPL, *EC*-Records 83.40).
59 Brief (hs.) Kristeller, Rom, Via Campania 31, Interno 12, an *EC*, 11.5.1934 (NYPL, *EC*-Records 83.40): [„hier" dreifach unterstrichen; Unterstreichungen möglicherweise nachträglich durch das *EC*]. Im Wortlaut ähnlich Olschki: „Da es sich um eine unbesoldete Tätigkeit handelt und Herr Dr. Kristeller über keine Einkünfte verfügt, die ihm über diese Wartezeit hinweghelfen könnten, läge es im Interesse der Wissenschaft und im denjenigen eines anerkannten jungen Gelehrten, ihm für ein Jahr ein Stipendium zu erteilen, das ihn in die Lage versetzen könnte, seinen Studien in Italien nachzugehen und seinen Übergang in eine besoldete Lehrstelle zu ermöglichen. Ich selbst befürworte den Antrag des Herrn Dr. Kr. aus besonderer Kenntnis der Lage aufs wärmste." (Testimonial Olschki, Rom, 7.5.1934; wie Anm. 56).
60 Brief Demuth, Zürich, an Kristeller, Rom, 11.5.1934 [Antwort auf Kristellers Brief vom 7.5.1934]: „Die Situation ist die, dass ein Gelehrter der Ihnen einen Arbeitsplatz einräumen will, sich an die Rockefeller Foundation in Paris wenden muss. Wir sind gerne bereit, sobald dies geschieht, den entsprechenden Antrag zu unterstützen. Leider haben wir in der letzten Zeit mit der Rockefeller Foundation wenig Erfolge gehabt, da die Summen die von dort für Europa zur Verfügung gestellt werden, anscheinend immer geringer werden." (CU, RBML, KP 14.1).

stützen, warnte jedoch vor übertriebenen Erwartungen und und gab den wenig aufmunternden Rat, „durch Privatstunden und schriftstellerische Arbeiten sich einen Zuschuss zu verschaffen":

> „Mit grosser Freude erfuhr ich, dass Sie in Florenz eine Stellung als Assistent erhalten haben. Obwohl die Carnegie-Stiftung immer weniger in der Lage ist, Stipendien zu erteilen, glaube ich doch, dass eine solche Stellung Ihnen den Weg erleichtern wird. (...) Ich hoffe, dass wir ein – wenn auch nur kleines – Stipendium für Sie erreichen werden."[61]

Die Mittel des *Academisch Steunfonds*, so dessen Vorsitzender H. Frijda, seien derzeit leider völlig erschöpft, doch wenn es gelänge „im naechsten Herbst wieder eine neue Geldeinsammlung vorzunehmen" so würde er gerne Kristellers „Interessen Rechnung tragen".[62] Verglichen mit derart harmlosen Unverbindlichkeiten wirkte Cassirers Bericht über seine Erkundigungen beim *AAC* bei allem Pessimismus geradezu professionell und perspektivenreich:[63]

> „Ich möchte Ihnen nur gerne kurz (...) über meinen gestrigen Besuch im Council berichten. Die Lage am Council ist, wie Sie dem beiliegenden Bericht von Lord Rutherford, der gestern in der Times erschienen ist, entnehmen werden, zur Zeit recht ungünstig. Trotzdem hat mir Mr. Adams zugesagt in Ihrem Fall, den ich ihm sehr ans Herz gelegt habe, helfen zu wollen. Er knüpfte daran aber eine Bedingung, durch die wir, wie ich fürchte, in einen circulus vitiosus geraten. Er sagte mir nämlich, daß das Council nur dann etwas für Sie tun könne, wenn die Aussicht bestünde, daß durch diese Hilfe eine feste Stelle für sie geschaffen würde."

Erst nach Vorlage einer Garantieerklärung der Italiener, den unbesoldeten Lehrauftrag „nach einer gewissen Probezeit" in eine bezahlte Festanstellung umzuwandeln, wäre das Council bereit „für die Übergangs- und Wartezeit ein Stipendium zur Verfügung zu stellen".[64]

---

61 Brief Jourdan, Berlin, an Kristeller, Rom, 24.5.1934 (CU, RBML, KP 25.5); schon im März 1934 hatte Jourdan Kristeller zugesagt, sich für ihn „bei den in Betracht kommenden Stellen" in Paris für ihn zu verwenden (Brief Jourdan, Berlin, an Kristeller, Rom, 14.3.1935).
62 Brief Frijda, *Academisch Steunfonds* Amsterdam, an Kristeller, Rom, 30.5.1934 (CU, RBML, KP 17.6).
63 Seit dem 4. März 1934 hatte der *AAC* eine Kurzdatei über Kristeller angelegt: „Age: 29; Rank: R[esearcher]; Field: Philosophy; Institution: Berlin; Appointed to tenure" (NYPL, *EC*-Records 83.40).
64 Brief (hs.) Cassirer, Oxford, an Kristeller, 4.5.1934 (CU, RBML, KP 10.2). Für eine derartige Zusicherung war es im Frühjahr 1934 noch zu früh, doch im darauffolgenden Jahr sollte Kristeller vom *AAC* tatsächlich ein dreimonatiges Stipendium erhalten, das er sich in weiser Voraussicht nicht nach Italien überweisen ließ sondern auf einem Schweizer Konto bis zu seiner endgültigen Emigration aus Europa deponierte (CU, RBML, Kristeller *Reminiscences* Vol. 2, Interview 7, 271; siehe auch S. 435 mit Anm. 93).

Doch damit war die Liste der de facto Absagen noch nicht zu Ende: Murrows Antwort auf Kristellers drittes Bittgesuch beim *EC* fiel noch enttäuschender aus als die bisherigen Schreiben. Eine Förderung außerhalb der USA, so Murrow, sei leider vollkommen ausgeschlossen:[65]

> "In reply to your letter of May 11, I am very sorry to say that this Committee is unable to make a grant which would enable you to continue your research in Rome on the subject of European renaissance. Unfortunately we do not have any money for this purpose, and indeed our general funds are very low. I can only suggest to apply to some of the European committees if you have not already done so."[66]

Die Adressen fünf europäischer Hilfskomitees, die Murrow beilegte, waren für Kristeller nicht sonderlich hilfreich, denn drei der fünf Stellen hatte er bereits ergebnislos angeschrieben (*Notgemeinschaft*, *AAC*, *Steunfonds*), die anderen beiden waren entweder nicht für ihn geeignet (*International Student Service*, Geneva) oder zu wenig vertraut mit der spezifischen Bedarfslage von Hochschullehrern (*Comité international pour le placement des intellectuels réfugiés*).[67]

Diese Misserfolge stürzten Kristeller, der mit seinen letzten Ersparnissen – „less than a thousand Marks"[68] – nach Italien gereist war, in eine tiefe Krise: trotz der Stellenzusage am Istituto Magistero zog er kurzfristig sogar eine Rückkehr nach Deutschland in Erwägung, wovon Abrahamsohn dringend abriet:

> „Deine Karte (...) wirkte mir ein wenig deprimiert – (...) Rat kann man nicht viel geben – ausser den völlig ernst und unbedingt gemeinten: Wenn das Geld zu Ende geht, musst Du pumpen. Eine Rückkehr nach Deutschland wäre ja ganz sinnlos, wo dort überhaupt keine Chancen sind – und für die Übergangszeit, bis Du etwas verdienst, musst Du eine Brücke bauen. Sicher kann Dir Motesiczky[69] 500 oder 1000 Mark zur Verfügung stellen, dass du eine Zeit lang Ruhe

---

65 Mit der gleichen Begründung wurde im Sommer 1933 von *AAC* und *EC* Margarete Biebers Sofia-Projekt zu Fall gebracht (siehe Kapitel Bieber, S. 47 ff.).
66 Brief Murrow, *EC*, an Kristeller, Rom, 23.5.1934 (NYPL, *EC*-Records 83.40). Eine Bleistiftnotiz am linken unteren Rand von Gentiles italienischem Gutachten vermerkte lapidar: „Ref.[er] him to European comm[it]t[ee]s".
67 Bei diesem Komitee (bekannt auch unter der der englischen Bezeichnung *International Committee for Securing Employment for Refugee Professional Workers*) hatte schon Margerete Bieber im Juli 1933 einen Antrag gestellt – ohne Erfolg (siehe Kapitel Bieber, S. 42 f.).
68 CU, RBML, Kristeller, *Reminiscences*, Vol. 2, Interview 5, 212. Gentile versuchte Kristellers größte Not zu lindern, indem er ihm Hilfsarbeiten an seinem Lehrstuhl („translate or revise papers written by his students"; „paid research work for others") verschaffte, „for which I received a modest compensation" (CU, RBML, KP, Kristeller, *Recollections* 1996, S. 9).
69 Karl von Motesiczky („Mote"), Sohn einer wohlhabenden Wiener Bankiersfamilie, studierte zwischen 1925 und 1929 in Heidelberg Medizin und Theologie (siehe Brief [hs.] Abrahamsohn, Heidelberg, an Kristeller, 10.11.1927, in CU, RBML, KP 1.2). Er gehörte in diesen Jahren zu den

hast – vielleicht können Dir auch Walzers für einige Monate aushelfen. Es ist gewiss nicht der schönste Weg – aber es gibt halt keinen anderen."[70]

Florenz (1934/35): Zwischen Istituto Magistero und Landschulheim

Da rückte von ganz anderer Seite aus das „Erziehungsheim Florenz", von dem Lenz schon im Januar gesprochen hatte, wieder ins Blickfeld: Ein Freund Abrahamsohns, Ernst Moritz Manasse, der im März 1934 auch mit Kristeller in Rom Bekanntschaft geschlossen hatte, suchte im Rahmen seiner Stellensuche in Italien Giorgio Pasquali und den Philosophen Guido Calogero in Florenz auf, die ihm empfahlen, sich bei einer „neuen Schule" vorzustellen.[71] Doch fairerweise nahm er davon Abstand, weil er wusste, dass auch Kristeller daran interessiert war:

---

engsten Freunden Abrahamsohns und Kristellers und wohnte mit letzterem im gleichen Haus; im Mai 1926 feierten Kristeller und Motesiczky gemeinsam mit Herbert Dieckmann ihren Geburtstag auf dessen Zimmer (siehe die Photographie von Motesiczky, Kristeller und Eva Rothschild-Borchardt in Kristeller/King 1994, 913, Figure 2, und Brief Dieckmann, St. Louis, an Kristeller, 19.5.1946, in CU, RBML, KP 14.4). Wie Kristeller war auch Motesiczky leidenschaftlicher Kammermusiker: schon als Gymnasiast hatte er an der Staatsakademie für Musik in Wien Cello studiert. Zusammen mit seiner Schwester Marie-Luise protegierte er in den 20er Jahren großzügig „Lieblings Schriftsteller u. Maler", vor allem Heimito von Doderer und Max Beckmann. (Rothländer 2010, 76f., 79–82). In den 1930er Jahren war er in Berlin und Skandinavien enger Mitarbeiter des Psychoanalytikers Wilhelm Reich und Mitbegründer, Autor und politischer Sprecher der Sexpol-Bewegung. Trotz seiner jüdischen Abstammung und Mitgliedschaft in der KP kehrte er Ende 1937 nach Österreich zurück und gründete nach dem ‚Anschluss' mit Gleichgesinnten eine antifaschistische Widerstandsgruppe. 1942 wurde er als Fluchthelfer denunziert und verhaftet, 1943 starb er in Ausschwitz. Die entsprechenden Mappen der *Kristeller Papers* (CU, RBML, KP 36.8 und 36.9, ‚Motesiczky, Karl') enthalten ausschließlich Briefe Motesiczkys an Kristeller aus den Jahren 1927 bis 1939.
70 Brief (hs.) Abrahamsohn, Prag, an Kristeller, 25.5.1934 (CU, RBML, KP 1.2).
71 Oberregierungsrat Dr. Werner Peiser, als Sozialdemokrat bis 1931 stellvertretender Pressesprecher des preußischen Ministerpräsidenten Otto Braun, hatte nach seiner Entlassung aus dem Staatsdienst im September 1933 wegen seiner nicht-arischen Herkunft (Ubbens 2006, 119 datiert die Entlassung auf Februar 1933) mit Unterstützung Gentiles und mit Rückendeckung durch die italienischen faschistischen Behörden am 17. Oktober 1933 in Florenz ein Internat für emigrierte jüdische Jungen und Mädchen eröffnet, das im ersten Jahr in der Villa Elena in Fiesole seinen Sitz hatte („Erziehungsheim Florenz"), ab Oktober 1934 bis zur Schließung am 17. September 1938 auf dem weitläufigen Gelände der Villa Pazzi („Landschulheim Florenz"). Das Kollegium umfasste zu Kristellers Zeiten nur ein Dutzend Lehrer, die Schülerzahl stieg von 20 auf 60 an: im letzten Schuljahr 1937/38 wurden etwa 90 Schüler von ca. 25 Lehrern unterrichtet. In den Sommermonaten (Juli bis September) zog die Schule ans Meer, 1935 und 1936 in eine Villa in Forte dei Marmi, dem Sommersitz Gentiles, 1937 und 1938 in ein Hotel in Bordighera. Zum Landschulheim ausführlich Voigt 1989, Bd. 1, 200–209, Ubbens 2006 und die autobiographi-

> „Er [Calogero] riet mir auch, zu der neuen Schule dort zu gehen; ich sagte ihm, dass ich erst abwarten müsse, weil Sie schon daran gedacht hätten (natürlich ohne Sie zu nennen). Aber vielleicht können Sie mir später wirklich einmal darüber berichten, wenn Ihre Dinge entschieden sind."[72]

Er besichtigte auch das Istituto Magistero und zeigte sich von Kristellers neuer Wirkstätte beeindruckt:

> „Übrigens: Ich bin in ‚Ihrem Institut' gewesen, das einen recht guten Eindruck machte, habe im Besonderen auch das Professorenzimmer gesehen. (...) Ich kann mir denken, dass Sie sich dort gut befinden werden."[73]

Wir wissen nicht, wann Kristeller beim Landschulheim seine Papiere eingereicht hatte, ob schon im Januar oder erst nach seiner Ankunft in Italien, sicher ist jedoch, dass er fast fünf Monate warten musste, bis ihm der Gründer und Leiter des Internats, Dr. Werner Peiser, Ende Juli 1934, kurz vor Beginn der Sommerferien, endlich ein konkretes Angebot unterbreitete:[74]

> „Da ab 1. Oktober die Stelle des klassischen Philologen bei uns neu zu besetzen ist, (...) so bin ich in der erfreulichen Lage, eine Diskussion über die etwaige Frage einer künftigen Zusammenarbeit zu eröffnen."[75]

Peiser bot zunächst einen auf ein halbes Jahr befristeten Vertrag an und wollte vor allem geklärt wissen, ob Kristeller „einen externen Unterricht oder Zugehörigkeit zum Institut" vorziehen würde. Umgehend erklärte Kristeller von Rom aus, dass er gerne bereit sei zusätzlich zu seiner Assistentenstelle am Istituto Magistero auch am Landschulheim zu unterrichten, und schlug eine mündliche Aussprache in der ersten Augustwoche vor:

> „Ich bin sehr froh über die Aussicht, zur Mitarbeit an Ihrem Institut herangezogen werden [sic!], und erkläre Ihnen, dass ich grundsätzlich dazu bereit bin. Da die Assistentenstellung am Istituto di Magistero, die man mir bereits übertragen hat, unbezahlt ist, aber grosse

---

schen Erinnerungen von Peiser, *Ein Landschulheim für Naziopfer* und von ehemaligen Lehrern und Schülern in *Dial 22 – 0756. Pronto: Villa Pazzi* (1997).
72 Brief (hs.) Manasse, Dramburg, an Kristeller, 2.6.1934 (CU, RBML, KP 33.3): Kristeller vermittelte tatsächlich auch für Manasse eine Anstellung für das Schuljahr 1934/35, die dieser aber kurzfristig nicht antreten konnte (siehe Kapitel Manasse, S. 564 f.).
73 Brief (hs.) Manasse, Dramburg, an Kristeller, 2.6.1934 (wie Anm. 72).
74 Nach Kristeller, *Recollections* 1996, S. 9 (CU, RBML, KP), hatte Gentile ihn schon im April 1934 als Griechisch- und Lateinlehrer dem Landschulheim empfohlen.
75 Brief Peiser, Erziehungsheim Florenz, Villa Elena, Maiano-Fiesole, Florenz, an Kristeller, 24.7.1934 (CU, RBML, KP 39.13).

moralische Vorteile bietet, so wäre eine derartige Kombination für mich persönlich besonders glücklich."[76]

Durch das preußische Staatsexamen, so Kristeller weiter, habe er die Lehrberechtigung für Griechisch und Latein erworben, „im Doktor" habe er „als Hauptfach Philosophie gehabt, als Nebenfächer Geschichte und Mathematik". Lehrerfahrung im Rahmen des Referendariats könne er nicht nachweisen, doch habe er schon als Gymnasiast und Student „fast ständig Privatstunden gegeben", außerdem im philologischen Seminar in Berlin einige Male Repetierkurse mit bis zu 10 Studenten. Die Tätigkeit für Vera Lachmanns Schule erwähnte er merkwürdig zurückhaltend und anonymisiert, wahrscheinlich um die private Institution nicht zu gefährden:

> „Schliesslich habe ich im vorigen Jahr in Berlin in einer Art von privatem Unterrichtszirkel regelmässig unterrichtet. Ich glaube also dass es mir an Lehrerfahrung nicht gänzlich fehlt und hoffe auch sonst mit Kindern gut auszukommen."

In Forte dei Marmi, einem Badeort am Ligurischen Meer, wo Schüler und Lehrer des Landschulheims den Sommer verbrachten, wurden die Details des Vertragsabschlusses am 7. August diskutiert, tags darauf sandte Peiser Kristeller den Vertragsentwurf zu. Aus Platzgründen konnte Kristellers Wunsch, auf dem Gelände des Landschulheimes zu wohnen, nicht entsprochen werden:

> „Was Ihre erneut aufgeworfene Frage einer internen Mitarbeit anbelangt, so möchte ich nochmals bitten, nicht zuletzt in Ihrem eigenen Interesse, davon Abstand zu nehmen, zumal wir Ihnen nicht einmal mehr ein eigenes Zimmer garantieren könnten, was doch die Voraussetzung für eine einigermassen ungestörte Arbeit wäre."[77]

---

76 Brief (hs.) Kristeller, Rom, an Peiser, 30.7.1934 (CU, RBML, KP 39.13).
77 Brief Peiser, Forte dei Marmi, an Kristeller, 9.8.1934 (CU, RBML, KP 39.13). Kristeller unterschrieb den Vertrag am 11. August (Brief Peiser/Goldstein an Kristeller, 6.3.1935, in CU, RBML, KP 19.6): Kristellers Orginalvertrag ist nicht erhalten, doch wir kennen die Vertragsbedingungen seines Nachfolgers Manasse: bis zu 28 Unterrichtsstunden wöchentlich in den Fächern Griechisch, Latein, Philosophie und Kunstgeschichte, Honorar von 250 Lit. monatlich, Wohnung außerhalb des Heims, „kostenlos Frühstück und Mittagsbrot aus der gemeinsamen Küche des Heims an den Unterrichtstagen." Wer innerhalb des Heimes wohnte, also kostenloses Wohnen und Vollverpflegung in Anspruch nahm, erhielt ein reduziertes Honorar in Höhe von von Lit 150.– (Brief Peiser/Goldstein an Manasse, 17.7.1935, zitiert nach Ubbens 2006, 128; in Auszügen auch bei Asmus 2008, 45). Ein angebliches Taschengeld von lediglich Lit 30.– (Voigt 1989, I, 205) ist sicherlich zu niedrig angesetzt und nirgendwo anders belegt: Das Schulgeld betrug monatlich Lit 500.–, etwa 110 RM (Zeitungsinserat „*Jüdische Rundschau*", abgebildet in Ubbens 2006, 119 [o. Datum]), Kristeller und Manasse verdienten demnach etwa 55 RM im Monat (als Stipendiat der *Notgemeinschaft* 1932/33 bezog Kristeller monatlich 100 RM).

Parallel dazu scheint Kristeller auch für seinen Freund Manasse mitverhandelt zu haben, denn wenige Tage später bestätigte dieser an seinem Geburtsort in Dramburg den Empfang eines Anstellungsvertrages, den er wenige Tage später aber überraschend ablehnen musste.[78]

In den ersten Monaten seines Romaufenthaltes war es Kristeller gelungen, die uneingeschränkte Gunst des Senators Giovanni Gentile zu gewinnen. Er war nicht nur zu dessen Seminaren an der Universität eingeladen, sondern auch privat zu ihm nach Hause, und Gentile hatte versprochen, ihm eine Anstellung als „German lecturer" an der Scuola Normale zu verschaffen.[79] Doch für das aktuelle akademische Jahr 1934/35 ließ sich dieser Plan noch nicht verwirklichen. Wir wissen das aus einem Schreiben Olschkis, in dem er sein Bedauern über das Misslingen von Kristellers erster Bewerbung in Pisa mit Glückwünschen zur Anstellung am Landschulheim verband:

> „Leider kenne ich nicht die Gründe, die den negativen Ausgang der Pisaner Aussichten verursacht haben. Erst nach deren Kenntnis kann ich mir ein Bild Ihrer künftigen Situation entwerfen, in dem Sinne, dass ich mir die Absichten unseres Senators für Ihre Zukunft überlege.
> Auf alle Fälle freue ich mich, Sie zur Annahme der angebotenen Stelle in Florenz ermuntert zu haben. Freilich sind die Bedingungen enttäuschend: Sobald ich unseren Senator sprechen werde, werde ich energisch für eine Erhöhung des Gehaltes eintreten. Ich halte es nicht für zweckmässig, ihm darüber zu schreiben."[80]

Olschki beendete seinen Brief mit dem etwas realitätsfernen Vorschlag, Kristeller solle sich doch für eine gewisse Übergangszeit finanziell von seiner Familie unterstützen lassen. Davon konnte jedoch keine Rede sein, denn die wirtschaftliche Lage der Eltern hatte sich infolge der antijüdischen Boykott-Maßnahmen in Deutschland dramatisch verschlechtert.

So war seit dem 1. Oktober 1934 Kristellers Arbeitstag zweigeteilt, morgens Schul-Unterricht im Landschulheim, nachmittags Deutschkurse am Istituto Magistero oder Handschriftenstudium in den Florentiner Bibliotheken. Er hatte oberhalb des Giardino di Boboli in der Villa eines Arztes ein kleines Zimmer gemietet (Via della Torre del Gallo 7, presso Dott. Visano) und konnte zu Fuß Richtung Pian dei Giullari zur Villa Pazzi spazieren, „the most beautiful ‚Schulweg' that one

---

78 Briefe (hs.) Manasse an Kristeller, 14.8.1934 und 18.8.1934 (siehe Kapitel Manasse, S. 564f.). Trotz der nicht gerade attraktiven Vertragsbedingungen – 28 Wochenstunden bei „recht geringem Honorar" – war Manasse dankbar und stellte nüchtern fest: „Aber wir haben ja z.Z. gar keine Wahl" (beide in CU, RBML, KP 33.3).
79 CU, RBML, Kristeller, *Reminiscences*, Vol. 2, Interview 5, 218.
80 Brief (hs.) Olschki, Rom, an Kristeller, 18.8.1934 (CU, RBML, KP 38.14).

could imagine".[81] Im Dezember 1934 ging er noch einmal für kurze Zeit zurück nach Berlin, wo er an der Lachmann–Schule als Lehrer aushalf, zu großen Freude der Weigands:

> „Es war für uns eine Freude als wir durch Erika und Vera hörten, dass Sie auf kurze Zeit die Stunden in der Schule wieder gegeben hätten, denn wir wissen so gut was das für Erika zu bedeuten hat. Ich hoffe aber nur, dass das nicht zeigen soll, Ihre Arbeit in Florenz geht nicht gut."[82]

Weigands Befürchtungen waren unbegründet: die Leitung des Landschulheims war mit Kristellers Arbeit außerordentlich zufrieden und verlängerte im März 1935 seinen Vertrag um weitere drei Monate bis zum Ende des Schuljahres.[83]

Pisa (1935–1938): Lettore di lingua tedesca an der Scuola Normale Superiore – Dottore in Filosofia (1937)

Höhepunkt in Kristellers bisheriger Karriere war zweifellos die Ernennung zum Lektor für deutsche Sprache und Literatur an der renommierten Scuola Normale Superiore in Pisa, die Gentile im zweiten Anlauf im Frühjahr 1935 durchsetzen konnte.[84] Damit wurden in Florenz zwei Stellen frei, die am Landschulheim und die am Istituto di Magistero. Wie schon im Vorjahr war Manasse der erste, den

---

81 CU, RBML, KP, Kristeller, *Recollections* 1996, S. 9 (CU, RBML, Ser. II, Box 77).
82 Postkarte (hs.) Hermann/Frances Weigand, New Haven, an Kristeller, 14.12.1934 (CU, RBML, KP 54.6).
83 Brief Peiser/Moritz Goldstein, Florenz, an Kristeller, 6.3.1935 (CU, RBML, KP 19.6): neues Vertragsende war nun der 30. Juni.
84 Kristeller datiert die Anstellung in *Recollections* 1996, S. 9 (CU, RBML, KP Ser. II, Box 77) zu früh, auf April 1935; aus dem Briefwechsel zwischen Chiavacci und Gentile ist zu entnehmen, dass die Stelle erst Anfang Juni definitiv frei war. Der bisherige Lektor Wilhelm Theodor Elwert, Mitglied der NSDAP/AO Ortsgruppe Livorno seit 1934 und kommissarischer Leiter der Zelle Pisa (Hausmann 2001, 359), hatte sich ‚freiwillig' nach Rom an die Bibliotheca Germanica versetzen lassen, um einer Entlassung durch Gentile und Chiavacci, den Leitern der Scuola, zuvorzukommen: mit allem Nachdruck unterstützten außer Gentile auch Pasquali, Calogero und Codignola die Verpflichtung Kristellers als Nachfolger (Simoncelli 1994, 63 f.). Im Vergleich zum Landschulheim war diese Position nicht nur akademisch, sondern auch materiell attraktiver: sie bot ein garantiertes monatliches Gehalt von 500–600 Lit. bei freier Kost und Logis (siehe Kristellers Dankesbrief an Gentile, Florenz, 16.6.1935, in dem er bewegt feststellte, dass Italien ihm Gastfreundschaft und freundschaftliche Hilfe gewähre, die ihm sein eigenes Heimatland verweigert habe: zitiert bei Simoncelli 1994, 65, und Voigt 1989 I, 393 f.; Kopie des Originals in CU, RBML, KP 18.4).

Kristeller informierte. Dessen Vater Georg Meyer Manasse war am 13. Mai („vor drei Wochen") in Dramburg verstorben, so dass der Sohn seine Emigrationspläne neu organisieren konnte. Begeistert reagierte er auf das erste Signal Kristellers („durch Ihren Brief bin ich in eine ganz andere Welt versetzt")[85] und schickte sofort seine Zeugnisse an die „Herrn des Landschulheims". Starkes Interesse zeigte er auch für die unbezahlte Stelle am Istituto Magistero, die Kristeller ihm aber gar nicht angeboten hatte:

> „Dann noch eins (...) Sie schrieben mir nichts über Ihr zweites Amt. Halten Sie es für möglich, dass ich auch darin Ihnen nachfolgen kann. Wenn ja, ist es doch wohl trotz Zeit und Unbezahltheit opportun, es mitzumachen. Oder entfällt der Posten mit Ihrem Fortgehen überhaupt?"[86]

Mit dieser etwas forschen Anfrage erwies sich Manasse keinen Gefallen. Die Position war nämlich, wie Kristeller anscheinend in seiner Replik deutlich machte, für einen ‚älteren und verbundeneren' Freund aus der Berliner Zeit, den promovierten Romanisten Heinrich Kahane, vorgesehen, der überdies seit Oktober 1933[87] pädagogischer Leiter des Landschulheims und somit Manasses künftiger Vorgesetzter war. Schon im nächsten Brief bemühte sich Manasse diesen faux pas diplomatisch aus der Welt zu schaffen und bedankte sich überschwänglich nochmals für die Vermittlung der Schulstelle:

> „Lieber Kristeller, ich danke Ihnen für Ihre freundlichen Mitteilungen und alles, was Sie für mich unternahmen wirklich sehr herzlich. Bei der Besetzung der Stelle am Magistero konnten Sie natürlich gar nichts anderes tun. Da ich die Sache nach Ihrer Darstellung für ziemlich aussichtslos halte, habe ich auch gar nichts mehr in der Richtung versucht. Wenn ich abgewiesen wäre (unter anderen Voraussetzungen ist natürlich auch das in Kauf zu nehmen),

---

85 Brief (hs.) Manasse, Dramburg, an Kristeller, 7.6.1935 (CU, RBML, KP 33.3).
86 Brief (hs.) Manasse, Berlin, an Kristeller, 21.6.1935, S. 3 (CU, RBML, KP 33.3).
87 Die erste Fassung von Kahanes Memoiren (1986) erlaubt nur eine relative Datierung: demnach hätte seine Frau Renee an der Universität in Florenz fünf Jahre lang „Modern Greek" unterrichtet (Kahane 1986, 12), was bedeuten würde, dass beide 1933 zum engsten Kreis der Landschulheim-Gründer gehörten, denn in den ersten Monaten wurde der Unterricht nur von vier Lehrern bestritten (Peiser, *Landschulheim*, S. 2): Moritz Goldstein, Hans Weil, Heinz Guttfeld und Heinrich Kahane (Voigt I, 1989, 204). Kurz vor seinem Tode präzisierte Kahane seine Rolle am Landschulheim: Peiser, „an old friend of mine", habe ihn schon in der Planungsphase gebeten „to function as the Headmaster. I accepted and in the late summer of 1933 we arrived in Florence." (Kahane 1991, 195). Ubbens behauptet hingegen, Kahane sei erst im Frühjahr 1934, nach dem Weggang des Reformpädagogen Hans Weil, als Studienleiter und Organisator der Lehrpläne eingestellt worden (Ubbens 2006, 129). Weil gründete am 1. März 1934 die „Schule am Mittelmeer" in Recco (Feidel-Mertz 2006, 96).

würde ich doch nicht nur Rivale von Kahane sondern auch noch unterlegener Rivale sein. Beim Antritt einer Stellung denke ich mir das recht unangenehm."[88]

Doch auch die Landschulheimstelle verursachte ein Beziehungsdrama, denn Ernst Abrahamsohn, dessen Frankreichpläne gerade gescheitert waren, fühlte sich von Kristeller bei der „Erbschaft" übergangen und pochte Ende Juni gegenüber Manasse auf ältere freundschaftliche Rechte.[89] So sah Kristeller sich genötigt, sich auch für Abrahamsohn am Landschulheim nachdrücklich einzusetzen, wollte er nicht eine seiner ältesten und engsten Freundschaftsbeziehungen gefährden. Für das aktuelle Schuljahr ließ sich nichts mehr bewirken,[90] doch im darauffolgenden Jahr (1936/37) fand Abrahamsohn, Doktor der Gräzistik seit Februar 1935, am Landschulheim Gelegenheit, seine Vielseitigkeit unter Beweis stellen, als Fachlehrer für Musik, Chor und Orchester!

Für Kristeller begann eine glückliche Zeit: sein Prestige als Wissenschaftler und Hochschullehrer hatte durch die Zugehörigkeit zur Scuola Normale eine deutliche Aufwertung erfahren,[91] da sie als Elitehochschule galt, zu der nur be-

---

88 Brief (hs.) Manasse, Berlin (bei Abrahamsohn), an Kristeller, 9.7.1935 (CU, RBML, KP 33.3). Bei Kahane findet sich kein Hinweis auf einen derartigen Konflikt, im Gegenteil: vier Jahre lang, also von 1934 bis 1938, habe er „at the Magistero, the College of Education" der „University of Florence" unterrichtet, und zwar nicht Deutsch, sondern „Romance linguistics, especially Old French" (Kahane 1986, 12 und 1991, 195 f.).

89 Siehe die Kapitel Abrahamsohn (S. 532) und Manasse (S. 568). Die Dreieckskonstellation wurde zusätzlich dadurch verschärft, dass Abrahamsohn nicht nur mit Kristeller, sondern auch mit Manasse eng befreundet war, und dass letzterer während dieser Verhandlungen bei Abrahamsohn in Berlin wohnte, um mit dessen Unterstützung die Druckfassung seiner Dissertation abzuschließen.

90 Kristeller hatte sich nicht nur am Landschulheim, sondern auch bei Henri Jourdan für Abrahamsohn stark gemacht: „schade, dass es nicht möglich war. (...) Aber dass Du gar bei J. noch Feuer gemacht hast, hat mich wahrhaft gerührt." (Brief Abrahamsohn an Kristeller, 17.10.1935, in CU, RBML, KP 1.2).

91 Gratulationsschreiben schickten u.a. Sofie Walzer (Brief [hs.] S. Walzer, Rom, an Kristeller, 2.2.1936, in CU, RBML, KP 53.18), Henri Jourdan vom „Institut Francais" in Berlin (Brief Jourdan an Kristeller, 5.1.1936, in CU, RBML, KP 25.5), Demuth von der *Notgemeinschaft deutscher Wissenschaftler im Ausland:* „Ihr Erfolg ist sicherlich sehr gross und sehr zu begrüssen" (Brief Demuth, Zürich, an Kristeller, 19.11.1935, in CU, RBML, KP 14.1) und Werner Jaeger: „Ich habe mir schon vorher gedacht, (...) dass es für Sie nicht leicht sein würde, in Italien eine Tätigkeit zu finden, die Sie befriedigt und eine gewisse Grundlage Ihrer äusseren Existenz bildet. Nach ihrem Brief ist es Ihnen ja aber gelungen, als Lehrer am Istituto di Magistero sowie an einer Privatschule in Florenz anzukommen, und inzwischen hörte ich, dass Sie sogar eine günstige Position als Lektor an der Universität Pisa gefunden hätten. Das hat mich ausserordentlich für Sie gefreut, und ich möchte Ihnen meine besten Glückwünsche dazu aussprechen. Dass es Ihnen auf die Dauer gelingen würde, etwas zu finden, habe ich nicht bezweifelt, und nun ist es in

gabte Studenten zugelassen waren, und vor allem auf die Ausbildung von Doktoranden spezialisiert war.[92] Indikator für die wissenschaftliche Bedeutung seiner Studien war nicht nur das Interesse von akademischen Koryphäen wie Olschki, Gentile, Pasquali, Codignola und Cantimori, sondern auch ein „research grant", der ihm im Juli 1935, nur wenige Wochen nach der Antragstellung, für den Zeitraum September bis November 1935 vom *AAC* bewilligt worden war.[93] So schien Kristeller der Gedanke an eine italienische Universitätskarriere nicht mehr abwegig, zumal die neue Stelle ihm in deutlich größerem Umfang als bisher erlaubte, seine wissenschaftliche Arbeit voranzutreiben.

Erstkontakte in die USA (1935: Weigand-Götze)

Ein bilanzierender Rückblick auf das Jahr 1935, adressiert an Hermann Weigand in Yale, illustriert die glückliche Wendung, die sein Schicksal inzwischen genommen hatte:

> „Inzwischen [seit Frühjahr 1934] war ich über ein Jahr in Florenz, wo ich ein unbezahltes Lektorat mit einer schlecht bezahlten Stellung als Lehrer an einer deutschen Privatschule kombinierte. Es war eine recht anstrengende Zeit, aber die Arbeit machte mir doch viel Freude und ich hatte einen recht grossen Kreis von befreundeten Menschen, so dass ich mich nicht allzu schlecht befand. Immerhin wäre es für längere Zeit kaum erträglich gewesen, und so war es für mich eine sehr glückliche Wendung dass ich jetzt das Lektorat hier in Pisa bekommen habe. Ich habe hier freie Station und dazu ein Gehalt, mit dem ich für meine Person

---

verhältnismässig kurzer Zeit gegangen." (Brief Jaeger, Berlin, an Kristeller, 19.7.1935, in CU, RBML, KP 24.10).

92 Kristeller 1990 (*Life*), 11: „The Scuola is a community of graduate and postgraduate fellows, selected on the basis of a national competition; its students are among the best in Italy, and many of them later become college and university professors."

93 Das *AAC*-Stipendium erwähnte Kristeller nicht nur im Dezember 1935 in der ‚Prefazione' des *Supplementum* (B. 1, II: „Item concilio erudito Germanico [*Notgemeinschaft der deutschen Wissenschaft*] quod initium et Britannico [*Academic Assistance Council*] qui finem laboris subsidiis suis promovit"), sondern auch in den Vorreden zur englischen (XI), italienischen (XIII) und deutschen Fassung (XI) der Habilitationsschrift *Die Philosophie des Marsilio Ficino*. Die Nachricht von der Bewilligung erreichte ihn während seines letzten Besuches bei den Eltern in Berlin im Sommer 1935: „They had a dossier for me, and quite unexpectedly they sent me a sum. Well, it must have been several hundred pounds, and it was not to be sneezed at in my situation." (CU, RBML, Kristeller *Reminiscences*, Vol. 2, Interview 7, 270 f.). Die Höhe des Stipendiums klingt phantastisch und ist einem Erinnerungsfehler geschuldet: tatsächlich waren es nur £ 50, umgerechnet etwa $ 250 (siehe Brief [hs.] Kristeller, Florenz, an *AAC*, 16.6.1935 [Antrag auf Stipendium bis 1.12.1935], und Report of Proceedings of the Sub-Committee on the International Appeal: Fourth Meeting of the Expert's Committee for Academic and Kindred Refugees from Germany, London, 13.7.1935 [Bewilligung], beide in Oxford, Bodleian, MS. S.P.S.L. 317/2).

auskomme und es ist ein sehr angenehmes, ruhiges Leben hier. Die Studenten sind sehr tüchtig, und dadurch dass ich in der Scuola Normale wohne (einer Art College), komme ich mit ihnen recht nahe in Kontakt. Meine Kurse über deutsche Sprache kosten mich wenig Vorbereitung, und so habe ich jetzt wieder viel Zeit für die wissenschaftliche Arbeit. Ich habe eben die Ausgabe der ungedruckten Schriften des Ficinus abgeschlossen, die im Frühjahr herauskommen wird, und denke bis zum Herbst auch mein Buch über die Philosophie des Ficinus fertig zu schreiben.

Im Ganzen habe ich hier in Italien viel herzliche Gastfreundschaft und wirkliches Interesse für meine Studien gefunden, und so wird es mir vielleicht gelingen, für die Dauer hier zu bleiben."[94]

Dennoch wollte er eine Emigration in die USA nicht völlig ausschließen, denn er könne nicht abschätzen, ob er nicht über kurz oder lang finanziell ganz für die Eltern werde sorgen müssen. Albrecht Götze, seit Herbst 1934 Visiting Professor in Yale, hatte Kristeller schon im Sommer 1935 geraten,[95] trotz der gegenwärtig günstigen Situation in Italien und trotz nationalistischer und antisemitischer Strömungen in den USA „den Sprung nach Amerika zu wagen":

„Es ist schwierig zu beurteilen, welche Zukunftsaussichten Sie in Italien haben. Nach dem zu urteilen, was ich von Frau Fiesel (der Etruskologin) gehört habe, sind die Italiener sehr

---

[94] Brief (hs.) Kristeller, Pisa, an Weigand, 25.12.1935 (Kopie und mschr. Abschrift in CU, RBML, KP 54.6).

[95] Kristeller kannte Götze aus Heidelberg, wo dieser von 1922 bis 1930 Privatdozent und ao. Professor für Semitische Philologie war (Kristellers Angabe gegenüber Dorothee Mussgnug „Ich kannte ihn von Berlin her" [Brief 21.1.1989, in RBML, KP 36.16] beruht wahrscheinlich auf einem Erinnerungsfehler: Götze hatte nur kurz nach 1918 in Berlin studiert, bevor er nach Heidelberg wechselte und dort 1922, ein Jahr vor Kristellers Abitur, mit der Promotion abschloss. Obwohl Götze im Ersten Weltkrieg für seine Tapferkeit vor dem Feind ausgezeichnet und zum Leutnant befördert worden war, wurde er wegen seiner bekannt pazifistischen und linksliberalen Gesinnung nach § 4 BBG („politische Unzuverlässigkeit") als o. Professor in Marburg am 28. September 1933 aus dem Staatsdienst entlassen (Finkelstein 1972, 197 und Nagel 2000, 124–126; siehe auch Kapitel Brendel, S. 202 mit Anm. 47). Kurz vor seiner Übersiedlung nach Rom im Februar 1934 hatte Kristeller ihm seine Papiere geschickt, worauf Götze ihm Adressen zukommen ließ und generell seine Unterstützung in Aussicht stellte: „(…) bin ich der Ansicht, dass Sie mit Ihren Zeugnissen eine Stellung finden sollten. Freilich scheint mir, eher als Philologe denn als Philosoph. Haben Sie sich an die bestehenden Hilfsorganisationen gewandt? Wenn nicht, so müssen Sie das unter allen Umständen tun. Die Hilfsarbeit ist organisiert in einem Clearinghouse in Genf, das eine Kartothek zusammenstellt. Schicken Sie Ihre Papiere an das ‚Comité pour les intelectuels' [sic!], 4 Rue Montoux Genève und an das ‚Academic Assistance Council' in London, Burlingon House. (…) Wie ich höre, haben Sie Beziehungen in Italien. Es wäre falsche Bescheidenheit sie nicht auszunützen. Setzen Sie sich ruhig mit **allen** [im Orig. gesperrt] ausländischen Wissenschaftlern, zu denen Sie wissenschaftliche Beziehungen haben, in Verbindung. Man hat heute überall dafür ein Ohr." (Brief Götze, Kopenhagen, an Kristeller, Berlin, 28.2.1934 (in CU, RBML, KP 19.4).

entgegenkommend, aber die beschränkte finanzielle Lage verhindert die Absorption emigrierter Gelehrter. Es ist sehr wohl möglich, dass Ausnahmen existieren und dass Sie vielleicht eine dieser Ausnahmen sind. Dann wäre es ratsam, in Italien zu bleiben. (...) Die Lage ist zwar auch hier nicht einfach. Es gibt auch hier Nationalismus und sogar Antisemitismus, es gibt natürlich auch eine Opposition der jungen Generation gegen die immigrierten Europäer, die ihr die Zukunftsaussicht beengen. Zudem ist der Platz der klassischen Philologie und antiken Philosophie innerhalb der amerikanischen Universitäten natürlich bei weitem beschränkter als in Europa. Trotz alledem bin ich der Ansicht, dass neben England die Vereinigten Staaten das einzige Land sind, in dem die emigrierten Gelehrten eine Zukunft finden können. Wie schnell es gelingen wird, hängt von der wirtschaftlichen Entwicklung ab."[96]

Kristeller solle sich „auf jeden Fall" um ein Stipendium bei der *Rockefeller Foundation* bewerben und Referenzen von Leuten beifügen, die „hier grosses Gewicht" hätten, wie z.B. Eduard Fraenkel. Es gebe durchaus erfolgreiche Präzedenzfälle:

„Ich kenne den Fall eines jungen Archäologen, Berliner Doktor, der mit einem kümmerlichen Stipendium einige Monate in Baltimore gearbeitet hat, dort auch den Ph.D. nochmal gemacht hat und dann auf seine Bewerbung eines der besten Harvard Stipendien für drei Jahre bekommen hat."[97]

Hermann Weigand versuchte seit Ende 1934 über einen Freund an der University of Michigan, den Philosophieprofessor Dewitt H. Parker, Kristeller eine Perspektive in Amerika zu vermitteln.[98] Kristeller schickte Anfang 1935 einen Ficino-Sonderdruck und war verstimmt über Parkers Reaktion,[99] denn er hatte den Eindruck, als

---

96 Brief Götze, Yale an Kristeller, 25.7.1935 (CU, RBML, KP 19.4 [Original]; Yale, ULMA, Goetze-Papers 12.297 [Durchschlag]): Götzes hatten sich in Yale mit Weigands angefreundet, wie aus einem hs. Zusatz Frida Götzes hervorgeht: „Sie haben uns in der liebevollsten Weise durch die ersten Tage geholfen und kümmern sich noch immer um uns. Sie haben sich in der Waldeinsamkeit ein Haus gebaut und wir besuchen sie oft. Ich hoffe sehr, dass Sie in Pisa eine einigermaßen befriedigende Arbeit vorfinden."
97 Damit spielte Götze auf den Rodenwaldt-Schüler Georg M.A. Hanfmann (1911–1988) an, der seine Promotion trotz seiner jüdischen Abstammung noch im Sommer 1934 in Deutschland abschließen konnte. Nach seiner zweiten Promotion an der Johns Hopkins University 1935 wurde er auf Empfehlung Arthur Darby Nocks zum Interview nach Harvard eingeladen und als „Junior Prize Fellow" in die 1933 gegründete „Society of Fellows" aufgenommen. (Brief Hanfmann, Baltimore, an Murrow, *EC*, 8.5.1935, in NYPL, *EC*-Records 68.13, und Hanfmann 1983, 27).
98 Postkarte (hs.) Weigands an Kristeller, 14.12.1934 (wie Anm. 82): „Mein Mann hat mit unserem Freunde ‚Parkie' (...) gesprochen; er hatte natürlich grosses Interesse, aber wenig Hoffnung auf irgendetwas neues."
99 Aus heutiger Sicht gibt es an Parkers Vorschlag nichts auszusetzen: er bedankte sich für den Artikel („which I am looking forward to reading with much pleasure"), bedauerte, dass es an

habe dieser seinen Aufsatz nicht gelesen: nur so wäre es erklärbar, dass er ihn an Fiske Sidney Kimball weiterempfohlen hätte, den „Director of the Pennsylvania Museum of Art, Philadelphia". Indigniert erklärte Kristeller gegenüber Weigand, dass er von Parkers Empfehlung

> „nach einiger Überlegung, keinen Gebrauch machte. Denn ich bin kein Kunsthistoriker, sondern Philosophiehistoriker, könnte also allenfalls an einer Bibliothek arbeiten, nicht aber an einem Museum. Bitte lassen Sie mich wissen, ob Sie es für richtig halten, dass ich Herrn Prof. Parker meine Ficinausgabe schicke und ihm nochmals schreibe."[100]

Der Antrag auf die italienische Staatsbürgerschaft (1936)

Obwohl der Vertrag an der Scuola zunächst auf nur ein Jahr befristet war, bemühte sich Kristeller auf allen Ebenen darum, seine neue Existenz in Italien langfristig abzusichern. Schon im zweiten Jahr seines Exils verfolgte er das ehrgeizige Ziel, italienischer Staatsbürger zu werden, denn „der einzige Weg in die italienische Universitätslaufbahn führte (..) über die italienische Staatsbürgerschaft".[101] Diese Pläne dürften durch den Umstand beschleunigt worden sein, dass sein bisheriger deutscher Pass ablief,[102] er also mit dem Problem konfrontiert war, wo und auf welche Weise er die Erneuerung des Passes beantragen sollte. In beiden Fragen wandte er sich an Leonardo Olschki, der ihm dazu riet, das Thema Staatsbürgerschaft mündlich mit seinem Förderer Gentile zu besprechen, und vorschlug, als Zwischenlösung bei den italienischen Behörden eine „carta d'identità" zu bean-

---

seiner Universität „owing to the continued depression (...) no openings for men in aesthetics and the fine arts" gebe und empfahl seinen Freund Kimball als ‚Spezialisten in Emigrationsfragen': „(...) you should write to my dear friend, Dr. Fiske Kimball (...), explaining your circumstances to him. He has done much to find positions in America for such men as Panofsky, Friedländer, and others, and I know he would take an interest in you, as well." (Brief [hs.] Dewitt H. Parker, Univ. of Michigan, an Kristeller, 27.4.1935, in CU, RBML, KP 39.8).
100 Brief (hs.) Kristeller, Pisa, an Weigand, 25.12.1935, S. 2 (wie Anm. 94).
101 Voigt 1989, I, 388: Das Verfahren dauerte in der Regel fünf Jahre, in Ausnahmefällen genügte ein Aufenthalt von drei oder zwei Jahren, wenn der Antragsteller mit einem italienischen Staatsbürger verheiratet war, „in Diensten des italienischen Staates stand" oder „sich ‚erhebliche Verdienste um Italien' erworben hatte." (Voigt 1998, I, 53). Nur drei deutsche Wissenschaftler konnten bis zur Einführung der Rassengesetze die italienische Staatsbürgerschaft erwerben: Curt Sigmar Gutkind (1935), Arnold Reichenberger (1937) und Ernst Heinitz (1938) (Voigt 1989, I, 37 [zu Gutkind], 54 und 388 mit 577, Anm. 7).
102 Die Gültigkeit von Auslandsreisepässen von „jüdischen Emigranten und sonstigen im Ausland lebenden Juden deutscher Staatsangehörigkeit" war durch einen Runderlass vom 31.10. 1935 prinzipiell auf ein halbes Jahr beschränkt (Walk 1981, 138, Nr. II 39).

tragen, die ihm wenigstens innerhalb Italiens uneingeschränkte Bewegungsfreiheit garantierte:[103]

> „Heikel ist indessen die Frage Ihrer Einbürgerung und der Passerneuerung. Was die erste anbetrifft, so müssen Sie selbstverständlich möglichst bald Ihren wohlwollenden Patronus, Herrn Gentile, von Ihrer Absicht verständigen und ihn um seine Unterstützung bitten. Dies nicht auf schriftlichem Wege, sondern mündlich bei der ersten Gelegenheit. Die Professoren und die akademischen Behörden von Pisa – Rektor, Dekan usw. – müssen dann zu geeigneter Zeit mit empfehlenden Schreiben und Zeugnissen diesen Schritt fördern. Da es sich um eine Rechts- und Staatsangelegenheit handelt, müssten Sie die Prozedur einem hiesigen Anwalt übergeben, der in Ihrer Abwesenheit die Angelegenheit betreibt. Ich kann Ihnen einen solchen empfehlen. (...)
> Was ich Ihnen aber <u>dringend</u> empfehle ist, sich in Pisa in der Anagrafe einzutragen und mit der [sic!] von dieser Behörde ausgestellten Schein bei der zuständigen Stelle eine <u>carta d'identità</u> beantragen, die für das Innere mit dem Pass gleichwertig ist und diesen ersetzt. In dieser Weise besitzen Sie einen vom Pass unabhängigen italienischen Schein von dauerndem Wert."[104]

Unberechenbarer und für einen jüdischen Emigranten angstbesetzter war die Frage der Passerneuerung. Der Amtsweg sah hierfür zwei Möglichkeiten vor: Antrag beim zuständigen deutschen Konsulat (unter Vorlage eines Unbedenklichkeitsvermerks aus Deutschland) oder direkt in Berlin. Olschki wagte hier nicht zu entscheiden, welche Variante er für unbedenklicher halten sollte:

> „Ihre Passerneuerung kann im zuständigen Konsulat erfolgen, aber man verlangt einen Unbedenklichkeitsvermerk von Ihrer Heimatbehörde. Da Ihre Tätigkeit in Pisa von den politischen deutschen Behörden nicht gern gesehen ist[105] (was Ihnen im allgemeinen gleichgültig sein kann), kann man mit der Möglichkeit rechnen, dass Ihnen dieser Unbedenklichkeitsvermerk auch durch blosse Verschleppung nicht zugestellt wird und dass Sie infolgedessen eines Tages ohne Pass bleiben. Ich kenne bereits einen solchen Fall und von anderen habe ich gehört. Sie sollten deshalb sofort Ihre Passerneuerung beantragen und den Unbedenklichkeitsvermerk unverzüglich verlangen. Dann wissen Sie bald woran Sie sind. Allerdings können Sie die Erneuerung des Passes persönlich in Berlin beantragen, aber mir erscheint dieser Versuch riskant.[106] Die Entscheidung muss ich Ihnen überlassen."[107]

---

103 Die carta d'identità wurde nicht nur italienischen Staatsbürgern (cittadini Italiani), sondern auf Antrag auch Ausländern mit gültiger Aufenthaltsgenehmigung (residenti sul territorio) von den Kommunen ausgestellt.
104 Brief (hs.) Olschki, Rom, an Kristeller, 19.1.1936 (CU, RBML, KP 38.14).
105 Hierzu auch Gass 1961, 92: „Am folgenden Abend [Ende 1937] hatte ich mich mit Chr. [=Kristeller] verabredet. Der scheue, gutherzige und so kluge Mensch ist an der Scuola in einer schwierigen Situation, da er natürlich weiß, daß man in Deutschland wünscht, ihn zu beseitigen."
106 Reisemöglichkeiten für Juden waren seit 1935 durch eine Reihe von Erlassen und Verordnungen drastisch eingeschränkt worden: ab September 1935 wurden deutschen Juden nur noch

Zwei Jahre lang kämpfte Kristeller verbissen um die italienische Staatsbürgerschaft. Mit Gentiles Unterstützung hatte er die Strategie ausgearbeitet, gegenüber den Behörden das Lektorat an der Scuola als „servizio prestato allo Stato" zu präsentieren, und führte darüber eine rege Korrespondenz mit seinem Patronus.[108] Richard Walzer, der die „cittadinanza" ebenfalls mit Gentiles Hilfe anstrebte, warnte ihn davor die Geduld seines Unterstützers nicht über Gebühr zu strapazieren und mahnte zu mehr Diskretion:

> „Im übrigen möchte ich Ihnen freundschaftlich raten, nicht allzu häufig in Kleinigkeiten an Gentile zu schreiben. Es könnte ihm einmal zu viel werden."[109]

> „Lieber Herr Kristeller – Es ist vollkommen unnötig und kann nur ernsthaft schaden, wenn über Ihren und meinen Fall unnütz gesprochen wird. Wer sonst darüber spricht, ist gleichgültig. Sie auf jeden Fall sollten, genau so wie ich, darüber schweigen. Man spricht nur über Dinge, wenn Sprechen einen concreten Sinn hat. Ich habe auch durchaus nicht die Absicht ‚mich ernsthaft zu bemühen'? Worum eigentlich? Daß Ihr officieller Bescheid schließlich negativ ausfallen wird, ist ja zu erwarten. Wenn Sie sich das ersparen wollten, hätten Sie nur dem Rat des Senatore folgen sollen, sonst ist eben nichts zu ändern."[110]

Pässe mit Geltung für das Inland ausgestellt, es sei denn, sie konnten die „wirtschaftliche Notwendigkeit einer Auslandsreise" nachweisen: damit sollte die „Verschiebung von Vermögen ins Ausland" verhindert werden. (Erlass des Geheimen Staatspolizeiamtes Karlsruhe vom 11.9.1935, bei Walk 1981, 126 f., Nr. I 634). Das Württembergische politische Landespolizeiamt hatte am 2. Januar 1936 verfügt, dass „Passanträge von im Inland lebenden Juden, die ihre Ferien im Ausland verbringen oder dort Verwandte besuchen wollen, (...) im allgemeinen nicht stattzugeben" ist. (Walk 1981, 149 f., Nr. II 96). Diese Regelung wurde im November 1937 vom Reichsführer SS und Chef der Deutschen Polizei in einem Runderlass verschärft: „Die Ausstellung von Reisepässen an Juden für das Ausland wird untersagt, es sei denn, daß sie zur Auswanderung (...) bestimmt sind." (Walk 1981, 205, Nr. II 376). Neue Pässe wurden nur bei besonderer Bedarfslage ausgegeben. Die Gültigkeit von Auslandsreisepässen von „jüdischen Emigranten und sonstigen im Ausland lebenden Juden deutscher Staatsangehörigkeit" war durch einen Runderlass vom 31.10.1935 prinzipiell auf ein halbes Jahr beschränkt (Walk 1981, 138, Nr. II 39).
107 Brief (hs.) Olschki an Kristeller, 19.1.1936 (wie Anm. 104).
108 Ausführlich dokumentiert bei Simoncelli 1994, 76 f.
109 Postkarte (hs.) Walzer an Kristeller, 19.6.1937 (CU, RBML, KP 53.17). Ähnlich Walzers Warnung im Dezember 1938, im Zusammenhang mit Kristellers geplanter Emigration nach England: „Schreiben Sie so viele Briefe an mich, aber nicht an officielle Stellen, das schadet Ihnen nur." (Postkarte [hs.] Walzer, London, an Kristeller, 16.12.1938), bekräftigt durch Brief (hs.) Walzer, Oxford, an Kristeller, 18.1.1939: „Meine Bemerkung über Ihre Briefe bezog sich durchaus nicht auf Ihre Briefe an mich und war darum leider nicht überflüssig. Ich hatte sehr triftige Gründe dafür." (beide in CU, RBML, KP 53.17).
110 Brief (hs.) Walzer an Kristeller, 21.11.1937 (CU, RBML, KP 53.17). Der Kontext des letzten Satzes lässt sich aus der Korrespondenz nicht erhellen.

6.4 Zuflucht in Italien – Karrierepläne — 441

Im August 1937 erhielt Kristeller (ebenso wie Walzer) einen ersten ablehnenden Bescheid, die Aussichten auf eine rasche Einbürgerung waren damit stark gesunken. Abrahamsohn deklarierte den Misserfolg kurzerhand zu einer Bagatelle und versuchte so den Freund zu trösten:

> „(...) wenn man (...) sieht, wie viele Leute auch ohne das [die cittadinanza] gut durchkommen, so braucht man sich nicht allzusehr zu grämen; im Grund ist das einzige, was einem verloren geht, die Möglichkeit einer Staatsstellung, die hier auch nicht goldene Früchte zu tragen pflegt. Deine wissenschaftlichen Dinge kannst Du wie bisher ebensogut betreiben."[111]

Zu einem neuen Versuch ermunterte Gentile seinen Schützling im Oktober 1937. Auch Olschki äußerte sich gegen Jahresende in einem persönlichen Gespräch mit Walzer noch einmal zuversichtlich:

> „Ich habe heute mit Olschki gesprochen, oder vielmehr er hat mir gleich von Ihnen angefangen. Er ist optimistisch für Sie, kann aber noch nichts Genaues sagen. Man muß bei seinen Aussagen natürlich vorsichtig sein (...) Aber zum Optimismus scheint mir doch eine gewisse Berechtigung vorhanden."[112]

Doch auch dieser Anlauf scheiterte vor dem Hintergrund eines auch in Italien sich abzeichnenden antisemitischen Politikwechsels. Kristellers Enttäuschung muss groß gewesen sein, denn Walzer sah sich veranlasst, die Dramatik der Ablehnung des Staatsbürgerschaftsgesuches durch einen Vergleich mit den Verhältnissen in Deutschland abzuschwächen:

> „Ich kehre eben erst aus Berlin zurück (...) Wüßten Sie, wie ekelhaft dort alles ist, würden Sie gewiß nicht böse sein. (...) Der Ausgang Ihrer cittadinanza-Angelegenheit war zu erwarten. Ich glaube, man muß in aller Ruhe abwarten und die antisemitische Discussion, so wenig erfreulich sie ist, nicht zu tragisch nehmen."[113]

Einen neuen deutschen Pass beantragte Kristeller erst am 1. April 1937, und zwar nicht in Berlin, sondern in dem für die Region Pisa zuständigen deutschen Konsulat in Livorno.[114] Anhand der Stempel ist zu ersehen, dass er von da an in halbjährlichem Abstand seinen Pass verlängern lassen musste, am 9. September 1937, am 31. März 1938 und am 14. November 1938, diesmal im Konsulat in Rom. Bei diesem letzten Besuch wurde auch das seit Oktober obligatorische rote „J" für

---

111 Brief Abrahamsohn, Florenz, an Kristeller, 11.11.1937, (CU, RBML, KP 1.2).
112 Postkarte (hs.) Walzer, Rom, an Kristeller, 7.12.1937 (CU, RBML, KP 53.17).
113 Brief (hs.), Walzer, ohne Ort, an Kristeller, 23.1.1938 (CU, RBML, KP 53.17).
114 Faksimile-Aufnahmen des Reisepasses Nr. 297/37 im Vorwort zu Monfasani 2006, XVI-XVIII.

„Jude" eingestempelt, mit handschriftlichem Datumsvermerk.[115] In einem Brief desselben Tages an die Eltern versuchte er diese Kränkung mit betonter Gelassenheit zu überspielen:

> „Wenigstens die Passverlängerung hat geklappt, so dass ich in der kritischen Zeit der Abreise dadurch nicht in Verlegenheit gerate. Man hat mir ein schönes rotes J auf die erste Seite gedruckt. Alles Gute, lasst Euch nicht unterkriegen und lebt recht wohl, Euer P.O."[116]

Das wissenschaftliche Programm
In der Zwischenzeit hatte Kristeller sowohl seine Stellung als Universitätslehrer als auch als Wissenschaftler deutlich verbessern können. Die Verlängerung der Anstellung als Deutsch-Lektor an der Scuola verlief problemlos, es wurde ihm sogar „in Vertretung des Germanisten eine regelrechte Vorlesung über deutsche Literaturgeschichte" übertragen. Trotz dieser zusätzlichen Lehrverpflichtungen arbeitete er wie bisher mit unvermindertem Elan gleichzeitig an mehreren wissenschaftlichen Projekten:

> „Lieber Julius! (...) Meine Arbeiten gehen zunächst unverändert weiter. Die Edition des Ficinus wird im Januar [1937][117] erscheinen, ich lasse Dir einen Prospekt zugehen, und es wäre schon sehr nett, wenn Du Panofsky und andere dortige Leute darauf aufmerksam machen willst. (...)
> Die langweiligen Korrekturen haben mich viel Zeit gekostet, aber ich habe doch einige kleinere Arbeiten daneben erledigt, Aufsätze und Rezensionen. Ausserdem arbeite ich an meinem Buch über die Philosophie Ficins, das ich im nächsten Jahr abzuschliessen hoffe. Ferner habe ich aufgrund meiner Handschriftenfunde eine Textserie für ungedruckte humanistische Schriften ins Leben gerufen, für die bereits mehrere Mitarbeiter gewonnen sind

---

115 Der Passbeamte vollzog damit die „Verordnung über Reisepässe von Juden", die seit 5. Oktober 1938 in Kraft getreten war (siehe http://www.documentarchiv.de/ns/jdnpass.html, und Walk 1981, 244, Nr. II 556). Kristeller empfand diese Stigmatisierung offenbar als so erniedrigend, dass ihm Jahrzehnte später sein präzises Gedächtnis einen Streich spielte, denn gegenüber Margaret L. King gab er 1994 irrtümlicherweise zu Protokoll, er habe seinen Pass beim deutschen Konsul in Turin erneuern lassen, der ihm auch das „J" eingestempelt habe. Korrekt die Angaben in dem Interview mit Liebman, in dem er ausdrücklich das persönliche Benehmen des Beamten würdigte: „I must say the person at the German Consulate in Rome who did this was a rather decent person and actually apologized for having to do it." (CU, RBML, Kristeller *Reminiscences*, Vol. 3, Interview 9, 358). Auch dem deutschen Konsul in Turin bescheinigte Kristeller bei seinem angeblichen Besuch ein ähnlich korrektes Verhalten (hierzu ausführlich Monfasani 2006, XIII-XIV, Anm. 1).
116 Brief (hs.) Kristeller, Rom, an Eltern, 14.11.1938 (CU, RBML, KP, Ser. E, 1.1938).
117 Kristeller hatte das druckfertige Manuskript bereits am 8.12.1935 bei der Casa Editrice Leo S. Olschki, dem Verlagshaus des Vaters von Leonardo Olschki, in Florenz eingereicht (Kristeller 1937, Bd. 1, Prefazione, II).

und in der ich als Mitherausgeber zeichne. Der Verleger ist auch gefunden, und ich denke, dass im nächsten Jahr [1937] die ersten Bände erscheinen werden.. Ferner trage ich mich mit dem Gedanken an ein bio-bibliographisches Handbuch des Humanismus, ich habe viel Material dafür bereit und alle sagen mir dass ein Bedürfnis dafür vorhanden sei. So fehlt es nicht an Arbeiten und Plänen, und all dies möchte ich doch nur in zweiter Linie betreiben und mich in der Hauptsache philosophischen Studien widmen."[118]

Diese Arbeitsbilanz, die Kristeller im Dezember 1936 seinem Heidelberger Studienfreund Julius Held[119] in einem Privatbrief eher beiläufig mitteilte, war das glänzende Ergebnis eines nur zweijährigen Aufenthaltes in Italien und zeigt, wie weit die Vorarbeiten für die Habilitationsschrift in Deutschland bereits gediehen waren. Die „kleineren Arbeiten" erschienen ausnahmslos in Zeitschriften, die von Kristellers Förderern betreut wurden, entweder in dem von Gentile herausgegebenen *Giornale Critico della Filosofia Italiana (GCFI)*, in den *Annali della R. Scuola Normale Superiore di Pisa (ASNP)*, in Leo S. Olschkis *La Bibliofilia* oder in Codignolas Journalen *Civilta Moderna* und *La Nuova Italia*.[120]

---

118 Brief (hs.) Kristeller, Pisa, an Held, 14.12.1936 (GRI, Julius S. Held Papers 4.7).
119 Der Kunsthistoriker Julius Samuel Held (1905–2003) hatte 1930 über Dürer in Freiburg promoviert und war seit 1935 Lecturer in Art History an der New York University: 1937 wechselte er an das Barnard College, wo er erst 1944 zum Assistant Professor ernannt wurde (http://www.dictionaryofarthistorians.org/heldj.htm).
120 Im Folgenden finden sich alle 18 Aufsätze und Rezensionen aufgelistet, die Kristeller zwischen 1933 und 1939 in Italien publizieren konnte (nach Gilbhard 2006, 3–6):
„L'unità del mondo nella filosofia di Marsilio Ficino" in **GCFI** 15 (1934), 395–423; „Il Platonismo nella letteratura francese" [=Rez. zu Walter Mönch, „Marsilio Ficino und die Nachwirkung Platons in der französischen Literatur und Geistesgeschichte", in *Kant-Studien* 40, 1935] in *GCFI* 17 (1936), 190–192; „La teoria dell'appetito naturale in Marsilio Ficino" in *GCFI* 18 (1937), 234–256; Rez. zu Walter Mönch, *Die italienische Platonrenaissance und ihre Bedeutung für Frankreichs Literatur und Geistesgeschichte (1450–1550)*, Berlin 1936, in *GCFI* 18 (1937), 205–207; „Volontà e amor divino in Marsilio Ficino, in *GCFI* 19 (1938), 185–214; Rez. zu August Buck, *Der Platonismus in den Dichtungen Lorenzo de Medicis*, Berlin 1936, in *GCFI* 19 (1938), 149–153; Rez. zu Eugenio Garin, *Giovanni Pico della Mirandola, Vita e dottrina*, Firenze 1937, in *GCFI* 19 (1938), 374–378; Rez. zu Pearl Kibre, *The Library of Pico della Mirandola*, New York 1936, in *GCFI* 19 (1938), 378–381.
"Marsilio Ficino e Lodovico Lazzarelli. Contributo alla diffusione delle idee ermetiche nel Rinascimento", in **ASNP** ser. II, vol. 7 (1938), 237–262; Rez. zu Bohdan Kieszkowski, *Studi sul Platonismo del Rinascimento in Italia*, Firenze 1936, in *ASNP* ser. II, Vol 7 (1938), 341–349.
„Un uomo di Stato e umanista fiorentino: Giovanni Corsi", in *La Bibliofilia* 38 (1936), 242–257; „Un documento sconosciuto sulla Giostra di Giuliano de Medici, in *La Bibliofilia* 41 (1939), 405–417 [Kristellers letzte italienische Veröffentlichung vor der Emigration in die USA, erschienen erst nach seiner Ausreise].
Rez. zu Lamberto Borghi, „La dottrina morale di Coluccio Salutati. La concezione umanistica di Coluccio Salutati" (*ASNP*, ser. II, vol. 3 [1934], 75–102 und 469–492) in **La Nuova Italia** 7 (1936),

In seiner „Ficinus-Edition", dem zweibändigen, 700 Seiten starken *Supplementum Ficinianum*, hatte Kristeller erstmalig die unveröffentlichten und ‚zerstreuten' kleineren Schriften des Florentiner Philosophen Marsilius Ficinus (insgesamt 76 Texte!) auf der Grundlage der Handschriften ediert und zusammengestellt: ein umfangreicher Anhang enthielt Indices zu Handschriften und Werken des Platonikers sowie 92 Dokumente und Testimonien.[121] Das deutsche Manuskript zu dem „Buch über die Philosophie Ficins", seiner Habilitationsschrift, konnte Kristeller tatsächlich wie geplant im August 1937 abschließen,[122] die italienische Fassung *Il pensiero filosofico di Marsilio Ficino*, bei der ihn sein Freund Alessandro Perosa in Pisa maßgeblich unterstützte, lag druckfertig Ende 1938 vor, konnte aber aufgrund der antijüdischen Maßnahmen der italienischen Regierung nicht mehr vor seiner Emigration in die USA in Italien erscheinen.[123]

53–54; Rez. zu *Humanismus und Renaissance in den deutschen Städten und an den Universitäten*, ed. Hans Rupprich, Leipzig 1935, in *La Nuova Italia* 8 (1937), 52–53.

„La posizione storica di Marsilio Ficino" (übers. v. Melisenda Codignola), in **Civilta Moderna** 5 (1933), 438–445 [Kristellers erste italienische Veröffentlichung!]; „Nuove fonti per la storia dell'umanesimo italiano, in *Civilta Moderna* 10 (1938), 299–321; „Per la biografia di Marsilio Ficino", in *Civilta Moderna* 10 (1938), 277–298 [unter dem Pseudonym ‚Platonicus']; Rez. zu Eugenio Anagnine, *G. Pico della Mirandola, Sincretismo religioso-filosofico*, Bari 1937, in *Civilta Moderna* 10 (1938), 331–335 [unter dem Pseudonym ‚Lector'].

121 Kristeller 1937, rezensiert von Giuseppe Saitta (Delio Cantimoris Lehrer an der Universität Pisa) in *Leonardo* 7–8 (1937), 264 (Tedeschi 2002, 245 mit Anm. 1), und von Eugenio Garin, einem Schüler Gentiles und Pasqualis, in *La Rinascita* 1 (1938), 185–189.

122 In der Nachschrift des Manuskripts (CU, RBML, KP, Series Writings, Box 2, Folder 4 ‚The Philosophy of Marsilio Ficino – German Draft I, 1940 s, part 2') gab sich Kristeller genauestens Rechenschaft über die Entstehungsgeschichte: „Begonnen mit der Vorarbeit in Freiburg, Herbst 1931. Begonnen mit der Niederschrift in Berlin, Frühjahr 1933 bis Winter 1933 (bis Kap. Kausalität incl.). Nach halbjähriger Unterbrechung kurze Fortsetzung in Berlin, Sommer 1934 (primum-Kap. halb). Nach längerer Pause und mit mehreren Unterbrechungen fortgesetzt in Pisa seit dem Frühjahr 1936 und beendet in Sangodenzo am 25. August 1937" (zitiert auch in der Vorrede zur deutschen Ausgabe *Die Philosophie des Marsilio Ficino*, Frankfurt/M. 1972, VII). Die Korrespondenz mit Gentile gibt Aufschluss über die Arbeit am zweiten Teil der Monographie: demnach setzte Kristeller die Niederschrift spätestens am 6. Mai 1936 fort, am 10. August 1937 begann er mit dem letzten Kapitel, am 18. September 1937 informierte er Gentile über den Abschluss des Manuskripts (Boutcher 2006, 136 f. mit Anm. 4).

123 „L'edizione italiana del mio libro gia pronta fin dal 1938" (Vorwort zu *Il pensiero filosofico di Marsilio Ficino* 1953, XVI, datiert „New York, il 27 agosto 1947"). Das Buch sollte bei Sansoni in Florenz erscheinen, einem Verlagshaus, dessen Eigentümer Gentile war (Voigt 1989 I, 401). Dieser hatte auch schon „von privater Seite einen Druckzuschuss besorgt und dadurch die Veröffentlichung meines Buches definitiv gesichert." (Brief [hs.] Kristeller, Pisa, an Eltern, 26.5. 1938, in CU, RBML, KP, Ser. E, 1.1938). Kurz vor seiner Abreise holte Kristeller in Florenz das italienische Manuskript bei Gentiles Sohn Frederico, dem Leiter des Verlages, ab (Brief Kristeller

1943, sechs Jahre nach seiner Fertigstellung, wurde das Buch endlich gedruckt, in englischer Übersetzung unter dem Titel *The Philosophy of Marsilio Ficino* als Band 6 der Reihe *Columbia Studies in Philosophy*.[124]

Schon im Frühjahr 1934, während der Erstbegegnung mit Gentile, war der Plan zu der „Textserie für ungedruckte humanistische Schriften", bei der Kristeller neben dem Senatore als Mitherausgeber zeichnen sollte, konzipiert worden.[125] Drei Jahre später, im Anhang des zweiten Bandes des *Supplementum*, kündigte Kristeller die ersten neun Bände der Reihe *Nuova collezione di testi umanistici inediti o rari* an:[126] zwei Bände wollte er selbst edieren (zu Francesco Cattani da Diaccetos *Opuscula* und Sebastianus Salvinis *Epistolae*), sieben weitere Bände hatte er an andere Herausgeber vergeben.[127] Nach umfangreichen Vorarbeiten erschienen bei Leo S. Olschki 1939 die ersten beiden Bände, Alessandro Perosas[128] Ausgabe *Christophori Landini Carmina omnia* (Druckdatum 25. Januar) und Arsenio Frugonis *Scritti inediti di Benedetto Colucci da Pistoia* (Druckdatum 7. Juni),

---

an Gentile, 13.2.1939, Palermo, an Bord der ‚Vulcania', zitiert bei Mian 1996, 19; in Auszügen bei Simoncelli 1994, 86, Anm. 109; Kopie des Originals in CU, RBML, KP 18.4).

124 „The book has thus shared the fortunes of its author, and personal and political circumstances as well as the necessity of having it twice translated account for the long delay in its publication." (Vorwort zur amerikanischen Ausgabe, VII, datiert „Columbia University, September 23, 1942"). Die englische Übersetzung war bereits im Dezember 1940 abgeschlossen (Brief Bainton, Yale, an Cantimori, 9.12.1940, bei Tedeschi 2002, 121 mit Anm. 6). Als Band 5 der gleichen Reihe war im Jahr zuvor Ernst Kapps *Greek Foundations of Traditional Logic* erschienen (siehe Kapitel Kapp S. 338 mit Anm. 429).

125 Brief (hs.) Kristeller, Rom, Via Campania 31, Interno 12, an EC, 11.5.1934 (wie Anm. 59); siehe auch S. 425 mit Anm. 58.

126 Unter der lateinischen Bezeichnung „*Textus inediti aetate renascentium in Italia litterarum compositi*". Neben den neun „textus proxime edendi" hatte Kristeller sieben weitere Bände geplant („textus postea curandi"), für die bis dato (Januar 1937) noch keine Herausgeber festgelegt waren (*Supplementum* 1937, Vol. II, 382).

127 In der Regel an junge *normalisti* (Perosa war 1910, Frugoni 1914 geboren): Kristeller unterrichtete in den drei Jahren an der Scuola Normale nicht nur Deutsch, sondern verstand es auch bei einer „cohort of young classicists" die Begeisterung für das literarische Erbe der italienischen Renaissance zu wecken (Monfasani 2006, 185f.). Die Herausgeber der italienischen Festschrift zu seinem 75. Geburtstag, „alcuni discepoli o successori di Paul Oskar Kristeller," betonten in ihrer Widmung, dass ihr „maestro e amico" nur offiziell den niederen Rang eines „lettore di lingua tedesca" innegehabt habe, in Wirklichkeit aber habe er in Pisa als „promotore di un movimento essenziale per la nostra cultura" gewirkt (Branca 1980, 5).

128 Alessandro Perosa, *normalisto* von 1928 bis 1932, war Assistent für Gräzistik an der Universität Pisa und seit 1933 *segretario* des Leiters der Scuola, Gaetano Chiavacci (Gass 1961, 22 und 1989, 21, Anm. 19).

doch durch die italienischen Rassengesetze sah sich Kristeller um die Früchte seiner Arbeit gebracht: er durfte als Herausgeber nicht mehr genannt werden.[129]

Supplementum Ficinianum – Dottore in Filosofia (1937)

Mit dem *Supplementum Ficinianum* war es Kristeller endgültig geglückt sich in der italienischen Gelehrtenwelt zu etablieren: kurz nach Erscheinen des Werkes, das vom Verlagshaus Olschki mit einer öffentlichen Präsentation in Anwesenheit Gentiles in Florenz feierlich begangen wurde, verlieh ihm im Februar 1937 die Universität Pisa den Grad eines „Dottore in Filosofia",[130] und altehrwürdige Akademien nahmen ihn als Mitglied in ihren Reihen auf, z. B. die seit 1735 bestehende *Accademia Toscana di Scienze e Lettere „La Colombaria"* in Florenz oder die 1690 in Rom gegründete *Accademia dell'Arcadia*.[131]

Auch im übrigen Europa und in den USA wurde das Werk überaus positiv gewürdigt: Cassirer schickte im März 1937 seine Glückwünsche aus Göteborg, und versprach, sich bei der Bibliothek Warburg in London für Kristellers Projekt, „einer Bibliographie des italienischen Humanismus", stark zu machen. In einem Empfehlungsbrief im September 1938 nannte er das *Suppplementum* „eine wahrhaft mustergültige Leistung, die unsere Kenntnis der Philosophie Ficins

---

129 Als neuer Mitherausgeber zeichnete Augusto Mancini, Gräzist an der Scuola, die auch die Finanzierung dieser Reihe übernommen hatte („pubblicata sotto gli auspici della R. Scuola normale superiore di Pisa"). Zur großen Freude Kristellers (Brief Kristeller, Palermo, an Gentile, 13. 2.1939, wie Anm. 123) fand Perosa immerhin den Mut, dem ersten Band der Textserie auf dem Vorsatzblatt eine Widmung an seinen Freund voranzustellen („Paulo Oscario Kristeller sodali liberalissimo") und in der Praefatio auch im Namen der anderen Autoren der *Nuova Collezione* („ceteri sodales") die Verdienste des vertriebenen Herausgebers ausführlich zu würdigen: „Ultimas autem gratias sed maximas et singulares Paulo Oscario Kristeller debeo, viro docto et amicissimo. Qui hunc meum laborem constanti benevolentia et utilissimo consilio est prosecutus atque mihi roganti persaepe inter multa sua negotia iucundum utileque tulit auxilium. (...) Ideo tamquam gratitudinis meae testimonium hunc librum eius nomini sacrum esse volui, et sic in primo collectionis volumine etiam ceterorum sodalium animum exprimere me putavi, quorum nemo ignorat quanta liberalitate vir ille humanissimus suarum opum omnibus copiam facere soleat et ex scriniis suis omnibus qui renascentis aetatis scriptis edendis operam dant notitias ab ipso collectas libenter communicet." (*Christophori Landini Carmina omnia*, IX; siehe auch Kristeller, *Recollections* 1996, S. 10). Bis 1943 waren sieben Bände erschienen, nach Kriegsende (Gentile war 1944 von Partisanen erschossen worden) wurde Kristeller die Herausgeberschaft wieder angetragen (Brief Kristeller an Bertalot, 25.1.1946, in CU, RBML, KP 4.6): ab Band 8 (1950) zeichneten Mancini und Kristeller gemeinsam für die Reihe verantwortlich.

130 ‚Curriculum Vita / Career of Dr. Paul Oskar Kristeller', [undatiert, nach Sept. 1938] (NYPL, EC-Records 83.40 und ‚Data Prior to Arrival in U.S.A.', Rubrik ‚Education', 22.10.1940, in YIVO, Microfilm *OT*).

131 Kristeller, *Recollections* 1996, S. 9 (CU, RBML, KP, N 22).

wesentlich bereichert hat".[132] Jaeger, dem Kristeller einen ähnlichen Arbeitsbericht zugeschickt hatte wie Held, antwortete im März 1937 von Chicago aus, wo er im Oktober 1936 seine Professur angetreten hatte:

> „Ich sehe zu meiner Befriedigung, dass Sie mit Ihrer editorischen Arbeit am Ficinus fertig sind und danke schon im Voraus für Ihre Absicht, mir die Ausgabe zu schicken. Nach Empfang werde ich Ihnen darüber noch schreiben. Auch Ihre anderen Pläne zeigen ja, dass Sie Ihr reiches Programm Schritt für Schritt abwickeln. Sie werden die editorische Tätigkeit nie bedauern, wenn ich von mir auf Sie schliessen darf. Aber ich wünsche Ihnen natürlich, dass Sie danach wieder Ihren philosophischen Arbeiten nachgehen können."[133]

Nach Erhalt des Belegexemplars war Jaeger von dem Werk so angetan, dass er nicht nur privat mit dem Dean of the Humanities seiner Universität, Professor Richard P. McKeon, einem „guten Kenner der mittelalterlichen und Renaissancephilosophie", darüber diskutierte, sondern Kristeller auch den Vorschlag machte, er möchte doch den Verleger anweisen, McKeon ein Rezensionsexemplar für eine Besprechung in *Classical Philology* zu schicken.[134] Dazu kam es offenbar nie, doch Jaeger hielt sich zugute, dass er es gewesen sei, der McKeons Interesse an Kristeller geweckt habe, so dass dieser schließlich im Herbst 1938 im Philosophy Department die Verleihung einer Scholarship für den jungen Renaissance-Forscher befürwortete:

> „(...) ich glaube, dass jedenfalls alles geschieht, was im Bereich des Möglichen liegt, weil der Dean (...) bereits von Ihnen wusste und für Sie interessiert war. Sie hatten mir seinerzeit die beiden Bände Ihres Supplementum Ficinianum geschickt, und ich hatte sie Mr. McKeon bei mir zu Hause gezeigt und mit ihm über Ihre wissenschaftlichen Absichten gesprochen, ohne jede Ahnung, dass dies einmal von praktischem Belang sein könnte."[135]

Eduard Norden, Kristellers zweiter prägender philologischer Lehrer der Berliner Zeit, reagierte erst mit einem Jahr Verspätung auf die Zusendung des *Supplementum*, dafür mit umso größerer Begeisterung:

> „Gegenwärtig stehe ich ganz im Bann Ihrer großartigen Leistung, in die ich mich versenkt habe wie in etwas Weihevolles. Ein sursum corda von seltner Kraft. Das lassen Sie sich danken."[136]

---

132 Brief (hs.) Cassirer, Göteborg, an Kristeller, 8.3.1937 (CU, RBML, KP 10.2), und Testimonial Cassirer, Göteborg 18.9.1938 (NYPL, *EC*-Records 83.40).
133 Brief Jaeger, Chicago, an Kristeller, 6.3.1937 (CU, RBML, KP 24.10).
134 Brief Jaeger, Chicago, an Kristeller, 17.5.1937 (CU, RBML, KP 24.10).
135 Brief Jaeger, Chicago, an Kristeller, 13.10.1938 (CU, RBML, KP 24.10).
136 Brief (hs.) Norden, Berlin, an Kristeller, 27.5.1938 (CU, RBML, KP 37.14). Kristeller hatte die Bände seinem Lehrer bereits am 21. Februar des Vorjahres geschickt.

Entsprechend hymnisch äußerte er sich in seinem späteren Empfehlungsschreiben zu dieser Edition:

> „Ich habe große Teile dieses Werkes durchstudiert und stehe unter dem Eindruck einer imposanten Leistung, in welcher sich die erwähnte Kombination philologischer und philosophischer Begabung K.'s documentiert. Durch handschriftliche Forschungen hat er die Ficinus-Studien auf eine neue Grundlage gestellt, durch welche die Vorbedingungen zu einer Geschichte der Anfänge des Humanismus und des europäischen Platonismus geschaffen wurden. Es läßt sich in Wahrheit sagen, daß Dr. K. zum Historiker dieser weltbewegenden Kultur-Evolution geschaffen ist."[137]

Auch Giorgio Pasquali war von der Doppelbegabung Kristellers beeindruckt, er sah im *Supplementum* aber vor allem einen kompetenten und urteilssicheren Historiker und Textkritiker am Werk, letzteren umso mehr, als die Ficino-Edition nur den Auftakt einer Serie unveröffentlichter Texte des Humanismus darstellen würde.[138]

Die ungewöhnlichste Reaktion kam von Freundesseite: Herbert Dieckmann, der mit seiner Frau über den Kontakt zu Olschki Kristellers Karriere in Italien in gewissem Sinne eingefädelt hatte, war nach drei Jahren Lektorat an der Universität in Istanbul gerade nach Deutschland zurückgekehrt und hatte sich als ‚Nicht-Kenner' um eine Besprechung des *Supplementum* beworben, um den Freund zu unterstützen. Da er aber erkannt habe, dass er als „Unberufener" völlig ungeeignet sei, den Wert des „herrlichen Werkes" kompetent und adäquat zu ermessen, unterbreitete er Kristeller den merkwürdigen Vorschlag, er solle eine Selbstrezension des *Supplementum* schreiben, die er, Dieckmann, dann bei der Redaktion der Rezensionszeitschrift unter seinem Namen einreichen werde:[139]

> „Ihre Ficin-Ausgabe macht mir grossen Eindruck. Sie ist bewundernswert gearbeitet und dabei hat die Philologie positivster Prägung nie die freie philosophische Betrachtung unterdrückt. Sie wissen, dass ich das Werk zur Besprechung erhielt und ich muss Ihnen gestehen, das ich einige Reue empfinde, es eingefordert zu haben. Ich tat es vor allem Ihretwegen, muss nun aber sehen, dass eigentlich nur ein Ficin-Kenner Ihre grosse Arbeit, vor allem den Wert Ihrer Arbeit ermessen kann, und es tut mir leid, dass ich als Unberufener das

---

137 Testimonial (hs.) Norden, Berlin, 18.9.1938 (CU, RBML, KP 37.14, Abschrift [mschr.] in NYPL *EC*-Records 83.40).
138 „(...) i due volumi di opuscoli inediti del Ficino da lui recentemente pubblicati lo rivelano come storico e critico del testo bene informato e giudizioso. Sono il preludio di una raccolta di testi umanistici inediti e rari guidata finora in comune da G. Gentile e da lui (...)." Testimonial Pasquali, Firenze, 17.9.1938 (NYPL, *EC*-Records 83.40).
139 Die Besprechung erschien tatsächlich unter Dieckmanns Namen in *Romanische Forschungen* 53 (1939), 131–133.

herrliche Werk erhalten habe, das doch allein dem Kenner zukommt. (...) Daher komme ich zu Ihnen mit einer merkwürdigen Bitte, die ich noch nie an einem Autor, dessen Buch ich besprechen soll, gestellt habe: bitte schreiben Sie mir, worin der vorzügliche Wert Ihres Buches besteht, warum es innerhalb der Ficin-Forschung geradezu unersetzlich ist und – vor allem – welche neu veröffentlichten Textstücke ein ebenso unerwartetes wie strahlendes Licht auf das in dunklen Schatten verborgene Antlitz Ficins werfen. Mein lieber Kristeller, ich habe nicht den blassesten Schimmer von Ficin und kann unmöglich mich auch noch mit Neuplatonismus beschäftigen (...). Andererseits habe ich – bitte, nicht bloss aus einer Notlage heraus! – ein unbegrenztes Vertrauen in Sie. Also schreiben Sie mir una ampia lettera, stossen Sie meine an die Luft des 18. Jahrhunderts gewohnte Nase auf die wichtigsten Stellen Ihres verdienstvollen Buches und hindern Sie mich, zwei Druckseiten mit leeren Lobsprüchen und – am Ende – einer kleinen Einschränkung zu füllen."[140]

Der einzige, der dem *Supplementum* gegenüber offenbar kritisch eingestellt war, war Kristellers ehemaliger Kommilitone und Erzkonkurrent Raymond Klibansky, der 1928 in Heidelberg von Hoffmann zur Habilitation zugelassen worden war.[141] Die Quellenlage gibt leider keinen genauen Aufschluss über die Hintergründe, doch Manasse, der im Frühjahr 1938 in England mehrmals mit Klibansky zusammengetroffen war, glaubte seinen Freund Kristeller warnen zu müssen:

„[Klibansky ist] bestimmt nicht wohlgesinnt (...). Er machte irgendwelche abfälligen Bemerkungen über das Supplementum. Ich bin nicht ganz sicher, was er im Schilde führt. Er will auch Ficinhandschriften hier in Florenz nachgesehen haben. Ich sagte aber, dass ich jederzeit sehr gern derartige Arbeiten für ihn tun würde, aber nicht Ficiniana. Nein, er ist nicht wirklich nett, obwohl sehr freundlich zu mir persönlich."[142]

Obwohl die erste Hälfte des Jahres 1937 für Kristeller in beruflicher Hinsicht mit dem Druck des *Supplementum*, dem italienischen Doktorat und den noch offenen Verhandlungen bezüglich der Einbürgerung so glücklich und erfolgreich verlaufen war, fühlte er sich isoliert und durchlebte an der Scuola offenbar auch schon vor Beginn der antisemitischen Kampagne 1938 psychisch schwierige Phasen. So erfuhr Manasse im Frühjahr 1937 zufällig von einer gezielten antisemitischen

---

140 Brief H. Dieckmann, Königstein/Taunus, an Kristeller, 7.11.1937 (CU, RBML, KP 14.4). Dieckmann stand in diesen Wochen unter extremem Zeitdruck: auf dringendes Anraten Leo Spitzers wollte er noch vor Ende des Jahres nach New York, um auf Stellensuche zu gehen: hierfür musste er noch einen englischsprachigen Artikel und einen Vortrag fertigstellen. Daneben hatte die Arbeit am Diderot-Buch oberste Priorität. Die USA-Reise sollte streng geheim bleiben, deshalb wurde Kristeller zu äußerster Diskretion verpflichtet: „Bitte sprechen Sie zu keinem Menschen, vor allem nicht zu O.[Ischki?] über meine Amerika-Pläne" (ebda.).
141 Siehe S. 409 mit Anm. 12.
142 Brief (hs.) Manasse, Florenz, an Kristeller, 31.3.1938 (CU, RBML, KP 33.3).

Provokation Kristellers durch einen deutschen Studenten[143] und versuchte den tief deprimierten Freund mit einer Consolatio zu trösten:

> „Lieber Kristeller, lieber, lieber, lassen Sie doch nicht gleich allen Mut sinken und glauben Sie sich doch nicht so ganz allein. Von uns, den deutschen Freunden will ich gar nicht reden – und doch sollten Sie bedenken, dass auch die gar nicht alle so fern sind. Aber denken Sie doch nur einmal an Codignola. Pasquali hatte mir – ohne Einzelheiten – von Ihrer Verstimmung und dem Zusammenstoss mit den Studenten erzählt. Ohne mir etwas zu denken, erzählte ich das bei C.[odignola]. Da hätten Sie sehen sollen, wie ärgerlich der gleich auf P.[asquali] war, dass er so etwas überhaupt weitererzählte, wie unbedingt er sofort davon überzeugt war, dass Sie im Recht waren. Lieber, das sind gewiss Leute, denen Sie auch vertrauen dürfen, die Sie gewiss nicht plötzlich wieder allein lassen. (...)
> Lieber, ich kann es mir ja nur zu gut denken, wie schwer es in solcher Zeit ist, allein in Pisa zu sitzen, aber allein brauchen und dürfen Sie sich nicht zu [sic!] fühlen, dazu ist Florenz noch immer zu nah, dazu sind wir hier zu viel, die wir an Sie denken und Sie ganz fest gern haben. Muss ich es Ihnen sagen, was für ein [sic!] schönen Erfolg es bedeutet, dass der Ficin nun so gedruckt ist, muss ich Ihnen eine consolatio mit allen den vielen Punkten schreiben. Lassen Sie sichs daran genügen, dass Sie sich uns, meine Frau, mich, Abrahamsohn und wen sonst noch zu tiefstem Dank verpflichtet haben."[144]

Antisemitische Kampagnen in Italien – Die Entlassung (Sommer 1938)

Das Scheitern des Einbürgerungsgesuches Anfang 1938 war nur der Auftakt einer Reihe von Hiobsbotschaften, die über Kristeller im Laufe dieses Jahres hereinbrachen. In der ersten Jahreshälfte scheint der Arbeitswütige von der Zuspitzung der politischen Verhältnisse in Italien wenig mitbekommen zu haben, denn über Monate ist nur sehr wenig Korrespondenz vorhanden.[145] Er saß über der italie-

---

143 Der Vorfall stand wohl in Zusammenhang mit den Versuchen der deutschen Auslandsbehörden, insbesondere des DAAD in Rom, insgesamt fünf „unerwünschte" emigrierte Lektoren und Professoren von ihren Positionen an den staatlichen italienischen Universitäten zu verdrängen: „Um Kristeller an der Scuola Normale Superiore in Pisa zu isolieren", hielt ein reichsdeutscher Austauschstudent, der über Mussolinis „rednerisches und schriftstellerisches Schaffen" promoviert hatte (Tomasi/Sistoli Paoli 1990, 194, Anm. 38 identifizieren ihn als Karl Müller), einen Lese- und Arbeitskreis ab (Voigt 1989, I, 110). Hierzu auch Simoncelli 1994, 77: „(...) a Pisa era stata organizzata personalmente contro Kristeller un'attivita antisemita da uno studente tedesco noto all'ambasciata germanica." Dabei handelte es sich wohl um keinen Einzelfall: „Some of the German lecturers and exchange students tried to influence the Italian students against me, but without success, since I became very popular with the Normalisti." (Kristeller/King 1994, 922).
144 Brief (hs.) Manasse, Florenz, an Kristeller, 6.3.1937 (CU, RBML, KP 33.3).
145 Die Maßnahmen anlässlich Hitlers Staatsbesuchs vom 3. bis 8. Mai 1938 waren in Pisa weniger radikal als in Florenz und Rom, wo hunderte von deutschen und deutsch-jüdischen

nischen Fassung der im September 1937 abgeschlossenen Ficino-Monographie, bereitete insgesamt acht (!) Aufsätze für den Druck vor und war mit der Schlussredaktion der ersten Bände der Humanismus-Textserie vollauf beschäftigt. Dieckmann, der ihn Anfang Juni in Pisa besuchte, bevor er im Herbst 1938 in die USA emigrierte,[146] war überrascht, wie ungefährdet sich Kristeller in Italien fühlte: „(...) Sie wissen, dass ich während meines letzten Besuches in Pisa (es freut mich nun umso mehr, ihn gemacht zu haben) mit schweren Zweifeln Ihre zuversichtlichen Entgegnungen aufnahm."[147]

Mitte Juni schlug Kristeller seinen Eltern vor, ihre Wohnung in Berlin so bald als möglich aufzulösen und mit den Möbeln zu ihm nach Pisa zu ziehen: dort könnten sie sich eventuell mit der Vermietung von Zimmern an Studenten eine neue Existenz aufbauen. Er wollte sich in der Zwischenzeit um die bürokratischen Details wie Aufenthaltserlaubnis und Lizenz zum Vermieten kümmern und anfangen, für sie eine finanzielle Reserve anzusparen. Ab November würde er dann in der Lage sein, ihnen etwa 300 Lit. monatlich, etwa die Hälfte seines Gehaltes, zur Verfügung zu stellen.[148] Den Sommer über, von Mitte Juli bis zum Beginn des

---

Emigranten in ,Schutzhaft' genommen wurden (siehe Abschnitt zu Manasse, S. 580 mit Anm. 83): Kristeller lebte lediglich „3 Wochen lang unter besonderer Aufsicht", d. h. er musste bis zum 10. Mai „jeden Tag zweimal auf die Polizei und durfte Pisa nicht verlassen. Auch die Korrespondenz wurde mehr als sonst kontrolliert. Seit gestern ist wieder alles in Ordnung." (Brief [hs.] Kristeller, Pisa, an Eltern, 11.5.1938, in CU, RBML, KP, Ser. E, 1.1938).

146 „In diesen Tagen war auch Die.[ckmann] mit seiner Frau hier, er war sehr freundschaftlich und herzlich und versprach mir von sich aus, sich sobald es nötig ist in seiner neuen Heimat energisch für mich einzusetzen." (Brief [hs.] Kristeller, Pisa, an Eltern, 11.6.1938, in CU, RBML, KP Ser. E, 1.1938).

147 Brief H. Dieckmann, Webster Groves, MO, an Kristeller, (o.D., erster Brief nach Bekanntwerden von Kristellers Entlassung, in CU, RBML, KP 14.4). Dieckmann drängte darauf, dass Kristeller so schnell wie möglich ins Land kommen solle, denn „Sie können Briefe auf Briefe schreiben, Sie können von aller Welt empfohlen werden, so lange Sie nicht da sind, erreichen sie nichts. (...) Nach einer Rückfrage bei Spitzer" empfahl er dem Freund, am Altphilologenkongress der *American Philological Association* teilzunehmen, der Ende 1938 in Providence, Rhode Island, stattfinden würde (auf diesem Meeting hielt auch Kapp erstmals einen Vortrag vor amerikanischem Publikum, siehe Kapitel Kapp S. 321f.): „Dort stellen Sie sich einigen Leuten vor, an die sowohl Spitzer wie ich Sie empfehlen, und dann sehen Sie, wo eine Möglichkeit offen ist." (ebda.). Noch im 10. November bot Dieckmann an, sich beim Präsidenten der *APA*, L. A. Post, für eine ,last minute'-Einladung einzusetzen: „das Programm für den Kongress ist zwar schon fertig, aber man könnte Sie auf alle Fälle zum ,Einspringen' bereithalten, falls ein Redner erkrankt oder nicht kommt." (Brief [hs.] Dieckmann, St. Louis, an Kristeller, 10.11.1938, in CU RBML, KP 14.4).

148 Anfang Juni wurde Kristeller im Falle einer Vertragsverlängerung „von mehreren Seiten versprochen, sich um neue Verdienstmöglichkeiten für mich zu bekümmern." (Brief [hs.] Kristeller, Pisa, an Eltern, 11.6.1938, in CU, RBML, KP, Ser. E, 1.1938). Eine Besprechung in Florenz in der darauffolgenden Woche, auf die er große Hoffnungen gesetzt hatte, brachte aber noch nicht

Wintersemesters Mitte Oktober wollte er wie im Vorjahr in den Bergen verbringen, in San Godenzo nördlich von Florenz, um möglichst zügig eine Reihe von Arbeiten voranzutreiben, z. B. drei Rezensionen, die Beendigung der „Vorarbeiten für den grossen Zettelkasten" und die Bearbeitung neuer Texte, u. a. die Edition eines großen Ficinfundes, „eine grosse Sensation", die er unlängst in Florenz aufgespürt hatte: „80 Seiten völlig unbekannte Texte u.[nd] zw.[ar] philosophische Jugendschriften."[149]

Noch schwankte er zwischen einem aus heutiger Sicht riskanten Fatalismus und einer hellsichtigen, ja obsessiven Arbeitshaltung:

> „Und so wollen wir die Lage weiter mit Ruhe ansehen und die Dinge nehmen wie sie kommen. Man kann und darf sich nicht über Tatsachen den Kopf zergrübeln die nicht von uns abhängen. Wir haben auch von Natur kein Anrecht darauf, dass es uns besser geht als anderen Menschen. Trösten wir uns damit, dass es vielen noch schlechter geht und dass man uns zwar Geld und Stellungen wegnehmen kann, aber nicht unsere Kenntnisse, unseren Charakter und unseren guten Namen.
> (...) Die unsichere Zukunft treibt ja (...) dazu, noch so viel wie möglich zu schaffen, so lange es noch möglich ist."[150]

Doch spätestens mit Erhalt eines besorgten Briefes des sonst so besonnenen Richard Walzer hatte die hasserfüllte und hässliche Tagespolitik auch Kristeller in seinem idyllischen Bergdorf erreicht:

> „Lieber Kristeller – die Vorgänge der letzten Wochen sind geeignet, selbst mich aus meiner Ruhe zu bringen und zu fragen, wohin die Reise gehen soll und was eigentlich Ziel und Zweck dieser ebenso unlogischen wie hartnäckigen Reden ist. Ich habe an unseren Freund den Senatore im Zusammmenhang anderer, sachlicher Mitteilungen geschrieben und um Aufklärung gebeten, doch ohne Erfolg: ‚dum tacent, clamant.'"[151]

Walzer spielte damit auf die antijüdische Pressekampagne an, mit der die faschistische Regierung das Land seit einigen Monaten überzogen hatte: vorläufiger

---

das gewünschte Ergebnis: „(...) für den Augenblick habe ich in Florenz eigentlich nichts Bestimmtes erreicht, ich habe nur die Leute mobil gemacht und allgemeine Versprechungen erhalten." (Brief [hs.] Kristeller, Pisa, an Eltern, 22.6.1938, in CU, RBML, KP, Ser. E, 1.1938).
149 Briefe (hs.) Kristeller, Pisa, an die Eltern, 17.6.1938 und 27.6.1938 (CU, RBML, KP, Ser. E, 1.1938).
150 Deshalb konnte Kristeller es kaum ertragen, dass der Druck der drei Bücher, die er bei den Verlagen abgeliefert hatte (seine Ficino-Monographie bei Gentiles „Casa Editrice Sansoni", bei Olschki die ersten beiden Bände der *Nuova Collazione*) „nicht von der Stelle" kam: „(...) Leider habe ich Scherereien mit den Verlegern." (Brief [hs.] Kristeller, San Godenzo, an Eltern, 23.7. 1938, in CU, RBML, KP, Ser. E, 1.1938).
151 Brief (hs.) Walzer, Soprabolzano, an Kristeller, 31.7.1938 (CU, RBML, KP 53.17).

Höhepunkt war die Veröffentlichung eines von Mussolini persönlich in Auftrag gegebenen Manifestes, das unter dem Titel „Il fascismo e i problemi della razza" am 14. Juli 1938 in zehn Thesen erstmals eine offizielle faschistische Doktrin des Rassismus formulierte,[152] die zwischen der ‚arischen' italienischen Bevölkerung einerseits und Orientalen, Afrikanern und Juden andererseits unterschied, die nicht zur „italienischen Rasse" gehörten.[153] Erklärtes Ziel dieser Propaganda war die Vorbereitung und Einstimmung der Bevölkerung auf die antijüdischen Gesetze, deren Verabschiedung für Herbst 1938 geplant war.

Kristeller versuchte sich in den folgenden Wochen zwar weiterhin mit seinem rigorosen Arbeitspensum so gut es ging abzulenken, doch er wirkte verunsichert:

> „Mir fehlt es auch nicht an eigenen Sorgen, aber ich muss noch vorerst abwarten. (...) Aber selbst die Dinge, die ich in der Hand zu haben glaubte, sind mir wieder zweifelhaft geworden."[154]

Beunruhigt über die Nachrichten in den Zeitungen hatte er sich ratsuchend an Gentile gewandt, und, anders als Walzer, prompt eine Antwort erhalten, die zeigte, dass auch der Senatore mit dem neuen Antisemitismus nicht gerechnet hatte: er wisse selbst noch nicht, inwieweit die gegenwärtige rassistische Polemik ernst zu nehmen sei, doch er würde sich erkundigen; in der Zwischenzeit solle er, Kristeller, sich nicht zu große Sorgen („eccessivo pensiero") machen.[155] Drei Wochen später,

---

152 „(...) also known by the misleading title ‚Manifesto degli scienziati razzisti' (Manifesto of the Racist Scientists)". Der Text, verfasst von Guido Landra nach genauen Anweisungen Mussolinis vom 24. Juni, erschien am 15. Juli 1938 im *Il Giornale d'Italia*, sein Wortlaut aber zirkulierte in der italienischen Öffentlichkeit schon am Tag zuvor (Sarfatti 2006, 128 f. mit Anm. 151–153).
153 Thesen 4, 8 und 9: der Dekalog im Wortlaut bei De Felice 2001, 679 f. („Document 16"); siehe hierzu auch den Abschnitt „Antijüdische Maßnahmen und wissenschaftliche Grundlegung 1937/38" in Wildvang 2008, 89–98, und De Felice 2001, 264 f.
154 Postkarte (hs.) Kristeller, Pisa, an Eltern, 2.8.1938 (CU, RBML, KP, Ser. E, 1.1938). Kristeller verfügte über stupende Kraftreserven, denn er nahm für die Sommerferien noch ein zusätzliches Projekt in Angriff, seinen eigenen Beitrag für die *Nuova Collezione*: „Ich lese jetzt Ficins Schüler Francesco [Cattani] da Diacceto und habe schon die Maschinenabschrift seiner ungedruckten Schriften hier, die ich bis Dezember so Gott will einreichen muss." (Postkarte [hs.] Kristeller, San Godenzo, an Eltern, 8.8.1938 (CU, RBML, KP, Ser. E, 1.1938).
155 Briefe [hs.] Kristeller, San Godenzo, an Gentile, 24.7.1938, und Gentile, Forte dei Marmi, an Kristeller, 26.7.1938, (Archivio della Fondazione Gentile, zitiert nach Simoncelli 1994, 78; Gentiles Brief im Original, Kristellers als Kopie in CU, RBML, KP 18.4 und 18.5). Seit der Veröffentlichung des *Manifesto della razza* am 14. Juli stand Gentile in ständigem brieflichem Austausch mit Gaetano Chiavacci, dem Vice direttore der Scuola Normale, und diskutierte mögliche Handlungsstrategien gegen die neue antisemitische ‚Flut' („la marea antisemita"; Briefe [hs.]

als die antijüdische Hetze in den Medien unvermindert anhielt, sicherte er Kristeller am 15. August sogar seine uneingeschränkte Solidarität zu: „Comunque fate sempre assegnamento sulla mia sincera e immutabile solidarieta."[156] Dass dies kein wohlfeiles Bekenntnis war, zeigt ein Brief gleichen Datums, in dem der nunmehr doch besorgte Gentile gegenüber Chiavacci ankündigte, er werde alles Menschenmögliche tun, um Kristeller zu halten, selbst wenn er dabei auf Mussolini Druck ausüben müsste.[157]

Dies gab Kristeller kurzfristig ein Gefühl der Sicherheit. Bewegt dankte er seinem Patronus: er sei zu jedem Opfer bereit, das die neue Situation erfordern würde und versprach bis Ende September sich in San Godenzo nicht von der Stelle zu rühren.[158] Gleichzeitig versuchte er seine Eltern in Berlin zu beruhigen:

> „Die Leute von denen meine Stellung in erster Linie abhängt, haben mir gerade jetzt ihre bedingungslose Hilfe versprochen. Ich kann also nichts tun als abwarten, und versuche es mit Ruhe zu tun. Bitte macht auch Ihr Euch keine übertriebenen Sorgen um mich. (...) Wenn die Ereignisse sich nicht überstürzen, werde ich auch vor Ende Oktober kaum mehr sagen können. Einstweilen habe ich noch keinerlei Auslandskorrespondenz angefangen, da ich keine Handhaben dafür besitze und nicht die Dinge beschleunigen will, die ich vermeiden will."

Selbst auf Anfragen von Freunden aus dem Ausland („sehr nett schrieben Julius [Held][159] und Herr Baron")[160] würde er nur ausweichend oder gar nicht antworten:

Gentile, Forte dei Marmi, an Chiavacci, 18.7.1938, und Chiavacci an Gentile 24.7.1938, in AFG, zitiert nach Simoncelli 1994, 78).

156 Brief (hs.) Gentile, Forte dei Marmi, an Kristeller, 15.8.1938 (AFG, Original in CU, RBML, KP 18.5).

157 „Capisco bene l'agitazione del povero Kristeller; e io non sono tranquillo. (...) Io certamente non lo mollero senza aver fatto tutto il possibile per tenerlo, anche presso M[ussolini]." (Brief Gentile, Forte dei Marmi, an Chiavecci, 18.7.1938, in AFG, wie Anm. 155; Simoncelli 1994, 78 f.).

158 Brief Kristeller, San Godenzo, an Gentile, 21.8.1938 (AFG, wie Anm. 155; Simoncelli 1994, 79, Anm. 78; Kopie des Originals in CU, RBML, KP 18.4).

159 Damit nahm Kristeller wohl Bezug auf Helds hs. Brief vom 2.8.1938. Unmittelbar nach Kristellers Entlassung gab Held dem Freund nicht nur Instruktionen bezüglich der bevorstehenden Emigration (u.a. die Adressen des *Institute for International Education* und des *Emergency Committee*), sondern bot ihm auch umstandslos ein Affidavit und unbefristete Gastfreundschaft an (Brief [hs.] Held, New York, an Kristeller, 24.9.1938 und Brief 29.11.1938, alle in CU, RBML, KP 22.4).

160 Hans Baron sicherte Kristeller in mehreren Schreiben seine Hilfe zu und lud Kristeller spontan ein, „auf zwei Monate oder gar länger" bei ihm und seiner Familie in London zu wohnen: „Tatsächlich ist die Gastfreundschaft, die wir Ihnen bieten können (in unserer Zweizimmer-Wohnung), freilich sehr dürftig. Sie müssen damit vorlieb nehmen, in der Küche zu schlafen, aber darauf kommt es in dieser Lage schliesslich nicht an." (Briefe Baron, London, an

„Halbe Sachen haben mir nie gefallen, ich bin für Entweder-Oder." Er wolle keine Zeit verlieren und sich lieber auf die „Abwicklung und Beschleunigung laufender Arbeiten" konzentrieren, zumal die Zusammenarbeit mit der Casa Editrice Olschki in diesen Wochen reibungslos funktionierte:

> „Von der Textserie sind die zwei ersten Bände fast fertig gesetzt, eben erhielt ich das Manuskript des dritten Bandes, dessen Verfasser ein amerikanischer Professor ist. Acht Aufsätze liegen in verschiedenen Zeitschriftenredaktionen, von dreien habe ich die Korrekturen erhalten. Von meinem Buch habe ich noch keine Korrekturen zu sehen bekommen, doch gibt die Korrespondenz mit dem Verleger keinen Anhalt zu bestimmten Befürchtungen."[161]

Doch von nun an überstürzten sich die Ereignisse: schon am darauffolgenden Tag, den 21. August, alarmierte Gentile Chiavacci, dass es nicht mehr erlaubt sei „libri di autori ebraici" zu vertreiben. Sein Sohn Frederico Gentile, Leiter des Verlagshauses Sansoni, habe bereits einige Bücher aus dem Programm nehmen müssen, und er bezweifelte, dass er Kristellers Ficino-Monographie noch drucken könnte, selbst wenn er sie als Veröffentlichung der Scuola Normale deklarierte. Er, Gentile, müsse unbedingt wissen, ob sie den „armen Kerl" Kristeller an der Scuola halten könnten. Deshalb halte er es für das Beste, so schnell wie möglich eine Unterredung mit dem Duce zu führen, er habe bereits für Ende des Monats eine Audienz beantragt.[162]

So lange konnte er Kristeller aber nicht im Ungewissen lassen: am 24. August teilte er ihm die bittere Nachricht mit, dass der Verlag aufgrund der neuen Gesetzeslage vorsichtshalber („per prudenza") den Druck des Ficino abgebrochen habe. Genauere Auskünfte könnte er aber erst nach der Audienz mit Mussolini geben. Kristeller solle vorerst in Ruhe weiterarbeiten und könne sich darauf verlassen, dass er, Gentile, nach einer Lösung für die „presenti difficolta" suchen werde.[163] Trotz der Beruhigungsformeln machte dieser Brief Kristeller unmiss-

---

Kristeller, 5.8.1938, 14.9.1938 [hs.] und 14.9.1938, letzterer mit detaillierten Ratschlägen für die Einwanderung nach England und Informationen zu den diversen Hilfskomitees, in CU, RBML, KP 3.3). Zu Barons Entlassung und Emigration ausführlich Schiller 2000b, 122–139.
161 Brief Kristeller, San Godenzo, an Eltern, 20.8.1938 (CU, RBML KP, Ser. E, 1.1938). Bei dem amerikanischen Professor handelte es sich um Berthold Louis Ullman (1882–1965), einem Kollegen Werner Jaegers in Chicago, dem die Edition des Colucius Salutatus übertragen war (siehe S. 463f.).
162 Brief Gentile an Chiavacci, 21.8.1938: „Frederico (...) non crede si possa piu stampare il Ficino del Kristeller neanche nelle pubblicazioni della Normale. (...) Ho pensato pertanto che conviene affrettare per tutte le ragioni un colloquio col Duce. (....) Bisogna pur sapere presto se potremo conservare questo povero Kristeller." (AFG, wie Anm. 155).
163 „Mi occupo io di trovare una soluzione alle presenti difficolta." (Brief [hs.] Gentile, Rom, an Kristeller, 24.8.1938, in AFG, zitiert nach Romano 1984, 268f. und Simoncelli 1994, 81).

verständlich deutlich, dass die politische Lage noch ernster war als er es bisher wahrhaben wollte. Er befürchtete vor allem finanzielle Folgen eines möglichen Publikationsverbotes:

> „Bei mir sind gestern die ersten Schwierigkeiten aufgetaucht, den Druck des Buches betreffend. Ich muss noch abwarten, wie die Frage endgültig entschieden wird. Morgen fahre ich nach Fl.[orenz] um G.[entile] zu treffen, denke abends wieder zurück zu sein.[164] Ich fange an, die Dinge recht bedrohlich anzusehen (...). Ich fürchte nur, dass ich wegen der vielen angefangenen Arbeiten, Auslagen der Verleger etc. mit Schulden statt mit Ersparnissen aus der ganzen Affäre herauskommen werde."[165]

Dennoch hielt er „den Zeitpunkt zum Handeln noch immer nicht für gekommen", da seine eigene Situation faktisch noch unverändert war. Bis Anfang September konnte und wollte er sich nicht konkret mit Emigrationsplänen beschäftigen, obwohl ihm von mehreren Seiten bereits dringend dazu geraten wurde: „Fast täglich erhalte ich Briefe von nahen und fernen Freunden: Kondolenzen, Anerbieten, gute Ratschläge – freundlich gemeint, aber verfrüht."[166]

In der Zwischenzeit hatten die italienischen Behörden ihre Vorbereitungen für die antijüdische Gesetzgebung weitgehend abgeschlossen: seit 3. August war jüdischen Gelehrten die Teilnahme an wissenschaftlichen Kongressen im Ausland untersagt, am 9. August ging an alle Bildungseinrichtungen ein Rundschreiben mit der Anweisung, ihr jüdisches Personal vollständig zu erfassen,[167] und dem

---

164 Es ist unklar, ob dieses Treffen tatsächlich stattfand. Simoncelli, der die Korrespondenz des Archivio della Fondazione Gentile ausgewertet hat, zitiert lediglich eine Einladung Gentiles für Kristeller nach Forte dei Marmi für die Zeit nach dem 6. September (Brief Gentile, Rom, an Kristeller, 1.9.1938, zitiert in Simoncelli 1994, 82, Anm. 89).
165 Postkarte (hs.) Kristeller, San Godenzo, an Eltern, 27.8.1938 (CU, RBML, KP, Ser. E, 1.1938).
166 Postkarte (hs.) Kristeller, San Godenzo, an Eltern, 14.8.1938 (CU, RBML, KP, Ser. E, 1.1938). Eines von diesen gutgemeinten Angeboten kam Ende August von Manasse, kurz vor seiner Überfahrt in die USA: „Lieber Paul Oskar, ich habe seit Deiner letzten Karte oft an Dich gedacht und alle Zeitungsnachrichten über die neue Entwicklung immer gleich auf Dich bezogen. Ich würde Dir sehr dankbar sein, wenn Du mir schriebest, wie Du die Dinge beurteilst und besonders, was Du selbst für Pläne hast. Ich möchte es besonders gern wissen, bevor ich nach den Vereinigten Staaten fahre. Selbstverständlich kann ich ja noch nicht einmal voraussehen, was ich selbst erreichen kann. Aber für alle Fälle möchte ich wissen, ob Du entschlossen bist, die weitere Entwicklung hier abzuwarten, oder ob Du rasch weiterwandern würdest. Wenn das letztere der Fall ist, ob Du nur eine Universitätsstellung annehmen willst oder auch eventuell eine Schulstelle und ob Du irgendwelche Leute hast, die Dich anfordern, d.h. Dir ein Affidavit geben können." (Brief [hs.] Manasse, Monte S. Vigilio, an Kristeller, 28.8.1938, in CU, RBML, KP 33.3).
167 Für die Universitäten war diese Anweisung nicht neu: schon am 14. Februar 1938 hatte das Erziehungsministerium unter Giuseppe Bottai statistische Angaben über die jüdischen Stu-

Verbot, jüdische Lehrer und Dozenten neu einzustellen. Seit 12. August war jüdischen Schülern ein Besuch italienischer Schulen verwehrt, die Benutzung von Lehrbüchern jüdischer Autoren blieb fortan untersagt. Parallel zu diesen Maßnahmen wurde die antisemitische Propagandazeitschrift *La Difesa della Razza* an allen Schulen und Universitäten verteilt, die seit 5. August zweimal im Monat erschien.[168] Vor diesem Hintergrund geriet auch die Scuola Normale politisch unter Druck: in ihrer Regionalausgabe vom 27. August beklagte die Zeitschrift *L'Idea fascista* den jüdischen Einfluss (doppeldeutig „la influenza ebraica"), der die Universität Pisa („l'antico e glorioso Studio pisano") ‚angesteckt' habe und veröffentlichte eine Liste der jüdischen Professoren und Dozenten, an deren Ende – sie war streng hierarchisch angeordnet – auch der Name des „lettore in tedesco" aufgeführt war: „il prof. Kristeller Paul Oskar, ebreo di origine tedesca".[169] Ein zweiter Vorstoß gegen Kristeller – und damit auch gegen die Leitung der Scuola – ging von den deutschen Behörden aus: am 25. August sandte der deutsche Konsul in Livorno, Rudolf Braun, eine offizielle Anfrage an die Direktion, ob diese die Absicht habe, die Stelle des Lektors für deutsche Sprache neu zu besetzen, ein Ansinnen, das Chiavacci vehement ablehnen wollte: „Ho il pregio di communicare che questa Scuola non intende per ora di cambiare il lettore di lingua tedesca."[170]

Die Audienz bei Mussolini am Montag, den 29. August verlief zwar offenbar wunschgemäß, denn Gentile meldete an Chiavacci: „Per intanto Kristeller non si tocca",[171] aber er scheint sich seines Erfolges doch nicht ganz sicher gewesen zu sein: in seinem Einladungsbillett an Kristeller ist von dem Treffen mit Mussolini nicht die Rede, lediglich davon, dass er seit einigen Tagen in Rom auch mit seinem Fall beschäftigt wäre. Nach der Rückkehr nach Forte dei Marmi am Dienstag, den 6. September, wäre Gelegenheit für eine Besprechung.[172]

---

denten und Professoren angefordert (Sarfatti 1996, 43, 2006, 122, und Wildvang 2008, 90 und 108).

168 Wildvang 2008, 108 f.; Titelblatt der ersten Ausgabe in Sarfatti 2006, 81.

169 *L'idea fascista*, 27.8.1938 (zitiert nach Simoncelli 1994, 82, Anm. 88). Gentile war durch Erziehungsminister Bottai auf den Artikel aufmerksam gemacht worden: „*l'Idea fascista* di Pisa (mi dice Bottai) denunciando gli elementi ebraici dell'Universita menziona il nostro Kristeller." (Brief Gentile, Rom, an Chiavacci, 31.8.1938, in AFG, zitiert nach Simoncelli 1994, 81).

170 Brief Deutsches Konsulat Livorno, an Scuola Normale, 25.8.1938, mit Randnotiz Chiavaccis (siehe Tomasi/Sistoli Paoli 1990, 195 mit Anm. 40, und Simoncelli 1994, 81).

171 Brief Gentile, Rom, an Chiavacci, 31.8.1938 (AFG, wie Anm. 155). Leider wissen wir nichts Näheres über diese Audienz: sie wird weder in Romanos (1984) noch in Turis (1994) Gentile-Biographie erwähnt.

172 „Caro Krist., sono qui da qualche giorno; e mi sono occupato anche di voi. Tornero al Forte [dei Marmi] martedi p.v. e sara forse opportuno discorrere un po' insieme." (Brief Gentile, Rom,

Angesichts dieser dramatischen Umstände beschloss Kristeller seinen Sommeraufenthalt in San Godenzo abzubrechen und nach Pisa zurückzukehren: „Die ganze Situation ist so kompliziert und unglücklich wie möglich."[173] Eine Postkarte an die Eltern vom 6. September verrät die ganze Anspannung dieser Tage; er bat sie um Verständnis, dass er nicht längst mit der Korrespondenz begonnen habe,[174] und setzte seine letzte Hoffnung auf das Gespräch mit Gentile, seinem „Chef":

> „Ich bin seit gestern hier und habe furchtbar viel zu erledigen. Morgen sehe ich meinen Chef und kann erst dann die Schritte unternehmen die Ihr von mir erwartet. Ihr werdet sagen, dass ich Zeit verliere. Aber ich musste doch erst klarsehen, auf welcher Basis ich mich bemühen muss. Versteht Ihr das? – Ausser der Korrespondenz muss ich noch Zeugnisse sammeln, packen, über das wenige Geld disponieren etc."[175]

Das Ergebnis der Besprechung war katastrophal: Sein einflussreicher Förderer konnte sich nicht über die neue Gesetzeslage hinwegsetzen und musste Kristeller nicht nur fristlos entlassen, sondern ihm auch noch mitteilen, dass er binnen eines halben Jahres Italien verlassen müsste.[176] Quasi über Nacht hatten zwei noch vor Beginn des neuen Schuljahres eilig verabschiedete Gesetze Kristellers Lebensgrundlagen vernichtet: das Gesetz Nr. 1390 vom 5. September schloss alle Juden von Schulen, Universitäten und Akademien aus, zwei Tage später wurde durch das Gesetz Nr. 1381 die Ausweisung aller ausländischer Juden angeordnet.[177] Zusam-

---

an Kristeller 1.9.1938, in AFG, zitiert nach Simoncelli 1994, 82, Anm. 89). Forte dei Marmi liegt etwa 30 km nördlich von Pisa.

173 Postkarte Kristeller, San Godenzo, an Eltern, 2.9.1938 (CU, RBML, KP, Ser. E, 1.1938): am Montag, den 5. September, traf er in Pisa ein.

174 Noch am 2. September hoffte er auf eine Weiterbeschäftigung: „Aus Pisa habe ich eine gute Nachricht, sie ist aber wie ich fürchte, überholt." (Postkarte Kristeller, San Godenzo, an Eltern, 2.9.1938, in CU, RBML, KP, Ser. E, 1.1938).

175 Postkarte Kristeller, Pisa, an Eltern, 6.9.1938 (CU, RBML, KP, Ser. E, 1.1938). Die Besprechung, zu der Gentile noch einmal gesondert einlud („Bisogna che ci vediamo"), fand am 7. September statt und begann mit einem gemeinsamen Frühstück im Familienkreis (Billett Gentile an Kristeller, 7.9.1938, in AFG: siehe Romano 1984, 269 und Simoncelli 1994, 83).

176 „This meant that in one stroke I not only lost my position in Pisa, which was my livelihood, but that I was practically expelled. It was the worst blow that I had experienced since what happened in Germany in March 1933." (CU, RBML, Kristeller, *Reminiscences* Vol. 3, Interview 8, 330).

177 Das Gesetz in deutscher Übersetzung bei Voigt 1989, I, 598 f.; zum Ausweisungsdekret ausführlich Voigt 1989, I, 275–292 und Wildvang 2008, 105–111. Selbst die italienische Staatsbürgerschaft hätte Kristeller nichts genützt, denn das Gesetz Nr. 1381 sah auch den Entzug der Staatsangehörigkeit für alle Juden vor, die nach dem 1.1.1919 eingebürgert worden waren.

men mit Kristeller verloren in diesen Tagen etwa 390 Universitätslehrer ihre Positionen, etwa 7 % aller Lehrenden.[178]

Im Vorfeld der Verabschiedung der „Leggi Razziali" hatte Giovanni Gentile noch einmal verzweifelt versucht, bei Mussolini persönlich zugunsten Kristellers zu intervenieren. So erinnerte er den Duce in einer schriftlichen Eingabe am 2. September an das Gespräch während der Audienz am 29. August,[179] in dem dieser ihm zugesagt hätte, Kristeller „nicht anzurühren". Angesichts des Ausweisungsdekretes, dessen Entwurf im engsten politischen Führungszirkel schon am 31. August[180] und 1. September („ieri") diskutiert worden war, wollte er nun verbindlich wissen, ob er den „armen Teufel" als Lektor in Pisa behalten könnte oder nicht:

> „ECCELLENZA,
> Nel colloquio che lunedì scorso Vi compiaceste di accordarmi, mi diceste di non ,toccare' a Pisa il Kristeller. Questi invece mi pare ricada sotto il decreto di ieri, che espelle dal Regno tutti gli stranieri di razza ebraica che si trovino ora in Italia per avervi iniziato il loro soggiorno dopo il 1. gennaio 1919.
> Vi prego vivamente, per mia norma, di farmi sapere se posso o no trattanere, e nel caso positivo in che modo, questo povero diavolo come lettore di lingua tedesca nella Scuola Normale Superiore. Vogliate scusarmi. Vostro Giovanni Gentile."[181]

6.5 Zwischen Vatikan und Konsulat: Warten auf die Emigration (Sept. 1938 bis Febr. 1939)

Der königliche Senator fand kein Gehör: so ging es in der Besprechung, die Kristeller mit Gentile am 7. September führte, nur noch darum, die Konsequenzen, die sich aus dieser Entlassung ergaben, zu erörtern und für die verbleibenden Monate nach einer einigermaßen erträglichen Lösung zu suchen. Die Scuola bemühte sich um Fairness:

---

178 Sarfatti 1996, 42 und Finzi 1997, 72 und 2005, 104.
179 Einen Tag, nachdem Kristeller in Florenz bei Gentile zu Besuch war (Postkarte Kristeller, San Godenzo, an Eltern vom 27.8.1938: siehe S. 456 mit Anm. 164).
180 Während dieser Besprechung wurde auf Betreiben Mussolinis der Stichtag für den Entzug der Staatsangehörigkeit von 1933 auf den 1.1.1919 vordatiert (Sarfatti 1994, 29).
181 Brief Gentile (Senato del Regno), Rom, an Mussolini, 2.9.1938 (CU, RBML, KP 18.5); auch bei Simoncelli 1994, 83. Zur ‚Entschädigung' ließ Mussolini dem „ebreo-prussiano" Kristeller eine hohe Geldsumme aushändigen (siehe S. 502 mit Anm. 318).

„Mittwoch stundenlange Besprechung mit meinem Chef. Er hat bereits die ersten Schritte für mich getan.[182] Abwicklung der Scuola generös, Abwicklung der Textserie vernünftig, Druck meines Buches unsicher, Druck der Aufsätze zugesichert."[183]

Der Bericht an die Eltern zeigt, wie systematisch und selbstsicher Kristeller auf die neue Situation reagierte: schon auf der Rückfahrt von San Godenzo nach Pisa am 5. September konnte er in einem „vernünftigen Gespräch" mit seinem Verleger Olschki „recht befriedigend" klären, dass „die Unkosten der Textserie" keinesfalls auf ihn zurückfallen würden. Unmittelbar nach der offiziellen Bestätigung der Entlassung war er am 8. September vormittags „in Livorno bei sämtlichen Konsulaten", nachmittags besprach er sich mit „C.[wahrscheinlich Cantimori, d. Verf.], der auch viel getan und versprochen hat".

„Danach wusste ich, wie die Dinge liegen": am 9. September begann Kristeller mit der Korrespondenz, „von morgens bis abends":

„Alles ist gleich dringend, und doch kann ich nicht alles gleichzeitig erledigen. In 2–3 Tagen hoffe ich alle nötigen Briefe expediert zu haben. Jedenfalls habe ich mein Vorgehen genau überlegt."[184]

Auch den Eltern in Berlin gab er genaue Instruktionen für die nächsten Wochen: sie sollten sich bereit halten, telephonisch gegenüber Jourdan und Norden Auskünfte über ihn zu erteilen und ihm Elisabeth Feists Adresse in Yale zuschicken.[185] Die Mutter sollte mit seinen Büchern „bewaffnet" Dr. Leonore Goldschmidt in Grunewald aufsuchen („sie vermittelt Geldunterstützungen für Lehrer")[186] und in

---

182 Unter anderem hatte Gentile Kristeller in seinem Haus in Forte dei Marmi (Mian 1996, 19) mit Dino Bigongiari, dem Chair des Italian Departments der Columbia University, persönlich bekanntgemacht: „he introduced me to Bigongiari and elicited his promise to help me to come to this country, and possibly find a position at Columbia." (CU, RBML, Kristeller, *Reminiscences*, Vol. 3, Interview 8, 330; ungenaue Datierung – „in the summer of 1938" – bei Tedeschi 2002, 128, Anm. 12). Schon am 9. September gab sich Gentile nach einem zweiten Treffen mit Kristeller zuversichtlich, dass dieser sich in den USA eine neue Existenz aufbauen könnte (Brief Gentile, Forte dei Marmi, an Chiavacci, 9.9.1938, in AFG; siehe Simoncelli 1994, 83 f.).
183 Brief (hs.) Kristeller, Pisa, an Eltern, 10.9.1938 (CU, RBML, KP, Ser. E, 1.1938).
184 Ebda.
185 Delio Cantimori reagiert auf eine ähnliche Anfrage rascher als Frau Kristeller: er gab die exakte Adresse Baintons an, über die „Signorina Feist" zu erreichen wäre und erklärte sich dazu bereit („molto voluntieri"), ein Empfehlungsschreiben an Bainton zu schicken; in England, so Cantimori weiter, würde er lediglich den Bibliothekar des Warburg Institute, [Edgar] Wind, kennen (Brief [hs.] Cantimori, Rom, 16.9. [o.J., sicher 1938], an Kristeller, in CU, RBML, KP 9.7).
186 Postkarte (hs.) Kristeller, Rom, an Eltern, 6.10.1938 (CU, RBML, KP Ser. E, 1.1938). Goldschmidt (1897–1983) leitete von 1935 bis 1939 „the largest private Jewish school in Berlin", die bilinguale *Private Jüdische Schule Dr. Leonore Goldschmidt*, wo bis zu 500 Schüler nach den

der Kantstraße bei der „Reichsvertretung der Juden in Deutschland" Adressen von ausländischen Komitees erfragen.[187]

Hilferufe in die USA: Yale 1 (Weigand) – Chicago (Jaeger)

Als Emigrationsländer kamen im Herbst 1938 eigentlich nur noch England und Amerika in Frage:[188] beide Länder verfügten über ein gut entwickeltes Netzwerk von Hilfsorganisationen, in beiden hatten Universitäten und Colleges seit Sommer 1933 bereits eine Reihe von deutschen Emigranten eingestellt, die ihrerseits Freunde, Bekannte und Kollegen mit Informationen versorgten und unterstützten.

Richtlinien der Cambridge-University-Examination unterrichtet wurden, und verfügte über sehr gute Kontakte nach England und Amerika. Während eines dreiwöchigen Aufenthaltes in den USA im Juni 1938 hatte sie mit Unterstützung Albert Einsteins, Elsa Brändström-Ulichs, Alvin Johnsons und des *Jewish Joint Distribution Committee* nach Möglichkeiten gesucht, ihre Schule in die USA zu verlegen, und dabei auch mit dem *Committee of Friends of Refugee Teachers* in Cambridge, MA Verbindung aufgenommen. (siehe Thompson 2005, 327–329 und 331–334, online unter http://leonoregoldschmidt.com/Lore1_21.pdf). Nach ihrer Rückkehr nach Berlin inserierte Goldschmidt in der *Jüdischen Rundschau* und stellte „durch Vermittlung einer Organisation in den Neuenglandstaaten [dem o. g. *Committee of Friends*] einigen nichtarischen akademisch gebildeten Lehrern au pair Stellen in Amerikanischen Schulen" in Aussicht, „zwecks Ausbildung für ein Jahr". Kristeller erfuhr von dieser Möglichkeit durch Ernst Moritz Manasse und dessen Schwager Wolfgang Wasow, die noch im September 1938 ihre Bewerbungsunterlagen („Englischer Lebenslauf, Zeugnisse, möglichst mit englischer Übersetzung und eine Photographie") eingereicht hatten (Zitate aus Brief [hs.] Wasow, Mte. San Vigilio, Lana Bolzano, an Kristeller, 8.10.1938, in CU, RBML, KP 53.24). Beide waren im Sommer 1938 zusammen mit Ehefrau bzw. Lebensgefährtin am Landschulheim Florenz entlassen worden und bereiteten ihre Emigration in die USA vor.
187 Nach mehreren ‚Mahnungen' von seiten Kristellers (20.9./23.9./30.9./6.10.) informierte ihn die Mutter, dass bei Frau Goldschmidt nichts zu erreichen gewesen wäre; einziges Resultat ihrer Anfrage in der Kantstraße war eine Adresse in New York (Brief [hs.] Kristeller, Rom, an Eltern 12. 10.1938, in CU, RBML, KP, Ser. E, 1.1938).
188 Der nüchterne und illusionslose Götze warnte seine emigrationswilligen Kollegen zwar immer wieder vor „Nationalismus und sogar Antisemitismus" in den USA, doch er war der Überzeugung, dass „trotz alledem (...) neben England die Vereinigten Staaten das einzige Land sind, in dem die emigrierten Gelehrten eine Zukunft finden können." (Brief Götze, New Haven, an Kristeller, 25.7.1935, in CU, RBML, KP 19.4 [Original], Yale, ULMA, Goetze Papers 12.297 [Durchschlag]). Dies bestätigte auch Cassirer, der Kristeller dringend davon abriet, große Hoffnungen auf Schweden zu setzen: „(...) hier in Schweden sehe ich leider keinerlei Möglichkeit, da Ihr bisheriges Arbeitsgebiet den hiesigen Interessen zu fern liegt und es, auch abgesehen davon, hier kaum irgend eine Stelle gibt, die Ihr Fortkommen in irgendeiner Weise sichern könnte. So bleibt wohl nur England oder Amerika." (Brief [hs.] Cassirer, Göteborg, an Kristeller, 18.9.1938, in CU, RBML, KP 10.2).

Während Richard Walzer und Stefan Weinstock in England Fuß zu fassen suchten, konzentrierte Kristeller sich auf die USA, zunächst auf die Universität Chicago, wo sein ehemaliger Lehrer Jaeger lehrte, und auf Yale, das gegenüber deutschen Emigranten sehr aufgeschlossen war: Eva Fiesel hatte dort zwei Jahre lang (1934– 1936) die Position eines Research Assistant inne,[189] Albrecht Götze war inzwischen Assistant Professor, Hajo Holborn und Mommsens Enkel Theodor Ernst unterrichteten Geschichte. Kristellers wichtigste Verbindungsleute in Yale waren jedoch Elisabeth Feist, die 1937/38 durch Roland Baintons Vermittlung ein „Sterling Fellowship" bewilligt bekommen hatte,[190] und der Germanistikprofessor Hermann J. Weigand, mit dem sich Kristeller seit seiner Tätigkeit an Vera Lachmanns Schule herzlich verbunden fühlte. Konsequenterweise richtete er seinen ersten Hilferuf an Weigand:

> „Die schwere Notlage, in die ich durch die letzten Ereignisse ploetzlich geraten bin und die Sie sich nach den Zeitungsnachrichten wohl vorstellen koennen, noetigt mich einen dringenden Hilferuf an Sie zu richten. Ich habe meinen Posten hier, den ich seit drei Jahren inne habe und der bereits fuer das naechste Jahr verlaengert war,[191] von einem Tag auf den anderen verloren, werde mitten aus einer ausgedehnten wissenschaftlichen Taetigkeit herausgerissen (acht Aufsaetze und mein Buch über die Philosophie des Ficino waren bereits im Druck und werden vielleicht nicht mehr erscheinen koennen, andere Arbeiten sind in Vorbereitung und z.T. schon weit vorgeschritten; aus der Direktion einer neuen Textserie die mit auf meine Initiative und mit meinem Material begruendet wurde, muss ich jetzt ausscheiden). Ich muss auch Italien in wenigen Monaten fast ohne Geldmittel verlassen, ohne nach Deutschland zurueckkehren zu koennen.
> Unter diesen Umstaenden moechte ich Sie bitten, doch das Moegliche dafuer zu tun, dass ich eine, wenn auch bescheidene Taetigkeit in Amerika finde."

Er gab Weigand einen kurzen Überblick über seine Qualifikationen (abgeschlossene Universitätsausbildung in Philosophie und klassischer Philologie, jahrelanger Deutschunterricht an der Universität, gründliche Kenntnis der italienischen Sprache und Literatur, antike Philosophie und Renaissance-Philosophie als Schwerpunkt der wissenschaftlichen Arbeit) und bat ihn mit Prof. Götze über seinen Fall zu sprechen. Er könnte „vortreffliche Zeugnisse und Empfehlungen"

---

[189] Memorandum from John Whyte to *EC* Files, Subject ‚Dr. Eva Fiesel', 5.2.1936 (NYPL, *EC*-Records 8.2).
[190] Tedeschi 2001, 756 und 2006, 237; siehe auch den biographischen Abriss „Scholarly Background" in einer undatierten Projektskizze Feist-Hirschs zu einer geplanten Biographie des portugiesischen Humanisten Damiao de Goes [ca. 1960] (CU, RBML, KP 22.13).
[191] Bereits Anfang Juni war Kristellers Vertrag verlängert worden: „Ich freue mich, Euch (...) einiges Gute mitteilen zu können. Vor allem werde ich auch nächstes Jahr hier sein." (Brief [hs.] Kristeller, Pisa, an Eltern, 11.6.1938, in CU, RBML, KP, Ser. E, 1.1938).

vorweisen, „von Sen. Gentile, dessen Assistent ich hier gewesen bin", und von Jaeger, „jetzt in Chicago, bei dem ich in Berlin studiert habe". Bezüglich einer möglichen Anstellung gab sich Kristeller betont bescheiden:

> „Sollte das [i.e. eine Stelle an einer Universität oder einem wissenschaftlichen Institut] nicht moeglich sein, so wuerde ich gern eine Stellung an einer Schule, einem College oder einer Bibliothek annehmen oder sonst irgendeine Taetigkeit, die mir erlaubt, auf anstaendige Weise zu leben und nach Moeglichkeit meine Studien fortzusetzen. Wenn sich aber im Augenblick gar keine feste Stellung finden sollte, so moechte ich wenigstens zu Vortraegen oder Kursen eingeladen werden, um mich einmal an Ort und Stelle umsehen zu koennen."[192]

Eine „feste Stellung" konnte Weigand (noch) nicht aus dem Ärmel schütteln, doch in seinem postwendenden und herzlichen Antwortschreiben machte er Kristeller ein Angebot, das weit über das Erhoffte hinausging:

> „Ihr Brief kam gestern an, ich las ihn meiner Frau und meiner Tochter vor, und wir waren uns sofort einig darüber, ich solle Ihnen schreiben: Kommen Sie zu uns und ziehen Sie in das eine unserer zwei Gastzimmerchen, das ein Schreibpult enthält. Sie koennen dann arbeiten und abwarten, was die Zukunft bringt. Sie sind nicht nur ein wertvoller Mensch, der nicht zu grunde gehen darf, sondern Sie sind auch meiner Frau und mir persönlich so sympathisch, daß wir ausgezeichnet miteinander auskommen werden."[193]

Er solle sich sofort beim Konsul nach den Einreisemodalitäten erkundigen und er erbot sich ihm auch zu einer Einreisebewilligung zu verhelfen: „kommen Sie, einerlei, ob auf Besucher- oder auf Einwanderervisum. Das letztere wäre freilich besser." Sicherlich, so Weigand weiter, würde sich etwas finden lassen, wenn er erst einmal im Lande wäre, aber „ob in ihrem eigentlichen Fach, ist allerdings fraglich".

Ein weitgehend identischer Brief ging an den Renaissance-Spezialisten Berthold Louis Ullman (1882–1965), Professor für Latinistik an der University of Chicago. Er war für den dritten Band der Textserie zuständig und hatte wenige Wochen zuvor die Manuskriptfassung seiner Ausgabe des Coluccio Salutati zur Korrektur nach Italien geschickt:

> „You will pardon me when I allow myself to turn to you in this strange manner. I know, of course, of your scholarly works and I may hope that you may have seen my Supplementum Ficinianum and that it is also known to you that I have edited the Nuova Collana of uned-

---

192 Brief (hs.) Kristeller, Pisa, an Weigand, 9.9.1938 (Kopie in CU, RBML, KP 54.6).
193 Brief Weigand, New Haven, an Kristeller, 22.9.1938 (CU, RBML, KP 54.6).

ited humanistic texts in which your edition of Salutati appears. Just a few weeks ago I received your manuscript from Senora[194] Gentile for examination."

Kristeller verwies auch auf seinen ehemaligen Lehrer Jaeger, den er gebeten hätte, mit ihm, Ullman, persönlich über ihn zu sprechen: „He can give you all the necessary information in regard to me and my education." Außerdem stellte er Empfehlungsschreiben von Bertalot und Gentile in Aussicht.[195]

Ebenfalls am 9. September informierte Kristeller Jaeger über die neue Situation. Dieser Brief ist nicht erhalten, wohl aber Jaegers Antwort. Aus ihr geht hervor, dass Jaeger sich umgehend mit Ullman in Verbindung gesetzt hatte: in beider Namen sei Ullman daraufhin beim Dean of the Humanities, Prof. McKeon, vorstellig geworden, um Kristellers Notlage zu besprechen. An der Universität seien zwar zur Zeit keine Stellen frei, dennoch sei die Sache nicht völlig aussichtslos, denn auf McKeons Initiative hin, der seit Erscheinen des *Supplementum* Kristellers Arbeiten aufmerksam verfolge,[196] habe sich das philosophische Department auf einer Sitzung am 12. Oktober einstimmig dafür ausgesprochen, dass diesem eine ein- oder zweijährige Scholarship verliehen werden sollte, falls der *Oberlaender Trust* oder andere Hilfskomitees die Finanzierung übernähmen. Er, Jaeger, sei an dieser Entscheidung nicht unbeteiligt gewesen, denn ihm sei dabei die Aufgabe zugefallen, „über Ihre Persönlichkeit und wissenschaftliche Entwicklung Bericht zu erstatten".[197]

In einem zweiten Brief gleichen Datums beantwortete Jaeger ein Schreiben Gentiles vom 8. September, in dem dieser den Kollegen gebeten hatte, „etwas für Herrn Dr. Kristeller zu tun", und dankte dem Senatore für die Unterstützung, die dieser seit 1933 jungen deutschen Wissenschaftlern in Italien hatte zukommen lassen:

„Ich habe mich sehr gefreut, dass der junge Gelehrte, dessen Persönlichkeit und Leistungen ich von jeher hoch schätze, sich ihr besonderes Vertrauen erworben hat, und dass Sie so warm für ihn eintreten. Leider ist ja die Zahl ähnlicher Fälle sehr gross, und die Schwierigkeit,

---

194 Offenkundiges Verlesen der Abkürzung „Sen." für „Senatore" Gentile, die Kristeller regelmäßig (in diesem Brief zweimal) benutzte und vom Abschreiber nicht erkannt wurde.
195 Brief Kristeller an Ullman, (*EC*-Abschrift, ohne Adressat, ohne Datum, engl. Übers.?) in NYPL, *EC*-Records 83.40.
196 Siehe S. 447.
197 Brief Jaeger, Chicago, an Kristeller, 13.10.1938 (CU, RBML, KP 24.10). Dieses Angebot war allerdings nur auf den ersten Blick großzügig, denn es war an die Klausel geknüpft, „dass es sich nicht um die Verleihung einer Stelle dabei handle, und dass durch die eventuelle Verleihung einer solchen Scholarship keinerlei Anrecht auf Anstellung an der University of Chicago begründet werden solle." (Brief Jaeger, Chicago, an Kristeller, 13.10.1938, in CU, RBML, KP 24.10).

etwas für den Einzelnen zu tun, wächst mit jedem Jahre. Aber ich bin mir bewusst, dass es sich um einen besonders wertvollen Mann handelt, der der Wissenschaft erhalten bleiben sollte, und wenn auch ihre Fürsprache nicht nötig war, um mich persönlich hiervon zu überzeugen, war sie Prof. Ullman und mir doch von grossem Wert gegenüber den offiziellen Stellen, die in der Sache kompetent sind. (...)
Ich danke Ihnen bei dieser Gelegenheit für das, was Sie in den letzten Jahren für tüchtige junge deutsche Gelehrte haben tun können, und bedaure, dass Sie auf die wertvolle Mitarbeit von Leuten wie Kristeller und Walzer jetzt verzichten müssen."[198]

Emergency Committee, Die Chicago-application

Bezüglich der Finanzierung der geplanten Scholarship für Kristeller richtete die Verwaltung der University of Chicago im Oktober mehrere Anfragen an das *Emergency Committee* in New York: zunächst erkundigte sich der Sekretär James M. Stifler ganz allgemein, ob das *EC* prinzipiell „grants for temporary appointments of a year or two" vergebe.[199] Dies verneinte Betty Drury entschieden: „The Committee prefers to use its very limited resources in those cases where the permanent solution of a scholar's problem will result from a one-year grant in aid." Eine „formal application" zugunsten Kristellers müsste konkrete Angaben enthalten über die Antragssumme, die voraussichtliche Gesamthöhe der finanziellen Zuwendung sowie über die „chance of permanent appointment at the expiration of the term of the grant".[200] Diese Forderungen konnte Stifler nur teilweise erfüllen: Man wolle Kristeller ein Stipendium von $ 2500 zur Verfügung stellen, wobei man hoffe, $ 1250 von anderer Seite zu erhalten, doch obwohl Kristellers Fall „particularly desperate" sei, sehe sich die Universität außerstande, verbindliche Zusagen für das darauffolgende Jahr zu machen:

> „We cannot offer a permanent position to Dr. Kristeller since we do not know whether he will fit into our staff after at least a year's experience with him."[201]

Eine derartig formulierter Antrag war natürlich ganz aussichtslos: am 14. November erhielt Stifler den Bescheid, dass die application abgelehnt worden sei,

---

198 Brief Jaeger, Chicago, an Gentile, 13.10.1938 (CU, RBML, KP 24.10).
199 Brief Stifler, Chicago, an Whyte, *EC,* 4.10.1938 (NYPL, *EC*-Records 83.40). Ein Antrag an den *Oberlaender Trust* ist nicht erhalten, doch möglicherweise erging an ihn eine Anfrage des Deans, nachdem das *EC* die application abgelehnt hatte: „Wie ich heute hörte, hat der Dean sich noch an eine zweite Stelle gewandt, bei der wieder ein anderes Hindernis im Weg zu stehen scheint. Sie wollte das Geld geben, aber nur für jemanden, der schon im Lande ist." (Jaeger, Chicago, an Kristeller, 21.11.1938, in CU, RBML, KP 24.10).
200 Brief Drury, *EC,* an Stifler, 18.10.1938 (NYPL, *EC*-Records 83.40).
201 Brief Stifler, an Drury, 21.10.1938 (NYPL, *EC*-Records 83.40).

doch man wollte der Universität bzw. Kristeller offenbar eine zweite Chance geben, denn die ausführliche Begründung der Entscheidung liest sich wie eine Anleitung zu einem erfolgreichen Neuantrag:

> „Because of the wording of the application (...) the Committee could make no grant for Dr. Kristeller at this time, although it expressed its entire willingness to consider his case again <u>at its next meeting</u>. The Committee paid particular attention to the following sentence in your letter: ‚We cannot offer a permanent position (...) after at least a year's experience with him.' Several members of the Committee wondered whether you would be willing to make a statement to the effect that he would be taken on permanently after a trial year, provided he had fitted into your staff."[202]

Das gewünschte statement hätte der Universität durchaus die Möglichkeit eingeräumt, Kristeller nach Ablauf des Jahres nicht zu übernehmen, er hätte dann eben nur ‚nicht zum Kollegium gepasst': bedauerlicherweise war die Administration nicht willens oder fähig, die relative Unverbindlichkeit, die sich hinter der formalistischen Klausel verbarg, zu erkennen. Auch Jaeger, der Kristeller sofort über den negativen Bescheid informierte, machte die angeblich rigide Haltung des *EC* für das Scheitern des Scholarship-Projektes verantwortlich:

> „Zu meinem grössten Bedauern höre ich, dass die Stiftung, an die der Dean sich unter Berufung auf den Beschluss des Departments gewandt hatte, an die Verleihung die Bedingung knüpft, dass die Universität im Fall Ihrer Bewährung sich verpflichtet, Sie dauernd anzustellen. Dies lehnt die Universität grundsätzlich ab, so dass damit dieser Versuch als gescheitert angesehen werden muss. Leider haben manche Stiftungen die Praxis, solche Forderungen zu stellen, um einen Druck auf die Lehrinstitute auszuüben."[203]

---

[202] Brief *EC* an Stifler, 14.11.1938 (NYPL, *EC*-Records 83.40). Gegenüber dem Komitee blieb die Universität mehr als zwei Monate lang jede Antwort schuldig, eine angesichts Kristellers Notlage kaum begreifliche Nachlässigkeit: erst nach einer erneuten Anfrage von Drury, ob von seiten der Universität mit einer „stronger assurance of permanent appointment" zu rechnen wäre, sorgte Stifler endlich für Klarheit: „We are not in a position to answer a permanent appointment to Dr. Kristeller." (Briefe Drury [Air Mail] an Stifler, 30.1.1939, und Stifler an Drury, 1.2.1939, in NYPL, *EC*-Records 83.40).

[203] Brief Jaeger, Chicago, an Kristeller, 21.11.1938: ähnlich die Darstellung in Jaegers Brief an einen (nicht genannten) Kollegen vom 20.11.1938: „Die Stiftung, die das Geld für die Scholarship geben soll, hat die Zusage der Universität verlangt, dass diese Herrn K. nach Ablauf des Jahres, wenn er sich bewährt, anstellt. Das Philosophische Department hat jedoch im Voraus festgelegt, dass eine solche Zusage unter keinen Umständen gegeben werden könne. Falls also die Stiftung dabei bleibt, wird der Plan, wie ich fürchte, daran scheitern." (beide in CU, RBML, KP 24.10).

***Emergency Committee*, Kristeller, Antrag 4**
Hintergrund des missverstandenen Kompromissangebotes des *EC* war weniger Mitleid mit dem Ungeschick der Chicago-Administration als vielmehr Respekt und Sympathie für Kristeller selbst, der sich in der Zwischenzeit ohne Kenntnis des Antrags aus Chicago direkt an das *EC* gewandt und alle Zeugnisse und Gutachten mit eingesandt hatte, die er seit August gesammelt hatte. Auftakt der Korrespondenz war ein Schreiben an das *Institute for International Education*, datiert auf den 9. Oktober 1938:[204]

> „Sehr verehrter Herr Doktor. Durch Freunde in Amerika habe ich soeben Ihre Adresse erfahren und erlaube mir, mich mit der Bitte um Rat und Hilfe an Sie zu wenden.
> Ich bin deutscher Jude und lebe seit 1934 in Italien (...). Infolge der neuesten Ereignisse habe ich meine Stellung verloren (...) und [muss] Italien in wenigen Monaten verlassen. Nach Deutschland kann ich nicht zurückkehren, und trotz intensiver Korrespondenz und mehrerer Einladungen habe ich bisher noch für kein anderes Land eine Aufenthaltserlaubnis bekommen können.
> Ich habe vor, so bald wie möglich nach Amerika zu kommen, wo ich viele Freunde habe und auch mit mehreren Universitätsprofessoren in Verbindung stehe. Ich würde sehr gern zunächst zu Vorträgen eingeladen werden. Ich kann aber das Besuchsvisum nicht bekommen, da man dazu nachweisen muss, dass man an seinen bisherigen Aufenthaltsort zurückkehren kann."[205]

Eine Einwanderung mit einem quota visa würde trotz Affidavits mindestens zwei Jahre dauern, deshalb bitte er darum, ihm „nach Möglichkeit dabei zu helfen, (...) eine Anstellung an einer amerikanischen Hochschule oder Mittelschule" zu erreichen, damit er „als ‚Professor' sofort ausserhalb der Quote einwandern könnte". Nach einer ausführlichen Auflistung seiner Qualifikationen verwies Kristeller auf „sehr günstige Zeugnisse" aus Deutschland und Italien und gab als Referenzen in Amerika die Professoren Bigongiari (Columbia), Ullman, Jaeger (Chicago), Weigand und Götze (Yale) an. Nicht ohne Stolz führte er am Schluss die *Society for the Protection of Science and Learning* an, „mit der ich seit Jahren in Verbindung stehe" und die „jede gewünschte Auskunft über mich geben" kann.

Die Verantwortlichen des *Emergency Committee* waren sichtlich beindruckt, vor allem durch die italienischen Zeugnisse: eine interne Notiz macht deutlich, wie sehr das *EC* im Grunde bedauerte, die Chicago-application ablehnen zu müssen:

---

204 Aus der Anrede „Sehr verehrter Herr Doktor" geht nicht hervor, ob Kristeller den Brief an den Direktor des *Institute for International Education*, Dr. Stephen Duggan, oder dessen Stellvertreter Dr. Fisher adressiert hatte. Merkwürdigerweise schickte Kristeller dieses Schreiben in einwöchigem Abstand zweimal ab: Fisher leitete beide Briefe am 19.10. bzw. am 28.10. an Betty Drury weiter (*EC*-Eingangsstempel 20.10. bzw. 29.10.).
205 Brief Kristeller, Rom, an *IIE*, 9.10.1938 (NYPL, *EC*-Records 83.40).

„He is said to be a good person and is well recommended by Giovanni Gentile among others."[206]

Gentile betonte in seiner Stellungnahme die ausgezeichneten Qualitäten Kristellers als Lehrer: als „insegnante interno", der mit den Studenten auch die Mahlzeiten teilte, habe er nicht nur sein eigentliches Fach „lingua tedesca" mit großer Effizienz unterrichtet, sondern er habe den Studenten darüber hinaus eine gründliche und methodisch strenge wissenschaftliche Schulung in den Disziplinen Philologie und Philosophie geboten. Eine Reihe von Kristellers Studenten („non pochi alunni") hätten als Beiträger in der von ihm und Kristeller herausgebenen Textserie in bewundernswerter Weise ihre Fähigkeiten unter Beweis gestellt. Die Direktion der Scuola Normale würde es zutiefst bedauern, künftig auf die Zusammenarbeit mit diesem wertvollen Gelehrten verzichten zu müssen.[207]

Pasquali, der Kristeller schon in Florenz freundschaftlich verbunden war, pries die „rara generosita", mit der Kristeller interessierten Kollegen und Schülern Einblick in seine aktuelle Forschung, seine Abschriften und Kollationen, gewähre, und stellte besonders die Unterstützung in den Vordergrund, die er einer Gruppe junger Studenten („giovani pisani della Scuola Normale") zukommen ließ, die sich an die Herausgabe bedeutender Texte zur Geschichte und Kultur der Renaissance im Rahmen der *Nuova Collezione* heranwagen wollten. Durch freiwillige und kostenlose Vorlesungen über deutsche Philosophen und Dichter habe er sich die Freundschaft gerade der begabtesten Studenten erworben.[208] Aufgrund dieser Großzügigkeit und Gewissenhaftigkeit halte er, Pasquali, Kristeller als Universitätslehrer für außerordentlich geeignet.[209]

Das Gutachten des Vizedirektors der Scuola Normale, Gaetano Chiavacci, charakterisierte Charakter, Intelligenz und Ausgeglichenheit Kristellers mit ge-

---

206 *EC*-Memorandum 14.11.1938 (NYPL, *EC*-Records 83.40).
207 „La Direzione della Scuola Normale Superiore è molto dolente di dover rinunziare alla collaborazione d'uno studioso di tanto valore." (Testimonium Gentile, R. Scuola Normale Superiore Pisa, 12.9.1938, CU, RBML, KP 18.5 [Original], Kopie in *EC*-Records 83.40).
208 So soll Kristeller 1937/38 mit seinen Studenten Goethes *Wahlverwandtschaften* gelesen haben (Gass 1961, 65).
209 Testimonium Pasquali, 17.9.1938 (*EC*-Kopie, NYPL, *EC*-Records 83.40): Pasquali bedauerte mehrfach, dass er nicht genügend wohlhabend sei, den „lieben Freund" auch finanziell zu unterstützen (Briefe Pasquali an Kristeller, 19.6.1936 und 13.9.1938, CU, RBML, KP 39.9). Das Zeugnis vom 17.9. schickte er Kristeller vorab zur eventuellen Korrektur zu: „Ich lege das Gutachten anbei: wenn es Ihnen nicht passt oder Sie etwas anderes wünschen, schreiben Sie frei: ich kann Ihnen ja nicht anders helfen." Am 22. September bestätigte er, „dass der Brief an Rand [Harvard] eben abgegangen" sei (Postkarte Pasquali an Kristeller, 22.9.1938, in CU, RBML, KP 39.9).

6.5 Zwischen Vatikan und Konsulat: Warten auf die Emigration

radezu hymnischen Attributen: „persona di notevolissima serieta di carattere e di grande operosita", „uomo di vivissima intelligenza", „uomo equilibratissimo". Seine vielfältigen Verpflichtungen als Lehrer an der Scuola Normale und der Universität Pisa habe er mit äußerster Sorgfalt und leidenschaftlicher Hingabe („con scrupolosa diligenza e con viva passione") erfüllt. Auch Chiavacci bezeichnete sich als „amico": in dieser Rolle sei es ihm leichter gefallen, die seltenen Begabungen dieses außerordentlich gelehrten („dottissimo") und unermüdlichen („instancabile") jungen Mannes zu schätzen. Selbst in der gegenwärtig schwierigen Zeit („difficile circostanze, eventi") habe er seine vollkommene Selbstbeherrschung, seine Ruhe und seine gesunde Urteilskraft bewahren können.[210]

Gegenüber diesen Superlativen wirken die deutschen Zeugnisse von Norden und Cassirer, die im Grunde ja nur Überschreibungen der ersten Gutachten aus dem Jahre 1933 waren, eher reserviert. Cassirer z. B. erwähnte weder die Entlassung Kristellers noch die dringende Notwendigkeit eines Neuanfangs im Ausland: stattdessen drückte er seine Hoffnung aus, dass „das grosse Buch über Ficin, das jetzt im Manuskript vorliegt, (...) bald zum Druck befördert werden könnte", da „wichtige und wesentliche Aufschlüsse nicht nur über die Lehre Ficins selbst, sondern auch über die gesamte italienische Renaissance zu erwarten" seien.[211] Norden wählte einen etwas emotionaleren Ton: er gab immerhin einen impliziten Hinweis auf die Entlassung in Pisa, wenn er schreibt, dass sein ehemaliger Schüler „diese seine wissenschaftliche Mission" nur erfüllen könnte, wenn „ihm in seiner dringenden Notlage eine Freistätte gewährt wird", und gab sich überzeugt, „dass jedes dafür gebrachte Opfer eine Grosstat kultureller Art bedeuten würde". Der Begünstigte sei dieses Opfers wert, denn „neben seinen geistigen Qualitäten" sei „Dr. K. (...) auch von einem tiefgründigem Ethos beseelt".[212]

Doch beide beließen es nicht bei diesem einen Empfehlungsschreiben: Cassirer stand mit Walzer in London in Verbindung und schlug Kristeller in seinem Begleitschreiben vor, er sollte es doch bei der Bibliothek Warburg versuchen:

> „Sie werden sich denken können, daß auch Ihr Schicksal, wie das so vieler anderer, mich lebhaft beschäftigt hat, seit ich von der Wendung der Dinge in Italien hörte, und ich habe

---

210 Testimonium Chiavacchi, Pisa 14.9.1938 (*EC*-Kopie, NYPL, *EC*-Records 83.40): Chiavacci führte nicht nur Kristellers Forschungsschwerpunkt – „studi di storia della filosofia" mit Plotin, Neuplatonismus der Renaissance und als Spezialgebiet Ficino als Philologe und Philosoph – an, sondern verwies bewundernd auch auf seine Kennerschaft in „altri campi" wie Kunstgeschichte und Musikgeschichte, insbesondere auf seine Virtuosität am Klavier („buon intenditore di musica e buon pianista").
211 Testimonium Cassirer, Göteborg, 18.9.1938 (*EC*-Kopie, NYPL, *EC*-Records 83.40).
212 Testimonium (hs.) Norden, Berlin, 18.9.1938 (CU, RBML, KP 37.14, Abschrift [mschr.] in NYPL, *EC*-Records 83.40).

> sofort an Walzer geschrieben, um mich nach Ihnen zu erkundigen. Auf meine Fürsprache dürfen Sie natürlich in jeder Hinsicht rechnen. (...) Die Bibl. Warburg wird gewiss alles für Sie tun, was in ihrer Macht steht. (...) Vielleicht könnte auch Walzer, der jetzt in London ist, (...) Ihren Fall noch einmal gründlich mit Prof. Saxl besprechen. Das gewünschte Zeugnis lege ich bei und hoffe, daß es einige Wirkung tun wird."[213]

Norden hatte schon vor der Entlassung Kristellers Ende August eine erste Empfehlung für England in die Wege geleitet. Da er seit dem Tod Housmans und Nocks Wechsel nach Harvard mit Cambridge „keine unmittelbaren Beziehungen" mehr unterhalte, schrieb er nach Oxford und kündigte William David Ross, Provost des Oriel College und President of the British Academy, ein baldiges Bittgesuch Kristellers an:

> „Ich schreibe heute – der Brief geht gleichzeitig mit dieser Karte ab – an Prof. W. D. Ross (...) u. teile ihm mit, daß Sie ihm ein von mir verfaßtes Gutachten senden würden. Tun Sie das also u. fügen in einem kurzen Schreiben an R. hinzu, Sie täten dies auf meine Autorisation. (...) Fr.[aenkel] sagte mir, er habe erfahren, daß in Oxf.[ord] ohnehin eine Aktion für Sie im Gange sei."[214]

Doch auch Kristellers vierte Anfrage beim *Emergency Committee* brachte ihm kein Glück. Um ihm keine falschen Hoffnungen zu machen, unterließ man es sogar, ihn über die Chicago-application zu informieren, zumal die Aussichten auf Bewilligung so minimal waren.[215] Stattdessen berief man sich – wie 1934 – auf die „regulations" des Komitees, die eine direkte Bewerbung des bedürftigen Wissenschaftlers ausschlössen, und versorgte ihn mit Adressen anderer amerikanischer Hilfsorganisationen: er solle sich direkt an die *„Friends of Refugee Teachers"* in Cambridge, MA, und an Miss Cecilia Razovsky, Executive Director des *„National Coordinating Committee in Aid to Refugees and Emigrants coming from Germany"* in

---

213 Brief (hs.) Cassirer, Göteborg, an Kristeller, 18.9.1938 (CU, RBML, KP 10.2).
214 Postkarte (hs.) Norden, Berlin, an Kristeller, 24.8.1938 [Poststempel; hs. Datum verschrieben zu „39"] (CU, RBML, KP 37.14).
215 „This is an application which is unlikely to be granted. There is little promise of permanency (...). Better not to tell Kristeller about this, for it may arouse hopes injustly." (Office Memorandum from Drury to Fisher, *IIE*, 28.10.1938, in NYPL, *EC*-Records 83.40). Auch nach der vorläufigen Ablehnung der Chicago-application durch das Executive Committee („the matter is pending") gab es eine interne Anweisung, Kristeller nicht zu verständigen: „It would probably be better not to say anything to Kristeller about this for fear of raising false hopes." (Office Memorandum Drury to Miss Lisowski, 14.11.1938, in NYPL, *EC*-Records 83.40).

New York wenden. Im übrigen wäre er gut beraten, so Betty Drury, weiterhin die Unterstützung seiner amerikanischen Freunde in Anspruch zu nehmen.[216]

Noch vor Erhalt dieser enttäuschend nichtssagenden Auskunft sandte Kristeller ungeduldig eine weitere Anfrage nach New York, diesmal direkt an die Adresse des *EC*,[217] die ihm von Edward K. Rand aus Harvard mitgeteilt worden war. Dieser hatte sich bereits Anfang Oktober auf die Bitte Pasqualis hin bei Stephen Duggan für Kristeller eingesetzt: „I have just had an appeal from Dr. Kristeller, now at Florence, who seems to be an admirable man."[218] Doch auch dieser Vorstoß brachte keine Veränderung,[219] ebenso wenig wie Kristellers verzweifelter Appell nach der sog. „Reichskristallnacht":

> „I beg you, if you will receive (...) such applications on my behalf to take them in serious consideration. As I already told you, a university or college position is for me nearly the only way to leave Italy in just time. (...) the recents events in Germany made more urgent my case, because my parents are living there, and I must think to help them as soonly as possible."[220]

Der Verweis des *EC* auf die „*Friends of Refugee Teachers*" erwies sich ebenfalls als wenig hilfreich: Mrs. Oliver Cope, Executive Secretary der Organisation, wies Kristeller darauf hin, dass sie rein rechtlich keine Möglichkeit hätten, ihm zu einem non-quota visa zu verhelfen:

> „We are trying to place refugees in Schools, and can only do this when the candidates are already in this country, where they may be interviewed. If, through friends or some other source, you are able to come to this country, we will be glad to help you in every way to find a teaching position."[221]

---

216 Brief Drury, an Kristeller, 29.10.1938 (CU, RBML, KP 15.2 [Original], NYPL, *EC*-Records 83.40 [Durchschlag]). Dieses Schreiben enthielt außerdem eine kurze Inventarisierung der umfangreichen Akte („full set of papers"), die das *EC* über ihn angelegt hatte, und den Hinweis, dass einige amerikanische Freunde das Komitee bereits auf seinen Fall aufmerksam gemacht hätten.
217 Brief Kristeller, Rom, an *EC*, 30.10.1938 (NYPL, *EC*-Records 83.40).
218 Brief Rand an Duggan, 8.10.1938 (NYPL, *EC*-Records 83.40). Pasquali hatte am 22. September sein Gutachten an Rand abgeschickt (Postkarte Pasquali an Kristeller, 22.8.1938, in CU, RBML, KP 39.9).
219 Brief Drury an Kristeller, 19.11.1938: „We are exceedingly sorry to say that there is nothing further to add to the letter sent you on the 29th of October." (CU, RBML, KP 15.2 und NYPL, *EC*-Records 83.40).
220 Brief (hs.) Kristeller an *EC*, 25.11.1938 (NYPL, EC-Records 83.40). Erst kurz vor Weihnachten bestätigte Drury den Erhalt dieses Briefes: "(...) let me say that we continue to keep in mind your great desire to find a post in this country." (Brief Drury an Kristeller, 22.12.1938, in CU, RBML, KP 15.2 und NYPL, EC-Records 83.40).
221 Brief Cope, Cambridge, an Kristeller, 5.12.1938 (CU, RBML, KP 12.2).

Yale 2 (Cantimori-Bainton / Götze-Weigand)

Um seine Chancen in Yale zu erhöhen, wollte Kristeller auch zu seiner früheren Studienfreundin Elisabeth Feist Kontakt aufnehmen, die ihm schon 1933 in Berlin die für Italien so wichtige Freundschaft zu Delio Cantimori vermittelt hatte.[222] Cantimori seinerseits war eine wichtige Referenz für Feists erfolgreiche Bewerbung um die Sterling Research Fellowship in Yale für das akademische Jahr 1937/38 gewesen, da er seit Jahren mit dem dortigen Professor für Kirchengeschichte Roland Bainton in freundschaftlichem Briefwechsel stand.[223] Da Kristeller Feists aktuelle Adresse nicht kannte, nahm er diesen Umstand als willkommenen Aufhänger, um Cantimori auch um einen Empfehlungsbrief an Bainton zu bitten. Dieser sagte bereitwillig zu („molto volentieri")[224] und schickte am 25. September sein Referenzschreiben nach Yale: der „giovane ebreo tedesco" benötige dringend eine feste oder befristete Anstellung („sistemazione stabile o provvisoria") in Amerika, oder wenigstens eine Einladung zu einer Konferenz; für seine wissenschaftliche Seriosität („del suo valore e della sua serieta") würden in Italien Gentile, Codignola, Pasquali, Giulio Bertoni, der „Accademico d'Italia", und er selber garantieren, ferner dessen deutsche Professoren Norden, Cassirer und Jaeger; Signorina Feist sei mit Kristeller befreundet. Er, Cantimori, könne Kristeller nur mit höchster Wärme empfehlen: „e una brava persona, veramente *good-natured*", Eigenschaften, die er von „suo carico il padre" übernommen habe; auch in der Biblioteca Vaticana sei er sehr beliebt („benvoluto").[225]

---

[222] Zur intensiven Freundschaft und Arbeitsbeziehung zwischen Cantimori und Kristeller in den Jahren 1934–1938 ausführlich Tedeschi 2002, 36–38 und 2006, 235f. mit Anm. 8. Wie Kristeller stand Cantimori Gentile nahe und nutzte seine Position als Redaktor des *Giornale Critico della Filosofia Italiana* dazu, Rezensionen an Kristeller zu vergeben und einzelne Kapitel seiner Ficino-Monographie vorab zu drucken (siehe die Auflistung S. 443f., Anm. 120).
[223] Cantimori hatte Elisabeth Feists kritische Ausgabe von Sebastian Castellios *De arte dubitandi*, die in Deutschland nicht mehr gedruckt werden durfte, in seine Textsammlung *Per la storia degli eretici italiani del secolo XVI in Europa* (Roma 1937) aufgenommen und sie als Mitherausgeberin benannt (Tedeschi 2006, 235).
[224] Brief (hs.) Cantimori, Rom, an Kristeller, 16.9.1938 (CU, RBML, KP 9.7; abgedruckt auch in Tedeschi 2002, 38, Anm. 104). Die Adresse war auch Cantimori nicht bekannt, er empfahl entweder ihr an Baintons Adresse zu schreiben oder direkt an die Universität, adressiert an „Sig.na è ‚a Sterling Fellow'". Tatsächlich befand Feist sich in diesen Wochen (bis Ende September) in Deutschland, um ein immigration visa zu beantragen.
[225] Brief (hs.) Cantimori, Rom, an Bainton, 25.9.1938 (Yale, UDSL, Bainton Papers 3.51, Kopie in CU, RBML, KP 2.7; auch bei Tedeschi 2002, 89–97). Fast zeitgleich mit Cantimoris Brief traf auch ein Empfehlungsschreiben Gentiles für Kristeller bei Bainton ein, was zu der politisch reichlich merkwürdigen Konstellation führte, dass ein italienischer Kommunist (Cantimori) und ein

6.5 Zwischen Vatikan und Konsulat: Warten auf die Emigration — 473

In Rom stellte Cantimori Kristeller auch dem Heidelberger Kirchenhistoriker Walther Köhler vor, von dem er wusste, dass dieser mit Bainton ebenfalls befreundet war, und konnte ihn für ein Empfehlungsschreiben gewinnen:

> „Lieber Freund Bainton! (...) Dr. Kristeller (...) steht (...) vor der Existenzfrage und sucht in Amerika eine neue Heimat zu finden. Da möchte ich Sie nun meinerseits herzlich bitten, wenn es Ihnen möglich ist, für ihn eine Anstellung an Ihrer Universität zu erwirken, dafür tätig zu sein. Dr. K. macht persönlich einen sehr sympathischen Eindruck, und seine wissenschaftliche Tüchtigkeit steht außer allem Zweifel. (...) Prof. Cantimori urteilt über ihn ebenso günstig wie ich. Also hoffe ich keine Fehlbitte zu tun, wenn ich Ihnen Dr. K. empfehle."[226]

Als Bainton Cantimoris Brief Anfang Oktober erhielt, liefen an seiner Universität die Hilfsmaßnahmen für Kristeller bereits auf Hochtouren, so dass er vor Ort keine große Überzeugungsarbeit mehr zu leisten brauchte:

> „Dear Cantimori: I have been astonished to find how many in New Haven know Kristeller and speak of him with great enthusiasm, Weigand, Goetze, Mommsen, Mrs. Holborn and Miss Feist. Weigand would gladly have him come and stay with him. The problem is the visa. The German quota is full until 1940. I hope we can find some academic post which will enable him to come outside of the quota. I have written to a number of institutions, but have nothing to report as yet."[227]

In Albrecht Götze, der mit größter Selbstverständlichkeit jede erdenkliche Hilfe für Kristeller zusagte, hatte Weigand inzwischen einen erfahrenen und kompetenten Mitstreiter gewinnen können, der seit Jahren einer der wichtigsten Berater und Ansprechpartner für seine in Deutschland entlassenen Kollegen war.[228] Gemeinsam hatten sie einen Plan entwickelt, wie sie Kristeller in die USA holen könnten:

> „Weigand war eben bei mir mit Ihrem Brief. Wir haben ihn beide erwartet, seit wir von den italienischen Dekreten wissen.
> Weigand sagt mir auch, dass er Sie aufgefordert hat sobald als möglich herüberzukommen und bei ihnen zu wohnen. Schreiben Sie Einzelheiten über Geburtsdatum und derzeitige

---

Vordenker des Faschismus (Gentile) einen aktiven amerikanischen Quäker (Bainton) um Unterstützung für einen deutschen Juden baten. (Bainton 1988, 102).
226 Brief (hs.) Köhler, Florenz, an Bainton, 15.10.1938 (Yale, UDSL, Bainton Papers 6.98, Kopie in CU, RBML, KP 2.7; auch bei Tedeschi 2002, 257 f.).
227 Brief (hs.) Bainton, Yale, an Cantimori, 24.10.1938 (CU, RBML, KP 2.7; auch in Tedeschi 2002, 97–99).
228 Unter anderem beriet und unterstützte er Lehmann-Hartleben (1935), von Fritz (1935), Friedländer (1938) und Brendel (1939) (siehe Kapitel v. Fritz, S. 261 f. Lehmann-Hartleben S. 119 und S. 123 f. mit Anm. 69, Brendel S. 202 f., Friedländer S. 619 f. und 640).

Wohnung, damit wir die notwendigen Affidavits ausfüllen können. Sie brauchen solche Papiere als Grundlage für Ihre Bewerbung beim amerikanischen Konsul für ein Immigration Visa. Sowie wir die Einzelheiten haben, werden wir die Papiere ausfüllen und Ihnen zugehen lassen. Zwei Affidavits, eines von Weigand und eines von mir, wird denke ich genügen. Ich werde einen persönlichen Brief an den Konsul beifügen.

Sie werden gut tun, sich beim Konsul zu erkundigen, was Sie sonst an Papieren brauchen. Soweit ich unterrichtet bin, sind Geburtsschein und lückenlose polizeiliche Führungszeugnisse für die letzten 5 oder 10 Jahre nötig. Verschaffen Sie sich diese umgehend von Deutschland und Italien,[229] damit Sie alles beisammen haben, wenn unsere Affidavits eintreffen.

Ihre Fähigkeiten sind so vielgestaltig, dass ich nicht daran zweifle, dass Sie sich hier in absehbarer Zeit durchsetzen werden."[230]

Leider war Kristellers Situation komplizierter als dass sie sich allein durch das „freundschaftliche Angebot", das ihn „überrascht und ergriffen" habe und das er „gern und mit aufrichtigem Dank" annehme, würde lösen lassen: ein Besuch beim amerikanischen Konsulat in Rom am 8. Oktober habe ihn darüber aufgeklärt, dass die Einreise mit einem „Besuchsvisum zu Vorträgen oder auf Grund einer privaten Einladung" für ihn nicht in Frage komme, da er infolge des italienischen Ausweisungsdekrets „nicht an [s]einen bisherigen Aufenthaltsort zurückkehren" könne.[231] Die angebotenen Affidavits würden ihn lediglich dazu berechtigen, ein ‚normales' Einwanderungsvisum auf Grund der deutschen Quote zu beantragen, mit einer voraussichtlichen Wartezeit von zwei Jahren. Der Beamte habe ihm deshalb dringend zu einem anderen Ausweg geraten:

„Ich kann als ‚Professor' ausserhalb der Quote einwandern, u. zw. sofort. Dazu brauche ich eine Bescheinigung dass ich mindestens zwei Jahre in Europa unterrichtet habe (die ich besitze) und eine Einladung oder einen Kontrakt eines Institutes in Amerika, das mich anstellen will. Dafür kommt nicht nur eine Universität oder Hochschule in Frage, sondern jede Art von College oder Mittelschule. (...) Ich muss daher meine Anstrengungen zunächst darauf richten, irgendeine Lehrerstellung in Amerika zu finden. (...) Ich möchte Sie daher herzlich bitten, in diesem Sinne mit Ihren dortigen Kollegen über meinen Fall zu sprechen, vor allem mit Herrn Professor Bainton. Er kennt meine Arbeiten, ist in letzter Zeit durch Freunde für

---

229 Trotz dieser Empfehlung beantragte Kristeller das Führungszeugnis in Berlin erstaunlich spät, erst im November („Wegen des Führungszeugnisses habe ich direkt an das Polizeipräsidium geschrieben, um Euch damit nicht zu behelligen"; Postkarte [hs.] Kristeller, Rom, an Eltern, 25.11.1938, in CU, RBML, KP, Ser. E, 1.1938).
230 Brief Götze, Yale, an Kristeller, 23.9.1938 (CU, RBML, KP 19.4 [Original], Yale, ULMA, Goetze Papers 12.297 [Durchschlag]).
231 „Die in Deutschland wohnenden Juden und die italienischen Juden können wenigstens zu Hause abwarten, bis sie die Möglichkeit haben fortzugehen. Ich dagegen muss Italien in wenigen Monaten verlassen." (Brief Kristeller, Rom, an Weigand, 9.10.1938, Kopie in CU, RBML, KP 54.6).

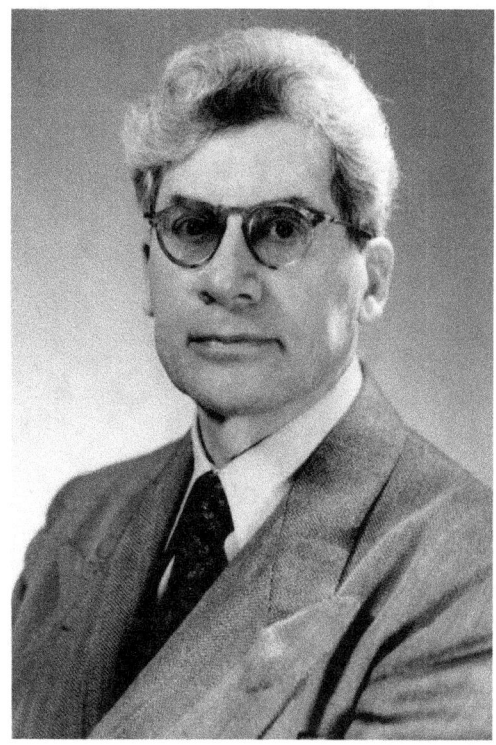

Abb. 14: Hermann Weigand (Yale): Kristellers Bürge für die Emigration (ca. 1949)

mich interessiert worden und kann vielleicht etwas dazu tun, mir eine Stellung, ev. auch nur an einer Mittelschule, zu verschaffen."[232]

Trotzdem habe er sich vorsorglich zur Einwanderung auf der deutschen Quote vormerken lassen und bitte Götze und Weigand darum ihm die Affidavits zuzuschicken: „Auf diese Weise ist wenigstens für eine relativ ferne Zukunft vorgesorgt, und die Aussicht später nach Amerika zu kommen, macht es mir auch wohl leichter, die zeitweilige Aufenthaltsbewilligung für England zu bekommen."

Kristellers Hoffnung auf Baintons Vermittlungsgeschick sollte sich vorerst nicht erfüllen,[233] doch sowohl Elisabeth Feist als auch Theodor Ernst Mommsen

---

232 Brief Kristeller, Rom, an Götze, 9.10.1938 (Yale, ULMA, Goetze Papers 12.297); ganz ähnlich Kristellers Brief an Weigand, 9.10.1938 (wie Anm. 231), mit z.T. wörtlichen Übereinstimmungen.
233 Vor Kristellers Emigration ist m.W. nur eine Absage bekannt, durch Max Farrand, Director of Research der Huntington Library and Art Gallery: „(...) owing to the present economic recession we have been obliged to reduce our staff and may not think of making any addition." (Brief Farrand, San Marino, CA, an Bainton, 18.10.1938, in Yale, UDSL, Bainton-Papers 4.73, Kopie in CU, RBML, KP 2.7).

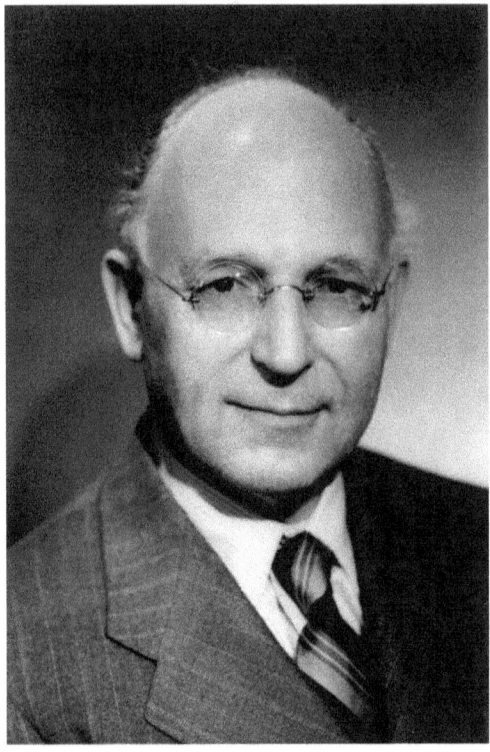

Abb. 15: Albrecht Götze (Yale): Kristellers Bürge für die Emigration (April 1949)

rieten ihm dringend zu, keine Zeit zu verlieren und „so schnell es geht" nach Amerika zu kommen:

> „Es ist ja in Amerika furchtbar schwer, jemand eine Stelle in absentia zu besorgen. Kommen Sie her, dann können Sie alle Einführungen und Empfehlungen haben, die Sie wollen. Sie können dann auch mit meinem Prof. [Bainton] sprechen. Ich würde Ihnen raten – wenn Sie irgend können – sich das Geld für Reise und einige Zeit Aufenthalt hier zu borgen. Ich bin auch gerne bereit, Ihnen hier etwas in pekuniär behilflich zu sein – soweit es in meinen Kräften steht. Kommen sie nur so schnell es geht!" (Feist)[234]

> „Ihr Brief hat mich sehr beschäftigt. Als ich über die neuesten ital. Gesetze las, dachte ich sofort voller Sorge an Sie. Ich sprach mit Prof. Goetze und Prof. Hajo Holborn (ebenfalls hier in Yale) über Sie. Wir waren uns alle einig, dass das Wichtigste ist [sic!] erst einmal, dass Sie hinüberkommen, auf welche Weise auch immer, mit Dauer- oder mit Besucher-Visum. Denn für jemanden, der nicht hier ist, ist es so gut wie aussichtslos, etwas zu tun. Die Leute

---

[234] Brief (hs.) Feist, New York, an Kristeller, 14.10.1938 (CU, RBML, KP 22.13).

wünschen eventuelle Kandidaten für Lehrstellungen (u. selbst für Fellowships) persönlich gesehen zu haben." (Mommsen)[235]

Wie Götze war auch Mommsen davon überzeugt, „dass ein Mann wie Sie mit dem Material, das Sie mitbringen werden, hier etwas finden wird", und empfahl „sobald als möglich in Englisch etwas [zu] publizieren". Leider gebe es in Amerika keine eigentliche Renaissance-Zeitschrift, doch sei er bereit Kristeller eine Veröffentlichung bei *Speculum*, der Fachzeitschrift der „Medieval Academy of America", zu vermitteln: „haben Sie vielleicht etwas auf Lager, das bis ins Mittelalter zurückreicht?"

Transit Biblioteca Vaticana: Die Stelle bei Bertalot (Okt. 1938 bis Jan. 1939)

Es ist erstaunlich, mit welch eiserner Disziplin Kristeller es auch nach seiner Entlassung verstand, die wissenschaftliche Arbeit wieder in den Mittelpunkt seines Alltags zu rücken: schon nach einer Woche glaubte er, die wichtigsten Weichen gestellt zu haben:

> „Die ganze Korrespondenz ist expediert: Bemühungen um eine endgültige und vorläufige Unterbringung, Bitte um Empfehlungen und Zeugnisse, Erkundigungen, Regelung schwebender Geldangelegenheiten, etc. (...) Meinen Verstand habe ich wenigstens nicht verloren, ich glaube nichts unterlassen zu haben, was man in meiner Lage tun kann. Jetzt muss man den Erfolg abwarten. Die Abwicklung der Textserie ist endlich erfolgt, auch das hat Zeit und Nachdenken erfordert (...) Meine Bücher und Manuskripte sind bereits sortiert, das war die traurigste Arbeit, so die Fetzen der eigenen Vergangenheit vor sich zu sehen. (...)
> Danach werde ich wenn möglich an meine Arbeit zurückkehren. Untätig zu sein, ist in solchen Augenblicken das Schlimmste."[236]

Drei Wochen nach der traumatischen Besprechung mit Gentile war es Kristeller schließlich gelungen, sein Leben ganz auf die neuen Bedingungen auszurichten: früher als geplant, am 28. September, konnte er Pisa verlassen, da man ihm in Rom „von privater Seite eine bescheidene Stellung für begrenzte Zeit angeboten" hatte. Dort, so berichtete er erleichtert den Eltern, könnte er „verhältnismässig sorglos den Ausgang [s]einer Korrespondenz abwarten. (...) So Gott will kann ich nächste Woche wieder etwas arbeiten."[237] „Im kritischen Augenblick" sei ihm „ein glücklicher Zufall zu Hilfe" gekommen: er habe das Angebot gerne angenommen,

---

235 Brief (hs.) Mommsen, New Haven, an Kristeller, 11.10.1938 (CU, RBML, KP 35.15).
236 Brief (hs.) Kristeller, Pisa, an Eltern, 16.9.1938 (CU, RBML, KP, Ser. E, 1.1938).
237 Postkarte (hs.) Kristeller, Pisa, an Eltern, 28.9.1938 (CU, RBML, KP, Ser. E, 1.1938).

„drei Monate gegen mässige Bezahlung bei einer wissenschaftlichen Arbeit zu helfen", da die Stellung ihm nicht nur Gelegenheit gebe, „einige wichtige Verbindungen zu pflegen oder neu anzuknüpfen", sondern ihm auch gestatte die eigene wissenschaftliche Arbeit fortzusetzen.[238]

Das großzügige Angebot kam von Ludwig Bertalot, der „grauen Eminenz" auf dem Gebiet des deutschen und italienischen Humanismus der Renaissance und „als Kenner von Handschriften und Bibliotheken unerreicht", der als Privatgelehrter und Bibliothekar in der Vatikanischen Bibliothek „in äusserst bescheidenen Verhältnissen und mit sehr geringen Mitteln" lebte. Kristeller hatte ihn 1934 in Rom persönlich kennengelernt, als beide täglich in der Vatikanischen Bibliothek arbeiteten: Er „gewann sein Vertrauen und lernte viel von ihm", so dass er sich „in der Handschriftenkunde (...) als seinen Schüler" betrachtete. Vier Monate lang, von Oktober 1938 bis Januar 1939, stellte Bertalot Kristeller auf eigene Kosten als seinen Assistenten an, bis dieser nach Amerika ausreisen konnte, und sicherte ihm so eine bescheidene materielle Existenz. Zeit seines Lebens bewahrte Kristeller dem Freund ein ehrendes Andenken:

> „Bertalot gehörte zu den wenigen deutschen Freunden, die auch während der Verfolgung zu mir standen, und die mir nach dem Ende des Krieges und der Barbarei die innere Versöhnung mit Deutschland möglich machten."[239]

Am 3. Oktober trat er seinen „Dienst" an und arbeitete „nun ziemlich den ganzen Tag auf der Bibliothek, zur Hälfte für mich und halb für meinen Auftraggeber."[240] Er unterstützte Bertalot dabei, einen Katalog der lateinischen Handschriften der Biblioteca Vaticana zu erstellen,[241] hatte aber auch genügend Zeit, seine eigenen

---

238 Brief (hs.) Kristeller, Rom, an Eltern, 30.9.1938 (CU, RBML, KP, Ser. E, 1.1938): Ein nicht zu unterschätzender Vorteil des Umzugs nach Rom lag auch in dem Umstand, dass sich Kristeller angesichts der „bedrohlichen allgemeinen Lage" in der Großstadt Rom sicherer fühlte als in Pisa.
239 Alle Zitate aus Kristellers ‚Vorrede des Herausgebers' zu Bertalot 1975, I, VII-IX (ähnlich die Vorrede zu Bertalot 1985, VII-VIII). Bertalot versuchte sogar Kristellers Eltern in Berlin bis zu ihrer Deportation zu unterstützen: „Schließlich war ich Bertalot persönlich tief verpflichtet, da er in schwierigen Zeiten, als andere Freunde versagten oder versagen mussten, mir sowohl wie meinen Eltern trotz seiner beschränkten Mittel in selbstloser Weise geholfen hat." (Kristeller 1965, 429): zu Bertalot ausführlich auch Kristeller in seinen *Reminiscences* Vol. 2, Interview 6, 235–237, in CU, RBML).
240 Brief (hs.) Kristeller, Rom, an Eltern, 3.10.1938 (CU, RBML, KP, Ser. E, 1.1938).
241 Nach Baron 2008, 33 bereitete Bertalot mit Kristellers Hilfe auch eine Liste der Plato-Übersetzungen für das Warburg Institute in London vor. Ausführlicher Kristeller in seinen *Reminiscences* Vol. 3, Interview 8, 335f.: Bertalots „list of Plato translations" war für das Warburg Institute und für das „Corpus Platonicum Project" bestimmt, das vom Warburg Institute ge-

Arbeiten voranzutreiben. Die Regelmäßigkeit dieser Bibliotheksarbeiten half Kristeller die existentiellen Sorgen in den letzten Monaten vor der Emigration durchzustehen:

> „(...) viel Tätigkeit ist in diesem Augenblick eine Wohltat, so komme ich nicht zum Nachdenken."

> „Ich bemühe mich, in diesem Durcheinander weiter zu arbeiten, und komme auch vorwärts. Dies und gelegentliche herzliche Worte von Freunden sind das Einzige, was mich etwas im Gleichgewicht hält."[242]

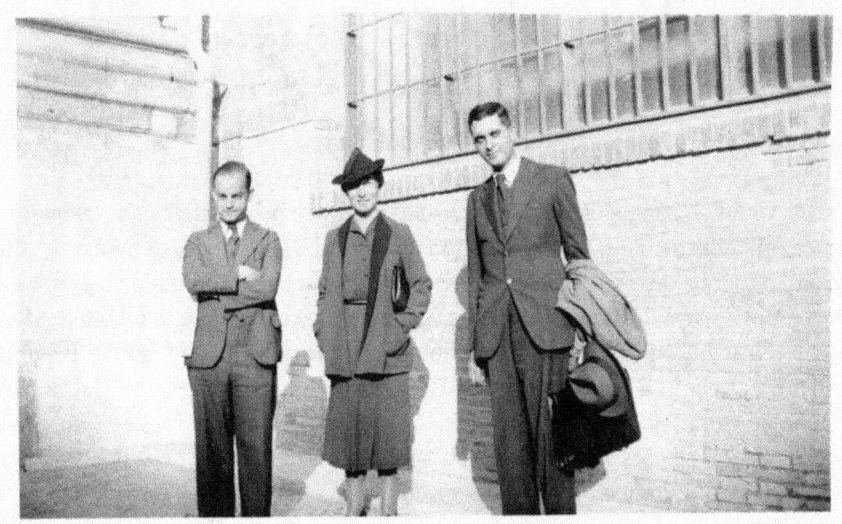

Abb. 16: Kristeller (rechts) mit Stefan Weinstock und Luisa Banti[243] in Rom (Dezember 1938) (Courtesy of Columbia University Archives)

---

sponsert wurde. Außerdem hatte er einen Vertrag mit der Bibliotheca Vaticana „to complete a volume of their Latin manuscripts." Mit diesem Katalog, so Kristeller weiter, sei Bertalot nicht vorangekommen, und sowohl er als auch Mercati hätten gehofft, „that the completion of the catalogue volume would be favored and accelerated if I was brought in as an assistant." (CU, RBML).

242 Briefe (hs.) Kristeller, Rom, an Eltern, 12.10.1938 und 14.11.1938 (CU, RBML, KP, Ser. E, 1.1938).

243 Die Archäologin Luisa Banti (1894–1978) arbeitete in den 1930er Jahren in der griechischen Handschriftenabteilung der Biblioteca Vaticana (http://www.brown.edu/Research/Breaking_Ground/bios/Banti_Luisa.pdf).

Bertalot war großzügig, bis Ende November konnte Kristeller nicht nur im Vatikan, sondern auch in kleineren Bibliotheken eigenes Material zusammentragen:

> „Die Arbeit geht vorwärts, ich werde wohl diese Woche meine eigenen Handschriftenuntersuchungen abschliessen und mich dann ganz meinem Chef widmen, den ich bisher ein wenig um seine Arbeitszeit betrogen habe. Aber er kennt und würdigt die Gründe und ist nicht kleinlich."[244]

Als Ende Dezember das Konsulat in Neapel Kristellers Ausreise in die USA überraschend auf unbestimmte Zeit blockierte,[245] konnte er seine Tätigkeit bei Bertalot problemlos fortsetzen.[246] Nach Erhalt des Visa blieb er noch bis zum 3. Februar 1939 in Rom, um seinen „Arbeitsauftrag" zu Ende zu führen.[247]

Yale 3 (Bainton / Weigand-Götze) – Die Einladung

Am 30. Oktober, zeitgleich mit seiner zweiten Anfrage beim *Emergency Committee*, fasste Kristeller sich ein Herz und nahm zu Roland Bainton direkten Kontakt auf. Ermutigt hierzu hatte ihn Elisabeth Feist, die inzwischen mit ihrem Lehrer in New Haven über seine Notlage gesprochen hatte und nach Rom melden konnte, dass Bainton durch Cantimori längst Bescheid wisse: er sei mit Weigand gut bekannt und habe bereits Schritte zugunsten Kristellers unternommen. Als Aufhänger empfahl sie ihm, Sonderdrucke zu schicken, da der Kirchenhistoriker Bainton an Geistesgeschichte des 16. Jahrhunderts sehr interessiert sei.[248] Kristeller ließ sich das nicht zweimal sagen und schickte „auf Rat meiner Freunde" nicht nur einen Sonderdruck seines letzten Aufsatzes, sondern sogar ein Belegexemplar seines *Supplementum* sowie einige Abzüge seiner Publikationsliste:

> „Sehr geehrter Herr Professor!
> Wie ich durch Herrn Cantimori und Fraeulein Feist hoere, haben Sie sich freundlicherweise fuer mich interessiert und wollen versuchen, dort irgendetwas fuer mich zu erreichen. Ich bin

---

244 Brief (hs.) Kristeller, Rom, an Eltern, 22.11.1938 (CU, RBML, KP, Ser. E, 1.1938).
245 Postkarte (hs.), Kristeller, Rom, an Eltern, 30.12.1938 (CU, RBML, KP, Ser. E, 1.1938).
246 Brief (hs.) Kristeller, Rom, an Eltern, 22.1.1939 (CU, RBML, KP, Ser. E, 1.1939–1945): „Der grösste Teil des Tages ist durch die Bibliotheksarbeit ausgefüllt, die ich einstweilen fortsetzen kann. Für mich arbeite ich zur Zeit gar nicht, obwohl viel Angefangenes daliegt."
247 Brief (hs.) Kristeller, Rom, an Eltern, 29.1.1939 (CU, RBML, KP, Ser. E, 1.1939–1945).
248 Brief (hs.) Feist, New Haven, an Kristeller, 17.10.1938 (CU, RBML, KP 22.13). Möglicherweise hatte auch Cantimori Baintons Antwortbrief vom 24.10. bereits erhalten, in dem dieser von der breit angelegten Hilfskampagne für Kristeller in Yale berichtete und den Freund darüber informierte.

Ihnen sehr dankbar dafuer und waere sehr froh, wenn sich irgendeine Loesung finden wuerde. (...)
Wenn Sie Gelegenheit haetten, auch Freunde an anderen Universitaeten fuer meinen Fall zu interessieren, so waere ich Ihnen ebenfalls sehr dankbar. Vielleicht ist es an einer kleineren Universitaet leichter etwas fuer mich zu finden, und gerade dahin habe ich gar keine Verbindungen."²⁴⁹

Die Affidavits (Weigand-Götze)

In der Zwischenzeit waren Weigand und Götze in ihren Bemühungen ein gutes Stück vorangekommen: fünf Wochen nach der Einladung und der Bereitschaftserklärung, Kristeller mit Affidavits die Einwanderung zu ermöglichen, hatten sie alle Dokumente beisammen, und Weigand schickte die Erfolgsmeldung nach Rom, dass sie am 1. oder 2. November „die ganze Sache", d. h. das formale Gesuch, die beiden Affidavits und einen persönlichen Brief Weigands, „direkt an den Honorable American Consul-General in Neapel" expedieren würden.²⁵⁰ Sowohl Weigands „formal petition" als auch sein Brief an den Konsul („a personal word") haben sich in den Kristeller Papers erhalten. In der eidesstattlichen Erklärung „Application for a visa" gab Weigand zu Protokoll:

> „Hermann J. Weigand, being duly sworn, deposes and says: (...) That I am concerned about the welfare of my friend Dr. Paul Oskar Kristeller (...), residing in Pisa, Italy, where he held a teaching position at the R. Scuola Normale Superiore up to the time of the promulgation of the recent Italian racial legislation; and that while not related to him by ties of blood I am bound to him by ties of close friendship and esteem.
> That I hereby assure the Honorable American Consul that I will properly receive and care for the said Dr. Paul Oskar Kristeller upon his arrival in this country and will not permit him to become a public charge upon any community or municipality."

Diese Verpflichtungserklärung erforderte auch eine detaillierte Dokumentation der eigenen Vermögensverhältnisse: als „professor of German literature" und als „member of the Board of Permanent Officers of the Graduate School" beziehe er ein Jahresgehalt von $ 7.000; seine „life insurance policies" beliefen sich auf

---

249 Brief Kristeller, Rom, an Bainton, 30.10.1938 (Yale, UDSL, Bainton-Papers 6.100; Kopie in CU, RBML, KP 2.7; abgedruckt bei Tedeschi 2002, 255 f.): Wie schon in seinen Briefen an Weigand und Götze erklärte Kristeller auch Bainton gegenüber ausführlich, weshalb in seinem Fall ein non-quota visa conditio sine qua non wäre: „Ich bitte Sie, diesen Gesichtspunkt bei ihren eventuellen Bemuehungen für mich stets im Auge zu behalten." In einem hs. Postskriptum verwies Kristeller auch auf Köhler: „Ich habe hier in der Vatikana auch Prof. Koehler kennen gelernt, und er versprach mir meinetwegen an Sie zu schreiben. Ich weiss nicht, ob er vor seiner Abreise nach Deutschland Gelegenheit dazu gehabt hat."
250 Brief Weigand, New Haven, an Kristeller, 30.10.1938 (CU, RBML, KP 54.6).

$ 35.000; Haus und Grund hätten einen Wert von $ 18.000 und seien unbelastet mit Ausnahme einer Hypothek in Höhe von $ 8.200, „held by Yale University".[251]

In dem „persönlich gehaltenen Brief" an den Konsul Thomas D. Bowman explizierte Weigand seine freundschaftliche Beziehung zu Kristeller und seine Motivation ihn bei sich aufzunehmen:

> „Dr. Kristeller, a young scholar who has done distinguished work on the philosophy of the Italian Renaissance, is an intimate friend of mine. I associated with him a great deal, in Berlin and in Rome, during my sabbatical year abroad, 1933–4. Both my wife an I hold him personally in such affection and esteem that we want him to be with us – we have a roomy house in the country – until such time as he finds it possible again to pursue his studies. I sent Kristeller a spontaneous invitation the moment I heard of his plight, and I am most anxious to convert, what is now a mere gesture, into a very real service of friendship."[252]

Nach diesen Vorkehrungen, so versicherte Weigand Kristeller, könne er „mit Sicherheit darauf rechnen (...) das Einwanderungsvisum [zu] bekommen". Doch er war ehrlich und realistisch genug, seinem Schützling auch die noch ungelösten Schwierigkeiten aufzuzeigen: Da die Affidavits nur ein quota visa garantierten, wäre es „eine geradezu ideale Lösung und Erlösung", wenn Kristeller „von drüben aus einen Ruf an eine amerikanische Anstalt erlangen könnte", doch gerade das würde nur „in verschwindend wenigen Fällen" glücken. Bezüglich Baintons Möglichkeiten sollte er sich keinen zu großen Hoffnungen hingeben: dieser „hat zwar eine Menge Beziehungen, und er hat eine ganze Anzahl Briefe in Ihrer Sache geschrieben, aber ich verspreche mir wenig Erfolg von seinen Bemühungen", denn selbst wenn die Emigranten „an Ort und Stelle" wären, wäre es „äußerst schwer" für sie, „eine Anstellung in ihrem beruflichen Fach zu finden". Die „beträchtliche" Zahl von europäischen Flüchtlingen, die in den letzten fünf Jahren an den höheren Schulen in den USA Aufnahme gefunden hätten, bedrohe inzwischen „die Chancen unserer eigenen Schüler". In Yale selbst sei keine Stelle frei, „die Posten in den klassischen Sprachen sind überhaupt äußerst dünn gesät". Hintergrund dieser illlusionslosen Analyse war ein persönliches Dilemma Weigands: er fühlte sich nämlich nicht nur Kristeller, sondern auch zwei weiteren klassischen Philologen verpflichtet:

> „Ich bemühe mich schon seit lange [sic!], und bisher vergebens, dem Latinisten Friedrich Lenz einen Ruf zu verschaffen. Ich habe von Vera [Lachmann] und von ihm selber schon ganz

---

251 Hermann J. Weigand, State of Connecticut, Town of Bethany, County of New Haven, ‚Application for a visa", undatiert (wahrscheinlich 1. od. 2.11.1938; Kopie in CU, RBML, KP 54.6).
252 Brief Weigand an Consul-General Bowman, Neapel, 2.11.1938 (Kopie in CU, RBML, KP 54.6).

verzweifelte Briefe bekommen, die mir schlaflose Nächte verursacht haben, aber meine Beziehungen reichen nicht aus."[253]

Dennoch ließ er nichts unversucht: gemäß der Schlussformel seines Briefes („dass ich jede Möglichkeit ausnutzen werde, Ihrer Sache zu dienen, brauche ich Ihnen nicht zu versichern") richtete er noch am gleichen Tag einen Hilfsappell an seinen Freund Dewitt H. Parker – wie schon Ende 1934, nur sehr viel dringender:[254]

> „Dear Parkie, I think I have spoken to you of my friend Dr. Kristeller, who taught Erika mathematics in Vera Lachmann's school in Berlin. (...) the Italian racial legislation has put him, like many others, into a state of acute distress. (...) His only salvation, as I see it, would be a call to some post, however modest, at some American University or College. (...)
> Is there the slightest chance of your doing anything for him? Could you use an instructor? Have you any position in which he might serve as research associate? He is so fine a fellow, in appearance, in manners, in personality that he would fit in anywhere; (...) I don't know whether you are getting so many appeals from refugees in the middle west. We heere [sic!] in the east are just swamped with them. If I didn't have a little secretarial help this year I would have been out of my wits by now.
> I know you will do something for him if there is the slightest chance."[255]

Kristeller dürfte Weigands „sachliche Bemerkungen" mit gemischten Gefühlen gelesen haben, zumindest wirkt sein nächster Brief an die Eltern, unmittelbar nach der „Reichskristallnacht" verfasst, recht niedergeschlagen und erwähnt Yale nur am Rande:

> „Von hier nichts Neues (...) Ein paar ermutigende Nachrichten, aber nichts Positives und keinerlei Aussicht auf ein Visum. (...)
> Ich wünschte ich könnte dieses fürchterliche Jahr wenigstens mit einer kleinen Hoffnung für die Zukunft beschliessen. Es ist beinahe zu viel für einen normalen Menschen. (...) wir sind auch arme Menschen von Fleisch und Blut, und da gibt es keine Faser die nicht gepeinigt wird."[256]

Zwei Wochen später hatte er sich wieder gefasst: seinen Eltern meldete er, dass er seit ein paar Tagen „etwas zuversichtlicher" sei, denn er habe „von mehreren Orten Nachrichten erhalten die begründete (nicht mehr vage) Hoffnungen erwecken". Auch die Affidavits aus Amerika seien unterwegs, mit denen sich die Vi-

---

[253] Alle Zitate aus Brief Weigand, New Haven, an Kristeller, 30.10.1938 (wie Anm. 250).
[254] Siehe S. 437f.
[255] Brief Weigand an DeWitt Parker, 30.10.1938 (Kopie in CU, RBML, KP 54.6).
[256] Brief (hs.) Kristeller, Rom, an Eltern, 11.11.1938 (CU, RBML, KP, Ser. E, 1.1938).

sumsfrage vielleicht werde lösen lassen.²⁵⁷ In seinem Dankschreiben an Weigand griff er sowohl dessen Äußerungen zu Bainton als auch zu Lenz auf und rückte sie rhetorisch geschickt in einen positiven, für ihn förderlichen Kontext: er habe „auch durch andere Freunde gehört", dass Bainton sich jetzt bemühe für ihn eine Stellung zu finden; er, Kristeller, „wäre sehr froh, wenn etwas daraus werden" würde, und würde sich deshalb „auch für den Anfang mit einer sehr bescheidenen Lösung begnügen". Für den Fall, dass die Beschaffung der nötigen Geldmittel auf Schwierigkeiten stoßen sollte, verwies er als Ausweg auf das *Emergency Committee:* er selbst stehe mit dem Komitee in Verbindung und sei „von verschiedenen Seiten dahin empfohlen" worden:

> „Sollte also die Yale University oder ein anderes Institut für mich einen Antrag stellen, so bestünde eine gewisse Hoffnung, dass er bewilligt würde. Vielleicht haben sie Gelegenheit Herrn Prof. Bainton darauf hinzuweisen."

Den neun Jahre älteren Friedrich Lenz, dessen Schicksal ihm „aufrichtig leid" tue, sah er mitnichten als Konkurrenten für die ‚dünn gesäten Posten in den klassischen Sprachen'. Er wünschte seinem ehemaligen Lehrer, den er ein wenig gönnerhaft als „sehr tüchtigen Latinisten" bezeichnete,²⁵⁸ „von Herzen, dass er irgendetwas findet", und distanzierte sich sehr selbstbewusst, fast herablassend von den philologischen Disziplinen, obwohl er während seiner bisherigen Exilerfahrung in der Wahl seiner Fächer alles andere als wählerisch war und auch sein konnte:

---

257 Brief (hs.) Kristeller, Rom, an Eltern, 22.11.1938 (CU, RBML, KP, Ser. E, 1.1938): zu den „Nachrichten von mehreren Orten" gehörte wahrscheinlich auch die Idee Abrahamsohns, Kristeller für das erste Halbjahr 1939 als Vertretung in Châlons vorzuschlagen, während er mit einem Touristenvisum in die USA reisen würde (Brief Abrahamsohn, Châlons sur Marne, an Kristeller, 3.11.1938; siehe Kapitel Abrahamsohn S. 541).
258 Mit dieser Zuschreibung engte Kristeller die berufliche Verwendung Lenz' stark ein, während er, der Experte für Geschichte der Philosophie, nicht nur die Kompetenz in Griechisch und Latein, sondern – als Renaissance-Spezialist – auch in Italienisch für sich reklamieren konnte. Dies war Lenz gegenüber ausgesprochen unfair, denn er hatte über Demosthenes promoviert, arbeitete seit den frühen 20er Jahren im offiziellen Auftrag der Weidmannschen Verlagsbuchhandlung an der Fortsetzung und Vollendung der Keilschen Gesamtausgabe der Reden des Sophisten Aelius Aristeides und forschte und lehrte vor seiner Übersiedlung in die USA viele Jahre in Italien, u.a. auch am Istituto di Magistero in Florenz (1936–1938)! Lenz' wissenschaftliche Lebensleistung war beeindruckend: trotz seiner langjährigen Unterrichtstätigkeit am Gymnasium umfasste sein Schriftenverzeichnis vor der Emigration (1919–1938) bereits mehr als 130 Titel (zum Vergleich: Kristeller hatte von 1929–1938 22 Titel publiziert).

„Meine Lage ist insofern etwas anders [als bei Lenz], als mein eigentliches Gebiet Geschichte der Philosophie ist. Ich würde nur als Notbehelf einen Posten als Alt- oder Neuphilologe annehmen, weil ich mich auch damit beschäftigt habe."[259]

Die Einladung: „Fellow" of the Faculty of Philosophy

Am 12. Dezember 1938 – seit Baintons erstem Vermittlungsversuch waren zwei Monate vergangen – telegrafierte ein begeisterter Weigand die erlösenden Worte „OFFICIAL YALE INVITATION ON WAY" nach Pisa[260] und schickte noch am gleichen Tag einen Brief hinterher, der minutiös die komplizierten Verhandlungen rekapitulierte. Auch Bainton verständigte am gleichen Tag Kristeller, dass eine offizielle Einladung der Yale University auf dem Weg sei, die ihn zum „Fellow" der Faculty of Philosophy ernennen würde. Doch die Einladung hätte ihre „limitations", die aus taktischen Gründen nicht in dem für den Konsul bestimmten Schreiben aufgeführt seien:

> „Two points must be made clear: the first is that the fellowship carrries no stipend. The second is that the position will not continue after the first of July, 1939."[261]

Über die Details würde Weigand genauer Auskunft geben, während „several of us", Bainton eingeschlossen, weiterhin nach Wegen suchen würden ihm auch für die Sommermonate und das Herbstsemester 1939 eine Anstellung zu besorgen.

---

259 Brief (hs.) Kristeller, Rom, an Weigand, 24.11.1938 (Kopie in CU, RBML, KP 54.6). Auffällig ist nicht nur die unausgesprochene Abwertung Lenz', sondern auch die Nichterwähnung Vera Lachmanns!
260 Telegramm Weigand, New Haven, an Kristeller, Scuola Normale, Pisa, 12.12.1938 (CU, RBML, KP 54.6). Kristellers Entscheidung, auch nach seinem Wechsel nach Rom seine Postadresse an der Scuola zu behalten, behinderte und verzögerte die Korrespondenz mit Yale außerordentlich: so wusste Weigand bis Ende Dezember nicht, ob sein Telegramm und die Einladungsschreiben von Bainton und dem Provost Kristeller tatsächlich errreicht hatten, weshalb er am 28.12. ein zweites Telegramm nachschickte (wieder nach Pisa!), in dem er das Angebot auch inhaltlich skizzierte und dringend um telegraphische Bestätigung bat: „IF PROVOST AND BAINTON LETTERS OFFERING PLOTINUS LECTURESHIP WITHOUT WITHOUT [sic!] STIPEND STILL UNRECEIVED CABLE PRIVATE SUPPORT GUARANTEED." (Telegramm Weigand, New Haven, an Kristeller, 28.12.1938, in CU, RBML, KP 54.6).
261 Brief Bainton, Yale, Graduate School, an Kristeller, 12.12.1938 (CU, RBML, KP 2.7; abgedruckt in Tedeschi 2002, 258f.): "In order that you may have no difficulties with the American Consul, nothing is said in this letter about limitations to the invitation."

Bainton bedauerte, Kristeller kein besseres Angebot in Aussicht stellen zu können, doch sollte es genügen, ihn wenigstens ins Land zu holen.[262]

Bei aller Freude über den Erfolg verhehlte Weigand in seinem Bericht nicht, dass die Unterstützer-Gruppe mit erheblichen Widerständen zu kämpfen hatte und mit ihrer Hilfsaktion beinahe gescheitert wäre:

> „Wie ich mich freue (...) kann ich Ihnen gar nicht sagen. Zuerst haben sich eine ganze Reihe von Leuten für Sie verwandt und es bei der philosophischen Abteilung durchgesetzt, daß Sie eingeladen wurden. Dann, als es so weit war, machte die Verwaltung Schwierigkeiten. Wir waren von dieser Seite sogar schon abschlägig beschieden worden, da traf von meinem Freunde Parker in Michigan ein Brief ein, der mir zwar auseinandersetzte, weshalb eine Berufung nach Michigan nicht im Bereich der Möglichkeit liege, zugleich aber die Hoffnung aussprach, es würden sich die Mittel für einige Sommervorträge über Renaissancephilosophie auftreiben lassen, falls Sie das Englische genügend fließend beherrschen. Hoffentlich hapert es damit nicht allzusehr."[263]

Diese unverbindliche Zusage hätte den Provost der Universität, Professor Urban, ermutigt, „dem Präsidenten die Sache ein zweites Mal vorzutragen und zwar in erheblich günstigerem Lichte als das erste Mal". Dieser habe schließlich zugestimmt, aber nur unter der Auflage, dass Weigand und die übrigen Unterstützer versprächen, keinen Versuch zu machen, Kristellers „Anstellung bei der Universität für das folgende Jahr zu erwirken". Zufällig, so Weigand weiter, habe er „heute morgen entdeckt", dass der Provost die offizielle Einladung an „eine ganz unsinnig falsche Adresse" geschickt habe, sodass sich deren Zustellung noch um Wochen verzögern werde. Doch da die Sache Eile habe, teile er ihm den Beschluss der philosophischen Abteilung inoffiziell mit:

> „Sie [sind] eingeladen (...), für eine ganz kleine Gruppe von Studenten hier im zweiten Semester (Anfang: 23. Januar) ein Seminar über Plotin zu geben."[264]

---

262 „I am sorry that we are not able to do more at the moment but this will at least suffice to get you into the country." (Brief Bainton an Kristeller, 12.12.1938, wie Anm. 261). In einem Brief an Gentile („Illustre Signore") gab sich Bainton ähnlich überzeugt: „I trust that this invitation will suffice to bring him to the United States." (Brief [hs.] Bainton an Gentile, 23.12.1938, in CU, RBML, KP, 2.7; abgedruckt in Tedeschi 2002, 259).
263 Brief Weigand, New Haven, an Kristeller, 12.12.1938 (CU, RBML, KP 54.6).
264 Brief Weigand, New Haven, an Kristeller, 12.12.1938 (wie Anm. 263). Auf Wunsch ihres Mannes sandte Frances Weigand zwei Tage später eine Postkarte an Kristeller, in der sie ihm ankündigte, dass er in den nächsten Tagen sowohl von Bainton als auch von Prof. [Robert Lowry] Calhoun vom Philosophy Department detaillierte Instruktionen bezüglich der Einladung und des Plotin-Seminars erhalten werde. (Postkarte [hs.] F. Weigand an Kristeller, 14.12.1938, in CU, RBML, KP 54.6). Das Department scheint dies versäumt zu haben, denn Bainton trug die Stellenbeschreibung am 7. Januar nach: „What we have in mind is a seminar in the Graduate

Mommsen, der zu der glücklichen Entscheidung ebenfalls beigetragen hatte, wies auf die Schlüsselrolle Baintons hin und relativierte damit die Einschätzung Weigands, dass vor allem Parkers Brief den Ausschlag gegeben habe:

> „Lieber Herr Kristeller, vor zwei Tagen hörte ich, dass die Einladung von Yale an Sie ausgegangen ist. Ich bin natürlich sehr, sehr froh darüber. Es war ja ein starkes Hin und Her. Wenn es schliesslich doch glückte, ist das allein Bainton zu verdanken, so wichtig natürlich auch Goetzes und Weigands Rückendeckung war. Ich bin froh, Sie so bald hier zu wissen. (...) Alles Gute!"[265]

Abgesehen von Weigands Telegramm, auf das Kristeller zwar freudig, aber noch mit gebotener Zurückhaltung reagiert hatte,[266] erreichten ihn die Erfolgsmeldungen aus Yale ausgerechnet am 24. Dezember: sofort telegraphierte er an die Eltern („GUTE NACHRICHT AMERIKA PAULOS")[267] und informierte sie noch am selben Tag brieflich über die Hintergründe:

> „Meine Guten! Das Telegramm werdet Ihr heute erhalten haben, hoffentlich wart Ihr danach am Weihnachtsabend etwas weniger traurig. Ich erhielt auch gerade heute die gute Nachricht, es war das beste Weihnachtsgeschenk das man mir machen konnte. Die Sache kommt von dem Lehrer von Liesl [Feist], und es haben viele Freunde und Empfehlungen zusammengewirkt, um den Erfolg herbeizuführen. Der offizielle Brief ist sehr ehrenvoll, so dass ich denke, dass man mir das Visum geben wird. Ich muss deswegen Dienstag [27.12.] nach Neapel fahren. Erst wenn das gut geht, kann ich meiner Sache sicher sein. Die privaten Begleitbriefe zeigen mir dass die Sache praktisch mehrere Haken hat, dafür ist die Tätigkeit befriedigend und die freundschaftliche Hilfsbereitschaft der Menschen lässt für die Zukunft das Beste hoffen, zumal ich ja alle angeknüpften Verbindungen weiter pflegen kann, wenn ich erst einmal an Ort und Stelle bin. (...)

School on Plotinus. You would have perhaps three students to work with and would meet them for two hours one afternoon a week. This would be very definitely a teaching post, though more tutorial than in the nature of lectures." (Brief Bainton an Kristeller, 7.1.1939, in CU, RBML, KP 2.7).

265 Brief (hs.) Mommsen an Kristeller, 15.12.1938 (CU, RBML, KP 35.15).
266 Weigands Telegramm erreichte Kristeller erst mit erheblicher Verspätung, da er wegen einer Grippe erst am 19. Dezember seine Post abholte (er ließ sich die Briefe aus Pisa postlagernd nach Rom nachschicken): „Das Durchlesen der Briefe (...) war hoffnungslos und verstimmend, ganz zum Schluss kam dann eine günstige Nachricht, deren Tragweite ich noch nicht übersehe, die aber vielleicht die Lösung bringt. Ich will Euch immerhin an dieser Freude teilnehmen lassen, wenn es mir auch verfrüht scheint, deswegen auf anderweitige Bemühungen zu verzichten." (Brief [hs.] Kristeller, Rom, an Eltern, 19.12.1938, in CU, RBML, KP, Ser. E, 1.1938).
267 Telegramm Kristeller, Rom, an Eltern, 24.12.1938, aufgenommen 12.46 Uhr, befördert 13.30 Uhr (CU, RBML, KP, Ser. E, 1.1938).

> Ich bin sehr froh, da es von allen eingeleiteten Sachen die ist die ich am allerliebsten annehme."[268]

Doch mit dem Einladungsschreiben allein war noch nichts erreicht: mit banger Skepsis sah Kristeller seinem Besuch beim Konsul in Neapel entgegen und bat die Eltern dringend darum, vorerst Stillschweigen zu bewahren:

> „Ich schreibe Euch das alles, damit ihr eher an meiner Freude und meinen Hoffnungen teilnehmen könnt, nachdem Ihr bisher an so argen Sorgen und Gefahren habt teilnehmen müssen. Aber ich bitte Euch, noch niemandem etwas zu sagen, bis Ihr erfahrt dass ich das Visum habe."

Die Verhandlungen mit dem Konsul (27. Dez. 1938 bis 26. Jan. 1939)

Kristellers Misstrauen war leider nur allzu berechtigt: das Konsulat hielt die vorgelegten Papiere für die Ausstellung eines non-quota visa nicht für ausreichend und verlangte zusätzliche Informationen und die Vorlage neuer Unterlagen:

> „Geliebte Eltern! Hoffentlich habt Ihr über meine letzte Nachricht noch nichts verlauten lassen. Ich war am 27. in Neapel und bin beim Konsulat auf Schwierigkeiten gestossen. Sie verlangten neue Unterlagen, ich musste für teures Geld hinübertelegraphieren und warte auf Bescheid. Ich fürchte, die ganze Sache wird sich wieder in blauen Dunst auflösen, mindestens verliere ich kostbare Zeit. (...) Ich wünsche Euch ein besseres neues Jahr."[269]

Diese Ablehnung gefährdete das Yale-Projekt mit seiner ohnehin knappen Zeitplanung erheblich: um das Plotin-Seminar pünktlich am 23. Januar beginnen zu können, hätte Kristeller das Schiff bereits am 5. Januar erreichen müssen: schon der nächstmögliche Alternativtermin (19. Januar) würde zu einer einwöchigen Verspätung führen.[270]

Wie befürchtet, erweckten die „Haken" des Einladungsschreibens, die Kristeller besorgt wahrgenommen hatte, tatsächlich den Argwohn des Konsuls, insbesondere der ungenau definierte Statusbegriff „Fellow" und das fehlende Gehalt. Der von Kristeller alarmierte Bainton sandte nach kurzer Bedenkzeit am 6. Januar im Namen des Provost eine offizielle Stellungnahme der Universität nach Neapel, in der er sich bemühte den besonderen Charakter der Einladung zu erläutern („to clarify the matter") und die Bedenken des Konsuls zu zerstreuen:

---

268 Brief (hs.) Kristeller, Rom, an Eltern, 24.12.1938 (CU, RBML, KP, Ser. E, 1.1938).
269 Postkarte (hs.) Kristeller, Rom, an Eltern, 30.12.1938 (CU, RBML, KP, Ser. E, 1.1938).
270 „Das liesse sich zur Not ertragen." (Brief Kristeller an Eltern, 24.12.1938, in CU, RBML, KP, Ser. E, 1.1938).

6.5 Zwischen Vatikan und Konsulat: Warten auf die Emigration — 489

„Your Excellency:
Dr. Kristeller reports that you have raised questions with regard to the interpretation of the invitation from Yale university (...) The term ‚fellow' really does not need to be defined because the letter from the Provost distinctly states that Dr. Kristeller is being asked to join the faculty. He will be a member of the teaching staff and will give a seminar on Plotinus in the Graduate School.
Dr. Kristeller will receive no stipend in view of the fact that the budget of the University is not sufficiently elastic to meet such emergencies, but arrangements have been made at Yale to provide for his living expenses. As a future colleague of Dr. Kristeller on the Yale Faculty I can assure you that there will be no serious difficulty in providing for his placement in academic life in this country.
In view of these official assurances from Yale University I trust you will have no difficulty in granting Dr. Kristeller's visa."[271]

Abschriften dieser Erklärung zusammen mit einem ausführlichen Brief an Kristeller sandte er tags darauf an Gentile und Cantimori, in der Hoffnung, dass beides auf diesem Wege Kristeller schneller erreichte als auf dem Umweg über die Adresse in Pisa:[272] Zur Sicherheit schickte Bainton eine weitere Kopie mit einem handschriftlichen Begleitschreiben zwei Tage später auch an Kristeller direkt, mit der Bitte, ihm doch seine „quickest address" anzugeben. Als Argumentationshilfe für eventuell notwendige weitere Verhandlungen mit dem Konsul informierte er ihn auch über Angebote anderer Universitäten für das zweite Halbjahr 1939, die derzeit in der Schwebe seien:

„If this [Baintons Brief vom 6.1.] does not suffice let us know at once. I do not know what more we can do here, but we will try. (...) Michigan for the summer and Duke University for a permanent post are thinking of you and Werner Jaeger says Chicago is possible. All such matters alas take time. Tell the consul if you have to that we are working on these possibilities."[273]

Doch selbst für den Fall, dass der Konsul sich auch durch die neuen Zusicherungen nicht würde überzeugen lassen, habe er, Bainton, Vorkehrungen getroffen: „I have

---

271 Brief Bainton, Titus Street Professor of Ecclesiastical History in Yale University, an Bowman, American Consul at Naples, 6.1.1939 (CU, RBML, KP 2.7; abgedruckt in Tedeschi 2002, 261f.).
272 „Dear Senator Gentile: May I trouble you to get this word to Kristeller. I wish he would give us an address in Rome. (...) I am enclosing a letter to him and also for him a copy of my letter to the consul. I am sorry to trouble you, but I fear delay if I address the material to Pisa." (Brief Bainton an Gentile, 7.1.1939, in CU, RBML, KP 2.7; abgedruckt in Tedeschi 2002, 262f.). An Kristellers Adresse in Pisa ging zeitgleich eine Postkarte, in der Bainton Kristeller verständigte, dass Gentile und Cantimori im Besitz einer Kopie seines Briefes an den Konsul seien: „(...) if this reaches you first, ask them for the copy." (Postkarte [hs.] Bainton an Kristeller, Pisa, 7.1.1939, in CU, RBML, KP 2.7).
273 Brief (hs.) Bainton an Kristeller, 9.1.1939 (CU, RBML, KP 2.7).

urged Gentile to urge an extension by the Italian government in case we cannot make arrangements in time."[274]

Parallel dazu versuchte auch Weigand, die Zweifel des amerikanischen Konsuls an der finanziellen Seriösität der Einladung zu beseitigen, indem er Kristeller ein Angebot der Michigan University für bezahlte Vorträge im Rahmen eines Sommerprogramms zu Renaissance Studies in Aussicht stellte, das schon bei der Entscheidungsfindung für die Einladung im Philosophy Department in Yale eine wichtige Rolle gespielt hatte:

> „In aller Eile schicke ich Ihnen die Abschrift eines Briefes meines Freundes Parker an der Universität Michigan, aus der Sie ersehen, dass für den Sommer gewisse Aussichten vorhanden sind. Freilich ist der erwähnte Betrag zu gering, um auf die Entscheidung des Konsuls bestimmenden Einfluss zu haben. Ich hoffe indes, dass auf Grund des sehr warm und nachdrücklich gehaltenen Briefes von Professor Bainton der Konsul Ihnen das Visum erteilt haben wird, ehe dieses Blatt in Ihre Hände gelangt."[275]

---

[274] In seinen Neujahrsglückwünschen an Gentile („With all good wishes for a good Capo d'Anno": Brief [hs.] Bainton an Gentile, 1.1.1939, in CU, RBML, KP 2.7, abgedruckt in Tedeschi 2002, 260 f.): Aufhänger war die Verwirrung in Yale über Kristellers gültige Anschrift: „We are at a loss to know which of our communications have reached Kristeller. We have written to Pisa. He writes from Rome and cables from Naples." Wie schon am 23.12. (siehe Anm. 262) referierte Bainton kurz das unbezahlte Angebot in Yale und deutete an, dass Kristeller möglicherweise länger als bis März in Italien bleiben müsse. Seine Bitte an Gentile, sich in diesem Fall für eine Verlängerung seiner Aufenthaltserlaubnis einzusetzen, verknüpfte er mit offener Kritik an den willkürlichen Maßnahmen der faschistischen Regierung: „If we cannot make an arrangement by March satisfactory to the American consul, cannot you secure an extension of time from the Italian government? To set arbitrary limits and expect other countries to prevent the natural consequences is inhuman."

[275] Brief Weigand an Kristeller, 16.1.1939 (CU, RBML, KP 54.6). Eine offizielle Bestätigung dieser Einladung von Warner G. Rice (1899–1997) vom English Department der University of Michigan erreichte Weigand Anfang Februar: Kristeller wurden hierin für zwei Vorträge über Ficino oder die „Florentine Academy" ein Honorar von $ 125 angeboten, als Termine wurden der 7. und 8. August 1939 vorgeschlagen (Brief Rice, Ann Arbor, an Weigand, 7.2.1939, in CU, RBML, KP 54.6). Kristeller erfuhr von dieser Einladung noch vor seiner Überfahrt und dankte Weigand herzlich für die Vermittlung: „Bitte nehmen Sie alles für mich an, wenn Sie es für gut halten. Etwas zu sagen wird mir nicht schwer fallen, da ich den Gegenstand kenne. Damit es an der Sprache nicht scheitert werde ich alles vorher aufschreiben und Sie oder einen anderen der dortigen Freunde bitten es mir vorher zu korrigieren." (Postkarte [hs.] Kristeller, Rom, an Weigand, 31.1.1939, Kopie in CU, RBML, KP 54.6). Daraufhin sagte Weigand im Namen Kristellers offiziell zu: „I am sure that he will be glad to accept the invitation (...) to give two lectures on Renaissance philosophy during the summer session. As he authorized me to negotiate on his behalf, you may consider this letter a definite acceptance. The dates, I am sure, are entirely satisfactory." (Brief Weigand an Rice, 15.2.1939, in CU, RBML, KP 54.6).

6.5 Zwischen Vatikan und Konsulat: Warten auf die Emigration

Erneut durchlebte Kristeller fürchterliche Wochen: er konnte nur hoffen, dass Yale nach seinem Telegramm an Bainton das Angebot in einer Weise modifizieren würde, dass es der Konsul als visa-würdig erachtete, doch das bedeutete wieder ohnmächtiges, zermürbendes Warten: „Meine Antwort von drüben kann nicht vor Ende des Monats kommen."[276] Pessimismus und Selbstzweifel überschatteten den Briefwechsel mit den Eltern in den ersten Wochen des neuen Jahres:

> „Dass die Glückwünsche gegenstandslos oder zumindest verfrüht waren, habe ich Euch schon geschrieben. Der Telegrammwechsel hat mich nicht vorwärts gebracht. Das Konsulat macht Schwierigkeiten, ohne seine Forderungen klar auszudrücken. So weiss ich gar nicht, was aus der ganzen Sache wird und stehe nicht viel anders da als vor einem Monat. (...) ich werde nun wohl doch in irgendein unmögliches Land deportiert werden. Einen Augenblick sah es so aus, als ob ich tüchtig wäre, nun bin ich wieder untüchtig wie immer."[277]

> „Ich habe inzwischen alle notwendigen Schritte getan, viele Briefe geschrieben (...) und warte nun dass die anderen etwas tun. Ich habe jedenfalls nichts unterlassen. Doch fange ich an das Misslingen aller Gesuche zu gewöhnen. Die Notgemeinschaft hat zweimal nett geschrieben, aber nichts getan. Das Woburn House hat nicht eimal geantwortet. (...) Die letzten Monate haben mich mehr mitgenommen als all die vergangenen Jahre."[278]

> „Down ist jetzt nicht der richtige Ausdruck für meinen Zustand, ich bin gleichgültig und abgestumpft und auf alle Eventualitäten gefasst. Es ist das einzige Mittel um die gegenwärtige Situation zu überstehen, aber nicht gerade ein Gewinn für eine etwaige normale Tätigkeit in Zukunft. (...) es ist alles recht sinnlos geworden."[279]

> „Ich bin jetzt auch auf dem Standpunkt angekommen, dass ich nichts mehr unternehme, sondern den Fortgang der Dinge abwarte, mit Gleichmut, kann ich beinahe sagen. Nicht als ob ich irgendeinen äusseren Grund hätte zuversichtlich zu sein – tatsächlich hat sich nichts geändert, und ich erwarte auch nicht mehr, dass sich etwas ändern wird. Ich möchte auch Euch vor Illusionen warnen, die Enttäuschung ist umso bitterer, wie ich nach Weihnachten gesehen habe. Ich bin ganz einfach auf alles gefasst und bereit wenn es nötig ist mit Anstand zugrunde zu gehen. Die Welt wie sie heute eingerichtet ist nimmt auf unsere Wünsche und auch auf unsere Rechte wenig Rücksicht, und sie ist es jedenfalls nicht wert, dass wir ihr noch mehr Opfer an unserer Würde bringen und noch mehr Demütigungen hinnehmen, als es schon ohnehin nötig war."[280]

Die Arbeit der jüdischen Hilfskomitees – Resultat seiner bisherigen Erfahrungen mit dem *Emergency Committee?* – bewertete er äußerst negativ:

---

[276] Postkarte (hs.) Kristeller, Rom, an Eltern, 16.1.1939 (CU, RBML, KP, Ser. E, 1.1939–1945).
[277] Postkarte (hs.) Kristeller, Rom, an Eltern, 3.1.1939 (CU, RBML, KP, Ser. E, 1.1939–1945).
[278] Postkarte (hs.) Kristeller, Rom, an Eltern, 13.1.1939 (CU, RBML, KP, Ser. E, 1.1939–1945).
[279] Postkarte (hs.) Kristeller, Rom, an Eltern, 16.1.1939 (CU, RBML, KP, Ser. E, 1.1939–1945).
[280] Brief (hs.) Kristeller, Rom, an Eltern, 22.1.1939 (CU, RBML, KP, Ser. E, 1.1939–1945).

> „Von den jüdischen Komitees habe ich nie viel gehalten und tue es auch jetzt nicht. Es herrrscht dort Vetternwirtschaft, und zu den Kreisen die dort massgebend sind habe ich niemals nähere Beziehungen unterhalten. Warum sollen sie sich gerade jetzt meiner erinnern?"

Kristellers Bitterkeit in dem letztgenannten Brief wirkt umso schroffer als er – wohl auf Nachfragen der Eltern – noch einmal detailliert die „Sache" aus Yale erläuterte, von der er „spätestens in zwei Wochen zu wissen" hoffte, „ob sie noch gelingt oder nicht". Obwohl darüber „das letzte Wort noch nicht gesprochen" wäre, würde er es „aus Kenntnis der Tatsachen" für klüger halten, nicht allzu fest darauf zu bauen, da er viele Schwierigkeiten sehe, an denen sie scheitern könnte.[281]

Drei Tage später hatte die Qual ein Ende: am Mittwoch, den 25. Januar, erhielt Kristeller nicht nur „eine Reihe guter Nachrichten aus Amerika", sondern „gleichzeitig einen Brief vom Konsulat in Neapel, dass sie neue Unterlagen für mich erhalten hätten und dass mein Antrag nun in Ordnung wäre". Erst nachdem ihm das Visum bereits ausgehändigt worden war und er eine Schiffskarte bestellt hatte, schickte Kristeller am Samstag das erlösende Telegramm an die Eltern „ABREISE AMERIKA PERFEKT",[282] „denn ich fürchtete noch immer unvermutete Hindernisse". Tags darauf erstattete er ausführlich Bericht:

> „Ich fuhr also Donnerstag selbst nach Neapel und musste auf dem Konsulat stundenlang warten, da man über meinen Fall noch weiter diskutierte. Schliesslich wurde mir nachmittags um 4 gesagt, ich könnte am nächsten Tag um 3 alles abholen. So blieb ich ganz unvorbereitet über Nacht dort, besichtigte am Vormittag das sehr schöne Museum das ich noch nicht kannte, suchte einige Freunde und Bekannte auf, die mich sehr nett aufnahmen und kriegte tatsächlich mein Visum. Sonnabend früh habe ich die Schiffskarte bestellt. (...)
> Ich hatte nur die Wahl zwischen 2 Schiffen, nun werde ich am 12. Februar von Neapel abfahren. So habe ich Zeit, hier alles in Ruhe abzuwickeln, bis zum 1. wäre ich nicht fertig geworden. (...) Ich fahre mit dem Schiff Vulcania (Touristenklasse), das am 23. Februar in New York ankommt. Von dort habe ich noch ein paar Stunden mit der Bahn zu fahren, werde mich wohl zuerst nicht dort aufhalten, da ich meinen Kurs ohnehin mit einem Monat Verspätung beginne."[283]

---

281 In den USA hatte sich zu diesem Zeitpunkt die Berufung Kristellers nach Yale bereits herumgesprochen. Manasse, der die Neuigkeit von Edelstein gehört hatte, wünschte dem Freund „von Herzen Glück" und sah mit Vorfreude dem Weiterbestehen ihrer Verbindung entgegen (Brief [hs.] Manasse, Chicago, c/o Mecklenburg, an Kristeller, 20.1.1939, in CU, RBML, KP 33.3).
282 Telegramm Kristeller, Rom, an Eltern, 28.1.1939, aufgenommen 10.22 Uhr, befördert 10.40 Uhr (CU, RBML, KP, Ser. E, 1.1939–1945).
283 Brief (hs.) Kristeller, Rom, an Eltern 29.1.1939 (CU, RBML, KP, Ser. E, 1.1939–1945).

Endlich fühlte Kristeller sich sicher genug, auch Freunde, Kollegen und Behörden von dem Erfolg zu unterrichten;[284] auch den Eltern gab er grünes Licht: „Ihr dürft die neue Nachricht nun ruhig verbreiten." Einer der ersten Gratulanten war Eduard Norden:

> „Lieber Herr Doctor! Das war eine frohe Botschaft, u. ich danke Ihnen, daß Sie mich gleich teilnehmen ließen an der für Sie so glücklichen Wendung. Yale University ist mir gut bekannt, ich verlebte dort einen schönen Nachmittag u. Abend, u. übernachtete in dem stimmungsvollen Gastzimmer auf dem Campus.[285]
> Grüßen Sie meinen lieben Studienfreund aus der Bonner Zeit Hendrickson, auch Rostovtzeff. Wie herrlich die Ihnen dort zugewiesene Aufgabe: Dienst an Platon und dessen Sänger zu sein. Nur sich selbst haben Sie das alles zu danken.
> Und nun der heraklitische Weg nach oben.
> In herzlicher Mitfreude Ihr alter E. Norden."[286]

Richard Walzers Freude war nicht ungeteilt, denn gerade in den letzten Wochen hatte er sich stark dafür engagiert, Kristeller nach England zu holen:

> „Ihre Nachricht hat mich sehr gefreut. Diese Monate in Italien müssen, bei aller Freundlichkeit des Senatore, schon gräßlich gewesen sein. Ich bin, wenn Sie wollen egoistischerweise, doch sehr traurig, daß wir nun definitiv so weit auseinanderrücken."[287]

Zwischenstation England?

Zurück in Rom, suchte Kristeller das englische Konsulat auf, mit dem er seit seiner Entlassung ebenfalls häufig in Kontakt gestanden hatte, um sich zu verabschieden. Zu seiner Überraschung wurde ihm dort mitgeteilt, „that a little later I would

---

284 So verständigte er auch das *Emergency Committee* und kündigte an, dass er unter Umständen weiterhin auf dessen Hilfe würde angewiesen sein: „I thank you very much for your kind letters. I can now inform you that I have been invited for the next term by Yale University and shall arrive at New Haven (...) on February 24th. As my appointment will last only for this term, I must try to find an other position or fellowship for the next year. It may be that I must need your help on this purpose." (Brief [hs.] Kristeller, Rom, an Drury, 29.1.1939, in NYPL, *EC*-Records 83.40).
285 Im Zusammenhang mit der Verleihung der Ehrendoktorwürde durch die Harvard University während der Dreihundertjahrfeier im September 1936: „Von New York aus besuchte Norden Hendrickson in New Haven (Yale), wo er den Studenten ‚bei einem abendlichen Zusammensein aus seinem Leben erzählt' hat" (Mensching 1992, 130, der hier aus den Lebenserinnerungen Marie Nordens zitiert; siehe auch Schröder 1999, 43 mit Anm. 117).
286 Brief (hs.) Norden, Berlin, an Kristeller, New Haven, 6.2.1939 (CU, RBML, KP 37.14).
287 Postkarte (hs.) Walzer, Oxford, an Kristeller, 12.2.1939 (CU, RBML, KP 53.17).

have received an invitation from a College in Oxford".[288] Schon am 24. November 1938 hatte er beim englischen Konsulat in Rom ein Visum für das United Kingdom beantragt,[289] was ihm zur Einreise fehlte, war eine aktuelle Einladung. Demuth ermunterte ihn dazu, einen Einreiseantrag zu stellen, denn die Auflagen der britischen Behörden seien im Vergleich zu denen anderer Regierungen relativ human:

> „Für die Einreise nach England brauchen Sie eine Art Affidavit einer in England ansässigen Person, weiter nichts. Eine Privateinladung ist völlig ausreichend."[290]

Befreundete Kollegen hatten Kristeller bereits beizeiten darauf hingewiesen, dass England neben den USA das für emigrierte Wissenschaftler wohl aussichtsreichste Fluchtland sei. Götze warnte schon 1935 davor, sich nicht zu sehr auf Italien zu verlassen.[291] Cassirer, der Kristellers wissenschaftliche Karriere in Italien von seinen Exilorten Oxford und Göteborg aus aufmerksam verfolgte, empfahl den jungen Humanismus- und Renaissanceforscher bei der Kulturwissenschaftlichen Bibliothek Warburg und dessen Leiter Fritz Saxl, zu dem auch Richard Walzer gute Beziehungen unterhielt:

> „Was Ihren Plan einer Bibliographie des ital. Humanismus betrifft, habe ich mich sofort mit der Bibl. Warburg in Verbindung gesetzt, die sich gewiss dafür interessieren wird."[292]

---

288 Kristeller/King 1994, 923.
289 „Visa for *United Kingdom* applied for in Rome 24/11/38." (Seite 8 von Kristellers Reisepass in Monfasani 2006, XVIII); auf Seite 9 war das amerikanische Immigration visa No. 1583 eingestempelt, ausgestellt am 27.1.1939. Monfasani 2006 nimmt irrtümlich an, dass es sich bei dem Vermerk des englischen Konsulats um ein gültiges visa handelte: „this passport (...) contains the visas to the United Kingdom and the United States which he later obtained to leave Italy." (XIV, Anm. 1).
290 Brief Demuth, *Notgemeinschaft Deutscher Wissenschaftler im Ausland* London, an Kristeller 17.10.1938 (CU, RBML, KP 14.1).
291 Siehe S. 436 f.
292 Brief (hs.) Cassirer, Göteborg, an Kristeller, 8.3.1937 (CU, RBML, KP 10.2): Anlass dieses Briefes waren Glückwünsche zum Erscheinen des *Supplementum Ficinianum*. Im Warburg Institute hätte Kristeller seinen Heidelberger Studienfreund und Konkurrenten Raymond Klibansky wieder treffen können, der maßgeblichen Anteil daran hatte, dass die Bibliothek Warburg im Dezember 1933 von Hamburg nach London transferiert wurde (Halfwassen 2005, Klibansky 2001, 97 f.). Das prinzipielle Interesse des Warburg Institute Kristellers „bibliographisches Handbuch" zu publizieren, wurde von Saxl in der Korrespondenz mehrfach bekräftigt, es blieb aber bei unverbindlichen Planungen (Briefe Saxl, London, an Kristeller, 16.3.1937, 2.4.1937, 1.5.1937, 10.5.1937, in CU, RBML, KP 46.4).

6.5 Zwischen Vatikan und Konsulat: Warten auf die Emigration — 495

Als Kristeller Anfang Oktober vom amerikanischen Konsulat in Rom darüber aufgeklärt wurde, dass er trotz der Affidavits von Weigand und Götze voraussichtlich zwei Jahre warten müsse, bevor er mit einem quota visa legal in die USA werde einreisen können, forcierte er seine Bemühungen, in England vorübergehend unterzukommen. Weigands Einladung, so hoffte er, würde es ihm leichter machen, „die zeitweilige Aufenthaltsbewilligung für England zu bekommen".[293] Cassirer war zuversichtlich, dass die Fürsprache der Bibliothek Warburg und Richard Walzers, der bereits im Sommer 1938 Rom verlassen hatte und nach England emigriert war, genügen würde, Kristeller zur Einreise zu verhelfen,[294] doch allein darauf wollte dieser sich nicht verlassen. Deshalb versuchte er mit Unterstützung seiner Eltern im Verwandten- und Bekanntenkreis eine Einladung von privater Seite zu organisieren:

> „Überhaupt ist meine Lage viel schwieriger als Ihr meint (...) Könnte Käthe Bordman mir nicht im Notfall eine Hauslehrerstelle verschaffen?"[295]

Anders als Walzer, der von der University of Oxford einen Dreijahresvertrag als „Lecturer in medieval Arabic philosophy" erhalten hatte,[296] sah Kristeller „aus taktischen Gründen" davon ab, sich auch in England um eine akademische Position zu bewerben, weil er nicht riskieren wollte, seine Position in Yale und an anderen US-amerikanischen Universitäten (Chicago, Ann Arbor) zu schwächen. In

---

293 Brief Kristeller, Rom, an Götze, 9.10.1938 (Yale, ULMA, Goetze Papers 12.297); Kristellers Brief an Weigand gleichen Datums wörtlich fast identisch (Kopie in CU, RBML, KP 54.6). Weigand bestätigte Kristeller in dieser Auffassung: „Ohne Zweifel aber wird Ihnen das Affidavit bei Ihren Bemühungen zustatten kommen, die Erlaubnis zu provisorischem Aufenthalt in einem anderen Land zu bekommen." (Brief Weigand, New Haven, an Kristeller, 30.10.1938, in CU, RBML, KP 54.6).
294 „Die Bibl. Warburg wird gewiss alles für Sie tun, was in ihrer Macht steht. Dort ist mein Interesse und meine Schätzung Ihrer Arbeiten auch allgemein bekannt. Vielleicht könnte auch Walzer, der jetzt in London ist (...) Ihren Fall noch einmal gründlich mit Prof. Saxl besprechen." (Brief [hs.] Cassirer, Göteborg, an Kristeller, 18.9.1938, in CU, RBML, KP 10.2). Kristeller hatte auch Saxl über seine Entlassung informiert, der aber zunächst keine konkreten Hilfen anbieten konnte: „Wir sind natürlich sehr in Sorge um sie und würden gerne helfen. Leider kann ich Ihnen aber noch nichts Positives berichten. Ich habe mich mit Miss Simpson in Verbindung gesetzt, an die Sie ja auch geschrieben hatten. Vielleicht kommt dabei doch etwas heraus." (Brief Saxl, London, an Kristeller, 18.9.1939, in CU, RBML, KP 46.4).
295 Postkarte (hs.) Kristeller, Rom, an Eltern, 20.10.1938, unmittelbar nach Erhalt von Demuths Ratschlägen vom 17.10. (siehe Anm. 290) (CU, RBML, KP, Ser. E, 1.1938).
296 Testimonial Kristeller für Walzer, New York, 22.7.1940 (University of Albany, German and Jewish Intellectual Émigré Collection, American Council For Émigrés in the Professions, Series 4: Files from Else Staudinger, Director of ACEP [originals], Folder 7.88).

einem Brief an die Eltern vom 5. Dezember erläutete er ausführlich sein strategisches Vorgehen:

> „Ich muss zwei ganz verschiedene Probleme lösen, nämlich eine Stellung in meinem Beruf finden und ein Aufenthaltsvisum für irgendein anderes Land erhalten. In der beruflichen Sache habe ich alles unternommen, was zu tun war, viel mehr als Ihr ahnen könnt. Und die Verhandlungen stehen nicht schlecht, d. h. man gibt mir Chancen an mehr als einem Ort. Nach menschlichem Ermessen müsste sich eine dieser Hoffnungen wenigstens erfüllen. Aber wissenschaftliche Institute sind keine Wohltätigkeitsanstalten, und ich habe keinerlei Garantie, dass die Lösung innerhalb der drei Monate gefunden wird, die ich noch zum Warten habe. Aus diesem Grund will ich versuchen, mir unabhängig von den beruflichen Verhandlungen ein Visum zu verschaffen, damit ich sicher bin im Notfall abreisen und irgendwo weiter abwarten zu können [sic!]. (...) Nach Lage der Dinge kommt nur England in Frage, und die Wege sind private Einladung und Hauslehrerstellung. Aus bestimmten Gründen ziehe ich zunächst die Einladung vor und werde an Käthe in diesem Sinn schreiben, sobald ich eine bestimmte Antwort in Händen habe. (...) Universitätsbeziehungen mit dieser Sache zu verquicken, ist wohl taktisch nicht richtig."[297]

Anfang Dezember hatte sich Käthe Bordman offenbar mit dem Gedanken angefreundet, Kristeller eine offizielle Privateinladung zukommen zu lassen,[298] doch war es ihr wohl nicht gelungen, eine Hauslehrerstelle zu besorgen: das brachte Kristeller in die unangenehme Lage als Bittsteller beim *Woburn House* in London um finanzielle Hilfen anzusuchen.[299] Obwohl die Zeit drängte – selbst mit einer Einladung dauerte die Bearbeitung eines Einreiseantrags mindestens zwei Monate – stellte Kristeller den Einreiseantrag für England erst nach seinem Misserfolg

---

297 Brief Kristeller (hs.), Rom, an Eltern, 5.12.1938 (CU, RBML, KP, Ser. E, 1.1938).
298 „Der Brief von Käthe ist rührend, ich warte jetzt nur noch eine Nachricht ab und schreibe ihr dann. Ich werde sie um eine Einladung bitten das wird mir vielleicht zusammen mit anderen Unterlagen helfen." – „Jetzt werde ich wohl endlich von Käthe die private Einladung bekommen, um die ich mich seit September bemühe." (Briefe Kristeller [hs.], Rom, an Eltern, 2.12.1938 und 8.12.1938, in CU, RBML, KP, Ser. E, 1.1938).
299 „Ich muss wohl auf die Hauslehrerstelle wieder zurückkommen und schreibe im Notfall auch ans Woburn House (nicht gern)." – „Am Sonntag will ich auch ans Woburn House schreiben." (Briefe Kristeller [hs.], Rom, an Eltern, 2.12.1938 und 8.12.1938 [wie Anm. 298]). Sein Antrag blieb wirkungslos: verärgert meldete er den Eltern Mitte Januar 1939, dass „das Woburn House (...) nicht einmal geantwortet" habe. (Postkarte Kristeller, Rom, an Eltern, 13.1.1939, in CU, RBML, KP, Ser. E, 1.1939–1945). Im *Woburn House* London hatte das 1938 gegründete *Co-ordinating Committee for Refugees (Interdenominational)* seinen Sitz, in dem die Repräsentanten folgender Hilfsorganisationen ihre Aktivitäten aufeinander abzustimmen suchten: *Jewish Refugees Committee (JRC), Austrian Self-Help Committee, Catholic Action for Refugees, Society of Friends, Women's International Zionist Organization (WIZO), British Council for Refugees from Czechoslovakia* und *HICEM*, ein Zusammenschluss aus *HIAS (Hebrew Immigrant Aid Society), ICA (Jewish Colonization Association)*, und *Emigdirect* (Stent 1991, 593).

beim amerikanischen Konsul in Neapel, am 9. Januar 1939.[300] Walzer war von diesem Schritt unterrichtet und riet Kristeller, zu der *Society for the Protection of Science and Learning (SPSL)*, der Nachfolgeorganisation des *AAC*, in London Kontakt aufzunehmen:

> „Sie haben also ein Affidavit und eine officielle Einladung nach Amerika. Damit müßte man nach England für eine Zwischenlösung hereinkommen (Ich persönlich hätte gewiß nichts dagegen, wenn es eine Lösung wäre). Ich würde es, wenn Ihr Antrag gelingen soll, für besser halten, kein Gesuch um Arbeitserlaubnis damit zu verbinden. Es ist vor allem wichtig an die Society zu schreiben. Dr. Saxl ist einer Ihrer Hauptvertrauensleute und hat sich dauernd sehr lebhaft für Sie interessiert. Daß er Ihnen nicht direkt geschrieben hat, bedeutet garnichts."[301]

Walzers Empfehlung klang erfolgversprechender als sie tatsächlich war: schon zwei Monate vorher hatte Saxl, wahrscheinlich auf Drängen Demuths, mit der *SPSL* darüber verhandelt, ob und wie das Warburg Institute Kristeller eine Einladung würde aussprechen können:

> „Ich sprach heute mit Miss Simpson.[302] Wir hoffen, dass etwas Geld zur Verfügung gestellt werden kann, es ist aber noch nichts versprochen. Eine Einladung kann nur unter der Bedingung an Sie ergehen, wenn wir tatsächlich das Geld haben, Sie hier zu erhalten. Sonst

---

300 „Morgen stelle ich für England allein den Antrag, nachdem ich vier Monate vergebens auf Unterlagen von dort gewartet habe. Sofort nehme ich dann auch die Korrespondenz mit den dortigen Leuten wieder auf." (Postkarte [hs.] Kristeller, Rom, an Eltern, 8.1.1939, in CU, RBML, KP, Ser. E, 1.1939–1945). Ein Antrag auf ein französisches Visum, den Kristeller mit Unterstützung Henri Jourdans schon Anfang November 1938 beim Konsulat gestellt hatte, blieb bis zu seiner Abreise in die USA unbearbeitet liegen, da die zuständigen Stellen vollkommen überlastet waren: „(...) möchte ich Ihnen mitteilen, dass ich schon vor Wochen die notwendigen Schritte in Paris unternommen habe. Allerdings sind unsere Behörden gezwungen die hunderte von Anträgen, die jeden Tag eintreffen, planmäßig zu bearbeiten." (Brief Jourdan, Institut Francais Berlin, an Kristeller, 27.12.1938, in CU, RBML, KP 25.5, und Briefe Kristeller, Rom, an Eltern, 11.11. 1938 und 8.12.1938, in CU, RBML, KP, Ser. E, 1.1938): „Der franz. Konsul wollte die neuen Unterlagen die ich zu bieten hatte nicht zur Kenntnis nehmen." (Postkarte [hs.] Kristeller, Rom, an Eltern, 8.1.1939, in CU, RBML, KP, Ser. E, 1.1939–1945).
301 Brief (hs.) Walzer, Oxford, an Kristeller, 18.1.1939 (CU, RBML, KP 53.17).
302 Esther Simpson (1903–1996) war seit Gründung des *Academic Assistance Council* am 22. Mai 1933 als Sekretärin neben Walter Adams die treibende Kraft in dieser Organisation. Ihr Engagement im *AAC* und in der *SPSL* war legendär: bis zu ihrem späten retirement 1978 (!) setzte sie sich unermüdlich für die Interessen der Refugee Academics in bzw. aus aller Welt ein; ihr Nachlass, die *Esther Simpson papers*, sind in der University of East London (UEL) aufbewahrt (http://www.academic-refugees.org/history.asp); siehe auch den Nachruf vom 24. Dezember 1996 im *Independent* (http://www.independent.co.uk/news/people/obituary-esther-simpson-1315912.html) und Scherke 2001.

können wir unter keinen Bedingungen eine solche Einladung nach den bestehenden Regeln aussenden. Wie gesagt, es besteht noch Hoffnung, dass die Sache in Ordnung kommt."[303]

Das lange Schweigen Saxls hatte Kristeller nur zu offensichtlich gezeigt, dass auch von dieser Seite mit keiner Lösung zu rechnen sei.[304] Wichtiger war ihm zu wissen, dass sein Antrag durch eine Privateinladung der Walzers unterstützt werden würde und dass er – wie 1934 in Rom – wieder auf deren Gastfreundschaft würde zählen können, wenn auch mit gewissen Einschränkungen:

> „Sie können, wenn Sie hierherkommen, gern in unserer neuen Behausung wohnen und ich bin jederzeit bereit, Ihnen diese Einladung in einem officiellen englisch geschriebenen Briefe zu bestätigen, sobald Sie ihn benötigen. Ich muß jedoch hinzufügen, daß ich Ihnen ein Zusammenleben wie bei früheren Gelegenheiten leider nicht bieten kann, vielmehr auf einer vollkommenen Trennung des äußeren Lebens bestehen müßte. Wir sind beide durch die schweren persönlichen privaten Erlebnisse der letzten Monate (...) so schwer mitgenommen, daß wir dringend für längere Zeit vollkommene Ruhe und vollkommenes Alleinsein benötigen. Aber nichts destoweniger ist die Einladung vollkommen ernst und ehrlich gemeint."[305]

Durch den zweiten Brief des amerikanischen Konsuls, der Kristeller nur sechs Tage später zugestellt wurde, waren all diese komplizierten Planspiele obsolet geworden: Kristeller blieben gerade noch zwei Wochen, in denen er endgültig von Italien Abschied nehmen musste, einem Land, das ihm beruflich wie menschlich zur zweiten Heimat geworden war.

Flucht aus Europa: Die Überfahrt mit Friedrich W. Lenz (12. – 23. Febr. 1939)

Die letzte Woche auf italienischem Boden war von hektischer Betriebsamkeit geprägt. Am 5. Februar, einem Sonntag, verließ Kristeller endgültig Rom und fuhr nach Florenz, wo er Verhandlungen mit den Verlegern führte, von Mittwoch bis Samstag hielt er sich zum letzten Mal in Pisa auf: „Umpacken und Vorbereitungen

---

303 Brief Saxl, London, an Kristeller, 10.11.1938 (CU, RBML, KP 46.4).
304 Der optimistische Walzer wollte das nicht wahrhaben, denn nur einen Tag später wiederholte er seine Aufforderung an Kristeller, er solle unbedingt die *SPSL* einschalten: „Meine Frau ist für ein paar Tage in London und schreibt mir: ‚Saxl läßt Kristeller sagen, er möchte an die Society schreiben, seine Situation auseinandersetzen und bitten, daß Sie eine vorübergehende Aufenthaltserlaubnis beim Home-Office beantragen. Das Warburg-Institute will den Antrag von sich aus unterstützen. Gleichzeitig mögen Sie ruhig die Society anweisen bei Warburg um Auskunft zu bitten.'" (Postkarte [hs.] Walzer, Oxford, an Kristeller, 19.1.1939, in CU, RBML, KP 53.17).
305 Brief (hs.) Walzer, Oxford, an Kristeller, 18.1.1939 (wie Anm. 301).

für den Transport, überall Abschiedsbesuche in Menge, dazu noch dringend laufende Korrespondenz. (...) Die Besuche und Besprechungen waren durchweg erfreulich." Mit „drei schweren Handkoffern" nahm er am 11. Februar den Nachtzug nach Neapel und schiffte sich am Nachmittag auf der MS Vulcania ein.[306] Trotz des schmerzlichen Abschieds von Freunden und Bekannten und trotz der Trennung von Europa zeigte er sich mit dem Verlauf der Ereignisse zufrieden:

> „[Ich] glaube (...) alles ganz ordentlich erledigt und disponiert zu haben. (...) Der Abschied war (...) recht schmerzlich, aber gar nicht bitter, und ich habe deswegen und auch sonst keinen Grund, mit meinem Leben in den letzten Jahren unzufrieden zu sein oder es ungeschehen zu wünschen. Der Abschluss ist allerdings nicht das, was man erwarten durfte, aber die Zeit in sich selbst war angenehm und fruchtbar und in mancher Beziehung erfreulicher als alles Frühere."[307]

Optimistisch stimmten ihn vor allem die Aussicht, in Yale „in eine Tätigkeit und in einen Kreis von Menschen" hineinzukommen, „die durchaus meinen Neigungen und meinem bisherigen Leben entsprechen, und alles kommt mir mit persönlichem und sachlichem Interesse entgegen, wie ich aus den Briefen sehe. Dazu finde ich dort viele von meinen alten Freunden wieder".

Für die elftägige Reise auf dem „schwimmenden Hotel" hatte er sich vorgenommen, sein Plotin-Seminar auszuarbeiten und gleichzeitig seine Englisch-Kenntnisse zu vertiefen:

> „Vorbereiten muss ich mich auf der Überfahrt, zum Glück ist es ein Thema, das ich gut kenne. Englisch will ich auch auf dem Schiff treiben, ich werde dazu die Lektionen alle niederschreiben und mir von Freunden durchsehen lassen."[308]

> „Ich muss jetzt [13.2.] auf dem Schiff anfangen mich etwas zu präparieren, damit ich bald anfangen kann, d. h. Plotin lesen und etwas Englisch treiben. Das Programm kann ich im Einzelnen erst machen, wenn ich genauer über die Vorbildung der Studenten Bescheid weiss."[309]

---

306 Die MS Vulcania fuhr von März 1937 bis März 1940 für die „Italian Line" auf der Route Triest-Neapel-New York (siehe Miller 1999, 20f. und 63 mit Abb.). Fast sechs Jahrzehnte nach der Überfahrt glaubte Kristeller irrtümlich von Genua aus abgefahren zu sein (*Recollections* 1996, 11).
307 Brief (hs.) Kristeller, Palermo (an Bord der Vulcania), an Eltern, 13.2.1939 (CU, RBML, KP, Ser. E, 1.1939–1945).
308 Brief (hs.) Kristeller, Rom, an Eltern, 29.1.1939 (CU, RBML, KP, Ser. E, 1.1939–1945).
309 Brief (hs.) Kristeller, Palermo, an Eltern, 13.2.1939 (CU, RBML, KP, Ser. E, 1.1939–1945).

Zwei Bekannte traf er auf dem Schiff, einer von ihnen war sein früherer Latein- und Griechischlehrer am Mommsen-Gymnasium Friedrich W. Lenz.[310] Schon zu Beginn von Kristellers Italienaufenthalt im Februar 1934 hatten sich beider Wege überraschend gekreuzt, diesmal war die Begegnung noch merkwürdiger, denn Lenz war nicht nur zufällig auf demselben Schiff, er hatte sogar das gleiche Reiseziel, da er durch die Vermittlung von Hendrickson als „Honorary Fellow" ebenfalls an die Yale University eingeladen war, allerdings nicht mit einem Immigration-, sondern nur mit einem Visitor's visa.[311]

Während eines Ausfluges in Algier kam es zu einem Zwischenfall, den Kristellers Reisegefährte scherzhaft zu einem großen Skandal aufbauschte:

> „In diesen Tagen ist es übrigens gerade ein Jahr her, dass Sie in Algier in verrufenen Gässchen auf dunkle Abwege zu gehen versuchten und von mir gerettet werden mussten wie die berühmten Gefährten des Odysseus vor den Sirenen. *Che vergogna!*"[312]

Kristeller war lediglich, wie er amüsiert auch den Eltern mitteilte, „zu allgemeiner Belustigung von einer ältlichen verschleierten Araberin um die Schulter gefasst"

---

310 Interessanterweise erwähnte Kristeller in den Briefen an seine Eltern die Begegnung mit Lenz nur andeutungsweise: „Auf dem Schiff traf ich zwei Bekannte, mit dem einen esse ich auch am selben Tisch zusammen." – „An Bord hatte ich sehr nette Gesellschaft, mit einem alten Bekannten sass ich auch bei Tisch zusammen." (Briefe [hs.], Kristeller, Palermo bzw. New Haven, an Eltern, 13.2.1939 und 25.2.1939, in CU, RBML, KP, Ser. E, 1.1939–1945). Hintergrund dieser Diskretion war die Angst vor der deutschen Briefzensur und die damit verbundene Sorge, die in Europa Zurückgebliebenen in Gefahr zu bringen: im Falle Lenz konnte die vierköpfige Familie die Überfahrt nicht gemeinsam antreten, Mali Goldmann-Lenz wartete mit dem jüngeren Sohn zunächst in Holland die Nachrichten ihres Mannes aus Yale ab, bevor sie Ende März 1939 ihrerseits in die USA ausreiste. (Postkarte [hs.] Lenz, Forest Hills, N.Y., an Kristeller, 15.3.1939, in CU, RBML, KP 30.8). In seinem ersten Brief aus New Haven bat Kristeller seine Eltern um Verständnis für so manche notwendige Verschwiegenheit: „Die [Situation hier] ist in wenigen Worten schwer zu beschreiben, manches wird Euch vielleicht enttäuschen, vieles kann ich Euch nicht schreiben, um nicht eventuell den Leuten die mir helfen Ungelegenheiten zu bereiten. Da müsst Ihr eben etwas Geduld haben das Misstrauen gilt nicht Euch und ist leider durch die Umstände gerechtfertigt." (Brief Kristeller [hs.] an Eltern, 25.2.1939, in CU, RBML, KP, Ser. E, 1.1939–1945).
311 Es grenzt an ein Wunder, dass der amerikanische Konsul Lenz ein Visitor's visa ausstellte: sein Status als „Honorary Fellow" war eher noch geringer als der Kristellers, da er nur zu vier Gast-Vorträgen eingeladen war (ebenfalls ohne Honorar!), und auch er hatte als deutscher Jude keinerlei Möglichkeit, nach Italien zurückzukehren (siehe Ahls biographische Einleitung zu Lenz 1972, VII, und CU, RBML, Kristeller, *Reminiscences* Vol. 3, Interview 9, 361).
312 Brief Lenz, New Haven, an Kristeller, 13.2.1940 (CU, RBML, KP 30.8): das italienische Zitat (zu deutsch „Was für eine Schande bzw. Welche Scham!", wie das englische „What a shame!") ist handschriftlich.

worden,³¹³ doch Lenz fühlte sich durch dieses Ereignis zu einem parodistischen Gedicht mit dem Titel „ΗΘΟΣ ΑΝΘΡΩΠΩΙ ΔΑΙΜΩΝ" inspiriert, das er dem ‚in Versuchung geführten' Kristeller kapriziös widmete:

> „Für Paul Oskar Kristeller auf seinen Wunsch, da er teilnahm an einem sehr seltsamen und tiefen Erlebnis. Palermo-Lissabon, Februar 1939, F. Lenz"³¹⁴

Bei seiner Ankunft in New York am 23. Februar wurde Kristeller bereits erwartet: beim Aussteigen wurde er von einer Repräsentantin eines Komitees und einem Herrn begrüßt, der ihm „durch Verwendung [s]einer italienischen Freunde bereits eine Unterkunft in der Stadt besorgt hatte".³¹⁵ Er war aber doch erleichtert, dass „all dies nicht nötig" war, da die Weigands „aus New Haven extra mit dem Auto hingekommen" waren um ihn abzuholen und alles für ihn zu erledigen. Man blieb nur wenige Stunden in New York, sodass Kristeller kaum Zeit fand, ein Telegramm an die Eltern zu schicken („ARRIVED WELL"),³¹⁶ und fuhr noch am Nachmittag zurück nach New Haven.³¹⁷

6.6 Dritte Karriere in den USA

Teaching Fellow an Yales Graduate School (Spring term 1939)

Die Bedingungen, die Kristeller in Yale vorfand, waren im Rahmen der beschränkten Möglichkeiten seiner Stellung als „einer Art Gastdozent" auffallend großzügig: er hatte ein eigenes Postfach im Department und einen eigenen Ar-

---

313 Brief (hs.) Kristeller an Eltern, 25.2.1939 (wie Anm. 310).
314 „Wo kamst du her und welches Grames Schweigen / Belastet Dir den Blick? /So trugst Du nicht erkannt / Des nie entwirrten Dunkels Last. Mich neigen / Dem Schmerz den deines Mundes Zucken mir gestand / Ist Qual und Glück mir (...)" [insgesamt 18 Verse]. Lenz widmete Kristeller noch ein zweites Gedicht auf der Überfahrt mit dem Titel ‚Selbstporträt Tintorettos' („L'autoritratto di Jacopo Robusti detto il Tintoretto") „Ricordo di una città molto amata ed odiata di più", „A Paul Oskar Kristeller come ricordo di molte conversazioni, F. Lenz, 18.2.1939" (6 Verse; beide Gedichte hs. auf m/n VULCANIA Briefpapier, in CU, RBML, KP 30.8).
315 Dabei handelte es sich um Prof. Peter Riccio, der im Namen des Leiters der Casa Italiana an der Columbia University, Kristellers Freund Giuseppe Prezzolini, den Neuankömmling willkommen hieß. (Kristeller, *Recollections* 1996, 11, KP N 22): angeblich wurde er auch von „relatives living in New York" begrüßt (ebda.; doch nichts davon in Kristellers Brief an die Eltern vom 25.2.1939).
316 Telegramm Kristeller, New York, an Eltern, 23.2.1939, befördert 21.00 Uhr (CU, RBML, KP, Ser. E, 1.1939–1945).
317 Brief Kristeller an Eltern, 25.2.1938 (wie Anm. 310).

beitsplatz in der Bibliothek; von der Universität bekam er zwar kein Gehalt, doch hatte er auch nur „ganz wenige Studenten in höheren Semestern" zu unterrichten, eine Aufgabe, der er freudig entgegensah. Für seine Unterbringung war „von privater Seite auf rührendste Weise gesorgt worden:

> „Zwei mir persönlich bekannte Professoren, die mir Affidavits gegeben hatten [Weigand und Götze], haben sich auch der Universität gegenüber für meinen Unterhalt verbürgt. Der eine hat mich als Gast in sein Haus aufgenommen, der andere eine kleine monatliche Geldsumme zu meiner Verfügung gestellt – von dieser werde ich allerdings erst Gebrauch machen, wenn ich das aus Italien mitgebrachte Geld aufgebraucht habe."[318]

Da Weigands auf dem Lande wohnten, in der Nähe von Bethany, einer etwa zehn Meilen[319] außerhalb von New Haven gelegenen Kleinstadt, musste Kristeller sich mit Hermann Weigand abstimmen, der mit dem eigenen Auto zur Universität fuhr. Doch schon am ersten Tag boten ihm zwei Kollegen, darunter Theodor Ernst Mommsen,[320] „Nachtquartier in ihrem Hause" an, wenn er einmal „länger in der Stadt zu tun" hätte.

---

318 Brief Kristeller an Eltern, 25.2.1938 (wie Anm. 310): Die Herkunft dieses aus Italien mitgebrachten Geldes ist legendär: Gentile hatte bei seinen Verhandlungen im Sommer 1938 zwar nicht Kristellers Entlassung verhindern können, doch er setzte bei Mussolini offenbar die Zahlung einer hohen Entschädigung durch, eine Art vorgezogene „Wiedergutmachung" in Höhe von Lit. 3500 (etwa ein halbes Jahresgehalt an der Scuola), die Ende Oktober 1938 dem ahnungslosen Kristeller bei einer Vorladung auf dem Polizeipräsidium in Rom in einem Umschlag ausgehändigt wurde. Er wagte nicht die Annahme dieses „dono personale del Duce" zu verweigern, fand es aber doch unter seiner Würde seine Empörung gegen Geld zu verkaufen („La situazione era umiliante, non volevo vendere il mio sdegno") und stiftete die gesamte Summe der Scuola. Als Gegenleistung bat er „Maestro" Gentile lediglich darum „to donate to me a small sum of money that would cover the price of the ticket on the steamboat (...) and also to cover my first expenses after my arrival to America." (CU, RBML, Kristeller, *Reminiscences*, Vol. 3, Interview 8, 349–353; Kristeller/King 1994, 924; Kristeller, *Recollections* 1996, 10 f.; Simoncelli 1994, 85; Turi 1995, 477; Mian 1996, 19). Zusätzlich hatte Kristeller noch Zugriff auf ein Schweizer Bankkonto, auf das er das *AAC*-Stipendium eingezahlt hatte, das ihm 1935 bewilligt worden war (CU, RBML, Kristeller, *Reminiscences*, Vol. 2, Interview 7, 271; siehe auch S. 426, Anm. 64 und S. 435, Anm. 93). In den Kristeller-Papers findet sich das Original des ‚Schenkungsbescheides' an Gentile, mit einer deutlich höheren Summe als der von Kristeller erinnerten: „In relazione ala lettera da Voi diretta al DUCE in data 8 settembre u.s. (...) Il DUCE (...) ha disposto che al medesimo venga elargita la somma di L. 5000= per metterlo in condizione di sostenere più agevolmente le spese di trasferimento." (CU, RBML, KP 18.5; siehe auch S. 459).

319 Kristeller schätzte die Entfernung auf etwa 20 km (Brief [hs.] Kristeller an Eltern, 5.3.1939, in CU, RBML, KP, Ser. E, 1.1939–1945).

320 „Mommsen also accepted me as a house guest whenever it was convenient for me to commute from Weigand's home in the suburbs." (Kristeller/King 1994, 925).

Schon vor Kristellers Ankunft in Yale hatten seine Unterstützer Verhandlungen mit anderen Instituten bezüglich einer Anstellung im akademischen Jahr 1939/40 geführt. Auf Empfehlung des Kardinals Giovanni Mercati von der Biblioteca Vaticana hatte Edward K. Rand Kristeller zu einem „gut bezahlten" Vortrag vor dem Philosophy Club in Harvard eingeladen,[321] Bainton war es gelungen, ihm eine Einladung zu einem Vortrag während der Spring Conference der *American Society of Church History* Ende April im Theological Seminary in Princeton zu vermitteln, mit der Zusage, dass er „sofort gedruckt werden" würde:[322] andere Vortragseinladungen seien in Aussicht. Götze empfahl Kristeller für eine Stelle als „Instructor for Italian" an die University of Delaware und pries nicht nur seine fachlichen, sondern vor allem seine ethisch-charakterlichen Stärken:

> „It happens that a highly qualified man who may be fit for this position is just coming from Italy to this country (...). He is perfect in Italian and at the same time one of the foremost authorities in the field of Renaissance philosophy. (...) As a personality Kristeller belongs to the finest type. He is thoroughly educated, of rare gifts, and yet very modest. I do not hesitate to state that there are few men whom I would recommend with the same unqualified enthusiasm."[323]

Emergency Committee, Letzter Antrag (No. 5)

Die „vielen Sympathien" in Yale und der „starke Rückhalt" an Bainton erleichterten es Kristeller vom ersten Tag an Eigeninitiative zu ergreifen: er nahm seine Korrespondenz unverzüglich wieder auf und organisierte für die nächsten drei Monate ein erstaunlich dichtes Reiseprogramm zu Universitäten und Hilfsorganisationen an der Ostküste. Schon wenige Tage nach seiner Ankunft wandte er sich an das *Emergency Committee* und stellte seinen baldigen persönlichen Besuch in New York in Aussicht. Selbstbewusst verwies er auf seinen Status als „Teaching Fellow" an Yales Graduate School und auf die Einladungen zu „visitor lectures at Harvard, Princeton and Michigan Universities" und appellierte an die Unterstüt-

---

321 Siehe Kristeller, *Recollections* 1996, 12. Das Honorar war für Kristeller unverzichtbar, da seine Bewerbungsreisen in den ersten Wochen sehr kostspielig waren: „Der Vortrag war auch gut bezahlt, so dass viel mehr als die Reisekosten dabei herauskamen." (Brief [hs.] Kristeller, New Haven, an Eltern, 18.4.1939); wie schon in Italien dachte Kristeller auch jetzt weit voraus und plante mit dem Harvard-Honorar die Reisekosten für die Vortragsreise nach Ann Arbor im August zu begleichen: „der eine [Vortrag] wird bezahlt und deckt mindestens die Unkosten einer Reise in den Middle West." (Brief [hs.] Kristeller, New Haven, an Eltern, 25.2.1939, beide in in RBML, KP, Ser. E, 1.1939–1945).
322 Der Vortrag erschien tatsächlich bereits im September 1939, in der von der *ASCH* herausgebenen Zeitschrift *Church History* (Kristeller 1939).
323 Brief Götze an C. E. Byam, Univ. of Delaware, 13.2.1939 (Yale, ULMA, Goetze Papers 12.297).

zung des Komitees bei seinen Bemühungen um eine berufliche Etablierung im nächsten Jahr:

> „My appointment is valid only for the present term, and I have no certain hopes that I shall have the possibility to remain at Yale for the next year. So I must try already in this moment to find some position or fellowship elsewhere. I should be very thankful to you, if you would help me somehow in these efforts, and I hope it will be a little easier now as I have already passed the immigration difficulties."[324]

Die Voraussetzungen für einen erfolgreichen Antrag schienen diesmal günstiger: am 14. Februar, so Drury in ihrem Antwortschreiben, sei ein prominenter Fürsprecher im Office zu Besuch gewesen, Sir William David Ross, Provost des Oriel College in Oxford und Präsident der British Academy, der Kristeller als „very good classical scholar" gepriesen und damit Jaeger in seinem positiven Urteil bestätigt habe.[325] Einen Monat später bat Ross telephonisch um alle Testimonials, die beim *EC* zu Kristeller eingegangen seien, und kündigte an sich mit Kristeller in New York treffen zu wollen. Ergebnis dieser Begegnung war ein glänzendes Gutachten von Ross, das Kristeller am 6. April beim *EC* einreichte:[326]

> „Dr. P. O. Kristeller is known to me as one of the most promising of the younger German scholars in the field of history of philosophy. He had an excellent classical training, and has published very good contributions to the study of Plotinus. More recently he has for several years devoted himself to the intellectual side of the Italian Renaissance, and especially to the study of Marsilio Ficino. Any university interested in Renaissance studies would find him a valuable addition to its staff, and it is much to be hoped that some American university may find the opportunity to attach him permanently to its faculty: it would in doing so be making a valuable contribution to the study of the history of ideas."[327]

Ross versuchte sogar Abraham Flexner, den Direktor des *Institute for Advanced Study*, für Kristeller zu interessieren, „in der Hoffnung, Sie [i.e. Kristeller] könnten

---

324 Brief (hs.) Kristeller, New Haven, an *EC*, 27.2.1939 (NYPL, *EC*-Records 83.40)
325 *EC*-Interview Memorandum, 14.2.1939 (Gedächtnisprotokoll über Ross' Besuch) und Brief Drury, *EC*, an Kristeller, 3.3.1939 (NYPL, *EC*-Records 83.40). Der Aristoteles-Spezialist Ross – er war 1939–1940 Präsident der Aristotelian Society – lehrte in den ersten Monaten des Jahres 1939 als Visiting Professor an der Columbia University: bei seinem Besuch beim *EC* setzte er sich nicht nur für Kristeller, sondern auch für Solmsen ein, der befürchten musste, seine Stellung am Olivet College zu verlieren, und gab dabei eine interessante Wertung ab: Solmsen (als Privatdozent in Berlin immerhin einer von Kristellers Lehrern) wäre „as good as Kristeller!"
326 Telephone Conversation *EC*, 10.3.1939; Brief (hs.) Ross an Drury, 13.3.1939; Brief (hs.) Kristeller an Drury, 6.4.1939 und Brief Drury an Kristeller, 11.4.1939 (in NYPL, *EC*-Records 83.40).
327 Testimonial Ross, Columbia University, Department of Philosophy, (Kopie, undatiert, zwischen 13.3. und 6.4.1939, in NYPL, *EC*-Records 83.40).

vielleicht an einem Research Institute in Princeton unterkommen", wie er Jaeger brieflich mitteilte.[328]

„In irrsinniger Hetze": Bewerbungs- und Vortragsreisen (März – Mai 1939)

Spring Break, Erste Reise: New York (30. März – 5. April 1939)

Die unterrichtsfreie Zeit von Ende März bis Mitte April nutzte Kristeller zu einem einwöchigen Aufenthalt in New York. Glücklicherweise konnte er „in einem Institut" (wahrscheinlich in der Casa Italiana) wohnen, denn Freunde, die noch im Herbst 1938 generös versprochen hatten ihn aufzunehmen, hatten ihre Einladung kurzfristig zurückgezogen:

> „Die Freunde haben keinen Platz für mich, und die Betten die schon bezogen waren als ich noch in Italien war, sind offenbar wieder abgezogen worden."[329]

Kristeller fand sich gut zurecht, die Stadt gefiel ihm sogar: „Der Eindruck", so berichtete er seinen Eltern nach seiner Rückkehr nach New Haven, „ist durchaus imponierend, und was die Hochhäuser im modernen Stil betrifft, auch schön und eigenartig." Er hatte sich viel vorgenommen, deshalb verbrachte er „die Zeit wie üblich in irrsinniger Hetze": Er traf nicht nur „eine Unmenge Leute an der [Columbia] Universität und an ein paar anderen Hochschulen", sondern verhandelte auch „mit einigen Komitees und Stiftungen."[330] Julius Held, den er fast jeden Abend aufsuchte, wird ihm bei der Vor- und Nachbereitung seiner Vorstellungsgespräche sicherlich geholfen haben.

Sein erster Weg führte ihn in das Büro des *Emergency Committee*, wo Miss Drury den Besuch zu Protokoll nahm: sein Spezialgebiet sei „history of philosophy", doch er würde auch Stellen in „Classics or Italian or German" akzeptieren; als Referenzen gab er fünf Professoren aus Yale (Bainton, Calhoun, Goodenough, Weigand und Götze) und drei von Columbia an (Bigongiari, Ross und der Re-

---

[328] Brief Jaeger, Chicago, an Kristeller, 29.3.1939. Die Hoffnungen Jaegers, McKeons und Ullmans, mit einem zweiten Vorstoß beim Philosophy Department der Chicago University zugunsten Kristellers erfolgreicher zu sein als im Vorjahr, erfüllten sich leider nicht, denn „die Haltung der Verwaltung" gegenüber Emigranten sei, so Jaeger, „im Lauf der letzten Monate zurückhaltender" geworden (Briefe Jaeger, Chicago, an Kristeller, 12.3.1939 und 29.3.1939, beide in CU, RBML, KP 24.10).
[329] Brief (hs.) Kristeller, New Haven, an Eltern, 29.3.1939 (CU, RBML, KP, Ser. E, 1.1939–1945).
[330] Brief (hs.) Kristeller, New Haven, an Eltern, 7.4.1939 (CU, RBML, KP, Ser. E, 1.1939–1945).

naissance-Spezialist Lynn Thorndyke), daneben Jaeger und McKeon von Chicago und Rand aus Harvard.[331]

Während seiner Verhandlungen mit Repräsentanten der Universitäten kam Kristeller sich wie ein Handlungsreisender vor: er werde „von Hand zu Hand gereicht" und müsse immer wieder seinen „Musterkoffer" hervorziehen und Bücher und Dokumente auspacken, eine Prozedur, die in seinen Augen „sehr würdelos" war, für alle anderen Beteiligten aber offenbar „nicht ungewöhnlich". Alle Besprechungen wurden in einem Durcheinander von Deutsch, Italienisch und Englisch geführt. Seine Gesprächspartner wären „nicht nur höflich, sondern kannten z.T. schon [s]einen Namen und waren ausnahmslos optimistisch für [s]eine Zukunft."[332] Das wichtigste Ergebnis der Reise, ein Vortrag an Columbias Casa Italiana in der zweiten Maiwoche, meldete er zwar an das *Emergency Committee*[333] und an seinen Freund Abrahamsohn,[334] nicht aber seinen Eltern; ihnen gegenüber beschränkte er sich auf Andeutungen:

> „Eine Stellung wird dabei nicht herauskommen, aber viele Referenzen und Empfehlungen, vielleicht ein paar Vorträge, vielleicht auch eine Notlösung für den nächsten Winter."[335]

Als Kristeller nach Yale zurückkam, „ging die Hetze weiter, trotz der Osterferien." Die Besprechungen in New York zogen „eine riesige Korrespondenz" nach sich, zudem war seine Postbox im Department angefüllt mit einem Packen z.T. wichtiger Briefe. Ein charakteristisches Merkmal des amerikanischen Lebensstils, das ihm schon im Hause Weigand aufgefallen war, der „Mangel an Bedienung",[336] machte sich in der vorlesungsfreien Zeit auch an der Universität bemerkbar, er musste seine Dokumente selber abtippen und mit der institutseigenen Vervielfälti-

---

331 *EC*-Office Memorandum (hs.), 31.3.1939 (NYPL. *EC*-Records, 83.40).
332 Brief (hs.) Kristeller, New Haven, an Eltern, 7.4.1939 (wie Anm. 330).
333 Brief Drury, *EC*, an Kristeller, 4.5.1939 (NYPL. *EC*-Records, 83.40).
334 „Eni [Jablo?] hat mir Deinen Brief gegeben und die pompöse Anzeige Deines Vortrages in der Casa Italiana. Da werde ich also – sofern ich (hoffentlich!) in New York bin – hinkommen, trotz meiner eingeborenen Abneigung gegen Vorträge. Wenn jemand zu laut schnarcht ... oder zu laut Beifall klatscht, weisst Du in beiden Fällen, dass ich es bin. Ich freue mich, Dich in kurzem wiederzusehen." (Brief Abrahamsohn, New York 8 E 54th St., an Kristeller, 5.5.1939, in CU, RBML, KP 1.2).
335 Brief (hs.) Kristeller, New Haven, an Eltern, 7.4.1939 (wie Anm. 330).
336 „Im Haus ist alles sehr genau geregelt, und da wir fast keine Bedienung haben, so habe ich schon manche Künste gelernt, über die sich Mutter freuen würde. Abwaschen, Stiefelputzen, Aufräumen etc." / „(...) ich fange an mich an alles zu gewöhnen: Die verrückte Tageseinteilung, das Gehetze, den Mangel an Bedienung, die grosse Selbstverständlichkeit und Diskretion menschlicher Beziehungen und vieles andere." (Briefe [hs.] Kristeller, New Haven, an Eltern, 5.3.1939 und 29.3.1939, in CU, RBML, KP, Ser. E, 1.1939–1945).

gungsmaschine kopieren, eine Tätigkeit, die zwei wertvolle Tage in Anspruch nahm. Die Zeit drängte, bereits am 11. April war er vom Sekretär des *Oberlaender Trusts* zu einem Gespräch nach Philadelphia eingeladen worden. Im Mittelpunkt dieser zweiten Bewerbungstour mit insgesamt vier Stationen in sieben Tagen stand Kristellers erster offizieller Vortrag auf amerikanischem Boden, vor dem Philosophy Club der Harvard University, auf den er große Hoffnungen setzte.[337]

Spring Break, Zweite Reise: Philadelphia, Princeton, Cambridge (11. – 17. April 1939)
Verhandlungen mit dem *Oberlaender Trust* 1
Schon im Vorfeld der Reise nach New York hatte Kristeller den *Oberlaender Trust* angeschrieben – „at suggestion of Mr. Moe" – und um Unterstützung gebeten. Der Inhalt des Briefes lässt sich anhand eines Kurzprotokolls rekonstruieren, das in den Akten des Oberlaender *Trusts* erhalten ist:

> „Is giving a course on Plotinus at Yale Grad. Schl. by invitation, which enabled him to come to this country. Has no hope he can remain at Yale next year. Has good hopes for future. Would like a research fellowship grant for one year to continue his research and his efforts to find permanent position."[338]

Nach seiner Rückkehr nach New Haven fand Kristeller einen Brief vor, in dem ihm der Sekretär dieser Organisation, Dr. Wilbur K. Thomas, versicherte, dass die Trustees des *OT* auf ihrem nächsten Meeting über seinen Antrag („request") beraten würden. Für ein persönliches Gespräch schlug er zwei mögliche Termine vor, am 11. April in seinem Büro in Philadelphia, oder am 18. April im Hotel Astor in New York, um zwei Uhr nachmittags:[339] Kristeller, der das Gefühl hatte, „dass die nächsten Tage und Wochen für [ihn] entscheidend" wären und „ohne eigentlichen realen Grund ganz zuversichtlich" war,[340] maß diesem Treffen eine große Be-

---

337 Glücklicherweise hatte er sowohl den Vortrag für Harvard als auch den für Princeton noch vor Beginn der Osterferien fertiggestellt und mit einem bekannten Studenten auf Sprachrichtigkeit durchkorrigieren lassen (Brief [hs.] Kristeller an Eltern, 24.3.1939 und 29.3.1939, in CU, RBML, KP, Ser. E, 1.1939–1945).
338 Formblatt ‚Data Prior to/Following Arrival in U.S.A.', 22.10.1940, No. 26 ‚Agency Contacts', Rubrik ‚Need or Request of Refugee'. Dieser Brief ist nicht erhalten, doch bei der Datierung (6.4.1939) handelt es sich offenbar um eine Verschreibung, denn Thomas antwortete schon am 1.4. auf Kristellers Anfrage. Unter der Rubrik ‚Action Taken by Agency' ist vermerkt: "Granted up to $ 750 for academic year 1939–40." (YIVO, Microfilm *OT*).
339 Brief Thomas, *OT*, Philadelphia, an Kristeller, New Haven, 1.4.1939 (CU, RBML, KP 51.9).
340 Brief (hs.) Kristeller, New Haven, an Eltern, 10.4.1939 (CU, RBML, KP Ser. E, 1.1939–1945).

deutung bei: deshalb entschied er sich kurzerhand für den früheren Termin und arrangierte eine „anstrengende und interessante Reise": Am Dienstagmorgen um 7 Uhr nahm er den Zug nach Philadelphia, für Mittwoch, den 12. April, hatte er geplant in Princeton Besuche zu machen, um von dort mit dem Nachtzug nach Boston zu fahren, da er bereits für Donnerstag mittag in Harvard angemeldet war.[341]

Die Gespräche mit Thomas in der Zentrale des *Oberlaender Trust* (225 South 15th Street Philadelphia) verliefen mehr als zufriedenstellend: offenbar hatten die Trustees auf ihrer Sitzung Kristeller als besonders förderungswürdig eingestuft, denn in den nächsten Wochen wurde ihm mehrfach signalisiert, dass er im Falle eines Stellenangebots mit der finanziellen Unterstützung des *OT* fest werde rechnen können:

> „Please keep us advised concerning any possible openings for you. We are ready to consider assistance when there is a definite opening."
>
> „Just as soon as you have some definite proposition from a college or university, please let us know as we are ready to start helping you become established."[342]

Diese prinzipielle Zusage sollte Kristellers Position in den nächsten Wochen erheblich verbessern, auch wenn aktuell noch keine offene Stelle in Sicht war. Den Abend und die Nacht verbrachte er bei Hans Wallach und seiner Frau in Swarthmore, Freunden aus der Berliner Zeit.[343] Von dort fuhr er am 12. April nach Princeton, wo er „wieder viele Besuche zu machen hatte" und „sehr nett" empfangen wurde: vermutlich stellte er sich am Princeton Theological Seminary vor, wo Ende April die Frühjahrskonferenz der *American Society of Church History* stattfinden sollte, zu der Kristeller auf Vermittlung Baintons als Redner eingeladen war. Thema der Besprechungen dürften auch die Modalitäten der Publikation des Vortrages gewesen sein, der unmittelbar nach der Konferenz in der Zeitschrift *Church History* erscheinen sollte.[344]

---

341 Brief (hs.) Kristeller, New Haven, an Eltern, 18.4.1939 (CU, RBML, KP Ser. E, 1.1939–1945).
342 Briefe Thomas, *OT*, an Kristeller, 3.5.1939 und 6.5.1939 (CU, RBML, KP 51.9).
343 Hans Wallach (1905–1998) hatte vor der erzwungenen Emigration sein Studium der Psychologie in Berlin im letzten Moment (1934) mit der Promotion abgeschlossen und war seit 1936 Research Associate am Swarthmore College (Giardinell 2002, 39.).
344 Bei dieser Gelegenheit trat Kristeller auch der *American Society of Church History (ASCH)* bei (Formblatt ‚Data Prior to/Following Arrival in U.S.A.', No. 30 ‚Special honors, activities etc.', 22.10.1940 (YIVO, Microfilm *OT*).

Vortrag 1: Harvard University, Philosophical Club (14. April 1939)

Der äußere Ablauf von Kristellers Besuch in Harvard lässt sich anhand zweier Briefe an die Eltern gut nachvollziehen, wenig Konkretes wissen wir leider von der Resonanz, die sein Vortrag zum Thema „The Place of the Soul in Marsilio Ficino's Theory of the Universe"[345] im Philosophical Club vor „sehr anspruchsvollem Publikum"[346] fand. Nach seiner Ankunft am frühen Morgen des 13. April, einem Donnerstag, traf er ein paar alte Bekannte und sah im Verlauf des Tages „eine Unmenge Menschen". „Der Empfang war sehr ehrenvoll, der Verlauf der Unterredungen ermutigend"; besonders wichtig war es ihm „mit mehreren Instituten und Zeitschriften" Kontakte anzuknüpfen. Vor dem eigentlichen Vortrag am Freitagabend „gab es ein Professorendinner [ihm] zu Ehren," die Reception sponserte der Philosophieprofessor Ralph Barton Perry.[347] Ohne Namen zu nennen, sprach er von „drei grossen Tieren", die seinem Vortrag „persönlich" zugehört hätten, und von „einer[r] Reihe jüngerer Dozenten".[348] Erleichtert konnte er im Nachhinein feststellen, „dass man in Harvard einen guten Eindruck von mir und meinem Vortrag hatte", das würde wenigstens „einflussreiche Empfehlungen" einbringen, selbst wenn noch keine „bestimmteren Aussichten da" seien.[349] In finanzieller Hinsicht erwies Harvard sich als sehr großzügig: Kristeller war für die gesamte Dauer seines Aufenthaltes (bis Sonntag, den 16. April) „Gast der Universitätscolleges", leitmotivisch ist in den Briefen mehrfach davon die Rede, dass der Vortrag sehr gut bezahlt gewesen sei.[350] Nach einem Abstecher nach Providence, dem Sitz der Brown University, kehrte Kristeller nach New Haven zurück, wo er am 19. April nach zweiwöchiger Unterbrechung sein Plotin Seminar weiterführte.

Das Plotin-Seminar

Bis zu Beginn der Osterferien hatten Kristeller und seine wenigen Hörer sich in insgesamt fünf Sitzungen gut aufeinander einstellen können. Am Vortag seiner Abreise nach New York schrieb er zufrieden an seine Eltern, dass das Plotinseminar „recht nett" vorangehe. Dabei war der Start nicht gerade einfach: fünf

---

345 Anhang ‚List of Lectures given by Dr. Paul Oskar Kristeller' zu Formblatt ‚Data Prior to/ Following Arrival in U.S.A.', 22.10.1940 (YIVO, Microfilm OT).
346 Brief (hs.) Kristeller, New Haven, an Eltern, 24.3.1939 (CU, RBML, KP, Ser. E, 1.1939–1945).
347 Kristeller, *Recollections* 1996, 12.
348 Brief (hs.) Kristeller, New Haven, an Eltern, 18.4.1939 (CU, RBML, KP, Ser. E, 1.1939–1945).
349 Brief (hs.) Kristeller, New Haven, an Eltern, 25.4.1939 (CU, RBML, KP, Ser. E, 1.1939–1945).
350 Briefe (hs.) Kristeller an Eltern 25.2., 11.3. und 18.4.1939 (CU, RBML, KP, Ser. E, 1.1939–1945).

Wochen mussten die graduate Studenten, die sich für das Seminar angemeldet hatten, auf Kristeller warten, statt wie geplant am 25. Januar konnte das Seminar erst am Mittwoch, dem 1. März beginnen. Für die ersten Sitzungen musste er sehr viel Zeit investieren, denn seine intensive Beschäftigung mit Plotin lag mehr als zehn Jahre zurück:

> „(...) zunächst habe ich reichlich zu tun um meinen Kurs zu präparieren, da ich doch Plotin seit Jahren nicht mehr gelesen und auch die neueste Literatur nicht mehr verfolgt hatte. Zum Glück ist die Bibliothek recht gut versehen, so dass ich schnell hereinzukommen hoffe."[351]

Dass die erste Stunde dennoch „ganz gut ging", lag zu seiner Überraschung nicht zuletzt an seinen Englischkenntnissen: „mit meinem Englisch ist man leidlich zufrieden, offenbar sind schon Leute in meiner Lage mit noch geringeren Sprachkenntnissen hier angekommen." Obwohl er sich in diesen Wochen „noch nicht sehr arbeitsfähig" fühlte,[352] hatte er seine inhaltlichen Defizite bereits in der zweiten Woche aufgearbeitet und konnte sich auf die Vermittlung konzentrieren:

> „Der Plotinkurs fängt an zu laufen, die Verständigung mit den Studenten gelingt recht gut, mein Englisch ist auch ausreichend wie es scheint, ich habe mich wieder eingelesen und die neueste Literatur durchgesehen, fühle mich also etwas sicherer."[353]

Drei Wochen nach seiner Ankunft kam es zu einem gravierenden Wechsel in Kristellers Lebenssituation: im Einvernehmen mit seinen Gast- und Geldgebern zog er von Weigands fort und wurde „in einem zur Universität gehörigen College untergebracht."[354] Das Campus-nahe Wohnen hatte nicht nur den Vorteil, dass er – wie in Pisa – mit den Studenten in näheren Kontakt kam, sondern erleichterte auch die tägliche Arbeit, da er „jederzeit zur Bibliothek gehen und Besuche machen" konnte. Diese Veränderung kam gerade zur rechten Zeit, denn in eben diesen Tagen wurden auch die Termine für seine ersten beiden Vorträge in Harvard und in Princeton endgültig fixiert, auf den 14. bzw. 28. April, „sodass [er] gleich mit der Vorbereitung anfangen" musste:[355] mit bewundernswerter Disziplin schloss er beide Vorträge innerhalb von zwei Wochen ab und fand noch genügend Zeit, sie

---

351 Brief (hs.) Kristeller an Eltern, 5.3.1939 (CU, RBML, KP, Ser. E, 1.1939–1945).
352 „(...) offenbar stecken mir die vergangenen Monate noch in den Gliedern, und der Klimawandel und die völlig neue Umgebung tun das ihre dazu." (ebda.)
353 Brief (hs.) Kristeller, New Haven, an Eltern, 11.3.1939 (CU, RBML, KP, Ser. E, 1.1939–1945).
354 Bainton vermittelte Kristeller ein Zimmer mit eigenem Bad in einem Dormitory für Doktoranden der Yale Divinity School „within walking distance from the Yale Campus": dort wurden auch „free meals at all times" angeboten (Kristeller, *Recollections* 1996, 11).
355 Brief (hs.) Kristeller, New Haven, an Eltern, 17.3.1939 (CU, RBML, KP, Ser. E, 1.1939–1945).

mit einem Studenten durchzuarbeiten, obwohl auch der Plotinkurs regelmäßig Präparation erforderte. Auch die beiden Vorträge für die Summer Session in Ann Arbor im August musste er noch während des Semesters fertigstellen, „da ich sonst niemanden zum Korrigieren habe."[356]

Kristeller schwärmte von den Yale-Studenten in seinem Plotin-Seminar ähnlich wie von seinen Studenten an der Scuola: „The doctoral students who attended my seminar on Plotinus (...) were all very gifted and promising, and they liked my course very much. They all had excellent academic careers afterwards."[357] Sein Lehrerfolg und seine Beliebtheit lassen sich an einer Photographie ablesen: statt der 3 bis 5 Teilnehmer, die Kristeller angekündigt worden waren, lächelten im Frühsommer 1939 zwölf Studenten in die Kamera.[358]

Dritte Reise, Vortrag 2: Princeton Theological Seminary
Spring Conference of the *American Society of Church History* (28. – 29. April 1939)
Die Einladung während des Jahreskongresses der *American Society of Church History (ASCH)* einen Vortrag zu halten hatte für Kristeller höchste Priorität, denn sie garantierte ihm zugleich die erste Publikation im amerikanischen Wissenschaftsbetrieb in der vierteljährlich erscheinenden Zeitschrift *Church History*: „Der Princeton-Vortrag wird wenigstens gedruckt werden."[359] Vorher blieb er für zwei Nächte in New York, wo er „eine Reihe Besprechungen" hatte, am Freitag, den 28. April, hielt er in Princeton vor der Society seinen Vortrag *Florentine Platonism and its Relations with Humanism and Scholasticism*, das Manuskript hatte er bereits am 24. April vorausgeschickt:[360] Noch Jahrzehnte später wird Kristeller diese Veröffentlichung als „one of my most important and original articles" bezeichnen:[361] er hatte sie eigens neu geschrieben, anders als den Harvard-Vortrag oder

---

356 Brief (hs.) Kristeller, New Haven, an Eltern, 24.3.1939 (CU, RBML, KP, Ser. E, 1.1939–1945). Tatsächlich konnte Kristeller mit der Ausarbeitung der Vorträge für Ann Arbor erst nach dem 11. Mai beginnen, nach seinem karriereentscheidenden Auftritt an der Columbia (Casa Italiana); siehe Brief (hs.) Kristeller, New Haven, an Eltern, 9.5.1939: „Die letzten Tage waren für mich nicht angenehm. Ich erwartete entscheidende Nachrichten, war über politische Neuigkeiten verstimmt und dadurch nicht recht zur Arbeit fähig. An sich müsste ich anfangen, meine Sommervorträge zu schreiben." (CU, RBML, KP, Ser. E, 1.1939–1945).
357 Kristeller, *Recollections* 1996, 12.
358 Kristeller/King, *Iter* 1994, 926, Fig. 4; zusammen mit Kristeller und Bainton.
359 Brief (hs.) Kristeller an Eltern, 25.4.1939 (CU, RBML, KP, Ser. E, 1.1939–1945).
360 Es erschien noch im Herbst unter dem gleichen Titel in *Church History* 8 (1939), 201–211.
361 Kristeller, *Recollections* 1996, 12.

die beiden für Ann Arbor geplanten, die im Wesentlichen auf dem Manuskript der Ficino-Monographie basierten.[362] Sein Auftritt war durchaus erfolgreich:

> „Der Vortrag wurde beifällig aufgenommen, ich lernte viele sympathische Menschen kennen und wurde sehr geehrt. Der Kongress dauerte bis Sonnabend, und ich blieb bis Sonntag, da ich mit mehreren Leuten zu reden hatte."[363]

Dass er für die darauffolgende Woche auch nach New York eingeladen war (wo er den Princeton-Vortrag wiederholte) und während seines Aufenthalts in Princeton überdies von seiner „Heimatuniversität" Yale telegraphisch die Einladung zu einem Vortrag vor dem Philosophical Club erhielt (wiederum zum gleichen Thema), kommentierte er gegenüber seinen Eltern ironisch mit „Ihr seht, das Geschäft blüht", einer Aussage, die für Princeton nur metaphorisch zutreffend war, denn die *ASCH* zahlte kein Honorar.

Vortrag 3: Columbia University, Casa Italiana (11. Mai 1939)
Ob die Veranstalter der Casa Italiana Kristeller für seinen Vortrag ein Honorar zahlten, lässt sich anhand der zugänglichen Quellen nicht mehr feststellen, doch es ist gut dokumentiert, mit welch hoher Professionalität sie dem Gastredner im Vorfeld größtmögliche Publizität in der New Yorker Gelehrtenwelt sicherten: die Einladung war so frühzeitig festgelegt worden (Ende März/Anfang April), dass der Vortrag in den aktuellen Veranstaltungskalender des Monats Mai aufgenommen werden konnte: dieses „Announcement", hing nicht nur öffentlich aus und ging an die Presse, sondern wurde den „Friends of the Casa Italiana" (Mitgliedsbeitrag $ 1) bereits Wochen vorher mit der Post zugeschickt. So war es auch Kristeller möglich, gezielt Kollegen, Freunde und Organisationen einzuladen bzw. einladen zu lassen:[364] das *Emergency Committee* beispielsweise wusste seit Anfang April von der Veranstaltung. Dessen Sekretärin Betty Drury machte einen der ein-

---

362 Brief (hs.) Kristeller, New Haven, an Eltern, 11. 3. 1939 (CU, RBML, KP, Ser. E, 1.1939–1945).
363 Brief Kristeller, an Eltern, 2. 5. 1939 (CU, RBML, KP, Ser. E, 1.1939–1945).
364 Er hatte sogar einer Tante geschrieben und sie einladen lassen, Therese Cassel, auf deren Affidavit Ernst Abrahamsohn Ende 1938 spekuliert hatte (siehe Kapitel Abrahamsohn, S. 540): Im Interesse der Eltern, die noch keine Möglichkeit sahen aus Deutschland herauszukommen, wollte er ihr imponieren, „man kann nie wissen wozu das gut ist." (Brief [hs.] Kristeller New Haven, an Eltern, 2. 5. 1939, in CU, RBML, KP, Ser. E, 1.1939–1945). Therese Cassel konnte zwar nicht zum Vortrag kommen, lud Kristeller aber am darauffolgenden Nachmittag zum Tee ein, ins Rockefeller Center (Brief [hs.] Cassel, Jamaica, N.Y., an Kristeller, 7. 5. 1939, in CU, RBML, KP 10.2). Das Verhältnis der beiden blieb über die Jahre höflich-distanziert, die erhaltenen Briefe (1939–1945) sind unverändert mit „Dear Dr. Kristeller" überschrieben.

flussreichsten Mitglieder des Executive Committee, Bernard Flexner, am 4. Mai auf den Vortrag aufmerksam und bot Kristeller wiederum an, während seines Aufenthalts in New York mit Flexner ein persönliches Treffen zu arrangieren. Die „pompöse Anzeige", über die Abrahamsohn sich bewundernd amüsierte, informierte nicht nur über das imposante Monatsprogramm der Casa Italiana – zehn Veranstaltungen im Mai, darunter drei wissenschaftliche Vorträge[365] – sondern stellte den Vortragenden „Professor Paul O. Kristeller" unter der prägnanten Überschrift „Renaissance Scholar" in einem ausführlichen Porträt vor, das nicht nur über seine Ausbildung und wissenschaftlichen Werdegang Auskunft gab, sondern auch ein detailliertes Schriftenverzeichnis enthielt, mit allen Publikationen, die während seines italienischen Exils in Druck gingen (ohne die Rezensionen): selbst die Nebentätigkeit bei Bertalot wurde in dieser Anzeige zu einem seriösen Forschungsprojekt aufgewertet:

> „Last Fall in Rome he collaborated on a bibliography of the Latin translations of Plato and on the catalogue of some manuscripts in the Vatican Library."

Auch die Charakterisierung von Kristellers Position im Exilland USA erweckte den Eindruck, als habe er sich in den wenigen Wochen nach seiner Ankunft glanzvoll etabliert:

> „Dr. Kristeller has been in this country since February 1939. He was invited by Yale to give a course on Plotinus in the graduate school and by Harvard and Michigan to deliver lectures on renaissance philosophy. In Princeton he will shortly read a paper at the meeting of the American Society for Church History."[366]

Der Titel des Papers für das *ASCH*-meeting wurde bewusst nicht erwähnt, denn er war nahezu identisch mit dem des Columbia–Vortrags: *Florentine Platonism and its Relation to Humanism and Scholasticism,* lediglich die Präposition „with" war durch „to" ersetzt. Über die Reaktionen sind wir leider nicht informiert, da die bisher so aufschlussreiche Korrespondenz mit den Eltern für den Zeitraum von 9. Mai bis zum 15. August 1939 nicht erhalten ist.

---

365 Kurt von Fritz war als Redner des *New York Classical Club* für den 6. Mai mit einer Lecture über „The Origin and Growth of Greek Historiography" angekündigt, den dritten Vortrag hielt der Historiker Howard R. Marraro über „The New School Charter in Italy" am 15. Mai. Peter M. Riccio, der Kristeller am Hafen empfangen hatte (siehe S. 501 mit Anm. 315), veranstaltete am 10. Mai eine Lesung zum Gedenken an den am 10. April 1939 verstorbenen Schriftsteller Alfredo Panzini, ein impliziter Hinweis auf das Druckdatum des Informationsblattes.

366 ‚Announcement of the Casa Italiana of Columbia University', No. 11 [1939], Calendar of Activities, May 1939 (NYPL, *EC*-Records 83.40).

Am Ziel: Associate in Philosophy an der Columbia University

Aus vagen Andeutungen im letzten Brief vor der Fahrt nach New York lässt sich jedoch schließen, dass Kristeller schon vor dem Vortrag positive Signale bezüglich einer wie auch immer gearteten beruflichen Zukunft an der Columbia erhalten hatte: einerseits war er zwar aufs höchste beunruhigt, dass seine improvisierte Fellowship in Yale nur noch sechs Wochen andauerte, andererseits hoffte er sehr noch „vor Ende des Monats etwas Positives zu erfahren" und orakelte geheimnisvoll gegenüber seinen Eltern: „Nun kann ich Euch aber doch sagen, dass endlich verschiedene Sachen schweben." Das wird wohl auch der Grund gewesen sein, dass Kristeller für New York einen Aufenthalt von insgesamt drei Tagen eingeplant hatte, vom 11. bis zum 13. Mai, denn er hatte „einen Haufen wichtiger Besprechungen".[367]

Verhandlungen mit dem *Oberlaender Trust* 2 (Mai – Juni 1939)

Zwei mögliche Optionen kristallisierten sich während dieser Besprechungen heraus: eine Anstellung an der Columbia University oder ein Forschungsstipendium am *Institute for Advanced Study* in Princeton, beides finanziert durch grants des *Oberlaender Trusts* und/oder des *Emergency Committees*. Die Verbindung zum *IAS* kam durch den Philanthropen Bernard Flexner zustande,[368] der seinem Bruder Abraham, einem der Gründer des *Institute* und bis 1939 dessen erster Direktor, am 15. Mai vorschlug, Kristeller als research fellow nach Princeton zu holen, um ihm die Fertigstellung seines dritten Buches (damit war sicherlich die englische Fassung seiner Ficino-Monographie gemeint) zu ermöglichen:

> „Dear Abe: I am having sent to you Dr. Kristeller's curriculum. I would follow the same course as I suggest with reference to Herz[369] – stressing the importance of enabling him

---

367 Brief (hs.) Kristeller, New Haven, an Eltern, 9.5.1939 (CU, RBML, KP, Ser. E, 1.1939–1945). Schon nach dem Princeton-Vortrag schickte er eine verschlüsselte Erfolgsmeldung nach Berlin, als er mit gespielter Verzweiflung klagte: „Tippen muss ich jetzt alles allein, und vervielfältigt habe ich hier auf einer Maschine des Institutes mit Hilfe eines Studenten. Ihr könnt Euch nicht denken, was für reissenden Absatz die Dokumente finden. Zum Klavierspielen komme ich wenig." (Brief [hs.] Kristeller, New Haven, an Eltern, 2.5.1939 (CU, RBML, KP, Ser. E, 1.1939–1945).
368 Das Interesse Bernard Flexners an Kristeller war durch den deutsch-jüdischen Historiker Ernst Kantorowicz geweckt worden, der ebenfalls Anfang 1939 in die USA emigriert war und gerade mit dem *EC* wegen eines Lehrauftrags in Berkeley in Verhandlungen stand (Brief Drury, *EC*, an Kristeller, 4.5.1939, in NYPL, *EC*-Records 83.40).
369 Der promovierte Jurist und Politikwissenschaftler Hans Hermann [John H.] Herz (1908–2005), ein Schüler Hans Kelsens, war 1933 als Jude aus dem Referendariatsdienst entlassen

to complete the third volume of his work – saying that he has a temporay post for a few lectures at Yale, and that he is going to deliver some lectures during the summer at Ann Arbor, and asking the Oberlaender Trust and the Emergency Committee In Aid of Displaced Foreign Scholars each for $ 750 for him. As ever, BF."[370]

Abraham Flexner schien von der Idee seines Bruders angetan gewesen zu sein, denn unmittelbar nach Erhalt des CV beantragte er im Namen des *IAS* bei Dr. Thomas erstaunlich formlos einen Zuschuss des *Oberlaender Trust*:

„Dear Dr. Thomas: I should like very much to procure the cooperation of the Carl Schurz Memorial Foundation in aid of three able German scholars.[371] (...)
2. Dr. Paul Oskar Kristeller (...) I think I can count also on getting a grant for his support from the Emergency Committee. I am sending you herewith a copy of his curriculum vitae. I have in addition the highest recomendation of him from Professor Calhoun of Yale, where Dr. Kristeller has been lecturing. A grant of $ 750 from the Carl Schurz Foundation would, I think, cover the case."[372]

Kristeller hatte früher schon versucht über Erwin Panofsky, der persönlich Abraham Flexner sehr nahe stand, Verbindungen zum *IAS* zu knüpfen:[373] während seines dritten Aufenthaltes in New York Ende April hatte er Panofsky im Princeton Club (39 E 39th St.) zu einer halbstündigen Besprechung getroffen[374] und mit ihm über die Chancen diskutiert, am *Institute* eventuell eine neue Stelle für Renaissance-Philosophie einzurichten. Panofsky war zwar skeptisch und räumte dem

---

worden. Die Research Fellowship am *IAS*, die er von 1938 bis 1940 innehatte, ermöglichte ihm die Emigration in die USA.
370 Brief Bernard Flexner an Abraham Flexner, 15.5.1939 (NYPL, *EC*-Records 83.40). In einem hs. Zusatz auf dem Durchschlag des Schreibens bat er Miss Drury, Kristellers Unterlagen nach Princeton zu schicken, tags darauf ging die Sendung ab: „At the request of Mr. Bernard Flexner I am sending you the enclosed material concerning Paul Oskar Kristeller." (Brief Drury an A. Flexner, 16.5.1939, in NYPL, *EC*-Records 83.40).
371 Die anderen beiden waren Hans Herz (siehe Anm. 369) und der Berliner Historiker Wolfgang Windelband.
372 Brief Abraham Flexner, *IAS*, an Thomas, *OT*, 18.5.1939 (YIVO, Microfilm *OT*).
373 Im Herbst 1938 hatte Kristeller einen Sonderdruck an Panofsky geschickt und ihn um Rat und Hilfe bei der Emigration gebeten, worauf dieser sein Bedauern äußerte, dass er „als Nicht-Fachmann" nur wenig für Kristeller tun könnte. (Brief Panofsky, *IAS* Princeton, an Kristeller, 16. 12.1938). Auch in seinen Glückwünschen zu Kristellers Ankunft in den USA betonte er, dass er „als Fachfremder nur wenig tun" könnte. (Brief Panofsky [hs.] an Kristeller 28.2.1939, beide in CU, RBML, KP 39.7; Kristeller hatte ihn nach Erhalt des non-quota visa in Neapel am 26. Januar von seiner geplanten Überfahrt verständigt).
374 Brief Panofsky an Kristeller, 18.4.1939 (CU, RBML, KP 39.7): Die Begegnung kam auf Wunsch Kristellers zustande.

Plan angesichts der aktuellen Geldknappheit des Instituts nur „geringe Aussichten" ein, versprach aber doch sich dafür einzusetzen. Doch auf dem Trustees Treffen am 15. Juni fand dieser Vorschlag keinerlei Unterstützung.[375]

Ende Mai informierte Horace L. Friess den *Oberlaender Trust* in einem offiziellen Schreiben von konkreten Plänen der Columbia University, Kristeller im kommenden akademischen Jahr 1939/40 als research scholar anzustellen.[376] Aufgrund des „borderline and specialized character" seines Forschungsgebietes sei es zwar schwierig, ihn einem spezifischen Department zuzuordnen, doch seit seinem Auftreten in der Casa Italiana hätten Professoren aus immerhin drei Departments (Philosophy, Italian, History) starkes Interesse bekundet ihn an die Columbia zu binden. Friess agierte in dieser Angelegenheit in einer Doppelrolle, denn er war nicht nur Professor of Philosophy, sondern zugleich auch Secretary des *„Committee on Exiled Scholars"* der Eastern Division der *American Philosophical Association*.[377] In dieser Funktion, so Friess in seinem Schreiben an Thomas weiter, habe Kristeller ihn vor wenigen Wochen aufgesucht und ihm erklärt, dass der *Oberlaender Trust* bereit wäre, ihn im Falle eines Stellenangebots finanziell zu unterstützen. Deshalb bitte er Thomas, Kristellers Position als research scholar mit einem grant in Höhe von $ 750 zu bezuschussen, ihm selber sei es bereits gelungen „by dipping into the reminders of a number of department budgets, and some Committee funds", dieselbe Summe für Kristeller zu reservieren („to earmark") und ihm eine Wohnmöglichkeit auf dem Campus bereitzustellen.[378]

Dieser Brief war das Ergebnis mehrwöchiger Diskussionen und Berechnungen. Friess gab sich überaus zuversichtlich und gewährte Kristeller von Anfang an Einblick in die laufenden Verhandlungen, ein deutliches Indiz für das vertrauensvolle Verhältnis, das zwischen den Columbia-Leuten und Kristeller seit Ende März entstanden war:

> „My dear Dr. Kristeller, This is a personal rather than an official note. But I want you to have for your own guidance as definite an idea as possible of how we are trying to work out our plans here. We are trying to raise a fund of $ 1500 and in addition to offer you residence in the Casa Italiana. I believe that we shall succeed, especially if The Oberlaender Trust will help in the matter of the subvention. It may take a little longer than I had anticipated before

---

375 Brief Panofsky an Kristeller, 5.5.1939 und 15.6.1939 (beide CU, RBML, KP 39.7).
376 „I have been asked by my colleagues in the Department of Philosophy, and by the Provost of the University on behalf of several other departments, to write you about plans we are trying to realize to engage Dr. Oscar P. Kristeller as a research scholar during the coming academic year." (Brief Friess an Thomas, 27.5.1939, in YIVO, Microfilm *OT*).
377 Siehe Tätigkeitsbericht („Proceedings of the *APA* 1939: 13th Annual Report of the Board of Officers) in *Philosophical Review* 49 (1939), 175–177.
378 Brief Friess an Thomas, 27.5.1939 (wie Anm. 376).

all details are settled and you receive an official offer. But I send you this word now, so that you may know without further delay what the offer is likely to be. And I really feel confident of its going through, because of the attitude thus far of all concerned here at the University."[379]

Unmittelbar nach der Antragstellung beim *Oberlaender Trust* gab Friess Kristeller Ratschläge, wie er durch ein eigenes zusätzliches Schreiben an Thomas der Sache mehr Nachdruck verleihen könnte:

> „(...) I think it might be just as well for you to write him a line also. You could inform him directly of your interest in the Columbia proposals, mentioning the several departments with whom you had made contact there, and expressing the hope that he can aid in the realization of what seem to be favorable opportunities for your work. I think there is every reason to expect success in our plans."

Von seiten der Universität wären wohl keine Hindernisse mehr zu erwarten, denn John H. Randall, einer der ranghöchsten Professoren im Philosophy Department, habe schon eine Idee zu einem gemeinsamen Projekt und erkundige sich nach Kristellers Plänen für die Sommerferien:

> „P.S. Professor Randall has inquired about your summer plans, and will very likely want to confer with you about work in which you are both interested – you see this assumes the plans are going through. Perhaps you will send him a line?"[380]

Die Bewilligung des Antrags beim *Oberlaender Trust* erwies sich ebenfalls als reine Formsache: Helene Wittmann, Thomas' Sekretärin, bat zwar um Geduld, da ihr Chef erst wieder am 5. Juni von einer Reise zurückkehren würde, stellte jedoch nochmals von sich aus klar, dass mit nichts anderem als mit einer Zusage zu rechnen sei:

> „May I, in the meantime say that Mr. Thomas told Dr. Kristeller on May 6th of the readiness of the Trust to assist him in becoming established."

---

379 Brief (hs.) Friess an Kristeller, 20.5.1939 (CU, RBML, KP 17.6).
380 Brief (hs.) Friess an Kristeller, 28.5.1939 (CU, RBML, KP 17.6). Randall brachte seine Freude über die künftige Zusammenarbeit mit Kristeller in einem Brief zum Ausdruck, der unmittelbar nach der positiven Entscheidung des *Oberlaender Trust* verfasst war: „I am very glad to look forward to having you with us, especially since it appears that some of your work will be with me." (Brief Randall, New York, an Kristeller, 21.6.1939, in CU, RBML, KP 42.12).

Spätestens am 7. Juni, nach der nächsten Sitzung der Trustees, könnte ein definitiver Bescheid ergehen: „I hope very much indeed that you will be able to hold the offer to Dr. Kristeller open until Mr. Thomas returns."[381]

Die Entscheidung fiel eine Woche später als geplant, am 15. Juni: unter der Bedingung, dass Columbia ein Gehalt von $ 750 aus eigenen Mitteln aufbrächte, wäre der *OT* bereit, die gleiche Summe beizusteuern.[382] Friess leitete die Erfolgsmeldung sofort an Kristeller weiter, nicht ohne Worte des Bedauerns für die lange Verzögerung:

> „It has been a long time to wait, but today, I am glad to say, word came from The Oberlaender Trust to the effect that they would supplement the funds from Columbia in support of your appointment. This definitely assures you of an offer of $ 1550 plus residence in the Casa Italiana for the year (...). I am personally sorry about the delay, but very much pleased with the outcome."[383]

Damit hatte Thomas Wort gehalten und mit der Subventionierung von Kristellers erster regulären Anstellung in den USA den Grundstock für dessen jahrzehntelange Karriere an der Columbia University gelegt.[384] Anders als in ähnlich gelagerten Fällen (siehe Ernst Kapp) war damit eine Mitwirkung des *Emergency Committee*, das sich aus der Perspektive Kristellers bisher als außerordentlich ineffektiv erwiesen hatte, nicht erforderlich. Dennoch beschloss Kristeller den Kontakt zu dieser wichtigen Organisation weiterhin aufrechtzuerhalten, weil er dadurch hoffte einer Reihe von Freunden und Kollegen behilflich sein zu können.

---

381 Brief Wittmann, *OT*, an Friess, 31.5.1939 (YIVO, Microfilm *OT*).
382 Brief Thomas, *OT*, an Friess, 15.6.1939 (YIVO, Microfilm *OT*). Der Provost der Columbia, Frank D. Fackenthal, schickte eine offizielle Bestätigung über die Anstellung am 19. Juni an den *OT* und bat um die Zahlung des grants in zwei Raten, am 1. Juli 1939 und am 1. Januar 1940: „Dr. Kristeller has been duly appointed and we shall be glad to receive the funds from you at your convenience." (Brief Fackenthal, CU, an Thomas, *OT*, 19.6.1939 (YIVO, Microfilm *OT*).
383 Brief (hs.) Friess an Kristeller, 16.6.1939 (CU, RBML, KP 17.6). Mit vierwöchiger Verzögerung sprach Friess seinen persönlichen Dank gegenüber dem *Oberlaender Trust* aus: "I know that Mr. Fackenthal has expressed the thanks of the University for the grant made by the Oberlaender Trust in favor of Dr. Kristeller who has been appointed Associate in Philosophy at Columbia for the current year. But I wish still to convey to you my deep personal appreciation of your aid in this matter. I think it will prove fortunate for us, and I hope for Dr. Kristeller too." (Brief Friess an Thomas, 15.7.1939, in YIVO, Microfilm *OT*).
384 „I am happy to report that our Trustees are quite willing to make an appropriation toward your salary at Columbia University (...) we are quite glad to see you established at Columbia for this next year." (Brief Thomas, *OT*, an Kristeller, 15.6.1939, in CU, RBML, KP 51.9). Für Thomas war das auch ein persönlicher Erfolg, denn er war neben dem Trustee Dr. Henry Allen Moe Kristellers wichtigster Fürsprecher im Trust (siehe Brief Friess an Thomas, 27.5.1939, YIVO, Microfilm *OT*).

So kündigte er in einem Schreiben vom 26. Juni, in dem er Betty Drury über seine Anstellung an der Columbia und seinen bevorstehenden Umzug nach New York informierte, einen Besuch im Office des *EC* für Mitte September an, wo er nicht nur über die „particulars" seiner eigenen Lage sprechen, sondern auch „suggestions concerning some of my friends" einholen wollte:[385] dabei handelte es sich um Lenz, Manasse, Abrahamsohn und Heinrich Kahane.[386]

Die Nachricht von Kristellers Erfolg verbreitete sich wie ein Lauffeuer: schon am 20. Juni gratulierte Olschki,[387] Manasse verband seine Glückwünsche mit der „guten Nachricht" von seiner eigenen Anstellung an einem „NegerCollege in Durham", die ihm von Abrahamsohn vermittelt worden sei, und stellte Kristeller sein besonderes Glück vor Augen, dass er auf dem Konsulat in Neapel ohne eine „richtige Lehrstelle mit einem Gehalt" ein Non-Quota-Visum erhalten hätte.[388] Panofsky versicherte, die Stellung an der Columbia biete „seiner ehrlichen Überzeugung nach mehr Aussichten (...) als es ein Stipendium beim hiesigen Institute getan hätte", und Jaeger hielt „die günstige Abmachung mit Columbia" für „eine weitere Empfehlung für Sie".[389] Dieser Überzeugung war auch Dean Putnam Lockwood vom Haverford College: „I trust this temporary appointment

---

[385] Brief (hs.) Kristeller, New Haven, an Drury, *EC*, 26.6.1939 (NYPL, *EC*-Records 83.40). Auf Kristellers Wunsch hin („Please remember me to Mr. Bernard Flexner") leitete Drury sein Schreiben an Flexner weiter mit dem hs. Vermerk „You remember this young man – a brilliant philosopher?".

[386] *EC*-File Memorandum, Subject ‚Excerpts from Interview with (...) Kristeller', 25.9.1939 (NYPL, *EC*-Records 83.40).

[387] Brief (hs.) Olschki, New York, an Kristeller, 20.6.1939: Olschki hatte gerade die Zusage für einen einjährigen Lehrauftrag an der Johns Hopkins University in Baltimore erhalten (CU, RBML, KP 38.14).

[388] „Was Du von Deinem Fall schreibst, entspricht keineswegs der Regel. Gerade in letzter Zeit habe ich gehoert, dass man fuer ein Non-Quota-Visa eine richtige Lehrstelle mit einem Gehalt, von dem man leben kann, auf den Konsulaten verlangt hat." (Brief Manasse, Chicago, an Kristeller, 24.6.1939, in CU, RBML, KP 33.3). Manasse hatte schon Ende Mai aus Andeutungen Kristellers geschlossen, dass dieser begründete Hoffnungen auf eine Stelle hätte: „Ich finde es sehr ruehrend von Dir, dass Du bei Deinen eigenen Sorgen noch soviel an uns denkst. Ich freute mich, dass Du Hoffnung aud eien [sic!] Anstellung hast. Wenn Du nicht besondere Scweigegruende [sic!] hast, schreib doch bitte, wo das sein wuerde. Ich brauch Dir nicht zu sagen, wie sehr ich Dir Gelingen wuensche." (Brief Manasse, Chicago, an Kristeller, 29.5.1939, in CU, RBML, KP 33.3).

[389] Offenbar hatte Kristeller auf den „Haken" der Anstellung, die zeitliche Befristung auf ein Jahr, hingewiesen, denn Jaeger schrieb aufmunternd: „Natürlich haben Sie Recht, nicht auf weitere Verlängerung zu rechnen, aber man muss in dieser Weise weiterzukommen suchen. In einer Welt wie der heutigen gibt es ja kaum noch etwas Endgültiges." (Brief Jaeger, Chicago, an Kristeller, 27.6.1939 in CU, RBML, KP 24.10).

will lead to something more permanent somewhere."³⁹⁰ Am herzlichsten und freundschaftlichsten reagierte Abrahamsohn, der in aller Offenheit mit Kristeller auch den Rang ‚Associate' und die Gehaltsfrage diskutierte:

> „Du schreibst pythisch über Dein Gehalt. Das meine ist 1.800,–. Als Instructor. Neumann's, der Assistant Professor ist, allerdings in einem kleineren College in einer kleinen Stadt, 2.000,–. An einer grossen Universität dürfte ein Assistant Professor gegen 2.500,– bekommen. Den Rang eines Associate (ohne Professor) gibt es meines Wissens nur an einigen grösseren Universitäten. Edelstein ist es übrigens auch (...). Doch ist Associate an Columbia natürlich ein ausgezeichneter Start; und Du kannst ganz stolz sein, denn Columbia nimmt nicht so leicht Fremde. Alles, was Du über die prospects schreibst, macht einen sehr guten Eindruck; und speziell die programm-mässige Mitarbeit an Zeitschriften etc. ist eine gute Chance, hier sehr schnell hineinzukommen. Ich freue mich sehr für Dich."³⁹¹

---

390 Brief (hs.) Lockwood an Kristeller, 29.9.1939 (CU, RBML, KP 31.2): Lockwood war für Kristeller ein wichtiger ‚Türöffner' bei der *American Philosophical Society*. (Brief Lockwood an Kristeller, 19.11.1939, ebda.). Weitere Gratulanten waren Demuth – „Ich freue mich über Ihren Erfolg, hoffentlich geht es weiter gut voran" – (Brief Demuth, *Notgemeinschaft*, London, an Kristeller, 7.7.1939, in CU, RBML, KP 14.1) und Dieckmann (Brief H. Dieckmann, Colorado, an Kristeller, 14.7.1939, in CU, RBML, KP 14.4).
391 Brief Abrahamsohn, New York, an Kristeller, 17.7.1939. In seinem Antwortschreiben scheint Kristeller sich über sein vergleichsweise niedriges Gehalt von $ 1500 beklagt zu haben, eine Haltung, die Abrahamsohn nicht widerspruchslos hinnehmen wollte: „Mit dem Gehalt kannst Du ganz zufrieden sein – und die freie Wohnung ist glaube ich viel mehr wert als Du rechnest." (Brief Abrahamsohn, New York, an Kristeller, 26.7.1939, in CU, RBML, KP 1.2).

7 „One of my oldest and closest friends"[1] – Ernst Abrahamsohn

7.1 Vor 1933

Nach Auskunft von David Abrahamson[2] waren die Mütter von Paul Oskar Kristeller und Ernst Abrahamsohn enge Freundinnen, so dass die Buben sich bereits in Berlin von Kindesbeinen an kannten. Merkwürdig mutet es dabei an, dass Kristeller in hohem Alter der Meinung war, er sei der Ältere gewesen (beide sind Jahrgang 1905, der Altersunterschied betrug nur 7 Monate). Beide besuchten verschiedene Gymnasien: das hängt wohl mit den verschiedenen Wohnorten zusammen: Kristellers wohnten in Charlottenburg nahe dem Kurfürstendamm, Abrahamsohns im gutbürgerlichen Hansaviertel.[3]

Die Brief-Freundschaft zwischen Abrahamsohn und Kristeller – so wie sie durch die *Kristeller Papers* dokumentiert ist – begann während ihrer Studentenzeit, und sie sollte bis zu Abrahamsohns frühem Tod 1958 kontinuierlich andauern. Beide absolvierten 1923 ihr Abitur in Berlin, Kristeller am ‚modernen' Mommsengymnasium,[4] Abrahamsohn am traditionsreichen Friedrichs-Werderschen,[5] beide studierten mehrere Jahre in Heidelberg.[6] Undatierte frühe Briefe

---

[1] Brief Kristeller an Betty Drury, *EC*, 4.11.1941 (NYPL, *EC*-Records Box 36, Folder 18).
[2] Ausführliches Telephonat des Verfassers mit David Abrahamson (New York, 22. Juni 2009); Kurzvita und wissenschaftliche Aktivitäten des jüngeren der beiden Söhne (geb. 1948) von Ernst Abrahamsohn auf „David Abrahamson's Home page" (http://www.davidabrahamson.com/).
[3] Paul Oskars Eltern Heinrich und Alice Kristeller wohnten in „Berlin W 50, Augsburgerstr. 45," während Ernsts Eltern, der Justizrat Dr. Emil Abrahamsohn und seine Frau Elli, unter der Adresse „Berlin NW 87, Brückenallee 6" gemeldet waren (Jüdisches Adressbuch Groß-Berlin 1931, 2 und 216).
[4] Rudolf Schottlaender, Jahrgang 1900, stellt in seinen Lebenserinnerungen diesem Gymnasium ein exzellentes Zeugnis aus: „Es war ein ‚humanistisches Gymnasium' (...) das für besonders guten Unterricht in den alten Sprachen bekannt war [Walther Kranz war in der Oberstufe Schottlaenders Lateinlehrer!]. (...) Die meisten Klassenkameraden in dieser Knabenschule (...) waren Juden. An intellektuellem Hochmut hat es nicht ganz gefehlt, aber die Kameradschaft war trotzdem gut. Auch die Lehrer, fast sämtlich Nichtjuden, vermieden judenfeindliche Äußerungen." (Schottlaender 1986, 8 und 13f.).
[5] 1681 als Lateinschule gegründet, wurde die „Stadtschule auf dem Friedrichs-Werder" seit 1701 vom Magistrat als Gymnasium bezeichnet und war damit das zweite städtische Gymnasium in Berlin, neben dem bereits 1574 gegründeten lutherischen „Berlinischen Gymnasium zum Grauen Kloster" (Richter 1981, 22f., 190); Felix Gilbert und Friedrich Bonhoeffer besuchten am Friedrichs-Werderschen Gymnasium die gleiche Jahrgangsstufe wie Abrahamsohn (Gilbert 1988, 93), Heinrich Kahane war eine Klasse über ihnen und schloss dort 1922 mit dem Abitur ab (http://www.romanistinnen.de/frauen/kahane.html).

lassen den Schluss zu, dass Abrahamsohn sein Studium in Berlin begonnen hatte;[7] er berichtete von Lehrveranstaltungen bei Wilamowitz (Seminar zu Aristophanes, Vögel), Norden (Seminar zu Seneca d. Älteren, Controversen und Suasorien, Tacitus-Vorlesung), Eduard Meyer (Übung zu Thukydides) und Jaeger (Platon-Kolleg).[8] Im SoSe 1925 wechselte er nach Heidelberg:[9] in einem Brief vom 16. Mai 1926 berichtete er Kristeller von seinem Semesterplan: Veranstaltungen bei Otto Regenbogen (über Demosthenes und Isokrates), Ernst Hoffmann (Platon-Kolleg), Eugen Täubler („Übungen über die Civitas Dei") und Ludwig Curtius.[10] Das höflich distanzierte „Sie" behielt Abrahamsohn bis 1926 bei, erst ab 1927 wechselte er die Anrede zu „Lieber Paul-Oskar".[11] Möglicherweise waren die beiden als Kinder in Berlin doch nicht so vertraut miteinander, wie es die Legende von den befreundeten Müttern erwarten lassen könnte.

Während Kristeller in Heidelberg als Schwerpunkte Philosophie, Mathematik und Geschichte wählte, schien Abrahamsohn das Studium weniger zielorientiert anzugehen: seine Interessen waren weit gefächert, er interessierte sich nicht nur für Klassische Philologie, Archäologie und Philosophie, sondern auch für Romanistik und Kunstgeschichte.[12] Nach einem offenbar enorm kraftraubenden

---

6 Kristeller immatrikulierte sich unmittelbar nach der Reifeprüfung bereits zum SoSe 1923 an der Universität Heidelberg, wo er im Sommer 1928 im 9. Semester mit der Promotion in Philosophie abschloss. Seine Studentenakte im Heidelberger Universitätsarchiv verzeichnet auch zwei Gastsemester in Berlin (WS 1923/24, SoSe 1924) und je eines in Freiburg (WS 1924/25) und Marburg (SoSe 1926).
7 Laut Studentenakte des Universitätsarchivs Heidelberg immatrikulierte sich Abrahamsohn für das Fach Philologie an der Berliner Universität erst zum WS 1924/25; vorher wollte er wie sein Vater die juristische Laufbahn einschlagen und studierte zwei Semester Jurisprudenz, in Berlin (WS 1923/24) und in Freiburg (SoSe 1924).
8 Brief (hs.) Abrahamsohn, Berlin, an Kristeller, 5.12. (o.J. [wahrscheinlich 1924], Fortsetzung des auf 28.11. datierten Briefes), S. 4 (CU, RBML, KP, Box 1, Folder 2 ‚Abrahamson, Ernst, 1920–1958').
9 Abrahamsohns Studentenakte im Universitätsarchiv Heidelberg umfasst u.a. zwei Anmeldungsformulare zur Immatrikulation (10.6.1925 und 4.11.1927), zwei Abgangszeugnisse (22.10. 1926 und 14.11.1930) und eine schriftliche Anfrage aus Berlin (datiert 17.11.1928) bezüglich eines Urlaubsantrags für das laufende WS 1928/29. Einem Brief Abrahamsohns aus Göttingen mit Eingangsstempel der Universität Heidelberg vom 7.11.1930 ist zu entnehmen, dass er Anfang November 1930 endgültig nach Göttingen wechselte (für diese Auskünfte ein herzlicher Dank an Frau Dr. Dagmar Drüll-Zimmermann vom Heidelberger Universitätsarchiv!). Kristellers Angaben zufolge hätte Abrahamsohn schon früher in Heidelberg studiert: „I have known him in 1924 when we were both students at Heidelberg (...)" (Brief Kristeller, New York, an Drury, 4.11.1941, wie Anm. 1).
10 Brief (hs.) Abrahamsohn, Heidelberg, an Kristeller, 16.5.[1926], S. 3 (CU, RBML, KP 1.2).
11 Brief (hs.) Abrahamsohn, Berlin, an Kristeller, 26.5.1927 (CU, RBML, KP 1.2).
12 Diese Vielseitigkeit wird ihm in der Emigration zugutekommen.

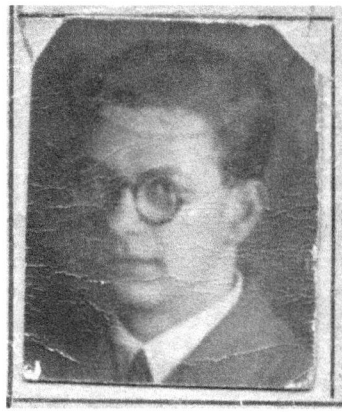

Abb. 17: Ernst Abrahamsohn als Student in Heidelberg (ca. 1925)

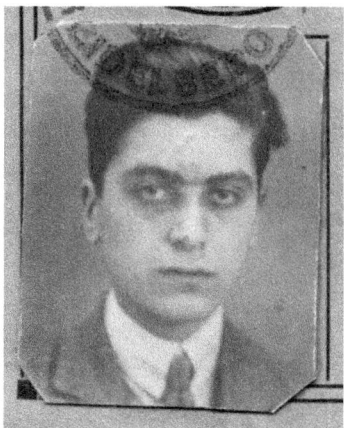

Abb. 18: Paul Oskar Kristeller als Student in Heidelberg (1923 oder 1925)

Sommersemester[13] beantragte er im Herbst 1926 die Exmatrikulation für einen längeren Italienaufenthalt. Begeistert berichtete er Kristeller von seinen Eindrücken in Neapel und Capri und von seinen Plänen, bis nach Sizilien zu reisen.[14] 1927

---

13 Abrahamsohn wurde zu Beginn des Semesters mit Angina und „fürchterlichen Kopfschmerzen" ins Krankenhaus eingeliefert (Postkarte [hs.] Abrahamsohn, Heidelberg, an Kristeller, 13.5.1926 [Poststempel]) und mutmaßte als Grund hierfür „nervöse Überanstrengungen" (Brief [hs.] Abrahamsohn, Heidelberg, an Kristeller, 16.5.1926). Am 23. September 1926 erwähnte er zwei arbeitsintensive Referate für Regenbogen und Meister und kündigte seine Italienpläne an: „(..) ich will nach Italien (...)" (Postkarte [hs.] Abrahamsohn, Heidelberg, an Kristeller, 23.9. 1926, alle in CU, RBML, KP 1.2).
14 Postkarte (hs.) Abrahamsohn, Neapel, an Kristeller, 16.10.1926: „Meine sämtlichen Wünsche sind zuvorkommendst bewilligt worden: So bin ich am 6. [Oktober] von Heidelberg direkt nach

kehrte er nach Heidelberg zurück[15] und heiratete sehr früh, Ende Juli 1928:[16] die Hochzeitsreise führte das Brautpaar Erna[17] und Ernst Abrahamsohn im August 1928 vom Schwarzwald über Innsbruck nach Zell am See, von dort nach Wien.[18] Die überaus schwierige Ehe kostete Konzentration und Kraft und endete in einem Desaster: nach den Feierlichkeiten zur Silbernen Hochzeit von Abrahamsohns Eltern in Amsterdam kam es zum Bruch.[19] Statt in Heidelberg die Dissertation (bei Otto Regenbogen über Sappho) voranzutreiben, ging Abrahamsohn im Januar

---

Neapel gefahren (...) Ein Ausflug nach Capri gehört zu dem Schönsten, was ich bisher sah (...) Grüßen Sie Heidelberg ganz lieb von mir, entwirren sie mit Erfolg den Plotin (...)." Die Dauer des Italienaufenthalts lässt sich nicht zweifelsfrei ermitteln: möglicherweise kehrte er schon Anfang November 1926 nach Berlin zurück, denn für das WS 1926/27 ist er dort als Student registriert (StA Abrahamsohn, Universitätsarchiv Heidelberg). Ebenfalls von Berlin aus sandte er im Mai 1927 seinen Geburtstagsbrief an Kristeller: „Schön, dass Du mit deiner Plotin-Lektüre so gut vorwärts kommst." (Brief [hs.] Abrahamsohn, Berlin, an Kristeller, 26.5.1927, in CU, RBML, KP 1.2).

15 Erneute Immatrikulation zum WS 1927/28 (s. Anm. 9). In einer Postkarte vom 4. November erwähnte er gegenüber Kristeller ein Metaphysikkolleg Karl Jaspers' (mit Plotin als Einstieg) und versprach ihm ein Zimmer zu besorgen (Postkarte [hs.] Abrahamsohn, an Kristeller, 4.11.1927), am 12. November informierte er den Freund darüber, dass er für ihn ein Zimmer in der Rohrbacherstr. 81 angemietet habe, mit Klavier (!) (Brief [hs.] Abrahamsohn an Kristeller, 12.11.1927, alle in CU, RBML, KP 1.2).

16 Postkarte (hs.) Abrahamsohn, Heidelberg, an Kristeller, 25.7.1928 (CU, RBML, KP 1.2).

17 Von ihr sprach Abrahamsohn bereits in einem seiner frühest erhaltenen Briefe an Kristeller (Brief [hs.] Abrahamsohn, Berlin, an Kristeller, 5.12 (o.J.), S. 7 (wie Anm. 8).

18 Postkarte (hs.) Abrahamsohn, Zell am See, an Kristeller, 13.8.1928 (CU, RBML, KP 1.2).

19 „Lieber Paul Oskar, ich habe so lange nicht geschrieben, weil die Zeit bisher so grauenvoll war, dass eine Mitteilung unmöglich schien. Das ist nun auch weiter so, nur mit dem Unterschied, daß ich Ernst übermorgen sehe, wo er mich zu der Silberhochzeit seiner Eltern nach Amsterdam abholt. Darüber hinaus läßt sich nichts vorhersagen. Wenn du Dich kräftig genug für Aufregungen stärkster Art hältst, dann setze dich mit Oluf in Verbindung, dem ich, mit Rücksicht auf seine stärkeren Nerven, eben ausführlich schrieb." (Brief [hs.] Erna Abrahamsohn, Köln, an Kristeller, 24.11.1929). In einem kaum lesbaren sechsseitigen Brief berichtete Ernst Abrahamsohn von dieser Silberhochzeit und sprach von einer Dreiecksgeschichte („Werner Brock") und möglicher Trennung (Brief [hs.] Abrahamsohn, Heidelberg, an Kristeller, 22.12.1929). Die Ehekrise hatte sich offenbar so zugespitzt, dass sogar von Selbstmord die Rede war: „Nachdem Ernst in Holland mir erklärte, daß Selbstmord für ihn nie mehr zur Gefahr würde, daß ich also in meinem Entschluss völlige Freiheit hätte, kam eine ziemlich schwere Zeit für mich." In einem Brief an Werner Brock indessen, so Erna Abrahamsohn weiter, hätte Ernst diese Äußerungen aber widerrufen und bei Fortsetzung ihrer außerehelichen Beziehung mit Selbstmord gedroht: „(...) seine Behauptungen in Holland wären nur zeitweise gültig gewesen, um mich erst einmal zu beruhigen und mir die Möglichkeit zur Entscheidung zu geben, im Ernst hätte er nie an eine Scheidung gedacht, und es bestünde für ihn endgültig nur die Alternative meiner Rückkehr zu ihm oder seines Selbstmords."(Brief [hs.] Erna Abrahamsohn, Köln, an Kristeller, 27.1.1930, alle in CU, RBML, KP 1.2).

1930 fluchtartig nach Paris und kehrte erst im Herbst wieder zurück.[20] Im September 1930 wurde die Scheidung eingeleitet,[21] zwei Jahre später wurde die Ehe rechtsgültig geschieden. Zum Wintersemester 1930/31 verließ Abrahamsohn Heidelberg[22] und wechselte nach Göttingen, wo er sich mit Feuereifer einer neuen Disziplin widmete, Kunstgeschichte, die er sich zum „Nebenfach" gewählt hatte. Zum Vergleich: bereits zwei Jahre vorher, im Sommer 1928, hatte Kristeller sein Erststudium mit der Promotion abgeschlossen, in Philosophie bei Ernst Hoffmann (mit einer Arbeit über Plotin).[23]

Zum Jahreswechsel 1930/31 scheint es zu einem ersten und ernsten „Laufbahngespräch" zwischen den Freunden gekommen zu sein, denn Abrahamsohn dankte am 22. Januar 1931 Kristeller für seine Offenheit:

---

20 Bericht über die Abreise aus Frankreich im Brief (hs.) Abrahamsohn, Göttingen, an Kristeller, 17.9.1930. Im Lebenslauf für das *Emergency Committee in Aid of Displaced German Scholars* wird diese Phase als wohlüberlegte Ausweitung des ursprünglichen Studienplanes dargestellt: „1928–1930 French Literature and History of Art, in Paris" (NYPL, *EC*-Records 36.18, undatiert, nicht vor 1939, mit Absender L.L. Goldschmidt, 8 East 54th St., New York City), ebenso im Formblatt ‚Data Prior to/Following Arrival in U.S.A.', 5.12.1940 (YIVO, *OT* Microfilm). Während in den Briefen Ernst Abrahamsohns über die persönlichen Schwierigkeiten des jungen Ehepaares wenig zu finden ist (Ausnahme Brief [hs.] Abrahamsohn, Paris, an Kristeller, 18.4.1930: „Es hat sich indessen [seit Weihnachten] viel verändert, reden kann ich nicht. Es geht mir unendlich schlecht"), sind die gelegentlichen handschriftlichen Briefe Ernas an Kristeller sowohl graphologisch als auch inhaltlich ein eindrucksvolles Zeugnis für den emotionalen Druck, unter dem diese Beziehung offenbar gelitten hat: Heidelberg, 7.4.1929: „(...) großer Semesteranfang-Trubel gewesen, in dem ich mich wie immer herzlich schlecht gefühlt habe. (...) Hätten wir nicht unser Häuschen – in diesem Falle wirklich ‚my castle' – ich würde verzweifelt ausrücken."; Köln, 24.11.1929 (siehe Anm. 19); Lugano, 9.6.1930: „(...) es ist mir so unglaublich schlecht gegangen, ich war so elend, wie ich dachte, daß man nur in Märchenbüchern sein kann. Diese Zeit hat viel verändert und in einem solchen Maße, daß ich kaum noch den Mut habe mich einer Welt zu präsentieren in der bestimmte Bilder von mir herumlaufen (...)." (alle in CU, RBML, KP 1.2).
21 Brief (hs.) Abrahamsohn, Göttingen, an Kristeller, 17.9.1930 (CU, RBML, KP 1.2).
22 ebda.; siehe auch Abgangszeugnis vom 14. November 1930 (siehe Anm. 9).
23 Doch auch Kristellers ehrgeizige Hoffnungen auf eine Karriere als Hochschullehrer wurden zunächst herb enttäuscht, denn Ernst Hoffmann verwehrte ihm die Habilitation mit der Begründung, er könnte nicht zwei Juden zur gleichen Zeit habilitieren (der zweite war Raymond Klibansky: siehe Kapitel Kristeller, S. 408f.). Kristeller ging daraufhin zurück nach Berlin, um dort bei Wilamowitz, Norden, Jaeger, Solmsen und Walzer systematisch Klassische Philologie zu studieren, mit dem Bildungsziel Staatsexamen (1931).

„Aus Deinen Mitteilungen über R.[egenbogen]²⁴ habe ich sofort die einzige mögliche Konsequenz gezogen: mit Volldampf die Sappho fertigzustellen."²⁵

Die guten Vorsätze hielten allerdings nicht lange an: nicht nur die Begeisterung für Kunstgeschichte, sondern vor allem eine fundamentale Sinnkrise verhinderten den geplanten Abschluss. Freimütig gestand er bereits am 23. Mai 1931 dem Freund, der gerade über den Staatsexamensklausuren in Berlin saß („Du Armer!"):

„Ich bin auch vor einem kleinen Examen, das heisst: Iris hat sich endlich entschlossen, mich zu sich kommen zu lassen. Die letzte Zeit habe ich philologisch nichts mehr getan, sondern ausschliesslich Kunstgeschichte (Nebenfach) getrieben: dies mit sehr viel Freude. Man hält dieses ziellose Privatisieren auf die Dauer schlecht aus; und ‚Wissenschaft' ist nicht die Beschäftigung, die einem das Leben erfüllt. Und insbesondere, wenn man wie ich noch keinen eigenen Stil hat und bei extensiver Arbeit der Gefahr, ins technische zu verfallen (...) nicht entgeht. Ich glaube aber überhaupt, dass die Wissenschaft – und speziell die philologische – in einer Sackgasse läuft – und dass für die klassische der – in seiner ideellen Unrichtigkeit schon hinreichend beschimpfte – Neu-Humanismus nur einen Rettungsversuch darstellt."²⁶

Diese „antiwissenschaftlichen Gedanken" zeigten die tiefe Entfremdung Abrahamsohns von den Anforderungen und dem Selbstverständnis traditioneller Wissenschaft:

---

24 Zu Beginn des Studiums in Heidelberg war Abrahamsohn von Otto Regenbogen begeistert: „Ich höre Regenbogen natürlich, über Demosthenes und Isokrates; er ist sehr klar, die erste Vorlesung war grandios" (Brief [hs.] Abrahamsohn, Heidelberg, an Kristeller, 16.5.1926, wie Anm. 10). Die Verzögerungen bei der Fertigstellung von Abrahamsohns Dissertation und Regenbogens Forderung nach „erweiternder Umarbeitung" nach Einreichen des Manuskripts (in einer Besprechung am 23.1.1934) scheinen aber zu einer Entfremdung geführt zu haben, denn Ende 1935, im Zusammenhang mit Ernst Moritz Manasses Dissertation (ebenfalls bei Regenbogen), schrieb Abrahamsohn an Kristeller: „Auf R.s Ausstellungen gebe ich nicht viel." (Brief [hs.] Abrahamsohn, Berlin, an Kristeller, 12.12.1935; siehe Kapitel Manasse, S. 571).
25 Brief Abrahamsohn (hs.), Göttingen, an Kristeller, 22.1.1931 (CU, RBML, KP 1.2). Mit großer Euphorie kündigte er den Abschluss bereits für Ende Januar 1931 an: „Samstag werde ich – nach meinem Plane – die erste Niederschrift beenden, in der nächsten Woche die endgültige Fassung herstellen, tippen und den Brief an R.[egenbogen] schreiben, so dass alles am letzten Januar wegkommt. Bisher ist alles nach meinem Wunsche gegangen, so dass ich mit einer Verzögerung kaum zu rechnen brauche" (ebda.). Es sollten noch vier Jahre vergehen, ehe Abrahamsohn in Prag die ersehnte Doktorurkunde in Empfang nehmen konnte.
26 Brief (hs.) Abrahamsohn, Göttingen, an Kristeller, 23.5.1931 (CU, RBML, KP 1.2). Zugleich bat Abrahamsohn den Freund um absolute Diskretion: „den Philologen übrigens nichts von dem sagen – auch nicht Edelstein".

„Vielleicht, dass es in der Kunstinterpretation noch fruchtbarere Möglichkeiten gibt. Ich jedenfalls hoffe zunächst, mit Iris erst auszukommen, ein anständiges, aber begrenztes Thema in absehbarer Zeit dann zu bearbeiten – und weiter draussen wogt das ungewisse grosse Meer des Lebens."[27]

Diesmal verlor Kristeller die Geduld: eine Kunstreise Abrahamsohns (zusammen mit Iris O.) nach London und Belgien im Herbst 1931[28] kritisierte er scharf und formulierte in einer Replik auf dessen Brief vom Mai 1931 die Grundsätze seiner eigenen Arbeitsethik, um dem aus seiner Sicht orientierungslos gewordenen Freund mahnend beizustehen:

„Dein voriger Brief im Sommer [23.5.1931] war wie ein Schrei der Sehnsucht des eingesperrten Raubtiers nach der heimatlichen Wildnis. Dieser Eindruck wurde auch bei meinem Besuch in Göttingen nicht behoben. Deshalb sage ich Dir das jetzt, und nicht schon damals (...). Ich empfand, kurz gesagt, Deine Reise nach England als eine Art Flucht vor dem Alltag, und begriff das weniger als ein Jahr vorher. Nun bin ich nicht eben ein Freund des Alltags und noch weniger des Alltäglichen, obwohl es die letzten Jahre fast so aussah. Aber ich glaube, man entgeht ihm nicht, auch nicht als Schriftsteller, Dichter, Künstler. Sie haben alle ihren Alltag, und zwar einen recht bedrückenden, weil sie ihn sich selbst aufbauen müssen. Also man darf zwar nie vergessen, dass es anderes gibt, auch nicht die kleinen Erfordernisse allzu wichtig nehmen – aber es muss doch getan werden. Der Grund dafür ist meiner Ansicht nach nicht etwa ein preussischer Begriff von Pflichterfüllung, sondern liegt tiefer. (...) was man hat, muss man jeweils ganz tun, mit allem was dazu gehört. Nur so lässt sich das eigene Leben wirklich zusammensehen, wozu man als geistiger Mensch verpflichtet ist, noch dazu mit einem selbstgewählten geistigen Beruf. Es gibt eine andere Art zu leben, die alles dem lieben Gott überlässt (...). Aber das ist für uns nicht angängig (...)
Du wirst mir diese Betrachtung hoffentlich nicht übelnehmen. Ich meine mit dem Gegenbild nicht Dich, sondern spüre nur bisweilen bei Dir eine Tendenz dahin, mit der ich mich auseinandersetzen muss. Und das geht mich nicht weniger an als Dich. Denn schliesslich kann ich mir jetzt nicht mehr durch Examensnotwendigkeiten die Verantwortung für mein Leben abnehmen lassen, und so ergibt sich manche Frage, besonders da ich ja einen Beruf vor mir sehe, in dem einmal alles eingesetzt werden muss (...)"[29]

---

27 ebda.
28 Brief (hs.) Abrahamsohn, Göttingen, an Kristeller, 23.11.1931: „Ich war in England indessen, wieder mit den positivistischen Arbeiten, dann je eine Woche in London und in Belgien in Städten, Kirchen und Museen – ich habe Kunstgeschichte als Nebenfach und bin nun dabei, die Dissertation – Sappho – fertig zu machen." (CU, RBML, KP 1.2).
29 Brief (hs.) Kristeller, Freiburg, an Abrahamsohn, 16.1.1932 (CU, RBML, KP, A 2): er selbst stand gerade in Verhandlungen und Vorbesprechungen mit Heidegger in Freiburg über sein Ficino-Habilitationsprojekt, das ab dem 1. August 1932 mit einem Jahresstipendium der *Notgemeinschaft der Deutschen Wissenschaft* gefördert wurde.

Die Kritik hielt diesmal etwas länger vor: so versicherte Abrahamsohn am 14. April 1932: „Meine Dissertation steht jetzt wirklich nahe vor dem Ende",[30] und am 24. Mai 1932 gab er in seinem Geburtstagsgruß an Kristeller zu verstehen, dass er gegen Mitte des Sommersemesters fertig zu sein gedenke:

> „Ich bin ‚z. Zt.' in Berlin, mit der endgültigen Politur meiner Dissertation beschäftigt. Wenn man diesen Quatsch bloss endlich einmal hinter sich hätte!"[31]

7.2 Wanderschaft in Europa (1933–1938)

Promotion in Prag

Dennoch gelang es Abrahamsohn nicht, diese letzten Monate der Weimarer Republik zur Fertigstellung seiner Arbeit zu nutzen. Doch anders als Kristeller, der die Auswirkungen des am 7. April 1933 verabschiedeten „Gesetz[es] zur Wiederherstellung des Berufsbeamtentums" unmittelbar erfuhr – er hatte als deutscher Jude keinerlei Aussicht auf Verlängerung des Stipendiums bei der *Notgemeinschaft der Deutschen Wissenschaft* und musste alle Aussichten auf eine akademische Laufbahn in Deutschland aufgeben –, schien Abrahamsohn mit der Möglichkeit zu rechnen, im Deutschen Reich seine Promotion abschließen zu können. In einer Postkarte vom 17. Juli 1933 meldete er Kristeller, ohne irgendwelche politischen Implikationen zu erwähnen:

> „(...) – damit Du weisst, wie weit ich bin-: die Arbeit ist bei der Fakultät eingereicht – der Antrag erfolgt Anfang des nächsten Semesters."[32]

Am 23. Januar 1934, zu einem Zeitpunkt, als bereits hunderte deutsch-jüdischer Professoren und Gelehrte ihre Positionen verloren hatten, kam es zu einer gespenstisch ‚akademischen' Besprechung mit Otto Regenbogen, Abrahamsohns wichtigstem Lehrer und ‚Doktorvater', über die er den Freund noch am gleichen Tag in einer Postkarte informierte:

> „Er [Regenbogen] war ganz anders, als wir dachten, überaus freundlich und auch für alles allgemeine äusserst verständnisvoll (Er erwähnte auch E.'s [Ernst M. Manasses?] Intervention – wo ich mich unwissend stellte – und meinte, dass sie gar nicht nötig gewesen sei. Doch

---

30 Brief (hs.) Abrahamsohn, Göttingen, an Kristeller, 14.4.1932 (CU, RBML, KP 1.2).
31 Brief (hs.) Abrahamsohn, Berlin, an Kristeller, 24.5.1932 (CU, RBML, KP 1.2).
32 Postkarte (hs.) Abrahamsohn, Heidelberg, an Kristeller, 17.7.1933 (aufgegeben 18.7. Frankfurt-Basel Bahnpost, in (CU, RBML, KP 1.2).

scheint es mir fast, seine Anständigkeit sei grossenteils durch diese Intervention bewirkt worden.) Doch ist das Resultat keineswegs so erfreulich: Er glaubt tatsächlich, dass das Sappho-Bild durch eine Solo-Behandlung der Liebe augenfällig verschoben wird – und erwartet nun eine erweiternde Umarbeitung – etwa S.'s Gedichte an Personen? – da durch sie auch die ‚Liebes-Interpretation' in solchem Masse modifiziert werden würde. Dass das jetzige nicht bleiben könne, sondern völlig umgebaut werden würde. (...) Seine Idee ist, dass ich nach Frankreich gehe oder mir sonst eine Arbeit zum Leben suche und daneben die Diss. fertig mache."[33]

Regenbogens Haltung wirkt vor dem Hintergrund der politischen Ereignisse merkwürdig anachronistisch: statt dem langjährigen Schüler mit der Verleihung des akademischen Titels die rasche Emigration zu ermöglichen, insistierte er auf einem rigorosen akademischen Qualitätsanspruch, den die rassistische Hochschulpolitik der Nationalsozialisten seit April 1933 mit Füßen trat. Auch Regenbogen sollte 1937 infolge der antijüdischen Gesetzgebung endgültig seine Professur verlieren: bereits im Sommersemester 1934 waren ihm seine Prüfungsbefugnisse im Staatsexamen entzogen worden,[34] im September 1935 wurde er vom Dienst suspendiert.[35]

Nach kurzer Bedenkzeit zog Abrahamsohn eine sehr pragmatische Konsequenz: er reichte die Dissertation unverändert an der Deutschen Universität in Prag ein, bei Theodor Hopfner,[36] der sie unter dem ursprünglichen Titel „Inter-

---

33 Postkarte (hs.) Abrahamsohn, Heidelberg, an Kristeller, 23.1.1934 (aufgegeben Frankfurt-Basel Bahnpost, in CU, RBML, KP 1.2).
34 Brief (hs.) Manasse, Dramburg, an Kristeller, 14.8.1934: als Prüfer der Staatsexamina wurde er von den Nationalsozialisten Wolfgang Aly (Parteigenosse seit 1931) und Hans Oppermann (Parteimitglied ab 1937) abgelöst.
35 Die Amtsenthebung erfolgte „wegen Dienstvergehens" (Drüll 1986, 217), weil er im sog. ‚Ariernachweis' die Herkunft seiner Frau Dora, geb. Schöll, fälschlich als arisch angegeben hatte, obwohl sie bei einem jüdischen Großelternteil nach den Kategorien der Rassengesetzgebung als „jüdischer Mischling zweiten Grades" bzw. „Vierteljüdin" galt: seit einem Runderlass des Preußischen Ministeriums für Finanzen vom 15.11.1933 zog ein derartiges ‚Vergehen' „in allen Fällen ein Dienststrafverfahren mit dem Ziel der Dienstentlassung" nach sich (Walk 1981, 60, Nr. I 290). Am 24. September 1937 wurde Regenbogen nach den Bestimmungen des Reichsbürgergesetzes („jüdisch versippt") und nach § 6 des Gesetzes zur Wiederherstellung des Berufsbeamtentums („zur Vereinfachung der Verwaltung") 46-jährig in den Ruhestand gezwungen (Vézina 1982, 115f., Weckbecker 1985, 287 und Mußgnug 1988, 102f.).
36 Theodor Hopfner, geboren 1886, wurde als außerordentlicher Professor 1923 an die Deutsche Universität Prag berufen und lehrte dort seit 1928 als Ordinarius Klassische Philologie. Obwohl kein Nationalsozialist, wurde er als Deutscher nach Kriegsende von den tschechischen Behörden im Prager Stadion interniert und starb am 6. Februar 1946 im Internierungslager Prag-Zuzyne (Sicherl 1999, 316–321, 328f., 332f.; verkürzt auch in Sicherl 2003); Erinnerungen an

pretationen zu Sapphos Liebesgedichten" annahm.[37] Unmittelbar nach seinem Umzug, am 5. März 1934, konnte Abrahamsohn vermelden, dass er „von Hopfner sehr freundlich aufgenommen" wurde.[38] Seine brieflichen Äußerungen vermitteln ein zielstrebiges Vorgehen: über das Institut Francais versuchte er energisch Kontakte zu den französischen Behörden zu knüpfen,[39] und bereits ab Mitte April bereitete er sich auf die zwei mündlichen Examina vor, eine ‚Sachprüfung' in Griechischer und Lateinischer Literatur und das ‚Philosophicum'. Aus Termingründen konnte nur eine der beiden Prüfungen im Sommersemester abgehalten werden,[40] die zweite Prüfung, eigentlich für Dezember angesetzt, musste ausfallen[41] und wurde am 11. Februar 1935 nachgeholt. Eine Postkarte vom 14. Februar 1935 vermeldete stolz das Ergebnis nach Florenz:

> „Lieber Paul-Oskar, nun will ich Dir zunächst schnell eine Karte schreiben – um dir zu sagen, dass ich vor drei Tagen promoviert habe."[42]

Hopfner als akademischen Lehrer von Sicherl und Brunhölzl in Suerbaum 1993, 85–94 und 203–206.

37 Dabei ging Abrahamsohn strategisch geschickt vor: in einer zweiten Besprechung mit Regenbogen am Samstag, den 27.1.1934, stimmte er den Umarbeitungsvorschlägen unter dem Vorbehalt, „falls es mir wirtschaftlich irgend möglich ist", zu (er wollte sich „diese H.[eidelberg]'er Möglichkeit nur für den Notfall reservieren"), fuhr aber umgehend heimlich nach Prag, „wo die Aussichten tatsächlich günstig und nicht schwer scheinen" (Postkarte [hs.] Abrahamsohn an Kristeller, 31.1.1934). Tatsächlich erhielt er schon Mitte Februar die offizielle Zusage der Prager Universität, „dass meine Arbeit angenommen ist (…) sogar mit einer guten Note." (Brief Abrahamsohn, Berlin, an Kristeller, Rom, 21.2.1934, beide in CU, RBML, KP 1.2). Bereits am 26. Februar zog er nach Prag.

38 Postkarte (hs.) Abrahamsohn, Prag, an Kristeller, 5.3.1934 (CU, RBML, KP 1.2).

39 Brief (hs.) Abrahamsohn, Prag, an Kristeller, Prag 10.4.1934: „Ich lasse es mir hier gut gehen, sehr gut sogar. Die amtlichen Dinge sind auf dem besten Wege – eine Empfehlung von den hiesigen Franzosen liegt bereits im Ministerium, und mein Professor will zu geeigneter Zeit selbst wohl hingehen und mit dem Ministerialrat sprechen." (CU, RBML, KP 1.2).

40 Brief (hs.) Abrahamsohn, Prag, an Kristeller, 25.5.1934. In diesem Brief ist Abrahamsohn „von einem unglaublichen Optimismus besessen", da er nicht nur die Zulassung zur Promotionsprüfung erhalten hatte, sondern ihm überdies „schon zum Oktober" 1934 eine „bezahlte Stellung (…) nicht au pair in der Provinz, sondern bezahlt in Paris" in Aussicht gestellt wurde, offenbar ein Lektorat: „ein Götterposten" (Briefe [hs.] Abrahamsohn, Prag, an Kristeller, 25.5.1934, S. 3, und 19.9.1934, in CU, RBML, KP 1.2).

41 „(…) weil die Universität wegen Insignien-Streit geschlossen war." (Postkarte [hs.] Abrahamsohn, Prag, an Kristeller, [Jan.] 1935, in CU, RBML, KP 1.2).

42 Postkarte (hs.) Abrahamsohn, Prag, an Kristeller, 14.2.1935 (CU, RBML, KP 1.2).

In dieser Prager Zeit begann die lebenslange Partnerschaft zwischen Abrahamsohn und Edith Rodler, Nicht-Jüdin und Sudetendeutsche, die Medizin studierte und später in Annapolis als frei praktizierende Ärztin arbeitete.[43]

Wartesaal Berlin (1935–1936)

Zunächst kehrte Abrahamsohn im April 1935 nach Berlin zurück. Seine Situation als „stellungslose Person"[44] versuchte er durch intensives Arbeiten an diversen wissenschaftlichen Projekten zu verbessern. Er schrieb an einem Rembrandt-Artikel und wollte auch die Sappho-Dissertation veröffentlichen, möglicherweise in Form mehrerer Aufsätze.[45] Als Wissenschaftler in Deutschland sah er keinerlei Perspektive:

> „Über das allgemeine ist nicht viel zu reden; Zukunft haben wir in gewissem Sinne keine, und wenn man einiges arbeiten kann und noch Druckverträge hat – das ist rebus sic stantibus schon viel (...) Will allmählich versuchen, ob man irgendwo zum Druck kommen kann; mit so Arbeiten verdient man zwar kein Geld und kriegt auch keinen Posten, aber es ist der einzige Weg für uns, bekannt zu werden und viel später – vielleicht – doch vom Fach leben zu können."[46]

Die Arbeit an der „Sappho" verlief erwartungsgemäß schleppend und halbherzig.[47] Sie wird niemals in Druck gehen.[48]

---

43 Die Beziehung begann wahrscheinlich im Frühjahr 1934: „Ich war über Pfingsten einige Tage im Böhmerwald – Tage, die zu den schönsten zählen, die ich je erlebt habe" (Brief [hs.] Abrahamsohn, Prag, an Kristeller, 25.5.1934). In einem Urlaubsbrief aus dem Riesengebirge vom 24. Februar 1936 an Kristeller gab Abrahamsohn erstmals die Prager Adresse von „Edith, meine[r] Freundin, die ich jetzt vor zwei Jahren in Prag kennen lernte", an. (Brief [hs.] Abrahamsohn, St. Peter, an Kristeller, 24.2.1936, beide in CU, RBML, KP 1.2).
44 Brief Abrahamsohn, Berlin, an Kristeller, 13.5.1935 (CU, RBML, KP 1.2).
45 Brief Abrahamsohn, Berlin, an Kristeller, 22.6.1935 (CU, RBML, KP 1.2): In diesem Zusammmenhang bat er Kristeller sich zu erkundigen, „ob man Aussichten hätte, in einer italienischen philologischen Zeitschrift einen Sapphoaufsatz unterzubringen"; siehe auch Brief (hs.) Manasse, Berlin, an Kristeller, 23.8.1935: „Er [Abrahamsohn] hat inzwischen eine m.E. wirklich hübsche Rembrandtarbeit gemacht und will nach seiner Reise [in den Balkan, siehe S. 532f. und 535f.] wieder an die Sappho gehen." (CU, RBML, KP 33.3).
46 Brief Abrahamsohn, Berlin, an Kristeller, 13.5.1935 (wie Anm. 44).
47 „Die Philologie ist vorläufig beendet" (Brief Abrahamsohn, Berlin, an Kristeller, 13.5.1935); „(...) schiele zuweilen auch unwillig nach der Sappho" (Brief Abrahamsohn, Berlin, an Kristeller, 17.10.1935, beide in CU, RBML, KP 1.2).
48 Sechs Jahre später, im CV für das EC für die Sitzung am 24.11.1941, erklärte dies Abrahamsohn wie folgt: „My thesis – ‚Interpretations of Sappho's Poems' – (deposited with the

Im Sommer 1935 kam es zu einem ernsten Zerwürfnis: Kristeller erhielt im zweiten Anlauf (nach der Bewerbung für das Schuljahr 1934/35) durch die Protektion Gentiles die Stelle eines Lektors für Deutsch an der Scuola Normale Superiore in Pisa, ohne Abrahamsohn davon in Kenntnis zu setzen. Als dieser von seinem Freund Ernst Moritz Manasse erfahren musste, dass Kristellers Nachfolger für die Stelle am Landschulheim Florenz bereits bestimmt war, eben er, Manasse, schrieb Abrahamsohn beleidigt einen Beschwerdebrief:

> „Manasse hat mir seinen Brief zum Anschreiben dagelassen. Wenn ich aus meinem Herzen keine Mördergrube machen will, muss ich dir gestehen, dass ich sehr überrascht war, als ich erfuhr, dass Du bei Deiner Erbschaft an mich anscheinend nicht gedacht hattest. Ich hätte sie recht gut gebrauchen können – die schon immer zweifelhaften französischen Pläne haben sich in dieser Woche endgültig zerschlagen. Die Begründung meines Vorwurfes liegt in dem Vorrang der älteren und verbundeneren Freundschaft – sofern ich Dir überhaupt einen Vorwurf machen darf, was ich, da ich die Gründe nicht kenne, nicht wissen kann. Aber es ist halt ein beschissenes Pech. – Dass diese Bemerkungen in jeder Hinsicht unter uns beiden bleiben müssen, ist selbstverständlich."[49]

Das Rätsel klärte sich rasch auf: kein Verrat an der Freundschaft, sondern „ein ausgesprochen tragischer Fall": Anfang Mai hatte Abrahamsohn alle Freunde und Bekannte um Mithilfe bei der Stellensuche gebeten, mit einer Ausnahme: Kristeller, denn laut Auskunft von dessen Mutter in Berlin, Frau Alice Kristeller, sei Paul Oskars Stellung in Italien zu diesem Zeitpunkt ebenfalls alles andere als sicher gewesen, so dass

> „(...) ich es deshalb (...) für völlig ausgeschlossen hielt, dass Du etwas tun könntest."[50]

In den folgenden Monaten, während Abrahamsohn mit Edith Rodler eine ausgedehnte Donau- und Balkanreise unternahm,[51] versuchte Kristeller alle seine Verbindungen zu mobilisieren, um das Missverständnis wiedergutzumachen und Abrahamsohn eine Anstellung zu vermitteln. In versöhnlichem Tone bedankte sich dieser im Herbst für die freundschaftlichen Bemühungen:

University Library, Prague) was scheduled for publication in 1938 in a series sponsored by the University of Prague. This plan was frustrated by political developments in Czechoslovakia." (Abrahamson [sic!], CV, New York, c/o L.L. Goldschmidt, undatiert [nicht vor 1939], in NYPL, *EC-Records* 36.18).

49 Brief Abrahamsohn, Berlin, an Kristeller, 22.6.1935 (wie Anm. 45). Manasse wohnte während dieser Zeit bei Abrahamsohn in Berlin und arbeitete mit dessen Hilfe an der Druckfassung seiner Dissertation!

50 Brief Abrahamsohn, Berlin, an Kristeller, 1.7.1935 (CU, RBML, KP 1.2).

51 Brief Abrahamsohn, Berlin, an Kristeller, 8.7.1935 (CU, RBML, KP 1.2).

„Dass ich fast Kollege von euch geworden wäre... hat Ernst Moritz und mir den Stoff zu den herrlichsten Phantasien geliefert – wie wir zu dreien den einen zurückgebliebenen Schüler unterrichten – schade, dass es nicht möglich war. (...) Aber dass Du gar bei J.[ourdan][52] noch Feuer gemacht hast, hat mich wahrhaft gerührt."[53]

Die Begeisterung für den Balkan und den Vorderen Orient versuchte Abrahamsohn auch beruflich zu nutzen: während der Wintermonate 1935/1936 nahm er Kontakt zur *Alliance Israélite Universelle*[54] in Paris auf und setzte große Hoffnungen darauf, mit deren Unterstützung an einer ihrer Schulen in Südost-Europa oder im Vorderen Orient eine Lehrerstelle antreten zu können.[55]

Gleichzeitig hegte er auch Pläne für England. Er habe von Freunden gehört, so schrieb er am 28. Januar 1936 an Kristeller, „dass man in England nicht fallen gelassen wird".[56] Es sei ihm geraten worden zu drei Stellen Kontakt aufzunehmen; zum *Academic Assistance Council*, zum *„Professional Committee"* im *Woburn House* London („soviel ich weiss, ein jüdisches Komitee")[57] und zum Warburg Institute. Zwei Arten der Förderung schienen ihm besonders attraktiv: zum einen ein auf zwei Jahre angelegtes Stipendium, das es Ausländern ermöglichen sollte,

---

52 Henri Jourdan war Leiter des „Französischen Akademiker-Hauses" (später umbenannt zu „Institut Francais") in Berlin und unterstützte Kristeller bei seinen Bemühungen um Stipendien.
53 Brief Abrahamsohn, Berlin, an Kristeller, 17.10.1935 (CU, RBML, KP 1.2): seine wissenschaftliche Arbeit zu diesem Zeitpunkt charakterisierte er als „etwas konfus" (er saß zeitgleich über seinem Rembrandt-Projekt, der Drucklegung der „Sappho" und der kunsthistorischen Aufarbeitung der Balkan-Stanbul-Reise), doch hatte er ein sicheres Gespür dafür, dass keine Zeit zu verlieren war, denn er befürchtete ein Bibliotheksverbot: „(...) und dann will ich die Zeit, die ich noch alle Bibliotheken zur Verfügung habe, nutzen (...)" (ebda.).
54 Die *AIU* war in Frankreich im Jahre 1860 gegründet worden und versuchte vor allem in Zusammenarbeit mit Vertretern des Ottomanischen Reiches die Situation der Juden in Nordafrika und Südostasien zu verbessern. An der „L'École Normale Israélite Orientale" in Paris wurden die Lehrer der *AIU* auf den künftigen Auslandseinsatz vorbereitet (siehe Bar-Chen 2002, 293 und 2003, Kedouri 1967, Laskier 1983).
55 Briefe Abrahamsohn, Berlin, an Kristeller, 10.12.1935; 6.2.1936 (Bewerbung bei der *AIU*); 17.4. 1936 (Schule in Nordafrika oder Vorderasien; alle in CU, RBML, KP 1.2).
56 Brief Abrahamsohn, Berlin, an Kristeller, 28.1.1936 (CU, RBML, KP 1.2).
57 Das *„Jewish Professional Committee"*, das 1933 unter dem Namen *„Jewish Academic Committee"* gegründet worden war, wurde von den einflussreichen englisch-jüdischen Institutionen „Board of Deputies of British Jews" und „Anglo-Jewish Association" unterstützt (Feichtinger 2001, 49, mit Anm. 3). *Woburn House* war auch die Zentrale des *Co-ordinating Committee [Council] for Refugees [Interdenominational]*, in dem Repräsentanten von neun Hilfsorganisationen unter dem Vorsitz von Lord William Malcolm Hailey zusammenarbeiteten (Stent 1991, 593; siehe auch Kapitel Kristeller, S. 496 mit Anm. 299).

den englischen Ph.D. nachzuholen,[58] zum anderen ein einmaliger Zuschuss in Höhe von monatlich $ 50.– zu „Ausbildungszwecken" durch die Organisation „Hilfe und Aufbau".[59] Bei diesen Überlegungen erwog Abrahamsohn erstmals eine Emigration in die USA:

> „Sollte mir das bewilligt werden, so wäre natürlich ein Land zu wählen, wo man Aussichten dann weiterzukommen hat – und da spiele ich mit dem Gedanken an die Vereinigten Staaten, wo die Verhältnisse, wenn man einmal dort ist, nicht ungünstig sein sollen – nach dem zu urteilen, was meine Freunde schreiben."[60]

Wiederum bat Abrahamsohn Kristeller um Rat, da diesem im Sommer 1935 für drei Monate vom *AAC* ein Forschungsstipendium („research grant") bewilligt worden war, nachdem er ein Jahr zuvor einen ähnlichen Antrag beim *Academisch Steunfonds* in Amsterdam vergeblich eingereicht hatte:

> „Mit einer von diesen Adressen – wenn nicht auch mit den anderen – hast Du korrespondiert; und so möchte ich Dich um einige Anhaltspunkte bitten, was und wie man dort am besten beantragt, wofür die einzelnen Einrichtungen zuständig sind etc. etc."[61]

---

58 Brief Abrahamsohn, Berlin, an Kristeller, 28.1.1936 (wie Anm. 56); Friedrich Solmsen hatte, obwohl er in Deutschland bereits den Rang eines habilitierten Privatdozenten innehatte, von dieser Möglichkeit in Cambridge Gebrauch gemacht, wo ihm 1936 sein zweiter Doktortitel verliehen wurde (CV Solmsen an *EC*, 26.6.1934, in NYPL, *EC*-Records 31.7, und Formblatt ‚Data Prior to/Following Arrival in U.S.A.', 24.12.1940, Nr. 17 ‚Education', YIVO, *OT* Microfilm); Abrahamsohn hoffte, als Student vom *Professional Committee* im *Woburn House* mit einem jährlichen Stipendium in Höhe von £ 200.– gefördert zu werden: „es ist zwar kein Ideal, wieder Student zu spielen, aber man hätte mit dem Studium wohl nicht zu viel Arbeit und könnte indessen was hübsches schreiben." (Brief Abrahamsohn, Berlin, an Kristeller, 6.2.1936, in CU, RBML, KP 1.2).
59 Brief Abrahamsohn, Berlin, an Kristeller, 6.2.1936 (wie Anm. 58): seine Formulierung, er hätte bei „Hilfe und Aufbau" einen Antrag auf Reisebeihilfe von $ 50.– „zu Ausbildungszwecken auf dem Clearingwege im Auslande" eingereicht, suggeriert in diesem Kontext, als handele es sich hierbei ebenfalls um eine britische Hilfsorganisation. Tatsächlich dürfte er aber den „*Zentralausschuss für Hilfe und Aufbau*" der *Reichsvertretung der Deutschen Juden* gemeint haben, der am 13.4.1933 u. a. von Max Warburg (mit Leo Baeck als Vorsitzenden) gegründet worden war, um wirtschaftlich in Not geratene Juden in Deutschland zu unterstützen: für entlassene Wissenschaftler waren sowohl Reisebeihilfen als auch monatliche Unterstützungszahlungen vorgesehen, die durch Spenden von noch nicht entlassenen oder vermögenden jüdischen Kollegen aufgebracht wurden (siehe Gruenewald 1956, 57, Adler-Rudel 1974, 10–13, Bauer 1974, 109 f.; Spendenaufrufe und Arbeitsberichte in Kulka 1997, 106–110, 172–178, 192–195, 308 f., 366 f.).
60 Brief Abrahamsohn, Berlin, an Kristeller, 6.2.1936 (wie Anm. 58).
61 Brief Abrahamsohn an Kristeller, 28.1.1936 (wie Anm. 56).

Die ‚Stellungslosigkeit' Abrahamsohns war zu diesem Zeitpunkt unterbrochen: seit Dezember 1935 war er von seinem ehemaligen Heidelberger Geschichtsprofessor Eugen Täubler, der aus Protest gegen die Entlassungen der jüdischen Kollegen 1933 seinerseits seine Professur aufgegeben hatte,[62] als eine Art ‚Wissenschaftliche Hilfskraft' angestellt worden, mit dem Auftrag, die jüngst entdeckten Fresken von Dura-Europos für eine Veröffentlichung zu bearbeiten;[63] im bereits erwähnten Lebenslauf von 1941 für das New Yorker *Emergency Committee* wurde diese Tätigkeit zu der Position eines „Research Assistant" für den Zeitraum 1934– 1935 (!) aufgewertet.[64] Wie so oft, führte Sappho angesichts dieser wechselvollen Verhältnisse wieder ein Schattendasein:

> „Ich möchte mir nun – schon wegen Dura – mit der Sappho nicht mehr allzuviel Arbeit machen, würde aber natürlich gern etwas drucken."[65]

Abrahamsohns Konzentration auf kunstgeschichtliche Arbeitsfelder begann erste Früchte zu tragen: Erwin Panofsky, damals schon ans *Institute for Advanced Study* in Princeton berufen, wurde auf Abrahamsohn aufmerksam und empfahl die Rembrandt-Studie dem holländischen Verlag Oud:[66] dieser lehnte zwar bereits wenige Wochen später ab,[67] doch von diesem Zeitpunkt an zierte ein Empfeh-

---

[62] Als Weltkriegsteilnehmer wäre Täubler von der ersten Entlassungswelle noch nicht betroffen gewesen, er hätte von dem sog. „Frontkämpferprivileg" (BBG § 3, Abs. 2) profitieren können. (Mußgnug 1988, 54–57 und 119–122, Scharbaum 2000, 44f.).
[63] Brief Abrahamsohn, Berlin, an Kristeller, 15.1.1936. Zur Aufbesserung seiner Finanzen gab er einer Emigrantin Privatstunden in tschechischer Sprache (Brief Abrahamsohn, Berlin, an Kristeller, 10.12.1935; beide in CU, RBML, KP 1.2).
[64] „I was in charge of a research project of Dr. Täubler (former professor at the University of Heidelberg), concerning the frescoes in Dura." (Abrahamson, CV, New York, undatiert [nicht vor 1939], in NYPL, *EC*-Records 36.18; auch in ‚Data Prior to/Following Arrival in U.S.A.', 5.12.1940 (YIVO, *OT*-Microfilm).
[65] Brief Abrahamsohn, Berlin, an Kristeller, 6.2.1936 (wie Anm. 58): er dachte jetzt daran, nur die ersten beiden Kapitel zu drucken, fürchtete aber, dass „so ein dünnes Heftchen" („42 + 13 Seiten, getippte") die Dissertation insgesamt in ein schlechtes Licht rücken könnte. Ende Februar verbrachte er mit Edith einen zweiwöchigen Skiurlaub im Riesengebirge, und besuchte Hopfner in Prag, wollte aber „schauen, dass ich nach den Ferien die Sappho fertig machen kann." (S. 5). Erstmals formulierte Abrahamsohn in diesem Brief konkret den Entschluss zu emigrieren: „Die Absicht, aus Berlin fortzugehen, habe ich auch." (Brief [hs.] Abrahamsohn, St. Peter im Riesengebirge, an Kristeller, 24.2.1936, wie Anm. 43).
[66] Den Kontakt hatte wohl Ludwig Edelstein vermittelt: „Panofsky, dem Ed. meinen Rembrandt gegeben hatte, hat ihn sehr goutiert und Ed. veranlasst, ihn in seinem Auftrag und mit einer Empfehlung an Oud Holland zu schicken; er sei ganz überzeugt, dass er genommen wird." (Brief Abrahamsohn, Berlin, an Kristeller, 15.1.1936 (wie Anm. 63).
[67] Brief Abrahamsohn, Berlin, an Kristeller, 28.1.1936 (wie Anm. 56).

lungsschreiben Panofskys alle Anträge Abrahamsohns auf eine Stelle bzw. ein Stipendium.

Die turbulente Stellensuche hielt Abrahamsohn weiterhin in Atem: am 17. April 1936 dankte er einerseits Kristeller zum wiederholten Male für dessen Vermittlungsversuche am Landschulheim Florenz,[68] gleichzeitig plante er aber Reisen nach Paris[69] und London, um sich bei den zuständigen Ämtern und Behörden persönlich vorzustellen, und um seine englischen Sprachkenntnisse aufzubessern:

> „Ich bin hier seit etwas über einer Woche und werde wohl bis gegen Pfingsten bleiben – auf Umschau. Ob etwas herauskommt – es ist recht schwer, aber vielleicht darf man eine kleine Hoffnung haben."[70]

Landschulheim Florenz (1936–1938)

Obwohl die Chancen für eine Lehrerstelle am Landschulheim von Monat zu Monat stiegen, gab Abrahamsohn die Hoffnung auf eine besser dotierte, akademisch anspruchsvollere Position nicht auf.[71] Im Juli 1936 schließlich hatte sich seine Situation aporistisch zugespitzt: einerseits war er glücklich über das endgültige Angebot aus Florenz, eine Stelle als Musiklehrer (!) antreten zu können („Deine Chance [war] Licht in der Finsternis"),[72] andererseits, so gesteht er Kristeller freimütig, sei ihm wenige Wochen zuvor durch „die ideale Protektion eines in wundervoller Weise hilfsbereiten englischen Professors" eine Lebensstellung als proof reader in England an einer großen University Press in Aussicht gestellt worden, leider bisher ohne offizielle Bestätigung. Wie entscheiden?

---

68 „Lieber Paul Oskar, ich sitze über der Sappho und denke an Dich. Will Dir schnell ein Wort schreiben – auch Dank sagen für Deine Bemühungen in Florenz, denen Man.[asse] es vorzüglich zuschreibt, wenn, wie er mir mitteilte, möglicherweise für mich eine Chance im nächsten Schuljahr besteht." (Brief Abrahamsohn, Berlin, an Kristeller, 17.4.1936, in CU, RBML, KP 1.2).
69 Ebda.: „(...) wenn ich nach Paris führe, so wäre es nur wegen der AIU, um mich für einen Lehrerposten in einer der vorderasiatischen oder nordafrikanischen Schulen zu bemühen." Wahrscheinlich plante er auch sich an dem jüdischen Lehrerseminar der *AIU*, der „L'École Normale Israélite Orientale", persönlich vorzustellen.
70 Postkarte Abrahamsohn, London, an Kristeller, 20.5.1936: Geburtstagsgruß (CU, RBML, KP 1.2).
71 Ebda.: „Wie steht es an der Florentiner Schule? die zwar nicht mein Ideal wäre, aber falls ich nichts anderes finde, doch eine Chance."
72 1. Brief Abrahamsohn, Berlin, an Kristeller 7.8.1936 (CU, RBML, KP 1.2).

"Dein Stellenangebot kommt mir zugleich als Erlösung und so ungelegen wie nur möglich".[73]

Dennoch war Abrahamsohn Realist genug die Stelle in Florenz nicht zu gefährden: noch am selben Tag schrieb er einen zweiten Brief an Kristeller, in dem er alle Fragen seines künftigen Arbeitgebers bezüglich seiner musikalischen Qualifikationen ausführlich beantwortete, und dabei erneut eine Kostprobe seiner weitgefächerten Begabung demonstrierte: er sei in der Lage Klavierunterricht und musikalischen Theorie-Unterricht für Anfänger und Fortgeschrittene zu erteilen, mit Sängern zu korrepetieren und die Leitung eines Chores zu übernehmen,[74]

„(...) eine sehr reizvolle Aufgabe, die für mich zwar neu ist, deren Bewältigung ich mir jedoch zutraue. Kammermusik und Musikabende: da habe ich allmählich ein ganz schönes Repertoire."[75]

So trat der promovierte Gräzist Abrahamsohn, der gerade eine zweite Karriere als Kunsthistoriker einzuleiten suchte, zum Schuljahresbeginn 1936/1937 seinen Dienst im Landschulheim Florenz als Musiklehrer an,[76] als Kollege der Heidelberger Freunde Manasse, Kahane und vor allem in der Nähe Kristellers. Damit erfüllte sich ein Wunsch, der in der Korrespondenz des ‚allein Zurückgebliebenen' seit 1933 immer wieder angeklungen hatte:

„Und ihr Philologen? Hockt alle in Rom herum und lasst mich hier allein – und verkommen? Das Sorgenkind allein in Prag, dieweil ihr in der Ewigen Stadt ewige Werte schafft?"[77]

„(...) Ein phantastischer Gedanke, wie Ihr dort jetzt alle auf dem Haufen sitzt – eine quasi ‚Kolonie' – und dazu grossenteils von Gleichgesinnten und Gleichstrebenden – und das Wiedertreffen ältester Bekanntschaften!"[78]

---

73 ebda.
74 2. Brief Abrahamsohn, Berlin, an Kristeller, 7.8.1936 (CU, RBML, KP 1.2).
75 1. Brief Abrahamsohn, Berlin, an Kristeller, 7.8.1936, S. 4 (wie Anm. 74). Diese ‚Leistungsschau' rückte Abrahamsohn in einem hs. „A propos" des ersten Briefes an Kristeller in spielerisch-ernster Bescheidenheit wieder zurecht: „Ich kann für Solo-Klavier nicht nur kein Stück auswendig, sondern auch keines richtig anständig (technisch einwandfrei) spielen. Sollte ich mir gegebenenfalls etwas einüben?" Erstaunlicherweise zog Abrahamsohn die Lehrtätigkeit in Musik der in anderen Fächern vor (1. Brief, S. 3).
76 Im Formblatt ‚Data Prior to/Following Arrival in U.S.A.', 5.12.1940, Rubrik 18 ‚Employment' (YIVO, OT-Microfilm) wird diese Unterrichtstätigkeit umgewidmet zu „Instructor of Classical Langs. and History of Art" am „International College, Villa Pazzi, Florence", um eine möglichst einheitliche Karriere zu konstruieren.
77 Postkarte (hs.) Abrahamsohn, Prag, an Kristeller, 5.3.1934 (CU, RBML, KP 1.2).
78 Brief (hs.) Abrahamsohn, Prag, an Kristeller, 10.4.1934 (CU, RBML, KP 1.2).

Abrahamsohn gelang es rasch, in dem für ihn ungewohnten Berufsumfeld Fuß zu fassen. Manasse schrieb bereits wenige Tage nach Schulbeginn über die Arbeit des Neuankömmlings:

> „Abrahamsohn hat sich sehr gut eingefügt und ist bei Leitung, Lehrern und Schülern beliebt. In der vorigen Woche war ein Schulfest, wozu er Chor und Orchester einstudiert hatte. Beides mit bestem Erfolg."[79]

Abrahamsohns erster Brief an Kristeller nach Schuljahresbeginn zeigt, mit welch hohem Engagement sich der Berufsanfänger der neuen Aufgabe widmete:

> „das Internatsleben nahm mich zu sehr in Anspruch, zeitlich und auch innerlich, so dass ich Sammlung zu einem vernünftigen Schreiben überhaupt nicht hatte."[80]

Zu Beginn des zweiten Schuljahres 1937/1938 klingt Abrahamsohn in einem Brief an Kristeller etwas entspannter: „Wir führen (...) – unberufen – ein freundliches privates Dasein".[81] Offenbar lebte auch Edith Rodler mehrere Monate in Florenz am Landschulheim, „als eine Art Mittelding zwischen Gast und Pensionär (gegen Abzug von meinem Gehalt)",[82] und Abrahamsohn konnte allmählich wieder beginnen, sich mit seinen eigenen Dingen zu beschäftigen, da die schulischen Belastungen deutlich geringer waren als im ersten Jahr.

Unter diesen Vorzeichen wirkt es überraschend, dass Abrahamsohn das Schuljahr am Landschulheim nicht beendete. Die erhaltene Korrespondenz gibt leider keinen Aufschluss über die näheren Hintergründe, aber wenn man die Querelen um das Ehepaar Manasse zum Vergleich mit heranzieht, so kann man nur mutmaßen, dass Abrahamsohns Kündigung möglicherweise mit der moralistisch-strengen Haltung der neuen Schulleitung – Moritz Goldstein war im Frühjahr 1936 von Robert Kempner[83] abgelöst worden, was nach Aussagen vieler Landschulheim-Lehrer das Klima am Internat deutlich verschlechterte[84] – im

---

79 Brief (hs.) Manasse, Florenz, an Kristeller, 18.9.1936 (CU, RBML, KP 33.3).
80 Postkarte (hs.) Abrahamsohn, Florenz, an Kristeller, 23.11.1936 (CU, RBML, KP 1.2); siehe auch Brief (hs.) Manasse, Florenz, an Kristeller vom 25.10.1936: „Abrahamsohn ist bei Direktoren, Lehrern und Schülern in gleicher Weise beliebt und fühlt sich dementsprechend auch selbst wohl, hat dabei sehr viel zu tun. Zu allem hilft er mir noch bei den Correkturen [zu der Druckfassung für die vollständige Fassung der Dissertation, die 1937 erscheinen sollte]; die Hälfte der Fahnen habe ich schon in meinen Händen." (CU, RBML, KP 33.3).
81 Brief Abrahamsohn, Florenz, an Kristeller, 11.11.1937 (CU, RBML, KP 1.2).
82 ebda.
83 Zu Kempner siehe die biographische Skizze von Lichtenstein 1989.
84 Brief (hs.) Manasse, Florenz, an Kristeller, 3.4.1936 (CU, RBML, KP 33.3) und *Dial 22–0756. Pronto: Villa Pazzi* (1997), 43.

Zusammenhang stand: immerhin wurde dem Ehepaar Manasse im August 1937 fristlos gekündigt, als Marianne der Schulleitung offiziell ihre Schwangerschaft mitteilte, und in den Folgemonaten gab es einen erbitterten juristischen Streit um eine finanzielle Entschädigung.[85] Nichts davon steht in den Briefen Abrahamsohns an Kristeller, was doch überraschend ist, da er in Briefen aus Berlin seine Freundschaft mit Manasse häufig thematisiert hatte. Jedenfalls schien Abrahamsohn der Meinung zu sein, dass er gerade im richtigen Moment (15. Januar 1938)[86] gekündigt habe:

> „(...) ich bin, trotz aller Unsicherheit, ganz froh, das Landschulheim verlassen zu haben. Und es scheint zudem, dass ich es im rechten Moment getan habe; denn nach dem, was ich höre, haben die mittlerweile auch allerhand Sorgen."[87]

École Normale d'Instituteurs, Châlons sur Marne (1938 – 1939)

Im Juli 1938 war Abrahamsohn wieder auf Stellungssuche; aus der späteren Korrespondenz geht zwar hervor, dass er nach seiner Kündigung in Florenz übergangslos eine Anstellung als Lehrer an der Lehrerbildungsstätte „École Normale d'Instituteurs" in Châlons-sur-Marne gefunden hatte (im Lebenslauf sind die beiden Jahre 1937/38 und 1939/39 ausgewiesen),[88] doch anders als in dem ‚Schlaraffenland' Landschulheim gab es dort keine bezahlten Ferien. Deshalb war er froh, über den Sommer für sechs Wochen in der Touraine als Privatlehrer untergekommen zu sein.

Für das Schuljahr 1938/1939 war der Vertrag in Châlons glücklicherweise verlängert worden. Damit befand Abrahamsohn sich in einer ungleich besseren Lage als seine ehemaligen Kollegen am Landschulheim, denn gerade in diesen Monaten begannen die antisemitischen Kampagnen in Italien, mit denen Mussolini die Übernahme der nationalsozialistischen Rassengesetze und die damit verbundenen Massenentlassungen von Juden im August und September vorbereiten ließ. Besorgt erkundigte sich Abrahamsohn bei seinem Freund:

---

85 Siehe Kapitel Manasse, S. 574 ff. und Briefe Manasse, Florenz, an Kristeller, 20.8.1937 und 6. 11.1937 (CU, RBML, KP 33.3).
86 Brief Abrahamsohn, New York, an Kristeller, 26.7.1939: „(...) Lehrtätigkeit: Landschulheim Florenz: High School and Junior College, 1–9–36 bis 15–1–38 (...)" (CU, RBML, KP 1.2).
87 Brief Abrahamsohn, Paris, an Kristeller, 25.7.1938 (CU, RBML, KP 1.2).
88 Brief (hs.) Abrahamsohn an Kristeller, 26.7.1939 (wie Anm. 86), CV Abrahamson (undatiert, nicht vor 1939), und bis 1941 aktualisierter CV für die Sitzung des *Emergency Committee* am 24.11. 1941 (beide in NYPL, *EC*-Records 36.18).

„Und wie steht es mit Dir? Ist das nächste Jahr schon gesichert? Ich bin auch Deinetwegen nicht ganz ohne Befürchtungen – und würde gern wissen, wie Deine Dinge stehen."[89]

Abrahamsohns Sorge war nicht unbegründet: das Landschulheim wurde Anfang September aufgelöst, nachdem die Leiter Werner Peiser und Robert Kempner mit einem Großteil der Kinder nach Nizza geflohen waren,[90] Kristeller verlor nach der Proklamation der „Leggi razziali" über Nacht nicht nur seine Stellung an der Scuola, sondern hatte auch binnen sechs Monaten (bis zum 12. März 1939) das Land zu verlassen.[91]

Doch auch die Anstellung in Châlons stellte keine Lösung auf Dauer dar: mit der Lehrverpflichtung von nur drei Unterrichtsstunden war lediglich Kost und Logis abgegolten, es wurde kein Gehalt ausbezahlt.[92] Deshalb vertraute Abrahamsohn dem Freund unter dem Siegel der Verschwiegenheit an:

„Im übrigen trage ich mich mit Amerikaplänen – dies als vertrauliche Mitteilung (...). Die Amerikaner – Eni [Jablo] etc. -, an die ich geschrieben habe, raten mir, trotz sehr ernster Hinweise auf die Schwierigkeiten, auch dort vorwärts zu kommen, doch alle sehr zu. Die Sorge da ist nur, wie hineinzukommen – und meine Suche nach einem Affidavit hat bisher nichts ergeben. Eni schrieb mir unter anderem, Dich um die Adresse von Julius Held zu fragen – und ob eine Tante von Dir, Miss Therese Cassel, ‚vielleicht so ein Papier noch nicht gegeben hat un [sic!] es tut, wenn P. O. sie bittet und erklärt, wer Sie sind.'"[93]

---

89 Brief Abrahamsohn, Paris, an Kristeller, 25.7.1938 (wie Anm. 87).

90 Die genaue Datierung ist unklar: während Peiser in seiner Skizze *Ein Landschulheim für Naziopfer* angibt, dass er erst Mitte September, nach dem Besuch eines Beamten des Präfekten aus Imperia am 11. September mit den Kindern, die gültige visa nach Frankreich besaßen und mit den nichtitalienischen Lehrkräften nach Nizza floh (Peiser, S. 5), erinnerte sich Gabriele Schöpflich, die mit einigen deutschen (!) Lehrern und zwölf Schülern zurückgeblieben war, sie habe bereits am 4. September erfahren, dass die Leiter nicht mehr zurückkehren würden, worauf es ihnen gelungen sei, bis Mitte September alle Kinder sicher unterzubringen (Ubbens 2006, 125); Moritz Goldstein notierte am 17. September 1938 in sein *Journal*: „Das Landschulheim muss als eingegangen betrachtet werden, die Leiter gelten als geflüchtet." (zitiert nach Ubbens 2006, 125).

91 Die entsprechenden Gesetze waren am 5. bzw. 7. September in Kraft getreten: auch Kristellers einflussreiche Förderer konnten für ihn keine Ausnahmeregelung erwirken (siehe Kapitel Kristeller, S. 450–459).

92 Brief Abrahamsohn, Châlon sur Marne, an Kristeller, 3.11.1938: „Die Arbeit in Châlons in der Schule besteht, wie Du wohl weisst, aus drei Wochenstunden. Man hat Zimmer, Essen und Wäsche; kein Geld. Das muss man sich mit Privatstunden verdienen, man kann anfangs auch vielleicht von einem Comité etwas Geld bekommen. Es gibt in Châlons eine Munizipal-Bibliothek, durch deren Vermittlung man auch Bücher und Zeitschriften aus Paris hierher erhalten kann." (CU, RBML, KP 1.2).

93 Brief Abrahamsohn, Paris, an Kristeller, 25.7.1938 (wie Anm. 89).

Als Abrahamsohn von Kristellers Entlassung erfuhr (wohl Ende Oktober, Anfang November),[94] eröffnete er ihm seine Auswanderungspläne en detail und schlug gleichzeitig einen genialen Rettungsplan vor:[95] Er würde sich für sechs Monate, von Januar bis Juni 1939, vom Schuldienst beurlauben lassen, um in den USA mit einem Touristenvisum auf Stellungssuche zu gehen.[96] Für diese Zeit wollte er Kristeller als Vertretung („remplacant") vorschlagen. Erst Ende Juni 1939, also nach Ablauf des Schuljahres, wollte er wieder nach Frankreich zurückkehren, um den Sommer über wieder als Privatlehrer zu arbeiten und von Frankreich aus seine endgültige Emigration vorbereiten:

> „Du hättest die Stelle bis Anfang Juli sicher; dann müsstest Du für die Ferien, wenn Du bis dahin nichts besseres gefunden hast, auch Hauslehrer oder sonst etwas spielen."[97]

7.3 Die Emigration (1938–1939)

Erste Kontakte mit den Hilfsorganisationen:
Emergency Committee, American Friends Service Committee (1938–1939)

Abrahamsohns „Amerikaner" waren indessen nicht untätig geblieben: Betty Drury, die Sekretärin des *Emergency Committee* in New York, protokollierte in einer Aktennotiz ein Interview vom 28. Juni 1938 mit dem New Yorker Kunsthändler Lucien Goldschmidt, der Abrahamsohns Situation vortrug:

---

[94] Am 2. Oktober 1938 schien Abrahamsohn noch ahnungslos zu sein, denn er schrieb in einer Postkarte Kristeller von einer Begegnung mit Manasse in Orléans, der ebenfalls keine genauen Nachrichten hatte: „ich hatte gehofft von ihm etwas näheres über dich zu hören – er wusste aber überhaupt nichts. – Wie geht es Dir – und was hast Du für Pläne und Aussichten?" (Postkarte [hs.] Abrahamsohn, Chausay, an Kristeller, 2.10.1938, in CU, RBML, KP 1.2).

[95] „Ich habe eine Idee, die vorläufig allerdings nur, mit Morgenstern zu reden, im Geiste ihres Schöpfers steht. Aber man kann vielleicht etwas daraus machen" (Brief Abrahamsohn, Châlons-sur-Marne, an Kristeller, 3.11.1938, wie Anm. 92). Abrahamsohns Bemühungen waren aber nicht erfolgreich: „Mit Châlons war nichts zu machen – Eni habe ich die Geschichte erzählt. Aber es ist auch besser, dass Du hier bist." (Brief Abrahamsohn, Baltimore, an Kristeller, 21.2.1939, in CU, RBML, KP 1.2).

[96] Die befristete Beurlaubung durch den Direktor sei Bedingung für die Ausstellung eines Touristenvisa durch den amerikanischen Konsul, das an eine „Heimkehrgarantie" gebunden sei. Diese Möglichkeit, mit einem Touristenvisa in die USA einzureisen, bestand für die Emigrationswilligen aus Italien in der Regel nicht, denn die italienischen Rassegesetze forderten ultimativ die endgültige Ausreise binnen einer Frist von sechs Monaten.

[97] Brief Abrahamsohn, Châlons-sur-Marne, an Kristeller, 3.11.1938 (wie Anm. 92).

> „‚Referred by': his friend Goldschmidt
> ‚Action to be taken': none
> PhD in Prague – Greek & Latin; Classical Art (about 33 yrs. old)
> taught in Florence – knows Italian fluently,
> then in France (Châlons sur Marne) – teaches German Lycée
> wants post in university or school. will send in his curriculum"[98]

Dem Memorandum beigefügt war bereits das Empfehlungsschreiben Panofskys für Abrahamsohns Rembrandt-Studie:

> „Mr. Ernst Abrahamsohn's study on Rembrandt's interpretation of the Samson story is, in my opinion, a valuable contribution to the iconographical elucidation of Rembrandt's work, all the more valuable as this aspect of Rembrandt's art has recently been somewhat neglected (...). Mr. Abrahamsohn's study is based on a thorough knowledge of both artistic material and literary sources and fully deserves to be published (...)."[99]

Ein halbes Jahr später, im Februar 1939, saß Abrahamsohn persönlich in Betty Drurys Büro, auf Empfehlung Karl Lehmann-Hartlebens. Das Interview Memorandum war jetzt ergänzt durch die Tätigkeit bei Täubler („Research ass. of Prof. Taeubler in Ancient History in Berlin") und ‚akademisierte' die Unterrichtstätigkeiten in Italien und Frankreich:

> „In 35 went to Italy at Int. College Villa Pazzi in Florence, taught classical languages, art History & French – then went to Châlons sur Marne + taught German in a State Teacher's College from 37–39."[100]

Unter der Rubrik ‚comments' war vermerkt:

> „Visitor's Visa. Has leave from Châlons; his contract runs for 39 – Is looking for a position in a small College for History of Art. Speaks fluently French + Italian – taught in both languages – age 32."

Die Einreise in die USA im Januar 1939 war Abrahamsohn ermöglicht worden durch die finanzielle Unterstützung eines Freundes, in den Monaten April bis

---

98 *EC*-Interview Memorandum (hs.), 28.6.1938 (NYPL, *EC*-Records 36.18).
99 Testimonial Panofsky, Princeton, 12.4.1936, auszugsweise auch zitiert in *EC*-Memorandum Drury an Flexner, 7.11.1941 (NYPL, *EC*-Records 36.18).
100 *EC*-Interview Memorandum (hs.) 6.2.1939 (NYPL, *EC*-Records 36.18; ebenso im Formblatt ‚Data Prior to/Following Arrival in U.S.A.', 5.12.1940, in YIVO, *OT* Microfilm): Abrahamsohns Adresse: 930 Westend Ave., NYC.

September 1939 erhielt er Beihilfen durch das *National Coordinating Committee*.[101] Erst Ende Februar reichte er beim *EC* seinen Lebenslauf ein; er entschuldigte diese Verzögerung mit seiner intensiven Reisetätigkeit:[102]

> „I am sorry I could not send you sooner my curriculum vitae – but I have been travelling around constantly during the last two weeks. Since you told me that you would keep me informed about any openings for which I should be eligible, I would be very grateful to you if you could give me any such information."[103]

Mit großer Erleichterung reagierte er auf die Nachricht, dass Kristeller die Ausreise aus Italien geglückt war: von Baltimore aus, wo Ludwig Edelstein am Institute of the History of Medicine seit September 1934 angestellt war, schickte er einen kurzen Willkommensgruß an den Freund, der mit der SS Vulcania am 23. Februar aus Neapel kommend in New York eintraf:

> „Alle herzlichen Grüsse und Wünsche zur Ankunft (...) Es tut mir leid, dass ich nicht mit am Pier sein kann (...) Ich bin sehr froh, dass Du nun hier bist – nach erst guten, dann schlechten Nachrichten durch Eni – und nun schliesslich der endgültigen guten. Und ich hoffe, es gefällt Dir gut im Lande – ich glaube, es kann einem gut gefallen."[104]

Am 8. März sprach er, auf Vermittlung Ludwig Edelsteins, auch bei K.[aroline] Solmitz vom *American Friends Service Committee* vor und bat vor allem um die Unterstützung für seine Verlobte. In ihrem [?] Kurzprotokoll notierte Solmitz unter der Rubrik ‚Need or request of refugee':

---

101 Brief Abrahamsohn, Washington D.C., an Drury, *EC*, 8.10.1941 (NYPL, *EC*-Records 36.18). Das Formblatt ‚Data Prior to/Following Arrival in U.S.A.', 5.12.1940 (YIVO, *OT* Microfilm) vermerkt als Einreisedatum den 18.1.1939.
102 Ende März/Anfang April hielt er sich für ca. drei Wochen in Chicago auf, anschließend reiste er über Nashville, Tennessee nach Washington, D.C. (Briefe Manasse, Chicago, an Kristeller, 17.3.1939 und 10.4.1939, in CU, RBML, KP 33.3).
103 Brief Abrahamsohn, Bryn Mawr, an Drury, *EC*, 20.2.1939. (NYPL, *EC*-Records 36.18): Der Postadresse (c/o Mrs. Solmitz, 11 Eliot Ave. Bryn Mawr, PA) ist zu entnehmen, dass Abrahamsohn für einige Zeit in dem Gästehaus wohnte, das Karoline Solmitz, die Witwe des im KZ Fuhlsbüttel zu Tode gekommenen Lübecker Sozialdemokraten Dr. Fritz Solmitz, in Bryn Mawr für deutsche Emigranten führte (Schirrmacher 2002, 208–210).
104 Brief Abrahamsohn, Baltimore, an Kristeller, 21.2.1939 (CU, RBML, KP 1.2). Kristeller schien in den ersten Wochen nach seiner Ankunft in die USA noch ziemlich niedergedrückt gewesen zu sein, denn Abrahamsohn kritisierte ihn in seinem nächsten Schreiben: „Danke für die Karte. Und noch einmal alle Glückwünsche – zu dem Glück, das Du anscheinend noch gar nicht zu schätzen weisst." (Postkarte [hs.] Abrahamsohn, New York, an Kristeller, 7.3.1939, in CU, RBML, KP 1.2).

„Is on visitors visa, but wants to immigrate under professors' [sic!] quota. Wants to get fiancée over here. She is now a medical student in Basle Switzerland. Mr. A. has made good connections with various colleges but wishes to keep up contact with Serv. Com. on s[ome?] act.[ion? unleserl.] of needs of fiancée."[105]

Im Mai 1939 kam es endlich zu einem ersten Wiedersehen in New York: Anlass hierfür bot Kristellers Vortrag „Florentine Platonism and its Relation to Humanism and Scholasticism" in der Casa Italiana, der Grundlage für seine Anstellung an der Columbia University im Herbst 1939 sein sollte. Auch Abrahamsohn konnte mit positiven Nachrichten aufwarten:

„Ich bin viel herumgereist, davon hast du wohl schon gehört. Ich habe eigentlich auch schon eine Stelle gefunden (...)."[106]

Ihm war es gelungen, sich eine Anstellung als Instructor for Romance Languages and Latin zu sichern, doch in der Einschränkung „eigentlich" verbarg sich eine Schwierigkeit, die die endgültige Einwanderung noch verzögern sollte:

„(...) nur leider ist mein Vertrag nicht sehr visumsfest; ich hatte Unglück im Glück, indem der Board of Trustees in meiner Abwesenheit meine Ernennung beschloss, aber den Entscheid unglücklich (unter Visumsgesichtspunkten) formulierte – und die Universität kann sich ihrerseits aus formalen Gründen, trotz aller Sympathie und Freundschaftlichkeit, nur schwer entschliessen, die notwendigen Änderungen vorzunehmen. So dass ich noch nicht sehe, ob die Sache gehen wird."[107]

Das non-quota visa (Sommer 1939)

Während der Folgemonate war Abrahamsohn damit beschäftigt die Umwandlung des auf sechs Monate befristeten, also nur bis zum 19. Juli gültigen Visitor's visa in

---

105 Formblatt ‚Data Prior to/Following Arrival in U.S.A.', 5.12.1940 (YIVO, OT Microfilm); Das *AFSC* versuchte aber auch bei der Stellensuche behilflich zu sein, denn unter der Rubrik ‚Action taken by agency' vermerkte Solmitz: „Wrote quantities of letters to colleges calling Dr. A. to their attention" (ebda.).
106 Brief Abrahamsohn, c/o Lucien L. Goldschmidt, 8 E 54th St., New York, an Kristeller, 5.5.1939 (CU, RBML, KP 1.2). Die Zusage von Howard University wurde wohl schon im April ausgesprochen, wie aus dem Kurzstenogramm eines Briefes von Abrahamsohn an das *American Friends Service Committee* vom 19.4.1939 hervorgeht: „Has secured a position at Howard Univ. as instructor in Latin and Romance langs. Wants to secure this contract in such a way that he can get non-quota visa. He wants his fiancée to come over on visitor's visa (she has French + Czeck [sic!] passes). Then they can marry and get non-quota visa together." (Formblatt ‚Data Prior to/Following Arrival in U.S.A.' 5.12.1940, in YIVO, *OT* Microfilm).
107 Brief Abrahamsohn, New York, an Kristeller, 5.5.1939 (wie Anm. 106).

ein unbefristetes non-quota visa voranzutreiben.[108] Am 17. Juli gab er Kristeller einen ersten Zwischenbericht: er habe nun alle Dokumente zusammen, um den Visumsantrag stellen zu können, müsse aber noch einige Besprechungen mit den Komitees abwarten, „wo die Leute durch ebenso guten Willen wie geringe Klarheit exzellieren (...)".[109] Die Zeit drängte: noch vor Beginn des Schuljahres wollte Abrahamsohn auch Edith, der man bisher die Einreise als Unverheiratete verwehrt hatte und immer noch in Frankreich wartete, in die USA herüberholen:

> „(...) die Idee ist, dass ich gleich nach meiner Einwanderung nach Frankreich fahre und wir da heiraten, so dass Sie mir dann bald folgen kann."[110]

Da die Umwandlung des Visums nur außerhalb der USA möglich war, musste er zunächst aus dem Land ausreisen und beim amerikanischen Konsul in Havanna vorstellig werden, der nach Vorlage aller Dokumente die Vergabe eines Non-Quota-Visums befürworten oder ablehnen konnte. Dies erklärte die Nervosität Abrahamsohns: bis zuletzt versuchte er fieberhaft seine Papiere zu vervollständigen und möglichst lückenlos eine akademische Karriere zu konstruieren bzw. zu belegen.

Ende Juli erläuterte er in einem Brief an Kristeller ausführlich sein strategisches Vorgehen: Sein „standing als eines ernsten Gelehrten" wolle er durch Zeugnisse von seinen Prager Professoren, dem Gutachten für die Dissertation, dem schon erwähnten Gutachten Panofskys über die Rembrandt-Studie und durch ein Zeugnis von Täubler nachweisen; ferner wolle er eine Stellungnahme beifügen des Inhalts, dass 1933 die Promotion in Heidelberg „durch die politischen Umwälzungen unmöglich" geworden sei. Für seine Lehrtätigkeit in Florenz und Châlons sur Marne in den Jahren 1936 bis 1939 habe er ebenfalls entsprechende Zeugnisse, doch er habe große Bedenken, ob der akademische Status der Schulen, insbesondere der des Landschulheims, ausreiche:

> „Ich habe als Lehrtätigkeit: Landschulheim Florenz, High School und Junior College, 1–9–36 bis 15–1–38. École Normale de Châlons Schuljahre 37/38 und 38/39. Davon zweites und drittes Trimester des letzten Schuljahres in offiziellem Urlaub, zu Forschungszwecken (durch Zeugnis belegt). Erste Frage: Wird die École Normale als Schule mit dem verlangten Rang anerkannt? Wenn ja, Zweite Frage: Werden mir die zwei Jahre dort voll angerechnet? Wo ich nicht nur den grösseren Teil des zweiten Jahres auf Urlaub war, sondern auch im ersten Jahre mit Verspätung angetreten bin (wie leider aus meinem Vergleich mit dem Florentiner Zeugnis

---

108 Das Formblatt ‚Data Prior to/Following Arrival in U.S.A.' gibt – wahrscheinlich irrtümlich – als Verfallsdatum des Visitor's visa den 19. Juni an: „Permanent visa Aug. 1939".
109 Brief Abrahamsohn, New York, an Kristeller, 17.7.1939 (CU, RBML, KP 1.2). Nicht das *EC* war mit Abrahamsohns Einwanderung befasst, sondern das *American Friends Service Committee*.
110 ebda.

hervorgeht, das als meinen Abgangstag den 15. Januar 38 angibt, während ich in Châlons für das ganze Schuljahr 37/38 ausgewiesen bin). Denn: Dritter Punkt: Die Anerkennung des Landschulheims ist natürlich mehr als zweifelhaft (...) wenn man etwas besseres aufzuweisen hat, sollte man möglichst ohne das Landschulheim auszukommen trachten."[111]

Die „Schattenseiten" seines „Vorlebens"[112] suchte Abrahamsohn durch ein Empfehlungsschreiben Ludwig Edelsteins auszugleichen, das er sich eigens zur Vorlage beim amerikanischen Konsul ausstellen ließ und das mustergültig die drei Bereiche ,Abrahamsohn als Wissenschaftler, Lehrer und Persönlichkeit' preist:

> „I have known Mr. E. L. Abrahamson for many years, ever since we were fellow students in Greek and Latin in Germany. His dissertation shows sound scholarship and his later studies also prove that he has ideas of his own as well as the background necessary for successful research.
> Mr. Abrahamson is an excellent teacher with wide experience. He has a very fine appreciation of classical literature and is able to arouse the interest of others in this subject. He is greatly interested in all educational problems.
> Mr. Abrahamson has a friednly [sic!] disposition and has always been well liked by his colleagues as well as by his students. He is reliable in every respect and a person who devotes himself whole-heartedly to the task set before him."[113]

Am 2. August war es endlich soweit: Abrahamsohn erhielt vom amerikanischen Konsul in Havanna ein Telegramm, „das einen recht guten Eindruck macht".[114] Als letzten Sicherungsanker für den Visumstermin bat er auch Kristeller um eine Empfehlung:

> „Anweisungen dafür brauche ich Dir nicht zu geben. Als Gelehrten und als Lehrer. Sie kann kurz sein. Ideal wäre es, wenn Du es auf Yale-Papier tun könntest. (...) Es wäre gescheit, wenn Du die – natürlich auf englisch abgefasste – Empfehlung um sechs, acht Wochen zurückdatiertest – dass es nicht ganz so ad hoc aussieht."[115]

---

111 Brief Abrahamsohn, New York, an Kristeller, 26.7.1939 (wie Anm. 88): wie sehr Abrahamsohn all seine Hoffnung auf den höheren Status der Lehrerbildungstätte Châlons setzte, zeigt die beschwörende hs. Randnotiz: „meine Papiere beweisen auch, dass ich – trotz aller tatsächlichen Zeitdifferenzen, vertragsmässig zwei volle Schuljahre in Châlons war."
112 ebda.
113 Testimonial Ludwig Edelstein, Johns Hopkins University Baltimore, 15.7.1939 (NYPL, EC-Records 36.18): Das Schreiben ist wahrscheinlich vordatiert (siehe die Empfehlung Abrahamsohns in seinem Brief an Kristeller vom 2.8.1939; s. Anm. 114), ansonsten hätte Abrahamsohn es in seinem Brief an Kristeller vom 26.7. mit angeführt.
114 Brief Abrahamsohn (hs.), New York, an Kristeller, 2.8.1939, S. 1 (CU, RBML, KP 1.2).
115 ebda., S. 2 und 5.

Abrahamsohns Sorgen erwiesen sich letztlich als unbegründet: am 12. August reiste er nach Havanna, bereits am 21. kehrte er mit den ersehnten Papieren wieder nach New York zurück. Von der Überfahrt nach Frankreich, die er bereits für den 23. August 1939 gebucht hatte, konnte man ihn nur mit Mühe abhalten.[116]

7.4 Zwischen Romance Languages und Classics – USA (1939–1958)

Instructor for Romance Languages and Latin: Howard University, Washington, D.C. (1939–1941)

Mit einem Jahresgehalt von $ 1800.– trat Abrahamsohn am Department of Romance Languages der Howard University im September 1939 pünktlich seinen Dienst an. Sein Vertrag als Instructor for Romance Language and Latin war auf ein Jahr befristet, er war als Vertretung für einen beurlaubten Kollegen eingesetzt. Im Kontrast zur Einstellungspolitik anderer amerikanischer Universitäten gegenüber emigrierten Wissenschaftlern übernahm Howard für das Jahr 1939/1940 das gesamte Gehalt, ohne vorher bei irgendeinem Komitee einen Gehaltszuschuss beantragt zu haben.

Die Arbeitsbedingungen scheinen sehr günstig gewesen zu sein, denn er hatte eine Klasse weniger als erwartet zu unterrichten:[117] In dem Anfängerkurs Fran-

---

116 Postkarte (hs.) Abrahamsohn, New York, an Kristeller, 28.8.1939 (CU, RBML, KP 1.2): „Had made all arrangements for sailing to Europe on Wednesday 23, but got urgent advice to wait until the crisis is over. So I'm waiting – impatiently, as you'll understand." Edith konnte erst Anfang Februar 1940, mit tatkräftiger Hilfe von [Hertha] Kraus vom *AFSC*, über Mexiko in die USA einreisen (siehe nachträglichen Eintrag in der Aktennotiz vom 19.4.1939, Rubrik ‚Action taken by Agency', in Formblatt ‚Data Prior to/Following Arrival in U.S.A.' 5.12.1940, wie Anm. 20): „After a rather hectic time he finally got visa changed. This involved much help and encouragement from *AFSC*. Dr. Kraus also helped arrange the immigration of his fiancée through Mexico. Are now married"; und Brief Abrahamsohn, Washington D.C., an Drury, *EC*, 8.10.1941, in NYPL, *EC*-Records 36.18). Die Hochzeit fand unmittelbar danach, am 10. Februar 1940, statt (Brief Abrahamsohn an Kristeller, 9.2.1940 in CU, RBML, KP 1.2; der hs. Brief besteht aus zwei Teilen: im ersten Teil informiert Ernst den Freund über die kurz bevorstehende Hochzeit: „Morgen werden wir uns wegen der Heirat erkundigen – und ich hoffe, dass das, ebenso wie die Einwanderung danach, ohne Schwierigkeiten von Statten geht", im zweiten Teil ergänzt Edith: „mittags: Eben haben wir geheiratet. Viele herzliche Grüsse Edith").
117 Brief (hs.) Abrahamsohn, Washington, D.C., an Kristeller, 6.11.1939 (CU, RBML, KP 1.2): „Cicero fiel aus Mangel an Teilnehmern aus." Auch das Gehalt war vergleichsweise gut: Kristellers Anfangsgehalt 1939/40 als Associate an der Columbia betrug nur $ 1500.–, an der Howard

zösisch saßen nur sechs Teilnehmer, für die Klasse „Französisches Drama" hatten sich 21 Studenten eingeschrieben. In Latein unterrichtete Abrahamsohn Plautus, mit sieben Studenten, drei M.A. Kandidaten waren ihm als ‚advisor' zugewiesen. In einem ersten Erfahrungsbericht zeigte er sich durchaus angenehm überrascht über die Besonderheiten des Unterrichtens an einer amerikanische Bildungseinrichtung:

> „(...) die Vorbildung und die ‚wissenschaftliche Methodik' der hiesigen Master-Kandidaten [ist] natürlich geringer als die der Doktoranden in Europa – und wenn man ihnen zu einer netten These verhelfen will, muss man sich halt Mühe mit ihnen geben. (...) Der Stil einer (...) Vorlesung hier (...) ist eine Mischung von Vorlesung und Seminar und zugleich von Schule und Universität. (...)
> mein Hauptproblem mit den Studenten (...) [sie] haben – im schriftlichen – keine Ahnung, wie man einen Plan macht und eine Arbeit logisch entwickelt. Die erste Komposition war niederschmetternd (...) Die Studenten sind, zum grössten Teil, ausgesprochen nett, aufnahmefreudig, interessiert – richtig das, was man ‚gutes Schüler-Material' zu nennen pflegt (welches Material allerdings von der amerikanischen Durchschnitts-High School mir ziemlich unbearbeitet gelassen zu sein scheint)."[118]

Doch schon zu Beginn des zweiten Semesters, im Januar 1940, plagten Abrahamsohn erneut Existenzsorgen:

> „Mit mir stehen die Dinge leider nicht so gut; aller Wahrscheinlichkeit nach werde ich nicht über dieses Jahr hinaus in Howard bleiben können (weil ich Vertreter bin – und die Vertretenen zurückkommen) – was dann wird, muss man sehen."[119]

Völlig überraschend dann die Meldung im Mai 1940, dass „das reappointment für ein weiteres Jahr sicher [ist]".[120]

Am 20. Juli 1940 konnte Abrahamsohn seinerseits dem frisch vermählten Ehepaar Paul Oskar und Edith Lind-Kristeller gratulieren und berichtete von eigenen Fortschritten: Edith Rodler-Abrahamsohn habe als Intern in einem Spital in Washington, D.C. zu arbeiten begonnen, er selber besserte sein Gehalt über den Sommer als Instructor in French, German and Dramatics am Stillwater Community

---

University wurde das „salary of instructors in the College of Liberal Arts" erst zwei Jahre später generell von $ 1600.– auf $ 1800.– erhöht (Beschluss vom 26.9.1941, siehe Logan 1969, 364).
118 Brief (hs.) Abrahamsohn an Kristeller, 6.11.1939 (wie Anm. 117).
119 Brief (hs.) Abrahamsohn, Washington, D.C., an Kristeller, 1.1.1940 (CU, RBML, KP 1.2): Während eines Neuphilologenkongresses in New Orleans, so informierte er Kristeller weiter, hätte er einen alten gemeinsamen Bekannten getroffen, Werner Peiser, den Gründer und Leiter des Landschulheimes Florenz, der inzwischen an der dortigen Katholischen Loyola University untergekommen sei.
120 Brief Abrahamsohn, Washington, D.C., an Kristeller, 3.5.1940 (CU, RBML, KP 1.2).

College, Minnesota, auf.[121] Dort unterrichtete er nicht nur Klassen in „elementary and advanced French and German", sondern stellte auch erneut seine Befähigung als Musiklehrer und Chorleiter unter Beweis, indem er die Komische Oper „[H. M. S.] Pinafore" von Arthur Sullivan und W. S. Gilbert einstudierte.[122]

Im zweiten Jahr in Howard rückte er in der internen Hierarchie des Departments auf und unterrichtete nicht nur am College of Liberal Arts, sondern auch an der Graduate School.[123] Ein besonderes Anliegen war ihm dabei, in einem „Thesis-Course" die Grundlagen deutscher Wissenschaftlichkeit zu vermitteln:

> „das heisst Wie schreibe ich eine Dissertation? – das heisst praktisch Probleme geben und loesen lassen, moeglichst aus jedem Jahrhundert, mit dem sechzehnten zu beginnen (...). Dieser Kurs ist sozusagen meine Erfindung, weil mir die Thesen das letzte Jahr zu bloedsinnig waren. Und was ich wollte, war, den graduate students beizubringen, was wir nannten ‚Probleme zu sehen'. Als erstes, und dann logisch zu entwickeln. Was anscheinend sehr schwer ist."[124]

Doch diese Erfolge konnten nicht dazu beitragen, dass sich seine Position in Howard stabilisierte. Im Februar 1941 erhielt Kristeller einen sorgenvollen Brief:

> „Nun wieder auf Stellensuche. Diesmal scheint es ernst zu sein; die im Urlaub kommen zurück – und Geld für einen Extra-Lehrer ist nicht da. War neulich in St. John's in Annapolis (Du wirst von diesem Programm und Methoden gehört haben), hat mir sehr gefallen – aber Stellenchancen sind keine. Sprach vor einigen Tagen mit dem Language Head of American University hier, entzückender Mensch, aber auch kein opening. Werde noch die anderen hiesigen Schulen abgrasen – aber Chancen sind schlecht: Weisst Du irgendwelchen Rat?"[125]

Dieser Pessimismus war keineswegs übertrieben, denn wenige Wochen später habe ihm der Chair des Romance Language Departments, Valaurez B. Spratlin,

---

121 Brief (hs.) Abrahamsohn, Stillwater Community College, Minnesota, an Kristeller, 20.7.1940 (CU, RBML, KP 1.2): „die Lehrer sind alles immigrés – und die Idee ist, diese mit amerikanischem Leben bekannt zu machen – und zugleich einer amerikanischen kleinen Stadt etwas von den Kenntnissen dieser ‚distinguished people' zu vermitteln."
122 ebda. und Ernest L. Abrahamson, ‚Curriculum Vitae' [1941] (CU, RBML, KP, Ser. E, 2.6). Als Regisseur trat er auch in Howard in Erscheinung, er erwähnt in selbigem CV auch eine von ihm inszenierte Studentenaufführung von Molieres Komödie „Les précieuses ridicules".
123 Brief Abrahamsohn, Washington, D.C., an Kristeller, 15.10.1940 (CU, RBML, KP 1.2). Diese ‚Beförderung' war auch mit einer deutlichen Gehaltssteigerung auf $ 2100.– verbunden (Brief C. H. Thompson, Dean Howard Univ., Washington, D.C., an Drury, EC, 27.9.1941, in NYPL, EC-Records 36.18).
124 Brief Abrahamsohn, Washington, D.C., an Kristeller, 15.10.1940 (wie Anm. 123).
125 Brief (hs.) Abrahamsohn, Washington, D.C., an Kristeller, 16.2.1941 (CU, RBML, KP 1.2).

„sozusagen offiziell" bestätigt, „dass naechstes Jahr nichts mehr in Howard sein wird". Das Department sei zwar „understaffed", doch die Universität wolle von der

> „derzeitigen policy nicht abgehen (...), welche ist, dass keine neuen Lehrer angestellt werden sollen, solange alte noch unterbezahlt sind (dies ist eine Tatsache), sondern dass irgendwelches freies Geld zunaechst zu Gehaltssteigerungen und avancements der alten Lehrer verwandt werden soll."[126]

Eigenes intensives Suchen nach einem opening im Großraum Washington, D.C. sei ergebnislos verlaufen, er habe sich sogar wieder bei zwei Teachers Agencies eintragen lassen.[127]

In dieser ausweglosen Situation[128] fuhr Abrahamsohn am 15. März 1941 nach Philadelphia, zu Wilbur K. Thomas, dem Executive Secretary des *Oberlaender Trusts* der *Carl Schurz Memorial Foundation*.

Unterstützungsversuche der Komitees: *Oberlaender Trust* und *Emergency Committee* (1941–1942)

Dieser eröffnete ihm eine neue Perspektive: er hätte durchaus Aussichten auf finanzielle Unterstützung durch den *Oberlaender Trust*,

> „wenn ich eine Stelle mit zu wenig oder keinem Gehalt auftreiben koennte (...) So dass es sich nun darum handelt, an einer guten Schule einen unbezahlten Posten zu finden."[129]

Mit dieser Neuigkeit versuchte er seine Verhandlungsposition in Howard zu verbessern, zunächst mit wenig Erfolg:

---

126 Brief Abrahamsohn, Washington, D.C., an Kristeller, 17.3.1941 (CU, RBML, KP 1.2).
127 ebda. und Brief Abrahamsohn, Washington, D.C., an Kristeller, 22.4.1941 (CU, RBML, KP 1.2); unter Referenzen hatte Abrahamsohn auch Kristeller angegeben (Brief Abrahamsohn, Washington, D.C., an Kristeller, 3.4.1941, in CU, RBML, KP 1.2).
128 Brief Abrahamsohn, Washington, D.C., an Kristeller, 3.4.1941: „Howard so gut wie aussichtslos." (wie Anm. 127).
129 Brief Abrahamsohn, Washington, D.C., an Kristeller, 17.3.1941 (wie Anm. 126); ähnlich der Wortlaut in einem Brief an Kristeller vom 22.4.1941 (wie Anm. 127): „Dass Thomas in Philadelphia mir quasi zugesagt hat, dass er etwas fuer mich tun wuerde, wenn ich eine Stellung finde, weisst Du auch."

> „Ich habe die Thomas-Sache in Howard besprochen; doch scheint da auch damit nichts zu machen zu sein. Denn Howard hat zur Zeit ein Deficit und man spart mit jedem Pfennig. Und sie scheinen selbst einen kleinen Teil eines Gehaltes nicht aufbringen zu koennen."[130]

Parallel dazu habe er seine Bemühungen verstärkt, im näheren geographischen Umfeld (in Maryland und Pennsylvania) eine Stelle zu finden, in Bryn Mawr, Haverford, Swarthmore, an der University of Pennsylvania und in Baltimore: auf Drängen Ludwig Edelsteins wollte er sogar „einen meiner vielen angefangenen Aufsätze" fertigstellen, damit er bei einer Bewerbung an der Johns Hopkins University „etwas schriftliches" vorweisen könnte. Grundproblem seiner Situation, so Abrahamsohn weiter, sei die Isoliertheit Howards: es gebe keine Kontakte zu anderen Schulen, insbesondere nicht zu weißen Colleges:

> „Zwei Dinge fallen vollkommen aus, die an einer weissen Schule selbstverstaendlich sind: dass man Leute von anderen Schulen sieht, dass man mit anderen Schulen in Kontakt ist und infolgedessen auch von eventuellen vacancies erfaehrt; und dass zum mindesten der Head of Department Verbindungen hat und einen gegebenenfalls ‚backen' kann. Von einer schwarzen an eine weisse Schule zu kommen, heisst im Grunde, noch einmal neu anzufangen – weniger, weil es Leute geben mag, die gegen die schwarze Schule Vorurteile haben, (...) als weil zwischen schwarzen und weissen Schulen keinerlei Verbindungen bestehen. Und um ‚neu anfangen' zu koennen, duerfte man keine Klassen haben, sondern muesste Zeit haben, herumzureisen, genau wie ich es vor zwei Jahren getan habe."[131]

Deshalb würde er Kristeller bitten, sich in New York, nicht nur an der Columbia und NYU, sondern vor allem an den zahlreichen Colleges nach einer freien Stelle oder Vertretung umzuhören, und unter Umständen die Möglichkeit eines Gehaltszuschusses von Seiten einer Hilfsorganisation (die „Carl-Schurz-Aussicht") geschickt mit ins Spiel zu bringen.[132]

Die Korrespondenz der nächsten Wochen ist von nervöser Hektik gekennzeichnet: am 27. April berichtete Abrahamsohn von seinen Anfragen an anderen schwarzen Schulen, von zwei freien Plätzen in Washington selbst, an der American und an der Georgetown University, und von einem geplanten Vorstellungsgespräch an der Johns Hopkins University mit dem Chairman des Departments for Romance Languages, Henry Carrington Lancaster: hierfür würde er fieberhaft („jede freie Minute") an einem Aufsatz über Corneille arbeiten. Anfang

---

130 Brief Abrahamsohn, Washington, D.C., an Kristeller, 22.4.1941, S. 1 (wie Anm. 127).
131 ebda., S. 2.
132 ebda., S. 3. Abrahamsohn hatte, neben Hertha Kraus und Magda Holbrook [Holbrok?] vom *AFSC*, auch die Freunde Kahane und Dieckmann um Unterstützung angeschrieben (S. 1).

Mai schließlich wollte er um einige Tage Urlaub ersuchen, um persönlich in New York vorstellig werden zu können.[133]

Nur drei Tage später, am 30. April, gab es Anlass zu verhaltenem Optimismus:

> „Howard hat an Thomas geschrieben – sehr lobend für mich – aber gleich betonend, dass sie keinen Pfennig geben könnten, und ihn aufgefordert, ein volles Gehalt zur Verfügung zu stellen. Prestigemässig immerhin wertvoll, Erfolgsaussichten für ein volles Gehalt natürlich gering."[134]

Nach der Verabredung mit Lancaster, so Abrahamsohn weiter, werde er versuchen so schnell wie möglich nach New York zu kommen.

Der „kleine Corneille-Aufsatz" wurde tatsächlich rechtzeitig fertig, am 6. Mai habe, so Abrahamsohn an Kristeller in einem Brief des darauffolgenden Tages, eine „sehr angenehme Unterhaltung" mit Lancaster in Baltimore stattgefunden: leider nur über Corneille, nicht über eine offene Stelle. Ein Urlaubsgesuch von drei Tagen sei von Spratlin genehmigt worden: so würde er in der Zeit vom 11. bis zum 14. Mai in New York sein. Abrahamsohns Terminplanung sah zunächst für Samstag, den 10. April, in Philadelphia ein weiteres Treffen mit Thomas vom OT vor, das zur Besprechung der neuen Howard-Offerte dienen sollte; am Sonntag in New York wollte er mit Kristeller in der Casa Italiana die appointments an den New Yorker Colleges durchsprechen und vorbereiten, die dieser für Montag und Dienstag arrangiert hatte: der Mittwoch sei für eventuelle Termine außerhalb New Yorks reserviert.[135]

Hier setzte die Aktivität des *Emergency Committee* ein: Für Abrahamsohns Besuch bei John Whyte, Chair des German Departments am Brooklyn College und Secretary des *EC* von 1935 bis November 1937,[136] formulierte Betty Drury am 12. Mai 1941, wahrscheinlich auf Kristellers Bitte hin, einen Empfehlungsbrief.[137] Dieser Besuch verlief offenbar ohne greifbares Ergebnis: Whyte fühlte sich wohl nicht zuständig und verwies Abrahamsohn mit einem weiteren Empfehlungsbrief an den Head des Romance Languages Department:

---

133 Brief Abrahamsohn (hs.), Washington, D.C., an Kristeller, 27.4.1941 (CU, RBML, KP 1.2).
134 Brief Abrahamsohn (hs.), Washington, D.C., an Kristeller, 30.4.1941 (CU, RBML, KP 1.2).
135 Brief Abrahamsohn, Washington, D.C., an Kristeller, 7.5.1941 (CU, RBML, KP 1.2).
136 Duggan/Drury 1948, 178.
137 Brief Drury, *EC*, an J. Whyte, Brooklyn College, 12.5.1941 (NYPL, *EC*-Records 36.18). Ein Indiz spricht dafür, dass dieses Schreiben auf Informationen des Lebenslaufes zurückgreift, der in den Kristeller-Papers (CU, RMBL, KP, Ser. E 2.6) aufbewahrt ist: die Formulierung „is working on several papers in the field of French literature at the present time", die auf dem Abschnitt des CV: „Papers (not published)" fußt, fehlt in der Fassung der Lebensläufe, die in den *EC*-Records abgelegt ist.

7.4 Zwischen Romance Languages und Classics – USA (1939–1958) — 553

> „I saw Dr. Abrahamson yesterday, and I gave him a letter to the head of our Romance Language department here, but I am not at all optimistic about any results from this letter. The situation in French seems to be almost as bad as that in German."[138]

Diese illusionslose Sicht konnte Miss Drury in ihrer Antwort nur bestätigen: „From this office, the outlook for language teachers is completely discouraging."[139] Auch Abrahamsohn zog gegenüber Kristeller eine ernüchternde Bilanz seiner Reise: „irgend einen konkreten Erfolg habe ich nicht gehabt", tröstete sich aber damit, wenigstens neue Kontakte geknüpft zu haben, mit Roland Bainton und dem Romanisten Andrew R. Morehouse in Yale („sehr sympathisch und aufrichtig interessiert"), in Brown und in Harvard.[140] Ein zweiter Aufsatz sei kurz vor der Vollendung, über Molieres Komödie „École des maris".

Wenig später ein ernster, wenn auch nicht unerwarteter Schlag: die Trustees des *Oberlaender Trust* weigerten sich, Howards Antrag auf Übernahme des gesamten Gehalts von Abrahamsohn für das akademische Jahr 1941/42 zu befürworten.[141] Leider gibt es zu dieser Entscheidung weder in den Akten des *EC* noch in den *Kristeller Papers* relevante Korrespondenz.

Überraschenderweise schöpfte zu Beginn des neuen Schuljahres Abrahamsohn noch einmal Hoffnung:

> „Habe Chancen, doch noch einen Oberlaender-grant fuer ein weiteres Jahr in Howard zu bekommen: endgueltige Entscheidung wird in absehbarer Zeit fallen."[142]

Hintergrund für diese neue Situation war ein Strategiewechsel des Deans der Howard University, Charles H. Thompson: er zog die Konsequenz aus der negativen Entscheidung des *OT* und stellte einen Antrag entsprechend der Bewilligungspraxis der Komitees: er fragte sowohl beim *Emergency Committee* als auch beim *Oberlaender Trust* an, ob sie bereit wären im Schuljahr 1941/1942 je 50 % von Abrahamsohns Gehalt zu finanzieren.[143] Berechnungsgrundlage war das abgelaufene Jahr 1940/1941 mit einen Jahreseinkommen in Höhe von $ 2100.– Der

---

138 Brief John Whyte an Drury, *EC*, 14.5.1941 (NYPL, *EC*-Records 36.18).
139 Brief Drury, *EC* an John Whyte, 17.5.1941 (NYPL, *EC*-Records 36.18).
140 Brief Abrahamsohn, Washington, D.C., an Kristeller, 25.5.1941 (CU, RBML, KP 1.2).
141 Übersicht über die Zuschläge bzw. Ablehnungen, die vom Board des *OT* auf seinem Juni-Meeting beschlossen wurden, im Brief Thomas, Philadelphia, an Drury, 30.6.1941 (NYPL, *EC*-Records 36.18): neben Abrahamsohn gehörte auch Ernst Rabel zu den vorerst Abgelehnten. Dem Schlusssatz der Mitteilung ist jedoch zu entnehmen, dass manche Fälle von den Trustees doch nicht als aussichtslos eingeschätzt wurden: „A few of the above cases are being reconsidered but no definite decision have been reached at the present time."
142 Brief (hs.) Abrahamsohn, Washington, D.C., an Kristeller, 9.9.1941 (CU, RBML, KP 1.2).
143 Brief Dean Thompson, Washington, D.C., an Drury, *EC*, 27.9.1941 (NYPL, *EC*-Records 36.18).

Antrag an das *EC* wurde durch eine Reihe neuer Empfehlungsschreiben und Gutachten unterstützt: Wolfgang Seiferth, Howard University,[144] Henry Carrington Lancaster, Johns Hopkins University,[145] Ludwig Edelstein, ebenfalls JHU,[146] Jacob Klein, St. John's College, Annapolis,[147] und Robert Ulich, Harvard, Graduate School of Education.[148]

Bevor das Executive Committee des *EC* noch über Abrahamsohns Antrag befinden konnte, kam der zweite Schlag: Der *Oberlaender Trust*, so Wilbur Thomas an Dean Thompson, könne wegen seiner „rapidly diminishing funds for this type of work" Abrahamsohn nicht unterstützen.[149] Unverzüglich setzte Abrahamsohn das *EC* von dieser enttäuschenden Entscheidung in Kenntnis und bat um so dringlicher um dessen Hilfe:

> „The negative action of the Oberlaender Board has been a considerable disappointment for me on account of both my financial situation and my scholarly plans – and I should highly appreciate any assistance the Emergency Committee could grant in order to enable me to continue the work in my field."[150]

Aber auch das *EC* hätte beinahe negativ entschieden, da Howard University in ihrem Antrag kein „permanent appointment" für Abrahamsohn nach der Förderung in Aussicht gestellt hatte.[151] Doch das Komitee zeigte sich ungewöhnlich kompromissbereit: wegen der zahlreichen „excellent testimonials about his

---

144 Brief Seiferth, Washington, D.C., an Drury, *EC*, 28.9.1941 (NYPL, *EC*-Records 36.18).
145 Brief (hs.) Lancaster, Baltimore, an Drury, *EC*, 29.9.1941: „I have had two long talks with Dr. Abrahamson and have found him keen and intelligent, deeply interested in French literature, a person of superior equipment, one well deserving of help." (NYPL, *EC*-Records 36.18).
146 Abrahamsohn verfügte über keine Kopie von Edelsteins Empfehlungsbrief vom 4.10.1939 (s. S. 546 mit Anm. 113); deshalb bat er Miss Drury, eine Abschrift an den *Oberlaender Trust* zu schicken (Brief hs. Abrahamsohn, an Drury, 2.10.1941, in NYPL, *EC*-Records 36.18).
147 Brief Klein, Annapolis, an *EC*, 4.10.1941 (NYPL, *EC*-Records 36.18): „(...) having had your kind support when I first came to this country and having ever since taught at St. John's College, I think you will understand my wanting to enlist your support of a good friend of mine, Dr. Ernest L. Abrahamson."
148 Brief Ulich, Cambridge, MA, an *EC*, 7.10.1941 (NYPL, *EC*-Records 36.18).
149 Brief Thomas, *OT* an Dean Thompson, 14.10.1941 (NYPL, *EC*-Records 36.18).
150 Brief Abrahamsohn, Washington, D.C., an Drury, 15.10.1941 (NYPL, *EC*-Records 36.18).
151 Thompsons Antrag erfüllte die Richtlinien des *EC* nur formal, nicht aber inhaltlich: denn er formulierte unmissverständlich deutlich, dass Howard mit hoher Wahrscheinlichkeit Abrahamsohn in den nächsten Jahren keine Anstellung bieten könnte: „(...) if it had not been for our present policy of not adding to our staff until 1945 (...) we would have very probably continued Dr. Abrahamson's services. May I state frankly that (...) it is not possible for us to give definite assurance of reemployment of Dr. Abrahamson after this year." (Brief Dean Thompson, Washington, D.C., an Drury, *EC*, 27.9.1941, in NYPL, *EC*-Records 36.18).

[=Abrahamsohns] personal and professional qualifications" wurde die Entscheidung vertagt und der Universität noch einmal Gelegenheit gegeben, den Antrag ‚nachzubessern':

> „If there is any additional information you can send us which would have any bearing on the matter of permanency, or throw any new light on the application, we should be very glad to receive it before the next meeting of the Committee."[152]

Die Unterstützer Abrahamsohns nutzten diese Gelegenheit, weitere Stellungnahmen einreichen: Seiferth und Edelstein sandten dem *EC* zusätzliche Schreiben,[153] neue Empfehlungsschreiben wurden von Abrahamsohns Studienfreund Raymond W. Goldsmith (Assistant Director, U.S. Securities and Exchange Commission),[154] Erwin Panofsky (*Institute for Advanced Study*, Princeton),[155] Hans Staudinger (New School for Social Research New York),[156] und Kristeller (Columbia University) verfasst.[157] Vor allem letzterer, der seine enge persönliche Verbindung

---

152 Brief Drury, *EC*, an Dean Thompson, 22.10.1941 (diktiert 21.10., in NYPL, *EC*-Records 36.18).
153 Seiferth führte in seinem zweiten Schreiben als ein zusätzliches Argument an, die Faculty bedürfte dringend eines weiteren Instructors, da sie „understaffed" sei (Brief Seiferth an Drury, 6.11.1941, in NYPL, *EC*-Records 36.18). Edelstein aktualisierte sein Gutachten von 1939 in einem zweiten Schreiben vom 5.11.1941 (NYPL, *EC*-Records 36.18): „(...) in the past two years he overcame all difficulties with great energy and (...) he tried with great determination to make a new start in this country. Moreover, though this two years were not easy for him, and though the teaching burden lay heavily upon him as upon every newcomer, he found time to continue his research."
154 Empfehlungsschreiben (hs.) Goldsmith, 2.11.1941: „I should like to add that Dr. Abrahamson (...) has definitive teaching abilities and is very interested in his pupils and students (...) Finally he has a fine unassuming personality and a sterling character." (NYPL, *EC*-Records 36.18).
155 Brief Panofsky, *IAS* Princeton, an Drury, *EC*, 6.11.1941 (NYPL, *EC*-Records 36.18).: „Dr. Abrahamson impressed me as a very well-informed and intelligent scholar whose mind is open to the larger implications of specialized problems, and who approaches his subject with acumen as well as originality." Panofsky, seit Mitte der 30er Jahre mit dem *EC* in reger Korrespondenz, war von Miss Drury in eigener Initiative gebeten worden, eine Empfehlung für Abrahamsohn zu schreiben, da er in dessen Unterlagen als Referenz angeführt wäre (Brief Drury an Panofsky, 5.11. 1941, in NYPL, *EC*-Records 36.18).
156 Brief Staudinger, New York, an Drury, *EC*, 4.11.1941 (NYPL, *EC*-Records 36.18): „I have always been deeply impressed by the wide range of Dr. Abrahamson's interests. It is very rare that anyone studies and learns in so many different fields of human knowledge. (...) Teaching is his love, and he has been so successful at it that I would deeply regret it if he were not enabled to continue at Howard University where he is very much liked."
157 Kristeller war verstimmt, weil Abrahamsohn ihn bei diesem Antrag nicht mit einbezogen hatte. Umgehend versuchte dieser den Vorwurf des Freundes in einem Brief zu entkräften: „Dank fuer Deine Zeilen und fuer Deinen Brief an Miss Drury. Ich verstehe, dass Du boese auf

zu Abrahamsohn nicht verhehlte („He happens to be one of my oldest and closest friends"), charakterisierte in seinem Schreiben nachdrücklich die vielseitige Begabung und liebenswürdige Persönlichkeit des Antragstellers:

> „Mr. Abrahamson had an excellent training in classical and modern philology. He knows many languages and knows them unusually well. His knowledge of Greek, Latin, French and German literature is extensive and profound. His large readings are guided by critical judgment, an extremely fine and sensitive taste, psychological understanding and broad cultural interests. He is well acquainted with the fine arts and with music, being himself a good pianist. He has travelled and lived in most European countries. He is not only a cultured personality, but a man to whom all cultural matters are of living concern and who has made his learning and his experience a real part of himself. His conversation is particularly brilliant. (...)
> As a teacher he is not only well prepared, but also enthusiastic and inspiring. I know that he takes his teaching very seriously, and that he has been successful, in Florence, Châlons and in Washington also. (...)
> Mr. Abrahamson is not only a gifted man, but a person of the highest moral qualities. He is reliable, open-minded, cooperative and full of understanding, always inclined to serve other people's interest more than his own."[158]

Leider sollten sich all diese Bemühungen als vergeblich erweisen: denn bereits am 27. Oktober hatte Thompson die zweite Chance, die das *EC* der Universität eingeräumt hatte, mit wahrlich amateurhaftem Ungeschick aufs Spiel gesetzt:

> „(...) I am very happy to note that the Committee is inclined to feel that it could consider favorably Dr. Abrahamson's case. You inquire as to whether or not we have any additional information which we could send having any bearing on the matter of permanency or throw any new light on the application. May I state in reply that I cannot think of any additional information on either of these points which I did not send in my last letter.
> Hoping, however, that you will favorably consider Dr. Abrahamson's case, (...)"[159]

So stand die zweite Begutachtung des Antrags auf einen Gehaltszuschuss von $ 1050.– („Reconsideration of application for new scholar"), der dem Subcommittee bei seinem nächsten Meeting am 24. November 1941 vorgelegt wurde, unter keinem guten Stern: zum einen war von dritter Seite, nach dem ablehnenden Be-

---

mich bist – aber Du solltest es nicht sein; man kommt, wenn man die Hilfe so vieler Menschen in Anspruch zu nehmen hat, einfach an einen psychologischen Saettigungspunkt – – (...) Um noch einmal auf Deinen Vorwurf zurueckzukommen: Sachlich war schon so viel geschehen, dass ich Deine Hilfe nicht mehr in Anspruch nehmen zu muessen glaubte; und ‚persoenlich' kommt man wie gesagt an einen Punkt, wo man von den Dingen einfach nicht mehr reden mag." (Brief Abrahamsohn, Washington, D.C., an Kristeller, 6.11.1941, in CU, RBML, KP 1.2).
158 Brief Kristeller an Drury, *EC*, New York, 4.11.1941 (NYPL, *EC*-Records 36.18).
159 Brief Dean Thompson an Drury, *EC*, 27.10.1941 (NYPL, *EC*-Records 36.18).

scheid des *OT*, keine weitere finanzielle Zuwendung zu erwarten, zum anderen leistete die antragsstellende Institution weder einen eigenen Beitrag zum Gehalt noch stellte sie die Weiterbeschäftigung Abrahamsohns in wenigstens mittelbare Aussicht. Deshalb war es nicht überraschend, dass Betty Drury Dean Thompson am 8. Dezember über die negative Entscheidung des Komitees informierte „because of the increasingly heavy demands upon its budget."[160]

Es stellt sich die Frage, warum Abrahamsohn bzw. die Universität nicht von Anfang an versucht hatten, bei beiden Organisationen jeweils einen Antrag auf Übernahme eines Teilgehaltes zu stellen: so hätte sich möglicherweise die erste Absage des *Oberlaender Trusts* vermeiden lassen. Abrahamsohn gibt darüber Aufschluss in seinem Brief an Kristeller vom 6. November:

> „Den Antrag an das Emergency Committee und die damit nun verbundene Hoffnung verdanke ich einem Zufall. Im Sommer hatte Howard noch einmal durch meinen Freund Seiferth (...) einen Antrag an Oberlaender gestellt.[161] Ende September besuchte mich hier ein New Yorker Freund, der beim National Refugee Service arbeitet – und als der von dem Thomas-Antrag hoerte, riet er mir dringend, zugleich einen an das Emergency Committee zu richten. (Ich hatte bis dahin geglaubt, fuer das Emergency Committee nicht ‚eligible' zu sein, nicht nur wegen des Privatdozenten-Paragraphen, sondern auch weil ich schon eine Stellung gehabt habe.)"[162]

---

160 Brief Drury, *EC*, an Dean Thompson, 8.12.1941 (NYPL, *EC*-Records 36.18). Damit endet die Korrespondenz des *Emergency Committe* mit bzw. bezüglich Abrahamsohn. Am 7.7.1942 werden dem Chair des Department of Classical Languages and Literature der University of Oklahoma für eine „instructorship in the field of classics" die Philologen H. Bloch, E. Kapp, R. Schäffer und Abrahamsohn empfohlen, am 8.12.1942 wird Abrahamsohns Akte geschlossen mit der Begründung „no recent contact." (NYPL, *EC*-Record 36.18 ‚Card Abrahamson').
161 Ungeschickterweise wurde die Howard-application für Abrahamsohn „without any accompanying data" beim *Oberlaender Trust* eingereicht. Rebecca J.[anney] Timbres vom *American Friends Service Committee* holte dies am 22.8.1941 nach und sandte Wilbur Thomas für die Abrahamson-Akte (File #1096) „a biographical statement and a picture, which you may wish to add to his file. (...) I am also sending you copy of a letter from Dr. Wolfgang Seiferth concerning the work Dr. Abrahamson has done in Howard over the last two academic years, and I am also enclosing copy of a letter of recommendation received from Magda B. Holbrok." (Brief Timbres, *AFSC*, Philadelphia, an Thomas, *OT*, 22.8.1941, in YIVO, *OT* Microfilm MKM 15.154, Folder 25). Zur Lebensleistung der „Quaker nurse and social worker" Rebecca Timbres (1896–2000) siehe die „Background Note" der „Rebecca Timbres Clark Papers" (RG 5/026), die in der „Friends Historical Library of Swarthmore College" aufbewahrt sind. (http://www.swarthmore.edu/library/friends/ead/5026ticl.xml).
162 Brief Abrahamsohn, Washington, D.C., an Kristeller, 6.11.1941, S. 1 (CU, RBML, KP 1.2).

Vom Tutor (St. John's College, Annapolis) zum Full Professor (Washington University, St. Louis): 1942–1958

Die Korrespondenz gibt keinerlei Aufschlüsse darüber, ob Abrahamsohn im Herbstsemester 1941 an der Howard University noch unterrichtete. Erst im Herbst 1942 konnte er wieder als Lehrer arbeiten, als Tutor am St. John's College in Annapolis, für das er sich schon im Februar 1941 beworben hatte,[163] bei einem monatlichen Gehalt von $ 200.–.[164]

In einem Brief vom 15. November 1942, nach einjähriger Unterbrechung, schrieb Abrahamsohn an Kristeller über seine Erfahrungen in der Zwischenzeit: Zunächst habe er sich als „Geschaeftsreisender in Buechern" versucht und sei mit seinem „kleinen gruenen Plymouth" über Land gefahren,[165] nach kurzer Zeit jedoch verdiente er seinen Lebensunterhalt als Taxifahrer in Washington, D.C., von Februar bis Oktober:

> „Das Taxifahren erwies sich bald als lukrativ (mehr als irgend ein college-job in unserer Preis- und Ranglage) – und das Buecherverkaufen, das nur mit eigenem Wagen moeglich war, bekam (that's is [sic!] a nice americanism: ich meine:) wurde problematisch, als es keine Reifen mehr gab. So blieb ich Chauffeur."[166]

---

163 Siehe S. 549. und Brief Abrahamsohn an Kristeller, 15.11.1942 (CU, RBML, KP 1.2): „Kurz nach dem Beginn des Schuljahres [1942/43] ereignete sich das, worauf ich lange genug gewartet hatte, ich bekam den Posten, auf den ich mich seit langem gespitzt hatte, in St. John's, in Annapolis. Du wirst von der Schule gehört haben, die ziemlich anders als alle anderen ist: und ich finde sie wundervoll."

164 Brief Manasse an Kristeller, 19.11.1942 (CU, RBML, KP 33.3): „Ich sah Ernst [in Washington, D.C.], der seit einiger Zeit eine Instructorstelle in St. Johns College hat, mit 200 Dollars monatlich und damit sehr zufrieden ist." Die Stelle war relativ gut dotiert, denn Manasse verdiente 1940/1941 am North Carolina College for Negroes nur $ 175 monatlich bzw. $ 1750 im Jahr (die Ferien wurden nicht bezahlt!); Kristellers Jahresgehalt als Associate an der Columbia betrug 1941/1942 $ 2000.–. Abrahamsohn unterrichtete in St. John's College nicht als Instructor (Manasse verwechselte das wohl mit seiner Position an der Howard University) sondern als Tutor (siehe St. John's College, Catalogue 1943–44 und Benario 2001, 457).

165 Brief Abrahamsohn, Washington, D.C., an Kristeller, 15.11.1942 (wie Anm. 163).

166 Ebda.; ähnlich Brief Manasse an Kristeller, 2.11.1942 (CU, RBML, KP 33.3).: „Er fuhr Taxis und verdiente auf die Weise mehr Geld als er als Instructor verdient hatte." Manasse hatte diese Information von seinem Schwager Wolfgang Wasow (Mathematiklehrer am Landschulheim Florenz und am Alpinen Schulheim Vigiljoch), der Abrahamsohn im Frühjahr 1942 in Washington, D.C. gesehen hatte. Die kriegsbedingte Rationierung von Autoreifen in den USA erfolgte Ende 1941 (siehe Werner Vordtriedes Tagebucheintrag vom 1. Januar 1942, in Vordtriede 2002, 148).

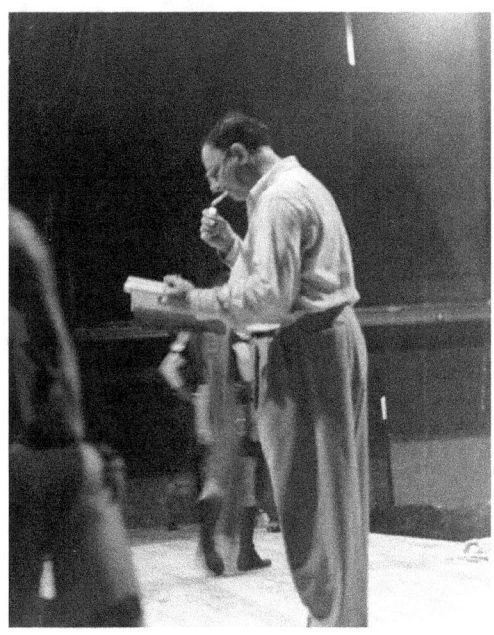

Abb. 19: Ernst Abrahamsohn am St. John's College bei Theaterproben zu George Bernard Shaws „Androclus and the Lion" (1948) (Courtesy of St. John's College)

Sieben Jahre später, 1949, war er wieder auf Stellungssuche: mit Kristellers Empfehlungsschreiben bewarb er sich bei Columbia und in Rutgers, ohne konkretes Ergebnis. Da wurde ihm während der „Modern Language Convention" in Stanford von Herbert Dieckmann, einem Freund aus der Heidelberger Zeit, der damals Chairman am Department of Romance Languages war und 1950 nach Harvard[167] wegberufen wurde, eine Stelle an der Washington University, St. Louis angeboten, zunächst für ein Jahr.[168] Er wurde gewissermaßen ein ‚Profiteur' des Kalten Krieges, denn der eigentlichen Nummer 1 für die Position, Professor Glen

---

167 Dieckmann war von der Washington University St. Louis erst 1948 zum Full Professor ernannt worden, nach zehnjähriger Tätigkeit als Assistant (1938–1946) bzw. Associate Professor. In Harvard blieb er bis 1966, zunächst als Associate, ab 1952 als Professor und Chairman des Department of Romance Languages (Christmann/Hausmann/Briegel 1989, 275).
168 Brief (hs.) Abrahamsohn, St. Louis, an Kristeller, 5.10.1949 (CU, RBML, KP 1.2). Seither führten die Abrahamsons eine sog. ‚commuter marriage' (David Abrahamson in einem Telephongespräch am 22.6.2009): die beiden Söhne Edward, geb. 1944, und David, geb. 1947 (handgemalte Geburtsanzeige, mit der Adresse 42 East Street, Annapolis, Maryland in CU, RBML, KP 1.2) blieben in Annapolis bei der Mutter wohnen, wo sich Edith als Ärztin inzwischen eine eigene Praxis aufgebaut hatte.

Shortliffe von Queens University, Kingston, Ontario, wurde als Mitglied der Sozialistischen Partei Canadas vom FBI das Einreisevisum verweigert.[169]

Damit schien Abrahamsohn am Ziel seiner wechselhaften und turbulenten beruflichen Karriere angelangt zu sein: er unterrichtete im Rang eines Visiting Assistant Professor Französisch, im Herbstsemester 1949 zwei Literaturkurse, einen Sprachkurs und eine Vorlesung im College über „Masterpieces of Literature". Schon im Frühjahr 1950 wurde er zum Associate Professor of French befördert, d. h. sein bisheriger Vertrag wurde aufgelöst und in einen Dreijahresvertrag umgewandelt,[170] seit Sommer 1951 war er unkündbar („tenure").[171]

Da ergab sich nach Ablauf eines Urlaubsjahres 1954/1955 für Abrahamsohn in St. Louis überraschend eine neue, sensationelle Konstellation. Begeistert informierte er Kristeller am 8. November 1955 über die erfreuliche Lage:

> „Vom nächsten Jahre an werde ich nicht mehr im Romanischen, sondern im Klassischen Department sein; damit geht ein alter Traum von mir in Erfüllung. An meinen Kursen ändert das kaum etwas, die haben immer die griechische Klassische Literatur wie die Literatur der italienischen und französischen Renaissance eingeschlossen. Aber für meine Wirksamkeit, meinen Erfolg, meine Zukunft ist es (auf Grund der hiesigen Verhältnisse) von Bedeutung."[172]

Ein letztes Mal bat er Kristeller um ein Empfehlungsschreiben, diesmal zur Unterstützung seiner Beförderung zum ‚ordentlichen' Full Professor für klassische Philologie:

> „Mein Freund Phillip De Lacy, der Chairman des Departments for Classics, hat schon begonnen, an meiner Beförderung zum full professor zu arbeiten, der Dean steht diesen Bemühungen freundlich gegenüber, und um sie durchzusetzen brauchen sie die Hilfe einiger nahmhafter [sic!] Leute; einer von ihnen bist Du. (...) Soviel ich weiss, verlangt die Universität in diesen Fällen stets starke Empfehlungen von Aussenstehenden; in meinem Falle sind sie besonders wichtig weil ich (mit meiner mündlichen anstelle der schriftlichen Production) ‚unconventional' bin."[173]

---

169 Brief (hs.) Abrahamsohn, St. Louis, an Kristeller, 5.10.1949. Über dieses Ereignis, das in der Öffentlichkeit großes Aufsehen erregte – Dieckmann bezeichnete es als „clear violation of academic freedom" – berichtete David Riesman, jr. ausführlich in der Tageszeitung *The Harvard Crimson* vom 4.10.1949 (http://www.thecrimson.com/article/1949/10/4/shortliffe-liberal-socialist-denied-us-visa/).
170 Brief (hs.) Abrahamsohn, St. Louis, an Kristeller, 4.5.1950 (CU, RBML, KP 1.2).
171 Brief (hs.) Abrahamsohn, St. Louis, an Kristeller, 13.3.1951 (CU, RBML, KP 1.2).
172 Brief Abrahamsohn (hs.) an Kristeller, 8.11.1955 (CU, RBML, KP 1.2).
173 Ebda.

7.4 Zwischen Romance Languages und Classics – USA (1939–1958) — 561

Die starken Empfehlungen verfehlten nicht ihre Wirkung: 1957 wurde Abrahamsohn zum „Professor of Classics and Comparative Literature" ernannt.

Im gleichen Jahr leitete er mit Hilfe eines befreundeten New Yorker Anwaltes einen „Antrag auf Entschaedigung fuer Schaden im beruflichen Fortkommen" in Berlin ein.[174] Den Akten ist nicht zu entnehmen, ob er damit erfolgreich war, aller Wahrscheinlichkeit nach aber nicht, denn die Verfahren zogen sich oft über Jahre hin,[175] und Abrahamsohn hatte nur noch ein Jahr zu leben: er starb am 18. Dezember 1958 an einem Herzschlag, gerade 52 Jahre alt:[176]

> „Lieber Paul Oskar: Eine sehr traurige Nachricht: unser lieber guter alter Freund Ernst Abrahamson ist am Donnerstag, den 18. Dec., in seinem Schlafe friedlich gestorben. Wir waren gestern bei einem sehr würdigen memorial service der Universität in St. Louis. Edith war mit den Kindern dort; sie bat uns Sie zu benachrichtigen. Er war, wie Sie wissen, seit Jahren sehr krank. Das Ende kam aber plötzlich. Es war ein Herzschlag. Er gehörte zu den letzten guten Freunden der alten Zeit. Wir sind sehr unglücklich über den Verlust."[177]

---

174 Brief Kanzlei Hardin, Hess & Eder, New York, an Kristeller, 18.6.1957 (CU, RBML, KP 1.2): Grundlage des Antrages war der „„Verlust seiner Karriere als kuenftiger Universitaetslehrer (...) Seine Absicht ging dahin, an einer deutschsprachigen Universitaet des Auslandes die Lehrkarriere aufzunehmen, die infolge des Nazi-Regimes in Deutschland vereitelt worden war." Der Anwalt ersuchte Kristeller um Angaben bezüglich des akademischen Werdegangs und Begabung des langjährigen Freundes, vor allem aber bat er ihn um eine eidesstattliche Versicherung „dass er [Abrahamsohn] unter normalen Verhaeltnissen in Deutschland die Laufbahn eingeschlagen und erfolgreich beschritten haben wuerde".
175 Laut Telephonat mit David Abrahamson weiß die Familie darüber nichts Näheres.
176 Der Memorial Service wurde am 20.12.1958 abgehalten. Die Universität publizierte 1960 Abrahamsohns ‚Kleine Schriften' unter dem Titel *The Adventures of Odysseus. Literary Studies by Ernst Abrahamson*, ferner gibt es eine kleine Festschrift mit dem Titel *Ernst Abrahamson* mit Erinnerungen von Kollegen und Studenten (dem Verfasser freundlicherweise zugesandt von David Abrahamson).
177 Brief (hs.) Dieckmann [? Unterschrift unleserlich], an Kristeller, 21.12.1958 (CU, RBML, KP 1.2).

8 „Der Verfasser (...) bekennt sich zur israelitischen Religion"[1] – Ernst Moritz Manasse

8.1 Vor 1933

Der in den *Kristeller Papers* erhaltene Briefwechsel zwischen Ernst Moritz Manasse und Paul Oskar Kristeller setzt im Juni 1934 ein.[2] Zu diesem Zeitpunkt war dieser bereits in Italien, nach einem kurzen Intermezzo an Vera Lachmanns Privatschule in Berlin 1933/34. Sie verwendeten die Höflichkeitsform „Sie" mindestens bis August 1937. Ihre Bekanntschaft kam durch den gemeinsamen Freund Ernst Abrahamsohn zustande,[3] der wie Manasse in Heidelberg bei Regenbogen promovierte, dort seine Dissertation aber nicht mehr abschließen konnte, sondern 1934 zu Theodor Hopfner nach Prag ging. Näher lernten sie sich jedoch erst im Frühjahr 1934 in Rom kennen, wo Manasse sich während einer zweiten Italienreise (nach 1930/31) für einige Monate aufhielt.[4]

Der ebenfalls in den *Kristeller-Papers* aufbewahrte Lebenslauf[5] verzeichnet für den Zeitraum 1926 bis 1933 die Studienorte Heidelberg, Berlin, München, Paris und Palermo.[6] Ähnlich wie bei Abrahamsohn waren Manasses Interessen breit

---

1 Vita in Manasses Dissertation *Über Wahrheit in Platons „Sophistes"* (Manasse 1936, 48).
2 CU, RBML, KP 33.3 („Manasse, Ernst 1934–1959'), 33.4 („Manasse, Ernst 1960–1989'), 33.5 („Manasse, Ernst, unknown dates') und 33.6 („Manasse, Marianne 1937–1970') mit Briefen von Ernst Moritz' Ehefrau Marianne, geb. Bernhard. Die datierte Korrespondenz zwischen Kristeller und Manasse, die in Manasses Nachlass überliefert ist, setzt erst am 4. Januar 1937 ein (für diese Auskunft danke ich Frau Dr. Sylvia Asmus, der Leiterin des Deutschen Exilarchivs 1933–1945 der Deutschen Nationalbibliothek in Frankfurt am Main).
3 Schweitzer 1996, 46: „a classmate of his at the university of Heidelberg."
4 Brief (hs.) Manasse an Kristeller, 2.2.1989 (CU, RBML, KP 33.4): „Im Sommer 1934 war ich mehrere Monate in Rom (das war auch die Gelegenheit, als wir uns kennen lernten, obwohl wir, besonders durch Ernst Abrahamsohn schon vorher voneinander wussten)."
5 „Record of Ernst Moritz Manasse, Ph.D" in CU, RBML, KP Ser. E 2.7, ,1939–1950 (Refugee colleagues seeking employment in U.S.)'.
6 Detailliert Auskunft gibt die Vita der Dissertation (Manasse 1936, 48): „Seit Ostern 1926 studierte er klassische Philologie und Philosophie, und zwar: im Sommer-Semester 1926 in Heidelberg, im Winter-Semester 1926/27 in Berlin, im Sommer-Semester 1927 in München, im Winter-Semester 1927/28 in Paris, dann vom Sommer-Semester 1928 bis zum Sommer-Semester 1930 und vom Winter-Semester 1931/32 bis zum Winter-Semester 1932/33 in Heidelberg. Im Herbst 1930 unterbrach er das Studium für ein Jahr, das er meist in Italien verbrachte. Dabei nahm er zeitweise als Gasthörer an den Vorlesungen der Königl. Universität in Palermo teil." (Siehe auch Mensching 2002b, 49f.). Das Auslandssemester in Paris ist im Heidelberger Universitätsarchiv nicht bezeugt: Manasses Studentenakte verzeichnet stattdessen für das WS 1927/

gefächert: neben Klassischer Philologie studierte er Philosophie, Klassische Archäologie, Kunstgeschichte und Germanistik.[7] Zweitgutachter für seine Dissertation war der Heidelberger Philosophieprofessor Ernst Hoffmann, bei dem schon Kristeller 1928 promoviert hatte.

8.2 „Öfter als die Schuhe die Länder wechselnd": Europa 1933–1938

Deutschland – Italien – Deutschland: Erste Kontakte mit dem *Emergency Committee* (1933–1935)

Das „Gesetz zur Wiederherstellung des Berufsbeamtentums" vom 7. April 1933 betraf Manasse nicht unmittelbar, denn er bekleidete keine Assistentenstelle und war gerade dabei seine Dissertation über Wahrheit in Platons *Sophistes* und *Politikos* in Heidelberg bei Otto Regenbogen abzuschließen. Das Rigorosum fand am 30. November statt, Manasse erhielt das bestmögliche – Regenbogen nannte es „das erste" – Prädikat.[8] Mit exzellenten Empfehlungsschreiben von Regenbogen

---

28 einen Wechsel an die Universität Berlin (Herzlichen Dank an Frau Dr. Drüll-Zimmermann für diese Auskunft).

7 Die Angaben des CV (wie Anm. 5) sind deutlich auf die Erfordernisse der Emigration zugeschnitten: mit der Angabe von fünf statt zwei Studienfächern signalisierte Manasse anstellungswilligen Universitäten und Colleges eine breitere Verwendbarkeit.

8 ,Lebenslauf' (hs.) Manasse, Rom 30.5.1934 (NYPL, *EC*-Records Box 93, Folder 2). Die Promotionsurkunde wurde erst am 10. Februar 1936 von der Universität Heidelberg ausgestellt. Sie befindet sich im Nachlass Manasses im Deutschen Exilarchiv in Frankfurt und war in der Ausstellung „Beyond Swastika and Jim Crow: Jewish Refugee Scholars at Black Colleges" im Museum of Jewish Heritage in New York vom 1.5.2009 bis zum 4.1.2010 als Leihgabe zu sehen. Dies späte Datum der Vergabe war der Druckpflicht der deutschen Promotionsordnung geschuldet: erst nach Veröffentlichung der Dissertation (die Vorbemerkung ist auf 1. Januar 1936 datiert) galt eine Promotion ordnungsgemäß als abgeschlossen. Das Irritierende an Manasses Doktorurkunde ist jedoch, dass der betreuende Professor Otto Regenbogen zu diesem Zeitpunkt bereits vom Dienst suspendiert war, d.h. de facto Lehrverbot hatte (Vézina 1982, 115f., Mußgnug 1988, 102f.), und dass jüdischen Studenten inzwischen generell das Studium an deutschen Universitäten untersagt war; der Zweitkorrektor Ernst Hoffmann war bereits seit dem 18. November 1935 „aus politischen Gründen" zwangsemeritiert (Drüll 1986, 117). Das höchste akademische Prädikat „summa cum laude" wurde ,arisch' paraphrasiert mit „1. Grad (sehr gut)". Manasses Vita der 1936 gedruckten Dissertation trägt dieser paradoxen Situation trotzig Rechnung: „Der Verfasser (...) bekennt sich zur israelitischen Religion." (Manasse 1936, 48).

und Jaspers⁹ reiste er im März 1934 nach Italien und bemühte sich dort um eine Anstellung – ohne Erfolg.[10] In Rom lernte er Kristeller näher kennen, der seit Februar 1934 intensiv nach beruflichen Möglichkeiten in Italien Ausschau hielt. Die Korrespondenz macht unmissverständlich deutlich, dass Kristeller versuchte, am Landschulheim Florenz, wo er im Herbst 1934 für ein Jahr unterrichten sollte, auch Manasse eine Stelle zu verschaffen.[11] Noch vor dem 14. August waren die Verträge abgeschlossen, was Manasse erleichtert, aber doch auch bemerkenswert kritisch kommentiert:

> „Sehr günstig finde ich ja den Abschluss mit Peiser auch nicht, denn 28 Wochenstunden ist doch eine ausserordentlich grosse Zahl und das Honorar verhältnismässig recht gering. Aber wir haben ja z. Z. gar keine Wahl, und ich danke Ihnen, dass Sie auch weiter für mich so gut mitgesorgt haben (…)"[12]

Um so überraschender dann vier Tage später seine Absage, zunächst ohne jede Begründung:

---

9 Regenbogen bezeichnete Manasse als „seiner Veranlagung und seinen Kenntnissen und Fähigkeiten nach (…) erheblich über dem Durchschnitt der Studierenden stehend" (Zeugnis Regenbogen, Heidelberg, 9.6.1934 (Abschrift in NYPL, EC-Records 93.2, Kopie auch in CU, RBML, KP, Ser. E 2.7), Jaspers lobte sein „echtes und ursprüngliches philosophisches Verständnis" (Zeugnis Jaspers, Heidelberg, 23.5.1934, Abschrift [in Manasses Handschrift] in NYPL, *EC*-Records 93.2).

10 ‚Lebenslauf' (hs.), Manasse, Rom 30.5.1934 (NYPL, *EC*-Records 93.2): „Da ich in Deutschland wegen der Nichtariergesetzgebung keine wissenschaftliche oder Lehrstelle bekommen kann, bin ich im März dieses Jahres nach Italien gegangen, um hier einen entsprechenden Posten zu suchen." Selbst in Palermo, wo er seit seinem ersten Italienaufenthalt bestens bekannt war, wurde ihm kein Lehrauftrag erteilt (Asmus 2008, 45). Manasse war zeitweise in der Begleitung [Herbert] Blochs, der nach Hitlers Machtergreifung von Berlin an die Universität Rom gewechselt war und u. a. bei Momigliano studierte, und führte in Florenz Gespräche mit Giorgio Pasquali (ohne „förmliche Empfehlung") und Guido Calogero. Dieser empfahl ihm das Landschulheim, doch Manasse respektierte Kristellers Vorrang: „Er riet mir auch, zu der neuen Schule dort zu gehen; ich sagte ihm, dass ich erst abwarten müsse, weil Sie schon daran gedacht hätten (natürlich ohne Sie zu nennen). Aber vielleicht können Sie mir später wirklich einmal darüber berichten, wenn ihre Dinge entschieden sind." (Brief [hs.] Manasse, Dramburg (Pommern), an Kristeller, 2.6.1934, in CU, RBML, KP 33.3).

11 Brief (hs.) Manasse, Dramburg, an Kristeller, 21.7.1934: „Für die ev. Bemühungen für die Florentiner Stelle vielen Dank! Selbstverständlich gebe ich meine Zustimmung und bitte mich sofort zu unterrichten, wenn sich etwas entscheidet.". Ähnlich der Brief vom 3.8.1934: „Lieber Kristeller, ja, selbstverständlich ja! Sie haben alle Vollmacht für mich zu verhandeln und abzuschliessen." Die Verhandlungen schlossen offenbar auch eine unbezahlte Anstellung am Istituto Magistero mit ein: „Dass die beiden Florentiner Stellen zu kombinieren sind, ist doch sehr viel wert (….)" (beide CU, RBML, KP 33.3).

12 Brief (hs.) Manasse, Dramburg, an Kristeller, 14.8.1934 (CU, RBML, KP 33.3).

"Lieber Kristeller, unsere letzten Briefe haben sich gekreuzt; als ich noch von der Möglichkeit, dass ich nach Florenz ginge schrieb, war es schon ausgemacht, dass es nicht ging (...)"[13]

Auslöser für diese Absage war die schwere Depression des Vaters, den als Mitinhaber einer Handelsfirma für landwirtschaftliche Produkte die Boykottmaßnahmen der Nationalsozialisten und mehr noch die zunehmende persönliche Isolation in der Kleinstadt Dramburg psychisch zerrütteten:

"Das Provinzgetreidegeschäft meines Vaters hat durch die Zeitumstände stark gelitten, so dass es mich im Auslande für längere Zeit nicht würde unterstützen können."[14]

"(...) der Gemütszustand meines Vaters ist ganz desolat (...) sodass ich einfach dass [sic!] Gefühl habe, dass ich z.Z nicht fort darf."[15]

Deshalb blieb er in der Nähe seiner Heimatstadt und verdiente seinen Lebensunterhalt vom 25. November 1934 bis zum 1. März 1935 als Hauslehrer eines 15-jährigen Mädchens „in einem Ostseedorf".[16]

Parallel dazu hatte er nach der Absage der Universität Palermo von Rom aus am 30. Mai 1934 ein erstes Schreiben an das *Emergency Committee* in New York gerichtet: auch hierbei könnte er von der Bekanntschaft mit Kristeller profitiert haben, denn dieser war schon im August 1933 erstmals an das Komitee herangetreten, allerdings ohne konkretes Ergebnis. Zusätzlich zu den bereits erwähnten Gutachten von Regenbogen und Jaspers legte er Empfehlungsschreiben von Ernst Hoffmann[17] und Arnold von Salis,[18] seinem Archäologie-Professor, bei: alle Schreiben waren auf Deutsch verfasst und zudem an eine Phantasieadresse, an

---

13 Brief (hs.) Manasse, Dramburg, an Kristeller, 18.8.1934 (CU, RBML, KP 33.3).
14 ‚Lebenslauf' (hs.) Manasse, Rom 30.5.1934 (wie Anm. 8).
15 Brief (hs.) Manasse, Berlin, an Kristeller, 25.11.1934 (CU, RBML,KP 33.3). Manasse wird tatsächlich erst nach dem Tod des Vaters im Mai 1935 Deutschland endgültig verlassen. Die dramatischen Umstände des Begräbnisses des Vaters sind in der autobiographischen Skizze „The Jewish Graveyard" festgehalten, die Manasse wenige Wochen nach dem Tod seiner Mutter im Sommer 1967 niederschrieb (Manasse 1986, 304 f. und ‚postscript' 307; siehe auch Asmus 2008, 44 und S. 566 mit Anm. 25).
16 Briefe (hs.) Manasse, Dramburg, an Kristeller, 25.11.1934 und 10.4.1935 (beide in CU, RBML, KP 33.3).
17 Hoffmann bezeichete Manasses Dissertation als „weit über dem Durchschnitt von Anfängerarbeiten stehende Untersuchung" und empfahl ihn sowohl als Wissenschaftler „für jede Art altphilologischer und philosophiegeschichtlicher Arbeit" als auch als Pädagoge (Zeugnis Hoffmann, Heidelberg, 2.6.1934 [Kopie], in CU, RBML, KP, Ser. E, 2.7).
18 Zeugnis v. Salis, Heidelberg 13.5.1934 [Kopie] (ebda.).

das „Committee for National Education, New York", gerichtet.[19] Eine annähernd richtige Adresse, ‚Institute for International Education', der Wirkstätte Stephen Duggans, verwendete Manasse erstmals in seinem Brief vom 17.9.1934,[20] der von Murrow umgehend mit der Zusendung des üblichen Memorandums, beantwortet wurde, das die „policy" des *Emergency Committee* auflistete.[21] Aus dieser Zeit stammt auch Manasses erster englischsprachiger CV.

Da er in Italien keine Arbeitsmöglichkeit fand,[22] kehrte Manasse am 31. Mai 1934[23] nach Deutschland zurück und konnte, zwischen Berlin und seinem Heimatort Dramburg pendelnd, aus nächster Nähe die antisemitische Hetzpolitik der neuen Regierung beobachten. Spätestens nach dem Tode seines Vaters am 13. Mai 1935,[24] dessen Begräbnis von massiven Einschüchterungsaktionen der örtlichen Nazis begleitet wurde, war Manasse klar, dass er Deutschland verlassen musste.[25] Bis zu diesem Zeitpunkt war es ihm noch nicht gelungen, die Druckfassung seiner Dissertation zu vollenden.

Im Frühjahr 1934 versuchte er seine Auswanderungspläne zu forcieren: er selbst, so schrieb er an Kristeller, habe sich um ein Palästinazertifikat beworben („ein sog. Studienzertifikat")[26] und bereits mit der Universität Jerusalem Kontakt

---

19 Brief (hs.) Manasse, Rom, an Committee for National Education, New York, 30.5.1934 (NYPL, *EC Records* 93.2): „(...) mit der Bitte mich bei der Verteilung etwa in Frage kommender Stellen gütigst zu berücksichtigen. (...) Da ich voraussichtlich in kurzer Zeit aus Italien nach Deutschland zurückkehren muss, da ich hier keine Arbeitsmöglichkeit fand, bitte ich meine Heimatadresse zu notieren." Weitere Zeugnisabschriften sandte er in einem zweiten Schreiben vom 5.7.1934 (wiederum mit falscher Adresse).
20 Brief Manasse (hs.) an Institute for International Education, 17.9.1934 (NYPL, *EC Records* 93.2).
21 Brief Murrow, *EC*, an Manasse, 29.9.1934 (NYPL, *EC Records* 93.2).
22 Brief (hs.) Manasse, Rom, an Committee for National Education, New York, 30.5.1934 (wie Anm. 19).
23 Das Datum erschließt sich indirekt aus der Korrespondenz: folgt man den Datierungen der Briefe, so hielt sich Manasse noch am 30.5.1934 in Rom auf (Brief an das New Yorker Komitee: s. Anm. 19), während er bereits am 2.6.1934 wieder in seinem Heimatort Dramburg in Westpommern eingetroffen war (Brief Manasses an Kristeller mit einem Bericht von seiner Italienreise: s. Anm. 10).
24 Schweitzer datiert den Tod Georg Meyer Manasses irrtümlich auf 13. Mai 1933 (Schweitzer 1996, 44).
25 Manasse 1986, 305. Ein deutschsprachiges Typoskript findet sich in Manasses Nachlass im Deutschen Exilarchiv 1933–1945 in Frankfurt (siehe auch Asmus 2008, 43).
26 Gegen ein „Vorzeigegeld" von £ 1000 wurden von den britischen Mandatsbehörden Visa für die legale Einwanderung nach Palästina ausgestellt, sog. „Palästina-Zertifikate", die von der *Reichsvertretung der Deutschen Juden* (mit Sitz in Berlin) verteilt wurden: Ausnahmeregelungen gab es für Kinder, Schüler und Studenten (siehe Adler-Rudel 1974, 82–86, Kulka 1997, 544, Staas 2008 und Fiedler 2008, 15–21, mit Anm. 1).

aufgenommen,²⁷ während Regenbogen sich für ihn direkt beim *Academic Assistance Council* in London verwendet habe: „doch auch da blieb es bei einem negativen Bescheide."²⁸

Da traf es sich gut, dass Kristeller in Florenz während des Schuljahres 1934/ 1935 weiterhin die Möglichkeiten für eine Anstellung Manasses sondiert zu haben scheint. Kurz nach dem Tod von dessen Vater kam die glückliche Wendung: Kristeller, der von Gentile schon seit längerem als Kandidat für eine Stelle als „Lecturer in German" an der Scuola Normale Superiore in Pisa favorisiert war, informierte Anfang Juni 1935 den überraschten Manasse von seinen Plänen, ihn dem Landschulheim als seinen Nachfolger vorzuschlagen, da er selber nach Pisa wechseln würde:

> „Lieber Kristeller, durch Ihren Brief bin ich in eine ganz andere Welt versetzt. Ich hatte schon so gar nicht mehr an Italien gedacht, dass ich mich wieder von neuem an den Gedanken gewöhnen muss. Ich nehme aber ihren Vorschlag gern an."²⁹

Sofort gab Kristeller Manasse genauere Instruktionen: zwei Wochen später hatte Manasse sich bereits beim Landschulheim um die Stelle beworben und bestürmte Kristeller mit einer ganzen Reihe von Anfragen: bevor er noch die Zusage der Schule erhalten hatte, wollte er sich schon möglichst gewissenhaft auf die neue Stelle vorbereiten:

> „Ob ich im Oktober oder im November beginne, macht nichts für mich aus. Ich denke es mir sogar sehr angenem, wenn Sie mich dort noch etwas einführen. Dabei fällt mir Folgendes ein: Sie wissen doch, dass ich furchtbar lange nicht mehr etwas Lateinisches gearbeitet habe, z. B. ganz ausser Übung bin, was Übersetzungen ins Lateinische betrifft. Können sie mir da einmal gelegentlich, das Pensum, das Sie mit Ihren Schülern absolvieren / und zwar bitte zieml. genau / mitteilen. Es empfiehlt sich eben wahrscheinlich doch, wenn ich mich darauf vorbereite. Fürs Griechische gilt dann dasselbe.
> Seien Sie mir doch bitte nicht böse, dass ich Sie nun noch um alles mögliche bitte – ich meine natürlich nicht eigentlich böse aber auch nicht indigniert."³⁰

---

27 Brief (hs.) Manasse, Dramburg, an Kristeller, 10.4.1935; siehe auch Brief (hs.) Manasse, Dramburg, an Kristeller, 7.6.1934: „Ich selbst bin jetzt anders als früher viel Palästina freundlicher – halte auch noch für weitere Zukunft an diesem Gedanken fest. Aber auch da ist ja nicht so leicht hinzugelangen (...)." (beide CU, RBML, KP 33.3).
28 Brief (hs.) Manasse, Dramburg, an Kristeller, 10.4.1934 (wie Anm. 27).
29 Brief (hs.) Manasse an Kristeller, Dramburg, 7.6.1935. Sofort sandte Manasse ein Bewerbungsschreiben nach Florenz: als Referenzen gab er „die in Italien lebenden Olschki, Momigliano, Lehmann-Hartleben, [Giuseppe] Amato [Pojero] (Palermo)" an. (Brief [hs.] Manasse, Berlin N.W. Brückenallee 6, bei Abrahamsohn, an Kristeller, 21.6.1935, S. 1, beide in CU, RBML, KP 33.3).
30 Brief (hs.) Manasse an Kristeller, 21.6.1935 (wie Anm. 29), S. 2–3.

„Indigniert" reagierte nicht Kristeller, sondern der gemeinsame Freund Abrahamsohn, der seit seiner Rückkehr aus Prag im April 1935 ebenfalls stellungssuchend war: in dessen Berliner Wohnung (Brückenallee 6, Berlin N.W.) nämlich plante der jubelnde Manasse in den nächsten Wochen seine Emigration nach Italien.[31] Tags darauf verfasste Abrahamsohn einen geharnischten Beschwerdebrief an Kristeller:

> „Wenn ich aus meinem Herzen keine Mördergrube machen will, muss ich dir gestehen, dass ich sehr überrascht war, als ich erfuhr, dass Du bei Deiner Erbschaft an mich anscheinend nicht gedacht hattest. Ich hätte sie recht gut brauchen können – die schon immer zweifelhaften französischen Pläne haben sich in dieser Woche endgültig zerschlagen. Die Begründung meines Vorwurfes liegt in dem Vorrang der älteren und verbundeneren Freundschaft – sofern ich Dir überhaupt einen Vorwurf machen darf, was ich, da ich die Gründe nicht kenne, nicht wissen kann. Aber es ist halt ein beschissenes Pech."[32]

Den Zuschlag für die zweite Stelle, die durch Kristellers Wechsel nach Pisa frei wurde, die unbezahlte Position als Lehrbeauftragter für Deutsch am Istituto Magistero, erhielt nicht Manasse, sondern Heinrich Kahane, ein ebenso ‚älterer und verbundenerer' Freund Kristellers[33] wie Abrahamsohn, der seit Oktober 1933 pädagogischer Leiter am Landschulheim war. Diese ‚Zurücksetzung' dürfte nicht ohne Zutun Kristellers zustande gekommen sein, zumindest verrät Manasses wortreiches Verständnis für diese Entscheidung doch ein gewisses Maß an Enttäuschung:

> „Lieber Kristeller, ich danke Ihnen für Ihre freundlichen Mitteilungen und alles, was Sie für mich unternahmen wirklich ganz herzlich. Bei der Besetzung der Stelle am Magistero konnten Sie natürlich gar nichts anderes tun. Da ich die Sache nach Ihrer Darstellung für ziemlich aussichtslos halte, habe ich auch gar nichts mehr in der Richtung versucht. Wenn ich abgewiesen wäre (unter anderen Voraussetzungen ist natürlich auch das in Kauf zu nehmen), würde ich doch nicht nur Rivale von Kahane sondern auch noch unterlegener Rivale sein. Beim Antritt einer Stellung denke ich mir das recht unangenehm."[34]

---

31 Grund für den Umzug von Dramburg nach Berlin war Manasses Bestreben, die Dissertation druckfertig zu machen: „Wie Sie schon gemerkt haben bin ich jetzt in Berlin, nämlich um zu arbeiten, und wohne bei Abrahamsohn, nämlich um es angenehm zu haben. Ich möchte den Platon bis zum Ende des nächsten Monats fertig haben." (ebda.)
32 Brief (hs.) Abrahamsohn, Berlin, an Kristeller, 22.6.1935 (CU, RBML, KP 1.2). Siehe auch Kapitel Abrahamsohn, S. 532.
33 Aus der Berliner Zeit.
34 Brief (hs.) Manasse, Berlin (bei Abrahamsohn) an Kristeller, 9.7.1935 (CU, RBML, KP 33.3). Die diesbezügliche Anfrage im vorherigen Brief klang wesentlich zuversichtlicher: „Sie schrieben mir nichts über Ihr zweites Amt. Halten Sie es für möglich, dass ich auch darin Ihnen nachfolgen kann. Wenn ja, ist es doch wohl trotz Zeit und Unbezahltheit opportun, es mitzumachen. Oder

Daneben arbeitete er fieberhaft an der Druckfassung seines ‚Platon':

> „Schrieb ich Ihnen, dass ich hier bin, um die Platonarbeit zu beenden? Ohne dass ich schon den Schlussteil beendet hätte, lasse ich jetzt schon den Anfang tippen. Ich hatte Rgb. [Regenbogen] geschrieben, dass ich ihm das Ganze in der zweiten Julihälfte schicken würde und bin nun doch in grosser Bedrängnis, wie es geht. Ich selbst hätte zu gern das Ganze nun noch einmal – ohne inhaltliche Änderungen überarbeitet. Aber am 15 VIII. fährt er schon aus Heidelberg und wann er es später lesen wird ist gar nicht abzusehen."[35]

Um das Ausmaß der Überbelastung und Ablenkung voll zu machen, beschäftigten Manasse auch Gedanken an eine eventuelle Emigration in die USA. Auslöser hierfür war ein Besuch mit Abrahamsohn bei dem Ehepaar Ludwig und Emma Edelstein, die für kurze Zeit aus Baltimore nach Berlin gekommen waren,[36] um ihre endgültige Auswanderung in die USA zu betreiben:

> „Sie erzählten viel Interessantes. Demnach ist dort doch das meiste ganz anders, als man es sich vorstellt, nach Edelsteins Darstellung meist angenehm. Wie weit E's Stellung dort gefestigt ist, weiss ich nicht. Aber auch die meisten Ordinarien haben dort nur jährliche Verträge."[37]

Landschulheim Florenz (1935–1937)

Mit großer Freude konnte Manasse Kristeller am 23. August 1935 melden, dass der Vertrag mit dem Landschulheim endlich abgeschlossen sei: „Ich bin doch sehr froh, zunächst zu wissen wohin und meine Mutter ist es noch mehr."[38] Die Bedingungen waren ähnlich „bescheiden" wie bei Kristellers Vertrag im Vorjahr: „bis zu 28 Unterrichtsstunden wöchentlich", bei einem monatlichen „Honorar von

---

entfällt der Posten mit Ihrem Fortgehen überhaupt? Ich bin auf alles weitere sehr gespannt." (Brief [hs.] Manasse an Kristeller, Berlin, 21.6.1935, S. 3, wie Anm. 29).
35 Brief (hs.) Manasse, Berlin, an Kristeller, 9.7.1935, S. 3 (wie Anm. 34). Diese Arbeiten sollten sich noch bis Anfang 1936 hinziehen (siehe Briefe Abrahamsohn, Berlin, an Kristeller, 12.12.1935 und 15.1.1936, in CU, RBML, KP 1.2): siehe hierzu ausführlich S. 570ff.
36 Im Mai 1935 waren die grants des *Emergency Committee* und der *Rockefeller Foundation*, die Edelsteins Stellung als Associate bei Henry E. Sigerist am Institute of the History of Medicine der Johns Hopkins University seit September 1934 zu gleichen Teilen finanziert hatten, verlängert worden (Briefe Murrow, *EC*, an Sigerist, Baltimore, 1.5.1935 und Lambert, *RF*, an Sigerist, 20.5.1935, beide in NYPL, *EC*-Records 6.12). Manasse dürfte die Edelsteins wohl auch im Frühjahr 1934 während seines Aufenthalts in Rom kennengelernt haben, wo das Ehepaar nach Ludwigs Entlassung seit Oktober 1933 lebte (Rütten 2006, 61f. und 67–69).
37 Brief (hs.) Manasse, Berlin an Kristeller, 9.7.1935, S. 2 (wie Anm. 34).
38 Brief (hs.) Manasse, Dramburg, an Kristeller, Berlin, 23.8.1935.

Lit. 250,– (...), ferner kostenlos Frühstück und Mittagbrot aus der gemeinsamen Küche des Heims an den Unterrichtstagen."[39] Er würde den Unterricht am 1. November[40] übernehmen und bitte Kristeller, ihn doch über den Lehrplan zu orientieren.[41] Für mindestens ein Jahr konnte Manasse nunmehr in einem relativ geordneten und störungsfreien Umfeld unterrichten und fand sogar Zeit zu wissenschaftlicher Arbeit.[42]

Doch die Hochstimmung hielt nicht lange an: Anfang Dezember 1935 wurde ihm die lang erwartete schriftliche Stellungnahme der Heidelberger Gutachter zu der Endfassung der Dissertation zugesandt:[43] sie traf ihn wie ein Schock. Regenbogen gratulierte zwar freundlich zu der Anstellung in Florenz, verweigerte jedoch die Druckgenehmigung und forderte umfangreiche Änderungen und Kürzungen der Dissertation:

> „S. g. H. M. Sowohl Herr Hoffmann wie ich haben uns mit Ihrer Arbeit nunmehr genau genug befasst, um ein gemeinschaftl. Urteil abgeben zu können. Leider ist die Arbeit wiederum so ausserordentl. in die Breite geraten, dass es unmögl. scheint, die 500 Schreibmaschinenseiten als Diss. zu publizieren, zumal die innere Ausgeglichenheit der Teile untereinander noch keineswegs in ausreichendem Masse erreicht ist und ohne neuerliche weitgreifende Umarbeitung nicht zu erreichen scheint. Ich schliesse mich darum der Meinung von Herrn Prof. H. an, der dringend empfiehlt als offiziellen Promotionsdruck einen Teildruck zu liefern und zwar Seite 1–65. (...) Das Ganze ist, um mich eines Ausdrucks von Herrn H. zu bedienen

---

39 Brief Goldstein/Peiser, an Manasse, 17.7.1935 (zitiert nach Ubbens 2002, 128; auch bei Asmus 2008, 45).
40 Laut Zeugnis vom 1.10.1937 gehörte Manasse dem Landschulheim vom 1.11.1935 bis zum 1.10.1937 an: „Neben den Faechern Lateinisch und Griechisch unterrichtete er Deutsch, Philosophie, Kunstgeschichte und Altertumskunde bis zur Oberstufe einschliesslich." (Zeugnis Peiser, Kempner, Florenz, 1.10.1937 [Kopie], in CU, RBML, KP Ser. E 2.7).
41 „Ich muss mich wahrscheinlich vor allem auf den Grammatikunterricht und auf die Übersetzungen in die anderen Sprachen vorbereiten. Die Lektüre wird voraussichtlich keine Schwierigkeiten machen. Schreiben sie mir bitte also möglichst bald, was zu erledigen ist, welche Schulbücher Sie zu Grunde legten, was für Übersetzungen sie anfertigen liessen." (Brief [hs.] Manasse, Dramburg, an Kristeller 23.8.1935; siehe auch den Brief [hs.] Manasse an Kristeller vom 21.6.1935 [siehe Anm. 34] und die hs. Postkarte vom 4.9.1935, in der er bei Kristeller ungeduldig „detaillierten Bescheid" bezüglich des Unterrichts anmahnte; alle in CU, RBML, KP 33.3).
42 Brief (hs.) Manasse, Florenz, an Kristeller, 25.10.1936 (CU, RBML, KP 33.3): „Zu allem hilft er [Abrahamsohn] mir noch bei den Correkturen; die Hälfte der Fahnen [für die Langfassung des Platon-Buches 1937] habe ich schon in meinen Händen."
43 Brief (hs.) Manasse, an Kristeller, 2.12.1935 (CU, RBML, KP 33.3): „Lieber Kristeller, gestern habe ich, wie verabredet an Rgb.[Regenbogen] geschrieben, heute bekomme ich einen Brief von ihm, von dem ich eine Abschrift beilege."

8.2 „Öfter als die Schuhe die Länder wechselnd": Europa 1933–1938

als Denkleistung aller Ehren wert aber als Buch so nicht mögl., zumal auch an den literar. Charakter der Diss. mit Recht der Anspr. einer unbedingt guten Form gerichtet wird."[44]

Aufgewühlt und deprimiert schickte Manasse Abschriften des Briefes sowohl zu Kristeller nach Pisa als auch nach Berlin zu Abrahamsohn:

> „Das Urteil wird richtig sein (...) es bedeutet den Abschied von einer schönen Hoffnung, dass ich das ganze nicht im Zushg. [Zusammenhang] verlegen kann."[45]

Abrahamsohn reagierte fürsorglich und mit uneingeschränkter Solidarität: in einem ausführlichen Brief bat er Kristeller, Manasse in dieser psychisch schwierigen Lage als ‚Experte' beizustehen und skizzierte einen Ausweg aus dieser misslichen Lage. Dabei machte er aus seiner Verärgerung über Regenbogen keinen Hehl:

> „(...) ein Wort zur Man.[asse]-Angelegenheit: Er schrieb mir heute kurz den Inhalt des Re.[genbogen]-Briefes und dass er Deinen Rat erwarte.
> Ich habe ihm vorgeschlagen, 1–65 als ‚Teil der Diss.' zu drucken und dann gleich das ganze als sein Buch – eventuell mit einem Vermerk, dass es aus Diss. entstanden. Für den Fall, dass er durch das Formurteil hinsichtlich der Druckreife selber schwankend geworden sei, habe ich ihm geraten, die Arbeit sofort an Dich zu schicken; Du kannst sie in zwei bis drei Tagen lesen und ihm Deine Meinung sagen. Vielleicht – falls der Stil etc. wirklich schlecht ist – genügen kleine Änderungen, die ja oft viel ausmachen. Aber wenn die Arbeit inhaltlich wesentlich ist – und das glaube ich nach dem wenigen, was ich kenne – und das kannst Du mit Sicherheit beurteilen, soll sie unbedingt heraus. Er kann und soll sie meiner Meinung nach nicht ein drittes Mal schreiben. Zudem – wann hätte er jetzt die Zeit dazu? Aber er kann sie im Laufe einiger Wochen ‚polieren', so dass man gleich weiter drucken könnte. Es ist ja auch wichtig für ihn, dass er erscheint – und ‚Schwächen' hat jede erste Arbeit, und die kann man riskieren, wenn sie sachlich von Wert ist.
> R.[egenbogen] ist ein patenter Mann. Die Verschanzung hinter Ho.[ffmann] ist besonders grossartig. Ich halte Dein Urteil über die Arbeit für besonders wichtig in diesem Falle, weil Du Ho. sehr gut kennst – also von Gesichtspunkten und Tendenz seiner Ausstellungen ein Bild hast und ihr Gewicht beurteilen kannst. Auf R.s Ausstellungen gebe ich nicht viel.
> Ich schreibe Dir das extra – für den Fall, dass Man. jetzt vielleicht verschüchtert ist oder dass er auch fürchtet, Dich mit der Bitte, die Arbeit zu lesen, zu sehr in Anspruch zu nehmen."[46]

In den Weihnachtsferien 1935/1936 kam Manasse nach Berlin zu Abrahamsohn zu Besuch: man einigte sich darauf, nur den ersten von fünf Abschnitten des Ty-

---

44 Brief Regenbogen an Manasse, 4.12.1935 (hs. Abschrift Manasse, in CU, RBML, KP 33.3); Asmus 2008, 46, datiert den Brief irrtümlich auf 5.12.1935 und zitiert auszugsweise.
45 Brief Manasse an Kristeller, 2.12.1935 (wie Anm. 43).
46 Brief (hs.) Abrahamsohn, Berlin, an Kristeller, 12.12.1935 (CU, RBML, KP 1.2).

poskriptes[47] in Druck zu geben,[48] eine Entscheidung, die auch im Sinne der Gutachter war:

> „Ich glaube, dass durch die Form eines Teildruckes auch am ehesten ein rascher Abschluss der Promotionsangelegenheit erreicht werden kann. Das ist umso wünschenswerter, als voraussichtlich mit einer nennenswerten Fristverlängerung nicht wird gerechnet werden können."[49]

Im April 1936 kam es zu einschneidenden Änderungen im Schulbetrieb: die bisherigen Direktoren, Moritz Goldstein und Werner Peiser, gaben die Leitung der Schule ab, als neuer wirtschaftlicher Leiter kam Robert Kempner.[50] Die Lehrerschaft stand diesem Wechsel von Anfang an sehr reserviert und skeptisch gegenüber, Kahane scheint sogar erwogen zu haben, seine Position als pädagogischer Leiter niederzulegen:

> „Kempners sind hier und viele der Befürchtungen scheinen gerechtfertigt. Mit Frl. Bernhard hatte er einen Disput über Ordnungsfragen, in dem er und schlimmer noch die Frau in einen ganz unmöglichen Ton verfielen. (...)
> Für Ihren Rat anlässlich der ev. bevorstehenden Veränderungen in der Schule noch besonderen Dank. Ich halte es allerdings für höchst unwahrscheinlich, dass Kh.[Kahane] die

---

47 Im Inhaltsverzeichnis der Langfassung mit „Die ontologische Grundlegung des Wahrheitsproblems: 1. Das Sein; 2. Die Doxa" betitelt.
48 Dieser Teildruck erschien bereits Anfang Januar 1936 (die Vorbemerkung ist auf den 1.1.1936 datiert) unter dem Titel *Über Wahrheit in Platons „Sophistes"* und hatte nur einen Umfang von 48 Druckseiten. Sowohl in der Vorbemerkung zu diesem Teildruck als auch zum Druck der ursprünglichen Langfassung unter dem Titel *Platons Sophistes und Politikos: Das Problem der Wahrheit* im jüdischen Verlag Friedrich Scholem Berlin Anfang 1937 (231 S.) würdigte Manasse Abrahamsohns Unterstützung: „Bei den Mühen der Drucklegung sowie des Korrekturenlesens wurde er [=der Verfasser] von Herrn Dr. Ernst Abrahamsohn in Berlin in freundschaftlicher Weise unterstützt." Abrahamsohn hatte wohl auch den zügigen Druck organisiert, denn der oben erwähnte Brief an Kristeller vom 12.12.1935 (s. Anm. 46) endet mit der Bemerkung: „Falls etwas von Bedeutung oder dringendes für meine Abmachungen mit den Druckern ist, eventuell direkt Nachricht hierher."
49 Brief Regenbogen an Manasse, 4.12.1935 (wie Anm. 44). Angesichts der eigenen Suspendierung gab sich Regenbogen im Falle Manasse – anders als in den Verhandlungen mit Abrahamsohn im Januar 1934 – kompromissbereit. Er verwies in einer Nebenbemerkung sogar auf seine eigene bedrängte Lage: „Ich kann Ihnen dabei nicht behilflich sein, da ich gegenwärtig meine amtlichen Funktionen auszuüben nicht in der Lage bin. Sie könnten sich jedoch mit Herrn Dr. H[offmann] gegebenenfalls trotz seiner Emeritierung in dieser Angelegenheit in Verbindung setzen und auf sein Gutachten berufen." Der „jüdische Mischling" Hoffmann war auf „freiwilligen Antrag" zum 1.10.1935 emeritiert worden (Weckbecker 1985, 286).
50 Zu Kempner siehe die biographische Skizze von Lichtenstein 1989.

8.2 „Öfter als die Schuhe die Länder wechselnd": Europa 1933–1938 — 573

Schulstellung aufgeben wird, wie immer sich auch die Einzelumstände unterscheiden mögen."[51]

Manasses Verhältnis zu dem Ehepaar Kempner wird sich nicht verbessert haben, als er besagtes Frl. Bernhard, das am Landschulheim Französisch und Kunstgeschichte unterrichtete, am 21. Mai 1936 in Florenz heiratete.[52] Doch vorerst konnte sich das junge Ehepaar von den meisten Konflikten fernhalten:

> „An der Schule ist es inzwischen zu allen möglichen mehr und minder ernsten Situationen gekommen, bes. zu Spannungen zwischen Direktoren und Lehrern, an denen wir diesmal nur indirekt beteiligt waren. (...) Wir selbst sind persönlich / d. h. abgesehen von dem was wir als allgemeine Missstände ansehen / ganz zufrieden, sind (...) hübsch untergebracht und haben ganz angenehme Stundenpläne."[53]

Dennoch streckte Manasse die Fühler nach Übersee aus: während der letzten Arbeitsphase an der Druckfassung des Platon bewarb er sich für ein Harvardstipendium[54] und bat Kristeller hierfür um ein Empfehlungsschreiben. Seine Chancen stünden so schlecht nicht, schrieb er dem Freund, „bes. die Heidelberger Dr. würden dort hoch geschätzt".[55] Im Zusammenhang mit weiteren möglichen Empfehlungsschreiben – Manasse dachte an Pasquali, Olschki, Edelstein, Jaeger und Kristeller – wird ersichtlich, dass die Auseinandersetzung mit Regenbogen über den Dissertationsdruck atmosphärisch ihre Spuren hinterlassen hatte: „bin aber mit Rgb. eher böse".[56]

---

51 Brief (hs.) Manasse an Kristeller, 3.4.1936 (CU, RBML, KP 33.3); Thomas Goldstein der Sohn des früheren geschäftsführenden Leiters des Landschulheims Moritz Goldstein, gehörte unverkennbar dem Lager der Kempner-Gegner an, denn noch Jahre später bezeichnete er ihn als „Kanaille": „Ebenso versuche ich Peisers oder Kempners Adressen habhaft zu werden, um mir von einer der Kanaillen meine Existenz am Landschulheim bestaetigen zu lassen." (Brief Th. Goldstein, o.O., an Kristeller, 19.8.1940, in CU, RBML, KP 19.6).
52 Ankündigung der Hochzeit in einem Brief an Kristeller, 17.3.1936: „Ich werde mich – voraussichtlich schon in der ersten Hälfte des nächsten Monates – mit Frl. Bernhard verheiraten." Genaues Datum im Brief (hs.) Manasse, New York, 306 W 72th St., an Kristeller, 9.11.1938 (beide in CU, RBML, KP 33.3).
53 Brief (hs.) Manasse, Florenz, an Kristeller, 25.10.1936 (CU, RBML, KP 33.3).
54 Vermutlich handelte es sich um das lukrative dreijährige Stipendium der „Society of Fellows", das an „die zwanzig begabtesten Studenten aller Fächer sofort nach Absolvierung des College" vergeben wurde: der junge Berliner Archäologe Georg M.A. Hanfmann (Jahrgang 1911) war Junior Prize Fellow zwischen 1935 und 1938 (Hanfmann 1983, 26f.).
55 Brief (hs.) Manasse, Florenz, an Kristeller, 13. oder 18.[überschrieben] 1.1937 (CU, RBML, KP 33.3).
56 ebda.

Brasilien erwog er als zweite Möglichkeit für die Emigration: Käte, seine um zwei Jahre ältere Schwester, sei vor geraumer Zeit nach Sao Paulo emigriert und erbiete sich, den Manasses dort einen Aufenthalt von bis zu maximal einem Jahr zu finanzieren.[57] Das einzige Manko an diesem großzügigen Angebot bestünde darin, dass die Schwester „uns so die Möglichkeit für wissenschaftliche Arbeit nicht garantieren könne".[58]

Da musste Manasse innerhalb kürzester Zeit zwei schmerzliche Entscheidungen verkraften, nicht nur die Absage des Harvardstipendiums,[59] sondern vor allem die Kündigung durch die Direktion des Landschulheims: den Sommer 1937, so informierte er Kristeller am 15. April, würden sie nicht mit dem Landschulheim in Bordighera am Meer verbringen, sondern in Florenz.[60] Die Hintergründe dieser Kündigung fasste Manasse in einem stichpunktartigen Resümee für Kristeller im August 1937 zusammen:

> „Es gab hier viel Aufregung. Die Geschichte begann so, dass wir der Schule möglichst rechtzeitig mitteilen wollten, dass wir ein Kind erwarten. Darauf erfolgte nicht formal aber als einziger Vorschlag Kündigung meiner Frau. Angebot, dass ich wieder für 250 Lire extern arbeiten soll. Alle Gegenvorschläge kategorisch abgelehnt, teilweise mit nur zynisch zu verstehenden Gründen. Zum Schluss ist uns beiden gekündigt. (zum 20.9.) Mir hat man bisher kaum zu verstehen gegeben, dass man mich – aber offenbar nur zu den genannten Bedingungen trotzdem behalten würde.

---

57 Käte Kaphan, geb. Manasse, war 1936 zusammen mit ihrem 13 Jahre älteren Ehemann Heinrich nach Rolandia emigriert, wo sie wie viele andere deutsch-jüdische Flüchtlinge eine Kaffeeplantage betrieben (Morris 2001, 69f. und 174, Asmus 2008, 48 und die Internet-Seite „Virtual Shtetl" http://www.sztetl.org.pl/en/article/drawsko-pomorskie/5,history/). Über die erste Zeit in Rolandia verfasste Käte Kaphan den autobiographischen Bericht „Immigration into the Brazilian Jungle" (abgedruckt in Morris 1996, 174–178).
58 Brief (hs.) Manasse, Florenz, an Kristeller, 2.3.1937; ähnlich Manasses hs. Brief an Kristeller vom 20.8.1937: „Meine Schwester schreibt ständig, dass man in 1000 Berufen weiterkommen könne, nur nicht als Geisteswissenschaftler. Nun denn vielleicht als Empfangschef im Hotel oder Circusdirektor." (beide in CU, RBML, KP 33.3).
59 „Harvard hat abgeschrieben. Wie ich höre waren die Professoren für, die Finanzleute gegen mich. Ist also nichts zu machen." (Postkarte [hs.] Manasse, Florenz, an Kristeller, 15.4.1937, in CU, RBML, KP 33.3).
60 Die Angaben zur Kündigung sind widersprüchlich: so teilte Manasse in einem hs. Brief vom 29.6. (o.J.) Kristeller mit: „Wir haben zum 1.VIII. gekündigt, bleiben aber mindestens bis zum 1. X.". Gleichzeitig scheint Kristeller als Vertreter Manasses im Gespräch gewesen zu sein, denn der Brief gibt eine Verwendungsübersicht ab 1. Juli: „Sie geben 10 Stunden Italienisch 5 Latein in der Obergruppe (Livius) 3 Mathematik in der Klasse V (die im 1. Jahr Mathematik hat und deren Ordinarius sie sind) 2 Stunden Deutsch in Klasse II (meist Mädchen, aber zum Teil kluge)." (CU, RBML, KP 33.3). Das von Werner Peiser und Robert Kempner unterzeichnete Zeugnis vom 1.10.1937 verzeichnet als letzten Arbeitstag den 1. Oktober (CU, RBML, KP Ser. E, 2.7).

8.2 „Öfter als die Schuhe die Länder wechselnd": Europa 1933–1938 — 575

> Augenblicklich steht die Sache so, dass wir uns auf Raten von den Kollegen (auch Goldstein,[61] der gleichermassen wie alle entsetzt war) an einen Anwalt gewandt haben. Der glaubt durch Vergleich und notfalls durch Prozess ein Halbjahresgehalt (inkl. der Kosten für Wohnung und Verpflegung) für uns fordern zu können. Da er bisher noch nicht geschrieben bitte ich um um absolute Diskretion. Wir sind äusserst erbittert, insbesondere durch die Art wie man verfuhr."[62]

Als sofortige Konsequenz habe er die Einwanderungspläne nach Brasilien „mit aller Energie" forciert und auch „das englische Kommité" [sic!] um diesbezügliche Unterstützung gebeten. Von diesem habe er die Information, dass die Geisteswissenschaften in diesem Land in „französischen und italienischen Händen" seien: deshalb erwäge er sogar „zunächst noch ein Jahr nach Paris [zu] gehen (...) um dort einen französischen Titel zu erwerben",[63] um seine Chancen auf eine Anstellung in Brasilien zu erhöhen. Gleichzeitig hatte er seinen Stipendiumsantrag in Harvard erneut eingereicht und rechnete mit einer endgültigen Entscheidung am 1. Oktober.[64]

Die juristische Auseinandersetzung erreichte ihren Höhe- bzw. moralischen Tiefpunkt Ende August/Anfang September 1937, als von seiten der Schule eine Diffamierungskampagne gegen die Gekündigten gestartet wurde: im Falle eines Prozesses würde die Schulleitung deutlich machen, „was man für die Emigranten, die meist selbst zu schwach zur eigenen Existenzgründung sind, getan habe".

---

61 Thomas Goldstein unterrichtete neben seinem Studium an der Universität Florenz seit Herbst 1933 am Landschulheim Geschichte (CV Th. Goldstein, c/o Landsberg, 419 W 119th St., New York [undatiert, nicht vor April 1941], in NYPL, EC-Records 64.13).
62 Brief (hs.) Manasse, Florenz, an Kristeller, 20.8.1937; während des Sommeraufenthaltes in Bordighera, so Manasse weiter, sei auch Wolfgang Wasow und dessen Freundin Gabi Bernhard (Marianne Manasses' Schwester) gekündigt worden, unter ähnlich skandalösen Umständen: „Er [Wasow] hatte einen Brief an den Vater geschrieben, in dem er ziemlich deutlich über die pädagogische Unzulänglichkeit der Direktion sprach. Die hat den Brief in die Hände bekommen. (...) Wahrscheinlich durch Öffnung von Briefen." (CU, RBML, KP 33.3). Die Kündigung aus Mariannes Sicht bei Asmus 2008, 47: „Wir (...) wurden (...) formell verabschiedet mit der Begründung, dass man es Kindern nicht zumuten könne, eine schwangere Lehrerin zu sehen." (zit. aus einem unveröffentlichten Manuskript Marianne Manasses aus dem Nachlass).
63 Brief Manasse, o. O., an Kristeller, 28.8.1937 (CU, RBML, KP 33.3). Kristeller scheint sofort finanzielle Hilfe angeboten zu haben, die Manasse jedoch wegen einiger Reserven noch nicht in Anspruch zu nehmen brauchte.
64 Auch dieser Antrag wurde negativ beschieden mit der Begründung, „dass jetzt kein Stipendium für Philosophen mehr frei geworden ist." (Postkarte [hs.] Manasse, Florenz, an Kristeller, 8.10.1937). Nach dieser Absage erkundigte sich Edelstein bei Manasse, ob er helfen könnte (ebda.). 1938 wird sich Manasse noch einmal für ein Harvardstipendium bewerben, mit Empfehlungsschreiben von Pasquali, Calogero und Codignola (Brief [hs.] Manasse, Florenz, an Kristeller, 31.3.1938 beide in CU, RBML, KP 33.3).

Diese Auffassung teilte Kempner auch den Eltern der ‚Rebellen' Manasse und Bernhard brieflich mit:

> „Das Heim ist Ihren drei Kindern (und Herrn Wasow) stets mit ganz besonderem Wohlwollen entgegengekommen. Dies geschah wie aussenstehende Beobachter mehrfach feststellten, trotz erheblicher Mängel, die gerade mir als früherem Ministerialbeamten mit umfangreicher Erfahrung in Personaldingen auf die Dauer nicht verborgen bleiben konnten."

Selbst vor Erpressung schreckte der versierte Jurist Kempner nicht zurück: er drohte indirekt mit rufschädigenden Zeugnissen, falls der Rechtsstreit andauern sollte:

> „Auf diese Mängel einzugehen, ist hier nicht der Ort. Ich selbst würde es menschlich am meisten bedauern, wenn eine nicht so wohlwollende Beurteilung wie die unsere das Fortkommen der Genannten in späterer Zeit einmal behindern sollte."[65]

Alle Einschüchterungsversuche der Schulleitung schlugen jedoch fehl: Anfang November 1937, gerade rechtzeitig vor der Geburt des Sohnes Georg,[66] wurden dem Ehepaar Manasse Entschädigungszahlungen in Höhe von 4350 Lire zugesprochen.[67] Auch das Arbeitszeugnis, das Manasse am 1. Oktober 1937 ausgestellt wurde, enthielt keinerlei einschränkende oder negative Bemerkungen:

> „Herr Dr. Manasse war ein besonders geschaetztes Mitglied unseres Kollegiums. Sein gleichmaessig stark ausgepraegter Sinn fuer die Probleme der Philosophie und der Philologie gestalteten seinen Unterricht anregend und machten ihn inhaltsreich. Die Tiefe seines kunsthistorischen Urteils, sowie sein sicheres Werten erweckte nicht nur kunsthistorisches Verstaendnis in den Schuelern, sondern verschaffte ihm auch Sympathie und Anhaenglichkeit.
> Wir wuenschen Herrn Dr. Manasse fuer seine wissenschaftliche Laufbahn aufrichtig alles Gute."[68]

---

65 Brief Manasse (hs.), Florenz, an Kristeller, 5.9.1937 (CU, RBML, KP 33.3).
66 Brief (hs.) Manasse, Florenz, an Kristeller, 5.9.1937: „Das Kind erwarten wir Ende Dezember oder Anfang Januar." (CU, RBML, KP 33.3).
67 Brief (hs.) Manasse, Florenz, an Kristeller, 6.11.1937. Diese Summe verschaffte den Manasses einen gewissen finanziellen Puffer. Zum Vergleich: Wasow bekam als Monatsgehalt an der „Vigiljoch-Schule" in der Nähe von Bozen, die ähnlich organisiert war wie die Villa Pazzi in Florenz, 400 Lire mtl. (ebda.), Manasse hätte als Externer am Landschulheim nur 250 Lire monatlich verdienen sollen. (siehe S. 574).
68 Zeugnis Landschulheim (Peiser/Kempner) 1.10.1937 (CU, RBML, KP Ser. E 2.7).

Letzte Vorbereitungen für die Emigration: England – Italien – Schweiz (1937–1938)

Kurzfristig sah es so aus, als könnte sich Manasse in England etablieren: für das Frühjahr 1938 erhielt er von dem Orientalisten und Hebräisch-Spezialisten Herbert Martin James Loewe die Einladung, als Instructor Griechisch und Deutsch am Ridley Hall Theological College, das Priester für die Church of England ausbildete, in Cambridge zu unterrichten.[69] Die Bedingungen waren günstig: er war großzügig untergebracht, und seine Lehrverpflichtungen waren auf zwei Klassen beschränkt, Deutsch und griechische Lektüre des Neuen Testamentes, so dass ihm genügend Zeit für wissenschaftliche Arbeiten (und Stellensuche) blieb.[70]

Ironisch reflektierte er seine merkwürdige Rolle, als deutscher Jude künftige christlich-anglikanische Priester zu unterrichten, doch er war auch beeindruckt von der Freundlichkeit, mit der er aufgenommen wurde:

> „Der Leiter des Colleges ist ebenso wie die Studenten rührend besorgt um mich. Nehmen auch an unserem Schicksal als solchem stark Anteil, als Theologen, die glauben, dass unser Schicksal durch unseren Trotz bedingt sei, und die trotzdem für uns – Gottes Volk – beten."[71]

Da die Anstellung auf nur ein Semester befristet war,[72] bemühte sich Manasse um berufliche Alternativen, wenn auch ohne große Hoffnung: „Zukunftsaussichten sind weiter sehr beschränkt."[73] Auf Loewes Vermittlung und mit Empfehlungsschreiben von F. M. Cornford und W. D. Ross bewarb er sich um eine Stelle als proofreader bei Oxford University Press und trat auch dort, ähnlich wie am Landschulheim, wieder als harter Konkurrent Abrahamsohns auf:

---

69 Siehe den Eintrag in Manasses CV (CU, RBML, KP Ser. E 2.7): „1938 (Easter Term) Cambridge, England: Instructor in Greek and German" und Brief (hs.) Manasse, Ridney Hall, Cambridge, an Kristeller, 9.2.1938 (CU, RBML, KP 33.3). Asmus irrt, wenn sie schreibt, „Manasses Versuch, während eines zweimonatigen Aufenthaltes in England einen Lehrauftrag an der Ridley Hall/ Cambridge University zu erhalten, ist nicht erfolgreich" (2008, 47): es gelang ihm nur nicht, während dieser Zeit eine andere Stelle zu finden.
70 Brief (hs.) Manasse an Kristeller, 9.2.1938 (wie Anm. 69): „habe ein Schlaf- und ein Arbeitszimmer, nur ganz wenig Pflichten (...). Ich bin dabei, die Arbeit fürs Corpus Platonicum (...) fertig zu machen. In der nächsten Woche ist's geschafft. Daneben mache ich einen Aufsatz über Philebos. Wird aber mindestens einen Monat dauern." Die Druckfassung und die englische Übersetzung dieses Aufsatzes war Anfang Juli fertig (Brief [hs.] Manasse, Schulheim Monte San Vigilio, Lana, Bozen, an Kristeller, 11.7.1938, in CU, RBML, KP 33.3).
71 ebda.
72 Manasse unterrichtete am Ridley Hall College vom 20. Januar bis 25. März 1938 (siehe Brief [hs.] Manasse, Florenz, an Kristeller, 31.3.1938, in CU, RBML, KP 33.3).
73 Brief (hs,) Manasse an Kristeller, 9.2.1938 (wie Anm. 69).

> „Es ist übrigens die gleiche Stelle, die er (H. M. J. Loewe) früher einmal[74] Abrahamsohn verschaffen wollte. Nun bekam ich vorgestern einen Brief von A.[brahamsohn], ich solle einmal Loewe fragen, ob die Sache noch möglich sei. Ich werde ihn natürlich Loewe noch einmal in Erinnerung rufen und sehen, ob er etwas für ihn weiss. Aber die selbe Sache kann ich nicht mehr für ihn versuchen."[75]

Doch die Bewerbung war nicht erfolgreich. So kehrte Manasse ohne Stelle bereits am 27. März 1938 wieder zu Frau und Kind nach Florenz zurück: als einzigen Erfolg des Englandaufenthaltes konnte er die Zusage des *Woburn House* über einen Zuschuss in Höhe von £ 40.– für eine Vortragsreise nach Amerika im Herbst 1938 verbuchen.[76] Die für die Beantragung eines Visums unerlässlichen Einladungen zu Vorträgen versuchte er über Edelstein, Hermann Fränkel und Frl. Cohn zu organisieren. An Kristeller richtete er die Bitte um weitere Adressen: „Mir fällt Dein Freund Held ein."[77]

Noch von England aus, im Februar 1938, nahm er seine Korrespondenz mit den Hilfskomitees in den USA wieder auf: Cecilia Razovsky, Executive Director des *National Coordinating Committee for Aid to Refugees and Emigrants Coming from Germany*,[78] reagierte auf eine Anfrage Manasses vom 12. Februar 1938 nach eventuellen beruflichen Chancen in den USA mit schonungslosem Realismus:

> „It is true that it is easier to find work after one is in this country. On the other hand, we must advise you that it is most difficult to find teaching positions. We have a number of German scholars here, who have come to us directly from Germany or from England,

---

74 Abrahamsohn hoffte auf die Stelle im Juli 1936, kurz vor seiner endgültigen Zusage am Landschulheim in Florenz: siehe Kapitel Abrahamsohn, S. 536.
75 Brief (hs.) Manasse an Kristeller, 9.2.1938 (wie Anm. 69).
76 Brief (hs.) Manasse, Florenz, an Kristeller, 31.3.1938 (CU, RBML, KP 33.3): „Vom Woburn-house bekomme ich £ 40 für eine Amerikareise im Herbst. Die Fahrkarte bekomme ich aus Berlin geschenkt." (wahrscheinlich von Mariannes Vater Otto Bernhard, der die Emigration seiner Kinder unterstützte: vgl. Asmus 2008, 48).
77 ebda., S. 2. Auf einem Brief Manasses im April 1938 (Postkarte [hs.] Manasse, Florenz, an Kristeller, 27.6.1938, in CU, RBML, KP 33.3) regierte Julius Samuel Held überaus hilfsbereit; er schickte Adressen und nahm umgehend (am 7.6.) telephonisch mit dem *EC* Kontakt auf: „Held called to say that Manasse wanted a job here – has a child now – lost his job in Florence when his wife had a baby to take care of (their contract called for <u>both</u> of them to teach) H.[eld] will see Dr. Fisher of Institute [for International Education]." (*EC*-Interview Memorandum [hs.], 7.6.1938, NYPL, *EC*-Records 93.2). Die *EC*-Records führen eine Akte über Held als ‚Non-Grantee' (*EC*-Records 70.11).
78 Zu Cecilia Razovsky siehe Zucker 2008.

and they are still without any posts, although some of them have been here for more than a year."⁷⁹

Dennoch versprach sie ihm, seine Unterlagen an das *Emergency Committee* weiterzuleiten und mit den Verantwortlichen seinen Fall zu diskutieren. Doch Betty Drurys Einschätzung der Chancen Manasses auf finanzielle Unterstützung durch das Komitee fiel noch negativer aus, denn laut Statuten des *EC* sei er „non eligible":

> „He is one of those cases which lie outside the borders of our work, since he was neither a professor nor a Privatdozent displaced from a German university, and as such is not eligible for our support."⁸⁰

Manasses finanzielle Lage wurde in der Zwischenzeit immer verzweifelter, unter anderem deshalb, da „wir wegen der fortgenommenen Pässe keinen Elternbesuch mehr bekommen können".⁸¹ Dies gefährdete auch die Brasilienpläne, denn „selbst in der bevorzugten Landwirtekategorie wartet man seit einem Jahr auf neue Einreiseerlaubnisscheine".⁸²

---

79 Brief Razovsky, *NCC*, an Manasse, Cambridge, undatiert [März 1938] (NYPL, *EC*-Records 93.2): Antwortschreiben auf Manasses Brief vom 12.2.1938, dem neben einem englischsprachigen CV folgende Empfehlungsschreiben beigelegt waren: A. von Salis (13.5.1934), K. Jaspers (23.5.1934), E. Hoffmann (2.6.1934), O. Regenbogen (9.6.1934), alle Heidelberg; F. M. Cornford (27.11.1937), Trinity College Cambridge, W. D. Ross (30.11.1937), Provost Oriel College, Oxford. Das Empfehlungsschreiben von W. Peiser und R. Kempner (1.10.1937, Landschulheim Florenz), nicht mehr in den *EC*-Records (Stand 23.6.2011).
80 Brief Drury, *EC*, an Razovsky, *NCC* (NYPL, *EC*-Records 93.2).
81 Brief (hs.) Manasse, Florenz, an Kristeller, 31.3.1938 (wie Anm. 76). Reisemöglichkeiten für Juden wurden zwar seit 1935 durch eine Reihe von Erlassen und Verordnungen drastisch eingeschränkt (siehe Kapitel Kristeller, S. 438 ff. mit Anm. 106), doch im Falle der Eltern Manasses war der Entzug der Pässe im Frühjahr 1938 wohl eine vorgezogene Willkürmaßnahme; erst ab 5. Oktober wurde er zur Regel: „Alle deutschen Reisepässe, deren Inhaber Juden sind, werden ungültig. Die früher ausgestellten Reisepässe sollen abgeliefert werden." (Verordnung des Reichsministeriums des Inneren, 5.10.1938, bei Walk 1981, 244, Nr. II 556).
82 Brief (hs.) Manasse, Florenz, an Kristeller, 31.3.1938, S. 3 (wie Anm. 76). Diese Erfahrung Manasses stand in Widerspruch zu offiziellen Verlautbarungen der Komitees: noch im Oktober 1938 empfahl das *Committee for Catholic Refugees from Germany* die Auswanderung nach Südamerika, denn „Reports show an almost unanimous request for farmers and skilled workers in South America. (…) Farmers are definitely accepted in the South American countries." (Report […] covering the period from January 1, 1937 to September 30, 1938, New York, in NYPL, *EC*-Records 163.20). Zur restriktiven Haltung der brasilianischen Behörden gegenüber jüdischen Emigranten siehe Strauss 1981, 372–374: „Already in January 1937, German Jews arriving in

Unterdessen führte ein realpolitisches Ereignis den deutschen Juden in Italien drastisch vor Augen, dass sie auch dort aufs höchste gefährdet waren: im Vorfeld zu Hitlers Staatsbesuch in Italien vom 3. bis 8. Mai 1938 wurden in Florenz die deutsch-jüdischen Emigranten für mehrere Wochen in „Schutzhaft" genommen: Männer, Frauen und Kinder, darunter ein Großteil der Lehrer und Schüler des Landschulheims, Ernst Moritz Manasse und, in einer separaten Abteilung, auch Marianne und der dreimonatige Georg.[83] Von diesem Zeitpunkt an wurde auch in Italien propagandistisch die Übernahme der deutschen Rassengesetze vorbereitet: diese Kampagne gipfelte am 7. September 1938 in dem Dekret „Maßnahme gegenüber den ausländischen Juden" (*Provvedimenti nei confronti degli ebrei stranieri* n.1381), das verfügte, dass alle ausländischen Juden, die erst nach dem 1. Januar 1919 ins Land gekommen wären, binnen 6 Monaten Italien zu verlassen hätten.[84]

Juli 1938 zogen Manasses in den Norden Italiens, zu Wolfgang Wasow und Gabi Bernhard, die seit Herbst 1937 am „Alpinen Schulheim am Vigiljoch – Scuola alpina di Monte San Vigilio" unterrichteten.[85] Von dort richtete Manasse kurz vor

---

possession of valid tourist visas were refued admission, and eighty such persons already in Brazil were arrested." (374).

83 Mit Hilfe von 120 Gestapo- und SS-Angehörigen waren zwei Listen unterschiedlicher Priorität erstellt worden. Die Verhaftungswelle setzte am 20. April ein und betraf zunächst die politisch Verdächtigen (Liste A); die der Liste B zugeordneten, zu denen wahrscheinlich die Lehrer und Schüler des Landschulheims gehörten, wurden am 1. Mai verhaftet; ihre Freilassung erfolgte am 16. Mai. (Voigt 1989, I, 122–140, insbesondere 132–35 und 208; Goldstein 1939, Nr. 16, 5 [mschr. 3f.]; Peiser, *Landschulheim*, 4; Kahane 1986, 12f.; Ubbens 2006, 123; Kristeller, *Reminiscences*, Interview 7, 280ff.). Der Schock über die Verhaftung saß tief: so schrieb Kristeller einen Monat später über einen Besuch des Freundes in Pisa: „Mit Man[asse] war ich zusammen, er war sehr verstimmt und herunter. Sie fahren jetzt aufs Land, im Herbst geht er versuchsweise nach Amerika." (Brief [hs.] Kristeller an die Eltern, Pisa, 17.6.1938, in CU, RBML, KP Ser. E 1.1938). Noch in den USA, bei seinem Antrag auf die amerikanische Staatsbürgerschaft, wird diese Verhaftung Manasse beschäftigen und beunruhigen (Brief Manasse an Kristeller, 30.9.1944, in CU, RBML, KP 33.3; siehe S. 592).
84 Wildvang 2008, 104–11; Villani, S. 2f.; Voigt 1989, I, 275–292 und 598f. (das Dekret in deutscher Übersetzung); Asmus 2008, 48; siehe auch Kapitel Kristeller, S. 450–459.
85 Ähnlich wie das Landschulheim Florenz seit Frühjahr 1937 (Brief [hs.] Manasse, Florenz, an Kristeller, 2.3.1937) bereitete auch das Alpine Schulheim am Vigiljoch auf das englische Abitur vor (Brief [hs.] Manasse an Kristeller, Lana, Bozen, 11.7.1938, beide in CU, RBML, KP 33.3). Es war deutlich kleiner als das Landschulheim: ca. 35–40 Schüler wurden von 7 bis 8 Lehrkräften unterrichtet (siehe Feidel-Mertz 2006, 94 und Villani, S. 2). Nach Abschluss des Philebos-Aufsatzes, dessen englische Übertragung Manasse „mit einer Anglistin der Schule durchsehen" wollte, arbeitete er während seines Aufenthaltes am Alpinen Schulheim zwei weitere Vorträge aus, „Platonische Spätphilosophie" und „Stellung der Ethik im platonischen und aristotelischen System" (ebda.).

8.2 „Öfter als die Schuhe die Länder wechselnd": Europa 1933–1938 — 581

seiner Abreise in die USA ein besorgtes Schreiben an Kristeller, in dem er sich erkundigte, ob er auch für den Freund in den USA nach einer Stelle Ausschau halten solle:

> „(...) für alle Fälle möchte ich wissen, ob Du entschlossen bist, die weitere Entwicklung hier abzuwarten oder ob Du rasch weiterwandern würdest. Wenn das letztere der Fall ist, ob Du nur eine Universitätsstellung annehmen willst oder auch eventuell eine Schulstelle und ob Du irgendwelche Leute hast, die Dich anfordern, d. h. Dir ein Affidavit geben können."[86]

Die eigene Situation sei noch ziemlich ungeklärt: für das Brasilienvisum für Marianne und Georg fehlten noch einige Papiere, er selbst habe vor einigen Tagen in Venedig ein französisches Durchreisevisum für England beantragen müssen. Zwei der drei für die USA geplanten Vorträge seien fertig, der dritte würde „aber noch gedankliche Schwierigkeiten" machen.[87]

In London und Oxford traf Manasse letzte Vorbereitungen für die eigene Auswanderung: u. a. nahm er den *Woburn House*-Zuschuss in Höhe von £ 40,– in Empfang,[88] Fritz Demuth von der *Notgemeinschaft deutscher Wissenschaftler im Ausland* übergab ihm ein Empfehlungsschreiben:

> „May we introduce to you the Bearer of this letter, Dr. Ernst Moritz Manasse, a young gifted Philosopher, who has been warmly recommended to us."[89]

Das bedeutete, dass Marianne Manasse die letzten Schritte zur Auswanderung nach Brasilien ohne die Hilfe ihres Mannes bewerkstelligen musste. Von Zernez aus, einem kleinen Schweizer Gebirgsort unweit der italienischen Grenze, bat sie Kristeller um Rat und Unterstützung:

> „Sei mir nicht böse, wenn ich von Deinem Angebot zu helfen gleich Gebrauch mache. Inliegenden Brief bekam ich heute vom brasil. Consulat in Livorno. (...) Würdest Du nun so nett sein, mir recht genau – für minderbegabte Schüler! – zu schreiben was ich jetzt tun soll?"[90]

Sorgen bereiteten ihr die Korrespondenz mit dem brasilianischen Konsulat in Livorno bezüglich des Besuchervisums, aber auch praktische Fragen wie Fahrkartenkauf, die Übersendung der Pässe auf dem Postweg (direkt in die Schweiz

---

86 Brief (hs.) Manasse, Schulheim Monte S. Vigilio, Lana, Bolzano, an Kristeller, 28. 8. 1938, S. 1.
87 ebda., S. 2.
88 Siehe S. 578 mit Anm. 76.
89 Brief Demuth, London, an Drury, *EC*, 12. 9. 1938 (NYPL, *EC*-Records 93.2).
90 Brief (hs.) Marianne Manasse, Zernez, an Kristeller, undatiert (nach Ernst Moritz' Abreise [29. oder 30. 8.], deutlich vor 24. 9. 1938, in CU, RBML, KP 33.6).

oder über die Schwester in Bozen?) oder die Notwendigkeit der persönlichen Antragstellung in Livorno. Trotz seiner eigenen bedrängten Lage scheint Kristeller persönlich in Livorno vorstellig gewesen zu sein: jedenfalls dankte ihm Marianne für seine Hilfe in einer Postkarte:[91]

> „Ich will Dir sehr herzlich dafür danken, das Du mich so ausführlich beraten hast + sogar selbst in Livorno warst. Ich habe nun folgendes getan: ich schrieb gleich an EM's Freund Ledermann in London,[92] er solle die Fahrkarte samt Dokumenten für mich besorgen. Er hat nämlich das Geld dort und erklärte sich seiner Zeit dazu bereit. Ich hoffe dass ich Mitte bis Ende nächster Woche diese Papiere beisammen habe. Dann will ich, wenn irgend möglich, selbst nach Livorno kommen. Ich bat Ledermann mit der Schiffahrtgesellschaft zu vereinbaren, dass die Fahrkarte zurückgegeben werden kann, wenn das Visum verweigert wird. Hoffentlich geht das. (...) Ich weiss, dass in Berlin Besuchervisa verweigert wurden."[93]

Am 17. Oktober 1938 konnte Marianne persönlich ihr brasilianisches Visum in Livorno abholen, tags darauf verließ ihr Schiff den Hafen von Genua.[94] So ging die Familie Manasse auf getrennten Wegen in die Emigration: Marianne reiste mit dem kleinen Georg im Oktober 1938 zu ihrer Schwägerin nach Brasilien, Ernst Moritz bereits im September 1938 über Frankreich und England „mit einem Besuchervisum"[95] in die USA.

---

91 Bestätigt auch durch Brief (hs.) Manasse, New York, 306 W 77th St., an Kristeller, 9.11.1938: „Von Marianne hörte ich, dass Du ihr noch bei ihren Reisevorbereitungen geholfen hattest. Auch von mir herzlichen Dank." (CU, RBML, KP 33.3).
92 Vermutlich Walter Ledermann (1911–2009), der nach Absolvierung des Staatsexamens in Berlin im Januar 1934 mithilfe eines Stipendiums des *International Student Service* (Genf) nach England emigrieren konnte und ab 1938 in St. Andrews Mathematik lehrte (http://www-history.mcs.st-andrews.ac.uk/Biographies/Ledermann.html).
93 Postkarte (hs.) Marianne Manasse, Zernez, an Kristeller, 24.9.1938 (CU, RBML, KP 33.6).
94 Brief Wasow, Monte San Vigilio, an Kristeller, 18.10.1938 (CU, RBML, KP 53.24).
95 Asmus 2008, 48. Im September 1938 kam es noch zu einem Treffen zwischen Manasse und Ernst Abrahamsohn in Orléans (Postkarte [hs.] Abrahamsohn, Chausay, an Kristeller, 2.10.1938, in CU, RBML, KP 1.2).

8.3 Emigration in die USA

Job-hunting im „gelobten Land" (1938–1939)

Der erste Weg nach seiner Ankunft in New York führte Manasse in die Büros der Komitees. Zunächst sprach er bei den *„Friends of Refugee Teachers"* vor.[96] Anschließend, am 1. November 1938, hatte er einen Interview-Termin beim *Emergency Committee:* Das hierbei angefertigte Gedächtnisprotokoll lässt keinen anderen Schluss zu als dass er Miss Drurys Sympathien nicht restlos gewinnen konnte:

> „young + hesitant – jerky english – not at his best yet. Nice smile but not as attractive as some of the other younger Germans."[97]

Als größtes Problem erwies sich für ihn das zeitlich begrenzte Touristenvisa:[98]

> „Dass ich rasch ein Touristenvisum bekam, zeigte sich noch nicht als Vorteil. Alle Erleichterungen, einer beschleunigten Einwanderung über Kuba etc. sind in allerletzter Zeit weggefallen.[99] (...) auch bei der Suche nach einer Tätigkeit ist der Touristenstatus eine grosse Erschwerung."[100]

Alle seine Bemühungen richteten sich deshalb darauf, so schnell wie möglich ein unbegrenztes non-quota visa zu erhalten.[101] Grundbedingung hierfür sei eine

---

96 Mit enttäuschendem Ergebnis: „Says (...) they can do nothing for him until he has obtained an immigrant visa." (*EC*-Interview Memorandum [hs., Drury], 1.11.1938, in NYPL, *EC*-Records 93.2).
97 *EC*-Interview-Memorandum, 1.11.1938 (wie Anm. 96). Manasse reichte bei diesem Besuch zahlreiche Empfehlungsschreiben nach. In der Akte finden sich nur die Abschriften von: H. Cherniss (4.10.1938), Johns Hopkins University Baltimore, A. B. Cook, (14.3.1938), Queens College Cambridge, und Paul S. R. Gibson (17.11.1938), Principal, Ridney Hall. Doch unter der Rubrik „C. References" des beim *EC* hinterlegten CV sind noch sieben weitere vermerkt: G. Pasquali, E. Codignola (beide Florenz); G. Calogero (Pisa); L. Olschki (Rom); F. Saxl (Warburg Institute London); H. Loewe (Queens College, Cambridge); R.L. Howland (St. Johns College, Cambridge).
98 Das *EC* Memorandum (wie Anm. 96) vermerkt als Verfallsdatum Januar 1939, Manasses „tourist visa" war also nur auf drei Monate ausgestellt. Ohne immigrant visa war er aber – jedenfalls nach Aussage der *Friends of Refugee Teachers* – als Lehrer nicht vermittelbar.
99 Darauf verwies auch Drury in ihrem Memorandum (wie Anm. 96): „Cuba bad now for changing visa status."
100 Brief (hs.) Manasse, New York, an Kristeller, 9.11.1938 (wie Anm. 91).
101 Die hierfür notwendigen Papiere: „1) Führungszeugnis aus Florenz vom 17. Okt. 35 ab, 2) Certificato penale [=polizeiliches Führungszeugnis] für die gleiche Zeit 3) Heiratsurkunde (Hochzeit war am 21.5.36 in Florenz)", sollten Wasow und Kristeller ihm schnellstmöglich zu-

Anstellung an einem College oder einer Universität, doch die sei nach der ersten ‚Tour' in weite Ferne gerückt:

> „Meine erste Universitätsrundfahrt: Baltimore, Cambridge, New Haven, New York – hat leider nicht zu etwas geführt. Das beste, was ich bekam sind Empfehlungen, und die konzentrieren sich jetzt auf Chicago, wo ich in etwa 14 Tagen hinfahren möchte. Noch sind auch dafür Schwierigkeiten (Geld etc.). Ich fühle mich im ganzen sehr gehetzt, zeitweise auch verzagt."[102]

In Chicago wird Manasse weitaus länger wohnen bleiben müssen als ihm lieb ist, bis zum Sommer 1939, sehr zum Missfallen seines Onkels Moritz Mecklenburg, der sich schon im November 1938 höchst unkooperativ verhalten und ihm das Affidavit verweigert hatte.[103] Die regelmäßigen Berichte an Kristeller spiegeln Manasses hektischen Aktionismus in diesen Monaten: im Januar 1939 z. B. berichtete er von mehreren Stipendienanträgen, u. a. bei der *Guggenheim Foundation,* von einem möglichen Stellenangebot an der Northwestern University („ein kleiner Hoffnungsschimmer") und von seinen Bewerbungen bei „Negeruniversitäten":

> „(...) die Archäologen [an der Northwestern University] wären eventuell bereit, mich zu nehmen, wenn ein anderes Department mich gleichzeitig beschäftigen würde. Philosophie kommt nicht in Betracht, da dafür schon ein Deutscher dort ist, ein Dr. [Fritz] Kaufmann, Husserlschüler aus Freiburg. Und klassische Philologie ist leider auch hier im Lande so im Rückgang, dass man eher abbaut, als neuanstellt. (...) Dr. Kaufmann versucht nach Kräften mir zu helfen."[104]

---

schicken, an die Instituts-Adresse Edelsteins in Baltimore (Brief Manasse, New York, an Kristeller, 9.11.1938 [wie Anm. 91]).
102 Ebda. In Cambridge, MA war er für drei Wochen Gast bei Dr. Paul J. Alexander, einem deutschen Juristen, der nach 1933 in Paris und Michigan byzantinische Geschichte studiert hatte und nun bereits im dritten Jahr Harvardstipendiat war. Seine Frau war mit Manasses Schwester befreundet und „war mit ihr das erste Jahr zusammen in Brasilien. (Brief Manasse, Chicago, an Kristeller, 17.3.1939). In Yale war Manasse nur für einen Tag und wurde von Theodor E. Mommsen betreut (Brief [hs.] Manasse, Chicago an Kristeller, 10.4.1939, beide in CU, RBML, KP 33.3).
103 „Zu allem hat mir mein Onkel noch das Affidavit verweigert" (Postskriptum im Brief Manasse an Kristeller, 9.11.1938, wie Anm. 91). Ganz anders die Darstellung bei Asmus 2008, 48: „Das dazu [für ein Besuchervisum in die USA] erforderliche Affidavit erhielt er durch Vermittlung seiner Tante, Trude Mecklenburg, geb. Manasse, die mit ihrem Mann Moritz nach Chicago emigriert war." Die Korrespondenz mit Kristeller belegt, wie schwierig das Zusammenleben der Verwandten war: so drängte der Onkel nach einigen Monaten darauf, dass Manasse sich selbst um ein Brasilienvisum bemühen sollte und versuchte die Einreise Mariannes und Georgs in die USA hinauszuzögern (Briefe Manasse an Kristeller, 17.3.1939 und 29.5.1939, S. 2, in CU, RBML, KP 33.3).
104 Brief (hs.) Manasse, Chicago, an Kristeller, 20.1.1939 (CU, RBML, KP 33.3).

Eine Anstellung an einem schwarzen College wäre allerdings mit einem gravierenden Nachteil verbunden:

„Das Gefährliche einer solchen Stellung ist, dass man dann wenig Aussicht auf einen Übergang zu anderen Instituten hat. Trotzdem würde ich natürlich zugreifen."[105]

Grundsätzlich war er aber eher pessimistisch: „Leider, leider sieht es für mich noch immer nicht gut aus." Nicht einmal die Aussicht auf ein Wiedersehen mit Abrahamsohn konnte ihn zuversichtlicher stimmen, im Gegenteil, er schien in ihm einen möglichen Rivalen zu sehen:

„Von meiner Mutter hörte ich, dass Ernst Abr.[ahamsohn] auf dem Wege hierher ist. Ich fürchte, dass er mit gleichen und teilweise noch grösseren Schwierigkeiten als ich zu kämpfen haben wird. Objektiv hätte ich ihm überhaupt nur abraten können. Aber er kann ja auch Glück haben – darauf muss er jetzt bauen."[106]

Immer wieder behinderte ihn das Besuchervisum: so konnte er im März 1939 mangels Arbeitserlaubnis eine Stelle als Griechischlehrer in der Nähe von Chicago nicht antreten und klagte über die mangelnde Unterstützung durch die *Friends of Refugee Teachers:*

„Ich bin augenblicklich einmal wieder ganz herunter, da ich garnichts aussichtsvolles mehr vor mir sehe. Alles was ich in der letzten Zeit noch versucht hatte, ist wieder missglückt."[107]

---

105 ebda. Diese Einschätzung, von Manasse mehr als nur einmal geäußert (auch in Edgcomb 1993, 66), teilte auch Abrahamsohn, der zwei Jahre an der Howard University lehrte (s. Kapitel Abrahamsohn, S. 551). Sie steht in eklatantem Gegensatz zu der Grundaussage der Ausstellung „Beyond Swastika and Jim Crow: Jewish Refugee Scholars at Black Colleges" (Museum of Jewish Heritage New York, 1.5.2009–4.1.2010), dass jüdische Gelehrte aufgrund ihrer eigenen Erfahrungen von Unterdrückung und Segregation sich gerne, wenn nicht gar vorrangig bei schwarzen Bildungseinrichtungen beworben hätten. Tatsache ist, dass die überwiegende Mehrheit der Emigranten keine Wahl hatte und jede Stelle annahm, die sich ihnen bot.
106 ebda., S. 2. Abrahamsohn sah sich selbst in einer weitaus besseren Position als Manasse, da er seine Tätigkeit an der École Normale in Châlons sur Marne, einer Art „Teachers College", akademisch höherwertiger ausgeben konnte (wie Kristeller das Istituto Magistero in Florenz und die Scuola Normale in Pisa): „Die Anerkennung des Landschulheims ist natürlich mehr als zweifelhaft. (Da liegt auch Manasse's Hauptschwierigkeit, wie ich seinen Fall sehe: er muss es selbstverständlich versuchen – aber problematisch ist es halt.) Und wenn man etwas besseres aufzuweisen hat, sollte man möglichst ohne das Landschulheim auszukommen trachten." (Brief Abrahamsohn, New York, an Kristeller, 26.7.1939, s. Kap. Abrahamsohn, S. 545f. mit Anm. 111).
107 Brief Manasse, Chicago an Kristeller, 17.3.1939 (CU, RBML, KP 33.3).

Energisch wehrte er sich gegen das Ansinnen des Onkels, selber nach Brasilien auszureisen. Stattdessen entschloss er sich kurzfristig trotz rapide schwindender Mittel an „einem Kongress der western section der American Philosophical Society" Mitte April 1939 in Columbia, Missouri, teilzunehmen, um sich im akademischen Bereich bekannt zu machen.[108] Der Vermittlungsversuch eines Teilnehmers, Manasse in St. Louis unterzubringen, führte zu keinem Ergebnis („D.[ieckmann] meinte, dass man grundsätzlich dort [in St. Louis] keine Juden einstelle"), doch nach seiner Rückkehr wurde ihm vom Museum for Classical Art der University of Illinois in Urbana ein Stellenangebot unterbreitet.[109] Die Bedingungen schienen zunächst unannehmbar – ein monatliches Gehalt von nur $ 20.–, und keine Lehrstelle,[110] doch nach mehrwöchigen Verhandlungen sah es so aus als wäre diese Stelle für eine Umwandlung des Touristenvisums in ein unbefristetes non-quota visa qualifiziert. Mit der Unterstützung William Abbott Oldfathers wurde ausgehandelt, dass Manasse in gewissem Umfang Vorlesungen, in der Regel als Vertretungsstunden in Oldfathers Klassen, halten dürfe, bei freier Themenwahl. Am 17. Mai 1939 erhielt er vom Dean des College of Liberal Arts and Sciences der University of Illinois ein Ernennungsschreiben:

> „The President has approved the recommendation of Professor Oldfather to the effect that you will be appointed for the year 1939–40 as a custodian of the Classical Museum, with the privilege of giving occasional lectures on the Museum objects and also of taking a lecture in Professor Oldfather's class on an average of at least once a month. This position can be assured only for one year, as the President feels that a definite limit should be applied to the appointment of non-citizens in cases such as this one."[111]

Das immer noch miserable Jahresgehalt der Universität in Höhe von $ 250.– würde durch den Refugee Fund der *Hillel Foundation*[112] um die gleiche Summe erhöht werden. Rein formal hätten diese Rahmenbedingungen die rechtlichen Voraussetzungen für die Umwandlung des befristeten Besucher- in ein unbefristetes non-quota-Visum erfüllt und Manasse in die Lage versetzt, Frau und Kind in die USA übersiedeln zu lassen. Doch es blieb die Frage des Gehaltes: „Die Schwierigkeit

---

108 Brief (hs.) Manasse, Chicago an Kristeller, 10.4.1939 (wie Anm. 102).
109 Brief Manasse, Chicago, an Kristeller, 29.4.1939 (CU, RBML, KP 33.3).
110 „Es macht mich furchtbar unglücklich, dass wieder einmal alles so aussieht, als ob eine der wenigen Chancen nicht ausgenutzt werden kann." (ebda.).
111 Brief M.T. McClure, Dean, Urbana, an Manasse, 17.5.1939 (NYPL, *EC*-Records 93.2).
112 Die 1923 an der University of Illinois gegründete jüdische Studentenorganisation wurde vor allem von B'nai B'rith finanziert und entwickelte sich rasch zur „largest Jewish campus organization in the world" (siehe Rubins online-Festschrift zum 80-jährigen Bestehen 2003).

liegt natuerlich darin, wie Marianne und das Kind davon existieren koennen."[113] In dieser Zwangslage wandte er sich am 28. Mai 1939 an Miss Drury vom *Emergency Committee*:[114]

> „With reference to an interview of last November, I herewith beg to remind you of my case. You kindly suggested that I might write to you, when I would have found an academic position. This now has happened. (...) Still I am not in possession of an immigration visa, but I am hoping that on account of my appointment I shall get it very soon. Unfortunately the salary for the position offered to me is excessively small, and I therefore beg to ask you, whether there is a chance for me to get any help by the Emergency Committee."[115]

Erwartungsgemäß reagierte das *EC* auf Manasses Hilfsappell mit nüchterner Distanz: Drury wies einerseits auf die Notwendigkeit einer offiziellen Application seitens der University of Illinois hin, andererseits betonte sie die geringen Aussichten eines derartigen Antrages, denn Manasse würde ein entscheidendes Kriterium des *EC*, den sog. Professoren bzw. Privatdozentenstatus, nicht erfüllen:

> „May I further point out that there is some question whether your case is one which would come within the province of the Committee's work. As you probably know, it is contrary to the usual practice of the Emergency Committee to make grants in support of men who were never Professors or Privatdozenten."[116]

Der Antrag der Universität wurde jedoch nie gestellt, denn zur gleichen Zeit eröffnete sich für Manasse die erste wirklich ernsthafte und realistische Perspektive, vermittelt durch niemand anderes als durch seinen Freund Abrahamsohn, dem Manasse noch im Januar kaum Aussichten eingeräumt hatte.[117] Dieser war am 18. Januar 1939, ebenfalls mit einem Visitor's visa, in die USA eingereist und hatte sich bereits Mitte April an der Howard University in Washington eine Stelle sichern können. Bei Manasse in Chicago war er nur für kurze Zeit zu Besuch:[118] in den

---

113 Brief Manasse, Chicago, an Kristeller, 29.5.1939, S. 2 (CU, RBML, KP 33.3).
114 „Ich wuerde also wagen, auch mit so schlechter Grundlage, alles hierfuer [i.e. die Übersiedlung von Frau und Kind aus Brasilien in die USA] zu unternehmen. Ich habe nun an das Emergency Committee geschrieben und um Beihilfe gebeten." (ebda.)
115 Brief Manasse, Chicago, an Drury, 28.5.1939 (NYPL, *EC*-Records 93.2).
116 Brief Drury an Manasse, 6.6.1939 (NYPL, *EC*-Records 93.2).
117 Siehe S. 585.
118 Angekündigt hatte er sich für den 17. März: „Ernst hatte geschrieben, er wollte gegen Ende der Woche hier sein. Bisher hat er sich aber noch nicht gemeldet." (Brief Manasse, Chicago, an Kristeller, 17.3.1939, wie Anm. 107).

letzten Märztagen kam es zu mehreren Zusammenkünften,[119] noch vor dem 10. April war der Rastlose längst wieder unterwegs.[120]

Nach den wenig ermutigenden Auskünften des *EC* wurde die Zeit für Manasse dramatisch knapp: eine handschriftliche Notiz unter einem maschinengeschriebenen Brief an Kristeller vom 29. Mai verrät seine innere Unruhe:

> „Mein Visum ist schon einmal verlängert. Die Verlängerung läuft bis zum 29. Juni. Geld: ich habe noch ca. 350 Dollar, muss aber rechnen, dass etwa die Hälfte für die Einwanderungsformalitäten etc. verwandt werden muss."[121]

Ungeduldig wartete er auf Nachricht von Abrahamsohn:

> „Mit Ernst Abr.[ahamsohn] habe ich leider die Verbindung verloren. Seit er von hier fort ist, hat er sich nicht mehr gemeldet. Wenn Du Gelegenheit hast, sage ihm doch bitte, dass ich auf Nachricht von ihm warte."[122]

Die erlösenden Nachrichten trafen erst kurz vor Ablauf des Visums ein: am 24. Juni 1939 konnte Manasse seine Glückwünsche für Kristellers Anstellung an der Columbia mit der Nachricht vom eigenen Erfolg verbinden:

> „Durch Ernst's [sic!] Vermittlung bekam ich ein recht guenstiges Angebot von einem NegerCollege in Durham ($2000 fuer Latein und Deutschunterricht: eventuell kommt noch ein Philosophiekurs hinzu, der dann extra honoriert wuerde). Hatte zunaechst einige Bedenken, aber nach allen Erkundigungen, die ich einzog, schien es richtig, das der Urbanasache vorzuziehen und ich habe nun auch zugesagt."[123]

Ein Jahresgehalt von $ 2000 war zu diesem Zeitpunkt ausreichend für die Erteilung eines non-quota visa:[124] Jetzt musste Manasse den Konsul nur noch davon überzeugen, dass seine bisherige Lehrtätigkeit der eines Hochschullehrers entsprach, der aufgrund der Rassengesetze seine Stellung aufgeben musste. Nach Rücksprache mit Hans Baron entwickelte er folgenden ‚Schlachtplan':

---

119 „Von mir nichts Neues, es ist sehr quälend. Mit Ernst A.[rahamsohn] komme ich öfter zusammen." (Postkarte [hs.] Manasse, Chicago, an Kristeller, 28.3.1939, in CU, RBML, KP 33.3).
120 „Ernst hat Chicago schon wieder verlassen, fuhr zunächst nach Nashville, Ten. und will Mitte des Monates in Washington sein, wo über einen seiner Pläne entschieden werden wird." (Brief [hs.] Manasse, Chicago, an Kristeller, 10.4.1939, S. 2, wie Anm. 102).
121 Brief Manasse, Chicago, an Kristeller, 29.5.1939, S. 4 (wie Anm. 113).
122 Ebda., S. 3f.
123 Brief Manasse, Chicago, an Kristeller, 24.6.1939 (CU, RBML, KP 33.3). Damit war die Stelle höher dotiert als Abrahamsohns instructorship in Howard mit einem Jahresgehalt von $ 1800.
124 Auch Ernst Kapp musste beim amerikanischen Konsul in Hamburg im August 1939 ein Jahresgehalt in dieser Höhe nachweisen (siehe Kapitel Kapp, S. 325 und 327 ff.).

„Habe auch daran gedacht, es so darzustellen, dass ich den Florentiner Posten verliees [sic!] wegen der Einladung nach England (im Florentiner Zeugnis [sic!] ist kein Entlassungsgrund angegeben; es schliesset [sic!] mit besten Wuenschen fuer meine <u>wissenschaftliche</u> Laufbahn). Dass ich im naechsten Jahr wieder ans Landschulheim wollte und dass dann die italienischen Gesetze dazwischen kamen. Ich hoffe sehr dass solche Erklaerungen garnicht noetig sein werden, d. h. dass ich das Visum auch ohne das bekomme. Bin aber nach dem Brief von Baron wieder nervoerser [sic!] geworden als ich es war."[125]

Wenige Tage später versuchte Manasse von Detroit aus die Umwandlung seines Visums zu arrangieren. Doch obwohl im Vorfeld die *HIAS* die Papiere vom amerikanischen Konsul in Windsor, Canada,[126] auf ihre Vollständigkeit hatte prüfen lassen,[127] war die Reise vergeblich: Manasse wird die Einreise nach Canada wegen zweier Formfehler verweigert.[128] Wiederum erwies sich Abrahamsohn als verlässlicher Ratgeber und Helfer: kurz vor seiner eigenen Abreise nach Havanna, Cuba, schrieb er an Kristeller:

„Es ist Manasse (...) nicht geglückt, nach Canada hineinzukommen. (...) Ich habe ihm in aller Ausführlichkeit geschrieben, was ich über die verschiedenen Nachbarländer – und die dortigen verschiedenen Konsuln weiss – und warte nun auf neue Nachricht. Wenn meine eigene Sache schnell geht, könnte ich – für den Fall, dass die Eintrittsschwierigkeiten in Canada allzu gross sind – in Cuba vielleicht irgendwie sehen, wie der Konsul über das Landschulheim denkt."[129]

---

125 Brief Manasse, Chicago, an Kristeller, 13.7.1939 (CU, RBML, KP 33.3).
126 Windsor liegt am anderen Ufer des Detroit River, die beiden Städte sind nur durch den Fluss getrennt.
127 Brief Manasse, Chicago, an Kristeller, 27.7.1939 (CU, RBML, KP 33.3), und Brief (hs.) Abrahamsohn, New York, an Kristeller, 2.8.1939: „Von Manasse hatte ich Nachricht: Der Konsul in Windsor soll seine Papiere für gut befunden haben (...) Es scheint, dass die Chicagoer HIAS es dort für möglich hält, die Einreise nach Canada irgendwie zu erreichen." (CU, RBML, KP 1.2).
128 Brief Manasse, Chicago, an Kristeller, 27.7.1939 (wie Anm. 127): „Erstens dass in der Extension meines permit eine Formulierung stand, die nur auf meine Abreise, aber nicht auf ein eventuelles zeitliches Verlassen der Staaten zu beziehen sei. (...) Der zweite Punkt war, dass mein ursprüngliches Visum (nicht zu verwechseln mit der Landingsadmission) vor zwei Monaten abgelaufen war. Daran ist nun nichts zu ändern."
129 Brief Abrahamsohn, New York, an Kristeller, 2.8.1939 (wie Anm. 127). Die Umwandlung von Abrahamsohns Touristenvisum beim amerikanischen Konsul in Havanna ging überraschend reibungslos vonstatten: schon nach zehn Tagen konnte er mit gültigen Einwanderungspapieren nach New York zurückkehren und traf dort mit Manasse zusammen, der seine Canada-Pläne endgültig hatte aufgeben müssen: „Manasse arrived here last Friday, can't get into Canada, we sent his documents to Havana." (Postkarte [hs.] Abrahamsohn, New York, an Kristeller, 28.8.1939, in CU, RBML, KP 1.2).

Es sollten noch zwei Monate vergehen, ehe Manasse in Cuba, wie schon Abrahamsohn vor ihm, sein Visum problemlos umwandeln konnte. Endlich war er damit in der Lage, Marianne und Georg nach mehr als einjähriger Trennung aus Brasilien in die USA nachkommen zu lassen, die Kosten für die Schiffspassage beliefen sich auf $ 200, mehr als ein Monatsgehalt.[130]

„Der einzige weisse Lehrer"[131] –
Instructor am North Carolina College for Negroes, Durham, N.C. (seit Sept. 1939)

Am 26. September 1939 teilte Manasse Kristeller mit, dass er in Durham seinen Dienst angetreten habe.[132] Die Arbeitsbedingungen seien überaus komfortabel,[133] vor allem aber sei er von der freundlichen Aufnahme am College überwältigt:

> „Mir geht es oft so, dass ich es gar nicht für ernst nehmen kann, wenn mir die Leute mit so grosser Offenheit und Freundschaft begegnen. Nach den Erfahrungen der letzten Jahren [sic!] muss ich mich erst daran gewoehnen, dass man Fremden auch ohne Misstrauen begegnen kann."

Doch er klagte auch über die strikte Rassentrennung, die es nicht erlaubte, private Kontakte mit Kollegen zu knüpfen:

> „Gesellschaftlicher Verkehr mit den Kollegen ist hier doch nicht in gleicher oder aehnlicher Weise wie an einer anderen Anstalt moeglich. Nach den hiesigen Vorstellungen gehen Weisse nicht in Wohnungen von Negern, wenn sie nicht irgend etwas geschaeftliches oder damit zusammenhaengendes zu tun haben. Es scheint mir darum, als ob man gar nicht erwartet, dass ich kommen wuerde. Bisher hat mich keiner aufgefordert, ihn zu besuchen, obwohl ich mit mehreren ganz gut stehe. (...) Das ganze Problem ist ausserordentlich kompliziert, und ich

---

130 Brief Manasse an Kristeller, 26.10.1939 (CU, RBML, KP 33.3), und Brief Abrahamsohn an Kristeller, 10.11.1939: „Von Manasse habe ich auch ganz erfreuliche Nachrichten: es scheint auch, dass Marianne's Angelegenheit sich bald erledigen wird." (CU, RBML, KP 1.2). Marianne und Georg reisten im Dezember 1939 in die USA ein (Asmus 2008, 48).
131 Briefe Manasse, Durham, an Kristeller, 26.10.1939 (wie Anm. 130) und an Regenbogen, 21.3.1947 (zitiert nach Asmus 2008, 51).
132 Postkarte (hs.) Manasse, Durham, an Kristeller, 26.9.1939 (CU, RBML, KP 33.3).
133 Brief Manasse an Kristeller, 26.10.1939 (wie Anm. 130): „Unterricht ist Elementarunterricht in Deutsch und Latein, nichts weiter. Deutsch sind 2 Klassen von je ca. 30 Schülern. Latein eine Klasse mit fünf. (...) Z.Z. liegen die Stunden günstig, so dass ich keinen Sonnabend- und keinen Nachmittagsunterricht habe." (CU, RBML, KP 33.3).

bemuehe mich sehr, eine klare Vorstellung von allen Implikationen zu bekommen. (...) Abrahamsohn schreibt mir ueber ganz aehnliche Erfahrungen."[134]

Umgekehrt war es auch Manasse nicht möglich, Kollegen oder Studenten zu sich nach Hause einzuladen, ohne diese zu gefährden:

> „A colleague of mine brought me home in a car – we had no car for the first 14 years – and I asked him in for a cup of coffee. I was called to come to the rental office; the neighbors had complained that I had a Negro visitor who was not working in my house. And six weeks later the same thing happened again, and I was called again and told the neighbors won't stand for this and, if this happens again, he would shoot. Not at me, but at my colleague."[135]

Er wird sich nie damit abfinden und zusammen mit seiner Frau immer wieder persönlich dagegen ankämpfen.[136] Seine persönliche Situation war paradoxer denn je:

> „I was a refugee from racial persecution and was given a haven here at a racially segregated institution which itself was a document of racial discrimination and oppression. I became the first fully employed white teacher at this institution; I, the refugee from racial persecution had become the colleague and teacher of members of an oppressed race, though not belonging to the oppressed group myself."[137]

Die zunächst auf ein Jahr befristete Stelle wurde während der Kriegsjahre immer wieder jeweils nur um ein Jahr verlängert, so dass sich Manasse seiner Position lange Zeit nicht sicher sein konnte, zumal die Nachfrage nach Deutschunterricht stark zurückging.[138] Auch die Bedingungen blieben nicht immer gleich: so wurde sein Gehalt im Jahr 1940/1941 deutlich reduziert, auf $ 175 mtl. (d. h. $ 1750 p.a., da die Ferien nicht

---

134 Brief Manasse, Durham, an Kristeller, 7.11.1939 (CU, RBML, KP 33.3).
135 Interview mit Manasse in Egcomb 1993, 66 f.; ähnlich auch Mensching 2002b, 46 f. der aus einem Interview zitiert, das Manasse 1993 der Zeitung *The Herald Sun* in Durham gegeben hat.
136 Beispiele in Egcomb 1993, 66–72, und im gleichnamigen Film (1999).
137 Schweitzer 1996, 47.
138 Verlängerung für 1940/1941 (Brief Manasse, Durham, an Kristeller, 22.4.1940); für 1942/1943: „Ich habe (...) einen Brief vom Praesidenten (...) bekommen, in dem er mir Verlaengerung meines Vertrages bis zum 30.6.1943 anbietet, mir aber gleichzeitig mitteilt, dass an eine weitere Verlaengerung im naechsten Jahr nicht zu denken sei, da Deutsch kaum noch unterrichtet werden wird. (Tatsaechlich war in diesem Jahr die Zahl der Deutsch-Studenten nur etwa ein Drittel von der des Vorjahres. Grund: Einrichtung von Spanisch-Kursen.)" (Brief Manasse, Durham, an Kristeller, 30.6.1942); Sorgen um langfristige Weiterbeschäftigung in Durham: „Einem anderen Lehrer soll der Praesident gesagt haben, dass die Trustees eigentlich mich schon fuer dieses Jahr entlassen wollten und dass er demgegenueber betont haette, er habe eine gewisse Verantwortung mir gegenueber, so dass er mich nicht so kurzfristig kuendigen duerfe." (Brief Manasse an Kristeller, 8.7.1942); Verlängerung bis zum 1.7.1944: Brief Manasse, Durham, an Kristeller, 4.4.1943 (alle in CU, RBML, KP 33.3).

mitgezahlt wurden) und gleichzeitig das Deputat auf 25 Wochenstunden erhöht, was wissenschaftliches Arbeiten nahezu unmöglich machte.[139]

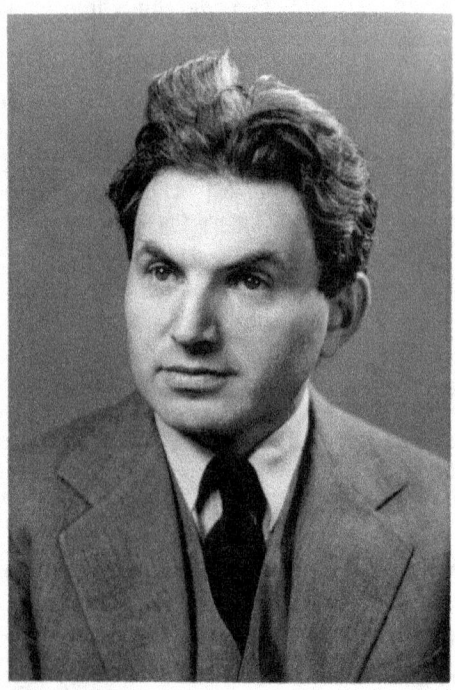

Abb. 20: Ernst Moritz Manasse am North Carolina College for Negroes (1940er Jahre)

Zum frühestmöglichen Zeitpunkt, im Herbst 1944, beantragte er die amerikanische Staatsbürgerschaft. Einiges Kopfzerbrechen bereitete ihm dabei die Frage „Have you ever been arrested?": er beriet sich mit Kristeller darüber, ob die ‚Schutzhaft' 1938 in Florenz wahrheitsgemäß anzugeben wäre oder nicht:

> „Als ich mein Visum in Cuba erhielt, wurde ich von der das Formular ausfuellenden Beamtin nicht gefragt, ob ich verhaftet gewesen sei. Sie fuellte das mit ‚Nein' aus, ohne mich zu fragen. Ich selbst hatte das erst viel später gemerkt, als ich schon unterzeichnet hatte. Materiell bedeutet das natuerlich nichts, da ja Tausende aus Konzentrationslagern auch die Visen in dieser Zeit erhielten. Immerhin war es wohl ein Formfehler und ich frage mich, ob dies der Moment ist, ihn zu berichtigen oder ob das unnoetig ist. Es ist hier sehr schwer, jemand zu finden, der mich richtig beraet. Alle Bekannten sagen sie wuerden nur ‚nein' antworten."[140]

---

139 Briefe Manasse, Durham, an Kristeller, 22.4.1940 und 12.11.1940 (CU, RBML, KP 33.3).
140 Brief Manasse, Durham, an Kristeller, 30.9.1944 (wie Anm. 83).

Nach Kriegsende bot er Kristeller an, sich bei Hilfssendungen für gemeinsame italienische Freunde zu beteiligen.[141] Sein Verhältnis zu Deutschland in den ersten Nachkriegsjahren war hingegen distanziert: so beteiligte er sich z. B. nicht an der für 1952 geplanten Festschrift für seinen akademischen Lehrer Otto Regenbogen.[142] Empört reagierte er auf das Verhalten Wolfgang Schadewaldts nach dem Zusammenbruch:

> „Dass Herr Schadewaldt es an der Zeit findet Aufrufe gegen den Nazismus zu schreiben, erfüllt mich nur mit Ingrimm. Er war einer derer die sich (im Falle Ed. Fraenkel) am schmählichsten benahmen (...). Ich finde, Leute, die kompromittiert gewesen sind, sollten die Scham besitzen, abzutreten. D.h., sie mögen wenn dafür Bedarf ist ihre Berufe weiterführen, aber sollten auf alles Prophetentum verzichten."[143]

Gegenüber dem SS-Mann Viktor Pöschl, mit dem er bis zu seiner Emigration in die USA befreundet war, legte er keine so strengen Maßstäbe an: 1947 stellte er für ihn gegenüber den Alliierten sogar einen „Persilbrief" aus, als dieser sich in Graz um eine Privatdozentur bewarb. Anlässlich des Todes von Friedrich Solmsen schrieb er an Kristeller über sein Verhältnis zu Pöschl:

> „Er war gesinnungsmässig gewiss ein Gegner des National-sozialismus, teilte mir dann aber eines Tages selbst mit, dass er um seiner Zukunft willen – ich glaube auch auf das Drängen seiner Eltern, in die SS (ich glaube nicht in die SA) eingetreten sei. Wir blieben aber befreundet (wahrscheinlich beide noch nicht ahnend, wohin das führen würde). Er war der einzige Freund, der mich am Abend in Heidelberg beglückwünschte, als ich promoviert war. (...) Dass er gesinnungsmässig kein Nazi war, geht für mich – und wir waren damals sehr offen – auch daraus hervor dass er mich im Sommer 1937 in Arcetri besuchte. Zweierlei ist mir von jenem Besuch im Gedächtnis geblieben: er bat mich, nicht Pasquali zu erzählen, dass er mich besucht hatte, und dass er mir so dringlich wie niemand sonst um jene Zeit riet Europa so bald als möglich zu verlassen, weil es bestimmt zum Krieg kommen werde."[144]

---

141 Brief Manasse, Durham, an Kristeller, 31.7.1945 (CU, RBML, KP 33.3).
142 Asmus 2008, 51.
143 Brief Manasse an Kristeller, 10.9.1945 (CU, RBML, KP 33.3). Kristeller seinerseits war so erbost über das Verhalten Schadewaldts ihm gegenüber in Freiburg nach der Machtergreifung, dass er nach eigener Aussage später nie wieder ein Wort mit ihm wechselte (siehe Kapitel Kristeller, S. 418, Anm. 39).
144 Brief (hs.) Manasse, o. Ort, an Kristeller, 2.2.1989. Auch Kristeller war Pöschl gewogen; in seinem Antwortbrief schrieb er: „Deine Darstellung von Poeschls Verhalten ist mir wichtig. (...) Auch ich habe Poeschl in angenehmer Erinnerung. Ich lernte ihn durch Dich in Rom kennen, wohl im Fruehjahr 1934." (Brief Kristeller, New York, an Manasse, 8.2.1989, beide in CU, RBML, KP 33.4).

Teil IV: „Ich hänge mit tausend Wurzeln an
Deutschland"[1] – Paul Friedländer

---

1 Brief Friedländer, Los Angeles, an Kurator der Universität Halle-Wittenberg, 30.12.1946 (UAH, PA Friedländer).

9 Vom KZ Sachsenhausen nach Los Angeles – Paul Friedländer

9.1 Vor 1918: Studium-Gymnasialzeit-Habilitation-Krieg

Die wichtigsten biographischen Angaben zu Paul Friedländer, die für die amerikanischen Hilfskomitees und Universitäten relevant waren, finden sich in dem Formblatt „Data Prior to/Following Arrival in U.S.A."[1] Die Rubrik ‚Religion' ist dort freigelassen, bei ‚Racial background' ist „Jewish" vermerkt. Tatsächlich aber war Friedländer seit seiner frühen Jugend überzeugter Christ, nach seinen Angaben im „Fragebogen zur Durchführung des Gesetzes zur Wiederherstellung des Berufsbeamtentums vom 7. April 1933" war er am 27.8.1896 als 14jähriger vom mosaischen zum evangelischen Glauben übergetreten.[2]

Nach dem Besuch des Friedrichs-Gymnasiums zu Berlin[3] nahm er das Studium der Klassischen Philologie, Archäologie und Alten Geschichte an der Friedrich-Wilhelms-Universität in Berlin auf (von 1900 bis 1902 und 1903 bis 1905), 1902 wechselte er für zwei Semester nach Bonn. Seine wichtigsten Lehrer in Berlin waren Ulrich von Wilamowitz-Moellendorff, bei dem er 1905 mit der Arbeit *Argolica: quaestiones ad Graecorum historiam fabularum pertinentes. Cap. I-III* promovierte, und Eduard Norden, in Bonn Hermann Usener, Franz Bücheler und Georg Loeschcke.[4] Nach dem ersten Staatsexamen in den Fächern Latein, Griechisch und Deutsch, das er ebenfalls 1905 ablegte, unterrichtete er an verschiedenen humanistischen Gymnasien,[5] u. a. als Oberlehrer am Humboldtgymnasium

---

1 YIVO, *Oberlaender Trust* Microfilm, datiert 18.10.1940.
2 Fragebogen (hs.) zur Durchführung des BBG, S. 1, Rubrik ‚Konfession (auch frühere Konfession)', 29.6.1933 (Martin-Luther-Universität Halle-Wittenberg, Universitätsarchiv Pfännerhöhe [UAH], Personalakte Paul Friedländer [PH 6289]); ebenso äußerte Friedländer sich im Interview mit dem *Emergency Committee*: „a Protestant, his books are published by the Vatican" (*EC*-Interview Memorandum [hs.], 23.3.1938, in NYPL, *EC*-Records, Box 10, Folder 7).
3 Siehe Bühler 1969, 619 und Bultmann 1977, 91. Das Friedrichs-Gymnasium, als viertes städtisches Gymnasium 1850 gegründet (Richter 1981, 74 und 193), befand sich in unmittelbarer Nähe zur Friedrich-Wilhelms-Universität (Friedrichstr. 126, Berlin Mitte). Absolventen waren u. a. die Strassmanns (Paul Ferdinand 1884, seine Söhne Hellmuth und Erwin 1912 bzw. 1913; siehe Strassmann 2006, 68, 111f.) und Rudolf Wittkower (1919), der Kollege Otto Brendels an der Columbia University New York (http://dictionaryofarthistorians.org/wittkowerr.htm).
4 Siehe die autobiographischen Skizzen „Zu Hermann Useners 100stem Geburtstag (25. Oktober 1934)", „Erinnerung an Georg Loeschcke (1952)" und „Erinnerung an Wilamowitz" in Friedländer 1969, 675–681.
5 CV Paul Friedländer, Anlage zum Brief Friedländer, New York, an Drury, *EC*, 23.3.1938 (NYPL, *EC*-Records 10.7). In der „Paul Friedlaender Collection" (Collection 1551), die in den Special

in Berlin (von 1.4.1909 bis Ostern 1913).[6] Im Anschluss an das Referendariat erlaubte ihm ein Reisestipendium des *Kaiserlich Deutschen Archäologischen Institutes* einen einjährigen Studienaufenthalt in Kleinasien, Griechenland und Italien (1907/1908).[7]

1911 wurde er mit der Arbeit *Johannes von Gaza und Paulus Silentiarius: Kunstbeschreibungen Justinianischer Zeit* (Leipzig, Berlin 1912) in Berlin habilitiert. Die Karriere des Privatdozenten, der in Berlin noch am 5. Dezember 1914 zum außerplanmäßigen Professor ernannt worden war,[8] wurde durch den Ersten Weltkrieg empfindlich unterbrochen: bereits im August 1914 meldete Friedländer sich freiwillig, zunächst als „freiw. Krankenpfleger beim Roten Kreuz (...), da ich im Heere noch keinen Platz fand", ab April 1915 als „Kriegsfreiwilliger bei der Fernspr.[echer] Ers.[atz] Abt.[eilung] 1" und „machte den Krieg auf vielen Kriegsschauplätzen im Osten und Westen mit".[9] Mehrfach für seine besondere

---

Collections der Charles E. Young Research Library an der University of California Los Angeles (UCLA) aufbewahrt ist, ist eine Anweisung an Friedländer zum Dienstantritt an einem Gymnasium in der Niederlausitz durch die Schulbehörde („Königliches Provinzial-Schulkollegium", Berlin W 9, Linkstr. 42) erhalten, deren Rückseite von Friedländer später für Nonnos-Notizen benutzt wurde (datiert 2.11.1908): „Wir überweisen Sie dem königlichen Gymnasium zu Luckau zur Vertretung eines erkrankten Oberlehrers und fordern Sie auf, sich dem Herrn Direktor dieser Anstalt unter Vorlegung Ihrer Zeugnisse unverzüglich vorzustellen. Die Anstaltskasse wird Ihnen vom Tage des Dienstantritts ab bis auf weiteres eine Remuneration von 1800 M jährlich monatlich nachträglich zahlen." (UCLA, Friedlaender Coll., Box 1, Folder ‚Correspondence H-K' [83–119], item 106).

6 Bestallungsurkunde des ‚Magistrat[s] hiesiger Königlichen Haupt= und Residenzstadt', Berlin 13.2.1909, Personalbogen Universität Marburg, 14.2.1920, und Personalbogen Universität Halle, 8.12.1932, Rubrik ‚Etwaige frühere Stellungen und sonstige Dienstverhältnisse' (alle in UAH, PA Friedländer) und ‚Personalblatt A 373 für Direktoren, wissenschaftliche Lehrer und Kandidaten des Höheren Schuldienstes' [undatiert] in Bibliothek für Bildungsgeschichtliche Forschung des DIPF Berlin, Archivdatenbank Handschriften, Autographen, Nachlässe und Sonderbestände, Personaldaten von Lehrern und Lehrerinnen Preußens (http://bbf.dipf.de/kataloge/archiv datenbank/digiakt.pl?id=p87978&dok=PEB-0031&f=PEB-0031-0079-01&l=PEB-0031-0079-04&c=PEB-0031-0079-02).

7 *Hallische Nachrichten* Nr. 163, Beilage, 14.7.1932 (Ausschnitt in UAH, PA Friedländer), und http://www.catalogus-professorum-halensis.de/friedlaenderpaul.html. Dieser Studienaufenthalt wurde ihm als „zweite Hälfte des Probejahres" (dem Äquivalent des heutigen Zweigschuleinsatzes im Referendariat) angerechnet („Zeugnis der Anstellungsfähigkeit für den Kandidaten des höheren Schulamts Herrn Dr. Friedländer", Königliches Provinzial-Schulkollegium zu Berlin, 28.8.1908, in UAH, PA Friedländer).

8 „1. Jan. 1915 Bestallung als planmäß. a.o. Professor in Berlin. (Ich trat die Stelle erst im Jan. 1919 an)." (Friedländer, Lebenslauf [o. Datum, bis 1.10.1932], Abschrift in UAH, PA Friedländer).

9 Friedländer, Lebenslauf (wie Anm. 8).

Tapferkeit ausgezeichnet („Rote Kreuz-Medaille III. Klasse" am 30.3.1915, „Eisernes Kreuz II. Klasse" am 24.5.1916),[10] wurde er im Juli 1918 mit seiner Ernennung zum „Leutnant d.[er] L.[andwehr] I" in den Offiziersrang erhoben:[11] erst Anfang 1919 kehrte er „als Adjutant (...) mit [s]einer Abteilung aus Russland heim".

9.2 Karriere in Weimar: Berlin (1919–1920) – Marburg (1920–1932)

Friedländers erste Bewerbungen drohten zu scheitern, weil er wegen seiner Kriegsteilnahme im Vergleich zu seinen direkten Konkurrenten, die die Kriegsjahre an der ‚Heimatfront' verbringen konnten, nur wenige Veröffentlichungen vorweisen konnte. Dieses ‚Manko' glichen aber leidenschaftliche Empfehlungsbriefe von Wilamowitz und Diels aus, die zu Recht darauf hinwiesen, dass Friedländers patriotischer Einsatz für das Vaterland ihm nicht zum Nachteil gereichen dürfte.[12] So konnte er im Januar 1919 in Berlin das Extraordinariat antreten, für das er schon zum 1.1.1915 vorgesehen war, bevor er 1920 als „persönlicher Ordinarius" für Klassische Philologie nach Marburg berufen wurde.[13] Zu

---

10 Univ. Halle, Personalbogen Friedländer, 8.12.1932, Rubrik ‚Orden und Ehrenzeichen, Preussische'; im Personalbogen der Universität Marburg ist nur das EK II verzeichnet (beide UAH, PA Friedländer).
11 Damit war Friedländer unter den 100.000 deutsch-jüdischen Frontkämpfern einer der hochrangigsten. Eine zeitgenössische Gefallenenstatistik zeigt, wie gering der Anteil von Offizieren bei den deutsch-jüdischen Frontsoldaten war: „So befinden sich z.B. unter den 10060 Namen der Liste 270 Offiziere und 135 Sanitätsoffiziere." (Reichsbund jüdischer Frontsoldaten 1932, 419, Anm. 1).
12 Testimonium Wilamowitz-Moellendorff (undatiert): „Friedländer hat den Krieg mit besonderer Aufopferung durchgemacht, daher jetzt keine Bücher geschrieben. Das nehme ich als doppelt empfehlend. (...) Der Nachwuchs ist so kümmerlich. Von S ü s s doch nicht zu reden, vor A l y warnt jeder, ich lese ihn garnicht mehr." Testimonium Diels (undatiert, „für die Marburger Vakanz"): „Es wäre übel, wenn er, der während des ganzen Krieges mit nicht gewöhnlicher Energie sich im Dienst des Vaterlandes betätigt hat, nunmehr von jüngeren Gelehrten, die sich inzwischen wissenschaftlich ungestört haben weiter entwickeln können, ausgestochen würde." (UCLA, Friedlaender Coll., Box 1, Folder ‚Correspondence Wilamowitz-Moellendorff, Ulrich von' [272–295], 295, und Box 1, Folder ‚Correspondence D-G' [38–82], 40; Diels Empfehlungsschreiben vollständig und zweisprachig auch in der „Introduction" zu Calder/Huss 1999, VIII-IX mit Anm. 3).
13 Erlass U I Nr. 13255 des Ministers für Wissenschaft, Kunst und Volksbildung Berlin, an den Herrn Universitätskurator in Marburg, 2.12.1919. Diese Berufung stieß bei der Fakultät auf erbitterten Widerstand: „in ihrer grossen Mehrheit" kritisierte sie „die wilde, höhnische, überhebliche Tonart und Darstellungsweise" in Friedländers frühen Schriften und die „anerkannt verfehlte Methode seines ersten Buches (‚Herakles'). Die „hiesigen Fachvertreter" stellten

seinen Kollegen in der Zeit bis 1932 zählten u. a. der Archäologe Paul Jacobsthal (bei dem von 1930 bis 1933 Elisabeth Jastrow als Assistentin tätig war), der Neutestamentler Rudolf Bultmann,[14] der Altorientalist Albrecht Götze, die Romanisten Ernst Robert Curtius, Erich Auerbach und Leo Spitzer, und die Philosophen Martin Heidegger, Hans-Georg Gadamer und Erich Frank.[15] In den Jahren 1928 bis 1930 konnte er seine groß angelegte zweibändige Platon-Studie, eine direkte Auseinandersetzung mit dem Platonbild seines Lehrers Wilamowitz, fertigstellen.[16]

---

deshalb die „hier allerdings wünschenswerte erziehliche Persönlichkeit" Friedländers in Frage (Briefe Philosophische Fakultät d. Universität Marburg an den Herrn Minister, 13.12.1919 und 19.12.1919). Diesen Bedenken mochten sich die Professoren Walter Troeltsch, Paul Jacobsthal, Max Deutschbein und Hermann Jacobsohn nicht anschließen: in einem Sondergutachten bezeichneten sie Friedländers Berufung als „glücklichste Erledigung der Nachfolge Prof. Reinhardts" (Sondergutachten Troeltsch, Jacobsthal, Deutschbein, Jacobsohn, Tgb. Nr. 14, 174, 10.12.1919). Unterstützt wurden sie dabei von dem Kunsthistoriker Richard Hamann, der in seinem Sondergutachten „das ablehnende Urteil der Majorität" allein auf das intrigante Verhalten des Klassischen Philologen Ernst Maass zurückführte: dieser habe in der Fakultätssitzung „Andeutungen (...) über den Inhalt eines Privatbriefes (...), den Exz. von Wilamowitz an ihn geschrieben hatte" gemacht, „durch den die Geeignetheit Friedländers zum Erziehen der akademischen Jugend in Marburg in Frage gezogen wurde." Trotz mehrfacher Aufforderung „der über Fr. anders denkenden Kollegen" sei Maass aber nicht dazu zu bewegen gewesen, seine Andeutungen durch „Verlesen der betreffenden Stellen des Briefes" zu verifizieren. (Sondergutachten Hamann, Tgb. Nr. 14,175, 12.12.1919). Der Minister ließ sich durch diese Kabale nicht beirren und sandte Friedländer am 2. Januar 1920 das Ernennungsschreiben zu (Brief U I Nr. 14049 d. Ministers an Friedländer, 2.2.1920, Abschrift an den Herrn Universitätskurator in Marburg; alle Dokumente in UAH, PA Friedländer).

14 Die kollegiale Freundschaft zwischen Bultmann und Friedländer „festigte sich (...) unter dem Druck der nazistischen Entjudungspolitik". Im Nachlass Rudolf Bultmanns (Universitätsbibliothek Tübingen, Nachlass Rudolf Bultmann, Mn 2-787) finden sich 175 Briefe und 25 Postkarten Friedländers (Hammann 2009, 286). Explizit würdigte Bultmann seine freundschaftliche Beziehung zu Friedländer auch in seinen 1956 geschriebenen und 1963 überarbeiteten „Autobiographischen Bemerkungen": „Besonders erwähnen muß ich meine Freundschaft mit dem klassischen Philologen Paul Friedländer, der damals in Marburg lehrte und dem ich mich sehr verpflichtet fühle." (zitiert nach Göckeritz 2002, 322).

15 Götze, Jacobsthal, Jastrow, Auerbach, Spitzer und Frank wurden wie Friedländer in die Emigration getrieben.

16 „In fact he sets out to compose his Plato book as an answer to Wilamowitz's *Platon*. And he feels the need to free himself from the ‚Wilamowitz in me'." (Kytzler 2000, S. 2).

9.3 Chronik einer angekündigten Entlassung: Halle (1932–1935)

Mit dieser Veröffentlichung, so scheint es, war Friedländer endgültig ins Rampenlicht der wissenschaftlichen Öffentlichkeit getreten. Da war es nur konsequent, dass die traditionsreiche Universität Halle, an der schon einer der ‚Gründerväter' der Klassischen Philologie in Deutschland, Friedrich August Wolf, gelehrt hatte, den 50-jährigen als Nachfolger für den Geheimrat Otto Kern zu gewinnen suchte. Einstimmig setzte die Fakultät ihn an die erste Stelle, deren Wertschätzung und Respekt dürfte für Friedländer eine späte Genugtuung gewesen sein für die hässlichen Auseinandersetzungen um seine Person, denen er bei seiner Berufung nach Marburg ausgesetzt war:

> „Es gibt wohl seit dem Tode von Wilamowitz keinen Hellenisten, der die Grenzen seiner Wissenschaft so weit gesteckt hat wie Friedländer (...) Die hallische Philologentradition, die mit dem stolzen Namen von Friedrich August Wolf beginnt, fortzusetzen ist er ohne Zweifel besonders geeignet. (...) Mit dem Jahre 1921 beginnen Friedländers wertvolle Studien zu Platon, die ihren Höhepunkt in dem 1928 und 1929 erschienenen, zweibändigen Werk erhalten haben und die lang gewünschte Ergänzung zu Wilamowitz' Platon in vortrefflicher Weise bringen. (...) Daß ein auf so verschiedenen Gebieten mit großem Erfolg arbeitender und überall durchaus selbständiger, urteilskräftiger Gelehrter auch ein anregender Lehrer sein muß, ist wahrscheinlich, wird uns aber ausdrücklich noch aus Marburg bestätigt, wie er auch schon in Berlin vorzügliche Seminarübungen abgehalten haben soll."[17]

Auch in finanzieller Hinsicht war die Stelle lukrativ: Die Universität bot ein jährliches Grundgehalt von 12000 RM zuzüglich Wohnungsgeldzuschuss, ergänzt durch eine „Kolleggeldgarantie" von 2000 RM pro Jahr. An Sondermitteln wurden Friedländer 900 RM „zur Ausfüllung der Seminarbücherei" und 600 RM „zu Druckunterstützung von Arbeiten" zugestanden.[18]

---

[17] Brief Dekan der Philos. Fakultät (gez. Schneider), Halle, an den Herrn Minister für Wissenschaft, Kunst und Volksbildung, 4.6.1932 (UAH, PA Friedländer). Friedländers Berufung stand sogar in der Presse („Von der hallischen Universität", *Hallische Nachrichten* Nr. 163, Beilage, 14.7.1932, in UAH, PA Friedländer).

[18] Berufungsschreiben U I Nr. 11088 des Preußischen Ministers, Berlin, 3.8.1932, an Friedländer, und Vereinbarung zu U I Nr. 11088/32 zwischen Windelband, Berlin, 19.7.1932, und Friedländer, Marburg, 20.7.1932 (UAH, PA Friedländer). Zum Vergleich: In Marburg war Friedländer als „persönlicher Ordinarius" finanziell mit einem planmäßigen Extraordinarius gleichgestellt und bezog lediglich ein Grundgehalt von 4300 RM pro Jahr, ergänzt durch garantierte Vorlesungshonorare von 2000 RM, „tarifmäßigen" Wohnungsgeldzuschuss (800 RM), eine Sonderzahlung („Remuneration") von 1000 RM und, ab 1.1.1921, eine Alterszulage in Höhe von 700 RM (Ernennungsschreiben U I Nr. 14049 des Ministers für Wissenschaft, Kunst und Volksbildung,

Doch die Freude über die glänzenden äußeren Bedingungen währte nur kurz: schon am 23. Februar 1933, so informierte Friedländer seinen Marburger Freund Rudolf Bultmann, hätten nationalsozialistische Hochschullehrer in Halle ihre Kollegen zu einer demonstrativen Unterstützung der neuen Politik zu nötigen versucht:[19]

> „Hier waren wir gestern in einiger Aufregung durch einen von einigen Kollegen uns zur Unterschrift vorgelegten (Wahl-)Aufruf an die Studenten, der von Rust angeregt sein soll. Es gab heftigen Widerspruch und nun ist das Opus ersetzt durch einen wie es heißt, sehr allgemein gehaltenen Aufruf von Rektor u. Senat, während der andere die Unterschriften der Dozenten tragen sollte! 95 hatten sich schon bereit erklärt – umgekehrte Proscriptionsliste, wie hier das Schlagwort umging. Philos.[ophische] Fak.[ultät] hat sich gut gehalten, von den Jüngeren (zu denen ich mich rechne) hat kaum einer unterzeichnet, soviel ich weiß."[20]

Von den Maßnahmen des „Gesetzes zur Wiederherstellung des Berufsbeamtentums" (BBG),[21] das seit dem 7. April zu chaotischen Verhältnissen an den deutschen Universitäten führte, blieb Friedländer als „jüdischer Frontkämpfer" vorerst unbehelligt.[22] In den ersten Wochen des Sommersemesters schien er aber noch zu keiner klaren politischen Analyse fähig. Er nahm zwar die Entlassungen in seiner näheren Umgebung bekümmert zur Kenntnis, vor allem die seines Schwagers Franz Rudolf Wildenhain und seiner Schwägerin Marguerite Friedlaender, die beide an der Staatlichen Kunstschule Giebichenstein tätig waren,[23] gleichzeitig

---

Berlin, 2.1.1920 und Bescheid U I Nr. 30419 des Ministers, Berlin, an Universitätskurator in Marburg, 9.12.1920, beide in UAH, PA Friedländer). Mit einer jährlichen Besoldung von insgesamt 14440 RM (Bescheid Kurator Universität Halle an Friedländer, 16.12.1935, in UAH, PA Friedländer) verdiente Friedländer in Halle deutlich mehr als die meisten seiner in die Emigration gezwungenen Fachkollegen.
19 Hierzu Eberle 2002, 37f.
20 Brief (hs.) Friedländer, Halle, an Bultmann, 24.2.1933, S. 2 (UB Tübingen, NL Bultmann, Mn 2-787).
21 Hierzu Jasch 2005.
22 Das sog. „Frontkämpferprivileg", eine Ausnahmeregelung, ohne die Reichspräsident Hindenburg das Gesetz nicht unterzeichnet hätte, ist in § 3, Abs. 2 BBG formuliert: „Abs. 1 [Beamte, die nicht arischer Abstammung sind, sind in den Ruhestand (§§ 8ff.) zu versetzen] gilt nicht für Beamte, die bereits seit dem 1. August 1914 Beamte gewesen sind oder die im Weltkrieg an der Front für das Deutsche Reich oder für seine Verbündeten gekämpft haben oder deren Väter oder Söhne im Weltkrieg gefallen sind. Weitere Ausnahmen können der Reichsminister des Innern im Einvernehmen mit dem zuständigen Fachminister oder die obersten Landesbehörden für Beamte im Ausland zulassen." (zitiert nach Buschmann 2000, 50f.; auch bei Fijal 1994, 106).
23 „Die Kunstschule auf dem Giebichenstein ist im Wesentlichen, vor allem in den Gliedern, auf die es uns ankam, dem Φθόνος und der μικροψυχία zum Opfer gefallen. Meine Schwägerin ist schon fort, mein Schwager hat vor einigen Tagen seine Entlassung bekommen. (...) Für uns

9.3 Chronik einer angekündigten Entlassung: Halle (1932–1935)

wähnte er sich selber jedoch in trügerischer Sicherheit: er sah im Nationalsozialismus keineswegs eine existenzbedrohende, tödliche Gefahr, sondern gestand Bultmann sogar latente eigene Sympathien für die ‚Revolution'. Seine scheinbar sichere Position führte er u. a. darauf zurück, dass er gegen den Widerstand der nationalsozialistischen Studentenschaft seine Teilnahme an der 1. Mai-Kundgebung durchgesetzt hatte:

> „Seit wir uns zuletzt sahen, ist manches geschehen, worüber im kurzen Brief nicht leicht zu berichten ist. Ich wünschte Gespräche. Soll ich kurz formulieren, so ist es dies, dass die vor einigen Wochen mir noch als für mich möglich erscheinende Katastrophe nicht eingetreten ist. Ich bin ohne Explosionen ins neue Semester gekommen und die merkwürdige Sicherheit bei aller grundsätzlicher Unsicherheit ist das eigentlich Erstaunliche an der Sache. Du weißt wohl, dass hier an der Universität mehr von der Revolution zu spüren war als, soviel ich weiß, in Mbg. Es gab Anfang Mai unsichere Tage. Aber seitdem ich am 1. Mai die Teilnahme an dem großen Umzug gegen den Willen der revolutionären Studentenführung durchgesetzt (mit einigen anderen Proscribierten), am 4. Mai mein Kolleg begonnen habe, ohne dass irgendetwas geschah, als dass mehr als doppelt so viele Hörer wie im vorigen Semester mich mit betonter Wärme empfingen, bin ich nun wieder im Zuge, und frage mich nur ab u. zu, ob das Zufall ist oder nicht. **Meine Haltung zu dem was geschieht, ist aus einem ebenso entschiedenen Ja und einem ebenso entschiedenen Nein gemischt, die Prozente schwanken,** aber dabei ist die Überzeugung herrschend, dass es darauf ja im Grunde garnicht ankommt, sondern darauf dass ich mit George zu sprechen ‚im Raum den du mir maßest hafte' oder mit dem Kirchenlied ‚mit Fleiß tue was mir zu tun gebühret.'"[24]

Doch schon bald wurde das Leben in Halle ihm bitter: Schwager und Schwägerin waren nach Holland emigriert, der Direktor der Kunstschule, Gerhard Marcks, hatte sich an die Ostsee zurückgezogen.[25] Die Entlassungen von Eduard Fraenkel

---

persönlich natürlich ein schwerer Verlust. (...) So engt sich der menschliche Kreis statt sich zu weiten." (Brief [hs.] Friedländer, Halle, an Bultmann, 2.6.1933, S. 4, in UB Tübingen, NL Bultmann, Mn 2-787).

24 Brief (hs.) Friedländer, Halle, an Bultmann, 2.6.1933, S. 1f. (wie Anm. 23; [Hervorhebung durch den Verf.]). Im Gegensatz zu Albrecht Götze, Ernst Theodor Mommsen, Kurt von Fritz und manch anderen hielt Friedländer seine Position als Lehrer und Wissenschaftler durch Politik und Ideologie des Nationalsozialismus nicht für gefährdet, im Gegenteil: „Mehr als je scheint mir die Aufgabe auf den engsten Bezirk zurückgedrängt. Alle Außenposten, des Ehrgeizes, der Repräsentation, etc sind geräumt. Aber es bleibt das Wesentliche und das ist wahrhaftig gut: Forschung, Zeigen dessen was man versteht, Sein dessen was man ist, Offenbleiben für die Fragen und die Menschen. Ich habe das Gefühl dass es mit dem Allerletzten, d. h. mit den Studenten sogar besser, erheblich besser geht als im vorigen Semester (...)." (ebda.), S. 2f.

25 „Meine Sehnsucht nach Mbg ist in der letzten Zeit stark gewachsen, seitdem wir hier immer mehr vereinsamen. (...) Die Kunstschule auf der Burg Giebichenstein ist so gut wie aufgeflogen. Das schöne Gegengewicht gegen die Universität ist damit fort, ein Element des Lebens ist aus der

in Freiburg („nach monatelangem Warten") und Walther Kranz, eines seiner engsten Freunde, der Ende 1933 täglich mit seiner Amtsenthebung als Rektor von Schulpforte zu rechnen hatte, setzen ihm zu.[26]

Mit dem Tod des Reichspräsidenten Hindenburg am 2. August 1934 hatte sich die Lage der noch nicht entlassenen nichtarischen Beamten radikal verschärft. Über Friedländers Reaktion auf das am 20. August 1934 verabschiedete „Gesetz über die Vereidigung der Beamten und der Soldaten der Wehrmacht", das die Beamten verpflichtete, einen Diensteid auf Adolf Hitler zu schwören, geben uns die Quellen keinen Hinweis, doch er wird ihn geleistet haben, wie alle deutschen Hochschullehrer, die ihre Stellung nicht gefährden wollten.[27]

Spätestens im Frühjahr 1935 fürchtete Friedländer erstmals ernsthaft um seine wirtschaftliche Existenz: Gewährsleute aus dem Ministerium hatten ihn über Planungen zu neuen antijüdischen Maßnahmen informiert.[28] Deshalb wandte er sich mit überraschender Offenheit – „Du siehst, ich spreche offen mit Dir, ich dächte wir kennen uns genug dass ich es darf" – an Bultmann, der im Juni 1935 nach Schottland eingeladen war, um in St. Andrews die Ehrendoktorwürde (D.D., Doctor of Divinity) entgegenzunehmen,[29] und bat um konkrete Unterstützung: er

---

‚Gesamtbilanz' unsres Hallenser Daseins gestrichen." (Brief [hs.] Friedländer, Halle, an Bultmann, 2.7.1933, in UB Tübingen, NL Bultmann, Mn 2-787).

26 „Zu Silvester waren wir mit Kranzens zusammen, die natürlich des Zuspruchs bedürftig sind, denn Pforte ist noch immer unentschieden." (Brief [hs.] Friedländer, Oberhof, an Bultmann, 5.1. 1934, in UB Tübingen, NL Bultmann, Mn 2-787). Kranz hatte im Juli 1933 „von der vorgesetzten Behörde" um seine vorläufige Beurlaubung (zum 1. August 1933) gebeten: „Der Wunsch wurde umgehend akzeptiert, noch im Juli hat das Ehepaar Kranz Schulpforte verlassen und ist nach Halle (Saale) gezogen." (Mensching 1991, 18). Zu Fraenkel siehe Brief (hs.) Friedländer, Halle, an Bultmann, 15.11.1933 (UB Tübingen, NL Bultmann, Mn 2-787).

27 Lediglich der Theologe Karl Barth und Kurt von Fritz weigerten sich, den Eid ohne einschränkende Zusätze zu unterzeichnen und wurden entlassen (siehe Kapitel v. Fritz, S. 247–256 und 263).

28 Mit allen Mitteln, selbst ikonographischen, suchte Friedländer gegen diese Bedrohung anzugehen: wie um sich gleichsam des Schutzes durch das Frontkämpferprivileg doppelt zu versichern, beantragte er das von Hindenburg am 13. Juli 1934 gestiftete „Ehrenkreuz für Frontkämpfer", erhielt es ironischerweise aber erst am 20. April 1935, zu einer Zeit, als die Aufhebung dieses Privilegs längst beschlossene Sache war. Bühler meint wahrscheinlich dieses Ehrenkreuz, wenn er in seinem Nachruf davon spricht, dass Friedländer „in jenen Tagen ostentativ (...) eine Kleinfassung [des im 1. Weltkrieg erworbenen Eisernen Kreuzes] (...) trug." (Bühler 1969, 620). Diese Auszeichnung trug möglicherweise zu Friedländers vorzeitiger Freilassung aus dem KZ bei: jedenfalls verwies Bultmann in seiner Korrespondenz mit Lietzmann eigens darauf, „daß Friedländer am 20. IV. 1935 das Frontkämpferkreuz erhalten hat". (Brief Bultmann, Marburg, an Lietzmann, 27.11.1938, zitiert nach Aland 1979, 932, Brief Nr. 1064, mit 1178, Anm. 1 zu Brief Nr. 1064; siehe auch S. 637).

29 Die Zeremonie fand am 28. Juni 1935 statt (Hammann 2009, 287 und 475).

möge doch „im Gespräch mit Engländern" darauf hinweisen, dass es neben Werner Jaeger in Deutschland auch noch andere Repräsentanten der klassischen Philologie gebe:

> „Wenn Du [über Oxf kommst], so könntest du EdFraenkel in Corpus Christi College begrüßen. Und nenne gelegentlich im Gespräch mit Engländern wenn es irgendwie sinnvoll oder angebracht ist, meinen Namen als den eines dtschen Vertreters der classical studies. Man kann nicht wissen, wozu das einmal nützlich ist. Gegenwärtig wissen sie drüben wohl nur von WJaeger[30] (...) Was mich anlangt, so weiß ich nicht, wie lange der Boden noch hält. Du wirst ja auch die Dinge verfolgen und Dir Deinen Vers darauf machen. Ich weiß auch mündlich vermittelte Äußergn aus d Min[isterium], wonach man ‚uns' möglichst bald loswerden will. Bin ich dann so gestellt, dass wir leben können u. ich arbeiten kann, so ziehe ich es vor hier weiterzuarbeiten. Ist das nicht der Fall, so müsste ich andre Wege suchen. Eine Einladg zu irgendwelchen Vorträgen, eine äußerlich sichtbare Ehrg durch irgend eine namhafte Körperschaft – das könnte auf alle Fälle nichts schaden. (...) Natürlich habe ich keine Ahnung, ob du Gelegenheit findest, dort an mich zu denken. Nur für den Fall eines Falles schreibe ich Dir dies."[31]

Vor seiner Abreise holte sich Bultmann noch letzte Instruktionen, wie er sich am besten für den Freund verwenden könnte. Dieser präzisierte daraufhin seine Vorstellungen bezüglich Vorträge und Publikationsmöglichkeiten und bat Bultmann, evtl. auch einen Kontakt zu Amerika zu knüpfen, über Hermann Fränkels Sohn:

> „Zu England: (...) Was meine von Dir recht verstandene u. schon anticipierte Bitte anlangt, [Anm.: ich vergaß das praktisch vielleicht wichtigste: sondieren, ob die Möglichkeit zu lectures besteht. (...)] so soll man den Leuten sagen, daß Ehrungen wenn man alt u. angetrottet ist zwar ein angenehmer Trost für verkalkte Gefäße aber ohne erhebl. prakt. Wert sind. Jetzt können sie, wenn auch nur wenig, helfen. Woran mir eigtl. am meisten liegt, wäre Sicherheit, im Notfall publizieren zu können.[32] Freilich glaube ich, daß Engl. dafür der Sprache wegen wenig in Betracht kommt gegenüber Schweden, z. B. Lund wo man dtsch gedruckt würde. (...) Herm. Fränkel ist noch in Goett und siedelt im Sommer nach Stanford in Californien über, wo

---

30 Bemerkenswert der beißende Spott, mit dem Friedländer die beherrschende Rolle Jaegers kommentierte: „W. Jaeger – der schon wieder für 35/6 die Gifford Lectures in StAndrews bekommen hat und auch vielleicht wieder einen engl. Doctor umgehängt bekommt." Ähnlich wie Snell, Kapp und von Fritz lehnte auch Friedländer die Tendenz des gerade erschienenen 1. Bandes von Jaegers *Paideia* ab und unterstellte dem Autor eine gewisse Nähe zum neuen Regime: „Und dies eben jetzt, wo er sich durch seine Paideia I endgültig decouvriert hat." (Brief [hs.] Friedländer, Halle, an Bultmann, 5.5.1935, in UB Tübingen, NL Bultmann, Mn 2-787).
31 Brief (hs.) Friedländer, Halle, an Bultmann, 5.5.1935 (wie Anm. 30).
32 Im Jahr seiner Entlassung gelang es Friedländer noch zwei Artikel in deutschen Fachjournalen erscheinen lassen: „Pindar oder Kircher?" (*Hermes* 70 [1935], 463–472) und „Zur New Yorker Nekyia" (*AA* 1935, 20–33). Von da an bis zu seiner Emigration in die USA publizierte er nur noch in Italien (siehe Anm. 67 und 69).

er für 2 Jahre eine Professur hat. Wenn Du in Oxf. seinen Sohn Hans siehst, übersieh ihn nicht. Grüße herzlich EdFr und Frau (Clarendon Cottage, Park Town, Oxford). Diese Zerstreuung der befreundeten Menschen über die Welt!"[33]

Friedländers böse Vorahnungen sollten sich schneller erfüllen als erwartet: Die „Katastrophe", die im Sommersemester 1933 noch nicht über ihn hereingebrochen war, traf ihn nun mit zweijähriger Verspätung.[34] Am 15. September 1935 war auf dem 7. Reichsparteitag der NSDAP in Nürnberg das sog. „Reichsbürgergesetz" beschlossen worden, das in Verbindung mit der „Ersten Verordnung zum RBG vom 14. November 1935" die Entlassung der im Beamtendienst verbliebenen „jüdischen Frontkämpfer" zwingend regelte:

> „§ 4, Abs. 1: Ein Jude kann nicht Reichsbürger sein. Ihm steht ein Stimmrecht in politischen Angelegenheiten nicht zu; er kann ein öffentliches Amt nicht bekleiden.
> Abs. 2: Jüdische Beamte treten mit Ablauf des 31. Dezember 1935 in den Ruhestand. Wenn diese Beamten im Weltkrieg an der Front für das Deutsche Reich oder für seine Verbündeten gekämpft haben, erhalten sie bis zur Erreichung der Altersgrenze als Ruhegehalt die vollen zuletzt bezogenen ruhegehaltsfähigen Dienstbezüge; sie steigen jedoch nicht in Dienstalterssstufen auf. Nach Erreichung der Altersgrenze wird ihr Ruhegehalt nach den letzten ruhegehaltsfähigen Dienstbezügen neu berechnet."[35]

Es ist auffällig, dass der Gesetzestext deutlich euphemistischer gehalten ist als die entsprechenden Passsagen des BBG, dessen Formulierungen wie „sind in den Ruhestand zu versetzen" oder „sind aus dem Amtsverhältnis zu entlassen" (§ 3, Abs. 1 BBG) den Zwangscharakter des Gesetzes noch nicht verschleiern. Doch der Satz „Jüdische Beamte treten in den Ruhestand" suggeriert eine Freiwilligkeit, die die Entlassung für die Betroffenen noch perfider erscheinen lassen musste. Dies bekam Friedländer bereits am 22. September zu spüren, knapp zwei Monate vor Verabschiedung der Ersten Verordnung, als der Dekan der Philosophischen Fakultät ihn über die unmittelbar bevorstehenden Entlassung informierte:

> „Lieber Freund (...) Meine Abhalfterung ist anscheinend ganz nahe und nur das Wie wohl noch eine Frage. Dieses, bitte (außer für die ολιγοι και φιλοι allenfalls [Anm.: die es dann wieder <u>streng</u> vertraulich behandeln müssen]) noch streng unter uns. Ich frage gleichzeitig Frank an, ob er auch einen Wink oder eine Nachricht hat. Leider haben wir keinen Kurator

---

33 Brief (hs.) Friedländer, Halle, an Bultmann, 18.6.1935, S. 2–4 (UB Tübingen, NL Bultmann, Mn 2-787).
34 In dem Kapitel „Die Entfernung von Hochschullehrern jüdischer Abstammung" (Eberle 2002, 62–83) der neuesten Studie zur Universität Halle in der Zeit des Nationalsozialismus, herausgegeben zum 500. Gründungstag des Wittenberger Zweiges, wird die Entlassung Friedländers auf ganzen 5 Zeilen abgehandelt! (Eberle 2002, 78).
35 RGBl. 1935 I, S. 1333f., zitiert nach Fijal 1994, 111.

sondern nur einen Vice-vice-Kur.; und der Rektor ist in Budapest. Aber der Dekan hat mich gestern soweit er konnte informiert. Das Böse ist, dass niemand eigentlich ‚Amtliches' weiß, das Ganze soll unter der Hand erledigt werden. Hier trifft es außer mir noch 3 Männer.[36] Anscheinend möchte man ‚freiwilligen' Rückzug."[37]

In den folgenden Tagen kam es anscheinend zu Verhandlungen zwischen den Betroffenen und Emil Woermann, dem Rektor der Universität, denn am 7. Oktober verständigte dieser „den Herrn Reichs- und Preußischen Minister für Wissenschaft, Erziehung und Volksbildung" Bernhard Rust über die aktuelle Situation:

> „Die nichtarischen ordentlichen Professoren in der Philosophischen Fakultät Dr. phil. Richard L a q u e u r (alte Geschichte) und Dr. phil. Paul F r i e d l ä n d e r (klassische Philologie), die als Kriegsteilnehmer im Sinne des Berufsbeamtengesetzes in ihren Ämtern verblieben, beabsichtigen, bei dem Herrn Minister den Antrag auf Entpflichtung einzureichen."[38]

Obwohl Woermann die Entpflichtung beider vordergründig begrüßte, versuchte er doch ihre Entlassung wenigstens um ein Semester aufzuschieben, indem er darauf hinwies, dass ansonsten am Institut für Altertumskunde im Wintersemester 1935/36 kein regulärer Studienbetrieb gewährleistet werden könnte, da Friedländers Kollege Ernst Diehl sich im Freisemester befände:

> „Bei den bisherigen Verhandlungen (...) ist die Frage offen geblieben, ob die Entpflichtung zum 1. November 1935 oder zum 1. April 1936 beantragt werden soll. So sehr aus grundsätzlichen Erwägungen die Emeritierung zum nächstmöglichen Zeitpunkt erwünscht ist, so muß doch andererseits berücksichtigt werden, daß der Inhaber des zweiten Lehrstuhls für klassische Philologie (...) durch Erlaß vom 5. Juli 1935 (...) für das Wintersemester zu Studienzwecken beurlaubt ist und seine Reise bereits angetreten hat. Die Entpflichtung der Professoren Laqueur und Friedländer zum 1. November 1935 würde daher zur Folge haben, daß im Wintersemester die klassische Altertumswissenschaft nicht vertreten wäre (...). In der Fakultät sind geeignete Dozenten zur Vertretung nicht vorhanden. (...)
> Ich bitte daher, der Herr Minister möge baldigst entscheiden, welchen Zeitpunkt der Entpflichtung ich den Professoren Laqueur und Friedländer nahebringen soll."

Die Behörde reagierte prompt und kompromisslos: in ihrem mit „Sofort!" titulierten Bescheid vom 19. Oktober berief sie sich auf einen Runderlass des

---

[36] Bei den anderen drei Professoren handelte es sich um den Althistoriker Richard Laqueur, den Pharmakologen Martin Kochmann und den Psychiater Alfred Hauptmann (Erlass des Kurators der Univ. Halle, gez. Maaß, an den Rektor, 22.10.1935, in UAH, PA Friedländer).
[37] Brief (hs., auf Institutspapier) Friedländer, Halle, an Bultmann, 23.9.1935 (UB Tübingen, NL Bultmann, Mn 2-787).
[38] Eingabe Nr. 5106 des Rektors der Univ. Halle [E. Woermann] an den Herrn Minister, 7.10.1935 (UAH, PA Friedländer).

Reichsministeriums des Innern vom 14. Oktober 1935, wonach „die jüdischen Beamten, die von drei oder vier der Rasse nach volljüdischen Grosselternteilen abstammen, sogleich zu beurlauben" sind. Dies war bei Friedländer der Fall: seit er den „Fragebogen zur Durchführung des Gesetzes zur Wiederherstellung des Berufsbeamtentums vom 7. April 1933" ausgefüllt hatte, war es amtskundig, dass nicht nur seine Eltern Max und Clara, geb. Schidlower, sondern auch beide Großeltern, Ludwig und [?] Friedländer, geb. Alba, und Adolf und Johanna Schidlower, geb. Bernhard, „mosaisch" waren.[39] Da die gesetzlichen Grundlagen für eine ‚ordnungsgemäße' Entpflichtung aber noch nicht verabschiedet waren, wies das Ministerium der Universität den genauen Wortlaut der Beurlaubungsbescheide an:

> „Für den Bescheid ist folgende Fassung zu wählen: Im Hinblick auf die in Aussicht stehenden Durchführungsbestimmungen zum Reichsbürgergesetz vom 15. September 1935 teile ich Ihnen im Namen des Herrn Reichs- und Preussischen Ministers für Wissenschaft, Erziehung und Volksbildung mit, dass Sie von heute ab beurlaubt sind."

Das indirekte Ersuchen des Rektors um einen Aufschub der Entpflichtung mit dem Hinweis auf die Unmöglichkeit einer sinnvollen Vertretung wurde vollkommen ignoriert:

> „Ich ersuche, die Namen der Beurlaubten listenmässig bis zum 28. Oktober d. Js. mir anzuzeigen unter Mitteilung der Art der Regelung der Vertretung für das Wintersemester 1935/36, die dortseits im Einvernehmen mit den Rektoren vorbehaltlich meiner Bestätigung sogleich zu treffen ist. In Zweifelsfällen sind mir jedoch Vorschläge für die Vertretung zu machen."[40]

Mit einer ostentativen Machtdemonstration machte das Ministerium der Universität unmissverständlich deutlich, dass es keinerlei Verzögerungen und Diskussionen dulden wollte. Schon zwei Tage nach dem Bescheid, am 21. Oktober, mahnte der Leiter der Hochschulabteilung, Theodor Vahlen, ungeduldig die Anträge auf Entpflichtung an, und wies der Fakultät sogar eine Vertretung zu, ohne ihr irgendein Mitspracherecht einzuräumen:

---

39 Fragebogen (hs.) zur Durchführung des BBG, S. 2–4, Rubrik ‚Nähere Angaben über die Abstammung: Eltern, Großeltern', 29.6.1933 (UAH, PA Friedländer).

40 Schreiben (Abschrift) Reichs- und Preussischer Minister für Wissenschaft (...), gez. [Theodor] Vahlen, Berlin, an Herrn Universitätskurator in Halle, 19.10.1935 (UAH, PA Friedländer). Der Mathematiker Theodor Vahlen, Gründungsmitglied der pommerschen DNVP und NSDAP-Mitglied seit 1923, leitete von 1934–1937 als Ministerialdirektor die Universitätsabteilung im Reichskulturministerium und war ab 1939 Präsident der Preußischen Akademie der Wissenschaften (Jasch 2005, S. 19, Abs. 46, und Klee 2003, 637).

9.3 Chronik einer angekündigten Entlassung: Halle (1932–1935) — 609

> „Es ist erwünscht, dass die Professoren L a q u e u r und F r i e d l ä n d e r ihre Vorlesungstätigkeit im Wintersemester 1935/36 nicht mehr aufnehmen. Ich sehe deshalb ihren Anträgen auf Entpflichtung von den amtlichen Verpflichtungen zum 1. November ds. Js. baldigst entgegen.
> Ich habe den Dozenten Dr. Hans S c h ä f e r in der Philosophischen Fakultät der Universität Leipzig beauftragt, im Wintersemester 1935/36 in der Philosophischen Fakultät der dortigen Universität die Alte Geschichte in Vorlesungen und Übungen zu vertreten."[41]

Die Universität fügte sich ohne Widerspruch: tags darauf meldete der Kurator dem Rektor Vollzug:

> „Die Beurlaubungen für die Professoren Kochmann, Hauptmann, Laqueur und Friedländer habe ich ausgesprochen. Wegen der Vertretung bitte ich, mir Vorschläge zu machen."[42]

Doch mit der Beurlaubung der nichtarischen Professoren waren die Vorgaben des Ministeriums nur teilweise erfüllt: es erwartete ja die Anträge auf Entpflichtung, die nur von den Betroffenen selbst, also ‚freiwillig', eingereicht werden konnten. Vor diesem Hintergrund ist das Schreiben Woermanns vom 2. November zu sehen, in dem er Friedländer die Korrespondenz mit dem Ministerium erläuterte. Obwohl im Ton um Neutralität bemüht, konnte oder wollte er wohl die Enttäuschung über die starre Haltung der Behörde nicht verhehlen, denn nach einer Paraphrase seines eigenen Schreibens vom 7. Oktober an den Minister, in dem er indirekt um Aufschub gebeten hatte, zitierte er unkommentiert dessen Erlass vom 21. Oktober. Sein abschließender Hinweis auf die unklare Rechtslage, den man durchaus auch als kritische Anspielung lesen könnte, ist aber wahrscheinlich nur als Wiederaufnahme der Diktion der ‚Freiwilligkeit' zu sehen, die er schon in seinem Bericht über die Verhandlungen Anfang Oktober gewählt hatte:

> „Da m.W. bisher eine gesetzliche Handhabe für die Entpflichtung ohne Antrag nicht gegeben ist, bleibt es Ihrem Ermessen überlassen, dem Wunsche des Herrn Ministers zu entsprechen."[43]

Auf diese Zumutung scheint Friedländer bestens vorbereitet gewesen zu sein, denn schon am nächsten Tag reagierte er unerwartet selbstbewusst und offensiv:[44]

---

41 Erlass Minister für Wissenschaft (gez. Vahlen), Berlin, an Universitätskurator Halle, 21.10.1935 (UAH, PA Friedländer).
42 Schreiben Kurator an Rektor, Halle, 22.10.1935 (UAH, PA Friedländer).
43 Schreiben Rektor Halle (Kürzel „W[oermann]") an Friedländer, 2.11.1935.
44 Diese souveräne Haltung kommt auch in einem Brief an Bultmann zum Ausdruck, in dem Friedländer amüsiert die Reaktionen seines Umfeldes auf seine drohende Entlassung zur Kenntnis nahm: „Viele Besuche i d letzten Tagen, mancherlei Kondolenzen, die sehr belustigend

er richtete zwar wie gewünscht rückwirkend „an die vorgesetzte Behörde das Gesuch, mich zum 1. November 1935 von den amtlichen Verpflichtungen zu entpflichten", beantragte aber gleichzeitig die Gewährung einer „Forschungszulage", die ihm „das Weiterarbeiten an der Wissenschaft die Jahre bis zu dem gesetzlichen Entpflichtungsalter (...) erleichtern" sollte.[45] In einem zweiten, nicht weniger kühnen Schritt versuchte er den Schikanen der Reichsdevisenbehörde vorzubeugen, indem er als Anlage ein weiteres, ausführlich begründetes Gesuch mit einreichte,

> „meine Bezüge vom 1. April 1936 bis zum 31.3.1937 in die Schweiz zu zahlen. – Ich habe den Plan, mich im Auslande umzusehen, ob ich dort einen meinem Können entsprechenden Wirkungsbereich finden kann. Es versteht sich von selbst, dass dieser Plan nur dann einige Aussicht auf Gelingen hat, wenn er mit Gründlichkeit unternommen wird, d. h. wenn ich mich längere Zeit in jedem der in Betracht kommenden Länder – ich denke zunächst an die Schweiz, Holland, England, Skandinavien – aufhalten kann. Dazu aber ist erforderlich, dass mir in dem Jahre, welches ich für den Versuch in Aussicht nehme, meine Bezüge ohne jedesmaligen Antrag in die Schweiz gezahlt werden, von der aus ich meine Reisen unternehmen werde. Ich erbitte also eine generelle Regelung durch die Reichsdevisenstelle."[46]

Die Gewährung seines Antrages, so Friedländer in seiner außerordentlich geschickten Argumentation, liege durchaus auch im Interesse der Staatskasse, denn wenn sein Plan gelänge, d. h. wenn er tatsächlich eine Auslandsstelle fände, müsste sie für diesen Zeitraum nicht die Bezüge zahlen, die ihm als entpflichtetem deutschen Professor zuständen. Aber auch für den Fall des Scheiterns versuchte er sich gegenüber seinem Dienstherrn abzusichern, indem er in aller Deutlichkeit darauf hinwies, dass er „nur als zeitweilig abwesend zu gelten wünsche, wenn ich am 1.4.1936 meine Auslandsreise antrete."[47] Offenbar befürchtete er, dass ihm nach seinem Auslandsjahr die Wiedereinreise verwehrt werden könnte; deshalb forderte er im Falle einer Genehmigung seines Antrags „eine ausdrückliche

---

sind: Verstorbener und Leidtragender in einer Person – welch einmalige Situation." (Brief [hs.] Friedländer, Halle, an Bultmann 31.10.1935, S. 3, in UB Tübigen, NL Bultmann, Mn 2-787).
45 Entpflichtungsgesuch (Abschrift) Friedländer, Halle, an Rektor Woermann „mit der Bitte um Weiterleitung an die vorgesetzte Behörde", 3.11.1935 (UAH, PA Friedländer).
46 Gesuch Friedländer, Halle, 1.11.1935, Anlage zu Entpflichtungsgesuch (wie Anm. 45), unterzeichnet nicht nur mit seinem universitären, sonern auch mit seinem miltärischen Rang: „o. ö. Professor der klass. Philologie, Leutnant der Landwehr a.D.".
47 Wie wichtig ihm diese Klausel war, zeigt sich auch in Friedländers Silvesterbrief an Bultmann: „Zum 1. April werden wir (...) auf ein paar Monate auf Reisen gehen. Der Gefahr, dass man nachher als ‚Emigrant' betrachtet wird, was man doch wirklich nicht ist, hoffe ich vorbeugen zu können." (Brief [hs.] Friedländer an Bultmann, 31.12.1935, in UB Tübingen, NL Bultmann, Mn 2-787).

schriftliche Bestätigung, dass dieser Plan die grundsätzliche Billigung des Ministeriums findet."[48]

Erst nach Verabschiedung der „Ersten Verordung zum RBG vom 14.11.1935" konnte – nach den Zwischenetappen Beurlaubung (22.10.) und Entpflichtungsgesuch (3.11.) – die Entlassung Friedländers juristisch zu Ende gebracht werden: Am 16. Dezember 1935 wurde ihm durch den Kurator eröffnet,

> „dass Sie auf Grund des § 4 der ersten Verordnung zum Reichsbürgergesetz von 14.11.1935 – R. G. Bl. I S. 1333 – mit dem 31.12.1935 in den Ruhestand treten. Über die endgültige Regelung ihrer Bezüge erfolgt noch besondere Verfügung. Als Frontkämpfer erhalten Sie vorläufig Ihre ruhegehaltsfähigen Dienstbezüge. Sie betragen (...) zusammen 14.440 RM."[49]

Dieser vorläufige Bescheid wurde nach langwierigen Berechnungen, in deren Verlauf auch Dokumente über Friedländers Tätigkeit als städtischer Gymnasiallehrer nachgefordert wurden, durch den Bescheid vom 2. Oktober 1936 bestätigt. Demnach sollte ihm bis zur Erreichung der Altersgrenze am 1.4.1947 (!) „bei einer ruhegehaltsfähigen Dienstzeit von 31 Jahren 12 Tagen" ein Ruhegehalt von 14.440 RM zuzüglich Kinderbeihilfe ausgezahlt werden, d.h. 100 % seiner bisherigen Bezüge; nach dem 1.4.1947 wurde ihm ein Ruhegehalt von 10.252,40 RM errechnet, d.h. 71 % des ruhegehaltsfähigen Diensteinkommens.[50] Ob Friedländer bis zu seiner Emigration tatsächlich Bezüge in dieser Höhe erhalten hat, ist fraglich, denn beide Bescheide sind mit den einschränkenden Zusätzen versehen: „nach Abzug der vorgeschriebenen Kürzungen" (16.12.1935) bzw. „Die Kürzung des Ruhegehalts auf Grund der allgemeinen Bestimmungen nimmt die zahlende Behörde noch vor" (2.10.1936).

9.4 Von der „Abhalfterung" bis zur Ausreise (1936–1939)

Damit war für Friedländer der Lebensabschnitt Halle bereits nach sechs Semestern abgeschlossen. So verletzend die Entlassung auch war, das vergleichsweise hohe Ruhegehalt gab ihm vordergründig Sicherheit und erleichterte die Lebenspla-

---

48 Gesuch Friedländer, Halle, 1.11.1935 (wie Anm. 46). In Friedländers umfangreicher Personalakte finden sich zwar keinerlei Hinweise darauf, ob und inwieweit das Ministerium diese Anträge bewilligt hat, doch wir wissen (aus der Korrespondenz mit Bultmann) von zwei längeren Auslandsaufenthalten Friedländers im Frühjahr und Sommer 1936, in Rom, Genf, Holland und England.
49 Bescheid Kurator Halle an Friedländer, 16.12.1935 (UAH, PA Friedländer).
50 Bescheid Reichs- und Preußischer Minister (...), Berlin, an Universitätskurator Halle, 2.10.1936 (UAH, PA Friedländer).

nung. In dem „verödenden Halle"[51] hielt ihn nun nichts mehr, er beschloss mit seiner Frau Charlotte und der inzwischen 9-jährigen Tochter Dorothea nach Berlin zu ziehen.[52] Voller Tatkraft entwarf er Silvester 1935 einen Plan für die „nähere Zukunft":

> „Es sind jetzt praktische Entschlüsse zu fassen und die Pläne für das äußere Leben der näheren Zukunft müssen sich formieren. Heut kündige ich die Wohnung. Zum 1. April werden wir voraussichtl nach Bln ziehen dh. vorläufig unsre Möbel dorthin stellen und selbst auf ein paar Monate auf Reisen gehen. (...) Die Schule für christl. nichtar. Kinder, die in Bln gegründet werden soll, ist noch nicht genehmigt. Aber die Genehmigung ist doch wohl sehr wahrscheinlich."[53]

In Berlin erhoffte sich Friedländer nicht nur optimale wissenschaftliche Arbeitsbedingungen, sondern er suchte auch nach Publikationsmöglichkeiten:[54] so setzte er auf den Beistand des Präsidenten des *DAI*, Theodor Wiegand[55] und des Sekretärs der phil.-hist. Klasse der preußischen Akademie der Wissenschaften, Heinrich Lüders.

Rom – England – Berlin (1936)

Bevor die Familie endgültig nach Berlin übersiedelte, versuchte Friedländer auf zwei Reisen sich auch außerhalb Deutschlands als Wissenschaftler zu empfehlen. Im Mai 1936 nutzte er einen Studienaufenthalt in Rom dazu, seine Kontakte nach Italien zu vertiefen: er recherchierte und arbeitete parallel an der Biblioteca Vaticana, am Archäologischen Institut und an der Pontificia Università Gregoriana, unter anderem für eine Studie über Prokop von Gaza und für einen Aufsatz über Athanasius Kircher und Leibniz:

---

51 Eine nachträgliche Charakterisierung durch Friedländer ein halbes Jahr nach dem Wegzug: „Merkwürdig zu denken: was war Halle 1932 – Burg u. Universität – u. was ist es jetzt! Ein paar Menschen weniger und das ganze geistige Leben ist verändert!" (Brief [hs.] Friedländer, Versoix, [Genf], La Terrasse, an Bultmann, 2./3.9.1936, in UB Tübingen, NL Bultmann, Mn 2-787).
52 Paul und Charlotte waren seit 1920 verheiratet, 1926 wurde ihnen eine Tochter geboren (Formblatt ‚Data Prior to/Following Arrival in U.S.A.', 18.10.1940, S. 1, YIVO, *OT*-Microfilm).
53 Brief (hs.) Friedländer an Bultmann, 31.12.1935 (UB Tübingen, NL Bultmann, Mn 2-787).
54 Nach Hammann 2009, 287, „zeichnete sich für Friedländer die Möglichkeit ab, in Berlin eine neue Stelle als bibliothekarischer Mitarbeiter antreten zu können." Diese Aussage ließ sich in der mir zugänglichen Korrespondenz nicht verifizieren.
55 „Über Publik-Möglichkt sprach ich mit Wiegand, der sich wenigstens für m. Sache anscheinend sofort interessierte." (Brief [hs.] Friedländer an Bultmann Halle, 7.2.1936, in UB Tübingen, NL Bultmann, Mn 2-787).

„Rom war recht arbeitsam diesmal. (...) Ich habe übrigens auch persönl. dort gute Beziehungen angeknüpft, auf die ich für die Sache und für m. Person, soweit sie mit dieser Sache verbunden ist, hoffe."[56]

Nach ein paar Ruhetagen am Genfer See mit Frau und Tochter reiste Friedländer – zum ersten Mal in seinem Leben – Anfang Juni nach England, um in London und in Oxford einen Vortrag zu halten. Er scheint nervös gewesen zu sein:

„Jetzt rüste ich mich für den little trip u. werde m. Vortrag 2x halten, höchst unaktuell, aber einige Leute werden das würdigen. Schwierig, dass ich das Publikum nicht kenne, dem ich gegenüberstehen werde. Aber schließ. ist d. Vortrag auch nicht das Wichtigste." (ebda).

Wir wissen nicht, wie die Einladung zu dieser Reise zustande kam: möglicherweise hatte Bultmann bei seinem Besuch im Vorjahr die englischen classics-Kollegen auf Friedländer hinreichend aufmerksam und neugierig gemacht, vielleicht hatten auch deutsche Emigranten in Oxford wie Eduard Fraenkel oder Paul Jacobsthal, die von seiner Entpflichtung wussten, zu seinen Gunsten interveniert. Bultmanns Reputation in England war beachtlich, wie Friedländer bewundernd bemerkte: „Und besonders dort wo ich Deinen Namen nur eben aussprach, wurde ich aufs freundlichste aufgenommen." Seine Bedenken wegen des „unaktuellen" Vortragsthemas – der Titel ist leider nicht rekonstruierbar – waren grundlos, der zweiwöchige Aufenthalt in London und in Oxford muss ein großer Erfolg gewesen sein:

„Lieber Freund, (...) es liegt viel zwischen jetzt und unsrer letzten Begegng (...) War ich doch inzwischen weit herum, habe London und Oxford gesehen u. damit z ersten Mal ein Stück England, habe in Canterbury Mr. Crum (oder Crumb) besucht.[57] (...)
Von England (...) habe ich in manchem weniger gesehen als sonst Menschen die for sightseeing 2 Wochen dorthin gehen. Aber in anderem war die Berührung wesentlich intensiver. Mein Vortrag, den ich in London u. kaum verändert 2 Tage später im Ashmolean Museum in Oxford hielt, auf englisch, hat natürlich sehr dazu beigetragen. So kam man gleich auch ein wenig als Gebender u. ließ sich nicht nur beschenken. (...) In Oxford sprach ich Jacobsthals u. Fraenkels ausführl. u. doch besonders Fr.'s nicht genug. Ein paar high-table-Abende u. das Wohnen im Oriel College war auch genuß- u. lehrreich. Und die Bekanntschaft m. einigen Engländern ist ein Gewinn."[58]

---

56 Postkarte (hs.) Friedländer, Versoix (Geneva), La Terrasse, an Bultmann, 29.5.1936 (UB Tübingen, NL Bultmann, Mn 2-787).
57 Es dürfte sich hierbei um John Macleod Campbell Crum (1872–1958) handeln, Canon (=Domherr) of Canterbury von 1928–1943.
58 Brief (hs.) Friedländer, Versoix, an Bultmann, 2./3.9.1936 (UB Tübingen, NL Bultmann, Mn 2-787): einer von den „einigen Engländern" war mit Sicherheit Maurice Bowra, Warden des Waldham College in Oxford, der im Sommer 1938 den bedrängten Kollegen in Berlin besuchte

Ende Juni ging Friedländer mit seiner Frau nach Berlin, für etwa zweieinhalb Wochen, „die zum größten Teil mit Wohnungssuche ausgefüllt waren". Die Schulfrage war inzwischen geklärt, statt der avisierten Schule für nichtarische Christen wurde Dorothea in der Privatschule von Adelheid Mommsen („Theodori filia")[59] angemeldet, eine „große und recht schöne Wohnung" fand sich in Charlottenburg, Niebuhrstr. 2, am Savignyplatz.

Gerade als er wieder einen regelmäßigen Arbeitsrhythmus gefunden zu haben glaubte („ich bin nun schon einigermaßen in Ordnung mit dem Hauswesen"),[60] traf ihn ein neuer Schlag, der seine Existenz als Wissenschaftler bedrohte: der Althistoriker Wilhelm Weber, ein „überzeugter Anhänger Hitlers",[61] verwehrte ihm den Zutritt zur Bibliothek des Instituts für Altertumskunde:

> „(...) Ich bin heut etwas angeritzt, nicht verwundet, worden durch ein Schreiben des WWeber (Der Prophet u. sein Gott!). Ich hatte ihn als geschäftsführ. Dir. des Inst. f. Altertumsk. (meines alten Berliner Instituts!) um die Erlaubnis zur Benutzung gebeten. Er lehnt ab. ‚Sie werden verstehen...' Ich verstehe durchaus: Schwein bleibt Schwein, das ist eine biologische Tatsache."[62]

Dass Friedländer durch diese Entscheidung „nur geritzt, nicht verwundet" wurde, lag an den Alternativen, die ihm, anders als Kurt von Fritz in München, in Berlin noch offenstanden: in der „Museumsbibliothek" arbeitete er an der Prokop-Studie, in den Räumen der Leibniz-Kommission der Preußischen Akademie der Wissenschaften an seinem Aufsatz über Kircher und Leibniz, und in der Universitätsbibliothek hatte er „sogar freundlicherweise Zugang zu den Depots". Dennoch kränkte ihn die Abweisung:

> „Die Arbeit wird mir das erschweren, aber nicht unmöglich machen. (...) Aber immerhin: diese beste Präsenzbibl. wäre für mich natürl sehr wichtig gewesen, von dem Persönlichen abgesehen."

(Brief Friedländer, Berlin, an Bultmann, 22.8.1938) und maßgeblich an der Hilfsaktion für Friedländer im Herbst 1938 beteiligt war (siehe S. 625–634).
59 Wedel 2010, 582–583.
60 „D.h. natürlich sehr im Groben, denn meine Bücher stehen z.T. noch wüst auf d Fußboden oder in den Regalen und auch bei meiner Frau ist noch nicht alles richtig." (Brief hs. Friedländer, Berlin, an Bultmann, 30.10.1936, in UB Tübingen, NL Bultmann, Mn 2-787).
61 Christ 2006, 72; zu Webers nationalsozialistischer Gesinnung siehe auch Losemann 1977, 48, Rebenich 2001, 213 und Rebenich 2005, 46 mit Anm. 20.
62 Brief (hs.) Friedländer, Berlin, an Bultmann, 29.11.1936, S. 4 (UB Tübingen, NL Bultmann, Mn 2-787).

9.4 Von der „Abhalfterung" bis zur Ausreise (1936–1939) — 615

Er wusste, dass er mit der Solidarität der Kollegen Webers, Johannes Stroux und Ludwig Deubner, nicht zu rechnen brauchte, auch wenn diese ihrerseits Weber „vermutlich detestieren", doch er hoffte auf die Berufung Karl Reinhardts auf den vakanten Lehrstuhl Werner Jaegers:

> „Wenn Reinhard [sic!] Jaegers Nachfolger würde, so würde er vielleicht eher etwas tun."

Damit nicht genug: In den nächsten Wochen und Monaten musste Friedländer resigniert mitansehen, wie sich die Aussichten auf die Publikation seiner Schriften in Deutschland nach und nach zerschlugen: am 19. Dezember 1936 starb Theodor Wiegand, der sich noch im Frühjahr an Friedländers Projekten, speziell an seiner Abhandlung über die spätantiken Gemälde, interessiert gezeigt hatte. Betroffen berichtete er Bultmann von der Trauerfeier:

> „Wiegands Tod ist ein großer Verlust aufs Ganze gesehen. Er war ein im tiefsten anständiger Mann und mir persönlich bis in die letzte Zeit wohlgesinnt. Praktisch hätte auch er mir wohl für meine Publikation nicht helfen können, obwohl er noch vor ¾ Jahren die Sache nicht so pessimistisch ansah."[63]

Auch die Preußische Akademie der Wissenschaften hielt nicht Wort: am 30. Oktober war es zwischen Friedländer und Lüders, dem Sekretär der Philosophisch-Historischen Klasse, bezüglich der Veröffentlichung des Leibniz-Aufsatzes zu einer Unterredung gekommen. Binnen weniger Wochen reichte Friedländer bei der Leibniz-Kommission das druckfertige Manuskript ein, „für Annahme oder Ablehng". Auch wenn er sich keinen großen Illusionen hingab – „Ich rechne natürlich mit Ablehnung"[64] – so erwartete er doch eine Reaktion. Die kam erst drei Monate später:

> „Mein Leibniz ist nach Italien gereist, nachdem ein Versuch bei d Berl. Ak trotz des Wohlwollens von Lüders an Nik [?] gescheitert ist. Ich gebe zu daß es für ihn ein Wagnis war. Aber er hat eben nichts gewagt. Und was schlimmer ist, er hat es nicht für nötig gehalten mir auch nur das leiseste Wörtchen zu sagen. Aber ich habe auch keinen Anlass gehabt von ihm irgendwelchen Einsatz zu erwarten."[65]

Selbst als Rezensent war der Jude Friedländer in Deutschland nicht mehr willkommen: auf seine Anfrage an die *Göttingischen Gelehrten Anzeigen*, „ob sie noch

---

63 Brief (hs.) Friedländer, Berlin, an Bultmann, 23.12.1936 (UB Tübingen, NL Bultmann, Mn 2-787).
64 Brief (hs.) Friedländer, Berlin, an Bultmann, 29.11.1936 (wie Anm. 62).
65 Brief (hs.) Friedländer, Berlin, 23.2.1937 (UB Tübingen, NL Bultmann, Mn 2-787).

ausstehende Recensionen von mir wollten", antwortete die Redaktion ausweichend,

> „dass sie jetzt nur noch gz frisch erschienene Bücher recensieren wollen, seit ihrer ‚Umstellung' von 1936 – eine fadenscheinige Begründung des Nein, die doch eine letzte Scham in sich trägt und darum vielleicht besser ist als das offene Eingeständnis."[66]

Zu diesem Zeitpunkt stand Friedländer jedoch längst mit italienischen Herausgebern und Verlagen in Verbindung: für den Leibniz-Kircher-Aufsatz gab es offenbar zwei Interessenten, die Päpstliche Akademie und Giovanni Gentile, wobei Friedländer „aus mehreren Gründen" der Akademie den Vorzug gab;[67] auch für die Prokop-Studie konnte er den Vatikan als Herausgeber gewinnen: sie erschien, obwohl schon im Februar 1937 im Manuskript abgeschlossen,[68] erst 1939 als 89. Band der Reihe „Studi e testi della Biblioteca Vaticana".[69] Insgeheim spekulierte er bei den Verhandlungen mit der Möglichkeit längerfristig an der päpstlichen Universität arbeiten zu können:

> „Ich hoffe, bald Nachricht aus Rom zu bekommen über Aufnahme jenes Opuscls. Daran hängt vielleicht die Möglichkt weiter auf der Gregoriana zu arbeiten, dh. wieder einmal einen röm. Aufenthalt zu arrangieren. Vedremo."[70]

Doch ein weiterer Italienaufenthalt vor der Emigration ist nicht bezeugt. Glaubt man der Korrespondenz, so scheint das Jahr 1937 für die Familie gleichförmig und weitgehend ereignisarm verlaufen zu sein. Friedländer las mit der Ende 1936 ins Leben gerufenen „Graeca" regelmäßig Aristoteles, Dorothea lernte „zusammen

---

66 Brief (hs.) Friedländer, Berlin, an Bultmann, 15.2.1937 (UB Tübingen, NL Bultmann, Mn 2-787).
67 Brief (hs.) Friedländer, Berlin, an Bultmann, 13.2.1937, S. 2. Der Aufsatz erschien, wie geplant, in den *Rendiconti della Pontificia Accademia di Archeologica* XVIII, 1937, 229–247, unter dem Titel „Athanasius Kircher und Leibniz. Ein Beitrag zur Geschichte der Polyhistorie im XVII. Jahrhundert"; doch Friedländer hatte auch Gewährsleute im Campo Santo Teutonico, die ihm angeboten hatten den Aufsatz notfalls in der *Römischen Quartalschrift für Christliche Altertumskunde und Kirchengeschichte* erscheinen zu lassen (Brief Friedländer an Bultmann, 31.3.1937, S. 7, beide in UB Tübingen, NL Bultmann, Mn 2-787).
68 Brief (hs.) Friedländer, Berlin, an Bultmann, 23.2.1937 (UB Tübingen, NL Bultmann, Mn 2-787).
69 *Spätantiker Gemäldezylus in Gaza. Des Prokopios von Gaza Ekphrasis Eikonos.* Città del Vaticano 1939. Dank der Initiative Jacobsthals stand Friedländer bezüglich des *Prokop* im Frühjahr 1937 auch mit Blackwells in Oxford in Verbindung. Das Ehepaar Jacobsthal besuchte die Friedländers im März 1937 in Berlin (Brief Friedländer [hs.] an Bultmann, 31.3.1937, S. 8, wie Anm. 67).
70 Brief (hs.) Friedländer, Berlin, an Bultmann, 15.2.1937 (wie Anm. 66).

mit 3 anderen Kindern aus der Bekannt- und Verwandtschaft" bei ihrer Mutter zusätzlich Latein und wechselte im Herbst von Adelheid Mommsens Institut über auf eine große jüdische Privatschule, die auch Kinder christlicher Konfession aufnahm. Obwohl Friedländer die politische Lage im In- und Ausland durchaus verfolgte, blieb er merkwürdig ruhig und unbeteiligt: er nahm sowohl Curtius' Entlassung in Rom als auch Karl Löwiths Emigrations-‚Odyssee' von Deutschland über Italien nach Japan aufmerksam zur Kentnnis – „Löwith schrieb interessant über Japan" – ohne bezüglich der eigenen Lage besonders alarmiert zu sein. Bezeichnend für diese Passivität ist eine Aussage im Umfeld zu seinem 55. Geburtstag („eine gute Mitte"):

> „Ich muss nun einen 10-Jahresplan für meine geistige [!] Wirtschaft aufstellen."[71]

Kein Wort von der Notwendigkeit oder von Plänen, Deutschland zu verlassen und im Ausland eine neue Existenz aufzubauen!

Die USA-Reise (März bis Mai 1938)

Weihnachten 1937 erlitt Friedländer einen Herzanfall: Er sprach gegenüber Bultmann zwar bagatellisierend von einer „Herzschwäche", die das Weihnachtsfest „nur leise gestört" habe und gegen die er „mit Ruhe und einem Digitalispräparat" anzugehen gedenke.[72] Doch die Erkrankung beeinträchtigte seinen Alltag über Wochen: am 19. Januar war er immer noch „unter besonderer Pflege, der ich mich gern ergebe" und wurde regelmäßig ärztlich untersucht. In dieser Phase der Rekonvaleszenz lebte die Beschäftigung mit der Emigration wieder auf. Er las zusammen mit seiner halbenglischen Ehefrau, die auch Verbindungen ins englischsprachige Ausland hatte, begeistert („mit unverminderter Andacht") Margaret Mitchells *Gone with the Wind* im Original und überraschte den Freund Anfang März mit dem Plan einer zweimonatigen Reise in die USA:[73]

---

[71] Briefe (hs.) Friedländer an Bultmann, 23.2.1937, 31.3.1937 und undatiert („Sonntag vorm.", vor 15.9.1937, in UB Tübingen, NL Bultmann, Mn 2-787).
[72] Brief (hs.) Friedländer, Berlin, an Bultmann, 28.12.1937 (UB Tübingen, NL Bultmann, Mn 2-787).
[73] Nicht erst, wie Mensching annimmt, nach der Pogromnacht am 9. November 1938 (Mensching 2003a, 64)! Über Friedländers USA-Reise 1938 ist Mensching in seinem Artikel „Professor Paul Friedländer (1882–1968): Von Halle über Berlin nach Los Angeles" erstaunlich wenig informiert, wenn er schreibt: „Wer die Reise veranlaßt hat, ferner ob er damals – bewußt oder nicht – das spätere Exil vorbereitete, bleibt m.W. offen" (Mensching 2003b, 83), und „es ist

„Du bist über meinen Reiseplan unterrichtet, ich hatte und habe in dieser Zeit noch mancherlei zu schaffen, so dass ich Dir die Nachricht durch [Erich] Frank mitteilte. Der Entschluss kam sehr rasch. Ob und was dabei herauskommt ist völlig unsicher. Nur schien mir es müsse gewagt werden."[74]

Durch die „tätige Vermittlung" des Romanisten und ehemaligen Marburgers Leo Spitzer, so Friedländer weiter, habe ihm Harold Cherniss, Gräzist an der Johns Hopkins University in Baltimore, geschrieben und ihn eingeladen „seinen Studenten etwas vorzutragen". Er wollte „nur an ein paar Punkten der Ostküste einkehren – New York und Baltimore ist das einzige was gegenwärtig festliegt" doch er war zuversichtlich, auch an anderen Universitäten sprechen zu können: „Dies u. das wird sich vielleicht sonst noch finden." In New York, wo sein Schwager Georges Friedlaender, ein Kaufmann, ein Fachgeschäft für „Household Linens and Textiles" führte (225 5th Avenue),[75] wollte er Paul Tillich besuchen, ebenfalls ehemaliger Marburger, der seit 1933 am Union Theological Seminary unterrichtete.

Abreisedatum war Mittwoch, der 9. März 1938, er reiste allein, ausgestattet mit einem befristeten Visitor's visa.[76] Sechs Stationen seiner Reise lassen sich aus den Dokumenten rekonstruieren: er hielt Vorträge an der Johns Hopkins University in Baltimore (29. März 1938), in Yale (frühestens am 11. April), in Harvard (12. April), in Princeton (Ende April 1938) und am Smith College Northhampton (3. Mai), außerdem nahm er an der Jahrestagung der *„Classical Association New England (CANE)"* am Wellesley College in Boston teil (8.–9. April).[77] Es war ein Glücksfall, dass Friedländer seine Vorstellungs-Reise an der JHU beginnen konnte: sie erwies sich als eine der ‚emigrantenfreundlichsten' Universitäten dieser Jahre. In den zwei Wochen, die er hier zubrachte, schloss er Freundschaft mit dem Medizin-

---

unbekannt, ob er sich vorher oder anschließend noch eine Weile in den U.S.A. aufgehalten hat." (Mensching 2003b, 83, Anm. 5).
74 Brief (hs.) Friedländer, Berlin, an Bultmann, 2.3.1938 (UB Tübingen, NL Bultmann, Mn 2-787).
75 Visitenkarte Georges Friedlaender, 225 Fifth Avenue, Room 710, New York (eingeordnet vor 11.12.1938 in NYPL, *EC*-Records 10.7). Der Schwager wohnte aber nicht in Manhattan, sondern in White Plains, einer etwa 50 km entfernten Kleinstadt: „Meine Adresse drüben ist 3 Crane Avenue, White Plains (NY) c/o Mr Georges Friedlaender." (Brief Friedländer an Bultmann, 2.3.1938, wie Anm. 74).
76 Formblatt ‚Data Prior to/Following Arrival in U.S.A.', 18.10.1940, S. 2 (YIVO, *OT*-Microfilm).
77 Dort hielt er keinen eigenen Vortrag, oder er stand zumindest nicht auf dem offiziellen Programm (siehe „Resumés of the Annual Meetings: Place, Date, Officers, Executive Committee, Titles of Papers" in *CANE A Centennial History A 100 Year Retrospective 1906–2006*, 42, [www.caneweb.de]).

9.4 Von der „Abhalfterung" bis zur Ausreise (1936 – 1939) — 619

historiker Ludwig Edelstein,[78] und über Leo Spitzer, bei dem er auch wohnte, gewann er die Sympathien Henry Carrington Lancasters, des Heads des Departments of Romance Languages. Nach Yale hatte Friedländers ehemaliger Lehrer Eduard Norden geschrieben, an George Lincoln Hendrickson, seinen früheren Bonner Studienfreund, der sich Ende 1938 auch für Friedrich W. Lenz einsetzen wird. Hochgestimmt schrieb Friedländer am 22. März von New York aus an Albrecht Götze, seinen langjährigen Kollegen aus Marburg, von seinen Plänen:

> „Lieber Herr Goetze [sic!], ob wir demnächst Marburger Gespräche werden fortsetzen können? Ich schaue mich für ein paar Wochen hier im Lande um, ob es eine Möglichkt für mich gibt. Ich fahre am 24ten nach Baltimore, wohin ich von Spitzer u. Cherniss eingeladen bin und auch am 29ten einen Vortrag halte, mit dem ich, als mit einer Warenprobe, herumreise. Nach Yale hat Norden an Hendrickson für mich geschrieben. Vielleicht findet sich ein kleines Auditorium zusammen, dem ich meine Sache vortragen kann. Und wenn nicht, so findet sich wohl eine andere Gelegenheit, Menschen kennen zu lernen und kennen gelernt zu werden. Wann ich genau dorthin komme, kann ich noch nicht sagen. Ich finde wohl Gelegenheit, Sie noch vorher zu benachrichtigen. Vielleicht können Sie mir ein wenig den Boden bereiten helfen. Ihr alter Paul Friedländer."[79]

Götzes Antwort ließ nicht lange auf sich warten: schon tags darauf kamen konkrete Instruktionen aus Yale:

> „Es wird mit eine grosse Freude sein, Marburger Gespräche fortzusetzen und amerikanische (oder wenn Sie so wollen) kosmopolitische Gespräche anzuknüpfen. Ich wusste durch [Theodor Ernst] Mommsen von ihrem Kommen. Ich werde dieser Tage mit Hendrickson über die arrangements sprechen, die hier gemacht worden sind. (...) Es ist erstaunlich, wie viele von den alten Bekannten man allmählich wiedersieht. Alle Wege führen nach New York!"[80]

Friedländers Vortrag, so Götze weiter, könnte frühestens auf dem nächsten Meeting des ‚Classical Club' am Montag, den 11. April, gehalten werden. Im Anschluss daran schlug er ein Treffen im Hause Götze vor, zu dem auch die sog.

---

[78] Edelstein war 1933 eines der ersten Opfer des BBG und konnte dank eines Anstellungsvertrages an der JHU bereits 1934 in die USA emigrieren (siehe Rütten 2006). In den Folgejahren unterstützte er ähnlich engagiert wie Götze in Yale mit beeindruckender Solidarität entlassene und bedrohte Kollegen. Er wird Friedländer dazu geraten haben, sich nicht nur beim *Emergency Committee* in New York, sondern auch beim *Oberlaender Trust* in Philadelphia persönlich vorzustellen. Ein Interview mit Friedländer im Büro des Secretary Dr. Wilbur K. Thomas ist für den 30. März 1938 bezeugt, einen Tag nach seinem Vortrag in Baltimore (Formblatt ‚Data Prior to/Following Arrival in U.S.A.', 18.10.1940, S. 2, YIVO, *OT*-Microfilm).
[79] Brief (hs.), Friedländer, New York, an Götze, 22.3.1938 (Yale, ULMA, Goetze-Papers 7. 159).
[80] Brief Götze an Friedländer, 24.3.1938 (Yale, ULMA, Goetze-Papers 7.159).

‚deutsche Kolonie' („wir sind hier mehrere Deutsche und haben alle unsere Erfahrungen") eingeladen wäre.

Am 23. März 1938 suchte Friedländer erstmals das Büro des *Emergency Committee* auf, „referred by Lehmann-Hartleben" und ausgestattet mit zwei exzellenten Empfehlungsschreiben aus Oxford:[81]

> „On way to Baltimore to give lecture (chez Spitzer); taught at Univ. of Berlin until end of 1935. (pension) wife a little daughter there / returns in May
> (cannot publish in Germany; a Protestant, his books are published by the Vatican)."[82]

In der Rubrik ‚Appearance and Personality' vermerkte der Interviewer, aller Wahrscheinlichkeit nach Betty Drury, mit Sympathie und Respekt:

> „features strong, personality delicate; slight, white hands – but firm clasp. Looks somewhat older than his 56 yrs. English quite sufficient, for ordinary purposes. Man of distinction + breeding."

Noch am gleichen Tag reichte Friedländer Unterlagen für die Anlage eines Dossiers beim *EC* ein, einen Lebenslauf und ein dreiseitiges Schriftenverzeichnis mit vierunddreißig Titeln.[83] Diese Unterlagen leitete Miss Drury an einen der einflussreichsten Mitglieder des *EC*, Alfred E. Cohn, weiter, mit einem Begleitbrief, in

---

[81] Testimonial W. D. Ross, Provost Oriel College Oxford, 19.2.1938: „I beg to certify that Herr Paul Friedlaender is a scholar of European reputation. If our special proof of this should be required, it may be found in the fact that he has lectured at Oxford on the invitation of a Professor of this University." Brief C. M. Bowra, Warden Wadham College Oxford: „It is with great pleasure that I support the candidacy of Professor Paul Friedlaender for a chair of classical languages and literature. He has the rare distinction of being both an expert in certain special fields and a learned student of the whole field of classical literature. As a specialist, he has done very important work on Plato and on the fourth and fifth centuries A.D. when Paganism and Christianity existed side by side in the Helenistic [sic!] world. On such matters he has no rival known to me (...) his method (...) shows wide knowledge of language and literature (...) and (...) a good acquaintance with related matters in art and archaeology. As a literary critic he derives considerable strength for his opinions from his good knowledge of modern literature, French, German and English (...). He is both a good lecturer for specialists and an excellent teacher for those whose interest in the classics cannot be the first call on their time. I am sure that he would add distinction to any University which appointed him to a post." (undatiert, Anlage zu *EC*-Office Memorandum Drury to Stein, 23.12.1938, in NYPL, *EC*-Records 10.7).
[82] *EC*-Interview Memorandum (hs.) [Betty Drury?], 23.3.1938 (wie Anm. 81).
[83] Brief (hs.) P. Friedländer, 225 5th Ave. NYC c/o Georges Friedlaender, an Drury, 23.3.1938 (NYPL, *EC*-Records 10.7). Interessanterweise fügte er seinem Schriftenverzeichnis auch die Rubrik „Arbeiten von [sieben] Schülern" bei, darunter die Dissertation Klingners zu Boethius.

dem sie ihren überaus positiven Eindruck von Friedländers Besuch nochmals unterstrich:

> „A very pleasant-seeming person came in yesterday. He was formerly a professor at the University of Berlin, and his subject, as you will see from the attached vita, is classical philology. He spoke modestly of his own achievements, but said with dignity that he felt he had a very real contribution to make to civilization, since he was one of the last representatives of a culture that was going into eclipse.
> I like him very much. His case was unfamiliar to me, however. Prof. Lehmann-Hartleben sent him in. I wondered whether you knew him."[84]

Ein Schreiben mit dem gleichen Wortlaut ging auch an Stephen Duggan, verbunden mit der Anfrage, ob er mit Friedländer näher bekannt gemacht zu werden wünsche:

> „He made a most favorable impression. (...) If you are willing to ‚shake hands' with him, I believe you would like him."[85]

Auf Empfehlung von Arthur D. Nock (Harvard)[86] und Edward Capps (Princeton) suchte Friedländer nach Abschluss der Vortragsreise direkt mit Stephen Duggan Kontakt aufzunehmen.[87] Dazu sollte es aber nicht mehr kommen: Wegen Krankheit musste Duggan das auf 12. Mai, 3.30 p.m. angesetzte Treffen kurzfristig absagen.[88] Ein Ersatztermin ließ nicht nicht mehr arrangieren, da Friedländer bereits für den 19. Mai seine Schiffspassage zurück nach Deutschland gebucht hatte.[89] So legte Friedländer, für den Fall, dass ein Treffen nicht mehr stattfinden könnte, seinem Brief an Duggan eine Liste mit Referenzen bei:

---

84 Brief Drury, *EC*, an Cohn, 24.3.1938 (NYPL, *EC*-Records 10.7).
85 *EC*-Memorandum from Drury to Duggan, 17.4.1938 (NYPL, *EC*-Records 10.7).
86 Nock bereitete Duggan auf einen Besuch Friedländers in einem Brief unmittelbar nach dessen Vortrag in Harvard vor; „I expect that Professor Paul Friedlaender (...) will call on you soon. He is a first-rate scholar (...) and he lectures well in English as I can testify after hearing him here yesterday. May I commend him to you?" (Brief Nock, Harvard, an Duggan, 13.4.1938, in NYPL, *EC*-Records 10.7).
87 Brief (hs.) Friedländer, New York, an Duggan, Ende April 1938 (Eingangsstempel 30.4.1938); mit hs. Notizen von Drury („This is the man / of whom I spoke / to you – letter since rec'd" [re. oben]) und Duggan („I'd like to meet him / though we can't help him" [li. oben], in NYPL, *EC*-Records 10.7).
88 Brief Duggan an Friedländer, 5.5.1938: Terminvorschlag; Brief (hs.) Friedländer an Duggan, 8.5.1938: Bestätigung; Telegramm Eunice Lisowski, *IIE*, an Friedländer, 12.5.1938: Absage (alle in NYPL, *EC*-Records 10.7).
89 Brief (hs.) Friedländer, New York, an Duggan 13.5.1938: Alternativtermin 16. oder 17.5.? (NYPL, *EC*-Records 10.7).

„If I should not have the opportunity of seeing you, I want to add something to the papers Miss Drury has in her files: some references enclosed in this letter. This may be useful, if you send around lists with the names of displaced professors etc., as I was told you intended to."[90]

Die Liste verfehlte nicht ihre Wirkung: Duggan bedauerte in seinem Entschuldigungsbrief, den er Friedländer nach Deutschland nachschickte, einen Freund von Nock und Capps nicht getroffen zu haben:

„These men as well as a number of others you listed are all known to me and needless to say I have great respect for their judgement."[91]

Rückkehr nach Deutschland – KZ Sachsenhausen – Freilassung (1938/)

Ohne konkrete Zusagen kehrte Friedländer nach Deutschland zu seiner Familie zurück. Seine Stimmung war – trotz aller Teilerfolge – gedrückt: Das war nicht zuletzt dem schikanösen Verhalten der deutschen Grenzbeamten geschuldet:

„Als ich dtschn Boden betrat, nahm man mir den Pass ab, den ich bis heut nicht wiederhabe u. der, wenn ich ihn wiedersehe, natürlich ohne d. Auslandsvermerk [das visitor's visa mit Ein- und Ausreisestempel] praktisch wertlos sein wird."[92]

In seinem Bericht von der Amerikareise an Bultmann setzte er ganz andere Schwerpunkte als die amerikanische Aktenlage nahelegt und blieb, wohl auch aus Sorge vor der Briefzensur, sehr im Allgemeinen:

„Aber ich möchte Dir kein Klagelied singen. Amerika – ja, ich habe viel gesehen, gelernt, Menschen wiedergesehen (alte Marburger!) und viele neue kennen gelernt. Von Dir sprach ich mit ADNock in Harvard, der Dich höchlich schätzt, ein sehr lebendiger gescheiter Mensch. Auch in dem Theological Seminary in NewYork erklang in Tillichs Arbeitszimmer u. in dem des NTlers, ich glaube Frame, Dein Name. Ich habe die Haupt-Universitäten des Ostens besucht u. kenne nun eine ganze Reihe der dortigen Fachgenossen u. über diesen Kreis hinaus. Auch Museen habe ich gesehn, habe einige Blicke in große Colleges getan, habe eine Ahnung von amerikan. Leben, wenigstens im Osten. Denn es gibt da viel mehr Verschie-

---

90 Die Liste „References" umfasst "at Yale University: GL Hendrickson, Austin M. Harmon, Clarence W. Mendell; at Harvard: AD Nock, Prof. Greene; at Princeton: Prof. Capps, Ch.R. Morey, A. Flexner; at Johns Hopkins: Harold Cherniss, Prof. Lancaster; at Smith College: President Neilson; at Cornell University: Harry Caplan; at Columbia University: Prof. Westermann." (wie Anm. 89).
91 Brief Duggan an Friedländer, 23.5.1939 (NYPL, *EC*-Records 10.7).
92 Brief (hs.) Friedländer an Bultmann, 3.6.1938 (UB Tübingen, NL Bultmann, Mn 2-787).

denheiten als man ahnt. Ob irgend etwas für mich oder vielmehr für uns Praktisches herauskommt, das muss sich in d. nächsten Monaten ausweisen."

Erstaunlich realistisch, um nicht zu sagen pessimistisch, bewertete Friedländer seine Chancen auf dem amerikanischen Arbeitsmarkt:

> „Ich kann die Wahrscheinlichkeit nicht abschätzen. Gegen mich arbeitet die wirtschaftliche Depression, die Tatsache daß the Classics, besonders das Griechische sehr zurückgegangen sind, und dann der ungeheure Strom derer, die drüben etwas suchen und unter denen man schließlich doch nur einer ist. Aber ich versuche mir zu wiederholen, dass ich getan habe was ich konnte, und dass ich nun nichts weiter tun kann als abzuwarten."[93]

Trotzdem bereitete sich Friedländer in den nächsten Monaten zielstrebig und akribisch auf die Emigration in ein englischsprachiges Land vor. Er nahm Abstand von längerfristigen wissenschaftlichen Projekten und arbeitete englische Vorträge aus, nicht ohne eine gewisse Wehmut:

> „Ich habe ja nicht mehr das Recht, nach immanenten Gesetzen meiner Biographie an mein opus postumum zu gehen, sondern ich muss mich, wie gesagt, für ganz anderes bereit machen. Und das muss durchgedacht u. durchgesprochen u. dann getan werden."[94]

> „Meine eigentlichen wissensch. Pläne schiebe ich in den Hintergrund. Ihnen folgen hieße für lange Zeit aufs hohe Meer hinaus – und das kann ich mir erst leisten, wenn ich klarer sehe über das was aus uns wird."[95]

Sooft es im Alltag möglich war, trainierte er mit Hilfe seiner Frau englische Konversation. Die philologische Korrespondenz mit Bultmann kam fast zum Erliegen, an einen der sonst üblichen Kurzbesuche in Marburg war nicht mehr zu denken,[96] klare Signale dafür, wie sehr Friedländers Kraft und Energie von der Sorge um die Zukunft absorbiert war.[97]

---

93 Brief (hs.) Friedländer, Berlin, an Bultmann, 3.6.1938 (wie Anm. 92).
94 Brief (hs.) Friedländer, Berlin, an Bultmann, 20.6.1938. (UB Tübingen, NL Bultmann, Mn 2-787). In einem Antwortbrief versuchte Bultmann den Freund zu trösten: „Was Deine Arbeit betrifft, – ja, da kann ich schwer etwas dazu sagen, wennngleich es mir naheliegt, zu bitten daß die Reflexion auf das aus den ‚immanenten Gesetzen Deiner Biographie' erwachsende ‚opus posthumum' doch nicht gar zu sehr durch die gegenwärtigen Sorgen verdrängt werde. Daß ich an diesen Sorgen treulich teilnehme, darfst Du glauben." (Brief [hs.] Bultmann, Marburg, an Friedländer, 11.7.1938, in UCLA, Friedlaender Coll., Box 1, ‚Correspondence A-B' [1–19], 15; falsche Datierung in finding aid).
95 Brief (hs.) Friedländer, Berlin, an Bultmann, 6.8.1938 [Rückseite des Briefes vom 5.8.] (UB Tübingen, NL Bultmann, Mn 2-787).
96 Bultmann verzeichnete in seiner „Chronik 1917–1945" (UB Tübingen, NL Bultmann Mn 2-224) zwischen 1933 und 1939 elf wechselseitige Besuche (Hammann 2009, 288, mit Anm. 156).

Da eröffnete sich Anfang November nach Monaten intensiver Arbeit und quälenden Wartens eine glänzende Möglichkeit: Friedländer war eingeladen, auf der Jahrestagung der *American Philological Association* in Providence Ende Dezember einen Vortrag zu halten! So konkret wagte er das Bultmann am 6. November brieflich nicht mitzuteilen, aber der Titel seines Vortrages war bereits ins Programm aufgenommen: „ Δὶς καὶ τρὶς τὸ καλόν".[98] Seine Vorfreude war unverkennbar:

> „Wie gerne spräche ich mit Dir über alles dies! Aber ich kann jetzt garnicht daran denken nach Mbg zu kommen, obgleich meine Frau mir zuredete. Wenn m. Plan gelingt, steige ich in 6 Wochen zu Schiff (dies für Dich). Und da ist noch so viel zu bedenken, zu regeln, zu schreiben. (…)"[99]

Wer diese Einladung arrangiert hatte, lässt sich der Korrespondenz nicht entnehmen, möglicherweise Hendrickson, der 1936 amtierender Präsident der *APA* war. A. D. Nock ist mit hoher Wahrscheinlichkeit auszuschließen, denn Friedländer bat Bultmann eindringlich darum, auf indirektem Wege, über die Zusendung von Sonderdrucken mit entsprechenden Begleitschreiben, ihn noch vor dem Meeting an Nock zu empfehlen:

> „Ich erzählte Dir, daß ich mit A. D. Nock (Eliot House, Harvard University, Cambridge, Massachusetts, U.S.A.) von Dir sprach u. daß er ein Bewunderer von Dir ist. Wenn Du ihm ein paar Separata von Dir schicken würdest u. dazu e. paar Zeilen schreiben (ohne meine Anregung zu erwähnen), – oder in irgend einer Form solltest Du sie gerade erwähnen, nämlich daß ich Dir von m. Begegng mit ihm erzählt hätte u. daß Du ihm ein paar Sachen schickst. Und dabei könntest Du e. paar Worte über mich einflechten – ohne ein bestimmtes Ziel u. ohne dass es wie eine epistula commendatoria wirkt, deren drüben schon allzuviele her-

---

[97] So begründete Friedländer sein langes Schweigen zwischen 20.6.1938 und 5.8.1938 damit, dass er „einfach keine Kraft gefunden" habe, die Textpassagen „durchzuarbeiten u. mich mit Deinen Hinweisen aueinanderzusetzen. Ich bin, wie Du weißt, von vorn herein ängstlich, wie es mit unseren Möglichkeiten steht, aus Trümmern ein neues Ganzes aufzubauen." (Brief [hs.] Friedländer, Berlin, an Bultmann, 5.8.1938, in UB Tübingen, NL Bultmann, Mn 2-787).
[98] Programm in *TAPhA* 69, 1938, XXVI-XXIX. Der Vortrag wurde in den *Transactions and Proceedings of the American Philological Association* gedruckt (*TAPhA* 69, 1938, 375–380), obwohl Friedländer wegen seiner Inhaftierung an der Tagung nicht hatte teilnehmen können. Er hätte dort eine illustre Gesellschaft deutscher Emigranten angetroffen: Friedrich Solmsen, Hermann Fränkel, Ernst Kapp und Kurt von Fritz traten auf der *APA* als Redner auf (siehe Kapitel Kapp, S. 321f.), auf der zeitgleich stattfindenden Jahrestagung des *Archaeological Institute of America (AIA)* sprachen Otto Brendel, Karl Lehmann-Hartleben, Anton Raubitschek, Georg M.A. Hanfmann und Elisabeth Jastrow (siehe Kapitel Bieber, S. 101, Jastrow, S. 171 und Brendel, S. 198f.).
[99] Brief (hs.) Friedländer, Berlin, an Bultmann, 6.11.1938, S. 2 (UB Tübingen, NL Bultmann, Mn 2-787).

umlaufen. Aber dies nur, wenn es Dich sehr wenig kostet. Ich weiß nicht, ob Du Nocks Büchlein über Paulus kennst u. sein Buch ‚Conversion'. Ich habe nur eben hineingesehen."[100]

Doch die Novemberpogrome setzen all diesen Hoffnungen und Plänen ein jähes Ende: tags darauf, am 7. November 1938, erschoss Herschel Grynszpan in Paris den Legationssekretär Ernst Eduard vom Rath,[101] wenige Tage später wurde Friedländer von der SA verhaftet und ins KZ deportiert, nach Sachsenhausen.

Nicht alle von Friedländers Unterstützern in England und Amerika waren von dieser dramatischen Zuspitzung überrascht: Maurice Bowra hatte Friedländer im August 1938 in Berlin besucht und einen lebhaften Eindruck von der Gefährdung des Kollegen gewonnen. Hellsichtig erkannte er, dass Friedländer, sollte er noch länger in Deutschland bleiben, die Verhaftung drohte, und wandte sich mit einem Empfehlungsschreiben, das durchaus Züge eines Hilfsappells trug, direkt an den Secretary des *Emergency Committee*, Dr. Stephen Duggan:

> „His present position is pitiable in the extreme. The German government forbids him to work in libraries or museums or to publish, and what is worse, he is in danger, though perfectly innocent, of being sent to a concentration camp simply because he is not completely ‚Aryan'. I am sure that if you could possibly get him a post, however humble, in America, you would save his life and add something of great value to American education and culture."[102]

Das Komitee war seit Friedländers Rückkehr auch schon von anderer Seite auf ihn aufmerksam gemacht worden: Fanny Brandeis, die Nichte des berühmten Juristen und zionistischen Philanthropen Louis Brandeis, hatte im Juni 1938 einen Empfehlungsbrief Paul Jacobsthals erhalten, in dem dieser darum bat, seinem früheren Kollegen, mit dem er seit 1899 (!) befreundet war, eine Position in Louisville, Kentucky, zu verschaffen:

---

100 ebda., S. 3f.
101 siehe Kulka 1997, 480, mit Literatur.
102 Brief Bowra, Oxford, an Duggan, *EC*, 10.9.1938 (NYPL, *EC*-Records 10.7). Abgesehen von der akuten Notlage porträtierte Bowra Friedländer auch in fachlicher und persönlicher Hinsicht als herausragenden Gelehrten: „(...) he is much more than a philologist. He knows not only the literature but the art, theology and archaeology, and succeeds in giving a far fuller and truer picture than any other scholar I know of. But he is in addition a man of very wide culture with a fine and appreciative knowledge of French and German literature and the art of the XV-XVI centuries. (...) On the personal side, he has an old fashioned dignity and sense of ceremony which is very attractive. He is an excellent and inspiring talker, not at all dogmatic or conceited, with a good sense of humour and a fundamental modesty. He is not all ‚professorisch' in the bad sense."

„Dear Fanny – Without preface: I come to ask your help. The person is my friend Professor Dr. PAUL FRIEDLAENDER, late professor of Classics at the University of Halle, dismissed for racial reasons (...) I think he is with – or after – W. JAEGER, now of Chicago, the best classicist Germany had. He is superior to Sayce[103] by amazing knowledge of all branches and aspects of Greek and Roman literature, history, art; and a man who would be able to lecture on Dante, Cervantes, Goethe. (...)
Do you see any possibility of getting him to Louisville? For your University he would be an excellent acquisition, you would have a man who would build up classical studies. He is a lively person and has not suffered any loss of vitality by the experiences of the last years."[104]

Fanny Brandeis griff Jacobsthals Vorschlag aber nicht weiter auf, sondern leitete den Brief an Bernard Flexner vom *Emergency Committee* weiter mit der Bitte, die Ursachen zu ergründen, warum Friedländer sowohl in Princeton als auch in Harvard und Yale mit seinen Vorträgen nicht erfolgreich war:

„I thought you might be able to find out why Dr. Friedländer could not get a permanent position at Yale, Harvard or Princeton."[105]

Sieben Wochen sollte es dauern, bis es Stephan Duggan endlich möglich war, auf Bowras Appell zu antworten: aufgrund der politischen Lage (Münchner Abkommen, Einführung der antisemitischen Gesetzgebung in Italien) hätte das Komitee in letzter Zeit an der Grenze seiner Leistungsfähigkeit gearbeitet, erklärte er am 24. Oktober entschuldigend:

„(...) we have been simply swamped with correspondence these last weeks from displaced scholars in Germany, Austria, Czechoslovakia and Italy."[106]

---

103 Jacobsthal zog zum Vergleich den Linguisten und Assyriologen Archibald Henry Sayce (1846–1933) heran, der von 1891 bis 1919 Professor für Assyriologie an der University of Oxford war.
104 Brief Jacobsthal, Christ Church, Oxford, an Fanny [Brandeis], Louisville, Kentucky, 6.6.1938. (NYPL, *EC*-Records 10.7). Die University of Louisville ermöglichte mit Anstellungsverträgen sowohl Richard Krautheimer, einem Schüler Jacobsthals, als auch seinem Nachfolger Justus Bier die Emigration aus Italien bzw. Deutschland. Krautheimer lehrte dort Art History von 1935 bis zu seinem Wechsel nach Vassar 1937, Bier von 1937 bis zu seiner Pensionierung 1960 (siehe http://www.dictionaryofarthistorians.org/krautheimerr.htm und http://www.dictionaryofarthistorians.org/bierj.htm).
105 Brief (hs.) F. Brandeis, Louisville, an B. Flexner, *EC*, 1.7.1938 (NYPL, *EC*-Records 10.7): Brandeis und Jacobsthal waren miteinander befreundet: „We met in Greece and I went to see him in Marburg where he had the chair of archaeology until two years ago." (ebda.).
106 Brief Duggan, *EC*, an Bowra, 24.10.1938.(NYPL, *EC*-Records 10.7).

Bedauerlicherweise, so Duggan weiter, könne das Komitee aufgrund seiner Statuten nicht von sich aus aktiv Stellensuche betreiben, sondern einzelne Institutionen müssten Anfragen und Anträge an das Komitee richten. Angesichts der miserablen ökonomischen Gesamtlage sei jedoch eine erfolgreiche Vermittlung von Forschern selbst in Friedländers Rang in den USA kaum möglich.[107]

Zeitgleich zeichnete sich ein erster Hoffnungsschimmer ab: der umtriebige Jacobsthal hatte von Oxford aus ein Dossier mit Friedländers Lebenslauf und Bibliographie auch an das Classics Department der University of California geschickt: Auf Anraten von Max Radin, einem Experten für antike Rechtsgeschichte in Berkeley, informierte Henry Roy William Smith, Professor für Latein und Archäologie,[108] am 20. Oktober das *EC* über Pläne der Universität, Friedländer anzustellen, wahrscheinlich an der „Southern Branch at Los Angeles", wie die UCLA damals noch bezeichnet wurde. Die Intention von Smiths Schreiben an Duggan war noch undeutlich, offensichtlich erhoffte man sich irgendeine Form der Unterstützung durch das *EC*:

> „(...) his chances are still very uncertain, and it seemed right to lose no time in bringing his case to your notice."[109]

Duggan verwies in seinem Antwortschreiben wie üblich auf die erforderliche ‚application' hin, die Universitäten einzureichen hätten, wenn sie einen ‚displaced German scholar' einzustellen beabsichtigten.[110] Es sollten sieben wertvolle Wochen vergehen, ehe Berkeley am 12. Dezember dem *EC* das ernüchternde Ergebnis seiner Beratungen mitteilen konnte: trotz der Begeisterung der Fakultät über Friedländers „scholarly standing" und seines internationalen Ansehens gebe es erst in zweieinhalb Jahren (!) die Möglichkeit, ihm an der UCLA eine reguläre Stelle

---

107 „I feel, however, that I must tell you that because of unfavorable economic conditions there are almost no openings in this country at the present time." (ebda.).
108 Smith war als enger Freund J.D. Beazleys und durch seine Mitarbeit am *Corpus Vasorum Antiquorum* mit Jacobsthal gut bekannt.
109 Brief Smith, Berkeley, an Duggan, *EC*, 20.10.1938 (NYPL, *EC*-Records 10.7). Obwohl aus Jacobsthals Unterlagen klar hervorging, dass Friedländers „nichtarische Herkunft" Grund seiner Entlassung war, spekulierte Smith ausführlich darüber, welcher Religion Friedländer angehören könnte: der Name klinge zwar jüdisch, doch sein Interesse für die „Christian ‚Spätantike'" und die Tatsache, dass sein letztes in Europa erschienenes Buch in der „Biblioteca Apostolica Vaticana" erschienen sei, sprächen, so Smith, dafür, dass Friedländer Christ, möglicherweise sogar Katholik sei: „I am sorry that I am at present merely hazy on the point of his religion, as I can see that it matters a little." (ebda.). Möglicherweise hatte Jacobsthal Friedländers evangelische Konfession bewusst nicht erwähnt, um die amerikanischen Verhandlungspartner mit den Absurditäten der deutschen Rassenpolitik nicht zu überfordern.
110 Brief Duggan, *EC*, an Smith, 24.10.1938 (NYPL, *EC*-Records 10.7).

anzubieten, wenn einer der Classics-Professoren, Arthur Patch McKinlay, in den Ruhestand gehe. Da Friedländer in Deutschland aber täglich die Verhaftung drohte, und die Repräsentanten der Universität „a man of his eminence" unter allen Umständen für die UCLA gewinnen wollten, stellte der Präsident Robert Gordon Sproul beim *EC* einen kühnen Antrag:

> „In view, therefore, of the fact that there is not yet a vacancy I am writing to raise with you the question whether the Committee on Displaced German Scholars would be willing to furnish his salary for the period of two and a half years, i.e., until there is actually a vacancy in the department."

Sowohl die gewünschte Förderungsdauer als auch deren Umfang – hundertprozentige Übernahme des Gehalts ohne jede Eigenbeteiligung seitens der Universität oder anderer Institutionen – verstießen gegen die Statuten des *EC*. Auch die geforderte Aussicht auf ‚permanency' war sehr unverbindlich formuliert:

> „You will, I am sure, whish to know whether this would be a guarantee of a permanent post. I can only say that if he meets the expectations we have concerning him it would be a permanent post. It must be remembered, of course, that no member of the University of California at Los Angeles, as far as I know, has ever met Dr. Friedlaender, and we have no information at first-hand concerning his personality, his ability to work with others, etc. In short, if his personal qualities and his relations to his colleagues prove satisfactory, we should look forward to his appointment as a permanent one."[111]

Entsprechend reserviert fiel die Entgegnung Duggans aus: Friedländer sei zwar grundsätzlich ein Fall, der vom Executive Committee verhandelt werden könnte, doch ein grant von zweieinhalb Jahren sei unvereinbar mit den Bestimmungen; Sproul sollte mit anderen Institutionen in Kontakt treten, z.B. mit dem *Oberlaender Trust*.[112]

Inzwischen hatten sich die schlimmsten Befürchtungen bestätigt: Friedländer war tatsächlich verhaftet und ins Konzentrationslager Sachsenhausen verschleppt

---

111 Brief Sproul, Berkeley, an Duggan, *EC*, 12.12.1938 (NYPL, *EC*-Records 10.7).
112 Brief Duggan, *EC*, an Sproul, 20.12.1938. (NYPL, *EC*-Records 10.7). Doch Sproul blieb hartnäckig: bis zur Emeritierung McKinlays 1941 könne UCLA keinerlei zusätzliche finanzielle Verpflichtungen eingehen („we are operating on a limited budget"); man wollte zwar versuchen, auch bei anderen Institutionen Gelder zu beantragen, doch alle Hoffnungen ruhten weiterhin auf einem Entgegenkommen des *EC*: „I do hope, however, that your Executive Committee will feel that there is reason for making an exception to its ordinary practice in the case of Professor Friedlaender. It would seem to be a fine opportunity to place him permanently in an American university." (Brief Sproul, Berkeley, an Duggan, 23.12.1938, in NYPL, *EC*-Records 10.7).

9.4 Von der „Abhalfterung" bis zur Ausreise (1936–1939) — 629

worden.[113] Angesichts dieser akuten Notsituation wurde an der Johns Hopkins University, wo Friedländer im Frühjahr seinen ersten Vortrag gehalten hatte, ein improvisierter Rettungsplan entwickelt, der ihm die Emigration in die USA ermöglichen sollte: Henry Carrington Lancaster, Head des Departments of Romance Languages, erreichte beim Präsidenten Isaiah Bowman die Zusage, Friedländer mit sofortiger Wirkung, d. h. für das Frühjahrssemester (Januar bis Juni 1939) zum „Lecturer in Greek" zu ernennen, unter der Bedingung, dass dessen Gehalt durch außeruniversitäre Geldgeber finanziert werden würde. Hierzu konnte Lancaster führende Philanthropen Baltimores gewinnen, u. a. den jüdischen Öl-Industriellen Jacob Blaustein.

Nach Rücksprache mit William Rosenwald, der zusammen mit ihm im Executive Committee des *American Jewish Committee* in New York vertreten war, wandte sich Blaustein am 19. Dezember 1938 direkt an den Treasurer des *EC*, Fred M. Stein:

> „About ten days ago [d.h. am 9. Dezember], Prof. H. Carrington Lancaster (...) called to see me and btought [sic!] to my attention the case of Prof. Paul Friedlander of Germany. (...) Prof. Lancaster advises it is his information that Dr. Friedlander is in danger of being placed in a concentration camp and that this can be prevented and he can come to this country regardless of quota-status, if he receives a call from an American university (...).
>
> Prof. Lancaster feels that $ 1250.00 is the minimum which should be paid Dr. Friedlander for a six-month period at Hopkins and asked me to take an interest in the case and get others interested.
>
> As you know, the calls are numerous and I am not prepared to individually carry burdens such as this for people unrelated to me. On the other hand, I am willing to contribute something if others will.
>
> This is the situation as I presented it to William Rosenwald and he felt if I were willing to contribute something, you might be able to raise the remaining funds necessary."

---

113 Das Datum lässt sich relativ genau rekonstruieren: In der Karte, die Friedländer eine Woche nach seiner Entlassung an Bultmann schickte, wünschte er ihm „Alles Herzliche (...) zum [Weihnachts]Fest"; daraus errechnet sich als wahrscheinlicher Entlassungstermin der 15. oder 16. Dezember. Ferner spricht Friedländer von „5 (...) Wochen" Haft, d. h. die Verhaftung muss in den ersten Tagen des Pogroms, etwa am 11., 12. oder 13. November 1938 erfolgt sein (Postkarte [mschr.] Friedländer an Bultmann, o. Datum [kurz vor Weihnachten 1938], in UB Tübingen, NL Bultmann, Mn 2-787). Weder Bühler („sechs Wochen": Bühler 1969, 620) noch Calder („eight weeks internment": Calder/Braun 1996, 213, wieder in Calder 2010, 39) noch Mensching („fünf, sechs Wochen": Mensching 2003b, 84 und 2003a, 64) war dieses Dokument offenbar bekannt. Bultmann erfuhr von der Verhaftung am 15. November, durch einen Brief Charlotte Friedländers (Brief Bultmann, Marburg, an Lietzmann, 16.11.1938, in Aland 1979, 930, Brief Nr. 1061). Nach Amerika gelangte diese Nachricht mit erheblicher Verspätung: Das *EC* wurde von Hendrickson (über den Schwager Georges Friedlaender) am 20. Januar 1939 informiert, von Bowra gar erst am 25. Januar (Briefe Hendrickson an Duggan, 20.1.1939 und Bowra an Duggan, 25.1.1939, beide in NYPL, *EC*-Records 10.7).

> Prof. Lancaster also contacted Sidny [sic!] Lansburgh of Baltimore who advises me he too is willing to contribute something if your group will participate in the matter."[114]

Das *EC* stand im Fall Friedländers vor der schwierigen Entscheidung, welcher Antrag überhaupt verhandelt werden sollte: beide Universitäten verfügten über keinerlei finanzielle Mittel, Friedländers Gehalt wenigstens teilweise zu bestreiten, dennoch wirkte der Antrag von JHU aussichtsreicher, weil er aufgrund der kürzeren Förderungsdauer weniger stark gegen die Prinzipien des *EC* verstieß als UCLA's Forderung nach einer zweieinhalbjährigen Vollförderung.

Doch oberstes Gebot war es keine Zeit zu verlieren: am 27. Dezember wandte sich Blaustein erneut an Fred Stein, diesmal telegraphisch, und bat inständig um „quick action". Noch am gleichen Tag ließ Betty Drury im Auftrag Fred Steins Bernard Flexner (Duggan war krank), ein Memorandum zustellen mit der Ankündigung, „within the next hour" telephonisch den Fall zu diskutieren:

> „(...) Friedlaender faces internment in a concentration camp at once. (...) President Bowman is willing to appoint Friedlaender lecturer in Greek for a six-month period to enable him to get out of Germany.
> Mr. Stein wanted your advice on the best way of handling this matter. He thought the Committee should be polled. He would be glad to vote for a grant of say $ 625 for this six-month period if it would save a good scholar from a concentration camp. In other words, he is in favor of immediate and favorable action. He is telephoning Mr. Rosenwald to see whether additional help might be obtained from him.
> The story is not complete without telling you that Dr. Duggan has had correspondence with President Sproul of the University of California about Friedlaender. (...) Copies of this correspondence are attached."[115]

Während Duggan telephonisch die wohlwollende Haltung Steins teilte und grundsätzlich seine Bereitschaft signalisierte, in einer sog. ‚mail vote' über die fragliche Summe abzustimmen, reagierte Flexner mit wütender Ablehnung. Der Dringlichkeitsantrag von JHU verstoße gegen alle Prinzipien des *EC* und dürfe keinesfalls außerhalb eines regulären Meetings in einer improvisierten mail vote entschieden werden:

> „1- JH. utter nonsense – our stepping in and getting an affidavit[116] / principle involved which is opposed to our policy.

---

114 Brief Blaustein, American Building Baltimore, MD, an Stein, 19.12.1938 (NYPL, *EC*-Records 10.7).
115 *EC*-Memorandum from Drury to Flexner, 27.12.1938 (NYPL, *EC*-Records 10.7).
116 In diesem Punkt waren die Bedenken Flexners unbegründet, denn nicht das *EC*, sondern Georges Friedlaender wollte für seinen Schwager und dessen Familie mit einem Affidavit bür-

9.4 Von der „Abhalfterung" bis zur Ausreise (1936–1939) — 631

2- too important in its implications to warrant a mail vote.
To <u>Mr. Stein</u>: no material up home after leaves office / doesn't want to have material home / NO MATERIAL TO HOUSE / comes to office at request."[117]

Die Positionen der beiden Kontrahenten Flexner und Stein waren anscheinend so unversöhnlich, dass es Betty Drury für ratsam hielt ihre telephonische Beratung mit Dr. Duggan vom 29. Dezember in einer ausführlichen Aktennotiz festzuhalten:

„I reported to Dr. Duggan the varying opinions held by Messrs. Flexner and Stein about the Johns Hopkins proposition.
Dr. Duggan said he thought Friedländer was a good person (and to ask Miss Lisowski what he had thought of him when in the office). At first inclined to agree with Mr. Stein's point of view, Dr. Duggan finally said the following: ‚Although always inclined if possible to save a human soul, nevertheless because we don't know what is going to happen after the six month at Johns Hopkins is over, I think action by us in making a grant for a six-month period looks more or less like circumventing the [immigration] law.'"[118]

Noch am gleichen Tag informierte Miss Drury Fred Stein über Duggans einwanderungsrechtliche Bedenken, die dieser offenbar sofort mit den an Friedländer interessierten Leuten in Baltimore besprach. Denn schon am 30.12. konnte Stein dem *EC* telephonisch mitteilen, dass JHU Friedländer längerfristig anstellen wollte:

„Johns Hopkins w[oul]d like him for a longer period – permanently – will apply to us through Bowman."[119]

Am 31.12.1938 erkundigte sich Hendrickson bei Duggan über den Status der Berkeley-application: er habe seinerseits Verhandlungen bezüglich einer Anstellung Paul Friedländers geführt und wolle wissen, ob er diese fortsetzen solle:

„My interest in the matter arises from personal acquaintance and friendship with Prof. Friedländer, and from the fact that I had myself already initiated steps to procure for him a position in a New England College which might rescue him from the cruel situation in which at my last knowledge he was."[120]

---

gen. Darauf verwies auch Stein in seinem Telephonat vom 30.12.1938: „Relations here who w[oul]not let him be a burden." (siehe Anm. 119).
117 Telephon(?)-Notiz (hs., gelber Zettel) „<u>reaction Mr. Flexner</u>" [hs. li. oben], 27.12.1938 (NYPL, *EC*-Records 10.7).
118 *EC*-Office Memorandum Betty Drury to Files "Report on conference with Dr. Duggan in re Paul Friedlaender", 29.12.1938 (NYPL, *EC*-Records 10.7).
119 Telephone Conversation (hs., ‚Action to be taken') from Mr. Stein, 30.12.1938 (NYPL, *EC*-Records 10.7).
120 Brief (hs.) Hendrickson, Yale, an Duggan, *EC*, 31.12.1938 (NYPL, *EC*-Records 10.7).

Wie von Stein angekündigt, stellte Präsident Bowman – unter Berufung auf die Korrespondenz zwischen Blaustein und Stein – am 2. Januar 1939 einen offiziellen Antrag der JHU beim *EC*, der in einem entscheidenden Punkt modifiziert war: um den Vorschriften des immigration law Genüge zu tun, wurde Friedländer nun ein Jahresvertrag angeboten, gesetzt den Fall, dass das Gehalt (in Höhe von $ 2500) von dritter Seite finanziert würde. Die Hälfte des Jahresgehaltes könnte von Privatleuten aufgebracht werden:

> „Mr. Blaustein and Mr. Sidney Lansburgh have agreed to contribute $ 500 between them and other persons interested in Dr. Friedländer have promised to give $ 750. (...) I have been informed that Mr. Stein (...) hoped it [the committee] would be willing to contribute $ 1250. (...)
> As Dr. Friedländer is still in prison and may be in a concentration camp, there is great need for a speedy decision."[121]

Eine dauerhafte Anstellung wollte und konnte Bowman zwar weiterhin nicht garantieren, doch er versuchte das Komitee mit der zuversichtlichen Prognose zu beruhigen, dass „several professors in the institution will do their best to find a place for him at another university": sollten auch diese Bemühungen scheitern, so würden Verwandte in New York für Friedländers Lebensunterhalt aufkommen.

Dieser Antrag wurde Duggan von dem Romanisten Prof. Henry Carrington Lancaster zugestellt, zusammen mit einem aktuellen CV und mit einem handschriftlichen Anschreiben, in dem er die application und die Haltung der Universität erläuterte:

> „The enclosure [i.e. Bowmans application] speaks for itself. I hope you can get the Committee to reply very soon. Friedländer will not be taking anyone's place and will be a great help to the Greek Department. The President feels that he cannot commit the University for more than a year, but I feel confident that if we can once get F.[riedländer] out of Hitler's clutches, his future will be assured."[122]

Stephen Duggan reagierte prompt: am 4. Januar ließ er alle Mitglieder des Executive Committee schriftlich über den Fall Friedländer informieren und bat darum, über Bowmans Antrag auf einen „grant of $ 1250 for the partial support for a one-year period" in einer „mail vote" abzustimmen, und zwar „as soon as possible",

---

[121] Brief Bowman, President JHU Baltimore, an *EC*, 2.1.1939 (NYPL, *EC*-Records 10.7).
[122] Brief (hs.) Lancaster, Baltimore, an Duggan, *EC*, 2.1.1939 (NYPL, *EC*-Records 10.7). Auch Fred Stein setzte sich in einem Telephonat vom 3. Januar für Bowmans application ein: „Bowman said / he is in prison likely to go to a concentration camp – no trouble taking care of him – expect we take him on after a year – has been confirmed w.[ith] me in personal talk to Dr. Duggan" (Telephone Conversation [Bleistift] from Mr. Stein, 3.1.1939, in NYPL, *EC*-Records 10.7).

denn Friedländer sei bereits inhaftiert und in Lebensgefahr.[123] Das Memorandum präsentierte Bowmans Antrag in günstigstem Licht,[124] so wurde Lancasters vager Optimismus in eine konkrete Berufsperspektive umgedeutet:

> „(...) we have heard unofficially that there is a very good chance that Professor Friedländer may be taken on permanently at Johns Hopkins at the end of that term. This impression has been confirmed by Professor H. C. Lancaster."[125]

Um Friedländers Förderungswürdigkeit zu unterstreichen, verwies Duggan zusätzlich auf Sprouls Plan, Friedländer als Nachfolger McKinlays an die UCLA zu berufen, und auf Hendricksons Bemühungen in Yale, Friedländer eine Stelle an einem College zu vermitteln. Ueberdies gehe das *EC* kein Risiko ein, denn:

> „(...) in addition to Professor Friedländer's friends and acquaintances in university circles he has relatives of limited means in New York, who have agreed to look after him while he is seeking a new place should need arise."[126]

Binnen zwei Tagen stand das Ergebnis fest: die Mitglieder des Executive Committee Bernard Flexner, Fred M. Stein, Leslie C. Dunn, Livingston Farrand, Charles J. Liebman, Stephen Duggan, Nelson P. Mead und Alfred E. Cohn stimmten einstimmig für den Antrag der JHU, für die Dauer eines Jahres das Gehalt Friedländers

---

123 „President Bowman asks the Committee if possible for a speedy decision, stating that Professor Friedländer is in prison and may be doomed to a concentration camp if help does not arrive shortly." (*EC*-Memorandum from Dr. Duggan to Members of the Executive Committee, 4.1. 1939, in NYPL, *EC*-Records 10.7).
124 Dies geschah explizit auf Anweisung Duggans, wie aus der handschriftlichen Notiz hervorgeht, die Betty Drury ihrem Memorandum-Entwurf beilegte: „Do you think the attached memorandum from you to the members of the Committee is strong enough? Does it say what you want said?" (*EC*-Office Memorandum [hs.] to Duggan, 4.1.1939, in NYPL, *EC*-Records 10.7). Der Entwurf fand Duggans Zustimmung, denn das in den *EC*-Records erhaltene Exemplar des Memorandums trägt die Bleistiftnotiz „OK Duggan".
125 *EC*-Memorandum from Dr. Duggan to Members of the Executive Committee, 4.1.1939 (wie Anm. 123). Duggan drängte in dieser Vorlage ähnlich entschlossen auf eine rasche Entscheidung wie Fred Stein, der sich am Vortag (3.1.1939) bei Betty Drury erkundigt hatte, ob „immediate action" zugunsten Friedländers möglich wäre, etwa in Form einer mail vote (*EC*-Office Memorandum [hs.] Betty Drury to Duggan, 3.1.1939, in NYPL, *EC*-Records 10.7). Drury antwortete Stein noch am gleichen Tag: „I do not know whether he [Dr. Duggan] will want to ask for a mail vote or call a meeting of the Emergency Committee to consider the case." (Brief Drury an Stein, 3.1. 1939, in NYPL, *EC*-Records 10.7).
126 *EC*-Memorandum from Dr. Duggan to Executive Committee, 4.1.1939 (wie Anm. 123).

mit $ 1250 zu bezuschussen. Die erste Zahlung sollte unmittelbar nach Eintreffen Friedländers in Baltimore erfolgen.[127]

Anders als man in Amerika dachte, konnte diese positive Entscheidung nicht mehr zu einer Verkürzung der KZ-Haft Friedländers bzw. zu seiner Freilassung beitragen: er war bereits Mitte Dezember entlassen worden. Körperlich versehrt, aber nun mit der klaren Erkenntnis, Deutschland auf dem schnellsten Wege verlassen zu müssen, meldete er sich bei Bultmann:

> „Lieber Freund, nur wenige Worte (auf der Maschine m d linken Hand) (weil die rechte noch beschädigt ist). Ich bin seit einer Woche wieder zu HAUS. ES waren 5 schwere aber wichtige Wochen. Alles Herzliche Dir und den Deinen zum F est. Ueber ein GEschenk nachzudenken für Heilke fehlte die Ruhe. VIELLEICHT lässt sich das nachholen. (Die Versalien kommen nur aus Unachtsamkeit). (...)
> Unser Blick ist sehr nach vorwärts gewandt. Hoffentlich gelingt, was in Vorbereitung ist. Grüsse die Deinen, Frank, Gadamers und überhaupt Marbg. Grüsse Sodens. In alter FReundschaft Dein P F."[128]

Mit mehrwöchiger Verspätung erreichte die gute Nachricht auch das *Emergency Committee:*

> „I have had word (...) from his brother-in-law of his return from confinement to his home in Charlottenburg."[129]
>
> „He was, until recently, in a concentration camp, but great efforts on all sides have got him out of it and I hope now he is in Switzerland. I managed to get him permission to stay in England and all should be well with him."[130]

Doch weder Bowra noch Hendrickson wussten, wer oder was tatsächlich die Freilassung Friedländers erwirkt hatte. Bowra erging sich nur in vagen Andeutungen: „great efforts on all sides". Die biographische Einleitung zur *Friedlaender*

---

127 Telegramm *EC* an Bowman, und Brief *EC* an Bowman, 7.1.1939 (NYPL, *EC*-Records 10.7). Cohn war vor allem von Bowras Empfehlungsschreiben (S. 625 mit Anm. 102) stark beeindruckt: „If I were not in favor for voting for a grant for Professor Friedländer on account of everything else that is said about him, I should want to do so on account of the letter which Mr. Bowra has written. So my vote in this case is Yes." (Brief Cohn, New York, an Duggan, 6.1.1939, in NYPL, *EC*-Records 10.7).
128 Postkarte (mschr.) Friedländer an Bultmann, o. Datum (kurz vor Weihnachten 1938, in UB Tübingen, NL Bultmann, Mn 2-787).
129 Brief (hs.) Hendrickson, Yale, an Duggan, *EC*, 20.1.1939 (NYPL, *EC*-Records 10.7).
130 Brief Bowra an Duggan, *EC*, 25.1.1939 (NYPL, *EC*-Records 10.7). Ein Aufenthalt Friedländers in der Schweiz ist erst für Juni/Juli 1939 bezeugt (Postkarte und Brief Friedländer, Versoix, Genf, La Terrasse, an Bultmann, 7.6.1939 und 20.7.1939, in UB Tübingen, NL Bultmann, Mn 2-787); die Aufenthaltsgenehmigung in England musste bzw. konnte er wohl nicht in Anspruch nehmen.

9.4 Von der „Abhalfterung" bis zur Ausreise (1936–1939) — 635

Collection nennt immerhin einen der Beteiligten, allerdings ebenfalls recht unspezifisch: „Bultmann arranged for his release."[131]

In Friedländers Postkarte gibt es Hinweise auf einen möglichen Helfer, die jedoch sehr verschlüsselt sind, wohl um diesen nicht zu gefährden. Voll des Lobes äußerte er sich dort über einen gewissen Walter von Schw., der anscheinend mit einem Vetter Bultmanns bekannt oder befreundet war: möglicherweise handelte es sich um einen Mithäftling, der Friedländer beigestanden hatte, oder um einen Angehörigen der Wachmannschaften:

> „Schreibe bitte Deinem Vetter: Walter v Schw grüsst seine Frau. Dein V wird die Adr haben. Ich füge hinzu: Walther ist ein ganz ausgezeichneter Mann, energisch und hilfreich zugleich. Ich hatte den Eindruck: er ist in bester Form, von grosser Spannkraft und Gesundheit. Er hat auch [im Rahmen][132] in der grossen Maschinerie, natürlich ohne äussere Ab- & Ehrenzeichen, eine Stellung, die seiner Arete entspricht. Vielleicht könnte etwas von meinem Eindruck ohne meinen Namen zu nennen dem Gruss an die Frau beigefügt werden. Es war schon sehr seltsam, wie Dein Name erklang."[133]

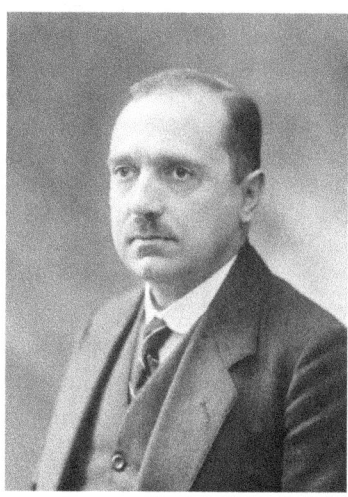

Abb. 21: Rudolf Bultmann (Marburg 1930er Jahre)

Außerhalb des Lagers war es tatsächlich Rudolf Bultmann, der die Hilfsaktion für seinen Freund startete, unmittelbar nachdem er durch Charlotte Friedländer am

---

131 UCLA, Friedländer Coll., Finding Aid [4.10.1994], S. 1.
132 Durch „XXXXXX" überschrieben und unkenntlich gemacht.
133 Postkarte (mschr.) Friedländer an Bultmann, o. Datum (kurz vor Weihnachten 1938) (wie Anm. 128).

15. November brieflich von der Verhaftung informiert worden war.[134] Zunächst appellierte er an Ernst von Hülsen, den Kurator der Universität Marburg, an der Friedländer immerhin zwölf Jahre gelehrt hatte, zu dessen Gunsten zu intervenieren. Als dieser kategorisch ablehnte, wandte er sich am 16. November 1938 in seiner Not an den Theologen Hans Lietzmann, Professor für Kirchengeschichte, Neues Testament und Christliche Archäologie an der Universität Berlin und wie Bultmann Mitglied der „Bekennenden Kirche":

> „Sehr verehrter und lieber Herr Kollege!
> In einer schmerzlichen Angelegenheit erlaube ich mir, mich an Sie zu wenden und Sie, wenn es Ihnen möglich ist, um Ihre Hilfe zu bitten. Unser früherer Kollege, der klassische Philologe *Paul Friedländer*, ist, wie ich gestern abend durch einen Brief seiner Frau erfuhr, in Berlin verhaftet worden. Wohin er gebracht wurde, weiß seine Frau nicht. Friedländer war Jahre hindurch in Marburg mein Kollege; wir haben viel zusammen gearbeitet und sind durch Freundschaft verbunden (...); seine Verhaftung erfolgte im Zusammenhang der zahlreichen Verhaftungen der Nichtarier in den letzten Tagen, ohne daß ein besonderer Anlaß vorläge. Ich habe nun gedacht, daß man im Ministerium darauf hinwirken könnte, daß unsere Universitäts-Kollegen, die Jahre lang dem Staat gedient haben, zumal wenn sie, wie Friedländer, *den Krieg mitgemacht und mit Orden dekoriert wurden*, aus dieser Haft befreit werden. Das Mindeste wäre, daß für eine angemessene Art der Haft Sorge getragen würde; aber zunächst wäre doch darauf zu dringen, daß sie überhaupt frei gelassen werden. – Unser Kurator [Ernst von Hülsen], dem ich die Frage vortrug, will sich nicht mit der Sache befassen. Irgendwelche Beziehungen, die ich für die Sache fruchtbar machen könnte, habe ich nicht. Deshalb komme ich dazu, mich an sie zu wenden, da Sie doch, meines Wissens, Verbindungen mit dem Ministerium haben. Ich empfinde es als eine kollegiale Pflicht, den so hart Betroffenen zu helfen, und ich möchte Sie herzlich bitten, meinen Vorschlag zu erwägen und, wenn es Ihnen irgend möglich erscheint, das Notwendige zu tun."[135]

Lietzmanns Verbindungen zum Ministerium für Wissenschaft, Kunst und Volksbildung waren eher indirekter Art: er war mit dem Preußischen Finanzminister Johannes Popitz befreundet, der aber „als eigentlicher Kultusminister Preußens galt".[136] Dieser dürfte als Ehrenmitglied des *DAI* und als Präsident der „Gesell-

---

134 Hammann 2009, 288, Anm. 158, erwähnt zwei Briefe Charlotte Friedländers an Bultmann, vom 14.11. und vom 26.11.1938 (UB Tübingen, NL Bultmann, Mn 2-787).
135 Brief Bultmann, Marburg, an Lietzmann, 16.11.1938 (zitiert nach Aland 1979, 930, Brief Nr. 1061).
136 Andresen 1985, 546. Ein erfolgreiches Zusammenwirken von Lietzmann und Popitz zugunsten eines politisch Bedrängten ist auch im Falle des Religionshistorikers Johannes Witte bezeugt, der zum 31. März 1939 zur ‚freiwilligen' Emeritierung gezwungen wurde: in zwei Briefen dankte Witte nicht nur Lietzmann, „daß Sie so tapfer und selbstlos wieder für mich eingetreten sind", sondern auch „Ihrem Freunde, der sich so schnell für mich bemüht hat." (Brief Witte, Berlin, an Lietzmann, 5.11.1937); „Ich werde das nicht vergessen, wieviel ich Ihnen und Ihrem Freunde verdanke." (Brief Witte Berlin, an Lietzmann 16.1.1939, beide in Aland 1979, 905 und

schaft für antike Kultur" Friedländer, wenn schon nicht persönlich, so doch dem Namen nach gekannt haben. Darüber hinaus lehnte Popitz die Judenpolitik des nationalsozialistischen Regimes grundsätzlich ab und „beantragte nach 1938 mehrmals seine Entlassung".[137]

Einem Dankesbrief Bultmanns an Lietzmann ist zu entnehmen, dass sich dieser bei den Behörden umgehend um die Freilassung Friedländers bemüht und zusätzliche Unterlagen angefordert hatte:

> „Für Ihre Briefe danke ich Ihnen sehr, vor allem dafür, daß Sie die Sache im Auge behalten haben. Ich sende Ihnen einliegend eine Photokopie des Kriegsranglisten-Auszuges, der wohl alle notwendigen Angaben enthält. Es wäre nur noch hinzuzufügen, daß Friedländer am 20. IV. 1935 das Frontkämpferkreuz erhalten hat.
>
> Ich bin Ihnen herzlich dankbar, wenn Sie die Sache nach Möglichkeit weiter verfolgen, und wünsche, daß es mit Erfolg geschieht."[138]

Friedländer war nach der Entlassung aus der ‚Schutzhaft' seelisch[139] und gesundheitlich schwer angeschlagen: die „beschädigte" rechte Hand hinderte ihn wochenlang am Schreiben, und noch Ende Januar litt er an einer lebensbedrohenden Lungenentzündung, die er sich infolge der menschenunwürdigen Haftbedingungen zugezogen hatte.[140]

939, Briefe Nr. 1028 und 1077, mit Anmerkungen). Weitere Beispiele für Lietzmanns aktives und unmittelbares Eintreten „für bedrängte und verfolgte jüdische Intellektuelle" bei Kinzig 2001, 557f.

137 Schulz 2001, 620–622. Popitz wie Lietzmann gehörten der traditionsreichen „Mittwochsgesellschaft" an (Aland 1979, 150), die sich unter Popitz' Leitung (ab 1941) dem Widerstand gegen Hitler anschloss: nach Gelingen des Attentats vom 20. Juli 1944 hätte er das Amt des Finanz- und Kultusministers übernehmen sollen. Er wurde als einer der Hauptverschwörer am 21. Juli 1944 verhaftet und nach seinem Prozess am 3. Oktober 1944 am 2. Februar 1945 in Plötzensee hingerichtet.

138 Brief Bultmann, Marburg, an Lietzmann, 27.11.1938 (zitiert nach Aland 1979, 932, Brief Nr. 1064, mit 1178, Anm. 1 zu Brief Nr. 1064); siehe auch S. 604, Anm. 28.

139 Die Erfahrungen im KZ hatten wohl Friedländers schlimmste Befürchtungen überstiegen: erstmals habe er jetzt, so in einem Brief an Bultmann, anders als in den Jahren 1914–18 an der Front, „das Gefühl (...) in apokalyptischer Zeit zu leben. (...) Und dies kommt uns böser vor." (Brief [hs.] Friedländer an Bultmann, 24.2.1939, in UB Tübingen, NL Bultmann, Mn 2-787).

140 Der erste erhaltene handschriftliche Brief nach der Haftentlassung ist auf den 24. Februar datiert. Über Friedländers Gesundheitszustand gibt ein Brief Bultmanns an seine Tochter verschlüsselt Auskunft, geschrieben anlässlich seines Besuches in Berlin am 22. Januar: „Wir hatten einige schöne Stunden zusammen. Er hat sichere Aussichten auf eine Stelle, muß sich aber erst noch erholen; denn er ist aus seinem Ferienaufenthalt mit einer schweren Erkältung zurückgekommen, da sein Hotelzimmer nicht beheizbar war. Er hatte noch Fieber, und ich hoffe, daß seine Lunge, die ja zart ist, nicht angegriffen ist." (Brief R. Bultmann an Antje Bultmann

Der Kampf um die Ausreise (Jan. – Aug. 1939)

Mitte Januar dürfte Friedländer die Freudennachricht von seiner Anstellung an der JHU erreicht haben, denn am 2. Februar erhielt die Johns Hopkins University einen Brief aus Berlin, in dem Friedländer von seinen frustrierenden Erfahrungen mit einem offenbar besonders bürokratischen amerikanischen Konsul berichtete, der sich weigerte ihm ein non-quota visa auszustellen. Trotz des Jahresvertrages von Johns Hopkins und trotz eines relativ hohen Gehaltes ($ 2500)[141] verlangte das Konsulat das Unmögliche, den Nachweis einer unbefristeten Anstellung:

> „We have just received a letter from Frieländer [sic!] expressing his gratitude at what we have done for him. He is out of prison and his only difficulty seems now to be with the American consul at Berlin, to whom President Bowman wrote. Friedländer reports that the consul, or someone representing him, said that the offer of a position for a year at Johns Hopkins ‚must be backed up by the offer of a permanent post.'"[142]

Lancaster sah keinen anderen Ausweg als Duggan darum zu bitten, beim amerikanischen Konsul zu intervenieren:

> „Can you bring any pressure to bear on the consul, either directly or through the State Department?"

Nach kurzer interner Diskussion zwischen Duggan, Drury und Stein wurde dieses Ansinnen abgelehnt: für „immigration matters" seien die Universitäten zuständig, nicht das *EC*.[143] Stattdessen schlug Duggan vor, dass JHU und UCLA gemeinsam gegenüber dem Konsul in Berlin ihr Interesse an Friedländer und ihre Pläne für

---

Lemke, 29.1.1939, in UB Tübingen, NL Bultmann, Mn 2-787, zitiert nach Hammann 2009, 288 f., Anm. 160).

141 Zum Vergleich: der amerikanische Konsul in Hamburg sollte von Ernst Kapp im August 1939 ein jährliches Mindesteinkommen von nur $ 2000 verlangen. Friedländers Schwager Georges hatte ein Affidavit nach Berlin geschickt, „to the effect that he will take care of Paul Friedländer and his family if he finds himself without a position." (Brief Lancaster, Baltimore, an Duggan, *EC*, 3.2.1939, in NYPL, *EC*-Records 10.7). Das Gehalt erlaubte Friedländers nur einen bescheidenen Standard: deshalb erteilte Charlotte in Baltimore Unterricht, um die Gebühren einer Privatschule für die Tochter zahlen zu können (Calder/Huss 1999, XIII).

142 Brief Lancaster an Duggan, *EC*, 3.2.1939 (wie Anm. 141). Eine derartig strenge Auslegung der Einwanderungsvorschriften hätte die Emigration von fast allen Wissenschaftlern vereitelt, denn nur die wenigsten hatten von Anfang an einen unbefristeten Vertrag, u. a. Werner Jaeger.

143 „It is our practice to let the universities take care of these immigration matters itself" (Brief Drury, *EC*, an Stein, 6.2.1939, in NYPL, *EC*-Records 10.7). Doch es gab auch, wenn auch seltene, Ausnahmen: „In really urgent cases, however, we appeal to the National Coordinating Committee, which will, if necessary, take up the case in Washington." (ebda.).

dessen längerfristige Anstellung zum Ausdruck bringen sollten. Eine derartige Willenserklärung gegenüber der Einwanderungsbehörde sei für die Universitäten mit keinerlei finanziellen Verpflichtungen verbunden, da Georges Friedlaender für seinen Schwager und dessen Familie bereits die obligatorische Bürgschaftserklärung geleistet habe:

> „Dr. Duggan (...) felt sure that between them, the University of California and the Johns Hopkins University would be able to straighten out the situation concerning Professor Paul Friedländer's future in a way which would satisfy the consul in Berlin. (...) neither the University of California nor the Johns Hopkins University would appear to be taking any risk, since a relative of Friedländer in this country is said to have made out an affidavit to the effect that he would be responsible for Professor Friedländer and his family if Friedländer should by any chance find himself without a position."¹⁴⁴

Duggan war zuversichtlich, dass dieses konzertierte Vorgehen die Bedenken des Konsulats beschwichtigen und die Visa-Frage rasch lösen würde: „They might then have fixed it by wire in a few hours".¹⁴⁵

Mit dieser Einschätzung scheint er auch Recht gehabt zu haben, denn in der Korrespondenz der nächsten Monate spielten Visa-Probleme keine Rolle mehr. Dennoch musste Friedländer noch monatelang um seine Ausreise kämpfen. Sein Hauptproblem war nun das schikanöse Verhalten der deutschen Behörden, die ihm ja schon bei seiner Rückkehr aus den USA im Mai 1938 seinen Pass abgenommen hatten. Diese Willkürmaßnahme war im Herbst a posteriori sozusagen ‚gesetzlich' legitimiert worden, denn am 5. Oktober 1938 waren die Pässe aller im Reichsgebiet sich aufhaltenden Juden kurzerhand für ungültig erklärt worden: ferner verpflichtete die „Verordnung über Reisepässe von Juden" jeden Juden, seinen Reisepass innerhalb zwei Wochen bei Androhung von Haft oder einer Geldstrafe abzugeben;¹⁴⁶ d.h. nun besaßen auch Charlotte (und Dorothee) Friedländer keinen gültigen Pass mehr:¹⁴⁷

---

144 Brief Drury, *EC*, an Lancaster, 8.2.1939 (NYPL, *EC*-Records 10.7).
145 Notiz (mschr.) E[unice] L[isowski] an Drury, undatiert, received 9.2.1939 (NYPL, *EC*-Records 10.7).
146 „§ 1 Abs. 1: Alle deutschen Reisepässe von Juden (§ 5 der Ersten Verordnung zum Reichsbürgergesetz vom 14. November 1935 – RGBl. I, S. 1333), die sich im Reichsgebiet aufhalten, werden ungültig. Abs. 2: Die Inhaber der im Abs. 1 erwähnten Pässe sind verpflichtet, diese Pässe der Paßbehörde im Inland, in deren Bezirk der Paßinhaber seinen Wohnsitz oder mangels eines Wohnsitzes seinen Aufenthalt hat, innerhalb von zwei Wochen nach Inkrafttreten dieser Verordnung einzureichen. Für Juden, die sich beim Inkrafttreten dieser Verordnung im Ausland aufhalten, beginnt die Frist von zwei Wochen mit dem Tage der Einreise in das Reichsgebiet. (...) § 2: Mit Haft und mit Geldstrafe bis zu einhundertfünfzig Reichsmark oder mit einer dieser Strafen wird bestraft, wer vorsätzlich oder fahrlässig der im § 1 Abs. 2 umschrie-

„Wie unsere Aussichten stehn, ist uns selbst undeutlich. Noch sind weder die Finanzfragen noch die Paßsache am Ziel, und auch das Transoceanische ist noch nicht vollständig. (...) Die Tage vergehn mit all diesem deprimierenden Kram, Umherlaufen, auf Korridoren Warten, Papier beschreiben."[148]

„Ich wollte Dich fragen: weißt Du wie Frank seine Passschwierigkeiten überwunden hat? Oder hatte er garkeine? Dies ist bei uns die drückendste Ungewissheit. Ende Dez. habe ich die Pässe beantragt und noch habe ich sie nicht – was eher Absicht als Schludrigkeit ist. Ich versuche jetzt dahinterzukommen, wo der Grund liegt. Jedenfalls ist es beunruhigend. Diese Ungewissheit und dieser Haufen von vergeblichen oder auch erfolgreichen Gängen, Anstehen u. Warten vor oder in Büros etc. etc. ist sehr ermattend."[149]

Die Verunsicherung Friedländers war so groß, dass er es nicht einmal wagte, seinen jüngsten Erfolg, den Druck der Prokop-Studie in der Città del Vaticano, allgemein anzukündigen: Belegexemplare verschickte er „intra muros nur an ganz wenige", um den günstigen Ausgang der Ausreiseformalitäten nicht zu gefährden: „Zu große Publizität tut nicht gut."[150] Nachdem Friedländers ihre Wohnung in Charlottenburg am 31. März geräumt hatten, lebten sie während der letzten Wartemonate „verstreut (...) an 3 (!) verschiedenen Stellen Berlins": Paul zog zu seiner Mutter in der Werftstraße 3, „dort wo ich viele Jahre meines Lebens gewohnt habe", was in ihm „zwiespältige Erinnerungen" auslöste.[151] Einen kleinen Hoffnungsschimmer in der Passfrage gab es am 24. März, als sich „eine kühne Frau" der Sache annahm, für Friedländers in die Pass-Stelle vorstieß und dort den Bescheid erhielt,

---

benen Verpflichtung nicht nachkommt." (zitiert nach http://www.documentarchiv.de/ns/jdnpass.html, verkürzt bei Walk 1981, 244, Nr. II 566); auch die Eltern Manasses sahen sich ähnlichen vorgezogenen Pass-Schikanen ausgesetzt (s. Kapitel Manasse, S. 579 mit Anm. 81).
147 Es lag nun im Ermessen der Passbehörde, wann ihre Pässe wieder gültig wurden, denn § 1 Abs. 3 regelte: „Die mit Geltung für das Ausland ausgestellten Reisepässe werden wieder gültig, wenn sie von der Paßbehörde mit einem vom Reichsminister des Innern bestimmten Merkmal versehen werden, das den Inhaber als Juden kennzeichnet." (wie Anm. 143*). Mit dem „Merkmal" war die Abstempelung der Pässe mit einem großen roten „J" und die Ergänzung der Vornamen durch „Israel" oder „Sarah" gemeint. (Siehe auch Kapitel Kristeller S. 441f. mit Anm. 115).
148 Brief (hs.) Friedländer, Berlin, an Bultmann, 24.2.1939 (wie Anm. 139).
149 Postkarte (hs.) Friedländer an Bultmann, 14.3.1939 (UB Tübingen, NL Bultmann, Mn 2-787).
150 Brief (hs.) Friedländer, Berlin, an Bultmann, 24.2.1939 (wie Anm. 139).
151 Brief (hs.) Friedländer, Berlin, an Bultmann, 4.5.1939 (UB Tübingen, NL Bultmann, Mn 2-787); Clara Friedländers vollständige Adresse lautete „NW 40, Werftstr. 3" (Jüdisches Adressbuch Groß-Berlin 1931, 106).

"es fehle nur noch die Antwort auf eine Rückfrage. Freilich, wer hat die zu geben? Das wurde ihr auch nicht gesagt."[152]

Sechs Wochen später war die Angelegenheit so weit fortgeschritten, dass Friedländer es an der Zeit hielt, seinem Freund Bultmann eine Art Abschiedsbrief zu schicken: aus Angst vor der Zensur ohne inhaltliche Details, doch mit einem zuversichtlichen Ausblick auf die ungewisse Zukunft:

"Seit ein paar Tagen sind die Aussichten heller geworden. Ich habe recht zuverlässige Nachricht, dass wir nicht mehr sehr viele Tage werden zu warten brauchen. Dabei ist mir klar, dass immer noch irgendwelche neue Diablerien einem den Weg verlegen können. Aber es ist doch nun nicht mehr aussichtslos. Einzelhtn verbieten sich.(...)
Hab Dank für alle Nachrichten und lass mich auch künftig teilnehmen. Mir wird der Hudson oder Susquehanna den Po oder den Tiber vertreten. Kapitole gibt es ja drüben genug. Nur nicht jenes zu dem der pontifex cum tacita virgine hinaufstieg. Aber auch dieses Schicksal bin ich entschlossen ohne Sentimentalität anzunehmen."[153]

Zeitgleich kündigte er mit vorsichtigem Optimismus Albrecht Götze in Yale seine baldige Emigration an:

"Vielleicht ist es gar nicht mehr so sehr lange hin, dass wir in ihre Nähe gelangen. Man hat sich besonders von Hopk aus sehr große Mühe gegeben. Und ich hoffe, daß auch die letzten internen Schwierigkeiten hier bald beseitigt sein werden. (...) Leben Sie wohl, grüßen Sie Ihre Frau und drücken Sie die Daumen."[154]

---

152 Brief (hs.) Friedländer an Bultmann, 25.3.1939 (UB Tübingen, NL Bultmann, Mn 2-787). Die erste vorübergehende Adresse nach der Auflösung der Niebuhrstraße war in der „Mühlenstraße 39a, Berlin-Lankwitz, bei Frau Privat."
153 Brief (hs.) Friedländer, Berlin, an Bultmann, 4.5.1939 (wie Anm. 151).
154 Brief Friedländer (hs.) an Götze, 3.5.1939 (Yale, ULMA, Goetze-Papers 7.159). Götze war bereits durch Leo Spitzer, Friedländers wichtigstem Fürsprecher in Baltimore, über die mutmaßlich günstige Entwicklung informiert: „I had previously heard enough about you. At Easter I was down in Baltimore for a meeting and had luncheon with Spitzer, what better source could there be? The last difficulties will soon be overcome, I hope, and I trust your next letter will tell us about your departure." (Brief Götze an Friedländer, 28.5.1939, in Yale, ULMA, Goetze-Papers 7.159). Hauptthema dieser beiden Schreiben war die eventuelle Emigration des klassischen Philologen Ernst Grumach, eines Schülers Friedländers aus der Marburger Zeit, der nach seiner Entlassung 1934 in Königsberg von 1937 bis 1941 Griechisch und Latein an der Hochschule für die Wissenschaft des Judentums in Berlin unterrichtete (Teztlaff 1982, 116). Den Krieg überlebte Grumach in Berlin als Zwangsarbeiter, der einer Gruppe von jüdischen Akademikern vorstand, die beim Reichssicherheitshauptamt 1941–1945 zur bibliothekarischen Erfassung der europaweit beschlagnahmten jüdischen Bibliotheken und Privatsammlungen eingesetzt war (siehe Grumachs „Bericht über die Beschlagnahme und Behandlung der früheren jüdischen Bibliotheksbestände durch die Stapo-Dienststellen in den Jahren 33–45" und die notariell beglaubigte

Tatsächlich war es Friedländers möglich, Deutschland Anfang Juni für immer zu verlassen. Etwa zwei Monate verbrachten sie, wie jeden Sommer, mit Verwandten in Versoix am Genfer See,[155] am 14. August bestiegen sie in Rotterdam ihr Schiff, die „MS Statendam" der „Holland-America Line"[156] mit der Destination New York.[157]

9.5 Emigration in die Freiheit: Neubeginn mit siebenundfünfzig (USA)

1939/40: Lecturer in Classics an der JHU – Verhandlungen mit UCLA

Spätestens im Juli 1939 kannte auch die Johns Hopkins University Friedländers Reisedaten,[158] denn Dr. Henry S. Baker, der Kämmerer der JHU, forderte das EC auf, für diesen die erste Rate des Gehaltszuschusses „upon his arrival in August" zu

---

Abschrift seiner eidesstattlichen Aussage über die Tätigkeit der „Gruppe Grumach" und der „Gruppe Schwarzwälder" vom 23. Februar 1954 in Schidorsky 1998, 356–361 und 374–382).

155 Dieser Aufenthalt ist durch zwei Briefe an Bultmann bezeugt: am 7.6. schickte er ihm eine lateinischsprachige Postkarte, in der er seinen Familiennamen witzig zu „Irenaeus" latinisiert und doppeldeutig die „reine Luft" und den „reinen Himmel" des Genfer Sees preist: „Rudolfo Irenaeus sal. Hoc te scire velim nos lacum Lemannum cum profundo anhelitu aspexisse et aspicere. Fruimus puro aere, caelo, sodalicio propinquorum." (Postkarte [hs.] Friedländer, Versoix, Genf, La Terrasse, an Bultmann, 7.6.1939, in UB Tübingen, NL Bultmann, Mn 2-787). Diese letzten Wochen in Europa nutzte Friedländer zu intensiven Vorarbeiten für das kommende Semester in Baltimore und zu englischen Sprachstudien: „Ich lese allerlei Englisch und mache englische Einleitungen zur ‚griechischen Kunstprosa' (wobei es schon fraglich ist, wie man die auf englisch sagt) und zur ‚griech. Mythologie'. Mit meiner Frau lese ich Symposion u. wir (d. h. meistens sie), übersetzen es ins Englische (...)." Wie erleichtert und vergleichsweise entspannt Friedländer in diesen Wochen war, zeigt der politische Witz, den er in seinen Brief einflocht: „Englisch lerne ich nicht sehr viel (wenn man schwimmen muss, wird es gehen, weil es gehen muss), aber doch etwas: ‚It stinks in the nostrils of all decent people' las ich in einer Ztschr. u. freute mich über die Kraft des Ausdrucks. Was ‚it' ist darf ich Dir nicht verraten." (Brief [hs.] Friedländer, Versoix, an Bultmann, 20.7.1939, S. 2, in UB Tübingen, NL Bultmann, Mn 2-787).
156 Siehe http://www.lategreatliners.com/nl_hal.htm.
157 „Die vielen Wochen hier verfließen rasch. Am 14. August geht die Statendam von Rotterdam ab. Vorher ein paar Tage Holland. Danach bemisst sich der hiesige Aufenthalt. Die meisten der holländ. Geschwister meiner Frau waren und sind hier. Es gibt mancherlei sachliche Besprechungen. Das versteht sich." (Brief [hs.] Friedländer, Versoix, an Bultmann, 20.7.1939, wie Anm. 155).
158 Das Formblatt ‚Data Prior to/Following Arrival in U.S.A.' (18.10.1940, S. 1, YIVO, OT-Microfilm) spiegelt den Kenntnisstand der amerikanischen Unterstützer unter der Rubrik ‚Difficulties': „By July 5, 1939 he has escaped Germany with his family and was in Switzerland."

überweisen.[159] Dies war zwar unüblich – in der Regel überwies das Komitee die erste Rate erst nach Dienstantritt Anfang Oktober – doch angesichts der KZ-Haft und der monatelangen Verzögerungen bei der Ausstellung von Visa und Reisepässen einigten sich Betty Drury und Fred Stein auf eine pragmatische Lösung:[160] am 18. Juli wurden $ 625 als „first installment" in Form eines ‚vouchers' an JHU gesandt,[161] woraufhin Baker versicherte, dass der Scheck erst unmittelbar nach Eintreffen Friedländers „sometime around the middle of August eingelöst werden würde.[162]

Am 20. August 1939 traf Friedländer mit seiner Familie in den USA ein. Es war ihm – wahrscheinlich mit finanzieller Unterstützung seines Schwagers – sogar möglich, seine Bibliothek und Möbel von Deutschland nach Baltimore zu schaffen.[163] Die Umstellung auf die so anders gearteten Verhältnisse des amerikanischen Universitätsbetriebes fiel dem 57jährigen erstaunlich leicht, bei Studenten wie bei Kollegen war er außerordentlich beliebt:

> „Dr Friedländer is the kind of man whom we would like to have at this University and we cannot say enough in his praise." (Isaiah Bowman)[164]

> „As a teacher, Dr. Friedlander was always well liked by his pupils. His courses were stimulating. He has a genuine interest in his students and knows how to make them interested in their work. As a friend and colleague he is most charming, full of wit and spirit, reliable and upright. He has proved easily adaptable to conditions in this country."
> (Ludwig Edelstein)[165]

Auch die Familie hatte sich rasch eingelebt: Dorothea besuchte die „Friends School of Baltimore", eine von Quäkern betriebene Privatschule, die Mutter gab dort dreimal die Woche Französischunterricht. Friedländer zeichnete in seinem ersten Brief an Bultmann seit seiner Ankunft in den USA im Januar 1940 ein sehr sympathisches Bild von seiner neuen Wirkstätte: „Man kann hier leben." Un-

---

159 Brief Baker, Baltimore, an EC, 11.7.1939 (NYPL, EC-Records 10.7).
160 Brief Drury, EC, an Stein, 14.7.1939 (NYPL, EC-Records 10.7).
161 „(...) although it is not customary to pay the first installment of our grant until the actual arrival of the scholar at the university at which he will teach" (Brief Drury, EC, an Baker, 19.7. 1939, NYPL, EC-Records 10.7); Voucher Nr. 645 (datiert auf 18.7.1939).
162 Brief Baker an Drury, EC, 21.7.1939 (NYPL, EC-Records 10.7).
163 Brief Bowman, President JHU, an Duggan, EC, 9.1.1940 (NYPL, EC-Records 10.8).
164 Ebda.
165 Brief Edelstein, JHU Baltimore, an Hollander, 22.10.1943, S. 2 (NYPL, EC-Records 10.8). Ganz anders Friedländers Selbsteinschätzung in der Retrospektive: „Ich entsinne mich noch wie schwer es mich das erste Jahr an der Johns Hopkins Univ. in Baltimore ankam." (Brief Friedländer, Los Angeles, an Klingner, 1.12.1946, zitiert nach Mensching 2003a, 65).

mittelbar nach dem Weihnachtsfest, das mit „vielen schweren und frohen Gedanken umgeben war", fuhr er mit der Bahn zum 71st Annual Meeting der *American Philological Association (APA)*, wo er am 28.12. um 2 p.m. einen Vortrag über Lukrez halten sollte:[166]

> „Am 26ten abends (2ten Feiertag gibts hier nicht) fuhr ich nach Ann Arbor (...) sah und traf viele Menschen (WJaeger war der erste Mensch auf dem Bahnsteig in AA), hielt einen Vortrag The Epicurean Theology in the First Prooemium of Lucretius – es soll der beste der (philolog.) Tagung gewesen sein. Wozu nicht sehr viel gehörte. Das Ganze anstrengend, aber menschlich erfreulich, lehrreich u. vielleicht auch nützlich. Ich arbeite ziemlich, das Englischsprechen ist natürlich nützlich u. notwendig, aber doch auch wieder recht anstrengend – zumal es eben doch im Ganzen immer noch Ausnahme ist. Aber in einiger Zeit hoffe ich es leichter zu haben. (...) An ein paar kleinen Dingen arbeite ich, in der Bahn früherer Arbeiten, einige Frustula Lucretiana sind in Gedanken fertig, einen Nachtrag zu meiner griech. Musik muss ich auch schreiben. Jener Vortr. über Epicur. Theology wird in den Berichten über jene Tagung gedruckt,[167] wie jenes ΔIC KAI TPIC, das ich Ende 1938 in Providence lesen sollte!! Ich habe die Jahreserinnerung an meine vereitelte Reise mit besonderem Ernst begangen. (...)"[168]

Schon am Ende des ersten Terms war klar, dass Friedländer an der JHU längerfristig keine Aussichten hatte: die Studentenzahlen in seiner Spezialdisziplin Greek Philology waren zu niedrig, als dass die Einrichtung einer zweiten Stelle möglich war. Zudem war sein Kollege im Greek Department, Harold Cherniss, ebenfalls Jude, ein Umstand, den Präsident Isaiah Bowman berücksichtigen zu müssen glaubte:

> „We feel that it would not be wise to appoint a second person of the same faith. I have talked this over quite frankly with Dr. Friedländer and with Dr. Cherniss and other Jewish friends of the institution. Hopkins has taken a disproportionately large number of refugees, and we do not want to overdo the matter lest there be repercussions."[169]

Das Ergebnis dieser Besprechung nahm Friedländer relativ gelassen auf, denn er setzte große Hoffnungen auf seine Kontakte zur University of California, die an seiner Verpflichtung stark interessiert war und ihn deshalb schon im Juli 1939 angeschrieben hatte:

---

166 Siehe Programm des Meetings in *TAPhA* 70 (1939), XXVI.
167 Friedländer, „The Epicurean Theology in the First Prooemium of Lucretius", in *TAPhA* 70 (1939), 368–379.
168 Brief (hs.) Friedländer, Baltimore, Md, 3324 Gilman Terrace, an Bultmann, 18.1.1940 (UB Tübingen, NL Bultmann, Mn 2-787).
169 Brief Bowman, President JHU, an Duggan, 9.1.1940 (wie Anm. 163).

"Hier scheint unseres Bleibens nicht zu sein. Im Sommer werden wir wahrsch. nach Californien, Los Angeles, übersiedeln."[170]

Als sich abzeichnete, dass Friedländer für das Jahr 1939/40 an der JHU unterrichten würde, hatte Berkeleys Präsident Robert Gordon Sproul unkonventionelle Wege beschritten, seine Option auf den deutschen Gelehrten aufrechtzuerhalten: Zunächst informierte er seinen Kollegen Bowman, der gerade die Zusage für eine Teilfinanzierung Friedländers durch das *EC* erhalten hatte, von dem Plan, Friedländer ab Juni 1941 als Nachfolger McKinlays an die UCLA berufen zu wollen und bat ihn um Mithilfe bei der Beschaffung finanzieller Mittel für das Jahr 1940/41. Irritiert lehnte Bowman diesen Vorstoß ab und setzte sowohl Duggan als auch Thomas vom *Oberlaender Trust* davon in Kenntnis:

"[President Sproul] (...) requesting me to write to you and Dr. Thomas to that effect in order that additional help might be obtained to bridge the gap between the termination of Professor Friedländer's one year appointment at Johns Hopkins and the beginning of the proposed appointment at California.
I have replied to President Sproul in the sense that I could not speak for Professor Friedländer and would prefer to make no statement on our own plans or to endorse the plans of other institutions until Professor Friedländer arrives and I may consult him."[171]

In einem zweiten Schritt wandte sich Sproul direkt an Friedländer, im Juli 1939, als dieser sich noch in Europa aufhielt:

"I had written to him in July (at that time he was in Switzerland) that my offer of a lectureship for the period July 1, 1940 to June 30, 1941, is still open, and that he could postpone his decision until after he had talked with President Bowman of Johns Hopkins University."[172]

Dieses Angebot nahm Friedländer an, wenige Wochen, nachdem er seine Unterrichtstätigkeit an der JHU angetreten hatte.[173] Doch Sprouls Generosität hatte einen Haken: immer noch wollte oder konnte UCLA seinen Wunschkandidaten nicht aus eigenen Mitteln finanzieren. Deshalb stellte Sproul unter Bezugnahme auf die frühere Korrespondenz mit dem *EC* am 3. Oktober einen neuen Antrag auf einen Gehaltszuschuss, mit Konditionen, die für das Komitee erneut unannehmbar waren:[174] diesmal sprengte die gewünschte Summe den Rahmen des Möglichen,

---

170 Brief (hs.) Friedländer, Baltimore, an Bultmann, 18.1.1940 (wie Anm. 168).
171 Brief Bowman an Duggan, 18.1.1939 (NYPL, *EC*-Records 10.7).
172 Brief Sproul an Duggan, 3.10.1939 (NYPL, *EC*-Records 10.7).
173 Ebda.
174 Siehe die Ausführungen über Sprouls Antrag vom 12.12.1938 auf S. 627 f.

$ 2100 für den Zeitraum eines Jahres, unter der Maßgabe, dass der *Oberlaender Trust* die gleiche Summe bewilligte. Doch das *EC* räumte Sproul eine zweite Chance ein: sein Antrag wurde auf der Oktobersitzung des Executive Committee nicht rundweg abgelehnt, sondern nur vertagt – das Budget für 1940/41 war ohnehin vollkommen verbraucht. Duggan gab in seinem Bescheid wertvolle Hinweise für eine zu modifizierende application:

> „Perhaps I should say parenthetically that the Emergency Committee has never to my knowledge made a grant for so large a sum as $ 2100. Even during the first years of the Committee's work, when the number of displaced scholars was relatively small, compared to what it is now, the Committee's grant never exceeded $ 2000. The average grant which is made at the present time is somewhere around $ 1000."[175]

Statt diesen Rat zu befolgen, versuchte Sproul in einem ungewöhnlichem Manöver sein Glück bei Friedländers Schwager Georges; ob dieser bereit wäre $ 2100 zu Paul Friedländers Gehalt beizusteuern, wenn der *Oberlaender Trust* die gleiche Summe aufböte. Beunruhigt stattete Georges Friedlaender umgehend dem *EC* einen Besuch ab und beteuerte, dass er seit Kriegsausbruch geschäftlich ruiniert sei und unter keinen Umständen seinen Verwandten so weitreichend unterstützen könne:

> „President Sproul has written him asking for $ 2.100, stating that Oberlaender will also be asked for $ 2.100. Mr. Friedlaender says that his export business is all but ruined on account of the war and that he cannot afford to make grant. Asked what we could do. I told him of the application which had been considered but tabled."[176]

Die nächste application für UCLA kam überraschend aus Baltimore: Johns Hopkins Präsident Bowman informierte Duggan am 9. Januar 1940 über den aktuellen Stand und stellte beim *EC* einen dritten Antrag. Die Trustees des *Oberlaender Trust* hätten inzwischen für Friedländer eine Summe von $ 1000 bewilligt, ob das *EC* bereit wäre, einen grant über $ 1500 zur Verfügung zu stellen, $ 1000 als Gehaltszuschuss, $ 500 als Reisekostenzuschuss zur Finanzierung des Umzuges von Baltimore nach Los Angeles, da mit Georges Friedlaenders Unterstützung bis auf weiteres nicht zu rechnen wäre:

---

175 Brief Duggan an Sproul, 16.10.1939 (NYPL, *EC*-Records 10.7).
176 *EC*-Interview Memorandum (hs.) Drury, 9.11.1939 (NYPL, *EC*-Records 10.7); "the boycott of German merchandise and the conditions of ocean transportation" waren die Hauptursachen für Georges Friedlaenders geschäftliche Schwierigkeiten (Brief Bowman an Duggan, 9.1.1940, wie Anm. 163).

9.5 Emigration in die Freiheit: Neubeginn mit siebenundfünfzig (USA) — 647

> „It seems to me that we have in Dr. Friedländer a case where help is vitally needed to get him across the continent, for he has no funds of his own that I am aware of. I have been asked by Dr. Sproul to talk the matter over with Dr. Friedländer, and the latter is willing to go to California under the conditions indicated."[177]

Auch auf dem Meeting des Executive Committee im Januar 1940 konnte der Fall Friedländer („Application for Renewal") wiederum nicht behandelt werden:

> „The Committee could take no action on this application dealing with a period so far in the future. It objected also to the amount required."[178]

Duggan vertröstete Sproul angesichts der festgefahrenen Situation und stellte eine Neuverhandlung für das Frühjahr in Aussicht, wenn man mit hoffentlich neuen Geldern über den Förderungszeitraum 1940/41 beraten könnte:

> „All we can do at the present time, however, is to set aside this application, putting it on a preferred list, so that it may be brought up again as soon as our budget situation has been clarified."[179]

Flexner versuchte Bewegung in die Sache zu bringen und schlug intern vor, ob man die Transportkosten nicht bei einer anderen Institution, der *Refugee Economic Corporation*,[180] beantragen könnte, gegebenenfalls als Darlehen?[181] Dieser Vorschlag wurde offenbar gutgeheißen, denn in der Aprilsitzung, in der Flexner nicht zugegen war, wurde eine Antragssumme von lediglich $ 1000 verhandelt und bewilligt:

---

177 Brief Bowman an Duggan, *EC*, 9.1.1940, mit einer Bleistiftnotiz (links oben) von Miss Drury: "Dr. Duggan: the application from California is on our next Agenda. Do you want a copy of this sent to Mr. Flexner?"(wie Anm. 163).
178 *EC*-Agenda ‚Application for Renewal', 16.1.1940, S. 10, und ‚Supplement B to Agenda', S. 2 (NYPL, *EC*-Records 10.8): angesichts der angespannten finanziellen Gesamtlage war auch die auf $ 1500 reduzierte Antragssumme für das *EC* inakzeptabel.
179 Brief Duggan, *EC*, an Sproul, 22.1.1940 (NYPL, *EC*-Records 10.8).
180 Gegründet 1934 von Felix M. Warburg, Leitung Charles J. Liebman (Bauer 1974, 145); nach der in den *EC*-Records überlieferten Akte führte Liebman die ersten Jahre die Geschäfte als Vice-President, erst nach Warburgs Tod wurde er President. Bernard Flexner, 1937 noch Secretary der *REC*, ist ab Mai 1939 als Vice-President bezeugt (NYPL, Briefe *REC* an Drury, *EC*, 21.12.1937 und 23.5.1939, in NYPL, *EC*-Records 170.10). Seit November 1937 gehörte Liebman auch dem Executive Committee des *Emergency Committee* an (Duggan/Drury 1948, 178).
181 Telephone Conversation (hs.) Miss Lisowski (Duggans Secretary), 19.1.1940 (NYPL, *EC*-Records 10.8).

„At the meeting the Committee voted a grant of $ 1.000 to the University of California for Dr. Paul Friedländer instead of the $ 1.500 Isaiah Bowman had suggested. The extra $ 500, intended for transportations, might you thought be advanced as a loan to Dr. Friedländer from a special fund of which you and Mr. Liebman knew."[182]

Am 15. April wurde Bowman telegraphisch verständigt, am 24. April erhielt Sproul den Bewilligungsbescheid: auf Anraten Flexners[183] wurde gegenüber der University of California weder die reduzierte Summe noch der als Darlehen ausgezahlte Reisekostenzuschuss expliziert:

„In making this grant the Committee understood that the Oberlaender Trust had already voted a grant of $ 1.000 for Dr. Friedländer's work during the coming year, so that with our grant (...) he will be assured of a salary of at least $ 2.000 for his year's work.
The Committee very much hoped that permanent appointment to the staff of the University would follow for Dr. Friedländer at the termination of this grant."[184]

Auch Sproul akzeptierte in seinem Dankschreiben kommentarlos die $ 1000, bat aber das *EC* um eine frühere Überweisung der ersten Rate von $ 500, nicht erst am 1. Oktober.[185] So tauchte Friedländer bereits für das akademische Jahr 1940 – 41 im Budget der UCLA auf, als „Lecturer in Latin (part time)" bei einem Jahresgehalt von $ 2000.[186]

Von Baltimore aus nahm Friedländer im Sommer 1940 brieflich Kontakt zu seinen künftigen Kollegen auf: am 3. Juli 1940 reichte er bei Frederick Mason Carey, dem Chairman des Departments, Änderungswünsche bezüglich des Semesterprogramms ein: statt *The Philosophy of Aristotle* (Greek 142) wollte er über Platon lesen, statt des Kurses *History of Classical Scholarship* (Latin 199 A) wollte er *Introduction to Classical Scholarship* anbieten.[187] Seine Ankunft in Los Angeles

---

182 Brief Drury, *EC*, an Flexner, 16.4.1940 (NYPL, *EC*-Records 10.8).
183 Miss Drury fragte eigens an, ob sie die $ 500 erwähnen solle oder nicht (ebda.).
184 Brief Duggan, *EC*, an Sproul, 24.4.1940 (Durchschlag "sent for the information of Dr. Wilbur K. Thomas", in YIVO, *OT*-Microfilm).
185 Brief Sproul an Duggan, *EC*, 3.5.1940 (NYPL, *EC*-Records 10.8).
186 Brief Sproul an Bowman, 25.4.1940 (NYPL, *EC*-Records 10.8). Die diesbezüglichen Angaben im Formblatt ‚Data Prior to/Following To Arrival in U.S.A.' (siehe Anm. 52) sind mit Sicherheit falsch: In der Rubrik 28 ‚Placements' ist ein Jahresgehalt von $ 4200 vermerkt, „1000 by OT, 1000 by EC, Balance by Univ. of Calif."; bereits am 13. März 1939, so das Formblatt in einem zweiten irrtümlichen Eintrag, habe UCLA Friedländer zum Lecturer in Latin für den Zeitraum 1. Juli 1940 bis 30. Juni 1941 ernannt. Zum Vergleich: im Jahr 1943/44 verdiente Friedländer, immer noch als Lecturer, nur $ 3300 (s. Brief Edelstein an Hollander, 22.10.1943, in NYPL, *EC*-Records 10.8). Das Mindestgehalt eines Professors an der UCLA betrug zu dieser Zeit $ 4200.
187 Brief (hs.) Friedländer, Baltimore, an Carey, Los Angeles, 3.7.1940 (UCLA, Friedlaender Coll. Box 1, ‚Correspondence D-G' [38–82], 54). Der „General catalogue (...) for the Academic year

kündigte er für den 10. bis 13. September an, seine „belongings" würden spätestens Anfang Oktober eintreffen. Den deutschstämmigen Assistant Professor Herbert Benno Hoffleit bat er um Mithilfe bei der Wohnungssuche: ideal wären „two furnished rooms for the beginning" und ab dem 1.10.1940 „a flat or a little house (...) near the University", doch könnte er sich nur eine Monatsmiete von maximal $ 30 leisten.[188] Schließlich bezog er ein Haus in der Benecia Avenue, einer ruhigen Nebenstraße des Santa Monica Boulevards, etwa 2,5 Meilen vom UCLA-Campus entfernt. Einem Brief Götzes ist zu entnehmen, dass die Familie sich rasch einleben konnte:

> „I was glad to have a sign of life from you and to hear that your family and you find life pleasant in California."[189]

Lecturer in Latin an der UCLA (1940–1945)

Fünf Jahre lang, von 1940–41 bis 1944–45, d. h. von seinem 58. bis zu seinem 63. Lebensjahr, wird einer der größten klassischen Philologen seiner Zeit in dieser Anfängerposition verharren müssen: die Zusage Sprouls, Friedländer zum Nachfolger McKinlays auf dessen Professorenstelle zu berufen, ließ auf sich warten.

In seinem ersten Jahr bot er Veranstaltungen an,[190] die er in dieser Form nicht mehr wiederholen wird: *Introduction to classical scholarship* („Special Studies in Latin, required of candidates for teaching credentials and for the master's degree"), *St. Augustine + Boethius* (Graduate course), *Greek Epigrams* („Special

---

1940–41" verzeichnet zwar den Einführungskurs, nicht aber die gewünschte Platonveranstaltung; für besonders fortgeschrittene Studenten („Prerequisite: senior standing and at least twelve units of upper division Greek") war Friedländers Kurs *Greek Epigrams* (199 A ‚Special Studies in Greek') gedacht: in seinem Brief an Carey kündigte er ihn als „a kind of seminary" an (University of California Bulletin Vol. 34, Sept. 20, 1940, 146–148).
188 Brief (hs.) Friedländer, Baltimore, an Hoffleit, Los Angeles, 16.8.1940 (UCLA, Friedlaender Coll. Box 1, ‚Correspondence D-G' [38–82], 58). Kurz vor seiner Emeritierung wird Friedländer gemeinsam mit Hoffleit den Band *Epigrammata. Greek Inscriptions in Verse from the Beginning to the Persian Wars* herausgeben (Berkeley, Los Angeles 1948).
189 Brief Götze an Friedländer, 11.12.1940 (Yale, ULMA, Goetze Papers 7.159): sarkastisch ergänzte er: „Being so close to he movies of course means to be near the center of world civilization."
190 Zusammengestellt aus den Vorlesungsverzeichnissen der Jahre 1940–41 bis 1944–45 (*University of California Bulletin, General Catalogue: Admission and Degree Requirements; Announcement of Graduate and Undergrauduate Courses of Instruction*, Vol. 34 (September 20, 1940) – 38 (October 1, 1944), in UCLA University Archives, Charles E. Young Research Library).

Studies in Greek: Upper division course"),[191] und im Department of Philosophy *Aristotle*. Für seine Zeit als Lecturer (die Bezeichnung wechselte von „Lecturer in Latin" über „Lecturer in Classics" zu „Lecturer in Latin and Greek") lässt sich ein gewisses Übergewicht an lateinischen Lehrveranstaltungen feststellen,[192] mit Cicero als Hauptautor: *Selections* (zweimal), *Rhetorical Works* und *Philosophical Works* (je einmal). Daneben bot er regelmäßig den obligatorischen Kurs *Roman Civilization* an (zweimal) und Klassen zu *Tacitus: Annals* (zweimal), zu *Silver Latin* und einen Grammatik-Wiederholungskurs *Review of Grammar: Ovid* an (je einmal).[193] Schwerpunkt seiner Veranstaltungen im Griechischen war *Greek Civilization* (zweimal gehalten, viermal angeboten) und Kurse über Platon und griechische Philosophie, sowohl im Classics Department (*Plato: Apology and Crito; Lyric Poets* zweimal) als auch im Department of Philosophy (*Plato and His Predecessors, Aristotle and Later Greek Philosophy*, je zweimal, angeboten je dreimal). Einmal bot er in diesem Zeitraum den Kurs *Greek Drama: Euripides and Aristophanes* an (Upper division), der aber ohne Angabe von Gründen gestrichen wurde.

Es fällt auf, dass das Classics Department an der UCLA in den vierziger Jahren nur in Latein ‚Graduate Courses' anbot, in Griechisch war das höchste Kursniveau ‚Upper Division.'

Seit Herbst 1941 war A. P. McKinlay Professor Emeritus, ohne dass sich Friedländers Position in irgendeiner Weise verbessert hätte. UCLA zahlte zwar, wie im Vorjahr mit dem Komitee vereinbart, seit September 1941 Friedländers Gehalt aus eigenen Mitteln, doch selbst dies gereichte ihm zum Nachteil: Er war nämlich beim *EC* seit November 1940 als „National Research Associate" geführt,[194] als Fellow eines Hilfsfonds, der unter der Bezeichnung „*Harvard National Research Associates*" von Harlow Shapley, Director des Harvard College Observatory, Anfang 1939 initiiert worden war. Ziel dieser Einrichtung war es, die finanzielle

---

[191] Der Augustinus/Boethius-Kurs, der im spring term 1941 gehalten werden sollte, ist im Bulletin handschriftlich ergänzt, statt Hoffleits *Livy*. Die Lehrveranstaltungen zu Aristoteles und zum Griechischen Epigramm fanden im Herbstsemester 1940 statt, der Einführungskurs war zweisemestrig konzipiert.

[192] 12 zu 10 bei den tatsächlich gehaltenen, 21 zu 16 bei den angekündigten Veranstaltungen.

[193] Zählt man die angekündigten, nicht gehaltenen Veranstaltungen dazu, ergibt sich ein deutlicheres Bild der Präferenzen: zehnmal (!) Cicero, darunter dreimal *Rhetorical Works*, je zweimal *Selections, Philosophical Works*, und *Cicero's moral and political essays* (im Rahmen des Kurses *Roman Prose Writers*); nicht halten konnte er die Kurse *Roman Historians* (zweimal angeboten), *Lucretius: Selections, Vergil: Eclogues and Georgics* und das *Seminar in Latin Studies* (je einmal angeboten).

[194] Meeting „Subcommittee on National Research Associates", 1.11.1940 (NYPL, *EC*-Records 10.8 und 198.8–15): „(...) in view of the situation, the Subcommittee recommended the inclusion of these two candidates" [= Dr. Ernst Cohn-Wiener und Dr. Paul Friedlaender].

Versorgung älterer Wissenschaftler („fifty-eight years of age or older"), denen kaum Chancen auf dem regulären akademischen Arbeitsmarkt eingeräumt wurden, zu sichern bzw. aufzubessern. Auf diese Weise konnten mit zusätzlichen Mitteln außerhalb des üblichen *EC*-Budgets (überwiegend Spendengeldern aus dem Harvard-Umfeld) insgesamt 11 Wissenschaftler für ein Jahr oder länger in ihrer persönlichen Forschungsarbeit unterstützt werden, ohne dass diese Lehrverpflichtungen hatten.[195] Seit Juni 1941 waren für Friedländer und Arthur Nußbaum[196] von der Columbia University je $ 1000 bereitgestellt, die von den Universitäten nur hätten angefordert werden sollen:

> „With further reference to my letter to you of June 24 concerning Prof. Arthur Nussbaum and Professor Paul Friedlaender, may I say that we have still not received applications for renewals from either of the institutions with which those scholars are connected. According to our National Research Associates Minutes of Nov. 1, 1940 (...) both of these men are National Research Associates. There is $ 1.000 waiting for each of these scholars upon request of their respective universities."[197]

Hätte Sproul diese zusätzlichen Mittel beim *EC* beantragt, hätte sich Friedländers Jahresgehalt auf $ 4300 erhöht, und möglicherweise automatisch seinen Status an der UCLA verbessert, denn das Mindestgehalt eines Professors an der University of California betrug zu dieser Zeit $ 4200. Es mutet befremdlich an, dass Friedländer über diese Möglichkeit von seiten des *EC* nicht informiert worden war: in der Korrespondenz finden sich nur Schreiben formaler Art, in denen er um Auskunft über seine persönliche Situation (American Citizen? – „Not yet, I am sorry"; Mitarbeit im Defense Program? – „No") und um Angaben zu den wissenschaftlichen Veröffentlichungen des letzten Jahres für den „Annual Report 1941" des *EC* gebeten wurde.[198] Friedländer meldete zwei Publikationen, einen Aufsatz zu Lukrez und eine Miszelle zu Platon.[199]

---

[195] Duggan/Drury 1948, 84–85.
[196] Der Jurist Arthur Nußbaum (1877–1964), einer der ersten German Refugee Scholars mit einer Anstellung in den USA, hatte 1934 für das *EC* die berühmte und viel genutzte „Nussbaum-List" entlassener Kollegen aus Deutschland zusammengestellt, eine Vorläuferin der 1936 von der *Notgemeinschaft deutscher Wissenschaftler im Ausland* für den internen Gebrauch publizierten „List of Displaced German Scholars".
[197] Brief Drury an Stein, 29.10.1941 (NYPL, *EC*-Records 10.8).
[198] Brief Duggan, *EC*, an Friedländer, 1.12.1941; Form ‚Books' 2.12.1940; Brief Drury, *EC*, an Friedländer 16.12.1940 (alle in NYPL, *EC*-Records 10.8).
[199] „Pattern of Sound and Atomistic Theory in Lucretius" in *AJPh* 52 (1941), 16–34 und „Plato Phaedrus 245 A" in *CPh* 36 (1941), 51–52. Bereits vor seiner Emigration in die USA hatte Friedländer zwei Artikel in amerikanischen Zeitschriften publizieren können: „Δὶς καὶ τρὶς τὸ

Die gescheiterte Beförderung (1943/44)

Doch am 29. Mai 1943 schien die Professur zum Greifen nahe: Präsident Sproul bestellte Friedländer in sein Büro zu einem Gespräch, in dem er diesem zusicherte, er hätte dessen Ernennung zum Full Professor gegenüber der Universitätsverwaltung für das akademische Jahr 1943 – 44 längst vorschlagen, wenn sich eine Möglichkeit hätte finden lassen, eine Summe von $ 900 – die Differenz zwischen Friedländers derzeitigem Jahresgehalt als Lecturer und dem Mindestgehalt eines Professors in Höhe von $ 4200 – zu beschaffen. Den Wortlaut dieses Gespräches bestätigte er Friedländer Mitte Juli sogar schriftlich:

> „Confirming our conversation of May 29, I am writing this letter to inform you that, if funds had been available for the $900.00 increase in salary which would have been necessary to bring you to the minimum rate of a professor, I should have recommended to the Regents that you be appointed for the year 1943 – 44 as professor rather than lecturer. It is clear from this statement that I regard you as a professor and hope to bring you to that status as soon as possible."[200]

Von dieser guten Nachricht setzte Friedländer umgehend seine Freunde in Baltimore in Kenntnis und bat insbesondere Ludwig Edelstein, ob er ihm bei der Beschaffung der fraglichen Summe behilflich sein könnte. In nur wenigen Wochen gelang es diesem, in einer konzertierten Aktion die $ 900 zu organisieren. Als Erstes wandte er sich an Friedländers Freund Jacob Blaustein und erhielt telephonisch die Zusage über $ 200, gesetzt den Fall, dass die fehlenden $ 700 von anderer Seite aufgebracht werden würden. In einem zweiten Schritt schrieb er zwei Briefe an Sidney Hollander, einen privaten („Dear Sidney") und einen offiziellen („Dear Mr. Hollander"). Der private Brief enthielt in Kurzform die wichtigsten Hintergrundinformationen:

> „All I have done so far in order to raise the $ 900 needed has been done on a strictly private basis. Friedlander asked me to try to get the money; the University of California is not informed of what I have done."[201]

Im zweiten Brief, in Form eines offiziellen Antrags an Hollander, entwickelte Edelstein in aller Ausführlichkeit die Sachlage: Zunächst zitierte er den Brief

---

καλόν" in *TAPhA* 69 (1938), 375 – 380, und „The Epicurean Theology in Lucretius' First Prooemium (Lucr. I 44 – 49)," in *TAPhA* 70 (1939), 368 – 379.

200 Brief Sproul an Friedländer, 13.7.1943, zitiert in den Briefen Edelstein an Hollander, 22.10.1943, und Friedländer an Drury, 29.1.1944 (NYPL, *EC*-Records 10.8).
201 Brief Edelstein, Baltimore, an Hollander, 19.10.1943 (NYPL, *EC*-Records 10.8).

Sprouls an Friedländer wörtlich und interpretierte ihn als Zusage der Universität, Friedländer im nächsten Jahr (1944 – 45) zum Professor befördern zu wollen:

> „The President of the University, Dr. Sproul, told him that he and the faculty would like very much, from next year on, to give him a professorship and thus make his position permanent, but that no sufficient means are available for this purpose."[202]

Eine derartige Beförderung, so Edelstein weiter, sei angesichts des wissenschaftlichen Rangs und der pädagogischen und menschlichen Qualitäten Friedländers längst überfällig gewesen:

> „(...) the promotion would mean that Dr. Friedlander would have a permanent place to stay. (...) I feel that I am speaking not only in my own name but in that of the great number of Dr. Friedlaender's [sic!] friends and admirers when I urge you to give help to Dr. Friedlander and to interest others on his behalf. It is hardly necessary for me to stress the fact that Dr. Friedlander merits every help that can possibly be given to him."

Gerade die Bewunderung für Friedländers „great scholarship" habe „a group of Hopkins man [sic!] (among them Cherniss, Lancaster, Spitzer)" veranlasst,

> „to make every effort to bring Dr. Friedlander over to this country and to secure for him a position at the Hopkins from which he then went to California."[203]

Nur vier Tage später, am 26. Oktober, reichte Hollander einen eigenen Antrag bei Joseph Beck ein, dem Executive Director des *National Refugee Service, Inc.*, New York, gemeinsam mit Edelsteins zweitem Schreiben und einer einseitigen biographischen Übersicht zu Friedländer. Hollander wies seinen Freund („Dear Joe") darauf hin, dass Friedländers Beförderung zum Professor dringend notwendig sei, weil er als Lecturer jederzeit entlassen werden könnte. UCLA sei derzeit aber nicht in der Lage diese Beförderung zu vollziehen, da sie infolge ihres „inadequate budget" kein höheres Gehalt zahlen könnte:

> „This relates to our recent conversation regarding a one-time grant of $ 500 to Professor Paul Friedlander (...). It would seem to me quite desirable that this small supplemental amount [i.e. die Summe von $ 900] be provided from outside sources since Professor Friedlander is unable to do so himself. Professor Edelstein has discussed this with Jacob Blaustein of this city, and he is prepared to advance $ 200 of the amount. I, too, am willing to contribute a similar sum, so that the net request from the N.R.S. is only $ 500."[204]

---

202 Brief Edelstein, Baltimore, an Hollander, 22.10.1943 (NYPL, *EC*-Records 10.8).
203 Ebda.
204 Brief Hollander an Beck, *NRS*, 139 Centre St., New York, 26.10.1943 (NYPL, *EC*-Records 10.8).

Beck delegierte diesen Antrag an den Rechtsanwalt Charles A. Riegelman, den Vizepräsidenten und Chairman des Executive Committee des *NRS*,[205] der das Schreiben postwendend an das *EC* weiterleitete.[206] Am 29. Oktober erhielt Sidney Hollander von Betty Drury die Nachricht, dass sein Antrag beim *EC* gelandet sei: in Unkenntnis der näheren Umstände gab sie die Empfehlung, dass UCLA eine application über die $ 500 einreichen sollte, das Komitee würde dann zum frühestmöglichen Zeitpunkt darüber entscheiden.[207] Ohne auf diesen Vorschlag näher einzugehen, verwies Hollander das *EC* auf „copies of letters from the President of the University of California", die er an Beck geschickt habe,[208] und betonte nochmals, dass sowohl er als auch Blaustein bereit seien je $ 200 für die Beförderung Friedländers bereitzustellen.

Miss Drury wunderte sich zwar über den Widerstand der Freunde Friedländers, die University of California einzuschalten, zeigte sich aber letztlich einsichtig[209] und setzte den Antrag auf die Agenda des Subcommittee-Meetings vom 23. November.[210]

Nur einen Monat nach Edelsteins erstem Brief an Hollander hatte die Friedländer-Gruppe ihr Ziel erreicht: das *EC* bewilligte die Summe von $ 500 ausdrücklich als „salary for professorial status" und insistierte jetzt endgültig auf die Mitwirkung der Universität:

---

205 Neben seiner Tätigkeit im *NRS* war Riegelman noch in anderen jüdischen Komitees und Vereinigungen ehrenamtlich engagiert, u. a. als Präsident der *Jewish Foundation for Education of Women* und als Mitglied des *Committee for the Study of Recent Immigration from Europe*, das nach dem Krieg die erste Studie über die Tätigkeit der amerikanischen Refugee Committees publizierte (Davie 1947).
206 „This may be a case for the usual run of cases of your Committee." (Brief Riegelman, *NRS*, an Drury, *EC*, 28.10.1943). Am 8. November sandte Beck auch die Materialien zu Friedländer an das *EC* (Brief Beck an Drury, 8.11.1943 (beide in NYPL, *EC*-Records 10.8).
207 „I see no reason why the University of California should not make a new application to the Committee for assistance." (Brief Drury, *EC*, an Hollander, 29.10.1943); „It would certainly be appropriate for the University of California to make a renewed application to the Committee in his behalf." (Brief Drury, *EC*, an Riegelman, *NRS*, 29.10.1943, beide in NYPL, *EC*-Records 10.8).
208 Brief Hollander an Drury, *EC*, 2.11.1943 (NYPL, *EC*-Records 10.8).
209 „There seems to be some reluctance on the part of people concerned to ask the University to write us. They may consider it undesirable from Friedlaender's standpoint." (Brief Drury, *EC*, an Riegelman, *NRS*, 9.11.1943, in NYPL, *EC*-Records 10.8).
210 *EC*-Subcommittee Agenda November 1943, S. 6a „An additional sum $ 900 is needed to the minimum required for professorial status. Friends have subscribed $ 400, and turned to National Refugee Service for $ 500." (NYPL, *EC*-Records 10.8).

9.5 Emigration in die Freiheit: Neubeginn mit siebenundfünfzig (USA) — 655

„It will be helpful to the Committee if an application could be required from the University."[211]

„We shall indeed be glad to let you know just as soon as the University of California makes formal application to us for assistance in behalf of Dr. Paul Friedländer."[212]

Alle Hindernisse schienen aus dem Weg geräumt. Überschwänglich dankte Edelstein Miss Drury und teilte ihr das weitere Procedere mit:

„I need not tell you how glad I was about this news. But I wish to say that I well know how much of this success is due to you and that I appreciate your kind help.
I have informed Prof. Freidländer [sic!] of your decision and I have asked him to tell the University that it should make a formal application to the Committee. (...)
You would do me a great favor if you would let me know as soon as you have received the application. I should then like to send you Mr. Hollander's check which I already have and to ask Mr. Blaustein to send his contribution directly to you so that the $ 900 would be turned over to the University by you. For if this is not too much trouble for you, I should prefer that the whole matter be handled by the Committee."[213]

Vier Wochen sollten vergehen ohne irgendeine Nachricht aus Los Angeles. Das *EC* war mit Edelsteins Vorschlag einverstanden, die Überweisung der gesamten Summe an UCLA zu übernehmen, wartete aber mit zunehmender Ungeduld auf die ausbleibende application und drang bei Edelstein auf eine Erklärung:

„(...) we have no word from the University of California about Paul Friedländer. As the first half of the current academic year is nearly over it would be helpful if the matter of Professor Friedländer's grant could be settled as soon as convenient."[214]

Nach weiteren vier Wochen war das Ausmaß der Schwierigkeiten endlich greifbar: der Präsident der University of California war wortbrüchig geworden! Ratlos und niedergeschlagen sandte Friedländer am 29. Januar einen vertraulichen Brief an Edelstein, der für das *EC* bestimmt war (adressiert an Betty Drury), aber nicht für die offizielle Akte: „Confidential". Edelstein leitete dieses Schreiben erst nach mehrtägiger Bedenkzeit am 5. Februar an das Komitee weiter, zusammen mit ei-

---

211 Brief Drury, *EC*, an Hollander, 24.11.1943. Dieser leitete den Bewilligungsbescheid sofort an Edelstein weiter: „I'm forwarding it to Dr. Ludwig Edelstein so he can follow thru along the line suggested." (Brief Hollander, Baltimore, an Drury, *EC*, 1.12.1943, beide in NYPL, *EC*-Records 10.8).
212 Brief Drury, *EC*, an Edelstein, 13.12.1943 (NYPL, *EC*-Records 10.8).
213 Brief Edelstein, Baltimore, an Drury, *EC*, 10.12.1943 (NYPL, *EC*-Records 10.8).
214 Brief Drury, *EC*, an Edelstein, 7.1.1944 (NYPL, *EC*-Records 10.8).

nem Anschreiben, in dem er, wie Friedländer, ebenfalls um den kompetenten Rat des *EC* bat: „What do you think we should do to save the situation?"[215]

Friedländer zitierte in seinem „personal letter" („Here is a part of my story")[216] zwei Briefe seines Vorgesetzten Sproul, den bereits erwähnten vom 13.7. mit der Zusage Friedländer zum Professor zu befördern, sofern $ 900 außerhalb der Universität beschafft werden könnten, und einen vom 17. Dezember 1943,[217] der als Reaktion auf die Bitte Friedländers, beim *EC* eine formelle application für die bereits bewilligten $ 900 einzureichen, abgefasst war und alle Versprechungen und Hoffnungen vereitelte. Sproul zog seine Beförderungszusage mit dem fadenscheinigen Argument zurück, dass UCLA im darauffolgenden Jahr möglicherweise das höhere Gehalt nicht würde aufbringen können und gab Friedländer den zynischen Rat, das Geld der Freunde und des *EC* auf jeden Fall anzunehmen, denn damit wäre allen Beteiligten am besten gedient:

> „After thinking over the matter which you discussed with me yesterday, I am disposed to believe that all interests could be satisfied best by accepting the $ 900 referred to in the letter which you left with me, and paying this to you, in addition to the salary which you now receive from the University. You would then be receiving the minimum salary of a professor, which is what the Emergency Committee in Aid of Displaced Foreign Scholars and your friend wants you to receive, although you would still have the title of Lecturer. It is true that this minimum salary could not be guaranteed to you beyond the end of the current academic year, but it is not at all impossible that the University might find some funds of its own, although not necessarily $ 900 a year, to increase your salary as Lecturer in the next budget. In any case, I hope that, in one way or another, you get the $ 900 which your friend and the Emergency Committee wish to provide for you."[218]

Sowohl Friedländer als auch Edelstein war klar, dass damit dem grant die eigentliche Berechtigung entzogen war:

> „Needless to say that I am sorry to have stirred up so much commotion and that at the last moment the basis for our action seems to be crumbling. The money was granted under the condition that Professor Friedländer would be raised to a full professorship, and I do not think there is any way of retracting from this condition."[219]

---

215 Brief Edelstein, Baltimore, an Drury, *EC*, 5.2.1944 (NYPL, *EC*-Records 10.8).
216 Brief Friedländer, Los Angeles, an Drury, *EC*, 29.1.1944 (NYPL, *EC*-Records 10.8).
217 Friedländer hatte Sproul am Vortag, den 16. Dezember, aufgesucht und über die glückliche Entscheidung des *EC* informiert.
218 Brief Sproul an Friedländer, 17.12.1943, zitiert aus Friedländers Brief an Drury vom 29.1.1944 (wie Anm. 216).
219 Brief Edelstein an Drury, 5.2.1944 (wie Anm. 215); Friedländer formulierte diesen Sachverhalt etwas vorsichtiger: „I very much doubt whether it is in accordance with the intentions of the Committee and the other donors." (Brief Friedländer an Drury, 29.1.1944, wie Anm. 216).

9.5 Emigration in die Freiheit: Neubeginn mit siebenundfünfzig (USA) — 657

In seiner Verunsicherung fühlte sich Friedländer nicht in der Lage, mit Sproul in dieser Sache nochmals zu verhandeln:

> „I cannot possibly go to him again, since the danger is too great that any step from my side might be considered as an interference. (...) The great danger in every action is that it might be easily make the impression of a pressure – and this, unnecessary to say, would be worse than anything else."[220]

Stattdessen fragte er vorsichtig bei Miss Drury an, ob ihrer Einschätzung nach ein „unofficial letter" an den Präsidenten Sproul, entweder von seiten des Komitees oder von G. L. Hendrickson, hilfreich („practicable") sein könnte:

> „Do you think an unofficial letter could be written to the president asking him whether the $ 900 appropriated are in his opinion a step toward the realization of what he himself wanted to do, i.e. to bring me to the status of a professor?"[221]

Betty Drury leitete die Briefe Friedländers und Edelsteins an Charles J. Liebman vom *NRS* weiter und beriet mit ihm das weitere Vorgehen:

> „Practical questions which seem to emerge are the following: 1) Does it seem desirable to have Professor G. L. Hendrickson of Yale University write to President Sproul on Friedlander's behalf (...)? 2) Do we want to give the $ 500 (plus the $ 400 from Hollander and Blaustein) to augment Professor Friedlander's salary although the gift does not give him professorial status? The Committee may want to discuss this at its meeting."[222]

Eine schriftliche Intervention seitens des Komitees bei Sproul schloss Drury in ihrem Antwortschreiben an Friedländer zwar aus, nicht aber die eventuelle Auszahlung des Zuschusses, „even though a professorship were not involved". Man wollte aber zunächst die Reaktion der privaten Geldgeber in Baltimore abwarten.[223] Die fiel erwartungsgemäß negativ aus: Anfang März teilte Edelstein dem

---

[220] Brief Friedländer an Drury, 29.1.1944 (wie Anm. 216); auch Edelstein wollte erst die Einschätzung des *EC* abwarten: „I concur with Professor Friedländer that before any new step is taken we should ask your opinion. You can judge the situation so much better than either of us." (Brief Edelstein an Drury, 5.2.1944, wie Anm. 219).
[221] Brief Friedländer, Los Angeles, an Drury, 29.1.1944 (wie Anm. 216). Hendrickson sei, so Friedländer, als Vermittler besonders gut geeignet, da er sowohl sein „venerable friend" wäre als auch zu Sproul ein gutes Verhältnis habe.
[222] Brief Drury, *EC*, an Liebman, 8.2.1944 (NYPL, *EC*-Records 10.8).
[223] „Your letter of Jan. 29 poses a real problem. It would probably be difficult for anyone connected with the Emergency Committee to take up the matter of a possible professorship with the University of California. (...) We have written to Dr. Edelstein asking whether the other donors would wish to contribute in this new circumstances." (Brief Drury, *EC*, an Friedländer, 14.2.

EC die Entscheidung Hollanders und Blausteins, ihre in Aussicht gestellten Gelder wieder zurückzuziehen, mit:

> „In view of the new situation, Mr. Hollander does not feel that he can give the amount of $ 200.00. As you will recall the pledge was made under the condition and for the purpose that Prof. Friedländer's status be raised to that of full professorship, a promotion that would have meant security for him and his family for the future. Since this aim cannot be realized, Mr. Hollander does not see any need for his participation. If I may express my opinion, I can very well understand his point of view – I even agree with it."[224]

Beide Philanthropen begründeten ihre Haltung zwei Monate später in gesonderten Schreiben gegenüber Vertretern des *EC*, wobei Blaustein die Gelegenheit zu einer scharfen Kritik an der Vorgehensweise der Universität nutzte:

> „(...) when I consented to make the one-time $ 200 grant, it was with the distinct understanding that (...) the University of California would promote the professional status of Dr. Friedlander (...)
> I later, however, was given to understand that the University is not prepared to fulfill its part of the program; and frankly, I am of the opinion that we would be rendering a disservice to Dr. Friedlander, in terms of the long-range program, if we made this extra money available to him through the University at this time without the University taking on any responsibility in connection therewith. Therefore, I am not willing to contribute the $ 200 under the new conditions and I trust you will understand."[225]

In der Zwischenzeit hatte sich das *EC* zu der Entscheidung durchgerungen, seinen Anteil von $ 500 an Friedländer auszuzahlen, auch ohne die finanzielle Beteiligung der privaten Sponsoren. Das war vor allem Betty Drurys Engagement zu verdanken, die nach Überprüfung des Sitzungsprotokolles zu dem Schluss kam, dass der Zuschuss an keinerlei Bedingungen geknüpft war:

> „The Minutes are perfectly clear: there is nothing to stop me from going ahead and paying our $ 500 to the University of California for Dr. Friedlaender even though we know that he will not be made a full professor as a result (...)

1944). Noch am selben Tag informierte Drury Edelstein über die grundsätzliche Bereitschaft des *EC*, die $ 500 auch unter den veränderten Rahmenbedingungen zu zahlen (Brief Drury an Edelstein, 14.2.1944, beide in NYPL, *EC*-Records 10.8).

224 Brief Edelstein, Baltimore, an Drury, 1.3.1944; wenige Tage später zog auch Blaustein seine Zusage zurück (Brief Edelstein an Drury, 7.3.1944, beide in NYPL, *EC*-Records 10.8).

225 Brief Blaustein, Baltimore, an Liebman, 15.5.1944; ähnlich, wenn auch weniger kritisch, der Brief Hollanders an Duggan vom 15.5.1944 (beide in NYPL, *EC*-Records 10.8). Beide Briefe beantworteten die Anfragen Liebmans an Blaustein (3.5.1944) bzw. Duggans an Hollander (6.5.1944): siehe Anm. 226.

There is no condition attached to our grant but I thought I would like to check with one member of the Committee – in this case yourself – to make sure of the sense of the Committee."[226]

Nur wenige Tage später, am 30. März 1944, ging beim Treasurer der UCLA ein Scheck über $ 500 ein,[227] der Friedländers Jahresgehalt auf $ 3800 erhöhte. Damit beliefen sich die Zuwendungen, die Friedländer von Seiten des *EC* in den Jahren 1939 bis 1944 erhielt, auf insgesamt $ 2750, zuzüglich des $ 500-Darlehens zur Bestreitung der Umzugskosten von Baltimore nach Los Angeles: der *Oberlaender Trust* unterstützte ihn mit $ 1000, Privatpersonen aus Baltimore steuerten insgesamt $ 1250 bei, wobei der Anteil von Blaustein und Lansburgh insgesamt $ 500 betrug.[228]

Das zusätzliche Einkommen wird Friedländer und seine Unterstützer über die verständliche Enttäuschung hinweggeholfen haben. Doch glücklicherweise verzögerte das Scheitern dieser Beförderungsaktion seine Ernennung zum Full Professor nur um ein weiteres Jahr.

Professor of Greek and Latin (ab 1945/46)

Im Herbst 1945 war es endlich soweit: erstmals wurde Friedländer im Bulletin der UCLA als „Professor of Greek and Latin" geführt und war ranghöchstes Mitglied im Classics Department (Carey war Associate, Hoffleit Assistant Professor).[229] Die Freiheiten, die mit seiner neuen Stellung verbunden waren,

---

[226] Brief Drury an Liebman, 22.3.1944: in einer Bleistiftnotiz links unten ist Liebmans Zustimmung vermerkt: „Mr. Liebman says Yes, 3.24.44." Nach dieser Entscheidung fragte das *EC* nochmals bei Blaustein und Hollander nach, ob sie vielleicht doch bereit wären ihre Position zu revidieren: „Much as the Committee regretted that its gift had not secured professorial status for Dr. Friedlaender, it was glad he would at least have the addition to his salary. (...) I have been wondering whether there is any chance that you would be willing to add the $ 200 about which you corresponded with National Refugee Service last October and more recently with us on the same understanding that we paid our own grant." (Brief Duggan an Hollander, 6.5.1944; ähnlich der Brief Liebmans an Blaustein vom 3.5.1944 in NYPL, *EC*-Records 10.8).
[227] Brief *EC* an Treasurer UCLA, 30.3.1944: check no. 1523 (NYPL, *EC*-Records 10.8).
[228] Dies ergibt eine Gesamtförderungssumme von $ 5500, verteilt auf fünf Jahre.
[229] Immerhin wurde Friedländer vom Lecturer direkt in den Rang eines Full Professor befördert: Margarete Bieber, die schon im Herbst 1934 ihre erste Stellung in New York angetreten hatte (als Visiting Lecturer, ab 1937/38 Visiting Professor), kam über die Position eines Associate Professor (mit entsprechend niedrigem Gehalt!) an der Columbia University nie hinaus. Ein Indiz für die Verbesserung der finanziellen Verhältnisse der Familie Friedländer – auch Charlotte unterrichtete an der UCLA, im French Department – war der Kauf eines eigenen Hauses, das nur wenige Bus-Minuten vom Campus entfernt war: 2012 Camden Avenue: „Ich sprach vorher von dem ‚neuen

nutzte er vor allem dazu sich in der Lehre auf Griechisch zu konzentrieren: in den letzten vier Jahren unterrichtete er achtzehn Griechisch-,[230] aber nur noch sieben Lateinkurse.[231]

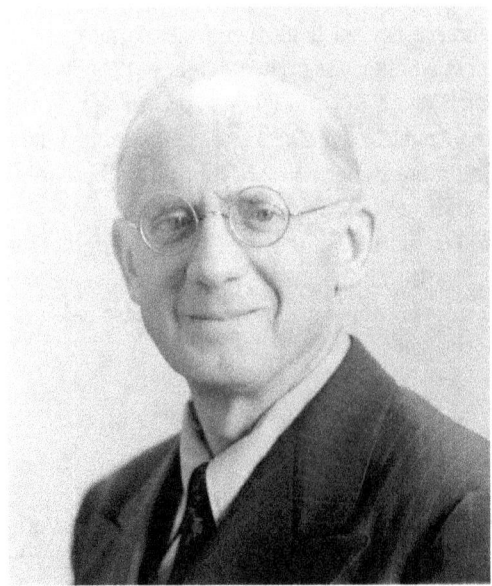

Abb. 22: Paul Friedländer (1949) (Courtesy of UCLA)

Hause': seit 2 Monaten leben wir nämlich im eigenen Besitztum, sozusagen. Wir mussten unsere Wohnung räumen und da blieb nichts anderes übrig als sehr plötzlich ein Haus zu kaufen, in the Californian way dh. mit wenig Geld und vielen Schulden, das erste eigene Haus, einstöckig wie die meisten Häuser hierortens, ja hier zu Lande, mit einem Garten, in dem ein Feigenbaum und eine Papyrus-Staude mein besonderer Stolz sind – 2 Walnussbäume nicht zu nennen. Eine Garage ist auch dabei wie hier an jedem Hause, und wir haben seit ein paar Monaten einen alten, sehr zerbeulten Car, wie hier in L.A. jedermann einen Car hat. Dorothee [sic!] kann natürlich am besten fahren (...) Wir beiden lernen immer noch diese Maschine zu beherrschen, und es wird wohl noch einige Zeit dauern, bis wir die driving license bekommen." (Brief [hs.] Friedländer, Los Angeles, an Bultmann, 29.1.1946, in UB Tübingen, NL Bultmann, Mn 2-787).

230 Dreimal unterrichtete er *The Greek Element in English* (Lower division), zweimal *Plato and his Predecessors, Aristotle and Later Greek Philosophy, Greek Civilization, Homer: Odyssey/Herodotus: Selections, Homer: The Iliad* und *Plato: Apology and Crito/Lyric Poets*, je einmal *Greek Drama: Aeschylus and Sophocles, Homer: The Odyssee* (Graduate) und *Greek Prose Composition*.

231 Laut UCLA-Bulletins der Jahre 1945/46 bis 1948/49 unterrichtete Friedländer je zweimal die Kurse *Roman Civilization* und *Roman Prose Writers: Cicero's moral and political essays*, je einmal *Roman Historians* (Graduate), *Lucretius: Selections, Vergil: Eclogues and Georgics* und *The Latin Element in English* (Lower division).

Verdüstert wurde dieser Erfolg durch die Nachrichten aus Deutschland. In dem ersten erhaltenen Brief nach Kriegsende an Bultmann, der im übrigen recht freudig und herzlich gehalten war („Wir können nach so vielen Jahren erzwungenen Schweigens mit einander weiter sprechen als ob wir uns vorgestern verlassen hätten"), gab Friedländer dem Freund einen Überblick über die persönlichen Verluste:

> „Von meinen Angehörigen ist meine Mutter bestimmt und ebenso mein Bruder und seine Frau der Vernichtung zum Opfer gefallen. Meine Mutter ist kurz vor ihrem 87ten Geburtstag deportiert worden. ‚Ich will in dieser Wohnung sterben, wo ich 45 Jahre gelebt habe', sagte sie zu mir als ich ihr zuredete mit uns zu kommen. Ich mache mir den Vorwurf ihr nicht stärker zugeredet zu haben. Was aus meiner Nichte Ilse geworden ist, die bis Anfang 44 in Berlin lebte, versteckt (‚underground'), weiß ich nicht und habe nicht viele Hoffnung. Walter [sic!] Kranz, früherer Rector von Schulpforte, mein alter Freund, jetzt Professor in Istanbul, ging Anfang 44 von Berlin fort: bis dahin war Ilse noch am Leben. Dies alles ist ‚viel zu grauenvoll als dass man klage'."[232] (...)

Neun Monate später hatte Friedländer die traurige Gewissheit, dass auch Ilse in den Vernichtungslagern verhungern musste; bitter ging er angesichts dieses Schicksals mit der selbstgerechten und larmoyanten Haltung mancher Deutscher ins Gericht:

> „Meine Nichte Ilse ist tot. Sie sei, so erfuhr ich, erst nach Ravensbrück und dann nach Belsen (!) gebracht worden und dort an Entkräftung gestorben. Sie habe nur noch 60 ℔ gewogen. Allen denen in Dtschld, die da sagen vorher sei es doch besser gewesen, denn man habe genug zu essen gehabt, wünsche ich eine Sitzung mit Filmaufnahmen aus diesen Lagern! Vielleicht würden sie doch sich besinnen. Dabei weiß ich durchaus, was es bedeutet hungrig zu sein."[233]

Die Unterrichtsverpflichtungen ließen ihm nur wenig Zeit für Veröffentlichungen: In einem Brief an seinen ehemaligen Marburger Schüler Friedrich Klingner vom 1. Dezember 1946 gab Friedländer hierzu einige Hintergrundinformationen:

---

[232] Brief (hs.) Friedländer, 2012 Camden Ave, Los Angeles, an Bultmann, 29.1.1946. (wie Anm. 229). Das Zitat stammt aus Hugo von Hofmannsthals Gedicht „Vergänglichkeit". Friedländers Mutter Clara, geb. Schidlower, geb. am 2.8.1855 in Breslau, wohnhaft in Berlin-Tiergarten, Werftstr. 3, wurde mit dem 28. Alterstransport vom 23.7.1942 nach Theresienstadt deportiert, wo sie am 12.9.1942 verstarb (Gedenkbuch 1995, 340, zitiert auch in Mensching 2003b, 85).
[233] Brief (hs.) Friedländer, Los Angeles, an Bultmann, 6.10.1946, S. 5 (UB Tübingen, NL Bultmann, Mn 2-787).

„Es ist für mich auch heut noch eine gewisse Last, dass ich mich in einer mir doch fremden Sprache bewegen muss, wenn auch diese Last mit den Jahren natürlich leichter geworden ist. (...) Der größte Teil meiner Zeit fließt in solche umfassenden Curse wie Greek Civilization und Roman Civilization und, im Philosophy Department, ein Jahrescurs über Griechische Philosophie von Thales bis zu den Neuplatonikern, alles dies ohne die Sprachen (...). Zur wissenschaftlichen Arbeit bleibt nicht viel Zeit, und mit den Vorlesungen kann sie schon garnicht in Zusammenhang gebracht werden.(...) Erschwert ist die Arbeit durch unzureichende Bibliothek – ab und zu muss ich nach Berkeley, 12 Stunden Bahnfahrt, wo vieles älter, gelehrter ist – und wohl auch durch den Mangel an wissenschaftlicher Communication." [234]

Vom Dienstantritt an der UCLA 1940 bis zu seiner Emeritierung 1949 finden sich in seinem Schriftenverzeichnis[235] insgesamt 12 Titel, davon vier Rezensionen.[236] Zu seinen wichtigsten Publikationen dieser Jahre zählen *Documents of Dying Paganism. Textiles of Late Antiquity in Washington, New York and Leningrad* (Berkeley, Los Angeles 1945), der Aufsatz „Socrates enters Rome" (*AJPh* 66/1945, 337–351), und die schon erwähnte Ausgabe *Epigrammata. Greek Inscriptions in Verse from the Beginning to the Persian Wars*, with the collaboration of H. B. Hoffleit (Berkeley, Los Angeles 1948).

Retirement (1949) – Berufungsversuche nach Deutschland (Halle 1946, FU Berlin 1950) – Wiedergutmachung

Seit dem akademischen Jahr 1949/50 war er Emeritus wider Willen, ein harter Schlag, da gerade die emigrierten Wissenschaftler der Altersgeneration Friedländers, die zur Zeit der Auswanderung schon 50 Jahre oder älter waren und deshalb nur noch wenige Jahre in den USA unterrichten konnten, sich nahezu keine Altersversorgung aufbauen konnten: ähnlich gelagerte Fälle waren der Kunsthistoriker Walter Friedlaender, für den sich Lehmann-Hartleben beim *EC* nach der Emeritierung 1942 stark gemacht hatte, und Margarete Bieber, die 1948

---

234 Zitiert nach Mensching 2003a, 65.
235 „Publikationen" in Friedländer 1969, 683–688.
236 Zu Friedrich Solmsens *Plato's Theology*, Ithaca/New York 1942, in *PhR* 52 (1942), 507–509, zu W.E. Leonard und S.B. Smiths *T. Lucreti Cari De rerum natura – Introduction and Commentary*, Madison 1942, in *AJPh* 66 (1945), 318–324, zu Richard Robinsons *Plato's Earlier Dialectic*, Ithaca/New York 1941, in *CPh* 40 (1945), 253–259 und zu Alexander Turyns Ausgabe *Pindari Epinicia*, New York 1944, in *AJPh* 69 (1948), 214–217.

gezwungenermaßen in den Ruhestand gehen musste. Friedländers Pension belief sich auf ganze $ 58 monatlich.[237]

Neben der schlechten finanziellen Lage beklagte Friedländer vor allem seine Isolation als Gelehrter und Forscher im fernen Kalifornien:[238]

> „Man kann sich kaum vorstellen, wie weit von echtem Austausch im Felde der klassischen Studien ich in Kalifornien gelebt habe. Seit der Emeritierung im Jahre 1949 (dies war damals ein absolutes Ende der Lehrtätigkeit) war leider der Austausch mit Studenten und auch Kollegen sehr erschwert, und es war trotz freundschaftlicher Beziehungen kein ausführliches Zusammenarbeiten mehr möglich. Briefwechsel mit den wenigen europäischen Freunden und Kollegen konnte das nicht ersetzen."[239]

Dabei hätte Friedländer durchaus Möglichkeiten gehabt, nach Deutschland zurückzukehren, doch wie viele seiner emigrierten Kollegen lehnte er ab. „Hundert Gründe" würden es ihm verbieten zurückzugehen, verriet er Bultmann. Zwei Universitäten traten mit konkreten, durchaus ernst gemeinten Angeboten an ihn heran, die Martin-Luther Universität Halle (1946) und die Freie Universität Berlin (1950).

Ernst Hadermann, ein „alter" Schüler aus der Marburger Zeit, während der russischen Kriegsgefangenschaft Mitbegründer des „Nationalkomitee[s] Freies Deutschland" und Mitglied des „Bundes deutscher Offiziere", war nach Kriegsende zum „Leiter der Schulabteilung in der Deutschen Zentralverwaltung für Volksbildung" in (Ost-)Berlin ernannt worden.[240] In dieser Funktion fragte er im

---

237 Calder/Huss 1999, XI. Zum Vergleich: Margarete Bieber bezog immerhin $ 100, da sie als eine der ersten deutsch-jüdischen Emigrantinnen bereits seit 1934–35 eine Stelle innehatte.
238 Kalifornien verfügte damals lediglich über drei sog. „research universities", Stanford in Palo Alto, eine Privatuniversität, die 1887 nach dem Vorbild Harvards gegründet worden war, und die staatliche University of California in Berkeley mit ihrer „Southern Branch" in Los Angeles, der UCLA. Der landesweite Ausbau des sog. California University (CU)-Systems mit zur Zeit 10 Campus in Berkeley, Davis, Irvine, Los Angeles, Merced, Riverside, San Diego, San Francisco, Santa Barbara und in Santa Cruz setzte erst nach dem zweiten Weltkrieg ein (siehe http://www.universityofcalifornia.edu/; in W. Todd Furniss' Standardwerk *American Universities and Colleges*, Washington, D.C. [11]1973, 239–257, New York, Berlin [15]1997, 266–277 ist UCMerced noch nicht verzeichnet).
239 Friedländer 1969, V. Ob Friedländer den Kontakt zu Hermann Fränkel (oder vice versa) suchte, der schon seit 1935 Professor of Classics in Stanford war und 1942/43 sogar in Berkeley als Sather Professor of Classical Literature (mit Vorlesungen zu Ovid), lässt sich nicht feststellen, da sowohl von Friedländer als auch von Fränkel kaum Korrespondenz erhalten ist. Charlotte Friedländer erwähnt im Register der 1969 posthum erschienenen *Studien* die Mitarbeit bzw. Mithilfe von H. Fränkel und H. Hoffleit. (Friedländer 1969, 691 und Mensching 2003a, 75, Anm. 45).
240 Zu Hadermann siehe Barth 2010.

Sommer 1946 bei seinem ehemaligen Lehrer Friedländer an, ob er an einem Lehrstuhl in der Sowjetischen Besatzungszone interessiert sei. Zeitnah, am 24. September 1946, elf Jahre nach Friedländers erzwungener Entpflichtung, unterbreitete auch der Kurator der Universität Halle Friedrich Elchlepp ein honoriges Angebot:

> „Sehr geehrter Herr Professor!
> Herr Rektor K ö h n unterrichtete mich von Ihrem Brief an ihn. Ich freue mich, auf diese Weise in den Besitz Ihrer Adresse gelangt zu sein.
> Als Kurator der Halleschen Universität erlaube ich mir die Anfrage, ob Sie bereit sind, als Ordinarius an unsere Universität zurückzukehren. Ich würde es ausserordentlich begrüssen, wenn Sie sich zur Rückkehr entschliessen könnten. Ihr Ordinariat ist bisher unbesetzt. Vor Eingang Ihrer Antwort wird eine Neubesetzung nicht in Erwägung gezogen werden. Eine gleiche Bitte um Rückkehr richte ich an Herrn Professor L a q u e u r.
> Herr Rektor K ö h n berichtete mir, dass sein Referat über „Das andere Deutschland" drüben abgedruckt worden wäre. Um Ihnen einen Überblick zu geben in die Entwicklung unserer Universitäten in der sowjetischen Zone, gestatte ich mir, ihnen ein Referat beizulegen, das ich im März 46 im deutschen Kulturbund hier in Halle gehalten habe.
> Indem ich Sie nochmals bitte, mir recht bald wegen Ihres Entschlusses, nach Deutschland zurückzukehren, zu antworten, verbleibe ich mit vorzüglicher Hochachtung Ihr sehr ergebener [unleserlich]."[241]

Friedländer wartete bis zum Ende des Semesters, bis er in einer ausführlichen Stellungnahme gegenüber der Universität seine Ablehnung begründete. Sein Entschluss stand jedoch vorher schon fest, wie er Anfang Oktober seinen Freund Bultmann wissen ließ: eine wichtige Motivation wäre u. a. das opportunistische Verhalten einiger, vormals dem Nationalsozialismus nahestehender Kollegen, allen voran Wolfgang Schadewaldt:

> „Von Snells Buch [*Die Entdeckung des Geistes*, Hamburg 1946] hörte ich, kenne ja manches seiner früheren Arbeiten. Gut dass so etwas in Dtschld wieder möglich ist oder noch. Snell ist ein guter Mann und anständiger Kerl. Schlimm dass so ein geschickter manager wie

---

[241] Brief Kurator Martin-Luther-Universität Halle-Wittenberg an Friedländer, 24.9.1946 (UAH, PA Friedländer PH 6289). Laut Auskunft der Archivarin des UAH, Frau Karin Keller vom 3.9.2013 (der ich an dieser Stelle herzlich dafür danke!) ist „ein Rektor Köhn (...) in diesem Zeitraum nicht verzeichnet": vom 25.6.1945 bis zum 31.7.1948 sei Prof. Dr. Otto Eißfeldt Rektor der Universität Halle gewesen. Wie aber ist es möglich, dass der Kurator in seinem Brief an Friedländer zweimal (in gesperrten Lettern!) den Namen eines – nicht existenten (?) – Rektors nennt? Auch Friedländer erwähnt in seinem Antwortbrief „an den Herrn Kurator" einen Brief bzw. eine Randnotiz des Rektors Köhn: „Das Referat über den von Ihnen, hochgeehrter Herr Kurator, im Deutschen Kulturbund gehaltenen Vortrag, das sie mir beizulegen gedachten, ist nach einer Randnotiz von Herrn Rektor K ö h n nicht mitbefördert worden." (Brief Friedländer, Los Angeles, an Kurator Halle, 30.12.1946, in UAH, PA Friedländer PH 6289).

9.5 Emigration in die Freiheit: Neubeginn mit siebenundfünfzig (USA) — 665

Schadewaldt trotz seiner Nazi-Vergangenheit, in Berlin an Univ. u Akademie (!) das große Wort führt, wie ich höre.[242] Schon solche Dinge würden mir's verbieten, wenn es nicht hundert Gründe gäbe, zurückzugehen – wie mir mein alter Schüler Hadermann, früheres Mitglied der Gruppe ‚Freies Dtschld.' (in russ. Kriegsgefangenschaft) – ich kann nicht sagen anrät, aber er hat mich jetzt wo er in der Unterrichtsverwaltung in Bln ist, angefragt ob ich irgendeinen Lehrstuhl an einer unter Sovjetbesetzung stehenden dtschen Univ. annehmen würde. Ich habe Nein geantwortet. (...)"[243]

Diese Ex-Kollegenschelte war natürlich nicht Bestandteil des ‚offiziellen' Absagebriefes. In ihm erläuterte Friedländer drei „Hauptgründe", die ihn daran hinderten dem „ehrenvollen Rufe zu folgen": seine Integration in den USA bzw. seine Verpflichtung gegenüber UCLA; der Neuanfang in einem politisch, gesellschaftlich und wirtschaftlich radikal veränderten Deutschland, und nicht zuletzt das Unrecht und Leid, das ihm und seiner Familie in Deutschland zugefügt worden war:

„Sie werden (...) wissen, wie ich 1935 gezwungen wurde meinen Abschied von der Universität zu nehmen, und unter welchen Umständen ich 1939 Deutschland verlassen habe. Es ist wohl nicht übertrieben, wenn ich sage: Ein Lebensabschnitt war zu Ende. Zum Glück begann ein neuer: Ich habe mit meiner Familie in diesem Lande Boden gefunden. Ich bin Bürger der Vereinigten Staaten geworden. Ich habe eine Professur an der University of California inne. Alles dies hat, wie Sie sich denken können, Mühe und Arbeit gekostet. Aber nun fühle ich mich diesem Lande und diese [sic!] Universität verpflichtet, deren Lehrkörper ich angehöre und von der ich mein Einkommen beziehe. Es müssten schon sehr gewichtige Gründe sein, die mich veranlassen könnten diese begonnene Arbeit wieder abzubrechen.

---

242 Die Kritik an Schadewaldt et al. erneuerte er auch gegenüber seinem früheren Schüler Friedrich Klingner im Januar 1947, nach Ablehnung des Rufes: „Schrieb ich Ihnen, dass ich vom Curator von Halle die Anfrage bekommen habe, ob ich auf meinen alten Lehrstuhl zurückkehren wolle? Ich habe ihm dargelegt, warum ich nein sagen müsse. (...) Ich habe dem Curator eine Reihe entscheidender Gründe genannt, denen ich noch gar manche hinzufügen könnte. Der bloße Gedanke solchen Nazis oder Crypto-Nazis wie Schadewald [sic!] begegnen zu müssen oder so unsicheren Figuren wie Regenbogen oder Jachmann oder gar einem Gesellen wie W.[erner] Peek – der, wie man mir schrieb, munter mit der Berliner Akademie und sie mit ihm Beziehungen hat (auch über diese Akademie könnte ich manches Trübe melden) – alles dies macht mir die Luft von Californien und den Anblick des ‚Großen oder Stillen Oceans', wie wir den Pacific auf der Schule nennen lernten, erwünscht. Um von anderen Argumenten zu schweigen, die ich in jenem Absagebrief auseinandergesetzt habe." (Brief Friedländer an Klingner, 19.1.1947, zitiert nach Mensching 2003a, 67). Vor diesem Hintergrund mutet es geradezu grotesk an (und wirft ein bezeichnendes Licht auch auf die Entnazifizierungspolitik der DDR, des „anderen [!] Deutschlands"), dass ausgerechnet der überzeugte Nationalsozialist Peek (NSDAP-Mitglied seit 1.1.1934, Landesleiter der HJ in Griechenland: siehe Buddrus 2003, 2, 1196) 1950 auf Friedländers Lehrstuhl in Halle berufen wurde!
243 Brief (hs.) Friedländer, Los Angeles, an Bultmann, 6.10.1946, S. 3f. (wie Anm. 233).

"Nun sollte ich also nach Deutschland zurückkehren. Ich hänge mit tausend Wurzeln an Deutschland. Trotzdem wäre, was jetzt von mir gefordert wird, ein ganz neues Unternehmen. Obgleich ich mit der tiefsten Anteilnahme verfolge was in meinem früheren Vaterlande vorgeht: die politische Situation wäre für mich ebenso neu wie die gesellschaftliche und wirtschaftliche, und ich hätte noch einmal von vorn zu beginnen. Und wenn die wissenschaftlichen Forderungen die alten geblieben sind, die des Unterrichts und der Erziehung haben sich sicher radikal gewandelt, und ich sähe mich in meinen Jahren wiederum am Beginn einer neuen Bahn, ohne die hierzulande beschrittene weit genug verfolgt zu haben. Und wenn ich auch jetzt noch manche treue Schüler aus alter Zeit in Deutschland habe, ich weiß nicht, wie die Studenten der neuen Generation einem Lehrer gegenüberstehen würden, der die letzten 7 Jahre im Ausland gelebt hat und Bürger eines anderen Landes geworden ist. Bedenken Sie ferner meine und meiner Familie wirtschaftliche Lage: was ich ehedem in Deutschland besaß, war nie viel, aber es war etwas: alles dies ist vernichtet worden. Ich müsste mit nichts von neuem anfangen unter den schwersten Bedingungen.

Vergessen Sie zuletzt nicht, daß ich nahe Familienangehörige in Deutschland hatte: sie sind mit Ausnahme weniger, die sich ins Ausland retten konnten, in entsetzlicher Weise ausgerottet worden. Und ich kann nur mit Grauen daran denken, daß ich an Häusern vorübergehen würde, in denen sie früher gelebt haben."[244]

Einen zeitlich begrenzten Aufenthalt in Deutschland wollte er aber nicht kategorisch ausschließen, weder in Halle noch an einer anderen deutschen Universität: deshalb schlug er dem Kurator alternativ vor, ihn zu Gastvorlesungen oder Vorträgen einzuladen:

„Etwas ganz anderes wäre es, wenn etwa die Universität Halle oder eine andere deutsche Universität oder vielleicht mehrere deutsche Universitäten gemeinsam mich einmal zu Gastvorlesungen oder Vorträgen einladen würden. Einer solchen Einladung, falls sie an mich erginge, und falls ich solche Aufgabe mit meinen hiesigen Pflichten vereinigen könnte, würde ich mich wohl nicht verschließen."[245]

Eine derartige Einladung von Seiten einer der ostdeutschen Universitäten ist mir nicht bekannt. Als ein gravierendes Hindernis dürften sich die exorbitant hohen Reisekosten erwiesen haben, die sowohl das Budget der Universität als auch das der Friedländers bei weitem überstieg. Diese Frage dominierte im Sommer 1950 auch die Korrespondenz mit Georg Rohde, der das Jahr zuvor aus seinem türkischen Exil in Ankara an die neugegründete Freie Universität West-Berlins berufen worden war. Er wusste von der finanziellen Notlage, in die sein ehemaliger

---

[244] Brief Friedländer, Los Angeles, an den Herrn Kurator der Martin Luther Universität Halle-Wittenberg in Halle a.d. Saale, 30.12.1946 (UAH, PA Friedländer, auszugsweise zitiert auch in Mensching 2001, 102 und Mensching 2003b, 85).
[245] Brief Friedländer, an Kurator in Halle, 30.12.1946 (wie Anm. 244, auszugsweise auch bei Mensching 2001, 102 und Mensching 2003b, 86).

Marburger Lehrer und Freund Friedländer durch die Emeritierung 1949 geraten war, und bot ihm eine unbefristete Anstellung in Berlin an. Anders als 1946 schloss Friedländer diesmal eine Remigration nicht von vornherein aus, doch bat er zunächst um ein Gastsemester ‚auf Probe':

> „Mein lieber alter Freund Georg Rohde: (...) Dass im Hintergrunde ein starkes, und wie Sie sagen, verständliches Grauen steht, den Boden Deutschlands wieder zu betreten, verhehle ich nicht. Aber ich würde das zu überwinden suchen. (...)
> Ich möchte nicht geradezu Ja und nicht geradezu Nein sagen. Darf ich Ihnen einen Vorschlag machen? Wollen sie mich und können sie mich – sie sind ja dann Dekan – für das Sommersemester (...) 1951 als Gastprofessor einladen?"[246]

Doch Friedländer befürchtete, dass diese Idee an den Kosten scheitern könnte; deshalb machte er Rohde den Vorschlag, eventuell amerikanische Geldquellen zu erschließen:

> „Meine wirtschaftliche Lage erlaubt mir keinerlei Ausgaben. Für die Reisekosten liesse sich vielleicht eine Lösung finden, indem Ihre Universität versuchte, das U.S. government für diese Sache zu interessieren. Es gibt, soviel ich weiss, viele Präzedenzfälle. (...)"[247]

Warum diese Gastprofessur nicht realisiert werden konnte, wissen wir nicht, doch ex eventu scheint Friedländer über diesen Misserfolg sehr froh gewesen zu sein, wie er seinem alten Freund Walther Kranz im Juli 1953 veriet:

> „Ich bereue keinen Augenblick, daß ich mich nicht für die Freie Universität Bln habe gewinnen lassen."[248]

Vielleicht waren, wie Mensching vermutet, die Verhandlungen Friedländers mit den deutschen Behörden über Wiedergutmachung zu diesem Zeitpunkt bereits auf gutem Wege.[249] Schon am 11. Mai 1951 war das „Bundesgesetz zur Regelung der Wiedergutmachung nationalsozialistischen Unrechts für Angehörige des öffentlichen Dienstes" in Kraft getreten: die Hauptgrundsätze dieser Regelung waren, „daß die verfolgten [bzw. entlassenen] Beamten ein Recht auf Wiedereinstellung hatten, und zwar in einer Position, die sie auf einer hypothetischen Dienstlaufbahn erreicht hätten. Entgangene Beförderungen wurden also nachgeholt. Außerdem sollte ihnen eine Entschädigung für die beschäftigungslose Zeit zustehen,

---

246 Brief Friedländer an Rohde, 12.8.1950, zitiert nach Mensching 2002c, 118–120, und Mensching 2003b, 87.
247 Brief Friedländer an Rohde, 12.8.1950, zitiert nach Mensching 2003b, 87.
248 Brief Friedländer an Kranz, 23.7.1953, zitiert nach Mensching 2003b, 87.
249 Mensching 2002c, 120 f.

allerdings erst für die Zeit ab 1950."²⁵⁰ Verglichen mit den Bestimmungen des ersten Bundesentschädigungsgesetzes, dem „Bundesergänzungsgesetz" (BergG, BGBl. I S. 1387), das die Ansprüche aller Verfolgten regelte und am 18. September 1953 im Bundestag verabschiedet werden sollte,²⁵¹ war die Gruppe der Beamten außergewöhnlich privilegiert: sie erhielten „ab 1. April 1951 volle Entschädigung und für die Zeit dahin maximal 25.000 DM", einen Betrag, der „für alle verfolgten Nichtbeamten als Höchstbetrag der Entschädigung galt."²⁵²

Es braucht nicht zu verwundern, dass die Umsetzung dieser gesetzlichen Regelungen, die in der deutschen Öffentlichkeit nicht unumstritten waren, noch einige Monate, ja Jahre in Anspruch nahm. Wie sehr Friedländer mit den deutschen Behörden um diese für ihn lebensnotwendigen Entschädigungszahlungen kämpfte, zeigt die Zwischenanfrage vom Januar 1953, wiederum an Kranz, in der er die vermeintliche Vorzugsbehandlung seines um zehn Jahre jüngeren Marburger Ex-Kollegen Erich Auerbach, der zu dieser Zeit noch als Full Professor im Romance Languages Department in Yale auf der Gehaltsliste stand, mit Unverständnis kommentierte:

> „Wüßten sie irgendeinen Mittelsmann oder könnten Sie – wenn ich Ihnen dies zumuten darf – bei jener Stelle persönl. anfragen? (...) Denn warum soll Auerbach, der es weniger nötig hat als ich, seine Pension bekommen und ich nicht?"²⁵³

Friedländers Verärgerung ist verständlich, handelte es sich doch bei der Pension, die er so dringend nötig gehabt hätte, immerhin um die Auszahlung eines vollen Ordinariengehaltes. Wann genau Friedländer diese Pensionszahlungen aus Deutschland tatsächlich erhalten hat, ist nicht bezeugt: der Bescheid für Paul Maas, der juristisch in einer ähnlichen Lage war wie Friedländer – beider Universitäten lagen nicht im Zuständigkeitsbereich der westlichen Besatzungszonen – war auf den 15. Oktober 1953 datiert.²⁵⁴ So wäre Calders berühmtes Diktum

---

250 Goschler 1992, 237.
251 Bundesministerium der Finanzen, *Entschädigung von NS-Unrecht: Regelungen zur Wiedergutmachung,* Dez. 2009, S. 7 (http://www.bundesfinanzministerium.de/nn_4394/DE/BMF_Start seite/Service/Broschueren_Bestellservice/Das_Ministerium/40144,templateId=raw,property=pu blicationFile.pdf).
252 Goschler 1992, 300.
253 Brief Friedländer an Kranz, 3.1.1953, zitiert nach Mensching 2003b, 88. Auerbach konnte erst 1947 in die USA emigrieren, 1950 bis zu seinem frühen Tod 1957 war er Professor of Romance Philology in Yale (Christmann/Hausmann 1989, 270).
254 Konrat Ziegler erhielt mit Wiedergutmachungsbescheid vom 21. Juni 1953 die Emeritenbezüge als entpflichteter ordentlicher Professor zugesprochen, Hermann Fränkel erst am 23. Februar 1957 (!) (Szabó 2000, 118 und 356). Ernst Kapp wurde am 1. April 1954 in Hamburg die

„Friedlaender became emeritus in 1949 and survived on West German Wiedergutmachung"[255] zu modifizieren zu „and survived on (...) Wiedergutmachung not before 1954".

Nach und nach wurde Friedländer nach dem Krieg wieder in die deutsche Gelehrtenrepublik aufgenommen: 1953 wurde er zum Ordentlichen Mitglied des *Deutschen Archäologischen Instituts* ernannt, 1961 als korrespondierendes Mitglied in die Heidelberger Akademie, 1965 in die Bayerische Akademie der Wissenschaften gewählt. 1960 wurde ihm die Ehrendoktorwürde der UCLA verliehen.

9.6 Appendix: Lehrveranstaltungen Paul Friedländers an der UCLA[256]

1940 – 41 (Lecturer in Latin)
Introduction to classical scholarship (Upper division course)
St. Augustine + Boethius (Graduate course) [hs. ergänzt, statt Hoffleit, Livy]
Greek Epigrams (Upper division course)
Philosophy Department: Aristotle

1941 – 42 (Lecturer in Classics)
Cicero: Selections (Upper division course)
Cicero's Rhetorical Works (Graduate course)
Greek Civilization (Lower division course)
Philosophy Dept.: Plato and His Predecessors
Philosophy Dept.: Aristotle and Later Greek Philosophy

1942 – 43 (Lecturer in Latin and Greek)
Roman Civilization (Lower division)
Cicero's Selections (Upper division)

Rechtsstellung eines entpflichteten ordentlichen Professors zugesprochen (siehe Kapitel Kapp, S. 387).
255 Calder/Braun 1996, 248.
256 Nach den Angaben des *University of California Bulletin, General Catalogue: Admission and Degree Requirements. Announcement of Graduate and Undergraduate Courses of Instruction,* Vol. 34 (Sept. 20, 1940) „For the Academic Year 1940 – 41, primarily for Students in the Departments at Los Angeles" bis Vol. 44 (August 10, 1949) „Fall and Spring Semesters 1949 –1950", in UCLA University Archives, Charles E. Young Research Library (online auch unter http://www.registrar.ucla.edu/archive/catalog/40 – 41catalog.pdf bis http://www.registrar.ucla.edu/archive/catalog/49 – 50catalog.pdf). Zur Erklärung: eingerückte Veranstaltungen wurden nicht gehalten, der Grund hierfür ist – soweit aus den Bulletins entnehmbar – jeweils angegeben.

Cicero's Philosophical Works (Graduate)
  Roman Historians (Graduate): „not to be given"
  Roman Prose Writers: Cicero's moral and political essays (Graduate): „to be given, 1943–1944"
  Cicero's Rhetorical Works (Graduate): „not to be given"
  Greek Civilization (Lower division): „to be given, 1943–1944"
Philosophy Dept.: Plato and His Predecessors
Philosophy Dept.: Aristotle and Later Greek Philosophy

1943–44 Summer and Fall Terms (Lecturer in Latin and Greek)
Review of Grammar: Ovid (Lower division)
Silver Latin (Upper division)
Tacitus: Annals (Upper division)
Greek Civilization (Lower division)
Plato: Apology and Crito; Lyric Poets (Upper division)

1944 Spring and Summer Terms (Lecturer in Latin and Greek)
Roman Civilization (Upper division)
Cicero: Selections (Upper division)
  Seminar in Latin Studies (Graduate): „to be given if a sufficient number of students enroll" [durchgestrichen]
  Greek Drama: Euripides and Aristophanes (Upper division) [durchgestrichen]

1944–45 Fall and Spring Terms (Lecturer in Latin and Greek)
Roman Civilization (Lower division)
  Lucretius: Selections; Vergil: Eclogues and Georgics (Upper division) [durchgestrichen]
Tacitus: Annals (Upper division)
  Cicero: Selections (Upper division): „not to be given" [durchgestrichen]
  Cicero's Philosophical Works (Graduate): „not to be given" [durchgestrichen]
  Roman Historians (Graduate): „not to be given" [durchgestrichen]
  Roman Prose Writers: Cicero's moral and political essays (Graduate) [durchgestrichen]: „to be given 1945–1946"
  Cicero's Rhetorical Works (Graduate): „not to be given" [durchgestrichen]
  The Greek Element in English (Lower division), mit Hoffleit [hs. korrigiert, statt Greek Roots]: „not to be given"
  Greek Civilization (Lower division) [durchgestrichen]: „to be given 1945–1946"
  Plato: Apology and Crito; Lyric Poets (Upper division) [hs. korrigiert: statt Carey]
  Greek Drama: Aeschylus and Sophocles (Upper divison) [hs. durchgestrichen: stattdessen Carey]

Philosophy Dept.: Plato and His Predecessors [durchgestrichen]
Philosophy Dept.: Aristotle and Later Greek Philosophy [durchgestrichen]

1945/46 – 1948/49 (Professor of Latin and Greek)

1945 – 46
The Latin Element in English (Lower division)
  Roman Civilization (Lower division): „not to be given" [durchgestrichen]
Lucretius: Selections; Vergil: Eclogues and Georgics (Upper division)
  Cicero: Selections (Upper division) [durchgestrichen] „to be given 1946 – 1947"
  Cicero's Philosophical Works (Graduate): „not to be given" [durchgestrichen]
  Roman Historians (Graduate): „not to be given"
  Roman Prose Writers: Cicero's moral and ethical essays (Graduate) [durchgestrichen] „to be given 1946 – 1947"
  Cicero's Rhetorical Works (Graduate): „not to be given" [durchgestrichen]
The Greek Element in English (Lower division)
Greek Civilization (Lower division)
Homer: Odyssey; Herodotus: Selections (Upper division)
Plato: Apology and Crito; Lyric Poets (Upper division) [hs. korrigiert: statt Carey]
  Greek Drama: Aeschylus and Sophocles (Upper division) [hs. durchgestrichen: stattdessen Carey]
  Philosophy Dept.: Plato and His Predecessors [durchgestrichen]
  Philosophy Dept.: Aristotle and Later Greek Philosophy [durchgestrichen]

1946 – 47
Roman Civilization (Lower division)
  Lucretius: Selections; Vergil: Eclogues and Georgics (Upper division): „to be given 1947 – 1948"
  Cicero: Selections (Upper division): „to be given 1947 – 1948"
  Cicero's Philosophical Works (Graduate): „not to be given"
  Roman Historians (Graduate): „not to be given"
Roman Prose Writers: Cicero's moral and political essays (Graduate)
  Cicero's Rhetorical Works (Graduate): „not to be given"
The Greek Element in English (Lower division)
  Greek Civilization (Lower division): „to be given 1947 – 1948"
Homer: Odyssey; Herodotus: Selections (Upper division)
Greek Drama: Aeschylus and Sophocles (Upper division)
Homer: The Iliad (Graduate)
  Homer: The Odyssee (Graduate): „not to be given"

Philosophy Dept.: Plato and His Predecessors
Philosophy Dept.: Aristotle and Later Greek Philosophy

1947–48
   Roman Civilization (Lower division): „to be given 1948–1949"
   Cicero's Philosophical Works (Graduate): „not to be given"
Roman Historians (Graduate)
Roman Prose Writers: Cicero's moral and political essays (Graduate)
   Cicero's Rhetorical Works (Graduate): „not to be given"
Greek Civilization (Lower division)
Plato: Apology and Crito; Lyric Poets (Upper division)
   Greek Drama: Aeschylus and Sophocles (Upper division): „not to be given"
   Homer: The Iliad (Graduate): „not to be given"
   Homer: The Odyssee (Graduate): „not to be given"
Philosophy Dept.: Plato and His Predecessors
Philosophy Dept.: Aristotle and Later Greek Philosophy

1948–49
Roman Civilization (Lower division)
   Cicero's Philosophical Works (Graduate): „not to be given"
   Roman Historians (Graduate): „not to be given"
   Roman Prose Writers: Cicero's moral and political essays (Graduate): „not to be given"
   Cicero's Rhetorical Works (Graduate): „not to be given"
The Greek Element in English (Lower division)
   Greek Civilization (Lower division): „not to be given"
Greek Prose Composition (Upper division)
Homer: The Iliad (Graduate)
Homer: The Odyssee (Graduate)

1949–50 (Professor of Latin and Greek, Emeritus)
   Keine Veranstaltungen

Anhang

Chronologie der Emigration – Ein Resümee

Entlassungen

In je zwei Fällen wurde die ‚Versetzung in den Ruhestand' mit § 3 (1) BBG: „nichtarische Abstammung" (bei Bieber und Lehmann-Hartleben) bzw. mit § 6 BBG: „zur Vereinfachung der Verwaltung" (bei von Fritz und Kapp) begründet. Obwohl der Gesetzestext explizit festlegte, dass die Stellen der nach § 6 BBG Entlassenen nicht wiederbesetzt werden durften, wurden die vakanten Professuren neu besetzt, in Rostock mit Hans Diller (1937), in Hamburg mit Ulrich Knoche (1939). Kurioserweise wurde die „eher unpolitische, deutschnational denkende"[1] Bieber zunächst aufgrund § 4 BBG („Beamte, die nach ihrer bisherigen politischen Betätigung nicht die Gewähr dafür bieten, daß sie jederzeit rückhaltlos für den nationalen Staat eintreten, können aus dem Dienst entlassen werden") entlassen, auf ihrem Protest hin wurde diese Entlassung umgewandelt in eine „Ruhestandsversetzung" gemäß § 3 (1) BBG.

Friedländer, der zunächst durch § 3 (2) BBG („Frontkämpferprivileg") geschützt war, wurde nach § 4 (2) der Ersten Verordnung zum RBG („Jüdische Beamte treten mit Ablauf des 31. Dezember 1935 in den Ruhestand") zu einem Entpflichtungsgesuch gezwungen und in den ‚Ruhestand' entlassen.

Brendels Entlassung als PD in Erlangen und am *DAI* stützte sich auf § 18 Reichshabilitationsordnung („Der Reichswissenschaftsminister kann die Lehrbefugnis entziehen oder einschränken, wenn es im Universitätsinteresse geboten ist") und auf das „Gesetz zum Schutze des deutschen Blutes und der deutschen Ehre (Blutschutzgesetz)", das „Eheschließungen von Juden und Staatsangehörigen deutschen oder artverwandten Blutes" verbot bzw. für nichtig erklärte. Kristeller verlor seine Lektorenstelle in Pisa nach Einführung der „Leggi razziali" in Italien.

In zwei Fällen wurden Bibliotheksverbote ausgesprochen, in München gegen von Fritz (1935), in Berlin gegen Friedländer (1936).

1933

29. April 1933	Nicht-Anstellung von **Jastrow** als Assistentin am Akademischen Kunstmuseum der Universität Bonn
Juni 1933	Nichtverlängerung von **Kristellers** Habilitationsstipendium bei der *Notgemeinschaft der Deutschen Wissenschaft*

---

1 Hinterberger 1996, 143.

1. Juli 1933	**Bieber,** Gießen: Entlassung nach § 4 BBG („politische Unzuverlässigkeit"); nach Protest Umwandlung in Entlassung nach § 3 (1) BBG („nichtarische Abstammung") am 28. April 1934
19. Juli 1933	**Lehmann-Hartleben,** Münster: trotz Kriegsteilnahme Einstufung als „Rassejude"; Entlassung nach § 3 (1) BBG („nichtarische Abstammung") mit Wirkung zum 1. Okt. 1933

1934

Febr. 1934	**Abrahamsohn,** Wechsel von Heidelberg (Regenbogen) nach Prag (zu Hopfner) mit seiner Dissertation „Interpretationen zu Sapphos Liebesgedichten"

1935

14. Jan. 1935	**von Fritz,** Rostock: Suspendierung vom Dienst („in Sachen Ihrer Vereidigung auf den Führer")
16. April 1935	Versetzung in den dauernden Ruhestand nach § 6 BBG („zur Vereinfachung der Verwaltung")
21. Okt. 1935	Bibliotheksverbot in München
April 1935	**Brendel,** Erlangen: Entlassung als Privatdozent mit Wirkung zum 1. Okt. 1935 (nach eigenen Angaben); Grund: nichtarische Herkunft der Ehefrau (Blutschutzgesetz)
Okt. 1935	**Friedländer,** Halle: Beurlaubung mit sofortiger Wirkung als Folge des § 4 der Ersten Verordnung zum RBG („Jüdische Beamte treten mit Ablauf des 31. Dezember 1935 in den Ruhestand")
3. Nov. 1935	nachträgliches Entpflichtungsgesuch zum 1. Nov. 1935

1936

Jan. 1936	**Brendel,** Rom: Entlassung als Erster Assistent am *DAI* (nach eigenen Angaben)
Nov. 1936	**Friedländer,** Berlin: Nutzungsverbot der „besten Präsenzbibliothek" am Institut für Altertumskunde

1937

16. Juni 1937	**Brendel,** Erlangen: offizielle Entlassung (lt. Personalakte) als Privatdozent nach § 18 der Reichshabilitationsordnung
1. Juli 1937	**Kapp,** Hamburg: Versetzung in den Ruhestand nach § 6 BBG („zur Vereinfachung der Verwaltung") mit Wirkung zum 31. Okt. 1937; eigtl. Grund: nicht nachweisbare arische Herkunft der Ehefrau

1938

Sept. 1938   **Kristeller,** Pisa, Entlassung an der R. Scuola Normale Superiore als Folge von Mussolinis „Leggi razziali"

11.(?) Nov. –   **Friedländer,** KZ Sachsenhausen: fünfwöchige Haft und Miss-
15.(?) Dez. 1938   handlung

Zwischenstationen / Existenzsicherung vor der Emigration in die USA

Fünf Gelehrte fanden vorübergehend Aufnahme in England, in Oxford Bieber (Somerville College), von Fritz (Corpus Christi College) und Kapp (St. John's College), Brendel an der Durham University in Newcastle, Manasse in Ridley Hall, Cambridge. Die Aufenthaltsdauer variierte, Bieber blieb acht Monate, von Fritz sieben, Manasse zwei. Die research appointments von Brendel und Kapp waren auf ein Jahr angelegt, doch beide waren häufig nicht vor Ort. Bieber, von Fritz, Kapp, Lehmann-Hartleben und Kristeller wurden vom *AAC* finanziell unterstützt, Bieber und von Fritz auch durch die Colleges. Brendels research fellowship wurde von einem „special local committee" in Durham finanziert. Lehrverpflichtungen hatten Bieber, von Fritz und Manasse.

Ebenfalls fünf Wissenschaftler wählten Italien als Zufluchtsort. Die Archäologen Lehmann-Hartleben und Jastrow gingen ans *DAI* nach Rom, Kristeller lebte und arbeitete in Florenz (Istituto Magistero, Landschulheim), in Pisa (Scuola Normale Superiore) und, nach seiner Entlassung, in Rom (Biblioteca Vaticana, bei Bertalot). Seine Freunde Manasse und Abrahamsohn fanden durch Kristellers Vermittlung eine Anstellung am Landschulheim. Bemerkenswert ist, dass drei der fünf Emigrierten in Italien ihren Lebensunterhalt selbstständig bestreiten konnten, Kristeller, Manasse und Abrahamsohn als Lehrer am Landschulheim, Kristeller als Deutsch-Lektor in Pisa. Jastrows Forschungen wurden zwei Jahre lang durch amerikanische Stipendien finanziert, Lehmann-Hartleben hatte private Förderer. Die Verweildauer in Italien übertraf die in England um ein Vielfaches: Lehmann-Hartleben blieb zwei Jahre, Jastrow knapp vier, Kristeller fünf, Manasse zweieinhalb, Abrahamsohn eineinviertel.

Abrahamsohn war der einzige, der vor der Emigration für ein Jahr nach Frankreich ging, als Deutschlehrer an die École Normale d'Instituteurs in Châlons sur Marne (1938). Zuvor studierte er für ein Jahr an der Universität in Prag, um bei Hopfner seine Promotion abzuschließen (1934/35).

Selbst Berlin war trotz der Gefährdungslage für fünf Verfolgte ein unvermeidliches ‚Basislager' zur Vorbereitung der Emigration: Vor seinem Umzug nach Italien arbeitete Kristeller etwa zehn Monate in der elterlichen Wohnung an seiner

Habilitationsschrift und unterrichtete für ein halbes Jahr als Lehrer an Lachmanns Privatschule (bis Anfang 1934), Abrahamsohn ging nach Abschluss der Promotion in Prag (Februar 1935) für eineinhalb Jahre zurück nach Berlin und arbeitete als privater „Research assistant" für Täubler, Jastrow kehrte nach dem Tod ihres Vaters 1937 für etwa acht Monate in ihre Geburtsstadt zurück, um dessen Nachlass zu regeln. Friedländer zog nach seiner Entlassung in Halle mit Familie nach Berlin (Juli 1936), wo er als Privatgelehrter weiterzuarbeiten gedachte: erst nach zwei Jahren gelang ihm die Ausreise. Nach Ablauf seines englischen Stipendiums lebte Brendel etwa ein Jahr mit seiner Familie in Berlin (1938).

Manasse blieb nach Abschluss des Rigorosums (November 1933) noch eineinhalb Jahre im Elternhaus in Dramburg/Pommern, nach dem Tod des Vaters ging er ebenfalls nach Berlin und arbeitete mit Abrahamsohn an der Druckfassung seiner Dissertation. Kurt von Fritz übersiedelte nach seiner Entlassung in Rostock (April 1935) nach Pöcking zu Verwandten seiner Frau Louise und arbeitete etwa ein halbes Jahr bis zum Bibliotheksverbot in München.

Die Schweiz war für Jastrow und Friedländer für einige Monate letzte Station vor der Überfahrt in die USA.

1933

Nov. 1933	**Bieber,** Oxford, Somerville College: Honorary Research Fellow (bis Juli 1934)
Herbst 1933	**Lehmann-Hartleben,** Rom (bis Sommer 1935)
	Kristeller, Berlin, Lehrer für Griechisch, Latein und Mathematik an Vera Lachmanns „Deutscher Oberschule mit wahlfreiem Griechisch" (bis Febr. 1934)
Dez. 1933	**Jastrow,** Mailand (bei Elsa Brinckmann)

1934

Febr. 1934	**Jastrow** Stipendiatin der *AAUW*; Umzug nach Rom (Mai 1934)
	Abrahamsohn, Doktorand in Prag
	Kristeller, Rom, bei Richard und Sofie Walzer (bis Sommer 1934): Unterstützung durch Olschki, Gentile und Codignola
1. Mai 1934	**Kristeller,** Florenz, R. Istituto Superiore di Magistero: „Assistente della cattedra di lingua e letteratura tedesca" (unbezahlt)
1. Okt. 1934	**Kristeller,** Florenz, Landschulheim „Villa Pazzi": Lehrer für Griechisch, Latein, Italienisch, Philosophie und Mathematik (bis Juli 1935)
25. Nov. 1934	**Manasse,** Hauslehrer eines 15-jährigen Mädchens „in einem Ostseedorf" (bis 1. März 1935)

1935

11. Febr. 1935	**Abrahamsohn,** Prag: Promotion
Juni 1935	**Kristeller,** Pisa, R. Scuola Normale Superiore: „Lettore di lingua tedesca" (bis Sept. 1938)
1. Nov. 1935	**Manasse,** Florenz, Landschulheim „Villa Pazzi": Lehrer für Latein und Griechisch (bis zur Kündigung zum 20. Sept. 1937)
Dez. 1935	**Abrahamsohn,** Berlin: „Research assistant" bei Eugen Täubler

1936

Jan. 1936	**von Fritz,** Oxford, Corpus Christi College: „Honorary Member of its Commonroom" (bis Juli 1936)
ab Febr. 1936	**Jastrow,** Rom: Stipendium („gift") von Hetty Goldman
März 1936	**Brendel,** Newcastle, UK, Durham University: Temporary Research Fellow (bis Februar 1937)
Mai 1936	**Friedländer,** Rom: Studienaufenthalt (Biblioteca Vaticana, *DAI*, Pontificia Università Gregoriana)
Juni 1936	London, Oxford: Vortragsreise
Juli 1936	Umzug nach Berlin, Niebuhrstr. 2
Sept. 1936	**Abrahamsohn,** Florenz, Landschulheim „Villa Pazzi": Musiklehrer und Chorleiter (bis 15. Jan. 1938)

1937

Mai 1937	**Jastrow,** Rückkehr nach Berlin nach Tod des Vaters: Ordnen des Nachlasses, Fahnenkorrektur seines letzten Buches

1938

Jan. 1938	**Abrahamsohn,** Châlons sur Marne, École Normale d'Instituteurs: Deutschlehrer (bis Dez. 1938; Jan.–Juli 1939 beurlaubt)
	Jastrow, Rom: Schlussarbeiten für den Druck des *Arulae*-Manuskriptes
20. Jan. 1938	**Manasse,** Cambridge, UK, Ridley Hall Theological College: Instructor für Griechisch und Deutsch (bis 25. März 1938)
ab Jan. 1938	**Kapp,** Oxford, St. John's College, „Egypt Exploration Society": Mitarbeiter des Papyrologen Colin H. Roberts (bis Jan. 1939)[2]
9. März 1938:	**Friedländer:** Vortragsreise in die USA (bis Ende Mai 1938); Visitor's visa

---

[2] Brief (hs.) Kapp, c/o v. Fritz, Larchmont, N.Y., an *SPSL*, 18.6.1939 (Oxford, Bodleian, MS. S.P.S.L. 294/6).

	Jastrow, Rom: Intensivierung der Kontakte in die USA zur Vorbereitung der Emigration
Juli 1938	**Manasse,** Lana, Bolzano, Alpines Schulheim am Vigiljoch: Gast bei ehemaligen Landschulheim-Kollegen: Vorbereiten der Emigration (bis Sept. bzw. Okt. 1938)
	Jastrow, Ausreise in die Schweiz: Vorbereiten der Emigration (bis Okt. 1938)
Okt. 1938	**Kristeller,** Rom, Biblioteca Vaticana: Assistent bei Bertalot (bis Jan. 1939)

1939
Juni 1939   **Friedländer,** Versoix, Genf: Letzte Vorbereitungen für die Emigration (bis Ende Juli)

Erst-Einreise in die USA

Vier Wissenschaftlern glückte es, mit non-quota visa einzureisen, d. h. für sie war die Erst-Einreise in die USA gleichbedeutend mit einer Anstellung: Bieber, Lehmann-Hartleben, von Fritz, Kristeller. Die übrigen sechs verfügten nur über ein Visitor's visa, das es ihnen erlaubte für maximal drei, bei Verlängerung sechs Monate auf Vortragsreise und/oder Stellungssuche zu gehen. Zwei von ihnen mussten nach Deutschland zurückkehren (Kapp, Friedländer), vier blieben in den USA und wandelten nach Vorlage ihrer Stellenzusage das Visitor's visa bei einem amerikanischen Konsul außerhalb der Landesgrenzen (meist in Havanna, Cuba) in ein non-quota visa um: Jastrow, Brendel, Abrahamsohn, Manasse. Bei Kapp ging die Umwandlung in ein non-quota visa beim Konsul in Hamburg zügig und komplikationslos vonstatten, Friedländer hingegen erlebte nach seiner Rückkehr aus den USA Schreckliches: Passentzug, KZ-Haft, körperliche Misshandlungen, Verzögerungstaktiken und Schikanen der deutschen Passbehörden und des amerikanischen Konsulats in Berlin: beide Familien trafen erst in den letzten Augustwochen, kurz vor Kriegsausbruch, in New York ein.

1934
21. Sept. 1934 **Bieber,** New York (=Anstellung Barnard College)

1935
Sept. 1935   **Lehmann-Hartleben,** New York (=Anstellung New York University)

1936

12. Sept. 1936	**von Fritz**, New York, Ankunft mit Familie (=Anstellung Reed College, Portland, OR)

1938

9. März 1938	**Friedländer**, Vortragsreise (Visitor's visa): Johns Hopkins University, Yale, Harvard, Princeton, Smith College
	Teilnahme an der Jahrestagung der *Classical Association of New England*, Boston, Wellesley College
19. Mai 1938	Rückreise nach Deutschland
Okt. 1938	**Manasse**, New York (Visitor's visa): Stellensuche Ostküste, dann Chicago (Wohnort bis Sommer 1939);
	Umwandlung in non-quota visa Sept. 1939 in Cuba; Dez. 1939 Einreise von Frau und Kind (seit Okt. 1938 in Brasilien)
Okt. 1938	**Jastrow**, New York, International House; Visitor's visa (Juni 1939 Umwandlung in non-quota visa, wahrscheinlich in Cuba)
Dez. 1938	Toronto, Canada, Vortrag am Royal Ontario Museum of Archaeology; Modellieren von Porträt-Köpfen („casting")
23. Dez. 1938	**Kapp**, Larchmont, N.Y., bei von Fritz (Visitor's visa; April 1939 Verlängerung; 21. Juni 1939 Rückkehr nach Hamburg; August 1939 Umwandlung in non-quota visa in Hamburg)
	Brendel, New York, Wellington Hotel (Visitor's visa)
28. – 30. Dez. 1938	Providence, R.I.: 70th Annual Meeting der *APA* / 40th General Meeting des *AIA*:
	Vorträge von **von Fritz, Kapp / Brendel, Jastrow**
	Friedländer eingeladen, wg. KZ-Haft verhindert
	(Vorträge auch von Solmsen, H. Fränkel, Lehmann-Hartleben, Raubitschek, Hanfmann)

1939

Jan. 1939	**Abrahamsohn**, New York (Visitor's visa; August 1939 Umwandlung in ein non- quota visa in Havanna, Cuba)
23. Febr. 1939	**Kristeller**, New York (=Anstellung Yale)
April 1939	**Jastrow**, Cambridge, MA, Harvard: Gast bei Taussig (bis 11. Sept.); Übersetzungsarbeiten für Prof. Salvemini
18. Aug. 1939	**Kapp**, New York: Wiedereinreise mit non-quota visa, zusammen mit Else Kapp
20. Aug. 1939	**Friedländer**, New York: Wiedereinreise (non-quota visa seit Mai 1939, ausgestellt in Berlin) mit der Familie (=Anstellung Johns Hopkins University)

Anstellung in den USA

Nur drei Gelehrte fanden vor 1939 eine Anstellung (Bieber, Lehmann-Hartleben, von Fritz), zwei im Frühjahr 1939 (Kristeller, Jastrow), fünf im September 1939: Kapp, Brendel, Abrahamsohn, Manasse, Friedländer. Unbefristete Verträge gab es vor Kriegsausbruch nur für Bieber, Lehmann-Hartleben und von Fritz, 1941 für Jastrow und Brendel, 1945 für Friedländer, 1948 für Kapp und Kristeller, erst 1951 für Abrahamsohn. In den Rang eines Associate Professor befördert wurden Bieber und von Fritz 1937, Brendel 1941, Kristeller 1948, Abrahamsohn 1950 und Jastrow 1954.

Zum Regular oder Full Professor ernannt wurden Lehmann-Hartleben 1937, von Fritz 1938,[3] Friedländer 1945, Kapp 1948, Brendel und Kristeller 1956, Abrahamsohn kurz vor seinem Tod 1957.[4] Auffällig ist, dass diese Beförderung ausschließlich den ‚Herren' vorbehalten war, Bieber und Jastrow blieben bis zu ihrem Retirement Associate Professor.

1934

Sept. 1934   **Bieber**, New York, Barnard College: Visiting Lecturer in Fine Arts and Archaeology (bis Juni 1936)
(seit 1936/37 Visiting Professor, seit 1937/38 Associate Professor an der Columbia University, bis zum Retirement Juni 1948)

1935

Sept. 1935   **Lehmann-Hartleben**, New York, New York University: Visiting Professor of Fine Arts (bis 1937)
(seit Sept. 1937 Regular Professor, seit Sommer 1938 zusätzlich Direktor des „NYU Archaeological Research Funds")

1936

18. Sept. 1936   **von Fritz**, Portland, OR, Reed College: Instructor (under the title Professor), bis Juni 1937

1937

Sept. 1937   **von Fritz**, New York, Columbia University: Visiting Associate Professor am Classics Department

---

[3] v. Fritz, Appointment Card (CUA, Faculty Appointment Records, Box 19).
[4] Jeweils keine Angaben für Manasse, trotz mehrmaliger Anfragen im Archiv der NCCU und im Deutschen Exilarchiv.

Nov. 1937   Beförderung zum Associate Professor of Greek and Latin

1938
4. April 1938   **von Fritz**, New York, Columbia University: Ernennung zum Professor of Greek and Latin

1939
Febr. 1939   **Kristeller**, New Haven, CT, Yale University: Fellow of the Faculty of Philosophy, Lecturer Graduate School „without stipend" (bis Mai 1939)
März 1939   **Brendel**, Poughkeepsie, N.Y., Vassar College: Visiting Lecturer on Campus (zwei Wochen)
April 1939   **Jastrow**, Boston, Museum of Fine Arts: Instructor und Lecturer (bis Frühjahr 1940)
Sept. 1939   **Kristeller**, New York, Columbia University: Associate in Philosophy
              (Jahresverträge bis zur Ernennung zum Associate Professor 1948)
              Kapp, New Orleans, Sophie Newcomb College: Visiting Instructor for Greek and Latin (bis Juni 1940)
              Brendel, St. Louis, MO, Washington University: Visiting Assistant Professor of Ancient Art and Archaeology (Vertretung Mylonas), bis Juni 1940
              Abrahamsohn, Washington, D.C., Howard University: Instructor in Romance Languages and Latin (am College of Liberal Arts; 1940/41 Unterricht auch an der Graduate School)
              Manasse, Durham, N.C., North Carolina College for Negroes: Instructor für Latein, Deutsch und Philosophie
              Friedländer, Baltimore, Johns Hopkins University: Lecturer in Classics (bis Juni 1940)

1940
Sept. 1940   **Brendel**, St. Louis, MO, Washington University: Professor of Renaissance and Modern Art (Vertretung bis 1941)
              Friedländer, Los Angeles, „Berkeley Southern Branch" (= UCLA): Lecturer in Latin
              Kapp, New York, Columbia University: „Temporary Research Appointment" bei Prof. Simkovitch (bis Febr. 1941)

1941

ab Jan. 1941 **Jastrow**, Greensboro, N.C., Woman's College, U.N.C.: Lecturer in Greek and Roman Art (ab Herbst 1941 Assistant Professor in the Department of Art)

1. Febr. 1941 **Kapp**, New York, Columbia University: Visiting Lecturer in Greek and Latin (bis Jan. 1942)

Juli 1941 **Brendel**, Bloomington, Indiana University: Professor of Archaeology and Art History (bis 1956)

1942

März 1942 **Kapp**, New York: Mitarbeiter bei Jaegers Gregor von Nyssa-Edition (bis Okt. 1945)

1. Juli 1942 **Kapp**, New York, Columbia University: Lecturer in Greek and Latin (Vertretung Highet) bis Juni 1943

Sept. 1942 **Abrahamsohn**, Annapolis, MD, St. John's College: Tutor (bis 1949)

1943

Sept. 1943 **von Fritz**, New York, Columbia University: Ernennung zum Executive Officer of the Department of Greek and Latin (Nachfolge Keyes)

28. Sept. 1943 **Kapp**, New York, Columbia University: Lecturer in Greek and Latin (Ersatz für Keyes), Jahresverträge bis 1946

1945

Herbst 1945 **Friedländer**, Los Angeles, UCLA: Beförderung zum Full Professor of Latin and Greek (bis zur Emeritierung 1949)

1946

Sept. 1946 **Kapp**, New York, Columbia University: Beförderung zum Visiting Professor of Greek and Latin (Jahresverträge bis 1948)

1948

Juli 1948 **Kapp**, New York, Columbia University: Beförderung zum Full Professor of Greek and Latin (bis zur Emeritierung 1955)
Kristeller, New York, Columbia University: Beförderung zum Associate Professor of Philosophy (tenure)

1949

Sept. 1949 **Abrahamsohn**, St. Louis, MO, Washington University: Visiting Assistant Professor am Department of Romance Languages

(Frühjahr 1950 Associate Professor of French; 1957 Full Professor of Classics and Comparative Literature)

1950

6. Juni 1950   **von Fritz**, New York, Columbia University: Ernennung zum Jay Professor of Greek mit Wirkung zum 1. Juli[5]

1954

vor 15.1.1954   **Jastrow**, Greensboro, N.C., Woman's College, U.N.C.: Beförderung zum Associate Professor

1956

1.7.1956   **Brendel**, New York, Columbia University, Department of Art History and Archaeology: Ernennung zum Professor of Fine Arts and Archaeology (bis Juni 1973)
Kristeller, New York, Columbia University: Beförderung zum Full Professor of Philosophy

Förderer – Finanzielle Unterstützung durch Hilfskomitees und Mäzene

Sechs Wissenschaftler (Bieber, von Fritz, Kapp, Kristeller, Lehmann-Hartleben, Manasse) wurden vom *AAC/SPSL* finanziell unterstützt, mit vergleichsweise geringen Summen: Bieber und von Fritz erhielten Zuschüsse für ihre Gast-‚Professuren' in Oxford, Bieber £ 100 für neun Monate am Somerville College, von Fritz £ 150 für sieben Monate am Corpus Christi College. Zwei Gelehrte wurden mit „research grants" unterstützt, Kristeller mit £ 50 für drei Monate, Kapp mit £ 182 für ein Jahr; Lehmann-Hartleben erhielt £ 50 als „emergency grant". Für die Emigration in die USA wurden zwei Umzugsbeihilfen ausbezahlt, £ 150 für von Fritz, £ 40 für Manasse. Die Gesamtfördersumme des *AAC/SPSL* zwischen 1933 und 1938 betrug somit £ 722, etwa £ 120 pro Geförderten.

Das *EC* unterstützte fünf Gelehrte, doch mit vergleichsweise hohen Summen: Lehmann-Hartleben erhielt $ 6000 in drei Jahren (Jahresdurchschnitt $ 2000), Bieber $ 3000 in zwei Jahren ($ 1500 p. a.), Kapp $ 1625 in zwei Jahren ($ 812 p. a.), Friedländer $ 2750 in drei Jahren ($ 916 p. a.), Brendel $ 500 für ein Jahr. Diese

---

5 v. Fritz, Appointment Card (CUA, Faculty Appointment Records, Box 19): nach von Fritz' eigenen Angaben bereits seit September 1943 (siehe Kapitel v. Fritz, S. 384f. mit Anm. 579).

Unterschiede sind dem Zeitpunkt der Antragstellung geschuldet: in den ersten Jahren konnte das *EC* jedem erfolgreichen Bewerber noch grants in Höhe von durchschnittlich $ 2000 pro Jahr zahlen, zwischen 1938 und 1940, als die Zahl der Antragsteller sprunghaft anstieg, schrumpfte die durchschnittliche Fördersumme auf deutlich unter $ 1000 p. a.[6] Insgesamt bewilligte das *EC* in dem Zeitraum von 1935 bis 1944 eine Gesamtfördersumme von $ 13.875, das ergibt bei elf Stipendien einen Jahresdurchschnitt von $ 1261.

Drei Emigranten wurden vom *OT* für insgesamt vier Jahre gefördert: Kapp mit einem Zuschuss von $ 625, Kristeller zweimal mit je $ 750, Friedländer mit $ 1000. Anders als das *EC* vergab der *OT* auch finanzielle Beihilfen für Reisekosten zu Vorträgen oder Bewerbungsinterviews, z. B. im Falle Kapps im Winter und Frühjahr 1939 zweimal je $ 200. Die Gesamtfördersumme des *OT* belief sich zwischen 1939 und 1941 auf $ 3525, das ergibt eine jährliche Durchschnittssumme pro Geförderten von $ 881.

Zwei Wissenschaftler wurden von einer privaten Initiative von Hochschullehrern der Columbia University gefördert, dem *Faculty Fellowship Fund for Displaced German Scholars*, Bieber 1934 mit $ 1200, Kapp 1941 mit $ 1000 für jeweils ein Jahr.

Die *AAUW* unterstützte zwei Archäologinnen in ihrer Forschung, Bieber noch vor ihrer Entlassung, Jastrow im Jahr 1934/35. Beide wurden auch von Mitgliedern der berühmten Goldman-[Sachs]-Familie großzügig bedacht, Bieber von Dr. Julius Goldman über zwei Jahre mit einem Gehaltszuschuss von insgesamt $ 3200, Jastrow von dessen Tochter Hetty Goldman, ebenfalls eine Archäologin, die ihr mit privaten Mitteln ein zweites Forschungsjahr in Italien sicherte.

Die finanziell leistungsstärkste Stiftung, die *RF*, tritt in dieser Studie nur einmal in Erscheinung, als Unterstützerin von Bieber, deren halbes Gehalt sie während eines Zeitraums von drei Jahren (1934–1937) übernahm, mit insgesamt $ 4800 (durchschnittlich $ 1600 p. a.).

Privatleute mit stark archäologischem Interesse förderten Brendel in Durham, für Kristellers Lebensunterhalt sorgten Kollegen und Freunde in Yale, die schon für seine Einreise mit affidavits gebürgt hatten, Friedländers Gehalt an der JHU wurde zur Hälfte von jüdischen Industriellen in Baltimore beglichen, Jastrows schmales Anfangsgehalt in Greensboro besserte ein Semester lang eine Industriellenwitwe auf, die eine einflussreiche Stellung innerhalb der Universität (Board of Trustees, Executive Committee, Building Committee) innehatte. Lehmann-Hartleben erhielt während seines fast zweijährigen Aufenthalts in Rom Unter-

---

6 Duggan/Drury 1948, 187 f.

stützung von der Archäologin Zancani-Montuoro und einer „private German source" bzw. einem „German Maecen".

American Association of University Women (AAUW)
Bieber:
Stipendium 1931/32 für das Projekt *Entwicklungsgeschichte der griechischen Tracht*
Jastrow:
Stipendium 1934/35 für das Projekt *Terracotta Arulae from the Greek Colonies*

Fürsorgedienst für Ausgewanderte / Aide aux Émigrés, Genf
Jastrow:
Unterstützung bei der Auswanderung (Juli – Okt. 1938)

Academic Assistance Council (AAC) / Society for the Protection of Science and Learning (SPSL), London
Bieber:
£ 100 Gehaltszuschuss für Honorary Research Fellow-Stelle am Somerville College, Oxford; Grundgehalt am College £ 24 pro term (Nov. 1933 – Juli 1934)
Lehmann-Hartleben:
£ 50 „Emergency grant" (Dez. 1934 – Febr. 1935)
Kristeller:
£ 50 Stipendium („research grant") für drei Monate (Sept. – Nov. 1935)
von Fritz:
£ 150 Zuschuss („grant") zur Finanzierung des Aufenthalts am Corpus Christi College Oxford, £ 50 vom Corpus Christi College (Jan. – Juli 1936)
£ 150 (!) zur Finanzierung des Umzugs in die USA; Reisekostenzuschuss für Stellensuche in den USA oder Rückreise nach Europa nach Ablauf des Jahresvertrages (Juli 1936)[7]
Kapp:
£ 182 Stipendium für die Editionsarbeit bei der „Egypt Exploration Society" am St. John's College in Oxford (1938)
Manasse:
£ 40 Reisekostenzuschuss für Emigration in die USA (März 1938)

---

7 Brief Adams, *AAC*, an v. Fritz, Oxford, 28.8.1936 (Oxford, Bodleian, MS. S.P.S.L. 293/3).

Emergency Committee in Aid of Displaced German (Foreign) Scholars (EC), New York

Lehmann-Hartleben:
$ 2000 Gehaltszuschuss für die Visiting Professor-Stelle an der New York University (1935/36)
$ 2000 Gehaltszuschuss für die Visiting Professor-Stelle an der NYU (1936/37)
$ 2000 Gehaltszuschuss für die „Regular Professor"-Stelle an der NYU (1937/38)

Bieber:
$ 1800 Gehaltszuschuss für die Verlängerung der Visiting Lecturer-Stelle am Barnard College (1935/36)
$ 1200 Gehaltszuschuss für die Associate Professor-Stelle an der Columbia University (1937/38)

Kapp:
$ 625 Gehaltszuschuss für die Lecturer-Stelle am Sophie Newcomb College (1939/40)
$ 500 Gehaltszuschuss für die Visiting Lecturer-Stelle an der Columbia (spring term 1941)
$ 500 Gehaltszuschuss für die Visiting Lecturer-Stelle an der Columbia (fall term 1941)
[$ 1200 Stipendium („fellowship grant") für Platon-Forschungsprojekt an Jaegers „Institute for Classical Studies" in Harvard (1943: nicht abgerufen)]

Friedländer:
$ 1250 Gehaltszuschuss für die Lecturer-Stelle an der Johns Hopkins University (1939/40)
$ 1000 Gehaltszuschuss für die Lecturer-Stelle an der UCLA (1940/41)
[$ 1000 Fellowship, seit 1941 bereitgestellt für *Harvard National Research Associates*, von UCLA nicht beantragt!]
$ 500 Gehaltszuschuss trotz Nicht-Beförderung Friedländers zum Full Professor (März 1944)

Brendel:
$ 500 Gehaltszuschuss für Verlängerung der Anstellung an der Washington University St. Louis, MO (1940/41)

Rockefeller Foundation (RF), New York

Bieber:
$ 1200 Gehaltszuschuss für die Visiting Lecturer-Stelle am Barnard College (1934/35)
$ 1800 Gehaltszuschuss für die Vertragsverlängerung (1935/36)
$ 1800 Gehaltszuschuss für die Visiting Professor-Stelle an der Columbia (1936/37)

Oberlaender Trust (OT), Philadelphia
Kapp:
$ 200 Reisekostenzuschuss („travel expenses") für Stellensuche (Febr. 1939)
$ 200 Zuschuss „towards summer expenses" (April 1939)
$ 625 Gehaltszuschuss für die Lecturer-Stelle am Sophie Newcomb College (1939/40)
Kristeller:
$ 750 Gehaltszuschuss für die Associate-Stelle an der Columbia (1939/40)
$ 750 Gehaltszuschuss für die Vertragsverlängerung („reappointment" 1940/41)[8]
Friedländer:
$ 1000 Gehaltszuschuss für die Lecturer-Stelle an der UCLA (1940/41)

Refugee Economic Corporation (REC), New York
Friedländer:
$ 500 als Darlehen („loan") für den Umzug von Baltimore nach Los Angeles (April 1940)

Durham University, UK: *Academic Assistance Committee* („Special Local Committee")
Lehmann-Hartleben:
[£ 200 – 300 (1935/36); wg. Ruf an die NYU nicht wahrgenommen]
Brendel:
£ 260 Research Fellowship (März 1936-Febr. 1937) [‚Nachfolger' Lehmann-Hartlebens]

Professional Committee Woburn House, London
Manasse:
£ 40 für „travel expenses" (März 1938)

---

8 CUA, Faculty Appointment Records, Box 32, und Kristeller, *Reminiscences*, Vol. 3, Interview 9, 390 (CU, RBML).

Refugee Fund of Hillel Foundation, Chicago
Manasse:
[$ 250 p. a. Gehaltszuschuss für Anstellung als Custodian am Classical Art Museum Chicago (Mai 1939; nicht abgerufen)]

Faculty Fellowship Fund for Displaced German Scholars, Columbia University New York
Bieber:
$ 1200 Gehaltszuschuss für die Visiting Lecturer-Stelle am Barnard College (1934/35)
Kapp:
$ 500 Gehaltszuschuss für die Visiting Lecturer-Stelle an der Columbia (spring term 1941)
$ 500 Gehaltszuschuss für die Visiting Lecturer-Stelle an der Columbia (fall term 1941)

Yale University, Members of the Faculty
Kristeller:
Spenden für „living expenses" (Febr. – Juni 1939)

Dr. Julius Goldman („anonymus donor"), New York
Bieber:
$ 2500 Gehaltszuschuss für die Visiting Professor-Stelle an der Columbia: gekürzt auf $ 2200 (1936/37)
$ 1000 Gehaltszuschuss für die Associate Professor-Stelle an der Columbia (1937/38)

Hetty Goldman, Princeton
Jastrow:
privates Stipendium für die Fortsetzung des *Terracotta Arulae*-Projektes (1936/37)

Sidney Lansburgh, Baltimore
Friedländer:
$ 500 Gehaltszuschuss (zusammen mit Blaustein) für die Lecturer-Stelle an der JHU (1939/40)

Jacob Blaustein, Baltimore
Friedländer:
$ 500 Gehaltszuschuss (zusammen mit Lansburgh) für die Lecturer-Stelle an der JHU (1939/40)
[$ 200 Gehaltszuschuss unter der Bedingung von Friedländers Beförderung zum Full Professor an der UCLA (Sommer 1943): im März 1944 nach Wortbruch des Präsidenten zurückgezogen]

Sidney Hollander, Baltimore
Friedländer:
[$ 200 Gehaltszuschuss unter der Bedingung von Friedländers Beförderung zum Full Professor an der UCLA (Sommer 1943): im März 1944 nach Wortbruch des Präsidenten zurückgezogen]

„Other persons interested in Friedländer" (Baltimore)
Friedländer:
$ 750 Gehaltszuschuss für die Lecturer-Stelle an der JHU (1939/40)

Laura Weill Stern Cone, Greensboro, N.C.
Jastrow:
$ 300 Gehaltszuschuss durch eine „Foundation" für ihr erstes Semester am Greensboro College (spring term 1941)

„Private German source" / Paola Zancani Montuoro / „German Maecen"
Lehmann-Hartleben:
Finanzierung der Arbeiten („temporary help") am Buchprojekt *Baugeschichtliche Untersuchungen am Stadtrand von Pompeji*" (bis Okt. 1934; Jan. 1935)

„Help of an American friend"
Lehmann-Hartleben:
Finanzierung eines Forschungsaufenthaltes in Italien und Griechenland (Sommer 1937)

Geförderte (1933–1944)

Mit Abstand die höchste (und langfristigste) Förderung erhielt Bieber, $ 12.200 und £ 100 in einem Zeitraum von fünf Jahren, das ergibt einen durchschnittlichen Jahreswert von $ 2440 und £ 20. Lehmann-Hartleben wurde in drei Jahren mit insgesamt $ 6000 und £ 50 unterstützt, d. h. mit $ 2000/£ 17 p. a. Friedländer bezog über einem Gesamtförderzeitraum von drei Jahren $ 5500, das ergibt eine Durchschnittssumme von $ 1833 p. a. Mit deutlichem Abstand folgt Kapp, dem innerhalb von vier Jahren eine Gesamtfördersumme von nur $ 3650 und £ 182 bewilligt wurde, aufs Jahr gerechnet durchschnittlich $ 912 bzw. £ 45.50. Kristeller erhielt innerhalb von zwei Jahren $ 1500, d. h. $ 750 p. a., dazu ein dreimonatiges *AAC*-Stipendium in Höhe von £ 50. Brendel wurde sowohl in England als auch in den USA für jeweils ein Jahr unterstützt und erhielt ein vergleichsweise hohes Stipendium in Durham (ca. £ 260) sowie einen (relativ geringen) Gehaltszuschuss von $ 500 für sein zweites Jahr an der Washington University.

Vier Gelehrte erhielten eine sowohl zeitlich als auch finanziell begrenztere Förderung: von Fritz nahm ausschließlich während seiner zwei Semester am CCC in Oxford Hilfe in Anspruch. Manasse und von Fritz wurden Reisebeihilfen für die Überfahrt in die USA ausbezahlt. Jastrows niedriges Anfangsgehalt in Greensboro wurde im ersten term mit $ 300 aufgestockt. Weder Stipendien noch Gehaltszuschüsse erhielt Abrahamsohn: er war nach der Einreise in die USA für einige Monate auf „financial assistance from a friend of mine" und auf eine Beihilfe vom *NCC*[9] angewiesen.

Die Aufstellung zeigt, dass, mit Ausnahme Friedländers, die Emigranten der ersten Phase (1933–1938) gegenüber denen, die erst 1939 oder später in die USA kamen, finanziell deutlich im Vorteil waren. Friedländer wurde von insgesamt sechs verschiedenen Komitees, Institutionen oder Privatpersonen gefördert, Bieber von fünf, Kapp von vier, Kristeller, Jastrow und Lehmann-Hartleben von drei, Brendel von zwei.

Margarete Bieber

[*AAUW*-Stipendium 1931/32]

AAC-grant:	£ 100 (1933/34)
RF-grants:	$ 1200 (1934/35)
	$ 1800 (1935/36)
	$ 1800 (1936/37)
Columbia University, *FFF*-grant	$ 1200 (1934/35)

---

9 Brief Abrahamsohn, Washington, D.C., an Drury, *EC*, 8.10.1941 (NYPL, *EC*-Records 36.18).

EC-grants:　　　　　　　　　　　　　　$ 1800 (1935/36)
　　　　　　　　　　　　　　　　　　$ 1200 (1937/38)
Julius Goldman　　　　　　　　　　　　$ 2200 (1936/37)
　　　　　　　　　　　　　　　　　　$ 1000 (1937/38)
Gesamtförderung 1933–1938
(5 Jahre):　　　　　　　　　　　　　**£ 100 + $ 12.200**

Karl Lehmann-Hartleben
Private German Source　　　　　　　　(bis Okt. 1934)
+ Paola Zancani Montuoro [?]
AAC-emergency grant　　　　　　　　£ 50 (Dez. 1934 – Febr. 1935)
German Maecen　　　　　　　　　　　(Jan. 1935)
EC-grants　　　　　　　　　　　　　$ 2000 (1935/36)
　　　　　　　　　　　　　　　　　　$ 2000 (1936/37)
　　　　　　　　　　　　　　　　　　$ 2000 (1937/38)
American Friend (Sommer 1937)　　　　[?]
Gesamtförderung 1933–1938
(mind. 3 Jahre, 3 Monate):　　　　　　**£ 50 + mind. $ 6000**

Elisabeth Jastrow
AAUW-Stipendium (1934/35)
Hetty Goldman-Stipendium (1936/37)
Fürsorgedienst für Ausgewanderte/
Aide aux Émigrés (Juli – Okt. 1938)
Laura Cone-grant　　　　　　　　　　$ 300 (Jan. – Juni 1941)
Gesamtförderung 1941 (6 Monate):　　**mind. $ 300**
　　　　　　　　　　　　　　　　　　(+ 2 Jahresstipendien)

Otto Brendel
Durham *Acad. Assist. Comm.*　　　　　£ 260 (1936/37)
EC-grant　　　　　　　　　　　　　　$ 500 (1940/41)
Gesamtförderung (2 Jahre):　　　　　**£ 260 + $ 500**

Kurt von Fritz
AAC grants:　　　　　　　　　　　　£ 150 (Jan. – Juli 1936)
　　　　　　　　　　　　　　　　　　£ 150 (Juli 1936)
Gesamtförderung 1936 (1 Jahr):　　　**£ 300**

Ernst Kapp
AAC-grant:	£ 182 (1938)
OT-grants:	$ 200 (Febr. 1939)
	$ 200 (April 1939)
	$ 625 (1939/40)
EC-grants:	$ 625 (1939/40)
	$ 500 (Jan. – Juni 1941)
	$ 500 (Sept. 1941 – Jan. 1942)
Columbia University, *FFF*-grants	$ 500 (Jan.-Juni 1941)
	$ 500 (Sept. 1941 – Jan. 1942)

Gesamtförderung 1938 – 1942
(3 Jahre, 6 Monate):   **£ 182 + $ 3650**

Paul Oskar Kristeller
AAC-research grant	£ 50 (Sept. – Nov. 1938)
Yale: Spenden von Faculty-members (Febr. – Juni 1939)	
OT-grants:	$ 750 (1939/40)
	$ 750 (1940/41)

Gesamtförderung 1935 – 1941
(2 Jahre, 3 Monate):   **£ 50 + mind. $ 1500**

Ernst Abrahamsohn
Beihilfe durch *NCC* (April – Sept. 1939)

Ernst Moritz Manasse
Prof. Comm. Woburn House London	£ 40 (März 1938)
AAC-grant	£ 40 (März 1938)
Gesamtförderung 1938 (1 Monat):	**£ 80 (travel-grants)**

Paul Friedländer
EC-grants	$ 1250 (1939/40)
	$ 1000 (1940/41)
	$ 500 (1944)
Blaustein, Lansburgh, Baltimore	$ 500 (1939/40)
priv. Sponsoren, Baltimore	$ 750 (1939/40)
OT-grant	$ 1000 (1940/41)
REC-loan	$ 500 (1940)

Gesamtförderung 1939–1944
(3 Jahre): $ 5000 + $ 500
                              Reisedarlehen

Bilanz

Sieben der zehn hier porträtierten Wissenschaftler wurden von britischen Gelehrtenkomitees gefördert (nicht Abrahamsohn, Friedländer und Jastrow), acht von US-amerikanischen (nicht Abrahamsohn und Manasse). Abrahamsohn war der einzige, der weder in England noch in den USA Stipendien oder Gehaltszuschüsse erhielt, deshalb ist bei der Berechnung der durchschnittlichen Förderungsdauer der Divisor neun anzusetzen.

Gesamtsubventionen (ohne reguläre Gehälter)
    England   £ 1.022 ≈ £ 146 pro Person
    USA $ 29.650 ≈ $ 3.706 pro Person

Förderzeitraum
    England   4 Jahre, 7 Monate
    USA   16 Jahre
  Gesamtförderungsdauer 20 Jahre, 7 Monate

Durchschnittliche Förderungssummen pro Jahr
    England   ≈ £ 223 pro Jahr
    USA   ≈ $ 1.853 pro Jahr

Durchschnittliche Förderungsdauer
                             ≈ 2 Jahre, 3 Monate

Quellen- und Literaturverzeichnis

Archivalien

Ernst Abrahamsohn

New York Public Library, Humanities and Social Sciences Library, Manuscript and Archives Division, *Emergency Committee in Aid of Displaced Foreign Scholars Records, 1933–1945*, MssCol 922, Box 36, Folder 18.
Columbia University, Rare Book & Manuscript Library, *Paul Oskar Kristeller Papers*, MS # 0729, Series I: Correspondence 1926–1998, Box 1, Folder 2 (‚Abrahamson, Ernst 1920–1958').
YIVO Institute for Jewish Research Archives, Center of Jewish History, New York, *Oberlaender Trust Fund of the Carl Schurz Foundation, Records 1935–1949*, RG 447, Microfilm Reels MKM 15.152–157.
Universitätsarchiv Heidelberg, Studentenakte ‚Ernst Abrahamsohn'.

Margarete Bieber

Columbia University, Rare Book & Manuscript Library, Central Files, Box 375, Folder 15 (‚William Dinsmoor'); Box 326, Folder 7 (‚Gildersleeve').
Columbia University Archives, Faculty Appointment Records, Box 5.
New York Public Library, Humanities and Social Sciences Library, Manuscript and Archives Division, *Emergency Committee in Aid of Displaced Foreign Scholars Records, 1933–1945*, MssCol 922, Box 3, Folder 3–5 (‚Bieber, Margarete, 1933–1945'); Box 138, Folder 26 (‚Columbia University, 1933–1944').
YIVO Institute for Jewish Research Archives, Center of Jewish History, New York, *Oberlaender Trust Fund of the Carl Schurz Foundation, Records 1935–1949*, RG 447, Microfilm Reels MKM 15.152–157.
Barnard College Archives: „Deans Office [V. Gildersleeve]/Departmental Correspondence" 1933–34, 1935–36, 1936–37; „Minutes Faculty 1932–1940".
Tulane University, New Orleans, Louisiana Research Collection (Howard-Tilton Memorial Library Special Collections), *Margarete Bieber papers 1901–1979* (Manuscripts Collection 410).
Bodleian Library Oxford, Department of Special Collections and Western Manuscripts, *Archive of the Society for the Protection of Science and Learning, 1933–87* (SPSL), MS. S.P.S.L. 181/2 (‚Margarete Bieber').

Otto Brendel

Columbia University Archives, Faculty Appointment Records, Box 7.
New York Public Library, Humanities and Social Sciences Library, Manuscript and Archives Division, *Emergency Committee in Aid of Displaced Foreign Scholars Records, 1933–1945*, MssCol 922, Box 4, Folder 9–10 (‚Brendel, Otto, 19358 [sic!] – 1944').

Bodleian Library Oxford, Department of Special Collections and Manuscripts, *Archive of the Society for the Protection of Science and Learning, 1933–1987* (SPSL), MS. S.P.S.L. 181/4 („Otto Brendel').

YIVO Institute for Jewish Research Archives, Center of Jewish History, New York, *Oberlaender Trust Fund of the Carl Schurz Foundation, Records 1935–1949*, RG 447, Microfilm Reels MKM 15.152–157.

State University of New York, University of Albany, M. E. Grenander Department of Special Collections & Archives, *German and Jewish Intellectual Émigré Collection, John M. Spalek Collection* (GER 106), German Intellectual Émigré Tape Recordings, Interview Eve Lee mit Maria Brendel, 27.3.1990 (Toncassette).

Getty Center Los Angeles, Getty Research Institute, Research Library, Special Collections and Visual Resources, *Otto Brendel miscellaneous papers, 1929–1980 (bulk 1930–1960)* (Coll. No. 940036).

Paul Friedländer

University of California Los Angeles (UCLA), Charles E. Young Research Library, Department of Special Collections, *Paul Friedlaender Collection* (Coll. 1551).

New York Public Library, Humanities and Social Sciences Library, Manuscript and Archives Division, *Emergency Committee in Aid of Displaced Foreign Scholars Records, 1933–1945*, MssCol 922, Box 10, Folder 7–8 („Friedländer, Paul, 1938–1944').

YIVO Institute for Jewish Research Archives, Center of Jewish History, New York, *Oberlaender Trust Fund of the Carl Schurz Foundation, Records 1935–1949*, RG 447, Microfilm Reels MKM 15.152–157.

Yale University Library, Manuscripts and Archives (Sterling Memorial Library), *Albrecht Goetze Papers*, MS 648, Box 7, Folder 159.

Martin-Luther-Universität Halle-Wittenberg, Universitätsarchiv Pfännerhöhe, Personalakte Paul Friedländer, PH 6289.

Universitätsbibliothek Tübingen, Nachlass Rudolf Bultmann, Mn 2–787.

Elisabeth Jastrow

Getty Center Los Angeles, Getty Research Institute, Research Library, Special Collections and Visual Resources, *Elisabeth Jastrow papers, 1870–1971 (bulk 1916–1965)* (Coll. No. 920062).

New York Public Library, Humanities and Social Sciences Library, Manuscript and Archives Division, *Emergency Committee in Aid of Displaced Foreign Scholars Records, 1933–1945*, MssCol 922, Box 77, Folder 31 („Jastrow, 1934–1935').

UNCG Biography Files, Martha Blakely Hodges Special Collections and University Archives, The University of North Carolina at Greensboro, Personalakte „Jastrow, Elisabeth Anna Marie'.

Ernst Kapp / Kurt von Fritz

Columbia University, Rare Book & Manuscript Library, Central Files, Box 409, Folder 5 ('v. Fritz'); Box 334, Folder 13 ('Pegram'); Box 340, Folder 2 ('Simkhovitch'); Box 375, Folder 19 ('Bigongiari'); Box 379, Folder 3 ('Wright, Ernest Hunter'); Box 386, Folder 16 ('Schneider'); Box 394, Folder 17 ('Goodrich'); Box 482, Folder 18 ('Fackenthal'); Box 483, Folder 7 ('Fackenthal 9/1945 – 2/1946').

Columbia University, Rare Book & Manuscript Library, Biographical Files: 'Keyes, Clinton Walker'.

Columbia University, Rare Book & Manuscript Library: Folder 'Committee for Reconstruction of the Department of Greek and Latin' und 'Classics Committee'.

Columbia University Archives, Faculty Appointment Records, Box 19 und 29.

New York Public Library, Humanities and Social Sciences Library, Manuscript and Archives Division, *Emergency Committee in Aid of Displaced Foreign Scholars Records, 1933–1945*, MssCol 922, Box 17, Folder 8–9 ('Kapp, Ernst, 1937–1944'); Box 60, Folder 41 ('Fritz, Kurt von, 1935–1937, 1941'); Box 152, Folder 23 ('Reed College, 1936–1943').

YIVO Institute for Jewish Research Archives, Center of Jewish History, New York, *Oberlaender Trust Fund of the Carl Schurz Foundation, Records 1935–1949*, RG 447, Microfilm Reels MKM 15.152–157.

Smithsonian *Archives of American Art Collection*, Washington, D.C., *Erwin Panofsky papers*, 1904–1990 (bulk 1920–1968), Ser. I, Correspondence, Box 6, Reel 2116 ('Kapp, Ernest').

Bayerische Akademie der Wissenschaften München, Nachlass Kurt von Fritz.

Bayerische Staatsbibliothek München, Nachlass Bruno Snell, Ana 490. B. IV ('Kapp, Ernst'); Nachlass Eduard Schwartz ('Schwartziana' II. A.).

Bodleian Library Oxford, Department of Special Collections and Western Manuscripts, *Archive of the Society for the Protection of Science and Learning, 1933–87* (SPSL), MS. S.P.S.L. 294/6 ('Kapp'); MS. S.P.S.L. 293/3 ('von Fritz').

Harvard University, Houghton Library, Archives and Special Collections, *Werner Wilhelm Jaeger Papers, ca. 1898–1970* (AM 5).

Yale University Library, Manuscripts and Archives (Sterling Memorial Library), *Albrecht Goetze Papers*, MS 648, Box 7, Folder 159.

State University of New York, University at Albany, M. E. Grenander Department of Special Collections & Archives, *German and Jewish Intellectual Émigré Collection*, Kurt von Fritz Papers, 1935–1980 (GER-035)

State University of New York, University of Albany, M. E. Grenander Department of Special Collections & Archives, *German and Jewish Intellectual Émigré Collection, John M. Spalek Collection* (GER 106), German Intellectual Émigré Tape Recordings, Interview John M. Spalek mit Kurt von Fritz, 29.1.1981 (2 Toncassetten).

Paul Oskar Kristeller

Columbia University, Rare Book & Manuscript Library *Paul Oskar Kristeller Papers 1910–1989*, MS # 0729, Series I: Correspondence, 1926–1998. Series E: Family and Personal Correspondence, Subseries 1: Dated Correspondence, 1917–1988, Box 1 (Folder doppelt chronologisch geordnet: 1917–1940 und 1930–1948); Box 2 mit vier Foldern „Refugee

colleagues seeking employment in U.S.". Series II: Personal and Biographical Material, 1905–1997.
Columbia University Archives, Faculty Appointment Records, Box 32.
Columbia University, Rare Book & Manuscript Library, Oral History Research Office, *The Reminiscences of Paul Oskar Kristeller [1981–82]* (Interviews conducted by William B. Liebman, Curator, Herbert H. Lehman Papers, Transcript 7 Vol.) 1983.
New York Public Library, Humanities and Social Sciences Library, Manuscripts and Archives Division *Emergency Committee in Aid of Displaced Foreign Scholars Records, 1933–1945*, Mss. Col. 922, Box 83, Folder 40 („Kristeller, Paul Oskar, 1933–1934, 1938–1992'); Box 21, Folder 1–2 („Lenz, Friedrich, 1933–1944').
State University of New York, University of Albany, M. E. Grenander Department of Special Collections & Archives, *German and Jewish Intellectual Émigré Collection, John M. Spalek Collection* (GER 106), German Intellectual Émigré Tape Recordings, Interview John M. Spalek mit Paul Oskar Kristeller, 7.11.1982 (Toncassette).
YIVO Institute for Jewish Research Archives, Center of Jewish History, New York, *Oberlaender Trust Fund of the Carl Schurz Foundation, Records 1935–1949*, RG 447, Microfilm Reels MKM 15.152–157.
Bodleian Library, Oxford, Department of Special Collections and Manuscripts, *Archive of the Society for the Protection of Science and Learning, 1933–1987* (SPSL), MS. S.P.S.L. 317/2 („Paul Oskar Kristeller').
Universitätsarchiv Heidelberg, Studentenakte Kristeller.
Yale University Divinity School Library, Special Collections, *Roland Herbert Bainton Papers*, Record Group 75.
Yale University Library, Manuscripts and Archives (Sterling Memorial Library), *Albrecht Goetze Papers*, MS 648, Box 12, Folder 297; *George Lincoln Hendrickson Papers*, MS 1272; *Henry Ernest Sigerist Papers*, MS 788; *Hermann John Weigand Papers*, MS 1759.
State University of New York, University of Albany, M. E. Grenander Department of Special Collections & Archives, *German and Jewish Intellectual Émigré Collection, John M. Spalek Collection* (GER 106), *Moritz Goldstein Papers* (MSS-GER 041).
Harvard University, Houghton Library, Archives and Special Collections *Werner Wilhelm Jaeger Papers, ca. 1898–1970* (AM 5).
University of Illinois Archives, *Henry R. and Renee Kahane Papers, 1926–1992*.
University of Texas, Austin, *Friedrich Walther Lenz Papers 1910–1969*.
Harvard University, Harvard University Archives, *E. K. Rand-Papers* (HUG 42370–5).

Karl Lehmann-Hartleben

New York Public Library, Humanities and Social Sciences Library, Manuscripts and Archives Division *Emergency Committee in Aid of Displaced Foreign Scholars Records, 1933–1945*, Mss. Col. 922, Box 20, Folder 9–10 („Lehmann-Hartleben, Karl, 1933–1945'); Box 8, Folder 2 („Fiesel, Eva Lehmann, 1935–1941').
YIVO Institute for Jewish Research Archives, Center of Jewish History, New York, *Oberlaender Trust Fund of the Carl Schurz Foundation, Records 1935–1949*, RG 447, Microfilm Reels MKM 15.152–157.

Columbia University, Rare Book & Manuscript Library, *Paul Oskar Kristeller Papers*, MS # 0729, Series I: Correspondence 1926–1998, Box 30, Folder 3 ‚Lehmann-Hartleben'.

Getty Center Los Angeles, Getty Research Institute, Research Library, Special Collections and Visual Resources, *Elisabeth Jastrow papers, 1870–1971*, Box 8, Folder 24 (‚Karl Lehmann-Hartleben 1934–1960').

Bodleian Library, Oxford, Department of Special Collections and Manuscripts, *Archive of the Society for the Protection of Science and Learning, 1933–1987* (SPSL), MS. S.P.S.L. 182/5 (‚Karl L. H. Lehmann-Hartleben').

Universitätsarchiv Münster, Personalakte Lehmann-Hartleben (UAMS, Bestand 10 Nr. 4353).

Yale University Library, Manuscripts and Archives (Sterling Memorial Library), *Albrecht Goetze Papers* MS 648, Box 13, Folder 315; *George Lincoln Hendrickson Papers*, MS 1272, Box 2, Folder 15.

Ernst Moritz Manasse

Columbia University, Rare Book & Manuscript Library, *Paul Oskar Kristeller Papers*, MS # 0729, Series I: Correspondence, 1926–1998, Box 33, Folder 3 (‚Manasse, Ernst 1934–1959'), Folder 4 (‚M., E. 1960–1989'), Folder 5 (‚M., E., Unknown Dates') und Folder 6 (‚Manasse, Marianne 1937–1970'); Series E: Family and Personal Correspondence, Subseries 1: Dated Correspondence, 1917–1988, Box 1 (Folder doppelt chronologisch geordnet: 1917–1940 und 1930–1948); Box 2 mit vier Foldern „Refugee colleagues seeking employment in U.S.".

New York Public Library, Humanities and Social Sciences Library, Manuscript and Archives Division, *Emergency Committee in Aid of Displaced Foreign Scholars Records, 1933–1945*, MssCol 922, Box 93, Folder 2 (‚Manasse, Ernst Moritz, 1934, 1938–1942').

State University of New York, University of Albany, M. E. Grenander Department of Special Collections & Archives, *German and Jewish Intellectual Émigré Collection, John M. Spalek Collection* (GER 106), German Intellectual Émigré Tape Recordings: Interviews von John M. Spalek mit Ernst Moritz Manasse, 29.11.1982 und 17.4.1991 (2 Toncassetten), Mitschnitt der Trauerfeierlichkeiten („Tribute Graveside Ceremony") vom 15.5.1997 (Toncassette).

Universitätsarchiv Heidelberg, Studentenakte Manasse.

Literaturverzeichnis

Abrahamson, Ernst, *The Adventures of Odysseus. Literary Studies*, St. Louis 1960 (Washington University Studies).

Ernst Abrahamson [Festschrift mit Erinnerungen von Kollegen und Studenten] (o. O., o. J. [Dez. 1958?]).

„Academic Assistance Council – Aid for Displaced German Professors" in *British Medical Journal*, June 3, 1933, 974.

Adams, Walter, „The Refugee Scholars of the 1930s" in *The Political Quarterly* 39,1 (1968), 7–14.

Adler-Rudel, Shalom, *Jüdische Selbsthilfe unter dem Naziregime 1933–1939. Im Spiegel der Berichte der Reichsvertretung der Juden in Deutschland*. Mit einem Vorwort von Robert Weltsch, Tübingen 1974 (Schriftenreihe wissenschaftlicher Abhandlungen des Leo Baeck Instituts 29).

Aland, Kurt (Hrsg.), *Glanz und Niedergang der deutschen Universität. 50 Jahre deutscher Wissenschaftsgeschichte in Briefen an und von Hans Lietzmann (1892–1942)*. Mit einer einführenden Darstellung, Berlin, New York 1979.

Alpers, Klaus, Horvath, Eva, Kurig, Hans (Hrsgg.), *Philologica Hamburgensia II: Altphilologen in Hamburg vom 17. bis zum 20. Jahrhundert* (Ausstellungskatalog), Herzberg 1990 (bibliothemata Bd. 1).

Altekamp, Stefan, „Klassische Archäologie" in *Kulturwissenschaften und Nationalsozialismus*, hrsg. v. Jürgen Elvert und Jürgen Nielsen-Sikora, Stuttgart 2008, 167–209.

Andresen, Carl, „Hans Lietzmann" in *Neue Deutsche Biographie* 14 (1985), 544–546.

Appleget, Thomas B., „The Foundations Experience with Refugee Scholars (March 5, 1946)" in Rockefeller Archive Center, Collections, Rockefeller Foundation Archives, *The Rockefeller Foundation's Refugee Scholar Program* (http://www.rockarch.org/collections/rf/refugee.php?printer=1).

Arendt, Hannah, Heidegger, Martin, *Briefe 1925 bis 1975 und andere Zeugnisse*, aus den Nachlässen hrsg. von Ursula Ludz, Frankfurt/M. 1998.

Arnheim, Rudolph, „David Katz (1884–1953)" in *American Journal of Psychology* 66.4 (1953), 638–642.

Asmus, Sylvia, „Ein Blick zurück und nach vorn – Das Deutsche Exilarchiv 1933–1945 und die Sammlung Exil-Literatur 1933–1945 der Deutschen Nationalbibliothek" in Hammel/Grenville/Krummel 2007, 1–15.

--, Eckert, Brita, „Aus John M. Spaleks Koffern: Die Nachlässe von Ernst Moritz Manasse und Philipp F. Fehl" in Köpke/Thunecke 2008, 40–73.

Asmussen, Niels, *Der kurze Traum von der Gerechtigkeit: „Wiedergutmachung" und NS-Verfolgte in Hamburg nach 1945*, Hamburg 1987.

Bachofer, Wolfgang, Beck, Wolfgang, „Deutsche und niederdeutsche Philologie. Das Germanische Seminar zwischen 1933 und 1945" in Krause/Huber/Fischer 1991, II, 641–703.

Bainton, Roland H., *Roly: Chronicle of a Stubborn Non-Conformist*, New Haven 1988.

Baldwin, Nicholas J., „The Archive of the Society for the Protection of Science and Learning" in *History of Science* 75 (1989), 103–105.

--, *Catalogue of the Archive of the Society for the Protection of Science and Learning, 1933–1987*, Bodleian Library, University of Oxford 1988; EAD [=Encoded Archival

Description] version 2008 (http://www.bodley.ox.ac.uk/dept/scwmss/wmss/online/mod ern/spsl/spsl.html).
Ball, Robert, „Gilbert Highet and Classics at Columbia" in *Living Legacies. Great Moments and Leading Figures in the History of Columbia University*, New York 2001 (http://www.columbia.edu/cu/alumni/Magazine/Fall2001/Highet.html).
Bar-Chen, Eli (2002), „Prototyp jüdischer Solidarität – Die Alliance Israélite Universelle" in *Jahrbuch des Simon-Dubnow-Instituts* 1, 277–296.
–– (2003), „Two Communities with a Sense of Mission: The Alliance Israélite Universelle and the Hilfsverein der deutschen Juden" (with a Comment by Aron Rodrigue) in *Jewish Emancipation Reconsidered. The French and German Models*, hrsg. von Michael Brenner, Vicki Caron, Uri Kaufmann, London-Tübingen, 111–128 (Schriftenreihe wissenschaftlicher Abhandlungen des Leo Baeck Instituts 66).
Baron, Frank, „Kristeller's Farewell to Heidegger and Gentile: The Exile of Renaissance Studies to the United States" in Köpke/Thunecke 2008, 27–39.
Baron, Phyllis H., „Vera Lachmann (1904–1985)" in *Deutschsprachige Exilliteratur seit 1933*, Bd. 4: *Bibliographien Schriftsteller, Publizisten und Literaturwissenschaftler in den USA*, hrsg. von John M. Spalek, Konrad Feilchenfeldt und Sandra H. Hawrylchak, Teil 2, H-M, Bern, München 1994, 1050–1051.
Barth, Bernd-Rainer, „Ernst Hadermann" in *Wer war wer in der DDR*, Berlin [5]2010 (Online-version http://www.bundesstiftung-aufarbeitung.de/wer-war-wer-in-der-ddr-%2363 %3b-1424.html?ID=1199).
Bauer, Yehuda (1974), *My Brother's Keeper. A History of the American Jewish Joint Distribution Committee 1929–1939*, Philadelphia.
–– (1981), *American Jewry and the Holocaust: the American Jewish Joint Distribution Committee, 1939–1945*, Detroit.
Baum, Richard, „Leonardo Olschki und die Tradition der Romanistik" in Christmann/Hausmann/Briegel 1989, 177–199.
Baumgarten, Albert I., *Elias Bickerman as a Historian of the Jews. A Twentieth Century Tale*, Tübingen 2010.
Bautz, Friedrich Wilhelm, „Barth, Karl" in *Biographisch-Bibliograpisches Kirchenlexikon*, Band 1, Hamm 1975 ([2]1990), Sp. 384–396 (http://www.bbkl.de/b/barth_k.shtml).
Becker, Carl, „Eduard Fraenkel 17.3.1888–5.2.1970" in *Bayerische Akademie der Wissenschaften, Jahrbuch 1970*, München 1970, 205–214.
Becker, Heinrich, Dahms, Hans-Joachim, Wegeler, Cornelia (Hrsgg.), *Die Universität Göttingen unter dem Nationalsozialismus: das verdrängte Kapitel ihrer 250jährigen Geschichte*, München-New York 1987 (2., erw. Aufl. München 1998).
Becker, James H., *Aiding Jews Overseas. A Report for 1942 by the Chairman of the National Council of the American Jewish Joint Distribution Committee*, New York 1943.
Bederson, Benjamin, „In Appreciation: Fritz Reiche and the Emergency Committee in Aid of Displaced Foreign Scholars" in *Physics in Perspective* 7 (2005) 453–472 (http://www.bederson.org/bensr/Fritz%20Reiche.pdf).
Bekenntnis der Professoren an den deutschen Universitäten und Hochschulen zu Adolf Hitler und dem nationalsozialistischen Staat; überreicht vom Nationalsozialistischen Lehrerbund Deutschland/Sachsen, Dresden (o.J. [1933]), [mit engl., frz., ital. und span. Übers.].
Benario, Herbert W., „German-Speaking Scholars in the United States and Canada from the 1930s" in *Klio* 83.2 (2001), 451–472.

Bender, Byron W., „Fred Walter Householder" in *Language* 73.3 (1997), 560–570.
Bentwich, Norman (1953), *The Rescue and Achievement of Refugee Scholars: The History of Displaced Scholars and Scientists 1933–1952*, The Hague (Studies in Social Life 1).
–– (1956), *They Found Refuge: An Account of British Jewry's Work for Victims of Nazi Oppression*, London.
Bernard, Wolfgang, „Der verweigerte Eid: Der Gräzistikprofessor Kurt von Fritz", in *Die Universität Rostock in den Jahren 1933–1945. Referate der interdisziplinären Ringvorlesung des Arbeitskreises „Rostocker Universitäts- und Wissenschaftsgeschichte" im Sommersemester 2011*, hrsg. von Gisela Boeck und Hans-Uwe Lammel, Rostock 2012, 71–90 (Rostocker Studien zur Universitätsgeschichte, Bd. 21). [i. W. identisch mit Müller 2005]
Bertalot, Ludwig (1975), *Studien zum italienischen und deutschen Humanismus*, hrsg. von Paul Oskar Kristeller (Bde. 1–2), Rom (Storia e letteratura 129–130).
–– (1985), *Initia humanistica Latina: Initienverzeichnis lateinischer Prosa und Poesie aus der Zeit des 14. bis 16. Jahrhunderts*, (Bd. 1), im Auftrag des Deutschen Historischen Instituts in Rom bearb. von Ursula Jaitner-Hahner, mit einer Vorrede von Paul Oskar Kristeller, Tübingen.
Bertini-Malgarini, Alessandra, „I Classicisti Tedeschi in America fra il 1933 e il 1942: Aspetti storici e metodologici" in *La Cultura* 27 (1989), 155–166.
Beveridge, W. H. (1938), „The Refugee Problem" in *British Medical Journal*, Dec. 17, 1938, 1285 (Correspondence).
–– (1959), *A Defence of Free Learning*, London, New York, Toronto.
Bieber, Margarete (1907), *Das Dresdner Schauspielerrelief: Ein Beitrag zur Geschichte des tragischen Kostüms und der griechischen Kunst*, Diss. Bonn.
–– (1928), „Der Mysteriensaal der Villa Item", in *Jahrbuch des Deutschen Archäologischen Instituts* 43, 298–330.
–– (1934), *Die Entstehungsgeschichte der griechischen Tracht von der vorgriechischen Zeit bis zur römischen Kaiserzeit*, Berlin.
–– (1937), „The Mystery Frescoes in the Mystery Villa of Pompeii" in *Review of Religion* 2.1, 3–11.
–– (1939), *The History of the Greek and Roman Theater*, Princeton.
–– (1941), „Ernst Pfuhl" in *American Journal of Archaeology* 45, 613–614.
–– (1942), *Laocoon: The Influence of the Group Since its Discovery*. New York (reviewed and enlarged edition Detroit 1967).
–– (1946), *German Readings in the History and Theory of Fine Arts, I. Greek and Roman Art*, New York.
–– (1950), *German Readings: A Short Survey of Greek and Roman Art for Students of German and Fine Arts*, 2nd revised edition, New York.
–– (1955), *The Sculpture of the Hellenistic Age*, New York.
–– (1958–1961), *Autobiography of a Female Scholar*, unveröffentlichtes Typoskript, in Margarete Bieber papers 1919–1974 (Manuscripts Collection 410), Tulane University, New Orleans, Louisiana Research Collection (Howard-Tilton Memorial Library Special Collections).
Blanckenhagen, Peter von, „Necrology Karl Lehmann" in *American Journal of Archaeology* 65.3 (July 1961), 307–308.

Blauert, Elke, „Der Archäologin Margarete Bieber zum Gedenken" in *Nachrichtenblatt des Verbandes der Jüdischen Gemeinden in der Deutschen Demokratischen Republik* 9 (1990), 15–16.

Blum, Paul Richard, „The Young Paul Oskar Kristeller as a Philosopher" in Monfasani 2006, 19–38.

Bober, Phyllis Pray, „Karl Lehmann" in *Gnomon* 33, 1961, 526–528.

Boedeker, Elisabeth, Meyer-Plath, Maria, *50 Jahre Habilitation von Frauen in Deutschland: Eine Dokumentation über den Zeitraum von 1920–1970*, Hannover 1974 (Schriften des Hochschulverbandes, H. 27).

Böhm, Helmut, *Von der Selbstverwaltung zm Führerprinzip: Die Universität München in den ersten Jahren des Dritten Reiches (1933–1936)*, Berlin 1995 (Ludovico Maximilianea Forschungen Bd. 15).

Bonfante, Larissa (1979), "Margarete Bieber" in *Gnomon* 51, 621–624.

—— (1981), „Margarete Bieber (1879–1978): An Archaeologist in Two Worlds" in Sherman/Holcomb 1981, 239–274.

—— (2004), „Maria Weigert Brendel 1902–1994" in Cohen/Lesko 2004 (nur online verfügbar unter http://www.brown.edu/Research/Breaking_Ground/bios/Brendel_Maria%20Weigert.pdf).

——, von Heintze, Helga (Hrsgg.), *In memoriam Otto J. Brendel: Essays in Archaeology and the Humanities*, Mainz, Wiesbaden 1976.

——, Recke, Matthias, „Margarete Bieber: Two Worlds" in: Cohen/Lesko 2004 (nur online verfügbar unter http://www.brown.edu/Research/Breaking_Ground/bios/Bieber_Margarete.pdf).

Bonner, Thomas Neville, *Iconoclast: Abraham Flexner and a Life of Learning*, Baltimore, London 2002.

Borelli, Licia Vlad, „Paola Zancani Montuoro (1901–1987)" in Cohen/Lesko 2004 (nur online verfügbar unter http://www.brown.edu/Research/Breaking_Ground/bios/Montuoro_Paola.pdf).

Borowsky, Peter, „Die philosophische Fakultät 1933 bis 1945" in Krause/Huber/Fischer 1991, II, 441–458.

Bosquelle, Dominique, „Das französische Akademikerhaus (,Maison académique francaise') in Berlin", in *Französische Kultur im Berlin der Weimarer Republik: Kultureller Austausch und diplomatische Beziehungen*, hrsg. v. Hans Manfred Bock, Tübingen 2005, 141–153 (edition lendemains 1).

Botttin, Angela, *Enge Zeit: Spuren Vertriebener und Verfolgter der Hamburger Universität*, unter Mitarbeit von Rainer Nicolaysen [Ausstellungskatalog 22.2.-17.5.1991], Berlin, Hamburg 1992 (Hamburger Beiträge zur Wissenschaftsgeschichte Bd. 11).

Boutcher, Warren (2006a), „The Making of the Humane Philosopher: Paul Oskar Kristeller and Twentieth-Century Intellectual History" in Monfasani 2006, 39–70.

—— (2006b), „From Germany to Italy to America: The Migratory Significance of Kristeller's Ficino in the 1930s" in Hartung/Schiller 2006, 133–153.

Bozay, Konrad, *Exil Türkei. Ein Forschungsbeitrag zur deutschsprachigen Emigration in die Türkei (1933–1945)*, Münster 2001.

Branca, Vittore, Frugoni, Arsenio, Garin, Eugenio, Giustiniani, Vito Rocco, Mariotti, Scevola, Perosa, Alessandro, Vasali, Cesare (Hrsgg.), *Umanesimo e Rinascimento. Studi offerti a Paul Oskar Kristeller*, Florenz 1980 (Biblioteca di ,Lettere Italiane' 24).

Brands, Gunnar, „Archäologen und die deutsche Vergangenheit" in Brands/Maischberger 2012, 1–34.

--, Maischberger, Martin (Hrsgg.), *Lebensbilder: Klassische Archäologen und der Nationalsozialismus*, Bd. 1, Rahden/Westf. 2012 (Menschen-Kulturen-Traditionen; ForschungsCluster 5; Bd. 2.1).
Briggs, Ward W. (Hrsg.), *Biographical Dictionary of North American Classicists*. Prepared under the auspices of the American Philological Association, Westport, CT, London 1994.
--, Calder III, William M. (Hrsgg.), *Classical Scholarship: A Biographical Encyclopedia*, New York, London 1990.
Brittain, Vera, *The Women at Oxford: A Fragment of History*, London 1960.
Brown, Cynthia Farr, „Gildersleeve, Virginia Crocheron", in *American National Biography Online*, Oxford 2000 (http://www.anb.org/articles/09/09-00297.html?a=1&n=gilderslee ve&d=10&ss=1&q=3).
Brunhölzl, Franz, „Theodor Hopfner (1886–1945), Viktor Stegemann (1902–1948), Albert Rehm (1871–1949)" in Suerbaum 1993, 203–216.
Buchholz, Hans-Günther, „Margarete Bieber (1879–1978), Klassische Archäologin" in *Gießener Gelehrte in der ersten Hälfte des 20. Jahrhunderts*, hrsg. v. Hans Georg Gundel, Peter Moraw und Volker Press, Erster Teil, Marburg 1982, 58–73.
Buddrus, Michael, *Totale Erziehung für den totalen Krieg: Hitlerjugend und nationalsozialistische Jugendpolitik*, 2 Teile, München 2003 (Texte und Materialien zur Zeitgeschichte 13/1, 13/2).
--, Fritzlar, Sigrid, *Die Professoren der Universität Rostock im Dritten Reich: Ein biographisches Lexikon*, München 2007 (Texte und Materialien zur Zeitgeschichte 16).
Bühler, Winfried (1969), „Paul Friedländer" in *Gnomon* 41, 619–623.
-- (1988), *Zum Gedenken an Bruno Snell (1896–1985)*, Ansprache auf der Akademischen Gedenkfeier am 30. Januar 1987, Hamburg.
Bultmann, Rudolf, „Paul Friedländer (1882–1968), Professor der Klassischen Philologie" in *Marburger Gelehrte in der ersten Hälfte des 20. Jahrhunderts*, hrsg. v. Ingeborg Schnack, Marburg 1977, 91–95 (mit Nachruf des Classics Departments der UCLA, 93–95).
Burck, Erich, „Als Assistent bei Karl Lehmann-Hartleben in Münster" in *Boreas. Münstersche Beiträge zur Archäologie* 7 (1984), 344–346.
Buschmann, Arno, *Nationalsozialistische Weltanschauung und Gesetzgebung 1933–1945*. Bd. II: *Dokumentation einer Entwicklung*, Wien, New York 2000.
Buxton, William J., „John Marshall and the Humanities in Europe: Shifting Patterns of Rockefeller Foundation Support" in *Minerva* 41.2 (2003), 133–153.
Calder, William Musgrave III (1966), „Die Geschichte der klassischen Philologie in den Vereinigten Staaten" in *Jahrbuch für Amerikastudien* 11, 213–240 [wieder in Calder 1984, 15–42].
-- (1979), „The letters of Ulrich von Wilamowitz-Moellendorff to Julius Stenzel" in: *Antike und Abendland* 25, 83–96.
-- (1980/81), „Research Opportunities in the Modern History of Classical Scholarship" in *Classical World* 74.5, 241–251 [wieder in Calder 1984, 3–13].
-- (1981), Rez. von Losemann 1977 in *Classical Philology* 76, 166–169 [wieder in Calder 1984, 83–86].
-- (1983), „Werner Jaeger and Richard Harder: an *Erklärung*" in *Quaderni di storia* 17, 99–121.
-- (1984), *Studies in the Modern History of Classical Scholarship*, Napoli (Antiqua 27).

–– (1989), „Werner Jaeger" in *Berlinische Lebensbilder* Bd. 4: *Geisteswissenschaftler*, hrsg. v. Michael Erbe, Berlin, 343–363 (Einzelveröffentlichungen der Historischen Kommisission zu Berlin Bd. 60).
–– (1990), „Werner Jaeger (30 July 1888–19 October 1961)" in Briggs/Calder 1990, 211–226.
––, Bierl, Anton (1991), „The Tale of Oblomov: Tycho von Wilamowitz-Moellendorff (1885–1914)" in *Eikasmos. Quaderni Bolognesi di Filologia Classica* 2, 1991, 257–283 (als „Anhang" erneut abgedruckt in Tycho von Wilamowitz-Moellendorff, *Die dramatische Technik des Sophokles. Aus dem Nachlaß herausgegeben von E. Kapp. Mit einem Beitrag von U. von Wilamowitz und einem Anhang zur Neuauflage von W. M. C. und A. B.*, Hildesheim 1996, S. 383–409).
–– (1992a), „The Refugee Classical Scholars in the USA: An Evaluation of their Contribution" in *Illinois Classical Studies* 17, 153–173.
–– (1992b), *Werner Jaeger Reconsidered.* Proceedings of the Second Oldfather Conference, Held on the Campus of the University of Illinois at Urbana-Champagne, April 26–28, 1990, ed. by W. M. C., Atlanta (*Illinois Classical Studies* Suppl. 3; Illinois Studies in the History of Classical Scholarship 2).
––, Kramer, David J., (1992), *An Introductory Bibliography to the History of Classical Scholarship: Chiefly in the XIXth and XXth Centuries*, Hildesheim 1992.
–– (1993), „*Nuda veritas:* William Abbott Oldfather on Classics at Columbia" in *Illinois Classical Studies* 18, 359–378 [wieder in Calder 1998, 261–280].
–– (1994a), „Classical Scholarship in the United States: An Introductory Essay" in Briggs 1994, XIX-XXXIX.
–– (1994b), „Friedländer, Paul" in Briggs 1994, 200–202.
–– (1995), „William Abbott Oldfather and the Preservation of German Influence in American Classics 1919–1933" in Flashar 1995, 403–421.
–– (1996), „What Werner Krenkel and the DDR Taught me about Antiquity" in *Satura Lanx. Festschrift für Werner A. Krenkel zum 70. Geburtstag*, hrsg. von Claudia Klodt, Hildesheim, 1–9.
––, Braun, Maximilian (1996), „,Tell it Hitler, Ecco!' Paul Friedländer on Werner Jaeger's *Paideia*" in *Quaderni di Storia* 43, 211–248 [wieder in Calder 2010, 37–70].
––, Hallett, Judith P. (1996/1997), „Introduction: Six North American Women Classicists" in *Classical World* 90, 2.3 („Special Double Issue *Six Women Classicists*"), 83–96.
–– (1997a), „Deutsche Philologen im amerikanischen Exil: Eine Analyse ihrer Wirkungen" in *Philologus* 141, 275–296 [dt. Übersetzung von Calder 1992a, inhaltlich unverändert].
–– (1997b), „Wissenschaftlergeschichte als Wissenschaftsgeschichte" in *Das Altertum* 42, 245–256 [wieder in Calder 2010, 71–86].
––, Huss, Bernhard (1997) *„Sed serviendum officio..." The Correspondence between Ulrich von Wilamowitz-Moellendorff and Eduard Norden (1892–1931)*, ed. with a commentary by W. M. C. and B. H., Hildesheim.
–– (1998), *Men in their Books. Studies in the Modern History of Classical Scholarship* [Vol. I], ed. by John P. Harris and R. Scott Smith, Hildesheim, Zürich, New York (Spudasmata 67).
–– (1998/99), „Wissenschaftsgeschichte: The Pleasures and the Perils" in *Échos du Monde Classique* N.S. 17, 435–447 [wieder in Calder 2010, 149–160].
––, Huss, Bernhard (1999), *„The Wilamowitz in me": 100 letters between Ulrich von Wilamowitz-Moellendorff and Paul Friedländer (1904–1931)*, ed. by W. M. C and B. H., with translations of selected letters by Caroline Buckler, Los Angeles 1999.

--, Scott Smith, R. (2000), *A Supplementary Bibliography to the History of Classical Scholarship. Chiefly in the XIXth and XXth centuries*, Bari.
-- (2001), „Racism in Anglo-American Classics" in Näf 2001, 165–179 [wieder in Calder 2010, 227–241].
-- (2010), *Men in their Books: Studies in the Modern History of Classical Scholarship*, Vol. II, ed. by Thomas J. Rohn, Hildesheim, Zürich, New York (Spudasmata 197).
Caldwell, Joan G., *Margarete Bieber Papers 1879–1976* [sic!] *(1919–1974) Finding Aid* (Collection 410), Special Collections, Tulane University New Orleans 1985.
Capristo, Annalisa, „The Exclusion of Jews from Italian Academies" in Zimmerman 2005, 81–95.
Capshew, James H., *Alma Pater: Herman B. Wells and the Rise of Indiana University*, Bloomington 2010 (2012). (http://www.indiana.edu/~wells/index.php/archive/the-man-himself/stories/168-story-alma-pater.html)
Cardona, George, *Henry M. Hoenigswald, 1915–2003: A Biographical Memoir*, Washington, D.C. 2006. (http://www.nasonline.org/publications/biographical-memoirs/memoir-pdfs/hoenigswald-henry.pdf)
Carlsen, Ruth, *Zum Prozess der Faschisierung und den Auswirkungen der faschistischen Diktatur auf die Universität Rostock (1932–1945)*, Diss. Rostock 1965.
Catalogus Professorum Rostochiensium, Eintrag von „Karl Lehmann" [Nov. 2010, klabahn] (http://cpr.uni-rostock.de/metadata/cpr_professor_000000001067).
Charnitzky, Jürgen, „Unterricht und Erziehung im faschistischen Italien. Von der Reform Gentile zur Carta della Scuola" in *Faschismus und Gesellschaft in Italien: Staat, Wirtschaft, Kultur*, hrsg. von Jens Petersen und Wolfgang Schieder, Köln 1998, 109–131.
Christ, Karl (1971), „Zur Entwicklung der Alten Geschichte in Deutschland", in *Geschichte in Wissenschaft und Unterricht* 22, 577–593.
-- (2006), *Klios Wandlungen. Die deutsche Althistorie vom Neuhumanismus bis zur Gegenwart*, München.
Christmann, Hans Helmut, Hausmann, Frank-Rutger, Briegel, Manfred (Hrsgg.), *Deutsche und österreichische Romanisten als Verfolgte des Nationalsozialismus*, Tübingen 1989 (Romanica et Comparatistica 10).
Chroust, Peter, *Gießener Universität und Faschismus: Studenten und Hochschullehrer 1918–1945* (2 Bde.), Münster, New York 1994.
Cohen, David, *Zwervend en Dolend: De Joodse Vluchtelingen in Nederland in de Jahren 1933–1940 met een inleiding over de Jaren 1900–1933*, Harlem 1955.
Cohen, Getzel M., Joukowsky, Martha Sharp (Hrsgg.), *Breaking Ground: Pioneering Women Archaeologists*, Ann Arbor 2004.
--, Lesko, Barbara S. (Hrsgg.), *Breaking Ground: Women in Old World Archaeology*, Providence, R.I. 2004 (nur online verfügbar unter http://www.brown.edu/Research/Breaking_Ground/).
Coser, Lewis A., *Refugee Scholars in America. Their Impact and Their Experiences*, New Haven, London 1984.
Crawford, John Stephens, „Gisela Richter" in *Invisible Giants: Fifty Americans Who Shaped the Nation but Missed the History Books*, ed. by Mark C. Carnes, Oxford 2002, 235–239.
Daltrop, Georg, „Hermine Speier" in Cohen/Lesko 2004 (nur online verfügbar unter http://www.brown.edu/Research/Breaking_Ground/bios/Speier_Hermine.pdf).

Davie, Maurice Rea, *Refugees in America: Report of the Committee for the Study of Recent Immigration from Europe*, with the collaboration of Sarah W. Cohn, Betty Drury, Samuel Koenig [u. a.], New York, London 1947.

De Felice, Renzo, *The Jews in Fascist Italy: A History*, Preface by Michael A. Ledeen, New York 2001 (=*Storia degli ebrei italiani sotto il fascismo*, Torino ¹1961-⁴1993).

De Grummond, Nancy Thomson, *An Encyclopedia of the History of Classical Archaeology*, 2 Vol., Westport, CT 1996.

Deichmann, Friedrich Wilhelm, Kraus, Theodor, „Abteilung Rom" in *Beiträge zur Geschichte des Deutschen Archäologischen Instituts 1929 bis 1979*, Teil I, hrsg. von K. Bittel, F. W. Deichmann [u.a.], Mainz 1979, 1–39.

Dial 22–0756, Pronto: Villa Pazzi. Memories of Landschulheim Florenz 1933–1938, compiled by A.W.L.M., assisted by R.M. Janssen 1997 (privately printed, not for sale) [Bibliothek des Leo Baeck Institute, Center of Jewish History New York]

Dieckmann, Liselotte, „Akademische Emigranten in der Türkei" in *Verbannung. Aufzeichnungen deutscher Schriftsteller im Exil*, hrsg. von Egon Schwarz und Matthias Wegner, Hamburg 1964, 122–126.

Dietze, Carola, *Nachgeholtes Leben: Helmuth Plessner 1892–1985*, Göttingen 2006.

Dinsmoor, William Bell, „The Department of Fine Arts and Archaeology" in: *A History of the Faculty of Philosophy, Columbia University*, New York 1957, 252–269.

Dodds, Eric Robertson, *Missing Persons: An Autobiography*, Oxford 1977.

Dörner, Anke, *La vita spezzata: Leonardo Olschki: Ein jüdischer Romanist zwischen Integration und Emigration*, Tübingen 2005 (Romanica et comparatistica 38).

Drexler, Hans, *Der Dritte Humanismus: Ein kritischer Epilog*, Frankfurt/M. 1937, ²1942 (Auf dem Wege zum nationalpolitischen Gymnasium: Beiträge zur nationalsozial. Ausrichtung des altsprachlichen Unterrichts, Heft 10).

Drüll, Dagmar, *Heidelberger Gelehrtenlexikon 1803–1932*, Berlin, Heidelberg [u.a.] 1986.

Dubbini, Rachele (2008), „Giulio Emanuele Rizzo. Lo studio della Grecità contro la romanescheria fascista" in de Haan, Nathalie, Eickhoff, Martijn, Schwegman, Marjan (Hrsgg.), *Archaeology and National Identity in Italy and Europe 1800–1950 = Fragmenta: Journal of the Royal Netherlands Institute in Rome* 2, Turnhout, 215–232.

–– (2012), „Giulio Emanuele Rizzo (1865–1950)", in Brands/Maischberger 2012, 35–49.

Duggan, Stephen, Drury, Betty, *The Rescue of Science and Learning: The Story of the Emergency Committee in Aid of Displaced Foreign Scholars*, New York 1948.

Eakin-Thimme, Gabriela Ann, *Geschichte im Exil: Deutschsprachige Historiker nach 1933*, München 2005 [Diss. Frankfurt/M. 1999].

Eberle, Henrik, *Die Martin-Luther-Universität in der Zeit des Nationalsozialismus 1933–1945*, Halle 2002.

Eder, Georg, „Personenverzeichnis 1893–1995" in: *Thesaurus-Geschichten: Beiträge zu einer Historia thesauri linguae Latinae von Theodor Bögel (1876–1973)*, hrsg. v. Dietfried Krömer u. Manfred Flieger, Stuttgart, Leipzig 1996.

Edlund, Ingrid E. M., McCann, Anna Marguerite, Sherman, Claire Richter, „Gisela Marie Augusta Richter (1882–1972): Scholar of Classical Art and Museum Archaeologist" in Sherman, Holcomb 1981, 275–300.

Edgcomb, Gabrielle Simon, *From Swastika to Jim Crow: Refugee Scholars at Black Colleges*, Malabar, Flo. 1993 [unter dem gleichen Titel auch verfilmt: Pacific Street Film, New York 1999].

Eisler, Colin, „Kunstgeschichte American Style: A Study in Migration" in Fleming, Donald, Bailyn, Bernard (Hrsgg.), *The Intellectual Migration: Europe and America 1930–1960*, Cambridge, MA 1969, 544–629.

Erichsen, Regine (1994), „Emigrantenhilfe von Emigranten – Die Notgemeinschaft Deutscher Wissenschaftler im Ausland" in *Exil* 14, 51–69.

–– (1996), „Vom Nationalsozialismus vertriebene Wissenschaftler auf dem Markt: Die Arbeitsvermittlung des englischen Academic Assistance Council (SPSL) am Beispiel der Türkeiemigranten" in *Berichte zur Wissenschaftsgeschichte* 19, 219–234.

–– (2005), „Das türkische Exil als Geschichte von Frauen und der Beitrag zum Wissenschaftstransfer in die Türkei von 1933 bis 1945" in *Berichte zur Wissenschaftsgeschichte* 28, 337–353.

Evans, Arthur E., „Leonardo Olschki 1885–1961" in *Romance Philology* 31 (1977/78), 17–54.

Falk, Barbara, *‚Caught in an Snare': Hitler's Refugee Academics 1933–1949*, Melbourne 1989.

Katja Fausser, *Geschichtswissenschaft im Nationalsozialismus. Ein Beitrag zur Geschichte der Historischen Institute der Universität Münster 1933–1945*, Münster 2000 (Zeitgeschichte – Zeitverständnis Bd. 8).

Fehrs, Jörg H., *Von der Heidereutergasse zum Roseneck. Jüdische Schulen in Berlin 1712–1942*, hrsg. von der Arbeitsgruppe Pädagogisches Museum e.V., Berlin 1993.

Feichtinger, Johannes, *Wissenschaft zwischen den Kulturen. Österreichische Hochschullehrer in der Emigration 1933–45*, Frankfurt/M., New York 2001.

Feidel-Mertz, Hildegard, „Erziehung zur sozialen Humanität. Hans Weils ‚Schule am Mittelmeer' in Recco/Italien (1934 bis 1937/38)" in Krohn, Rotermund 2006, 95–116.

Feldman, Louis H., „Jaeger, Werner Wilhelm" in Briggs 1994, 306–309.

Felschow, Eva-Marie (2007), „Schwieriger Anfang, jähes Ende und ein Neubeginn in der Ferne: Das Schicksal der Margarete Bieber" in *Panorama: 400 Jahre Universität Gießen – Akteure, Schauplätze, Erinnerungskultur*, hrsg. v. Horst Carl [u.a.], Gießen, 278–283.

–– (2008), „‚Feminae doctissimae' – die ersten Akademikerinnen an der Universität Gießen" in *Vom heimischen Herd in die akademische Welt: 100 Jahre Frauenstudium an der Universität Gießen 1908–2008*, hrsg. v. Marion Oberschelp [u.a.], Gießen, 29–53.

Fermi, Laura, *Illustrious Immigrants. The Intellectual Migration from Europe 1930–1941*, Chicago 1968.

Fiedler, Herbert, „Eine Geschichte der Hachschara" in *Gedenkstättenrundbrief* 144 [2008], S. 15–21. (http://www.gedenkstaettenforum.de/nc/gedenkstaetten-rundbrief/suche/rund brief/news/eine_geschichte_der_hachschara/2008/08)

Fijal, Andres, „Die Rechtsgrundlagen der Entpflichtung jüdischer und politisch mißliebiger Hochschullehrer nach 1933 sowie des Umbaus der Universitäten im nationalsozialistischen Sinne" in *Exodus von Wissenschaften aus Berlin: Fragestellungen – Ergebnisse – Desiderate. Entwicklungen vor und nach 1933*, hrsg. von Wolfram Fischer, Klaus Hierholzer, Michael Hubenstorf, Peter Th. Walther und Rolf Winau, Berlin, New York 1994, 101–115.

Finkelstein, Jacob J., „Albrecht Goetze, 1897–1971" in *Journal of the American Oriental Society* 92.2 (1972), 197–203.

Finzi, Roberto (1997), *L'università italiana e le leggi antiebraiche*, Rom (^{2}2003).

–– (2005), „The Damage to Italian Culture: The Fate of Jewish University Professors in Fascist Italy and After, 1938–1946" in Zimmerman, 96–113.

Fischer, Klaus, „Vom Wissenschaftstransfer zur Kontextanalyse – oder: Wie schreibt man die Geschichte der Wissenschaftsemigration?" in *Antisemitismus und Jüdische Geschichte.*

Studien zu Ehren von Herbert A. Strauss, hrsg. v. Rainer Erb und Michael Schmidt, Berlin 1987, 267–293.

Flashar, Hellmut (Hrsg.) (1995), *Altertumswissenschaft in den 20er Jahren: Neue Fragen und Impulse*, unter Mitarbeit von Sabine Vogt, Stuttgart.

— (2005), „Biographische Momente in schwerer Zeit" in *Wolfgang Schadewaldt und die Gräzistik des 20. Jahrhunderts*, hrsg. von Thomas Alexander Szlezák unter Mitwirkung von Karl-Heinz Stanzel, Hildesheim, Zürich, New York, 151–169 (Spudasmata 100).

Fleck, Christian (2000), „Long-Term Consequences of Short-Term Fellowships" in Gemelli 2000, 51–81.

— (2007), *Transatlantische Bereicherungen: Zur Erfindung der empirischen Sozialforschung*, Frankfurt/M.

Fosdick, Raymond Blaine, *The Story of the Rockefeller Foundation*. With a new introduction by Stephen C. Wheatley, New Brunswick, Oxford 1989 (New York 1952).

Freimark, Peter, „Juden an der Hamburger Universität" in Krause/Huber/Fischer 1991, I, 125–147.

Friedländer, Paul (1935a), „Pindar oder Kircher?" in *Hermes* 70, 463–472 (wieder in Friedländer 1969, 437–447).

— (1935b), „Zur New Yorker Nekyia" in *Archäologischer Anzeiger*, 20–33 (wieder in Friedländer 1969, 481–487).

— (1937), „Athanasius Kircher und Leibniz. Ein Beitrag zur Geschichte der Polyhistorie im XVII. Jahrhundert" in *Rendiconti della Pontificia Accademia di Archeologica* 13, 229–247 (wieder in Friedländer 1969, 655–672).

— (1938a), „Geschichtswende im Gedicht. Interpretationen historischer Epigramme" in *Studi Italiani di Filologia Classica* 15, 89–120 (wieder in Friedländer 1969, 213–236).

— (1938b), „Δὶς καὶ τρὶς τὸ καλόν" in *Transactions and Proceedings of the American Philological Association* 69, 375–380 (wieder in Friedländer 1969, 206–209).

— (1939a), *Spätantiker Gemäldezyklus in Gaza. Des Prokopios von Gaza Ekphrasis Eikonos*. Città del Vaticano (Studi e testi della Biblioteca Vaticana 89).

— (1939b), „The Epicurean Theology in Lucretius' First Prooemium (Lucr. I, 44–49)" in *Transactions and Proceedings of the American Philological Association* 70, 368–379 (wieder in Friedländer 1969, 328–336).

— (1941a), „Pattern of Sound and Atomistic Theory in Lucretius" in *American Journal of Philology* 62, 16–34 (wieder in Friedländer 1969, 337–353).

— (1941b), „Plato Phaedrus 245 A" in *Classical Philology* 36, 51–52 (wieder in Friedländer 1969, 210 f.).

— (1942), Rez. von: Friedrich Solmsen, *Plato's Theology*, Ithaca/New York 1942 in *Philosophical Review* 52, 507–509 (wieder in Friedländer 1969, 203–205).

— (1945a), Rez. von: W.E. Leonard und S.B. Smith, *T. Lucreti Cari De rerum natura – Introduction and Commentary*, Madison 1942 in *American Journal of Philology* 66, 318–324.

— (1945b), Rez. von: Richard Robinson, *Plato's Earlier Dialectic*, Ithaca/New York 1941 in *Classical Philology* 40, 253–259 (wieder in Friedländer 1969, 193–202).

— (1948), Rez. von: Alexander Turyn, *Pindari Epinicia*, New York 1944 in *American Journal of Philology* 69, 214–217.

—, Hoffleit, Herbert B. (1948), *Epigrammata. Greek Inscriptions in Verse from the Beginnings to the Persian Wars*, Berkeley, Los Angeles.

-- (1952), „Erinnerung an Georg Loeschcke" in *Bonner Jahrbücher* 152, 13–16 (wieder in Friedländer 1969, 677–680).
-- (1969), *Studien zur antiken Literatur und Kunst*, Berlin (unter der Rubrik ‚VIII Persönliches' auch „Zu Hermann Useners 100stem Geburtstag (21. Oktober 1934)", 675 f., und „Erinnerung an Wilamowitz", 681).
Friedrich, Hugo, Schalk, Fritz, *Europäische Aufklärung. Herbert Dieckmann zum 60. Geburtstag*, München 1967.
Fritsch, Andreas, „Nachruf auf Eckart Mensching (1936–2007)" in *Forum Classicum* 3 (2007), 217–218.
Fritz, Kurt von (1926a), *Quellenuntersuchungen zu Leben und Philosophie des Diogenes von Sinope*, Diss. München (*Philologus* Supplementband 18.2).
-- (1926b), „Zur Ideenlehre des Eudoxos von Knidos und ihr Verhältnis zur platonischen Ideenlehre" in *Philologus* 82, 1–26.
-- (1930), „Die Lebenszeit des Eudoxos von Knidos" in *Philologus* 85, 478–481.
-- (1931), „Der Ursprung der aristotelischen Kategorienlehre" in *Archiv für Geschichte der Philosophie* 40, 449–496.
-- (1932), „Platon, Theaetet und die antike Mathematik" in *Philologus* 87, 40–62 u. 136–178.
-- (1934), „Theaitetos 2) aus Athen" und „Theodoros 32) aus Kyrene" in *RE* V A 2, Sp. 1350–1372 und Sp. 1825–1831.
-- (1936), „Herodotus and the Growth of Greek Historiography" in *Transactions and Proceedings of the American Philological Association* 67, 315–340.
-- (1938), *Philosophie und sprachlicher Ausdruck bei Demokrit, Plato und Aristoteles*, New York.
-- (1940), *Pythagorean Politics in Southern Italy. An Analysis of the Sources*, New York.
--, Kapp, Ernst (1950), *Aristotle's Constitution of Athens and related texts*, translated, with an introduction and notes, New York.
-- (1953), „Democritos' Theory of Vision" in *Science, Medicine and History: Essays on the Evolution of Scientific Thought and Medical Practice Written in Honour of Ch. Singer*, ed. by Edgar Ashworth Underwood, Oxford, 83–99 (dt. Fasssung unter dem Titel „Demokrits Theorie des Sehens" in K.v.F., *Grundprobleme der antiken Wissenschaft*, Berlin 1971, 594–622).
-- (1954), *The Theory of the Mixed Constitution in Antiquity: A Critical Analysis of Polybius' Political Ideas*, New York.
-- (1962), *Autobiographische Skizze* [unveröffentlichtes Typoskript], Nachlass Kurt von Fritz, Bayerische Akademie der Wissenschaften München.
-- (1975), „Die Gründe, die zu meiner Emigration im Jahre 1936 geführt haben", Institut für Zeitgeschichte München, Microfilm MA 1500/18; auch in Wegeler, 1996, 369–372 (engl. „The Reasons which led to my Emigration 1936", in Calder 1998, 276–280).
Fröhlich, Thomas, „Armin von Gerkan (1884–1969)" in Brands/Maischberger 2012, 91–106.
Fuchs, Werner, „100 Jahre Klassische Archäologie an der Westfälischen Wilhelms-Universität Münster" in *Boreas. Münstersche Beiträge zur Archäologie* 7 (1984), 7–14.
Gadamer, Hans Georg, „Paul Friedländer (1882–1968)" in Suerbaum 1993, 179–181.
Gaines, Catherine S., *A Finding Aid to the Erwin Panofsky Papers, 1904–1990 (bulk dates 1920–1968)*, in the *Archives of American Art*, Washington, D.C. 2006 (http://www.aaa.si.edu/collections/erwin-panofsky-papers-8926/more).
Gardner, David P., *The California Oath Controversy*. Berkeley, Los Angeles 1967.

Gass, Karl Eugen, *Pisaner Tagebuch: Aufzeichnungen / Briefe. Aus dem Nachlaß eines Frühvollendeten*, hrsg. und mit einem Nachwort versehen von Paul Egon Hübinger, Heidelberg, Damstadt 1961 (Veröffentlichungen der Deutschen Akademie für Sprache und Dichtung Darmstadt 23).

--, *Diario Pisano: 1937–1938*, introduzione di Marianello Marianelli, Pisa 1989.

Gedenkbuch Berlins der jüdischen Opfer des Nationalsozialismus: „Ihre Namen mögen nie vergessen werden!", hrsg. vom Zentralinstitut für sozialwissenschaftliche Forschung der Freien Universität Berlin im Auftrag des Senators für Kulturelle Angelegenheiten, Berlin 1995.

Gemelli, Giuliana, *The „Unacceptables": American Foundations and Refugee Scholars Between the Two Wars and After*, Bruxelles, Bern, Berlin [u.a.] 2000 (Euroclio 18).

Genizi, Haim, *American Apathy: The Plight of Christian Refugees from Nazism*, Ramat Gan 1983.

Gerstengarbe, Sybille, „Die erste Entlassungswelle von Hochschullehrern deutscher Hochschulen aufgrund des Gesetzes zur Wiederherstellung des Berufsbeamtentums vom 7.4.1933" in *Berichte zur Wissenschaftsgeschichte* 17 (1994), 17–39.

Giardinelli, Alisa, „Émigré: The College as a Place of Refuge", in *Swarthmore College Bulletin* Dec. 2002, 34–41 [zu M. Ostwald 34–36, zu H. Wallach 38–39] (http://media.swarthmore.edu/bulletin/wp-content/archived_issues_pdf/Bulletin_2002_12.pdf).

--, „Ostwald's Odyssee ends at 88", in *Swarthmore College Bulletin* July 2010 (http://media.swarthmore.edu/bulletin/?p=451).

Gilbert, Felix (1987), „Desirable Elements: Refugee Professors at Bryn Mawr in the 30's and 40's" in *A Century Recalled: Essays in Honor of Bryn Mawr College*, hrsg. v. Patricia Hochschild Labalme, Bryn Mawr, 73–86.

-- (1988), *A European Past: Memoirs 1905–1945*, New York [dt. *Lehrjahre im alten Europa: Erinnerungen 1905–1945*, Berlin 1989].

Gilbhard, Thomas, *Bibliographia Kristelleriana: A Bibliography of the Publications of Paul Oskar Kristeller 1929–1999*, Preface by John Monfasani, Roma 2006 (Sussidi Eruditi 72).

Gildersleeve, Virginia Crocheron, *Many a Good Crusade: Memoirs of Virginia Gildersleeve*, New York 1954 (ND 1980).

Giles, Geoffrey J., „Die Tätigkeit Hamburger Hochschullehrer in der NS-Bewegung" in *Akademische Karrieren im „Dritten Reich". Beiträge zur Personal- und Berufungspolitik an Medizinischen Fakultäten*, hrsg. v. Günter Grau und Peter Schneck, Berlin 1993, 83–88.

Giusti, Simona, *Una casa editrice negli anni del fascismo: La Nuova Italia (1926–1943)*, Florenz 1983.

Gnirs, Otto, „Die Wiedergutmachung im öffentlichen Dienst" in Finke, Hugo [u. a.], *Entschädigungsverfahren und sondergesetzliche Entschädigungsregelungen*, München 1987, 265–303 *(Die Wiedergutmachung nationalsozialistischen Unrechts durch die Bundesrepublik Deutschland Bd. 6)*.

Göckeritz, Hermann Götz (Hrsg.), *Rudolf Bultmann–Friedrich Gogarten: Briefwechsel 1921–1967*, Tübingen 2002.

Goetz, Helmut, *Der freie Geist und seine Widersacher: Die Eidverweigerer an den italienischen Universitäten im Jahre 1931*, Frankfurt/M. 1993.

Golczewski, Frank, „Rückkehr aus dem Exil an die Universität – Überlegungen zu Lebens- und Organisationsentscheidungen" in *Unter Vorbehalt. Rückkehr aus der Emigration nach*

1945, hrsg. vom Verein EL-DE-Haus Köln, bearbeitet von Wolfgang Blaschke, Karola Frings und Cordula Lissner, Köln 1997, 33–43.

[Goldschmidt, M. R.?], „Nachrichten" [=Nachruf auf Vera Lachmann], in *Castrum Peregrini* 168–169 (1985), 145–148 (engl. in Hallett 1991, 24–27).

Goldstein, Moritz, „Spiel mit Juden: Rückblick auf Italien – Von einem Ausgetriebenen" in *Jüdische Welt-Rundschau* Jg. 1 (1939), Heft 16 (30.6.), 5, Heft 17 (7.7.), 5 und Heft 18 (14.7.), 4 (http://www.compactmemory.de/index_p.aspx?ID_0=30), auch in Ubbens 2002, 120–138.

Ausführlicheres mschr. Typoskript in den „Moritz Goldstein Papers" (German and Jewish Intellectual Émigré Collection MSS-GER 041, M. E. Grenader Dept. of Spec. Coll. and Archives, University of Albany; mit dem ursprünglichen, für die *Jüdische Welt-Rundschau* korrigierten Titel „Mussolinis Spiel mit den Juden – Rückblick eines Ausgetriebenen").

Goschler, Constantin, *Wiedergutmachung: Westdeutschland und die Verfolgten des Nationalsozialismus (1945–1954)*, München 1992 (Quellen und Darstellungen zur Zeitgeschichte Bd. 34).

Gramm, Hanns, *The Oberlaender Trust 1931–1953*, Philadelphia 1956.

Gregor, A. James, *Giovanni Gentile: Philosopher of Fascism*. New Brunswick 2001.

Grolle, Joist, *Der Hamburger Percy Ernst Schramm – ein Historiker auf der Suche nach der Wirklichkeit*, Hamburg 1989 (Vorträge und Aufsätze, hrsg. vom Verein für Hamburgische Geschichte, H. 28) [siehe auch http://www.dictionaryofarthistorians.org/schrammp.htm].

Gruenewald, Max, „The beginning of the ‚Reichsvertretung'" in *Leo Baeck Institute Year Book* 1 (1956), 57–67.

Grüttner, Michael, *Biographisches Lexikon zur nationalsozialistischen Wissenschaftspolitik*, Heidelberg 2004 (Studien zur Wissenschafts- und Universitätsgeschichte Bd. 6).

––, Kinas, Sven, „Die Vertreibung von Wissenschaftlern aus den deutschen Universitäten 1933–1945" in *Vierteljahrshefte für Zeitgeschichte* 55.1 (2007), 123–186.

Gundert, Hermann, „Otto Regenbogen" in *Heidelberger Jahrbücher* 11 (1967), 27–39.

Habermann, Wolfgang, „Die deutsche Delegation beim Internationalen Papyrologenkongreß in Oxford im Jahre 1937 und der für das Jahr 1939 geplante Papyrologenkongreß in Wien" in *Archiv für Papyrusforschung und verwandte Gebiete* 47.1 (2001), 102–171.

Hachtmann, Rüdiger, „Beschäftigungslage und Lohnentwicklung in der deutschen Metallindustrie 1933–1949" in *Historical Social Research* 6 (1981), 42–68.

Hadas, Moses, „The Department of Greek and Latin" in *A History of the Faculty of Philosophy, Columbia University*, New York 1957, 174–182.

Häntzschel, Hiltrud (1994), „Die Philologin Eva Fiesel (1891–1937): Porträt einer Wissenschaftskarriere im Spannungsfeld von Weiblichkeit und Antisemitismus" in *Jahrbuch der Deutschen Schillergesellschaft* 38, 339–363.

–– (1997), „‚Amerika gab ihr, was ihr das Heimatland immer verwehrt hatte': Die Philologin Eva Fiesel (1891–1937)" in *Bedrohlich gescheit: Ein Jahrhundert Frauen in der Wissenschaft in Bayern*, hrsg. v. H. H. und Hadumod Bussmann, München, 242–247, 319 f.

Halfwassen, Jens, „Raymond Klibansky: Erinnerungen an ein Jahrhundert" in *Ruperto Carola* 3/2005 (http://www.uni-heidelberg.de/presse/ruca/ruca05-3/half.html).

Hallett, Judith P., „The Case of the Missing President: Werner Jaeger and the American Philological Association" in Calder 1992b, 37–68.

––, Pearcy, Lee T., „*Nunc meminisse iuvat*: Classics and Classicists between the World Wars" in *Classical World* 85.1 (1991), 1–27.

--, Calder, William Musgrave III, „Introduction: Six North American Women Classicists" in *Classical World* 90, 2.3 (1996/1997 „Special Double Issue *Six Women Classicists*"), 83–96.

Hammann, Konrad, *Rudolf Bultmann: Eine Biographie*, Tübingen 2009.

Hammel, Andrea, Grenville, Anthony, Krummel, Sharon (Hrsgg.), *Refugee Archives: Theory and Practice*, Amsterdam, New York 2007 (*Yearbook of the Research Centre for German and Austrian Exile Studies* 9).

Hammerstein, Notker (1995), *Antisemitismus und deutsche Universitäten 1871–1933*, Frankfurt/M., New York.

-- (1999), *Die Deutsche Forschungsgemeinschaft in der Weimarer Republik und im Dritten Reich: Wissenschaftspolitik in Republik und Diktatur 1920–1945*, München.

Hanfmann, George Maxim A., „Die ‚Berliner Schule': Archäologie und Archäologen in Berlin und USA" in *Ehrenpromotion Georg M. A. Hanfmann am Fachbereich Altertumswissenschaften der Freien Universität Berlin am 21. Mai 1982*, Berlin 1983, 13–34 (Universitätsreden H. 3).

Harrison, Ann, *Inventory of the Elisabeth Jastrow Papers, 1870–1971*, in Getty Research Institute, Research Library, Special Collections and Visual Sources, Los Angeles 2007.

Harrison, Evelyn B., „Margarete Bieber (1879–1978)" in *American Journal of Archaeology* 82 (1978), 573–575.

Hartung, Gerald, Schiller, Kay (Hrsgg.), *Weltoffener Humanismus: Philosophie, Philologie und Geschichte in der deutsch-jüdischen Emigration*, Bielefed 2006.

Hausmann, Frank-Rutger (1995), „Le tappe dell'esilio: studiosi tedeschi in Italia – Exil in Etappen – Deutsche Wissenschaftler in Italien" in Voigt/Henze 1995, 175–198.

-- (1999), „Paul Oskar Kristeller (1905–1999)" in *Romanische Forschungen* 111, 622–27.

-- (2000), *„Vom Strudel der Ereignisse verschlungen": Deutsche Romanistik im „Dritten Reich"*, Frankfurt/M. (Analecta Romanica 61).

-- (2001), *„Auch im Krieg schweigen die Musen nicht": Die Deutschen Wissenschaftlichen Institute im Zweiten Weltkrieg*, Göttingen (Veröffentlichungen des Max-Planck-Instituts für Geschichte 169).

Heiber, Helmut, *Universität unterm Hakenkreuz*. München, London [u.a.]. Teil I: *Der Professor im Dritten Reich: Bilder aus der akademischen Provinz* (1991); Teil II: *Die Kapitulation der Hohen Schulen: das Jahr 1933 und seine Themen*, Bd. 1 (1992), Bd. 2 (1994).

Heilen, Stephan, Kirstein, Robert [u.a.] (Hrsgg.), *In Pursuit of Wissenschaft: Festschrift für William M. Calder III zum 75. Geburtstag*, Hildesheim, Zürich, New York 2008 (Spudasmata 119).

Heitmann, Klaus, „Leonardo Olschki, 1885–1961. Zum Hundertsten Geburtstag des Heidelberger Romanisten" in *Ruperto Carola, Heidelberger Universitätshefte* 38 (1981), 122–124.

Henrich, Dieter, „Denken und Felsgrund der Forschung: Für und über Paul Oskar Kristeller bei der goldenen Promotion" in *Heidelberger Jahrbücher* 1980, Nr. 24, 29–33 (Typoskript [8p.] in CU, RBML, Kristeller Papers, Box N 22, Folder ‚Biographical Data').

Henrichs, Albert, „Philologie und Wissenschaftsgeschichte: Zur Krise eines Selbstverständnisses" in Flashar 1995, 423–457.

Herington, C. John, Doig, George A., George, Edward V., Greenwood, Robert E., „In Memoriam Friedrich Walter Lenz" [Austin, 2001?] (http://www.utexas.edu/faculty/council/ 2000–2001/memorials/SCANNED/lenz.pdf).

Highet, Keith, „The Military Career of Gilbert Highet" in *Classical World* 95.4 (2002) 386–409.
Hiltbrunner, Otto [u.a.] (Hrsg.) (1954), *Thesaurismata. Festschrift für Ida Kapp zum 70. Geburtstag*, München.
— (1993), „Ida Kapp (1884–1979)" in Suerbaum 1993, 233–237.
Hinterberger, Monika, „Margarete Bieber–eine Archäologin in zwei Welten (1879–1978)" in *100 Jahre Frauenstudium. Frauen der Rheinischen Friedrich-Wilhelms-Universität Bonn*, hrsg. v. Annette Kuhn, Valentine Rothe, Brigitte Mühlenbruch, Berlin 1996, 140–146.
Hirsch, Felix E., Feist Hirsch, Elisabeth, *Selected Writings 1929–1993*. [With forewords by Joyce H. Brodowski, Paul Oskar Kristeller and others], Germantown, MD, 1993.
Hirschfeld, Gerhard (1985), „Die Emigration deutscher Wissenschaftler nach Großbritannien, 1933–1945" in Niedhart, Gottfried (Hrsg.), *Großbritannien als Gast- und Exilland für Deutsche im 19. und 20. Jahrhundert*, Bochum, 117–140 (Arbeitskreis Deutsche England-Forschung 4).
— (1988), „‚The defence of learning and science...'. Der Academic Assistance Council in Großbritannien und die wissenschaftliche Emigration aus Nazi-Deutschland" in *Vertreibung der Wissenschaften und andere Themen*, hrsg. im Auftrag der Gesellschaft für Exilforschung von Thomas Koebner [u.a.] München, 28–43 (*Exilforschung. Ein internationales Jahrbuch*, Bd. 6).
— (1991), „‚A High Traditon of Eagerness...' – British Non-Jewish Organisations in Support of Refugees" in Mosse 1991, 599–610.
— (1996), „Durchgangsland Großbritannien? Die britische ‚Academic Community' und die wissenschaftliche Emigration aus Deutschland" in Brinson, Charmian, Dove, Richard, Malet, Marian, Taylor, Jennifer (Hrsgg.), *„England? Aber wo liegt es?" Deutsche und österreichische Emigranten in Großbritannien 1933–1945*, München, 59–70 (Publications of the Institute of Germanic Studies, University of London, Bd. 64).
Höpfner, Hans-Paul, *Die Universität Bonn im Dritten Reich: Akademische Biographien unter nationalsozialistischer Herrschaft*, Bonn 1999 (Academica Bonnensia Bd. 12).
Hörner, Hadwig, „Über Genese und derzeitigen Stand der großen Edition der Werke Gregors von Nyssa" in *Écriture et Culture Philosophique dans le Pensée de Grégoire de Nysse. Actes du Colloque de Chevetogne (22–26 Septembre 1969)*, ed. Marguerite Harl, Leiden 1971, 18–50.
Hose, Martin, „Kurt von Fritz" in *Akademie aktuell* 03 (2005), Heft 15, 26–29. (http://www.badw.de/aktuell/akademie_aktuell/2005/heft3/00_aa2005-3_gesamt.pdf)
Housman, Alfred Edward, *Selected Prose*, ed. by John Carter, Cambridge 1961.
Huerkamp, Claudia, „Jüdische Akademikerinnen in Deutschland 1900–1938" in *Geschichte und Gesellschaft* 19 (1993), Heft 3: *Rassenpolitik und Geschlechterpolitik im Nationalsozialismus*, hrsg. v. Gisela Bock, 311–331.
Irmscher, Johannes (1980), „Die klassische Altertumswissenschaft in der faschistischen Wissenschaftspolitik" in *Altertumswissenschaften und ideologischer Klassenkampf*, hrsg. v. Horst Gericke, Halle (Martin-Luther-Universität Halle-Wittenberg, Wissenschaftliche Beiträge 35).
— (1990), „Werner Jaeger zum 100. Geburtstag. Über die griechische Diaspora: Zwei Vorträge" in *Sitzungsberichte der Akademie der Wissenschaften in Berlin*, 6 G.
Jäger, Gerhard, „Kurt von Fritz (1900–1985) als akademischer Lehrer" in Suerbaum 1993, 183–188.
Jaeger, Werner (1923), *Aristoteles: Grundlegung einer Geschichte seiner Entwicklung*, Berlin.

-- (1933), „Die Erziehung des politischen Menschen und die Antike" in *Volk im Werden* 1, Nr. 3, 43–49.
-- (1934–1947), *Paideia: Die Formung des griechischen Menschen*, 3 Bde., Berlin (ND in einem Bd. 1989).
Jagust, Frederick, „Paul Jacobsthal (1880–1957)" in Brands/Maischberger 2012, 65–74.
Jasch, Hans-Christian, „Das preußische Kultusministerium und die ‚Ausschaltung' von ‚nichtarischen' und politisch mißliebigen Professoren an der Berliner Universität in den Jahren 1933 bis 1934 aufgrund des Gesetzes zur Wiederherstellung des Berufsbeamtentums vom 7. April 1933" in *Forum Historiae Iuris*, 25. August 2005. (http://www.forhistiur.de/zitat/0508jasch.htm)
Jastrow, Elisabeth (1932a), „Antike Vasenmalerei" in *Katalog der Bibliothek des Deutschen Archäologischen Instituts in Rom* von August Mau. Neue Bearbeitung von Eugen von Mercklin und Friedrich Matz, 2. Band bearbeitet von Friedrich Matz, 1. Teil (III D 3), Berlin, Leipzig, 560–732.
-- (1932b), „Zur Darstellung griechischer Landschaft" in *Die Antike* 8, 201–214.
-- (1932c), „Relief-Tor in Capua" in *Archäologischer Anzeiger*, 21–38.
-- (1941), *Abformung und Typenwandel in der antiken Tonplastik* [I. Teil], Lund-Leipzig (Skrivter utgivna av Svenska Institutet i Rom, Acta Instituti Romani Regni Sueciae V, Opuscula Archaeologica Vol. II, 1–28); Abstract in *Classical Weekly* 34, No. 22 (Apr. 28, 1941), 263.
Jay, Martin, *Dialektische Phantasie: Die Geschichte der Frankfurter Schule und des Instituts für Sozialforschung*, Frankfurt/M. 1981 (Boston 1973).
Johnson, Alvin Saunders, *Pioneer's Progress: An Autobiography*, New York 1952.
Jones, Christopher P., „Herbert Bloch (18 August 1911–6 September 2006): Biographical memoirs" in *Proceedings of the American Philosophical Society* 152.4 (2008), 533–544. (http://www.amphilsoc.org/sites/default/files/proceedings/1520407Bloch1208.pdf)
--, „Herbert Bloch †", in *Gnomon* 80 (2008), 765–767.
Jüdisches Adressbuch für Groß-Berlin, Ausgabe 1931. Gültig bis Mitte 1932, Berlin [Juni] 1931 (ND Berlin 1994).
Jung, Otmar, *Plebiszit und Diktatur: die Volksabstimmungen der Nationalsozialisten: Die Fälle „Austritt aus dem Völkerbund" (1933), „Staatsoberhaupt" (1934) und „Anschluß Österreichs" (1938)*, Tübingen 1995 (Beiträge zur Rechtsgeschichte des 20. Jahrhunderts 13).
Junker, Klaus (1997), *Das Archäologische Institut des Deutschen Reiches zwischen Forschung und Politik: die Jahre 1933 bis 1945*, Mainz (Das Deutsche Archäologische Institut: Geschichte und Dokumente Bd. 3).
-- (2001), „Zur Geschichte des Deutschen Archäologischen Instituts in den Jahren von 1933 bis 1945" in Näf 2001, 503–517.
Kahane, Henry (1986), „The Refugee of the Thirties. A Personal Memoir" in *Tennessee Linguistics* 6.2., 8–17.
-- (1989), „Der Emigrant der dreißiger Jahre: Selbstporträt eines Sprachwissenschaftlers" in Christmann, Hausmann, Briegel 1989, 57–68.
-- (1991), „A Linguist's Vita as Historiography" in Koerner, Konrad (Hrsg.), *First Person Singular II: Autobiographies by North American Scholars in the Language Sciences*, Amsterdam, Philadelphia, 187–204 (History of Linguistic Science 61).
Kahn, Charles H., „Fritz, Karl Albert Kurt von" in Briggs 1994, 203–205.
Kapp, Ernst (1912), *Das Verhältnis der eudemischen zur nikomachischen Ethik*, Diss. Freiburg.

– – (1920), *Die Kategorienlehre in der aristotelischen Topik* (Habil. München, zuerst gedruckt in Kapp 1968, 215 – 253).
– – (1936), „Platon und die Akademie (Die Wissenschaft im Staat der Wirklichkeit)" in *Mnemosyne* III 4.3, 227 – 246 (wieder in Kapp 1968, 151 – 166).
– – (1938), „Theorie und Praxis bei Aristoteles und Platon" in *Mnemosyne* III 6.2, 179 – 194 (wieder in Kapp 1968, 167 – 179).
– – (1941), „Bentley's Schediasma *De metris Terentianis* and the Modern Doctrine of Ictus in Classical Verse" in *Mnemosyne* III 9.3, 187 – 194 (wieder in Kapp 1968, 311 – 317).
– – (1942), *Greek Foundations of Traditional Logic*, New York (Columbia Studies in Philosophy 5) [dt. Übersetzung unter dem Titel *Der Ursprung der Logik bei den Griechen*, Göttingen 1965].
– – (1968), *Ausgewählte Schriften*, hrsg. v. Hans und Inez Diller, Berlin.
Katz, David, „Autobiography" in *History of Psychology in Autobiography*, Vol. IV, ed. by Edwin G. Boring, Heinz Werner, Herbert S. Langfeld, Robert M. Yerkes, Cambridge, MA, 1952, 189 – 211.
Kauder, Emil, „Jastrow, Ignaz" in *Neue Deutsche Biographie* Bd. 10 (1974), 366 – 367.
Kedouri, Eli, „The Alliance Israélite Universelle, 1860 – 1960" in *The Jewish Journal of Sociology* 9 (1967), 95 – 96.
Kempner, Robert M. W., *Ankläger einer Epoche: Lebenserinnerungen*, Frankfurt, Berlin [u. a.] 1983.
Kent, Donald Peterson, *The Refugee Intellectual: The Americanization of the Immigrants of 1933 – 1941*, New York 1953.
Keßler, Mario (2003), *Arthur Rosenberg. Ein Historiker im Zeitalter der Katastrophen*, Köln, Weimar [u. a.].
– – (2008), „Arthur Rosenberg in England und der *Academic Assistance Council* (1934 – 1937)" in Grenville, Anthony, Reiter, Andrea (Hrsgg.), *„I didn' want to float; I wanted to belong to something." Refugee Organizations in Britain 1933 – 1945*, Amsterdam, New York, 183 – 199 (Yearbook of the Research Centre for German and Austrian Exile Studies 10).
Kinzig, Wolfram, „Evangelische Patristiker und Christliche Archäologen im ‚Dritten Reich'. Drei Fallstudien: Hans Lietzmann, Hans von Soden, Hermann Wolfgang Beyer" in Näf 2001, 535 – 629.
Klee, Ernst, *Das Personenlexikon zum Dritten Reich. Wer war was vor und nach 1945?* Frankfurt/M. 2003.
Klein, Dagmar, *Frauen in der Gießener Geschichte: 52 Biographien und sozio-kulturelle Hintergründe*, Gießen 1997.
Klibansky, Raymond, *Erinnerung an ein Jahrhundert: Gespräche mit Georges Leroux*, Frankfurt/M., Leipzig 2001.
Klöckner, Anja, Recke, Matthias (Hrsgg.), *Gönner, Geber und Gelehrte: Die Gießener Antikensammlung und ihre Förderer* [Katalog zur Ausstellung Gießen 31.10.2007 – 24.2.2008], Gießen 2007.
Köhler, Ernst, „Leonardo Olschki † 7.12.1961" in *Ruperto Carola, Heidelberger Universitätshefte* 14 (1962), 72.
Köpke, Wolf, Thunecke, Jörg (Hrsgg.), *Preserving the Memory: Festschrift for John M. Spalek on the Occasion of his 80th Birthday*, Nottingham, UK 2008.
Krause, Eckart, Huber, Ludwig, Fischer, Holger (Hrsgg.), *Hochschulalltag im „Dritten Reich": Die Hamburger Universität 1933 – 1945. Teil I: Einleitung. Allgemeine Aspekte; Teil II: Philosophische Fakultät, Rechts- und Staatswissenschaftliche Fakultät; Teil III:*

Mathematisch-Naturwissenschaftliche Fakultät, Medizinische Fakultät, Ausblick, Anhang, Berlin, Hamburg 1991 (Hamburger Beiträge zur Wissenschaftsgeschichte, Bd. 3, I-III).
– –, Nicolaysen, Rainer (Hrsgg.), *Zum Gedenken an Erich Panofsky (1892 – 1968): Reden aus Anlass der Benennung des Hörsaals C im Hauptgebäude der Universität Hamburg in Erwin-Panofsky-Hörsaal am 20. Juni 2000*, Hamburg 2009 (Hamburger Universitätsreden, N.F. 17).
Kravetz, Nathan (Hrsg.), *Displaced German Scholars: A Guide to Academics in Peril in Nazi Germany During the 1930s*, San Bernardino, CA 1993 (Studies in Judaica and the Holocaust 7).
Krieck, Ernst, „Unser Verhältnis zu Griechen und Römern" in *Volk im Werden* 1 (1933), Nr. 5, 77 – 78.
Kristeller, Paul Oskar (1929), *Der Begriff der Seele in der Ethik des Plotin*, Diss. Tübingen (Heidelberger Abhandlungen zur Philosophie und ihrer Geschichte, 19).
– – (1937), *Supplementum Ficinianum. Marsilii Ficini Florentini philosophi platonici opuscula inedita et dispersa primum collegit et ex fontibus plerumque manuscriptis edidit auspiciis Regiae Scholae Normalis Superioris Pisanae Paulus Oscarius Kristeller. Accedunt indices codicum, editionum, operum Ficini nec non documenta quaedam et testimonia ad eundem pertinentia*, volumen prius, volumen alterius, Florentiae.
– – (1939), „Florentine Platonism and Its Relations with Humanism and Scholasticism" in *Church History* 8.3, 201 – 211.
– – (1943), *The Philosophy of Marsilio Ficino*, transl. in English by Virginia Conant, New York (Columbia Studies in Philosophy, No. 6).
– – (1953), *Il pensiero filosofica di Marsilio Ficino*, Firenze (Bibliotheca storica del rinascimento n.s. III).
– – (1962), „In memoriam Leonardo Olschki (Verona 1885, Berkeley 1961)" in *Romanische Forschungen* 74, 109 f.
– – (1965), „Der Nachlaß Ludwig Bertalots. Mit einem Verzeichnis der nachgelassenen Schriften von Hermann Michael Goldbrunner" in *Quellen und Forschungen aus italienischen Archiven und Bibliotheken* 45, 429 – 441.
– – (1972), *Die Philosophie des Marsilio Ficino*, Frankfurt/M. (Das Abendland – Neue Folge 1).
– – (1986), „Recollection of my Association and Friendship with the House and Family of Leo S. Olschki over the last fifty years" in Tagliaferri, Cristina, *Olschki, un secolo di editoria, 1886 – 1986*, Bd. 1: *La Libreria antiquaria editrice Leo S. Olschki (1886 – 1945)*, Firenze, 147 – 150.
– – (1990), *A Life of Learning*. Charles Homer Haskins Lecture (American Council of Learned Societies, Occasional Papers No. 12 (http://www.acls.org/Publications/OP/Haskins/1990_PaulOskarKristeller.pdf).
– – (1993), „Elisabeth Feist Hirsch: Student, Scholar and Friend" in Hirsch, Feist Hirsch 1993, XVII-XIX.
– – (1994), King, Margaret L., „Iter Kristellianum: The European Journey (1905 – 1939)" in: *The Renaissance Quarterly* 47, 907 – 929.
– – (1996), *Recollections of My Life*. With the assistance of David Hollander in *The European Legacy, Toward New Paradigms: Journal of the International Society for the Study of European Ideas* 1.6, 1863 – 1878 (auch in CU, RBML, Kristeller Papers, Box N 22).
Krohn Claus-Dieter (1985), „‚Nobody has the right to come into the United States': Die amerikanischen Behörden und das Flüchtlingsproblem nach 1933" in *Gedanken an*

Deutschland im Exil und andere Themen, hrsg. im Auftrag der Gesellschaft für Exilforschung, München, 128–142 *(Exilforschung. Ein internationales Jahrbuch,* Bd. 3).
–– (1987), *Wissenschaft im Exil: Deutsche Sozial- und Wirtschaftswissenschaftler in den USA und die New School for Social Research,* Frankfurt, New York.
–– (2000), „American Foundations and Refugee Scholars between the Two Wars" in Gemelli 2000, 35–50.
––, Schildt, Axel (Hrsgg.), *Zwischen den Stühlen? Remigranten und Remigration in der deutschen Medienöffentlichkeit der Nachkriegszeit,* Hamburg 2002 (Hamburger Beiträge zur Sozial- und Zeitgeschichte 39).
––, Rotermund, Erwin (Hrsgg.), *Kindheit und Jugend im Exil – Ein Generationenthema,* hrsg. im Auftrag der Gesellschaft für Exilforschung von C.-D. K., E. R., Lutz Winckler und Wulf Koepke unter Mitarbeit von Inge Hansen-Schaberg, München 2006 *(Exilforschung. Ein internationales Jahrbuch,* Bd. 24).
Kuhlmann, Peter, Schneider, Helmuth (Hrsgg.), *Geschichte der Altertumswissenschaften: Biographisches Lexikon,* Stuttgart, Weimar 2012 *(Der Neue Pauly:* Supplemente Bd. 6).
Kulka, Otto Dov (Hrsg.), *Deutsches Judentum unter dem Nationalsozialismus* Bd. 1: *Dokumente zur Geschichte der Reichsvertretung der deutschen Juden 1933–1939,* hrsg., eingeleitet und erläutert von O. D. K. unter Mitarbeit von Anne Birkenhauer und Esriel Hildesheimer, mit einem Vorwort von Eberhard Jäckel, Tübingen 1997 (Schriftenreihe wissenschaftlicher Abhandlungen des Leo Baeck Instituts 54).
Kytzler, Bernhard (1971), „Friedrich Walter Lenz" in *Gnomon* 43, 526–527.
–– (2000), „Sed Serviendum Officio": Rezension zu Calder/Huss 1997 und Calder/Huss 1999 in *Scholia Reviews* ns 9, 3 (http://www.classics.ukzn.ac.za/reviews/00–03cal.html).
Lachmann, Vera, „Erinnerungen an Erika Weigand" in *Castrum Peregrini* 138 (1979), 77–88.
Lamberti, Marjorie, „The Reception of Refugee Scholars from Nazi Germany in America: Philanthropy and Social Change in Higher Education" in *Jewish Social Studies: History, Culture, Society* n.s. 12, no. 3 (Spring/Summer 2006), 157–192.
Laskier, Michael M., *The* Alliance Israélite Universelle *and the Jewish Communities of Morocco: 1862–1962,* Albany 1983 (SUNY Series in Modern Jewish History).
Lateiner, Donald, „Elizabeth Hazelton Haight (1872–1964)" in *Classical World* 90,2.3 (1996/1997), 153–166 (= Special Double Issue *Six Women Classicists*).
Leach, Eleanor Winsor, „Mary Hamilton Swindler 1884–1967" in Cohen/Lesko 2004 (nur online verfügbar unter http://www.brown.edu/Research/Breaking_Ground/bios/Swindler_Mary%20Hamilton.pdf).
Lehmann, Hartmut, Sheehan, James J. (Hrsgg.), *An Interrupted Past. German-Speaking Refugee Historians in the United States After 1933,* Cambridge, New York 1991.
––, Oexle, Otto Gerhard (Hrsgg.), *Nationalsozialismus in den Kulturwissenschaften.* Bd. 1: *Fächer-Milieus-Karrieren;* Bd. 2: *Leitbegriffe-Deutungsmuster-Paradigmenkämpfe: Erfahrungen und Transformationen im Exil,* Göttingen 2004 (Veröffentlichungen des Max-Planck-Institutes für Geschichte Bd. 210/211).
Lehmann, Phyllis Williams, „Karl Lehmann" in De Grummond, 1996, Vol. 2, 669–670.
Lehmann-Hartleben, Karl, *Baugeschichtliche Untersuchungen am Stadtrand von Pompeji,* begonnen von Ferdinand Noack, fortgeführt und veröffentlicht von K.L.-H., Berlin 1936.
Lenz, Friedrich W. (1958), „Erinnerungen an Eduard Norden" in *Antike und Abendland* 7, 159–171.
–– (1972), *Opuscula Selecta,* ed. by Frederick M. Ahl, Amsterdam.

Lesky, Albin, Rezension zu Paul Friedländer, *Studien zur antiken Literatur und Kunst*, Berlin 1969 in *Deutsche Literaturzeitung* 92 (1971), 862–865.

Lichtenstein, Heiner, „Robert M. W. Kempner" in *Gegen Barbarei: Essays Robert M. W. Kempner zu Ehren*, hrsg. von Rainer Eisfeld und Ingo Müller, Frankfurt/M. 1989, 20–34.

Lloyd-Jones, Hugh (1971), „Eduard Fraenkel" in *Gnomon* 43, 634–640.

— — (1980), „Eric Robertson Dodds †, 1893–1979" in *Gnomon* 52, 78–83.

Löwith, Karl, *Mein Leben in Deutschland vor und nach 1933: Ein Bericht*, Stuttgart 1986.

Logan, Rayford Whittingham, *Howard University: The First Hundred Years 1867–1967*, New York 1969.

Lohse, Gerhard (1991), „Klassische Philologie und Zeitgeschehen. Zur Geschichte eines Seminars an der Hamburger Universität in der Zeit des Nationalsozialismus" in Krause/Huber/Fischer 1991, II, 775–826.

— — (1994), „Bruno Snell 1896–1986" in Krois, John Michael, Lohse, Gerhard, Nicolaysen, Rainer, *Die Wissenschaftler Ernst Cassirer, Bruno Snell, Siegfried Landshut*, Hamburg, 43–73.

— — (1997), „Geistesgeschichte als Politik: Bruno Snell als Mittler zwischen Wissenschaft und Gesellschaft" in *Antike und Abendland* 43, 1–20.

Lorenz, Katharina, „Otto Brendel (1901–1973)" in Brands/Maischberger 2012, 193–206.

Losemann, Volker (1977), *Nationalsozialismus und Antike: Studien zur Entwicklung des Faches Alte Geschichte 1933–1945*, Hamburg (Historische Perspektiven 7).

— — (2001), „Nationalsozialismus und Antike – Bemerkungen zur Forschungsgeschichte" in Näf 2001, 71–88.

— — (2009), *Alte Geschichte zwischen Wissenschaft und Politik: Gedenkschrift Karl Christ*, hrsg. von V. L. unter Mitarbeit von Kerstin Droß und Sarah Velte, Wiesbaden 2009 (Philippika. Marburger altertumskundliche Abhandlungen 29).

Ludwig, Walther (1986a), „Amtsenthebung und Emigration Klassischer Philologen" in *Würzburger Jahrbücher für die Altertumswissenschaft* 12, 217–239 [erw. Fassung; ursprünglich in *Berichte zur Wissenschaftsgeschichte* 7, 1984, 161–178].

— — (1986b), „Kurt von Fritz 1900–1985, Erinnerung an einen großen Gelehrten" in: Wilfried Stroh (Hrsg.), *In memoriam Kurt von Fritz 1900–1985; Gedenkrede von Walther Ludwig mit einem von Gerhard Jäger zusammengestellten Schriftenverzeichnis*, München, 3–18.

— — (1986c), „Kurt von Fritz" in *Gnomon* 58, 283–286.

— — (2000), „Zum Gedenken an Paul Oskar Kristeller" in *Neulateinisches Jahrbuch* 2, 13–23.

Maas, Utz (2004), *Verfolgung und Auswanderung deutschsprachiger Sprachforscher 1933–1945*. Bd. 1: *Einleitung und biobibliographische Daten A-F*, Osnabrück 1996; Bd. 2: *Biobibliographische Daten G-P (Q)*, Osnabrück.

— — (2010), *Verfolgung und Auswanderung deutschsprachiger Sprachforscher 1933–1945*. Bd. 1: *Dokumentation: Biobibliographische Daten A-Z*; Bd. 2: *Auswertungen: Verfolgung – Auswanderung – Fachgeschichte – Konsequenzen*, Tübingen.

Mahoney, Edward P., „Paul Oskar Kristeller and His Contribution to Scholarship" in *Philosophy and Humanism: Renaissance Essays in Honor of Paul Oskar Kristeller*, ed. by E. P. M., New York 1976, 1–16.

Maier, Dieter G., *Ignaz Jastrow: Sozialliberale Positionen in Wissenschaft und Politik*, Berlin 2010 (Jüdische Miniaturen 103).

Maischberger, Martin, "German Archaeology During the Third Reich, 1933–45: a case study based on archival evidence" in *Antiquity* 76 (2002), 209–18.

Malitz, Jürgen (1998), „Römertum im ,Dritten Reich': Hans Oppermann" in *Imperium Romanum. Festschrift für Karl Christ zum 65. Geburtstag*, hrsg. von Peter Kneißl und Volker Losemann, Stuttgart, 519–543.
-- (2006), „Klassische Philologie" in *Die Freiburger Philosophische Fakultät 1920–1960. Mitglieder–Strukturen–Vernetzungen*, hrsg. v. Eckhard Wirbelauer [u. a.], Freiburg/München (Freiburger Beiträge zur Wissenschafts- und Universitätsgeschichte, N.F. Bd. 1), 303–364.
Malkiel, Yakov, „Necrology Leonardo Olschki" in *Romance Philology* 15 (1961/62), 331f.
--, De Marco, Barbara, „Necrology Henry Kahane" in *Romance Philology* 46 (1992/93), 297–301.
Manasse, Ernst Moritz (1936), *Über Wahrheit in Platons „Sophistes"* Diss. Heidelberg.
-- (1937), *Platons Sophistes und Politikos: Das Problem der Wahrheit*, Berlin.
-- (1986), „The Jewish Graveyard" in *The Southern Review* 22.6, 296–307 [verfasst im Sommer 1967]; wieder in Mensching 2002, 56–65.
Marks, Shula, Weindling, Paul, Wintour, Laura (Hrsgg.), *In Defence of Learning: The Plight, Persecution and Placement of Academic Refugees, 1933–1980s*, Oxford 2011 (*Proceedings of the British Academy* 169).
Martin, Bernd, „Universität im Umbruch: Das Rektorat Heidegger 1933/34" in *Die Freiburger Universität in der Zeit des Nationalsozialismus*, hrsg. v. Eckhard John, B. Martin, Marc Mück und Hugo Ott, Freiburg, Würzburg 1991, 9–24.
McCaughey, Robert A., *Stand, Columbia: A History of Columbia University in the City of New York, 1754–2004*, New York 2003.
McEwan, Dorothea, „A Tale of One Institute and Two Cities: The Warburg Institute" in Wallace, Ian (Hrsg.), *German Speaking Exiles in Great Britain*, Amsterdam, Atlanta 1999, 25–42 (*Yearbook of the Research Centre for German and Austrian Exile Studies* 1).
Medwid, Linda M., *The Makers of Classical Archaeology: A Reference Work*, New York 2000.
Mellink, Machteld J., Quinn, Kathleen M., „Hetty Goldman (1881–1972)" in Cohen, Joukowsky 2004, 298–350.
Menges, Franz, „Oberlaender, Gustav" in *Neue Deutsche Biographie* 19 (1999), 392.
Mensching, Eckart (1991), „U. von Wilamowitz-Moellendorff, W. Kranz und das ,Dritte Reich'" in E. M., *Nugae zur Philologie-Geschichte* IV, Berlin, 5–24.
-- (1992), „Eduard Norden (21. Sept. 1868–13. Juli 1942) zum 50. Todestag: Texte und Überlegungen zu seinem Werk" in E. M., *Nugae zur Philologie-Geschichte* V, Berlin.
-- (1996), „Paul Friedländer: ,Vom Altertum zur Zukunft!' (1919)" in E. M., *Nugae zur Philologie-Geschichte* IX, Berlin, 155–159.
-- (2001), „Ein Brief von Paul Friedländer (1946)" in E. M., *Nugae zur Philologie-Geschichte* XI, Berlin, 99–104.
-- (2002a), „,Refuge in the Segregated South': Bemerkungen zum Leben von Ernst Moritz Manasse" in E. M., *Nugae zur Philologie-Geschichte* XII, Berlin, 30–43.
-- (2002b), „E. M. Manasse: Die Vita der Dissertation und ein Interview" in E. M., *Nugae zur Philologie-Geschichte* XII, Berlin, 44–55.
-- (2002c), „Rückkehr aus der Emigration? Über Klassische Philologen und Nachkriegs-Deutschland" in E. M., *Nugae zur Philologie-Geschichte* XII, Berlin, 87–128.
-- (2003a), „In der Frühen Nachkriegszeit: K. Reinhardt, P. Friedländer und der Nachlaß Fr. Klingners, II: Paul Friedländer: Zwei Briefe und ein Paket aus Los Angeles (1946/47); III: P. Friedländer: Briefe aus zwanzig Jahren; IV: P. Friedländer: Mitglied der Bayerischen Akademie?" in E. M., *Nugae zur Philologiegeschichte* XIII, Berlin, 63–81.

-- (2003b), „Professor Paul Friedländer (1882–1968): Von Halle über Berlin nach Los Angeles" in E. M., *Nugae zur Philologie-Geschichte* XIII, Berlin, 82–92.
Meyer, Marion (2003), „Margarete Bieber (1879–1978) – Archäologin in Bonn, Gießen und New York" in Ursula Mättig [u.a.] (Hrsg.), *Vor-Bilder: Wissenschaftlerinnen der Universität Bonn. Historische, soziologische und künstlerische Perspektiven* [Katalog der Ausstellung 21.5. bis 20.6.2003, Kunsthistorisches Institut der Universität Bonn], Bonn, 15–20.
-- (2009), „Bieber, Margarete" in Kümper, Hiram (Hrsg.), *Historikerinnen. Eine bio-bibliographische Spurensuche im deutschen Sprachraum*, Kassel, 27–29 (Schriften des Archivs der deutschen Frauenbewegung Bd. 14).
Mian, Marzio G., „Tanto Gentile e tanto onesta era: Intervista al filologo ebreo Kristeller che negli anni Trenta il filosofo italiano salvo dal nazismo e le lettere inedite che i due grandi pensatori si scambairono" in *Il Giornale*, 30.8.1996, 19.
Michels, Karen, *Transplantierte Kunstwissenschaft: deutschsprachige Kunstgeschichte im amerikanischen Exil*, Berlin 1999, 47–54 (Studien aus dem Warburg-Haus, Bd. 2).
Miller, Alice D., Myers, Susan, *Barnard College: The First Fifty Years*, New York 1939.
Miller, William H., *Picture History of the Italian Line, 1932–1977*, Mineola, N.Y. 1999.
Milton, Sybil, Bogin, Frederick D. (Hrsgg.), *American Jewish Joint Distribution Committee, New York, Part 1*, New York, London 1995 (Archives of the Holocaust Vol. 10).
Minerbi, Alessandra, „Die politische und ‚rassische' Emigration aus dem faschistischen Italien 1922 bis 1943" in *Exile im 20. Jahrhundert*, hrsg. im Auftrag der Gesellschaft für Exilforschung, München 2000, 51–76 (*Exilforschung. Ein internationales Jahrbuch*, Bd. 18).
Moccia, Nicholas M. (Hrsg.), *William Calder III: The Seventieth Birthday Bibliography (1955–2003)*, Urbana Champaign 2002.
Möllenhoff, Gisela, Schlautmann-Overmeyer, Rita, *Jüdische Familien in Münster 1918 bis 1945*, Münster. Teil 1: *Biographisches Lexikon*, hrsg. von Franz-Josef Jakobi, Andreas Determann, Diethard Aschoff (1995); Teil 2,1: *Abhandlungen und Dokumente 1918–1935*, hrsg. von Franz-Josef Jakobi, Susanne Freund, Andreas Determann, Diethard Aschoff (1998); Teil 2,2: *Abhandlungen und Dokumente 1935–1945*, hrsg. von Franz-Josef Jakobi, Susanne Freund, Andreas Determann, Diethard Aschoff (2001).
Momigliano, Arnaldo (1974), „Jews in classical scholarship" in *Encyclopaedia Judaica*, Yearbook (Events 1973), Jerusalem, 223–225.
-- (1994), „In memoriam Eduard Fraenkel" in A. M., *Essays on Ancient and Modern Judaism*, ed. by Silvia Berti, Chicago 1994, 213–216.
Monfasani, John (2001), „Paul Oskar Kristeller" in: *Gnomon* 73.4, 378–384.
-- (2006), „Kristeller and Manuscripts" in Monfasani 2006, 183–203.
-- (2006), *Kristeller Reconsidered: Essays on His Life and Scholarship*, ed. by J.M., New York.
Morris, Katherine (Hrsg.), *Odyssey of Exile: Jewish Women Flee the Nazis for Brazil*, Detroit 1996.
Mosse, Werner Eugen (Hrsg.), *Second Chance: Two Centuries of German-Speaking Jews in the United Kingdom*, hrsg. v. Julius Carlebach, Gerhard Hirschfeld, Aubrey Newman, Arnold Paucker, Peter Pulzer, Tübingen 1991 (Schriftenreihe wissenschaftlicher Abhandlungen des Leo Baeck Instituts 48).
Mücke, Jochen (Hrsg.), *Auf den Spuren der Antike: Theodor Wiegand, ein deutscher Archäologe* (Katalog zur gleichnamigen Ausstellung im Städtischen Museum Bendorf/Rhein vom 22.3 bis 30.9.1985, Gestaltung J.M.), Bendorf 1985.

Müller, Sven, „Der nicht geleistete Eid des Rostocker Griechisch-Professors Kurt von Fritz auf Adolf Hitler – ‚preußisch-starre Haltung' oder staatsbürgerliche Verantwortung für die Wissenschaft?" in *Zeitgeschichte regional. Mitteilungen aus Mecklenburg-Vorpommern* 9 (2005), H. 2, 67–77.

Müller Hofstede, Justus, „In memoriam Paul Oskar Kristeller" in *Florenz in der Frührenaissance: Kunst-Literatur-Epistolographie in der Sphäre des Humanismus. Gedenkschrift für Paul Oskar Kristeller 1905–1999*, hrsg. von J. M. H., Rheinbach 2002, 21–34.

Münch, Ingo von, *Gesetze des NS-Staates: Dokumente eines Unrechtssystems*, Paderborn, München 1994.

Mußgnug, Dorothee, *Die vertriebenen Heidelberger Dozenten. Zur Geschichte der Ruprecht-Karls-Universität nach 1933*. Heidelberg 1988.

Näf, Beat (1992), „Werner Jaegers *Paideia:* Entstehung, kulturpolitische Absicht und Rezeption" in Calder 1992b, 125–146.

–– (2001), *Antike und Altertumswissenschaft in der Zeit von Faschismus und Nationalsozialismus.* Kolloquium Universität Zürich, 14.–17. Oktober 1998, hrsg. von B. N. unter Mitarbeit von Tim Kammasch, Mandelbachtal-Cambridge (Texts and Studies in the History of Humanities 1).

Nagel, Anne Christine (Hrsg.), *Die Philipps-Universität Marburg im Nationalsozialismus. Dokumente zu ihrer Geschichte*, Stuttgart 2000 (Pallas Athene. Beiträge zur Universitäts- und Wissenschaftsgeschichte Bd. 1).

Nawyn, William E., *American Protestantism's Response to Germany's Jews and Refugees, 1933–1941*, Ann Arbor 1981 (Diss. Univ. of Iowa 1980).

Neumark, Fritz, *Zuflucht am Bosporus. Deutsche Gelehrte, Politiker und Künstler in der Emigration 1933–1953*, Frankfurt 1980.

Nicolaysen, Rainer (2003), „‚vitae, nicht vita': Über Vertreibung und Exil des Osteuropa-Historikers Richard Salomon (1884–1966)" in *Lebendige Sozialgeschichte: Gedenkschrift für Peter Borowsky*, hrsg. von Rainer Hering und R. N., Wiesbaden 2003, 633–658.

–– (2008), „Die Frage der Rückkehr: Zur Remigration Hamburger Hochschullehrer nach 1945" in *Zeitschrift des Vereins für Hamburger Geschichte* 94 (2008), 117–152.

Nicotra, Laura, *Archeologia al femminile: Il cammino delle donne nella disciplina archeologica attraverso le figure di otto archeologhe classiche vissute dalla metà dell'Ottocento ad oggi*, Roma 2004 (Studia archeologica 129).

[Notgemeinschaft deutscher Wissenschaftler im Ausland], *List of Displaced German Scholars*, London 1936; ND Strauss [u.a.] 1987 (als Teil I), und Kravetz 1993.

––, *Supplementary List of Displaced German Scholars*, London 1937; ND Strauss [u.a.] 1987 (als Teil II).

Obermayer, Hans Peter, „Kurt von Fritz and Ernst Kapp at Columbia University: A Reconstruction according to the Files" in *Classical World* 101.2 (2008), 211–249.

O'Shea, Megan, [Finding aid zu] *Emergency Committee in Aid of Displaced Foreign Scholars Records 1927–1949 MssCol 922*, June 2007, in New York Public Library, Humanities and Social Sciences Library, Manuscripts and Archives Division.

Ostwald, Martin, „In Memoriam: Gabriele Schoepflich-Hoenigswald (1912–2001)" in *Classical World* 95.4 (2002), 443–444.

Panofsky, Erwin, *Korrespondenz 1910–1968. Eine kommentierte Auswahl in fünf Bänden*, hrsg. v. Dieter Wuttke, Wiesbaden. Bd. 1: *Korrespondenz 1910–1936* (2001), Bd. 2:

Korrespondenz 1937–1949 (2003), Bd. 3: *Korrespondenz 1950–1956* (2006), Bd. 4: *Korrespondenz 1957–1961* (2008), Bd. 5: *Korrespondenz 1962–1968* (2011).

Pawliczek, Aleksandra, *Akademischer Alltag zwischen Ausgrenzung und Erfolg: Jüdische Dozenten an der Berliner Universität 1871–1933*, Stuttgart 2011 (Pallas Athene: Beiträge zur Universitäts- und Wissenschaftsgeschichte, Bd. 38).

Peiser, Werner, *Ein Landschulheim für Naziopfer im faschistischen Italien. Begegnungen in Rom. Hitler, ein Imitator. Kurzer Lebenslauf* [bis 1969], Institut für Zeitgeschichte München, ZS 2470, ‚Peiser, Werner, Prof. Dr.' (o.J., 4 Typoskripte).

Persico, Joseph E., *Edward R. Murrow: An American Original*, New York, St. Louis [u.a.]1988.

Pross, Helge, *Die Deutsche Akademische Emigration nach den Vereinigten Staaten 1933–1941*. Mit einer Einführung von Prof. Dr. Franz L. Neumann, Berlin 1955.

Rebenich, Stefan (2001), „Zwischen Anpassung und Widerstand? Die Berliner Akademie der Wissenschaften von 1933 bis 1945" in Näf 2001, 203–244.

— (2005), „Nationalsozialismus und Alte Geschichte. Kontinuität und Diskontinuität in Forschung und Lehre" in Stark, Isolde (Hrsg.), *Elisabeth Charlotte Welskopf und die Alte Geschichte in der DDR*. Beiträge der Konferenz vom 21. bis 23. November 2002 in Halle/Saale, Wiesbaden, 42–64.

Recke, Matthias (2000), *Die Klassische Archäologie in Gießen: 100 Jahre Antikensammlung*, Gießen 2000 (Studia Giessensia 9).

— (2007), „‚...besonders schauerlich war die Anwesenheit von Frl. Bieber.' Die Archäologin Margarete Bieber (1879–1978) – Etablierung einer Frau als Wissenschaftlerin" in Fries, Jana Esther, [u.a.] (Hrsg.), *Science oder Fiction? Geschlechterrollen in archäologischen Lebensbildern*. Bericht der 2. Sitzung der AG Geschlechterforschung während des 5. Deutschen Archäologen-Kongresses in Frankfurt (Oder) 2005, München, Berlin, 209–231 (Frauen-Forschung-Archäologie, Bd. 7).

Redlich, Fritz, „Academic Education for Business: Its Development and the Contribution of Jgnaz Jastrow (1856–1937). In Commemoration of the Hundredth Anniversary of Jastrow's Birth" in *Business History Review* 31 (1957), 25–91.

Reichsbund Jüdischer Frontsoldaten (Hrsg.), *Die jüdischen Gefallenen des deutschen Heeres, der deutschen Marine und der deutschen Schutztruppen 1914–1918: Ein Gedenkbuch*, Berlin 1932.

Respondek, Peter, *Besatzung, Entnazifizierung, Wiederaufbau: Die Universität Münster 1945–1952. Ein Beitrag zur Geschichte der deutsch-britischen Beziehungen nach dem Zweiten Weltkrieg auf dem Bildungssektor*, Münster 1995.

Richter, Gisela, *My Memoirs: Recollections of an Archaeologist's Life*, Rome 1972.

Richter, Wilhelm, *Berliner Schulgeschichte von den mittelalterlichen Anfängen bis zum Ende der Weimarer Republik*, unter Mitwirkung von Maina Richter hrsg. und bearb. von Marion Klewitz, Hans Christoph Berg, mit einer Zeittafel von Gerd Radde, Berlin 1981 (Historische und pädagogische Studien Bd. 13).

Riess, Ernst, „Charles Knapp (1869–1936): *Iustum et tenacem propositi viri*" in *Classical Weekly* 30.2 (Oct. 19, 1936), 11–14.

Riezler, Katharina, „Philanthropy, Peace Research, and Revisionist Politics: Rockefeller and Carnegie Support for the Study of International Relations in Weimar Germany" in *Beyond the Nation: United States History in Transnational Perspective*, hrsg. von Thomas Adam und Uwe Lübken (=German Historical Institute Bulletin, Supplement 5 (2008), 61–79. (http://www.ghi-dc.org//files/publications/bu_supp/supp5/supp5_061.pdf)

Rodenwaldt, Gerhart, „Gustav Oberländer †" in *Gnomon* 13 (1937), 111–112.

Romano, Sergio, *Giovanni Gentile: La filosofia al potere*, Milano 1984 (ND unter dem Titel *Giovanni Gentile: Un filosofo al potere negli anni del regime*, Milano 2004).
Rosenberg, Rosalind, „Virginia Gildersleeve: Opening the Gates" in *Living Legacies. Great Moments and Leading Figures in the History of Columbia University*, New York 2001. (http://www.columbia.edu/cu/alumni/Magazine/Summer2001/Gildersleeve.html).
Rosenthal, Michael, *Nicholas Miraculous: The Amazing Career of the Redoubtable Dr. Nicholas Murray Butler*, New York 2006.
Rothländer, Christiane, *Karl Motesiczky (1904–1943): Eine biographische Rekonstruktion*, Wien, Berlin 2010.
Rubin, Jeff, *The Road to Renaissance: Hillel 1923–2003* (http://www.hillel.org/docs/default-source/historical/the-road-to-renaissance—hillel-history-1923–2002.pdf?sfvrsn=6).
Rütten, Thomas, „Ludwig Edelstein at the Crossroads of 1933. On the Inseparability of Life, Work, and Their Reverberations" in *Early Science and Medicine* 11.1 (2006), 50–99.
Russell, Donald, „Eric Robertson Dodds, 1893–1979" in *Proceedings of the British Academy* 57 (1981), 357–370.
Rutkoff, Peter M., Scott, William B., *New School: A History of the New School for Social Research*, New York 1986.
Sachs, Ruth Hanna, *Gestapo Interrogation Transcripts: Manfred Eickemeyer and Eugen Grimminger*, Lehi 2008.
Sahl, Hans, *Die Gedichte*, München 2009.
Sarfatti, Michele (1994), *Mussolini contro gli ebrei: cronaca dell'elaborazione delle leggi del 1938*, Torino.
— (1996), „La scuola, gli ebrei e l'arianizzazione attuata da Giuseppe Bottai" in M. S. (Hrsg.), *I licei G. Berchet e G. Carducci durante il fascismo e la resistenza*, Atti di tre pomeriggi di studio: Milano, Liceo ‚G. Carducci' 20 febbraio, 9 marzo, 20 aprile 1995, a cura di D. Bonetti, R. Bottoni, (u.a.), Milano, 37–66.
— (2003), „Grundzüge und Ziele der Judengesetzgebung im faschistischen Italien 1938–1943" in *Quellen und Forschungen aus italienischen Archiven und Bibliotheken* 83, 436–444.
— (2005), „Characteristics and Objectives of the Anti-Jewish Racial Laws in Fascist Italy, 1938–1943" in Zimmerman 2005, 71–95.
— (2006), *The Jews in Mussolini's Italy: From Equality to Persecution*, Madison (= *Gli ebrei nell'Italia fascista: vicende, identità, persecuzione*, Torino 2000).
Scharbaum, Heike, *Zwischen zwei Welten. Wissenschaft und Lebenswelt am Beispiel des deutsch-jüdischen Historikers Eugen Täubler (1879–1953)*, Münster 2001 (Münsteraner Judaistische Studien 8).
Scherke, Katharina (1994), „Die Society for the Protection of Science and Learning" in *Jahrbuch 1994*, hrsg. vom Dokumentationsarchiv des österreichischen Widerstandes, Wien 1994, 46–57.
— (2001), „Esther Simpson und die Aktivitäten der SPSL (Society for the Protection of Science and Learning) im Zusammenhang mit der Emigration deutschsprachiger Wissenschaftler zwischen 1933 und 1945" in Ritchie, J. M. (Hrsg.), *German Speaking Exiles in Great Britain*, Amsterdam, New York 2001, 121–130 (Yearbook of he Research Centre for German and Austrian Exile Studies 3).
Schidorsky, Dov, „Confiscation of Libraries and Assignments to Forced Labor: Two Documents of the Holocaust" in *Libraries & Culture* 33.4/Fall 1998, 347–388.

Schiller, Kay (2000a), „The Refugee Historian Hans Baron and the Society for the Protection of Science and Learning" in Grenville, Anthony (Hrsg.), *German-Speaking Exiles in Great Britain*, Amsterdam, Atlanta, 59–76 (*Yearbook of the Research Centre for German and Austrian Exile Studies*, 2).
— (2000b), „Hans Baron und der Bürgerhumanismus" in K. S., *Gelehrte Gegenwelten: Über humanistische Leitbilder im 20. Jahrhundert*, Frankfurt/M., 99–175.
Schirrmacher, Gerd, *Hertha Kraus – Zwischen den Welten: Biographie einer Sozialwissenschaftlerin und Quäkerin (1897–1968)*, Frankfurt/M., Berlin [u.a.] 2002.
Schlobach, Jochen, „Aufklärer in finsterer Zeit: Werner Krauss und Herbert Dieckmann" in Christmann/Hausmann/Briegel 1989, 115–144.
Schmidt, Axel W.-O., *Der rothe Doktor von Chicago – ein deutsch-amerikanisches Auswandererschicksal, Biographie des Dr. Ernst Schmidt 1830–1900: Arzt und Sozialrevolutionär*, Frankfurt/M., Bern [u.a.] 2003.
Schottlaender, Rudolf (1986), *Trotz allem ein Deutscher. Mein Lebensweg seit Jahrhundertbeginn*, Freiburg.
— (1988), *Verfolgte Berliner Wissenschaft: Ein Gedenkwerk*. Mit Vorworten von Wolfgang Scheffler, Kurt Pätzold und einem Nachwort von Götz Aly, Berlin (Stätten der Geschichte Berlins, Bd. 23).
Schrecker, Ellen W., *No Ivory Tower: McCarthyism and the Universities*, New York 1986.
Schreiber Maximilian (2006), „Altertumswissenschaften im Nationalsozialismus. Die Klassische Philologie an der Ludwig-Maximilians-Universität" in: Kraus, Elisabeth (Hrsg.), *Die Universität München im Dritten Reich. Aufsätze*, Teil I, München 2006, 181–248 (Beiträge zur Geschichte der Ludwig-Maximilians-Universität München, Bd. 1).
— (2007), *Walther Wüst. Dekan und Rektor der Universität München, 1933–1945*, München (Beiträge zur Geschichte der Ludwig-Maximilians-Universität München, Bd. 3).
Schröder, Frank (Red.), *100 jüdische Persönlichkeiten aus Mecklenburg-Vorpommern*. Ein Begleiter zur Ausstellung des Max-Samuel-Hauses 22. Mai bis 22. November 2003, hrsg. von der Stiftung Begegnungsstätte für jüdische Geschichte und Kultur in Rostock, Rostock 2003, 106 f.
Schröder, Wilt Aden, *Der Altertumswissenschaftler Eduard Norden (1868–1941): das Schicksal eines deutschen Gelehrten jüdischer Abkunft. Mit den Briefen Eduard Nordens an seinen Lehrer Hermann Usener aus den Jahren 1891 bis 1902*, Zürich, New York 1999 (Spudasmata 73).
Schulz, Gerhard, „Hermann Eduard Johannes Popitz" in *Neue Deutsche Biographie* 20 (2001), 620–622.
Schwartz, Philipp, *Notgemeinschaft: Zur Emigration deutscher Wissenschaftler nach 1933 in die Türkei*, hrsg. u. eingel. von Helge Peukert, Marburg 1995.
Schweitzer, Christoph E., „Ernst Moritz Manasse: A Black College Welcomes a Refugee" in: *They Fled Hitler's Germany and Found Refuge in North Carolina*, ed. Henry A. Landsberger, C. E. S., Chapel Hill 1996, 41–49.
Sehlmayer, Markus, Walter, Uwe (Hrsgg.), *Unberührt von jedem Umbruch? Der Althistoriker Ernst Hohl zwischen Kaiserreich und früher DDR*, Frankfurt/M. 2005.
Shaplen, Robert, *Towards the Well-Being of Mankind. Fifty Years of the Rockefeller Foundation*, Garden City, N.Y. 1964.
Shaw, Stanford J., *Turkey and the Holocaust. Turkey's Role in Rescuing Turkish and European Jewry from Nazi-Persecution, 1933–1945*, New York 1993.

Sherman, Claire Richter, Holcomb, Adele M. (Hrsgg.), *Women as Interpreters of the Visual Arts, 1820–1979*, Westport, CT, London 1981 (Contributions in Women Studies, No. 18).
Sicherl, Martin (1993), „Erinnerungen an Prag (1933–1937)" in Suerbaum 1993, 85–94.
–– (1999), „Die klassische Philologie an der Prager Universität 1849–1945" in *Vorträge und Abhandlungen aus geisteswissenschaftlichen Bereichen*, Redaktion Eduard Hlawitschka, München, 286–337 (Schriften der Sudetendeutschen Akademie der Wissenschaften und Künste Bd. 20).
–– (2003), „Die Klassische Philologie an der Prager Deutschen Universität 1849–1945" in *Eikasmos* 14, 393–419.
Simon, Frits, *Ernst Kapp (1808–1896): An Early and Romantic Philosopher of Technology*, [o. O.] 2003 (http://members.home.nl/fsimon/index.html).
Simoncelli, Paolo, *Cantimori, Gentile e la Normale di Pisa. Profili e documenti*, Milano 1994.
Snell, Bruno (1935a), „Das I-Ah des goldenen Esels" in *Hermes* 70, 355–56 (wieder in Snell 1966, 200f.)
–– (1935b), Rez. von: W. Jaeger, *Paideia* in *Göttingische Gelehrte Anzeigen* 197, 329–353 (wieder in Snell 1966, 32–54).
–– (1966), *Gesammelte Schriften*, Göttingen.
–– (1978), „Klassische Philologie im Deutschland der zwanziger Jahre. Vortrag, gehalten in Amersfoort 1932 [korrekt 1935!]" in B. S., *Der Weg zum Denken und zur Wahrheit: Studien zur frühgriechischen Sprache*, Göttingen, 105–121 (Hypomnemata 57).
Solmsen, Friedrich, „Platos Einfluss auf die Bildung der mathematischen Methode" in *Quellen und Studien zur Geschichte der Mathematik, Abt. B: Studien*, hrsg. v. O. Neugebauer, J. Stenzel, O. Toeplitz, Bd. 1, H. 1, Berlin 1929, 93–107.
––, *Entwicklung der aristotelischen Logik und Rhetorik*, Berlin 1929 (Neue Philologische Untersuchungen, hrsg. v. Werner Jaeger, 4. Heft).
Spalek, John M., *Guide to the Archival Materials of the German-Speaking Emigration to the United States after 1933*, Charlotteville 1978.
––, „Fifty Years of Exile Research in the USA: A Personal Overview" in Hammel, Grenville, Krummel 2007, 57–63.
Sperber, A. M., *Murrow: His Life and Times*, New York 1986.
Staas, Christian, „Letzte Zuflucht: Zur Geschichte der jüdischen Auswanderung nach Palästina" in *ZEIT Geschichte* 04/2008 (14.11.2008): http://www.zeit.de/zeit-geschichte/2008/04/auswanderung-palaestina.
Steiger, Hugo, *Das Melanchthongymnasium in Nürnberg (1526–1926): Ein Beitrag zur Geschichte des Humanismus*, München, Berlin 1926.
Steiger, Karsten, *Kooperation, Konfrontation, Untergang: Das Weimarer Tarif- und Schlichtungswesen während der Weltwirtschaftskrise und seine Vorbedingungen*, Stuttgart 1998.
Stent, Ronald, „Jewish Refugee Organisations" in Mosse 1991, 579–598.
Stiefel, Ernst C., Mecklenburg, Frank, *Deutsche Juristen im amerikanischen Exil (1933–1950)*, Tübingen 1991.
Strassmann, Wolfgang Paul, *Die Strassmanns. Schicksale einer deutsch-jüdischen Familie über zwei Jahrhunderte*, Frankfurt/M. 2006 (engl. *The Strassmanns: Science, Politics, and Migration in Turbulent Times, 1793–1993*, New York 2008).
Strauss, Herbert A. (1980), „Jewish Emigration from Germany: Nazi Policies and Jewish Responses (I)" in *Leo Baeck Institute Yearbook* 25, 313–361.

-- (1981), „Jewish Emigration from Germany: Nazi Policies and Jewish Responses (II)" in *Leo Baeck Institute Year Book* 26, 343–409.
--, Röder, Werner (Hrsgg.), *International Biographical Dictionary of Central European Émigrés 1933–1945*, Vol. II: *The Arts, Sciences, and Literature*, München 1999 (ND 1983).
--, Buddensieg, Tilmann, Düwell, Kurt (Hrsgg.), *Emigration: Deutsche Wissenschaftler nach 1933: Entlassung und Vertreibung*. [Enth. u. a.] *List of Diplaced German Scholars 1936; Supplementary List of Displaced German Scholars 1937; The Emergency Committee in Aid of Displaced Foreign Scholars, Report 1941*, Berlin 1987. (Aus Anlass der Ausstellung „Der Kongreß denkt": Wissenschaften in Berlin, 14. Juni bis 1. November 1987).
--, Fischer, Klaus, Hoffmann, Christhard, Söllner, Alfons (Hrsgg.), *Die Emigration der Wissenschaften nach 1933: Disziplingeschichtliche Studien*, München, London [u. a.] 1991.
Sünderhauf, Esther Sophia, „Gerhart Rodenwaldt (1886–1945)" in Brands/Maischberger 2012, 119–127.
Suerbaum, Werner, *Erinnerungen an klassische Philologen. Festgabe für Ernst Vogt zu seinem 60. Geburtstag am 6. November 1990*, gesammelt und unter Mitarbeit v. Uwe Dubielzig hrsg. v. W. S., in *Eikasmos. Quaderni Bolognesi di Filologia Classica* 4 (1993).
Suits, Thomas A., „Gilbert Highet (22 June 1906–20 January 1978)" in Briggs, Calder 1990, 183–191.
Szabó, Anikó, *Vertreibung, Rückkehr, Wiedergutmachung: Göttinger Hochschullehrer im Schatten des Nationalsozialismus*. Mit einer biographischen Dokumentation der entlassenen und verfolgten Hochschullehrer: Universität Göttingen – TH Braunschweig – TH Hannover – Tierärztliche Hochschule Hannover, Göttingen 2000.
Tarán, Leonardo, „Harold F. Cherniss (11 March 1904–18 June 1987)" in *Yearbook 1987 of the American Philosophical Society*, Philadelphia 1988, 135–140 (auch in *Collected Papers 1962–1999*, Leiden, Boston 2001, 667–673).
Tedeschi, John (2001), „Bainton, Cantimori and Elisabeth Feist Hirsch" in Prosperi, Adriano [u.a.] (Hrsg.), *Il piacere del testo: Saggi e studi per Albano Biondi*, Vol. 2, Roma, 751–763.
-- (2002), *The Correspondence of Roland H. Bainton and Delio Cantimori (1932–1966): An Enduring Transatlantic Friendship Between Two Historians of Religious Toleration. With an Appendix of Documents*, ed. by J.T., Firenze (Studi e testi per la storia della tolleranza in Europa nei secoli XVI–XVIII, 6).
-- (2006), „Paul Oskar Kristeller and Elisabeth Feist Hirsch: A Lifetime Connection" in Monfasani 2006, 233–255.
Tetzlaff, Walter, *2000 Kurzbiographien bedeutender deutscher Juden des 20. Jahrhunderts*, Lindhorst 1982.
Thimme, David, *Percy Ernst Schramm und das Mittelalter: Wandlungen eines Geschichtsbildes*, Göttingen 2006 (Schriftenreihe der Historischen Kommission bei der Bayerischen Akademie der Wissenschaften 75).
Thompson, Gertrud H., „The Dr. Leonore Goldschmidt Schule (1935–1941)" in *Leo Baeck Institute Yearbook* 2005, 301–352 (online unter http://leonoregoldschmidt.com/Lore1_21.pdf).
Thurner, Martin, „Raymond Klibansky: A Medievalist Keeping His Finger on the Pulse of the Century" in *American Cusanus Society Newsletter*, 21.2 (2004), 17–32.
Tomasi, Tina, Sistoli Paoli, Nella, *La Scuola Normale di Pisa dal 1813 al 1945. Cronache di un'istituzione*, Pisa 1990.

Turi, Gabriele, *Giovanni Gentile: Una biografia*, Firenze 1995.
Ubbens, Irmtraud (2002), „*Aus meiner Sprache verbannt ...*": *Moritz Goldstein, ein deutsch-jüdischer Journalist und Schriftsteller im Exil*, München (Dortmunder Beiträge zur Zeitungsforschung, Bd. 59).
–– (2006), „Das Landschulheim in Florenz" in Krohn, Rotermund (2006), 117–133.
Uhlig, Ralph (Hrsg.), *Vertriebene Wissenschaftler der Christian-Albrechts-Universität zu Kiel (CAU) nach 1933: Zur Geschichte der CAU im Nationalsozialismus. Eine Dokumentation*, bearbeitet von Uta Cornelia Schmatzler und Mathias Wieben, Frankfurt/M. [u.a.] 1991 (Kieler Werkstücke, Reihe A, Bd. 2).
Vézina, Birgit, „*Die Gleichschaltung*" *der Universität Heidelberg im Zuge der nationalsozialistischen Machtergreifung*, Heidelberg 1982 (Heidelberger rechtswissenschaftliche Abhandlungen, N. F., Abh. 32).
Vigener, Marie, „*Ein wichtiger kulturpolitischer Faktor*" – *Das Deutsche Archäologische Institut zwischen Wissenschaft, Politik und Öffentlichkeit, 1918–1954*, Rahden/Westf. 2012 (Menschen-Kulturen-Traditionen; ForschungsCluster 5, Bd. 7).
Villa, Claudia, „Paul Oskar Kristeller" in *Belfagor* 57 (2002), 669–683.
Villani, Cinzia, „Diritti negati e deportazioni: Gli anni della persecuzione antiebraica" in *StoriaE* 1.1 (2003), *Shoa. La giornata della memoria*, 10–17 (http://www.emscuola.org/labdocstoria/storiae/Dossier/Dossier01/pdf/Shoah04.pdf).
Vogt, Ernst, „Kurt von Fritz 25.8.1900–16.7.1985" in *Bayerische Akademie der Wissenschaften, Jahrbuch* 1987, München 1988, 247–253.
Voigt, Klaus, *Zuflucht auf Widerruf: Exil in Italien 1933–1945*, Bde. 1–2, Stuttgart 1989–1993.
––, Henze, Wolfgang (Hrsgg.), *Rifugio precario – Zuflucht auf Widerruf: Artisti e intellettuali tedeschi in Italia 1933–1945 – Deutsche Künstler und Wissenschaftler in Italien* (Akademie der Künste, Katalog der Ausstellung Milano 9.3.-30.4.1995, Berlin 29.8.-22.10.1995), Mailand 1995.
Vordtriede, Werner, *Das verlassene Haus: Tagebuch aus dem amerikanischen Exil 1938–1947*, Regensburg 2002 (München 1975).
Wachter, Clemens, *Die Professoren und Dozenten der Friedrich-Alexander-Universität Erlangen 1743–1960*, im Auftrag des Rektors hrsg. von der Universitätsbibliothek, Teil 3: Philosophische Fakultät, Naturwissenschaftliche Fakultät, bearb. v. C. W. unter Mitw. von Astrid Ley und Josef Mayr, Erlangen 2009 (Erlanger Forschungen Sonderreihe Bd. 13).
Wagner, Andreas, „Der Archäologe Karl Lehmann – Vertrieben aus Deutschland" in *Mecklenburger im Ausland: Historische Skizzen zum Leben und Wirken von Mecklenburgern in ihrer Heimat und in der Ferne*, hrsg. v. Martin Guntau, Bremen 2001, 235–241.
Walk, Joseph (Hrsg.), *Das Sonderrecht für die Juden im NS-Staat: Eine Sammlung der gesetzlichen Maßnahmen und Richtlinien – Inhalt und Bedeutung*, Heidelberg, Karlsruhe 1981 (^{2}1996).
Warren Bonfante, Larissa, „De Senectute – On Old Age [über M. Bieber]" in *Cold Duck* Vol. 8, No. 2 (16.10.1972), 10–15.
––, Winkes, Rolf, *Bibliography of the Works of Margarete Bieber (...) for her 90th Birthday July 31, 1969*, New York 1969. [Addenda in: *American Journal of Archaeology* 79 (1975), 147.]
Wasserstein, D., „Refugee Classicists in Britain after 1933" in *Scripta Classica Israelica* 24 (2005), 246–247.

Waterhouse, Helen, „Elizabeth Hilda Lockhart Lorimer, 1873–1954" in Cohen/Lesko 2004 (nur online verfügbar unter http://www.brown.edu/Research/Breaking_Ground/bios/Lorimer_Hilda.pdf).

Weber, Ralph, „Karl Lehmann, Rektor 1904/05" in Hartwig, Angela, Schmidt, Tilmann (Hrsgg.), *Die Rektoren der Universität Rostock 1419–2000*, Rostock 2000, 189 (Beiträge zur Geschichte der Universität Rostock, H. 23).

Weckbecker, Arno: „*Gleichschaltung* der Universität? Nationalsozialistische Verfolgung Heidelberger Hochschullehrer aus rassischen und politischen Gründen" in *Auch eine Geschichte der Universität Heidelberg*, hrsg. v. Karin Buselmeier, Dietrich Harth, Christian Jansen, Mannheim 1985, 273–292.

Wedel, Gudrun, *Autobiographien von Frauen: Ein Lexikon*, Köln, Weimar, Wien 2010.

Wegeler, Cornelia (1987), „Das Institut für Altertumskunde der Universität Göttingen 1921–1962: Ein Beitrag zur Geschichte der klassischen Philologie seit Wilamowitz" in Becker/Dahms/Wegeler 1987, 246–270 (²1998, 337–364).

–– (1996), „... wir sagen ab der internationalen Gelehrtenrepublik". Altertumswissenschaft und Nationalsozialismus. Das Göttinger Institut für Altertumskunde 1921–1962*, Wien, Köln, Weimar.

Wendehorst, Alfred, *Geschichte der Friedrich-Alexander-Universität Erlangen-Nürnberg 1743–1993*, München 1993.

Wendland, Ulrike, *Biographisches Handbuch deutschsprachiger Kunsthistoriker im Exil: Leben und Werk der unter dem Nationalsozialismus verfolgten und vertriebenen Wissenschaftler*, Bd. 1: *A-K*, Bd. 2: *L-Z*, München 1999.

West, Stephanie, „Eduard Fraenkel in Oxford" in *„Magistri et Discipuli": Kapitel zur Geschichte der Altertumswissenschaften im 20. Jahrhundert*, hrsg. v. Wlodzimierz Appel, Torun 2002, 51–70 (Xenia Toruniensia).

Westphal, Regelindis (Hrsg.), *Hier ist kein Bleiben länger: Jüdische Schulgründerinnen in Wilmersdorf: Anna Pelteson, Toni Lessler, Lotte Kaliski, Vera Lachmann, Leonore Goldschmidt*, Berlin 1992.

Wetzel, Charles John, *The American Rescue of Refugee Scholars and Scientists from Europe, 1933–1945*, Ann Arbor 1964 (Diss. Univ. of Wisconsin 1964).

Wetzel, Juliane: „Retter in der Not? Das faschistische Italien und die Hilfe für jüdische Verfolgte" in Benz, Wolfgang, Wetzel, Juliane (Hrsgg.): *Solidarität und Hilfe für Juden während der NS-Zeit*, Bd. 7, Berlin 2004, S. 281–366 (Regionalstudien 4).

White, Mariana C., *A History of Barnard College*, New York 1954.

White, Donald O., „Werner Jaeger's ‚Third Humanism' and the Crisis of Conservative Cultural Politics in Weimar Germany" in Calder 1992b, 267–288.

Wickert, Lothar, *Beiträge zur Geschichte des Deutschen Archäologischen Instituts 1879 bis 1929. Mit einem Anhang von Christoph Börker*, Mainz 1979 (Das Deutsche Archäologische Institut: Geschichte und Dokumente Bd. 2).

Widmann, Horst, *Exil und Bildungshilfe: Die deutschsprachige akademische Emigration in die Türkei nach 1933. Mit einer Bio-Bibliographie der emigrierten Hochschullehrer im Anhang*, Bern, Frankfurt/M. 1973.

Wiggershaus, Rolf, *Die Frankfurter Schule: Geschichte – Theoretische Entwicklung – Politische Bedeutung*, München 1988.

Wilamowitz-Moellendorff, Tycho von, *Die dramatische Technik des Sophokles*, aus dem Nachlass hrsg. von Ernst Kapp, mit einem Beitrag von Ulrich von Wilamowitz-Moellendorff, Berlin 1917 (Philologische Untersuchungen, Heft 22).

Wildvang, Frauke, *Der Feind von nebenan: Judenverfolgung im faschistischen Italien*, Köln 2008 (Italien in der Moderne, Bd. 15).

Williams, Gordon, „Eduard Fraenkel 1888–1970" in *Proceedings of the British Academy* 56 (1972), 415–442.

Winkes, Rolf, „Margarete Bieber zum 95. Geburtstag", in *Gießener Universitätsblätter* 7 (1974), 68–75.

Wyman, David S., *Das unerwünschte Volk: Amerika und die Vernichtung der europäischen Juden*, München 1986 (= dt. Übers. von *The Abandonment of the Jews*, New York 1984).

Zimmerman, David, „The Society for the Protection of Science and Learning and the Politicization of British Science in the 1930s", in *Minerva: Review of Science, Learning and Policy* 44.1 (2006), 25–45.

Zimmerman, Joshua D. (Hrsg.), *Jews in Italy under Fascist and Nazi Rule, 1922–1945*, Cambridge [u.a.] 2005.

Zintzen, Clemens, „Nachruf auf Paul Oskar Kristeller", in *Mittellateinisches Jahrbuch* 35 (2000), 199–204.

Zucker, Bat Ami (2001), *In Search of Refuge: Jews and US-Consuls in Nazi Germany, 1933–1941*, London-Portland, OR (Parkes-Wiener Series on Jewish Studies).

–– (2008), *Cecilia Razovsky and the American-Jewish Women's Rescue Operations in the Second World War*, London, Portland, OR.

Index

Abrahamsohn, Edith (geb. Rodler)
531+A.43, 532, 535 A.65, 538, 545,
547 A.116, 548, 559 A.168, 561
Abrahamsohn, Erna   524+A.19, 525 A.20
Abrahamsohn, Ernst   8 A.24, 12, 13+A.37,
18 f., 204 A.55, 410, 412 A.20, 423 A.54,
427, 434, 441, 450, 484 A.257, 506, 513,
521–561, 562, 568, 571, 572 A.48, 577 f.,
582 A.95, 585+A.105/106, 587,
588+A.119, 589+A.129, 676–684, 692,
694, 695
Abrahamson, David   521+A.2, 559 A.168,
561 A.175/176
Academic Assistance Council (AAC), London
8, 19+A.57, 20 A.61, 21, 46–50, 52–54,
69, 117 A.41, 119 f., 141, 196, 199 A.30,
258+A.134, 260, 267+A.168, 269, 270,
273 f., 283–288, 292, 312 f., 314 f.,
415+A.32, 416, 425 ff., 435+A.93,
436 A.95, 497+A.302, 502 A.318, 533 f.,
567, 685, 687, 692–694
Academisch Steunfonds, Amsterdam
414 A.31, 423 A.53, 425, 426 f., 534
Adams, Walter (*AAC*)   120 A.54, 125 A.73,
274, 283–286, 312 f., 314 f., 318, 320
Aide aux Émigrés: siehe *Fürsorgedienst für Ausgewanderte*
Aldrich, C. H.   157 A.57
Alexander, Paul J.   584 A.102
Alliance Israélite Universelle (AIU)
533+A.54, 536 A.69
Alpines Schulheim am Vigiljoch   576 A.67,
580 f.+A.85, 680
Aly, Wolfgang   529 A.34, 599 A.12
Amato Pojero, Giuseppe   567 A.29
Amelung, Walther   37, 109, 134, 136
American Academy Rome   116+A.37, 117,
157 A.97, 161 f. A.115
*American Association of University Women
(AAUW)*   21 A.62, 36, 38, 42 f.,
46+A.42, 49, 63, 65, 101 f., 138–141,
144, 145, 147 ff., 151, 152 f., 154, 155 f.,
175 f., 678, 687

American Committee for Christian German Refugees (ACCGR)   8, 199 f. A.34, 204–
206, 208 A.69
American Friends Service Committee (AFSC)
202 A.45, 331 A.400, 543+A.103,
544+A.106, 557 A.161
American Jewish Committee (AJC)   629
American Philological Association (APA), Annual Meetings   21, 100–102, 171, 180,
184 f., 198, 199, 293 ff., 320, 321 f.,
451 A.147, 624, 644, 681
American Philosophical Society   520 A.390,
586
American Society of Church History (ASCH)
503, 508, 511, 513
American University Union   64 A.116, 117
Appleget, Thomas B. (*RF*)   7 A.22, 20 A.61,
56, 114
Archaeological Institute of America (AIA), Annual Meetings: siehe *American Philological Association (APA)*
Archäologisches Institut des Deutschen Reiches: siehe *Deutsches Archäologisches Institut (DAI)*
Arendt, Hannah   412 A.20
Ashmole, Bernard   50, 116
Ashmolean Museum Oxford   64
Auerbach, Erich   414 A.31, 600, 668
Auerbachs Gymnasialkurse für Mädchen
420 A.46
Aydelotte, Frank (*IAS*)   21 f., 96, 202 A.45,
333 f., 348 f., 351

Bacher, Franz   259 f. A.137
Baeck, Leo   534 A.59
Bagster-Collins, E. W.   64 A.116, 117
Bainton, Roland   23, 202 A.47, 413,
460 A.185, 462, 472, 473, 476, 480,
481 A.249, 482, 484, 485 f., 488 f., 491,
503, 505, 508, 510 A.354, 553
Baker, Henry S.   642
Barnard College, New York   9, 11, 21, 32, 38,
47, 54–62, 64–71, 72–83, 90, 98 f.,
102, 106, 144, 150, 189, 198, 295,

299+A.295, 315 ff., 334 A.415, 358, 369 A.534, 374 A.549, 443 A.119, 680, 682, 688, 690
Baron, Hans   8 A.23, 12, 19 f. A.56, 454 f.+A.160, 588 f.
Barth, Karl   250 A.99, 263, 307, 604 A.27
Beazley, John Davidson   50, 64, 158, 627 A.108
Beck, Joseph (*NRS*)   653 f.
Beckmann, Max   428 A.69
Beer, Margarete   141+A.31
Bekennende Kirche   636
Bekenntnis der Professoren an den deutschen Universitäten und Hochschulen zu Adolf Hitler und dem nationalsozialistischen Staat   307+A.318
Bellinger, Alfred Raymond   180+A.187
Benario, Herbert W.   6 A.19, 111 A.19
Benedict, Coleman H.   388
Benjamin, M. P.   179+A.186
Berkeley, Sather Classical Lectures: siehe Sather Classical Lectures
Berkeley, University of California   24+A.71, 32 A.101, 237+A.48, 261, 264, 275 f.+A.200, 280, 287 f., 291, 293 f.+A.270, 296 A.284, 300, 327 A.385, 329 A.394, 419 A.44, 514 A.368, 627, 631, 645, 662, 663 A.239
Bernhard, Gabi: siehe Wasow, Gabi (geb. Bernhard)
Bernhard, Marianne: siehe Manasse, Marianne (geb. Bernhard)
Bernhard, Otto   578 A.76
Bertalot, Ludwig   464, 478 f.+A.239/241, 480, 513, 677, 680
Bertoni, Giulio   472
Berufsbeamtengesetz (BBG): siehe Gesetz zur Wiederherstellung des Berufsbeamtentums
Bethe, Erich   307 A.318
Biblioteca Vaticana, Rom   472, 477 – 480, 503, 612, 616, 677, 679, 680
Bibliotheca Hertziana, Rom   192, 218
Bibliothek Warburg (siehe auch Warburg Institute)   21, 238, 313, 409 A.12, 446, 469 f., 494 f.

Bickel, Ernst   27 f.+A.86
Bickermann, Elias J.   3, 8 A.24, 11+A.30, 17 A.48, 19 A.56
Bieber, Margarete   2 A.3, 3, 8 A.23, 9, 11, 16 A.44, 18, 19 A.56, 21, 32, **35 – 107**, 125, 134, 139, 140, 144, 150, 157 A.96, 171 – 174, 185, 186 A.211, 188 f.+A.219, 190, 198, 218, 295, 299, 315, 316+A.349, 317 f., 332, 334 A.415, 408, 420 A.46, 427 A.65, 659 A.229, 662 f., 675 – 678, 680, 682, 685 – 688, 690, 692 f.
Bieler, Ludwig   8 A.24, 323
Bier, Justus   626 A.104
Bigongiari, Dino   295 A.278, 299, 357, 368 f.+A.531, 371 A.540, 375 A.555, 376, 377 A.561, 379, 381 A.571, 385, 390 A.596, 393, 394, 398, 401, 460 A.182, 467, 505
Black Mountain College   106+A.265
Blaustein, Jacob (*AJC*)   629 f., 632, 652 f., 655, 658 f., 691, 694
Bloch, Herbert   3, 8 A.24, 15, 184 f.+A.203, 557 A.160, 564 A.10
Blutschutzgesetz: siehe Gesetz zum Schutze des deutschen Blutes und der deutschen Ehre
Boas, Franz (*FFF*)   76
Bochner, Salomon   237+A.47, 240, 241, 244+A.80/81, 245 A.83/84, 246+A.90, 263 f.+A.156, 266 A.163, 279 A.219
Boethius, Axel   116, 154, 162
Bogner, Hans   247 A.91
Boll, Franz   134
Bonfante, Larissa   11 A.30, 16 A.44, 35+A.2, 54 A.77, 205 A.59
Bonhoeffer, Friedrich   521 A.5
Bordman, Käthe   495, 496+A.298
Boston Museum of Fine Arts   173, 175, 177, 179, 683
Bothmer, Dietrich von   3
Bowman, Isaiah (*JHU*)   629, 631, 632, 638, 643 – 646, 648
Bowman, Thomas D. (US-Konsul Neapel)   482, 488, 489, 492, 498, 500 A.311
Bowra, Maurice   92, 268 A.170, 613 A.58, 620 A.81, 625+A.102, 629 A.113, 634+A.127

Brandeis, Fanny   625, 626
Brändström-Ulich, Elsa   173, 460 f. A.186
Braun, Rudolf   457
Braun-Vogelstein, Julia   165 f. A.130
Brendel, Cornelia   195, 206
Brendel, Maria: siehe Weigert Brendel, Maria
Brendel, Otto J.   2 A.3, 3, 8 A.23, 11, 18+A.50, 35, 101, 109 A.7, 125 A.73, 180, **192–219**, 423 A.54, 473 A.228, 624 A.98, 675–677, 679–686, 688 f., 692 f.
Brierly, James Leslie (*AAC*)   276+A.201
Brinckmann, Elsa   146, 163, 678
Briscoe, Herman Thompson   216
British Federation of University Women (BFUW): siehe *American Association of University Women (AAUW)*
Brogan, Denis William   276, 283 f.
Brooklyn College, New York   73, 552
Brooklyn Museum, New York   181
Brotherton, Blanche   174
Brunstäd, Friedrich   244, 257
Bryn Mawr College   32 A.101, 38, 54, 96, 127 A.82, 130, 157, 168, 176 f., 199, 202+A.44, 331 A.400, 543 A.103, 551
Buchanan, Emerson   362 A.505, 398, 400
Bücheler, Franz   40 A.22, 597
Bultmann, Rudolf   11 A.32, 24, 600+A.14, 602, 603, 604 f., 609 A.44, 613, 617, 622–624, 629 A.113, 634, 635 f., 637 A.140, 641, 661, 663, 664
Bundesgesetz zur Regelung der Wiedergutmachung nationalsozialistischen Unrechts für Angehörige des öffentlichen Dienstes (11.5.1951)   667 f.+A.251
Burck, Erich   112
Buren, Albert W. van   47 A.46, 116, 157 A.97, 161 f. A.115
Buren, Elizabeth Douglas van   47 A.46, 152
Buschor, Ernst   136
Bush, W. T.   163 f.
Butler, Nicholas Murray   VII, 31, 68, 74 A.150, 104 A.259, 299 A.292, 302+A.304, 343 A.447, 356 f.+A.486

Calder, William Musgrave III   1–6, 10, 15 A.40, 16 A.45, 22+A.63/64, 24, 26, 27 A.85, 29 A.93, 103 A.254, 226+A.11, 668 f.
Calhoun, Robert Lowry   486 A.264, 505, 515
Calogero, Guido   428, 432 A.84, 564 A.10, 575 A.64, 583 A.97
Cantimori, Delio   412 f.+A.22, 435, 444 A.121, 460 A.185, 472 f., 480, 489
Caplan, Henry   369, 370 A.535, 622 A.90
Capps, Edward   621, 622 A.90
Carey, Frederick Mason   648, 659, 670
Carnegie Corporation, New York   8, 115 A.33, 197, 425 f.
Casa Italiana, CU   31 A.98, 501 A.315, 505, 506+A.334, 511 A.356, 512 f., 516, 518, 544, 552
Cassel, Therese   512 A.364, 540
Cassirer, Bruno   120 A.56, 415 f. A.33
Cassirer, Ernst   21, 40, 120 A.56, 238, 239, 304, 415, 416, 422 A.50, 426, 446 f., 461 A.188, 469 f., 472, 494
Cassirer, Sofie: siehe Walzer, Sofie (geb. Cassirer)
Chase, George Henry (Harvard)   173+A.159, 199, 209 ff., 350 A.469, 353+A.476
Chase, Henry Woodburn (NYU)   121, 126, 128
Cherniss, Harold   583 A.97, 618, 619, 622 A.90, 644, 653
Chiavacci, Gaetano   432 A.84, 445 A.128, 453 A.155, 454, 455, 457, 468 f.
Christ, Karl   3, 4
Christian-Albrechts-Universität Kiel: siehe Universität Kiel
Clark, Albert Curtis   268 A.170
Classical Association of New England (CANE), Meeting 1938   618, 681
Classical Club, Mount Holyoke College   174
Classical Club, New York   71 f., 513 A.365
Classical Club, Vassar   201
Classical Club, Yale   203, 619
Classics Committee (=Committee for the Reconstruction of the Department of Greek and Latin), CU   343 A.447, 356 f.+A.487, 367–370, 379
Clooney, George   9 A.26
Codignola, Ernesto   424, 432 A.84, 435, 443, 450, 472, 575 A.64, 583 A.97, 678

Cohn, Alfred E. (*EC*)   76, 77, 78, 86, 88 f., 91, 95 f., 117, 120, 129, 144, 156, 211, 249 A.98, 620, 633, 634 A.127
Cohn, Frl.   578
Columbia University, New York   VII, 2, 4, 6 f., 9, 11 f., 12, 18 A.50, 21, 31 f., 46 A.41, 55–57, 68, 83–91, 97 f., 104–107, 183 A.199, 198, 218, 225, 227, 286 A.242, 295, 297–302, 316+A.349, 330–380, 380–394, 396, 406, 445, 460 A.182, 504 A.325, 512 f., 514, 516–520, 544, 651+A.196, 682–685, 688, 689, 690
Comité international pour le placement des intellectuels réfugiés, Genf   42, 427+A.67, 436 A.95
Committee for Catholic Refugees from Germany (CCRG)   8, 206 A.63, 579 A.82
Committee for the Reconstruction of the Department of Greek and Latin (CU): siehe Classics Committee
Committee for the Study of Recent Immigration from Europe   654 A.205
Committee of Friends of Refugee Teachers   460 f.+A.186, 470, 471, 583+A.96, 585
Committee on Exiled Scholars of the Eastern Division of the American Philosophical Association   516+A.377
Committee on Instruction of the Faculty of Philosophy (CU)   376, 379
Cone, Laura Weill Stern   182+A.197, 183, 691, 693
Cook, Arthur Bernard (Queens College, Cambridge)   583 A.97
Cook, Walter (NYU)   85, 121+A.59, 122 ff., 151, 187
Cope, Oliver Mrs.   471
Cornell University   16, 189, 369
Cornford, Francis Macdonald   577
Corpus Christi College, Oxford   21, 72, 264, 267 ff., 270–278, 279–288, 314, 319+A.360, 605, 677, 679, 685, 687
Courtauld Institute of Arts, London   143
Croce, Benedetto   136
Cumming, Robert D.   362 A.508, 399, 401, 402
Curelly, Charles T.   171, 172

Curtis, Francis Miss   178+A.184
Curtius, Ernst Robert   600
Curtius, Ludwig   51, 100 f., 116, 120 A.56, 136, 154, 160 f.+A.110, 192 A.2, 193, 194+A.10, 195, 198 A.26, 522, 617

Dalhousie University, Halifax   347 A.461
Dalton, Betty   189 f.
Dammholz, Theodora: siehe Jaeger, Theodora (geb. Dammholz)
Daube, David   8 A.24
Davies, Philip H.   201, 205 A.60
Day, John   67, 299, 358
Delbrueck, Richard   42, 137+A.16
Demuth, Fritz (*Notgemeinschaft dt. Wissenschaftler im Ausland*)   122 A.64, 142 f., 147, 149, 424 f.+A.60, 434 A.91, 494, 497, 520 A.390, 581
Deneke, Gertie   166
Dennes, William Ray   237, 261, 264, 275 f., 278, 280, 282, 284, 290, 300, 365 f.
Deubner, Ludwig   615
Deutschbein, Max   600 A.13
Deutsche Forschungsgemeinschaft (DFG)   4
Deutsche Oberschule mit wahlfreiem Griechisch, Berlin (Vera Lachmann)   23 A.67, 420+A.46, 432, 678
Deutsche Schule Havanna   178
Deutscher Akademiker Austauschdienst (DAAD)   450 A.143
Deutsches Archäologisches Institut (DAI)   37, 38, 103, 109, 136, 146, 154, 160 f., 193, 194, 598, 636, 669, 676
Deutsches Beamtengesetz (26.1.1937)   308 A.323
Dieckmann, Herbert   12, 211 A.83, 413+A.27, 414, 415, 418 A.41, 427 f. A.69, 448 f.+A.139/140, 451+A.146, 520 A.390, 551 A.132, 559+A.167, 560 A.169, 561
Dieckmann, Liselotte („Lilo")   16 A.43, 415+A.32, 418 f.
Diehl, Ernst   607
Diels, Hermann   134, 599+A.12
Diller, Hans   225 A.9, 269+A.175, 305, 307 A.318, 309 A.327, 311 A.333, 675
Dingler, Hugo   266 A.164

Dinsmoor, William Bell   37+A.16, 52 A.70, 60–62, 66–68, 72–80, 85–94, 96–98, 101f., 104f., 185, 198
Dodds, Eric Robertson   289, 290 A.253, 294 A.271
Doderer, Heimito von   428 A.69
Dohan, Edith Hayward Hall   145
Dorner, Alexander   181+A.192
Dornseiff, Franz   233
Dragendorff, Hans   247 A.91, 259 A.137
Drexler, Hans   28, 30 A.94
Drury, Betty (*EC*)   9, 88, 95, 96, 98, 100, 121f., 124, 186ff., 199–202, 204, 208, 209, 212, 214, 216, 323, 325, 327f., 330, 331, 332f., 343, 344f., 348f., 351–354, 359, 465, 466 A.202, 470 A.215, 471, 504, 505, 512f., 519, 541, 542, 552, 553, 557, 579, 583, 587, 620f., 630, 633 A.124, 638f., 643, 654, 655, 657, 658f.+A.226
Duggan, Stephen Pierce (*IIE, EC*)   9, 44, 47, 57, 69, 76, 86, 88, 89, 91, 93, 95, 97, 98, 113, 117, 122, 211, 218, 337, 348, 351, 467 A.204, 471, 566, 621f., 625–628, 630–633, 638f., 645–647
Duhn, Friedrich von   134
Dunn, Leslie Clarence (*EC, FFF*)   31 A.99, 46+A.41, 47, 48, 49 A.55, 56, 57, 59, 62 A.108, 68, 94f., 113 A.26, 211, 334+A.415, 633
Durham University, *Durham Academic Assistance Committee*   101, 125 A.73, 195, 677, 679, 689

Ebbinghaus, Julius   244, 257, 260 A.138
École Normale d'Instituteurs, Châlons sur Marne   539, 540, 541, 545, 585 A.106, 677, 679
École Normale Israélite Orientale, Paris   533 A.54, 536 A.69
Edelstein, Ludwig   3, 8 A.23/25, 24, 120+A.56, 419 A.44, 423 A.54, 492 A.281, 520, 526 A.26, 535 A.66, 543, 546, 551, 554, 569+A.36, 573, 575 A.64, 578, 583f. A.101, 619+A.78, 643, 652–658

Egypt Exploration Society, Oxford   314f., 318, 679, 687
Ehrenberg, Victor   8 A.24
Eickemeyer, Helmut   366
Eickemeyer, Louise: siehe Fritz, Louise von (geb. Eickemeyer)
Eickemeyer, Ludwig   240 A.57
Eickemeyer, Manfred   240 A.57
Eißfeldt, Otto   664
Elchlepp, Friedrich   664
Ellner, Maud Evelyn   71f.+A.143
Elwert, Wilhelm Theodor   432 A.84
Emergency Committee in Aid of Displaced German (Foreign) Scholars (EC), New York   7+A.22, 8, 9, 19f.+A.59/60/61, 44, 45, 46, 49, 54, 55 A.80, 69f., 73–78, 80, 85–91, 93–98, 113f., 116f., 121, 126f., 128–130, 143f., 155f., 186–188, 198f., 208–212, 213–217, 264 A.157, 280 A.223, 286 A.242, 293 A.269, 322f., 324–329, 331–335, 337f., 343f., 348–355, 359f., 407, 413, 416, 424f., 427, 465–468, 470f., 484, 491f., 493 A.284, 503f., 506, 512, 514, 525 A.20, 541f., 552–557, 565f., 579, 583, 587, 620ff., 625–634, 642f., 645–648, 654–659, 686f., 688
Emergency Committee, Visiting Scholar Plan   214f.+A.98
Erziehungsheim Florenz, Villa Elena: siehe auch Landschulheim Florenz, Villa Pazzi   428+A.71

Fabricius, Ernst   247 A.91, 259 A.137, 290
Fackenthal, Frank Diehl   31, 55–59, 74 A.150, 78–82, 86–88, 90f., 104 A.259, 337, 356 A.486, 357f., 367 A.528, 368–371, 375, 518 A.382
Faculty Fellowship Fund for Displaced German Scholars (FFF), CU   23 A.65, 31, 46+A.41, 47, 56 A.83, 62, 73, 76, 316 A.349, 334+A.415, 337, 686, 690
Farrand, Livingston (*EC*)   45, 633
Farrand, Max   475 A.233
Feist (-Hirsch), Elisabeth   13, 412 A.22, 413+A.23, 460+A.185, 462, 472+A.223, 475f., 480, 487

Fiesel, Eva   8 A.23/25, 13, 19 A.56, 23, 108 A.4, 116 A.37, 119 A.51, 130, 131 A.96/97, 160 A.108, 202 A.47, 261, 295+A.276, 436, 462
Filow, Bogdan   47 f.
Fisher, Dr. (*IIE*)   198 f.+A.28, 467 A.204, 578 A.77
Flexner, Abraham (*IAS*)   80 A.169, 138, 144–146, 147, 310 f.+A.332, 315, 316 A.347, 333, 504, 514, 515, 622 A.90
Flexner, Bernard (*EC*)   9, 22, 89, 91, 93, 94–98, 129, 326, 327, 330, 332, 334–336, 513 f., 626, 630, 633, 647+A.180
Flickinger, Roy Caston   113–115, 323
Fogg Museum: siehe Harvard, Fogg Art Museum
Forsdyke, (Edgar) John   50
Fraenkel, Eduard   5, 8 A.24, 72+A.144, 158, 264, 268+A.170/171, 270–273, 276 f., 279, 281–285, 286 A.242, 287+A.244, 289, 312, 314, 410, 437, 470, 593, 603 f., 613
Fraenkel, Ruth (geb. van Velsen)   277
Frank, Erich   600, 606, 618, 634, 640
Fränkel, Hermann Ferdinand   3, 5, 8 A.23, 18 A.49, 19 f. A.55/56, 111, 177, 202 A.47, 226 A.9, 233 A.38, 238 A.52, 241 f., 296 A.281, 300 A.296, 322 A.367, 375, 578, 624 A.98, 663 A.239, 668 A.254, 681
Französisches Akademiker-Haus (=Institut Francais), Berlin   414+A.29, 425, 434 A.91, 533 A.52
Freie Universität Berlin   2, 16, 386, 388–392, 394, 663, 666 f.
Freytag, Katharina Frl.   42, 49 A.58, 53 f.+A.77, 63, 64 A.115, 70, 82 f.+A.177, 103 A.254
Friedlaender, Georges   618+A.75, 629 A.113, 630 A.116, 639, 643, 646+A.176
Friedlaender, Marguerite   602 f.+A.23
Friedlaender, Walter (NYU)   121 A.59, 125, 662
Friedländer, Charlotte   612+A.52, 613, 614, 617, 623, 629 A.113, 635 f.+A.134, 643, 659 A.229, 663 A.239

Friedländer, Clara   608, 640+A.151, 661+A.232
Friedländer, Dorothea   612, 613, 614, 616, 643, 660 A.229
Friedländer, Paul   2 A.3, 3, 5, 6 A.20, 8 A.23, 11+A.32, 18 A.50/51, 19, 20 A.59, 24, 25, 26 f., 111, 202 A.47, 209 A.77, 322 A.367, 412 A.20, 418 A.39, **595–672**, 675–685, 688–692, 694, 695
Friedrich-Wilhelms-Universität Berlin   12 f., 28, 36+A.7, 109, 133 f.+A.7, 230, 407 ff., 522, 562, 597, 599, 614
Friedrichs-Gymnasium Berlin   597+A.3
Friedrichs-Werdersches Gymnasium Berlin   521+A.5
Friends of Refugee Teachers: siehe *Committee of Friends of Refugee Teachers*
Friends School of Baltimore   643
Friess, Horace Leland   333, 338, 345, 516–518
Frijda, H.   426
Fritz, Hildegard von   6, 14, 223
Fritz, Kurt von   2 A.3, 3, 4, 6+A.19, 7, 8 A.24, 9, 10, 11, 14, 16, 18, 21 f., 25+A.76, 27, 32, 64, 82 A.175, 100 f., 105 A.260, 199 A.33, **221–402**, 412 A.21, 513 A.365, 603 A.24, 605 A.30, 614, 624 A.98, 675–685, 687, 692, 693
Fritz, Louise von (geb. Eickemeyer)   14, 223, 240, 245, 256, 269+A.174, 270 A.176, 281 A.225, 286, 291 f.+A.256/263, 296 f., 356 A.484, 363, 366+A.525, 371 A.542, 384, 391, 395
Fritz, Olga von   14, 223, 234, 235, 245, 269, 270 A.177
Fritz, Peter Klaus von   240, 256 A.125, 363–366
Frontkämpferprivileg   19, 111+A.18/19, 173 A.161, 202 A.47, 258 A.133, 303 f.+A.307, 535 A.62, 599 A.11, 602+A.22, 604 A.28, 606, 611, 637, 675
Frugoni, Arsenio   445+A.127
Furch, Robert   244
Fürsorgedienst für Ausgewanderte (=*Aide aux Émigrés*)   164+A.124, 167, 687, 693

G.I. Bill of Rights (=Servicemen's Readjustment Act)   367+A.528
Gadamer, Hans Georg   410 A.14, 600, 634
Garin, Eugenio   444 A.121
Gauntlett, Basil D.   196 f.+A.19
Geffcken, Johannes   241 f.
Gentile, Giovanni   13, 419, 424, 428 A.71, 429 A.74, 431, 432+A.84, 435, 438–441, 443, 444 A.123, 446, 452–460, 463–464, 468, 472 A.222/225, 477, 489 f.+A.274, 502 A.318, 532, 567, 616, 678
Gerhard, Melitta   101 f.+A.247
Gerkan, Armin von   160 A.110, 165
Gesellschaft für antike Kultur, Berlin   636 f.
Gesetz über die Vereidigung der Beamten und der Soldaten der Wehrmacht (20.8.1934)   247+A.93, 604
Gesetz zum Schutze des deutschen Blutes und der deutschen Ehre ('Blutschutzgesetz') (15.9.1935)   30, 675, 676
Gesetz zur Wiederherstellung des Berufsbeamtentums (BBG) (7.4.1933)   39 f., 110 f., 137 f., 194, 253 ff., 263, 303 f., 308+A.323, 315, 408, 410 f., 528 f.+A.35, 563, 597, 602, 606, 608, 675, 676
Gibson, C. S. (*AAC*)   47
Gibson, Paul S. R. (Ridley Hall)   583 A.97
Gifford Lectures, St. Andrews   24+A.71, 25 A.77, 27 A.83, 605 A.30
Gilbert, Felix   16 A.43, 521 A.5
Gilbreth, Mrs.   146
Gildersleeve, Virginia Crocheron (*IFUW*)   21+A.62, 38, 42, 47, 54–62, 64–69, 71, 75 f., 78–82, 83 f., 87 A.190, 91 f.+A.208/209, 99, 100, 102, 138 f., 295+A.278, 299 f.+A.295, 302 A.305, 375 f. A.556
Goldman, Hetty   86 A.185, 102 A.249, 105–107, 144, 154, 156–159, 171+A.151, 173, 186, 679, 686, 690, 693
Goldman, Julius   86+A.185, 87–91, 93–94, 97 f.+A.231, 157 A.96, 316 A.349, 686, 690, 693
Goldmann-Lenz, Amalie ("Mali"): siehe Lenz, Mali (geb. Goldmann)
Goldschmidt, Leonore   460 f.+A.186/187

Goldschmidt, Lucien L.   541–542
Goldsmith, Raymond W.   555
Goldstein, Moritz   13, 433 A.87, 538, 540 A.90, 572
Goldstein, Thomas   13, 573 A.51, 575 A.61
Goodale, Grace H.   299
Goodenough, Erwin Ramsdell   505
Goodrich, Walter Carrington   376, 379 f.
Götze, Albrecht   23, 24, 119, 123+A.68, 124, 131 A.97, 160 A.108, 179 f., 202 f.+A.47, 261 f., 436 f.+A.95/96, 461 A.188, 462, 467, 473–475, 476 f., 481, 487, 494 f., 502, 505, 600, 603 A.24, 619 f., 641, 649
Gräfenberg, Paul Oskar: siehe: Kristeller, Paul Oskar   409 A.11, 422+A.51
Greene, William Chase   622 A.90
Greensboro College, N.C.: siehe Woman's College of the University of North Carolina at Greensboro, N.C.
Grégoire, Henri   8 A.24, 19 f. A.56
Grinnell College   115
Group for Academic Freedom, Berkeley   419 A.44
Grumach, Ernst   641 f. A.154
Guggenheim Memorial Foundation   2, 351, 386 A.584, 387 A.586, 395+A.606, 584
Gundolf, Friedrich   134
Gutkind, Curt Sigmar   438 A.101
Gütschow, Margarete   146 A.53, 148 A.58, 153 A.80, 158 A.101, 161, 165, 178+A.182

Hadas, Moses   299, 342 f., 357, 367+A.526, 373 A.546, 376, 388+A.593, 393
Hadermann, Ernst   663–665
Haight, Elizabeth Hazelton   152 A.77, 157 A.97, 166 A.134, 168 f.+A.145, 200+A.38, 205, 208
Hallett, Judith Peller   1+A.1, 15
Hamann, Richard   600 A.13
Hanfmann, Georg Maxim A.   3, 83 A.177, 101, 166 A.133, 173+A.160, 199 A.33, 437+A.97, 573 A.54, 624 A.98, 681
Hard, Frederick   329
Harder, Richard   27 A.85, 247 A.91, 416+A.35

Hardie, Frank   245 A.83, 271, 273, 274, 279, 284, 290
Haring, Norman Walter   71
Harmon, Austin Morris   622 A.90
Hartleben, Else: siehe Noack, Else (geb. Hartleben)
Hartleben, Elwine: siehe Lehmann-Hartleben, Elwine
Harvard, Dumbarton Oaks Collection, Washington, D.C.   173 A.160, 180+A.189, 184 A.203
Harvard, Fogg Art Museum   173, 181+A.194, 316 A.347
Harvard, Peabody Museum of Archaeology and Ethnology   180
Harvard National Research Associates   209+A.77, 650f., 688
Harvard University   24, 32 A.101, 493 A.285, 553, 621, 622, 624f., 626
Harvard University, Institute for Classical Studies (W. Jaeger)   24, 227 A.13, 339–342, 344, 346 A.459, 349–350, 352, 355, 360+A.495, 688
Harvard University, Philosophical Club   507, 509
Harvard University, Society of Fellows   437 A.97, 573+A.54, 574, 575+A.64, 584 A.102
Hashagen, Justus   307 A.318
Hebrew Immigrant Aid Society (HIAS)   496 A.299, 589+A.127
Hecke, Erich   261+A.146
Heichelheim, Fritz   8 A.24, 40 A.21, 52f., 103 A.255
Heidegger, Martin   13, 307, 408, 410, 412+A.20, 413 A.23, 417f.+A.39/40, 527 A.29, 600
Heidrich, Frl. Dr.,   178+A.182
Heinitz, Ernst   438 A.101
Heinitz, Ruth: siehe Jaeger, Ruth (geb. Heinitz)
Held, Julius Samuel   32, 121 A.59, 442, 443+A.119, 454+A.159, 505, 540, 578+A.77
Helm, Rudolf   244+A.78
Hendrickson, George Lincoln   23+A.70, 116 A.37, 202 A.47, 295, 423 A.53, 493, 500, 619, 622 A.90, 624, 631, 633, 634, 657+A.221
Herrmann, Helene   420 A.46
Herter, Hans   241
Herz, Hans Hermann [John H.]   514+A.369, 515 A.371
Herzog, Rudolf   38, 103 A.255
High Commission for Refugees Coming from Germany   42, 196 A.15
Highet, Gilbert   6, 16, 18, 92, 212 A.88, 298, 299 A.292, 302, 339, 342+A.445, 343, 357 A.487, 361 A.500, 367 A.528, 369+A.531/534, 373 A.546, 375+A.556, 376, 377, 378+A.563, 379, 383 A.576, 385 A.580, 387f.+A.589, 389+A.594, 393, 399, 401, 684
Hilfe und Aufbau   534+A.59
Hillel Foundation Chicago, Refugee Fund   586+A.112, 690
Hirst, Gertrude   67, 92, 299
Hitler, Adolf   5 A.18, 9 A.26, 26, 27, 29, 45, 70+A.138, 118 A.45, 123, 213, 247, 248f.+A.96/98, 266 A.164, 287, 304+A.309, 342, 450 A.145, 564 A.10, 580+A.83, 604, 614, 632, 637 A.137
Hoffleit, Herbert Benno   649+A.188, 659, 662, 669f.
Hoffmann, Ernst   407, 408f.+A.11, 410, 413 A.23, 416 A.35, 417, 449, 522, 525+A.23, 563+A.8, 565+A.17, 570, 571, 572 A.49, 579 A.79
Hohl, Ernst   244, 257, 260 A.138
Holborn, Hajo   462, 473, 476
Holbrok, Magda (*AFSC*)   551 A.132, 557 A.161
Hollander, David (CU)   406
Hollander, Sidney (Baltimore)   652–655, 657, 658, 659 A.226
Hönigswald, Gabriele (geb. Schöpflich)   13, 15+A.42, 540 A.90
Hönigswald, Heinrich [Henry] M.   8 A.24, 13, 15
Hook, La Rue van   299
Hopfner, Theodor   529+A.36, 530, 535 A.65, 562, 676
Householder Jr., Fred Walter   373 A.546
Housman, Alfred Edward   268 A.170, 470
Howald, Ernst   312

Howard University, Washington, D.C. 13 A.37, 544 A.106, 547–557, 558, 585 A.105, 587, 683
Howland, R. L. 583 A.97
Hülsen, Ernst von 202 A.47, 636
Humboldt-Universität Berlin: siehe Friedrich-Wilhelms-Universität Berlin
Humboldtgymnasium Berlin 597f.
Humphrey, Hubert H. 395
Hunter College, New York 286 A.242
Hutchison, Betsy (Mrs. Keith Hutchinson) 169, 172f. A.157, 175, 179 A.186
Hutchinson, Emilie 46 A.42, 48+A.54, 146, 147

Immerwahr, Heinrich R. 8 A.24
Indiana University Bloomington 216–218
Institut Francais Prag 530+A.39/40
Institute for Advanced Study (IAS), Princeton 4 A.12, 21, 32 A.101, 80 A.169, 101, 117, 120, 144ff., 157, 246 A.90, 264+A.156, 310, 316+A.347, 333, 395+A.606, 504f., 514ff., 535, 555
Institute for Classical Studies, Harvard: siehe Harvard University, Institute for Classical Studies (W. Jaeger)
Institute of International Education (IIE), New York 9, 31, 44, 72, 75, 113 A.26, 117, 198f., 286, 467+A.204, 566
International Committee for Securing Employment for Refugee Professional Workers, Genf: siehe *Comité international pour le placement des intellectuels réfugiés*
International Federation of University Women (IFUW): siehe *American Association of University Women (AAUW)*
International Student Service, Genf 196 A.15, 427, 582 A.92
Internationale School voor Wijsbegeerte (=Internationale Schule für Philosophie), Amersfoort 305f.+A.314, 320+A.363
Istituto Superiore di Magistero, Florenz 424+A.57, 425, 427, 429, 431, 432, 433, 434 A.88, 677f.
Ivy, G. D. 184

Jablo, Eni 506 A.334, 540, 543

Jachmann, Günther 665 A.242
Jacobs, Albert Charles 379+A.566, 380+A.567
Jacobsthal, Paul 8 A.24, 136, 137f.+A.18, 140, 150+A.66, 158+A.103, 162f., 412 A.20, 599f.+A.13, 613, 616 A.69, 625f.+A.103/104/105
Jacoby, Felix 5, 28, 112, 233 A.38
Jacqua, Ernest J. 197
Jaeger, Ruth (geb. Heinitz) 25+A.77, 30
Jaeger, Theodora (geb. Dammholz) 25+A.77
Jaeger, Werner 1, 3, 5, 8 A.24, 12, 14, 15, 24–30, 173 A.160, 227+A.13, 231 A.27, 233, 236, 241, 294+A.274, 336, 399–342, 344f., 346f.+A.459, 349, 350+A.469, 351–355, 359f., 383, 408, 409, 410, 416+A.35, 422 A.51, 434 A.91, 447, 455 A.161, 462, 464f., 466+A.203, 467, 472, 489, 505, 519+A.389, 522, 525 A.23, 573, 605+A.30, 615, 626, 638 A.142, 644, 684, 688
Jäger, Gerhard 319 A.360, 363
Jaspers, Karl 524 A.15, 564+A.9, 565, 579 A.79
Jastrow, Anna Seligmann 185f.+A.210/211
Jastrow, Charles Mendelsohn: siehe Mendelsohn, Charles J.[astrow]
Jastrow, Elisabeth 8 A.24, 11, 18, 21, 63 A.112, 86 A.185, 100, 102, 105, **133–191**, 199 A.33, 423 A.54, 600+A.15, 624 A.98, 675, 677–687, 690–693, 695
Jastrow, Helen Bachmann 144+A.45, 156f., 162, 163–165, 168–169, 171 A.152
Jastrow, Ignaz 133, 141 A.31, 144 A.45, 159, 160 A.108
Jastrow, Joe 168 A.142
Jastrow, Markus 156 A.94, 168 A.142
Jastrow, Morris jr. 144+A.45, 168 A.142
Jessup, Walter A. 115+A.33
Jewish Academic Committee: siehe *Jewish Professional Committee*
Jewish Joint Distribution Committee 460f. A.186
Jewish Professional Committee 533+A.57, 534 A.58
Jewish Relief Fund, St. Louis: siehe *St. Louis Committee for Service to Emigrants*

Index — 741

Jewish Social Service Bureau, St. Louis: siehe
St. Louis Committee for Service to Emigrants
Johns Hopkins University (JHU), Baltimore
19, 24, 32 A.101, 120 A.56, 173 A.160,
287, 437 A.97, 519 A.387, 551f., 554,
569 A.36, 583 A.97, 618, 629, 638,
642–646, 681, 683, 688
Johnson, Alvin Saunders 2 A.4, 9, 42–44,
114, 168 A.142
Jones, Howard Mumford 181+A.194
Jourdan, Henri 414+A.29, 425f., 434 A.90/
91, 460, 497 A.300, 533+A.52

Kahane, Heinrich R. 13, 16 A.43,
433f.+A.87, 519, 521 A.5, 537, 551 A.132,
568, 572
Kahane-O'Toole, Renée 13, 433 A.87
Kahlo de Riviera, Frida 102 A.250, 172
Kahn, Charles 4, 16, 378 A.563, 380, 385
Kaiserlich Deutsches Archäologisches Institut: siehe *Deutsches Archäologisches Institut (DAI)* 598
Kalbfleisch, Karl 46, 71 A.140
Kantorowicz, Ernst 118 A.46, 141 A.31,
419 A.44, 514 A.368
Kaphan, Käte (geb. Marcuse) 574+A.57
Kapp, Else 307, 308, 318, 361 A.504, 676,
681
Kapp, Ernst 3, 5, 8 A.23, 9f., 11, 14, 16, 18,
21f., 25 A.74, 27, 31, 76 A.157, 100f.,
199 A.33, 204 A.55, 212 A.88, **221–402**,
445 A.124, 451 A.147, 557 A.160,
588 A.124, 605 A.30, 624 A.98,
638 A.141, 668f. A.254, 675–677, 679–
690, 692–694
Kapp, Ernst Christian 230+A.22/23/24
Kapp, Ida 233 A.36
Karo, Georg 8 A.24
Kasch, Charles Mrs. 140f.
Katz, David 258+A.133, 259, 260,
274+A.193
Kaufmann, Fritz 584
Keezer, Dexter M. 292, 297 A.287
Kekulé v. Stradonitz, Reinhard 134
Kempner, Robert 538, 540, 572f.+A.51,
574 A.60, 575f., 579 A.79

Kennedy, George A. 4
Kern, Otto 601
Keutgen, Friedrich 307 A.318
Keyes, Clinton Walker 299, 301, 336, 337,
342+A.446, 345, 347f., 353,
355f.+A.484, 358f., 379, 385 A.579, 684
Kimball, Fiske Sidney 438+A.99
King, Margarete C. 406f.
Kirk, Grayson Louis 386 A.584, 389f., 391
Klein, Jacob 554+A.147
Klibansky, Raymond 8 A.24, 16 A.43,
20 A.56, 409+A.12, 449, 494 A.292,
525 A.23
Klingner, Friedrich 238, 307 A.318,
620 A.83, 661f., 665 A.242
Kloebe, Hans 111+A.16
Knapp, Charles 67+A.127, 92, 298+A.291
Knoche, Ulrich 374f.+A.550/551/552/553,
385 A.581, 675
Koch, Herbert 152+A.76
Köhler, Walther 473, 481 A.249
Köhn (Rektor Halle: lt. Archiv UAH nicht existent!) 664+A.241
Königliches Neues Gymnasium Nürnberg
192+A.3
Kotschnig, Walter Maria 196+A.15,
197 A.19/23, 198
Kranz, Walther 415 A.32, 521 A.4, 604 A.26,
661, 667f.
Kraus, Hertha (*AFSC*) 547 A.116, 551 A.132
Krautheimer, Richard und Trude 121 A.59,
158+A.102, 161, 200 A.37, 207 A.67,
626 A.104
Krieck, Ernst 26, 28
Kristeller, Alice (geb. Magnus) 186 A.210,
405+A.2, 451, 521 A.3, 532
Kristeller, Heinrich 186 A.210, 405+A.2,
409 A.11, 451, 521 A.3
Kristeller, Paul Oskar (siehe auch: Gräfenberg, Paul Oskar) 3, 8 A.24, 12–13,
16 A.43, 18–19, 21, 23, 25 A.74, 32,
183 A.199, 186 A.210, 202 A.47,
211 A.83, 323, 362 A.509, 402, **405–
520**, 521–523, 525, 527f., 530, 532,
533f., 536–541, 543–546, 548f., 551–
553, 555f.+A.157, 558–560, 562, 564–

571, 573f., 578, 581f., 584, 590, 592f., 675, 677–687, 689f., 692, 694
Kroner, Richard 276+A.200, 416 A.35
Krout, John A. 390–393
Küchler, Walther 307 A.318

Lacy, Phillip de 560
Lachmann, Vera 12, 18 A.49, 23, 200 A.37, 420+A.46/47, 430, 432, 462, 482f., 485 A.259, 562, 678
Lady Carlisle Research Fellowship 65f.
Lancaster, Henry Carrington 551, 552, 554, 619, 622 A.90, 629, 632f., 638, 653
Landschulheim Florenz, Villa Pazzi 13, 19, 422f.+A.53, 428f.+A.71, 431f., 433+A.87, 434+A.90, 435, 461 A.186, 532, 536–539, 540, 542, 545f., 548 A.119, 558 A.166, 564, 567f., 569f., 572f., 574–576+A.67, 580+A.83/85, 585 A.106, 589, 677–680
Langlotz, Ernst 139 A.25, 154
Lansburgh, Sidney 630, 632, 659, 690, 691, 694
Laqueur, Richard 607, 609, 664
Last, Hugh 268 A.170
Latte, Kurt 295 A.276, 375
Lawrence, Marion 83, 106
Ledermann, Walter 582+A.92
Leggi razziali 459, 540, 675, 677
Lehmann, Eva: siehe Fiesel, Eva
Lehmann, Henni (geb. Strassmann) 108+A.2/4, 110 A.12, 130
Lehmann, Karl 108, 110 A.12, 111 A.21
Lehmann, Phyllis Lourene (geb. Williams) 131+A.99
Lehmann-Hartleben, Elwine 110 A.12, 130f.+A.97/99
Lehmann-Hartleben, Karl 2 A.3, 3, 8 A.23, 12, 18, 23, 101, **108–132**, 146 A.53, 149, 159f., 165, 178, 184ff.+A.206/209/211, 187, 193, 195, 199 A.33, 203, 205, 212, 214f., 216f., 258 A.134, 261, 300 A.296, 301, 423 A.54, 542, 567 A.29, 620, 621, 624 A.98, 662, 675–678, 680–682, 685, 687–689, 691–693
Lenz, Friedrich Walter (=Levy, Friedrich W.) 3, 5, 8 A.24, 18 A.49, 20 A.56, 23, 202 A.47, 323, 347 A.461, 422f.+A.51/53, 428, 482f., 484f.+A.258, 498, 500+A.310/311, 501, 519, 619
Lenz, Mali (geb. Goldmann) 500 A.310
Leumann, Manu 257, 312, 412 A.21
Lewis, Naphtali 367 A.528, 369+A.534, 373 A.546, 374 A.549
Liebeschütz, Hans 8 A.24, 238
Liebman, Charles J. (*EC*) 328 A.387, 633, 647 A.180, 657, 658 A.225, 659 A.226
Liebman, William B. 406+A.4
Lietzmann, Hans 604 A.28, 636f.+A.136/137
Lindsay, Wallace Martin 268 A.170
Lippold, Georg 37, 194
Lisowski, Eunice (*IIE*) 98 A.231, 631
Livingston, Richard Winn 267, 268, 271 A.182, 273 A.190, 285
Lockwood, Putnam 519f.+A.390
Loeschcke, Georg 36+A.7, 104, 134, 408, 597
Loewe, Herbert Martin James 577f., 583 A.97
Löfstedt, Einar 268 A.170
Lohse, Gerhard 1, 227, 306
Lorimer, Hilda L. 64+A.114, 65, 67
Losemann, Volker 3, 4
Löwe, S. W. (*Notgemeinschaft dt. Wissenschaftler im Ausland*) 142
Löwenthal, Eva (geb. Magnus) 413 A.23
Löwith, Karl 16 A.43, 160 A.110, 410 A.14, 617
Lüders, Heinrich 612, 615
Ludwig, Walther 4+A.12, 5, 225 A.8, 226, 309 A.326, 380 A.568
Ludwig-Maximilians-Universität München: siehe Universität München

Maas, Paul 5, 8 A.24, 668
Maass, Ernst 600 A.13
MacCracken, Henry Noble 200–202, 212, 421 A.47
Macurdy, Grace Harriet 146
Manasse, Ernst Moritz 6 A.20, 8 A.24, 12, 13, 18f., 204 A.55, 409 A.12, 428f., 431, 432ff., 449, 456 A.166, 460f.+A.186, 492 A.281, 519+A.388, 526 A.24, 532,

537, 538 f., 541 A.94, 558 A.164, **562–593**, 639 f. A.146, 677–681, 682 A.4, 683, 685, 687, 689, 690, 692, 694, 695
Manasse, Georg   576, 578, 580, 581, 584 A.103, 586 f., 590
Manasse, Georg Mayer   433, 565+A.15, 566+A.24
Manasse, Marianne (geb. Bernhard)   13, 16 A.44, 562 A.2, 572, 573, 574, 575 A.62, 576, 578, 580–582, 584 A.103, 586 f., 590
Mancini, Augusto   446 A.129
Manifesto della Razza (=Manifesto degli scienziati razzisti)   164, 453 f.+A.152/153/155
Mann, Julia de Lacy   64, 65
Marshall, John (*RF*)   58+A.92, 81
Martin, William E.   215
McCrea, Nelson   92, 298, 356 A.484
McKeon, Richard   370 A.535, 447, 464, 505 A.328
McKinley, Arthur Patch   628, 633, 645, 649
McLean, John H.   299
Mead, Nelson P. (*EC*)   211, 351, 355 A.481, 633
Mecklenburg, Moritz   584+A.103, 586
Meier, Christian   10 A.28/29
Meister, Karl   193, 523 A.13
Mendell, Clarence W.   622 A.90
Mendelsohn, Charles J.[astrow]   169 A.146, 171 f. A.152
Mensching, Eckart   6 A.20, 617 A.73, 629 A.113
Mercati, Giovanni   478 f. A.241, 503
Meritt, Benjamin Dean (*IAS*)   102 A.252, 272 A.186, 311 A.332
Metropolitan Museum New York   18 A.53, 38, 74, 83+A.178, 117, 125, 150, 162, 167 A.135, 168, 181
Meyer, Eduard   36 A.7, 134, 522
Middeldorf, Ulrich   183+A.199, 213+A.95, 214
Möbius, Hans   150 A.66
Moe, Henry Allen (*EC*, *Guggenheim Foundation*)   351+A.471, 353, 507, 518 A.384
Momigliano, Arnaldo   8 A.24, 564 A.10, 567 A.29

Mommsen, Adelheid   614, 617
Mommsen, Theodor Ernst (Yale)   8 A.24, 462, 473, 475 ff., 487, 502, 584 A.102, 603 A.24, 619
Mommsen-Gymnasium Berlin   407, 409 A.11, 422+A.51, 500, 521+A.4
Montclair State Teachers College   146
Moore, Frank Gardner   298
Morehouse, Andrew R.   553
Morey, Charles Rufus   116 A.37, 215 A.102, 622 A.90
Mosse, Dora   21, 100, 134
Motesiczky, Karl   412 A.20, 427 f.+A.69
Motesiczky, Marie-Luise   427 f. A.69
Mount Holyoke College   73+A.147, 102 A.251, 147, 174, 215 A.102
Mühll, Peter Von der   257 f., 260+A.138, 262 f., 264 f., 289, 412 A.21
Muller, F. (Leiden)   312
Müller, Karl   450 A.143
Müller, Valentin   134, 199
Murray, Gilbert   268 A.170, 271, 276 A.201, 281 f., 290 A.253
Murrow, Edward R. (*IIE*, *EC*)   9+A.26, 46–49, 54, 70 A.137, 75–78, 80 f., 113 f., 116 f., 120, 123 f., 143 f., 146 A.50, 413, 421, 427, 566
Mussolini, Benito   13, 31+A.98, 41, 419, 450 A.143, 453–455, 457, 459, 502 A.318, 539, 677
Mylonas, George E.   207, 208, 683
Myres, John L.   282, 286

Nachod, Hans   8 A.24
Naendrup, Hubert   111+A.21
Nagel, Ernest   345
National Coordinating Committee for Aid to Refugees and Emigrants Coming from Germany   202, 470, 543, 578, 638 A.143, 692, 694
National Refugee Service   557, 653, 654, 657, 659 A.226
National Research Associates: siehe *Harvard National Research Associates*
Nationalkomitee Freies Deutschland – Bund deutscher Offiziere   663, 665
Neilson, William Allan   622 A.90

Neugebauer, Otto   3, 261, 262
New School for Social Research, New York
   9, 20 A.56, 32 A.101, 43f., 106, 362, 555
New York Committee for the Aid of German Children   82f. A.177
New York University (NYU)   32 A.101, 85, 121–131, 151, 443 A.119, 680, 682, 688
Nilsson, Martin P.   272 A.186
Noack, Else (geb. Hartleben)   112 A.24
Noack, Friedrich   36 A.7, 108, 112 A.24, 118, 134 A.7
Noble, Bernard   292, 300, 395
Nock, Arthur Darby   268 A.170, 290, 437 A.97, 470, 621+A.86, 622+A.90, 624f.
Noether, Emmy   36
Nollen, John Scholte   115
Norden, Eduard   5, 12, 23+A.70, 24, 29 A.93, 173 A.160, 268 A.170, 408, 409+A.13, 411, 415, 417, 419, 423 A.53, 447f., 460, 469f., 472, 493+A.285, 522, 525 A.23, 597, 619
North, Helen   16f.+A.45/47
North Carolina College for Negroes, Durham   13 A.37, 558 A.164, 584f., 588, 590–592, 683
Northwestern University   584
Notgemeinschaft der deutschen Wissenschaft   38, 234f.+A.40, 244 A.80, 408, 410, 414 A.27, 435 A.93, 527 A.29, 675
Notgemeinschaft deutscher Wissenschaftler im Ausland, Zürich   100, 122 A.64, 139, 142, 149f., 414f.+A.31/32, 424f., 434 A.91, 491, 581, 651 A.196
Nuova Collezione di testi humanistici inediti e rari   445, 446 A.129, 452 A.150, 453 A.154, 468
Nussbaum, Arthur   651+A.196
Ny Carlsberg Glyptotek, Kopenhagen   193

Oberlaender Trust (OT), Philadelphia   5 A.16, 7, 9, 20+A.61, 204ff., 208, 226f.+A.12, 322–329, 334, 464, 465 A.199, 507f., 514–518, 550f., 553f., 557, 619 A.78, 628, 645f., 648, 659, 686, 689
Oberländer, Gustav   20, 210 A.81
Oberlin College   286 A.242
Odenwaldschule   420 A.47
O'Donnell, Ruth (*EC*)   348
Ogle, Marbury Bladen   116 A.37
Oldfather, William Abbott   92, 299+A.292, 586
Olschki, Casa Editrice   446, 452 A.150, 455, 460
Olschki, Leonardo   12, 418ff.+A.44, 421, 423–425, 431, 435, 438f., 441, 443, 448f.+A.140, 519, 567 A.29, 573, 583 A.97, 678
Oppermann, Hans   529 A.34
Ostwald, Lore   10 A.28, 16, 17 A.47
Ostwald, Martin   10+A.28/29, 16, 17+A.47, 19 A.54, 27 A.85, 378 A.563, 385+A.580, 388+A.590/593
Otto, Walter   297 A.288

Panofsky, Erwin   11, 21, 40, 100, 102, 105–107, 120, 134, 227+A.13, 230 A.25, 238, 264 A.156, 304, 310–312, 315–317, 326–328, 330, 332–336, 338, 339, 345f., 348, 354 A.479, 372, 387 A.588, 437f. A.99, 442, 515+A.373, 519, 535f., 542, 545, 555+A.155
Parker, Dewitt H.   437f.+A.99, 483, 486f., 490
Pasquali, Giorgio   92, 109 A.10, 116 A.37, 268 A.170, 312, 340 A.434, 423 A.53, 428, 432 A.84, 435, 444 A.121, 448, 450, 468+A.209, 471, 564 A.10, 573, 575 A.64, 583 A.97, 593
Pease, Mary Zelia   176f.
Peek, Werner   665 A.242
Pegram, George Braxton   298f., 369 A.531
Peiser, Werner   13, 428 A.71, 429–431, 432 A.83, 433 A.87, 540+A.90, 548 A.119, 564, 572, 574 A.60, 579 A.79
Perosa, Alessandro   444, 445+A.128, 446 A.129
Perry, Ralph Barton   509
Pfeiffer, Rudolf   5, 233, 256, 260 A.138, 310f., 315
Pfuhl, Ernst   42
Phelps, William   271, 276, 277, 284, 319 A.360

Philadelphia Museum of Art 438
Pickel, Margret B. 371 A.541
Plessner, Helmuth 305 A.314
Popitz, Johannes 636f.+A.136/137
Porada, Edith von 8 A.24
Pos, Hendrik J. 305 A.314
Pöschl, Viktor 593+A.144
Post, Levi Arnold (*OT*) 323, 451 A.147
Poulsen, Frederick 193, 195
Prezzolini, Giuseppe 381 A.571, 501 A.315
Princeton University 107, 118 A.46, 120 f. A.58, 244+A.81, 246 A.90, 264+A.156, 316+A.347
Private Jüdische Schule Dr. Leonore Goldschmidt: siehe Goldschmidt, Leonore
Professional Committee: siehe *Woburn House London, Professional Committee*

Rabel, Ernst 553 A.141
Rademacher, Ludwig 297 A.285
Radin, Max 627
Rand, Edward Kennard 268 A.170, 468 A.209, 471, 503
Randall, John H. 345, 362 A.507, 368, 369 A.531, 376, 385, 398, 401, 517+A.380
Raubitschek, Anton E. 3, 8 A.23, 101, 107, 188, 199 A.33, 624 A.98, 681
Rauch, Christian 135
Razovsky, Cecilia (*National Coordinating Committee*) 470, 578 f.
Reed College, Portland 225 A.7, 278–289, 291–293, 297, 300, 313 A.338, 325 A.380, 395, 681, 682
Refugee Economic Corporation 647+A.180, 689, 694
Refugee Scholars Fund: siehe Vassar College, *Refugee Scholars Fund*
Refugee Scholars Program (*Rockefeller Foundation*): siehe *Rockefeller Foundation, Refugee Scholars Program*
Regenbogen, Otto 120 A.56, 233, 522, 523 A.13, 524, 526+A.24/25, 528f.+A.35, 530 A.37, 562, 563+A.8, 565, 567, 570–572+A.49, 579 A.79, 593, 665 A.242, 676

Regio Istituto Superiore di Magistero, Florenz: siehe Istituto Superiore di Magistero
Rehm, Albert 234 A.40, 255, 260 A.138, 289
Reich, Klaus 244
Reich, Wilhelm 428 A.69
Reichenberger, Arnold 20 A.56, 438 A.101
Reichsbürgergesetz (15.9.1935) 41 A.23, 103, 304 A.307, 529 A.35, 606, 608, 611, 639 A.146
Reichshabilitationsordnung (13.12.1934) 194 A.11, 675
Reichsvertretung der Deutschen Juden 534 A.59, 566 A.26
Reinhardt, Aurelia (*AAUW*) 141+A.30
Reinhardt, Karl 247 A.91, 259 A.137, 600 A.13, 615
Riccio, Peter 501 A.315, 513 A.365
Rice, Warner G. 490 A.275
Richards, John F. C. 367 A.528, 373 A.546
Richter, Gisela Marie Augusta 18 A.53, 38, 44, 49 A.58, 54 f., 60 f., 63 f., 73, 76 f., 83 A.178, 117 f., 120, 150 f., 153 f., 157, 163, 166 A.134, 167+A.135, 168, 174, 181, 188, 195, 198 A.26, 214, 301
Ridley Hall, Cambridge 577, 677, 679
Riegelman, Charles A. (*NRS*) 654+A.205
Riezler, Kurt 362+A.505, 385, 398–401
Rindge, Agnes 207, 208
Rizzo, Giulio Emanuele 154 f.+A.84/90
Roberts, Colin H. 312, 314, 315, 318–320, 679
Roberts, Laurence Page 181
Robinson, David Moore 116, 215 A.102
Rockefeller Foundation, New York 5 A.16, 7+A.22, 8 A.25, 9, 19 A.56, 20 A.61, 32 A.101, 43, 47, 48 f., 56–62, 68, 73, 75 f., 78 f., 80 ff., 85, 87, 90, 114, 121 f., 246, 262, 296 A.281, 316, 425, 437, 569 A.36, 686, 688, 692
Rockefeller Foundation, Refugee Scholars Program 7 A.22, 19 f. A.56
Rockford College 73 A.146, 102 A.248
Rodenwaldt, Gerhart 37, 46, 71 A.140, 102 A.249, 116, 134, 135, 139 f., 152, 154, 161, 173 A.160, 176 A.176, 193, 195, 198 A.26, 437 A.97

Rodler, Edith: siehe Abrahamsohn, Edith (geb. Rodler)
Rohde, Georg   5, 415 A.32, 666 f.
Rosenberg, Alfred   251 f., 306 A.316
Rosenberg, Arthur   8 A.23/25
Rosenberg, Jakob   173+A.161
Rosenwald, William *(AJC)*   629, 630
Rosenwald Family Association   9
Rosenwald grant   348
Ross, Jane (*St. Louis Committee*)   210 A.81
Ross, William David (Oriel College)   470, 504+A.325, 505, 577, 579 A.79, 620 A.81
Ross Taylor, Lily   107 A.270, 168
Rostovtzeff, Michael   44–46, 116, 179 f., 493
Rothenbücher, Karl   236
Rothfels, Hans   390
Rothstein, Max   8 A.24
Royal Ontario Museum, Toronto   101 A.245, 166, 170 f., 681
Rust, Bernhard   110, 255, 602, 607

Sachs, Paul J.   173, 181, 182 f., 184, 187, 316 A.347, 686
Sahl, Hans   3
Saitta, Giuseppe   444 A.121
Salis, Arnold von   109, 565, 579 A.79
Salomon, Richard G.   96, 307 A.318
Salvemini, Gaetano   175+A.171, 681
Salz, Arthur   159
Sanborn, Cyrus Ashton Rollins   173
Sarah Lawrence College, Yonkers   106+A.265
Sather Classical Lectures   24+A.71, 663 A.239
Saxl, Fritz   409 A.12, 470, 494 f.+A.294, 497 f.+A.304, 583 A.97
Sayce, Archibald Henry   626+A.103
Schadewaldt, Wolfgang   247+A.91, 259 A.137, 410, 412 A.20, 418 A.39, 593+A.143, 664 f.+A.242
Schäfer, Hans   609
Schalk, Fritz   244, 372 A.543, 382 f., 384
Schede, Martin   103+A.257, 160 A.110
Scheliha, Renata von   8 A.24

Schneider, Herbert Wallace   362 A.507, 375 A.555, 376 f.+A.561, 379 A.566, 381 A.571, 398, 401
Schöpflich, Gabriele: siehe Hönigswald, Gabriele (geb. Schöpflich)
Schottlaender, Rudolf   521 A.4
Schramm, Percy Ernst   117 f.+A.45/46
Schubiger, Maria (*SFUW*)   42 f., 44, 46 A.42
Schulpforte   604+A.26, 661
Schwartz, Eduard   14 A.39, 25 A.76, 227 A.13, 229+A.20, 231–233, 238 A.52, 246, 255 f., 257 A.129, 258, 259, 264 A.156, 267, 268 A.170, 275 A.198, 290+A.253, 295 A.275, 310 A.330, 312, 317 A.351, 319 A.360, 336
Schwartz, Philipp (*Notgemeinschaft dt. Wissenschaftler im Ausland*)   142, 414, 415
Schweitzer, Bernhard   134, 195
Schwörer, Victor (*Notgemeinschaft der dt. Wissenschaft*)   410 A.16, 416 A.35
Scripps College, Claremont   197
Scuola Alpina di Monte San Vigilio: siehe Alpines Schulheim am Vigiljoch
Scuola Normale Superiore di Pisa   424, 431, 432+A.84, 434, 435 f., 438, 440, 442 f., 449 f.+A.143, 455, 457, 459 f., 468, 481, 511, 532, 540, 567, 677, 679
Seelye, Lawrence H. (*EC*)   213–217, 332–334
Segall, Bertha   165 f. A.130
Seiferth, Wolfgang   554, 555+A.153, 557+A.161
Servicemen's Readjustment Act: siehe G.I. Bill of Rights
Shapley, Harlow   209–213, 650 f.
Shaw, Jim Byam   143+A.37
Shipley, Frederick William   207, 214, 216
Shipley School, Bryn Mawr   202+A.44/45
Shoe, Lucy   174, 215 A.102
Shofstall, Weldon Perry   196
Shorey, Paul   24+A.72, 29
Shortliffe, Glen   559 f.+A.169
Sigerist, Henry E.   120 A.56, 569 A.36
Simkhovitch, Vladimir G.   331+A.399, 345
Simmel, Georg   134
Simmel, Hans   145 f.

Simpson, Esther (*AAC*) 288 A.247, 495 A.294, 497+A.302
Singer, Charles (*AAC*) 234 A.39, 287f., 293f. A.270, 324, 370 A.537
Skutsch, Otto 8 A.24
Smith, Henry Roy William (Berkeley) 627+A.108
Smith, Leslie Francis (Barnard) 299
Smith College, Northampton 174, 197 A.23, 201, 618, 622 A.90, 681
Snell, Bruno 14, 21, 26, 225 A.9, 227+A.13, 229, 236 A.45, 238f.+A.52/53, 241, 245, 254f., 257, 260 A.138, 264 A.156, 269, 276, 303–307, 309, 311–314, 318, 354 A.479, 359 A.493, 363, 371 A.543, 372, 373 A.546, 382–384, 387+A.587, 605 A.30, 664
Society for the Protection of Science and Learning (SPSL: siehe auch Academic Assistance Council) 20 A.61, 312, 314f., 318–320, 333, 467, 497, 685, 687
Soden, Hans von 634
Solmitz, Karoline 543f.+A.103/105
Solmsen, Friedrich 3, 4, 5, 8 A.23, 13, 16+A.45, 18 A.49, 27 A.85, 240f., 258 A.134, 295, 322 A.367, 408 A.10, 504 A.325, 525 A.23, 534 A.58, 593, 624 A.98, 662 A.236, 681
Solmssen, Ulrich 199 A.32
Somerville College, Oxford 49f., 53, 62–65, 67, 677, 678, 685, 687
Sophie Newcomb Memorial College, New Orleans 204 A.55, 324–330, 683, 688, 689
Spalek, John M. 12 A.34, 13 A.37, 223–225, 405
Speier, Hermine 161+A.111, 165 A.129, 168 A.141, 423 A.54
Speiser, Andreas 262f.
Spitzer, Leo 24, 414 A.31, 449 A.140, 451 A.147, 600, 618, 619, 620, 641 A.154, 653
Spratlin, Valaurez B. 549f., 552
Sproul, Robert Gordon 628+A.112, 630, 633, 645–649, 651–653, 655–657
St. Hilda's College, Oxford 64f.

St. John's College, Annapolis 549, 554, 558f., 684
St. John's College, Oxford 311 A.333, 318f., 677, 679, 687
St. Louis Committee for Service to Emigrants 208, 210+A.81
Stanley, Carleton 347 A.461
State University of Iowa: siehe University of Iowa
Staudinger, Hans 555
Stein, Ernst 8 A.24, 20 A.56
Stein, Fred M. (*EC*) 9, 95, 143, 328 A.387, 335, 629–633, 638, 643
Steinmann, Ernst 192, 218
Stenzel, Bertha 342
Stephens College, Columbia 196f.+A.19
Sterling Research Fellowship: siehe Yale University, Sterling Research Fellowship
Stevens, David H. (*RF*) 57–60, 79
Stifler, James M. 465f.+A.202
Stillwater Community College 548f.+A.121
Stoessl, Franz 8 A.24
Stout, George L. 181+A.194
Strassmann, Henni: siehe Lehmann, Henni (geb. Strassmann)
Strassmann, Paul Ferdinand, Hellmuth und Erwin 597 A.3
Strassmann, Wolfgang 108+A.3
Strauss-Hess, Sara 79f.+A.169
Strothmann, Rudolf 307 A.318
Stroux, Johannes 236 A.46, 255, 615
Strycker, Emile de 289
Studniczka, Franz 134, 139 A.25
Sturtevant, Edgar H. 23, 119 A.51, 202 A.47
Sullins College, Bristol 215+A.101
Süß, Wilhelm 599 A.12
Swarthmore College 16f., 32 A.101, 96, 333, 508 A.343
Swindler, Mary H. 37+A.16, 38, 44f., 48f., 54, 85, 102 A.249, 144, 145f., 157, 215 A.102
Swiss Federation of University Women (SFUW): siehe American Association of University Women (AAUW)

Taeger, Fritz 103
Tanner, Daisie Barrett 173

Taubenschlag, Rafael   8 A.24, 20 A.56
Täubler, Eugen   8 A.24, 193, 522, 535+A.62, 542, 545, 678, 679
Taussig, Frank William   172+A.155, 175, 681
Taylor, Francis Henry   181+A.194
Thomas, Wilbur K. (OT)   205, 323–325, 327–329, 507, 508, 515–518, 550–552, 553 A.141, 554, 557 A.161, 619 A.78, 645
Thompson, Charles H. (Howard)   553–557
Thompson, Homer A. (Ontario)   166, 170
Thorndyke, Lynn   506
Throop, George R.   208–211, 213 A.92
Tillich, Paul   20 A.57, 56 A.83, 618, 622
Timbres, Rebecca Janney (AFSC)   557 A.161
Troeltsch, Walter   600 A.13
Turyn, Alexander   3, 8 A.24, 20 A.56, 662 A.236

UCLA: siehe University of California (Berkeley), Southern Branch
Ulich, Robert   173, 554
Ullman, Berthold Louis   72+A.144, 286 A.242, 455 A.161, 463–465, 467, 505 A.328
Universität Ankara   414 A.31, 415 A.32
Universität Basel   25, 258, 259, 260, 412+A.21
Universität Berlin: siehe Friedrich-Wilhelms-Universität Berlin
Universität Bonn   23 A.69, 37+A.9, 107, 263, 383f., 413, 597
Universität Bonn, Akademisches Kunstmuseum   137f., 675
Universität Erlangen   194+A.11, 675, 676
Universität Freiburg   13, 229+A.20, 231, 232, 247+A.91, 259+A.137, 410, 411
Universität Gießen   36, 38ff.+A.21, 41, 52, 107, 135
Universität Göttingen   108, 117, 230, 525
Universität Halle   601–604, 606–611, 663–666, 676
Universität Hamburg   40+A.21, 225 A.9, 228f., 233, 238f., 255, 261 A.146, 303–305, 307–310, 371 A.543, 372–375, 382–384+A.578, 387+A.587
Universität Heidelberg   12, 109, 120 A.56, 134, 192f., 407–409+A.11/12, 418f.+A.44, 521f., 524, 528f.+A.35, 562, 563, 570–572+A.49
Universität Istanbul   142, 414+A.31, 415+A.32, 418 A.41
Universität Kiel   28, 102 A.247, 112, 342
Universität Köln   305 A.314, 372 A.543, 374 A.550
Universität Leipzig, Archäologisches Seminar   134
Universität Marburg   24, 136f., 158 A.103, 410, 599f.+A.13, 619, 636
Universität München   4, 108, 225 A.8/9, 228f., 232–237, 255f., 266f., 562, 675, 676
Universität Münster   109–113, 149, 370f.+A.542, 383, 676
Universität Prag   529f., 542, 562, 676, 677, 678
Universität Rom   154, 419+A.44, 424+A.55, 564 A.10
Universität Rostock   108, 241–246, 247–254, 257, 258, 307 A.318, 676
Universität Sofia   47–49+A.58, 54, 55 A.80, 63, 139 A.21, 427 A.65
Universität Straßburg   229
Universität Tübingen   108, 241, 390
University of California (Berkeley), Southern Branch = University of California Los Angeles (UCLA)   19, 627f., 630, 638f., 645f., 648, 649–651, 652–660, 662, 665, 669–672, 683, 684, 688, 689, 691
University of Chicago   21, 24, 25 A.74/76, 28ff.+A.95, 32 A.101, 72+A.144, 100, 159, 213, 215, 293ff., 370 A.535, 390, 447, 462ff., 465f., 467, 470, 489, 495, 506, 584
University of Illinois, Urbana   299
University of Illinois, Urbana, Museum for Classical Art   586f.
University of Indiana: siehe Indiana University Bloomington
University of Iowa   113, 323
University of Louisville   158, 626
University of Michigan, Ann Arbor   286 A.242, 437, 486, 489f.+A.275, 503, 513, 584 A.102

University of North Carolina, Woman's College at Greensboro, N.C.: siehe Woman's College of the University of North Carolina at Greensboro, N.C.
University of Oklahoma, Norman   557 A.160
University of Pennsylvania, Philadelphia   32 A.101, 96, 186, 551
University of St. Andrews   24, 582 A.92, 604
Unold, Max   192
Usener, Hermann   597

Vahlen, Theodor   29 A.91, 608 f.+A.40
Vassar College, Poughkeepsie   32 A.101, 101, 103 A.253, 146, 152 A.77, 157 A.97, 168 f., 186, 200–203, 205+A.59/60, 207+A.67, 212, 421 A.47, 626 A.104, 683
Vassar College, *Refugee Scholars Fund*   200 f.+A.38
Verordnung über Reisepässe von Juden (5.10.1938)   441 f. A.115, 639 f.+A.146/147
Visiting Scholar Plan: siehe *Emergency Committee*, Visiting Scholar Plan
Voorhis, Harold O.   122, 128–130

Waagé, Frederick O.   189 f.
Wackernagel, Jacob   260, 265, 268 A.170
Wade-Gery, Theodore   271, 284–286, 290+A.253
Waite, Mary L. (*IIE*)   72 A.146, 122
Waldo, Alice (*ACCGR*)   199 A.34, 204–206
Wallach, Hans   508+A.343
Walzer, Richard   5, 8 A.24, 13, 120 A.56, 415 A.33, 423+A.54, 424 A.55, 428, 440+A.109, 441, 452 f., 462, 465, 469 f., 493–495, 497, 498+A.304, 525 A.23, 678
Walzer, Sofie (geb. Cassirer)   120 A.56, 415 A.33, 423+A.54, 428, 434 A.91, 498+A.304, 678
Warburg, Aby   118 A.46, 238
Warburg, Erich M.   421 A.47
Warburg, Felix M. (*EC*)   143, 647 A.180
Warburg, Max   143
Warburg Institute, London   192 A.2, 195+A.13, 198 A.24, 311, 316 A.347, 409 A.12, 460 A.185, 478 A.241, 494 A.292, 497, 498 A.304, 533, 583 A.97
Warschawski, Stefan E.   56 A.83
Washington University, St. Louis   101, 180, 197, 204, 206–213, 214, 216, 559+A.167, 560 f., 586, 683, 684 f., 688, 692
Wasow, Gabi (geb. Bernhard)   461 A.186, 575 A.62, 576, 580
Wasow, Wolfgang   461 A.186, 558 A.166, 575 A.62, 576+A.67, 580, 583 A.101
Wassermann, Felix Martin   8 A.24, 225 f. A.9, 347 A.461
Weber, Wilhelm   614 f.
Weigand, Erika   23 A.67, 420 f.+A.47, 432
Weigand, Hermann J.   23, 202 A.47, 421, 432, 435 f., 437 f., 462 f., 467, 473–475, 481–487, 490+A.275, 495, 501 f., 505 f., 510
Weigert, Fritz   198 f.
Weigert Brendel, Maria   192 A.2, 193, 195, 198 A.25, 206 f.+A.65
Weinstock, Stefan   8 A.24, 423 A.54, 462, 479
Wellesley College   102 A.247, 618, 681
Wells, Herman B.   216+A.104
Westbrook, H. T.   299
Westermann, William Linn   72, 92, 286 A.242, 295 A.278, 299, 301, 353, 357 f., 368–370, 375 A.555, 376, 379 A.566, 385, 397, 622 A.90
Weyl, Hermann   117
Whyte, John (*EC*)   9, 87, 93, 95–99, 126–130, 197, 317 f., 322 f., 552 f.
Wiegand, Theodor   51, 71 A.140, 139 f., 176 A.176, 612, 615
Wilamowith-Moellendorff, Hildegard von   25 A.77
Wilamowitz-Moellendorff, Tycho von   226 A.11, 231 f., 314 A.339
Wilamowitz-Moellendorff, Ulrich von   1, 24, 25+A.77, 36 A.7, 134, 226 A.11, 232+A.32, 233 A.36, 313 f.+A.339, 522, 525 A.23, 597, 599 f.+A.12/13, 601
Wilcken, Ulrich   311 A.333
Wildermann, Fritz C.   364–366+A.523
Williams, Phyllis Lourene: siehe Lehmann, Phyllis Lourene (geb. Williams)

Wind, Edgar   304 A.309, 460 A.185
Windelband, Wilhelm   134
Windelband, Wolfgang   515 A.371, 601 A.18 [?]
Witte, Johannes   636 A.136
Wittkower, Rudolf   218, 597 A.3
Wittmann, Helene (OT)   205 A.61, 517 f.
Woburn House London, *Professional Committee*   496+A.299, 533+A.57, 534 A.58, 578, 581, 689, 694
Woermann, Emil   607–610
Wolff, Emil   238, 257, 261 A.146, 269 f., 307 A.318, 312, 313 f., 372, 383 A.577
Wolff, Hans Julius   8 A.23
Wölfflin, Heinrich   108, 134
Woman's College of the University of North Carolina at Greensboro, N.C.   157, 178, 182–185, 186–190, 684, 685
Woolley, Mary Emma   147
Wright, Ernest Hunter   357, 368 f.+A.529/531, 379
Wüst, Walther   266 A.165

Yale University   23, 24, 32 A.101, 44, 101, 116, 119+A.51, 179 f., 202 f., 261, 286 A.242, 413, 421, 423 A.53, 435–438, 460–463, 467, 472–477, 480–493, 499 ff., 501–503, 506 f., 509–511, 512 f., 546, 553, 584+A.102, 618–620, 622 A.90, 626, 657, 668, 681, 683, 686, 690, 694
Yale University, Philosophical Club   512
Yale University, Sterling Research Fellowship   462, 472+A.224
Young, Clarence Hoffman   67+A.127, 92, 298

Zahn, Robert   51, 71 A.140, 139, 161 f.
Zancani Montuoro, Paola   118 A.48, 154, 160, 687, 691, 693
Zentralausschuss für Hilfe und Aufbau: siehe *Hilfe und Aufbau*
Ziegler, Konrat   8 A.24, 668 A.254
Zimmer, Heinrich   192 A.2, 193, 202 A.47

www.ingramcontent.com/pod-product-compliance
Lightning Source LLC
Chambersburg PA
CBHW071204240526
45470CB00018B/1397